LA
BIBLIOTHEQUE
DES
PRÉDICATEURS.

TOME CINQUIE'ME

DES SUPPLEMENS.

CONTENANT

LES CEREMONIES, PRATIQUES,
Coûtumes , & Maximes de l'Eglise.

Par le R. Pere VINCENT HOUDRY,
de la Compagnie de JESUS.

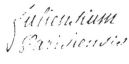

A LYON,
Chez la Veuve d'ANTOINE BOUDET , ruë
Merciere , à la Croix d'or.

M. DCCXXV.
AVEC APPROBATION ET PRIVILEGE DU ROY.

D.

PREFACE.

CE cinquiéme volume du Supplement de nôtre Bibliotheque, lequel a pour titre : *Les Ceremonies de l'Eglise*, eſt un traité tout particulier ; quoique pluſieurs matiéres dont il eſt compoſé, ayent déja été traitées dans les differentes parties de nôtre ouvrage ; car outre que nous avons évité avec tous les ſoins poſſibles d'uſer de redites, nous nous ſommes bornez & reſtraints à la ſeule pratique des Ceremonies propres de chaque ſujet, en faiſant ſur cela les reflexions morales qu'on en peut tirer, nonſeulement pour ſervir d'inſtruction ; mais encore d'exhortation aux fidéles, afin d'en tirer le fruit qu'un Prédicateur ou un Paſteur doit toûjours avoir en vûë, conformément à nôtre deſſein. Or, cette reſtriction fait qu'un ſujet, qui ailleurs n'a peut-être été traité qu'en general, en ramaſſant ce que les differens Auteurs en ont écrit, n'eſt pas le même que celui où l'on s'arrête, à la maniére dont un Myſtere, ou une Tradition Apoſtolique s'obſerve, ou qu'on la doit pratiquer dans l'eſprit & ſelon la coûtume de l'Egliſe, à quoi nous nous ſommes bornez. Ce Traité cependant ne laiſſe pas d'être fort étendu, à cauſe de la multitude des ſujets & des coûtumes où l'Egliſe en uſe differemment, & dont nous parlerons plus en particulier ; ce qui n'eſt pas un petit travail, mais qui n'eſt pas auſſi d'une médiocre utilité. En effet, tous les veritables Chrétiens doivent être convaincus que rien n'eſt plus capable d'inſpirer un profond reſpect pour nôtre Religion, & de donner une haute idée de ſes Myſteres, & de faire naître dans le cœur des fidéles une tendre & veritable devotion que la majeſté, la pompe, la ſainteté, la diverſité & le grand nombre des ceremonies établies dans l'Egliſe par une Tradition ancienne, dont on ne ſçait point diſtinctement l'origine ; & qui par conſéquent, ſelon la regle que donne ſaint Auguſtin, ne peut être attribuée qu'aux Apôtres. Elles ont un air de grandeur, qui repond à la nobleſſe de leur origine, & à la ſainteté de l'Egliſe même; ce qui confond la fauſſe ſimplicité, que les heretiques des derniers ſiécles affectent dans leurs Temples, par un eſprit d'erreur & de contradiction, au lieu que nos ceremonies penetrent les ames d'une fainte frayeur, & les remplit d'une onction toute fpirituelle.

On ne pretend pas cependant foûtenir que chaque ceremonie, & la maniere finguliere de l'obferver, foit immediatement ordonnée par les Apôtres, & laiffée à l'Eglife, par une Tradition conftante, & non interrompuë ; puifque plufieurs ont été inftituées par l'Eglife même, & font differentes felon les lieux, les temps, les befoins, & autres circonftances, aufquelles on a jugé à propos & même neceffaire de s'accommoder, parce que la Religion peut abfolument fubfifter fans ces circonftances prifes fi en détail ; par exemple, le Sacrement de l'Euchariftie a été diftribué aux fidéles durant un certain temps, fous les deux efpeces du pain & du vin, & dans un autre temps, l'Eglife a retranché la coupe au commun des fidéles, pour des raifons que ce n'eft pas ici le lieu d'examiner.

On ne peut pas non plus nier que d'autres ceremonies, quoique très-anciennes, mais qui n'intereffent nullement le fond de nos myfteres, & les points effentiels de la Religion, n'ayent été changées, par la feule autorité de l'Eglife Romaine ; mais l'autorité qu'elle a à cet égard, eft fondée fur le témoignage des premiers Conciles, des Saints Peres, & enfin fur la coûtume de plufieurs fiécles, comme dans les fêtes les plus celebres, dans les prieres pour les Morts, dans la Tranflation des Reliques, & le culte des Images ; c'eft ce que l'on verra dans ce Traité. De plus, le Lecteur eft prié de remarquer que nous avons compris fous le titre general *des Ceremonies de l'Eglife*, les coûtumes, pratiques & autres obfervances, la maniére de celebrer certains Myfteres, qu'on folemnife avec plus d'appareil, qu'on ne faifoit autrefois ; de même les devotions particulieres de quelques fidéles, comme Proceffions, Pelerinages, & en un mot, tout ce que l'Eglife autorife, approuve, confeille & obferve ; mais nous avons cru que tout cela pouvoit être traité fous le nom de ceremonies ; nous ne pretendons pas cependant nous étendre fur chaque pratique ou coûtume en particulier, quoiqu'il n'y en ait aucune qui ne foit myfterieufe ; mais comme toutes ne peuvent pas fournir affez de matiéres à un difcours, nous laiffons aux Pafteurs & aux Catechiftes certains détails qui demandent une inftruction plus familiere : c'eft pourquoi nous nous arrétons aux plus importantes & plus propres à nous infpirer de hauts fentimens de nôtre Religion.

Pour ce qui eft de la maniere de traiter des fujets fi importans, on le peut faire, ou en pur Controvertifte, contre les ennemis de l'Eglife, qui les condamnent & accufent de fuperftition ; & pour cela on en fera voir l'antiquité & l'ufage ; ou bien en Prédicateur Theologien, qui en prouve la neceffité, l'utilité & la dignité, pour exciter la veneration des peuples, ou enfin en Catechifte qui inf-truit les peuples par des difcours familiers : ce font les trois manie-res que chacun employera felon fa profeffion & fon emploi, & le zele qu'il aura pour la gloire de l'Eglife.

J'ai jugé à propos d'avertir que dans la maniere de traiter ce fujet, je ne me fuis point prefcrit d'autre regle que de mettre de fuite les materiaux & les morceaux tels que je les ai trouvez dans les Auteurs qui en ont écrit ; j'ai feulement pris garde avec foin que dans la repetition que j'ai été obligé de faire des mêmes penfées, dont les Auteurs fe font fervis, elles fuffent exprimées en d'autres termes, fans m'arrêter ni m'affujettir aux differens Para-graphes, dont nous nous fommes fervis dans les fujets de Morale de nôtre Bibliotheque ; perfuadé que je fuis, qu'en lifant les mar-ges de chaque fujet, fans autre Table, ni autre abregé, les Paf-teurs ou Prédicateurs trouveront affez de quoi mettre en œuvre dans les difcours qu'ils feront obligez de faire fur quelqu'un de ces fujets.

DISCOURS PRELIMINAIRE
SUR LES CEREMONIES
DE L'EGLISE.

NOUS avons suffisamment traité dans nôtre Bibliotheque de l'établissement de l'Eglise Catholique , de son unité , sainteté , universalité , de son infaillibilité en ce qui regarde la foi & les bonnes mœurs ; & enfin de toutes les marques les plus essentielles qui la distinguent des societez qui en sont séparées par le schisme & par l'heresie , ce qu'on peut voir en ce que nous avons recüeilli sur tous ces points, dans le second Tome de la Morale , Titre : *Christianisme & Religion Chrétienne.* Dans le troisiéme Tome , où il est parlé de l'Eglise & des Ecclesiastiques , & de ce qui a raport à cette matiére. Il nous reste un troisiéme Sujet à traiter à fonds , en quoi les Sectaires des deux derniers siécles accusent injustement l'Eglise Romaine de superstition & même d'idolâtrie ; sçavoir , ses ceremonies , ses pratiques , & ses coûtumes , éloignées, disent-ils , de la simplicité de la primitive Eglise , à laquelle ces pretendus Réformateurs nous veulent ramener. C'est ce que j'ai entrepris d'examiner dans ce Traité , & de vous faire voir l'injustice de cette accusation , qui fournit à la verité matiére de quelques fades railleries aux impies & aux libertins , aussi bien qu'aux heretiques : mais non pas de preuve que l'Eglise soit déchûë de sa premiere pureté . J'ai cru même que j'en pourrois tirer des consequences toutes contraires à leurs injustes pretentions , en leur montrant les hauts sentimens de pieté & de religion , que ces saintes Ceremonies sont capables d'inspirer , quand on les envisage , ou qu'on y assiste avec le même esprit qu'elles ont été instituées. Sur quoi je remarque qu'il y a deux erreurs à combattre , toutes deux également dangereuses , & contraires à l'Esprit de Dieu , qui les a inspirées. La premiere est de ceux qui en ont pris occasion de scandale : comme d'autant de nouveautez , en partie superstitieuses , & en partie inutiles , & même opposées au veritable culte qu'on doit rendre à Dieu en esprit , & en verité. La seconde erreur toute contraire à la premiere , est propre de ceux qui dans la Religion ne s'attachent qu'aux ceremonies extérieures , sans élever leur esprit à ce qu'elles signifient , ou à ce qu'elles representent ; ensorte qu'ils se persuadent par une illusion assez ordinaire , que toute la Religion & la pieté chrétienne consiste à s'aquitter extérieurement de ces devoirs ; deux erreurs bien opposées , comme vous voyez , que je veux m'efforcer de combattre. Contre la premiere je veux vous faire voir combien les ceremonies extérieures sont necessaires pour maintenir & conserver la Religion. Contre la seconde je veux montrer que ce n'est pas seulement en cela que la Religion consiste , & que ce n'est pas assez de s'en aquitter , ou d'y assister extérieurement , pour remplir les devoirs d'un veritable Chrétien.

Pour combattre d'abord l'erreur des heretiques & des impies , sur les Ceremonies que l'Eglise observe , & qui même la distinguent extérieurement des societez schismatiques , qui sont séparés de sa communion : Permettez-moi de supposer de certains principes , dont il faut que tous les partis convienent , & sans quoi il est impossible de rien établir. Le premier est que ces ceremonies ne faisant pas l'essence de nôtre Religion , & n'étant pour la plûpart , que pour en celebrer les mysteres avec plus de bienséance & plus d'aparel ; quand on leur accorderoit qu'il s'y pourroit glisser quelque défaut , ou que la simplicité des peuples y auroit introduit quelques abus , en quelque lieu particulier , on seroit trés-mal fondé de les blâmer toutes , ou de conclure de là , que la Religion seroit corrompuë , ou qu'elle auroit dégeneré en superstition : parce que l'essentiel d'une chose peut subsister indépendamment de ce qui n'en est que l'accessoire : comme le corps peut demeurer entier dépoüillé de l'habit & des ornemens qui le couvrent. Ainsi quelque acharnement que témoignent les heretiques dans leurs écrits , contre nos saintes Ceremonies , que les uns tournent en ridicules , & que les autres censurent avec des impietés , qui ne peuvent venir que de l'esprit d'erreur ; & quoique les autres croyent qu'il suffit de les re-presenter & de les dépeindre , pour en condamner l'usage , comme s'ils avoient en ce point un avantage considerable sur l'Eglise Catholique , & qu'il ne fût besoin que des yeux pour en juger.

Le second principe que je présupose comme incontestable , est que quoique la Religion soit indépendante de chaque ceremonie en particulier , cependant elle n'a jamais été , ni ne peut être sans quelques ceremonies extérieures , en parlant en general. Il n'est pas ne-cessaire de vous en faire une induction ennuyeuse , ni d'en chercher des exemples dans l'ancienne Loi , & jusques dans le Paganisme même , & dans les superstitions les plus dé-criées ; il suffit de dire que la Religion n'étant que pour rendre le culte à la Divinité que l'on reconnoît , & pour en faire un aveu public ; ce culte exterieur ne peut être sans quel-que marque de respect , de déference , d'invocation , ce qu'on apelle ceremonie religieuse ; & nos heretiques mêmes qui les ont abolies autant qu'ils ont pû , ne sont-ils pas forcés d'en pratiquer quelques-unes dans leur Baptême , & particulierement dans leur Cene , qu'ils reçoivent avec respect , & pour laquelle ils demandent même quelque preparation. Or , la difference qui est entre leurs ceremonies & les nôtres , les doit assés convaincre qu'elles sont necessaires en quelque religion que ce puisse être , & que les changemens qu'on y fait n'en détruisent , ni n'en alterent point la substance , qui consiste dans la foi des verites & des mysteres qu'elle croit , & dans le culte qu'elle rend à la Divinité qu'elle adore.

Enfin , c'est un troisiéme principe , dont nos pretendus Réformateurs sont mêmes conve-nus , que dans les quatre ou cinq premiers siécles , l'Eglise n'étoit point encore corrompüe; comme ils parlent ; mais qu'elle subsistoit dans sa pureté Et quoiqu'ils varient un peu sur ce chapitre , comme sur plusieurs autres , & qu'aujourd'hui les uns étendent ce tems plus loin , & les autres l'abregent en remontant plus haut : il s'ensuit toûjours manifestement qu'ils ne peuvent condamner ni d'erreur , ni d'abus , ni de superstition des ceremonies , dont l'usage a été observé aussi religieusement dans ces siécles heureux , que dans les deux der-niers , qu'ils regardent comme les plus corrompus à cet égard , & ausquels ils ont com-mencé la réforme de l'Eglise , par retrancher les plus mysterieuses ceremonies , & les plus capables d'inspirer de grands sentimens de Religion.

Ces principes donc présuposés , je soûtiens que ceux qui accusent l'Eglise d'erreur sur ce point , sont eux-mêmes dans une pernicieuse erreur , & dans une illusion manifeste : Et que ces choses , quoiqu'accidentelles à la Religion , par lesquelles ils ont commencé leur schis-me , étant justifiées par une coûtume & tradition immémoriale ; ils sont maintenant obligés de rentrer dans son sein , & à tirer un avantageux préjugé sur les verites les plus essentielles , dont la créance les réünira au Corps mystique du Sauveur. Et comment cela ? Je vous prie de les lire avec attention.

C'est , M. que ces ceremonies qu'ils accusent de superstition , sont instituées pour nous imprimer une idée plus vive des augustes mysteres qu'elles representent , & par ce moyen nous en instruire plus sensiblement. C'est ainsi que celles du Baptême , du sacrifice de l'Au-tel , de la consecration des Prêtres & des Temples , & d'autres semblables rapelent à nôtre esprit , ce qui s'est passé à la Croix , ou ce qui se fait invisiblement dans nos ames , par ce qu'elles representent visiblement. En second lieu , c'est que par cet exterieur , qui frape nos sens , elle pretend nous inspirer de plus vifs sentimens de respect & de religion : à quoi contribuent les ornemens des Autels , les habits de ses Ministres , les prieres publiques , les processions , les flambeaux , & tout ce qui est employé pour celebrer le service divin avec plus d'apareil. Et en troisiéme lieu , pour entretenir l'union & la charité entre les fidéles , qui conspirent tous dans le même dessein , par leur présence , par leur assiduité à s'y trouver , & à marquer par là , qu'ils participent tous aux mêmes mysteres. Developons un peu ces raisons qu'a eu l'Eglise d'instituer ces ceremonies si utiles , puisqu'elles en justifient encore l'usage.

Premierement donc , elles sont toutes mysterieuses , & les choses mêmes qui y sont em-ployées , s'apellent Sacramentelles en partie pour ce sujet ; parce qu'elles ont du raport à l'effet des Sacremens , ou qu'elles nous y disposent , ou bien parce qu'elles rapellent le sou-venir des mysteres qui sont maintenant accomplis : tel est le signe de la Croix qui y est souvent employé , & qui est comme la marque qui distingue exterieurement les fidéles de la plûpart des heretiques. Je ne pretends pas m'étendre sur chaque ceremonie en particulier, ni vous expliquer les grands mysteres qu'elles representent : mais en les considerant en general, je dis qu'au lieu d'être inutiles ou superstitieuses, l'Eglise ne pouvoit mieux nous instruire des mysteres qu'elle celebre, & nous en inspirer des sentimens plus conformes au dessein du Fils de Dieu, que par ces signes sensibles. Je sçai, par exemple, que l'institution du sacrifice de la Messe, qui est le sacrifice propre, unique & perpetuel de la Religion Chrétienne, est de representer celui de la Croix. Mon sujet ne demande pas que je justifie la verité de ce sacrifice non-sanglant, comme l'ont apellé les Peres mêmes des premiers siécles : jamais on n'en a seulement douté dans la primitive Eglise ; mais ce sentiment y ayant toûjours été reçû comme l'un des plus essentiels articles de nôtre foi : je dis seulement que rien ne nous instruit mieux de la maniere dont ce sacrifice sanglant a été consumé sur la Croix, que les ceremonies avec lesquelles l'Eglise celebre cet adorable Mystere. Les ornemens du Ministre representent jusqu'aux habits, dont le premier Prêtre de la nouvelle Loi fut revêtu ; le voile dont son visage fut couvert, les liens dont il fut garoté ; tout y est marqué, tout y est dépeint autant qu'une representation le peut permettre ; on y exprime les stations qu'il fit en portant sa Croix : l'Autel est la figure du Calvaire, la séparation du Sang qui est mis à part dans le Calice, marque l'effusion qui en fut faite sur la Croix, & la consomption des especes Sacramentelles est une vive image de la destruction de la victime necessaire en tout veritable sacrifice. Il n'y a pas un geste en toute cette auguste ceremonie, qui n'ait quelque raport au sacrifice de sa mort. D'où je conclus que si c'est le veritable Corps du Sauveur, & le même qui fut offert sur la Croix, lequel est maintenant sacrifié sur nos Autels, les invectives des impies, & les railleries des heretiques sont autant de blasphemes : car avant que d'être en droit de blâmer ce culte que nous rendons au Sauveur, en faisant ce qu'il a commandé de faire en memoire de lui, il faudroit qu'il fût constant qu'il ne fût qu'en figure dans ce divin Mystere, comme le publient les Calvinistes, encore font-ils eux mêmes quelques ceremonies dans leur cene ; & il n'y en a point parmi eux qui ne croyent que ce ne soit une profanation criminelle d'en user comme d'un pain ordinaire, & de le recevoir sans respect : puisqu'ils ne pourroient se garantir des anathêmes de saint Paul, qui marque comme le plus grand de tous les crimes, de ne point faire de distinction entre le Corps du Seigneur, & les autres mets communs ; il faut donc qu'ils y aportent quelques ceremonies : Et comme il est le plus grand de leurs Sacremens, peuvent-ils eux-mêmes marquer trop de respect à l'égard de ce grand mystere ? Or, quel seroit ce respect sans quelque marque extérieure, qui témoigne l'estime & le sentiment qu'on a conçu interieurement ; ils sont donc toûjours injustes de blâmer ce qu'ils font eux-mêmes, & d'improuver dans les autres, ce qu'ils ne peuvent faire eux mêmes avec trop d'apareil & de ceremonie, quand même le mystere ne contiendroit autre chose, que ce qu'ils en croyent.

Ne touchons point ici à la réalité du Corps & du Sang d'un Dieu dans l'adorable Eucharistie ; je dis seulement que ce qu'ils alleguent pour détruire le culte qu'on rend à l'adorable Sacrement de l'Autel, & au sacrifice non sanglant ; sçavoir, les ceremonies qu'on employe pour l'honorer, est ce qui les convainc eux-mêmes d'impiété ; puisque l'Eglise ne les auroit pas employées de tout tems, si elle n'avoit été bien persuadée que ce Sacrement contient le veritable Corps du Sauveur, & que ce sacrifice est le même en substance que celui de la Croix ; parce qu'une partie de ces ceremonies ne se peuvent pratiquer qu'à l'égard d'un Dieu, telle qu'est l'adoration ; & que les autres suposent que c'est lui-même que l'on reçoit réellement, & non-seulement en figure ; comme celles que l'on apporte pour participer dignement à un si grand mystere, & d'autres qui seroient vaines & inutiles sans cela. Car si la profession extérieure est la marque & la preuve des sentimens qu'on a dans le cœur, comme parle l'Apôtre, ces ceremonies qui suposent un culte qui ne se peut rendre qu'à Dieu seul, ayant été instituées dès les premiers siécles, & quelques-unes même du tems des Apôtres, ne faut il pas conclure que ceux qui les accusent de superstition, accusent d'erreur l'Eglise instituée par Jesus-Christ, & qu'ils avoüent eux mêmes avoir conservé la pureté de sa foi durant quatre ou cinq siécles, & par conséquent qu'ils sont eux mêmes dans la plus grossiére erreur.

Que s'ils nous disputent l'antiquité de ces ceremonies, qui est la seule voye qu'ils prennent pour éluder la force de ce raisonnement ; ce sont des faits contre lesquels on ne peut s'inscrire en faux, sans renoncer à toute foi humaine, & aller contre le témoignage de tous les Peres, de tous les Historiens, & de la Tradition constante de tous les siécles.

Souffrez

Souffrez que je vous fasse seulement un petit détail de celles que nos Réformateurs croyent les plus inutiles, & les plus superstitieuses. On voit dans les écrits de saint Epiphane, *Cath. 5.* de quelle figure étoit l'hostie que l'on consacroit, & qui est la même que celle d'aujourd'hui ; dans saint Cyrille de Jerusalem, l'ablution que faisoient les Prêtres avant que *Epist. 57.* sanctifier les especes par la consécration. On lit dans saint Augustin, des paroles qui ne laissent pas lieu de douter que la Préface que l'on dit dans cet Auguste sacrifice, ne fût conçûë en mêmes termes que ceux dont l'Eglise se sert aujourd'hui. Saint Ambroise, *L. 4. de Sacr.* après les anciennes Liturgies, raporte les mêmes termes du Canon. Le nom de Messe *c. 5.* que nos heretiques ont tant en horreur, se trouve dans le même Auteur, & dans les Peres les plus anciens. Saint Augustin raporte la coûtume de l'offrir pour les fidéles dé- *L. de spiritu* funts. Nous voyons dans saint Basile l'élevation de l'Hostie & du Calice, pour les exposer *Sancto. c. 17.* à l'adoration du peuple, comme elle se pratique encore aujourd'hui : dans saint Cyrille *Cath. 5.* de Jerusalem, qu'on y récitoit l'oraison Dominicale ; dans saint Chrysostome, qu'on y faisoit le signe de la Croix. Nous sçavons jusqu'aux paroles, que saint Gregoire le grand, & saint Leon y ont ajoûté. Mais que doit-on conclure de là ?

Il faut conclure que nous faisons en ce point ce que l'ancienne Eglise a pratiqué du tems même que nos adversaires avoüent sa doctrine étoit saine ; & par conséquent ses ceremonies saintes & sans superstition. Il faut conclure que les mêmes saints Peres, qui ont été les lumieres & les oracles de leur siécle, n'ont point inventé ces ceremonies ; mais qu'ils les ont reçuës par une Tradition constante des Peres qui les ont precedez : que ces personnes si éclairées, & d'un zele si ardent, n'auroient pas manqué de se récrier contre l'abus & contre la superstition, s'ils y en eussent remarqué, comme ils n'ont jamais manqué de le faire, lorsque la simplicité des peuples en a introduits, ou qu'ils ont abusé des pratiques établies ; telle qu'étoit la coûtume de faire des festins sur les sépulchres des morts, à l'exemple des Patriarches de l'ancienne Loi. Il faut enfin conclure avec saint Augustin, que c'est l'effet de la derniere temerité, & qui va, dit ce saint Docteur, jusqu'à l'impudence de condamner, ou d'improuver ce qui est autorisé par la coûtume ancienne & universelle de toute l'Eglise : Et que dans ces coûtumes & dans ces pratiques, dont on ne peut trouver l'origine, il faut remonter jusqu'aux Apôtres, & croire qu'ils en sont les Auteurs.

Je pourrois faire le même raisonnement de toutes les autres ceremonies qui sont en usage dans l'Eglise, comme celles qui se pratiquent dans le Baptême, & dans les autres Sacremens : Et s'il y en a quelques-unes, dont l'institution soit plus récente, il suffit que l'Eglise, qui est gouvernée par l'Esprit de Dieu, & à laquelle il a promis son secours, les ait jugées propres à ses desseins, pour obliger les fidéles à les respecter.

En effet, son dessein n'a pas seulement été de nous instruire, par ce qu'elles representent, & par ce qu'elles signifient ; mais en second lieu, de nous exciter à la pieté, & de nous inspirer des sentimens conformes aux mysteres qu'elle a voulu representer. Car enfin, M telle est la nature de l'homme en ce monde ; comme il ne connoît les objets que par le ministere des sens, d'où dependent originairement ses connoissances ; la pompe & la majesté des ceremonies que l'Eglise employe pour rendre à Dieu le culte qui lui est dû, n'est pas d'un petit secours pour nous inspirer une haute idée de sa suprême Majesté, & pour nous imprimer le respect & la soumission que nous lui devons ; comme la magnificence Royale, avec laquelle un Souverain est servi, logé & obéi, dans sa Cour, le rendent plus respectable, que quand il est mêlé parmi la foule, & que l'on traite avec lui, sans nulle marque de distinction.

C'est aussi la même impression que fait sur nos esprits & sur nos cœurs l'éclat exterieur de nos ceremonies ; & c'est dans cette vûë qu'aux fêtes les plus solemnelles, ausquelles on rapelle le souvenir des mysteres les plus touchans, l'Eglise observe des ceremonies qui leur sont convenables ; tantôt avec un apareil lugubre, comme au tems de la mort du Sauveur, & tantôt qui inspire une sainte allegresse, comme à sa Naissance & à sa Resurrection : Et l'effet qui en réüssit, est, que les uns ne peuvent retenir leurs larmes par un excès de joye, & les autres penetrez d'un vif ressentiment de leurs pechez, en obtiennent le pardon ; ceux-ci conçoivent une crainte religieuse de la Majesté divine, ceux-là ont confiance dans sa bonté, & dans sa misericorde, & les autres en reviennent avec une plus haute estime de la Religion même, comme il est arrivé, il n'y a pas encore long-tems, qu'un Protestant de qualité étant à Rome inconnu, & ayant eu la curiosité de voir les Augustes ceremonies qui se faisoient dans la premiere Eglise du monde, au jour d'une fête solemnelle, où le

é

souverain Pontife devoit lui-même celebrer les saints Mysteres, en fut si surpris & si vivement touché tout à la fois, qu'il s'écria, qu'il n'y avoit que dans la veritable Eglise où
Dieu fût honoré de la sorte, & ensuite vint se jetter aux pieds du Pere commun, pour
faire l'abjuration de ses erreurs, & demander d'être reçu dans le sein de l'Eglise, où Dieu
étoit servi avec un culte si religieux. C'est le fruit qu'ont coûtume de produire ces ceremonies exterieures ; l'histoire Ecclesiastique nous en fournit mille exemples, & il y a peu
de personnes qui n'en retire du moins quelque sentiment de pieté

Ajoûtez, en troisiéme lieu, qu'elles ne contribuent pas peu à conserver la Religion même : Et j'oserois dire, qu'il en est à peu près comme dans la nature, où ce que nous appellons accidens est tellement necessaire pour la conservation des substances, que si d'un
côté les uns ne peuvent naturellement subsister sans être soutenus ; de l'autre, les corps
s'alterent, perissent & se changent si-tôt qu'ils en sont dépoüillez. Ainsi, je tombe d'accord que l'essentiel de la Religion consiste dans l'extérieur, comme l'a dit le Fils de Dieu
Joan. 4. lui-même : *In spiritu & veritate oportet adorare.* Cependant si cette religion demeuroit
sans aucun exercice extérieur, sans Ministres & sans ceremonies, les sentimens intérieurs
n'ayant rien qui les pût entretenir, ou les rapeller de tems en tems, s'affoibliroient insensiblement, on n'en peut douter, & ne pourroient subsister long tems, sans ces actes extérieurs que nous apellons ceremonies.

L. 4. Inst. c. 10. Cette verité est si constante, que Calvin même, qui en a senti la force, après s'être épui-
§. 14. sé en raisons & en invectives pour les combattre, a été enfin contraint d'avoüer qu'il est
à propos d'en retenir quelques-unes ; parce que ces choses soulagent l'ignorance des peuples, & il pouvoit bien ajoûter qu'elles excitent encore la pieté des mieux instruits Aussi
en convient-il ailleurs, qu'il est bien juste que les fidéles témoignent par des signes sensibles, la reverence & l'honneur qu'ils portent à Dieu ; & que pretendre abolir toutes les
ceremonies, c'est introduire une confusion brutale. Admirez ici la force de la verité. Cet
hérésiarque ne se condamne-t-il pas lui même par son propre aveu ? Il n'a pas eu dessein de
renverser tout-à-fait la Religion Chrétienne, quoique plusieurs de ses principes & de ses
erreurs tendent là ; c'est pourquoi il n'a osé abolir toutes les ceremonies extérieures ; mais
il a prétendu changer & réformer cette religion, en réformant l'Eglise ; & pour cela il n'a
pu trouver de moyen plus propre pour en corrompre les sentimens & la doctrine, qui en
est l'essentiel ; qu'en changeant une partie de ses ceremonies, & en abolissant les autres.
Il voyoit la liaison étroite qu'il y avoit entre le culte extérieur & l'intérieur, qui sont les
actes de la Religion. Il sçavoit qu'ils s'entre-soûtiennent, & que la destruction de l'une
entraîne la ruine & la destruction de l'autre ; afin donc de corrompre les veritables sentimens de la Religion, il a commencé par ce qui les entretient, & par ce qui les conserve.

Dallié, en son Que si les Sectateurs du schisme, & des erreurs de leur Maître, avoüent que l'unité de
apol. p. 32. l'Eglise peut subsister avec la difference des ceremonies qui se pratiquent differemment,
même dans la Communion de Rome, comme ils parlent ; je leur soûtiens, que cela ne se
peut, universellement parlant, que d'autres équivalentes ne signifient ou ne representent les mêmes veritez. Telles étoient celles de l'Eglise Grecque avant son schisme,
dans la celebration des saints Mysteres, & dans l'administration des Sacremens. Mais ce
que nos heretiques en ont retranché, a été pour autoriser leurs erreurs dans la foi, &
pour se distinguer par là de l'Eglise Romaine, dont ils se sont separez ; tant il est vrai que
les ceremonies de l'Eglise sont tout à la fois une déclaration solemnelle de ses sentimens,
& un moyen efficace de les inspirer, & de les entretenir dans l'esprit des fidéles.

D'où j'infere premierement, que tout ce qui apartient à l'Eglise nous doit être respectable, & jusqu'à ses plus petites ceremonies ; parce que c'est à elle de regler ce qui regarde
la Religion & le culte de Dieu, & qu'étant inspirée de l'Esprit divin, qui la conduit : elle
n'établit rien, qui n'ait du raport à cette fin ; & qu'ainsi toutes les censures & les invectives des heretiques, toutes les railleries qu'en font les libertins ; ces gestes mimiques qui
les tournent en ridicules & ces paroles consacrées à nos plus saints Mysteres, qu'ils apliquent
aux choses les plus profanes, sont autant d'impietez & de blasphemes qui attirent les maledictions de Dieu, & souvent ses plus redoutables vangeances. Car si on ne peut sans une
impieté sacrilege, faire du culte de Dieu l'objet de ses railleries, sera-t-il permis de plai-
santer sur les ceremonies qui sont la maniere dont il veut être honoré ? Et s'il y a une
liaison étroite entre le culte & la maniere de le rendre, peut-on mépriser l'une sans mépriser l'autre, & sans se rendre coupable de la même impieté ?

J'infere de là en second lieu, qu'un Chrétien qui a de veritables sentimens de sa religion , ne peut mieux les faire connoître que par le refpect qu'il a pour toutes les ceremonies de l'Eglife , & par l'affiduité à s'y trouver , par l'attention & le recüeillement durant qu'elles fe font : & en un mot , par la veneration qu'il a pour tout ce qui regarde le culte divin ; comme au contraire , c'eft par le peu d'eftime qu'on en fait , que commence le réfroidiffement dans la pieté , que le libertinage en matiere de religion , s'introduit peu à peu , & qu'on en vient enfin jufqu'à l'impieté déclarée. Ainfi nous ne marquerons jamais mieux nôtre attachement à la foi , & nous ne nous affermirons jamais davantage dans les fentimens de l'Eglife , que par l'eftime & la veneration que nous aurons pour fes moindres pratiques. Je n'en dis pas davantage fur ce fujet ; mais fi ceux qui les cenfurent ou qui les accufent de fuperftition , font eux-mêmes convaincus d'une manifefte impieté. Il y a une autre erreur fur cette matiere , qui n'eft pas moins dangereufe , & qu'il n'eft pas moins important de détruire ; c'eft celle qui fait confifter en cela , tout l'effentiel de la Religion , en fe contentant de cet extérieur , & pour ainfi parler , du corps , fans en avoir l'efprit.

Comme la vertu de religion qui regarde le culte de Dieu , & qui régle l'ufage qu'on **II. PARTIE.** doit faire des chofes faintes , tient le premier rang entre les vertus morales ; elle a auffi cela de commun avec toutes les autres , qu'elle confifte dans un certain milieu , qu'on apelle médiocrité , c'eft-à dire , qu'on y peut pécher par excès ou par défaut ; & que ces deux extrémitez font également vicieufes. Ainfi après vous avoir fait voir que les ceremonies de l'Eglife étant toutes faintes , c'eft une erreur de les condamner , & une marque de peu de religion de n'y pas prendre la part , que nous devons. Il s'agit maintenant de l'excès qu'on y pourroit commettre , ou de l'abus qu'on en pourroit faire ; c'eft de fe perfuader que toute la pieté Chrétienne , & les devoirs effentiels de nôtre Religion , confiftent à s'aquitter de ces ceremonies extérieures ; enforte que plufieurs n'ont que l'extérieur du Chriftianifme , & ne font Chrétiens , pour ainfi dire , que par ceremonie.

Pour les tirer de cette erreur , qui n'eft pas moins dangereufe que la premiere , je dis que c'eft abufer de la Religion , & introduire les excès & les defordres les plus blâmables dans les mœurs. Je les reduis ces excès , ou plûtôt ces defordres , à trois ordinaires , qui , comme remarque faint Auguftin , fe trouvent ordinairement dans ceux qui n'ont que le corps & les dehors de la Religion , fans en avoir l'efprit : ce font l'hypocrifie , la fuperftition & la préfomption dans leur fauffe pieté ; trois vices que le Sauveur du monde a fouvent reproché aux Pharifiens , à l'occafion des ceremonies de la Loi ; & faffe le Ciel que les maledictions qu'il donne à ces fuperftitieux obfervateurs , & qu'un faint Pere craignoit pour les Chrétiens de fon tems , ne tombent point fur le nôtre : *Væ nobis ad quos Pharifæorum vitia tranfierunt.*

Je ne fais pas ce fouhait fans raifon ; puifqu'on voit aujourd'hui des Chrétiens , qui ne font pas moins hypocrites que les Pharifiens de l'ancienne Loi , en mettant comme eux , tous les devoirs de la pieté & de la religion dans ces ceremonies extérieures ; ce qui leur att re le même reproche que fit autrefois le Fils de Dieu : *Populus hic labiis me honorat ,* **Matth. 25.** *cor autem eorum longè eft à me.* C'eft des lévres feules que ce peuple fait profeffion de m'honorer , pendant que fon cœur , d'où doit partir ce culte , eft bien éloigné des fentimens dont il devoit être tout penetré. Et comme le Sauveur femble rendre raifon du reproche qu'il leur fait , par un détail des ceremonies extérieures , & des obfervances aufquelles ils étoient fcrupuleufement attachez , on ne peut douter qu'étant féparées de l'efprit de la Loi , & des veritables fentimens d'une pieté intérieure , elles ne fuffent une pure hypocrifie , & même l'efpece la plus connuë & la plus ordinaire de ce vice fi odieux & fi criminel aux yeux de Dieu. Ces Pharifiens ne gardoient que l'extérieur de la Loi , c'étoit leur grand défaut : ces ceremonies & ces obfervances étoient faintes , puifqu'elles étoient établies par l'ordre de Dieu même ; mais ils en abufoient en les préférant aux devoirs les plus effentiels : fçavoir , à la charité , à la mifericorde , à la juftice & autres vertus , à quoi la Loi les obligeoit ; & leurs ceremonies , qui euffent été autant d'actes de Religion , fi elles euffent été finceres , ne fervant qu'à couvrir leurs vices & leurs defordres , étoient juftement rebutées de Dieu , & lui étoient un objet d'abomination , comme les Prophetes l'ont fi fouvent déclaré.

Helas , M. ne ferions-nous point coupables de ce crime ? Et les vices des Pharifiens ne font ils point en effet venus jufqu'à nous ? Il y a des perfonnes aujourd'hui , qui font régulieres jufqu'au fcrupule , à affifter au divin fervice tous les jours , à écouter avec attention la parole de Dieu , qui font de toutes les Confrairies , & de toutes les Affemblées

de pieté, il n'y a point de fêtes qu'elles ne celebrent, point d'Eglises qu'elles ne fré-
quentent, point de ceremonies où elles ne se trouvent ; à Dieu ne plaise, que je blâme
ces pratiques si loüables, & ces exercices si saints ; cependant je suis obligé de leur dire que tout cela n'est que le dehors de la pieté, ou si vous l'aimez mieux, des moyens
de l'acquerir ; & que si les sentimens du cœur n'y répondent, si l'observation des preceptes
de l'Evangile n'accompagne ces pratiques extérieures ; si les vertus solides, telles que sont
la patience, la charité, la penitence, le pardon des injures ; en un mot, si une sainte vie ne
soutient ces exemples de pieté, & ces exercices publics de leur religion ; si elles cachent
sous cet extérieur édifiant, des vices particuliers, des passions violentes, une animosité secrete contre le prochain, une ardente avarice, des commerces honteux, une vie déréglées,
ce sont des Pharisiens, non de l'ancienne, mais de la nouvelle Loi, & de veritables hipo-

Matth. 23.
Luc. 11.
Ibid.

crites, qui n'ont qu'une pieté apparente : *Væ vobis Pharisæi, qui decimatis menthum, &c.*
Qu'elles écoutent donc ce salutaire avis du même Sauveur, qui a si souvent marqué son
indignation contre cette fausse pieté : *Hæc oportuit facere, & illa non omittere.* En s'acquittant
de ces devoirs avec tant de regularité, il ne faut pas omettre ni violer les autres qui sont
plus essentiels : il ne faut pas faire le capital de ces ceremonies légales, en laissant celles
qui sont d'une plus indispensable obligation ; autrement, continue le Fils de Dieu, c'est
être comme ces sepulchres blanchis, qui ont au dehors la plus belle apparence du monde,
mais qui ne renferment au dedans que des ossemens & des cadavres pourris : mais poursuivons.

En second lieu, ces ceremonies saintes en elles-même, deviennent quelquefois superstitieuses, à l'égard de bien des gens qui les employent à d'autres usages, que ceux pour
lesquels elles sont instituées, ou qui leur attribuent plus de force & de vertu que Dieu ne
leur en a donné, ou qui les pratiquent pour des fins temporelles, à quoi l'Eglise ne les a
pas destinées. Telles étoient devenuës la plûpart des ceremonies de l'ancienne Loi, lorsque le Fils de Dieu vint au monde pour les abolir : ou plûtôt tel étoit l'usage que les Pharisiens en faisoient de son tems, contre la pratique ancienne ; comme quand ils tour-
noient à leur profit les offrandes du Temple, aux dépens du précepte, qui obligeoit d'assister son Pere & sa Mere dans la necessité ; & vous sçavez avec quelle force le Sauveur reprit & condamna cette superstitieuse impieté. Je sçai bien que vous aurez de la peine à
vous persuader que des Chrétiens abusent en cette manière de nos plus saintes ceremonies ;
il n'est cependant que trop vrai, & même trop ordinaire.

Car qu'est-ce que superstition, & qu'entend-t-on par ce terme si odieux dans la Religion
chrétienne, qui les a toutes abolies ? C'est, dit saint Thomas, un culte opposé par excès
à la Religion : Non qu'on puisse jamais trop honorer la souveraine Majesté ; mais parce
qu'on l'honore d'une manière irréguliere, & avec des circonstances qu'il ne peut approuver. Comme si un Ministre du Seigneur exerçoit les fonctions Pastorales, sans autorité
legitime, sans mission, sans jurisdiction ; si un intrus usurpoit le ministere d'un legitime
Pasteur ; si un Laïque s'ingeroit dans les fonctions qui sont attachées à l'Ordre, ou à
quelque dignité Ecclesiastique ; si l'on proposoit à la veneration des peuples de fausses reliques, ou si l'on feignoit des miracles pour autoriser une chose douteuse ; si l'on se servoit des choses saintes, pour des effets ausquels l'Eglise ne les a jamais employez ; comme
seroit pour sçavoir les choses à venir, pour découvrir des choses cachées, pour tirer des
augures de quelque heureux évenement, ou enfin, si on leur attribuoit une vertu infaillible pour quelque effet surnaturel. Qui doute que dans ces usages, il n'y eût de la supersti-

ad Galat. 4.

tion, & que le reproche que saint Paul faisoit autrefois à ceux qui s'étoient convertis du
Judaïsme à la foi, ne s'adressât à ces Chrétiens superstitieux ? *Quomodo convertimini ad in-
firma, & egena elementa ? Dies observatis, & menses, & tempora, & annos.* Après que
vous avez eté reçus au nombre des fidéles, n'abusez pas de nos ceremonies : il vous servira de peu d'avoir quitté les anciennes d'une Loi, qui a cessé, si vous abusez des nouvelles,
pour observer superstitieusement les jours & les mois, les saisons & les années, c'est les
employer à une fin pour laquelle elles n'ont pas été instituées. Mais comme ces abus sont
rares, je ne m'y arrete pas.

Voici quelque chose de plus ordinaire, & de plus à craindre : Appellez le de quel nom
il vous plaira, abus, illusion, erreur, superstition : il y a quelque chose de tout cela dans
la conduite de ceux qui croyent qu'il suffit pour avoir une assurance certaine de leur salut,
de s'acquitter des ceremonies, d'etre inserez en telle Confrairie, ou d'entrer dans telle asso-
ciation, faire régulierement telles prieres, ou tel pélerinage, ou de s'acquitter de certains

devoirs, qu'ils se font eux-mêmes prescrits par une dévotion arbitraire. J'ai déja dit que toutes ces ceremonies sont saintes en elles-mêmes, quand elles se pratiquent dans l'esprit de l'Eglise, & dans les vûës pour lesquelles elles sont instituées : & j'ajoûte ici de plus, que de les blâmer, sous prétexte qu'il s'y peut glisser des abus ; je crois que c'est priver les fidéles d'un des plus puissans secours qu'ils ayent pour leur salut. Ce que je prétend donc, c'est de tirer de l'illusion ceux qui s'imaginent avoir une marque assurée & infaillible de leur prédestination, en s'acquittant de ces pratiques extérieures ; au lieu que l'intention de l'Eglise sur ce point, n'a jamais été autre que de leur donner des secours & des moyens de vivre plus saintement. Car comme son sentiment n'a jamais été que la sainteté consiste en cela, c'est tomber dans l'illusion des Pharisiens, qui s'imaginoient que l'accomplisse-ment de toute la Loi, dépendoit des ceremonieuses pratiques ausquelles ils étoient atta-chez jusqu'à la superstition ; & tout le bien qu'on en peut maintenant attendre, est qu'el-les servent infiniment pour aquerir un veritable esprit de pieté, & qu'on ne peut mieux marquer l'attachement qu'on a aux sentimens de l'Eglise, que de s'acquitter des devoirs qu'elle nous prescrit, & ausquels elle nous excite : mais de croire qu'elle n'exige autre chose de nous, ou que nous soyons saints & parfaits, ou sûrs de nôtre salut, dès là que nous nous aquittons de ces ceremonies, ou de ces pratiques extérieures avec quelque régu-larité, c'est une dangereuse illusion : en voici la raison.

C'est qu'en s'éloignant en ce point du sentiment de l'Eglise, qui n'a jamais prétendu nous inspirer cette securité, on tombe dans un esprit d'orgüeil & de présomption, qui ra-vit tout le mérite des actions mêmes dans lesquelles ces personnes mettent toute leur con-fiance. C'est ce que nous aurions de la peine à nous persuader si le Fils de Dieu même ne l'avoit appris dans la parabole du superbe Pharisien, qui prit de là occasion de faire son propre éloge dans le Temple, pendant que l'humble Publicain y paroissoit tout confus, & s'appelloit un miserable pecheur : *Deus propitius esto mihi peccatori*. Le Sauveur du monde *Luc. 18.* a bien voulu faire remarquer la difference de la priere de l'un & de l'autre : *Pharisæus stans* *ibid.* *apud se orabat.* Le Pharisien se tenoit debout, & rendoit graces au Seigneur, de n'être pas semblable au reste des hommes, qu'il regardoit bien au-dessous de lui, en matiére de vertu & de religion. Hé ! d'où lui venoit cette confiance si téméraire, & cette présomption si outrée ? *Jejuno bis in Sabbatho*, disoit-il, *decimas do omnium quæ possideo.* Je jeûne deux fois la semaine, je donne la dixme de tout le bien que je possede. Il étoit grand ob-servateur de la Loi, mais il n'avoit pas pour cela l'esprit de la Loi. Il n'y avoit qu'orgüeil & que présomption dans toute sa conduite ; & toutes les bonnes œuvres qu'il faisoit par un motif de vaine gloire, ne lui aqueroient aucun mérite devant Dieu ; elles lui enfloient seu-lement le cœur, ensorte qu'il se croyoit plus saint, plus juste, & plus parfait que le reste des hommes.

C'est tout l'effet que l'on doit attendre de ces devoirs extérieurs de Religion, quand ils ne sont pas accompagnez de l'esprit intérieur. Superbe Pharisien ! faux dévot ! Chrétien hipocrite ! qui change l'Eglise en une Synagogue, & la Religion chrétienne en une Loi ceremonieuse, & remplie de pratiques, qui observées sans l'esprit de pieté, ne sont propres qu'à nous inspirer une haute idée de nous-mêmes, & un mépris insupportable de tout le monde. De là vient que quoique l'orgüeil soit toûjours à craindre, & qu'on s'en doive donner de garde dans toutes les actions de vertu, il se glisse néanmoins plus facilement dans l'observation réguliére de ces sortes de devoirs, qui font regarder un homme sur le pied d'une pieté extraordinaire, qu'on voit assister à tous les exercices de devotion, & qu'on a coutume de proposer comme un modéle de vertu ; de maniére que si ces prati-ques extérieures ne sont soutenuës d'un fond veritable de pieté, & d'un veritable esprit de Religion, il y a danger qu'elles ne dégénerent en ceremonies de Pharisien.

De tout ceci, concluons que ces ceremonies toutes seules, & dénuées de l'esprit inté-rieur qui les doit accompagner, ne sont pas capables de nous sauver ; sans les vertus solides, sans la penitence, la charité, & l'observation exacte & entiére des Commandemens de Dieu ; qu'on ne peut disconvenir que ce ne soit de très-pieuses & de très-saintes actions, qui peuvent nous attirer des graces particulieres, contribuer à nôtre salut, & à celui du pro-chain, par le bon exemple qu'on leur donne en s'acquittant regulierement de ces devoirs : mais n'étant pas l'essentiel de la Religion, un Chrétien ne doit pas se contenter de ce reli-gieux extérieur ; il doit principalement honorer Dieu en esprit & en verité, par une foi vive, par une charité ardente, par une obéïssance soumise à toutes ses loix ; que dans les devoirs, à quoi la Religion l'oblige, il ne sçauroit à la verité les observer avec trop d'exa.

étitude & de régularité ; mais qu'il faut que ce soit dans l'esprit de l'Eglise même qui les employe, pour exciter ses enfans à un culte intérieur : & qu'enfin quoique toutes ces ceremonies ne soient ni l'essentiel ni le capital de la Religion, il y en a pourtant qui sont essentielles à la veritable Eglise, comme d'offrir à Dieu le sacrifice du Corps & du Sang de son Sauveur, & d'administrer les Sacremens. Et sur-tout il faut conclure que si l'Eglise ne nous impose pas un precepte d'assister à toutes ses ceremonies, ni en tout tems ; il y en a quelques-unes ausquelles nous ne pouvons manquer sans crime ; vous les connoissez assez, & d'autres qu'on ne peut negliger sans un notable interêt de son salut : qu'il n'y en a aucunes enfin, pour lesquelles nous ne devions avoir de la veneration, comme étant inspirées par l'Esprit de Dieu, en vûë d'obtenir aux fideles des graces & des secours pour mener une plus sainte vie, & mériter la gloire qui leur est preparée dans le Ciel.

Ce qui m'a obligé à traiter ce sujet, est que depuis quelques années, il a paru un livre, écrit même par un Catholique, lequel a pretendu rechercher l'origine de chaque ceremonie, & trouver dans cette origine la veritable cause de leur institution ; & cela, par de frivoles conjectures, & des raisons de necessité, de bienséance, de commodité & d'allusion aux ceremonies des Juifs, & des Payens mêmes, & nullement dans les desseins de l'Eglise, conduite par le Saint Esprit, qui a institué & établi ces ceremonies, par des raisons de mysteres & de symbole, selon le sentiment du Concile de Trente, & des Saints Peres les plus respectables de l'Eglise, que cet Auteur rend méprisables par le nom de *Mystiques* qu'il s'éforce de décrier generalement & sans distinction, sous pretexte de recourir aux raisons simples & naturelles, qu'il appelle raisons primitives & fondamentales, ce qu'on ne peut soutenir sans dégrader nos plus adorables mysteres, combattre le sentiment & le culte de l'Eglise, abolir la pieté & la devotion des peuples, & affoiblir enfin l'autorité de la Tradition, des Peres & des Docteurs des premiers siécles, & des Conciles mêmes ; comme a démonstrativement prouvé celui qui, sans se nommer, mais par un zele mieux instruit & plus catholique, a réfuté ce systéme scandaleux, & fait voir le veritable esprit de l'Eglise dans l'usage de ses ceremonies. C'est pourquoi je ne perdrai point de tems à repondre aux objections qu'on pourroit faire là-dessus, à quoi on a plus que suffisamment satisfait. Mais voici l'ordre & la methode que j'ai suivi dans le dessein de parler des ceremonies de l'Eglise. Après en avoir traité en general dans ce discours Préliminaire, on y parle de chacune en particulier, & on commence par traiter de l'Eglise même, où ces ceremonies se pratiquent, ensuite de celles qui regardent les Sacremens ; de là on passe aux ceremonies plus particulieres qui se pratiquent dans l'Eglise Romaine, comme la ceremonie des Cendres, la dedicace des Temples, des Prieres pour les Morts, & autres semblables, surquoi l'on fait des reflexions morales, pour l'instruction des peuples.

TABLE

DES SUJETS

CONTENUS DANS CE VOLUME.

TABLE DES SUJETS.

Fin de la Table des Sujets.

SUPPLEMENT
DE LA
BIBLIOTHEQUE
DES PREDICATEURS.

✶✶✶✶✶✶✶✶✶✶✶✶✶✶✶✶✶✶✶✶✶✶✶✶✶✶✶✶✶✶✶✶

DE L'EGLISE
EN GENERAL.

AVERTISSEMENT.

 Vant que de parler des ceremonies, coûtumes, pratiques & preceptes de l'Eglise Catholique, je crois qu'il est à propos de donner une idée generale de l'Eglise même, où les ceremonies se font publiquement, avec un appareil convenable. Nous en avons à la verité traité dans le troisiéme Tome de nôtre Bibliotheque, comme de tout ce qui regarde les Ecclesiastiques, qui en composent la plus noble partie, & en sont les principaux membres; mais sans rien repeter ici de ce que nous avons déja dit, de ses coûtumes, ceremonies & autres choses que nous voyons en usage; nous ne parlerons de l'Eglise, que par raport à ce que nous avons entrepris dans ce Supplement; sçavoir, de la maniere dont elle se conduit, comme l'on y confere les Sacremens, comme on celebre les fêtes des Mysteres, & des Saints; & enfin comme l'on s'aquitte des autres fonctions & ministeres , qui sont en usage dans l'Eglise Catholique , dont la maniere de les exercer est tout à fait differente des autres societez , qui ont usurpé le nom de l'Eglise , en quoi même elles ont pretendu reformer la veritable & la seule Catholique, de laquelle elles sont séparées par un schisme declaré.

SUPPLEMENT
DE LA
BIBLIOTHEQUE
DES PREDICATEURS.

DE L'EGLISE
EN GENERAL.

L'Eglise est une societé d'hommes, joints ensemble par la profession d'u- **Definition**
ne même foi, & par la communion des mêmes Sacremens, sous le **de l'Eglise.**
gouvernement de leurs Pasteurs legitimes, & particulierement du souverain
Pontife, qui est le Vicaire de Jesus-Christ, & le Chef visible de l'Eglise
universelle. Tous les Chrétiens tombent d'accord que la vraye Eglise de
Jesus-Christ est ce Royaume tout spirituel qu'il est venu établir en ce
monde, & qui pourtant, comme il a dit lui-même, n'est pas de ce monde; parce qu'il n'est que pour nous procurer un bonheur éternel, tout autre que celui qu'on peut acquerir sur la terre. Les heretiques & les schismatiques se sont souvent armez *contre le Seigneur, & contre son Christ,*
pour détruire ce beau Royaume, & pour établir sur ses ruines leurs Eglises
particulieres, chacun prétendant que la sienne est celle du Seigneur, quoique dans la verité, elles ne soient toutes que la synagogue de sathan, &
le Royaume de celui qui est nommé dans l'Evangile le Prince de ce monde.
Il arrive d'ailleurs assez souvent qu'entre les Catholiques, qui sont seuls
dans la vraye Eglise, il se forme des contestations & des disputes, qui
en peuvent troubler la tranquillité & la paix. Il faut donc pour la maintenir toûjours dans l'état florissant où Jesus-Christ l'a établie, combattre &
repousser les ennemis qui l'attaquent, & appaiser les querelles qui naissent entre les enfans de l'Eglise, sur des points contestez de part & d'autre avec chaleur, & qui pourroient enfin troubler le repos & la paix de ce
Royaume du Fils de Dieu. *Auteur moderne.*

Pour terminer toutes les controverses qui pourroient naître dans l'Eglise, **L'Eglise est** la societé des fidéles assemblez sous un même Chef.

il faut préſupoſer d'abord que ſelon la doctrine Catholique, l'Egliſe univerſelle, qui doit être toûjours viſible, & toûjours durer ſans interruption juſqu'à la conſommation des ſiécles, eſt la ſocieté de tous les Chrétiens répandus dans tout le monde, unis par la profeſſion de la vraye foi, par la participation des vrais Sacremens, par le lien de la même loi, & ſous un même Chef viſible qui eſt le ſouverain Pontife, Vicaire de Jeſus-Chriſt. J'ajoûte ſous un même chef, parce que l'Egliſe dont la premiere & principale proprieté, eſt d'être parfaitement une, eſt le Corps myſtique de Jeſus-Chriſt ; & il faut que les membres d'un corps vivant, pour recevoir les influences de la vie, ſoient unis à leur chef. De là vient que, ſelon ſaint Auguſtin, quand on auroit tout le reſte, ſi l'on eſt ſeparé du Chef, qui eſt le Pape, & conſéquemment du corps qui lui eſt uni, on eſt hors de l'Egliſe catholique par le ſchiſme, comme les heretiques en ſont retranchez par le défaut d'une vraye foi. *Le même.*

De la ſubordination des membres de l'Eglise.

Les membres du Corps n'ont pas tous les mêmes fonctions ; mais toutes les parties qui le compoſent étant ſubordonnées dans un bel ordre, il y en a qui ſont pour donner aux autres le mouvement, par les eſprits qu'elles répandent par tout ; & quelques-unes, pour diſtribuer la nourriture que les autres reçoivent pour croître, & pour s'entretenir dans la perfection de leur état : auſſi dans cette grande multitude de fidéles qui compoſent l'Egliſe, & qui ne peuvent tous être immediatement gouvernez, inſtruits & perfectionnez par un ſeul homme ; il faut, pour l'édification du Corps de Jeſus-Chriſt, comme parle le grand Apôtre, qu'il y ait une grande diverſité de miniſteres, & pluſieurs Paſteurs ſubordonnez les uns aux autres, dans une ſainte hierarchie, afin de pouvoir adminiſtrer les Sacremens aux peuples, les inſtruire & les gouverner. Comme l'Egliſe univerſelle eſt un tout compoſé de tous les fidéles, & de toutes les Egliſes particulieres, qui ne ſont qu'une par la communion qu'elles ont avec une Egliſe principale, qui eſt l'origine, le principe, la racine, & le centre de l'unité, ainſi que ſaint Cyprien parle : auſſi ſelon la doctrine du même ſaint Pere, il n'y a dans l'Egliſe qu'un Epiſcopat, dont chaque Evêque poſſede ſolidairement une partie ; & conſéquemment il n'y a qu'une chaire, ſur laquelle tous les Evêques ſont aſſis, par l'union qu'ils ont avec celui qu'ils doivent reconnoître pour leur Chef. De ſorte que dans la pluralité de toutes les Egliſes Orthodoxes qui ſe trouvent dans toute la Chrétienté, il n'y a qu'un Sacerdoce ; c'eſt-à-dire, qu'un ſeul Epiſcopat par l'unité, non-ſeulement de créance & de foi, mais auſſi de Communion de tous les Evêques avec un Chef, d'où réſulte cette unité, qui eſt inſéparable de l'Egliſe de Jeſus-Chriſt. Cela préſuppoſé, dont tous les Catholiques demeurent d'accord, il eſt certain que c'eſt Jeſus-Chriſt même qui a établi ſon Egliſe, qu'il s'eſt acquiſe par ſon propre Sang, & à laquelle il a donné la foi, les Sacremens, la Loi de grace dans ſon Evangile, & un Chef pour tenir ſa place viſiblement ſur la terre en qualité de ſon Vicaire. Or, comme elle s'eſt accruë d'un tres-petit commencement, juſqu'à s'étendre par toute la terre, ſelon les Propheties, ce ſont auſſi les Apôtres, & leurs Succeſſeurs, qui après le départ de Jeſus-Chriſt, ont fondé les Egliſes particulieres, les établiſſant par eux mêmes, ou ordonnant des Evêques pour gouverner les fidéles.

La ſubordination eſt neceſſaire dans le gouvernement de l'Egliſe univerſelle.

diſtribuez en divers Dioceſes, dans toutes les parties du monde. *Auteur moderne.*

Comme l'Egliſe Romaine qui, peu d'années après l'Aſcenſion de Jeſus-Chriſt, fut établie dans la capitale de l'Empire, eſt ſans contredit la plus illuſtre de toutes; que d'une part les heretiques ne pouvant ſouffrir ſon éclat & ſa grandeur, ſe ſont toûjours élevez contre elle, pour la détruire; & que d'une autre part, tous les Catholiques, qui reconnoiſſent les veritables avantages qui la diſtinguent de toutes les autres, ne ſont pas néanmoins d'accord ſur certaines prérogatives que les uns lui attribuent, & les autres lui conteſtent; on peut montrer, ſans parler des autres Egliſes, quel a été le premier établiſſement de celle de Rome, quelle eſt ſon excellente dignité, & quels ſont ſes droits, les prérogatives, & les privileges des Evêques; Ce que l'on peut faire voir par deux preuves évidentes, qui ſont les faits tirez de l'Ecriture, interpretée ſelon les Peres & les Conciles, & de la Tradition ancienne; ce ſont les deux principes de la veritable Theologie. *Le même.*

> L'Egliſe Romaine eſt la plus illuſtre de toutes, & la veritable Egliſe.

Les Miniſtres du Seigneur ayant expliqué les differens noms attribuez à l'Egliſe; ils doivent enſuite en expliquer les parties, & en faire voir les differences, afin que les fidéles connoiſſant mieux quelle eſt la nature, les proprietez, les dons & les avantages de l'Egliſe, ſi cherie de Dieu, ils ne ceſſent jamais d'en loüer & benir ſa ſouveraine Majeſté. L'Egliſe donc ſe diviſe particulierement en deux parties, dont l'une s'apelle l'Egliſe triomphante, & l'autre l'Egliſe militante. L'Egliſe triomphante eſt l'illuſtre & très heureuſe ſocieté des Eſprits bienheureux, & de tous les Saints, qui après avoir triomphé du monde, de la chair, & du demon, joüiſſent de la beatitude éternelle en toute ſureté, étant exempts des miſeres de cette vie. L'Egliſe militante eſt l'aſſemblée de tous les fidéles qui ſont encore ſur la terre; on l'apelle militante à cauſe de la guerre continuelle que les fidéles ont avec ces cruels ennemis, le monde, la chair, & le demon. Il ne faut pas croire néanmoins que cette difference faſſe qu'il y ait deux Egliſes effectivement differentes; mais ce ſont ſeulement deux parties qui compoſent une même Egliſe, dont l'une precede l'autre dans la joüiſſance de la Patrie celeſte, au lieu que l'autre y tend tous les jours, juſqu'à ce qu'étant enfin toutes réunies à Jeſus-Chriſt qui eſt ſon Chef, elle joüiſſe auſſi du repos & de la félicité éternelle. *Tiré du Catechiſme du Concile de Trente.*

> L'Egliſe eſt compoſée de deux parties.

Il faut auſſi remarquer qu'il y a dans l'Egliſe militante deux ſortes de perſonnes, les bons & les méchans. Les méchans ſont ceux qui bien qu'ils ſoient participans des mêmes Sacremens, & qu'ils ayent la même foi que les bons, en ſont differens néanmoins par leur vie & par leurs mœurs. Et les bons ſont ceux qui ſont unis enſemble, non-ſeulement par la profeſſion de la même foi, & la communion des mêmes Sacremens; mais encore par l'eſprit de la grace, & par le lien de la charité; & c'eſt d'eux dont l'Apôtre dit, que le Seigneur connoît ceux qui ſont unis à lui. Or, quoique l'on puiſſe conjecturer par quelques marques, qui ſont ceux qui ſont du nombre des Saints; on ne peut néanmoins en être entierement aſſuré. C'eſt pourquoi il ne faut pas croire que par l'Egliſe à laquelle nôtre Seigneur nous renvoye, & à qui il nous commande d'obéir, il ait entendu cette partie de

> L'Egliſe militante compoſée de bons & de méchäs.

A iij

l'Eglise compofée de Juftes & de Saints ; puifqu'étant inconnuë, il feroit impoffible de fçavoir au jugement de qui, il faudroit avoir recours, & à qui on devroit obéir. Ainfi l'Eglife comprend les bons & les méchans, comme l'Ecriture fainte, & les faints Peres nous l'enfeignent. C'eft ce que l'Apôtre nous marque, lorfqu'il dit aux Ephefiens, *qu'il n'y a qu'un corps & qu'un efprit. Le même.*

L'Eglife eft connuë de tout le monde, & eft comparée pour cet effet, à une ville fituée fur une montagne, qui eft vûë de tous côtez. Et il eft neceffaire qu'elle le foit ; puifqu'il faut que tout le monde lui obéiffe, tant les bons que les méchans. Car elle les renferme tous également, comme l'Evangile nous l'enfeigne par plufieurs paraboles, comme quand il y eft dit que le Royaume du Ciel, c'eft-à-dire, l'Eglife militante, eft femblable ou à un filet jetté dans la mer, ou à un champ, dans lequel on a femé de l'yvraïe parmi le bon grain, ou à une aire, qui renferme le grain avec la paille, ou à dix Vierges, dont il y en avoit une partie de folles, & une partie de fages. Et c'eft ce qui avoit été figuré long-tems auparavant par l'Arche de Noé, où étoient renfermez non-feulement les animaux qui étoient purs, mais même ceux qui étoient impurs. *Le même.*

La Providence qui avoit mis la fubordination dans le College des Apôtres, a établi certains degrez dans fon Eglife, par lefquels on arrive à l'unité du Chef. Elle a voulu que dans chaque Province, il y eût des Evêques qui prefidaffent à leurs Comprovinciaux, & qui jugeaffent des differens qui furviennent, comme dans les Metropolitains : Que dans les villes principales, qui font les capitales des Royaumes, il y eût d'autres qui ont une autorité plus étenduë, comme font les Primats ; afin que tous enfemble, ils arrivaffent à l'unité du Siége de faint Pierre, à qui l'Eglife univerfelle æ été confiée, & qu'aucun d'eux ne s'éloignât jamais de l'unité du Chef, s'il ne fortoit en même tems de l'unité de fon Eglife. C'eft pour cela, M. que le Saint-Efprit qui prefide toûjours à la conduite de l'Eglife, voulut dès le commencement, que les Apôtres s'affemblaffent en forme de Concile, ou pour choifir entre tous les Difciples celui que Dieu avoit élû à la place de Judas, ou pour regler l'ufage que les fidéles devoient faire des obfervances judaïques. Eft-ce que les Apôtres avoient befoin de s'affembler, demande le Cardinal du Perron, dans fa replique au Roi de la Grande-Bretagne, pour éclaircir les fens de l'Ecriture fainte, ou pour conferer leurs Traditions, les unes aux autres, & en former un article de foi ? Non certes, ils n'avoient pas befoin de s'affembler, repond ce grand Cardinal, pour decider les queftions de la foi, dont chacun d'eux pouvoit être informé en toute certitude ; ils n'avoient pas befoin que les effets de la puiffance fouveraine de faint Pierre, fe pratiquaffent vifiblement fur eux, pour fe maintenir en unité ; puifqu'il n'y avoit entre eux qu'un cœur, & qu'un efprit : mais le Saint-Efprit voulut dès-lors propofer à l'Eglife naiffante la forme & le modele permanent de la conduite perpetuelle qu'elle devoit garder jufqu'à la fin de tous les fiécles ; & c'eft pourquoi faint Pierre, en qualité de Prince des Apôtres & de Chef de l'Eglife, affemble tous fes freres, il leur propofe la queftion, il conclut, il decide, il prononce fans que perfonne y contredife. *Vifum eft Spiritui fancto & nobis. Le même.*

La certitude que nous avons de vivre dans la foi de l'Eglise, & dans la communion des Saints, c'est l'attachement & la communion que nous avons à l'Eglise Romaine, qui est la Mere de toutes les Eglises, le centre & le lien qui les unit ensemble, & qui par conséquent est la dépositaire de leur foi. C'est que nous professons la même foi & la même doctrine que le Sauveur du monde a revelée à saint Pierre, que saint Pierre a transmise à tous ses Successeurs, & qui de Pape en Pape est parvenuë jusqu'à nous, par une heureuse & inviolable Tradition. Or il y a trois choses qui entrent dans la définition de l'Eglise Catholique, & qui en font toute l'essence. La premiere est la profession d'une même doctrine & d'une même foi. Il faut croire toutes les veritez que le Sauveur du monde a revelées à son Eglise, *accedentem ad Deum oportet credere*. La seconde, est la participation des Sacremens qu'il a instituez pour le salut de ses enfans, ou pour les engendrer à la vie éternelle, *nisi quis renatus fuerit ex aquâ & Spiritu sancto, non potest introire in regnum cœlorum*; ou pour les fortifier & les nourrir, *nisi manducaveritis carnem filii hominis non habebitis vitam in vobis*, ou pour les délier de leurs pechez, *nisi pœnitentiam egeritis, omnes simul peribitis* Enfin la soumission aux Pasteurs legitimes que le Sauveur du monde a établis pour la conduire & pour la gouverner. *Dic Ecclesiæ, & si non audierit Ecclesiam sit tibi tanquam Æthnicus & Publicanus.* Il faut que les Fidéles soient soumis aux Curez, les Curez aux Evêques, les Evêques aux Primats, les Primats au Saint Siége, & le Saint Siége à Jesus-Christ. *Le même.*

L'attachement inviolable que nous devons avoir à l'Eglise Romaine.

Hebr. 11.

Joan. 3.

Joan. 6.

A mesure que les Apôtres sont morts, l'Eglise a eu soin de leur donner des Successeurs, qui ayant reçu d'eux leur témoignage, fussent reconnus en leur place pour témoins publics & incontestables de la verité chrétienne, & declarez tels d'une maniere autentique & solemnelle. La premiere chose que firent les Apôtres, après l'Ascension de leur divin Maître, fut de remplir la place vacante par la mort de Judas. Il en faut choisir un autre, dit saint Pierre, de ceux qui ont vû, comme nous, tout ce qui s'est passé depuis le Baptême de Jean, jusqu'au jour que le Seigneur a été élevé au Ciel, & qu'il soit témoin, comme nous, de sa Resurrection. Avant que saint Matthias fût élevé à cette Charge, il étoit Disciple, il étoit témoin de tout, puisqu'il avoit été present; mais il étoit témoin particulier, & par conséquent son témoignage n'étoit pas encore autentique, n'étoit pas soûtenu de l'autorité de Jesus Christ. Il falloit dans l'Eglise des témoins perpetuels, qui eussent toutes ces qualitez, afin que leur témoignage étant autentique, divin & incontestable: il fût le fondement de la foi des Fideles. Ce qui montre en passant, combien l'ordination & la subordination, tels que les Apôtres & leurs successeurs les ont établies dans l'Eglise, sont necessaires & indispensables.
Journal de Trevoux. Année 1721. Juin.

De quelle maniere les Apôtres s'y sont pris pour que leur témoignage, & celui de leurs Successeurs fût autentique & sans contredit.

Considerons un peu quelles ont été toutes les Sectes opposées à l'Eglise Romaine. Est ce la voix publique qui les a établies? mais sur quoi est elle fondée? est ce sur une tradition de tous les siécles? elles ne la regardent que comme un témoignage d'hommes sujets à l'erreur & la rejettent. Seront-ce les caractéres de divinité, que l'Ecriture porte, qui leur serviront de témoin? Mais les Sectaires publient que ces caracteres ne sont pas clairs, & qu'ils ne les voyent que par leur jugement particulier, & que même ils ne

Le peu de solidité de toutes les Sectes d'Heretiques opposées à l'Eglise Romaine.

font pas au deſſus de toute contradiction, & enfin qu'ils ne forment pas de démonſtration. Sera-ce ſur quelque témoignage particulier du ſaint Eſprit ? Mais ils ſont donc fanatiques & viſionnaires ; car c'eſt ainſi que les plus raiſonnables d'entre-eux traitent ceux qui ſe vantent d'avoir aujourd'hui des inſpirations & des revelations particulieres ſur la Religion. Sera-ce enfin ſur le témoignage des Prophetes, & ſur les miracles que l'Hiſtoire Sainte nous rapporte ? Mais c'eſt ſuppoſer ce qui eſt en queſtion ; c'eſt juſtement ce dont il s'agit, de nous produire des témoins qui ayent toûjours ſubſiſté depuis que les choſes ſe ſont paſſées juſqu'à nous ; des témoins dont l'autorité & la commiſſion divine, auſſi-bien que la ſincerité & la connoiſſance certaine, ayent toûjours été autentique, & de notorieté publique dans l'Egliſe : des témoins enfin, qui ayent toûjours pû dire comme ſaint Luc ; nous vous annonçons des choſes, que nous ont fait connoître ceux qui les ont vûës eux-mêmes depuis le commencement, & qui ont été avant nous les Miniſtres de la parole, & avec ſaint Jean, nous ſçavons que nous diſons vrai, & il eſt de vôtre devoir de croire à nôtre témoignage. *Le même.*

Quoi qu'il y ait des méchans dans l'Egliſe, cela n'empêche qu'elle ne ſoit appellée Sainte.

Quoique le nombre des méchans qui ſont dans l'Egliſe ſoit plus grand que celui des bons, cela n'empêche pas que l'Egliſe ne ſoit appellée Sainte, parce que la grace, la charité & la ſainteté eſt le propre ornement, la beauté & le luſtre de l'Egliſe, provenant de ſa nature même : mais l'impieté & l'iniquité qui ſe trouve parmi les nourriſſons de l'Egliſe, ne viennent point de la nature de l'Egliſe, mais des cauſes étrangeres. Outre cela, parce que l'Egliſe peut être diſtinguée par la marque d'impieté des autres aſſemblées, ſoit des Payens, ſoit des Juifs, ſoit des Heretiques, ou autres tels qu'elles ſoient, parce que l'impieté eſt commune, vû qu'on trouve des méchans par tout : mais elle doit être diſtinguée par la ſainteté qui lui eſt propre. Celle-ci eſt la plus noble qualité, qu'elle ſoit ſainte, pour le moins en quelques-uns de ſes membres : *Melior eſt unus timens Deum, quam mille filii impii. Auteur Moderne.*

Eccl. 27.

On connoît la ſainteté de l'egliſe par ſes exercices.

L'ame inviſible de l'homme eſt remarquable par les mouvemens, ainſi la ſainteté de l'Egliſe ſe manifeſte par ſes exercices. *Que votre lumiere éclate devant les hommes, afin qu'ils voyent vos ſaintes actions, & qu'ils en glorifient vôtre Pere celeſte.* En effet, au commencement de l'Egliſe les infidéles admiroient la ſainteté de l'Egliſe, qu'ils voyoient reluire en la vie & converſation des Chrétiens, comme on peut le voir dans la premiere Epître de ſaint Pierre. En ſecond lieu, la ſainteté de l'Egliſe ſe fait auſſi voir par les miracles que les Saints & Serviteurs de Dieu ont fait en confirmation de la Foi & de la Doctrine Catholique. En troiſiéme lieu, par le don de Prophetie, communiqué le plus ſouvent aux grands Saints, même en ces derniers ſiécles. En quatriéme lieu, il n'y a preſque rien qui témoigne plus clairement la ſainteté de l'Egliſe, que la chaſteté parfaitement gardée par les Fidéles Catholiques. C'eſt ce qui rend l'Egliſe admirable, & la met en grande réputation de ſainteté, & d'innocence, même auprès de ſes adverſaires. *Le même.*

Les raiſons qui nous font appeller l'E

Nous appellons l'Egliſe Catholique & univerſelle, pour trois raiſons ; la premiere, parce qu'elle reçoit toutes ſortes de perſonnes, de quelque nation, état ou condition qu'ils puiſſent être. La ſeconde, parce qu'elle eſt étenduë

par

par toutes les parties du monde ; & la troisiéme enfin , parce que de tout
temps , depuis Jesus-Chrid , les Chrétiens ont reçu la même Foi. Ainsi nous
appellons un homme Catholique , celui qui tient la foi & la croyance universelle ; c'est-à-dire , qui croit tout ce que la sainte Eglise a crû de tout
tems , & croit en tout lieu. Toutes les autres assemblées des Heretiques ne
font pas universelles , car leur leur heresie n'est que comme une petite flam-
me au milieu des épines , qui a quelque force pour un tems , mais qui lan-
guit & meurt bien-tôt après. Enfin , nous appellons l'Eglise Apostolique ,
parce qu'elle a toûjours maintenu l'autorité , la loi , & la doctrine des Apôtres ses Fondateurs, selon l'ordonnance & la promesse de Jesus-Christ, & parce
qu'elle retient encore la succession des Pontifes au Siege Apostolique. Que
les heretiques , dit Tertullien , aillent faire une liste de leurs Evêques , &
montrent leur succession dès le commencement , en sorte que le premier Evêque ait un Apôtre , ou pour le moins un homme Apostolique pour son fon-
dateur. *Le même.*

glise du nom de Catholique & Universelle.

L'Eglise est sainte, nous tenons cette verité de saint Pierre : *vous êtes*, dit-il,
la race choisie , la nation sainte. Or l'Eglise est appellée sainte ; 1°. parce qu'elle est consacrée au service de Dieu , & qu'on a de coûtume d'appeller saint ,
tout ce qui est destiné au culte de la Divinité , quoique même ce soient des
choses corporelles. Ainsi dans la Loi ancienne , les vases , les vêtemens des
Prêtres & des Levites , & les Autels étoient appellez Saints ; de même que
les premiers nez qui étoient consacrez à Dieu. Et l'on ne doit point trouver
étrange que l'Eglise soit appellée Sainte , quoiqu'elle renferme plusieurs pecheurs : car les Fidéles sont appellez Saints , parce qu'ils sont devenus le peuple de Dieu , lorsqu'ils se sont consacrez à lui , en recevant le Baptême , &
en embrassant la Foi , quoique souvent ils ne s'acquitent pas de ce qu'ils ont
promis ; de même que ceux qui font profession d'un Art , ne laissent pas de
porter le nom que l'on donne communément à ceux qui l'exercent , encore
qu'ils n'en suivent pas toutes les regles. C'est ainsi que saint Paul ne craint
pas de regarder les Corinthiens comme Saints & sanctifiez , quoiqu'il soit
évident qu'il reconnoissoit qu'il y en avoit parmi eux , qui n'étoient pas tels;
puisqu'il les traite de gens charnels , & qu'il les reprend en des termes encore
plus forts. *Tiré du Catechisme du Concile de Trente.*

Pourquoi les méchans n'empêchent pas que l'E- glise ne soit Sainte.

On donne à l'Eglise le nom d'Eglise Catholique ; c'est-à-dire , Universelle.
Ce nom lui a été donné avec justice , parce , comme remarque saint Augustin , qu'elle s'étend à la faveur de la Foi depuis l'Orient jusqu'au Couchant ; en sorte qu'elle n'est pas seulement renfermée dans les limites d'un
seul Royaume , ou d'une Nation , comme les états de la terre , ou les societez des heretiques ; mais qu'elle renferme dans son sein charitable , generalement tous les hommes , soit barbares ou Scythes , soit libres ou esclaves ,
soit hommes ou femmes , comme dit l'Apôtre. D'où vient qu'il est dit de
Nôtre-Seigneur dans l'Apocalypse , qu'il nous a rachetez pour Dieu , par son
sang en nous tirant de toutes les Tribus , de toutes les langues , de tous les
peuples , & de toutes les nations du monde ; & qu'il nous a rendu Rois pour
la gloire de nôtre Dieu. Et c'est de l'Eglise dont il faut entendre ces paroles
du second Pseaume de David : *Demandez-moi , & je vous donnerai toutes
les Nations pour vôtre heritage , & toute l'étendüe de la terre pour vôtre*

Pourquoi on donne le nom de Ca- tholique à l'Eglise.

Royaume, & ces autres du même Prophete : je mettrai l'Egypte & Babylone entre ceux qui me connoissent, & plusieurs de mes serviteurs naîtront dans Sion. Enfin, tous les Fidéles qui ont été depuis Adam jusqu'ici, & qui seront jusqu'à la fin du monde, qui ont fait profession de la vraye Foi, appartiennent à la même Eglise qui a été édifiée, selon saint Paul, sur le fondement des Apôtres & des Prophetes ; étant tous établis & fondez sur Jesus-Christ, la pierre angulaire qui des deux Peuples n'en a fait qu'un, & qui est venu annoncer la paix tant à ceux qui étoient éloignez de Dieu, qu'à ceux qui en étoient proche. L'Eglise est encore apellée Universelle, parce que tous ceux qui desirent obtenir le salut éternel doivent y entrer, & y demeurer sans jamais en sortir, de la même maniere que ceux qui entrerent dans l'Arche pour éviter de perir par le déluge, n'en sortirent point pendant tout le tems qu'il dura. *Le même.*

Ce qui discerne la veritable Eglise de la fausse. L'Eglise est appellée Universelle, & c'est la marque la plus assurée, par laquelle on peut distinguer la veritable Eglise de la fausse. Mais on peut encore la reconnoître, en ce qu'elle tire son origine des Apôtres qui ont publié son Evangile. Car la doctrine de l'Eglise n'est pas une doctrine nouvelle, & qui ne commence qu'à paroître ; mais c'est celle-là même qui a été enseignée par les Apôtres, & qui a été répanduë par eux dans toute la terre. De sorte qu'il n'y a personne qui ne puisse voir clairement combien la doctrine impie des heretiques est éloignée de la foi de la veritable Eglise, puisqu'elle est toute opposée à la doctrine qui a été prêchée par tout le monde, depuis les Apôtres jusqu'à nous. C'est pourquoi les Peres du Concile de Nicée, inspirez de Dieu, voulant nous faire comprendre qu'elle étoit l'Eglise Catholique, ont ajoûté dans le Synode le mot d'Apostolique. En effet, le Saint Esprit qui préside à l'Eglise ne la gouverne que par le ministere des Apôtres ; car c'est à eux que cet Esprit Saint a été premierement donné. Et il est demeuré toûjours depuis dans l'Eglise par un effet de la charité infinie de Dieu pour elle : de sorte que de même qu'il est impossible que cette Eglise qui seule est gouvernée par le Saint Esprit, puisse errer, ni dans la foi, ni dans la regle des mœurs ; il est necessaire aussi que toutes les autres Societez qui usurpent le nom d'Eglise étant conduite par l'esprit du démon, soient dans de très-pernicieuses erreurs, soit pour la doctrine, soit pour les mœurs. *Tiré du Catechisme du Concile de Trente.*

Deux figures de l'Eglise. Entre toutes les figures de l'ancien Testament, qui nous representent l'Eglise, il n'y en a point de plus éclatante que l'Arche de Noé, qui ne semble avoir été construite par l'ordre de Dieu, que pour en être la figure. Car comme tous ceux qui n'entrerent point dans cette Arche, furent ensevelis dans les eaux du déluge : Dieu aussi a établi l'Eglise de telle maniere, qu'il a voulu que tous ceux qui seroient entrez dans son sein par le Baptême, pussent être à couvert de la mort éternelle, & que ceux au contraire qui en seroient separez, fussent accablez sous le poids de leurs crimes. La ville de Jerusalem, qui étoit si grande & si magnifique, & dont l'Ecriture Sainte emprunte si souvent le nom, pour nous marquer la sainte Eglise, en étoit encore une admirable figure. Car de même qu'il n'étoit permis d'offrir à Dieu des sacrifices que dans cette Ville-la ; ce n'est aussi que dans l'Eglise Catholique qu'on rend à Dieu un veritable culte, & qu'on lui offre un veritable sacrifice qui lui soit agréable. *Le même.*

L'Eglise n'est pas l'ouvrage des hommes, mais c'est Dieu même qui en *Dieu Auteur* est l'Auteur, & qui l'a établie sur une pierre très-ferme, & inébranlable, *de l'Eglise.* selon que le Prophete nous en assure par ces paroles : *C'est le Très-Haut qui* Ps. 86. *l'a fondée* ; aussi est-elle appellée, *l'heritage de Dieu, le peuple de Dieu.* Sa puissance ne lui vient pas non plus des hommes, mais de Dieu. C'est pourquoi cette puissance ne se pouvant acquerir par les forces de la nature, ce n'est aussi que par la foi, que nous concevons que l'Eglise possede les clefs du Royaume des Cieux, & qu'elle a le pouvoir de remettre les pechez, de fulminer des excommunications, & de consacrer le Corps de Jesus-Christ ; & par conséquent que les citoyens *qui l'habitent, n'ont point ici de ville perma-* Hebr. 13. *nente ; mais qu'ils en cherchent une autre, où ils doivent habiter un jour.* *Le même.*

Il n'y a pas un mot à perdre de toutes les paroles de Jesus-Christ, en fa- *La vertu* veur de son Eglise. On y voit premierement que l'Eglise doit toûjours subsi- *des promes-* ster, & que tous les efforts des demons ne sçauroient la renverser, ni la *ses que J. C.* faire tomber dans l'erreur ; car si l'Eglise perissoit, ou si la foi changeoit, *a faites à son* il est évident que l'enfer & l'esprit d'erreur auroit prévalu contre elle. On *Eglise.* y voit en second lieu, que Jesus-Christ fait envisager à ses Apôtres, comme un effet de sa toute-puissance, la protection qu'il lui doit donner jusqu'à la consommation des siécles ; il doit toûjours être avec elle, jamais il ne l'abandonnera. Qui est-ce qui peut resister au Tout-Puissant ? Je suis celui, à qui toute puissance a été donnée sur la terre comme dans le Ciel : je suis avec vous, que j'envoye pour instruire toutes les Nations, & pour leur administrer le Baptême, & tous les autres Sacremens. Je suis avec vous, baptisant avec vous, instruisant tous les jours. Il n'y a aucune interruption à craindre, il n'y aura point de jour, point de moment, où il ne soit vrai de dire que je suis avec vous jusqu'à la consommation des siécles. Ce n'est pas seulement jusqu'à vôtre mort, mes Apôtres, c'est pour toûjours jusqu'à la fin du monde. Ainsi cette promesse ne regarde pas les seuls Apôtres : elle regarde aussi leurs Successeurs, dans leur ministere, jusqu'à la consommation des siécles, une Eglise qui instruira, qui baptisera, qui subsistera malgré les efforts du demon, & qui sera assistée par Jesus Christ, sans que Jesus-Christ l'abandonne un seul moment ; car il l'a promis, & il est tout-puissant pour executer sa promesse. *Le même.*

Les promesses que le Fils de Dieu a faites à son Eglise, prouvent claire- *Selon les pro-* ment que sa doctrine est la même que les Apôtres ont enseignée, & qu'elle *messes de J.* n'est alterée par aucune erreur. Car si l'Esprit de verité doit toûjours animer *C. la doctrine* l'Eglise, & lui enseigner toute verité ; si les portes de l'enfer ne doivent *de l'Eglise se* jamais prévaloir contre elle ; si Jesus Christ doit l'assister jusqu'à la consom- *trouve la mê-* mation des siécles dans la prédication de la verité, & dans l'administration *me que celle* des Sacremens. Il faut par une conséquence necessaire, que les Sacremens *des Apôtres.* soient toûjours administrez saintement dans l'Eglise ; que toutes les veritez y soient toûjours prêchées purement, & qu'elle ne puisse jamais enseigner aucune erreur, ce qui suppose qu'elle enseignera toûjours, ce qu'elle a appris des Apôtres, & les Apôtres de Jesus-Christ. *Le même.*

Quand les Catholiques disent que l'Eglise n'est pas infaillible dans les *Comment. &* choses de fait, on doit entendre dans les faits qui ne concernent point la *en quel sens*

l'Eglise Ro-
maine est in-
faillible.

foi, & dont elle n'est pas elle-même le témoin ; sur lesquelles par conséquent on peut lui rendre un faux témoignage. Mais, pourra-t-on dire,
l'Eglise d'aujourd'hui n'a ni vû, ni entendu elle-même, ce qui s'est passé il
y a plusieurs siécles ? Il est vrai, elle n'a pas vû le siécle des Apôtres : mais
elle est un témoin irréprochable de ce qui lui a été enseigné par la generation
precedente ; & ainsi remontant jusqu'au tems des Apôtres, on ne peut
disputer à l'Eglise de témoignage qu'elle rend à la foi de ses Peres ; puisqu'elle en étoit le témoin elle-même, elle ne peut pas s'y être trompée. L'E-
glise Romaine renferme toûjours soixante ou quatre-vingt generations à la
fois : ce mélange perpetuel de tant d'âges, de tant de generations enchaînées, fait que depuis les Apôtres jusques à nous, l'Eglise n'est qu'un seul
corps, & que son témoignage n'est qu'un même témoignage. *Tiré du Journal*
de Trevoux, mois de Juin 1721.

Il n'y a que
dans cette
Eglise où on
soit assuré de
la verité.

Il n'y a que l'Eglise Romaine qui soit la mere des Chrétiens ; & il n'y a
que sa Doctrine qui soit la Religion de Jesus-Christ, de laquelle il faut être
indispensablement, pour participer aux mérites de ce Sauveur de tous les
hommes, qui veut qu'ils parviennent tous à la connoissance de la verité ; &
qui, pour cet effet, a rendu la verité chrétienne visible à tout le monde,
comme la lumiere l'est sur un chandelier : Dieu ayant placé sa Religion
dans cet endroit d'assurance & de démonstration, dans lequel seul les hommes sont assurez qu'ils ne se trompent point ; & qui est si certain & si évident, qu'il n'est pas permis au bon sens d'en disputer. C'est quand il s'agit
de faits, & que ces faits sont attestez par des témoins qui les ont vûs, &
dont la multitude & le caractere nous font sentir qu'ils ne sçauroient nous
tromper ; que l'on peut assurément fixer sa créance, comme cela se voit dans
l'Eglise Catholique Romaine, où la foi d'une generation a toûjours été si
presente & si visible à l'autre generation : qu'il n'y a personne à qui elle ne
soit démontrée par ce témoignage, que chacun, même le plus ignorant, est
capable d'appercevoir : & par une consequence nette, claire, & sans replique,
on demeure absolument sans excuse devant Dieu & devant les hommes; si l'on
ne rend à l'Eglise Romaine la soumission profonde qu'elle demande de la part
de Dieu sur toutes les choses de la foi, & que les Peres de tous les siécles lui
ont toûjours renduë jusqu'à nôtre âge. *Le même.*

Qui sont
ceux qui sont
exclus de l'E-
glise.

Quoique la foi Catholique tienne comme une verité constante, que tant
les bons que les méchans apartiennent à l'Eglise ; il faut néanmoins faire
connoître aux fidéles que la même foi enseigne qu'il y a une aussi grande
difference entre ces deux parties qui composent l'Eglise militante, qu'il y a
entre la paille & le grain, qui sont confusément dans l'aire, & entre les
membres sains, & les membres morts d'un même corps. Il n'y a donc que
trois sortes de personnes qui soient excluës de l'Eglise, les infidéles, les heretiques & les schismatiques, & les excommuniez. Les Payens sont exclus
de l'Eglise, parce qu'ils n'y sont jamais entrez, qu'ils ne l'ont jamais connuë, & qu'ils n'ont point été faits participans d'aucun des Sacremens, qui
sont en usage parmi les fidéles. Les heretiques & les schismatiques sont exclus de l'Eglise, parce qu'ils se sont séparez d'elle ; de sorte qu'ils ne lui
apartiennent pas plus, qu'un deserteur apartient à l'armée qu'il a abandonnée ; ce qui n'empêche pas qu'ils ne soient sous la puissance de l'Eglise, &

qu'elle ne puisse les juger, les punir & les fraper d'anathéme. Enfin les excommuniez sont exclus de l'Eglise ; parce que les ayant elle-même, par son propre jugement, retranchez de son Corps, elle ne les reçoit point à sa Communion, s'ils ne se convertissent. Pour ce qui est de tous les autres hommes, ils ne laissent pas, quelque méchans qu'ils puissent être, d'être du Corps de l'Eglise. C'est de quoi on ne peut trop instruire les fidéles, afin que s'il arrive que la vie des Pasteurs soit scandaleuse & criminelle, ils soient néanmoins persuadez qu'ils sont dans l'Eglise, & que cela ne diminuë rien de leur autorité. *Tiré du Catechisme du Concile de Trente.*

Les Ministres du Seigneur doivent instruire les fidéles des proprietez de l'Eglise, afin qu'ils puissent par là reconnoître combien grande est la grace que Dieu leur a faite d'y être nez, & d'y avoir été élevez. La premiere de ces proprietez, selon qu'il est marqué dans le Symbole de Nicée, est qu'elle est *une*. *Ma colombe est unique*, dit l'Epoux dans les Cantiques, elle est universellement belle ; or une si grande multitude d'hommes répandus en tant de lieux si éloignez les uns des autres, est apellée une Eglise pour les raisons que l'Apôtre a marquées dans son Epître aux Ephesiens, qui sont : *Qu'il n'y a qu'un Seigneur, qu'une Foi, qu'un Baptême*, & qu'elle n'est conduite & gouvernée que par un Chef invisible. Jesus-Christ est son Chef invisible, *le Pere Eternel l'ayant donné pour Chef à toute l'Eglise, qui est son Corps.* Son Chef visible est celui, qui en qualité de legitime Successeur de saint Pierre, remplit le Siége de l'Eglise de Rome. Car tous les Peres sont dans ce sentiment, qu'il étoit necessaire qu'il y eût un seul Chef visible pour établir & maintenir l'unité de l'Eglise. C'est ce qu'a reconnu saint Jérôme, écrivant contre Jovinien. Un seul, dit-il, est choisi, afin qu'étant établi en qualité de chef, on ôte toute occasion de Schisme ; & écrivant à Damase : Que l'envie, dit-il, que le faste & l'orgüeil de la grandeur Romaine disparoissent : Je parle au Successeur d'un Pescheur, & d'un Disciple de la Croix. Lorsque je ne suis point d'autre premier Chef que Jesus-Christ, je suis uni de communion avec vôtre sainteté ; c'est-à-dire, avec la Chaire de S. Pierre ; je sçai que c'est sur cette pierre, que l'Eglise est fondée. Ainsi quiconque mange l'Agneau hors de cette maison, est un profane ; & quiconque ne se trouvera point dans l'Arche avec Noé, perira miserablement dans les eaux du déluge. *Le même.*

L'Ecriture sainte, pour nous faire comprendre cette communication entiere de biens, que la charité opere entre les fidéles, se sert d'une comparaison tirée des membres du corps humain, qui est très-propre à la faire concevoir. Car comme dans le corps il y a plusieurs membres, & qu'encore qu'il y en ait plusieurs, ils ne font tous néanmoins qu'un même corps, dans lequel chaque membre a son action particuliere ; en sorte que tous n'ont pas la même fonction, ni ne font pas également honorables & utiles ; mais que tous s'aquittent en particulier de leurs fonctions, plus ou moins honorables; aucun n'y cherchant sa propre utilité, mais le bien & l'avantage de tout le corps ; & que de plus, la nature les a tellement joints & unis ensemble, que si un membre sent de la douleur, tous les autres membres en ressentent en même-tems ; & au contraire, s'il est dans une pleine santé, tous les membres aussi s'en ressentent. Ainsi dans l'Eglise, quoiqu'il y ait divers mem-

Marginal notes: Proprietez de l'Eglise. — Ephes. 4. — Comparaison qui exprime parfaitement la communication qui est entre les Saints.

B iij

bres ; c'est-à-dire, des hommes de diverses nations, & de diverses conditions, des Juifs, & des Gentils, des personnes libres & des esclaves, des riches & des pauvres, néanmoins après qu'ils ont reçu le baptême, ils ne font tous qu'un même corps avec Jesus-Christ qui en est le Chef ; & chacun y a sa fonction particuliere ; les uns y faisant celle d'Apôtres, & les autres celle de Docteurs ; les uns commandant & instruisant les autres ; & les autres obéïssant & étant soumis aux autres ; & il n'y en a point qui ne soit établi pour y procurer le bien public : de sorte que tous ceux qui vivent dans la charité & dans la justice, étant agreables à Dieu, participent à tous les dons & à toutes les graces dont Dieu favorise toute l'Eglise. *Tiré du Catechisme du Concile de Trente.*

Si les pecheurs participent à la communion des Saints, & comment il se peut.

Pour les membres morts, c'est-à-dire, ceux qui sont engagez dans des crimes, & qui sont déchus de la grace ; ils ne sont pas à la verité privez de l'avantage d'être les membres du corps de l'Eglise : mais comme ils sont morts, ils ne participent point aux fruits & aux avantages spirituels que tirent les justes & les personnes de pieté, quoique néanmoins, parce qu'ils sont dans l'Eglise, ils ne laissent pas de pouvoir être aidez & secourus par ceux, qui vivent selon l'esprit, pour recouvrer la vie de la grace qu'ils ont perduë ; & même de recevoir des avantages dont on ne peut douter, que ceux qui sont entierement retranchez de l'Eglise, ne soient privez. Non-seulement les dons & les graces qui nous rendent agreables à Dieu, & qui nous rendent justes ; mais même les graces qui sont données pour le bien commun de l'Eglise, & qu'on appelle gratuites, comme la science, le don de prophetie, le don des langues & des miracles, & tous les autres dons de cette nature sont communs dans l'Eglise. Car Dieu accorde quelquefois ces dons aux méchans mêmes, non pas à la verité pour leur propre utilité ; mais pour l'utilité commune de l'Eglise, & pour son édification. Ainsi quelquefois Dieu ne donne pas le don de guérir les maladies, en consideration de celui à qui il le communique, mais pour la guerison de celui qui est malade. *Tiré du Catechisme du Concile de Trente.*

Les heretiques se sont toûjours attaquez au siége Apostolique.

On ne peut nier que toutes les Sectes & nouvelles factions en matiere de Religion, ne se soient attaquées au siége Apostolique, dont le souverain Pontife est le Chef, à mesure qu'elles se sont séparées de la communion de l'Eglise. On ne peut aussi desavoüer que de tout tems l'Eglise Romaine n'ait été appellée *la premiere Chaire, la Mere,* & comme parle saint Cyprien, *la matrice des autres :* Que pour discerner les Catholiques d'avec les Heretiques de tous les siecles, on n'ait eu égard à la communion & communication avec le Pontife Romain ; témoin S. Optat contre Parmenien ; que l'autorité de l'Eglise de Rome ne paroisse manifestement dans les Conciles, & dans les écrits des Anciens, tant Grecs que Latins ; & en particulier au Concile de Nicée, où il est parlé du celibat des Prêtres, du sacre de l'Evêque, auquel trois autres doivent assister ; de la communion laïque, du pouvoir qu'a le seul Prêtre de consacrer le Corps & le Sang de Jesus-Christ, de l'Agneau qui est gissant sur l'Autel, & du sacrifice non sanglant. *Tiré de l'institution Catholique du P. Caron.*

Pourquoi

Nous appellons l'Eglise Catholique Apostolique *Romaine,* & cela pour nous appel plusieurs raisons. La premiere, est pour nous faire connoître & distinguer parmi les heretiques. La seconde, parce que jamais la Chaire de Rome ne s'est lons l'Eglise, égarée du droit chemin, & les persécutions n'ont sçû faire éclipser sa doctri- l'Eglise Ro- ne dérivée des Apôtres. La troisiéme, parce qu'elle a servi de rempart con- maine. tre toutes les heresies. La quatriéme, parce que la divine Providence y a établi la premiere chaire. La cinquiéme, parce que le Vicaire de Jesus-Christ, Successeur de saint Pierre, y reside. La sixiéme, parce que dès le tems de S. Paul, la foi des Romains a été anoncée par tout ; parce que jusqu'à present quand on a voulu signifier un Catholique, on lui a donné le surnom de Romain, comme l'on peut voir par les Actes du Concile d'Ephese, au chapitre 10. où l'Empereur Theodose le jeune, appelle la foi Catholique Religion Romaine ; de plus par le témoignage même des ennemis de l'Eglise, qui l'ont toûjours appellée de ce nom, soit par dérision, ou par distinction. *Le même.*

Saint Irenée parlant contre les heresies, dit qu'il est necessaire que toutes Sentiment de les Eglises s'unissent & conviennent avec la Romaine, à cause qu'elle posse- St Irenée sur de la plus puissante principauté. Saint Gregoire de Nazianze, dit, que Rome l'union que l'ancienne a de toute antiquité la droite foi, & la retient toûjours, comme doivent avoir il convient que la foi de Dieu soit toûjours entiere dans la ville qui préside toutes les à tout l'Univers. Saint Cyprien reprend ceux qui s'attachent à d'autres chai- Eglises avec res qu'à celle de Pierre ; & se plaint de quelques Schismatiques qui étoient l'Eglise Ro- passez de Carthage à Rome, pour l'accuser au Pape Cornelius : Ils mon- maine. trent, dit-il, qu'ils sont bien effrontez d'avoir voulu attirer dans leur erreur la Chaire de saint Pierre, & de s'être établi un faux Evêque parmi les heretiques ; ils osent passer la mer, & porter des lettres de la part des Schismatiques & des profanes, à la Chaire de saint Pierre, & à l'Eglise principale, dont est issuë l'unité Sacerdotale ; & ne pensent point que ceux-là soient Romains, dont la foi est loüée par l'Apôtre, auprès desquels la perfidie ne peut avoir accès. *Le même.*

Quelques Ministres se sont avisez d'imaginer depuis peu de tems, qu'en La fausse ori- se séparant de l'Eglise Romaine, ils s'étoient unis aux Vaudois & aux Albi- gine des Pro- geois : mais quand le fait seroit vrai, ce qui n'est pas ; il seroit aisé de leur testans qui prouver qu'ils n'en sont pas moins Schismatiques. Les Vaudois & les Al- ne serviroit bigeois n'ont jamais eu le caractere de Catholicité, d'Apostolicité, d'unité, encore qu'à de sainteté, qui convient à l'Eglise. Nous sçavons les commencemens & les les confondre progrès de leur Secte ; il n'y en avoit aucun vestige avant le treiziéme siécle; si elle étoit ils n'ont jamais eu qu'une étenduë très limitée, & il n'étoit plus question veritable. d'eux dans le monde, quand les Protestans ont paru. Aussi cette union prétenduë, est une chimere de quelques nouveaux Ministres, poussez à bout sur le défaut de succession. Les premiers Réformateurs n'y avoient pas pensé ; & la confession de foi des Eglises Protestantes, n'en fait aucune mention. Ils ont avancé, que vû la corruption & l'interruption de l'Eglise, il a été necessaire que Dieu suscitât extraordinairement des hommes remplis de son Esprit pour la relever. Mais y a-t-il jamais eu d'heretiques, qui n'ait accusé l'Eglise d'erreur & de corruption, & qui ne se soit prétendu suscité de Dieu pour la réformer ? Cette pretention seule vient d'un orgueil intolerable, c'est un blasphéme ; c'est un jugement de condamnation que tout heretique prononce contre lui-même. Qu'on se souvienne des paroles de l'Apôtre saint Jude, on y trouvera la condamnation formelle des Proteftans ; comme celle de tous les autres Heretiques & Schifmatiques. Mes freres, fouvenez-vous des chofes qui vous ont été prédites par les Apôtres de Nôtre-Seigneur Jefus-Chrift ; c'eft que dans les derniers tems, il y aura des faux Docteurs, qui fe laifferont emporter par la malice de leurs paffions. Ce font ceux qui fe féparent, gens fenfuels, n'ayant point l'Efprit de Dieu. *Auteur moderne.*

Les Proteftás ne peuvent a-porter aucu-ne raifon fo-lide pour ju-ftifier leur Schifme. Les Proteftans ne peuvent jamais rien alleguer de folide, pour juftifier leur Schifme ; puifqu'il ne peut y avoir aucune raifon, dit faint Auguftin, de rompre l'unité. Mais les Proteftans citent en l'air, & à contre-fens, quel-ques paffages de l'Ecriture, que jamais nul des Saints Peres depuis les Apô-tres, n'a expliqué comme eux. Ils ne fçauroient prouver par aucun paffage de l'Ecriture pris à la lettre, ce qu'ils avancent dans leur profeffion de foi. On les a toûjours défiez, fans qu'ils ayent rien répondu de raifonnable, de montrer par des textes clairs, que les articles controverfez fuffent des erreurs, & des erreurs fondamentales, & intolerables, comme ils le devroient être, felon l'aveu de Mr. Daillé, pour juftifier la féparation ; quand ils alleguent, par exemple, ce paffage de l'Apocalypfe : Sortez de Babylone, mon peuple, de peur qu'en participant à fes pechez, vous ne participiez à fes playes. Il eft vifible qu'il ne s'agit là nullement de l'Eglife de Jefus-Chrift, mais de Ro-me payenne, que Dieu alloit ravager par les barbares, pour punir fon idolâtrie & fes crimes. Il faut être aveugle & impie, pour confondre la fainte Eglife de Jefus-Chrift, avec cette Babylone proftituée & idolâtre ; après les pro-meffes folemnelles que Jefus-Chrift a faites à l'Eglife, qu'il feroit avec elle jufqu'à la confommation des fiécles, & qu'il la feroit triompher de toute la puiffance de l'enfer. *Le même.*

La barque de l'Eglife ne fçauroit fai-re naufrage. Les troubles & les divifions qui affligent l'Eglife, ne doivent pas nous fai-re craindre pour les promeffes qui lui ont été faites ; elle eft comparée à un vaiffeau, afin que nous ne foyons ni furpris, ni fcandalifez des tempêtes qui l'accüeillent. Jefus-Chrift étoit dans la barque de faint Pierre, lorfqu'elle fut battuë de la plus violente tempête : Ne craignons pas qu'il abandonne fon Eglife, quoiqu'il la laiffe expofée aux divers orages, que le fouffle des here-fies excite contre elle ; il ne paroît endormi, que pour éprouver la vigilan-ce, le courage & la fidélité de fes ferviteurs : & tant de tempêtes qui n'ont pû fubmerger ce grand vaiffeau, font des preuves que c'eft le Seigneur lui-même qui le conduit par la main de celui à qui il en a confié le gouvernail. *Auteur anonyme.*

Jefus-Chrift eft le premier & le princi-pal fonde-ment de l'E-glife. 1. Cor. 3. Quoique l'Eglife foit fondée fur les Apôtres & fur les Prophetes, Jefus-Chrift néanmoins en eft le premier & le principal fondement: *il en eft*, dit S. Augu-ftin,*le fondement des fondemens.* Les Apôtres,leurs Succeffeurs, en un mot tout l'édifice porte fur lui; il en eft la premiere pierre, fur laquelle les autres font po-fées:*Fundamentum enim aliud nemo poteft ponere,præter id quod pofitum eft, quod eft Chriftus Jefus.*Un édifice auffi folidement apuyé,ne fçauroit fe démentir.En-vain les puiffances de l'enfer conjurées,excitent les vents & les tempêtes pour le renverfer : il fubfiftera au milieu des orages jufqu'à la fin des fiécles, fans pou-voir être jamais ébranlé ; envain les perfecutions des Tyrans; envain les here-fies, même celles qui fe cachent dans le fein de l'Eglife, & qui en font bien

plus

plus dangereufes, enleveront à cette fainte Cité quelques-uns de fes habitans. Elle en comptera toûjours un affez grand nombre, pour être floriffante
aux yeux de celui qui l'a bâtie, & qui la conferve. Heureux d'être nez dans
fon enceinte, foyons fidéles à en obferver les loix : elles font immuables,
comme cette cité l'eft elle-même ; quelle fource de douceur pour nous, d'a-
voir pour nous conduire au falut des regles certaines, que le tems, ni la bi-
zarrerie des hommes ne fçauroient changer. *Le Pere Segneri, dans fes Meditations.*

Les avantages que la Religion Catholique a par-deffus toutes les autres,
ne font-ils pas de grands motifs de fe rendre, & de l'embraffer. Peut-on
trouver dans les autres une pareille tranquillité d'efprit ? Qu'y a-t-il dans
toutes les Sectes étrangeres de l'Eglife, qui vaille ce feul mot : *Sic Deus di-
lexit mundum ut filium unigenitum daret ; ut omnis qui credit in eum non pe-
reat.* Dieu a tant aimé le monde, qu'il a donné fon Fils unique ; afin que
toute perfonne qui croit en lui, ne periffe point. Tout ce qu'elles ont enfemble, & tout ce qu'elles croyent, aproche-t-il en rien de l'ombre même
d'un bien fi grand & fi avantageux, dans lequel feul nous pouvons trouver
plus de richeffes que nôtre cœur ne peut former de défirs ? Peut-on donc jamais être repris avec raifon d'avoir preferé la Religion chrétienne à toutes
les autres, de l'avoir embraffée, & de s'y tenir fermement attaché. *Le P. Antoine de S. Martin de la Porte.*

Dire que l'Eglife eft infaillible, c'eft dire, M. une verité qui ne devroit
pas même être conteftée par les ennemis les plus declarez de l'Eglife, & dont
il faut de neceffité qu'ils conviennent avec nous : puifque nous voyons dans
l'Evangile, que le Fils de Dieu ordonne de s'y addreffer comme à un oracle
en matiere de foi ; & de s'en tenir à fes décifions, comme à un jugement
définitif : *Si Ecclefiam non audierit, fit tibi ficut Ethnicus, & publicanus.* De
là vient que les heretiques, pour fe mettre à couvert des foudres & des cenfures de cette Eglife, en ont fabriqué une à leur maniere, à laquelle ils font
obligez d'attribuer, malgré qu'ils en ayent, une efpece d'infaillibilité, fans
quoi ils ne pourroient pas même donner de couleur à leurs erreurs. De forte que la queftion entre eux, & nous, eft de fçavoir quelle eft cette Eglife à
laquelle l'infaillibilité eft tellement attachée, qu'on ne l'en peut féparer fans
la détruire. Surquoi je dis que cette infaillibilité ne pouvant fubfifter fans les
autres caracteres, qui diftinguent l'Eglife Romaine de toutes les autres Societez, & qui font fi bien marquées, qu'il n'y a pas même lieu de s'y mé-
prendre ; c'eft à elle uniquement qu'elle apartient : & par conféquent, quiconque s'éloigne de fes fentimens, s'éloigne en même-tems de la verité, &
tombe neceffairement dans l'erreur. Or, ces autres caracteres, qui ne peuvent convenir qu'à la vraye Eglife, font particulierement trois ; l'unité, la
perpetuité, & l'univerfalité. C'eft ce que tout le monde fçait. Mais ce que
peut-être tout le monde ne fçait pas, eft, que l'infaillibilité, qui eft le plus
effentiel des caracteres de la vraye Eglife, s'infere des trois autres, par des
conféquences neceffaires. *L'Auteur des Sermons fur tous les fujets.*

L'Eglife ne peut errer en matiere de foi, parce qu'elle eft une, d'où il s'enfuit que toutes celles, qui s'en font féparées par le fchifme, font neceffairement dans l'erreur. On peut conclure que cette même Eglife eft infaillible,

Tome V.   C

[marginal notes, right column:]
Nous avons toutes les raifons du monde de preferer la Religion chrétienne à toutes les autres.

De l'infailli-bilité de l'E-glife.

L'unité de l'Eglife l'a toûjours fait reconnoître infaillible, parce qu'elle est perpetuelle, d'où il faut conclure que celles qui n'ont pas toûjours été, & qui ne peuvent remonter comme elle, jusqu'à la source de la verité, qui est Jesus-Christ, par une suite qui n'ait point été interrompuë, ne peuvent être inspirées que par l'esprit de mensonge. Enfin, on peut conclure que cette Eglise est infaillible ; parce qu'elle est Catholique, c'est-à dire universelle : & ainsi que celles qui n'ont point cette étenduë par toute la terre, ne sont point conduites par l'esprit de verité. En un mot, unité de tous les membres dans une même doctrine ; perpetuité de tous les tems, en remontant sans interruption jusqu'à sa premiere origine ; universalité de tous les lieux, par son étenduë dans toutes les parties du monde, seront les preuves incontestables, non-seulement de la verité de l'Eglise Romaine ; mais encore qu'elle a pour prérogative singuliere, d'être absolument infaillible dans les choses de la foi. *Le même.*

Comme il n'y a qu'un Dieu, il ne peut y avoir qu'une Eglise.

Encore une fois, M. l'Eglise est une. C'est ce que nous professons tous dans le Symbole, *Credo in unam Ecclesiam* ; & il n'est point de Chrétien qui ne convienne, que comme il ne peut y avoir qu'un Dieu, il ne peut y avoir aussi qu'une seule Religion, & conséquemment qu'une Eglise, qui est l'assemblée de tous ceux qui la professent, par l'union d'une même creance: *Unus Dominus, una fides,* dit l'Apôtre. Ce n'est pas cependant mon dessein, M. de m'arrêter à vous prouver cette unité de l'Eglise, que les heretiques mêmes sont contraints de reconnoître, & qu'ils s'efforcent inutilement de trouver dans leur parti, malgré le Schisme qui les en sépare. Je remarque seulement avec les Saints Peres, & avec les Docteurs, que cette unité se prend particulierement de deux choses ; sçavoir, du même Esprit qui la gouverne, & de la même Doctrine qui en unit tous les membres. Et c'est de là que je pretends qu'on peut évidemment conclure, que la verité & l'infaillibilité lui sont aussi essentielles que l'unité même. L'Eglise est une, parce qu'il n'y a qu'un seul Esprit vivifiant qui la gouverne, & qui la conduit. *Unum corpus, & unus spiritus,* dit l'Apôtre. Il veut dire, que comme dans un corps naturel & vivant, il n'y a qu'un esprit qui l'anime ; de même le Corps mystique du Fils de Dieu, qui est son Eglise, n'est animé que du Saint Esprit, qui conduit l'Eglise & qui la gouverne. Ce sont deux choses qui s'inferent mutuellement l'une de l'autre, qu'il n'y a qu'un seul esprit, où il n'y a qu'un seul corps ; & qu'il n'y a aussi qu'un seul corps, où il n'y a qu'une seule ame & un seul esprit. *Le même.*

Il y a toûjours eu dans l'Eglise des gens qui ont tâché de semer l'erreur & le dereglement.

Quoique l'Eglise ne soit composée que des fidéles, qui sont réunis tous en un même corps, il ne s'ensuit pas de là, qu'il n'y a personne dans l'Eglise qui puisse mal administrer les Sacremens, ni enseigner aucune erreur ; car les promesses de Jesus-Christ sont faites à l'Eglise en Corps, & non pas à tous les particuliers, qui sont ses membres. Il y a toûjours eu, & il y aura toûjours dans l'Eglise des gens qui feront des efforts, pour y introduire l'erreur & le dereglement ; mais ils ont toûjours été & seront confondus. Les particuliers peuvent se tromper dans l'administration des Sacremens, & dans leurs instructions. Mais le Corps de l'Eglise ne s'est jamais trompé, & ne se trompera jamais dans ses décisions, ni dans les regles qu'elle prescrit pour l'administration des Sacremens ; parce que c'est Jesus-Christ même, c'est son Esprit, l'Esprit de verité, qui forme ces décisions, & qui donne ses regles. Nous avons vû que les promeſſes y ſont expreſſes ; & c'eſt pour cela que ſaint Paul dit que *l'Egliſe eſt la baſe & la colomne inébranlable de la verité*. Il eſt donc vrai de dire que les Sacremens ſeront toûjours ſaintement adminiſtrez dans l'Egliſe, & que la verité y ſera toûjours enſeignée. *Auteur moderne*.

Tout le monde eſt capable de ſe convaincre de la ſainteté de la doctrine de l'Egliſe, en faiſant attention aux promeſſes de Jeſus-Chriſt : parce que ce n'eſt point ici une queſtion difficile, comme eſt l'examen de chaque dogme en particulier : les promeſſes faites à l'Egliſe ſont claires & à la portée de tout le monde. Nulle Secte ſeparée ne les conteſte : il ne faut ni étudier, ni raiſonner ſur ce point. Or quand on eſt une fois perſuadé de la verité de ces promeſſes, la ſainteté de l'Egliſe dans ſa doctrine, ſa durée & ſon infaillibilité en ſont une ſuite ſi naturelle que tout le monde l'apperçoit ſans peine. Quiconque veut chicaner ſur cela, eſt du nombre de ces eſprits dont ſaint Paul a dit, qu'ils ſont condamnez par leur propre jugement. Je dis que la doctrine de l'Egliſe rend Saints ceux qui la ſuivent, parce que l'Egliſe n'enſeigne que la doctrine de Jeſus-Chriſt, & qu'elle ne peut jamais rien enſeigner qui y ſoit contraire. Or ce n'eſt qu'en croyant & en pratiquant ces veritez qu'on peut ſe ſanctifier. *Sanctifiez-les dans la verité*, dit Jeſus-Chriſt dans la priere rapportée par ſaint Jean, *vôtre parole eſt la verité même. C'eſt cette parole*, dit David, *qui éclaire & qui convertit les ames. Auteur moderne*.

On ne doit point attribuër à l'Egliſe la corruption de ſes enfans, ſur tout celle des Paſteurs, & dire que l'Egliſe eſt corrompuë quand les Paſteurs qui la gouvernent ſont corrompus, & menent une vie ſcandaleuſe. Ce n'eſt pas par la corruption des particuliers qu'il faut juger du Corps de l'Egliſe. Saint Paul parlant des Paſteurs de ſon tems, ſe plaignoit que la plûpart cherchoient leurs interêts, & non pas ceux de Jeſus-Chriſt. L'Egliſe a toûjours gémi de cette corruption de ſes enfans, & l'a toûjours condamnée. C'eſt par ſes déciſions & par ſes inſtructions, & non par la conduite de quelques particuliers, qu'il faut juger de la ſainteté de l'Egliſe ; l'Egliſe n'a jamais autoriſé & n'autoriſera jamais le mal dans ſes déciſions : Elle a toûjours approuvé & pratiqué le bien. L'Egliſe, dit ſaint Auguſtin, ne fait, ni n'approuve, ni ne permet jamais rien qui ſoit contre la foi, & contre les bonnes mœurs ; quoique par ſa charité & par ſa ſageſſe, elle ſoit obligée de tolerer dans quelque particuliers, le mal dont elle gemit, & qu'elle ne peut pas toûjours corriger. Qu'on liſe les Canons des Conciles & les inſtructions de tout ce qu'il y a eu dans tous les tems de Paſteurs éclairez & pieux. Quand il ſe trouveroit dans un Parlement quelques Juges de mauvaiſes mœurs, ſi les Arrêts que le Corps prononce ſont juſtes ; la mauvaiſe vie des particuliers n'empêchera pas que le Parlement ne ſoit eſtimé & réveré comme le ſanctuaire de la Juſtice. *Auteur moderne*.

Il eſt certain qu'avant la ſeparation des Grecs & des Proteſtans, il y avoit dans le monde une Société qu'on devoit appeller l'Egliſe de Jeſus-Chriſt, & qui l'étoit en effet. Cette ſocieté devoit être une ſocieté viſible & exterieure, compoſée de Paſteurs & de peuples. Elle devoit avoir les quatre caracteres qui la diſtinguent de toutes les autres ſocietez ; ſçavoir, l'Unité,

Il eſt facile à chacun de ſe convaincre de la ſainteté de l'Egliſe, par les promeſſes que Jeſus-Chriſt a faites à ſon Egliſe.

Ce n'eſt pas par la corruption des particuliers qu'il faut juger du Corps de l'Egliſe.

Les quatre caracteres qui ont toûjours diſtingué la veritable Egliſe.

la Sainteté, la Catholicité & l'Apostolicité. Tous les Chrétiens difoient alors, après le Concile de Conftantinople, comme ils le difent encore aujourd'hui, *je crois l'Eglife qui eft une, Sainte, Catholique & Apoftolique.* Or l'Eglife Romaine étoit alors la feule à qui ces quatre caracteres convinfient, comme elle eft la feule à qui ils conviennent aujourd'hui ; on peut s'en convaincre facilement, en faifant l'application de ce que nous avons dit ci deffus de chacun de ces caracteres. Donc les Grecs & les Proteftans en la quittant, ont quitté la vraye Eglife : ils font donc fchifmatiques. Mais fi les Grecs & les Proteftans nient que ces quatre caracteres qui font propres à la vraye Eglife, convinfient à l'Eglife Romaine quand ils s'en font feparez. Que répondrons-nous ?

Les Proteftans ne peuvent pas nier, que quand ils ont quitté l'Eglife Romaine, elle ne fût alors répanduë par toute la terre ; & qu'elle n'eût la fuceffion Apoftolique. C'eft un fait reconnu par les premiers Reformateurs. Ils ne peuvent pas nier que l'Eglife, qui reconnoît pour Chef le Pape, ne fût la vraye Eglife dans les fix premiers fiécles : ils en conviennent encore. Donc elle l'étoit auffi lorfque les Proteftans s'en font feparez. Car l'Eglife doit fubfifter toûjours la même par les promeffes de Jefus-Chrift, & elle doit être toûjours une, Sainte & Catholique. Voici une feconde réponfe qui eft fans replique. Les Proteftans avant leur feparation recitoient le Symbole de Conftantinople, qui porte en termes exprès : *Je crois l'Eglife qui eft une, Sainte, Catholique & Apoftolique.* Ils faifoient donc profeffion de croire, qu'il y avoit alors dans le monde une Eglife à laquelle ces quatre caracteres convenoient. Ils fe font feparez de cette Eglife quelle qu'elle foit; car en quittant l'Eglife Romaine, ils ne fe font unis à aucune autre fociété, qui fût fur la terre ; Calvin le dit formellement, ils ont fait abfolument bande à part. Ils ont interrompu la fucceffion des Pafteurs, fi neceffaire à l'Eglife. Ils difent eux-mêmes dans leur confeffion de foi, que Dieu a fufcité extraordinairement des Pafteurs pour conduire l'Eglife qui étoit en ruine & défolation, & pour donner une couleur à leur fchifme, ils font forcez à dire que l'Eglife ne fubfiftoit plus, & que tous les Pafteurs avoient perdu le droit au Miniftere, que l'état de l'Eglife étoit interrompu ; ce que faint Auguftin appelle un blafphême abfolument oppofé aux promeffes de Jefus-Chrift, qui a dit en termes exprès, qu'il fera avec l'Eglife tous les jours jufqu'à la confommation des fiécles. *Auteur moderne.*

Tous les membres de l'Eglife font réünis entre eux, puifqu'ils ne font tous qu'un feul Corps, dont Jefus-Chrift eft le Chef ; en forte qu'il eft vrai de dire qu'ils font tous les membres du Corps myftique de Jefus-Chrift, & les membres de Jefus-Chrift même. Ces membres font liez enfemble par des liens interieurs, & par des liens exterieurs : les liens interieurs font la participation du même efprit, la dépendance du même Chef invifible, la communication des graces : les liens exterieurs font la profeffion d'une même foi, d'une même efperance; la participation aux mêmes Sacremens, l'obéïffance aux mêmes Pafteurs, la dépendance du même Chef vifible. Quand je dis que tous les membres de l'Eglife font réünis par la profeffion d'une même foi, par la participation aux mêmes Sacremens, & par l'obéïffance aux mêmes Pafteurs ; cela fe doit entendre de tous les fidéles qui vivent enfemble fur la terre , & non pas de tous les membres de l'Eglise en general ; car les Juifs , par exemple , n'avoient pas les mêmes Sacremens & les mêmes Pasteurs que les Chrétiens; & ceux-ci après leur mort cessent d'être liez aux Fidéles qui vivent sur la terre par la dépendance des mêmes Pasteurs. *Auteur moderne.*

Les heretiques ne font pas heretiques en tout ; il y a plusieurs veritez de la Foi qu'ils croyent avec l'Eglise , & leur heresie consiste en ce qu'ils divisent la Foi qui est une , & qu'ils croyent ou rejettent les veritez qu'elle enseigne selon leur caprice ; sans avoir égard à l'autorité de l'Eglise qui les propose. Quand ils se separent de l'Eglise , c'est d'elle qu'ils ont emprunté les veritez qu'ils croyent avec elle. Ainsi on a raison de regarder les veritez dont les Sectes heretiques font profession , comme étant plus anciennes dans l'Eglise , que la naissance de ces Sectes : c'est par-là que Dieu permet que les heresies mêmes servent merveilleusement à l'Eglise , pour prouver invinciblement la verité & l'antiquité de sa doctrine. Ainsi l'Eglise se sert contre les Payens du témoignage des Juifs ennemis declarez du Christianisme , lesquels font une preuve toûjours subsistante de la verité des Ecritures & des Propheties ; elle se sert du témoignage des Samaritains separez des Juifs , avant la captivité de Babylone : pour prouver que les Ecritures qui étoient communes aux Juifs & aux Samaritains , & qui servent de fondement à la Religion chrétienne , sont plus anciennes que la division des dix Tribus. Elle se sert du témoignage des anciennes Sectes separées de l'Eglise depuis trés-longtems; par exemple , des Orientaux Schismatiques , qui ont toûjours crû & pratiqué ce que l'Eglise croit & pratique sur le saint Sacrifice de la Messe , sur la priere pour les Morts , l'invocation des Saints , &c. Pour prouver l'antiquité de tous ces dogmes contre les nouveaux heretiques qui les combattent. Elle se servira peut-être dans la suite du témoignage des Lutheriens & des Calvinistes, pour prouver l'antiquité de quelque autre dogme , contre d'autres Sectes qui pourroient naître dans les siécles à venir. Par ce moyen , Dieu se sert des heresies mêmes pour rendre les veritez de la Religion plus incontestables. *Le même.*

Depuis l'établissement de la Religion chrétienne , l'Eglise a toûjours eu des heresies & des schismes à combattre , & elle en aura toûjours jusqu'à là consommation des siécles : car il est necessaire , dit saint Paul , qu'il y ait des heresies. Il n'y a gueres d'articles de la Foi de l'Eglise qui n'ait été combattu par quelque heretique. Mais, me direz-vous : Pourquoi Dieu permet il que l'Eglise soit combattuë de la sorte par les Societez heretiques ou schismaques ; je vous dirai que Dieu les permet pour plusieurs raisons importantes, qui toutes contribuënt à la gloire & à l'avantage de l'Eglise. 1°. Pour exercer sa justice sur ceux qui quittent le parti de la verité , & sa misericorde sur ceux qui y demeurent attachez : *Car toutes les voyes du Seigneur sont misericorde & justice,* dit le Prophete Roi. 2°. Pour éprouver par ces orages ceux qui sont fermes dans la foi , & les faire discerner de ceux qui ne le sont pas. 3°. Pour exercer la patience & la charité de l'Eglise , & sanctifier les élûs. 4°. Pour donner lieu d'éclaircir davantage les veritez de la Religion, & les saintes Ecritures. 5°. Pour exercer la vigilance des Pasteurs , & conserver plus précieusement le dépôt de la foi. *Le même.*

Nous convenons avec saint Augustin , qu'il y a plusieurs choses qui nous

C iij

Marginal notes:

Les heretiques ne font pas heretiques en tout, & il est glorieux à l'Eglise de confondre ces sortes d'impieté.

Il y a toûjours eu dans l'Eglise des heretiques & des schismatiques.

Les choses

qui nous retiennent dans l'Eglise Catholique.

retiennent avec raison à l'Eglise Catholique ; le confentement des Peuples & des Nations, l'autorité commencée par des miracles, nourrie par l'efperance, augmentée par la charité, confirmée par l'antiquité & la fucceffion des Prêtres depuis le Siége de l'Apôtre faint Pierre, auquel Nôtre-Seigneur après fa Refurrection a recommandé de paître fes oüailles jufqu'au prefent Epifcopat ; le nom de Catholique, lequel non fans caufe, cette Eglife feule a toûjours retenu parmi tant d'herefies, & pour la même raifon le nom ou furnom de Romain, qui jufqu'à prefent n'a été ufurpé par aucun heretique. *Le même.*

Saint Pierre eft le fondement du gouvernement de l'Eglife.

Comme l'Eglife eft la focieté des Fidéles, & que le premier objet de la foi des Chrétiens, comme Chrétiens, eft Jefus-Chrift : c'eft pour cela même que Jefus-Chrift eft le premier fondement de l'Eglife, & qu'on n'en peut mettre un autre que lui, pour établir & fonder la foi du Chriftianifme. De plus, comme il ne fuffit pas pour être veritablement Chrétien, de croire en Jefus-Chrift, & d'en conferver la foi dans fon cœur, fi l'on ne confeffe encore qu'on croit en lui ; c'eft pour cela que l'Eglife eft encore fondée fur la confeffion de la Divinité de Jefus-Chrift. Enfin, outre la foi & la profeffion publique qu'on en fait, il faut auffi que l'Eglife, qui eft le Royaume de Jefus-Chrift, foit bien gouvernée. Pour cet effet il y a mis des Apôtres, des Prophetes, des Evangeliftes, des Pafteurs, & des Docteurs, afin qu'ils travaillent à la perfection des Saints felon les fonctions de leur miniftere, pour l'édification du Corps de Jefus-Chrift. Et de-là vient qu'à caufe de cette illuftre confeffion de la Divinité du Fils de Dieu, que faint Pierre fit pour tous les Apôtres, il l'établit le fondement du miniftere & du gouvernement de l'Eglife, en lui donnant la Surintendance & l'autorité fur tous les autres, qui lui font fubordonnez dans leurs fonctions & leurs miniferes fubalternes comme à leur Chef. C'eft pourquoi Jefus Chrift lui dit immédiatement après, en lui donnant cette fuprême puiffance, & cette autorité dans fon Eglife : *Je te donnerai les clefs du Royaume des Cieux ; & tout ce que tu lieras fur la terre, fera lié dans le Ciel, & tout ce que tu délieras fur la terre fera délié dans le Ciel.* Et cette promeffe qui ne pouvoit manquer d'être accomplie, le fut, lorfque le Fils de Dieu après fa Refurrection, lui dit trois fois confecutivement : *Paiffez mes brebis. Auteur moderne.*

La difference qu'il y a entre l'autorité particuliere de S. Pierre & celle qui fut accordée à tous les Apôtres

Selon le fentiment des Peres, & principalement de faint Auguftin, Jefus-Chrift dit à faint Pierre, *Paiffez mes agneaux* ; il lui dit ces paroles, comme à celui qui étoit la figure de l'Eglife, pour tous les Apôtres, & leurs fucceffeurs les Evèques qui font auffi les fondemens de l'Eglife, felon faint Paul, & aufquels Jefus-Chrift a dit, que tout ce qu'ils lieront fur la terre, fera lié dans le Ciel, & ce qu'ils délieront fur la terre, fera délié dans le Ciel. Mais il y a cette difference entre faint Pierre & tous les autres, que quand il parle à tous en commun, il leur donne ce qui eft commun à tous les Apôtres, & en quoi ils font tous égaux, comme le pouvoir de facrifier, d'enfeigner toutes les Nations, de baptifer, de remettre les pechez, & ce qui appartient aux autres fonctions Apoftoliques. Et quand il s'adreffe en particulier à faint Pierre, il lui donne ce qui lui eft propre ; lui parlant en fingulier, pour établir dans fon Eglife l'unité dont il le fait le principe & le fondement, & auquel il faut que tous les autres fe rapportent, pour n'être qu'un, par l'u-

nion qu'ils doivent neceffairement avoir avec leur Chef, fans quoi ils ne font
& ne peuvent rien. Car comme faint Pierre fut le premier qui confeffa hautement la Divinité de Jefus-Chrift qu'il avoit apprife par reveiation, & que les
autres ne la fçurent que par lui, & qu'ils ne répondirent que par fon organe, en confentant à cette verité: auffi Jefus-Chrift en faveur de cette primauté de confeffion, lui a donné la primauté fur tous les autres, en le
conftituant leur Chef. *Le même.*

    Combien font coupables les perfonnes qui s'éloignent du droit chemin &   **Parmi tant**
qui s'égarent, quoi qu'enfermez dans l'enceinte du Chriftianifme ? Peuvent- **de Sectes**
ils jetter les yeux fur toutes ces Eglifes honorées du Nom de Jefus-Chrift, & **differentes**
n'être pas frappez auffi tôt de l'éclat, dont une feule brille entre toutes les **on ne peut**
autres ? Les promeffes divines faites fi folemnellement à fon premier Pafteur, **la veritable**
la fucceffion non interrompuë de fes Pontifes, la fource du Sacerdoce qui **Eglife.**
refide en elle, le dépôt facré des dogmes, confervé fans alteration pendant
une fi longue fuite de fiécles ; la voix de toute l'antiquité qui dépofe pour elle,
tout ne la diftingue-t-il pas de ces autres Eglifes, branches fteriles & condamnées au feu ; parce qu'elles font feparées du tronc qui les a produites, & qui
feul pouvoit leur communiquer la vie. Il femble que le crime de ceux qui la
méconnoiffent, malgré la lumiere dont elle eft environnée, n'eft pas tant de ne
point chercher la verité, que de prende foin de la fuïr ; tels font les triftes
effets d'une premiere prévention ; elle empêche un examen defavantageux
pour elle, ou du moins elle s'y mêle & le corrompt : elle caufe un entier
aveuglement, ou du moins elle fafcine les yeux, fource de la fecurité, avec
laquelle la plus grande partie des hommes marche dans les voyes pernicieufes
où leur naiffance les a jettez ; mais d'un autre côté, fi une naiffance plus
heureufe, ou une faveur finguliere du Ciel les a garantis d'une fi terrible
infortune, ils fçavent choifir des voyes, dont l'iffuë n'eft pas moins funefte,
& dans lefquelles ils marchent avec une auffi grande fecurité, toûjours ingenieux à fe faire à eux mêmes des maux que la nature leur avoit épargnez.
Premier Difcours de l'Academie ann. 1695.

    Quoique la raifon faffe connoître aux Proteftans que la feule Eglife Catho-   **Combien il**
lique foit veritablement la Religion Chrétienne, ils ont toûjours bien de la **eft difficile**
peine à s'unir à cette Eglife, & plufieurs ne peuvent s'y refoudre ; mais il ne **de ramener**
faut pas s'en étonner, parce que les faux préjugez, qu'ils ont comme fuccez **les heretiques**
avec le lait dès leur naiffance, par l'averfion que leurs parens, feduits par **à l'EglifeCa-**
l'erreur, leur ont donné de l'Eglife Catholique, eft un des plus grands **tholique.**
obftacles à leur converfion. Ajoûtez que cette Eglife oblige à croire plufieurs
chofes incompréhenfibles à l'efprit humain, qui par fon orgüeil veut penetrer ce qui eft tout à fait au deffus de fes lumieres ; & le foûmettre mal-à-
propos à fon jugement. Enfin, la morale de cette Eglife contraint toutes
les inclinations les plus naturelles, & pour me fervir des paroles d'un celebre
Auteur : *L'amour propre s'en plaint, la volupté ne peut la fouffrir, l'orgüeil
y trouve fon anéantiffement. C'eft le paradoxe des fens, de l'efprit, du cœur &
de la nature.* Ainfi quand quelqu'un de nos adverfaires commence à ouvrir
les yeux, & qu'il forme le deffein de s'unir à l'Eglife Catholique, il lui vient
une foule de difficultez, qui font des obftacles fi fâcheux à fa converfion,
qu'il a befoin du fecours d'une puiffance plus qu'humaine, pour les furmon-

ter. Toute la force de la grace est nécessaire pour cet effet. Nous pouvons bien convaincre nos adversaires, qu'ils ne sçauroient être vrais Chrétiens, s'ils ne s'uniffent à nous ; mais il n'appartient qu'à Dieu de les convertir. *Livre intitulé , défense de la Religion.*

L'Eglife est un Royaume, elle poffede une autorité de jurifdiction.

Jesus-Chrift est un Roi, & l'Eglife est son Royaume. Le sens commun tout seul, dit qu'il faut donc que les Chrétiens soient soumis aux Loix de Jesus-Chrift, & qu'ils soient gouvernez par son autorité divine. Dans l'Etat les Magistrats sont revêtus de l'autorité de Témoins, & de l'autorité de Juges. Quand ils verifient les loix du Prince, ce sont des témoins publics qui attestent au peuple, que telles Ordonnances viennent du Souverain. Et quand ils obligent le peuple à les obferver, ce sont des Juges revêtus de l'autorité du Legiflateur, pour punir les infracteurs & les rebelles. L'un & l'autre doit se trouver de même dans le Royaume de Jesus-Chrift ; parce que cela est essentiel à un Royaume en general, de quelque nature qu'il soit, spirituel ou temporel. Toute la difference que j'y trouve, c'est que dans un Royaume temporel, il faut simplement une autorité souveraine, mais non pas absolument infaillible. *Le même.*

Suite du même sujet.

Jean. 5.

L'Eglife est infaillible dans ce qui regarde la foi en qualité de juge, auffi-bien qu'en qualité de témoin. La premiere raifon, c'est que son jugement & son témoignage ne sont proprement qu'une même chofe : *Sicut audio , judico*, je juge felon ce que j'ai entendu, difoit Jesus-Chrift. L'Eglife en dit autant ; ses decifions fur la foi ne sont autre chofe, que la declaration de ce qu'elle a appris, & de ce qui lui a été laiffé en dépôt. La feconde raifon, c'est qu'il est auffi essentiel à l'Eglife d'être infaillible dans ses jugemens, qu'il est essentiel au Magistrat souverain de prononcer en dernier ressort. Pourquoi ? Parce que l'autorité de Jesus-Chrift s'exerce fur l'esprit, comme celle du Magistrat s'exerce fur le corps. De sorte que l'autorité, dont l'Eglife est revêtuë, doit être telle ; que l'esprit soit obligé de s'y soûmettre, comme celle dont les Ministres du Prince sont revêtus, doit être telle que le corps soit obligé de fubir leurs arrêts. Or, l'esprit ne peut être obligé de fubir qu'un jugement infaillible ; comme le corps ne peut être obligé de fubir qu'une fentence définitive & fans apel, un état ne peut pas se paffer d'une autorité souveraine ; l'Eglife ne peut pas se paffer d'une autorité infaillible.

Quelles sont les prérogatives de l'Eglife Catholique.

L'Eglife qui, pour ne point parler de sa fageffe & de la connoiffance que les Docteurs y découvrent, & qui l'éleve au-deffus de toutes les autres focietez, poffede certainement une autorité fenfible aux plus ignorans, fuperieure à celle de toutes les autres focietez, & à laquelle elles n'ofent pas même prétendre. Elle est diftinguée des autres par le nom venerable *d'Eglife Catholique*, qui lui est toûjours demeuré, & qui ne lui a jamais été contesté ; comme étant certainement le tronc d'où quelques branches se sont feparées de tems en tems ; mais qui n'a pourtant jamais pû ceffer d'être le corps de l'arbre, auquel il devoit être attaché. Elle est venerable par la multitude des peuples qui la compofent, & qui defcendent en ligne directe de ceux que les Apôtres affemblerent les premiers fous l'étendart de la Croix. Elle est venerable par les témoignages que tous ces peuples rendent, qu'ils ont reçû de leurs Peres la foi qu'ils profeffent ; & que leurs Peres l'avoient reçûë de
leurs

leurs Ancêtres les plus éloignez, qui la tenoient des Apôtres : de sorte que ce dépôt est venu des Apôtres jusqu'à eux, par une succession, dans laquelle on ne peut faire voir d'interruption par aucune preuve de fait. Elle est venerable par la succession constante de ses Pasteurs & de ses Evêques, descendus de ceux qui dans tous les siécles ont été ordonnez d'une maniere authentique & canonique, par d'autres Evêques qui avoient reçû leur mission des Apôtres, de la même maniere authentique & réguliere. C'est cette même Eglise Catholique, qui, après avoir surmonté la fureur des Payens & des Juifs, par l'éclat de ses miracles & par la constance de ses Martyrs, a encore acquis un nouveau degré de gloire, par la pureté & par l'unité de la foi qu'elle a toûjours conservée, malgré les efforts des Heretiques & des Schismatiques ; & par la malediction dont ces nouveaux adversaires ont été visiblement frapez de ses anathemes. Cette Eglise est venerable, & par le dépôt des livres Sacrez, qui lui ont été confiez, sans quoi nous ne les connoîtrions pas ; & par les noms & les ouvrages de tous les Peres & de tous les Docteurs, qui tous ont fait gloire d'être ses enfans, & qui tous l'ont regardée chacun en leur tems, comme le fondement de leur foi ; comme la source d'où ils puisoient, & la persuasion qu'ils avoient de la divinité de l'Ecriture, & la connoissance de son vrai sens. C'est cette Eglise enfin à laquelle si les Heretiques ont contesté la verité des Dogmes, ils n'ont jamais contesté l'éminence de l'autorité, dont elle a toûjours été en possession, & contre laquelle ils n'ont jamais été excusables de disputer ; puisque ce n'est que par son témoignage, que l'on peut être informé de ce qui est, & de ce qui n'est pas la doctrine des Apôtres. *M. Papin, Ministre Protestant converti.*

Chez les Protestans, on pourroit prouver par le témoignage de tout le monde Chrétien, que les Apôtres ont fait des miracles, qui démontroient qu'ils parloient de la part de Dieu ; mais on n'y pourroit pas prouver, par le même témoignage, que les opinions particulieres aux Protestans, ayent été enseignées par les Apôtres ; puisque ce témoignage est contre les Protestans. C'est un fait de notorieté publique, que dans le siécle passé ils quitterent l'Eglise Catholique, dans laquelle ils étoient nez, & dans laquelle ils avoient été instruits, qu'ils se choisirent une doctrine particuliere, & qu'ils renoncerent à la doctrine que leurs Peres leur avoient aprise. C'est un autre fait constant, & avoüé par les Protestans mêmes, que jamais l'Eglise Catholique n'en avoit usé de la sorte, qu'elle n'avoit jamais fait profession de changer ainsi la doctrine, que ses Peres lui avoient aprise. Voilà d'un côté un témoignage public, que les Protestans ont quitté la doctrine de ceux qui les avoient instruits, & qui les avoient baptisez. De l'autre côté, nul témoignage de pareille nature, qu'avant eux, l'Eglise d'où ils sont sortis, eût quitté la doctrine de ses Peres, & au contraire, un témoignage perpetuel qu'elle ne l'a point quittée. Peut-on donc s'empêcher de dire que les Protestans ont innové ? Le témoignage universel les en convainc, & crie que leur doctrine n'est pas celle qu'on avoit reçûë des Apôtres, & qu'on leur avoit donnée comme telle. *Le même.*

Les Protestans ne peuvent donner aucune preuve de leur doctrine & de leur mission.

L'Eglise Catholique seule est soutenuë d'un témoignage parfait, qui comme une épée à deux tranchans, frape d'un côté les infidéles, & de l'autre les heretiques. Elle confond les infidéles, qui avoüent ce que Jesus-Christ,

Quelle est la force de l'Eglise Catholique.

& les Apôtres ont enfeigné ; mais qui nient qu'ils fuffent dignes de foi. Elle leur démontre par un de ces grands témoignages , qui font toûjours incontestables , fur les faits publics, que Jefus-Chrift , & les Apôtres ont fait une infinité de miracles , où le doigt de Dieu paroiffoit vifiblement. Elle confond les heretiques , qui reconnoiffent l'autorité de Jefus-Chrift & des Apôtres , mais qui nient que fa doctrine vienne d'eux. Elle leur montre encore par un de ces grands témoignages , contre lefquels le bon fens ne permet pas de difputer , que Jefus-Chrift & les Apôtres ont enfeigné les articles de la foi. Oppofer maintenant de fimples raifonnemens à des faits de cette nature , c'eft faire comme ces ridicules , qui tâchent de foûtenir par des raifonnemens , qu'un fait eft impoffible , quoiqu'ils le voyent prouvé par plufieurs témoins oculaires , dont on ne peut foupçonner la bonne foi. Les Proteftans ont bien peu compris le deffein de Dieu , qui pour rendre la Religion certaine , a voulu la faire confifter en des faits. Ils renverfent cette idée , & la font confifter en des fpéculations , où ils fe perdent en une infinité de raifonnemens , & fe partagent en mille opinions contraires. *M. Papin , Miniftre Proteftant converti.*

Les Proteftans renverfent la nature des chofes, & changent les faits en fpéculation. — Dieu , dans l'Ecriture , nous renvoye fans ceffe à l'Eglife ; parce que c'eft un fait que de fçavoir ce que l'Eglife enfeigne. Les Proteftans changent ce fait en fpéculation , & difent : il ne faut pas écouter l'Eglife , pour fçavoir quelle eft la verité ; mais il faut chercher la verité , pour connoître par là où eft l'Eglife. Propofition auffi ridicule que le feroit celle-ci ; il ne faut pas confulter le Magiftrat , pour apprendre le fens de la loi ; mais il faut chercher le fens de la loi , afin de connoître par là , qui doit être le Magiftrat. Jefus-Chrift a voulu qu'on fe foûmît à fes Miniftres ; du moins à ceux dont il ne condamnoit pas hautement la conduite , ou par lui-même , ou par la loi de

Luc. 10. — fon Eglife : *celui qui vous écoute , m'écoute* , leur difoit-il. Jefus-Chrift l'a voulu ainfi , parce que c'eft un fait que de fçavoir , qui font les Miniftres que Jefus-Chrift a établis , & qui , par une ordination reguliere , qui n'ait jamais d'interruption , rempliffent la place des Apôtres. C'eft un fait que de fçavoir qui font ceux d'entre eux , qui n'ont jamais rien voulu changer dans la foi qu'ils avoient reçûë de leurs Peres. Et enfin c'eft encore un autre fait que de fçavoir ce qu'ils enfeignent aujourd'hui , & ce qu'ils proteftent avoir toûjours été publiquement enfeigné depuis les Apôtres , jufqu'à eux fans interruption. Tout cela fe peut donc fçavoir aifément , & avec une entiere certitude. Mais les Proteftans changent tous ces faits en des fpéculations. Ils difent qu'il ne faut juger du miniftere , ni par l'ordination authentique , ni par la fucceffion réguliere , & non interrompuë , ni par la profeffion que l'on peut avoir toûjours faite , de ne point changer de doctrine. Par où donc en faut-il juger ? C'eft par *la verité*. Les vrais Miniftres de Jefus Chrift font ceux qui découvrent le vrai fens de la parole de Dieu. Il n'importe pas qu'ils ayent une miffion , ou qu'ils n'en ayent pas. Il n'importe qu'ils ayent fait profeffion de varier , ou d'être invariables dans la foi qu'ils avoient reçûë. La feule queftion , difent-ils , c'eft de fçavoir qui font ceux qui independamment de tous ces faits , nous paroîtront aujourd'hui les mieux inftruits des Myfteres de l'Evangile. C'eft-à-dire , que les Proteftans veulent , à quelque prix que ce foit , même aux depens du bon fens , paffer de la voye sûre & infaillible , à la voye *d'incertitude , & peut-être d'égarement* ; & qu'au lieu de juger selon l'intention de Dieu , & felon l'ordre de la nature , des veritez de fpecu-lation par les veritez de fait , ils veulent juger des veritez de fait , par les veri-tez de fpéculation. *M. Papin , Miniſtre Proteſtant converti.*

Mais , difent les Proteftans , pouvez-vous b'âmer le deffein que nous avons de ne fuivre que la verité ? N'eft-ce pas en effet la verité feule qui doit être fuivie ? Sans doute , & les Catholiques n'ont pas non plus d'autre deffein. Mais il s'agit de fçavoir , à quoi l'on pourra connoître la verité , & quelle methode le bon fens veut que l'on fuive pour la trouver. Le fens commun dit , que l'on doit juger des faits par des *preuves de fait* , non pas par des fpéculations. Les fciences fpéculatives s'aprennent par des raifonnemens , mais la connoiffance des faits , ne fe peut acquerir que par la vûë & par l'oüie des preuves de fait. C'eft là la methode de la raifon elle-même ; me-thode fondée dans la fageffe éternelle ; methode qui eft une de ces premie-res veritez qui font immuables. Renverfer cette methode , vouloir juger des faits par des fpéculations , c'eft fi peu le moyen de trouver la verité , que c'eft bouleverfer la nature , & enfevelir la verité fous les ruines du fens commun. Les chofes de fait ne fe peuvent connoître que par le témoignage des fens. Cependant les Proteftans en veulent juger par les differentes idées qu'il plaît à leur imagination de s'en former. Il ne faut donc pas s'étonner s'ils s'égarent. Toutes leurs Sectes reffemblent à un grand nombre de vaiffeaux , dont les Pilotes font fi ignorans ou fi temeraires , qu'ils n'ont point voulu prendre de bouffole pour fe conduire. Deftituez de guide , quoiqu'ils ayent tous deffein d'aller au même endroit , ils prennent des routes con-traires. Cependant chacun d'eux veut croire qu'il eft dans la veritable , & tâche de le perfuader aux autres à force de clameurs & de conjectures. Ils font tous également dépourvûs de raifon , fans en excepter ceux , que le hazard peut faire trouver affez près de la route qu'ils cherchent. Mais leur extrava-gance eft extrême ; lorfque rencontrant un vaiffeau dirigé par un aimant inconteftable , qui lui marque le Nord , & qui peut les remettre dans leur route ; ils fe mocquent de fa conduite , foûtiennent que ce vaiffeau s'égare lui-même , & le veulent prouver par des raifonnemens , & preferent la va-nité de leurs conjectures à une direction conftante & invariable. *M. Papin,* *Miniſtre Proteſtant converti.*

Le Proteftant a beau dire : *J'ai un fentiment intérieur , une perſuaſion ,* *une vûë interne : ſi je ne vois point au dehors de fondement de foi , qui* *ſoit tout-à-fait ſur ; le Saint-Eſprit m'éclaire , & me détermine au dedans.* *Sa grace eſt mon étoile & mon aimant .* Illufions que tout cela ; ce n'eft point là le Chriftianifme. Tout le monde convient que l'on a befoin au dedans , du fecours de la grace , pour ouvrir les yeux de l'entendement , & pour faire apercevoir le chemin du Ciel ; comme un Pilote a befoin d'entendre la na-vigation , pour fçavoir quelle route il doit prendre ; mais avec cela , il lui faut au dehors une bouffole , ou une étoile fixe , par laquelle il puiffe connoî-tre infailliblement de quel côté eft la route qu'il demande. Il ne fuffit pas qu'il fçache que pour aller en Affrique , il faut aller au midy : il ne pourra pas y aller , fi étant en mer , il n'a quelque objet extérieur qui lui montre le midy. Il en eft de même dans la Religion ; il ne fuffit pas que je fçache que

Suite du mê-me ſujet.

Le Sentiment particulier des Proteſtás n'eſt qu'une groſſiere illu-fion.

pour être sauvé, il faut embrasser la verité, il ne suffit pas même que la grace m'ait mis dans le dessein, & dans la disposition de suivre la verité; & qu'elle ait préparé mon cœur à la recevoir. Il faut encore que l'on me montre actuellement la verité. C'est-à-dire, qu'il faut necessairement de deux choses l'une, ou que Dieu me la revele immediatement, comme aux Prophetes, ou que quelque objet extérieur me la marque, & me la distingue d'une maniere infaillible. Or je ne trouve cet objet que dans l'Eglise Catholique. *M. Papin, Ministre Protestant converti.*

L'Eglise & la Religion Chrétienne demande une soumission raisonnable; comment & en quoi elle consiste.

La Religion chrétienne veut que l'on se soûmette; mais que l'on se soûmette par raison, & non pas au hazard. Elle veut que l'on se soûmette en hommes, & non pas en brutes; & les Protestans calomnient les Catholiques, quand ils les accusent de se soûmettre aveuglément & sans raison. Ils se soûmettent absolument & sans reserve; mais une preuve qu'ils ne le font pas sans connoissance, c'est qu'on n'obtiendra jamais d'eux, de rendre la même obéissance à une autre autorité, qu'à celle de l'Eglise, qui a toûjours porté sans contestation, le titre de Catholique. Quand la negligence & la stupidité d'un peuple séduit, lui feroit prendre trop legerement la tyrannie d'un imposteur ou d'un heresiarque, pour une autorité legitime, outre que cela ne l'excuseroit pas, les faits n'en seroient pas moins certains en eux-mêmes. Il n'en seroit pas moins vrai que l'Eglise chrétienne a été formellement revêtuë de l'autorité de Dieu, que le peuple Juif en a été dépoüillé, que depuis ce tems là nulle autre societé n'a reçu la même autorité; que par conséquent l'Eglise catholique seule a droit d'user d'autorité dans la Religion, de condamner le culte & la doctrine des autres Societez; en un mot, d'agir en mere, & de veiller au salut de tous les hommes; parce qu'en effet elle seule est l'Epouse de Jesus-Christ. Les fausses Religions imiteront cette conduite, quand elles en auront la force; cela se peut. Mais en le faisant, elles exerceront une tyrannie fondée sur l'usurpation, sur le mensonge, sur l'erreur; au lieu que l'Eglise exerce une autorité que Dieu lui a formellement donnée. Outre cela, il faut remarquer que l'examen n'est mauvais que quand il part d'un principe d'orgueil, qu'il a pour but de s'élever au-dessus des Conciles & de toute l'Eglise: mais qu'au contraire il est loüable, quand il part d'un principe d'humilité, quand il a pour objet nôtre propre foiblesse, & pour fin la soumission à l'Eglise. Et tel est l'examen d'un homme, qui né dans le schisme, examine si l'on a eu raison de ne lui donner pas d'autre guide, que ses propres lumieres, & qui convaincu qu'il est incapable de se conduire lui-même en matiere de Religion, reconnoît que l'on a toûjours dû s'abandonner à la direction de l'Eglise, & que par consequent il doit rentrer dans l'unité Catholique. *M. Papin, Ministre Protestant converti.*

Que les fideles sont assurez par la foi & par leur propre examen, que l'Eglise ne les écarte point de la voye du salut.

Il faut absolument que l'Eglise ait le pouvoir de décider toutes les questions qui regardent le salut, & que les fidéles soient obligez d'acquiescer & de se soûmettre humblement à ses décisions. Et cela demande encore qu'ils soient assurez que l'Eglise ne se trompe point dans les matieres de foi; c'est-à-dire, dans les matieres dont la connoissance est necessaire au salut: Pour en être assurez, il suffit qu'ils sçachent que *les portes de l'enfer ne prévaudront jamais contre l'Eglise Catholique.* C'est une promesse ex-

presse , à laquelle Jesus-Christ ne sçauroit manquer , & qui suffit pour persuader que jamais il ne peut avoir permis qu'une societé chrétienne ait été
tout à la fois la plus florissante , la plus visible , la plus ancienne , la plus
reconnoissable ; & qu'en même-tems là doctrine en fût si alterée , & le
culte si corrompu , que ce ne fussent plus des moyens de salut. Mais si
tous les moyens du salut se sont toûjours trouvez dans l'Eglise ; on a
raison de dire que l'Eglise n'a jamais erré , puisqu'*errer* , c'est sortir du
chemin , & que l'Eglise n'est jamais sortie du chemin du salut , si elle
n'a jamais laissé perdre les moyens du salut. Quand elle auroit quelquefois varié en des choses , qui n'interessent ni la foi ni les mœurs ; cela
ne s'appelleroit pas avoir erré ; puisqu'elle ne seroit pas sortie pour cela ,
de la voye du salut. Mais ce n'est pas simplement par la foi & par la
promesse de Jesus-Christ , que l'on peut s'assurer que les portes d'enfer
n'ont point prévalu contre l'Eglise , dont nous nous sommes séparez ,
qu'on y trouve tous les moyens du salut , & qu'il ne ne s'y trouve rien qui
les combatte & qui les détruise ; c'est par l'experience même , par la vûë & par
l'examen du fait. *M. Papin , Ministre Protestant converti.*

Sur le gou-
vernement
Ecclesiasti-
que.

Un corps ne sçauroit subsister que par l'union & la correspondance de
ses parties. Il faut qu'elles se rapportent toutes les unes aux autres , qu'elles dependent d'un même chef , qu'elles soient attachées à un même centre ; autrement le corps se détruit , & se perd necessairement. Je ne vois
donc rien de plus necessaire pour la conservation de l'Eglise , qu'un gouvernement Ecclesiastique , tel que celui de l'Eglise Latine. Bien loin de
trouver à redire à la primauté d'un seul Evêque , & à son autorité , renfermée dans ses justes bornes , rien ne me paroît plus essentiel , pour tenir
tous les Chrétiens unis les uns aux autres , & pour faire qu'ils s'entre-
regardent tous comme des freres. Si l'on considere bien toutes les funestes
conséquences de la division & du schisme ; on trouvera qu'il ne sçauroit
peut-être arriver de plus grand malheur à l'Eglise , que celui d'être divi-
sée en plusieurs partis ; & que l'on peut à peine imaginer quelque sujet
legitime de rupture ; parce que le mal que l'on fera , en déchirant l'Eglise , sera toûjours plus grand , que celui que l'on voudroit éviter par là. Si
tous les Schismatiques concevoient assez combien l'union est necessaire entre tous les Chrétiens , non-seulement afin de leur inspirer les uns pour les
autres la charité & l'amour fraternel , qui est l'ame du Christianisme ; mais
aussi pour l'accroissement de l'Eglise , pour la propagation de la foi chrétienne , pour porter le flambeau de l'Evangile par toute la terre ; ils avoüeroient que plus un gouvernement Ecclesiastique est fondé sur l'unité , plus il
porte à l'union , plus il est propre à y retenir tous les membres de l'Eglise ,
plus aussi il approche de la perfection. Ils avoüeroient que l'on ne peut se
former l'idée d'un gouvernement plus parfait , que celui de l'Eglise Catholique , qui est aussi , & qui sera toûjours , à cause de cela , la plus florissante
& la plus remarquable dans le monde. Ils avoüeroient qu'il est de leur devoir à tous , non-seulement Protestans ; mais Grecs , Asiatiques & autres , de
se soûmettre à ce gouvernement , de revenir à cette discipline , de rentrer
dans cette unité. Si quelque chose est capable d'éteindre le flambeau de l'E-
vangile , ce sera les tempêtes de la division & du schisme ; si quelque chose

est capable de le faire briller avec plus d'éclat, & d'en faire appercevoir la lumiere à toutes les nations; ce sera le feu de la charité, qui ne peut s'allumer ni produire d'effets considerables, que par la concorde & par l'union. Plusieurs pieces de bois ne sçauroient produire un grand feu, si elles ne brûlent ensemble, si elles ne s'entr'allument, si elles n'unissent leurs flâmes. Divisez les cœurs de tous les Chrétiens, éloignez-les les uns des autres, leur lumiere s'éteindra, leur chaleur se perdra d'elle-même. Unissez les cœurs de tous les Chrétiens; il en resultera une lumiere & une chaleur qui se répandra infailliblement par toute la terre. *M. Papin Ministre Protestant converti.*

Quand les Protestans auroient raison sur quelques articles, il ne faudroit beaucoup qu'il n'y eût dequoi autoriser une separation.

Quand même les Protestans auroient raison sur quelques articles, par exemple, quand on ne pourroit pas s'assurer que les Saints entendent les prieres de l'Eglise Militante, & que l'Eglise ne puisse, sans inconvenient, rendre la coupe au peuple, (je ne vois point d'autres articles où l'on puisse supposer avec quelque couleur, que les Protestans ayent raison;) tout cela seroit fort éloigné d'être un sujet suffisant de rupture & de separation. Que la soumission & l'acquiescement sur des choses de cette nature auroient été bien plus agreables à Dieu que le zele qu'on a voulu faire paroître pour ces sortes de questions! Que cette obéissance-là auroit bien mieux valu que ce sacrifice-ci! Qu'il auroit été bien plus chrétien de sacrifier à la charité & à la paix de l'Eglise des disputes si peu necessaires, & de supporter ce qu'on l'on trouvoit à redire, que de sacrifier à de pareilles disputes, la charité chrétienne, l'union & le repos de l'Eglise! D'ailleurs non seulement les Catholiques ne sont pas coupables de tout ce dont les Protestans les accusent; mais quand ils se tromperoient en quelque chose, outre que ce ne seroit point du tout d'une maniere préjudiciable au salut, il s'en faudroit extrêmement que leurs défauts n'égalassent ceux des Protestans, & qu'ils ne fussent aussi contraires à l'esprit de l'Evangile. Les Catholiques auroient toûjours des avantages considerables sur les Protestans, & ils auroient sujet de leur dire: *Pourquoi voyez-vous le fétu qui est dans l'œil de vos freres, & vous n'appercevez pas une poutre qui est dans le vôtre! Le même.*

Les Protestans ne se font pas une affaire du schisme.

Comme parmi les Protestans chaque Docteur oblige les autres, autant qu'il peut à souscrire ses sentimens aux siens, & qu'ils ne reconnoissent aucun Juge souverain qui les puisse accorder, & au jugement duquel ils doivent acquiescer; chacun ne doit pas trouver mauvais que son frere ne s'en rapporte pas à sa parole, & que n'étant pas persuadé de ses sentimens, il fasse bande à part, quand on voudra l'obliger à y souscrire, ou à les enseigner. Comme ils se font separez de l'Eglise Romaine, par le principe de la liberté & de l'indépendance, & même de l'obligation qu'ils imposent à chaque particulier de ne suivre que ses propres idées; par ce même principe, ils ne sçauroient condamner les divisions, ni les schismes qui se forment continuellement entre eux. De-là vient qu'en même tems qu'ils se separent, & qu'ils se retirent de la communion les uns des autres, ils n'osent pourtant s'entre-accuser ouvertement d'être hors du chemin du salut; parce qu'ils prétendent tous ne suivre que l'Ecriture, & qu'ayant tous égal droit de l'expliquer, personne n'a droit d'accuser son frere de quitter le chemin du Ciel, sous ombre qu'il ne convient pas avec lui dans cette explication. *M. Papin Miniftre Proteftant converti.*

Tous les Fidéles font obligez d'avoüer qu'il n'y a qu'une Eglife vraye & legitime Epoufe de l'agneau ; que hors de cette Eglife il n'y a point de falut : c'eft pourquoi qui n'écoute pas l'Eglife, doit être regardé comme un Payen ; car Dieu lui a promis l'affiftance de fon Saint Efprit ; elle eft le firmament & l'appui de la verité, felon l'Apôtre, & par confequent elle ne peut errer. Elle a le pouvoir de nous affujettir & obliger à fes loix. Quiconque l'écoute, écoute le Fils de Dieu, & qui la méprife, le méprife. Quoiqu'elle renferme des gens de mauvaifes mœurs, il n'eft pas permis pour cela de s'en feparer. Le faint Efprit n'abandonne jamais fon Eglife ; quoique la vie de quelques Ecclefiaftiques foit corrompuë & de mauvais exemple. Les marques qui la font diftinguer ne font point équivoques, mais elles font propres & particulieres ; il n'eft pas permis d'interpreter ni d'entendre la fainte Ecriture autrement que fait la veritable Eglife. Enfin c'eft un orgüeil infuportable de préferer fon propre fens au jugement de l'Eglife univerfelle. *Inftitution Catholique du Pere Cotton.*

Les prérogatives de l'Eglife Catholique.

Ruffin raconte au livre premier, chapitre cinquiéme de fon hiftoire, que quand l'Empereur Conftantin entendit ce qui avoit été arrêté par le Concile de Nicée, il le reçut comme un arrêt du Ciel : proteftant qu'il s'oppoferoit à ceux qui y contrediroient & qui violeroient fes divines ordonnances. Saint Auguftin d t que quand une coûtume eft gardée univerfellement en l'Eglife, il la faut regarder comme venuë des Apôtres, ou comme émanée des Conciles generaux, l'autorité defquels, dit-il, *a toûjours été trés-falutaire dans l'Eglife.* Et au livre premier contre les Donatiftes, il écrit que la controverfe de rebaptifer ceux qui auroient été ondoyez par les heretiques, n'avoit pû prendre fin que par un plein & general Concile. Et au livre fecond, chapitre premier, il enfeigne que ce qui a été decidé en un Synode univerfel, doit être préferé à la particuliere autorité des Evêques & des Conciles Provinciaux. Et comme dans un autre endroit, il femble préfuppofer que les Conciles generaux peuvent fe tromper, quand il dit, *quelquefois ils font corrigez par les autres qui furviennent* ; il faut remarquer qu'il ne parle pas des articles de Foi, où il n'y a rien à corriger, mais de la Police Ecclefiaftique, & de ce qui concerne les coûtumes, felon les diverfes circonftances du tems, des lieux & des perfonnes ; l'on peut dire auffi que le mot de *plein* ou *plenier,* dans faint Auguftin, fe prend fouvent pour *plus ample* ou *national,* & non pour *univerfel,* comme quand ailleurs il appelle plenier, le Synode d'Hippone : & les Peres du troifiéme Concile de Carthage, entre lefquels étoit le même faint Auguftin, nomment le Concile de Capouë, *plenier :* or l'on avoüe que les particuliers, foit Provinciaux, ou Nationaux peuvent errer. Cette diftinction ne peut pas être refufée ; puifque lui-même l'apporte au livre feptiéme contre les Donatiftes ; quand il dit que perfonne ne fe doit témerairement ingerer d'avancer une opinion qui n'a pas été reçûë par quelque Synode, ou *Regional,* (c'eft fon terme qui fignifie Provincial) mais quant aux chofes qui font avoüées, reçûës & confirmées par *l'Eglife univerfelle, qui eft fous la conduite de Nôtre Seigneur & Sauveur Jefus-Chrift* ; ce font celles là que chacun peut en touts

De l'autorité des Conciles.

Aug. Ep. 118 Cap. 1. 10. 2.

assurance soûtenir. Institution Catholique du P. Cotton.

Les choses qui sont necessaires pour former un Concile œcumenique. Les Conciles doivent être universels, pour avoir la force de fonder un article de Foi, ils doivent être libres, afin que le Saint Esprit n'y soit point contristé, & que la verité ait son lieu, outre cela, la liberté des Conciles ne dépend, & ne se doit mesurer à la fantaisie, & selon les desirs de chaque particulier, mais selon le jugement de toute l'assemblée. L'on y doit proceder avec esprit de charité, d'humilité & de verité. Or pour être legitimes, ils doivent être convoquez & assemblez par l'autorité de celui qui represente le Souverain Pasteur, & qui tient sa place en l'Eglise. Enfin par le moyen des Conciles, le Catholique est discerné de l'heretique, les membres sont unis avec leur chef, le chef avec les membres, & se fait une Bergerie & un Pasteur. *Le même.*

Les membres de l'Eglise participent en quelque chose de ses avantages, mais non pas en tout. Tous les Fidéles appartiennent à l'unité de l'Eglise, comme nous l'avons dit, mais il n'y a que le Corps qui ne puisse jamais perdre cette unité. Les particuliers peuvent en être retranchez. Il en est de même de la sainteté de l'Eglise. Tous les membres sont appellez à la sainteté ; mais tous ne sont pas saints ; & ceux qui le sont peuvent déchoir. Il n'y a que le Corps de l'Eglise qui ne peut jamais tomber dans l'erreur, ni dans une corruption generale. On peut dire la même chose de la Catholicité & de l'Apostolicité de l'Eglise. Ce sont des avantages ausquels chaque membre participe ; mais qui ne conviennent d'une maniere fixe, invariable, & dans toute leur étenduë, qu'au seul Corps. *Auteur moderne.*

Il appartient à l'unité de l'Eglise qu'il n'y ait qu'un seul Chef. Les membres du Corps mystique de Jesus-Christ, c'est-à-dire, de l'Eglise en leur union, dépendent principalement de l'autorité de ce Chef ; c'est pour cela qu'il appartient à l'unité de l'Eglise, qu'on se soûmette à un Souverain Chef visible, qu'on y soit joint, qu'on communique avec lui, qu'on s'y tienne avec soûmission, chacun en son rang, comme les membres du corps naturel, sans empêcher les autres en leurs fonctions ; ce qui est fort expressément declaré par saint Paul. Or l'Eglise de Jesus-Christ étant une, les Heretiques & les Schismatiques qui la déchirent, n'appartiennent point à l'Eglise, comme on le peut voir dans la vie de saint Pierre Martyr, où l'heretique Arrius avoit divisé avec beaucoup d'impieté la robbe de Nôtre-Seigneur, qui est l'Eglise Catholique ; en abandonnant l'union & la communication qu'il devoit avoir & garder avec le Saint Siége de Rome. *Auteur moderne.*

Suite du même sujet.

***Ephes.* 4.** L'accord admirable qui se trouve de tant de peuples & de tant de siécles, dans les choses de la Foi, en la même doctrine, en la même administration des Sacremens, en l'observation des mêmes Loix, nous montre évidemment l'unité de l'Eglise, & qu'elle est vraïement, *Unum Corpus, unus Spiritus, unus Dominus, una fides, unum Baptisma, unus Deus, & Pater omnium.* Tout cela procede de ce que la Chaire de saint Pierre, à laquelle se rapporte l'Eglise universelle, est la Chaire d'unité. Tournez-vous de quelque part que vous voudrez, en tous lieux de l'Eglise qui communique avec le Saint Siege, vous verrez que tous croyent les uns comme les autres, tous jeûnent, tous prient, tous sacrifient d'une même sorte. Et vous remarquerez aisément qu'il n'y a qu'un cœur & une ame, quant à ce qui regarde la Religion. Mais au contraire, si vous regardez & considerez ceux qui se sont separez du Saint Siege Apostolique ; que verrez-vous en eux, sinon ce que le Prophete leur prédisoit

prédifoit autrefois par imprécation : *Præcipita Domine , & divide linguas eorum , quia vidi iniquitatem & contradictionem in civitate.* Veulent-ils , dit
faint Auguftin fur ce Pfeaume , parler un même langage ? qu'ils reviennent à
l'Eglife , où parmi la diverfité des langues , il ne s'en trouve qu'une , quant
à la foi du cœur. *Le même.*

De quelque autorité que foient les Conciles dans l'Eglife , on ne peut nier
cependant que l'Eglife n'ait fubfifté long-tems fans cela , & l'on ne trouve
point dans toute l'Hiftoire Ecclefiaftique qu'on ait appellé de la décifion du
Saint Siege ; ce que faint Auguftin femble dire en parlant contre les erreurs
de Pelage & de ceux de fon Parti. *Roma locuta eft, caufa finita eft, ut & finia-
tur & error.* On fuppofe toûjours qu'on y a gardé les formalitez & les conditions neceffaires , particulierement lorfque les Prelats , à qui Dieu a commis
le dépôt de la Foi dans leurs Diocefes , fe font adreffez au Pape , pour decider fur quelque point touchant la Foi. Cette doctrine aujourd'hui ne fouffre plus de contradiction , puifqu'après la décifion du Saint Siege qu'on a
demandée contre les nouveautez de ce tems , l'Eglife Gallicane traite avec
jufte raifon de fchifmatiques , de rebelles ceux qui appellent au Concile ;
car on ne doute point que ce ne foit par ces vûes que tous les heretiques y
ont appellé , pour perfeverer dans leurs erreurs , & éviter leur condamnation.

[marginal note:] Les décifions d'un Concile general n'ont point toû-jours été ne-ceffaires dans l'Eglife pour condamner les heréfies.

DU CHEF VISIBLE
DE L'EGLISE
DE JESUS-CHRIST,
OU DU SOUVERAIN PONTIFE
SUCCESSEUR DE SAINT PIERRE.

AVERTISSEMENT.

C'A été une politique affez bien entendue des enfans de tene-bres ; c'est-à-dire , de tous les ennemis de la Religion chré-tienne schismatique & heretique , dans le deffein qu'ils ont eu de reformer , ou plûtôt de détruire l'Eglife établie par le Fils de Dieu , & fondée fur l'Apôtre faint Pierre , de commencer par faper le fondement, d'où s'enfuit la ruine de tout l'édifice ; je veux di-re , d'attaquer le Chef vifible de cette Eglife , d'ôter le gouverneur de ce vaiffeau agité des tempêtes de tant de perfécutions , de rendre le Royaume fpirituel du Fils de Dieu fur la terre , non-feulement invifible durant plufieurs fiécles , mais encore fans fuperieur , & d'en faire une Anarchie , & un gouvernement fans fubordination , uniquement dependant de la volonté de chaque fujet revolté ; c'est en un mot , détruire & renverfer l'ouvrage du Fils de Dieu , qui est fon Eglife , en banniffant celui qu'il a établi pour fon Vicaire fur terre , afin de la gou-verner vifiblement dans l'étendue du pouvoir & de l'autorité qu'il lui a communiqué.

On voit ce que cette Eglife deviendroit fans Chef , & quel est effectivement ce Chef ; fçavoir , faint Pierre & dans fa perfonne , fes Succeffeurs ; car toute l'Eglife l'a reconnu pour tel dans tous les fié-cles , les Conciles , les Peres , les Docteurs , comme ne pouvant fubfi-

ſter , ni être une véritable Egliſe , ſans cela ; puiſqu'il n'y a jamais eu
de religion , même parmi les Payens , qui n'ait eu un Chef & une eſpece de Pontiſe ; juſques-là , que les Empereurs ont conſervé cette dignité , comme la plus honorable , & qui les rendoit plus reſpectables à leurs
peuples ; parmi les Juifs n'y avoit-il pas des Juges , & un ſouverain
Pontiſe , comme l'Ecriture nous l'apprend ; il n'y a point enfin d'aſſemblée politique , qui n'ait un Tribunal pour rendre la juſtice , & quelqu'un pour y preſider dans les differens qui peuvent arriver ſur le droit,
non ſeulement des parties , mais encore ſur les loix & ſur les doutes ,
& les contentions , qui peuvent arriver en toutes les aſſemblées juridi-
ques. Tellement que de vouloir que l'Egliſe , qui eſt le gouvernement le
plus parfait , le plus ſage , & le mieux reglé , comme étant l'ouvrage
de la main d'un Dieu , ſoit ſans Chef , c'eſt la détruire , la renverſer
& l'aneantir tout-à-fait.

Nous verrons dans la ſuite quels ſont les droits , les pouvoirs , les
qualitez neceſſaires à ce Chef , & la ſoumiſſion que tous les fidéles doivent lui rendre.

✳✳✳✳✳✳✳✳✳✳✳✳✳✳✳ ✳✳✳✳✳✳✳ ✳✳✳✳✳✳ ✳✳✳✳✳✳

DU SOUVERAIN PONTIFE
SUCCESSEUR
DE SAINT PIERRE.

Le Chef visible de l'Eglise en fait la principale partie.

SI, dans la définition de l'Eglise universelle, on ne peut contester, que celui qui en est le Chef visible, en fait aussi la partie la plus essentielle, il faut aussi nécessairement convenir, qu'il a une intendance sur tous les membres de ce corps ; je veux dire des droits, & des pouvoirs attachez à la qualité de Souverain Pontife, & de Chef de l'Eglise universelle ; comme dans l'ancienne Loi, celui qui étoit reconnu pour tel, avoit des avantages & des prérogatives sur le reste des fidéles, lesquels étoient comme ses sujets dans les choses de la Religion ; de même il a été nécessaire pour le bon gouvernement de l'Eglise, que l'Ecriture appelle le Royaume de Dieu sur la terre, quoiqu'il ne soit pas de ce monde ; c'est à-dire, qu'il ne regarde que les choses spirituelles ; il a, dis je, été nécessaire qu'il eût des droits & des prérogatives sur le commun des fidéles & des autres Apôtres même. C'est pourquoi sans entrer dans ces questions odieuses & inutiles à nôtre dessein, sur les droits differens ou pretendus, des Conciles sur les Papes, ou des Papes sur les Conciles, ni sur le temporel des Souverains ; voici ce qui est incontestable & pratiqué depuis la naissance de l'Eglise, à la réserve de quelques cas particuliers, dont ce n'est pas ici le lieu de disputer ; voici, dis-je, les droits & les prérogatives du Successeur de S. Pierre, en qualité de Chef de l'Eglise universelle, sans parler du même, en qualité d'Evêque particulier de Rome. Comme nous n'entreprendrons pas de disputer ici contre les Protestans ; il suffira de faire voir, sans dispute, par la seule antiquité, la Primauté de S. Pierre, & des Papes ses Successeurs en la Chaire de Rome ; & les prérogatives, & les droits, qui sont inséparables de cette Primauté, en quoi tous les Catholiques conviennent. Ainsi, sans me détourner de ce principe tiré de la seule antiquité, je montre sans dispute, & sans raisonner, & en simple expositeur du sentiment des Conciles, des Peres, & même des Papes, ce que la venerable antiquité a toûjours cru sur ces articles.

L'Eglise Romaine est la seule vraye Eglise de J.C. dont le Pape est le Chef visible.

L'Eglise, qu'on nomme Romaine, a seule le privilege d'être Une, Sainte, Catholique, & Apostolique ; ces quatre caractères de l'Eglise de Jesus-Christ, ne conviennent à aucune autre Société. Or, nous entendons par l'Eglise Romaine, l'assemblée des Fidéles, qui reconnoissent l'Evêque de Rome, pour son Chef visible sur la terre, & qui lui obéissent en cette qualité ; on appelle l'Evêque de Rome *Pape*, qui signifie Pere ; on le donnoit autrefois à tous les Evêques ; parce qu'ils sont en un sens, les Peres de l'Eglise. L'usage l'a restreint depuis plusieurs siécles, au seul Evêque de Rome, qui en qualité de Chef des Evêques, est le Pere de tout le peuple Chrétien, comme l'appelle S. Augustin ; parce qu'il a succedé au Siége & à l'autorité de S. Pierre, qui est mort à Rome, après y avoir établi le Siége de son Episcopat ; & qui étoit le Chef des Apôtres par l'institution de Jesus-Christ même. *Auteur moderne.*

Il n'est pas necessaire de faire ici une longue dissertation, pour prouver que S. Pierre est le Chef visible de l'Eglise universelle, établi par Jesus-Christ. Les grands & doctes volumes, que tant de Sçavans hommes du siécle passé, & de celui-ci, ont fait pour éclaircir cette verité, ont épuisé cette matiére, en disant tout ce qui se peut alléguer de solide sur cet article de nôtre créance, d'où depend cette parfaite unité, que nous avons vû être essentielle à l'Eglise. Je dirai seulement ce dont tous les Catholiques conviennent, que Jesus-Christ choisit S. Pierre entre tous ses Apôtres, pour lui donner non seulement la Primauté d'ordre, d'honneur & de rang, en lui donnant la premiere place, comme à celui qui est le premier entre ses égaux en dignité, en dons, en pouvoirs, & en graces, qui sont inséparables de l'Apostolat & de l'Episcopat ; mais aussi la primauté de jurisdiction, de puissance, & d'autorité sur tous les fideles dans toute l'Eglise, dont il le constituë le Chef. C'est ce qu'ils aprennent de l'Evangile, dans ce fameux passage du chapitre seizième de S. Matthieu ; où après que S. Pierre eut repondu pour tous les Apôtres à *Matth. 16.* Jesus-Christ, qui leur avoit demandé ce qu'ils croyoient de lui, *vous êtes le Christ, Fils de Dieu vivant.* Ce divin Sauveur faisant l'éloge de sa foi, lui dit: *Tu es Bienheureux, Simon fils de Jona ; parce que ce n'est point la chair & le* *Ibidem.* *sang qui t'ont revelé ce secret ; mais mon Pere, qui est dans le Ciel. Et moi je te dis que tu es Cephas* (c'est-à-dire en langue Syriaque, une Pierre) *& Lidem. sur cette Pierre je bâtirai mon Eglise, & les Portes d'Enfer ne prévaudront point contre elle, & je te donnerai les clefs du Royaume des Cieux ; & ce que tu lieras sur terre sera lié dans le Ciel, & ce que tu délieras sur la terre sera délié dans le Ciel. Le même.*

Les Anciens qui ont rendu témoignage à la primauté de S. Pierre, & à sa puissance suprême dans l'Eglise universelle, l'ont aussi d'un commun consentement attribuée sur les mêmes paroles de Jesus-Christ, aux Evêques de Rome, qui sont les Successeurs du Prince des Apôtres en cette chaire. Il n'y a rien de si commun dans les Conciles & dans les Peres, où les mêmes choses que l'on a dites de la primauté de S. Pierre, & des prérogatives de sa Chaire à Rome ; on les trouve en termes formels très-souvent reperées, pour exprimer la primauté des Papes, leur Sur-intendance en l'Eglise universelle dans les choses de la foi, & la superiorité de leur Chaire & de l'Eglise de Rome, à laquelle ils déclarent que toutes les autres doivent être unies, comme les lignes à leur centre, & comme à l'origine de l'unité Sacerdotale. C'est pour cela que nous apellons l'Eglise universelle, l'Eglise Catholique, Apostolique & Romaine ; parce qu'il faut que toutes les Eglises particulieres, dont ce grand Corps est composé, soient unies de Communion, avec le Pontife Romain leur Chef ; pour être membres de la vraye Eglise de Jesus-Christ, laquelle n'est qu'une, par cette union qui fait sa parfaite unité. C'est ainsi que l'on doit entendre, selon toute l'antiquité oposée à la nouveauté des Protestans, ce que les Catholiques croyent de S. Pierre, & de ses Successeurs en son Episcopat de

De la primauté de S. Pierre. S'il a été établi de J. C. Chef de l'Eglise universelle.

Sur quoi est fondée la primauté de S. Pierre.

E iij

Rome, d'où il est aisé de voir ensuite, suivant toûjours l'antiquité, que les font les prérogatives, & quels droits cette primauté donne aux Papes, Successeurs de S. Pierre. *Le même.*

Il n'y a que l'Eglise Catholique qui ait un Chef.

Il ne sera pas difficile d'établir que l'Eglise de Rome a été fondée par S. Pierre, qu'il en a été le premier Evêque ; & que les Papes sont ses Successeurs en cet Evêché : Tous les Peres, & les anciens Auteurs, qui nous assurent que S. Pierre a été à Rome, disent aussi qu'il a fondé cette Eglise particuliere. Il est vrai que plusieurs d'entre-eux, lui associent S. Paul en cette fonction, comme on fait encore aujourd'hui, & l'on a raison de le faire ; parce que tous deux y ont annoncé l'Evangile en divers tems, & que tous deux, en même-tems, ont consacré cette Illustre Eglise par leur martyre. Mais quand ils parlent, comme ils font t.ès-souvent, de l'Episcopat & de la Chaire de Rome ; ils l'apellent uniquement la Chaire de S. Pierre, sans y joindre S. Paul. Ainsi l'on ne peut revoquer en doute que toute l'antiquité n'ait reconnu que S. Pierre seul, entre les Apôtres, a été le premier Evêque de Rome, comme le sieur Blondel, Protestant fameux le reconnoit. Aussi, quand Optat de Mileve, S. Jerôme, S. Augustin, & les autres font le dénombrement des Evêques de Rome, ils mettent toûjours S. Pierre le premier, & vont jusqu'à celui qui tenoit le S. Siége de leur tems, pour montrer la succession continuelle des Papes depuis S. Pierre, dont ils sont les legitimes Successeurs, & duquel ils remplissent la Chaire, comme le disent très-souvent les Saints Peres & les Conciles. *Auteur moderne.*

Il n'y a dans l'Eglise qu'une seule chaire, à laquelle toutes les autres doivent se conformer.

Il y en a qui ont dit que les Evêques étant Successeurs des Apôtres, sont tous en cette qualité sur la Chaire de S. Pierre. Nous le disons aussi comme eux, & il faut bien qu'on en tombe d'accord, par la raison que je vais dire. Comme l'Eglise universelle est une, & un seul tout, composé de toutes les Eglises particulieres unies avec une Eglise principale, qui est l'origine, le principe & le centre de leur unité : Aussi n'y a-t-il dans l'Eglise qu'une seule Chaire, & qu'un Episcopat composé de toutes les Chaires Episcopales, par la communication qu'elles ont avec le Chef de cette Eglise, & avec cette chaire principale d'où procede leur unité. De sorte que comme tous les fidéles sont dans la même Eglise, quand ils sont unis à son Chef ; de même tous les Evêques pris en general, & chacun en particulier sont sur la même chaire, par la communion qu'ils ont avec celui qui est assis sur cette Chaire principale, d'où, par cette union qu'ils conservent avec elle, résulte l'unité de Chaire, & d'Episcopat dans l'Eglise. Mais outre cela, chacun d'eux a sa chaire particuliere, à laquelle pas un des autres n'a part, comme ils ont tous part à cette Chaire, qui n'est qu'une dans l'Eglise universelle. Et parce que S. Pierre en est le Chef, non-seulement sa Chaire particuliere de Rome ; mais aussi celle de toute l'Eglise est souvent appellée par les Saints Peres, la Chaire de S. Pierre. C'est donc en ce sens que tous les Evêques sont assis sur la Chaire de S. Pierre, comme tous les Docteurs de l'ancienne Loi étoient assis sur la Chaire de Moïse. Mais tous les Evêques ne sont pas pour cela sur la chaire des autres Evêques, chacun possedant solidairement la sienne, comme une partie de l'Episcopat universel. C'est aussi en cette maniére qu'il faut entendre ce qu'on dit, que tous les Evêques sont les Successeurs de S. Pierre. *Le même.*

Si l'on confulte l'antiquité, on trouvera qu'en remontant jufqu'aux pre- La Primauté
miers fiécles de l'Eglife la primauté de S. Pierre a toûjours crû conftamment. de S. Pierre
La preuve en eft évidente, par le témoignage de prefque tous les Saints Pe- s'eft toûjours
res, qui difent en une infinité d'endroits de leurs ouvrages, qu'il eft la étenduë.
pierre & le fondement de l'Eglife ; que fa chaire, eft la chaire principale, à
laquelle il faut que tous les autres s'uniffent ; qu'il a la fuprême puiffance,
pour avoir foin des Agneaux du Fils de Dieu ; qu'il a reçû la primauté, afin
que l'Eglife fût une ; qu'il eft le premier, le principe, le Chef, & le Cori-
phée des Apôtres ; qu'il eft celui, à qui Jefus-Chrift a commis la difpofition
extérieure de fon Eglife, & auquel il a donné la préfecture fur fes freres ;
qu'il eft preferé à tous les Apôtres, & qu'il régit tous les Pafteurs mêmes,
avec cent autres éloges de cette nature, qui expriment tous magnifiquement
fa primauté ; ce qu'on a fouvent repeté & aprouvé dans les Conciles generaux. *Le même.*

La dignité furéminente de S. Pierre, étoit fi connuë des Payens mêmes Les Payens
dans l'antiquité, que Porphyre, l'un de leurs plus grands Philofophes, re- mêmes reprochoit aux Chrétiens, comme nous l'apprenons de S. Jerôme, que leur S. connoiffoient
Paul avoit été fi téméraire, que d'avoir ofé reprendre Pierre, le Prince des la dignité
Apôtres, & fon Maître. Puis donc que toute la venerable antiquité a crû la furéminente
primauté de S. Pierre, que les Proteftans combattent, par la nouveauté de de S. Pierre,
leur doctrine, nous avons fujet de leur dire avec un S. Pere : *Definat inceffe-*
re novitas vetuftatem. Au refte, il eft fi évident que Jefus-Chrift, qui veut
que fon Eglife dure jufqu'a la confommation des fiécles, a donné à S. Pierre
la primauté, & la fuprême dignité de Chef vifible de l'Eglife univerfelle,
pour lui & pour fes Succeffeurs en cette Chaire principale, que ce grand
Apôtre a fixée à Rome, qu'il feroit fuperflu d'entreprendre de le prouver.
Car fi elle étoit tellement attachée à fa perfonne, qu'elle ne paffât point à
fes Succeffeurs, il s'enfuivroit qu'après la mort de S. Pierre, l'Eglife fût
tombée, qu'elle n'eût plus eu ce principe d'unité qui la rend une, & qu'elle
n'eût été qu'un corps fans tête, & un édifice ruineux fans fondement. Et
puis ne fçait on pas que c'eft un ordre naturellement établi, dans les fuc-
ceffions legitimes que les Rois, & les autres Princes, & leurs Officiers en
l'état féculier ; les Evêques, les Metropolitains, les Primats & les Patriarches en l'Etat Ecclefiaftique ; les Miniftres même parmi les Proteftans, fuccedent aux droits & aux pouvoirs de leurs Predeceffeurs. *Le même.*

Tous les Catholiques, qui fçavent que les Papes font les Succeffeurs de S. Combien eft
Pierre, font d'accord entre eux fur ce point, mais non pas avec tous les extravagante
heretiques ; car il s'en trouve parmi les modernes, qui nient hardiment que la défaire de
ce divin Apôtre ait jamais été à Rome, & qu'il ait établi fa chaire dans cet- ceux qui nient
te ville. Ils fondent un fentiment fi extraordinaire & fi nouveau, fur le filen- que S. Pierre
ce de S. Luc & de S. Paul, qui furent à Rome, & n'euffent pas manqué de ait jamais été
parler de S. Pierre, & d'y trouver des Chrétiens, s'il y eût déja prêché l'E- à Rome.
vangile ; de plus, fur une certaine chronologie qu'ils ont faite, comme il
leur a plu, des Actes des Apôtres, & qui ne peut nullement s'accorder avec
cette hiftoire de S. Pierre ; & enfin fur les Epîtres mêmes de cet Apôtre, qui
nous font connoître que fa miffion fut en Afie, & qu'il mourut à Babylone :
ce que nous avons fuffifamment refuté ci-deffus. *Auteur moderne.*

Suite du mê-
me sujet.

Il n'y a rien qui nous fasse mieux voir quelle est la foiblesse & l'illusion de l'esprit humain, que lorsque par cet orgüeil qui lui est si naturel, il veut s'affranchir de l'autorité à laquelle il est obligé de se soûmettre, & lui oppo-se pour cela ses faux raisonnemens, qui ne servent qu'à découvrir son aveu-glement & sa vanité. Quand nous n'aurions d'ailleurs aucune lumiere du voya-ge & de la Chaire de saint Pierre à Rome, jamais un habile homme ne se laisseroit persuader à ces argumens qui ne concluent rien, & qu'il est si aisé de détruire. Saint Luc ne dit rien de cela dans les Actes des Apôtres : Y a-t-il parlé du voyage de saint Paul en Arabie, de son retour à Damas, puis à Jerusalem apres trois ans de son voyage en Galatie, de son ravissement au Ciel, de ses trois naufrages, de ses huit flagellations, & de mille autres choses qu'il a souffertes ? Conclura-t-on de ce silence que tout cela est faux ? Et quand saint Paul ne l'eût pas écrit lui-même, ou que son Epître aux Ga-lates, & celle qu'il écrivit aux Corinthiens ne fussent pas venuës jusqu'à nous, ce silence de saint Luc eût il eu plus de force pour nous prouver que cela n'est pas veritable ; puisqu'il l'est en effet, & qu'il l'étoit avant que S. Paul l'eût écrit ? Cet Evangeliste, dit saint Jérôme, a omis bien des choses, que saint Paul a souffertes, comme aussi que saint Pierre établit sa Chaire, premierement à Antioche, & puis à Rome. *Le même.*

Preuve évi-
dente que S
Pierre a été
à Rome.

Voici un argument invincible, qui nous doit convaincre que saint Pierre a été à Rome ; sçavoir, que ce qu'on avance de nouveau, s'il est con-traire à ce qu'on a crû dans l'ancienne Eglise, est faux ; parce que la créan-ce ancienne, & ce qu'on tient de la Tradition, particulierement quand on remonte jusqu'au siécle des Apôtres, est toûjours la verité même. Or toute l'antiquité a crû que saint Pierre a été à Rome. Cela est si vrai, que le sieur David Blondel, le plus sçavant de tous les Ministres Protestans, l'avoue de bonne foi ; car étant aussi habile homme qu'il l'est, il ne peut nier que pres-que tous les Peres de l'Eglise Latine & de la Grecque n l'ayent dit. *Le même.*

L'union que
tous les E é
ques doivent
avoir avec le
Saint Siege.

La vraye marque de la veritable Eglise, selon Calvin même, & tous les plus habiles Protestans, & ce qui la distingue de toutes les autres, est la per-petuité qui la fera toûjours durer sans jamais defaillir jusqu'à la consomma-tion des siécles ; & comme elle est cette grande Bergerie, où tous les si éles qui sont les Agneaux de Jesus-Christ, sont réünis dans un seul troupeau, elle ne peut subsister dans cette unité qu' n'y ait des Pasteurs & des oüailles ; des gens qui enseignent, & d'autres i reçoivent les veritez qu'ils doivent croire ; des conducteurs & des personn qui se laissent conduire ; & que ces Pasteurs & ces conducteurs ne succeden les uns aux autres, sans interrup-tion jusqu'à la fin, pour gouverner & pour conduire les fidéles. Or cela ne se voit que dans l'Eglise Catholique, par l'union que toutes les Eglises particu-lieres & leurs Evêques, ont avec celui qu'ils reconnoissent pour le Chef. Car en quelque tems que ces Eglises ayent commencé à s'établir, les unes plû-tôt, les autres plus tard, elles peuvent remonter en vertu de cette union, par une succession perpetuelle de Pasteurs en Pasteurs, & d'Evêques en Evêques, jusqu'à celui que Jesus-Christ leur a donné pour Chef, & parce que celui-ci est saint Pierre, il est tout évident que c'est par-là qu'ils sont ses Successeurs, puisque par l'union qu'ils ont avec l'Evêque de Rome leur Chef, qui succe-de en ligne directe à saint Pierre, ils remontent sans interruption, par une

continuité

continuité & fucceffion jufqu'à ce divin Apôtre , comme toutes les branches d'un arbre font unies avec la racine par l'union qu'elles ont avec le tronc , & le gros de cet arbre. *Auteur moderne.*

Dans la celebre réünion qui fe fit de l'Eglife Latine avec la Grecque , après plufieurs celebres conferences & de grandes conteftations qu'il y eut durant quinze mois entre les plus fçavans hommes des deux Eglifes fur la Primauté du Souverain Pontife , & fur d'autres articles conteftez. Voici ce qu'en défi nit le Concile. *Nous définiffons que le Saint Siege Apoftolique , & le Pontife Romain ont la Primauté fur tout le monde ; que le Pontife Romain eft Succeffeur de faint Pierre Prince des Apôtres ; qu'il eft vrai Vicaire de Jefus Chrift , & le Chef de toute l'Eglife , le Pere & le Docteur de tous les Chrétiens , & que* Nôtre Seigneur Jefus-Chrift lui a donné , en la perfonne de faint Pierre le plein pouvoir de nourrir , de régir , & de gouverner l'Eglife univerfelle , en la maniere qui eft contenuë dans les actes des Conciles & dans les faints Ca- nons. Il fuffit maintenant qu'on fçache que la Primauté du Pape , felon ce Concile , lui donne la Surintendance fur tout ce qui regarde le gouvernement & le bien de toute l'Eglife en general ; ce qui n'appartient à nul autre Evéque de quelque dignité qu'il foit. Car le pouvoir que les autres Evéques ont de droit divin de gouverner l'Eglife , ne s'étend pas hors de leur Diocefe : mais celui du Pape , comme Chef de l'Eglife univerfelle , s'étend par tout , où il s'agit du bien general de tous les fidéles , du foin defquels il eft chargé ; & cette dignité fuprême lui donne bien des droits , dont il n'y a que lui feul qui joüiffe. C'eft à lui qu'on s'adreffe pour avoir fes réponfes fur les difficul- tez qui peuvent naître en des points qui regardent la Foi , le reglement des mœurs , ou les coûtumes generales. Nous en avons des preuves évidentes dans les Saints Peres , & l'on en a vû de nos jours un illuftre exemple dans la fameufe lettre que les Evéques de France écrivirent au Pape Innocent X. *Le même.*

Quand il plût au Pere des lumieres & des mifericordes d'établir fon Eglife fur la terre , & lui donner un Chef qui l'éclairât dans les difficultez & dans les doutes , qui la gouvernât au nom & à la place de fon Fils , il attira faint Pierre à fon Ecole , il lui donna dans ce moment toute la plenitude de con- noiffance & de fageffe qui étoit neceffaire à cet augufte Miniftere , & imple- *vit eum Spiritu Dei , fapientiâ , & intelligentiâ , & fcientiâ ,* il lui fit voir dans ce moment tous les Myfteres d'un Dieu caché dans fon effence , & plus caché dans fon Incarnation fous le voile de fon humanité ; il le rendit l'or- gane des Apôtres , il lui fit faire au nom de tous fes freres , cette declaration publique de leur foi , vous êtes le Chrift le Fils de Dieu vivant. Et c'eft par le merite de cette confeffion , & fur le fondement de cette foi , qui a formé l'Eglife en fa naiffance , & qui la foûtiendra jufqu'à la fin de tous les fiécles , que le Sauveur du monde lui fit cette réponfe , & lui donna ces auguftes Pri- vileges qui l'ont rendu fon Vicaire fur la terre , le Prince des Pafteurs , & l'oracle du monde : *Beatus es Simon Barjona , quia caro & fanguis non reve-* *lavit tibi.* Que tu es heureux Simon , fils de Jonas , parce que ce n'eft point la chair & le fang qui t'a donné la connoiffance de ces chofes ; mais la mi- fericorde toute pure de mon Pere celefte ; c'eft pour cela que je te dis , (re- marquez bien la force de cette particule , & la correfpondance de ces termes)

Des divers & des avan- tages que la Primauté donne au Souverain Pontife par deffus les autres Evéques.

Dieu a choi- fi faint Pier- re pour gou- verner l'Egli- fe, & fes fuc- ceffeurs après lui.

Ecli. 15.

Matth. 16.

parce que tu m'as reconnu comme le Fils de Dieu, *propterea*. C'est pour cela que je te dis que tu es Pierre ; comme s'il lui disoit, puisque selon ta confession, je suis le Fils de Dieu vivant, à qui tout obéit au Ciel & sur la terre, & de plus l'unique fondement & la pierre angulaire de l'édifice de l'Eglise. Je te changerai ton nom, dit saint Augustin, tu ne t'appelleras plus Simon, mais tu t'appelleras Pierre ; je te donnerai mon nom, disent tous les Saints Peres, je te communiquerai la fermeté de cette Pierre, je te fonderai sur moi, dit le grand Augustin, & je fonderai sur toi l'édifice de l'Eglise. *Auteur moderne*.

Le Fils de Dieu voulant établir son Eglise s'adresse personnellement à saint Pierre.

Le Sauveur du monde ne dit pas, comme l'ont prétendu les heretiques, je fonderai sur ta foi tout l'édifice de l'Eglise, excluant la personne de saint Pierre ; mais il dit personnellement à Pierre, par le merite de ta foi, *& super hanc Petram* : & ce n'est pas encore à la seule personne de saint Pierre, que ces promesses ont été faites, comme l'ont prétendu les heretiques, excluant tous les Papes qui lui ont succedé, & qui lui succederont jusqu'à la fin des siécles ; mais c'est à tous les Papes que le Sauveur du monde a fait cette promesse en la personne de saint Pierre, qui dans cette occasion representoit toute l'Eglise dont il étoit le Chef. *Tu es Pierre, & sur la fermeté de cette Pierre, j'établirai le fondement de mon Eglise, je te donnerai la même puissance que j'ai reçue de mon Pere, & tu laisseras à ceux qui te suivront la même autorité que tu auras reçue de moi.* Ainsi l'ont entendu tous les Saints Peres, & voila les deux prérogatives entre les autres, que le Sauveur du monde leur promet jusqu'a la fin de tous les siécles. *Le même*.

Les clefs du Royaume que le Sauveur donne à S. Pierre, nous representent l'étenduë de sa puissance.

La plénitude de puissance qui est representée dans les clefs du Royaume, que le Sauveur du monde met entre les mains de saint Pierre, comme la marque & le symbole de sa Souveraineté : je te donnerai les clefs du Royaume des Cieux, ce que tu auras lié sur la terre, sera lié dans le Ciel ; ô grand Apôtre que vôtre foi est hautement récompensée, puisque le Dieu de verité la rend la regle de la nôtre, & qu'elle en fait toute la certitude ; que vôtre puissance est absoluë au Ciel & sur la terre ; puisque vos jugemens sont sans appel parmi les hommes, & que Dieu même en veut suivre la loi. Ecoutez bien ceci, M. *j'ai prié pour toi, Pierre, que ta foi ne manque jamais* ; c'est la promesse que le Sauveur du monde a faite au Prince des Apôtres & à ses Successeurs, de leur donner une assistance indefectible de son divin Esprit, dans les questions douteuses de la foi. Sur ces paroles du Sauveur, il faut remarquer que Nôtre-Seigneur prédit à saint Pierre que l'état perpetuel de son Eglise sur la terre, sera un état de tentations & de combats ; c'est ce que signifient ces paroles, qui précedent immédiatement celles ci. *Simon, Sathan a demandé de vous cribler*. Ce ne fut pas une prédiction que le Sauveur du monde fit à Pierre, que l'Ange de tenebres le tenteroit dans sa foi au tems de sa Passion, mais une prophetie de l'Etat de l'Eglise, dont la foi sera toûjours combattuë par la violence des tyrans, ou par l'impieté des heretiques. *Auteur moderne*.

Le Fils de Dieu donne à S. Pierre la force & la

Le Sauveur promet à saint Pierre la force & la vertu de son secours, pour la défendre contre les heretiques & les embuches de Satan, qui la tentera par la violence & les ruses. C'est ce qui est compris dans ces paroles ; *j'ai prié pour toi Pierre, que ta foi ne manque jamais*. Enfin, il promet à saint Pierre la perpetuité de son secours, aussi long tems que dureront ses combats, c'est-à-dire jusqu'à la fin des siécles, & c'est le sens de ces paroles. *Es tu aliquandò converfus confirma fratres tuos*, comme s'il lui disoit, quelque protestation que tu me fasses de me suivre inseparablement jusqu'à la mort, ta foi & ton amour seront violemment tentez dans ma Passion ; mais lorsque tu seras converti, & que par l'abondance de tes larmes tu auras expié ta faute, tu confirmeras tes freres chancelans dans la foi. C'est le sentiment de tous les Peres, que ces paroles du Sauveur à saint Pierre representent les combats, que cet ancien & perpetuel ennemi de son Eglise lui a livrez dès le commencement du monde ; & par lesquels il attaquera sa foi jusqu'à la fin de tous les siécles. *Sapè vos cribrare voluit ut deficeret fides nostra*, nous dit saint Clement dans les *Constitutions Apostoliques*. *Le même*.

vertu de soû-te.... l'Eglise contre.... les heréti-ques.
Luc 22.

Le secours que le Sauveur promet à S. Pierre est l'assistance perpetuelle de son divin Esprit, qui la doit éclairer dans ses ambiguitez & dans ses doutes, lui reveler toutes les veritez, lui découvrir les sens les plus cachez de l'Ecriture Sainte, former ses décisions, regler ses jugemens, & la rendre infaillible dans sa doctrine & dans sa foi. Ce que nous pouvons dire avec assurance, après un grand Prelat de France, c'est au Corps indivisible de Jesus-Christ & de l'Eglise qui comprend le Chef & les membres ; c'est au Chef en tant qu'il est la source de la vie, & qu'il influë dans les membres, & c'est aux membres entant qu'ils sont unis & attachez au Chef, que le Sauveur du monde a dit en la personne de saint Pierre, j'ai prié pour toi Pierre, que ta foi ne manque jamais : nous le voyons clairement dans ces paroles, lorsque le Fils de Dieu prédit à Pierre les tentations & les combats de son Eglise, il ne lui parla pas au nombre singulier, comme il fit lorsqu'il lui prédit sa faute, & qu'il lui dit, *non potes me sequi modò*, tu ne peux pas me suivre maintenant, mais il lui dit, au nombre pluriel, Simon, Simon, Sathan a demandé de vous cribler, parce que le peril étoit commun, & que le démon ne se lassera jamais de tenter les Fideles & de les terrasser, s'il est possible : cela regarde également tous les Evêques qui composent l'Eglise, & qui sont exposez aux artifices & aux tentations du pere de mensonge : mais lorsqu'il parle du secours qui les doit soûtenir dans leurs combats, *specialis cura Petri suscipitur, & pro fide Petri propriè supplicatur*. Il change de langage, il s'adresse particulierement à saint Pierre, & lui promet au nombre singulier, une assistance personnelle, *tanquam aliorum status certior sit futurus*, si mens principis victa non fuerit : comme pour établir la foi de tous les autres sur la foi de leur Prince, & pour les rendre victorieux dans la victoire de leur Chef : J'ai prié pour toi Pierre, que ta foi ne manque jamais ; où je vous prie de remarquer deux avantages & deux prérogatives que le Sauveur du monde promet au Prince des Apôtres, l'une qui le regarde en sa personne, & qui s'arrête à lui ; l'autre qui le regarde en qualité de Chef de son Eglise, & qui passera de lui à tous ses successeurs. *Auteur moderne.*

Suite du mê-me sujet

Le Cardinal du Perron.

Joan. 13.

Quand le Sauveur dit à saint Pierre, j'ai prié pour toi Pierre, que ta foi ne manque jamais, il lui promit une assistance individuelle & attachée à sa personne, en vertu de laquelle il conserva la foi jusqu'à la fin, & se rendit victorieux de la puissance de Sathan. Il ne lui promit pas qu'il ne seroit point tenté, & que la crainte de la mort ne seroit pas pour un tems plus forte

Ce que l'on doit entendre par ces paroles, j'ai prié pour toi Pierre.

F ij

dans ſon cœur, que l'amour qu'il avoit pour ſon Maître; mais le Sauveur du monde étend plus loin cette aſſiſtance; & comme il regardoit ſaint Pierre en qualité de Chef de ſon Egliſe, & qu'il vouloit l'établir Prince ſur toute ſa maiſon, il lui promet une aſſiſtance indéfectible & perpetuelle de ſon divin Eſprit, qui doit paſſer de ſa perſonne à tous ſes ſucceſſeurs. C'eſt dans ce ſens que tous les Peres ont entendu cette parole du Sauveur, j'ai prié pour toi Pierre, que ta foi ne manque jamais, & ces paroles ne s'adreſſent pas ſeulement à ſaint Pierre en particulier, mais auſſi à tous les Souverains Pontifes qui lui ont ſuccedé, & qui lui ſuccederont juſqu'à la fin des ſiécles. *Le même.*

Pourquoi le Fils de Dieu a établi ſaint Pierre le Chef de ſon Egliſe.

C'eſt à raiſon de la ſouveraineté que le Sauveur a conferée à ſaint Pierre, qui l'a rendu le Prince des Apôtres, le Chef de ſon Egliſe & le dépoſitaire de ſa foi; il faut que tous les autres recourent à ſes lumieres. *Ratione primatus.* C'eſt à raiſon de l'unité *ratione unitatis*, parce qu'il a voulu qu'il fût le centre de l'unité & de la communion de toutes les Egliſes, il faut qu'elles en reçoivent la regle de leur foi. Enfin, c'eſt à raiſon de la perpetuité de la doctrine & de la foi qu'il a reçûë du Sauveur qu'il a tranſmiſe au Siege Apoſtolique, & que ſes ſucceſſeurs ont conſervé juſqu'à nous par une heureuſe ſucceſſion; *ratione ſucceſſionis.* Saint Pierre eſt donc dans l'Egliſe pour ce qui regarde la foi & les bonnes mœurs, ce que la tête eſt dans le corps, ce que le Prince eſt à la Monarchie, le fondement à l'édifice, le Soleil aux rayons, & la racine aux branches; & comme dans le Chef eſt renfermée toute la plenitude des eſprits & des ſens qui ſe répandent dans tout le Corps, & dont chacun de tous les membres reçoit une portion; comme dans la ſeule perſonne du Monarque reſide principalement & radicalement toute l'autorité qu'il communique aux Magiſtrats, qui rendent la juſtice à ſes peuples; de même le Fils de Dieu a rendu ſaint Pierre le Prince, le Monarque, le Chef, le fondement & la racine de l'Egliſe, car c'eſt ainſi que tous les Peres en parlent, & les comparaiſons que nous en donnent ſaint Cyprien, S. Auguſtin, S. Irenée, S. Leon, S. Bernard, S. Ambroiſe, & Optat de Mileve; il a fallu qu'il mît en lui par éminence, comme dans le principe & dans la ſource, tout ce qu'il a voulu donner de grace, de vertu, de lumiere & de puiſſance à ſon Egliſe pour la communiquer à tous ſes freres, mais il a tellement diſtribué l'office de la Prédication entre tous ceux qui en devoient être les Miniſtres, qu'il en a confié la principale œconomie, & l'adminiſtration au Prince des Apôtres, afin qu'étant le Chef de ſon Egliſe, il

S. *Leon. Serm.* 1. *de Petro & Paulo.*

répandît enſuite tous ſes dons ſur le reſte du Corps, & que celui qui ne ſeroit point dans l'unité & dans la communion du Chef de ſon Egliſe, fût privé de ſa vie & de ſes influences. Voilà la tradition de tous les Peres. *Auteur moderne.*

Suite du même ſujet.

La raiſon de cette verité ſe tire encore des deux prérogatives que le Sauveur du monde a conferées au Prince des Apôtres, & que cet Apôtre a tranſmiſes à ſon Siege, & que ſon Siege a conſervées juſqu'à nous par une heureuſe Tradition. La premiere, c'eſt que le Fils de Dieu ayant choiſi ſaint Pierre comme le centre de l'unité & de la communion de toutes les Egliſes, il a fallu qu'il lui communiquât l'infaillibilité de la doctrine & de la foi, qui les unit enſemble, & qui les unit toutes à Jeſus-Chriſt. La ſeconde, c'eſt que le Siége de saint Pierre, étant la regle de la foi, qui fait la Religion de toutes les Eglises; il a fallu qu'il conservât jusqu'à la fin cette même doct. ine & cette même foi, que le Sauveur du monde a promise à saint Pierre, que S. Pierre a transmise à tous ses Successeurs, & qui de Pape en Pape est parvenuë jusqu'à nous par une heureuse succession. *Le même.*

Il est constant que la Chaire de saint Pierre à Rome, est le centre de l'unité & de la communion de toutes les Eglises. La Chaire est une, disoit à Parmenian, Optat Evèque de Mileve; & quelque chose que tu fasses, tu ne sçaurois nier, que Pierre, le Prince des Apôtres, n'ait établi son Siége à Rome : *In quo uno Cathedra unitas ab omnibus servatur.* Afin qu'étant le Chef de tous les autres, il établît sur lui l'unité de l'Eglise, que chacun des Apôtres n'eût point sa Chaire, son Eglise & sa Religion particuliere; mais qu'on regardât comme un pecheur, & comme un schismatique, celui qui s'éleveroit contre la singularité de cette Chaire. *Ergo Cathedra una est*, conclud ce grand Evêque; donc il n'y a qu'une Chaire, dans laquelle Pierre s'est assis le premier ; après Pierre, Linus; après Linus, Clement, &c. ou comme dit S. Cyprien, il n'y a qu'un Dieu, qu'un Christ, & qu'une Chaire; ou comme il dit encore dans son Epître quarantiéme : Dieu est un, Christ est un, l'Eglise est une, la Chaire est une, fondée sur S. Pierre, par la parole du Seigneur ; & quiconque veut établir un autre Autel, une autre Chaire, un autre Sacerdoce, est un adultere, un profane & un sacrilege. *Le même.*

La Chaire de St. Pierre est le centre de l'unité.

Cypr. lib. de unit. Ecclesiæ Ep. 40.

Tous les Princes & les Evêques Catholiques, avoient un si grand soin de conserver la communion du siége Apostolique, que la marque de catholicité, qu'on demandoit aux Orthodoxes, c'étoit cette adherance & cette communion au siége de saint Pierre : *Si urbe Romanâ convenirent.* Que dans les divisions qui naissent quelquefois entre les Catholiques, les deux partis recouroient au saint Siége pour conserver la communion. L'Eglise demembrée en trois parties, veut m'attirer à soi, décrivoit saint Jerôme au Pape Damase ; pour moi, je crie incessamment, celui qui est uni à la Chaire de saint Pierre, sera toûjours mon parti. Et ce ne fut que sur ce fondement que les Evêques d'Italie & ceux de France, à qui le Pape Melchiade avoit commis le jugement de Cécilien, sur son élection au siége de Carthage, confirmerent l'élection de celui-ci, & condamnerent son Competiteur comme un Intrus, & comme un Schismatique ; parce qu'il n'avoit pas la communion du siége Apostolique. *Auteur moderne.*

L'étroite union que les Princes & les Evêques ont toûjours eu au Siége Apostolique.

Synod. Const. act 4.

Ambr. de obit. Satyrii.

Chrysost Ep. 1. ad Innoc.

Hieron Ep 56. ad Damasum.

C'est aussi sur ce fondement que toutes les Eglises recouroient au saint Siége, dans leurs ambiguitez & dans leurs doutes, & qu'aussi-tôt qu'on avoit découvert une heresie, on en donnoit avis au Pape, comme fit l'Evêque Alexandre au Pape saint Sylvestre, à la naissance de l'heresie d'Arrius. Comme fit saint Cyrille au Pape Celestin, lorsque Nestorius eut publié son erreur; & comme firent les Evêques d'Afrique, à Innocent premier, lorsqu'ils voulurent exterminer les Pelagiens ; afin que ces Papes y pourvussent par leur autorité ; si les erreurs étoient connuës & manifestes, ou si la chose méritoit une plus ample discussion, ils assemblassent des Conciles, pour découvrir la Tradition de toutes les Eglises. En faut-il d'autres preuves, que ce que saint Jerôme en écrit ad *Ageruchiam*, que lorsqu'il étoit Secretaire du Pape Damase ; à peine avoit-il le loisir de repondre aux consultations Synodales, qui

Suite du même sujet.

Aug Ep. 91. ad Innoc.

Innoc. 1. apud Aug Ep. 93. ad Ep Milevi conclos.

lui venoient de l'Orient & de l'Occident, de tout le monde Catholique? Et ce que saint Bernard écrivit à Innocent I V. C'est à vous, ô saint Pere, qu'il faut donner avis de tous les scandales qui naissent dans l'Eglise, mais principalement de ceux qui naissent dans la foi : car à qui est-ce à reparer les brêches de la foi, qu'à celui de qui la foi ne peut tomber en defaillance? Et à quel autre Siége qu'à ce celui que vous occupez, le Seigneur a-t-il dit : j'ai prié pour toi Pierre, que ta foi ne manque jamais. *Le même.*

Sentimens de St. Augustin contre les Donatistes.

Ouvrez les yeux, disoit saint Augustin aux Donatistes, & regardez cette longue suite de Papes & de Martyrs, qui depuis quatre siécles, ont occupé la Chaire de saint Pierre, & qui ont professé la même foi & la même doctrine, jusqu'au Pape Anastase; car c'étoit lui qui remplissoit la Chaire de saint Pierre; osez-vous preferer vos sentimens particuliers à tant de Saints Martyrs, qui se sont succedez les uns aux autres, & qui, pour la plûpart, ont repandu leur sang pour la defense de la foi ; & si vous ajoûtez aux quatre siécles d'Augustin, douze ou treize cens ans, de cette heureuse succession, où l'on peut dire que l'Eglise Romaine, malgré les artifices & la persécution des Arriens, malgré l'inondation des Gots & des Vandales, qui l'ont tant de fois saccagée, enfin malgré la chûte & le renversement de l'Empire Romain, a toûjours conservé la foi de Jesus-Christ, pure & immaculée, sans que les artifices & les embûches de Sathan qui veille incessamment à sa ruine, en ait souïllé la pureté ou par les traits de la persécution, ou par les charmes de la prosperité ; quelle force n'a point cet argument contre les heretiques de nos jours? Et ne pourrois-je pas leur dire ce que S. Augustin disoit aux Donatistes, ouvrez les yeux de vôtre esprit, & regardez cette longue suite de Papes, qui depuis seize ou dix-sept cens ans, ont occupé la Chaire de saint Pierre, qui tous ont professé la même foi & la même doctrine, sans aucun changement & sans aucune altération, dans sa substance? Ou montrez-moi quelque diversité dans leur croyance & dans leur foi, ou confessez que vous etes vous-même dans l'erreur & dans l'aveuglement ; mais s'il est impossible de montrer cette diversité dans leur doctrine ; & si la même foi, que professe aujourd'hui toute l'Eglise Catholique, est celle que saint Pierre avoit reçuë du Sauveur, qu'il a transmise à ceux qui lui ont succedé, & qui est parvenuë jusqu'à nous, par une heureuse succession ; de quel front un moine libertin comme Luther, un esprit orgueilleux comme Calvin, osent ils avancer que tant de Papes & de Martyrs ont été dans l'erreur, & qu'eux seuls ont conservé la verité. *Auteur moderne.*

L'esprit de S. Pierre vit & subsiste toûjours sur le saint Siége.

La promesse de l'éternelle Verité demeure toûjours ferme, & S. Pierre, fondé sur la parole du Seigneur, n'abandonnera jamais le soin de cette Eglise, dont il a pris la garde & la conduite. C'est l'esprit de S. Pierre qui vit, & qui subsiste toûjours dans son Siége ; c'est cet Esprit de verité qui confirme les bons dans la doctrine de la foi, qui les anime aux bonnes œuvres, & qui les fait perseverer jusqu'à la fin ; c'est cet Esprit de verité, qui retient les méchans, & qui les empêche de communiquer leurs erreurs à son Siége. Mais si jamais on a pû dire de la puissance & de la foi de S. Pierre, qu'elle vit toûjours dans son Siége ; n'est-ce pas aujourd'hui, M. où nous voyons les œuvres de la foi de saint Pierre, & les effets de sa puissance &

de fon zele ; de forte que fi l'attachement que nous avons à l'Eglife Romaine , & l'obéiffance que nous rendons à fon Chef , doit faire toute la certitude que nous avons de vivre dans l'unité du Corps de Jefus-Chrift , & dans
la communion de fon Eglife ; la défunion de l'Eglife Romaine , & la défo-
béiffance à fon Chef , nous fépare de l'unité du Corps de Jefus-Chrift , & de
la Communion des Saints , nous prive de fes graces , & nous met en danger
de perdre entierement la foi de fon Eglife. *Le même.*

Le Fils de Dieu , affuré par lui même , de la fincerité de la promeffe de S.
Pierre : *Tu fçis quia amo te.* Vous fçavez que je vous aime , lui dit les deux
premieres fois , *paiffez mes agneaux* ; & la troifiéme fois , *pais mes brebis.*
Tous les Saints Peres font d'accord , que ces paroles du Sauveur emporte-
rent la plenitude de puiffance qu'il a voulu laiffer à fon Eglife , non-feulement dans le for interieur de fa confcience , pour la remiffion des pechez ;
mais encore dans le for exterieur , pour la conduite & le gouvernement de
fon Eglife ; & que difant au Prince des Apôtres , trois fois confecutives :
pais mes agneaux , pais mes brebis : il mit entre fes mains la fuprême autorité qu'il a fur cette Eglife , & qu'il foûmit à fa puiffance tout ce qui eft
dans l'étenduë & dans l'univerfalité de cette Eglife ; afin qu'encore qu'il y
ait beaucoup de Prêtres , & beaucoup de Pafteurs dans le peuple de Dieu , ils
fuffent tous foumis à l'autorité de faint Pierre , comme ils font tous foûmis à
Jefus-Chrift. C'eft le myftere que les Saints Peres ont remarqué dans la repetition , & dans la difference de ces termes : *Pais mes agneaux , pais mes brebis.*
Difant que les Pafteurs font les meres des peuples , ainfi que les brebis font
les meres des agneaux , & que le Fils de Dieu foûmettant à faint Pierre &
à fes Succeffeurs , fes brebis & fes agneaux , il lui foûmet également les
Pafteurs & les peuples. Eufebe d'Emeffe , & faint Bernard l'ont entendu de
cette forte. Le Fils de Dieu , lui dit 1°. de paître fes agneaux ; & il lui dit
enfuite de paître fes brebis , voulant foûmettre à fa conduite & les peuples
fidéles qui compofent l'Eglife , & les Pafteurs qui gouvernent les peuples ;
c'eft donc à lui , pourfuit ce grand Evêque , à paître les agneaux & à paître
les oüailles , à paître les enfans , & à paître les Peres , à paître les Pafteurs,
& à paître les peuples ; il eft donc proprement le Maître & le Pafteur univerfel de fon Eglife ; puifque l'Eglife ne renferme que des Pafteurs & des peuples. *Auteur moderne.*

Saint Bernard a remarqué la même chofe dans la repetition & dans la difference de ces termes : *pais mes agneaux , pais mes brebis* ; lorfqu'il a dit au
Pape Eugene , dans le livre deuxiéme de la confideration. C'eft à vous ,
faint Pere , que les clefs du Royaume ont été confiées , & que la garde du
troupeau a été commife ; il y a veritablement d'autres portiers du Royaume
des Cieux , & d'autres Pafteurs des troupeaux ; mais vous avez reçû ce double nom , d'autant plus glorieufement , qu'il y a une grande difference entre vous , & les autres ; ils ont tous des troupeaux qui leur font affignez ,
chacun a fon troupeau , & fes brebis particulieres ; mais vous avez la garde
& des uns , & des autres ; enforte que vous n'êtes pas feulement le Pafteur des
brebis , mais le Pafteur des Pafteurs. Si vous me demandez d'où j'en tire la
preuve ? De la parole du Seigneur ; car à qui eft-ce , je ne dis pas feulement
d'entre tous les Evêques ; mais d'entre les Apôtres , que le Fils de Dieu a dit

*La reponfe
que fit le
Sauveur à la
proteftation
de S. Pierre.*

*Serm. 3. de
Affumptione
fua ad Pon-
tificatum.*

*Eufeb. Emeff.
in Serm Nati-
vitat. S.Joan.
Ev.*

*Sentiment de
S Bernard fur
le même fu-
jet.
Bern. l. 1. de
confideratione
ad Eugenium.*

abfolument & generalement , Pierre m'aimes-tu plus que tous les autres ; pais mes oüailles ? Sont-ce les peuples d'une Ville , ou d'un Royaume qu'il commet à fa garde ? ce font mes oüailles , lui dit-il. Qui ne voit clairement qu'il ne lui en excepte aucunes , mais qu'il les lui affigne toutes ? Rien n'eft excepté , où rien n'eft diftingué ; & de la vient , que chacun des Apôtres a eu fon peuple , & fon troupeau particulier ; mais ils ont toujours cedé à Pierre l'univerfalité de la conduite. La puiffance des autres a été refferrée dans certaines limites ; mais la vôtre n'a point d'autres limites , que les limites de ce monde : elle s'étend fur ceux là mêmes qui ont reçû puiffance fur les autres. *Le même.*

La foi nous enfeignequ'il n'y a dans l'Eglife qu'un Chef vifible fur la terre. *Lib. de unitate Ecclefia.*

La foi , qui nous apprend qu'il n'y aura jamais qu'une Eglife , qui eft la Mere des fidéles , nous dit , que cette Eglife n'a qu'un Chef effentiel & invifible dans les Cieux , & un Chef vifible fur la terre : c'eft l'Evêque de Rome ; *à quo facerdotalis unitas exorta eft* , dit faint Cyprien , en qui tous les fidéles font unis comme dans la racine , & dans la fource de l'unité Sacerdorale. Voilà les quatre chofes qui font infeparables , & qui comprennent toute la Religion de Jefus Chrift , un Dieu , un Chrift , une Eglife , & un Chef. Celui qui croit en Dieu , doit croire en Jefus-Chrift ; parce qu'il eft fon Fils. Celui qui croit en Jefus-Chrift , doit croire en fon Eglife ; parce que cette Eglife eft fon Epoufe. Et celui qui croit en cette Eglife , doit neceffairement fe foûmettre a fon Chef ; parce que ce n'eft qu'un même corps. Celui donc qui n'aura point la communion du chef vifible de l'Eglife , n'aura jamais la communion du refte de fon Corps. Celui qui n'aura point la communion du Corps vifible de l'Eglife , ne fera jamais dans l'unité du Corps de Jefus-Chrift. Et celui qui ne fera point dans l'unité du Corps de Jefus-Chrift n'aura jamais la communion de fon Pere celefte. Ce font des chofes infeparables , qui ne peuvent fubfifter l'une fans l'autre. Un Dieu , un Chrift , une Eglife & un Chef. *Auteur moderne.*

Les Apôtres fe font tous foumis à la Chaire de S. Pierre.

Nous n'examinerons point ici cette queftion plus odieufe qu'elle n'eft édifiante , fi cette plenitude de puiffance que le Sauveur du monde lui donna , & par laquelle il le rendit le Prince de fes freres , & le fouverain Pafteur de fon Eglife , eft la fource primitive de la puiffance de jurifdiction qu'ils exercerent enfuite dans toutes les parties du monde Catholique , ou fi tous les Apôtres la reçûrent immediatement de Jefus-Chrift , quoique fubordonnée & dependante de celle de faint Pierre. Ce que nous pouvons dire après S. Cyprien , fans offenfer la gloire de faint Pierre , c'eft que tous les Apôtres la reçûrent immediatement de Jefus-Chrift , par la vertu de leur inftitution ; lorfqu'il leur dit , étant reffufcité , recevez le Saint-Efprit ; ce que vous aurez lié fur la terre , fera lié dans les Cieux , &c. Allez enfeigner les Nations. Je vous envoye comme mon Pere m'a envoyé ; ainfi que les Evêques la reçoivent aujourd'hui de la main de l'Eglife , par la vertu de leur confecration ; mais parce qu'il a fondé l'Eglife en état Monarchique , & que dans cette Eglife il n'a mis qu'une Chaire , à laquelle tous les Apôtres , auffi bien que les peuples , devoient être foûmis : il a voulu , 1°. Que les Apôtres euffent en partie puiffance fur une portion de fon Troupeau , ce que faint Pierre avoit en plenitude , & fur l'Eglife univerfelle. 2°. Que cette puiffance Paftorale , qu'il leur avoit donnée fur une portion de fon Troupeau , fût tellement foûmife à

celle

celle de faint Pierre, qu'ils n'en euffent l'ufage & l'exercice que dependam-
ment de fes ordres : & c'eft auffi, dit le grand Pape faint Leon, que par un
commerce admirable de puiffance, que le Sauveur du monde a voulu avoir
avec faint Pierre ; il a mis en lui cette puiffance Paftorale, qu'il a voulu, par
lui, communiquer à tous les autres ; & l'a tellement diftribuée, qu'il en a mis
toute la plenitude dans la perfonne de faint Pierre ; afin qu'étant le Chef de
tout le College des Apôtres, elle paffàt de lui, à tous les membres qui com-
poferoient le Corps myftique de Jefus-Chrift, qui eft fon Eglife. *Auteur
moderne.*

 Saint Pierre a été établi Prince, ou le premier dans la maifon de Dieu, *La puiffance*
pour la régir fous fon autorité, comme fon Subftitut & fon Vicaire vifible *fouveraine*
fur la terre ; & comme on donne aux Princes les clefs des Villes & des *accordée à S.*
places frontieres, qui font foûmifes à leur puiffance, le Fils de Dieu lui *Pierre pour*
met entre les mains les clefs de fon Royaume, comme un fymbole de la *le gouverne-*
fouveraineté qu'il lui vouloit donner dans fon Eglife ; il lui promet que tous *ment de l'E-*
fes jugemens feront ratifiez au Ciel ; je te donnerai les clefs du Royaume *glife.*
des Cieux, ce que tu auras lié fur la terre, fera lié dans les Cieux, &c.
Pouvoit-il lui donner une autorité plus étenduë, que de lui dire que tout ce
qu'il auroit fait & jugé fur la terre, feroit fait & jugé dans les Cieux ? Mais
qu'eft-ce proprement que cette plenitude de puiffance qu'il a reçûë du Sauveur, & qu'il a tranfmife au fiége Apoftolique, & que les Peres & les Theologiens ont appellée la puiffance des clefs ? Je dis qu'elle confifte à établir des
loix & des conftitutions pour la police & pour la difcipline de l'Eglife, felon
la coûtume des lieux, & à faire obferver celles qui regardent la foi de tous
les Catholiques, fans difference & fans exception des fexes, des états, des
perfonnes, des Princes & des fujets, des Pafteurs & des peuples. *Auteur
moderne.*

 Les Donatiftes fe vantoient qu'ils étoient attachez au Prince des Pafteurs, *Nulle perfon.*
comme au Chef effentiel & invifible de l'Eglife ; qu'ils recevoient tous les *ne n'eft ca-*
Myfteres de la foi, qu'ils pratiquoient tous les preceptes de fa loi, dans tou- *tholique s'il*
te leur rigueur, qu'ils recevoient tous les Sacremens de l'Eglife, qu'ils ob- *ne reconnoît*
fervoient les abftinences, le célibat, le jeûne, & qu'ils lifoient les Ecritures *& ne fe fou-*
faintes de l'un & de l'autre Teftament ; & toutes fois, faint Auguftin ne laiffe *mette à la*
pas de les traiter comme des heretiques excommuniez ; quoique vous pro- *Chaire de S.*
feffiez la foi de Jefus-Chrift dans toutes fes parties, leur dit-il, & que vous *Pierre.*
gardiez tous les preceptes de fa loi ; que vous folemnifiez les fêtes des Martyrs,
comme on fait dans l'Eglife Catholique : de quoi nous fert cette conformité
que vous avez en tant de chofes avec l'Eglife Catholique, fi vous la demen-
tez dans un point effentiel & capital ? Si vous tombez dans l'herefie & dans le
fchifme ? Vous ne pouvez pas dire que vous ayez la communion de Jefus-
Chrift, qui eft le Prince des Pafteurs, fi vous n'avez la communion de fon
Eglife, fi vous n'avez la communion exterieure & vifible avec le fiége Apoftolique, & avec le Pafteur qui la gouverne. *Le même.*

 Je ne difconviens pas, difoit faint Auguftin aux Donatiftes, qu'on ait vû *L'herefie n'a*
quelque traître entrer furtivement dans la Chaire de Pierre, comme on a vû *jamais paffé*
Judas, entrer dans le College des Apôtres, & converfer avec le Fils de *jufqu'au St.*
Dieu ; mais c'eft ce qui releve la gloire du faint Siége, au lieu de la ternir. *Siége.*

Et la raison qu'en donnent les Saints Peres, & les Theologiens, c'est que le vice ou l'herefie des personnes, n'a jamais passé jusqu'au Siége ; que des Papes ayent enfeigné des herefies ou non ; ce font des questions épineufes, traitees bien au long par les Controvertiftes, & des faits conteftez parmi les doctes ; mais ce que je puis dire avec une entiere certitude, à la face de ces facrez Autels, & dans la Chaire de verité où je vous parle ; c'eft qu'on n'a jamais vû que l'Eglife Romaine ait contracté le vice ou l'herefie des Papes, qui en font accufez, & qui l'ont gouvernée ; non plus que les Apôtres, la perfidie de Judas. Et la raifon qu'en donnent les Saints Peres, c'eft qu'elle eft établie fur la foi de faint Pierre, qui ne fçauroit faillir ; & la foi de faint Pierre fur la parole du Sauveur, qui lui promet fon affiftance ; j'ai prié pour toi Pierre, que ta foi ne manque jamais. *Le même.*

Les preroga-tives de la Chaire de S. Pierre. Saint Auguftin appelle la Chaire de faint Pierre, *Chaire de verité en la-quelle Jefus Chrift a mis la doctrine de verité.* Et en fon Epître 162. il dit, que la premiere autorité & la prérogative de cette Chaire, a toûjours perfif-té & continué très-vigoureufement en l'Eglife Romaine ; & en l'Epître 165. il fait un catalogue des Souverains Pontifes, depuis faint Pierre jufqu'à Anaftafe ; ajoûtant que cette fucceffion qui n'a jamais été interrompuë, doit être dignement confiderée, afin de pouvoir difcerner la vraye Eglife. On peut donc dire avec verité, que celui qui ne voudroit avoir rien de commun avec le Pape, ne feroit point de l'Eglife ; de forte qu'elle étoit la marque principale, par laquelle anciennement on difcernoit les affemblées des Hereti-ques & Schifmatiques d'avec la vraye & legitime Eglife, qui ne vouloient point communiquer avec faint Pierre, ou fon Succeffeur, le Pontife de Ro-me : ce qui fit que faint Paul, quatorze ans après fa converfion, alla en Je-rufalem conferer fon Evangile & fa prédication avec celle de faint Pierre. Et faint Polycarpe Evêque de Smyrne, s'étant élevé dans fon Eglife, plufieurs doutes & difficultez entre les Chrétiens, touchant le temps auquel on devoit celebrer la Pâque, afin de prendre une bonne refolution là-deffus ; il s'en alla à Rome pour s'éclaircir de fes doutes, en conferant avec le Pape, qui étoit alors fur la Chaire de faint Pierre. *Auteur moderne.*

La Chaire de S. Pierre eft une Chaire d'unité, à la-quelle toutes les autres doivent avoir du raport. L'accord admirable qui fe trouve de tant de peuples, & de tant de fiécles dans les chofes de la foi, en la même doctrine, en la même adminiftration des Sacremens, en l'obfervation des mêmes loix, nous montre évidemment l'unité de l'Eglife, & qu'elle eft vraiment : *Unum Corpus, unus Spiritus, unus Dominus, una Fides, unum Baptifma, unus Deus, & pater omnium.* Tout cela procede de ce que la Chaire de faint Pierre, à laquelle fe rapporte l'Eglife univerfelle, eft la Chaire d'unité. Tournez-vous de quelque part que vous voudrez, en tous lieux de l'Eglife qui communiquent avec le faint Siége, vous verrez que tous croyent les uns comme les autres ; tous jeûnent, tous prient, tous facrifient d'une même forte ; & vous remarquerez aifément, qu'il n'y a qu'un cœur & une ame, quant à ce qui touche la Religion. Au contraire, fi vous regardez & confiderez ceux qui fe font féparez du faint Siége Apoftolique, que verrez-vous en eux autre chofe, finon ce que le Pro-phete leur prédifoit autrefois par forme d'imprecation : **Pfalm. 54.** *Præcipita Domine, & divide linguas eorum, quia vidi iniquitatem & contradictionem in civitate.* Veulent-ils, dit faint Auguftin dans ce Pfeaume, parler un même langage ?

Qu'ils reviennent en l'Eglise, où parmi la diversité des langues de chair, ce n'est qu'une langue quant à la foi du cœur. *Auteur moderne.*

Qui pourra nier que saint Pierre n'ait été entre les Apôtres, & consé- *Pourquoi J.* quemment sur tous les Evêques & Prélats de l'Eglise, ce qu'est le cœur de *C. a voulu* l'homme entre les parties nobles, le Soleil entre les planettes, l'or entre les *que son Egli-* métaux, & le premier mobile entre les spheres celestes, sans avoir égard à *se fût établie* autre chose qu'à sa dignité. C'est pour cela que l'Eglise est fondée sur saint *sur S. Pierre.* Pierre, quoiqu'il en soit de même aussi sur tous les Apôtres, & qu'ils reçoivent tous les clefs du Royaume des Cieux, & que la force de l'Eglise soit également affermie sur tous ; mais Nôtre-Seigneur en a choisi un entre les douze, afin que par l'établissement d'un Chef, l'occasion du schisme fût ôtée.

Le P. Cotton.

Comme l'honneur qui est dû à Jesus-Christ, en la personne de celui qui *L'honneur* est son Lieutenant & son Vicaire sur terre, doit avoir quelque chose par *qu'on a ren-* dessus le commun des Rois & Monarques séculiers, lesquels l'ont honoré *du de tous* avec de profonds respects ; l'on jugea à propos de permettre le baisement des *tems au sou-* pieds, ausquels sans doute les souverains Pontifes se seroient vivement oposez, *verain Ponti-* si ce culte eût été absolu en leur personne, & non relatif à Jesus-Christ. *fe, &c.* Aussi les plus grands de la terre ne firent jamais scrupule de les reconnoître en cette maniere & en cette qualité : persuadez non-seulement de ne faire aucun tort à la divine Majesté, dont la leur est l'image ; mais au contraire, ils ont crû qu'ils honoreroient beaucoup l'une & l'autre, s'ils mettoient en execution ce qui avoit été prédit par Isaïe : *Les Rois seront les nourriciers, & les Reines* Isaïe 49. & *les nourrices. Ils s'étendront devant toi, le front en terre, & baiseront la pou-* 60. *dre de tes pieds. Et peu après, les enfans de ceux qui vous ont humiliée & per-* *secutée, viendront à vous la tête baissée, & adoreront la plante de vos pieds.*

Institution Catholique du P. Cotton.

En parlant de l'autorité du souverain Pontife, qu'il exerce en qualité de *Si le Pape est* Vicaire de Jesus-Christ, & de Chef de l'Eglise universelle ; nous ne traiterons *au-dessus du* point ces questions odieuses, qu'ont émües quelques Theologiens, avec plus *Concile, ou* de chaleur & de partialité, que d'édification & de fruit ; mais sans nous inge- *le Concile* rer à rien decider sur celle qui en comprend beaucoup d'autres, & qui a mê- *au-dessus du* me été la plus agitée ; sçavoir, si le Pape est au-dessus du Concile, ou le Con- *Pape.* cile au-dessus du Pape, pour juger & decider les doutes & les controverses en matiere de foi, & de bonnes mœurs, (dont il est seulement question.) Voici, ce me semble, deux principes incontestables, sur lesquels on peut s'apuyer & se regler, pour en juger sans passion. Le premier est, qu'il faut de nécessité, que dans la Religion chrétienne, il y ait une regle vivante, & une autorité souveraine, à laquelle on puisse recourir dans les doutes & les difficultez qui s'élevent si souvent sur la foi ; regle qui doit par conséquent être infaillible, & decider en dernier ressort, pour ainsi dire, autrement le Fils de Dieu n'auroit pas pourvû à l'établissement de son Eglise, & empêché, comme il l'a promis, que les portes de l'enfer, qui sont l'erreur & les persécutions, ne prévalussent, si chacun n'avoit point d'autre regle que son sentiment particulier, ce qui est la source de toutes les heresies. Le second principe est, que l'Assemblée generale convoquée legitimement, & qui represente l'Eglise universelle, ne peut porter le nom de Concile, ni l'être effectivement, si le souverain

Pontife, n'eſt un membre de ce Corps, & même le principal, puiſqu'il en eſt le Chef, qui y doit preſider ou en perſonne, ou par ſes Legats ; ce qui ne ſouffre point de conteſtation, puiſqu'il n'y a aucune Aſſemblée, ni Eccleſiaſtique, ni Seculiere établie & autoriſée, pour juger des affaires, ou rendre la juſtice ; comme ſont les Parlemens, les Préſidiaux, les Synodes, &c. qui ne reconnoiſſe un Preſident ou un Chef, qui n'écoute & recüeille les voix, & prononce enſuite l'arrêt ou la ſentence, ſur ce qui a été reſolu dans l'Aſſemblée ; à plus forte raiſon dans un Concile general, lorſqu'il s'agit de la foi & des affaires de la Religion : De maniere que nul n'a jamais été tenu pour legitime, ni approuvé, ni reçû ſans cela. D'où il s'enſuit que l'on propoſe mal l'état de la queſtion, quand on demande ſi le Pape eſt au-deſſus du Concile, ou le Concile au-deſſus du Pape : puiſque ce ne ſont pas deux partis diſtinguez qui conteſtent ſur leurs droits ; mais un ſeul corps qui tend à même fin. C'eſt donc comme ſi l'on demandoit, ſi le Pape ſeul, conſideré & diſtingué du reſte du Corps, fait ſeul l'Egliſe, ce que perſonne n'a jamais crû ; ou ſi l'Aſſemblée, ſans ſon Chef, eſt un ſecond parti oppoſant ou réformant, ce qui doit être décidé d'un commun accord ; ce qu'on ne peut dire ſans erreur. De ſorte que, quand on agite la queſtion, & qu'on fait un point de controverſe, qui des deux partis pretendus, doit être preferé à l'autre ; quoiqu'on ne puiſſe les ſéparer ſans détruire le Concile même, c'eſt décider que le Chef joint avec tous les membres, ce qui compoſe un ſeul Corps, eſt au-deſſus de ſoi-même, ou bien ſi les membres diſtinguez & conſiderez ſans leur chef, ſont au-deſſus de lui ; puiſque ſans lui ils ne peuvent faire partie legitime du Concile.

Il y a des Theologiens qui propoſent autrement l'état de la queſtion, mais qui ne ſemble pas moins embroüillé ; ſçavoir, ſi le ſouverain Pontife, après avoir bien examiné, & fait examiner en pluſieurs Congregations, en ſon Conſeil, ſon Conſiſtoire, de ſes Cardinaux & de ſes Docteurs ; conſulté même les Univerſitez, & demandé par des prieres publiques & très-ſolemnelles l'aſſiſtance du Saint Eſprit, ce qu'on appelle prononcer *ex Cathedra*. Il propoſe à toute l'Egliſe par une Bulle ou Conſtitution, ce qu'on doit croire ; ſi, dis-je, en prononçant de la ſorte, il eſt infaillible ou non ; & ſi ſon jugement porté & declaré en cette maniere, peut être reformé par un Concile univerſel. Je ſçai bien que quelques celebres Theologiens, comme Gerſon, Major, Almaïn, & quelques autres Theologiens, ſoutiennent qu'à moins que le Pape ne parle dans un Concile general, ou avec le conſentement de l'Egliſe ; c'eſt-à-dire, comme ils l'entendent avec l'Aſſemblée convoquée qui la repreſentent ; ſa déciſion eſt ſoûmiſe à celle du Concile, & peut être reformée & annullée ; d'où s'enſuit ſelon cette opinion, qu'après une Sentence du ſaint Siège, une Bulle, ou une Conſtitution publiée avec toutes les formalitez & conditions ordinaires, l'on peut encore en apeller au Concile general, dont l'autorité eſt ſeule infaillible ; & juſqu'à ce que l'affaire dont il s'agit ſoit decidée, s'en tenir à l'opinion contraire. Pour juger ſainement de cette queſtion, il faut préſuppoſer les deux principes que nous avons alleguez, & ajoûter, la difficulté, pour ne pas dire, l'impoſſibilité inſurmontable d'aſſembler un Concile, comme chacun le reconnoît maintenant, pour les raiſons que l'on ſçait aſſez ; il faut dire, que comme l'Aſſemblée generale repreſente l'Egliſe univerſelle, réünie dans un Concile general, qui eſt

maintenant comme impossible , de même le saint Siége composé des Cardinaux , des Evêques & Docteurs , dont on a demandé l'avis , tient lieu maintenant de Concile general , & doit être tenu pour la legitime Assemblée de l'E-
glise ; & par conséquent qui a droit de juger , & definir toutes les controverses , en matiere de foi & de bonnes mœurs ; autrement le Fils de Dieu , comme nous avons montré, n'auroit pas fait l'Eglise infaillible , contre laquelle les
portes de l'enfer , qui font l'erreur & la violence de ses ennemis , ne prévaudront jamais , n'y ayant point d'autre regle , à quoi l'on puisse s'en tenir &
s'en rapporter.

Pour ce qui regarde les contestations entre les souverains Pontifes , & les
Princes Chrétiens ; comme elles ne font que pour des droits , des immunitez ,
des privileges , ou qu'elles ne regardent que la discipline , & qu'elles n'interessent point la foi ; elles ne font point de nôtre sujet , & ce n'est point à nous
d'en traiter ; mais il seroit à souhaiter qu'on fût d'accord de part & d'autre sur
ces droits , & ces prétentions qui causent souvent des dissensions au préjudice
du respect & de la soûmission qu'on doit aux uns & aux autres.

SUR L'ECRITURE SAINTE.

AVERTISSEMENT.

CE *sujet pourra peut-être sembler plus propre d'un Traité de Theologie & de Controverse, que d'un discours de la Chaire, pour lequel nous nous sommes proposez de recüeillir des materiaux, selon nôtre dessein; mais comme nous traitons ici des coûtumes, ceremonies & pratiques de l'Eglise, qui sont appuyées sur l'Ecriture & sur la Tradition, qui supplée à ce qu'elle ne dit pas expressément Nous parlerons de cette Tradition dans le Traité suivant, comme faisant un sujet particulier; & nous nous bornerons en celui-ci, à l'autorité de l'Ecriture Sainte, dont Dieu a donné l'intelligence à son Eglise, pour la donner aux Fidéles, & leur en expliquer le vrai sens, & la conserver dans sa pureté contre les alterations, changemens, fausses interpretations & corruptions des heretiques, qui se fondent tous sur l'Ecriture; mais expliquée selon leur sens particulier, contraire à celui de l'Eglise, qui est particulierement en ce point conduite par le Saint-Esprit.*

Ce que nous prétendons donc en traitant ce sujet, n'est pas de donner des materiaux pour en composer un discours de controverse, mais pour faire voir l'estime qu'en doivent faire les Fideles, & autoriser la pratique & les sentimens de l'Eglise dans l'interpretation qu'elle en fait; & ensuite pour faire connoitre l'excellence de ce précieux tresor qu'elle possede, & refuter l'abus qu'en font les heretiques, qui ne la lisent que pour y trouver dequoi s'appuyer & s'affermir dans leurs erreurs.

SUR L'ECRITURE SAINTE.

LEs Heretiques de presque tous les tems, sous prétexte d'élever les Saintes Ecritures beaucoup au dessus de tous les autres livres; ont toûjours prétendu qu'on ne devoit chercher aucune instruction, ni autre regle du salut que dans les Livres saints; comme si, dire qu'un livre est écrit pour nôtre instruction, c'étoit dire, qu'il n'y a nul autre moyen de nous instruire de ce qui est necessaire au salut. De cette erreur naît un dangereux abus; qui est, que sous prétexte de chercher son instruction dans l'Ecriture, on la lit sans regle, sans le secours de la Tradition, & en s'en rapportant à son propre sens, pour l'intelligence des mysteres & des veritez que Dieu revele aux humbles, & qu'il cache aux superbes. C'est de-là que sont venuës toutes les heresies; les esprits vains voulant faire passer leurs reveries pour la parole de Dieu, & forçant cette parole, pour l'ajuster à leurs pensées, au lieu d'examiner leurs pensées sur ce que l'Eglise a crû avant eux, & sur ce que leurs Peres ont appris des Apôtres, & transmis à leurs enfans. Evitons la negligence de ceux qui méprisent ce que Dieu même a dicté pour leurs instruction; évitons la présomption de ceux qui veulent soûmettre sa parole à leurs lumieres, au lieu de soûmettre leurs lumieres à sa parole. *Année chrétienne de M. le Tourneux, Tome I.*

La parole du Très-Hant, recüeillie dans les Livres saints, est une source de lumieres qui éclaire les Elûs, & qui éblouït ceux qui ne marchent pas dans les voyes du salut. Oüi, tel est la divine superiorité de ces sacrez volumes; elle force tous les esprits à y reconnoître, & à y reverer le doigt de Dieu. L'Esprit Saint pense, & s'exprime bien differemment de la maniere des hommes. En quelque endroit de l'Ecriture que nous jettions les yeux, nous y trouvons un certain caractere sublime & respectable, qui saisit entierement l'esprit, & qui soûmet heureusement le cœur. Ce sont tantôt des évenemens que la Providence a menagez pour sa gloire; tantôt des propheties qui précedent toûjours les bienfaits, ou les maledictions de Dieu; tantôt des sacrifices qui portent avec eux un sens mystique & moral; tantôt des miracles, qui autorisent tout ce que les Livres saints nous enseignent. Mais ce qui me paroît encore plus digne d'admiration; c'est la maniere simple & naturelle que l'Ecriture employe pour nous attirer à Dieu, en disant des choses grandes & sublimes; & en les expliquant en termes simples & communs, parce qu'elle parle à des hommes. J'y vois, avec saint Augustin, tantôt une Reine assise avec majesté sur son Trône, d'où elle exige les hommages de ses sujets; & tantôt une Mere qui marche lentement, pour s'accommoder à la foiblesse de ses enfans. *Discours de l'Academie, Année 1711.*

Les saintes Lettres renferment des sens si élevez & si admirables, que le Prophete Roi devoit, ce semble, se borner à y soûmettre son esprit, au lieu de chercher à les penetrer; c'est néanmoins ce qu'il cherche précisément. Il dit, que c'est même à cause que le sens des Ecritures est admirable; qu'il

Pfalm. 129. s'applique à l'approfondir : *Mirabilia teſtimonia tua, ideò ſcrutata eſt anima mea.* En effet, cette recherche n'eſt b aimable que lorſqu'elle naît du peu de foi que l'on a pour les divins oracles. Mais elle eſt digne de toutes fortes d'éloges, lorſqu'elle vient de l'eſtime & de l'affection que l'on a pour les choſes admirables qui ſont contenuës dans ces Livres ſacrez. Tout homme ſenſé produit ſes ouvrages, afin que quiconque eſt capable d'intelligence Eccl. 11. & de perſuaſion, les liſe, les étudie, les médite : *Les paroles des hommes prudens ſeront peſées à la balance.* Pourquoi croirons-nous que le Dieu de ſageſſe en uſe autrement pour les Livres ſaints, qu'il a dicté lui-même à ſes ſerviteurs ? Il les a dicté, afin que nous nous appliquions chaque jour à les Joſ. 5. creuſer, ainſi que l'on fait une mine d'or : *Vous approfondiſſez les Ecritures, parce que vous croyez avoir par leur moyen la vie éternelle :* Que ſeroit-ce donc ſi vous ne daigniez pas vacquer à l'étude des Livres ſacrez, dont vôtre Dieu eſt l'Auteur ? Puiſque vous pouvez parvenir à y admirer ſa ſouveraine ſageſſe, ce qui eſt le plus ſublime degré de la contemplation ; vous ne devez pas en demeurer ſeulement à la croire, ce qui eſt le plus bas degré des commençans. *Le P. Segneri. Medit. t. 4*

Les divines Ecritures ſont comme un flambeau qui guide nos pas dans l'obſcurité.

2. Pet. 1.

1. Theſſ. 5 L'Apôtre S. Pierre compare l'Ecriture à un *flambeau qui luit dans un lieu obſcur*, il ne dit pas dans un *lieu tenebreux*, mais *dans un lieu obſcur* : Car quoique la lumiere du flambeau diſſipe aſſez les tenebres où elle luit ; elle ne ſuffit pas néanmoins pour empêcher qu'il ne reſte toûjours quelque obſcurité. Les Infideles qui ne connoiſſent point les ſaintes Lettres, ſont enſevelis dans les tenebres ; mais les fidéles ne le ſont point : *Vos autem fratres non eſtis in tenebris.* Ils ſont, il eſt vrai, dans un lieu obſcur ; & voici comment ils y ſont. Les Ecritures ſaintes, ſemblables à un flambeau, nous éclairent d'une part, pour diſcerner ſûrement le menſonge d'avec la verité ; afin que nous ne prenions pas l'un pour l'autre ; ainſi que font les Infideles. Mais ce flambeau d'une autre part, nous laiſſe de l'obſcurité dans l'eſprit ; de ſorte que nous connoiſſons la verité, ſans la connoître néanmoins toute entiere. Enfin, l'Ecriture eſt comparée à un flambeau, pour nous faire entendre, que ſi nous voulons qu'elle nous éclaire, il faut ſuivre ſa lumiere ; qu'il faut s'attacher à ſon vrai ſens, & non l'accommoder au nôtre, par des interpretations forcées : 2. Petr. *Nulle Prophetie de l'Ecriture ne dépend de l'interpretation d'un particulier.* Remercions le Seigneur de nous avoir donné ce merveilleux flambeau de l'Ecriture, pour guider nos pas au milieu de l'obſcurité où nous marchons. Humilions-nous, rougiſſons ; ſi loin de ſuivre une lumiere ſi pure, ſi ſainte, ſi ſûre, nous ſuivons les lumieres d'une prudence politique & mondaine, qui n'eſt propre qu'à nous égarer. *Le même P. Segneri.*

Les premiers Chrétiens liſoient ſouvent l'Ecriture ſainte.

2. Pet. 1.

2. Petr. 1. Les premiers Fideles ne perdoient point de vûë le flambeau des ſaintes Lettres. Ils les liſoient & ils les méditoient ſans ceſſe pour en recüeillir les fruits ſalutaires. Auſſi S. Pierre les exhorte-t-ils moins à la lecture & à la méditation des Livres ſacrez, qu'il ne les loüe de l'habitude qu'ils s'étoient faite d'y vacquer avec ſoin & avec application. *Nous avons la parole des Prophetes, qui eſt encore mieux établie, & vous faites bien d'y attacher vos regards.* Mais quelle attention faut-il apporter à cet exercice pour en profiter ? l'attention d'un homme qui ne ſe conduit qu'à la lueur d'un flambeau dans un lieu obſcur & rabotteux : *Quaſi lucerna lucenti in caliginoſo loco.* Cet homme s'attache

che à ſuivre ce flambeau pas à pas, de peur de s'égarer, s'il venoit à s'en éloigner un moment. *Sa lampe luiſoit ſur ma tête, & je marchois dans les* Job. 29. *tenebres à la lueur de ſa lumiere.* Nous pouvons encore. en méditant les ſaintes Lettres, imiter l'attention d'un Pilote, qui dans l'obſcurité de la nuit ne détache point ſes regards du fanal qui le guide, pour arriver ſûrement au port : ainſi l'Ecriture nous guide vers le Ciel ; liſons-la, méditons-la, attachons-y continuellement nos regards. Que l'on s'égareroit dangereuſement, ô mon Dieu, quand en s'égarant on croiroit vous avoir pour guide : mais, grace à vôtre Providence, nous avons dans les Ecritures une regle ſûre pour diſcerner les inſpirations qui viennent de vous, d'avec les illuſions d'un eſprit trompeur, qui ne cherche qu'à nous ſéduire & à nous perdre, en nous éloignant du vrai ſens, qui nous eſt déclaré par l'Egliſe. *Le P. Segneri, Medit.*

Saint Pierre veut nous faire entendre que nous ne devons nous appuyer ſur Les veritez que l'Ecriture nous apprend ſont plus ſûres, que toutes les revelations, & les lumieres que nous puiſons dans nos méditations. la revelation en general, qu'autant qu'elle eſt conforme aux divines Ecritures, d'où elle tire ſa certitude par rapport à nous. Ce n'eſt donc point ſans un myſtere particulier, que Moïſe & Elie ſe trouverent enſemble au jour de la Transfiguration ; Moïſe nous repreſente les livres de la Loi ; Elie nous repreſente les livres des Prophetes, pour nous marquer que la revelation doit principalement recevoir ſa force des Livres ſacrez. Apprenons de-là quelle eſtime nous devons faire des oracles contenus dans les ſaintes Lettres ; quelle préference elles meritent ſur toutes nos extaſes, ſur les douceurs & les délices que l'on éprouve quelquefois dans l'Oraiſon. On ſe figure dans un tranſport d'imagination, que l'on eſt élevé ſur la montagne du Thabor, que l'on y voit la gloire de Jeſus-Chriſt à découvert, & que l'on s'écrie alors comme ſaint Pierre ; Seigneur, nous ſommes heureux d'être ici ; mais ſi Moïſe & Elie Matth. 17. ne ſe rencontrent point en ces momens avec Jeſus-Chriſt ; c'eſt-à-dire, ſi nos raviſſemens, & nos lumieres ne s'accordent pas avec les ſaintes Ecritures, n'y ajoûtons point de foi ; les veritez que nous enſeigne l'Evangile ſont plus ſûres que tout ce que l'on pourroit apprendre d'ailleurs. *Auteur moderne.*

Ce n'eſt que dans les Livres ſacrez, que vous voyez regner une certaine Combien l'Ecriture ſainte eſt ſuperieure à tous les écrits des Anciens. éloquence toute divine, qui ne laiſſe aucun vuide dans l'eſprit & dans le cœur ; de ſorte qu'à ces figures majeſtueuſes, à ces tours merveilleux, à ces expreſſions vives, à ces mouvemens pathetiques, à ces idées ſublimes qu'ils nous donnent de la grandeur de Dieu : on ſe récrie, & plein de ſurpriſe, on avoüe, avec S. Auguſtin, qu'au lieu que les plus grands hommes de l'antiquité Prophane ſe font une étude particuliere de courir après l'éloquence : ici l'éloquence elle-même ſe fait un honneur de ſuivre les pas de ces hommes inſpirez. On avoüe qu'au lieu que chez les Prophanes, le choix & le tour des expreſſions, donnent de la beauté aux choſes qu'ils diſent : chez les Ecrivains ſacrez, le prix & la beauté des choſes enrichiſſent la nudité des expreſſions. Que ne m'eſt-il permis de recüeillir ici les plus beaux traits des Prophanes, pour les oppoſer enſuite à ceux qui ſont rapportez par les Auteurs ſacrez ! Où voyez vous ailleurs des traits plus touchans par les circonſtances ; une morale debitée avec plus de douceur & de force en même tems, des faits plus variez par les incidens ? Si nous en regardons l'Hiſtoire, y en a-t-il aucune chez les Payens, dont les veritez ſoient ſi bien appuyées, que celle de Joſeph ? N'y a-t-il pas du merveilleux dans les divers incidens de ſa vie.

Qu'avons nous chez les Prophanes, qui approche de la chûte d'Aman, de la patience de David, de la magnificence de Salomon, de la justification de Suzanne, de la valeur de Judas Machabée, de l'integrité des Apôtres, de la constance des Martyrs, du zele de S. Paul ? & pour encherir infiniment fur tous ces grands évenemens ; qu'avons nous dans toute l'antiquité Prophane, de comparable à l'immense bonté du Verbe Incarné. *Difcours de l'Academie, année* 1711.

Avec quelle majefté l'Ecriture définit & la grandeur & le pouvoir de Dieu.

Faites, je vous prie, un peu d'attention à la sublime simplicité du stile des faintes Lettres. Vous admirerez, fans doute, cette grandeur majestueuse, avec laquelle Dieu se définit lui même, *Ego fum qui fum* ; en nous faisant entendre en deux mots qu'il est le seul Etre vivant & subsistant par lui-même, & que tout ce qui vit & subsiste dans la nature, n'a de vie & de subsistance que par lui. N'admirez-vous pas Moïse, lorsqu'il fait parler Dieu d'une maniere si simple, & en même tems si proportionnée à la puissance d'un Etre souverain, à qui le néant même doit obéir ? *Fiat lux*, dit-il, que la lumiere se fasse : *& lux facta est*, & lumiere fut faite. Il joint en même tems les deux idées les plus opposées, la facilité de parler, à l'impossibilité de se faire entendre au néant : & par-là, il nous donne une juste idée de la grandeur de Dieu. *Le même Discours.*

Genef. 1.

La parole divine, contraire à celle de l'homme, exprime en peu de mots beaucoup de chofes.

Comme c'est le caractere de l'esprit de l'homme de parler beaucoup, & de dire peu : c'est au contraire, le caractere de l'esprit de Dieu de parler peu, & de dire beaucoup. En effet, l'Ecriture fainte en general a une grandeur de fens cachée sous une expression simple, qui fait d'ordinaire plus concevoir qu'elle ne dit ; & le Nouveau Testament en particulier, qui est le livre le plus essentiel de nôtre Religion, & dont tout ce qui a été dit par les Prophetes n'est proprement qu'une espece de Preface : ce divin Livre, dis-je, est plus rempli de chofes que de paroles, mais de chofes & de paroles pleines d'esprit & de vie, que l'on ne peut bien approfondir fans une ferieuse méditation foûtenuë de la grace du Ciel. C'est dans ce Livre divin où les Peres de l'Eglise & les Docteurs ont puifé tout ce qu'ils ont dit de plus touchant pour nôtre instruction. C'est là la regle sur laquelle nous devons conduire toutes nos actions, & ce n'est qu'en la fuivant, que nous pouvons fûrement marcher dans la voye qui doit nous conduire à une éternité bienheureuse. *Cinquiéme Difcours de l'Academie, année* 1711.

Pourquoi les anciens Peres n'ont pas reconnu pour divins tous les livres de l'Ecriture fainte.

Si Jefus-Chrift & les Apôtres ont prêché que l'Ecriture fainte, est la parole de Dieu ; d'où vient donc que quelques-uns des anciens Peres n'ont pas reconnu pour divins quelques-uns des Livres, qui, selon l'Eglife Catholique d'aujourd'hui, font partie de cette Ecriture ; fçavoir, Tobie, Judith, la Sageffe, l'Ecclefiastique, Baruch, les Machabées, l'Epître de S. Paul aux Hebreux, la feconde de S. Pierre, la feconde & la troifiéme de S. Jean, celle de faint Jacques, celle de S. Jude, & l'Apocalypfe. Je répons que la canonicité de ces faints Livres n'étant point encore universellement éclaircie du tems de quelques anciens Peres, il n'est pas fûr précisément qu'ils ne les ayent pas reconnus pour tels, vû qu'ils n'avoient point de décision de l'Eglise, qui leur marquât d'une maniere autentique ce qu'ils en devoient croire. Ce fut pour cela que les Evêques Catholiques, s'étant affemblez pour fixer la créance des fidéles sur la divinité de ces Livres, & lever generalement tous les 'doutes qu'ils pourroient avoir fur ce fujet. Ils deciderent dans un Concile que ces Livres étoient la parole de Dieu ; parce qu'ils l'avoient appris par la tradition publique, generale & perpetuelle de leurs prédeceffeurs. Decifion qui fut acceptée par tous les Catholiques du même tems, & qui l'a toûjours été par tous leurs fucceffeurs jufqu'aujourd'hui, comme nous le voyons manifeftement dans le Concile de Trente. *Livre intitulé, Défenfe de la Religion.*

Il eft conftant que Dieu eft l'Auteur de la Religion Chrétienne ; qu'il ne l'a fondée & établie qu'afin que tous les hommes la fuivent jufqu'à la fin des fiecles ; qu'elle foit la regle de leurs mœurs ; qu'on ne peut lui être agreable dans aucune autre Religion, & que l Ecriture fainte eft la parole de Dieu. Il s'enfuit, 1°. que les Déiftes ne peuvent douter de la verité de la Religion Chrétienne, puifque Dieu étant fouverainement fage & fouverainement bon, il n'eft pas poffible qu'il foit l'auteur d'une fauffe Religion, ni qu'il commande generalement à tous les hommes de la fuivre, jufqu'à la fin des fiecles ; d'autant plus que la Religion eft la regle de ce qu'il faut faire, pour rendre à Dieu les honneurs qui lui font dùs. Autrement il faudroit dire alors que Dieu feroit un impofteur, qui prendroit plaifir à être honoré par des erreurs, & qui commanderoit generalement à tous les hommes d'embraffer de fauffes opinions. Or ce feroit-là, fans doute, le comble de l'iniquité & des abfurditez. Il s'enfuit 2°. que les Déiftes ne peuvent fe difpenfer d'obferver la Religion Chrétienne, que Dieu leur a donnée pour la fuivre avec fidelité, & qu'ils ne lui peuvent être agreables dans aucune autre Religion. Il s'enfuit 3°. que comme l'Ecriture fainte eft la parole de Dieu, ils doivent la recevoir avec une entiere foûmiffion, quelques difficultez qu'ils y trouvent : ils doivent profiter de ce qu'ils y entendent ; croire & adorer ce qu'ils n'y entendent pas, & s'anéantir fous le poids de fon autorité divine. Ainfi les Déiftes ne peuvent dire, fans impieté, que la Bible eft un ouvrage purement humain ; que Dieu ne prend aucune connoiffance de ce qui fe paffe ici bas ; ou qu'il fuffit d'obferver la Religion naturelle ; ou qu'il n'importe point de quelle maniere nous rendions nos devoirs à Dieu ; que chacun peut fuivre la Religion dans laquelle il eft né, ou celle du païs dans laquelle il fe trouve, ou celle du Prince dont il eft fujet ; en un mot, que toutes les Religions font bonnes. Qu'ils reconnoiffent donc qu'il n'y en a de bonne que la Religion Chrétienne. *Le même.*

L'Ecriture fainte eft la parole de Dieu même ; fi donc nous la lifons, ou que nous l'entendons fans attention, il fera vrai de dire que Dieu nous parle, & que nous ne l'écoutons pas. N'eft-ce pas méprifer la parole de Dieu ? n'eft-ce pas la profaner, & par confequent n'eft-ce pas commettre une efpece de facrilege ? Qu'il feroit à fouhaiter que le faint refpect, dont les premiers Chrétiens étoient remplis pour l'Ecriture fainte fut parvenu jufqu'à nous ? on la lifoit dans l'affemblée des premiers Fidéles. Tous trembloient, tous étoient pénetrez d'une crainte refpectueufe. On remarquoit des hommes avides qui recherchoient avec ardeur la nourriture fpirituelle que Dieu nous a laiffée. Telle étoit la difpofition de ces premiers Fideles, dont il eft parlé dans le Livre des Actes : Il eft dit d'eux qu'ils reçurent la parole de Dieu avec ardeur, avec affection, avec avidité ? où eft cette ardeur ? cette affection, cette avidité ? Où eft cette ardeur ? Nous languiffons. Cette affection ? Elle eft pour les difcours inutiles des hommes, & non point pour l'E-

L'Ecriture fainte eft la parole de Dieu, par confequent Dieu eft l'auteur de la Religion chrétienne.

Le refpect & l'attention avec laquelle nous devons lire ou écouter l'Ecriture fainte.

H ij

criture fainte. Cette avidité? La parole de Dieu nous infpire du dégoût. Il faut nous forcer pour nous réduire à nous nourrir de la nourriture celefte. Croyons-nous que c'eft la parole de Dieu, & que nôtre vie dépend effentiellement des difpofitions avec lefquelles nous nous nourriffons de cette divine parole? *Difcours fur la vie Ecclefiaftique, par M. Lambert, tom. 1.*

Les méptis que les hommes font de l'Ecritue fainte, qui leur a été tant recommandée par Dieu même.

Il y a dequoi s'étonner que les hommes foient tombez dans une telle lâcheté, qu'ils méprifent fi fort ce qui leur a été tant recommandé pour leur propre bien, & dont Dieu même a témoigné faire tant d'état: car c'eft lui qui a écrit les loix, fous lefquelles nous devions vivre; c'eft lui qui a commandé qu'on fît un Tabernacle, qu'on y mît une Arche revêtuë d'or, & parfaitement bien travaillée, & que cette Loi y fût confervée, afin que les peuples l'euffent en plus grande veneration. C'eft lui qui commanda à Jofué de porter toûjours avec lui le livre de cette Loi, afin qu'il le pût lire fans ceffe, & qu'il pût faire part aux autres de la doctrine qui y étoit contenuë; c'eft lui qui commanda à tous les Rois d'Ifraël d'avoir toûjours ce livre écrit de leur propre main, s'ils vouloient regner heureufement, & vivre long-tems fur la terre. C'eft fur ce commandement que Philon le Juif a dit, que Dieu ne s'étoit pas contenté que le Roi eût ce livre écrit de la main d'autrui, mais qu'il avoit voulu qu'il fût écrit de la fienne propre, afin que les chofes qui y étoient comprifes, fuffent mieux imprimées dans fa memoire, lorfqu'il les auroit écrites mot à mot & à loifir. Car il eft vifible que le Roi devoit eftimer davantage ce qu'il auroit écrit de fa propre main, étant Roi, & ayant plufieurs Officiers & Secretaires, fur lefquels il pouvoit fe décharger de ce foin, & qu'il auroit beaucoup plus de refpect pour la loi, voyant que la premiere fois elle avoit été écrite du doigt de Dieu, & qu'après elle l'étoit encore non par la main de quelques perfonnes ordinaires; mais par celle même des Rois. Afin donc que l'on ne mît jamais en oubli une chofe fi neceffaire, Moïfe ordonna que lorfque les Enfans d'Ifraël entreroient dans la terre promife, ils élevaffent deux grandes pierres, & que fur ces pierres, ils écriviffent les paroles de cette Loi; afin que ceux qui pafferoient par ce chemin, pûffent contempler ces caracteres, & entendre la voix muette de ce divin Prédicateur. Salomon donne un confeil femblable au Fils fpirituel qu'il inftruit dans le livre de fes Proverbes, lorfqu'il dit, mon fils, gardez les commandemens de vôtre Pere, & n'abandonnez point la loi de vôtre Mere. Ayez foin de l'avoir toûjours gravée dans vôtre cœur, & de l'avoir penduë à vôtre cou, comme une pierre très-précieufe. Il faut qu'elle marche avec vous, lorfque vous marcherez; qu'elle foit fous vôtre chevet, lorfque vous dormirez; & que vous vous entreteniez avec elle, lorfque vous veillerez; parce que le commandement de Dieu eft un flambeau, la Loi une lumiere, & la correction que la doctrine donne, eft le chemin qui conduit à la vie. Je pourrois rapporter ici mille endroits des Livres faints, & principalement de ceux qu'on appelle les Livres de la fageffe, dans lefquels on exhorte les hommes à l'amour de la fageffe divine, qui n'eft autre chofe que d'écouter, de lire, de penfer, & de méditer la loi de Dieu contenuë dans l'Ecriture fainte. *Tiré du Catéchifme de Grenade.*

L'exemple du Roi Jofias.

Entre tous les exemples que nous pourrions rapporter pour faire comprendre les fruits qui reviennent de la falutaire doctrine des faintes Ecritures, celui du Roi Josias est considerable , & doit être rapporté ici dans les mêmes termes dont s'est servi le Saint-Esprit , au Livre des Rois. Ce bon Roi commença son regne dès l'âge de huit ans ; mais il trouva son Royaume dans une étrange desolation , par la mauvaise conduite de son pere Amon , & de son ayeul Manassez , qui furent très-méchans , & qui tremperent leurs mains criminelles & sacrileges dans le sang des Prophetes. Etant arrivé à la douziéme année de son regne , le souverain Prêtre Helchias lui envoya le livre de la Loi de Dieu , qui s'étoit trouvé dans le Temple. Ce livre contenoit d'une part , non-seulement les Loix divines ; mais aussi les recompenses qui étoient promises à ceux qui les observeroient ; & de l'autre les châtimens épouvantables , & les calamitez dont étoient menacez ceux qui les violeroient. Comme un jour on lisoit ce livre en la presence du Roi , son esprit fut saisi d'un tel effroi , & surpris d'une si grande crainte , qu'il déchira ses habits pour témoigner sa douleur , & envoya le souverain Prêtre avec plusieurs des principaux de la ville , vers une femme Prophetesse , qui demeuroit à Jerusalem , afin qu'après avoir employé ses prieres envers Dieu pour lui , & pour son peuple , il pût apprendre sa volonté par les paroles de ce livre. Cette sainte femme leur fit cette reponse , le Seigneur a dit ceci : *J'envoyerai sur ce lieu , & sur-tous ceux qui l'habitent , toutes les miseres contenuës dans ce livre qui a été lû en presence du Roi ; parce qu'ils m'ont abandonné , & qu'ils ont sacrifié à des Dieux étrangers.* Vous direz au Roi qui vous a envoyé vers moi , afin que je priasse Dieu pour lui , dans cette necessité. Le Seigneur Dieu d'Israël a dit ceci ; parce que vous avez écouté les paroles de ce livre , & que vôtre cœur s'en est attendri , jusqu'à vous humilier devant ma face , & que par la crainte & le respect que vous avez conçu de mon pouvoir , vous avez déchiré vos vêtemens , & avez versé des larmes devant moi : J'ai exaucé vôtre priere , je vous recevrai avec vos peres , vous serez paisiblement enseveli dans vôtre sépulture , & vos yeux ne verront point les playes dont je punirai ce lieu , & ceux qui l'habitent. Or, quelle raison & quel exemple plus convainquant pouvons-nous alleguer , pour prouver le fruit que l'on peut tirer des saintes Ecritures ? Quel livre a jamais produit des effets si avantageux & si admirables ? Et qui sera tellement ennemi de soi-même , que voyant tant de bons effets , qui en réüssissent , il ne veüille pas employer quelque partie de son tems à lire des livres Saints , pour joüir de ces avantages ? *Tiré du Catechisme de Grenade.*

fait voir les fruits que l'on peut retirer de la lecture de l'Ecriture sainte.

Lorsque le Prophete Baruch voulut exciter à la penitence le peuple qui avoit été mené captif à Babylone , il se servit de ce moyen ; faisant assembler ces captifs en un même lieu , & leur lisant une partie de l'Ecriture sainte. La lecture des saints livres leur toucha tellement le cœur , qu'ils commencerent à pleurer , à jeûner , & à faire penitence de leurs pechez , & qu'assemblant en commun toutes leurs aumônes , ils les envoyerent à Jerusalem pour offrir des sacrifices dans le Temple , afin d'obtenir le pardon de leurs crimes. C'est ainsi que la parole de Dieu peut tout , & fait tout comme Dieu même , étant l'instrument dont il se sert avec plus d'efficace ; aussi c'est avec beaucoup de raison qu'on lui attribuë en sa maniere , tous les effets de la cause principale. Car c'est la parole de Dieu qui ressuscite les morts , qui regenere les vivans , qui guerit les malades , qui conserve les sains , qui

La lecture de l'Ecriture sainte fut le moyen dont se servit le Prophete Baruch , pour exciter à la penitence le peuple qui avoit été mené captif en Babylone.

donne la vûë aux aveugles, qui échauffe les tiédes, qui raſſaſie les affamez, qui fortifie les foibles, & qui donne de la réſolution aux plus abatus. C'eſt cette manne celeſte qui avoit le goût de toutes ſortes de viandes, n'y ayant ni goût, ni douceur qu'une ame ne trouve dans la parole de Dieu. C'eſt par elle, que ceux qui ſont dans la triſteſſe ſe conſolent, que les indevots deviennent pieux, que les affligez ſe réjoüiſſent, que ceux qui ſont durs amoliſſent leur cœur par la penitence, & que ceux qui ſont dociles, le deviennent encore davantage. *Tiré du Catechiſme de Grenade.*

Quoique la lecture de l'Ecriture ſainte ſoit tres-avantageuſe, on voit cependant peu de perſonnes qui en faſſent beaucoup de cas

Si la lecture des livres Saints produit dans les ames de ſi grands effets, que peut-on s'imaginer de plus déplorable, que de voir cette lumiere ſi éteinte dans le monde; des tenebres ſi épaiſſes; une ſi grande ignorance dans les enfans; une ſi grande negligence dans les peres; & un ſi grand aveuglement dans la plûpart des Chrétiens? Que peut-il y avoir dans le monde qui merite plus d'être appris que la loi de Dieu; & qu'y a-t il néanmoins qu'on oublie plus volontiers? Qu'y a-t-il de plus précieux & de plus mépriſé tout enſemble? Qui a jamais compris la grandeur des obligations que nous avons à aimer & à ſervir Dieu? Qui ſçait l'efficace qui eſt dans les myſteres de nôtre Religion pour nous exciter à cet amour. Entre les remedes qui peuvent chaſſer nôtre ignorance, un des principaux eſt la lecture des livres Saints: c'eſt pourquoi les Saints Peres nous exhortent ſi ſouvent à la lecture de l'Ecriture ſainte. Saint Jerôme écrivant à la ſainte vierge Demetriade, qui donnoit tout ſon bien aux pauvres, lui recommande particulierement la lecture, & lui conſeille de ſemer dans la bonne terre de ſon cœur, la ſemence de la parole de Dieu, afin de rendre ſes actions conformes à cette divine parole. Entre pluſieurs autres preceptes qu'il lui donne dans la même Lettre, il lui dit enfin, que finiſſant ſa lettre comme il l'avoit commencée, il l'exhorte de nouveau à cette lecture. *Le même.*

Le livre des Pſeaumes contenu dans l'Ecriture ſainte, nous apprend à loüer Dieu & avoir de la devotion.

Dans le livre des Pſeaumes, qui eſt une partie de l'Ecriture ſainte, nous apprenons à loüer Dieu, à lui rendre graces pour ſes bienfaits, & à lui demander des ſecours en nos beſoins. Ils nous en donnent une très-grande & très-particuliere connoiſſance de Dieu, en exprimant avec beaucoup de force l'excellence de ſes œuvres, ſoit de la nature ou de la grace, dont ils ſont preſque tous remplis; afin d'exciter par ce moyen nos cœurs à l'amour, à la crainte, & au reſpect d'une ſi haute Majeſté; en quoi conſiſte principalement toute la philoſophie chrétienne. Car elle tend principalement à deux choſes; la premiere, à éclairer nôtre entendement par la connoiſſance de nôtre Créateur; & la ſeconde, à enflammer nôtre volonté en l'amour & en la crainte de ſon ſaint Nom. La premiere ſe rapporte à la ſeconde, comme à ſa fin principale; parce que la ſeule connoiſſance de Dieu, ſans la correſpondance de la volonté ſeroit peu utile. C'eſt donc à cette ſeconde partie, qui eſt l'ardeur de l'amour de Dieu, que ſe rapportent les Pſeaumes, comme à la principale & à la plus importante. Pour cette raiſon l'Egliſe a voulu que nous les euſſions en la bouche jour & nuit, en nous couchant & nous levant, & en prenant nos repas; afin que par ce continuel exercice, nous ajoûtaſſions feu ſur feu, lumiere ſur lumiere, devotion ſur devotion, & qu'ainſi la crainte & l'amour que nous devons avoir pour nôtre Createur, crût & ſe fortifiât de plus en plus. *Tiré du Catechiſme de Grenade.*

L'Ecriture fainte renferme auffi les Livres de la fageffe, qui contiennent une philofophie morale, qui n'a été compofée ni par Platon, ni par Ariftote; mais par le Saint-Efprit. Là fans divifions, fans définitions, & fans fyllogifmes, même fans aucune contrarieté d'opinions, on nous apprend à regler nôtre vie dans le tems de la profperité, & dans celui de l'adverfité. Nous y trouverons tant d'avis de ce que nous devons faire, qu'il n'y a aucune partie de la vie, qui n'y ait fes preceptes particuliers. L'on y exhorte les hommes à y être juftes, & on leur preferit les moyens de le devenir; ce qui eft en effet l'abregé de toute la philofophie chrétienne. Ceux qui veulent bien regler leur vie, devroient toûjours porter ces livres avec eux; car ils y trouveront des lumieres pour leur efprit, de la devotion pour leur volonté, des remedes pour leurs maux, & des preceptes falutaires pour leurs actions. Il y a encore dans ces livres un autre avantage, qui eft que toutes les lignes font autant de fentences très utiles. En d'autres livres, il faut fouvent tourner plufieurs feüillets, avant que de trouver un bon mot; mais dans ceux-ci il n'y a rien qui ne foit précieux, pas une claufe qui ne foit utile, & qui ne foit comme une perle de grand prix; de forte qu'il femble que ces livres ne foient qu'un abregé de l'Ecriture. *Le même.*

L'Ecriture fainte renferme auffi les Prophetes, qui ne parlant prefque que des chofes à venir, ont pour but principal, de promettre de grandes faveurs à ceux qui obfervent la loi de Dieu, & de menacer de toutes fortes de miferes ceux qui la violent. Cela fe peut voir dans tous leurs écrits; mais principalement dans ceux du Prophete Ezechiel. Car ils contiennent des menaces de Dieu, fi terribles contre les méchans, qu'il n'y a point de cœur fi dur, qui en ayant la connoiffance, n'en demeure épouvanté. Le deffein donc des Prophetes, eft d'exciter les hommes à l'amour de Dieu, & de la vertu par les promeffes; de leur faire apprehender les rigueurs de la juftice divine, & de les porter à l'horreur du peché par les menaces. Mais fi quelqu'un fçait envifager comme il faut cette matiere, il verra bien que les menaces ne nous doivent pas moins porter à l'amour de Dieu que les promeffes; puifque les unes & les autres viennent d'un même principe, qui eft l'infinie bonté de Dieu, qui ne doit pas moins punir les méchans, que recompenfer les bons. Puis donc que les uns & les autres nous montrent la grandeur de cette bonté, qui eft nôtre plus puiffant motif pour aimer Dieu; il s'enfuit que la terreur des menaces n'eft pas un moindre aiguillon pour nous exciter à fon amour, que la faveur des promeffes. *Le même.*

Dans ces mêmes écrits des Prophetes nous découvrons encore par une autre voye la grandeur de cette bonté divine, & le defir qu'elle a de fauver les hommes, quand nous confiderons qu'elle leur a envoyé tant de Prophetes les uns après les autres, afin qu'ils leur fiffent connoître l'énormité de leurs crimes, & la colere de Dieu prêt à lancer fes foudres fur leurs têtes, s'ils ne faifoient penitence. Mais comme fi Dieu n'eût pas été content de leur faire entendre ces chofes, par des paroles auffi puiffantes & auffi fortes que celles des Prophetes; il fe fert encore d'autres preuves plus démonftratives & plus authentiques, pour leur imprimer plus fortement ce qu'il faifoit predire par ces hommes animez de l'Efprit divin, & pour le leur faire concevoir plus clairement; il commande à Jeremie, à Ifaïe, & à Ezechiel de faire voir

Les livres de la fageffe contenus dans l'Ecriture fainte, nous donnent des preceptes, & des avis pour nous conduire.

Les livres des Prophetes qui font compris dans l'Ecriture fainte, ont pour but de promettre des recompenfes à ceux qui obferveront fidelement la loi de Dieu.

Suite du même fujet.

au peuple par des symboles, de quelle maniere il devroit être traité. *Le même.*

Le respect que l'on doit avoir pour les saints Evangiles, qui sont contenuës dans l'Ecriture sainte.

Mais qui osera entreprendre de parler dignement des saints Evangiles ? A l'égard desquels, il faut remarquer que toutes les instructions de Dieu nous ayant été données par la bouche de ses serviteurs, celles de ces derniers livres, l'ont été par celle de son Fils unique, qui a été envoyé pour être le Maître & le Pasteur des Nations. Aussi un Prophete dit sur ce sujet, que la grace du Saint-Esprit fut répanduë sur ses levres, à cause de l'excellence de sa Doctrine. En effet, cette Doctrine est recommandable pour sa pureté, & pour sa sainteté ; car elle retranche d'abord toutes les permissions que donnoit la loi, comme celles d'avoir plusieurs femmes, & de les pouvoir repudier ; comme de prêter à usure aux étrangers, &c. Nous pouvons y remarquer avec combien de raison Isaïe, entre les autres noms qu'il donne au Sauveur, lui attribuë celui de *Conseiller* ; parce qu'il nous devoit donner, tant par ses actions, que par ses paroles, tous les conseils, dans l'observation desquels consiste toute la perfection de la vie Evangelique. Cette même doctrine declare bienheureux les pauvres d'esprit ; ceux qui font misericorde, les doux, les pacifiques, ceux qui ont le cœur pur, ceux qui ont faim & soif de la justice ; c'est-à-dire, ceux qui font ce qu'ils doivent pour le service de leur Créateur ; ceux qui pleurent leurs pechez, & même ceux qui pleurent les pechez des autres, & ceux qui souffrent persécution, malediction & injure pour la justice. C'est là que la mortification de toutes les passions dereglées que nous pouvons avoir pour nos parens, pour nos amis, pour les honneurs, pour les dignitez, & enfin pour tous les biens temporels de cette vie, est hautement estimée. C'est là qu'est condamné l'amour propre, & que nous sommes excitez à une sainte aversion de nous-mêmes, c'est à dire, de nos mauvaises inclinations. *Tiré du Catechisme de Grenade.*

Ce que le Fils de Dieu nous enseigne dans son Evangile, qui fait la plus noble partie de l'Ecriture sainte.

C'est particulierement dans l'Evangile, qui fait la plus noble partie de l'Ecriture sainte, que le Fils de Dieu nous enseigne à soûmettre, & à assujettir la chair à l'esprit, lorsqu'il dit : *Que celui qui voudra venir aprés moi, renonce à soi-même, qu'il porte sa croix, & me suive : car celui qui aimera sa vie, la perdra ; & celui qui la perdra pour l'amour de moi, la gagnera.* C'est là qu'il nous ordonne d'avoir la simplicité de la colombe, la prudence des serpens, la douceur des agneaux, & l'humilité des petits enfans. C'est là qu'il nous recommande avec grande instance la pureté de l'intention dans toutes nos actions. Mais il nous commande de fuir avec tous les soins imaginables l'écüeil de la vaine gloire, qui est d'autant plus dangereuse, qu'elle prend occasion des bonnes actions mêmes de nous tenter : c'est pourquoi il nous donne cet avis, principalement lorsque nous jeûnons, lorsque nous prions, ou que nous faisons l'aumône. Le Fils de Dieu ne voulant pas seulement que la main gauche sçache ce que fait la droite en cette occasion. C'est là aussi qu'il nous conseille de faire du bien à ceux mêmes de qui nous ne pouvons pas en esperer. *Le même.*

De l'excellence de la doctrine de saint Paul, dans ses Epîtres ; qui

Nous voyons encore dans l'Ecriture les Epîtres de saint Paul, qui contiennent une doctrine si excellente & si relevée, que j'aurois aussi peu de raison de pretendre en pouvoir parler dignement. Car on peut dire de ce grand Apôtre qu'il a été le premier Interprete, & le premier Commentateur de l'Evangile ;

parce

contenuës dans l'Ecriture sainte.

parce que les Evangelistes ne font que raconter en termes simples, l'histoire de la vie & de la passion de nôtre Sauveur, sans exagerer la grandeur de ce mystere, & de ce bienfait. Mais Dieu a envoyé du Ciel ce divin Chantre, qui, d'une voix Angelique, composant sur ces simples notes, en a formé une musique si belle & si agréable, qu'elle contente & suspend agréablement par sa douceur les ames purifiées & disposées à penetrer la grandeur de ces Mysteres. C'est là premierement qu'il nous découvre les richesses de cette bonté & de cette misericorde du Pere Eternel, qui par un moyen si élevé, comme est celui de l'Incarnation, & de la Passion de son Fils, a voulu nous guerir, nous honorer, nous ressusciter de la mort à la vie, & enfin nous donner place à sa gloire. C'est là qu'il dit, que *la douceur & la bonté de Dieu a paru dans le monde, non à cause des actions de justice que nous avons faites ; mais par sa seule misericorde, par laquelle il nous a voulu sauver.* C'est dans ces saintes Ecritures, que ce grand Apôtre nous a découvert la grandeur de la charité de Jesus-Christ envers les hommes, qui s'est étenduë jusqu'à lui faire souffrir la mort, non-seulement pour les justes, mais aussi pour les pecheurs ; non-seulement pour ses amis, mais aussi pour ses ennemis, & pour ceux mêmes qui repandent son sang ; & par ce moyen, il nous excite à aimer celui qui nous a tant aimez, & à lui rendre de continuelles actions de graces pour ce souverain bienfait. *Tiré du Catechisme de Grenade.*

Ce qui doit nous engager à avoir beaucoup d'estime pour l'Ecriture sainte. *Joann* 7.

Ce qui doit servir d'un motif plus fort & plus puissant pour nous faire concevoir toute l'estime que l'Ecriture sainte mérite, c'est la parole même que nôtre Sauveur a dite au peuple : *Si quelqu'un veut faire la volonté de mon Pere, il verra clairement que ma doctrine vient de celui qui m'a envoyé.* Par ces paroles, il nous enseigne que l'homme qui s'employe à executer la volonté de Dieu, en observant ses Commandemens avec fidélité, est un juge irréprochable de la verité & de l'excellence de sa doctrine. Parce que comme il est necessaire que la langue soit saine & sans alteration, pour juger du goût des viandes ; ainsi il faut que l'ame soit saine, pour juger de la qualité de la doctrine ; car comme le malade qui a le goût corrompu par de mauvaises humeurs, ne peut bien juger des viandes ; aussi les hommes qui menent une vie dereglée, qui aiment le vice, & qui haïssent la vertu, ne sont pas des juges équitables de la doctrine, qui apprend à bien vivre, & qui condamne leurs mauvaises habitudes avec tous leurs dereglemens. Il faut donc que celui qui pretend d'être bon juge de cette doctrine, soit un homme vertueux, & qui ait le goût sain ; car ce sont ces personnes que Dieu veut choisir pour interpretes, & pour juges de sa doctrine, qui est contenuë dans l'Ecriture sainte. *Le même.*

Les conseils de S. Bernard & de S. Paul sur la lecture de l'Ecriture sainte.

Saint Bernard, écrivant à une de ses Sœurs, lui conseille de lire souvent l'Ecriture sainte, & lui marque fort au long les bons effets qui en viennent. Mais sur-tout saint Paul conseille à son Disciple Timothée, qui étoit rempli du Saint-Esprit, de s'occuper à la lecture de l'Ecriture, qu'il avoit étudiée dès sa jeunesse : après ces témoignages, je vous en veux raporter un, qui n'est pas moins fort & moins puissant pour convaincre les esprits; c'est celui de Moïse, qui après la publication & l'explication de la loi de Dieu, dit au peuple : *Que les paroles que je viens de vous proposer, demeurent gravées dans vôtre* cœur. *Vous les enseignerez à vos enfans , & vous penserez en elles , soit que vous soyez en vôtre maison , ou que vous soyez en chemin , ou que vous vous leviez, ou que vous vous couchiez. Vous les attacherez comme un signal en vôtre main. Elles demeureront toûjours devant vos yeux , & vous les écrirez sur le pas des portes de vôtre maison.* Je ne sçai de quels termes plus puissans pouvoit se servir ce Prophéte, pour nous rendre plus considerable , l'étude de la loi de Dieu. Mais comme si tout ce qu'il venoit de dire , eût été peu dans un sujet si important , il redit une seconde fois les mêmes paroles au chapitre onziéme du même Livre , pour nous exhorter à la même chose ; ce qui est bien rare dans l'Ecriture : Tel étoit le soin de cet homme divin , qui parloit à Dieu face à face , de nous imprimer dans l'ame la pensée continuelle de la loi de Dieu. Aussi reconnoissoit-il la necessité que nous en avons , & les fruits inestimables qu'on en reçoit. Qui ne voit combien peut aider à cette meditation continuelle , à laquelle ce saint Prophéte nous exhorte , la lecture des bons livres qui traitent de la beauté & de l'excellence de la loi de Dieu , aussi-bien que de l'obligation que nous avons de l'accomplir ? Car sans la science & l'instruction qui ne s'acquiert que par la lecture, surquoi la meditation se pourra-t-elle fonder & soûtenir ? Ces deux choses étant tellement jointes ensemble, que l'une ne sert de rien sans l'autre; puisque la lecture nous presente la viande , & que la meditation la digere. *Tiré du Catechisme de Grenade.*

Nous voyons que l'un des plus dangereux artifices , dont les heretiques de nôtre tems se sont servis pour pervertir les hommes , a été de repandre par tout les livres de leurs blasphemes. Quoi , si le mensonge couvert des couleurs de la parole , a tant de pouvoir pour nous séduire , la verité n'en aurat-elle pas davantage , pour nous défendre de l'erreur , principalement lorsqu'elle est bien expliquée par une sainte doctrine ; puisqu'elle a tant de force & d'autorité pour le mensonge ? Et si les heretiques ont tant de soin de corrompre les ames par ce moyen , pourquoi ne nous servirons-nous pas aussi de ces mêmes moyens pour les sauver. *Le même.*

Le livre des Evangelistes qui compose une partie de l'Ecriture sainte étoit dès les premiers tems placé au milieu des Conciles. Il y étoit avec toutes sortes de marques d'honneur & de distinction. Il étoit en vûë à tous ceux qui composoient ces saintes assemblées. On employoit beaucoup d'ornemens extérieurs pour témoigner le respect qui est dû à la sainte parole du Seigneur. Mais tous les ornemens extérieurs n'étoient que des avertissemens qui faisoient connoître les dispositions extérieures d'honneur & de respect, dans lesquelles nous devons être , lorsque Dieu veut bien nous faire entendre sa parole. Donnons quelque attention aux ceremonies de l'Eglise , & entrons dans l'esprit de ces saintes ceremonies. Nous voyons l'honneur que l'on rend au saint Evangile ; on le porte avec solemnité au milieu des flambeaux allumez ; on l'éleve en haut , on invite tout le peuple à jetter la vûë sur ce livre saint ; tous se levent , & l'on entend dans un grand silence les enseignemens que nôtre Maître nous a laissez. On baise avec tendresse & avec modestie les livres qui contiennent la parole de Dieu. C'est la sainte parole du Seigneur. La parole de Dieu mérite donc un grand respect , vous la lisez quand vous recitez l'Office divin, voyez si vous rendez à cette parole tout

(marges:)
Quels sont les artifices des heretiques.

Le respect & les ceremonies que l'on faisoit dès les premiers tems , avant la lecture des Evangiles.

l'honneur qu'elle mérite. *Monfieur Lambert , Difcours fur la vie Ecclefiafti-*
que , Tome 2.

Le Fils de Dieu nous a laiffé l'Ecriture qui renferme fa fainte parole, pour être nôtre confolation pendant le tems de cette miferable vie. Helas! que d'ennuis dans un lieu d'exil ! A peine pourroit-on en fuporter l'amertume , fi Dieu ne nous prefentoit des confolations auffi folides que celles qui font renfermées dans la meditation de fa parole. *Seigneur*, dit David parlant à Dieu , *la vûë de ma baffeffe m'auroit bien des fois fait perdre courage , fi je n'étois foutenu par la meditation de vôtre fainte Loi.* L'Ecriture fainte eft donc la folide confolation de nôtre exil. Ne trouver point fa confolation dans la parole du Seigneur , c'eft ne pas avoir l'efprit du Chriftianifme , & à plus forte raifon , c'eft ne pas faire profeffion d'être Chrétien. Saint Auguftin demande à Dieu que les Ecritures faintes foient fes chaftes délices. Il regarde comme un grand don , le goût des faintes Ecritures. Il conjure fes amis de s'appliquer à l'étude de l'Ecriture. C'eft , dit-il , une étude folide ; ce ne font point de vaines paroles qui flattent agréablement l'oreille; oe font des fentences graves & férieufes : plus l'efprit eft folide , plus il y trouve de fatisfactions. *Le même.*

Le Fils de Dieu nous a laiffé l'Ecriture fainte pour être nôtre confolation.
Pf. 118.

Dans quelque mifere que les premiers Chrétiens fuffent reduits , ils étoient pleinement fatisfaits, pourvû qu'on leur laiffât les livres faints. Leur enlevoit-on les richeffes temporelles ? Ils n'avoient que du mépris pour tous les biens de la terre. Les enfermoit-on dans des prifons obfcures ? Eftre prifonnier de Jefus-Chrift , c'étoit un grand titre d'honneur dans ces heureux tems. Les premiers Chrétiens abandonnant avec joye , toutes les poffeffions terreftres , ne demandoient rien , finon qu'il leur fût permis de conferver les livres faints. C'étoit le feul bien dont la perte leur étoit fenfible. Encore quand l'inhumanité alloit jufqu'à leur enlever ce tendre objet de leur confolation ; ils confervoient la parole de Dieu dans leur cœur. Par là , ils devenoient fuperieurs à tous les efforts de leurs perfécuteurs. Ils paroiffoient accablez de maux aux yeux des hommes. Dans la verité ils ne fentoient aucun befoin , la parole de Dieu les foûtenoit , & il n'y en avoit aucun qui ne s'écriât avec ces hommes zelez , dont il eft parlé dans les Macchabées: *Nous n'avons befoin d'aucun fecours humain. Les livres faints font entre nos mains , il ne nous en faut pas davantage pour être remplis de confolation.* Les livres faints font entre vos mains ; mais bien loin que vous y trouviez vôtre confolation , la trifteffe de vôtre front , la précipitation de vos paroles , l'égarement de vôtre efprit , la féchereffe de vôtre cœur font une preuve certaine du peu de goût que vous avez pour la parole de vie. Craignez : la parole de Dieu , felon faint Auguftin , agit fur l'efprit & fur le cœur de l'homme felon fes difpofitions. C'eft une pluye féconde qui arrofe le cœur du jufte, & qui y produit du fruit. Mais l'homme criminel empêchant l'effet de cette fécondité , trouve fa condamnation dans ce qui devroit être pour lui une fource de falut. *Le même.*

Les premiers Chrétiens comptoient pour rien toutes les pertes qu'ils faifoient, excepté lorfqu'on leur enlevoit les livres faints qui faifoient toute leur confolation.
1. Macchab. 12.

Nous entendons par l'Ecriture fainte le corps de la Bible , felon toutes fes parties marquées dans le Concile de Trente. Nous entendons auffi par les traditions que nous croyons , certaines inftructions & conftitutions que Jefus-Chrift nous a données de main en main par les Apôtres, par les Pré-

Ce que nous devons entendre par l'Ecriture fainte.

lats & les Chefs de l'Eglife , lefquelles inftructions ne font point écrites ; car Nôtre-Seigneur n'a rien écrit ; mais il a dit feulement à fes Apôtres : *Allez & enfeignez toutes les Nations, les baptifant , &c. & les enfeignant de garder tout ce que je vous ai commandé.* La grandeur de ce bien fut autrefois excellemment expliquée par Moïfe , lorfque parlant au peuple, il lui

Deuter. 4.

dit : *Quelle nation y a-t il fi noble dans le monde , qui ait des ceremonies , des loix , & des jugemens pareils à ceux , que je vous propoferai aujourd'hui ? Et David donne des loüanges à Dieu, de ce qu'il avoit annoncé fa parole à Jacob, & fes jugemens à Ifraël , ce qu'il n'avoit jamais fait à aucun autre peuple du monde.* Si donc il eft vrai que cette grace foit fi grande, de quoi me fert cette loi, fi je n'en tire aucun avantage? fi je ne la lis? fi je ne la pratique? fi je ne la porte ni dans mes mains , ni dans mon cœur ? Si par elle , je ne diffipe les tenebres de mon ignorance ? Si je ne m'en fers pour corriger mes défauts? Le bien de l'homme ne confifte pas en l'excellence des chofes qu'il poffede, mais en l'ufage qu'il en fait ; afin que par la participation & par l'exercice du bien , celui qui n'eft pas vertueux le devienne. *Auteur moderne.*

Quelle eft l'orgueil de ceux qui fe contentent de lire l'Ecriture fainte , fans vouloir aller aux fermons, & l'attachement deregié qu'ils ont fouvent pour cette lecture.

Quelqu'un pourra m'objecter que , de la lecture de l'Ecriture fainte , quelques-uns prennent prétexte , ou de méprifer les Sermons, ou de n'y aller point du tout. Je repons à cela que les faints livres n'enfeignent pas à méprifer la parole de Dieu ; mais au contraire à l'avoir en veneration. Que fi quelques-uns ne le font pas, c'eft plûtôt l'effet de leur orgüeil que de ces livres ; & pour la faute d'un petit nombre d'orgüeilleux , il n'eft pas jufte qu'un grand nombre de gens de bien foient privez d'une lecture fainte. Il y en a qui diront auffi que cette lecture attache tellement certaines perfonnes aux exercices fpirituels , qu'elles negligent le foin de leurs familles , & celui même qu'elles doivent avoir de leur pere & de leur mari. A quoi je repons que les faints livres ne condamnent rien tant que ce defordre ; puifqu'ils confeillent toûjours de preferer les chofes d'obligation à celles de devotion ; & celles de precepte , à celles de confeil , les neceffaires aux volontaires , & celles que Dieu commande , à celles que l'homme prefcrit par pieté. Tellement que ce defordre vient beaucoup plûtôt du vice de la perfonne , que de la lecture. *Tiré du Catechifme de Grenade.*

Reponfe à l'objection que l'on fait, que l'Ecriture fainte a donné fujet à quelques erreurs.
2. Petr. 3.

Plufieurs ont dit que la lecture de l'Ecriture fainte a donné fujet à quelques erreurs. Je repons qu'il n'y a rien de fi parfait, dont la malice de l'homme ne puiffe faire un mauvais ufage. Quelle doctrine peut être plus pure que celle de l'Evangile , & de faint Paul ? Et neanmoins tous les heretiques n'ont-ils pas fondé leurs opinions fur cette excellente doctrine ? C'eft ce qui a fait dire à faint Pierre, parlant des Epîtres de faint Paul : *Qu'elles font en quelques endroits difficiles à entendre.* Surquoi quelques efprits mal intentionnez ont pris occafion de fonder leurs erreurs. Il dit auffi que les heretiques fe prévalent de toutes les Ecritures , en les accommodant à leur mauvais fens, & les falfifiant pour donner quelque couleur à leur mauvaife doctrine. Y a-t-il rien , quelque neceffaire , & quelque utile qu'il puiffe être, que nous ne fuffions contraints d'abandonner , fi nous voulions avoir égard à tous les inconveniens qui en naiffent ? Que les peres ne marient jamais leurs filles ; puifqu'il y en a qui font mortes dans leurs couches , & d'autres de la main de leurs maris. Ne nous fervons jamais de medecins , ni de medecines, puisque les uns & les autres ont souvent fait mourir ceux qui s'en sont servis. Que l'on ne porte plus d'épées ni d'autres armes, puisqu'elles tüent tant d'hommes tous les jours. N'allons plus sur la mer, puisque tant de gens y ont fait naufrage. Que l'on ne parle plus de l'étude de la Theologie ; puisque c'est de là que tous les heretiques ont tiré des raisons pour soûtenir leurs erreurs, en abusant de la sainteté de ses lumieres. *Le même.*

L'excellence de la Religion Chrétienne ti n'ne qui consiste en la dignité de l'Ecriture sainte sur laquelle elle est fondée.

L'excellence de la Religion Chrétienne est la dignité & la pureté de l'Ecriture sainte qui nous persuade & nous exhorte à bien vivre, & qui nous donne des regles pour nous rendre agreables à Dieu. Pour parler dignement de l'utilité & des loüanges que merite cette divine Ecriture, il faudroit composer autant de livres qu'elle en contient, n'y en ayant aucun qui ne merite son éloge particulier ; mais entre plusieurs choses, je considere dabord de combien d'inventions s'est servi Moïse, qui avoit le bonheur de parler à Dieu, face à face, pour porter les hommes à l'observation des Loix divines. Il jeûna premierement quarante jours, étant sur la montagne avec Dieu, & obtint de lui cette Loi, écrite sur deux Tables de pierre, du propre doigt de Dieu ; pour lui donner plus d'autorité, il ordonna que ces deux Tables fussent gardées dans l'Arche du Testament, sur laquelle étoit le Propitiatoire, qui étoit le lieu le plus venerable qui fût parmi ce peuple ; il promit des prosperitez incomparables à ceux qui observeroient cette Loi, & menaça de tant de maux ceux qui la violeroient qu'ils font trembler ceux qui en ont la connoissance ; mais ce qui est encore plus remarquable, il ordonna que les douze Tribus fussent divisées sur deux montagnes voisines ; sçavoir, six sur une, & six sur l'autre ; & que là les Levites prononçassent les unes après les autres, les maledictions fulminées contre les violateurs de la Loi, à chacune desquelles le peuple repondroit : *Ainsi soit-il.* *Deuteron.* 27. Ce qui fut executé en cette forme : *Que celui qui a taillé ou forgé quelque idole, & qui la tient cachée en sa maison, soit maudit : Ainsi soit-il,* repondit le peuple. *Maudit celui qui n'honore pas son pere & sa mere ; & le peuple repondit : Ainsi soit-il. Maudit celui qui habite avec la femme de son voisin, & le peuple repliqua : Ainsi soit il.* Enfin les autres maledictions furent fulminées contre les infracteurs des autres Commandemens, avec ce grand concours des douze Tribus, afin que par la crainte de ces imprécations souhaitées de tout le peuple, les hommes craignissent davantage de commettre des fautes, qui seroient suivies de tant de malheurs. *Tiré du Catechisme de Grenade.*

Les livres de l'ancienne loi, contenuë dans l'Ecriture sainte, nous font voir la misericorde & la justice de Dieu. *Deuteron.*

On peut voir dans les Livres de l'ancienne Loy, les deux grandes perfections de Dieu, sa misericorde & sa justice ; sa misericorde y paroit par les faveurs inestimables qu'il a faites à son peuple, tant en sa sortie d'Egypte, comme dans le reste du voyage, jusqu'à la conquête de la terre promise : c'est pourquoi Moïse disoit que *Dieu les avoit conduits, & qu'il les avoit même portez comme un bon Pere porte ses petits enfans entre ses bras.* Mais si l'on y reconnoît sa misericorde accompagnée de toutes ses douceurs ; l'on y voit aussi sa justice suivie de toute sa severité. Les châtimens que Dieu faisoit souffrir aux Israëlites, lorsqu'ils violoient ses divines Loix, y sont representez avec tant de rigueur, qu'il est aisé de conclure qu'il ne laissoit

I iij

jamais paſſer une ſeule faute, ſans punition. De ſorte que s'étant abandonné à adorer l'idole de Phogor, il en mourut en ſeul jour, juſqu'à vingt-quatre mille; & comme ſi cela eût été peu de choſe, il commanda que tous les Princes du peuple fuſſent attachez à des gibets; parce qu'ils ne s'étoient pas oppoſez à ce crime, pour l'empêcher: En quoi nous pouvons voir clairement ces deux grandes & adorables perfections divines, dont nous venons de parler; ſans que la miſericorde ait nui à la juſtice, ni la juſtice à la miſericorde; & par là nous pouvons juger combien Dieu eſt parfait, & qu'il eſt autant admirable en une vertu qu'en l'autre. *Tiré du Catechiſme de Grenade.*

Les bienfaits dont Dieu comble le S. Roi David, pendant qu'il fut fidele à obſerver la loi de Dieu; & les châtimens dont il le punit aprés, pour avoir violé cette même loi.

L'Ecriture ſainte nous fait voir encore les victoires, les conquêtes, les richeſſes que David aquit, & les graces qui lui furent promiſes pour lui, & pour ſes deſcendans, pendant qu'ils perſeveroient en l'obſervation de la Loi de Dieu? Mais quand il s'oublia, juſqu'à enlever la femme d'Urie, de quelles afflictions ne fut-il point accablé? Comme il avoit deſobéi à Dieu, Dieu permit auſſi que tous ſes Etats ſe revoltaſſent contre lui, & qu'ils priſſent les armes pour lui faire perdre tout enſemble la vie & la Couronne, qui eſt le dernier des maux qui peuvent arriver à un Roi. Cela fit qu'il fut contraint de ſortir de Jeruſalem, & de ſe ſauver ſur une montagne avec ſes plus fideles ſerviteurs, les pieds nuds, la tête découverte, & fondant en larmes; il reçût en cet état, une confuſion étrange de la part d'un homme de néant, qui du haut de cette montagne, le traita de tyran, d'uſurpateur du Royaume d'autrui, d'homicide, & lui reprocha que Dieu lui envoyoit tous ces châtimens, pour ſes crimes, & en punition de ce qu'il avoit violé & deshonoré en ſecret la femme d'un de ſes ſujets. Tous ces malheurs lui arriverent aprés même qu'il eut fait une longue & rude penitence, & qu'il eut repandu des torrens de larmes pour ſon peché. Celui donc qui voudra lire l'Ecriture ſainte avec attention, verra clairement combien l'homme a ſujet d'aimer la vertu, pour laquelle il y a tant de recompenſes preparées; & combien il doit haïr le vice, qui eſt châtié par tant de malheurs. On peut encore remarquer combien l'Ecriture nous fait mieux connoître Dieu que toute l'étenduë de l'Univers, nous y faiſant voir ſa bonté & ſa juſtice, l'amour qu'il a pour les gens de bien, & la haine qu'il porte aux méchans, plus clairement que nous ne les pouvons remarquer dans tout ce grand ouvrage du monde; & cette connoiſſance eſt un très-puiſſant motif pour nous faire aimer & craindre un ſi puiſſant & ſi adorable Sauveur. *Tiré du Catechiſme de Grenade.*

Ceux qui n'écoutent pas l'Egliſe, trouvent l'explication de l'Ecriture difficile & douteuſe.

L'explication de l'Ecriture ſainte n'eſt douteuſe qu'à ceux qui ne veulent pas écouter l'Egliſe, ni recevoir l'intelligence qu'elle en a toûjours conſervée; ſi l'on y trouve des difficultez, on n'en fera point des preuves contre les Myſteres; ces difficultez ſeront reſoluës par les interpretations conſtantes & invariables de l'Egliſe, & elles ne ſeront jamais grandes, que dans les eſprits prevenus par l'hereſie. C'eſt aux Catholiques à parler de l'analogie de la foi, ſelon laquelle on doit expliquer la ſainte Ecriture, & à dire avec S. Paul: Que celui qui prophetiſe, le faſſe ſelon l'analogie de la foi; parce que par le témoignage de l'Egliſe, ils ſçavent en quoi conſiſte cette foi, dont l'analogie doit regler l'interprétation de la parole de Dieu. Mais ce diſcours n'apartient point aux Proteftans ; puifqu'ils ont renoncé à l'autorité de ce témoignage ; & que fans cette autorité , ils ne peuvent produire fur tous les articles de foi , de paffages qui ne foient eux-mêmes un fujet perpetuel de difpute. *Auteur moderne.*

C'eft aux Catholiques à expliquer l'Ecriture par l'Ecriture à l'exemple des saints Peres ; parce que connoiffant certainement l'analogie de la foi , ils peuvent diftinguer certainement dans l'Ecriture les paffages clairs qui fervent de clef , d'avec les paffages obfcurs , qui ont befoin d'explication : un paffage clair , eft celui dont le fens litteral eft conforme à la foi , que Dieu a laiffée à fon Eglife. Un paffage obfcur eft celui dont le fens litteral paroît opofé à cette foi , dont l'Eglife conferve le dépôt. Par cette raifon , c'eft aux Catholiques à dire aux Novateurs , qu'ils font heretiques , qu'ils détournent le fens des Ecritures , & qu'on doit les éviter. Les Proteftans n'ont aucune regle fixe , pour connoître précifément qui font les heretiques , & qui font ceux qui détournent les Ecritures , &c. Ils ne fe vantent pas même d'en avoir ; & c'eft ici un des endroits où l'on peut le mieux fentir le foible de leur reforme. Car puifque le Saint-Efprit nous parle de l'analogie de la foi, de la clarté de l'Ecriture , d'hommes ignorans & legers qui abufent de l'Ecriture pour leur perte , d'heretiques qu'il faut éviter , &c. Une Religion où toutes ces idées n'ont aucun lieu , n'eft point la Religion de Jefus-Chrift & de fes Apôtres. Ces idées ne trouvent point de lieu chez les gens qui ont enfeigné , que toute l'Eglife pouvoit errer mortellement , qu'on ne trouvoit aucune certitude hors de la fainte Ecriture , & que ce qui n'y eft pas mis & enfeigné d'une maniere inconteftable , ne pouvoit être un dogme de foi. Quand ils ont pofé ce principe , ils ont abandonné le fondement fur lequel toutes ces expreffions font fondées , dans la bouche des Catholiques. *Auteur moderne.*

Les gens fimples , & les ignorans ne peuvent pas entendre les traductions qu'on leur liroit , & juger par eux-mêmes fur ces traductions du fens de l'Ecriture ; parce qu'avant de juger par eux-mêmes de l'Ecriture fainte fur ces traductions ; il faudroit qu'ils puffent par eux-mêmes difcerner les veritables Ecritures d'avec les fauffes , & juger fi un livre doit être regardé comme Canonique ou non. 2°. Il faudroit qu'ils fuffent affurez que les hommes qui ont fait des traductions des livres faints , ne les ont pas trompez ; & qu'ils fçûffent par eux-mêmes que ces Traductions font conformes aux originaux. Or , c'eft ce qui leur eft impoffible. Cette certitude n'eft que pour ceux qui reconnoiffent l'autorité infaillible de l'Eglife , qui donne & les originaux & les traductions ; fans cela , ils n'en auront qu'une affurance humaine & fujette à l'illufion. On voit tous les jours qu'on reproche à des Traducteurs d'avoir mal traduit. On a eu befoin de reformer fouvent les traductions des Proteftans les plus habiles. 3°. Quand les ignorans feroient affurez de la fidelité de la traduction , leur efprit eft trop borné pour pouvoir lier un paffage avec l'autre , & joindre tout ce qui fuit , avec ce qui precede , fans quoi on ne peut pas penetrer le fens d'un livre. *Tiré des Theologiens.*

On ne peut pas dire que tous les fideles font inftruits & éclairez par le Saint-Efprit , qui leur donne des lumieres pour leur faire connoître le veritable fens de l'Ecriture , par une lumiere intérieure qu'il leur communique ;

A qui il appartient d'expliquer l'Ecriture.

Il eft impoffible que les gens fimples & ignorans puiffent interpreter l'Ecriture dans fon veritable fens.

Suite du même fujet.

parce que cette pretention n'eſt établie ſur aucun fondement , & l'experien̄-ce fait voir qu'elle ne peut ſervir qu'à multiplier à l'infini le nombre des Sectes. Car pourquoi , par exemple , Luther reconnu pour un vrai fidéle par Calvin même , ne ſera-t-il pas reçû à dire , qu'il eſt divinement inſpiré pour interpréter , comme il fait , les paſſages de l'Ecriture , dans l'intelligence deſquels il eſt opoſé à Calvin ? Qui empêchera les Anabaptiſtes , les Trem-bleurs , & tous les Fanatiques du monde d'avoir la même prétention ? Cha-cun d'eux peut dire , que le ſens qu'il donne à l'Ecriture ; & ſur lequel il éta-blit ſa Religion , lui a été communiqué par une lumiere interieure du Saint-Eſprit. Ainſi il n'y a point d'illuſions auſquelles cette maxime n'ouvre la porte. Le Saint-Eſprit ne peut pas inſpirer à deux perſonnes des choſes con-tradictoires ; puiſqu'il eſt l'eſprit de verité : il ne peut pas inſpirer à Luther que Jeſus Chriſt eſt réellement preſent dans l'Euchariſtie , & à Zuingle qu'il en eſt abſent. Il s'enſuit de tout cela , que ſi on ne reconnoît parmi les hommes une autorité infaillible qui fixe leurs ſentimens ; il n'y aura jamais rien de certain pour eux en matiere de Religion ; & qu'ils ne pourront s'empêcher de ſe laiſſer emporter comme des enfans , à tout vent de doctri-ne , ce qui eſt contre l'Ecriture ſainte. Dieu a pourvû à cet inconvenient par ſa ſageſſe , en nous obligeant d'une part à conſulter l'Egliſe , & à lui obéir , & nous promettant de l'autre , que l'Egliſe ſubſiſteroit toûjours , & ne tomberoit jamais dans l'erreur. *Le même.*

En quoi con-ſiſte la veri-table parole de Dieu. On a examiné dans les Congregations qui ſe ſont tenuës contre les here-tiques , ce qui concerne la vraye parole de Dieu , laquelle eſt la regle & l'unique principe de la foi , contre les hereſies ; on y établit , ſelon les anciens Conciles , le nombre des livres Canoniques , tant du vieux que du nouveau Teſtament , & les traditions qui ſont venuës depuis les Apôtres juſqu'à nous , par une ſucceſſion continuelle , & que l'Egliſe Catholique a ſoigneuſement conſervées , tant pour la foi que pour les mœurs. On declare , qu'on doit te-nir la verſion vulgaire pour authentique , & qu'il faut prendre le ſens de ſes paroles , ainſi que l'entend la ſainte Egliſe , qui dans les conteſtations qu'on peut avoir ſur ce ſujet , eſt l'unique juge legitime du vrai ſens de l'Ecriture. En effet , ſans cela il n'y auroit rien de certain dans la Religion , & l'on ne pourroit jamais convenir du vrai principe de la foi. Or , tout cela fut défini contre Luther , qui ne vouloit ni tradition , ni certains livres Canoni-ques , qu'il rejettoit ; parce qu'ils condamnent clairement ſes erreurs , ni d'autre juge de l'Ecriture qu'elle même , ou plûtôt que lui même , qui pré-tendoit qu'on dût prendre toûjours pour le vrai ſens , celui qu'il lui donnoit. *Tiré de l'hiſtoire de l'Arianiſme , Tome 1.*

Dieu a confié à l'Egliſe ca-tholique le dépôt de l'E-criture ſain-te , pour être la regle de nôtre foi. Toutes les veritez que Dieu a revelées aux hommes , & que nous devons croire , ſont renfermées , & comme dépoſées dans l'Ecriture ſainte , & dans la tradition , l'Ecriture ſainte eſt la parole de Dieu écrite & renfermée dans les livres ſaints , que nous apellons Canoniques. Or , Dieu a confié le dépôt de l'Ecriture & de la Tradition à l'Egliſe Catholique ; parce que c'eſt à l'Egliſe Catholique ſeule qu'il apartient. 1°. De diſcerner les veritables Ecri-tures , & les veritables Traditions d'avec les fauſſes. 2°. D'interpreter & de nous faire connoître le veritable ſens de la Tradition & de l'Ecriture ; & cela n'apartient qu'à l'Egliſe Catholique ; parce que l'Egliſe ſeule eſt infaillible , & que

que c'eft elle feule que nous devons confulter pour ne pas tomber dans l'erreur. C'eft pourquoi ceux-là fe trompent qui pretendent que chaque fidéle
peut, & doit connoître par foi-même le fens des Ecritures fans le fecours
de l'Eglife. 1°. Parce que par là ils ouvrent la porte à l'illufion, & au libertinage, & à introduire autant de religions parmi les hommes, qu'il y aura
d'efprits differens. Car il n'y a jamais eu aucun heretique qui n'ait établi
fes erreurs fur l'Ecriture fainte, interpretée à fa fantaifie, dit faint Hilaire.
2°. En ce qu'ils établiffent une maxime opofée aux Ecritures, impoffible &
contraire au bon fens. Ils établiffent une maxime *oppofée aux Ecritures; car
faint Pierre dit que l'explication de l'Ecriture ne fe doit point faire par une
interpretation particuliere.* Et jamais il n'a été permis aux Juifs d'interpreter
les Ecritures par leur propre autorité. Cette maxime eft impoffible, & contraire au bon fens. Car il n'eft pas poffible que les fimples & les ignorans
qui compofent la plus grande partie des hommes, & qui felon les Ecritures,
font apellez à la foi comme les fçavans, puffent jamais expliquer par eux-
mêmes les faintes Ecritures; puifqu'ils ne fçavent point lire, & qu'ils n'entendent point la langue originale, dans laquelle elles font écrites. *Auteur
moderne.*

  L'Ecriture fainte eft la parole de Dieu renfermée dans les livres faints
que nous apellons canoniques. Les livres faints font apellez canoniques pour
deux raifons. 1°. Parce que ces livres font la regle de nôtre foi. 2°. Parce
que le catalogue de ces livres eft inferé dans plufieurs Canons de l'Eglife.
Or il y a les livres Canoniques de l'ancien Teftament, & les livres Canoniques du nouveau. Les livres de l'ancien Teftament font ceux qui font écrits
avant Jefus-Chrift; ceux du nouveau font écrits depuis. Tout le monde
fçait quels font les livres Canoniques de l'ancien Teftament, & quels font
les livres du nouveau; c'eft pourquoi je n'entreprendrai point d'entrer dans
ce détail: j'ai feulement deffein de vous montrer que la lecture de l'Ecriture
fainte, & fur-tout du nouveau Teftament, des Pfeaumes, & des livres de morale de l'ancien Teftament, devroit être l'occupation & la confolation ordinaire des Chrétiens, qui cherchent à nourrir leur pieté, & non pas la vanité ou la curiofité. C'eft l'efprit & le fouhait de l'Eglife; mais il faut lire
l'Ecriture fainte avec refpect, humilité & docilité; profiter de ce qu'on entend, croire & refpecter ce qu'on ne comprend pas, fe foûmettre en tout au
jugement de l'Eglife; & pour profiter de cette fainte lecture, il faut prier
Dieu, avant & après qu'il ouvre nos efprits & nos cœurs à fa parole, fe
remplir de toutes les veritez qu'on lit, & en faire l'application en toute occafion par raport à fa conduite, afin de n'être pas femblable à un homme qui
fe regarde dans un miroir, & qui ne fe fouvient pas comment il eft fait,
quand il n'a plus le miroir devant fes yeux, dit faint Jacques. *Tiré des Theologiens.*

  Les Peres ont fouvent confeillé & recommandé la lecture de l'Ecriture
fainte; & les Auteurs Catholiques l'ont fait, & l'ont dû faire, dans tous
les tems. Mais ces exhortations ont toûjours fupofé la foûmiffion dûë aux
confeils, & aux ordres des Superieurs legitimes, des Pafteurs & des Direc-
teurs des ames; & c'eft une mauvaife foi que d'interpreter autrement les
autoritez des Peres, fur ce fujet. Les Peres du Concile de Touloufe les igno-

Tome V.   K

Marginal notes:

L'Ecriture fainte eft la parole de Dieu, ce qu'ó entend par les livres canoniques.

Les Peres ont confeillé la lecture de l'Ecriture fainte.

roient-ils ces autoritez, lorsqu'ils difoient : Nous voulons qu'il ne foit pás permis aux Laïques d'avoir des livres de l'ancien & du nouveau Teftament, à la referve du Pfeautier ou du Breviaire, pour l'Office divin ; mais nous défendons que ceux-là mêmes les ayent, traduits en langue vulgaire. C'est le langage que plufieurs Conciles de France ont tenu depuis, à l'occafion du Calvinifme, dont les difciples de Janfenius n'ont que trop fidélement pris l'efprit fur le point dont il s'agit, comme fur plufieurs autres. *Tiré des Theologiens.*

L'Ecriture fainte eft une nourriture pour les chrétiens, elle doit être dignée.

Ne peut-on pas dire que l'Ecriture fainte eft la parole de Dieu ; & que la parole de Dieu eft le pain des Chrétiens ; oüi, fans doute, c'eft la nourriture des Chrétiens ; mais cette nourriture eft fouvent trop forte pour plufieurs ; ils ne pourroient la digerer telle qu'elle eft, & il faut qu'elle leur foit preparée par les Pafteurs. On fe nourrit de l'Ecriture, en lifant les livres de pieté, & en écoutant les difcours Chrétiens, dont elle fait le fonds, & où elle eft comme digerée & preparée à l'ufage de la multitude. Ce n'eft donc point l'Ecriture qu'on ôte au commun des Chrétiens, lorfqu'on leur en défend la lecture ; on ne leur ôte que le danger d'en abufer, faute de fçavoir bien y difcerner la nourriture qui leur convient. Au refte, l'abus de l'Ecriture, & les précautions des Vicaires de Jefus-Chrift pour l'empêcher, font auffi anciens que l'Eglife même. Saint Pierre avertiffoit les fidéles, qu'il y avoit dans les lettres de faint Paul, des chofes difficiles à entendre, aufquelles des hommes peu inftruits & legers donnent un faux fens, de même qu'ils font aux autres Ecritures, pour leur propre ruine. *Auteur moderne.*

Il n'eft pas vrai, qu'on ne peut fanctifier les Dimanches, fans emploïer une partie du tems à lire l'écriture fainte.

Le Dimanche, difent quelques Auteurs, doit être fanctifié, par des lectures de pieté, & fur-tout des faintes Ecritures ; mais que doit-on conclure de là, qu'il n'eft pas permis de fanctifier le Dimanche en lifant les faintes Ecritures ? Non, fans doute ; mais ce qu'il faut conclure ici, c'eft qu'on n'eft point obligé de fanctifier le Dimanche par la lecture de l'Ecriture fainte ; & qu'un Chrétien, qui le Dimanche auroit affifté à tout l'Office divin, qui fe feroit aproché des Sacremens de la Penitence & de l'Euchariftie, qui auroit entendu la parole de Dieu, qui auroit paffé le refte du jour à vifiter les pauvres, à confoler les affligez, auroit certainement fanctifié le Dimanche, fans avoir lû une ligne de l'Ecriture. Il eft donc faux qu'on doive fanctifier le Dimanche par la lecture de l'Ecriture fainte ; puifqu'on le peut fanctifier autrement. La lecture de l'Ecriture fainte eft à la verité un moyen pour fanctifier le Dimanche ; mais ce n'eft pas un moyen neceffaire, comme l'affurent quelques Auteurs modernes ; car fur ce pied là, le peuple qui ne fçait pas lire, ne pourroit pas fanctifier le Dimanche. *Le même.*

Pourquoi l'Eglife ne permet pas à tout le monde de lire l'écriture fans interpretation.

Pour ce qui regarde les verfions vulgaires, faites par quelques Catholiques fur l'Ecriture fainte ; l'Eglife en permet la lecture non univerfellement à tout le monde, mais particulierement à ceux qui feront jugez dignes par les Pafteurs d'en avoir la permiffion ; cela n'eft pas défendre les livres Sacrez, non plus que quand une mere ne veut pas permettre à fes enfans encore petits & imbecilles, ce qu'elle permet aux plus grands ; fçavoir, de fe couper du pain eux-mêmes, de peur qu'en le tranchant, ils ne fe bleffent ; mais veut prendre la peine elle-même, non-feulement de le leur couper, mais bien fouvent de le leur macher ; on ne peut pas dire pour cela, qu'elle leur défend le pain. Ainsi l'Eglise voulant elle-même prendre la peine de proposer l'Ecriture toute interpretée par ses prédications au simple peuple , & ne permettant de la lire sans interpretation & exposition , qu'à ceux qui sont déja plus fermes dans la foi ; & qui ne sont pas si aisez à surprendre par les illusions des fausses interpretations de ceux qui veulent abuser du sens de l'Ecriture ; & qui d'ailleurs , sçavent reconnoître , que ces versions vulgaires , n'étant point autorisées de l'aprobation de l'Eglise universelle , ne sont pas des fondemens dignes de foi ; on ne peut pas dire qu'elle défende au peuple la pâture & l'aliment de l'Ecriture ; c'est le sentiment du Cardinal du Perron. *Auteur moderne.*

Bellarmin n'est pas moins exprés. C'est une controverse , dit-il , entre les Catholiques & les Heretiques , s'il est necessaire ou du moins expedient de permettre l'usage commun des saintes Ecritures en langue vulgaire , & propre à chaque païs. Tous les heretiques de ce tems conviennent entre eux qu'il faut abandonner les Ecritures à tous les hommes , & même la leur donner en leur langue ; mais l'Eglise Catholique de Jesus-Christ ne défend pas à la verité toutes les translations en langue vulgaire ; mais il est défendu d'en permettre la lecture à tout le monde sans distinction. Bellarmin dit expressément , que c'est l'Eglise Catholique de Jesus-Christ qui fait cette défense ; ce ne sont point quelques particuliers : c'est une controverse generale entre les Catholiques & les heretiques , dit-il , il ne dit pas entre une partie des Catholiques & les Heretiques. Et en effet , je ne crois pas qu'il y eût alors un seul Docteur , qui eût osé soûtenir ce que soûtiennent aujourd'hui quelques sectaires. *Le même.*

Sentiment du Cardinal de Bellarmin sur le même sujet.

Le même Cardinal Bellarmin prouve qu'on ne doit pas permettre la lecture des livres Sacrez à tout le monde , par l'autorité de l'Eglise. Or , l'Eglise ne fait rien qui ne soit de l'intention de Dieu même , & par la pratique constante & uniforme des Prélats : ce qu'il prouve premierement par l'usage de l'Eglise Judaïque , depuis Esdras jusqu'à Jesus-Christ , dans lequel terme il pretend que l'Eglise des Juifs n'a point eu l'Ecriture sainte en langue vulgaire , & par l'usage de l'Eglise Apostolique ; parce que les Apôtres n'ont point écrit dans les langues vulgaires de toutes les Nations, auxquelles ils ont annoncé l'Evangile. Enfin , par l'usage de l'Eglise universelle , qui ne s'est jamais servi que des langues Grecque & Latine , pour le texte de l'Ecriture , lesquelles langues n'étoient vulgaires qu'en trés-peu de païs , selon sa suposition. *Le même.*

Suite du même sujet.

La défense des livres de l'Ecriture sainte à quelques personnes , se prouve par le témoignage de Gregoire VII. qui vivoit dans l'onziéme siécle ; par un Concile de Tours , assemblé au commencement du treiziéme , par Innocent III. qui vivoit au commencement du douziéme ; par le Pape Pie IV. qui fit faire *l'indice* des livres défendus , & y fit mettre les Bibles en langue vulgaire ; par Clement VIII. qui a fait publier derechef , & qui a confirmé cette Ordonnance de Pie IV. par plusieurs Conciles tenus en France & en Italie , dans le siécle passé ; par une celebre censure de la Sorbonne , de l'an 1527. contre Erasme qui avoit osé dire que les femmes , les ouvriers & les gens de la lie du peuple devoient lire l'Ecriture. *Le même.*

Sentimens des Souverains Pontifes sur la défense de l'Ecriture sainte.

La liberté que les Protestans doivent necessairement accorder à chaque

Les consequences fu-

K ij

nestes qui s'enfuivent de la liberté que chacun pourroit avoir d'interpreter l'Ecriture sainte à sa fantaisie.

particulier d'interpreter à fa fantaifie la parole de Dieu, & de fuivre la verité telle qu'il la connoît par fes propres recherches, conduit inévitablement à la tolerance univerfelle, non-feulement de toutes les Sectes qui fe difent chrétiennes ; mais encore des Juifs, des Mahometans, des Payens, & même des Athées ; parce que chacun croit que le fens qu'il donne à l'Ecriture fainte eft le veritable fens. Or, la tolerance univerfelle de toutes les Sectes, tend directement à l'aneantiffement du Chriftianifme. C'eft donc à l'entier aneantiffement du Chriftianifme que conduifent directement & neceffairement les principes de la prétenduë reforme. Dès là les Proteftans ne meritent pas d'être écoutez, & il eft inutile d'entrer avec eux dans la difcuffion des Dogmes ; il n'y a point d'autre parti raifonnable à prendre pour éviter une fi pernicieufe tolerance, que de recourir, & de fe foûmettre à l'autorité falutaire de l'Eglife Catholique. *Auteur moderne.*

Suite du même fujet.

La tolerance univerfelle étant une fuite neceffaire du principe fondamental de la reforme, & du droit d'examen qu'elle accorde à chaque particulier, il n'y a de voye fûre dans la Religion que celle de l'autorité ; mais comme il n'y a point d'autorité fur la terre qui égale celle de l'Eglife Catholique, & que c'eft la feule qui foit apuyée fur de folides fondemens ; il faut fe jetter entre fes bras pour y trouver la verité, la fûreté des Dogmes, & le repos de la confcience ; car quoique dans le fonds, il n'y ait point d'autre voye fûre en matiere de Religion que la voye d'autorité, & qu'il y faille toûjours neceffairement revenir ; cependant cette voye eft tout à fait injufte de la part des Miniftres Proteftans qui n'ont point d'autre regle de leur foi, & n'en propofent point d'autre à leurs peuples abufez, que l'examen particulier des Dogmes fait uniquement fur la parole de Dieu indépendamment de toute autorité Ecclefiaftique ; de forte qu'il eft vifiblement injufte de la part de ces Proteftans, de pretendre affujettir tout le monde à leurs décifions, & à celles de leurs pretendus Synodes, fur-tout après qu'ils ont refufé eux-mêmes de fe foûmettre aux Pafteurs & aux Conciles de l'Eglife Catholique. *Le même.*

Les Proteftans qui ne veulent pour juge que l'Ecriture fainte font manifeftement opofez à l'Ecriture.

Les Proteftans veulent nous perfuader qu'ils fuivent l'Ecriture à la lettre, pendant qu'ils foûtiennent des opinions toutes opofées à l'Ecriture ; car quand l'Ecriture dit que l'homme n'eft pas juftifié par la foi feulement ; ils difent qu'il eft juftifié par la feule foi, ce qui ne fe trouve en aucun lieu des faintes Ecritures, & en cela ne la contredifent-ils pas ? Ils le font fi ouvertement en ce point, que Luther ne pouvant accorder le paffage de faint Jacques, avec ce qu'il enfeigne, dit que ce grand Apôtre radote. L'Ecriture dit que l'Euchariftie eft le Corps & le Sang de Jefus-Chrift ; & cela en des termes qui font voir clairement le vrai Corps & le vrai Sang ; les Proteftans Calviniftes & Zuingliens, difent au contraire, que ce n'eft pas le Corps & le Sang de Jefus-Chrift ; mais feulement la figure, le figne & le témoignage, ce qui ne fe trouve en aucun lieu des faintes Lettres ; il eft donc vrai de dire qu'ils font entierement opofez à l'Ecriture. L'Ecriture dit encore que le Batême nous fauve, que nous fommes nettoyez & regenerez par le lavement de l'eau ? ils difent au contraire, que le baptême ne fauve, ne nettoye & ne regenere pas ; mais qu'il nous eft feulement un fymbole de falut, de lavement & de regeneration ; ce qui ne fe trouve en aucun lieu des faintes

Lettres, ne contredifent-ils pas encore l'Ecriture? Lorfque l'Ecriture dit dans un autre endroit que les Prêtres remettent les pechez ; les Proteftans difent au contraire, qu'ils ne les remettent pas ; mais qu'ils témoignent feulement qu'ils ont remis, ce qui ne fe trouve en aucun lieu des faintes Lettres, en fuivant cette pernicieufe opinion, ne fupofent-ils pas manifeftement à l'Ecriture? *Tiré du Livre intitulé : les principaux points de la foi, par Monfieur le Cardinal de Richelieu.*

Que peuvent dire ces Meffieurs à toutes ces contradictions ? Diront-ils qu'il n'y en a point ; parce qu'il faut entendre l'Ecriture par figure ? Auront-ils recours à cette fraude, remarquée par Tertullien aux Valentiniens, par faint Auguftin aux Prifcillianiftes, par d'autres Peres, en d'autres Herefiar-ques, par eux-mêmes aux Anabaptiftes ? S'ils le font, je le dirai avec faint Auguftin : Quoi ? quand nous lifons l'Ecriture, oublions-nous l'intelligence de nôtre langue ? Perdons-nous la memoire de nôtre maniere de parler ? L'Ecriture devoit-elle parler à nous, en autre fens qu'en celui qui nous eft connu, & qui eft ufité parmi nous ? J'ajoûterai que depuis que l'opinion de quelque erreur s'eft emparé des efprits, ils eftiment tout ce que dit l'Ecriture au contraire être figuré. Les Calviniftes trouvent-ils des paffages contre eux, ils ne manquent pas de dire, que ce font des endroits difficiles; que pour en trouver le fens conforme à l'analogie de la foi, il faut y fupofer une telle figure, quelque rare qu'elle puiffe être, quand il ne s'en trouveroit aucun exemple dans tout le refte de l'Ecriture : qu'il faut y concevoir un point d'interrogation, une parenthefe, un changement de perfonne, qui parle ; une allufion, ou à des coûtumes anciennes peu connuës, ou tout à fait inconnuës aujourd'hui, ou à des expreffions qui ne fignifioient pas autrefois ce qu'elles fignifient prefentement; ce deffein de ne repondre pas directement aux queftions qui avoient été propofées ; une maniere de parler populaire & peu exacte, une alteration dans le texte, &c. Et après avoir ainfi raifonné fur divers paffages, il leur arrive fur d'autres de ne pouvoir fuporter des gens qui font la même chofe, & qui y apportent quelques-unes de ces clefs d'interprétation. On les entend crier : ah ! l'heretique ; ah ! l'impieté ; au blafpheme ! c'eft là l'ordre ; l'Ecriture à fa perdition ; les Apôtres ordonnent d'éviter de tels gens ; une telle Religion n'eft non plus chrétienne que la Mahometane. Et tout cela, fans qu'ils prétendent avoir, ni dons extraordinaires, ni autorité legitime pour decider quels font les articles de foi, dont l'analogie doit regler l'interpretation de l'Ecriture. Je ne fçai comment tant de perfonnes de bon fens parmi les Proteftans ne remarquent pas que tout ce bruit retombe fur eux. *Tiré de plufieurs Auteurs.*

Les principes des Proteftans font, qu'il n'y a rien de certain hors l'Ecriture, & que l'Ecriture même n'eft certaine pour chacun, qu'après qu'il en a reconnu la divinité par fon propre examen. Cela détruit toute la force des caractere de fa divinité, ces caracteres ne peuvent fubfifter que par le principe de l'Eglife Catholique. Par exemple, un des principaux, ce font les *Propheties.* Toute la force de ce caractere confifte en ce que les Propheties ont été faites long tems avant les événemens. Mais des gens qui ne veulent pas croire au témoignage de l'Eglife touchant la fuite des dogmes, pourquoi défereroient-ils davantage au témoignage qu'elle rend, fur le tems, auquel les Propheties ont été écrites. Un autre caractere de la divinité de l'Ecriture, c'eft la conformité de toutes fes parties,

Caracteres de la divinité de l'Ecriture fainte, obfcurcis par le principe de la reforme, le peuple ne les peut appercevoir.

K iij

Ce caractere ne peut s'éfacer dans l'esprit des Catholiques ; parce qu'ils sont persuadez, par le témoignage de l'Eglise de la divinité de l'Ecriture; ils accusent leur propre foiblesse dans les endroits dont ils ne voyent pas la conciliation. Mais ce caractere perd extrêmement de sa force, dans l'esprit de ceux qui se croyent eux-mêmes les juges de la divinité de l'Ecriture; & qui, pour la plûpart, ne voyent pourtant aucun moyen de concilier les endroits qui semblent se contredire. *M. Papin, Ministre Protestant converti.*

Les heretiques disent que leur propre jugement sur l'interpretation de l'Ecriture, tient lieu d'une autorité infaillible.

Les Protestans se vantent de ne point vouloir reconnoître d'autre juge que Dieu, & de ne se soûmetre qu'à l'autorité de sa parole; ils montrent par là qu'ils ne veulent avoir d'autres juges qu'eux-mêmes, & qu'ils ne reconnoissent point d'autre autorité que celle de leur propre jugement. S'ils reçoivent une partie de l'Ecriture sainte, c'est parce qu'il leur plaît de la recevoir, après s'en être rendus eux-mêmes les censeurs & les juges; ainsi leur Christianisme n'est pas fondé sur l'autorité de l'Ecriture, mais sur l'autorité de leur propre jugement. Ensuite s'ils expliquent l'Ecriture de telle & telle maniere, c'est parce qu'ils jugent à propos de l'expliquer ainsi, quoique d'autres l'entendent autrement. Ainsi leur doctrine particuliere est fondée, non sur l'autorité de la parole de Dieu, mais sur l'autorité de leur propre interpretation. Pour prouver qu'ils reconnoissent quelque autre juge, & quelque autre autorité que la leur, il faut qu'ils nous montrent hors de nous, non pas une loi simplement, mais un juge proprement apellé, qui par leurs oreilles, parle à leurs esprits. La sainte Ecriture frape mes sens, il est vrai; mais tout, ce dont mes sens m'assurent, c'est qu'elle contient telles & telles paroles; ils ne nous disent pas, si ces paroles ont tel ou tel sens, cela n'est pas de leur jurisdiction. C'est pourtant ce qu'il faut sçavoir, pour sçavoir précisément ce que c'est que la verité & la doctrine Chrétienne. *Le même.*

La simplicité & la majesté ne se trouve que dans l'Ecriture sainte.

Il y a deux choses qui sont séparées par tout ailleurs, & qui s'unissent dans la sainte Ecriture; sçavoir, la simplicité & la majesté. Il n'y a qu'elle seule qui sçache accorder deux caracteres si differens ; mais ces caracteres si differens, cette simplicité & cette majesté se conservent dans les originaux, & non pas dans les copies. On ne les trouve que dans la langue maternelle de l'Ecriture, ou pour le moins dans des Traductions si fidéles, (la politesse de ce siécle aura de la peine à souffrir ceci.) Dans des Traductions, dis-je, si fidéles, si litterales, & qui aprochent de si près du Texte Hebreu, que ce soit encore de l'Hebreu, en Latin ou en François. *Auteur moderne.*

On ne doit pas lire l'Ecriture sainte comme une histoire, si on veut en profiter.

Lire l'Ecriture sainte comme une histoire, n'est pas la recevoir comme parole de Dieu. Aussi ce Dieu qui a parlé & qui a écrit par Moïse, & par les autres Prophetes, ne propose pas ses recompenses aux doctes & aux intelligens ; mais aux fidéles & aux justes. Il ne dit pas dans le Levitique: *Si vous étudiez mes ordonnances, & si vous connoissez mes commandemens ;* mais il dit : *Si vous cheminez dans mes ordonnances, & si vous gardez mes commandemens. Le même.*

Les impies abusent souvent de l'Ecriture sainte.

Je ne doute point que la profanation des Mysteres & du Texte de l'Ecriture sainte ne mérite l'indignation des fidéles. Cette sorte d'impieté est d'autant plus dangereuse qu'elle est plus déguisée, & plus difficile à reconnoître. Car quoiqu'on témoigne n'estimer pas ce qu'on employe indifferemment à tous usages, & quoiqu'on nie tacitement en la Religion les choses qu'on ne revere pas, cependant cette licence n'est pas tout-à-fait si criminelle que l'Athéisme, quoiqu'elle en approche beaucoup, attendu qu'elle se glisse facilement dans l'esprit des impies. *Le même.*

Clement d'Alexandrie, au fecond livre des Recueils, dit que nôtre Seigneur 'a point parlé des divins Myfteres d'une maniere fi groffiere, qu'ils foient in-elligibles à tous; ce que la Providence a voulu faire pour deux raifons. Premie-ement, pour nous tenir tôûjours occupez dans de falutaires meditations, & pour e pas mettre les divins Myfteres à la difcretion du peuple. Origene confirme ce ntiment en plufieurs endroits, & fur-tout dans la douziéme Homelie fur l'E-ode, où il nous avertit d'invoquer l'Agneau jour & nuit, afin qu'il lui plaife ous ouvrir le livre qui eft fcellé & cacheté. Confeil qui fut pratiqué par deux rands perfonnages, S. Bafile & S. Gregoire de Nazianze, dont nous lifons u'ils demeurerent treize ans dans un Monaftere, continuellement occupez à oraifon, à l'étude & à la lecture des faintes Ecritures; & Ruffin ajoûte qu'ils n recherchoient l'intelligence, non de leur propre fens; mais par les écrits de eux qui avoient fuccedé aux Apôtres. *Inftitution Catholique du P. Cotton.*

Temoigna-ges des faints Peres fur la difficulté de l'interpreta-tion de l'Ecri-ture fainte,

Saint Gregoire de Nazianze parlant à Nemefius, dit qu'il y a deux fens en Ecriture, l'interieur fpirituel, & l'exterieur attaché à l'écorce; celui-ci difficile n aparence, celui-la en effet très-obfcur; & dans un autre endroit il remarque ue c'eft pour cette raifon que l'on ne permettoit point anciennement aux Juifs lecture de l'Ecriture indifferemment à toutes perfonnes; & qu'il falloit être gé de vingt-cinq ans, pour la pouvoir lire en toutes fes parties. Saint Jean Chryfoftome expliquant les paroles du Fils de Dieu: *Sondez*, dit-il, *les Ecri-ures.* Remarquez, qu'il ne dit pas *lifez*; mais *fondez les Ecritures*, pour nontrer qu'elles ne renferment pas leur intelligence dans la furface; mais que 'eft un trefor caché: & dans un autre endroit, il dit que l'Ecriture fainte n'eft as fermée, de maniere qu'on ne la puiffe entendre; mais qu'elle eft obfcure, our être recherchée; & que c'eft pour cela que faint Pierre difoit, que l'ef-rit n'a point parlé, felon la volonté de l'homme, mais l'homme a parlé, omme il a plu à l'efprit. *Le même.*

Autoritez des faints Peres fur la diffi-culté de l'E-criture fainte

Chryf hom. 40.

Hom. 44.

SUR LA TRADITION
QUE L'EGLISE JOINT
A L'ECRITURE,
ET DE SON AUTORITE', &c.

AVERTISSEMENT.

CE *sujet n'est proprement qu'une suite du precedent, & quoi-qu'il semble une pure question de controverse, il ne laisse pas de regarder les Predicateurs; lesquels défendent contre les Protestans, & les autres Schismatiques, le droit de l'Eglise, d'employer la Tradition des premiers siécles, pour justifier sa foi, ses pratiques, & les coûtumes qu'elle observe religieusement : Ce qui nous oblige d'ajoûter ce Traité au precedent, est que tous les heretiques refusent de se soûmettre à toute autre autorité qu'à celle de l'Ecriture, & crient sans cesse, qu'on leur montre dans ce saint Livre, quelques vestiges de ce que nous croyons comme article de foi, ou comme des veritez constantes sur l'autorité des Traditions.*

Nous le leur ferons voir plus en détail; outre l'injustice de leurs prétentions, les contradictions qu'ils sont forcez d'avoüer, l'impossibilité de soûtenir leur nouveau systême de Religion, & enfin, que la Tradition seule pourroit autoriser leur nouveauté, s'ils pouvoient l'alleguer en leur faveur. Nous parlerons ensuite des raisons, qui justifient la conduite de l'Eglise sur ce point; mais je me contente de dire par avance, que ces Novateurs sont pires que les Pharisiens de la Synagogue, qui n'osant abolir tout-à-fait les anciennes Traditions, les rendoient inutiles, en les corrompant, pour les
accommoder

accommoder à leurs intérêts ; je laiſſe à juger à tous veritables Chrétiens ſi le reproche que le Sauveur leur faiſoit ſur les fauſſes interpretations , qu'ils donnoient à celles de l'ancienne Loi , ne conviendroient pas juſtement à ceux qui nient les plus authenti-ques , & les plus inconteſtables Traditions de l'Egliſe , pour en faire de nouvelles , qu'ils donneront à leur poſterité ; puiſqu'ils ne peuvent même prouver que par la Tradition , que les ſaints Livres, dont ils retranchent une grande partie , ſont la ſainte Ecriture qu'ils veulent prendre pour l'unique regle de leur foi.

✱✱✱✱✱✱✱✱✱✱✱✱✱✱ ✱✱✱✱✱✱ ✱✱✱✱✱✱✱✱✱✱

SUR LA TRADITION
QUE L'EGLISE JOINT
A L'ECRITURE,
ET DE SON AUTORITE', &c.

L'Ecriture sainte est le fondement de nôtre foi & la traditió en est le principe. LEs nouveaux Sectaires supofent de nouveaux principes pernicieux, qui leur ferment les yeux à la verité, & qui rendent leur retour à l'Eglife fi difficile ; fçavoir, qu'en matiere de Religion, l'Ecriture fainte (c'est à-dire, le fens que chacun d'eux lui donne,) décide quel eft le fondement unique de nôtre foi ; que les Traditions font vaines, & méprifables, contraires même à la parole de Dieu, qu'il n'y a nul Tribunal fur la terre qui puiffe prononcer infailliblement fur le dogme ; que le Pape, l'Eglife, les Conciles font fujets à l'erreur. La Tradition eft décifive contre tous ceux qui s'éloignent de la foi des anciens. Je parle fur-tout de cette tradition fenfible & de pratique, qui faifant paffer des Peres aux enfans la doctrine reçûë, a perpetué ce précieux heritage depuis le commencement, fans interruption jufques à nous. Que croyoit-on dans l'Eglife avant Luther, avant Calvin ? Si l'on penfoit comme eux, ils n'ont rien eu à reformer, s'ils ont enfeigné une doctrine nouvelle, ce n'eft point celle de Jefus-Chrift, ni de fes Apôtres & de leurs Succeffeurs. Faut-il donc s'étonner, que les Proteftans rejettent la Tradition avec tant d'opiniâtreté & de mépris ? *Tiré du Journal de Trévoux du mois de Juin* 1723.

Suite du même fujet. Les Sectaires prouvent bien que l'Ecriture eft la regle de nôtre foi, qu'elle eft fainte, utile, neceffaire, infpirée de Dieu pour nôtre inftruction : mais on n'y trouvera jamais que les Traditions de l'Eglife Romaine, ne font que des inventions des hommes, fur lefquelles la foi ne peut pas être fondée ; ni que le Seigneur veut que nous confultions uniquement fa parole (écrite) je ne repeterai point, ce que nos Theologiens ont répondu à cette objection fi ufée des Proteftans. Je demande feulement aux Sectaires, dans quel endroit des livres faints ils pourront montrer le remede établi pour effacer le peché originel avant l'inftitution du Baptême. Eft-ce la parole de Dieu écrite, qui a décidé ce point de fa croyance ? Et comment pourroit-on même s'imaginer qu'elle eût fait une pareille décifion ? C'eft ainfi que les plus grands ennemis de la Tradition, font forcez de reconnoître fon autorité, dans plufieurs articles de leur foi. *Tiré du Journal de Trevoux du mois de Juin* 1723.

Si l'on admet une fois Une Eglife infaillible dans fes décifions, termineroit fans peine toutes les difputes fur la Religion, fi elle trouvoit par tout la foûmiffion qui

lui eſt dûë. Ceux qui ſe plaiſent dans leurs erreurs, ne veulent point d'un
juge ſouverain, dont l'autorité les reduiſant au reſpect & à l'obéïſſance,
les priveroit de cette liberté impie, qu'ils ſe donnent de regler la foi ſuivant leur caprice, leurs préjugez, & leurs fauſſes idées. Pour ſe conſerver
cette liberté, le Profeſſeur Lutherien attaque l'Egliſe Catholique de tous les
côtez, dans ſa forme & conſtitution, dans ſon infaillibilité, dans ſes dogmes, dans ſa perpetuité, dans ſon chef, dans ſes Paſteurs, & leur ſucceſſion ; dans l'inſtitution & l'ordination de ces mêmes Paſteurs, &c. D'a-
bord il ne peut ſouffrir qu'en diſputant de la Religion, on commence par
l'Egliſe. C'eſt qu'en l'examinant ſérieuſement, & de bonne foi, on ne pourroit ſe défendre d'être bientôt Catholique. *Tiré du Journal de Trevoux du
mois de Juin* 1723.

l'Egliſe in-
faillible, on
termine tou-
tes les diſpu-
tes ſur la foi.

L'autorité de la Tradition eſt fort grande ; car l'autorité de la parole divine
doit être égale, ſoit qu'elle ſoit venuë à nous par le canal des Ecritures,
ou par celui de la Tradition. C'eſt de part & d'autre la parole de Dieu.
Cela ſe prouve par le témoignage de tous les Peres. Or, voici comment
cette parole non écrite eſt venuë juſqu'à nous. Les Apôtres inſtruits par
Jeſus-Chriſt ont inſtruit les Evêques qu'ils ont ordonnez. Ces Evêques ont
inſtruit leurs Succeſſeurs, qui en ont inſtruit & ordonné d'autres. Ainſi la
verité s'eſt conſervée dans l'Egliſe comme un dépôt. Quoique cette parole
ait paſſé par tant de bouches, elle n'a pû s'alterer & ſe corrompre par la
ſucceſſion du tems. 1°. Parce que l'Egliſe eſt conduite par le Saint-Eſprit
qui ne l'abandonnera jamais, & ne permettra pas qu'elle tombe dans l'erreur. 2°. Parce que l'Egliſe a une regle certaine & infaillible pour diſcerner
les vrayes Traditions d'avec les fauſſes. Nous la trouvons dans ſaint Auguſtin, & dans Vincent de Lerins. La voici. L'Egliſe ne reçoit au nombre des
Traditions apoſtoliques, que ce qui eſt generalement enſeigné ou pratiqué
par toute l'Egliſe, ſans qu'on en ſçache le commencement. Cette regle eſt
certaine & infaillible ; parce qu'il n'eſt pas poſſible que tous les Chrétiens
répandus par toute la terre, qui n'ont aucune relation les uns avec les autres, & qui ſouvent ont des mœurs & des pratiques très-differentes, hors
la matiere de la foi, puiſſent s'accorder enſemble, à enſeigner & pratiquer
une même choſe dans la Religion, s'ils n'ont reçû cette doctrine ou cet uſage d'un Maître, qui ait envoyé par tout des diſciples avec les mêmes ordres,
& les mêmes inſtructions. *Tiré des Theologiens.*

Combien eſt
grande l'au-
torité de la
Tradition.

Il eſt impoſſible qu'une doctrine ou une pratique opoſée à ce qu'on a reçû de Jeſus-Chriſt par le canal des Apôtres, ſe ſoit inſenſiblement gliſſée
dans l'Egliſe, & ait été enſuite reçuë par tout, ſans qu'on ſe ſoit aperçû
du changement, que long-tems après. Voici quatre raiſons qui le font voir
d'une maniere déciſive. 1°. Jeſus-Chriſt a promis à l'Egliſe qu'elle ne tomberoit jamais dans l'erreur. 2°. Il eſt contre le bon ſens qu'on change par
tout des uſages & une doctrine generalement reçuë ; ſans que perſonne s'en
plaigne ou s'en aperçoive, dans le tems que ces changemens doivent exciter le plus l'attention & la contradiction. 3°. Aucune nouveauté conſiderable ne s'eſt jamais élevée dans l'Egliſe, qu'on n'ait connu, repris & condamné publiquement les Auteurs de la nouveauté. 4°. Ce changement ne
ſe ſçauroit faire ſans changer en même-tems tout ce qui eſt écrit dans les

Les raiſons
qui doivent
nous obliger
à ajoûter foi
à la Tradi-
tion.

Livres repandus par tout depuis les tems Apostoliques ; car ces livres font mention de ce que l'Eglise croit & pratique , & de ce qu'elle a crû & pratiqué dans tous les siécles. Or , ce changement est contraire au bon sens & à l'experience , & n'est pas possible. D'où il s'ensuit , que quand une chose est crûë , enseignée & pratiquée generalement par toute l'Eglise , sans qu'on en connoisse le commencement ; c'est une preuve certaine , selon la remarque de Tertullien & de saint Augustin , qu'elle n'a point été inventée de nouveau ; mais qu'elle vient des Apôtres , qui s'étant répandus par toute la terre dans le même esprit , ont enseigné & établi par tout ce qu'ils avoient apris de Jesus-Christ. *Les mêmes.*

On prouve contre les heretiques que la doctrine de l'Eglise est ancienne, & ne vient que par la Tradition.

Il est facile de faire voir clairement aux heretiques , que ce que nous croyons de l'Eucharistie , du sacrifice de la Messe , de l'invocation des Saints, de la priere pour les morts , & des autres points contestez , est l'ancienne doctrine de l'Eglise ; & ensuite que leur créance contraire à la nôtre étant nouvelle , est fausse. Nous les contraignons d'avoüer que ce qu'ils tiennent avec nous du Baptême des petits enfans , de celui des heretiques , & du changement du Sabbat au Dimanche , dont l'Ecriture ne dit rien , ils ne l'ont que de la Tradition & de l'ancien usage de l'Eglise , & qu'ils rejettent ensuite les Anabaptistes , à cause de la nouveauté de leur doctrine. C'est aussi là le grand principe dont les anciens Peres se sont servis contre les heretiques de leur tems. *Auteur moderne.*

Suite du même sujet.

Si nous consultons seulement l'ordre des tems , dit Tertullien , nous connoîtrons , que ce qui nous a été premierement enseigné , vient du Seigneur , & que c'est la verité ; mais qu'au contraire , ce qu'on a depuis introduit de nouveau , vient de l'étranger , & est faux. Et au livre quatriéme contre Marcion : Qui pourra , dit il , terminer nos differens , si ce n'est l'ordre & la décision du tems qui autorise l'antiquité de la doctrine , & declare défectueux ce qui ne vient qu'après cette ancienne créance ? C'est sur cette maxime , que saint Jerôme qui florissoit sur la fin du quatriéme siécle , dit à l'un de ses adversaires , qui vouloit faire un nouveau parti dans l'Eglise. Pourquoi entreprenez-vous de nous enseigner après quatre cens ans , ce qu'on ne sçavoit pas auparavant ? Le Pape Celestin , exhortant l'Eglise Gallicane à reprimer certaines gens qui vouloient établir de nouveaux dogmes , conclut par ces paroles extrêmement fortes : Qu'on châtie ces gens-là , qu'on ne leur laisse pas la liberté de dire ce qu'il leur plaira , que la nouveauté cesse d'insulter à l'antiquité ; & Sixte III. animé du même esprit , que son Prédecesseur , & marchant sur ses pas , parle à Jean d'Antioche avec la même force , quand il lui écrit en ces termes : Qu'on ne permette plus rien à la nouveauté , parce qu'on ne doit rien ajoûter à l'antiquité. Ce n'est pas que l'Eglise , qui ne fait point de nouveaux articles de foi , ne puisse déclarer après plusieurs siécles , instruite par le Saint Esprit , qui lui enseigne successivement toute verité , que certaines choses qu'on n'avoit pas assez examinées pour sçavoir si elles sont de la foi , y apartiennent effectivement ; comme elle a fait en plusieurs rencontres , en nous obligeant à croire distinctement ce qu'on ne sçavoit pas encore qui fût de la foi. Mais c'est qu'on doit tellement s'attacher à ce qu'on a crû dans l'antiquité , en matière de dogme , & sur-tout dans les quatre ou cinq premiers siécles , où , selon les Protestans mêmes ,

Sentimens des Anciens sur ce sujet.

Il n'y avoit encore nulle corruption dans la doctrine, que les nouveaux Docteurs n'y ajoûtent aucune chose de leur invention, & n'établissent rien de nouveau qui lui soit contraire. *Le même.*

S'il se trouve dans la Doctrine chrétienne une succession non interrompuë, cela fait voir que la doctrine des Catholiques d'aujourd'hui est absolument la même, que celle que les Apôtres reçûrent de la bouche de Jesus-Christ même; il n'en faut pas douter, & rien n'est plus facile que de vous faire voir, que cette succession non interrompuë, dont l'Eglise Romaine se fait honneur, se trouve particulierement dans la doctrine; & que c'est principalement par là, que cette Eglise & cette doctrine s'apellent Apostoliques; en voici la preuve. Une doctrine sortie de la bouche de Jesus-Christ, comme de sa source, & qui depuis Jesus-Christ jusqu'à nous, a passé par un canal immanquable. Cette doctrine, dis-je, nous est venuë par une succession non interrompuë, & doit être la même, que celle que les Apôtres reçûrent de Jesus-Christ. Or, la doctrine qui s'enseigne aujourd'hui dans l'Eglise Catholique, a passé depuis Jesus-Christ jusqu'à nous par un canal immanquable; sçavoir, par la Tradition universelle: Elle nous est donc venuë par une succession non interrompuë, & elle doit être la même que celle que les Apôtres reçûrent de Jesus-Christ. *Auteur moderne.*

Pour prouver que la Tradition universelle est un canal immanquable, je n'ai besoin que de quelques remarques dont vous conviendrez facilement. La premiere est, que Jesus-Christ n'a confié sa doctrine à ses Apôtres, que pour la transmettre à leurs Successeurs de generation en generation, & pour la répandre par toute la terre. Allez, leur dit-il, enseignez toutes les Nations: prêchez ces veritez jusques sur les toits. La seconde est, qu'effectivement les Apôtres se disperserent tellement sur la terre, qu'en moins d'un siécle cette doctrine se trouva répanduë presque par tout; chez les Nations les plus distantes les unes des autres, & cela avec une parfaite conformité. La troisiéme, que ç'a été une regle inviolablement observée dès le commencement par les Apôtres mêmes, de ne rien admettre, comme de foi, & de ne rien transmettre comme doctrine de Jesus-Christ, que ce qu'on a reçû immédiatement de ses prédecesseurs, ou de Jesus-Christ même. Aussi saint Augustin, après avoir prouvé le peché originel, par les Peres qui l'avoient precedé, ajoûte: ils n'ont enseigné que ce qu'ils ont apris: ils n'ont transmis à leurs enfans, que ce qu'ils avoient reçû de leurs Peres: *Quod didicerunt docuerunt; quod à patribus acceperunt, filiis tradiderunt.* La quatriéme, que quoique les siécles soient fort differens les uns des autres, les hommes qui vivent dans ces siécles ne sont pas ainsi séparez. Une grande partie de ceux d'un siécle, vit avec une très grande partie des hommes du siécle precedent, & de ceux du siécle suivant; & ainsi rien n'est plus aisé aux fidéles d'un siécle, que de transmettre aux hommes du siécle suivant ce qu'ils ont reçû & apris des hommes du siécle precedent: & cette successive communication se faisant d'une maniere uniforme dans toutes les parties du monde Chrétien, est ce qui s'apelle *Tradition nouvelle.* Il n'en faut pas davantage, M. pour faire voir la sûreté de ce canal. Car si les hommes du second siécle n'ont pû ignorer, ce que les Pasteurs du premier siécle depuis Jesus-Christ, leur avoient enseigné comme doctrine chrétienne; & si, en

La doctrine de l'Eglise Catholique est venuë de Jesus-Christ, par une succession non interrompuë.

La tradition universelle est un canal immanquable.

confequence de la regle que nous venons de marquer, ils n'ont pû tranf-
mettre aux hommes du troifiéme, que ce qu'ils avoient reçû des Pafteurs
du premier ; il eft vifible que la doctrine de Jefus-Chrift fera arrivée pure &
entiere jufqu'au troifiéme fiécle. Que fi cela eft ainfi, n'a-t-elle pas dû paffer
avec la même facilité, la même integrité, & par le même moyen,
du troifiéme au quatriéme, du quatriéme au cinquiéme, & ainfi des
fiécles fuivans, jufqu'aux plus reculez ; c'eft par tout la même raifon. *Le*
même.

La doctrine
de J Chrift fe
trouve auffi
pure dans les
derniers fié-
cles, que dans
les premiers.
Nous trouvons la doctrine de Jefus-Chrift toute auffi pure & auffi entiere
aux dix-feptiéme fiécle, qu'au premier. La multitude des fiécles à cet égard,
ne doit faire nul obftacle à cette infaillible fucceffion de doctrine ; parce que
le même mélange des hommes d'un fiécle avec ceux du precedent & du fuivant, fe trouve dans les derniers fiécles, comme dans les premiers, & qu'ils
ont toûjours le même principe de communication, *de ne tranfmettre que ce*
qu'ils ont reçû. Or, comme la doctrine chrétienne confifte non-feulement
en fpéculation ; mais auffi en pratiques ou en créances, qui ont raport à la
pratique ; ainfi rien n'eft plus propre que ces pratiques & ces exercices religieux à conferver la doctrine Chrétienne, & à la preferver & de l'oubli, &
de l'alteration. Tant qu'on celebrera les fêtes de Noël, & de Pâques, on
n'oubliera point que Jefus-Chrift eft né pour nôtre falut, qu'il a fouffert,
qu'il eft mort, qu'il eft reffufcité. Tant qu'on baptifera au nom du Pere &
du Fils, & du Saint-Efprit, la foi de la Trinité des perfonnes dans une feule effence divine, ne fe perdra point, & l'on n'oubliera pas que nous naiffons tous avec le peché originel. Tant qu'on celebrera le facrifice de la Meffe, & que l'on communiquera à la fainte Victime en l'adorant, on n'oubliera point que le Corps de Jefus-Chrift eft réellement fous les efpeces du pain
& du vin. Les Oraifons de l'Eglife font autant de preuves de la neceffité de la
grace, &c. *Auteur moderne.*

Détruire la
Tradition ,
c'eft aneantir
toute la Re-
ligion.
La Tradition eft fi neceffaire dans la Religion, que de la détruire, c'eft
détruire le fondement de l'Eglife Catholique. Or, quand Meffieurs les Pré-
tendus Reformez voyent qu'on parle dans l'ancienne Eglife des Temples
batis en l'honneur, & fur les tombeaux des Martyrs, de pompe, de folemnité, & de chant Ecclefiaftique dans l'enterrement des morts, de facrifices
offerts à Dieu pour eux, comme les Evêques affiegez dans Hippone, en of-
frirent pour faint Auguftin ; d'ordination de Prêtres, & de confecration d'E-
vêques gouvernans les Eglifes & les Diocefes, & de mille autres femblables
ceremonies facrées, qui fe prefentent par tout d'elles-mêmes ; quand', dif-
je, ils y verront ces chofes, peut-être que pour peu qu'ils y faffent de reflexion, & qu'ils ayent de lumiere, ils ne pourront s'empêcher de fe demander à eux-mêmes ; s'il n'eft pas vrai qu'on les trompe, en aboliffant, fous
pretexte de nouveauté, ce qui fe faifoit dans ces premiers fiécles, pour lefquels ils proteftent qu'ils ont beaucoup de veneration, & que leurs premiers
Miniftres leur ont propofez comme les modéles de leur réforme. *Auteur mo-*
derne.

La doctrine
chrétienne
n'a pu s'alte-
La doctrine Chrétienne n'a pû s'alterer effentiellement par le canal de la
Tradition univerfelle, s'il n'a jamais pû arriver qu'une erreur effentielle fe
tranfmît par ce canal, & fe trouvât univerfellement reçûë dans toutes les

parties du monde Chrétien ; or, je maintiens que cela n'a jamais pû arriver. *rer essentiel-* Car pour que cela arrivât, il faudroit deux chofes également impoffibles. *lement par le* 1°. L'une, que tous les fidéles repandus dans les diverfes parties de la terre, *canal de la Tradition.* puffent, malgré l'extrême diftance des lieux, & le défaut de communica-tion mutuelle, fe rencontrer tous en même-tems à donner dans la même er-reur, & à admettre comme doctrine Chrétienne, ce qu'ils n'auroient point reçû comme tel, de leurs ancêtres. 2°. Il faudroit de plus, que ce qu'il y a de Pafteurs Catholiques & de Peres de famille fur la terre, puffent malgré la diftance des lieux, & le défaut de communication mutuelle, s'être ren-contrez à enfeigner à leurs enfans une doctrine comme de foi, qui ne leur auroit point été tranfmife à ce titre. Or, l'un & l'autre eft vifiblement im-poffible. On ne conçoit point que fans un délire, & un renverfement de tête univerfel, des efprits de tout tems prevenus du principe effentiel de ne tranf-mettre comme de foi, que ce qu'ils ont reçû comme tel ; ayent pû, fans en être convenus, prendre en même-tems la réfolution d'abandonner ce prin-cipe, d'enfeigner une doctrine nouvelle, & qui plus eft, de donner tous dans la même erreur. *Le même.*

L'on peut établir pour principe, que quand on voit un fentiment reçû *Le fentiment* d'une maniere uniforme, par un fi grand nombre de focietez chrétiennes de *neanime d'û* diverfes nations, fort diftantes les unes des autres ; ce fentiment n'eft point *grand nom-* une erreur, mais une Tradition. C'eft ce que Tertullien a établi, il y a dé- *fonnes n'eft* ja plufieurs fiécles : *Quelle apparence,* dit-il, *que tant de diverfes focietez* *point une er-* *Chrétiennes ayent ainfi donné dans la même erreur: ou que la foi, dans la* *reur, mais* *quelle elles conviennent, foit une erreur ? Non, ce qui fe trouve le même chez* *une Tradi-* *tant de Nations, n'eft point une erreur, c'eft une tradition.* Quelques erreurs *tion.* d'inadvertance, peuvent à la verité fe trouver en quelques particuliers ; mais *Livre des* que toutes les focietez chrétiennes, repanduës par toute la terre, ayent pû *prefcriptions,* tomber par inadvertance, dans la même erreur ; c'eft un évenement aufli im- *ch. 28.* poffible, que celui de les y voir tomber par extravagance. D'ailleurs, une inadvertance aufli univerfelle, en des chofes aufli importantes, & qui ne re-gardent rien moins que le falut éternel, vous paroît-elle bien poffible ? Croyez-vous que tant de millions d'hommes qui forment ces focietez, ayent pû tous en même-tems, manquer d'attention à l'égard des veritez effentiel-les, la plûpart defquelles étoient de pratique, ou du moins jointes à l'action, & à un exercice journalier ? Et qu'enfin tout un fiécle puiffe tout d'un coup ignorer ou oublier ce qui a été crû & pratiqué dans le fiécle precedent, quoi-que la plûpart des hommes de ces deux fiécles ayent fi long-tems vêcu les uns avec les autres. *Auteur moderne.*

J'avoüe qu'un ou deux habiles gens, dans un Royaume, peuvent tenter de re- *Il eft aifé de* pandre une erreur, & de faire paffer pour une ancienne Tradition, une doc- *convaincre* trine nouvelle, je reconnois même que cela eft quelquefois arrivé : mais *d'erreurs* ces Novateurs ne foulevent ils pas incontinent tous les habiles gens con- *ceux qui veu-* tre eux ? Et n'eft-il pas aifé de les convaincre d'erreur ? Car quelque fub- *lent établir* tilité, & quelque force de raifonnement qu'ils ayent ; je foûtiens qu'il eft *une nouvelle* aifé, je dis même au commun des fidéles, non-feulement de fe garantir de *doctrine.* leurs attaques ; mais même de les repouffer. Il n'eft point neceffaire pour ce-la, d'entrer en raifonnement & en conteftation avec eux. On n'a qu'à leur dire en deux mots, qu'on n'a point reçû de ses ancêtres la doctrine qu'ils proposent ; & qu'ainsi ce n'est point la doctrine de Jesus-Christ. On n'a qu'à leur soûtenir, que cette doctrine n'est pas reçûë de toutes les societez chrétiennes ; que le gros des fidéles, que le plus grand nombre est d'un autre sentiment ; que cette doctrine enfin n'est ni de tous les tems, ni de tous les lieux, ni de tous les fidéles : car ce sont là les caracteres essentiels de la doctrine Apostolique : *Quod semper, quod ubique, quod ab omnibus.* D'où il faut conclure qu'il est également impossible qu'un ou plusieurs habiles gens répandent par tout une erreur, & que tous les particuliers conviennent à la recevoir & à la transmettre à leurs descendans. Un tel dessein ne pourroit tomber dans l'esprit des hommes, sans faire violence à leurs plus naturels penchans, & sans les convaincre intérieurement de perfidie & de parricide. *Le même.*

La difference qu'il y a entre la Tradition apostolique, & les Traditions humaines.

C'est ne guere connoître la Tradition Apostolique, que de faire aller de pair avec elle les Traditions humaines. Quelle difference de celles-ci, à celle-là ? Comment ne voit-on pas qu'il n'y a jamais eu de Traditions humaines aussi universellement repanduës, que la Tradition de la doctrine Chrétienne : puisque celle-ci a été portée dès le premier siécle dans presque toutes les parties du monde par des hommes envoyez exprès, & uniquement destinez à cette fonction : ce qui contribuë beaucoup à son indefectibilité. Comment ne s'aperçoit-on pas que la Tradition chrétienne est particulierement fondée sur le soin & le ministere des Pasteurs, répandus par toutes les societez chrétiennes, dont la principale destination & fonction est d'enseigner la doctrine Chrétienne à tous les particuliers, depuis l'enfance jusqu'à l'extrême vieillesse ; au lieu que les Traditions humaines n'ont rien de semblable ? Ne voit-on pas encore que la Tradition de la doctrine Chrétienne, se fortifie & s'affermit par la plûpart des pratiques & des exercices de la Religion, par les Sacremens, le sacrifice, & la plûpart des ceremonies, dont l'effet naturel est de rapeller le souvenir de la plûpart de nos Mysteres, dans l'esprit de ceux qui les exercent, & de ceux qui les voyent exercer. Enfin, comment une Tradition de veritez qui sont de la derniere importance pour toute la nature humaine, ne vous paroît-elle pas infiniment plus précieuse, plus certaine, plus immanquable, que celle des faits fort indifferens, & peu interessans ? Après cela, quoique tous ces titres nous la rendent si infaillible ; nous n'en excluons pas néanmoins encore une providence particuliere de Dieu, pour son indefectibilité. Elle est une suite des promesses de Jesus-Christ pour la durée de son Eglise, jusqu'à la consommation des siécles. S'il étoit de sa sagesse de faire servir à cette fin les moyens naturels les plus proportionnez, il ne l'étoit pas neanmoins de les soûtenir toûjours par une providence particuliere. *Auteur moderne.*

L'infaillibilité de l'Eglise fondée sur l'infaillibilité de la Tradition.

Il ne faut pas douter que non-seulement l'indéfectibilité de l'Eglise, mais aussi l'infaillibilité de ses décisions en matiere de foi, doit être attribuée à l'infaillibilité du canal de la Tradition universelle. C'est à ce point fixe, que doit se raporter la certitude de tout ce que nous croyons. C'est là l'unique moyen proportionné à la portée de tous les esprits, de connoître les veritez revelées ; & c'est ce qui n'est sujet à aucun embarras. Je conviens qu'on peut prouver l'infaillibilité de l'Eglise, par la revelation que Dieu nous en a

faite,

faite ; & qui eſt exprimée dans l'Ecriture. Et ſi vous me demandez, comment je ſçai que l'Ecriture eſt la parole de Dieu, je vous repondrai que je le ſçai ſur le témoignage infaillible de l'Egliſe ; mais ſi vous perſiſtez à me demander d'où je ſçai que le témoignage de l'Egliſe eſt infaillible ; il faudra revenir encore une fois à l'Ecriture, ou à la parole de Dieu écrite. Vous voila donc enfermé dans un cercle qui rentre perpetuellement en lui-même, & d'où vous ne pouvez jamais ſortir. Le moyen facile de l'éviter eſt de reconnoître l'infaillibilité de la Tradition univerſelle, que nous venons de démontrer ſi clairement ; car dans cette infaillibilité nous trouvons celle de l'Egliſe, & par elle nous la prouvons invinciblement ; puiſque c'eſt ſur le conſentement univerſel des ſocietez particulieres que ſes déciſions ſont ſûrement faites. Ce n'eſt même que par l'infaillibilité de la Tradition univerſelle, que nous aprenons que l'Ecriture eſt la parole de Dieu, & que nous pouvons connoître avec certitude, quel eſt ſon vrai ſens, dans les endroits obſcurs ou controverſez. *Auteur moderne.*

Je ſuis perſuadé que la Tradition univerſelle & ſucceſſive depuis Jeſus-Chriſt juſqu'à nos jours, eſt le canal immanquable de la doctrine chrétienne. Je ne doute pas que cette Tradition ne ſoit le moyen infaillible de diſcerner ſûrement ce qui eſt revelé, d'avec ce qui ne l'eſt pas ; que ce canal ne ſoit la vraye regle des déciſions de l'Egliſe ; que par là, la doctrine de Jeſus-Chriſt n'ait dû venir juſqu'à nous dans toute ſa pureté & ſon integrité ; que l'Egliſe Catholique, qui ſeule conſerve cette Tradition, ne ſoit de toutes les ſocietez chrétiennes l'unique, où ſe trouve la vraye Religion ; & qu'enfin il ne faille être de cette Egliſe, & tenir à ce canal pour tenir à Jeſus-Chriſt qui en eſt la ſource, & pour eſperer ſon ſalut. Sur ce pied-là, il eſt aiſé d'amener à la Religion les eſprits les plus éloignez, les plus rebelles, les plus athées. Je ne me vanterois pas de la leur faire embraſſer ; il faudroit pour cela guerir leur cœur ; & il n'y a que l'Eſprit de Dieu & que la grace de Jeſus-Chriſt, à qui un tel effet convienne. Mais s'ils avoient l'eſprit ſain, de la bonne foi, & aſſez de tranquillité pour écouter, je croirois pouvoir les convaincre, qu'ils ſont obligez d'embraſſer la Religion, & qu'il n'y a pour eux, de ſûreté & de repos, dans cette vie & dans la future, qu'en cette Religion. *Le même.*

L'Egliſe ne decide jamais rien dans les Conciles, que ſur l'Ecriture ſainte & ſur la Tradition, qui ſont les deux regles infaillibles de nôtre foi. Quand la conteſtation roule ſur l'intelligence de quelque paſſage de l'Ecriture, comme il arrive preſque toûjours ; car les heretiques ont toûjours abuſé de l'obſcurité de quelques paſſages de l'Ecriture pour leur propre perdition, & celle des autres, ſelon les paroles de ſaint Pierre ; l'Egliſe explique ces paſſages par la Tradition, qui ayant precedé ces diſputes, & remontant juſqu'aux tems Apoſtoliques, eſt l'unique moyen de découvrir le veritable ſens, que l'Egliſe a toûjours reçû. On ne regarde comme de Tradition divine ou apoſtolique, que ce qui eſt, & a toûjours été enſeigné ou pratiqué par toute l'Egliſe. Il y a divers moyens de connoître ſenſiblement, ſi toutes les Egliſes conviennent dans une même pratique ou dans un même dogme. L'un eſt d'aſſembler tous les Evêques du monde qui ſont les dépoſitaires de la parole de Dieu, afin que chacun d'eux dépoſe de la Tradition de ſon Egliſe ; c'eſt

La tradition univerſelle eſt le canal immanquable de la doctrine chrétienne.

L'Egliſe ſe ſert de l'Ecriture ſainte, & de la Tradition dans toutes ſes conteſtations

ce qu'on fait dans les Conciles generaux. Mais parce que ces grandes assemblées ne font pas faciles à former ; il y a une voye plus courte & plus ordinaire pour s'affurer de la Tradition de l'Eglife. Le Pape décide, & les Eglifes particulieres reçoivent la décifion. Quelquefois les Évêques prononcent fur les points conteftez, feuls ou dans les Conciles Provinciaux ou Nationaux. Leurs décifions font portées à Rome, & dans les autres Eglifes les plus éloignées. Le Pape les confirme : chaque Eglife les reçoit, & y reconnoît la doctrine dont elle a toûjours fait profeffion. Le confentement de toutes les Eglifes du monde dans un point décidé par un Concile particulier, eft une preuve certaine de la Tradition, & fait le même effet dans le fond qu'un Concile general. *Tiré d'un Theologien.*

Les Saints Peres font témoins de la Tradition.

On doit regarder les Saints Peres comme les témoins de la Tradition de l'Eglife, chacun dans fon fiécle. S'ils font feuls de leur avis, leur autorité n'eft pas confiderable, comme quand ils font d'accord avec tous les autres. L'Eglife ne décide rien pour l'ordinaire fur les articles, où les les fentimens des Peres font partagez ; parce qu'alors la Tradition n'étant ni certaine ni uniforme, on ne la regarde point comme une Tradition divine ou Apoftolique. C'eft ce qui donne lieu à la difference des opinions entre les Theologiens Catholiques, fur quantité de matieres qui ne font pas effentielles. Il eft libre d'embraffer alors le fentiment qu'on croit être le plus veritable. Mais il faut obferver deux précautions ; l'une de fe foumettre de bonne foi à l'autorité de l'Eglife, fi elle venoit à décider le contraire de ce que nous croyons. L'autre, de conferver la paix & la charité avec les perfonnes, qui, fur ces matieres ont un autre fentiment que le nôtre. Car rien ne doit être plus précieux à un Chrétien que la charité. Unité dans les chofes neceffaires ; liberté dans les chofes douteufes ; charité dans les unes & dans les autres. *Le même.*

De l'autorité de la Tradition pour les chofes de la foi.

Tout ce que Dieu veut que nous croyons, n'eft pas écrit dans les livres Canoniques ; car nous fommes obligez à croire plufieurs chofes qui n'y font point : & nous ne pouvons fçavoir le vrai fens de celles qui y font écrites, que par le canal de la Tradition. La neceffité de la Tradition paroît par l'Ecriture fainte, par tous les Peres de l'Eglife, & par l'ufage même de ceux qui rejettent fon autorité. 1°. *Par l'Ecriture fainte.* Saint Paul dit aux Theffaloniciens, de demeurer fermes, & de conferver les Traditions qu'ils ont aprifes, foit par fes paroles, foit par fes lettres. Le même en plufieurs autres endroits, renvoye les fidéles à la Tradition, & fait comprendre qu'il n'explique pas tout par écrit. 2°. *Par tous les Peres de l'Eglife.* Saint Ignace, difciple de faint Pierre, faint Irenée qui vivoit au fecond fiécle, faint Clement d'Alexandrie, Tertullien, Eufebe, faint Bafile, S. Gregoire de Nyffe, faint Epiphane, faint Jerôme, faint Auguftin, Vincent de Lerins ; fans parler des autres Peres des cinq premiers fiécles, & de ceux qui ont vécu depuis. Ils n'ont tous fur cela qu'un même langage. Il n'y en a pas un feul qui ne reconnoiffe la neceffité de la Tradition. 3°. *Par l'ufage même de ceux qui rejettent la Tradition.* Les Proteftans croyent en effet, & pratiquent eux mêmes plufieurs chofes, qu'on ne fçait que par le canal de la Tradition. Ils croyent que le Baptême donné aux Enfans, ou donné par infufion, & même par les heretiques, eft bon & valide. Nous le croyons comme eux. Mais ils ne fçau-

foient non plus que nous autorifer cette créance que par le canal de la Tradition. Ils obfervent le Dimanche au lieu du Samedy ; ils celebrent plufieurs
fêtes , & dans l'Eglife Anglicane, le nombre de ces fêtes eft affez confiderable : Ce n'eft que par la Tradition , que nous fçavons que ces ufages
doivent être obfervez , comme dit faint Auguftin. *Tiré d'un Theologien.*

Il y a auffi plufieurs chofes que les Proteftans n'obfervent pas , quoiqu'elles foient prefcrites dans l'Ecriture fainte ; & ce n'eft que par le canal
de la Tradition & par l'ufage de toute l'Eglife,que nous fçavons qu'il n'eft pas
neceffaire de les obferver. Ils n'obfervent pas le lavement des pieds , quoique Jefus-Chrift le prefcrive en termes formels ; & qu'il fembleroit , à prendre les paroles du Sauveur à la lettre , qu'il établit par cette ceremonie un
vrai Sacrement. Car il dit à faint Pierre : *Si je ne vous lave pas les pieds , vous
n'aurez point de part avec moi dans le Ciel ; & enfuite , vous devez vous laver
les pieds les uns aux autres , comme je viens de faire.* Ce n'eft que par le canal de la Tradition , que nous fçavons , fans héfiter , que ces paroles ne doivent pas être prifes à la lettre , & qu'elles ne contiennent pas l'inftitution
d'un Sacrement. Les Proteftans font donc obligez malgré eux , & contre leurs
propres principes , de recourir en plufieurs chofes , auffi-bien que nous , à
l'autorité de la Tradition. Nous pourrions raporter ici plufieurs autres
exemples femblables ; mais ceux-ci doivent être plus que fuffifans. *Le
même.*

Je conviens que dans l'Ecriture fainte , il n'eft point fait mention de l'invocation des Saints , de la veneration de leurs images , du Carême , de la
priere pour les morts dans la celebration de la Meffe , & de plufieurs autres
chofes qui font en ufage dans l'Eglife Catholique ; mais comme cette Eglife
vous affure qu'elle a reçû ces pratiques par une Tradition publique, generale & perpetuelle , en remontant jufqu'aux Apôtres , vous devez croire
qu'en effet elles font venuës d'eux ; puifque le témoignage de cette Eglife
eft infaillible : ainfi vous devez recevoir ces pratiques , comme fi les Apôtres
en avoient fait mention dans les livres faints qu'ils ont laiffez ; parce qu'il
eft clair , que ce qu'ils ont enfeigné de vive voix , n'eft pas moins refpecta-
ble , que ce qu'ils ont enfeigné par écrit. A l'égard de l'obfervation des fêtes , du jeûne des Quatre-temps , de l'abftinence de viande , des Proceffions,
& de plufieurs autres pratiques établies depuis les Apôtres. Je repons que
l'Eglife Catholique les a confervées jufqu'aujourd'hui ; parce qu'elles fervent
à faire fouvenir les fidéles des Myfteres de la Religion chrétienne ; à leur en
infpirer un profond refpect ; à exciter en eux des fentimens de foi , d'efperance , de charité , d'humilité , de penitence , & des autres vertus recommandées par la même Religion. En effet , pourvû que vous vouliez entrer dans
l'efprit de toutes ces pratiques , vous verrez que ce font autant d'inftructions
& d'exhortations chrétiennes , que l'Eglife Catholique fait par ces fignes
fenfibles à fes enfans ; ou pour mieux dire , ce font autant de moyens , dont
elle fe fert pour les porter à faire tout ce que la Religion Chrétienne leur
prefcrit. Ainfi la raifon vous oblige d'aprouver ces pratiques , quoiqu'elles
n'ayent pas été inftituées par les Apôtres ; puifqu'elles ne tendent qu'à faire
obferver la Religion qu'ils ont préchée. Enfin , il n'eft point neceffaire de

M ij

parler de tous les articles particuliers qu'enseigne l'Eglise Catholique; il suffit que je vous aye prouvé, que le témoignage de cette Eglise est infaillible : car il s'ensuit que la Religion qu'elle enseigne est veritablement, comme elle vous l'atteste, la Religion que Jesus-Christ & les Apôtres ont prêchée, & que par conséquent elle n'enseigne rien qui soit contraire à l'Ecriture sainte. La raison ne vous permet plus d'en douter. *Tiré du livre intitulé : Défense de la Religion.*

En matiere des dogmes de foi, le parti le plus assûré, est de soûmettre sa raison à l'autorité souveraine.

Il n'y a point de voye plus difficile, plus dangereuse, & moins proportionnée à toutes sortes d'esprits, que celle de l'examen particulier de tous les dogmes de la Religion Catholique ; car l'exclusion de cette voye nous conduit d'elle-même à celle de l'autorité ; puisque tout homme qui est obligé de sçavoir la verité de quelque chose, & qui ne la peut apprendre de lui-même, la doit necessairement apprendre d'autrui. Et dans cette necessité, il est encore clair, que le meilleur usage que l'on puisse faire de sa raison, est de la soûmettre à la plus grande autorité qui soit au monde, & qui a le plus de marques d'être assistée de la lumiere de Dieu. Il n'y a rien que de sage, de prudent, de raisonnable dans cette conduite. Elle est proportionnée, & à la foiblesse de l'esprit de l'homme, parce qu'elle l'exempte de cet examen infini de tous les dogmes, dont les simples sont très-certainement incapables; & à la raison de l'homme, parce qu'elle ne l'engage à se soûmettre, qu'à l'autorité la plus croyable, & qui a le plus de marques de verité, & de lumiere. L'esprit voyant donc très-clairement qu'il ne sçauroit faire un meilleur usage de sa raison, il s'attache uniquement à chercher quelle est la plus éminente autorité, qui soit au monde, & il la découvre sans peine dans l'Eglise Catholique ; parce que s'il y a des Sectes qui lui disputent la verité des dogmes, il n'y en a point qui lui puissent contester avec quelque vrai-semblance, cette éminence d'autorité, qui naît des marques extérieures. Cette Eglise toute entiere regle sa foi par l'Ecriture & par la Tradition, qu'elle a soin de consulter, quand il s'éleve des nouveautez ; & les simples qui sont incapables de faire cet examen, par eux-mêmes, le font ainsi bien plus sûrement, en se reposant sur celui que fait l'Eglise par le Corps de ses Pasteurs. *Auteur moderne.*

L'autorité de la Tradition est necessaire pour prouver les veritez Catholiques.

L'autorité de la Tradition est tellement necessaire pour nous convaincre de plusieurs veritez Catholiques, que ceux mêmes qui font profession de rejetter cette voye, n'ont jamais pû parvenir à s'en passer. En effet, ils y rentrent malgré qu'ils en ayent ; elle est autorisée par leur propre pratique, aussi-bien que par la pratique de tous les siécles de l'Eglise : pratique aussi conforme aux sacrez Oracles, & aux ordres exprès du Saint-Esprit, qu'à la nature même du Christianisme. Ainsi on demeurera convaincu, que cette voye d'autorité, non-seulement est legitime dans la Religion de Jesus-Christ; mais que c'est la veritable & la seule voye dans une Religion revelée ; que l'autorité de l'Eglise est un guide qui ne sçauroit nous perdre, ni nous égarer; qu'on a raison de le nommer infaillible ; ce qui ne peut pas se trouver dans les societez séparées. *Le même.*

La Tradition est la voye la plus sûre en matiere de Religion.

Quoique dans le fond il n'y ait point d'autre voye sûre en matiere de Religion, que la voye d'autorité qui est la même chose que la Tradition, & qu'il y faille toûjours revenir necessairement ; cependant cette voye est tout-à fait injuste de la part des Ministres Protestans, qui n'ont point d'autre regle de leur foi, & n'en proposent point d'autre à leurs peuples abusez, que l'examen particulier des dogmes, fait uniquement sur la parole de Dieu dans l'Ecriture, independamment de toute autorité Ecclesiastique ; de sorte qu'il est visiblement injuste de la part des Ministres de pretendre assujettir tout le monde à leurs décisions, & à celles de leurs pretendus Synodes, sur-tout après qu'ils ont refusé eux-mêmes de se soûmettre aux Pasteurs, & aux Conciles de l'Eglise Catholique. *Monsieur Papin, Ministre Protestant converti.*

Les Protestans pretendent qu'il n'y a aucune autorité à laquelle on doi- ve déferer, en matiere de Religion ; mais si cela étoit, chacun auroit droit de se déterminer, par son propre examen, & prendre sur chaque article, le parti qui lui paroît le plus autorisé dans la sainte Ecriture. Tous ceux qu'on traite d'heretiques prennent aussi l'Ecriture pour regle. Ils protestent qu'après l'a- voir examinée de bonne foi, ils croyent qu'elle n'enseigne pas les dogmes qu'ils rejettent. Puis donc qu'ils suivent ce principe general, quel droit les Calvinistes peuvent-ils avoir de les anathematiser, & de les persécuter ? Le Catholique a une regle, qui est le témoignage de l'Eglise & de la Tradition; il suit sa regle, il raisonne conséquemment quand il condamne ceux qui ne veulent pas la suivre. Les Protestans au contraire n'ont point d'autre re- gle, que celle de n'en avoir point, & d'abandonner chacun à sa propre raison. Ils quittent donc leurs principes, du moment qu'ils condamnent quelqu'un. Ils ne peuvent raisonner conséquemment, qu'en donnant à tout le monde une liberté entiere. *Le même.*

(marge : Consequences de la toleran- ce des Prote- stans qui em- brassent tout, & heretique & infidele.)

Quoique les Protestans ne croyent pas que l'Eglise Catholique soit in- faillible, ils doivent penser que ce sont des hommes qui la composent, & qu'ils leur doivent la même justice qu'à des peuples inconnus, qui leur viendroient raporter les coutumes de leur païs. Ils ne sçauroient refuser d'ajoûter autant de foi à son témoignage qu'ils en ajoûteroient à celui des Nations les plus barbares. Ils ne pourroient donc nier que la doctrine ne soit venuë de Jesus-Christ, & de ses Apôtres, lorsqu'elle les assurera par son témoignage unanime, que c'est un fait public, dont la connoissance lui a toûjours été conservée ; par la déposition constante de tous les siécles, de- puis celui qui a vû & entendu les Apôtres mêmes, & par là ils deviendront Catholiques. Car ils sçavent déja que Jesus-Christ & les Apôtres, n'ont rien enseigné que de vrai, de sorte que tout se reduit à sçavoir, si les Apô- tres ont enseigné telle & telle doctrine. Et c'est un fait surquoi le bon sens ne permettroit pas de contester, contre un témoignage aussi grand & aussi unanime, que celui de l'Eglise Catholique, quand même on ne la regarde- roit, que comme un composé de Nations barbares, & inconnuës. *Le même.*

(marge : Il est certain que la doctri- ne de l'Eglise Catholique est venuë de Jesus-Christ & de ses Apô- tres.)

L'Eglise n'a jamais pû changer la foi de ses Peres, ni par ignorance, ni par imposture ; Elle n'a jamais pû, ni ignorer ce que ses Predecesseurs lui enseignoient, ni cacher à ses Enfans ce qu'elle aprenoit de ses Peres. Il ne reste donc qu'une seule voye, par laquelle il auroit fallu que le changement fût arrivé. C'est qu'elle eût dit hautement : Quoique mes Peres m'enseignent ainsi, & ainsi, je veux enseigner autrement, & changer le dépôt qu'ils me

(marge : L'Eglise n'a jamais pû al- terer la doc- trine qu'elle a reçûe des A- pôtres.)

M. iij.

commettent ; mais c'eſt ce qu'elle n'a jamais fait , & de quoi les Proteſtans ne l'accuſent même pas. Ils ſçavent trop , qu'elle a toûjours pris pour heretiques ceux qui ont tenu ce langage. Ainſi l'Egliſe ayant toûjours fait l'office de témoin , & de dépoſitaire fidéle , le bon ſens ne permet pas de ſoupçonner que ſa foi ait jamais varié. *Mr. Papin , Miniſtre Proteſtant converti.*

On ne peut diſputer avec raiſon contre le témoignage de l'Egliſe. L'Egliſe , depuis les Apôtres juſqu'à nous , n'étoit qu'un ſeul corps, & qu'un même témoin ; il n'y avoit pas plus de difference entre l'Egliſe du premier ſiécle , & l'Egliſe du dix-ſeptiéme ſiécle , qu'il y en a entre un homme à l'âge de trente ans , & ce même homme à l'âge de quarante ans ; dans ces deux ſiécles differens , ſon témoignage étoit auſſi également digne de foi , que le ſeroit le témoignage d'un témoin irréprochable , qui à trente ans raconteroit ce qu'il viendroit de voir , & à quarante ans , ce qu'il auroit vû , dix ans auparavant. Et qu'ainſi diſputer contre le témoignage de l'Egliſe d'aujourd'hui , comme font les Proteſtans , c'eſt diſputer contre des faits ; tout de même que les heretiques des premiers ſiécles , qui ſoûtenoient que ſaint Paul n'étoit pas Apôtre , & qu'il n'avoit pas reçû de Jeſus-Chriſt la doctrine qu'il prêchoit , diſputoient contre des faits. *M. Papin , Miniſtre Proteſtant converti.*

Ce n'eſt pas par la voye d'examen , que les hommes des premiers temps ont apris les veritez de la Religion. Dans les premiers âges du monde , depuis Adam juſqu'à Moïſe , comment les hommes aprenoient-ils les veritez qui compoſoient la Religion ? Il eſt clair que ce n'étoit pas par la voye d'examen ; il n'y avoit point encore d'Ecriture , où ils pûſſent aprendre l'origine du monde , ni la volonté de Dieu touchant le culte Religieux , les victimes , les tems , les lieux , & les Miniſtres qu'on devoit choiſir pour le ſacrifice , les devoirs des hommes , les uns envers les autres , &c. Les Peres aprenoient tout cela à leurs enfans : les enfans ſe ſoûmettoient au témoignage de leurs Peres. Et c'eſt là , ce qui s'apelle la voye d'autorité , & la ſoûmiſſion au témoignage de l'Egliſe. Après que Moïſe eut écrit ſes cinq Livres , il eſt clair que le témoignage & l'autorité de l'Egliſe ne fût pas moins neceſſaire : 1°. Pour être aſſuré que Moïſe n'avoit rien écrit que de vrai , qu'il n'avoit pas inventé l'hiſtoire de la création & du déluge , & qu'il n'en laiſſoit à la poſterité , que ce que tous les Peres en avoient apris à toute la generation de ſon tems. 2°. Afin que tout le peuple comprît bien ſes loix ceremoniales , que tout le monde les prît dans un même ſens , & que la pratique en fût uniforme. 3°. Pour donner le vrai ſens des Oracles , touchant le Meſſie , que l'on auroit pû détourner ailleurs, en ſuivant la methode , par laquelle les Proteſtans expliquent le nouveau Teſtament , comme il leur plaît. 4°. Enfin , pour connoître d'autres veritez de la derniere importance , que Moïſe ſemble ne pas toucher , comme le jugement dernier , &c. Il eſt évident que les fidéles de l'ancien Teſtament, ne pouvoient être parfaitement inſtruits de toutes ces choſes , que par le témoignage de l'Egliſe d'Iſraël. *Monſieur Papin , Miniſtre Proteſtant converti.*

Les Apôtres ne nous ont pas laiſſé par écrit une expoſition exa- Les Apôtres écrivirent en diverſes occaſions ; mais jamais à deſſein de laiſſer par écrit , une expoſition exacte , & complete de toute la doctrine chrétienne. Ils firent ſeulement un abregé de l'hiſtoire de Jeſus-Chriſt , & de la naiſſance de l'Egliſe. Ils écrivirent auſſi à quelques particuliers , ou à quel-

es troupeaux ; mais uniquement pour les confoler, ou pour les exhorter, &c. de la do-
tout au plus pour redreffer leur efprit fur certains articles, dont ils n'a- ⸗trine chré-
ient pas encore de juftes idées, & fur quoi il fe trouvoit déja des herefies. tienne.
ils ne leur parloient point de tous les autres articles, qui étoient pour-
nt en eux-mêmes, auffi confiderables que les queftions, qui faifoient le
⸗et de leurs Lettres. Pourquoi cela ? Parce qu'il s'agiffoit, non pas de
ur aprendre les elemens du Chriftianifme, qu'ils fçavoient déja ; mais feu-
ment de leur éclaircir quelques difficultez. De forte que ce qui nous refte
s ouvrages des Apôtres, eft fort éloigné de nous fournir ce que les Protef-
ns n'auroient jamais manqué de laiffer par écrit, s'ils avoient été en leur
⸗ace ; je veux dire, un catechifme ou une conf.ffion de foi. *M. Papin, Mi-*
ftre Proteftant converti.

Quand on demande aux heretiques, qui eft-ce qui les a créez juges en *Sur quel fon-*
⸗atiere de Religion, puifqu'ils ne fe vantent ni d'être infaillibles, ni d'être en- *dément les*
⸗oyez de Dieu extraordinairement comme les Prophetes ou les Apôtres;ils re- *Proteftans fe*
⸗ondent que leur autorité eft fondée fur la Loi, dont ils prennent le vrai fens, *matiere de*
fur *la verité dont ils font en poffeffion.* Ils foûtiennent qu'ils ont la verité de *Religion.*
⸗ur côté, & que la verité porte l'autorité avec elle ; qu'ainfi ils font revêtus
⸗'une autorité fouveraine en matiere de Religion, qu'ils ont avec eux un
⸗ge infaillible, à fçavoir le Saint Efprit, parlant dans l'Ecriture ; & que
⸗eft une calomnie que de dire qu'ils font fans Loi, & fans autorité, &
⸗u'ils ouvrent la porte au libertinage. Il n'en faut pas davantage pour faire
⸗onnoître que la voye d'autorité eft juftifiée par les Proteftans mêmes, &
⸗u'elle eft reconnuë chez eux pour être d'une neceffité abfoluë dans la
⸗eligion ; mais bien loin que cette autorité, dont la Réforme fait profef-
⸗on, puiffe faire balancer un moment entre l'Eglife Catholique, & les Pro-
⸗eftans ; il faut remarquer que c'eft un nouvel argument contre eux, que
⸗ur autorité ne fert qu'à les condamner, & qu'elle eft contradictoire &
⸗ans fondement. Ils ne peuvent pas la fonder fur le nom d'Eglife ; car ayant
⸗ne fois rejetté fon autorité, & foûtenu que chacun peut appeller du juge-
⸗ent de l'Eglife à fon propre jugement, ils ne peuvent pas y revenir, fans
⸗ondamner leur féparation. Il faut donc qu'ils cherchent un autre fondement
⸗'autorité ; mais ils n'en trouvent que d'imaginaires. Ils difent que leur auto-
⸗ité eft fondée fur les Loix divines qu'ils pretendent fuivre, & fur la veri-
⸗é qu'ils croyent avoir de leur côté ; c'eft-à-dire, qu'ils raifonnent ainfi :
⸗e *font ceux qui entendent le mieux la Loi, qui font revêtus de l'autorité du*
Legiflateur. Or, *c'eft nous qui entendons le mieux la Loi de Dieu ; donc c'eft*
nous qui fommes revêtus de l'autorité divine. C'eft ainfi que les Proteftans
⸗ondent la verité fur leur examen, & point du tout fur l'autorité. *Le*
même:

C'eft *la verité qui donne le droit & l'autorité legitime*, difent les Pro- *La verité ne*
⸗eftans ; mais cette propofition eft équivoque, & eft abfolument fauffe ; car *confere pas*
⸗i par *la verité* les Proteftans entendoient ici une *verité de fait, & de notorie-* *l'autorité,*
⸗é publique ; c'eft-à-dire, la verité de la miffion, par laquelle tous les hom- *c'eft la mif-*
⸗mes conviennent que l'autorité eft conferée, cette propofition feroit verita- *fion.*
⸗ble : *c'eft la verité qui donne le droit & l'autorité.* Mais comme ils entendent
⸗au contraire, une verité de fpéculation & de raifonnement, qu'ils ne con-

noissent que par examen , & sur laquelle chacun d'eux a son idée particuliere , cette proposition dans leur bouche se reduit à celle-ci : *C'est la verité
speculative , c'est même précisément ce que nous prenons pour cette verité , qui
donne le droit & l'autorité legitime.* Et en ce sens , cette proposition est d'u-
ne absurdité grossiere : Ni cette verité , ni cette pretention à la verité , ne
furent jamais le fondement d'aucune autorité , soit dans l'Etat , soit dans
l'Eglise. Celui-là ne passeroit-il point pour fol ; qui , *après avoir perdu son
procès, diroit cette sentence est nulle ; je ne reconnois point l'autorité de
ceux qui l'ont renduë , je suis le juge de cette affaire. Pourquoi ?* Parce que
c'est la verité & la justice qui donnent l'autorité ; & que par consequent , *c'est
moi qui suis revêtu de l'autorité souveraine en cette occasion.* Voila pourtant comme les Protestans raisonnent. Quand ils entendent que toute l'Eglise
les condamne par la bouche d'un Concile , ils disent : *Nous ne reconnoissons
point l'autorité de ce juge. C'est la loi, c'est la verité qui donnent l'autorité , &
c'est nous qui avons l'une & l'autre de nôtre côté. M. Papin , Ministre Protestant converti.*

Jesus-Christ a établi des juges dans son Eglise , pour interpreter l'Ecriture sainte. La loi , & la verité sont d'elles-mêmes sans action & sans pouvoir. L'E-
criture sainte & la doctrine Chrétienne toutes seules ne pourroient pas plus
empêcher les heresies & les blasphemes , que la loi civile toute seule pourroit empêcher le brigandage & le meurtre. Avec la loi , il faut des Magistrats
autorisez du Prince , pour être les vengeurs de la Loi. Avec l'Ecriture il faut
une Eglise revêtuë de l'autorité de Jesus-Christ , qui l'explique , & qui la
fasse observer. D'où vient que l'Avocat & le plaideur n'ont aucune autorité?
C'est qu'ils n'ont pas été établis dépositaires & défenseurs de la Loi. Par la
même raison , toute societé qui ne peut pas faire voir par des faits de notorieté publique , que Jesus-Christ l'ait établie depositaire de sa verité , & interprete de ses oracles , & qu'il lui ait dit : *Qui vous écoute , il m'écoute ,*
ne peut pas se vanter d'avoir quelque autorité dans le Royaume de Jesus-Christ.
Le même.

Sur l'usage de la langue Latine dans le service divin. Le Latin a été produit dans l'Eglise , lorsque c'étoit sa langue naturelle ,
qu'il étoit entendu de tout le monde , & employé dans toutes les actions pu-
bliques , comme la plus universelle & la plus connuë de toutes les langues de
la Monarchie Romaine. En cela déja l'Eglise a suivi le precepte de saint Paul.
L'Empire divisé , la division des langues y est venuë , il s'en est formé de nouvelles , l'usage de la langue universelle s'est perdu peu à peu. Mais comme il
étoit essentiel à l'Eglise , comme il y alloit de sa conservation & de son salut, de
ne pas se déchirer avec l'Empire, de demeurer toûjours ses membres unis par les liens spirituels de la parole & de l'intelligence , de ne se
laisser pas devenir *barbares les uns aux autres* ; car selon la pensée de S. Paul
même, s'il n'y a point de langue qui soit commune à tous les membres de l'E-
glise , & par laquelle ils puissent s'entre-entendre , ils seront *barbares les uns
aux autres.* Je serai barbare à celui qui me parlera , & celui qui me parlera, me
sera barbare ; enfin , comme il étoit important à l'Eglise de conserver toûjours
une marque sensible de son antiquité, & un monument incontestable de son origine & de sa naissance, je trouve presentement qu'elle ne pouvoit agir avec plus
de sagesse qu'en retenant toûjours sa langue *maternelle* , pour ainsi dire , dans
toutes les choses où elle l'a retenuë , & où le bon sens lui permettoit de la retenir. *Le même.*

Si

Suite du mê-
me ſujet.

Si l'Egliſe avoit quitté cette langue dans ſon ſervice ordinaire, & que cha-
un de ſes membres y eût ſubſtitué celle de ſa Nation; il eſt conſtant qu'ils ſe
roient détachez les uns des autres, & du centre de leur unité; & qu'en peu
ſiécles ils n'auroient pas été plus connus, ni plus unis les uns aux autres,
que le ſont entre elles les Egliſes de Moſcovie, de Grece, d'Armenie, & d'E-
ypte, qui ne s'entre-connoiſſent pas plus, que nous les connoiſſons, & qui
e ſçauroient tirer aucune conſolation, aucune édification, aucun ſecours les
nes des autres. Qu'un François Proteſtant entre dans une Egliſe Proteſtante
n Allemagne ou en Angleterre, ſans en ſçavoir la langue, n'eſt-il pas vrai
u'il n'y trouvera aucune édification, qu'il n'y verra, ni n'y entendra rien qui
ui faſſe ſentir que c'eſt avec des freres, & des gens de ſa Religion qu'il ſe trou-
e? Il eſt *Barbare* pour eux, & ils ſont *Barbares* pour lui. Ils ne peuvent s'en-
e-connoître: ne ſe connoiſſant pas, ils ne peuvent être unis ni ſe ſoûtenir les
ns les autres. Au contraire, qu'un Polonois, & un Eſpagnol ſe rencontrent des
xtrêmitez de l'Europe dans une Egliſe Catholique en Angleterre ou en France,
ans ſçavoir d'autre langue que la leur, ils ſe reconnoîtront d'abord pour fre-
es, pour membres de la même Egliſe, & tous deux y reconnoîtront à la fois
Egliſe univerſelle, & ſon ſervice ordinaire. *Le même.*

Témoigna-
ges des SS.
Peres ſur les
Traditions.

Origene en l'Homelie cinquiéme ſur les Nombres, s'aplique à montrer la
multitude des choſes, qui ſe pratiquent dans l'Egliſe ſans ordonnance, ni aucun
émoignage de la ſainte Ecriture: comme la maniere de prier à genoux, ſe
ourner du côté d'Orient, adminiſtrer & recevoir l'Euchariſtie à la maniere
ui ſe pratique; baptiſer avec les ceremonies, dont on ſe ſert, & telles autres
oüables coûtumes, *que nous portons*, dit-il, *voilées & cachées, & mettons exac-
ement en execution, comme les ayant reçûes par Tradition, & recommandation
peciale du ſouverain Pontife*. Et au traité 92. ſur S. Matthieu: *Nous ne devons
oint croire à ceux qui nous veulent détourner de la premiere Tradition Eccleſia-
tique, ni avoir d'autre créance que celle, qui eſt parvenüe juſqu'à nous de main en
main, par la Tradition de l'Egliſe*. Saint Athanaſe nous défend de répondre
aux Novateurs autre choſe, ſinon, que ce qu'ils diſent, ne convient pas à ce que
l'Egliſe dit, & que nos Peres en ont jugé autrement. Saint Baſile, au livre du
Saint Eſprit, chapitre 27. enſeigne que les dogmes de l'Egliſe ſont venus juſqu'à nous, tant par tradition, que par écriture; que l'un a autant de force à nous
perſuader que l'autre; & que perſonne n'y peut contredire, ſinon ceux qui ne
ſçavent que c'eſt des droits de l'Egliſe; car autrement s'il étoit permis de rejetter les coûtumes non écrites, l'on anéantiroit la prédication de l'Evangile, & il
ne nous en demeureroit que le nom; & de l'autre, l'on condamneroit les choſes
neceſſaires au ſalut, même juſqu'au ſigne de la Croix, qui ne ſe trouve commandé ni conſeillé en aucune Ecriture, & qui néanmoins eſt la premiere & plus
uſitée ceremonie de ceux qui eſperent en Jeſus-Chriſt. *Inſtitution Catholique
du P. Cotton.*

Suite du mê-
me ſujet.

Saint Epiphane, en l'hereſie cinquante-cinquiéme, dit ainſi: L'édifice de la
foi a ſon fondement; ſçavoir, les Traditions Apoſtoliques, les ſaintes Ecritures,
la ſucceſſion de doctrine, & l'étendüe qui fortifie de toutes parts la verité Catholique; c'eſt pourquoi que perſonne ne ſe laiſſe ſéduire par les nouveautez
fabuleuſes. Et en l'hereſie ſoixante & uniéme, il dit qu'il eſt neceſſaire de recourir à la Tradition; car il eſt impoſſible de trouver tout en la ſainte Ecriture,

attendu que les Apôtres nous ont laissé leur doctrine en partie par écrit, & en partie par tradition;témoin le saint Apôtre,qui dit,*comme je vous en ai laissé la Tradition.*Saint Jean Chrysostome exposant ces paroles de l'Apôtre, *gardez les Traditions.*De ce lieu,dit il,on voit clairement que toutes choses ne sont pas venuës à nous par écrit, mais une bonne partie par Tradition,laquelle est également digne de foi, comme chacun doit en être convaincu ; & quand on vous dira, c'est la Tradition, ne cherchez rien davantage. Et en effet , s'il ne falloit croire,ou faire que ce qui est écrit,qu'eût fait l'Eglise depuis Adam jusqu'à Moïse l'espace de 2669.ans?En quoi se fût-elle exercée depuis Moïse jusqu'à Jesus Christ ? Combien y a-t-il eu de Saints hors du peuple Judaïque sans écriture selon la remarque de saint Augustin ? Et depuis la Loi écrite, qui ne sçait que les Juifs se servoient encore de Traditions ? Qui peut ignorer que jusqu'au tems d'Esdras , les Ecritures saintes n'étoient point encore redigées en forme de livres , pour les pouvoir commodément avoir , & sçavoir ; & que quelquefois on demeuroit fort long-tems sans les pouvoir recouvrer , comme on le peut voir au quatriéme Livre des Rois , chap. 22. *Le même.*

Joann. Chrys. in 2. ad Thess. orat. 4

LE SYMBOLE
DES APÔTRES
OU EST CONTENUE LA FOY
ET LA DOCTRINE
DE L'EGLISE CATHOLIQUE.

AVERTISSEMENT.

ENtre les veritez que la Religion Chrétienne enseigne, & que tous les fidéles doivent croire, il n'y en a point qu'ils soient plus indispensablement obligez de croire de cœur, & de professer de bouche que ce que l'Eglise nous enseigne dans le Symbole, communément appellé des Apôtres ; on lui a toûjours donné ce nom, soit à cause que ce sont les Apôtres qui ont réuni en un corps de Doctrine les veritez contenuës dans les articles de ce Symbole, ou bien parce que l'Eglise les a apprises d'eux-mêmes dés sa premiere origine, & qu'elles ont été transmises de siécle en siécle, par le soin de leurs Successeurs, pour servir de regle de foi à tous les veritables Chrétiens.

En effet, ce Symbole que l'Eglise regarde comme le fondement & le précis de sa Créance, contient tout ce que Dieu nous a enseigné par son moyen, touchant l'unité de son Essence, la distinction des trois Personnes, & les perfections & proprietez qu'on leur attribuë, ce qui regarde l'Incarnation du Verbe, & les autres Mysteres de Jesus-Christ ; & enfin toutes les veritez necessaires au salut, que l'Eglise professe, publie ce qui est renfermé dans les differens articles de ce Symbole. C'est pourquoi elle le recite souvent, & commence par là l'Office divin ; vous diriez que comme sans la foi, on ne peut plaire à Dieu, ainsi que dit l'Apôtre ; de même aucune priere ne lui peut être agréable, sans la profession de foi contenuë dans ce Symbole ; ce que nous expliquerons plus en détail dans la suite de ce Traité, & ferons voir que rien n'est plus digne d'un Chrétien, qui est membre de l'Eglise, que de se faire une habitude de le reciter à l'exemple des premiers fidéles.

****

LE SYMBOLE
DES APÔTRES
OU EST CONTENUE LA FOY
ET LA DOCTRINE
DE L'EGLISE CATHOLIQUE.

IL n'y a point de fidéles qui ne doivent sçavoir, & croire distinctement les veritez que les Apôtres, qui sont les principaux Predicateurs de la foi, ont renfermées, par l'inspiration du Saint Esprit, dans les douze articles du Symbole. Car Nôtre-Seigneur leur ayant ordonné d'aller par tout le monde, en qualité de ses Ambassadeurs, & de prêcher l'Evangile à tous les hommes; ils crurent qu'ils devoient dresser une formule de foi, afin que tous ceux qui auroient reçû la même foi, n'eussent aussi qu'un même langage, & ne souffrissent jamais parmi eux, de divisions ni de schismes; mais qu'ils fussent tous unis dans un même esprit, & dans un même sentiment. Or, les Apôtres apellerent cette profession de nôtre foi, & de nôtre esperance qu'ils avoient eux-mêmes dressée; le Symbole, soit à cause qu'elle est composée de divers articles, que chacun d'eux avoit faits, & dont ils n'avoient dressé qu'une formule de foi, soit parce qu'ils avoient dessein de s'en servir comme d'une marque, par laquelle ils pourroient aisément distinguer ceux qui étoient vraiment fidéles à Jesus-Christ, des faux freres; qui après avoir abandonné la verité de l'Evangile, s'introduisoient par surprise, dans l'Eglise, & se glissoient ouvertement parmi les fidéles, pour corrompre leur foi. En effet, ce Symbole est tellement disposé, comme l'ont fort bien remarqué tous ceux qui l'ont expliqué avec soin & avec pieté, qu'il est divisé en trois principales parties, dont la premiere tend à nous faire connoître la premiere Personne de la Trinité, & l'ouvrage admirable de la création du monde; la seconde Partie, la seconde Personne, & le Mystere de la Redemption des hommes; & la troisiéme partie, la troisiéme Personne comme le principe, & l'origine de nôtre sainteté & de nôtre sanctification. Or, nous apellons ces propositions dont est composé le Symbole, des articles, qui est un terme dont les Saints Peres se sont souvent servis, & qu'ils ont souvent emprunté d'une comparaison prise des membres du Corps humain. Car de même que les membres du Corps sont separez les uns des autres par differens articles: ainsi dans cette profession de foi, nous donnons le nom d'article à chaque proposition, qui renferme quelque verité, que nous devons croire distinctement; parce qu'elles y sont

La necessité qu'il y a de sçavoir & de croire les veritez contenuës dans le Symbole des Apôtres.

N iij

distinguées & séparées les unes des autres, comme par autant de differens articles. *Tiré du Catechisme du Concile de Trente.*

Les Symboles de Nicée, de Constantinople, & de saint Athanase, sont tous renfermez dans le Symbole des Apôtres, qui l'ont côposé les premiers. Ce sont les Apôtres qui ont composé les premiers le Symbole de nôtre foi : or, ce Symbole en est la regle veritable & simple, vû qu'il renferme en peu de mots, les principaux Mysteres, & les premieres veritez de nôtre Religion, parmi lesquels il s'en trouve quatre des plus fameux. Le premier, est celui des Apôtres, dont nous traitons. Le second, est celui du Concile de Nicée, dans lequel on explique assez au long tout ce qui regarde de la Divinité du Fils de Dieu. Le troisiéme, est celui de Constantinople, où on ajoûte plusieurs choses sur la divinité du Saint-Esprit. Le quatriéme enfin, & le plus clair de tous, est celui de saint Athanase qui a été reçû de toute l'Eglise ; mais les Apôtres, après la mission du Saint-Esprit, ayant reçû l'ordre d'aller par tout le monde, commencerent d'abord par établir une certaine formule de la foi Chrétienne, que nous appellons le Symbole, dans l'intention qu'ils avoient d'inspirer à tous les fidéles les mêmes sentimens, afin qu'ensuite ils fussent en état de les communiquer à ceux qui devoient être appellez à l'unité de la foi. Or, ils donnerent à cette formule le nom de Symbole, & cela pour deux raisons ; la premiere, parce qu'elle a été composée de differens sentimens, qu'ils ont ramassé en commun, pour réünir en un corps la doctrine Chrétienne. La seconde, parce qu'elle est comme le caractere & le sceau, qui fait distinguer les faux freres, d'avec les veritables Chrétiens. *Traduit du Livre intitulé :* Hortus Pastorum.

Ce que c'est que le Symbole, quand, par qui, & à quel dessein il a été composé. Le Symbole est un abregé des principaux Mysteres de la foi, contenus en douze articles, qui renferment toute la doctrine des Apôtres, qui en sont les Auteurs : Ils le composerent après l'Ascension de Nôtre-Seigneur, lorsqu'ils voulurent aller prêcher l'Evangile par tout le monde : Or, le mot de Symbole signifie une doctrine établie d'un commun consentement. Les Apôtres l'ont composé pour trois raisons : La premiere, afin que les Chrétiens s'entre-connussent à cette marque. La seconde, afin que les fidéles se distinguassent des infidéles ; & la troisiéme, afin que les plus simples eussent un abregé de leur croyance aisé à apprendre, à retenir, & à dire. C'est pourquoi tous les Chrétiens doivent l'aprendre & le reciter souvent ; parce que ce Symbole est le miroir de nôtre foi, c'est pour cela que nous devons souvent nous le representer à nôtre esprit ; c'est aussi ce qui fait dire à saint Augustin, que nous devons le reciter tous les jours, soir & matin, afin, dit-il, qu'en repassant nôtre foi, ce Symbole puisse nous servir comme d'un excellent miroir, pour examiner, si nous croyons veritablement toutes les choses, dont nous faisons profession, & qui sont contenuës dans ce Symbole ; rejoüissez-vous, dit-il, dans vôtre croyance, regardez-la comme vos plus grandes richesses, & nourrissez-en tous les jours vôtre esprit. Saint Chrysologue dit aussi qu'il faut le reciter tous les jours, afin que personne n'oublie l'alliance qu'il a contractée avec Dieu, & qu'il ne perde jamais de vûë les biens celestes, dont la foi, qui est contenuë dans le Symbole, nous fait participans. Ce Symbole nous sert de bouclier contre les attaques du monde & du demon ; ce qui fait que saint Ambroise exhorte sa Sœur à le reciter soir & matin, & sur tout dans les tentations ; parce que, dit-il, c'est une clef, qui découvre les tenebres du demon, pour faire place à la lumiere de Jesus-Christ. *Traduit du Livre intitulé* : Hortus Pastorum.

Le Symbole des Apôtres peut nous procurer toutes sortes de biens spirituels, suivant le sentiment de saint Chrysostome, qui, après avoir consideré tous les avantages que nous en retirons, dit que cette doctrine confirme les fideles dans leur foi, qu'elle aide ceux qui y ont fait de grands progrès, qu'elle console les voyageurs en cette vie, qu'elle fortifie ceux qui y perseverent ; & qu'enfin elle donne la couronne à ceux qui sont prêts d'arriver au port. Or, le Symbole ne contribuë pas seulement à augmenter nôtre foi & nôtre esperance, mais aussi à nous combler de toutes sortes de graces ; c'est ce qui a fait dire à saint Paul, en parlant aux Hebreux : *Teneamus spei nostræ confessionem indeclinabilem.* Si quelqu'un veut interpreter ce passage, il dira que c'est cette profession de foi, que nous avons faite, en recitant le Symbole, lorsque nous avons reçû le Baptême, par lequel nous avons promis de croire en Jesus-Christ, & d'esperer, par son moyen, la vie éternelle. C'est pourquoi nous devons nous tenir inébranlables dans nôtre foi, malgré toutes les persécutions ; elle doit aussi nous servir comme d'une anchre, au milieu des eaux, pour resister à tous les flots qui s'élevent contre nous. *Le même.*

Les grands avantages que nous retirons du Symbole.

Heb. 10.

Les Theologiens demandent s'il est necessaire à chacun, de sçavoir tous les articles qui sont contenus dans le Symbole ; surquoi il est bon de remarquer, qu'il s'en trouve quelques-uns qui sont necessaires d'une necessité de moyen, & d'autres qui sont necessaires d'une necessité de precepte ; or on appelle une chose necessaire d'une necessité de moyen, sans laquelle une personne ne peut être sauvée, quoiqu'il n'y ait point de sa faute, par exemple, la foi est necessaire de la sorte ; d'où il s'ensuit qu'un infidéle ne peut être sauvé sans elle, quand même il n'auroit point été instruit. On appelle une chose necessaire de necessité de precepte, ce qui est seulement necessaire, parce qu'il est commandé ; d'où il s'ensuit, que tout homme peut être sauvé sans la pratiquer, pourvû néanmoins qu'il n'y ait point de sa faute ; c'est pourquoi nous pouvons dire que l'Eucharistie est necessaire de necessité de precepte. Je dis donc que le Symbole est necessaire de necessité de precepte, de maniere que chaque fidéle doit sçavoir, & croire les articles qui y sont contenus, & surtout ceux qui regardent l'humanité & la divinité de Jesus-Christ ; & l'opinion commune de toute l'Eglise nous fait connoître qu'il y a peché mortel de les ignorer, quoique l'Eglise ne nous oblige pas de les sçavoir en perfection ; mais elle permet à chacun de les sçavoir grossiérement, selon sa capacité ; c'est-à-dire, quand même il n'en auroit pas une connoissance parfaite ; car je ne crois pas qu'il y ait peché mortel à une personne qui ne le reciteroit pas mot à mot, dans l'ordre qu'il doit être ; il suffit que l'on sçache la substance des articles. *Tiré du Livre intitulé* : Hortus Pastorum.

Question des Theologiens sur la necessité de sçavoir le Symbole.

Il ne suffit pas de sçavoir ces articles en latin ; mais on doit aussi les sçavoir en langue vulgaire, avec quelque intelligence des Mysteres, selon la portée de chacun. D'où il s'ensuit que les Pasteurs qui se contentent d'enseigner le Symbole en latin, sans en expliquer les Mysteres de la foi, font

Il faut sçavoir le Symbole, non-seulement en latin, mais aussi en langue vulgaire.

un abus confiderable ; mais malheur à vous, Messieurs, car il ne suffit pas
de donner du pain aux enfans, il faut encore le leur rompre, & le leur
tailler par morceaux, afin qu'ils puiffent plus facilement le digerer ; c'est-
à-dire, qu'il faut inftruire les fimples, par des termes faciles dans les principes de la foi, leur enfeignant les premiers élemens de la parole de Dieu.
Mais le fentiment le plus commun fur la neceffité de moyen, eft qu'il eft
neceffaire de fçavoir clairement le Myftere de la Trinité, & de l'Incarnation : Or, ceci a fa difficulté dans fa pratique, parce que la plûpart des
gens de la Campagne les ignorent, même après qu'ils en ont été inftruits ;
de forte qu'en s'approchant du Tribunal de la Penitence, ils ont affez de
peine à repondre fur ces articles ; car ils vous diront tout d'un coup qu'il
a trois Dieux, & une Perfonne, au lieu de dire qu'il n'y a qu'un Dieu,
en trois Perfonnes ; de maniere qu'on a bien de la peine à leur faire diftinguer & concevoir la Nature & la Perfonne. Ils ne peuvent pas fe reprefenter autrement le Pere, le Fils, & le Saint-Efprit, que comme trois
perfonnes ayant, difent-ils, trois corps ; de même fi vous leur demandez ce
qu'ils entendent par le Pere, ils vous répondront auffi tôt que c'est un homme ; c'est ce qui fait que malgré toutes les peines que l'on fe donne pour
les inftruire, ils ne laiffent pas d'être toûjours dans l'erreur. C'est pourquoi le
fentiment des Theologiens me paroît le plus probable, lorfqu'ils difent que
la foi & la fcience fur ces Myfteres eft neceffaire d'une neceffité de moyen,
autant qu'on les peut concevoir. *Le même.*

Le fens du
premier arti-
cle du Sym-
bole des A-
pôtres.
Le premier article du Symbole des Apôtres, renferme ces paroles : Je
crois en Dieu le Pere Tout-Puiffant, Créateur du Ciel & de la Terre. Or
voici le fens de ces paroles ; je crois fermement, & je confeffe fans aucun
doute, que c'est Dieu le Pere, la premiere Perfonne de la Trinité, qui par
fa toute Puiffance, a créé de rien le Ciel & la Terre, & tout ce qu'ils contiennent ; & qui les conferve & les gouverne depuis leur création ; non-
feulement je le crois de cœur, & le confeffe de bouche ; mais encore je
tends à lui de toute l'ardeur de mon cœur, comme au fouverain bien. Voila
en peu de mots le fens de ce premier article. Il ne faut pas s'imaginer que
croire en ce lieu, foit la même chofe qu'avoir une penfée, être d'une opinion, former un jugement ; mais comme l'Ecriture fainte l'enfeigne, ce
terme marque un parfait acquiefcement de l'efprit à Dieu, par lequel il
eft fermement perfuadé des Myfteres qu'il lui revele. Il ne faut pas non
plus fe figurer que la connoiffance que nous avons par la foi, foit moins
certaine ; parce que nous ne voyons pas les chofes que la foi nous propofe de croire ; puifqu'encore que cette lumiere divine qui nous les fait
connoître, ne nous en donne pas l'évidence, elle fait néanmoins que nous
n'en doutons pas. Car *le même Dieu, qui a commandé que la lumiere fortît*
2. Cor. *des tenebres, eft celui qui a fait luire fa clarté dans nos cœurs, afin que l'E-
vangile ne foit point voilé pour nous, comme il l'eft pour ceux qui periffent.*
Il s'enfuit de là, que celui qui a cette connoiffance toute celefte de la foi,
eft affranchi de toutes penfées, qui le pourroient porter à des recherches
curieufes. Car lorfque Dieu nous a commandé de croire, il n'a pas pretendu nous porter à penetrer l'abîme de fes jugemens, & à en rechercher
les raifons & les caufes ; mais il nous a commandé d'avoir une foi conftante

tañte & immuable, qui faſſe que l'eſprit demeure content, & ſatisfait dans la connoiſſance qu'il a de la verité éternelle. *Tiré du Catechiſme du Concile de Trente.*

Outre cela, il faut que les Paſteurs faſſent concevoir aux fidéles, que celui qui dit *je crois*, ne déclare pas ſeulement par là qu'il conſent interieurement à ce qu'on lui propoſe de croire ; en quoi conſiſte l'acte interieur de la foi ; mais même qu'il reconnoît, qu'il eſt obligé de confeſſer publiquement ce qu'il croit dans ſon cœur, & qu'il doit avoir de la joye de l'avoüer, & de le publier devant tout le monde. Car les fidéles doivent être animez de cet Eſprit, qui a fait dire à David : *J'ai crû, & c'eſt pourquoi j'ai parlé avec confiance.* Ils doivent imiter les Apôtres, qui répondirent hardiment aux Princes du peuple : *Nous ne pouvons pas ne point parler des choſes que nous avons vûës & entenduës.* Enfin, ils doivent s'exciter à cette ſainte & genereuſe liberté, par ces excellentes paroles de ſaint Paul : *Je ne rougis point de l'Evangile, parce que l'Evangile eſt la force & la vertu de Dieu, pour ſauver tous ceux qui croyent.* Et par ces autres paroles qui prouvent particulierement cette verité. *On croit de cœur pour être juſtifié, & on confeſſe de bouche pour être ſauvé. Le même.* La confeſſion publique de la foi, eſt neceſſaire au ſalut. Pſ. 115. Act. 4. Rom. 4.

Entre les differens articles de la foi que l'Egliſe propoſe à ſes enfans ; le premier, eſt de croire qu'il y a un Dieu ; c'eſt-à-dire, qu'il y a dans ce vaſte Univers un ſouverain Monarque, un premier Moteur, une premiere Cauſe, de laquelle dépendent toutes les autres cauſes ; un premier principe, qui n'a point de principe, & qui a donné le commencement à toutes les choſes créées : une premiere verité, & une premiere bonté, d'où procede tout ce qu'il y a de veritable, & tout ce qu'il y a de bon. C'eſt là le fondement de nôtre foi, & la premiere des choſes que nous ſommes obligez de croire. C'eſt ce qui a fait dire au grand Apôtre, que *celui qui veut aller à Dieu, doit humblement confeſſer qu'il y a un Dieu en ce monde.* Cette verité, à ne conſulter même que la ſeule lumiere de la raiſon, eſt ſi claire, qu'elle peut être prouvée par des démonſtrations ſenſibles. La plus grande partie des Philoſophes l'ont connuë, & tous les Sages la comprennent encore aujourd'hui, lorſque par la conſideration des effets admirables qui ſe voyent dans le monde, ils paſſent juſqu'à la premiere cauſe, dont ils procedent, qui eſt Dieu. C'eſt ce qui a fait dire à ſaint Thomas, que les Sçavans n'ont pas la foi de cet article, parce qu'ils en ont l'évidence, qui ne compatit pas avec l'obſcurité, qui accompagne d'ordinaire la foi : mais que les ignorans qui ne ſont pas capables de ce raiſonnement, & croyent néanmoins en ce point de nôtre Religion ; parce que Dieu l'a revelé, le croyent par la voye de la foi. *Tiré du Catechiſme de Grenade.* Sur l'importance du premier article du Symbole des Apôtres. Heb. 11.

Ces paroles : *Je crois en Dieu*, font connoître quelle eſt la grandeur & l'excellence de la foi chrétienne, & combien nous en ſommes redevables à la bonté de Dieu ; car elle nous ſert comme de degré pour nous élever tout d'un coup à la connoiſſance de la choſe la plus parfaite & la plus aimable. Et c'eſt en cela que conſiſte la grande difference qui eſt entre la ſageſſe chrétienne, & la philoſophie humaine. Car au lieu que celle-ci nous ayant, à la faveur de la lumiere naturelle, élevez peu à peu, & après beaucoup de Excellence de la foi ſur le premier article du Symbole des Apôtres.

travaux & de peines, au-deſſus des effets & des choſes ſenſibles, nous donne à peine la connoiſſance des grandeurs inviſibles de Dieu, & nous fait connoître quelle eſt la premiere cauſe & le premier principe de toutes choſes: la philoſophie Chrétienne éclaire au contraire de telle ſorte nôtre eſprit, qu'elle le rend capable de penetrer ſans peine, juſques aux choſes celeſtes & les plus élevées & de contempler premierement Dieu, cette ſource éternelle de toute lumiere, & enſuite tout ce qui eſt au-deſſous de lui. En ſorte que nous experimentons en nous-mêmes, avec une ſatisfaction entiere de nôtre eſprit, la verité de ces paroles du Prince des Apôtres: *Que nous avons été appellez des tenebres à l'admirable lumiere de Dieu; ce qui nous fait treſſaillir d'une joye ineffable.* C'eſt donc avec beaucoup de raiſon que les fidéles proteſtent d'abord, qu'ils croyent en Dieu, dont ils reconnoiſſent que la Majeſté eſt incomprehenſible, ſelon Jeremie: *Car*, comme dit l'Apôtre, *Dieu habite une lumiere inacceſſible; & nul des hommes ne l'a vû, ni ne le peut voir.* D'où vient que Dieu même parlant à Moïſe, dit, que *nul homme vivant ne le verra.* En effet, afin que nôtre eſprit puiſſe voir Dieu, qui eſt au-deſſus de toutes choſes, il eſt neceſſaire qu'il ſoit degagé entiérement des choſes ſenſibles. Et c'eſt de quoi il n'eſt pas naturellement capable dans cette vie. *Tiré du Catechiſme du Concile de Trente.*

Ce que ſignifient ces paroles, *je crois en Dieu*. Ces paroles du Symbole, *je crois en Dieu*, ſignifient que nous devons toûjours tendre à lui, comme à nôtre ſouverain bien: c'eſt pour cela que les Theologiens diſtinguent, avec ſaint Auguſtin, la difference qu'il y a entre croire à Dieu, croire Dieu, & croire en Dieu: Croire à Dieu, c'eſt croire que toutes les choſes qu'il a dites ſont veritables; croire Dieu, c'eſt croire qu'il y a un Dieu, & qu'il ne peut pas y en avoir pluſieurs; & enfin croire en Dieu, c'eſt mettre toute nôtre confiance en lui, & le conſiderer comme le veritable objet de nôtre bonheur éternel. C'eſt ainſi que les pecheurs croyent en Dieu, par la confiance qu'ils ont d'obtenir de lui miſericorde, en faiſant tous leurs efforts pour retourner à lui; mais les juſtes croyent en Dieu d'une maniere plus parfaite, parce qu'ils ſe ſoûmettent & s'abandonnent à lui entierement, avec un amour veritable, qui leur fait faire continuellement des actes de foi. *Traduit du Livre intitulé:* Hortus Paſtorum.

Toute la connoiſſance que nous avons de Dieu par la foi, eſt renfermée dans le Symbole. *Heb.* 11. Tout ce que nous connoiſſons de Dieu par la foi, eſt renfermé dans les articles du Symbole; car nous y découvrons l'unité de la nature Divine, & la diſtinction des trois Perſonnes; que Dieu eſt la fin derniere de l'homme, & que c'eſt de lui qu'il doit attendre ſon bonheur éternel, conformément à ce qu'en dit ſaint Paul; que *Dieu recompenſe ceux qui le cherchent.* Le Prophete Iſaïe a bien fait voir que ces biens ne ſont pas de ceux qui ſe peuvent connoître par la ſeule lumiere naturelle, lorſqu'il a dit longtems avant l'Apôtre: *Que l'oreille n'a point encore entendu, ni l'œil n'a point encore vû, ce que Dieu a preparé à ceux qui eſperent en lui.* Il eſt donc aiſé de conclure de ce que nous venons de dire, qu'il faut confeſſer qu'il n'y a qu'un ſeul Dieu, & non pas pluſieurs Dieux; puiſque nous reconnoiſſons que Dieu eſt ſouverainement bon, & ſouverainement parfait; & qu'il eſt impoſſible, que la ſouveraine bonté, & la ſouveraine perfection ſe trouve en pluſieurs. En effet, celui à qui il manque quelque perfection, ne pou-

1. *Petr.*

Exod. 33.

vant être fouverainement parfait ; mais étant défectueux & imparfait , n'eſt point Dieu. Cette verité nous eſt marquée dans pluſieurs lieux de l'Ecriture fainte ; comme dans le Deuteronome , où il eſt dit : *Ecoutez Iſraël, nôtre* Deut 6. *Dieu eſt le ſeul Dieu veritable* : dans l'Exode, où Dieu fait ce commandement, *vous n'aurez point de Dieux étrangers avec moi.* Dans Iſaïe, où Dieu declare ſouvent par la bouche de ce Prophete , *qu'il eſt le premier , & le dernier , & qu'il n'y a point d'autre Dieu que lui.* Et dans l'Epître aux Epheſiens, où l'Apôtre témoigne ouvertement , qu'il n'y a qu'un Dieu , qu'une Foi , & qu'un Baptême. Nous ne devons pas être ſurpris de voir que l'Ecriture fainte donne quelquefois le nom de Dieux aux Prophetes & aux Juges. Car lorſqu'elle le leur donne , ce n'eſt pas à la maniere des Payens, qui ſe font faits pluſieurs Dieux , avec autant d'impieté que de folie : mais c'eſt ſeulement pour marquer , felon une maniere ordinaire de parler , ou quelque perfection particuliere dans ceux , à qui elle donne ce nom , ou l'excellence du miniſtere , où Dieu les a élevez, *Tiré du Catechiſme du Concile de Trente.*

Par le nom de Pere, l'Egliſe qui nous propoſe les paroles du Symbole , Le nom de comme autant d'oracles de la verité , commence à nous faire entrer dans Pere marque la connoiſſance de ce qu'il y a de plus caché & de plus impenetrable dans la pluralité cette lumiere inacceſſible , que Dieu habite , & à laquelle l'eſprit de l'hom- des perſonnes me ne ſçauroit par lui-même atteindre , ni porter ſes penſées ; car ce mot nous en Dieu. marque qu'il ne faut pas croire, que comme il n'y a qu'une ſeule nature en Dieu , il n'y ait auſſi qu'une même Perſonne ; mais qu'il y en a trois diſtinctes l'une de l'autre , dans l'unité d'une même nature ; celle du Pere , qui n'eſt engendré de nulle autre perſonne ; celle du Fils , qui eſt engendré du Pere avant tous les ſiécles ; & celle du Saint-Eſprit , qui procede auſſi de toute Eternité , du Pere & du Fils. Le Pere eſt dans l'unité de la nature Divine, la premiere Perſonne, qui eſt avec ſon Fils unique , & le Saint-Eſprit, un ſeul Dieu , & un ſeul Seigneur , non dans la ſingularité d'une ſeule perſonne ; mais dans l'unité d'une ſeule nature , qui eſt la même dans tous les trois. Et la nature Divine eſt tellement la même choſe dans toutes les trois Perſonnes , qu'il n'eſt pas même permis de concevoir aucune diſſemblance ou inégalité entre elles ; mais ſeulement les diſtinguer l'une de l'autre par leurs proprietez, qui font que le Pere n'eſt point engendré , que le Fils eſt engendré du Pere , & que le Saint-Eſprit procede du Pere & du Fils. Nous confeſſons donc de telle forte que ces trois Perſonnes n'ont qu'une même nature , & qu'une même ſubſtance ; que dans la confeſſion de foi que nous faiſons d'une ſeule veritable & éternelle Divinité , nous croyons qu'on doit reverer & adorer avec de profonds ſentimens de pieté & de ſoumiſſion , les proprietez differentes dans les Perſonnes , l'unité dans la nature Divine , & l'égalité dans la Trinité. *Le même.*

Lorſque nous diſons que la perſonne du Pere eſt la premiere perſonne de Commenc le la Trinité, ce n'eſt pas que nous reconnoiſſions dans la Trinité quelque Pere eſt la inégalité d'âge ou de perfection. A Dieu ne plaiſe qu'une telle impieté tom- premiere be dans l'eſprit des fidéles , qui ſçavent que la Religion chrétienne leur en- Perſonne. feigne que ces trois Perſonnes ſont éternelles , & égales en Majeſté & en gloire. Mais nous voulons dire que nous croyons fermement que le Pere eſt

principe fans principe , & que comme il eft diftingué des autres perfonnes,
par la proprieté du Pere , il lui convient auffi à lui feul d'engendrer de toute éternité le Fils. D'où vient que dans cet article , nous joignons enfemble
ces noms , Dieu & Pere pour nous faire fouvenir que la premiere Perfonne
a toûjours été Pere & Dieu tout enfemble. Mais comme il n'y a rien de plus
périlleux que de vouloir trop penetrer ce Myftere , qui eft le plus élevé &
le plus difficile de tous à concevoir , & à l'égard duquel il eft très-dangereux
de tomber dans l'erreur ; il faut que les Pafteurs faffent entendre à leurs peuples , qu'ils doivent retenir religieufement ces noms d'effence & de perfonne , qui font propres pour expliquer ce myftere , & fçavoir que l'unité eft
dans l'effence , & la diftinction dans les perfonnes , fans entreprendre de
penetrer plus avant dans ce myftere , fe fouvenant de ces paroles du Sage :
*Que celui qui veut penetrer dans la Majefté de Dieu , fera opprimé par l'éclat
de fa gloire. Le même.*

Prov. 25.

Ce que l'on doit conce-voir par le mot de Tout-puiffant.

Nous comprenons par le terme de *Tout-Puiffant* contenu dans le premier
article du Symbole , qu'il n'y a rien , & que nous ne pouvons rien nous
imaginer , que Dieu ne puiffe faire ; & qu'il n'a pas feulement le pouvoir
de faire les chofes que nous pouvons en quelque maniere concevoir , comme de reduire toutes les creatures dans le néant , & de créer plufieurs mondes de rien , mais encore plufieurs autres chofes , plus furprenantes que
nôtre efprit n'eft pas même capable de concevoir. Cependant quoique Dieu
puiffe toutes chofes , il ne peut néanmoins ni mentir , ni tromper , ni être
trompé , ni ceffer d'être , ni ignorer quoique ce foit. Car tout ceci ne peut
fe rencontrer que dans une nature , dont l'action eft imparfaite. Or , l'ope-
ration de Dieu eft toûjours très-parfaite. Et ainfi il eft fort éloigné de pouvoir
faire aucune de ces chofes , qui font plûtôt des marques de foibleffe & d'impuiffance , que les effets d'une puiffance fouveraine & infinie , telle qu'eft la
fienne. Lors donc que nous croyons que Dieu eft Tout-puiffant , nous reconnoiffons en même-tems que l'on doit éloigner de lui , tout ce qui ne lui
peut convenir à une nature fouverainement parfaite. Ainfi c'eft avec beaucoup de prudence & de fageffe que les Apôtres , ayant paffé fous filence les
autres noms que l'on donne à Dieu , ne nous ont point propofé dans le
Symbole , que celui de Tout-puiffant ; car nous ne fçaurions confeffer que
Dieu eft Tout Puiffant , & qu'il peut faire toutes chofes , que nous ne re-
connoiffions en même-tems , qu'il fçait tout , que tout eft foumis à fon empire fouverain , & qu'il poffede toutes les perfections , fans lefquelles nous
ne pouvons concevoir qu'il foit Tout-puiffant. *Tiré du Catechifme du Concile
de Trente.*

Il n'y a qu'un Tout puif-fant dans la Trinité.
1. Petr.

Luc. 12.

La foi de cette verité nous apporte encore plufieurs autres grands avantages. Car elle nous fait garder la modeftie & l'humilité dans toute nôtre conduite , comme faint Pierre nous le recommande par ces paroles : *Humiliez-
vous fous la puiffante main de Dieu.* Elle nous apprend à ne point craindre
les maux dont les méchans nous menacent , & qui ne font point veritablement à apprehender ; mais feulement à craindre Dieu de qui nous depen-
dons , nous , & tout ce qui nous appartient. *Je m'en vas vous apprendre ,*
dit Nôtre Seigneur , *qui vous devez craindre. Craignez celui qui , après avoir
ôté la vie , a encore le pouvoir de jetter dans l'enfer.* Enfin , elle fert à nous

faire publier & reconnoître les bienfaits infinis que nous avons reçû de la bonté de Dieu. Car il est bien difficile que celui qui considere les effets de la Toute-puissance de Dieu à son égard, puisse être assez méconnoissant, & assez ingrat pour ne pas s'écrier souvent, à l'exemple de la sainte Vierge : *Le Tout-Puissant a fait en moi de grandes choses.* Au reste, quand dans cet article nous appellons le Pere, *Tout Puissant*, il ne faut pas croire que ce nom lui soit tellement propre, qu'il ne soit pas commun au Fils, & au Saint-Esprit. Car de même que nous disons, que le Pere est Dieu, que le Fils est Dieu, & que le Saint-Esprit est Dieu ; il faut dire aussi qu'ils sont également puissants, quoique nous ne croyions pas qu'il y ait trois Tout-puissans, mais un seul Tout-puissant. Nous attribuons donc particulierement la Toute puissance au Pere, parce qu'il est l'origine & la source de tout Estre : de même que nous attribuons au Fils la sagesse, parce qu'il est le Verbe Eternel du Pere, & au Saint-Esprit la bonté ; parce qu'il est l'amour du Pere & du Fils, quoique selon la verité de la foi Catholique, tous ces noms, & plusieurs autres semblables conviennent également à toutes les trois Personnes. *Le même.*

Par ces paroles du second article, *& en Jesus-Christ son Fils unique Nôtre-Seigneur.* Nous croyons que Jesus-Christ est le seul & naturel Fils de Dieu le Pere, qu'il a engendré de toute éternité. Il est très-utile & necessaire à l'homme de croire le contenu de cet article, comme on peut l'aprendre de saint Jean, qui declare que *quiconque croira & confessera devant les hommes, que Jesus Christ est le Fils de Dieu, Dieu demeurera avec lui, & lui en Dieu.* Et si vous en demandez encore plus d'assurance, écoutez ce que disoit le Fils de Dieu à saint Pierre : Vous êtes bienheureux Simon Fils de Jona ; parce que ce n'est point, ni la chair, ni le sang qui vous l'a revelé ; mais mon Pere celeste : Or, Jesus-Christ disoit cela à saint Pierre, sur l'aveu qu'il lui faisoit qu'il étoit veritablement le Fils de Dieu vivant. Nous devons donc entendre par le nom de *Jesus-Christ*, la seconde Personne de la sainte Trinité; car tout le monde sçait que le Nom de Jesus, lui a été donné par l'Ange Gabriel, Messager de l'Incarnation, & ce Nom plein de Mysteres ne lui a pas été donné au hazard, veu que ce Nom signifie le Sauveur ; & en effet, il n'est venu au monde que pour sauver tous les hommes, & les delivrer du peché, du demon, & de la mort éternelle. Le mot *de Christ*, qui est le surnom de Jesus, signifie qu'il a été oint des graces du Saint-Esprit, qui ont été repanduës sur lui, en très-grande abondance. Pour ce qui regarde les autres Mysteres, qui sont contenus dans la suite du Symbole, nous n'en parlerons pas ici, attendu que nous avons donné des materiaux sur chacun en particulier, dans les Tomes de Morale & des Mysteres. *Auteur moderne.*

Nous voyons des Païsans, des gens de Métier, & des vagabonds, qui ne sçavent point par cœur leur *Credo*, qui l'ont oublié, ou qui ne l'ont jamais apris, ou qui en sçavent les paroles sans pouvoir dire ce qu'elles signifient ? Et néanmoins sur les fonts ils ont répondu par la bouche de leurs Parrains, qu'ils croyoient tout ce qu'il contient. Si donc Jesus-Christ, selon que parle l'Apôtre, doit demeurer dans nos ames par la foi ; comment demeurera-t-il dans l'ame de ceux qui sçavent à peine les paroles du Symbole de la foi,

Marginal notes:
Ce que nous entendons par ces paroles du second article, & en Jesus-Christ son Fils unique.
1. *Joan.*

Jusqu'où va l'ignorance des gens grossiers qui ne sçavent pas même leur Symbole de la foi,

O iij

& qui n'en comprennent nullement le fens ? Si Dieu, comme dit faint Pierre, purifie nos cœurs par la foi, ceux qui ignorent ce qu'ils doivent croire, quoiqu'ils ayent reçû le Sacrement du Baptême, peuvent-ils avoir le cœur pur, & être exemts de peché ? Je ne parle ici que des Adultes ; car pour les enfans, ils font juftifiez par la grace, & par les habitudes faintes de la foi, de l'efperance, de la charité ; mais fi-tôt qu'ils ont l'ufage de la raifon, ils font obligez de bien fçavoir leur créance ; ils en doivent croire de cœur, tous les articles, pour être juftifiez, & les confeffer de bouche pour être fauvez, comme faint Paul le declare en termes exprés. *Opufcules du Cardinal Bellarmin, Tome 5.*

Ce que figni-
fie le Nom
de Jefus.

Nous entendons par ces paroles du fecond article, *& in Jefum Chriftum,* que ce nom de Jefus, eft le nom propre de celui qui eft Dieu, & homme tout enfemble. Ce nom fignifie Sauveur, & il ne lui a pas été donné par hazard, ou par la volonté & la difpofition des hommes ; mais par la volonté & le commandement de Dieu, comme nous l'aprenons de ces paroles

Luc. 1.

que l'Ange adreffa à Marie, qui devoit être fa Mere : *Vous concevrez dans vôtre Sein, & vous enfanterez un Fils à qui vous donnerez le Nom de Jefus.* Le même Ange commanda auffi à Jofeph l'Epoux de la fainte Vierge, de lui donner ce Nom, & lui declara pourquoi il devoit être ainfi nommé.

Matth. 1.

Jofeph Fils de David, lui dit-il, *ne craignez point de prendre avec vous Marie, vôtre Epoufe ; car ce qui eft né en Elle, a été formé par le Saint Efprit, & Elle enfantera un Fils, qui fera appellé Jefus ; parce que ce fera lui qui fauvera fon peuple en le délivrant de fes pechez.* Il eft vrai qu'on voit dan l'Ecriture fainte que plufieurs perfonnes ont porté ce nom ; comme le fil de Navé, qui fucceda à Moïfe, & qui conduifit au lieu de lui, dans la terre promife le peuple qu'il avoit délivré de l'Egypte ; Dieu n'ayant pa voulu que Moïfe le fit lui-même ; & comme Jofedech, fils de grand Prêtre. Mais avec combien plus de verité & de raifon, devons-nous reconnoître que nôtre Sauveur a merité ce Nom, lui qui n'a pas fauvé, mis en liberté & éclairé feulement un peuple particulier, mais generalement tous les hommes, qui ont été dans tous les tems, qui n'étoient pas feulement accablez, & preffez de la faim corporelle, ou oprimez fous la domination de l'Egypte, ou de Babylone ; mais qui étoient enfevelis dans les tenebres, & dans l'ombre de la mort, & retenus captifs par les liens cruels du demon & du peché ; leur ayant acquis le droit à l'heritage du Royaume du Ciel, en les reconciliant avec Dieu fon Pere. Ainfi toutes ces perfonnes que l'Ecriture nous marque avoir porté le Nom de Jefus, n'ont été que les figures de celui-ci, par qui nous venons de marquer, que tous les hommes devoient être comblez de biens. De forte que tous les autres noms, que les Prophetes ont predit lui devoir être donnez par l'ordre de Dieu, fe raportent tous à ce Nom de Jefus, qui comprend parfaitement tout l'ordre & toute l'œconomie de la redemption des hommes ; au lieu que tous les autres noms n'en expriment qu'une partie. *Tiré du Catechifme du Concile de Trente.*

Pourquoi le
Nom de
Chrift a été
joint à celui
de Jefus.

Et in Jefum Chriftum. Ce nom de Chrift a été ajoûté à celui de Jefus. I fignifie Oint, & c'eft un titre d'honneur, qui marque quelque miniftere joint à celui Ainfi ce n'eft pas un nom propre, mais il eft commun à plufieurs. C'eft pourquoi anciennement nos Peres apelloient *Chrifts,* les Prêtres, & le

Rois, qui étoient oints, par le commandement de Dieu, à cause de l'excellence & de la dignité de leur miniftere. Car c'eft aux Prêtres à recommander le peuple à Dieu, par des prieres continuelles, à lui offrir le facrifice & à fe rendre mediateurs entre Dieu & les hommes. Et c'eft aux Rois à gouverner les peuples, à maintenir l'autorité des Loix, à défendre la vie des innocens, & à punir l'audace des coupables. On avoit auffi coutume d'oindre les Prophetes, qui étant comme les Ambaffadeurs, & les Interpretes de Dieu, nous ont découvert les fecrets du Ciel, & nous ont exhorté à changer de vie, en nous donnant, pour cet effet, des inftructions très-falutaires, & en nous prédifant les maux qui font preparez aux pecheurs. Jefus-Chrift nôtre Sauveur, devant donc faire dans le monde ces trois differentes fonctions, de Prophete, de Prêtre, & de Roi, a été oint & confacré, non par le miniftere d'aucun homme, mais par la vertu du Pere celefte ; non d'une huile commune & materielle, mais d'une huile toute fpirituelle & celefte, ayant reçû la plenitude des dons & des graces du Saint-Efprit, d'une maniere plus excellente que toutes les autres créatures. C'eft ce que le Prophete Ifaïe a declaré dans ces paroles, qu'il a dites au Nom de Jefus-Chrift même. *L'Efprit du Seigneur s'eft repofé fur moi, c'eft pourquoi il m'a confacré par* Ifaïe 11. *fon onction, il m'a envoyé pour annoncer l'Evangile aux pauvres.* C'eft ce que le Prophete Roi nous a marqué encore plus clairement, lorfque parlant du Redempteur des hommes, il dit, que parce qu'il a aimé la juftice, & haï l'iniquité, le Seigneur fon Dieu l'a confacré d'une huile de joye, en une maniere plus excellente, que tous ceux qui participeront à fa gloire. *Tiré du Catechifme du Concile de Trente.*

Et in Jefum Chriftum filium ejus unicum. Ces paroles obligent les fidéles à croire encore, & à contempler en Jefus-Chrift des Myfteres plus hauts & plus relevez que ceux que nous venons de marquer, à fçavoir, qu'il eft le Fils de Dieu, & vrai Dieu comme fon Pere, qui l'a engendré de toute éternité ; & qu'il eft la feconde Perfonne de la fainte Trinité, égal en tout aux deux autres Perfonnes. Car comme nous reconnoiffons, qu'elles n'ont toute qu'une même nature, une même volonté, & une même puiffance, il ne peut y avoir, & on ne peut rien s'imaginer en elles, d'inégal, ni de diffemblable ; c'eft ce qui eft évident par plufieurs témoignages de l'Ecriture fainte ; mais fur-tout par celui-ci, de faint Jean : *Au commencement étoit le Verbe, & le* Joan. 1. *Verbe étoit avec Dieu, & le Verbe étoit Dieu.* Or, lorfque nous confeffons que Jefus Chrift eft le Fils de Dieu, il ne faut pas que nous concevions rien de terreftre ni de mortel, dans cette naiffance qu'il reçoit de toute éternité de fon Pere ; mais nous devons la reverer avec un profond refpect, & la croire avec une ferme foi, fçachant que nôtre efprit n'eft point capable de la comprendre, ni de la connoître parfaitement ; & nous devons nous contenter de dire avec le Prophete, comme tout ravis d'admiration à la vûë d'un Myftere fi profond : *Qui pourra expliquer fa generation ?* Ce qu'il faut donc croire, c'eft que le Fils a la même nature, la même puiffance, & la même fageffe que fon Pere, comme nous le confeffons plus diftinctement dans ces paroles du Symbole du Concile de Nicée. *Et en Jefus-Chrift fon Fils unique, né du* Ifaïe 53. *Pere avant tous les fiécles, Dieu de Dieu, lumiere de lumiere, vrai Dieu du vrai Dieu, engendré & non pas fait, confubftantiel au Pere, par qui toutes chofes ont été faites. Le même.*

Jefus Chrift eft Fils de Dieu, égal à fon Pere, fa generation eft inéfable.

Comment on peut comprendre que Jesus Chrilt est engendré.

Entre les comparaisons dont on se sert pour faire comprendre en quelque sorte la maniere dont Jesus-Christ est engendré ; il n'y en a point qui y ait plus de raport , que celle qui se prend de la maniere dont se forme nôtre pensée ; d'où vient que saint Jean apelle le Fils de Dieu , le Verbe ; car autant que la difference qu'il y a entre les choses divines & humaines le peut permettre , l'on peut dire , que de même , que nôtre esprit en se connoissant soi-même , forme une image qui le represente , que les Theologiens apellent Verbe : Ainsi Dieu en se connoissant soi-même , produit le Verbe Éternel. Mais quoique cette comparaison puisse faire concevoir , en quelque maniere comment se fait la generation du Verbe Eternel , il vaut mieux néanmoins s'en tenir à ce que la foi nous propose , & croire sincerement de Jesus-Christ , qu'il est vrai Dieu , & vrai homme ; qu'entant que Dieu , il est engendré de toute éternité de son Pere , & qu'entant qu'homme il est né dans le Sein de la Vierge Marie , sa Mere ; & qu'ainsi encore que nous reconnoissions en lui deux naissances , il n'y a néanmoins qu'un seul Fils ; parce que ce n'est qu'une même personne, qui unit en soi la nature divine , & la nature humaine. Si donc l'on considere en Jesus-Christ la generation divine , il n'a ni freres , ni coheritiers , étant le Fils unique du Pere , & nous étant les ouvrages de ses mains ; mais si l'on considere sa naissance temporelle , non-seulement il apelle ses freres, ceux qui l'ont reçû par la foi , & qui font paroître par leurs bonnes œuvres , qu'ils croyent effectivement ce qu'ils confessent de bouche ; mais même il les regarde comme ses freres, & il veut qu'ils participent avec lui à la gloire de l'heritage de son Pere : ce qui fait que l'Apôtre l'apelle *l'aîné d'entre plusieurs freres*.
Tiré du Catechisme du Concile de Trente.

Rom. 8.

Il y a plusieurs qualitez qui conviennent à J. C. en tant que Dieu , & il y en a d'autres qui ne lui conviennent qu'entant qu'homme.

Entre plusieurs choses que l'Ecriture dit de nôtre Sauveur , il est certain que les unes ne lui conviennent qu'entant qu'il est Dieu , & les autres qu'entant qu'il est homme ; car elle a parlé differemment de lui , selon la diversité des proprietez qui conviennent aux deux natures differentes qui sont en lui. Ainsi nous disons avec verité , que Jesus-Christ est Tout-Puissant , éternel , immense ; parce que tous ces attributs sont propres à la nature Divine. Nous disons aussi de lui qu'il a souffert , qu'il est mort , qu'il est ressuscité ; qui sont toutes choses que tout le monde avouë être propres à la nature humaine ; mais outre ces attributs propres à chaque nature , il y en a d'autres qui lui conviennent à cause de l'une & de l'autre , comme celui de *Nôtre-Seigneur*, que nous lui donnons dans cet article. En effet , de même que le Fils est Dieu & éternel comme le Pere : Ainsi il est le Seigneur de toutes choses aussi-bien que le Pere. Et de même que lui & le Pere ne sont pas deux Dieux differens , mais un seul & même Dieu ; de même lui & son Pere ne sont pas plusieurs Seigneurs , mais un seul & même Seigneur. Il est aussi appellé Nôtre-Seigneur , en tant qu'homme pour plusieurs raisons. Car premierement , c'est un droit qu'il s'est aquis par justice ; puisqu'il a été nôtre Redempteur , & qu'il nous a délivrez de nos pechez , ce qui a fait dire à l'Apôtre , que parce qu'il s'est rabaissé lui même , se rendant obéissant jusqu'à la mort , & jusqu'à la mort de la Croix , Dieu l'a élevé à une souveraine grandeur , & lui a donné un nom qui est au-dessus de tous les noms , afin qu'au Nom de Jesus , tout genou fléchisse , dans le Ciel,

dans

ans la terre , & dans les enfers , & que toute langue confeſſe que le Sei-
neur Jeſus-Chriſt eſt dans la gloire de Dieu ſon Pere. Et en parlant de lui-
même après ſa Reſurrection : Toute-puiſſance, dit-il , m'a été donnée dans le
Ciel , & dans la terre. *Tiré du Catechiſme du Concile de Trente.*

Jeſus Chriſt eſt encore apellé Seigneur; parce que la nature divine & la nature
umaine étant unies en lui, dans une même Perſonne, cette union admirable fait,
ie, quand même il ne ſeroit point mort pour nous, il ne laiſſeroit pas d'être le
eigneur commun de toutes les créatures, & particulierement des fidéles qui lui
béiſſent, & le ſervent de toute l'affection de leur cœur; c'eſt ce que nous avons
romis de faire , lorſque nous avons reçû le Baptême. Car nous y avons
eclaré que nous nous donnions tout entiers à Jeſus Chriſt. Or, ſi lorſque
ous nous ſommes enrôlez au nombre des ſoldats de Jeſus Chriſt , nous nous
ommes dévouez à lui , comme à nôtre Seigneur , par une profeſſion ſi ſain-
e , & ſi ſolemnelle ; de quel ſuplice ne ſerions nous pas dignes, ſi après
tre entrez dans l'Egliſe , après avoir connu la volonté de Dieu , & ſes
ommandemens , après avoir participé à la grace des Sacremens , nous vi-
ions ſelon les loix , & les maximes du monde & du demon, de même que
, dans nôtre Baptême, nous nous étions dévouez au demon & au monde,
t non à Jeſus-Chriſt nôtre Redempteur , & Seigneur ? Qui eſt celui, dont
e cœur ne devienne tout ardent d'amour, voyant que la charité & la bon-
é de Nôtre-Seigneur pour nous, eſt telle, qu'encore qu'il nous ait en ſa
uiſſance, comme des eſclaves qu'il a rachetez de ſon Sang ; il ne nous
pelle pas néanmoins ſes ſerviteurs , mais ſes amis & ſes freres ? Et certes ,
eſt pour cette raiſon qui eſt la plus juſte, & même peut-être la plus con-
iderable que nous puiſſions avoir ; que nous ſommes obligez de le reconnoi-
re , de le reſpecter , & de le ſervir continuellement comme nôtre ſouverain
eigneur. *Le même.*

Pour ce qui regarde le troiſiéme article du Symbole des Apôtres , qui con-
iſte en ces paroles : *Qui a été conçu du Saint Eſprit , qui eſt né de la Vierge
Marie , &c.* L'on peut conſulter le Tome des Myſteres de nôtre Biblio-
heque , où nous avons traité ſuffiſamment de la Conception , de la Naiſ-
ance du Fils de Dieu , de ſes Souffrances , de ſa Mort , de ſa Reſurrection,
e ſon Aſcenſion , & de ſes grandeurs , &c. Comme auſſi nous y avons
arlé aſſez amplement du Saint-Eſprit, de l'Egliſe Catholique , de l'éten-
uë de ſon pouvoir , nous avons traité du Baptême & des autres Sacremens ; c'eſt pourquoi nous ne nous étendrons pas davantage ſur tous
es autres articles , qui ſont contenus dans le Symbole des Apôtres.

Par le Symbole des Apôtres nous admettons & embraſſons fermement
es Traditions Apoſtoliques & Eccleſiaſtiques , & toutes les autres obſer-
ations & conſtitutions de la même Egliſe. De plus , nous admettons la
ainte Ecriture ſelon le ſens que tient & a tenu l'Egliſe , à qui il apartient
le juger du veritable ſens , & de la veritable interpretation des ſaintes
ettres. Je ne l'entendrai , ni ne l'interpreterai jamais autrement , que ſuivant le conſentement unanime des Saints Peres. Je confeſſe auſſi qu'il y a
proprement & veritablement ſept Sacremens de la nouvelle Loi , inſtituez
par Jeſus-Chriſt Nôtre-Seigneur , pour le ſalut du genre humain , quoique
ous ne ſoient pas neceſſaires à chacun. C'eſt à ſçavoir , le Baptême, la

Tome V. P

Marginal notes:
Pourquoi nous avons Jeſus-Chriſt Nôtre-Seigneur.

Profeſſion de foi ſur tous les articles du Symbole des Apôtres.

Confirmation, l'Eucharistie, la Penitence, l'Extrême-Onction, l'Ordre & le Mariage, qui conferent tous la grace ; & entre lesquels le Baptême, la Confirmation, & l'Ordre, ne peuvent être réiterez sans sacrilege. Je reçois & admets aussi les usages de l'Eglise Catholique reçûs & aprouvez dans l'administration solemnelle des susdits Sacremens. Je reçois & j'embrasse toutes & chacunes des choses qui ont été definies & declarées dans le saint Concile de Trente, touchant le peché Originel & la justification. Je confesse pareillement que le veritable sacrifice propre & propitiatoire est offert dans la Messe pour les vivans & pour les morts, & que dans le Trés-saint Sacrement de l'Eucharistie, est veritablement, réellement & substantiellement le Corps & le Sang ensemble, avec l'ame & la divinité de Nôtre-Seigneur Jesus-Christ ; & qu'il se fait une conversion de toute la substance du pain en son Corps, & de toute la substance du vin en son Sang; lequel changement l'Eglise Catholique apelle Transsubstantiation. Je confesse aussi que Jesus-Christ tout entier, & le veritable Sacrement est reçû sous l'une ou sous l'autre des deux especes. Je tiens qu'il y a un Purgatoire, & que les ames qui y sont détenuës, sont aidées par les suffrages des fidéles. Semblablement que les Saints, qui regnent avec Jesus-Christ sont en un état à être honorez & invoquez; & qu'ils offrent leurs prieres à Dieu pour nous; & que leurs Reliques doivent être honorées. Je tiens très fermement que les images de Jesus-Christ, & de la Mere de Dieu toûjours Vierge, aussi bien que des autres Saints, doivent être regardées & respectées, & qu'il leur faut rendre l'honneur & la veneration convenables. J'assure aussi que la puissance des Indulgences a été laissée par Jesus-Christ dans l'Eglise, & que leur usage est trés-salutaire au peuple Chrétien. Je reconnois l'Eglise Romaine, Catholique & Apostolique, pour la Mere & la Maîtresse de toutes les Eglises particulieres; & je jure & promets une veritable obéissance au Pontife Romain, Vicaire de Jesus-Christ, Successeur de saint Pierre, Prince des Apôtres. Je confesse & reçois aussi sans aucun doute, toutes les autres choses laissées par Tradition, définies & declarées par les Canons, & par les Conciles Oecumeniques ; c'est-à-dire generaux, & particulierement par le saint & sacré Concile de Trente. *Auteur moderne.*

Sur l'origine du Symbole, & ce qui a donné lieu à l'expliquer plus au long.

Le *Credo*, est l'abregé de la doctrine Chrétienne ; & il s'appelle le Symbole des Apôtres, le Symbole de la foi. Le mot de Symbole signifie un signe duquel on convient, pour distinguer une chose d'avec une autre. Dans les troupes, le mot du guet est un symbole qui fait distinguer le soldat de l'armée d'avec l'ennemi; & dans la milice Chrétienne, la récitation du *Credo* a fait distinguer les Chrétiens d'avec ceux qui ne l'étoient pas. De là est venuë cette ancienne maniere de parler : *Donnez le signe* du Chrétien, *dites le Symbole*. Il est nommé pour ce sujet le Symbole de la foi, ou des Chrétiens ; & il est aussi apellé le Symbole des Apôtres, parce qu'il vient d'eux. C'est là le Symbole qu'on recite plusieurs fois chaque jour, dans les prieres. Il n'y en eut point d'autres durant les trois premiers siécles. Les Chrétiens l'aprenoient par cœur, & ne l'écrivoient pas, de peur de le faire connoître aux Gentils. Mais au quatriéme siécle, lorsqu'Arius eut attaqué la divinité du Verbe, les Peres du premier Concile general tenu à Nicée en 325. pour rejetter l'heresie Arienne, expliquerent & étendirent le second article du *Credo*, touchant le Fils, & dresserent le Symbole qui finit par ces paroles : *Et in Spiritum sanctum.* Peu de tems après, Maceonius Evêque de Conftantinople , attaqua la divinité du Saint-Efprit. Ce qui obligea les Peres du fecond Concile general en 381. d'expliquer l'article , & *in Spiritum fanctum* , & de faire plufieurs additions au Symbole de Nicée ; & c'eft ce qui a formé un troifiéme Symbole , qui devroit , ce femble , être toûjours nommé le Symbole de Conftantinople ; cependant on le nomme fouvent depuis le fixiéme fiécle, le Symbole de Nicée, à caufe qu'il le renferme entierement , & qu'il n'en eft qu'une extenfion. Enfin , depuis les herefies qui attaquerent l'effence & les proprietez de l'humanité de Jefus-Chrift ; il parût un quatriéme Symbole plus étendu que tous les autres , qui fut trouvé fi beau , qu'on l'attribua à faint Athanafe , le plus illuftre des défenfeurs de la foi. *Livre intitulé , les ceremonies de la Meſſe , par le Pere le Brun , Prêtre de l'Oratoire.*

EXCOMMUNICATION.

LE DROIT ET LE POUVOIR
qu'a l'Eglise d'excommunier, & de retrancher
de son Corps, les Heretiques & les pecheurs
scandaleux.

AVERTISSEMENT.

CE pouvoir qu'à l'Eglise de retrancher de son Corps les membres gâtez & corrompus, a été pratiqué dès son premier établissement ; puisque nous voyons que saint Paul en a usé de la
sorte à l'égard de ce Corinthien incestueux, comme il le raconte lui-même. Il rend même raison, pourquoi il l'a exercée ; &
pour faire voir qu'il lui a été donné pour édifier, & non pas pour
détruire ; le dessein qu'il avoit en usant de ce pouvoir, etoit de faire
rentrer ce pecheur en lui-même, & sauver son ame, par ce terrible
châtiment.

On peut donc sur cette matiere, montrer que ce pouvoir est
non seulement legitime, mais encore convenable, & même necessaire pour le regime de l'Eglise ; laquelle ne peut souvent,
par autre voye, contenir dans le devoir, les personnes puissantes, & empêcher des crimes publics & scandaleux, que la
justice humaine ne punit point ; mais que l'Eglise qui n'a point de
droit sur la vie, ni sur les biens des fidéles ne doit pas laisser
impunis.

Si ces excommunications, qu'on appelle des foudres de l'E-
glise, ont été autrefois & plus redoutez & plus frequens,
qu'ils ne sont aujourd'hui, c'est que les Chrétiens alors, qui
dans leurs dereglemens avoient conservé la foi, laquelle peut
subsister avec les crimes, qui ne lui sont point opposez, avoient

une juste apprehension de ce châtiment , qui leur ôtoit toute esperance de salut , à moins de se réunir avec elle par la penitence , & par une satisfaction proportionnee à leurs crimes , laquelle édifiât autant les fidéles qu'elle leur avoit causé de scandale. Nous verrons dans ce Traité les sujets que l'Eglise a d'employer ce glaive spirituel , les suites & les malheurs que les personnes excommuniées en doivent apprehender , & la manière dont l'Eglise s'en est toûjours servi contre les heretiques , & les pecheurs scandaleux.

✷✶✷✶✷✶✷✶✷✶✷✶ ✷✶✷✶✷✶✷✶✷ ✷✶✷✶✷✶✷✶✷✶✷✶✷

EXCOMMUNICATION.

LE DROIT ET LE POUVOIR
qu'a l'Eglife d'excommunier, & de retrancher
de fon Corps les Heretiques & les pecheurs
fcandaleux.

Ce que c'eft qu'excommunication. L'Excommunication eft une cenfure Ecclefiaftique, par laquelle une perfonne eft privée de la Communion de l'Eglife. C'eft en peu de mots, la définition & la notion qu'en donnent les Theologiens, lefquels en diftinguent de deux fortes ; l'une, qu'ils appellent Excommunication mineure, par laquelle celui qui l'a encouruë, eft feulement privé de la reception des Sacremens. Celle qu'ils appellent majeure, & à qui on donne auffi le nom d'anatheme, ou de foudre de l'Eglife, prive celui qui en eft frapé, de toute communion avec l'Eglife Catholique ; & quand il eft parlé dans le droit d'Excommunication, c'eft ordinairement de cette Excommunication majeure, qu'on entend parler. Ce n'eft pas ici le lieu de juftifier le droit & le pouvoir que le Fils de Dieu a laiffé à fon Eglife de retrancher de fon Corps, ceux qui fe font rendus indignes d'y être admis ; par leur rebellion ou par leurs crimes fcandaleux. Nous fuppofons ce droit, comme une verité reçûë, confirmée par la pratique de tous les fiécles, autorifée par tous les Conciles tant particuliers que generaux, qui tous, fondez fur ce pouvoir, ont exclus du nombre des fidéles, les Herefiarques, les Schifmatiques, & ceux qui ont voulu introduire des erreurs contre la foi, & contre les bonnes mœurs. De là, il eft aifé de voir, 1°. A qui cette autorité appartient de droit ; fçavoir, aux Conciles, au faint Siége, aux Prélats, & aux Pafteurs deleguez pour ce miniftere. 2°. Sur qui ce jugement, & cette excommunication s'exercent, & qui en font le fujet ; fçavoir, ceux qui font foumis à l'Eglife, en quelque état, & de quelque condition qu'ils foient, eu égard cependant aux coutumes des lieux, privileges, exemtions, conflit de jurifdiction ; ce que nous ne pretendons point examiner en particulier, mais foutenant en general, que comme l'Eglife reçoit au nombre de fes enfans, ceux qui lui font foumis & qui lui obéiffent, elle peut de même retrancher ceux qui lui font rebelles & défobéiffans. *Tiré de plufieurs Theologiens.*

Ce que l'on doit penfer d'une excommunication faite fur de faux raports. Ce n'eft pas s'éloigner de nôtre fujet, de voir ce qu'il faut penfer d'une Excommunication portée fur un faux allegué ; je veux dire, pour quelques crimes faux, ou mal prouvez. Car nous préfupofons toûjours que l'Eglife, toute infaillible qu'elle eft en matiere de foi & de mœurs, fe peut tromper dans un fait particulier, dont elle peut être mal informée, & par confequent qu'elle peut porter un faux jugement des mœurs d'un particulier, & em-

oyer le glaive spirituel, j'entends une excommunication, qui sera nulle sans
oute, puisqu'elle est fondée sur un faux allegué. A quoi les Docteurs repon-
nt qu'à l'égard de celui qui la prononce, elle n'est pas injuste ; suposé qu'il
 agi de bonne foi, comme on a sujet de le croire ; & du côté de celui con-
 lequel cette sentence est portée, il doit marquer par là, sa soumission, en
 comportant comme un homme soumis aux peines Canoniques, & témoi-
ner par son obéissance, qu'il est veritablement enfant de l'Eglise, sauf à se
stifier par toutes les voyes permises, contre les calomnies de ses accusateurs.
es mêmes.

Les Heretiques, en se separant de l'Eglise par leurs schismes, se privent en Quels sont
même-tems du fruit qu'ils auroient tiré des Sacremens, qui sont des biens spi- les malheurs
tuels qu'on ne sçauroit trop estimer ; car ce sont des signes visibles, par des Hereti-
esquels les fidéles sont rassemblez comme en un corps ; ce sont les fontaines ques, qui se
u Sauveur, où nous puisons les eaux du salut, & de la grace ; en effet, ce de l'Eglise.
ont des sources de grace, parce qu'ils servent à effacer nos pechez ; ce sont
ussi les sources du Sauveur, parce qu'elles tirent toute leur origine & leur
ertu des merites de sa passion ; de sorte que ceux qui se separent de l'Eglise,
e rendent indignes de joüir de ces biens & de ces richesses spirituelles, que
 Fils de Dieu nous a meritées. C'est pourquoi nous ne sçaurions trop plain-
re le malheur de ceux qui se rendent indignes de si grands bienfaits ; car les
erfonnes qui sont excommuniées de l'Eglise, sont privées non-seulement de
ous les Sacremens en general ; mais si nous les considerons en particulier, ils
ont exclus du Sacrement de Penitence, jusqu'à ce qu'ils soient réünis au Corps
de l'Eglise ; parce que ce Sacrement a été établi pour nettoyer toutes les taches du peché, où nous sommes tombez, & pour lequel on a encore ce re-
ranchement. Or je vous laisse à penser, M. quel est l'état déplorable de ceux
qui ne peuvent laver leurs crimes dans les eaux de la Penitence, que l'on propose à tous les fidéles. Il est donc vrai de dire, 1°. Que ceux qui se sont attirez les anathemes de l'Eglise, sont semblables à un malade qui refuse le secours d'un habile Medecin, qui s'offre à lui pour le guerir, malgré le mépris
& le refus qu'il fait d'un secours qui lui est si necessaire. 2°. Les personnes excommuniées par l'Eglise, ne peuvent en aucune maniere participer au Corps
naturel du Fils de Dieu dans l'Eucharistie, pendant qu'elles sont separées de
son Corps mystique, qui est l'Eglise. Il en est de même des autres Sacremens,
dont ils s'en sont rendus indignes; c'est ce qui fait dire à quelques Theologiens,
qu'on ne doit point donner le nom de Chrétien à ceux qui demeurent volontairement en cet état ; mais ce qui est de certain, c'est qu'ils ne sont point
Catholiques ; & c'est pour cela même que tous les Canons défendent la sépulture Ecclesiastique à toutes ces sortes de personnes qui meurent sans être
auparavant reconciliées avec l'Eglise, les jugeant indignes d'être mises au
nombre des fidéles. D'où il s'ensuit qu'on ne sçauroit trop aprehender l'excommunication ; parce que l'Eglise, à qui Jesus-Christ a confié les clefs du
Ciel, a le pouvoir d'en fermer l'entrée à tous ceux qui s'en rendent indignes, & sur-tout à ceux qui la méprisent, & qui ne veulent point se soumettre, ou qui negligent par mépris, d'en être absous ; de sorte que ceux qui se
sont attirez par leurs crimes & par leurs schismes, les foudres & les anathemes de l'Eglise, sont d'abord privez de la reception des Sacremens ; ils n'ont

aucune part aux suffrages, & aux prieres de l'Eglise, ne participent point aux mérites des fidéles, étant séparez de la Communion des Saints ; & enfin il leur est défendu d'entrer même dans l'Eglise qui les a excommuniez, & par conséquent jugez incapables de participer à nos saints Mysteres. *Auteur moderne.*

Le mépris que les Heretiques font des excommunications de l'Eglise.

Les Heretiques, contre lesquels l'Eglise a lancé les foudres de l'excommunication, loin de croire qu'elle les ait punis par là, ou flérris d'une oprobre éternel, en les retranchant du Corps des fidéles ; les uns les méprisent, comme Wiclef, Erasme, & Luther, les autres en font gloire, & regardent ces excommunications comme la censure de ceux qu'ils apellent l'Ante Christ ; les autres enfin, comme fait Erasme en particulier, se piquent d'une vaine & ridicule force d'esprit, ne les jugeant propres, qu'à inspirer de la terreur aux enfans & aux esprits foibles ; mais dont les gens plus raisonnables, je dirois plûtôt, plus impies, se raillent ouvertement ; & on a vû ces damnables railleries se glisser depuis quelques siécles, dans les Cours des Princes, afin de les rassurer dans leur rebellion contre l'Eglise, & les flater de l'impunité de leurs crimes. Il se trouve même des Catholiques si peu instruits, qu'ils se persuadent que cette punition que l'Eglise exerce à leur égard, n'est qu'une menace, ou tout au plus un remede & une peine salutaire, & par conséquent moins à craindre qu'à souhaiter ; puisque quelques saints Peres, & entre autres saint Augustin l'apelle medicinale ; mais à qui persuaderont-ils qu'elle est plûtôt souhaitable qu'un objet de crainte ; comme si le retranchement d'un bras, ou de quelque autre membre, étoit une chose à souhaiter ; parce qu'elle peut être utile quelquefois pour preserver le reste du corps de la gangrene, qui pourroit gagner peu à peu, & causer infailliblement la mort ; d'où il faut conclure, que l'excommunication ou retranchement du Corps de l'Eglise, est de soi même un grand mal, pour celui qui le souffre, quoiqu'il puisse être une occasion de quelque bien, à l'égard du public, qui craint d'encourir la même peine. *L'Auteur des Sermons sur tous les sujets.*

Il y a deux fortes de personnes qui sont excommuniées.

Il faut remarquer sur ce sujet, que l'Eglise, c'est à dire, les Conciles, le saint Siége, les Prélats & les Pasteurs, qui ont le pouvoir de lier & de délier les pecheurs, d'ouvrir & de fermer les portes du Ciel, dont ils ont les Clefs ; usent de ce pouvoir en deux manieres, envers ceux qu'ils retranchent de leur Corps par l'excommunication ; car les uns sont dénoncez nommément, & declarez excommuniez pour des crimes manifestes, dont ils sont convaincus ; tels que sont les Heresiarques, & les personnes rebelles aux décisions de l'Eglise. Les autres, quoique non declarez en particulier, sont compris dans l'excommunication generale qu'encourent ceux qui sont coupables des crimes, contre lesquels l'Eglise a prononcé anatheme en general, & ceux qui les ont commis, excommuniez *ipso facto*, comme il est exprimé dans l'Arrest d'excommunication, tels que sont ceux qui refusent de se soumettre aux décisions de l'Eglise, ceux qui violent publiquement ses Loix, par des scandales connus, tels que sont les Simoniaques, les Usuriers, les Apostats, soit de la foi ou des vœux de Religion, ceux qui outragent ou maltraitent les personnes Ecclesiastiques, & qui commettent d'autres crimes semblables défendus, sous peine d'excommunication, & que les Pasteurs ont

soin

foin d'intimer aux peuples, & de leur faire entendre fous quelles peines ils font défendus. C'eft à quoi le commun des Chrétiens ne fait pas affez de re-flexion ; & ce qui fait qu'il y a bien des perfonnes excommuniées fans le fça-voir, ni s'en mettre en peine, & meurent enfin en cet état, & vont paroître au jugement de Dieu comme des infidéles, comme des brebis errantes, qui fe font fouftraites à la conduite de ce divin Pafteur, lequel ne les reconnoît plus, parce qu'elles ne font plus de fon bercail, dont ils font feparez par l'ex-communication, qu'ils fe font juftement attirée. *Auteur moderne.*

Quant aux énergumenes ou poffedez, il y a divers Canons des anciens Conciles, qui les excluent de la Communion, & qui ne leur défendent pas feulement d'affifter à la celebration de la Meffe ; mais encore d'être prefens & admis aux prieres publiques ; mais il y a d'autres Canons qui ne les trai-tent pas avec tant de rigueur : Voici ce qu'en difent les Theologiens. Pre-mierement, les poffedez qui étoient exclus tout-à-fait de la Communion & de l'affiftance aux divins Myfteres, étoient, ou ceux qui pour quelque grand peché, dont ils n'avoient point fait penitence, étoient tourmentez de Satan, enfuite de leur excommunication ; (car c'étoit un effet de l'excom-munication, en ces fiécles là, que plufieurs étoient punis par la poffeffion vi-fible de l'efprit malin, qui fe faififoit de leurs corps, comme il eft aifé de voir dans le chapitre cinquiéme de la premiere aux Corinthiens,) ou bien c'étoient des Energumenes, qui étoient tellement poffedez de Satan, qu'ils étoient entierement privez de l'ufage de la raifon ; car ceux-là étoient inca-pables de fe difpofer à la Communion, & étant ordinairement agitez com-me des phrenetiques, ils euffent troublé la devotion & la reverence dûë aux faints Myfteres, s'ils y euffent toûjours affifté. Mais pour les poffedez dont on ne pouvoit préfumer, qu'ils fuffent impenitens, & qui d'ailleurs avoient par intervale l'ufage de la raifon, ceux-là pouvoient être admis même à la Communion, & on la leur donnoit quelquefois, dans l'intention de chaffer la prefence du malin efprit, par la prefence de Jefus-Chrift:il étoit donc permis d'amener les poffedez pendant la celebration du faint facrifice, afin de prier Jefus-Chrift prefent dans le Sacrement, pour la delivrance de ces pauvres ames, dont le demon s'étoit emparé : voila comment l'ancienne Eglife fe fervoit de l'Euchariftie pour chaffer les malins efprits des Energumenes;en effet,comment ne l'eût-elle pas employée pour délivrer les hommes qui étoient poffedez;puif-qu'elle s'en fervoit même pour purifier les maifons qui étoient infectées par la prefence du malin efprit. *Tiré du livre intitulé : le Bouclier de la foi, par M. Barrault, Archevêque d'Arles.*

L'Eglife ex-communie les poffedez, mais avec beaucoup de ménagemeut

Il n'y a que trois fortes de perfonnes qui foient excluës de l'Eglife, les Infidéles, les Heretiques, & les Schifmatiques, & les Excommuniez. Les Payens font exclus de l'Eglife, parce qu'ils n'y font jamais entrez, qu'ils ne l'ont jamais connuë, & qu'ils n'ont point été faits participans d'aucun des Sacremens, qui font en ufage parmi les fidéles. Les Heretiques, & les Schif-matiques font exclus de l'Eglife, parce qu'ils fe font feparez d'elle ; de forte qu'ils ne lui apartiennent pas plus qu'un deferteur apartient à l'armée qu'il a abandonnée. Ce qui n'empêche pas qu'ils ne foient fous la puiffance de l'E-glife, & qu'elle ne puiffe les juger, les punir, & les fraper d'anatheme. Enfin, les Excommuniez font exclus de l'Eglife ; parce que les ayant elle-

Qui font ceux qui font exclus de l'E-glife.

même par son propre jugement, retranchez de son Corps, elle ne les reçoit point à sa Communion, s'ils ne se convertissent. Pour ce qui est de tous les autres hommes, ils ne laissent pas quelque méchans qu'ils puissent être, d'être du Corps de l'Eglise. C'est de quoi on ne peut trop instruire les fidéles, afin que s'il arrive que la vie de ses Pasteurs soit scandaleuse & criminelle, ils soient néanmoins persuadez qu'ils sont dans l'Eglise, & que cela ne diminuë rien de leur autorité. *Tiré du Catechisme du Concile de Trente.*

Les Heretiques mis hors de l'Eglise, & excommuniez. Les Heretiques retranchez de l'assemblée des Fidéles, sont exterminez & mis hors de l'Eglise, ou bien ils se sont eux-mêmes par leur schisme & leur heresie comme déracinez de la foi, & de la compagnie des Fidéles, privez des Sacremens, & des influences salutaires de la grace de Jesus Christ, & de l'espoir du bonheur éternel, & ne sont bons à autre chose, qu'à être cueillis par les Anges, & jettez au feu éternel; outre cela, les heretiques sont comme les flots d'une mer agitée; sçavoir, gens inquiets, & qui par leurs blasphemes & medisances, s'élevent contre le Ciel: *Quasi mare fervens, quod quiescere non potest.* Ils sont comme des flots agitez pour les séditions, les troubles, & les persécutions qu'ils excitent pour accabler & renverser l'Eglise; c'est pourquoi en se declarant les ennemis de cette Eglise, ils s'attirent eux-mêmes la peine & le foudre de l'Excommunication; c'est ce qui fait que saint Paul les compare à une mer écumante, comme on voit les flots de la mer s'élever jusqu'à une hauteur prodigieuse, & ensuite écumer avec des fremissemens & des concussions horribles. De même, l'heresie fait premierement floter & douter dans ce qui concerne la foi; ensuite elle remplit les hommes de fremissemens, en les faisant vomir mille blasphemes; & à la fin elle leur met en la bouche d'horribles écumes de fureur, pour se déchaîner contre cette Eglise, qui les foudroye d'anathemes & d'excommunications. *Auteur moderne.*

Suite du même sujet. Nous ne sçaurions trop blâmer la conduite de ceux, qui, par une impieté signalée, méprisent ou n'aprehendent nullement l'Excommunication de l'Eglise, si ces personnes avoient de veritables sentimens de Religion, ils connoîtroient sur le champ les consequences funestes, qui suivent un tel châtiment; car de tous les malheurs, il n'y en a point de plus grand, que d'être jugez indignes des Sacremens, de ne pouvoir participer aux prieres des Saints; & enfin, de se voir honteusement rejettez de l'Eglise comme un membre pourri & contagieux. L'orgüeil & le libertinage en sont l'origine, & c'est de cette source que partent une infinité de malheurs, qui ne manquent jamais d'arriver même en ce monde, à ceux qui se sont separez de l'Eglise. *Le même.*

Ceux qui sont exclus de l'assemblée des fidéles ne sont pas toûjours excommuniez pour cela. Il y a bien des personnes qui sont privées de la societé des Fidéles, & qui ne sont pas pour cela excommuniées; car l'exclusion des Cathecumenes, qui se pratiquoit autrefois, ne se faisoit pas seulement; parce qu'ils n'étoient pas capables de recevoir actuellement le Sacrement de l'Eucharistie, n'ayans pas encore reçû le Baptême; mais pour deux grandes raisons, qui toutes deux confirment la verité de la créance de l'Eglise. La premiere, à cause de la foiblesse de la foi de ces Cathecumenes, l'Eglise ayant toûjours reconnu qu'il n'y a point de mystere, où nos sens ayent un combat & une contradiction plus presente & plus vive, qu'en la persuasion qu'il nous faut avoir

de la preſence du Corps de Jeſus-Chrſt ſous les eſpeces ſi viles & ſi ordinaires. Une ſi grande foi étant neceſſaire pour croire la verité de ce Myſtere,
il n'eſt pas ſurprenant que l'ancienne Egliſe ne voulût pas confier d'abord ce
ſecret à la foi naiſſante & imparfaite des Cathecumenes. Le Concile d'A-
lexandrie rapporté par ſaint Athanaſe, dit à ce propos qu'il n'étoit pas permis de leur reveler les Myſteres, de peur que les Payens ne les tournaſſent
en riſée, ou que les Catechumenes, par leur curioſité, n'en fuſſent ſcandaliſez ; c'eſt-à-dire, n'en priſſent occaſion de tomber, leur foi étant trop foible, pour ſe perſuader une verité ſi admirable & ſi contraire à l'apparence
des ſens, que le Corps de Jeſus Chriſt ſoit ſous de ſi petites eſpeces ; ainſi
que les Juifs furent ſcandaliſez par la Croix de Nôtre-Seigneur, ne ſe pouvans perſuader que celui-là fût Dieu, qu'ils voyoient mourir comme un
homme. Il y a encore une autre raiſon très-conſiderable pour l'excluſion des
Catechumenes, qui eſt la reverence dûë au Très-ſaint Sacrement. Ils euſſent
été ſcandaliſez de voir l'adoration qu'on lui rendoit, & euſſent ſcandaliſé
les autres, en manquant d'adorer ce qu'ils ignoroient. Mais quand ils avoient
été baptiſez, & qu'on les avoit inſtruits pour recevoir le ſaint Sacrement,
alors on leur diſoit clairement qu'il le falloit adorer, comme étant le Corps
de Jeſus-Chriſt. *Tiré du livre intitulé : Le Bouclier de la foi, par M. Barrault,
Archevêque d'Arles.*

On ne peut, ce ſemble, ſelon nôtre deſſein, ſe diſpenſer de décrire la   La maniere
maniere dont ſe pratiquoit cette excommunication, particulierement à l'é- terrible dont
gard des Schiſmatiques, & des Auteurs des nouvelles hereſies, contre leſ- on pratiquoit
quels l'Egliſe a toûjours ſignalé ſon zele, en les retranchant de ſon Corps, l'excommu-
par une eſpece de ceremonie publique, s'il faut l'appeller ainſi ; en effet, nication.
on ne peut lire ſans frayeur, & ſelon l'expreſſion de l'Ecriture en pareille
occaſion, ſans que les cheveux ne nous dreſſent à la tête : *Horripilationem* Eccli. 27.
capiti ſtatuat. Les circonſtances dont on l'accompagnoit autrefois, en prononçant publiquement cette ſentence ; car on ſe ſervoit des termes d'exe-
cration & d'horreur, de menace de la juſtice Divine, & de noms infames
dont on faiſoit connoître les coupables. On en eſt venu quelquefois juſques-
là, qu'on leur interdît le feu & l'eau, & on défendoit aux prochains voiſins de leur maiſon de les voir, de les ſaluer, de les aſſiſter dans leurs plus
preſſans beſoins, tant on avoit d'horreur de leurs perſonnes, & de leurs crimes ; & ce qui eſt de plus étrange, les Peres d'un Concile, ont autrefois
ſigné la ſentence de condamnation, avec le propre Sang du Sauveur du
monde, en trempant la plume dans un Calice conſacré, comme pour faire
entendre que c'étoit Jeſus-Chriſt lui-même qui portoit l'arreſt de condamnation contre un heretique, avec le Sang que cet impie lui-même avoit profané par ſon impieté ; & communément parlant, les anciens Canons, ne
permettoient de les abſoudre qu'à l'article de la mort : à la verité, l'Egliſe
d'aujourd'hui a jugé à propos de ſe relâcher de cette ancienne rigueur ; pour
ne pas trop aigrir les coupables, ou les porter au deſeſpoir, en mettant un
tel obſtacle à leur retour & à leur converſion ; c'eſt pourquoi cette execution publique, ſi on peut l'appeller ainſi, ſe pratique d'une maniere bien
adoucie, & même differente, ſelon les lieux & les differens païs ; mais elle
ne laiſſe pas dans la maniere dont elle ſe ſert d'inſpirer une juſte crainte de la

justice divine, & une horreur des crimes qui ont merité cette excommunication; c'est ce que signifie l'extinction des cierges, le renversement du livre de l'Evangile en signe de réprobation, & les autres marques de l'horreur qu'elle a elle-même des crimes qu'elle est obligée de punir de la sorte, & de la punition que Dieu même en prendra un jour. *Auteur moderne.*

Les personnes excommuniées sont punies non seulement par l'Eglise, mais encore souvent par la justice des hommes. Nous n'entreprenons pas ici d'exposer à vos yeux le triste sort de ceux qui se sont attirez les censures & l'excommunication de l'Eglise; car outre les anathemes dont elle les foudroye, en les privant des Sacremens, & de la participation aux prieres des Saints; il y a encore d'autres peines que l'on ne peut pas appeller corporelles, qui sont de les juger indignes de posseder aucun benefice ni dignitez Ecclesiastiques, de ne pouvoir en exercer les fonctions, sans commettre autant de crimes, & d'autres qui regardent le for extérieur & contentieux. Pour ce qui est des peines corporelles, comme exils, supplices de mort, confiscation de biens, l'Eglise ne sçait ce que c'est que de répandre du sang, &c. C'est pourquoi elle se contente de dégrader les uns, & abandonne les autres au bras séculier, qui les traite selon les Loix & l'énormité de leurs crimes, d'où il s'ensuit que saint Ambroise, saint Augustin & saint Gregoire le grand, nous enseignent qu'on peut punir les Heretiques, de peines corporelles, de bannissemens & autres supplices, qui est une question fort agitée depuis peu; mais ce n'est pas en vûe, ni à cause de l'excommunication de l'Eglise, qu'on les traite ainsi; mais parce qu'on les regarde comme perturbateurs du repos public, & infracteurs des Loix, dont les Princes & les Magistrats sont les vengeurs, & qui outre cela s'interessent à conserver les droits de l'Eglise. *Le même.*

Le danger qu'il y a de commercer avec les personnes excommuniées. Nous avons déja insinué qu'il y a des lieux & nommément en France, où l'on ne traite pas les Excommuniez avec toute la rigueur des anciens Canons; puisqu'il y en a qu'on y tolere, & qui ont toute liberté de vivre, & de commercer avec les autres, qui réciproquement n'ont nulle obligation de les fuir ou de les éviter; on peut même les assister dans leurs besoins; il y en a qui exercent leurs charges, & leurs emplois sans qu'on les inquiete là-dessus, & à qui enfin l'on peut rendre tous les services, qu'on rend indifferemment au prochain, par une charité chrétienne; mais aussi on ne doit jamais oublier que ce commerce permis par les Loix civiles, n'est pas sans grand danger, selon les loix de la conscience, principalement avec les heretiques, qui sont excommuniez de droit; car qui peut ignorer le danger où l'on s'expose dans cette conversation; puisque comme il ne faut qu'un Pestiferé pour infecter toute une ville, & tout un grand peuple, à plus forte raison un particulier a-t-il sujet de craindre d'être infecté de l'erreur par l'amitié, & la familiarité qu'il contracte avec ceux que l'Eglise, en les excommuniant conseille de fuir & d'éviter, de peur que leurs entretiens & leurs discours ne nous fassent prendre le poison qu'ils ont pris les premiers. D'ailleurs n'y a-t-il pas un precepte naturel d'éviter l'occasion prochaine du peché, puisque c'est déja en commettre un, que de s'y exposer. On ne peut nier, que ce danger ne soit encore plus inévitable de lier amitié avec ceux que l'Eglise declare excommuniez, comme étant notoirement heretiques, & que saint Paul même défend de frequenter, de crainte qu'il ne nous infecte de

leurs erreurs : *Hæreticum hominem post unam & alteram correptionem, devita. ad Tit. c 3.*
Tiré des Theologiens.

Comme nous ne parlerons ici qu'en general de l'excommunication, & du pouvoir que l'Eglise a exercé de tout temps de retrancher de son Corps, ceux qu'elle juge indignes de participer aux saints Myste-res ; nous ne pretendons pas décider avec une infinité de questions, & de cas de conscience que les Scholastiques, Casuistes, & Contro-versistes proposent sur ce sujet, & dont la solution depend assez sou-vent des Loix civiles, comme des revelations des crimes où le public est interessé, & qu'on est obligé de faire sous peine d'excommunica-tion, & en particulier quelles sont les causes pour lesquelles l'Eglise use de cette rigueur ; quelles sont les excommunications, dont l'abso-lution est reservée au souverain Pontife, celles que les Evêques se reservent, & celles dont tout Confesseur approuvé peut absoudre. Nous n'entrons point dans tout ce détail, n'ayant dessein que d'inspirer aux fidéles une juste crainte des anathemes & des foudres de l'Eglise, & de justifier le pouvoir qu'elle a de les lancer contre les coupables. *Auteur moderne.*

Un homme coupable de peché mortel n'appartient plus à Jesus Christ, comme un membre vivant ; mais il peut encore appartenir à Jesus-Christ comme un membre mort, qui tient à son corps par les liens extérieurs ; & en quelque chose, par les liens interieurs ; par la foi, par l'esperance, &c. Mais si ce pecheur a été absolument retranché du Corps de l'Eglise par l'excommunication ; alors il n'appartient plus pro-prement à l'Eglise, qui est le Corps mystique de Jesus Christ. Il ne lui appartient plus proprement, ni par les liens intérieurs ; car il les a pres-que tous rompus par ses crimes, ni par les liens extérieurs ; car ils ont été rompus par l'excommunication. Cela posé, je dis que les Chré-tiens, quoique coupables de peché mortel, ne laissent pas d'avoir part en plusieurs choses à la Communion des Saints, tant qu'ils ne sont pas excommuniez. Ce sont des membres morts, mais qui tiennent toû-jours au corps jusqu'à ce qu'ils en ayent été retranchez. Ils sont des membres, pour ainsi dire paralytiques, qui n'ont presque plus de mou-vement ; mais qui néanmoins sont toûjours liez à l'Eglise par la pro-fession d'une même foi, & d'une même esperance, par l'obéissance extérieure aux mêmes Pasteurs, par le droit qu'ils conservent aux mê-mes Sacremens ; & ils reçoivent par le moyen de l'Eglise plusieurs se-cours intérieurs & extérieurs pour leur conversion. Ainsi ils ont infini-ment plus d'avantages que ceux qui sont absolument retranchez de la Communion de l'Eglise. *Auteur moderne.*

Il étoit à propos que l'Eglise eût le pouvoir d'excommunier ; car un Pere de famille chasse pour un tems les enfans désobéissans & re-belles de la maison, afin qu'ils s'humilient & reconnoissent leurs fau-tes ; c'est la conduite que tiennent les Prélats, à l'égard de ceux qu'ils excommunient ; le Berger jette hors de la bergerie, une bre-bis galeuse, & la laisse en proye au loup, si elle ne guerit pas. De même les Pasteurs jettent hors de l'Eglise les ames rebelles, & les li-

Une person-ne excommu-niée n'appar-tient plus à l'Eglise, ni par les liens interieurs, ni par les liens exterieurs.

Pourquoi l'Eglise a le pouvoir d'ex-communier.

Q iij

vrent à Satan, jufqu'à ce qu'elles fe foient amendées. Les Princes, & les Magiftrats ont certaines manieres de corriger & reprimender ceux qui ne veulent point fouffrir le joug & la direction des Loix de leur état : Ainfi les Princes de l'Eglife, les Evêques & les Prélats ont l'excommunication en main, qui eft comme le nerf de la difcipline Ecclefiaftique, & le glaive fpirituel que Dieu leur a donné, non pas pour tuer, mais pour guerir & féparer de la Communion extérieure des fidéles, & du bien intérieur qui en revient, ceux, qui par leur faute, s'étoient déja eux-mêmes retranchez de l'obéiffance dûë à Dieu & à fon Eglife. *Auteur moderne.*

SUR LE POUVOIR QU'A L'EGLISE
de censurer & condamner les mauvais Livres contre la foi & les bonnes mœurs.

AVERTISSEMENT.

ON ne peut douter que l'Eglise ne soit en droit, aussi-bien qu'en possession, de censurer, de condamner, & d'interdire aux Chrétiens la lecture des mauvais Livres, sous peine d'excommunication, & d'être retranchez du nombre des fidéles. C'est ce que les Apôtres ont pratiqué dès son premier établissement, en condamnant les Livres des Infidéles, & des premiers Heretiques, qui combattoient sa doctrine, & la sainteté de ses mœurs. C'est la maniere dont elle en a usé dans tous les siécles, pour étouffer les erreurs dans leur naissance, & empêcher qu'elles ne se fortifiassent, & ne s'entretinssent par la lecture des dogmes, & des maximes contraires à ses sentimens ; comme nous l'apprenons de tous les Saints Docteurs, dont les écrits semblent pour la plûpart n'avoir autre but, que de réfuter ceux qui combattoient les veritez Chrétiennes, & d'employer les mêmes armes pour défendre l'Eglise, dont leurs ennemis se servoient pour la combattre. Certes, l'Eglise a grande raison d'employer encore aujourd'hui ce même moyen, qu'elle a toûjours trouvé très efficace, de proscrire ces mauvais Livres, tant ceux qui corrompent l'esprit que le cœur de ses enfans. Car enfin, puisqu'elle est obligée, comme une bonne Mere, de nourrir ses enfans d'une saine Doctrine ; & comme parle le Prophete, de les mettre dans de bons pâturages, pour conserver la vie de la grace ; n'est-elle pas aussi obligée de leur interdire les mauvais, qui sont capables de les empoisonner. J'entends par là ces Livres pernicieux qui corrompent la foi & les bonnes mœurs, qui sont les deux choses qu'elle a plus de soin & d'interêt de conserver ; c'est ce que nous verrons plus en détail dans la suite. Je prie seulement de remar

128

quer que quoique nous ayons traité cette matiere dans le troisiéme
Tome de la Morale de la Bibliotheque des Prédicateurs ; & parl.
des bons & des mauvais Livres en general : Nous nous bornon.
ici à justifier le procedé de l'Eglise , en representant les pernicieux effets des mauvais Livres contre la foi & les bonne.
mœurs.

****

SUR LE POUVOIR QU'A L'EGLISE
de cenſurer & condamner les mauvais Livres
contre la foi & les bonnes mœurs.

FUt-il jamais un poiſon plus mortel, que celui qui eſt repandu dans les mauvais livres ? Et quel empreſſement n'a-t-on point pour ces livres em-poiſonnez ? Qui ne ſçait que la lecture de ces livres eſt un poiſon d'autant plus ſubtil, qu'ils ſont écrits avec plus de brillant, plus de politeſſe, plus d'éloquence, qui ne manque guere à ceux qui compoſent de tels ouvrages. On y flatte le goût, tout y plaît, & tout y empoiſonne. On lit tranquille-ment ce que l'on ſe feroit honte d'entendre raconter. Les plus dangereu-ſes paſſions s'inſinuent dans l'ame, & percent juſqu'au cœur, par ces perni-cieuſes lectures. Par tout ailleurs, dans les plus perilleuſes occaſions, dans les tentations les plus violentes, l'eſprit, le cœur peuvent ſe diſtraire : effrayez du danger, nous pouvons nous mettre en garde contre les ruſes de l'enne-mi ; nous pouvons parer aux coups, ou du moins nous tirer d'intrigue par la fuite : mais par la lecture des mauvais livres, nous allons chercher de plein gré, & de propos deliberé le poiſon ; nous le bûvons à petits traits, nous le goûtons avec lenteur, à loiſir, & ſans témoins, qui nous puiſſent détourner de ces ſources empoiſonnées. *Le P. Croiſet.*

Le danger qu'il y a de lire de mau-vais livres.

N'eſt-ce pas par la lecture des mauvais livres, que le demon a trouvé l'art d'arrêter & le cœur, & l'eſprit, qui ne ſont jamais moins diſtraits, ni en même-tems plus ſuſceptibles de la paſſion, à qui les mauvais livres donnent toûjours de nouveaux charmes. Nul objet étranger qui diſtraye ; la lecture laiſſe l'ame en proye aux paſſions. Quelque déguiſé que ſoit le vice, il a toûjours quelque choſe qui fait fremir, quand il ſe preſente à nos yeux tel qu'il eſt : mais les livres le preſentent toûjours à nôtre eſprit & à nôtre cœur, ſi adouci, avec tant d'agrémens, ſous des caracteres ſi artificieux, qu'il n'eſt guere poſſible de s'en défendre. Le démon n'a peut-être point d'artifice plus efficace, pour perdre les ames, que les mauvais livres. Peu de gens qui n'ayent fait naufrage à cet écüeil. Eh ! quoi ! n'y a-t-il point dans le monde & dans nous mêmes, aſſez d'ennemis de nôtre ſalut, ſans en aller encore chercher dans les livres ? Que de ruſes ! que d'artifices tout à la fois ! Au commencement, ce n'eſt guere que la curioſité ; elle apriviſe un cœur, que le crime d'abord revolteroit. Le plaiſir ſuit la curioſité ; & in-ſenſiblement le cœur ſe trouve pris. Les bons livres convertiſſent beaucoup de gens ; les mauvais en pervertiſſent davantage. Donner un mauvais livre, c'eſt donner du poiſon. *Le P. Croiſet, dans ſes Exercices.*

C'eſt par les mauvaiſes lectures que le démon at-tire,& fixe les ames à ſon ſervice.

Ce n'eſt pas un vice, ni un deſordre en particulier qu'on attaque, dans ce traité, ni une ſeule erreur qu'on entreprend de combattre ; ni enfin une ſeule pernicieuſe maxime, que l'on veut s'efforcer de réfuter ; on veut dé-couvrir la cauſe des plus grands deſordres, & preſque de tous les vices ; on

Combien il eſt dange-reux de lire de mauvais livres, & les deſordres qui en arrivent.

veut tâcher de tarir la source de toutes les erreurs ; & l'on cherche enfin un moyen fûr & efficace de defabufer les efprits des plus dangereufes maximes, qui perdent les hommes, dans ce fiécle malheureux ; & je croirois l'avoir trouvé, ce moyen efficace & ce remede fouverain, fi je pouvois perfuader à tout le monde d'imiter les Ephefiens, qui brûlerent tous leurs mauvais livres, après la prédication de faint Paul ; mais comme ce n'eft qu'un remede en idée, qu'on ne reduira jamais en pratique ; je veux du moins porter tous ceux qui m'écoutent, à faire une conftante refolution de ne les lire jamais ; c'eft à quoi je pretend vous engager par l'interêt le plus cher que vous ayez au monde, qui eft l'interêt de vôtre falut, que la lecture des mauvais livres expofe aux plus manifeftes dangers. Je les raporte à trois efpeces, tous dangereux à proportion de la malignité du poifon qu'ils contiennent, & qu'ils prefentent à ceux qui fe laiffent aller à cette avide curiofité. Il y en a qui ne parlent que des chofes inutiles, mais plaifantes, qui ne fervent qu'à divertir l'efprit, comme l'on s'imagine ; mais qui le gâtent effectivement, lorfqu'on s'en fait une occupation, & qu'on y donne le tems, qui pourroit être employé à d'autres lectures plus folides & plus édifiantes, afin de s'inftruire de fes devoirs. Il y en a qui font ouvertement impies, qui combatent la Religion, & qui ne peuvent avoir d'autre effet, que d'étouffer la crainte & les fentimens de Dieu, & de faire des athées & des libertins. Il y a enfin d'heretiques qui contiennent des erreurs & des fentimens contre la foi, & qu'ils ne manquent gueres d'inspirer à ceux qui n'ont pas affez de lumiere, ni de capacité pour en apercevoir le venin, & pour s'en défendre. Je ne les mets pas tous au même degré de malice ; mais je dis que tous en ont affez, pour gâter entiérement un efprit, & pour mettre un grand obftacle à nôtre falut. *L'Auteur des Sermons fur tous les fujets.*

Les funeftes effets que produit la lecture des mauvais livres.

Les mauvais livres gâtent & corrompent l'efprit ; c'eft-à-dire, que par l'impreffion que la lecture fait, ils leur infpirent des fentimens contraires, ou à la pieté, ou à la foi, ou à la crainte de Dieu, felon les fujets pernicieux qu'ils traitent, que s'ils n'en contiennent que d'inutiles, ils diffipent du moins l'efprit & y étouffent les penfées les plus falutaires, en l'apliquant tout entier à des amufemens, & à des bagatelles indignes d'un homme raifonnable, & d'un Chrétien. Ce n'eft pas affez, car comme il y a encore des livres d'une autre nature, & auffi préjudiciables, tels que font ceux qui portent au vice & au libertinage ; plus ces fortes de livres font écrits poliment, & plus ils font agréables & galans, ainfi qu'on les appelle, plus ils font propres à corrompre les bonnes mœurs ; de maniere que la corruption de l'efprit ; & le déréglement de nôtre vie étant les deux effets prefque infaillibles de ces fortes de livres, & les deux plus grands obftacles qu'ils apportent à nôtre falut ; ils doivent fans doute, arrêter cette curiofité criminelle, pour ne pas dire cette fureur qu'on a de les lire. *Le même.*

Le démon fe fert fouvent des livres libertins, pour corrompre les mœurs.

Comme le libertinage des mœurs n'eft pas un moindre obftacle au falut, que l'irreligion & l'impieté ; vous fçavez que l'ennemi des hommes employe l'une & l'autre batterie pour les perdre ; & que ceux qu'il ne peut féduire & corrompre par l'erreur, il tâche de les attirer, ou plûtôt de les entraîner dans le vice & dans le dereglement, par le moyen des livres libertins. Or, c'eft de ceux-là que j'entreprends ici de faire la cenfure, fans entreprendre pour cela , ſur l'autorité de l'Egliſe , ni ſur le jugement des Prélats & des Docteurs; puiſque je ne veux que vous obliger à la condamnation qu'ils en ont faite tant de fois , non en vous marquant en particulier quels ſont ces livres capables de corrompre les mœurs ; puiſque le nombre en eſt infini , & qu'il ſeroit impoſſible de les raporter en détail ; mais en vous diſant en general , que ce ſont ceux que la plûpart du monde recherche avec le plus d'ardeur , qui font les délices des gens qui ſe piquent de bel eſprit , & dont la lecture donne ordinairement le plus de plaiſir. Ce ſont , en un mot , les livres de galanterie ; & j'entends par là ces Romans agréables , dont les avantures & les intrigues d'un heros fabuleux , excitent de veritables paſſions : ces comedies enjoüées , ces poëſies galantes , où les affections les plus tendres ſont traitées avec tout l'art & tout l'artifice capable de les faire entrer dans le cœur ; & tous les livres enfin qui ſemblent n'être faits que pour inſpirer un amour criminel. *L'Auteur des Sermons ſur tous les ſujets.*

Comme l'Egliſe n'a pas moins de zele pour conſerver que pour défendre la foi , elle a toûjours eu ſoin de cenſurer & condamner les livres qui inſpirent le libertinage , non ſeulement par des obſcenitez manifeſtes , que les perſonnes , qui ont encore quelque reſte de pudeur , ne peuvent ſouffrir , & que les Payens mêmes ont proſcrits avec leurs Auteurs ; mais encore ceux qui cachent leurs venins ſous des noms moins choquans , & des paroles plus honnêtes en aparence , comme les Romans , les Comedies licentieuſes , les hiſtoires qu'on apelle galantes ; on peut auſſi compter entre ces livres pernicieux, les ſatyres & livres diffamatoires préjudiciables à la réputation des particuliers , & ſouvent à des ſocietez entieres ; l'on ne doit donc pas trouver étrange , que l'Egliſe s'intereſſe avec autant d'ardeur à condamner ces ſortes de livres , que les Magiſtrats font paroître de zele contre les écrits ſéditieux qui ſont contre l'Etat , ou qui attaquent l'autorité du Prince. *Auteur moderne.*

Je ne parlerai point ici de ces livres , qui choquent plus ouvertement l'honnêteté & la pudeur ; parce que l'on eſt aſſez convaincu que ces livres infâmes ne peuvent aprendre que des debauches honteuſes , qui font le ſcandale des Villes , & qui font horreur aux perſonnes , qui ont quelque ſentiment d'honneur & de probité. On a donc rendu en ce tems le vice moins honteux , & les livres en couvrent l'infamie ſous des termes honnêtes ; mais avec des tours , & des ſentimens beaucoup plus dangereux ; parce qu'ils les inſinuent avec tant d'eſprit , & tant de politeſſe , qu'il eſt bien difficile de s'en défendre. C'eſt à ceux-là que je m'arrête uniquement , comme à ceux qui ne ſont faits que pour inſpirer , entretenir & fomenter la plus dereglée de toutes les paſſions. Je ne ſuis pas même en peine de convaincre mes auditeurs , du peril qu'il y a de lire ces ſortes de livres ; j'ai plus de ſujet d'aprehender que pluſieurs n'en ſoient déja que trop convaincus par leur propre experience , & qu'ils ne reconnoiſſent que le libertinage de leur jeuneſſe dereglée , a commencé par cette lecture , qui ſous pretexte d'aprendre le monde , & à ſçavoir vivre , leur ont apris à vivre mal , & à paſſer leurs meilleures années dans le deſordre. *L'Auteur des Sermons ſur tous les ſujets.*

Rien n'eſt plus capable de corrompre les mœurs de ceux , dont l'âge & le naturel ſont ſuſceptibles de ces dangereuſes impreſſions. Ne me dites point,

Suite du même ſujet.

On admire ſouvent la politeſſe dans les livres deshonnêtes , & on les lit avec plaiſir.

Les pretextes que l'on aporte pour lire des Romans, les desordres qu'ils causent sur-tout dans l'esprit des jeunes gens.

je vous prie, que dans ces livres, qui vous plaisent, & qui vous enchantent si fort ; on n'y parle que des amitiez honnêtes, vû qu'ils ont pour but le mariage ; mais qui ne se conclud, qu'après bien des traverses, des inquiétudes, des jalousies & des pratiques, sans quoi la lecture n'auroit rien d'agréable, ni d'engageant. Ah ! c'est cela même qui rend le danger plus grand & plus inévitable ; cette honnêteté aparente, qui sert de prétexte spécieux ; ce désir qui semble si loüable, d'aprendre à vivre, à converser & à entretenir les compagnies où l'on se rencontre, est comme l'amorce qui couvre l'hameçon, dont le cœur est déchiré par mille remords de conscience ; ou comme le mets exquis & délicieux, avec lequel le poison est mêlé, & que l'on ne sent qu'après l'avoir pris. Dites tant qu'il vous plaira, que les Auteurs de ces livres ont eu grand soin d'en bannir tout ce qui peut tant soit peu soüiller l'imagination, & choquer la bienséance. Il a été facile à un Auteur, d'arrêter la passion, là où il a jugé à propos, & de ne pas pousser plus loin un endroit délicat & dangereux ; mais quand l'imagination du lecteur est échauffée, elle va plus loin qu'il n'avoit prévû & resolu ; elle supplée à ce que le livre ne dit pas ; ce n'est pas l'honnêteté qui plaît, ou qui nous porte à cette lecture ; c'est le sujet qui y est traité, lequel seul est capable d'allumer dans le cœur une passion deshonnête ; car alors l'esprit faisant abstraction de ce qui est illicite ou permis, ne s'attache qu'à ce qui lui plaît ; ce qui donne occasion à mille phantômes impies, à mille desirs criminels, & à mille autres desordres. Le tour qu'un Auteur donne aux choses qu'il traite, est inséparable du sujet ; & les choses étant criminelles d'elles-mêmes, le danger de s'y plaire en devient plus present, par la maniere dont l'Auteur les insinuë ; ce tour poli, cette expression vive, ces sentimens si tendres & si bien tournez, font une telle impression, qu'il est presque impossible de les oublier jamais. *L'Auteur des Sermons sur tous les sujets.*

Suite du même sujet.

Mais, me direz-vous, nous sçavons bien que la lecture de ces livres est dangereuse à ceux qui sont d'un certain âge, & d'un naturel porté au plaisir & aux divertissemens ; mais pourquoi voulez-vous l'interdire aux autres, qui ne sont pas dans une disposition à prendre ce poison preparé avec tant d'artifice ? Pourquoi ces gens d'un âge plus meur & plus avancé, ne pourront-ils pas se relâcher de leurs occupations plus serieuses, en passant de mauvaises heures ; à cet honnête divertissement, qui leur tient lieu de jeu, d'entretiens & de compagnies, qui pourroient peut-être avoir des suites plus fâcheuses ? Voilà un autre pretexte qui cache le mal, & le danger qu'il y a dans cette oisive occupation, & qui me fait dire en second lieu, que non-seulement elle est capable de corrompre les mœurs de la jeunesse, & de la porter au libertinage ; mais encore d'y replonger ceux qui s'en sont retirez, en retraçant dans leur esprit le souvenir des desordres, dont peut-être ils ne sont pas encore bien revenus. *Le même.*

Le danger qu'il y a de conserver chez soi de mauvais livres.

On ne trouve pas toûjours les compagnies enjoüées ; le jeu cesse quand on a tout perdu ; les comedies, & les autres spectacles ne sont pas toûjours prests ; il faut les aller chercher, & l'on s'y ennuye assez souvent : mais on lit ces mauvais livres quand on veut ; on les porte avec soi à la ville & à la campagne ; on les quitte, & on les reprend quand il nous plaît, & l'on y trouve de quoi s'entretenir, sans sortir de son cabinet. De sorte que comme quand ce font de bons livres, il n'y a point de Maîtres plus commodes, qui nous inftruifent en tout tems & en tous lieux ; quand au contraire ils portent au mal, on peut dire que l'on porte avec foi, ou que l'on garde dans fa maifon un poifon, que l'on prend à diverfes reprifes, jufqu'a ce qu'il nous ait donné la mort que nous cherchons. *L'Auteur des Sermons fur tous les fujets.*

Il y a des gens paffionnez pour les fciences, qui dévorent les volumes entiers en peu de tems, fatiguent tous les fçavans de queftions & de leurs doutes ; & un livre n'eft pas plûtôt mis au jour, qu'il fe trouve entre leurs mains. Cette curiofité feroit la moins blâmable, fi elle pouvoit être reglée, & fixée à des chofes utiles & neceffaires ; mais pendant qu'elle n'eft qu'un défir inquiet de tout fçavoir & de tout aprendre ; c'eft une nourriture indigefte, plus capable de nuire que de profiter ; & l'on peut dire de ceux qui n'ont pour but de leurs études que de fatisfaire leur curiofité ; ce qu'en dit faint Paul, qu'ils aprennent fans ceffe, fans jamais parvenir à la veritable fcience, qui eft celle de fe fauver, & d'être éternellement heureux : *Semper difcentes, & nunquam ad fcientiam pervenientes.* Que fi cette multiplicité de connoiffances inutiles eft un obftacle à la fcience du falut ; certes, les autres objets en détournent encore davantage un efprit curieux. Car qui ne fçait que la curiofité entre dans toutes les chofes les plus neceffaires à la vie ? On a befoin d'alimens pour nourrir le corps, de vêtemens pour le couvrir, de maifons, pour nous fervir de demeures, de meubles pour differens ufages, & de mille autres chofes pour la commodité. La neceffité d'abord a inventé chaque chofe dans la fimplicité ; mais la curiofité a cela de commun avec la cupidité, qu'elle les multiplie, fans que le befoin en foit plus grand : *Nihil fatis eft cupiditati.* Les biens de la terre vous font neceffaires, je le veux ; mais fi, quelques neceffaires qu'ils font, fouvent ils font un grand obftacle au falut ; que fera ce de ceux que la curiofité fait rechercher & accumuler avec tant de foin ? De ces ouvrages de l'art & de la nature, aufquels la rareté donne le prix. De là il eft facile de juger que le Sage ne condamne pas abfolument la fcience, puifqu'il l'avoit lui-même reçûë du Ciel, & qu'il y furpaffoit le refte des hommes, ni la connoiffance des fecrets de la nature ; puifque par l'étenduë & la penetration de fon efprit, il avoit connu les vertus des plantes ; depuis l'Iffope, jufqu'aux cédres du Liban, & qu'il fembloit que la nature lui eût ouvert tous fes tréfors ; il ne veut pas non plus accufer de témérité ou de préfomption, la recherche des veritez furnaturelles, dont la connoiffance eft fi neceffaire pour parvenir au bonheur éternel ; puifque le Fils de Dieu, dans lequel étoient renfermez tous les tréfors de la fcience & de la fageffe, eft venu du Ciel, pour nous les reveler ; mais le Sage nous défend de raifonner & de difputer de ce qu'il y a de plus fublime dans la foi, pour faire paroître fon efprit : *Altiora ne quafieris. Le même.*

Le premier effet de tous ces livres de galanterie, où l'on trouve tant de charmes & d'agrémens, c'eft de corrompre les mœurs de la jeuneffe, & c'eft le premier écueil, où l'innocence & la pureté vient à fe perdre ; les premiers guides qui ouvrent à la plûpart l'entrée de cette voye large, qui conduit à une mort éternelle. Une jeune perfonne, de l'un ou de l'autre fexe, a pris le parti d'entrer dans le commerce du monde, elle prend fes mefures

La curiofité de plufieurs perfonnes leur font rechercher les livres défendus.

2. ad Tim.

Les livres de galanterie fe fervent ou à corrompre les mœurs des jeunes gens,

pour cela , elle croit d'abord qu'il faut avoir quelque connoissance de ce qui s'y fait, comme on y parle, & comme on y vit; parce que c'est s'exposer à s'y faire railler , que d'y paroître neuf, sans en sçavoir le manége & les manieres. Elle en aprend donc les premieres leçons dans les livres , elle s'informe & s'instruit de ceux qui parlent le mieux , & qui sont le plus en vogue ; & comme les exemples enseignent infiniment mieux que les preceptes , elle s'aplique à la lecture des Romans , des Histoires galantes , & des Comedies enjoûées ; elle retient les endroits les plus passionnez , & les mieux touchées des piéces de vers ; les jours lui paroissent trop courts dans un exercice si agréable & si divertissant ; elle y ajoûte une partie des nuits , & ce que la passion de devenir sçavant a fait voir dans les plus grands hommes , le plaisir qu'on prend à ces sortes de livres , le fait pratiquer à ces personnes , qui pour ne pas passer pour grossieres , veulent être mondaines , & aprennent l'art de le devenir. *L'Auteur des Sermons sur tous les sujets.*

Les fruits pernicieux ... reti... ... la lectu- re des Ro- mans , &c.

Mais je vous demande , M. à quoi sont propres ces Romans , ces Histoires, & ces intrigues de galanterie, qu'à inspirer de folles amours, qui souillent le cœur, qu'à rendre une ame molle , oisive & voluptueuse, & à l'engager dans des attachemens honteux , après lui avoir rempli l'imagination de sottes idées de beauté & de perfections chimeriques ? Qu'aprend-t-on dans cette lecture , qui les enchante si fort , que des aventures bizarres , d'une passion traversée , par des incidens qui tiennent l'esprit en suspens , que des combats imaginaires , où l'on prend interêt ; que des intrigues , par lesquelles on conduit un heros par toutes les disgraces de la fortune , avant que de le faire parvenir au comble de ses désirs ? Mais quel fruit , & quel effet voit-on dans les mœurs de ceux qui sont comme enchantez de cette lecture ? Ne font-ils pas ensuite un Roman de leur vie même ? Et comme s'ils vouloient mettre en pratique ce qu'ils ont lû , ils ressentent les troubles & les agitations qu'on leur a si bien representées. Ils n'ont que des idées de femmes , dont ils font leurs idoles. Ils ne parlent que d'attachement , d'esclavage , de dévoüement & de constante fidelité ; ils tâchent enfin d'exprimer par leur conduite , & par leurs projets chimeriques , ce qu'ils y ont apris ; on voit enfin des gens entêtez de ces vaines imaginations , mener une vie oisive , incapable d'affaires, & d'aucun emploi ; servir eux-mêmes de divertissement & d'entretien aux gens plus sensez , & instruits dans une meilleure école. Vous pensez par là aprendre les manieres du monde , la belle conversation , la politesse , & la vie des honnêtes-gens , & vous y perdez même les dispositions , que la nature vous avoit données pour cela ; & vous achevez de vous gâter par ces manieres Romanesques que vous y prenez ; de sorte qu'après avoir perdu une partie de vôtre tems à lire ces grotesques , vous perdez l'autre dans une vie oisive, qui ne fait rien pour le salut éternel. *Le même.*

Les differen- tes sortes de mauvai- li- vres, & les prétextes que l'on apporte pour les lire

Parmi les mauvais livres , que l'on regarde comme indifferens , & qu'on ne cherche que pour se divertir ; je compte les livres remplis d'histoires facetieuses , qui ne parlent que de bagatelles , & que de contes faits à plaisir ; les Comedies boufonnes , & les agréables réveries inventées pour réjoüir un esprit mélancholique , & dissiper son chagrin , ou pour desennuyer un homme qui ne sçait à quoi s'occuper. C'est un divertissement innocent , dites-vous, qui peut même servir à dissiper des pensées plus noires & plus criminelles.

Mais penſez-vous à ce que vous dites, mon cher Auditeur, n'eſt-ce pas déja ne dangereuſe illuſion, de compter pour rien la diſſipation d'eſprit où cette lecture vous jette ? Et quand elle ne vous cauſeroit autre mal, que d'entretenir une oiſiveté fainéante, & de vous dérober le tems qui devroit être employé aux choſes les plus ſérieuſes, ne ſeroit-ce pas un aſſez grand mal, & une perte aſſez dommageable ? Helas ! que vous la regreterez un jour, cette perte, à un amuſement ſi frivole ! Que d'heures précieuſes ſe paſſent à cette occupation badine ? Que de tems perdu à ſe remplir l'eſprit de choſes qu'il faut entiérement oublier pour commencer à vivre en veritable Chrétien ? Que ſi les livres de ce caractere vous paroiſſent encore innocens, ou au moins, qu'ils ne méritent pas une ſi ſévere cenſure ; parce que ce n'eſt que par intervale, qu'on s'y aplique, & qu'on y donne que le tems qu'on donneroit au jeu, ou à quelque autre divertiſſement ; vous ne faites pas reflexion qu'il n'y a rien de plus opoſé à l'eſprit de pieté, de recüeillement, d'attention ſur ſoi-même, ſi neceſſaire pour vivre en Chrétien, que cette diſſipation l'eſprit, & cet amuſement à des choſes ſi vaines, ſi baſſes & ſi inutiles. *L'Auteur des Sermons ſur tous les ſujets.*

Saint Antonin, qui eſt celui de tous les Docteurs qui a traité ce ſujet le plus à fond, apelle ces ſortes de livres, qui ne ſont faits que pour divertir les gens oiſifs, le poiſon de la pieté & de la devotion ; en ſorte que s'ils ne portent pas ſi ouvertement au crime que d'autres ; ils nous y diſpoſent peu à peu, par le dégoût qu'ils nous inſpirent pour toutes les choſes de Dieu, & pour tous les exercices de pieté. Et il ne faut pas s'en étonner ; puiſque ſaint Paul même, dans l'Epître qu'il écrit à Timothée, ſe ſert d'une expreſſion, laquelle je ne ſçai comment vous pourrez accorder avec ce divertiſſement, que vous apellez innocent ; puiſqu'il aſſure qu'il contribuë à établir l'impieté : *Profana & vaniloquia devita, multùm enim proficiunt ad impietatem.* Ce qui ne veut pas dire ſeulement, que ces diſcours vains & profanes, à l'égard de ceux qui les écoutent, ou qui les liſent dans les livres, ſont contraires à la pieté ; mais qu'ils contribuent à devenir impies. Vous avoüez bien que ceux qui ſe plaiſent à cette lecture profane, pour me ſervir des termes de cet Apôtre, ne ſont pas des gens qui ſe piquent de devotion, ni qui en faſſent une profeſſion declarée ; auſſi ne pretendent-ils pas être regardez dans le monde ſur ce pied-là ; mais je dis avec ſaint Paul, que ceux qui ſe font une occupation d'une lecture toute profane, telle qu'eſt celle dont nous parlons, ſont comme dans une école d'impieté, où ils profitent de jour en jour, & deviennent bien-tôt ſçavans, par les leçons qu'ils aprennent ſi régulierement dans ces ſortes de livres : *Proficiunt ad impietatem. Le même.*

Il y a des deſordres très-grands & très-pernicieux, qui regnent aujourd'hui dans le monde ; car ſi les livres vains & inutiles, dont on ſe fait un divertiſſement, diſpoſent à l'impieté, en nous faiſant perdre le ſoin que nous devons prendre de nous inſtruire de nos devoirs ; que doit-on penſer de ceux qui ſont ouvertement impies, qui ne contiennent que des leçons qui vont à l'athéiſme, & à renverſer les premiers fondemens de la Religion ? Il y en a peu de ce caractere, j'en conviens ; parce que la ſévérité des loix, & le zele des Magiſtrats qui condamnent au feu, & les livres, & leurs Auteurs, réprime la liberté de publier des ſentimens ſi pernicieux & ſi impies ; mais il s'en trouve

Sentimens de S. Antonin & de S Paul ſur la lecture des mauvais livres.

2. ad Tim.

Les deſordres que cauſe la lecture, non ſeulement des livres inutiles, mais encore des livres impies.

encore affez pour gâter, & pour corrompre les efprits ; jufques-là qu'on a vû au commencement du fiécle paffé, des Sectes entiéres de libertins, & d'a-thées fortis de cette école, & armez de ces livres impies, déclarer la guerre, les uns à la Religion chrétienne, & les autres à Dieu même, en s'efforçant de l'ôter du monde, ou du moins d'anéantir fa Providence & fa juftice, afin d'introduire la licence de tous les crimes ; efprits gâtez & corrompus par ces damnables livres, que la curiofité des hommes a fauvé de l'incendie, au-quel ils avoient été deftinez, pour caufer dans le monde, un funefte embra-fement. Car combien voit-on de libertins aujourd'hui, qui prennent le nom d'efprits forts, pour fe diftinguer des efprits vulgaires, qui n'ofent pourtant publier leurs maximes déteftables ; mais qui étant infectez de ce venin perni-cieux, en corrompent d'autres, par leurs entretiens fecrets ? Ces impies ne veulent pas paffer pour athées ; mais ils fe font formez un nouveau plan, & un nouveau fyfteme de Religion, fur les principes des livres qui contiennent cette abominable doctrine ; laquelle aboutit ordinairement à perfuader qu'il n'y a rien à craindre ni à efperer après cette vie. *L'Auteur des Sermons fur tous les fujets.*

Le danger qu'il y a de lire les livres qui traitent des chofes fu-tures, & de la deftinée des hommes.

Je vois bien, M. qu'il eft inutile de vous repréfenter le danger qu'il y au-roit à lire ces livres abominables ; & je lis fur vôtre vifage, l'horreur que vous en témoignez ; mais vous ne pouvez être affez fur vos gardes, pour empêcher que les livres, déguifez fous d'autres titres, ne vous portent ce poifon mortel, jufques dans le cœur ; & que fous le fpécieux pretexte de fcience & de curiofité, de fçavoir le bien & le mal, vous ne touchiez à l'ar-bre défendu ; je veux dire, à ces livres qui aprennent à lire dans les Aftres, les deftinées des hommes, & les fecrets de l'avenir, que Dieu a voulu tenir cachez à tous les efprits. Ce danger eft d'autant plus à craindre, que les plus grands hommes ont été quelquefois entêtez de cette curiofité, auffi vaine, qu'elle eft capable de conduire à l'impiété ; puifque faint Auguftin même don-na d'abord dans ce piége, féduit par ces pernicieux livres, qui étoient en vo-gue de fon tems. Témérité aveugle de l'efprit humain ! qui veut porter la vûë dans les fecrets refforts de la Providence ; ou plûtôt qui veut ôter la Provi-dence du monde, en attribuant aux aftres la caufe de tout ce qui fe paffe fur la terre. C'eft pourquoi comme l'efprit de l'homme ne met point de bornes au défir inquiet qu'il a de tout fçavoir, on ne fçauroit affez blâmer ni les Auteurs, ni leurs ouvrages, qui veulent enfeigner ce que Dieu n'a pas vou-lu faire connoître. Tous n'ont pas la penetration d'Auguftin, pour décou-vrir par leur raifonnement la vanité de cette fcience ; mais une infinité font devenus impies en contemplant le Ciel, & s'en font fermé l'entrée par leur damnable curiofité, qui porte quelquefois jufqu'à confulter les demons, pour penetrer dans les affreux myfteres de la plus noire magie, à quoi des livres diaboliques leur ont donné entrée, pour les précipiter dans le dernier abîme de l'impiété. N'en difons pas davantage fur ce fujet ; c'eft une marque que l'efprit eft déja gâté, & entiérement abandonné de Dieu, quand il veut avoir commerce avec les demons, par le moyen de ces livres damnables. *Le même.*

Il n'y a rien de plus con-tagieux que

Il y a d'autres mauvais livres dont on n'a pas tant d'horreur, mais qui ne font pas moins dangereux ; puifque l'efprit de tenebres, & le pere de menfonge

fonge s'en fert pour corrompre les efprits , & pour les jetter dans l'erreur,
Ce font les livres Heretiques , & ceux dont on a jufte fujet de foupçonner
les Auteurs , d'avoir des fentimens peu orthodoxes ; on peut dire qu'il
n'y a rien de plus contagieux ; car c'eft par ce canal empoifonné , que ce
venin fe repand dans les Provinces , & dans les Royaumes ; c'eft cette pefte
qui a le plus perdu d'ames & caufé de plus grands ravages dans l'Eglife de
Dieu. On ne peut donc douter que ce ne foit s'expofer au danger de prendre
ce poifon , que de s'apliquer à la lecture des livres qui le contiennent , &
qui l'infpirent imperceptiblement. En effet , ne fçait-on pas que leur premier
& leur plus ordinaire artifice , eft de fe cacher , & de ne promettre que la
pure verité de l'Evangile , que les veritables fentimens de la primitive Eglife , que la foi qu'ont embraffé les premiers Chrétiens ; ils fçavent mêler le
faux avec le vrai , afin de mieux féduire , & l'erreur avec la faine doctrine ,
pour adoucir ce que l'herefie a de plus choquant , & mettre dans un beau
jour ce qu'elle a de plaufible ; ils fçavent l'art de faire valoir les raifons qui
la peuvent appuyer , & l'infinuer enfin fans qu'on s'en aperçoive. Il eft
donc vrai , M. que les mauvais livres en general gâtent & corrompent l'efprit , & en particulier ceux du caractere que je vous ai repréfenté. Livres
bouffons , qui nous diffipent , & qui étouffent en nous tous les fentimens de
pieté. Livres impies , qui infpirent l'athéifme , & qui ont pour but de détruire tous les fondemens de la Religion ; livres damnables , qui enfeignent
ce qu'il y a de plus horrible , & de plus abominable dans l'impieté ; livres
médifans & fatyriques , qui nous font renoncer à ce qu'il y a de plus effentiel dans le Chriftianifme , qui eft la charité. *L'Auteur des Sermons fur tous les
fujets.*

A quoi fervent les défenfes , les cenfures , les anathemes de l'Eglife , puifque tout cela n'eft pas capable d'arrêter la curiofité des Chrétiens , qui au
mépris de l'Eglife , de fes Canons , & de fes menaces , malgré les défenfes
des Prélats , & la cenfure des Docteurs , veulent fe fatisfaire ; & l'on diroit
que c'eft affez aujourd'hui qu'un livre foit flétri ou fufpect , pour faire naître
l'envie de le voir , & de le trouver à quelque prix que ce foit : on paffe par-
deffus tous les interêts de la confcience ; nul danger de fe perdre , quelque
évident qu'il puiffe être ; nulle menace de l'Eglife qui s'intereffe dans le falut
de fes enfans , & qui met tout en œuvre pour détourner le malheur qu'elle
prévoit ; rien n'eft capable , en un mot , de réprimer une fi dangereufe curiofité. Je fçai que l'on peut quelquefois être furpris ; parce que fouvent les
Auteurs de ces pernicieux livres leur donnent des titres impofans , & débitent
des erreurs fous le nom des plus conftantes veritez de la Religion ; ils accufent même quelquefois d'erreur & d'herefie , ceux qui ne donnent pas dans
leurs fentimens ; mais ce prétexte ne peut difculper ceux qui les lifent , quand
l'Eglife a parlé , quand les Prélats qui veillent à la garde de leur troupeau ,
nous avertiffent que ces Auteurs font des loups couverts de la peau des brebis , quand les Docteurs les ont flétri par leurs cenfures , quand on a enfin
jufte fujet de les tenir pour fufpects ; c'eft affez pour rendre cette curiofité
criminelle ; parce que c'eft s'expofer au danger d'être féduit & perverti , &
je ne doute point que ce ne foit en punition de cette témérité qu'on voit
encore aujourd'hui tant d'efprits gâtez & corrompus , donner dans les fenti-

que la lecture des livres heretiques.

*Il fuffit qu'à livre foit dé-
fendu pour ê-
tre davanta-
ge recherché
malgré les a-
nathemes de
l'Eglife.*

mens les plus dangereux , & foûtenir les plus pernicieuses erreurs. *L'Auteur des Sermons sur tous les sujets.*

C'est un grand scandale de lire des livres de medisance contre le prochain.

Il y a une autre espece de livres impies & scandaleux, dont on ne se donne pas assez de garde, qui ne sont pas moins envenimez, ni moins capables de séduire & de corrompre les esprits. Ce sont ceux qui répandent par tout le poison mortel de la médisance, & souvent même la plus atroce & la plus outrageuse contre le prochain ; mais qu'on ne peut lire sans blesser en même-tems la conscience ; puisqu'il n'y a pas moins de peché d'écouter la médisance que de la faire, & de la lire que de l'écouter. Il est sans doute surprenant que bien des gens qui se feroient un point de conscience de prêter l'oreille, lorsqu'on dit du mal d'autrui, ayent si peu de scrupule d'ouvrir les yeux pour le voir dépeint, par les traits les plus satyriques, & les plus odieux. Car si la médisance de quelque manière qu'elle se fasse, ou par paroles, ou par écrit, est toûjours un venin mortel, si elle rend également coupables ceux qui la lisent, & ceux qui l'écoutent ; quel plaisir prenez-vous de vous empoisonner vous-mêmes, en lisant ces livres empestez & scandaleux ? Le poison est il moins dangereux quand il est pris par les yeux, que quand il est reçu par les oreilles ? Ces livres diffamans font perdre toute l'estime qu'on avoit du prochain ; ils le détruisent dans nôtre esprit ; ils nous en inspirent du mépris, & souvent même de la haine, ou de l'aversion, que de crimes pour ceux qui en sont les Auteurs, qui les publient pour satisfaire leur animosité, & leur vengeance ! Mais n'est-ce pas entrer dans ces sentimens si peu charitables, que de prendre un plaisir malin & cruel de le voir railler, & traduire en ridicule, de repasser dans son esprit, & de retenir les traits les plus outrageans, & qui font de plus profondes playes à la réputation ; n'est-ce pas le plaisir & le divertissement des esprits mal faits, qui n'ont pas même les sentimens d'un honnête-homme, bien loin d'avoir ceux de Chrétiens. *Le même.*

Les mauvais livres brulez, après la prédication de saint Paul.

Voici un exemple assez singulier de la ferveur des premiers Chrétiens, & tout ensemble un effet du zele également ardent & éclairé de l'incomparable saint Paul. Ce grand Apôtre prêchoit la parole de Dieu, & annonçoit les voyes du salut au peuple d'Ephese ; mais pour remplir dignement son ministere, il ne se contentoit pas de dissiper par la lumiere de l'Evangile les superstitions des Payens, & de confondre l'entêtement des Juifs, attachez aux ceremonies de leur Loi ; il s'apliquoit encore à déraciner les desordres, & surtout à réfuter les observations vaines, & criminelles des personnes adonnées à l'Astrologie judiciaire, & aux damnables secrets de la magie, dont le nombre étoit grand dans cette ville ; & comme c'étoit là le plus grand obstacle qu'il trouvoit à la foi, ce celeste Prédicateur, ayant fait voir l'illusion & l'imposture de ces sciences trompeuses & diaboliques, fit une telle impression sur les esprits ; que pour marquer la détestation sincere qu'ils concevoient de leurs erreurs, ils apporterent tous les livres qui les avoient séduits, & en les jettant publiquement au feu, donnerent des preuves d'une sincere & veritable conversion. *Le même.*

Les mauvais livres font la ruine de tous les desordres.

Je me sens aujourd'hui, M. animé du même zele que le fut alors ce grand Apôtre, & fasse le Ciel que ce soit avec le même succès, & que mes paroles fassent le même effet sur vos esprits. Nous sommes dans un siécle, où je

fuis perfuadé que les mauvais livres font la caufe de la plus grande partie
des defordres qui s'y commettent ; je vous avoüe, M. que je ne puis me taire, fur le malheur que s'attirent une infinité de perfonnes, par la liberté qu'ils
fe donnent malgré les défenfes de l'Eglife, & les peines portées par les Canons, malgré le precepte naturel, de ne point s'expofer à l'occafion du peché, & malgré toutes les loix civiles & Ecclefiaftiques, par la liberté qu'ils
fe donnent, malgré les défenfes de l'Eglife, & les peines portées par les Canons, malgré le precepte naturel de ne point s'expofer à l'occafion du peché,
& malgré toutes les Loix civiles, par la liberté, dis je, qu'ils fe donnent ; &
qu'une curiofité criminelle leur fait prendre, de lire toutes fortes de livres ;
dont les uns leur infpirent des fentimens contraires à la foi & à la Religion,
& les autres les portent au vice & au déréglement des mœurs ; il y en a qui
portent ouvertement au libertinage, & d'autres qui y conduifent infenfiblement, en amolliffant le cœur, par les paffions les plus dangereufes ; & d'autres enfin où le crime eft déguifé, & les maximes les plus opofées au Chriftianifme, font étalées avec tous les ornemens & les artifices capables de les faire goûter. Tous ces livres en general renferment un poifon mortel qui fe
trouve affaifonné de bons ou de beaux mots, pour le faire avaler avec plaifir,&
caufe infenfiblement l'oubli de Dieu, & la perdition d'une ame. *L'Auteur des*
Sermons fur tous les fujets.

Quand les heretiques n'ont pû infecter les peuples en dogmatifant & en
prêchant publiquement leurs erreurs, ils ont eu recours aux livres & aux
écrits ; pour répandre par tout ce fubtil & pernicieux venin ; helas ! jamais
pefte n'a plus défolé de villes, & jamais les plus furieux embrafemens n'ont
tant fait de ravages ; parce que la nouveauté a excité d'abord la curiofité des
efprits flotans, & mal affermis dans la foi ; la politeffe du langage les a charmez, & l'erreur enfin s'eft infinuée à la faveur de leurs raifonnemens cap-
tieux ; & ceux qui avoient paru les plus éloignez de leurs fentimens, s'en
font fait les défenfeurs & les partifans : Voila ce qui a corrompu tant de peuples au fiécle paffé, ce qui a fait tant de fchifmes dans l'Eglife, & ce qui a
ébranlé tous les fondemens de la Religion Chrétienne ; & fi l'Eglife n'avoit
été apuyée fur le fecours & fur la promeffe de celui même qui l'a fondée fur
la pierre ferme ; c'en étoit fait, les portes de l'enfer auroient prévalu, les
mauvais livres les auroient ouvertes ; puifqu'ils font venus à bout en tant
d'endroits, de ce que mille fupofts du demon déchaînez, pour féduire & pour
perdre les ames, avoient fouvent inutilement tenté. *L'Auteur des Sermons fur*
tous les fujets.

Quel a été le deffein des heretiques en compofant leurs livres.

Il s'enfuit, M. que fi l'Apôtre défend expreffement d'avoir aucun commerce avec les heretiques, de crainte qu'ils ne nous infpirent leurs fentimens ;
& fi nous fommes obligez par le droit naturel de les fuir, quand il y a danger de fe corrompre dans leur compagnie ; font-ils moins à craindre, je vous
prie, dans leurs écrits que dans leurs difcours ? Ne font-ils pas gliffer leur venin le plus mortel dans leurs livres ? C'eft par ce moyen que la diftance des
lieux ne les éloigne point de nous, & que la mort qui a délivré le monde de
ces empoifonneurs publics, ne les empêche pas de faire un mal irremediable.
C'eft par là que l'on a commerce avec ceux qui ne font plus au monde depuis plufieurs fiécles, & que ces peftes du genre humain, prêchent & parlent

Les here-
ques ne font
pas moins à
craindre dans
leurs écrits,
que dans
leurs dif-
cours.

encore après leur mort , dans leurs livres empoifonnez, qui ne font pas moins capables de corrompre ceux qui les lifent, que leurs difcours & leurs entretiens ont corrompu ceux qui les ont entendus. C'eft pour cela que l'Eglife apporte tant de vigilance & de précaution, pour arrêter le cours d'un mal fi contagieux, qu'elle les cenfure, qu'elle les frape d'anatheme, qu'elle en fait publier la lifte, afin de ne s'y point laiffer furprendre, qu'en plufieurs endroits les Loix civiles ne permettent pas qu'ils entrent dans les villes, comme des peftiferez capables d'infecter tout le monde ; & qu'enfin pour plus grande précaution, non-feulement l'Eglife en défend la lecture fous les plus grieves peines ; mais même de les retenir & de les garder, tant le mal eft contagieux: Elle porte fes précautions plus loin ; car c'eft affez que quelques-uns ayent été compofez par des heretiques, pour qu'elle en interdife l'ufage, quoiqu'ils traitent de chofes qui ne regardent ni la foi, ni les bonnes mœurs, de peur que la réputation des Auteurs, ou la bonté de leurs ouvrages fur des matiéres indifferentes, ne faffe naître un préjugé avantageux pour leur religion,ou qu'il n'y ait quelque venin fecret, qui fe faffe fentir lorfqu'on s'en défiera le moins. *Le même.*

Après la lecture des mauvais livres, il faut parler de quelle utilité font les lectures fpirituelles & les livres de pieté.

Par l'Oraifon nous parlons à Dieu , & par la lecture fpirituelle, c'eft Dieu qui nous parle, & qui nous dit ce que nous lifons. C'eft par les livres de pieté qu'il nous inftruit, qu'il nous declare ce qu'il demande de nous; qu'il nous découvre les rufes les plus fubtiles de l'ennemi, & qu'il nous aprend à les éviter, & à les vaincre. C'eft par ces lectures falutaires, qu'il nous découvre les maladies les plus cachées de l'ame, & qu'il nous aprend en même-tems, les remedes efficaces pour les guerir. C'eft par ces pieufes lectures que l'Efprit Saint parle au cœur, qu'il nous découvre nos imperfections, qu'il nous dévelope tous les myfteres d'iniquité de l'amour propre. Nous y aprenons le prix, le mérite & les douceurs de la vertu ; les effets funeftes du peché ; les voyes de Dieu, & l'art d'arriver à une faintété parfaite. C'eft proprement par la lecture fpirituelle, que nous aprenons la fcience des Saints.

Les livres de pieté font comme des lettres de nos parens & amis, qui font retournez au pais, & qui y ont fait fortune.

Ces livres de pieté, dit faint Auguftin, font comme des lettres, qui nous viennent de nôtre celefte patrie. Lifons-les donc avec le même empreffement qu'auroit un homme qui recevroit des lettres de fon païs, dont il feroit éloigné depuis très long-tems. Lifons-les, pour voir ce qu'elles nous difent de nos Peres, de nos freres, de nos amis; par y font, quelle fortune ils ont faite; qu'eft-ce qui fait le fujet de leur joye ; par quelle voye ils font arrivez à cet heureux état; ce qu'ils penfent de nous ; quelle idée ils ont des joyes, des biens, des honneurs & des adverfitez de cette vie. Enfin, lifons-les, pour voir ce qu'elles nous racontent d'un lieu, où nous défirons tous fi paffionnément d'aller. Les livres de pieté font comme un miroir que nous devons mettre devant les yeux de nôtre ame ; pour y voir nôtre interieur, & où il nous eft aifé d'en connoître toutes les taches, & tout ce qu'il y a de défectueux. *Le Pere Croifet, dans fes Exercices fpirituels.*

De quelle maniere on doit lire les livres fpirituels.

Rien n'eft plus utile, que la lecture fpirituelle ; mais pour en tirer du profit, il ne faut pas la faire à la hâte, comme qui liroit quelque chofe pour le fimple divertiffement de l'efprit ; mais à loifir, & avec une grande aplication. Il faut lire avec reflexion, & quand quelque chofe nous frape, le relire plus d'une fois. En lifant, ne cherchons pas tant à aprendre les chofes de Dieu, qu'à les goûter. C'est en faisant reflexion sur nos lectures, que nous pourrons dire avec le Prophete : *Quàm dulcia faueibus meis eloquia tua ; super mel ori* Osée 118. *meo.* Je trouverai deformais plus de plaisir à lire vos instructions , Seigneur , qu'à goûter le miel le plus doux. Nous devons entrer , comme ce pieux Roi , dans le sens que le Saint-Esprit nous dit par cette lecture. Il ne faut pas la considerer comme une étude , ainsi que font les gens curieux ; mais comme une leçon que Dieu nous fait , pour nous aprendre ses saintes volontez , & nous porter à les accomplir avec fidélité. *Le Pere Croiset , dans ses Exercises spirituels.*

SUR LA PAROLE DE DIEU
Que l'Eglise a coûtume de faire prêcher dans toutes les villes de la Chrétienté.

AVERTISSEMENT.

L'*Eglise étant la Mere de tous les fideles Chrétiens, dont elle porte même le nom, prend grand soin de les nourrir, après les avoir enfantez; & la nourriture qu'elle leur donne, est la parole de Dieu, & la saine doctrine que ceux qui la gouvernent, sont obligez de faire annoncer par toutes les villes de la Chrétienté. C'est pour cela que cette divine parole est communement apellée, même dans l'Ecriture, la nourriture de l'ame.* Non in solo pane vivit homo, sed omni verbo quod procedit de ore Dei; *& par les Saints Peres, une nourriture spirituelle, qui conserve & soûtient la vie de la grace, sans quoi elle dessecheroit bientôt, languiroit, & même ne pourroit long-tems subsister.*

Nous avons si amplement traité de la necessité & des effets de cette sainte parole, du fruit qu'elle a produit dans le monde, & qu'elle produit encore tous les jours, que nous n'avons pas besoin d'en parler davantage, après ce que nous en avons dit au Tome septiême de nôtre Bibliotheque, & ailleurs; mais le dégoût de cette celeste nourriture, & la faim qu'en souffrent tant de peuples, faute de Predicateurs, qui la distribuent: Parvuli petierunt panem, & non erat qui frangeret eis. *C'est ce qui nous oblige à suivre le sentiment de l'Eglise dans ce sujet; sçavoir, d'exhorter ceux qui sont obligez de distribuer cette parole de Dieu, à la proportionner à ceux qui en ont encore besoin, & de l'annoncer de la maniere propre à nourrir, à fortifier, & à entretenir la vie de la grace que nous avons reçûë dans les Sacremens.*

Mat. iv. 4.

Thren. 4.

✶✶✶✶✶✶✶✶✶✶✶✶✶✶✶✶✶✶✶✶✶✶✶✶✶✶✶✶✶✶✶✶✶✶✶✶

SUR LA PAROLE DE DIEU
que l'Eglife a coûtume de faire prêcher dans toutes les villes de la Chrétienté.

COmme la foi vient de ce que l'on a entendu ; il est évident qu'il a toû-
jours été neceſſaire , pour obtenir le falut éternel , qu'il y ait eu des Mi-
niſtres legitimes , & des Prédicateurs fidéles qui ayent eu foin de la prêcher.
L'Apôtre marque cette neceſſité , quand il dit : *Comment entendront-ils parler*
de la foi , s'il n'y a perfonne qui la leur prêche ? Et comment fe trouvera-t-il
quelqu'un qui la leur prêche , s'il n'eſt envoyé ? Auſſi Dieu qui eſt infiniment La parole de
Dieu fe re-
pand par le
miniſtere des
Prédicateurs.
Rom. 10.
Heb. 1.
bon & miſericordieux , n'a point ceſſé depuis le commencement du monde,
de fe faire connoître à fes ferviteurs , *ayant parlé à nos Peres en diverfes occa-*
fions , & en diverfes manieres par les Prophetes , & leur a toûjours montré un
chemin droit , & aſſuré pour arriver à la beatitude éternelle , felon que la
diverfité des tems le demandoit ; mais parce qu'il étoit à craindre que les hom-
mes ne reçuſſent la parole de Dieu , que les Miniſtres de l'Eglife leur prê-
cheroient , comme la parole des hommes , & non comme la parole de Jeſus-
Chriſt même ; ce même Sauveur a voulu donner tant d'autorité à leur mi-
niſtere , qu'il déclare que celui qui écoute fes Difciples , l'écoute ; & que ce-
lui qui les méprife , le méprife : Ce qu'il n'a pas dit feulement de fes Apôtres,
à qui il adreſſe ces paroles dans l'Evangile ; mais encore de tous ceux , qui
étans leurs legitimes fucceſſeurs , feroient la fonction de Predicateurs de fa
parole , & qu'il s'eſt engagé par fa promeſſe , d'aſſiſter de fon Efprit , jufqu'à
la fin du monde. Que fi l'on ne doit jamais ceſſer de prêcher dans l'Eglife cet-
te parole de Dieu , l'on eſt obligé de le faire maintenant , avec d'autant plus
de zele & de pieté , afin que la doctrine demeurant faine & entiere , les fidé-
les s'en nourriſſent comme d'une viande falutaire , & capable de les foûtenir ,
& que pluſieurs faux Prophetes fe font élevez dans le monde , qui tâchent de
corrompre les efprits des Chrétiens par une doctrine nouvelle & étrangere ;
femblables en cela à ceux dont Dieu dit par fon Prophete : *Je ne les envoyois*
point , & ils ne laiſſoient pas de courir ; je ne leur parlois point , & ils ne laiſ-
foient pas de prophetifer.

Les Peres ont crû qu'il étoit très-important qu'il parût un livre qui fût fait Ce qui a obli-
gé le Concile
d'ordonner de
prêcher la
parole de
Dieu
Eph. 4.
par l'autorité du facré Concile , d'où les Paſteurs & tous ceux qui ont foin de
l'inſtruction des fidéles , puſſent tirer des maximes certaines & aſſurées pour
les édifier & les inſtruire , afin que de même qu'il n'y ait *qu'un Seigneur* , &
qu'une foi ; il n'y eût auſſi qu'une même regle pour inſtruire les fidéles , de la
foi & de tous les devoirs de la pieté Chrétienne. Or , quoique pour s'acquit-
ter de ce deſſein comme il faut , on foit obligé d'expliquer un grand nom-
bre de chofes , & de n'en omettre aucune de celles qui font neceſſaires ; il
ne faut pas croire toutes fois que le Concile fe foit propofé de renfermer dans
un feul volume tous les points de la doctrine Chrétienne , pour les expliquer

d'une maniere fubtile & relevée, & en établir & difcuter les principes, comme l'on fait dans les écoles de Theologie. Il a feulement pretendu que l'on inftruifit ceux, à qui le foin des ames eft commis, des chofes qu'ils font indifpenfablement obligez par leur miniftere d'aprendre aux fidéles les veritez qui font proportionnées à leur portée ; & que l'on n'y traitât que ce qui eft capable de feconder le zele des bons Pafteurs. *Tiré du Catechifme du Concile de Trente.*

Il faut proportionner les veritez qu'on enfeigne à la capacité de ceux qu'on enfeigne.

S'il eft important dans toute forte de fcience, de fçavoir la maniere la plus propre, pour la mieux enfeigner ; cela eft fur-tout neceffaire, lorfqu'il s'agit d'inftruire les fidéles de la doctrine Chrétienne. C'eft pourquoi il faut que celui qui en eft chargé, fçache qu'il doit avoir égard à l'âge de ceux qu'il inftruit, à la portée de leur efprit, à leur maniere de vivre, & à leur condition, afin qu'il fe proportionne à tous, en toutes chofes, pour les gagner tous à Jefus-Chrift, & faire voir qu'il eft un Miniftre & un difpenfateur fidéle de fes myfteres. L'Apôtre faint Paul marque affez en fa perfonne, qu'il eft du devoir des Miniftres du Seigneur qui prêchent la parole de Dieu, d'agir de la forte, lorfqu'il dit : *Qu'il eft redevable aux Grecs, & aux barbares, aux fçavans, & aux ignorans.* Car en parlant ainfi, il fait connoître à tous ceux qui font apellez pour inftruire les fidéles des myfteres de la foi, & des regles des mœurs ; qu'ils le doivent faire de telle maniere, qu'ils proportionnent ce qu'ils leur difent à la portée de leur efprit & de leur intelligence, de crainte qu'ayant fatisfait, & pour dire ainfi, raffafié d'une nourriture fpirituelle l'efprit de ceux qui font plus avancez, & qui fe font fortifiez dans l'habitude du bien ; ils ne laiffent mourir de faim les petits enfans, c'eft-à-dire les foibles, qui n'en font pas capables, faute de leur rompre le pain qu'ils demandent. *Le même.*

Rom. 1.

L'Ecriture & la Tradition font les uniques fources de la parole de Dieu.

Toute la doctrine Chrétienne, dont les fidéles doivent être inftruits, eft renfermée dans la parole de Dieu, foit celle qui eft écrite, foit celle qui a été confervée par Tradition. C'eft pourquoi les Miniftres du Seigneur qui prêchent cette parole de Dieu, doivent s'apliquer continuellement à la recherche de ces deux fources de la verité, fe fouvenans de cet avertiffement que faint Paul a donné à Timothée, & que tous ceux qui ont la conduite des ames doivent prendre pour eux : *Appliquez-vous à la lecture, à l'exhortation & à l'inftruction. Car toute l'Ecriture qui eft infpirée de Dieu, eft utile pour inftruire, pour reprendre, pour corriger, pour conduire à la pieté, & à la juftice ; afin que l'homme de Dieu foit parfait & parfaitement difpofé à toutes fortes de bonnes œuvres.* Mais parce qu'il y a un fi grand nombre & une fi grande diverfité de chofes, qui nous ont été revelées pour nôtre inftruction, qu'il eft bien difficile de les comprendre toutes, ou même les ayant comprifes de les retenir fi parfaitement, que l'occafion fe prefentant de les enfeigner aux autres, on les ait affez prefentes pour les leur expliquer ; nos Peres ont très fagement reduit toute la doctrine de l'Eglife à quatre chefs ; fçavoir, au Symbole des Apôtres, aux Sacremens, au Decalogue, & à l'oraifon Dominicale. *Le même.*

1. Timoth.

2. Timoth.

Les devoirs des Miniftres qui prêchent la parole de Dieu.

Il eft donc à propos d'avertir ici les Miniftres de la parole de Dieu, que toutes les fois qu'ils fe trouveront obligez d'expliquer quelque endroit de l'Evangile, ou de quelque autre endroit de l'Ecriture fainte ; ils doivent être

perfuadez

perſuadez que cet endroit tel qu'il ſoit, ſe peut raporter à l'un de ces quatre chefs de la doctrine de l'Egliſe, auſquels ils doivent recourir, comme à la ſource de cette doctrine, ſelon laquelle il faut expliquer toutes choſes. Par exemple, il s'agit d'expliquer cet Evangile du premier Dimanche de l'Avent: *Il y aura des ſignes dans le Soleil, & dans la Lune, &c.* ils trouveront que ce qui regarde cet Evangile, eſt renfermé dans cet article du Symbole : *Il viendra juger les vivans & les morts.* De ſorte que ſe ſervant de ce que nous avons dit ſur cet article dans nôtre Bibliotheque, ils expliqueront aux fidéles en même-tems, & le Symbole, & l'Evangile. Ainſi quoique ce ſoit qu'ils enſeignent, ou qu'ils veuillent expliquer, ils pourront toûjours le raporter aux quatre chefs de la doctrine Chrétienne, auſquels, comme nous venons de remarquer, ſe réduit tout ce que l'Ecriture ſainte nous enſeigne, & nous preſcrit. *Tiré du Catechiſme du Concile de Trente.*

Luc. 21.

Il n'y a point d'état bien reglé qui n'ait des maîtres publics pour enſeigner toutes les choſes utiles ou neceſſaires au bien commun de ceux qui le compoſent. L'Egliſe n'obſerveroit-elle point un ordre ſi eſſentiel ? Quel deſordre dans le monde, ſi l'on n'y enſeignoit ni belles lettres, ni Philoſophie, ni Juriſprudence, ni Medecine ? Cependant ce déréglement n'aporteroit qu'un dommage temporel ; mais ſi l'on n'enſeigne point dans l'Egliſe, les choſes qui regardent la profeſſion de Chrétien, c'eſt un deſordre qui cauſe un dommage éternel. C'eſt ce qui fait que le Sauveur, ordonnant à ſes Diſciples d'aller prêcher par tout l'Univers ; il ne pretendoit pas ſeulement qu'ils convertiſſent les hommes à la foi, mais encore qu'ils euſſent ſoin de les y entretenir ; ce qui ne ſe pouvoit faire ſans continuer de donner aux fidéles l'aliment de la divine parole. Car comme la Religion Chrétienne eſt redevable de ſon établiſſement à la parole de Dieu, on ne peut douter que cette divine parole ne ſoit encore abſolument neceſſaire pour la conſerver & pour l'étendre ; puiſque c'eſt par ce moyen, qu'on enſeigne aux peuples les veritez de la foi, & les maximes de l'Evangile. *Devoirs des Curez, Traduits par le P. Buffier.*

La neceſſité de prêcher la parole de Dieu.

On ne peut ſoutenir que ce qu'ont dit les Canons, les Conciles, & les Peres de l'Egliſe, touchant la parole de Dieu, ne contiennent qu'une ſimple inſtruction, & non point un precepte ; puiſque les peines rigoureuſes, dont on menace ici, ne peuvent être que la ſuite d'une obligation très-ſevere ; outre que le terme de precepte & de commandement, ſe trouve en aſſez d'autres endroits du Concile de Trente, ſur le même ſujet : *mandat ſancta Synodus, &c.* Il dit encore dans la Seſſion vingt quatriéme : *Præcipit ſancta Synodus, &c.* Or, ces termes *mandat & præcipit*, ne marquent-ils pas une obligation formelle ? Auſſi la ſacrée Congregation établie pour expliquer le vrai ſens du Concile de Trente, l'a-t'elle declaré ainſi. Que ſi l'on vouloit ajoûter à ces loix de l'Egliſe, les témoignages des ſaints Docteurs, quelle quantité prodigieuſe n'en trouveroit-on point ſur ce ſujet. *Le même.*

Les Canons, les Conciles & les Peres, ordonnent aux Miniſtres de l'Egliſe de prêcher la parole de Dieu. ſ ſſ. 22. de ſacriſ. Miſ. c. 8. Seſſ. 24.

Les Miniſtres qui ſont chargez de la parole de Dieu, & qui ne donnent point aux peuples la nourriture de cette parole, ſont comme leurs meurtriers ; & on leur peut apliquer ces paroles que dit ſaint Auguſtin, dans un autre ſujet : *Si non paviſti, occidiſti.* Si vous ne les avez pas nourris, vous les avez tuez. En effet, ſelon les maximes du droit, une mere qui manque à

Combien eſt criminelle la negligence des Miniſtres qui ne veulent point

prêcher la pa-
role de Dieu.

nourrir son enfant, est censée le tuer, autant que si elle l'étouffoit ; n'en faut-il pas dire autant de celui qui ayant enfanté par le Baptême, des ames à Jesus-Christ, les laisse mourir d'une faim spirituelle ? Malheur donc à lui s'il ne prêche pas, comme l'Apôtre le disoit de lui-même ; c'est son devoir le plus indispensable : *Væ enim mihi, si non Evangelizavero, necessitas enim mihi incumbit.* Un Prophete s'exprime de la même maniere : *Væ mihi quia tacui* ; de sorte que la distribution de la semence celeste, nous ayant été confiée ; malheur à nous si nous ne la répandons pas ; malheur à nous qui sommes chargez de ce ministere sacré, si nous nous taisons, & si nous negligeons de prêcher les veritez de l'Evangile, que les Apôtres ont prêchées. Peut-on entendre ces menaces de toutes parts, & n'en être point épouvanté ? Concluons donc ici qu'il faut, ou s'acquitter exactement du ministere de la parole, quand on est chargé du salut des ames, ou quitter absolument cette charge ; il n'y a point de milieu. *Devoirs des Curez, traduits de l'Italien du P. Segneri, par le P. Buffier.*

1. Cor.
IX. 6.

Il ne faut point avoir de repugnance à prêcher la parole de Dieu, sous quelque prexexte que ce soit.

S'il est rare que tous les auditeurs soient attentifs, il est rare aussi, que tous soient distraits ; pourquoi les uns préjudicieroient-ils aux autres ? De plus saint Paul ordonne à Timothée de prêcher jusqu'à l'importunité, *opportunè, importunè.* Il ne faut donc pas s'abstenir de le faire, pour quelque repugnance qu'on auroit à vous entendre ; les Ministres du Seigneur, qui ne prêchent que par charité, peuvent s'en dispenser, quand on ne les écoute pas volontiers ; mais vous qui le faites par justice, il faut que vous prêchiez pour ceux mêmes, qui ne se soucient pas que vous le fassiez, quand ils sont de vôtre troupeau. Cette raison sert de reponse à l'excuse qu'on tire, de ce que le Peuple ne profite pas des instructions ; vôtre devoir ne depend pas de pareilles circonstances ; qu'on profite ou non, vous devez toûjours prêcher, dès là que vous êtes chargé du soin des ames. Dans les Ministres de la parole de Dieu, la Prédication est un devoir spirituel & déterminé ; c'est pourquoi ils doivent s'en aquitter, quoiqu'il ne paroisse pas qu'on en profite. Si un Ministre de la parole de Dieu étoit obligé de convertir les ames, il pourroit s'exemter de prêcher, suposé que sa prédication ne les convertît pas ; mais c'est à Jesus-Christ de convertir, & à vous de travailler pour cela : *Curam exigeris, non curationem.* Quand vous aurez fait vôtre possible, vous aurez fait vôtre devoir : *Si omnia fecit, ut sanaret, peregit medicus partes suas.* Un Ministre du Seigneur, peut-il cesser de donner aux ames, qui lui sont confiées, quelque endurcies qu'elles soient, le secours de ses prieres ; au contraire, c'est alors qu'il doit prier davantage pour elles ; il en faut dire autant de la Prédication ; car comme le Seigneur n'a pas besoin d'être prié, & qu'il veut cependant l'être, pour convertir les ames ; aussi quoiqu'il les puisse convertir sans la Predication, il veut pourtant qu'elle y contribuë : cette reflexion, qui est de saint Augustin, repond & satisfait à tout sur l'article, dont il s'agit. Outre cela, on ne s'aperçoit pas toûjours, si le fruit spirituel s'ensuit, ou ne s'ensuit pas. Il arrive à l'égard des ames, ce que nous voyons en certains fleuves ; ils vont quelquefois si lentement, qu'ils paroissent reculer, au lieu d'avancer ; la parole de Dieu ne se perd jamais ; il le dit lui-même : *Verbum meum non revertetur ad me vacuum, sed faciet quæcumque volui, & prosperabitur in his, ad quæ misi illud.* Ma pa-

3. Bern.

Isay. 55.

role ne retournera point vuide vers moi ; mais elle fera tout ce que j'ai pretendu, & produira les effets pour lesquels je l'ai fait annoncer. Cette seule
pensée doit vous animer, & vous remettre dans l'esprit ce que Dieu dit à
Jeremie : *Noli subtrahere verbum, si fortè audiant, & convertantur unusquis-* Jerem. 15
que à viâ suâ malâ. N'allez pas souftraire ma parole ; car le peuple, en l'é-
coutant, se convertira peut-être, & quittera sa mauvaise conduite. *Le*
même.

Comme il ne suffit pas à un Ministre de la parole de Dieu de prêcher,   Les Predica-
si par le mauvais exemple de sa vie, il détruit ce qu'il avoit établi par ses teurs doivent
instructions ; aussi ne suffit-il pas de donner bon exemple, si au bon exem- prêcher la pa-
ple, il ne joint de salutaires instructions. Un Ministre, à qui on a confié role de Dieu
l'administration de la parole, ne doit pas se contenter de bien vivre, s'il par leurs bôs
ne reprimende ceux qui vivent mal : S'il craint, ou s'il a honte de le faire, exemples.
il perit avec tous ceux que son silence aura fait perir. Et que lui servira-il
de n'être pas puni pour ses propres pechez, s'il doit l'être pour les pechez d'autrui ? *Devoirs des Curez, Traduits de l'Italien par le Pere*
Buffier.

Si vous avez de la capacité, pour faire une instruction, dont le fond L'excuse des
soit solide, le peu de facilité, que vous auriez d'ailleurs à vous exprimer, Ministres de
n'est pas une excuse pour vous dispenser de prêcher. On ne vous demande l'Eglise, qui
pas un discours, qui sente l'Orateur, au contraire, rien ne vous convien- se dispensent
droit moins ; mais un discours aisé & familier, comme celui d'un Pere à de prêcher la
ses enfans. Ne cherchez donc pas des paroles fleuries, mais vives, telles parole de
qu'une veritable affection les inspire ; puisqu'elle rend éloquens ceux, qui Dieu.
d'ailleurs sçauroient le moins parler. Il faut seulement faire un amas de
bonnes choses à dire ; & si vous ne les dites pas avec tant d'agrément,
elles ne laisseront pas d'être bien reçûës du plus grand nombre de vos
auditeurs, comme on reçoit une monnoye mal empreinte, dès qu'elle est
de poids. En tout cas, quelqu'un de ceux qui vous entendent, vint-il par
une fausse délicatesse, à mépriser un discours peu relevé, que cela fait-il ?
Faut-il abandonner vos obligations dans la crainte de ne pas assez plaire
aux hommes ? Leurs bonnes graces peuvent-elles vous dedommager de vôtre damnation éternelle ? Quand l'Apôtre prêcha dans l'Arcopage, on se
mocquoit de lui, comme d'une personne crédule, qui disoit des fables
pour des veritez ; mais sans s'émouvoir, il laissa rire, & continuant l'exercice de son ministere, il gagna à Jesus-Christ un grand nombre de gens qu'il
n'eût point gagnez, s'il n'eût cessé de prêcher : *Si formidasset irridentes,*
non pervenisset Apostolus ad credentes. Devoirs des Curez, Traduits de l'Italien
par le P. Buffier.

On peut dire que c'est en cela que consiste la plus grande industrie d'un Les Predica-
Ministre de la parole de Dieu ; pour bien expliquer les mysteres de nôtre teurs doivent
foi, il doit les proportionner à la capacité de tout le monde, sans quoi tout proportiôner
ce qu'il dira n'aura pas plus d'effet que des coups tirez hors de portée ; ils leurs discours
peuvent faire du bruit, & rien davantage : Lisez l'Evangile, aprenez-y cette à la portée
methode ; voyez-y comment le Sauveur se sert continuellement de paraboles; d'un chacun.
c'est-à-dire, de comparaisons familieres : *Sine parabolis non loquebatur eis* ; Matth. 13.
non-seulement parce qu'elles étoient fort en usage parmi les Juifs ; mais

T ij

plus encore , parce qu'il devoit enseigner une doctrine inconnuë : *Eructa*
abscondita à constitutione. Et il devoit en rendre le peuple susceptible ; ainsi
il se sert des comparaisons de la semence , de la vigne , d'un Pasteur , d'un
pescheur , & d'autres semblables , également familieres ; afin que le peuple
comprît ce qu'on lui enseignoit ; ou que s'il ne le comprenoit pas d'abord ,
à cause de sa corruption & de sa grossiereté , il en prît du moins l'occasion
d'interroger le Sauveur , & de le prier d'expliquer ses paraboles : *Edissere no-*
bis parabolam istam. Quand vous trouverez de ces comparaisons populaires ,
marquez-les pour vous en servir dans l'occasion , & pour vous accoûtumer à
en imaginer de semblables de vous-même. *Devoirs des Curez, traduits de l'I-*
talien par le P. Buffier.

Matth. 15.

Les Ministres
de la parole
de Dieu
doivent faire
comprendre à
leurs audi-
teurs ce qu'ils
veulent dire
Isa. 62.
La methode dont le Seigneur veut que ses Ministres se servent , quand il
leur prescrit par son Eglise , de preparer à leur Peuple la voye de salut , est
non-seulement en la lui aplanissant , mais encore en lui faisant un chemin de
pierres choisies : *Praparate viam populi , planum facite iter , eligite lapides.*
Un Ministre de la parole de Dieu aplanit la voye , quand il retranche de
son discours , ces difficultez qui empêcheroient qu'on ne comprît aisément
ce qu'on doit sçavoir ; il la fait des pierres choisies , quand il le remplit de
particularitez plus propres que d'autres , à certaines circonstances , & à certaines sortes de personnes ; telle est la vraye maniere de consoler l'Eglise , &
d'essuyer les larmes qu'elle repand , en voyant périr tous les jours un si grand
nombre de ses enfans , par la famine spirituelle : Non pas qu'on manque
toûjours à leur donner le pain de la parole ; mais parce qu'on manque à le
leur rompre , & à le leur donner d'une maniere proportionnée à leur foiblesse-
se : d'où il arrive que ne pouvant le digerer , ils n'en reçoivent aucun fruit :

Thren. 4.
Parvuli petierunt panem & non erat qui frangeret eis. C'est le sentiment d'un
grand-homme , qu'une bonne partie des fidéles se damnent par le peu de soin
que prennent les Prédicteurs à expliquer les veritez Chrétiennes , dans un
assez grand détail , & en tirer des consequences pratiques ; la plûpart du
tems , on dit des choses trop vagues , trop generales ; les auditeurs ne sçavent
ou ne veulent pas se donner la peine de se les apliquer en particulier ; su-
pléez y donc de vôtre côté. En prêchant , par exemple , que la gloire du
monde n'est que vanité , venez aussi-tôt à la pratique ; faites sentir à vos
auditeurs , qu'il faut donc bien se garder , pour éviter un petit mot de raillerie , d'être immodeste dans les Eglises ; d'y causer , & de s'y entretenir ;
parce que les autres le font ; de quitter la fréquentation des Sacremens , par
respect humain , de donner dans le luxe des habits , de suivre des modes qui
ne s'accordent point avec la pudeur : montrez qu'il est bien juste dans ces
occasions de vouloir plaire à Dieu plûtôt qu'aux hommes pecheurs ; de cette
maniere , c'est en quelque façon , mettre dans la main des auditeurs , la clef

S. Greg.
de leur cœur , afin qu'il s'en servent , pour rentrer en eux-mêmes : *Clavis*
apertionis est sermo correctionis. Le même.

Les Ministres
de la parole
de Dieu doi-
vent propor-
tionner leurs
discours à la
Un Prédicateur , qui ne prêche qu'en une occasion à un Peuple grossier ,
tel que celui de la campagne , ne proportionne pas d'ordinaire ses discours à
la disposition particuliere des gens à qui il parle : de sorte qu'après l'avoir
entendu , ils s'en retournent souvent sans avoir profité ; mais les propres Pasteurs connoissent en particulier ce qui convient à leurs peuples , & ce qui

leur eſt neceſſaire, ce qu'il faut pour leur inſinuer leur devoir, & pour le leur faire bien comprendre : En un mot, ils ſçavent la maniere de vie, auſſi bien que le langage de leurs Peuples, ſans quoi on ne peut preſque point faire de fruit auprès d'eux : *Oportet eum qui inſtruit animas rudes, eſſe talem, ut pro ingenio diſcentium ſemetipſum poſſit aptare, & verbi ordinem pro audientis capacitate dirigere* : Celui qui inſtruit des eſprits groſſiers, doit ſe proportionner à la capacité de ceux qu'il inſtruit, & faire un diſcours qui ſoit à leur portée. Il ne s'agit pas de faire paroître de la Doctrine en ces occaſions, mais d'inſpirer de la pieté. *Le même.*

La nature & l'eſſence de la Prédication eſt de prêter l'oreille à la parole de Dieu, prêchée & annoncée par les perſonnes qui ſont chargées de ce miniſtere ; car les ſermons ont été faits par les Prophetes en l'ancienne Loi, qui annonçoient au Peuple les volontez & les Ordonnances de Dieu ; par Jeſus-Chriſt en la nouvelle ; après lui, par les Apôtres qu'il a envoyé par le monde pour enſeigner aux hommes le chemin du ſalut ; & après les Apôtres, par les hommes Apoſtoliques appellez à ce ſacré Miniſtere. D'où il eſt facile d'inferer que c'eſt contre la fin & l'eſſence de cette action, d'y aller pour entendre la pure parole d'un homme, & non pas celle de Dieu proferée par la bouche de l'homme ; comme la parole d'un Ambaſſadeur eſt celle du Prince qui l'a envoyé, non pas la ſienne ; ou de n'y chercher que le chatoüillement de l'oreille par un langage de l'eſprit humain, plûtôt que divin ; ou de ne vouloir que repaître ſa curioſité, entendant les meilleures choſes qui ſervent de pâture à l'entendement, & qui laiſſent la volonté ſeche & aride ; qui rendent plus doctes, mais non pas plus ſaints. Saint Paul loüant les Theſſaloniciens d'avoir entendu ſes Sermons, leur parle en cette ſorte : Vous avez reçû de moi la parole de Dieu que vous avez entenduë, ou que j'avois reçûë de Dieu : vous l'avez, dis-je, reçûë, non pas comme la parole d'un homme, mais comme celle de Dieu. De ſorte qu'il ne faut point conſiderer cette action, comme une declamation d'un Rhetoricien, ou d'un Orateur, mais d'un Envoyé de la part de Dieu. *Année Chrêtienne du P. Suffren.*

La nature & la neceſſité d'entendre la parole de Dieu.

La Predication eſt une action toute divine, & cela pour quatre raiſons. 1°. Parce que la parole prononcée eſt enſeignée aux Predicateurs. *Ce n'eſt pas vous qui parle, mais l'eſprit de vôtre pere qui parle en vous*, diſoit le Sauveur à ſes Apôtres. J'ai mis ma parole dans ta bouche, diſoit Dieu au Prophete Iſaye. Le même Prophete dit auſſi en ſe plaignant : *Seigneur qui eſt ce qui a cru aux paroles que nous avons reçûës & annoncées de vôtre part ?* C'eſt ce qui fait que Dieu parlant au Predicateur, l'appelle ſa bouche : Si tu ſepare ce qui eſt precieux de ce qui eſt mepriſable, tu ſeras comme ma bouche. Le glaive que Saint Jean a vû ſortir de cette bouche, eſt le ſymbole de la Parole de Dieu. 2°. Le fruit de la Predication depend de Dieu, qui éclaire & touche efficacement le cœur de l'Auditeur, comme Lydia Marchande de pourpre crût à la Predication de Saint Paul ; parce que Dieu lui ouvrit le cœur, tandis que cet Apôtre parloit ; & Saint Auguſtin a dit, que quiconque parle au cœur, tandis que l'homme parle à l'oreille du corps, a ſa chaire dans le Ciel. 3°. La fin de la Predication, eſt de loger Dieu dans les cœurs, lui engendrer des enfans, former Jeſus Chriſt dans l'ame des Auditeurs, éclairer les entendemens, affectionner & échauffer les volontez ; bref, ſauver les

La Predication de la Parole de Dieu eſt une action toute divine, & comment ?

Act. 15

T iij

ames, qui est la plus noble fin qu'on peut imaginer. 4°. On apprend la science des Saints enseignée par le Saint des Saints, laquelle porte les Auditeurs à
la vraye sainteté, elle a pour fin d'instruire les ignorans, convaincre ceux qui
sont dans l'erreur, soit Heretiques, soit autres ; corriger les pechez & les
défauts des hommes ; établir les vertus dans l'entendement & dans la volonté
des hommes, pour rendre l'homme parfait en tout. *Le même.*

Les Minis-
tres de la Pa-
role de Dieu
ne doivent
point noter
ni caracteri-
ser personne
en particu-
lier.
L'Eglise ordonne aux Ministres qui prêchent la parole de Dieu, de n'avoir jamais personne en vûë dans leurs discours ; de maniere que l'Auditoire s'apper-
çoive de qui vous voulez parler, c'est s'exposer à perdre absolument toute l'estime, ou du moins toute l'affection du peuple, & par consequent l'exposer à ne faire aucun fruit ; car que gagneront vos paroles sur des cœurs qu'elles ont revol-
tez ? *Repugnante naturâ, nihil medicina proficiet.* Vous perdez toute l'estime
de vos Peuples, parce que celui qui dit du mal de quelqu'un, est censé en
faire lui-même, & surtout quand on peut soupçonner que par-là un Ministre
satisfait en public quelque animosité particuliere. Vous perdrez aussi toute
l'affection de vos Peuples, parce que plusieurs des Parens ou des Amis de celui que vous aurez noté, prendront son parti, & concevront de l'aversion
pour vous ; il n'appartient pas à un Ministre de la parole de Dieu de faire le
miserable mêtier de Satyrique, toutes les corrections qu'il feroit, quelque
salutaires qu'elles fussent d'ailleurs, ne se regarderoient que comme des coups
d'un ennemi & des effets de sa vengeance. *Le même.*

Un Predi-
cateur ne
doit point
apprehender
de repeter
souvent les
mêmes cho-
ses.
2 T o·h. 4

Ierem. 1,

ncc. Ep. 17
Il ne faut pas qu'un Predicateur craigne de rebattre souvent aux Peuples
les veritez qu'il est important de leur imprimer bien avant dans l'ame ; car
n'en parler que deux ou trois fois par an, c'est comme si on n'en parloit
point du tout, c'est comme si l'on approchoit un cachet près de la cire sans
le presser. *Prædica verbum, insta opportunè, importunè.* Il faut aller plusieurs
fois autour des murailles de Jerico, pour les abbatre, si l'on ne revient de
même plusieurs fois sur les mêmes points de morale, on ne detruira point les
abus, & l'on n'arrachera point les méchantes maximes enracinées dans l'esprit
des Peuples, c'est pourtant ce que doit faire un Predicateur qui est appellé à
une partie de la sollicitude Episcopale : *Ut evellat, & destruat, & disperdat,
& dissipet.* Il croît sans cesse de mauvaises herbes dans le Jardin de l'Eglise ;
il faut travailler sans cesse à les exterminer. Un Ministre de la Parole de Dieu
n'a rien à craindre du reproche qu'on voudroit lui faire de dire toûjours les
mêmes choses, sa replique est toute prête, à sçavoir, qu'on lui donne toûjours sujet de les dire, que les remedes ne doivent pas cesser avant la maladie,
ni la correction avant le dereglement : *Nunquam satis dicitur quod nunquam
satis discitur.* Cette sainte importunité devient à la fin efficace pour remedier
aux désordres les plus inveterez ; nous voyons que les Saints Peres l'ont aussi
pratiqué de leur temps, & c'est par-là qu'ils ont fait tant de fruit dans les
ames. *Le même.*

La necessi-
té d'avoir
des Predica-
teurs est aussi
grande que
la necessité
de la Foy.
La necessité d'avoir des Predicateurs & d'entendre la Parole de Dieu, prêchée par leur bouche, s'étend aussi loin que la necessité de la Foy, sans laquelle aucun ne peut être sauvé. La Foy, dit Saint Paul, vient de l'entendement, l'entendement par la Parole de Dieu. Comment croiront-ils à quelqu'un qu'ils n'ont pas entendu ? Et comment le peut-on entendre si quelqu'un
ne prêche ? D'ailleurs il est inutile de prêcher, lorsque personne ne veut écou-

ter la parole de Dieu ; car de même qu'il est necessaire de prêcher pour engendrer la Foy dans les autres, de même aussi il est necessaire d'entendre les
Prédications pour pouvoir les mettre en pratique. Comme on infere l'obligation qu'il y a de confesser ses péchez, de ce que Dieu a établi des Prêtres
avec pouvoir d'absoudre comme Juges, & ne pouvant faire l'office de Juges,
sans connoître les causes qu'ils sont obligez de juger, chacun est obligé de
dire son péché au Prêtre ; car sans cela il ne le connoîtra pas : ainsi je conclus
l'obligation à entendre les Prédications ; personne ne peut avoir & conserver la Foy sans la Prédication, & le Prédicateur ne prêchera pas si personne
ne l'écoute, donc on est obligé à l'écouter. De-là vient que dans l'Ecriture
Sainte on met au même rang n'avoir point de Dieu, & n'avoir point de
Prédicateur. Car la Foy, par laquelle on croit qu'il y a un Dieu, est confirmée en nous par la Prédication. L'Evangile, c'est à-dire, la Prédication de
l'Evangile a la force de sauver une personne, dit Saint Paul. *Année Chrétienne du P. Suffren.*

Il semble que le Sauveur du monde nous a voulu faire entendre la necessité *Le Fils de Dieu a comparé sa parole à la semence.* d'entendre la parole de Dieu, quand il l'a comparée à la semence. Car comme sans la semence la terre ne produit que des épines, des orties & de mau-
vaises herbes, on ne peut attendre de fruit où il n'y a point eu de semence :
ainsi les fruits des bonnes œuvres & de l'éternité se trouveront dans les ames
qui entendent la parole de Dieu, & qui la reçoivent dans la terre de leur
cœur docile & enclin à la vertu. Il appelle cette même parole, la parole du
Royaume. Car c'est par elle que l'on apprend quel est le Paradis, quel chemin il faut tenir pour y arriver ; & enfin elle donne l'entrée dans le Royaume
de Dieu. *Le même.*

Il y a trois choses principalement necessaires pour le Salut éternel & pour la *Les trois choses necessaires pour le salut, qui s'acquierent en écoutant la parole de Dieu,* perfection Chrétienne. 1°. Il faut que l'entendement soit éclairé pour connoître ce qu'il faut faire. 2°. Il faut que la volonté s'affectionne à embrasser le
bien qu'elle connoît, & à éviter le mal. 3°. La pratique de l'amour efficace
du bien & de la fuite du mal : Or ces trois choses ne se peuvent acquerir
qu'en écoutant la parole de Dieu. Car la premiere qui consiste dans les lumieres de l'entendement, a été marquée par David *Vôtre parole est une lampe à
mes pieds, & m'éclaire pour voir les sentiers par lesquels il me faut marcher.
La manifestation de vos paroles illumine & donne de l'entendement aux petits.*
Saint Jacques les compare à un miroir, qui nous fait voir ce que chaque chose
est en soy, & ne la deguise point, comme peut faire un Peintre. La seconde, qui sont les affections de la volonté, elles s'acquierent en écoutant ses Ambassadeurs, & l'humilité qu'on exerce, en allant à l'Eglise, comme à une
Ecole pour les avoir pour Maîtres, & en même temps que l'homme parle à
l'oreille du corps, Dieu échauffe le cœur ; comme l'experimenterent les deux
Disciples allans en Emaüs, le cœur desquels étoit embrasé, tandis qu'ils entendoient Jesus parlant à eux. Mes paroles ne sont-elles pas comme un feu &
comme un marteau qui brise les pierres ? dit Dieu par Jeremie. Ceux qui entendirent la Prédication de Saint Pierre le jour de la Pentecôte, furent si touchez de componction & si enflammez de la vraye dilection, que leur cœur,
quoique dur fut brisé par ce marteau, & leur ame fut échauffée en la presence de ce feu. Ils avoient vû le jour de la Passion les pierres se rompre, & eux

plus durs que ces pierres demeurent obftinez. Mais au premier Sermon qu'ils entendirent cinquante jours après, ils furent brifez, fouples, dociles, prêts à faire tout ce que le Prédicateur faint Pierre leur difoit. Je fçai bien que la lecture des livres fpirituels peut beaucoup toucher un cœur ; ce qui a fervi plufieurs fois à convertir des pecheurs ; mais il y a une chofe dans la Prédication , qui anime davantage que dans la lecture des bons Livres ; c'eft la voix de l'Orateur qui fert à fléchir les ames, échauffe leurs volontez, & les porte où l'Orateur veut, & non-feulement la voix, mais auffi les geftes, les yeux, le vifage ; de maniere que dans une grande affemblée de perfonnes , ceux qui ne peuvent pas entendre la parole de Dieu, font fouvent touchez des geftes & du maintien du Prédicateur. Qui ne voit que la parole de Dieu prêchée comme il faut, par la bouche d'un homme , a bien plus d'efficace pour porter au bien, & la preferver du mal, que toutes les paroles de tous les hommes du monde ? C'eft ce qui eft arrivé, quand les Juifs envoyez par les Pharifiens, pour prendre Jefus-Chrift. L'ayant entendu prêcher, s'en retournerent fans rien faire, ayant été interrogez pourquoi ils ne l'avoient pas amené ; ils répondirent que jamais homme n'avoit parlé comme cet homme là, & qu'il leur avoit changé le cœur par fa Prédication. *Année Chrétienne du P. Suffren.*

Si la parole des hommes, & même de quelques Payens, a eu tant d'efficace pour changer les cœurs. Que ne doit pas faire la parole de Dieu, prêchée & entenduë comme il faut ? Lifez les vies des Saints, confultez les exemples modernes, vous trouverez des millions de converfions de pecheurs, que Dieu a operées par les Prédications. Il y a encore une chofe requife pour le falut, c'eft l'execution du bien que l'on connoît & que l'on aime, & la fuite du mal qu'on a en horreur. Car, comme difent S. Paul & S. Jacques ce n'eft pas tout d'entendre la parole de Dieu ; le principal eft de faire ce qu'elle enfeigne ; faint Juftin le Martyr donnant la définition d'un Chrétien, dit qu'il n'eft pas ainfi des paroles, mais des effets & des œuvres. Or c'eft par la Prédication que cette execution s'acquiert. *Année Chrétienne P. Suffren.*

Je ne puis ici omettre un bel éloge, que faint Gregoire de Nazianze donne aux Prédicateurs, qui fera encore mieux entendre l'ineftimable bien de la prédication. Il les apelle les ouvriers pour le monde fuperieur ; parce que comme Salomon bâtit un Temple au Dieu vivant , ayant tiré d'une carriere les pierres neceffaires, lefquelles furent bien polies, & renduës propres au bâtiment avant qu'on les portât au Temple, pour les mettre chacune en place ; ainfi Jefus-Chrift a voulu bâtir un beau Temple dans le Ciel, compofé d'autant de pierres, qu'il y aura de bienheureux ; du quel Temple faint Paul parle en cette forte : Nous avons une maifon dans le Ciel, qui n'a pas été faite par la main des hommes. . . . Et dans un autre endroit, Abraham attendoit la citée bien fondée : le Maître qui l'a bâtie eft Dieu. Les pierres qui bâtiffent ce Temple, font donc les hommes, tirez de la carriere corrompuë ; c'eft-à-dire, de la race d'Adam. Pour les bien polir, & rendre dignes d'être en ce faint lieu, il a deftiné les Prédicateurs, & a mis en leurs bouche fa parole, que le Prophéte apelle le marteau qui brife les pierres. Leur office eft de rendre les hommes parfaits, les inftruifant pour être bien avec

Di

Dieu, avec le prochain, & avec eux-mêmes : ce que saint Paul apelle, vivre pieusement, justement & sobrement : Par où chacun peut connoître l'excellent & profitable emploi des Prédicateurs, & de la parole qu'ils prêchent ; & avec quelle ardeur & affection, chacun devroit entendre les Prédicateurs qui sont institués pour une fin si noble. *Année Chrétienne du Pere Suffren.*

Les Prédicateurs sont comme les Peres & les Meres de Jesus Chrift, l'engendrans, & le produisans dans les cœurs des Auditeurs ; c'est pourquoi il faut qu'ils tâchent d'avoir une vie conforme à celle du Verbe Incarné, qui paroisse en leur intérieur & extérieur. Mes petits enfans, dit saint Paul, que j'enfante derechef, jusqu'à ce que Jesus-Christ soit formé en vous, & saint Gregoire expliquant ces paroles de l'Evangile, celui qui fera la volonté de mon Pere, est ma sœur, & mon frere, & ma mere : Il est, dit-il, frere & sœur de Jesus, en croyant, & mere en prêchant ; car celui-là engendre en quelque façon Nôtre-Seigneur, qui l'influë dans le cœur de l'Auditeur, & par sa parole, produit en l'ame l'amour de Dieu. *Année Chrétienne du P. Suffren.*

Les Predicateurs sont les Peres & les Meres de Jesus Christ.

Les Prédicateurs sont les Ambassadeurs de Jesus-Christ, ainsi que parle l'Apôtre, envoyez par lui, comme lui-même a été envoyé par son Pere : destinez pour faire entendre & pratiquer aux hommes les volontez & ordonnances de Dieu, pour reconcilier les ames à lui, les gagner à l'éternité, & les aider à se sanctifier. Si les Ambassadeurs des Rois, estiment beaucoup l'honneur que le Roi leur fait, quelle estime ne doit pas faire un Prédicateur d'un si noble emploi, qui lui donne la qualité d'Ambassadeur de Dieu. Les Prédicateurs sont les Précurseurs de Jesus-Christ, & ont le même office qu'a eu le Précurseur saint Jean-Baptiste, qui est de preparer les voyes au Seigneur ; c'est ce que saint Gregoire dit avoir été signifié, quand Nôtre-Seigneur envoyoit devant lui ses Disciples aux lieux où il vouloit aller. Le Seigneur, dit-il, suit le Prédicateur ; car la Prédication va la premiere, après quoi Dieu vient habiter dans une ame par la foi & par la grace. Ils sont, dit saint Gregoire de Nazianze, les maîtres Architectes pour bâtir la belle cité du Paradis, en laquelle il y a autant de pierres, qu'il y a d'ames bienheureuses. Ils sont le sel de la terre, la lumiere du monde, la cité bâtie sur la montagne. Ils sont les Sauveurs du monde qui convertissent les ames, qui rendent en elles efficace le salut que Jesus, par sa mort, leur a mérité, & qui les retirent de l'enfer. Ce nom de Sauveur leur est dû à bien plus juste titre qu'à Joseph celui de Sauveur de l'Egypte. Je vous ai établi pour être la lumiere des Gentils, & mon salut jusqu'aux dernieres parties de la terre, disoit Dieu au Prophéte Isaïe. Enfin, ils sont autant d'Anges vêtus de chair, employez comme les Anges, qui sont dans le Ciel, servants au salut des Predestinez, comme parle saint Paul. *Le même.*

Les Prédicateurs sont les Ambassadeurs de Jesus-Christ.

Lorsque quelqu'un veut se préparer à entendre la parole de Dieu ; il doit, 1°. élever son cœur à Dieu, & prier, tant pour soi, que pour le Prédicateur & les Auditeurs, afin que cette action donne de la gloire à Dieu, & fasse profiter les Auditeurs. 2°. Il doit renouveller l'intention qu'il faut avoir en cette action, & considerer le Prédicateur en chaire, comme un Ambassadeur, envoyé de la part de Dieu ; & ses paroles comme les lettres qu'il aporte

Comment on se doit comporter en entendant la parole de Dieu.

du Ciel, de la part du même Dieu, ou comme l'organe par laquelle Dieu parle. 3°. Il doit écouter avec attention le Prédicateur, en bannissant de son esprit toute autre pensée du monde, qui pourroit empêcher le fruit de cette sainte sémence. Saint Augustin dit que celui qui écoute négligemment, & laisse comme tomber en terre la parole de Dieu, est aussi coupable que celui qui laisse tomber le précieux Corps de Jesus-Christ. On doit prendre la parole de Dieu avec autant d'attention & de reverence, que si c'étoit le Sang de Nôtre-Seigneur, ou les Reliques des Saints. 4°. Il ne doit point se fâcher contre le Prédicateur, lorsqu'il reprend les vices, ni croire qu'il ait dessein de le reprendre lui seul. Car un Ministre du Seigneur fait son devoir, lorsqu'il reprend les crimes ; parce que le Maître qui l'envoye, lui en a donné la commission ; criez, dit-il, sans cesse, faites voir à mon peuple qu'il peche ; si vous n'annoncez au pecheur le malheur où il est, afin de l'en retirer, & lui donner la vie, s'il meurt dans son péché, je m'en prendrai à vous, & vous demanderai compte de cette ame perduë. S. Augustin dit que l'office des Prédicateurs est de reprendre les pechez sans épargner personne. Pourquoi se plaindre d'eux, puisqu'ils font leur office, & obéissent au Commandement de Dieu ? Ne seroit-ce pas une grande folie à un homme de se mettre en colere contre un miroir, parce que lorsqu'il s'y regarde, il aperçoit toute sa laideur. Souvenez-vous de ce que dit saint Jérôme, qu'une reprimande generale ne fait tort ni injure à personne. Et dans un autre endroit ; lorsque, dit-il, sans nommer personne, on écrit ou l'on parle contre les vices, celui qui s'en fâche, s'accuse soi-même. La prudence requiert qu'il dissimule le peché qu'il a en sa conscience ; & qu'il montre par la serenité de son visage, qu'il n'a aucun ombrage dans son cœur. *Année Chrétienne du P. Suffren.*

Quel dessein doit avoir le Predicateur annonçant la parole de Dieu.

Le dessein des Prédicateurs, en reprenant les vices, est ou d'empêcher qu'ils n'entrent dans l'ame de ses Auditeurs, s'ils n'y sont pas encore entrez ; ou qu'on les chasse & corrige s'ils y sont entrez ; quel sujet a-t-on de se plaindre d'eux. Celui qui vient entendre la parole de Dieu, ne doit point non plus juger & critiquer le Ministre qui l'annonce : il ne doit point attribuer à quelques personnes de sa connoissance les paroles qu'il a entenduës ; car ce seroit juger mal & du Prédicateur, & des autres, & faire tort à la sainte parole, en lui donnant un mauvais sens, & tout oposé à celui du Prédicateur ; mais il doit tâcher de retenir quelque chose de cette divine parole, pour s'en servir contre les tentations du demon, & pour l'avancement de son salut. *Mon fils*, dit Salomon, écoutez avec attention la doctrine de la vraye sagesse, pour répondre à Satan, & combattre ses tentations. Et l'Auteur de l'Ecclesiastique, dit, que l'on va aux Eglises pour entendre un homme sage, & qu'on doit méditer ses paroles dans son cœur. Celui qui vient entendre la parole de Dieu, ne doit jamais mépriser le Prédicateur, quand même il seroit de basse extraction, ou qu'il ne seroit pas sçavant ni éloquent ; je dis plus, quand il ne seroit pas homme de bien. Car quand un Courrier porte les paquets du Roi, on regarde au paquet, on le lit, on le prise, on execute la volonté du Roi, sans se soucier, si celui qui l'a porté est blanc ou noir, riche ou pauvre, noble, ou de basse condition. C'est pourquoi on peut dire la même chose des Prédicateurs. Il ne doit pas non plus fe plaindre de ce que le Prédicateur dit des chofes communes, populaires, & que tout le monde fçait, qu'il n'y a rien de nouveau, & tout ce qu'on dit a déja été dit ; car il ne laiffe pas pour cela, de profiter. Le pain eft une viande commune & ordinaire, cependant il nourrit le corps : une même medecine réiterée guérit le malade. *Le même.*

Pour bien profiter de la parole de Dieu, il faut la mediter après l'avoir entenduë.

Il faut que celui qui a entendu la parole de Dieu en faffe le fujet de fa meditation, pour mieux en profiter, de peur qu'il ne foit comme un crible qui reçoit l'eau, & la perd incontinent. Le Fils de Dieu a apellé bienheureux ceux qui entendent non-feulement fa parole, mais ceux qui la mettent en pratique, après l'avoir entenduë. Car celui qui mange de la viande, & ne la digere pas, n'en tire aucun profit. Il en eft de même de ceux qui ne font point reflexion fur ce qu'ils ont entendu dans la Prédication. La fainte Vierge méditoit en fon cœur, ce que les Anges, les Pafteurs, fainte Elifabeth, & les autres avoient dit de fon Fils, ne fe contentant pas de l'avoir entendu. Il faut fuivre fon exemple, & ne fe pas contenter de la méditer en foi-même, mais s'en entretenir encore avec les autres, pour s'aider mutuellement à fe fanctifier. Si on a entendu quelque chofe qui foit profitable, de peur de l'oublier ; il feroit avantageux de la marquer pour s'en fouvenir, & s'en fervir dans l'occafion. La memoire de l'homme n'eft pas fi ferme qu'elle fe puiffe fouvenir long-tems après, de ce qu'elle a entendu une fois; c'eft pourquoi l'Ecriture fuplée à ce défaut ; l'ayant écrit & le relifant, on fe met dans les mêmes difpofitions & les mêmes defirs qu'on avoit la premiere fois qu'on l'entendit dire. *Le même.*

Le malheur qui arrive à ceux qui écoutent la parole de Dieu par habitude.

Un des plus grands malheurs que je remarque dans la vie devote, eft de fe contenter de faire les actions qui font bonnes d'elles mêmes, fans avoir beaucoup de foin de les bien faire ; d'où il arrive que le fruit en eft fort petit, car il ne faudroit que les Sermons d'un Carême bien entendus, pour convertir & perfectionner, je ne dis pas une ame, mais une ville entiere. On les entend tous les ans ; & après Pâques on y voit fi peu d'amendement qu'auparavant. Ce malheur ne peut arriver du côté de la Parole divine, laquelle de foi eft capable de brifer les cœurs les plus durs, d'embrafer les plus froids, d'enfeigner les plus ignorans, de guerir les plus malades, de rendre fpirituels les plus fenfuels ; il faut inferer que cela procede du côté de l'Auditeur, qui ne connoiffant pas la nature & l'importance de cette action, la fait lâchement par habitude & par coutume. *Le même.*

Avec quelle difpofition il faut entendre la parole de Dieu.

Le premier avis que l'on puiffe donner à ceux qui viennent écouter la parole de Dieu, eft de chaffer toute intention impure, comme font ordinairement ceux qui y viennent par vanité, par curiofité, pour être plus fçavans, & non pas plus faints ; pour aprendre à bien parler, pour fe plaire aux difcours qui chatoüillent les oreilles, au lieu qu'ils y devroient venir pour entendre un Dieu parlant, par la bouche d'un homme. Dieu parle en moi, & par moi, difoit le grand Prédicateur faint Paul : Ce n'eft pas vous qui parlez; mais l'Efprit de Dieu qui eft en vous, difoit le Sauveur aux Apôtres, premiers Prédicateurs de l'Eglife chrétienne. On doit écouter la parole de Dieu pour s'amender de fes imperfections, pour être plus faint, & meilleur qu'auparavant ; c'eft une folie de vouloir les chofes pour une autre fin, que pour celle, pour laquelle elles font inftituées. On fait tort au Prédicateur, à la

V ij

Prédication, & à Dieu qui l'a établie, d'y chercher autre chose que le salut & le profit de l'ame. C'est un peché de venir au Sermon pour autre fin, que pour celle-là ; puisque c'est contre l'institution divine. En second lieu, l'on doit y venir avec la conscience pure, faisant un acte de Contrition qui dissipe les tenebres du peché, lequel pourroit empêcher les lumieres, que la parole de Dieu donne à ceux qui l'écoutent ; & qui purifie & nettoye la place où doit être reçûë la parole divine, sçachant bien que la sagesse & la connoissance de Dieu ne residera pas dans une ame mauvaise, & ne fera point sa demeure dans un corps sujet au peché. En troisiéme lieu, l'on doit y venir avec une grande humilité & docilité ; car cette parole donne l'entendement aux petits. Et la Sagesse même crie, si quelqu'un est petit, qu'il vienne à moi. Vous avez caché vos Mysteres aux superbes & aux sages du monde, & les avez revelé aux humbles, disoit le Sauveur, parlant à son Pere. Et rendant aux Juifs la vraye raison pour laquelle ils ne profitoient pas de sa parole : comment pouvez-vous croire, leur dit-il, si vous cherchez l'honneur, la gloire & les loüanges des hommes ? C'est aux vallées que les fontaines coulent, & l'eau de sa sagesse divine dans un cœur humble : il ne faut point avoir tant d'opinion de vous, que de croire en sçavoir autant, ou plus que le Prédicateur. Telle est cependant la vanité de plusieurs personnes ; qui pour cette raison ne veulent point entendre les Predications, ou ne veulent point en profiter, lorsqu'ils y viennent. Saint Ambroise dit que quelque sçavant que soit un homme, il a toûjours besoin d'être instruit, tant qu'il vit sur la terre. Le nombre des choses que je ne sçai pas, est beaucoup plus grand que de celles que je sçai, disoit un ancien Philosophe. La sainte Vierge a même apris des Pasteurs ; & pourquoi aurez vous honte d'aprendre des Prêtres, & des Predicateurs, dit saint Ambroise. Salomon ne demanda autre chose à Dieu, qu'un cœur docile ; c'est-à-dire, humble & disposé pour être instruit : & pour cela, il eut une grande sagesse. Saint Augustin, parlant de soi, en une de ses Epîtres, disoit : Quoique je sois âgé, & qu'il ait déja long-tems que je sois Evêque, je suis néanmoins tout prêt d'être instruit d'un jeûne Evêque, consacré depuis un an ; & dans un autre endroit ; si vous pouviez, dit-il, m'enseigner quelque chose que je ne sçai pas, je vous suporterois avec beaucoup de patience, non seulement en me reprenant de parole, mais aussi en me châtiant. Les poissons, quoique nez & nourris dans l'eau salée de la mer, ont encore besoin de sel pour être bien assaisonnez ; ainsi les plus sçavans ne laissent pas d'avoir encore besoin d'entendre quelque Maître de la vie spirituelle, crainte de tomber dans le relâchement. Enfin, tout le monde ayant le choix d'entendre tel Predicateur qu'il voudra, doit entendre celui qui prêche à profit. Le malade qui veut être gueri, cherche le medecin, non pas le plus sçavant, ni qui condescend mieux aux apetits & aux desirs du malade, mais celui qui le guerira. Dieu se plaint des Auditeurs, qui disent aux Predicateurs : Ne croyez pas, & ne nous faites pas connoître ce qui est bon, mais discourez des choses qui nous plaisent & qui nous recréent. *Année chrétienne du P. Suffren.*

Socrate.

La pureté d'intention d'un Predica-

Un Ministre Apostolique, doit avoir deux intentions en prêchant, 1°. Il doit honorer, glorifier Dieu, & lui plaire. 2°. Il doit profiter aux Auditeurs & rendre fructueuse la parole de Dieu. La premiere intention est marquée par ces paroles : Vous estes la lumiere du monde, faites en sorte que vôtre lumiere luise tellement, que les hommes voyent vos bonnes œuvres & glorifient vôtre Pere qui est dans les Cieux. La seconde intention que doit avoir un Predicateur est marquée par celle-ci : Je vous ai choisi & établi pour aller & pour profiter, en faisant fructifier ma parole. Et comme la fin d'un Orateur est de persuader par ses paroles, ainsi celle d'un Predicateur est de plaire à Dieu & de faire profiter les hommes dans leurs devoirs de Chrétien, ce n'est pas à dire pour cela qu'il réüssisse toûjours dans ses entreprises, mais c'est qu'il le veüille & qu'il ne travaille que pour cela. Une action faite avec nonchalance, est celle qui n'est pas capable d'allumer dans le cœur le feu de l'amour de Dieu, puisque la parole de Dieu est un feu, si elle n'est pas suffisante ni propre à brûler, elle n'a pas la fin pour laquelle Dieu l'a instituée, ni par consequent celle que le Predicateur Evangelique doit pretendre. *Le même.*

teur, en l'exercice de sa Charge.

Un Predicateur a quelquefois deux mauvaises intentions dans l'exercice de sa charge. La premiere est du gain temporel, tenant la Predication comme un trafic & une marchandise qu'on donnera à celui qui sera le plus offrant & dernier encherisseur. Ils pensent que la pieté est un gain temporel, dit l'Apôtre, ce qui rabaisse beaucoup la dignité de l'Evangile, où il est dit : Donnez gratuitement ce que vous aurez reçû gratuitement ; c'est ce que disoit Jesus-Christ à ses Apôtres, quand il les envoyoit prêcher parmi le monde, ce n'est pas à dire, pour cela, qu'il ne leur soit pas permis de prendre une honnête recompense pour vivre : car l'Ouvrier est digne de recompense, & qui sert à l'Autel, doit vivre de l'Autel : mais ils ne doivent jamais entreprendre de prêcher pour devenir plus riches & pour acquerir des biens temporels ; autrement il arrivera que l'Auditeur gagnera le spirituel & l'éternel, & que le Predicateur perdra le spirituel & gagnera le temporel ; mais ce n'est pas édifier le prochain, & c'est faire injure à Dieu & au prochain ; puisqu'il prêche, non pas pour leur sanctification, mais seulement pour avoir de l'argent. Comme si gagner une somme d'argent, étoit plus que de gagner une ame. Il s'en falloit bien que ce fût là l'intention de l'Apôtre, lorsqu'il disoit : Je vous cherche, je veux vous gagner & non pas vos biens. *Le même.*

Deux principales mauvaises intentions des Predicateurs.

Un Predicateur peut avoir l'intention aussi mauvaise, lorsqu'il prêche par vanité, pour se faire voir & admirer, invitant les uns à le venir entendre, plûtôt que les autres qu'il meprise, ou secretement, ou publiquement, soit parce qu'ils sont moins sçavans que lui, soit parce qu'ils ne sont point capables de cet employ. Il se sert ainsi de la Predication pour arriver à des dignitez Ecclesiastiques, ou pour être loüé ; se loüant soi-même, & portant une maudite envie à ceux qui sont mieux suivis & ont plus de talens que lui. Il arrive de cette mauvaise intention qu'il travaille davantage pour s'attirer des applaudissemens, qu'à trouver de fortes raisons capables de convaincre ses Auditeurs & de les animer à la pratique des Vertus Chrêtiennes. Il a honte de repeter quelque chose fort profitable & necessaire, ou de l'apprendre de ceux qui l'ont déja dite, de peur qu'on ne se moque de lui. Il est saisi de tristesse lorsqu'il n'a pû contenter ses Auditeurs, ce qui est toûjours impossible, attendu qu'il se trouve dans un Auditoire bien des sortes d'esprits qui ont chacun leurs goûts particuliers. Il a au contraire une joye excessive, lorsqu'il s'est attiré l'admiration de tout le monde, s'attribuant plûtôt qu'à Dieu

C'est une mauvaise intention que de prêcher par vanité.

ce bon fuccez. Il n'eſt pas libre à reprendre les vices, de peur qu'on ne s'en offenſe. Telle étoit la mauvaiſe intention de ceux dont ſaint Paul ſe plaint, qui prêchoient par envie, & par le chagrin qu'ils avoient de ce qu'on faiſoit grand cas de lui : mais faiſant connoître la pureté de ſon intention, qui ne cherche qu'à plaire à Dieu & à profiter aux autres, il dit : Je me réjoüis & me réjoüirai, par qui que ce ſoit que Jeſus-Chriſt ſoit prêché. Et dans un autre endroit, parlant de l'intention qu'il avoit dans ſes diſcours, il dit ces belles paroles écrivant aux Theſſaloniciens : Dieu a daigné m'examiner pour me confier ſon Evangile. Je n'ai point prêché en flateur, vous le ſçavez, ni avec un eſprit d'avarice, Dieu le ſçait, ni par vanité, ne cherchant point à être loüé, ni de vous, ni des autres ; je parle, non pas pour plaire aux hommes, mais ſeulement à Dieu, qui voit mon cœur. Et écrivant aux Corinthiens : Je ne ſuis pas, dit-il, comme pluſieurs autres, qui corrompent & adulterent la parole de Dieu ; mais je prêche avec une ſincere intention, comme celui qui parle de Dieu & de Jeſus-Chriſt par le mouvement que Dieu lui en donne. *Année Chrêtienne du Pere Suffren.*

Une des diſpoſitions neceſſaires à un Predicateur eſt l'obéïſſance.

Jerem. 14.

Ezech. 3.

Jean. 1.

Un Predicateur ne doit pas s'ingerer dans le Miniſtere Apoſtolique ſans y être appellé de Dieu ; c'eſt pourquoi il doit obéïr à ſes Superieurs, par la bouche deſquels il apprendra les Ordonnances & Volontez Divines ; car perſonne ne doit entreprendre cette charge, ſans y être appellé & envoyé de Dieu, qui ſe plaignoit autrefois de certains Prophetes qui ſe mêloient de prêcher parmi les Juifs, ſans être envoyez : *Les Prophetes fauſſement prophetiſent en mon nom, je ne les ai pas envoyez, je ne leur ai pas commandé de prêcher, je n'ai point parlé à eux.* Et lorſqu'Ezechiel ſe mit à prêcher il entendit cette parole : *Fils de l'homme je t'ai établi pour veiller ſur la maiſon d'Iſraël : tu entendras de ma bouche ce que tu dois dire, & annonceras à mon peuple ce que je te dirai.* Jeſus-Chriſt eſt venu prêcher, envoyé par le Saint Eſprit : *L'Eſprit de Dieu eſt ſur moi, il m'a envoyé prêcher aux pauvres.* L'Ecriture appelle ſaint Jean-Baptiſte l'homme envoyé de Dieu, pour donner témoignage de la lumiere. Les Apôtres ont eu leur miſſion : Allez enſeigner tous les hommes, leur dit le Fils de Dieu, je vous ai choiſi pour aller, pour fructifier & faire tout ce que vous pourrez, afin que le fruit en demeure. Comment prêcheront-ils s'ils ne ſont envoyez, dit ſaint Paul, priez le Maître de la moiſſon, afin qu'il envoye des ouvriers, diſoit encore Jeſus à ſes Apôtres. Or qui eſt-ce qui oſera venir comme Legat & Ambaſſadeur, ſinon celui que le Roi envoye avec inſtruction & commiſſion ſignée de ſa main ? La raiſon de ceci eſt claire ; car puiſque le fruit de la Predication, qui eſt le ſalut des ames, ne vient ni de la ſcience ni de l'eloquence du Predicateur, mais de Dieu ſeul ; & que celui qui plante n'eſt rien, ni celui qui arroſe, & qu'il n'y a que Dieu ſeul qui donne l'accroiſſement : Qui ne voit que prêcher n'eſt pas un ouvrage de l'homme, mais qu'il faut y être appellé de Dieu ? Que le Predicateur diſpoſe ſi diligemment qu'il voudra ſa Predication, comme de beaux & riches filets pour prendre les ames, comme autant de poiſſons : il depend neanmoins de Dieu de toucher les cœurs des hommes, qui ſont autant de poiſſons, pour entrer & être pris dans ces filets, puiſque leurs cœurs ſont en ſes mains. *Année Chrêtienne du Pere Suffren.*

CATECHISME.

LA PRATIQUE DE L'EGLISE
d'instruire les Enfans & les personnes grossieres & ignorantes.

AVERTISSEMENT.

LE zele de l'Eglise pour étendre la Foi & maintenir la Religion dans sa pureté, ne se borne pas à porter & faire entendre la parole de Dieu à toutes les Nations, dans toutes les Villes, dans toutes les Parroisses, & même dans toutes les Maisons Religieuses; ce zele s'étend jusqu'à proportionner cette Divine parole aux personnes ignorantes & grossieres par des Instructions familieres qu'on appelle vulgairement Catechismes, qui ne meritent pas moins le nom & la qualité de parole de Dieu, puisqu'outre qu'elle en a tous les avantages, comme l'on verra dans ce Traité, & qu'elle est exempte des défauts qui corrompent souvent cette parole, qu'on prêche aux personnes plus instruites, qui demandent une nourriture mieux preparée & plus de leur goût.

On ne peut assez loüer le soin & le zele des Prelats de ce Royaume en ce point, je veux croire qu'il en est de même dans tous les autres Etats de la Chrétienté; car nous voyons particulierement depuis un siecle, que les Successeurs des Apôtres à qui Dieu a commis le dépôt de la Foi, ont fait paroître sous leur nom & en langue vulgaire, conformement aux Statuts des Saints Canons, des Catechismes dans leurs Dioceses, où les enfans & les autres personnes simples sont parfaitement instruits jusqu'au moindre détail de ce qu'ils doivent sçavoir & faire pour leur salut : leur zele n'éclate pas moins à pourvoir tous les lieux de leur Jurisdiction de personnes propres à cet emploi, sur lesquels ils se dechargent du soin d'instruire ces sortes de personnes, & d'avertir les Parens, les Maitres & les Maitresses de les envoyer à l'explication des choses necessaires au Salut. On verra dans la suite de ce Traité les fruits que l'Eglise reçoit de cette sorte de Parole de Dieu : d'où l'on peut dire que depend le bonheur, les bonnes mœurs, la pieté & la Religion de ceux qui ont été bien instruits dès leur plus tendre jeunesse.

CATECHISME.

✳✳✳✳✳✳✳✳✳✳✳✳✳✳✳✳✳✳✳✳✳✳✳✳✳✳✳✳✳✳✳✳✳✳

CATECHISME.

LA PRATIQUE DE L'EGLISE
d'inftruire les enfans, & les perfonnes groffieres
& ignorantes.

LE Catechifme n'eft autre chofe qu'une inftruction familiere, touchant *Ce que c'eft* les Myfteres de nôtre foi, & qui fe donne de vive voix à ceux qui veu- *que le Cate-* lent être, ou qui font déja baptifez ; fur quoi il eft bon de remarquer que *techifme.* du tems de la primitive Eglife, l'on n'ofoit mettre par écrit les Myfteres de nôtre Religion, craignant qu'ils ne tombaffent entre les mains, & qu'ils ne vinffent à la connoiffance des infidéles perfécuteurs des Chrétiens, lefquels s'en fuffent mocquez ; & comme les animaux immondes font des pierres précieufes, ils ne les euffent foulez aux pieds. On enfeignoit donc les myfteres de nôtre foi, de bouche & de voix feulement ; les Maîtres interrogeant, & les Difciples repondant ; & cela s'apelloit catechifer. Or, c'eft un exercice bien noble & bien utile ; car c'eft une des premieres fonctions de l'Eglife, & qui eft vraiment apoftolique ; comme il paroît dans l'Ecriture fainte, où Nôtre-Seigneur commande à faint Pierre, & en fa Perfonne, à tous les Prélats & Pafteurs, de paître les agneaux ; c'eft-à-dire, les enfans & autres perfonnes ignorantes, en leur enfeignant la doctrine Chrétienne. Les Prélats, & fucceffeurs des Apôtres ont pareillement fatisfait à cette obligation de leur charge, en enfeignant avec beaucoup de foin & de diligence le Catechifme ; car faint Cyrille de Jerufalem, & faint Auguftin ont écrit des Catechifmes qu'ils enfeignoient, & faifoient enfeigner par leurs Prêtres & Pafteurs ; enfemble la maniere qu'on devoit garder en ces inftructions. Saint Gregoire de Niffe a fait une harangue catechiftique, & plufieurs autres Saints ont fait plus d'état de catechifer, & d'enfeigner les fondemens de nôtre foi, que de faire des difcours fubtils, & des fermons relevez. *Tiré de la Theologie.*

On doit enfeigner le Catechifme, principalement aux enfans baptifez, *Pourquoi il* qui font en l'âge de quelque difcretion ; & cela, parce que tous les igno- *faut enfeig-* rans doivent être inftruits, foit qu'ils foient jeunes, ou vieux ; néanmoins *ner particu-* on fupofe que les hommes âgez font plus inftruits ou le doivent être ; il *lierement* faut inftruire particulierement les enfans, qui font en l'âge de quelque dif- *aux enfans le* cretion, & les envoyer de bonne-heure aux inftructions familieres ; Car ils *Catechifme.* commencent par de petites chofes, & fe forment peu à peu avec l'âge à des chofes plus importantes ; & quand je dis, qu'il faut enfeigner aux enfans baptifez la doctrine Chrétienne : Je parle felon le tems & le lieu où nous fommes prefentement ; parce que les enfans qu'on baptife maintenant dans l'Eglife Catholique, ont promis au baptême, par la bouche de leurs

Parrains & Marraines, de vivre en Chrétiens, & de garder la Loi & les Commandemens de Dieu : Or, comment voulez vous qu'ils gardent la Loi de Dieu, s'ils ne l'ont apprise ; & comment l'aprendront ils, s'il n'y a un Ministre qui les instruise ? *Le même.*

L'obligation qu'ont les Pasteurs d'instruire & faire instruire leurs peuples. Les Pasteurs en général, sont obligez d'enseigner ou de faire enseigner leurs Peuples ; cette obligation leur vient de droit divin, de droit naturel & positif. Car c'est le propre devoir des Pasteurs des ames, de paître leur troupeau par la parole de Dieu, ou par eux-mêmes, ou par d'autres ; il est donc necessaire que quelqu'un enseigne aux enfans, selon leur capacité, les points necessaires à leur salut ; ce qui ne se peut faire si clairement, ni avec tant d'ordre que des Sermons, que les enfans n'entendent pas si clairement ; & un Pasteur ne peut s'acquitter parfaitement de ce devoir en prêchant ; si ce n'est qu'il accommode ses discours à la portée du simple peuple, reduisant toutes les matieres à quelque point du Catechisme ; tantôt au Symbole des Apôtres, tantôt à l'oraison Dominicale, d'autrefois aux Commandemens de Dieu, & puis aux Sacremens de l'Eglise : ce qui est en effet plus difficile, que de prêcher seulement. *Tiré des Theologiens.*

La faute des Ecclesiastiques qui tiennent au-dessous d'eux l'instruction des enfans. Il est étonnant de voir des Ministres de la parole de Dieu, qui traitent de bagatelle, & tiennent la fonction d'enseigner les enfans infiniment au-dessous d'eux ; mais ils ne font pas attention, au fruit qui en revient, & ne font pas l'estime qu'ils devroient, de ce sacré ministere. Cette fonction est si excellente & si noble, que le Fils de Dieu, qui est la sagesse éternelle, l'a cherie & preferée aux plus éclatantes : *Sinite parvulos venire ad me.* Il faut donc que celui qui entreprend de faire le Catechisme, se resolve à renoncer à tous les avantages, & aux interêts humains, faisant profession d'enseigner les enfans, purement & simplement pour Dieu, pour le salut des ames ; & pour s'acquitter de son devoir, qu'il se munisse donc de courage & de patience, se portant avec ardeur à cette œuvre de si grand mérite. Il est vrai que les Sermons ont plus de force pour émouvoir les Auditeurs, mais comme il est impossible que nos affections soient émuës, si auparavant nous ne sommes instruits, & si nous n'avons la connoissance des choses qui nous doivent émouvoir ; le Catechisme, où l'on enseigne la doctrine Chrétienne necessaire, avec toute la candeur & la familiarité, pour l'intelligence des plus simples, est plus necessaire que les Prédications ; néanmoins celui qui enseigne & instruit les enfans, peut aussi par même moyen, émouvoir ses auditeurs, & doit faire ses efforts pour cela : en effet, il contente les uns & les autres, si en instruisant les ignorans, il peut aussi toucher le cœur des sçavans qui l'écouteront. *Les mêmes.*

Les indulgences accordées en faveur de ceux qui font le Catechisme. Pour animer & encourager les Ministres du Seigneur, qui sont chargez d'instruire les enfans. Les souverains Pontifes se sont montrez favorables envers ceux qui aident & cooperent à cette instruction ; ils ont donné pour cela plusieurs graces & indulgences, pour exciter davantage le peuple Chrétien, à travailler à l'avancement de la doctrine Chrétienne. Le Pape Pie V. exhorte tous les Prélats de tenir la main, à ce que les instructions chrétiennes s'établissent par tout, qu'ils y pourvoyent de personnes capables d'enseigner la doctrine Chrétienne, qu'ils érigent où bon leur semblera, des Confrairies & Societez de la doctrine Chrétienne, tâchent pour cet effet d'obtenir des

Indulgences à tous ceux qui s'occuperont à cet emploi, s'il n'y a déja des Indulgences des Souverains Pontifes qui y soient attachées, que les Pasteurs inférieurs zelez pour le salut des ames, donnent liberalement ce qui est en leur pouvoir, à ceux & celles qui s'employent à faire le Catechisme, & à enseigner les enfans, pour les encourager à travailler avec toute la ferveur possible, à une si sainte action. *Les mêmes.*

Le fruit du Catechisme ne doit pas être seulement d'apprendre aux fidéles les premiers élemens de la foi ; mais encore de les rendre capables peu à peu des instructions plus solides ; de sorte qu'il faut commencer à leur en inspirer le goût, & leur donner quelque teinture du langage de l'Ecriture & de l'Eglise, afin qu'ils soient en état de profiter dans la suite des Sermons qu'ils entendront. C'est pourquoi les Ministres de la parole de Dieu, doivent toûjours répandre dans leurs Prônes, & dans leurs Sermons quelque chose du Catechisme, & y ramener souvent les Mysteres de Jesus-Christ, & la doctrine des Sacremens ; parce que ces choses étant bien traitées, inspirent l'amour de Dieu, & avec l'amour de Dieu toutes les vertus. C'est aussi la veritable fin de tous les Mysteres ; Dieu n'ayant pas fait des choses si admirables, pour nourrir & contenter les esprits curieux ; mais pour être le fondement des saintes pratiques, ausquelles la Religion nous oblige. Or, il est clair, qu'en expliquant aux fidéles, ce que Dieu a operé en nous par le Baptême, & à quoi nous nous y sommes obligez ; quelles sont les loix de la penitence chrétienne ; quel est le dessein de Jesus-Christ dans l'institution de l'Eucharistie ; & avec quels sentimens il faut entendre la Messe, & communier: on produit insensiblement dans les cœurs la veritable pieté, & l'on rend les hommes capables de profiter du service divin, auquel ils assistent. Il ne faut pas croire que les peuples, & même les gens de travail, soient incapables de profiter de ces leçons ; l'experience fait voir au contraire, que pourvû qu'on s'y prenne bien, & qu'en excitant en eux le desir d'apprendre, on se montre toûjours prêt à les instruire, tant en public, & dans l'Eglise, qu'en particulier & à la maison ; on les peut avancer beaucoup dans la connoissance de Dieu. *Auteur moderne.*

L'Exemple des heretiques peut fermer la bouche à ceux qui cherchent une excuse à leur negligence dans l'incapacité des peuples. Car enfin on y voit les plus grossiers, & les enfans citer l'Ecriture, & parler des points de controverse ; & quoique ces connoissances degenerent en un babil dangereux, & se consument en vaines disputes ; c'en est assez pour nous faire voir de quoi on pourroit rendre les peuples capables, si on prenoit le même soin de leur faire des instructions. Mais il est vrai que pour cela, il faut un grand soin : & comme nous venons de dire, il faut faire le Catechisme plus encore dans les maisons, & en particulier, que dans l'Eglise ; & le faire non-seulement aux enfans, mais encore aux Peres de famille, & recommander cette pratique aux Maîtres d'école, afin que peu à peu toutes les familles soient instruites. *Le même.*

Il n'y a point de Pere ni de Mere de famille, qui ne doive souvent repasser sur son Catechisme, & le relire avec attention, les principes de la Religion Chrétienne qui y sont contenus ; car plus on les relit, plus on y découvre de veritez ; outre cela, il y a beaucoup de choses qu'on dit aux

X ij

[marginal notes:]
Quel doit être le fruit des Catechismes.

L'exemple des Heretiques est propre à confondre ceux qui negligent d'instruire & faire instruire les enfans.

enfans, qu'ils n'entendent que dans un âge plus avancé : de sorte qu'il y a dans le Catechisme à aprendre pour tout le monde. Et quand les Peres de famille ne reliroient le Catechisme, que pour se rendre capables d'en instruire leurs enfans & leurs serviteurs, c'est une assez forte raison pour les y obliger. Mais il est trop vrai que la plûpart des hommes ne le sçavent pas assez ; & ce qu'il y a de pis, c'est que depuis qu'ils sont arrivez à un certain âge, sans l'avoir bien sçû, ils negligent, & même ils ont honte de le raprendre. *Auteur moderne.*

Les dispositions que doivent avoir les Ecclesiastiques, pour enseigner aux enfans le Catechisme.

Les Ministres qui sont chargez d'instruire & d'enseigner les enfans, doivent prendre garde à le faire non-seulement avec grande assiduité & affection, mais encore avec une gravité mêlée de douceur ; afin que la gravité inspire du respect, & que leur douceur leur soit un attrait pour les venir entendre. Avant de faire reciter le Catechisme à ces enfans, l'on doit faire un discours plein de pieté & d'onction, qui leur donne l'idée des veritez dont on leur demandera compte. Mais il faut que ce discours soit familier & court, en finissant par quelque chose de touchant, & recueillant en peu de paroles, ce qui aura été dit. Il faut repandre dans tout le Catechisme des traits vifs & perçans, pour inspirer aux enfans l'amour de la vertu, & l'horreur du vice. Il faut mêler aux instructions quelques histoires tirées de l'Ecriture ou des Auteurs aprouvez : l'experience faisant voir qu'il y a un charme secret dans de tels recits, qui reveillent l'attention, & donnent le moyen d'insinuer agréablement la saine doctrine dans les cœurs. C'est pourquoi lorsque les Catechistes auront à expliquer un Mystere ou un Sacrement, ils doivent poser pour fondement, ce qui se sera passé dans l'accomplissement de ce Mystere, ou dans l'institution de ce Sacrement. Le tout est de sçavoir rendre sensibles les choses qu'ils auront à raconter, inculquer & repeter souvent avec force les choses plus difficiles & plus importantes ; & sur-tout, ne se lasser pas dans un ouvrage aussi penible, que necessaire ; puisque la couronne de gloire leur est reservée pour un si utile travail, persuadez qu'ils doivent être, que c'est là le moyen de rendre un bon compte à Dieu des ames qu'il leur a confiées. *Le même.*

Quelle methode il faut observer dans l'instruction particuliere des enfans.

Les sages Legislateurs ont tant estimé la bonne éducation des enfans, qu'ils l'ont regardée comme le fondement du salut de l'état ; un Ministre du Seigneur pourroit-il donc la negliger, ou plûtôt ne doit-il pas l'avoir à cœur par dessus toutes choses ? Puisque s'il s'empare de l'esprit des enfans avant que le demon s'en soit emparé ; c'est une conquête assurée qu'il fait à Dieu, & dont le Seigneur est extraordinairement jaloux. C'est pourquoi avant toutes choses, vous êtes obligez par un precepte très-rigoureux, d'enseigner aux enfans les premiers fondemens de la foi Chrétienne, contenus dans le Symbole des Apôtres ; car les hommes, dès leurs plus tendres années, devant tendre à la fin pour laquelle ils sont au monde ; il faut, dit saint Thomas, qu'on leur aprenne expressément dès le premier usage de leur raison l'unité d'un Dieu, & la Trinité des Personnes divines, qui doivent être l'objet de nôtre beatitude ; il faut qu'ils connoissent encore la voye pour arriver à ce terme, & par conséquent qu'on leur aprenne les principaux Mysteres, qui regardent l'Incarnation du Fils de Dieu, & les moyens de salut qu'il nous a fournis. Que les enfans ayent donc une connoissance suffisante

de tous les Sacremens, & particulierement de ceux qui font les plus uni-
verfels & les plus neceffaires, comme font le Baptême, la Confeffion &
la Communion ; mais parce qu'il fert peu de connoitre la voye, fi on
ne la fuit, il faut encore que vous apreniez aux enfans la maniere de la
fuivre, en leur enfeignant les Commandemens de Dieu ; c'eft à-dire, ce
qu'il exige d'eux pour leur donner fon Paradis, & ce qu'il leur défend
fous peine d'en être exclus à jamais. *Devoirs des Curez du Pere Buffier.*

Comme perfonne ne peut accomplir les Commandemens fans la Grace qui ne s'obtient que par la priere, les Miniftres de la parole de
Dieu font obligez d'enfeigner aux enfans l'Oraifon Dominicale, ils ne
peuvent trop tôt leur apprendre non feulement l'avantage, mais encore la
neceffité indifpenfable de la priere, & l'obligation de fe recommander
tous les jours à Dieu, pour ne point tomber dans le peché ; le faint
Concile de Trente veut encore que les mêmes Miniftres ajoûtent à tout
cela de frequentes & de particulieres Inftructions, pour infpirer à ces
enfans la crainte de Dieu, & l'obéiffance qu'ils doivent à leurs Parens &
Superieurs ; car quoique ces deux points foient renfermez dans le Decalogue, il faut qu'ils les fachent plus diftinctement que les autres Commandemens, parce que ces deux là leur font plus neceffaires, & font plus
proportionnez à leur âge ; c'eft pourquoi on ne peut trop leur repeter qu'ils
doivent fe foûmettre en toutes chofes avec un humble refpect à la volonté
de Dieu, qui eft leur fouverain Maître & leur premier pere dans le Ciel,
& à la volonté de ceux qui tiennent à leur égard, fa place fur la terre.
Devoirs des Curez traduits de l'Italien par le P. Buffier.

Si c'eft une obligation fi étroite d'expliquer aux enfans leurs devoirs,
doit-on croire qu'on y a fatisfait, dès qu'ils les repetent feulement par
cœur & par routine, fans en comprendre nullement le fens ? C'eft là tout
au plus leur montrer le pain, ce n'eft pas le leur rompre, ce n'eft pas
même en quelque forte le leur montrer, mais comme l'enfermer dans une
boëte que vous leur prefenteriez, fans leur en donner la clef ; quel ufage
en peuvent-ils tirer ? Malheur aux Miniftres du Seigneur qui en ufent ainfi.
Il faut donc expliquer chacun des Articles, qu'on enfeigne d'une maniere
qui les faffe entrer dans l'efprit des enfans ; & pour y réüffir, il eft à propos
d'employer des comparaifons populaires ; fervez-vous de la même methode
pour les veritez de pratique & pour enfeigner les Commandemens de Dieu
& de l'Eglife ; infinuez d'abord aux enfans certaines maximes effentielles
du Chriftianifme & oppofées à celles que fuit le monde corrompu, afin qu'ils
commencent de bonne heure à fe conduire felon les principes de leur Religion : car fi les premieres maximes dont ils feront remplis ne font pas droi-
tes, toutes celles qu'ils prendront dans la fuite ne le feront pas davantage,
comme nous voyons dans un édifice où les premieres pierres font mal placées,
toutes les autres qu'on y éleve après ne font qu'augmenter fon irregularité.
Etudiez-vous furtout, ainfi que le prefcrit le Concile de Trente, à infpirer
aux enfans avec la crainte de Dieu, une fi grande averfion du peché, que le
feul nom leur en donne de l'horreur. *Le même.*

A l'égard des Parens il faut leur reprefenter fouvent dans-les Prônes l'é-

Les chofes qu'il faut enfeigner aux enfans.

Seff. 14 de Ref.

De quels moyens les Miniftres du Seigneur doivent fe fervir pour faire comprendre aux enfans les veritez contenuës dans le Catechifme.

L'obligation

X iij

des Parens
d'envoyer
leurs enfans
à l'Eglise
pour être in-
struits de leur
Catechisme.

troite obligation qu'ils ont de donner une éducation chrétienne à leurs enfans, & par conséquent de les envoyer à l'Eglise aprendre ce qu'un Chrétien doit sçavoir. Il faut leur marquer l'avantage considerable qu'ils en ti-
reront eux mêmes; que cette Instruction est pour accoûtumer de bonne heure leurs enfans à leur rendre le respect & l'obéissance qu'ils leur doivent,
sans quoi ils ne seroient que comme des plantes sauvages qui ne pourroient
jamais que leur donner des fruits d'amertume. Pour exciter encore davantage
les Parens à ce que vous leur demandez, remettez leur dans l'esprit les grandes Indulgences que les Souverains Pontifes ont acordées à ceux qui enseig-
gnent la Doctrine Chrétienne, ou qui contribuent à la faire enseigner, ils
ont voulu faire comprendre par-là que la chose étoit de la derniere importance. *Le même.*

La maniere
dont il faut
se comporter
à l'égard des
enfans.

Les Ministres de la parole de Dieu doivent user de manieres engagean-
tes à l'égard des enfans qu'ils veulent instruire, ils doivent les attirer par
des loüanges, des promesses & de petites recompenses, il est aussi difficile
de les faire venir par la force, qu'il est aisé de les faire venir par la douceur, je ne m'étonne pas qu'en certaines Paroisses on ne puisse nullement y
assembler les enfans pour le Catechisme: est-ce avec de la fumée qu'on ras-
semble des Abeilles? non c'est avec quelqu'agreable liqueur; il y a des Ecclesiastiques qui ne font que tourmenter les enfans qu'ils veulent instruire, au
lieu de les excuser quand ils ont manqué, ils leur reprochent rudement leur
ignorance, ils les grondent, les effrayent, & quelquefois même les frap-
pent, prétendez-vous qu'avec cela ils viennent vous entendre volontiers?
Des Lions mêmes ne s'accommoderoient pas de ces manieres, comment
de petits Agneaux s'en accommoderoient-ils? Jesus-Christ sçavoit comment
il falloit en user; voyez avec quelle tendresse il traite les petits enfans &
quel accüeil il leur fait, il les embrassoit, & après leur avoir imposé les
mains il leur donnoit sa benediction: *Complexus eos, & manus imponens*
super illos benedicebat eis. Ainsi quoiqu'il faille les reprimender & empêcher le bruit qu'ils font, ne faites point cela par vous-même, afin de ne
point donner d'aversion de vous; mais ayez quelqu'un qui soit chargé de
ce soin, c'est le conseil que donnent les personnes les plus experimentées;
pour vous ne pensez qu'à vous attirer l'affection de ceux que vous voulez instruire, rien n'est plus necessaire; saint Augustin nous le fait entendre sensiblement, quand il dit lui-même que l'attachement qu'il eut pour saint
Ambroise, son pere en Jesus-Christ, ne vient pas de ce qu'il trouvoit en
sa personne un Docteur de la verité, mais un homme aimable & engageant:
Eum amare capi, non tanquam Doctorem veri, sed tanquam hominem beni-
gnum in me. S'il en fut ainsi de saint Augustin, lequel au temps dont il
parle, étoit déja un homme fait, & d'ailleurs un grand esprit, que sera de
de ceux qui n'ont pas encore l'âge d'une pleine raison? Or quand vous
appellerez quelqu'un pour vous aider dans l'Instruction des enfans, recom-
mandez-lui d'user de la même douceur & d'éviter toûjours de les maltraiter.
Le même.

Il est impor-
tant de s'ap-
pliquer à l'é-
ducation des
enfans.

On ne peut assez s'appliquer à l'éducation des enfans, puisque de-là depend la sainteté du reste de leur vie: Quel merite n'auroit donc pas un Pasteur, s'il vouloit par charité prendre la peine de les instruire dans les Let-

tres ? Ceux qui enseignent sont apellez Peres dans l'Ecriture, & ceux qui sont enseignez sont apellez Fils, *Filii Prophetarum*, pour marquer que nous ne sommes pas moins obligez à ceux qui nous apprennent à bien vivre, qu'à ceux qui nous ont donné la vie : j'avoüe que ce soin vous donneroit une grande fatigue ; mais quel avantage n'en tireriez vous pas ? La plûpart des soins qui sont perdus auprès d'un Peuple mal formé, sont employez utilement auprès d'un Peuple qui a été cultivé dès sa jeunesse. En ôtant ou prevenant dans lui les manieres grossieres & rustiques, on le rend capable de tout. Si donc la fonction que je vous propose est trés-penible, il est toûjours vrai qu'elle peut être l'objet d'un fort grand zele, & par consequent qu'elle peut devenir facile ; car enfin le zele adoucit toutes choses.
Le même.

Gerson cet illustre Chancelier de l'Université de Paris, estimé avec raison un des plus grands Hommes de son siecle, se mit lui même, dans un âge avancé, à faire publiquement le Catechisme aux enfans les jours de Fête. Certains Theologiens de l'Université, quelque inferieurs qu'ils lui fussent en tout, au lieu d'en concevoir de l'admiration, n'en conçûrent que du mepris. Mais que fit-il ? Il les laissa dire, & continua : il publia seulement une Apologie qu'il jugea édifiante, pour montrer que cette fonction étoit une des plus utiles, où il se pût attacher ; & qu'avec le tems son exemple pourroit produire les plus grands biens, non seulement dans Paris, mais encore dans toute la Chrétienté, laquelle recevoit de cette Ville les plus heureuses influences de sagesse & de doctrine. Plût à Dieu que vous eussiez quelques rayons des saines lumieres de ce grand Homme, pour vous animer à l'exercice dont nous parlons. J'avoüe encore une fois qu'il est penible & dégoutant ; mais à quoi ne peut pas porter le zele, pour assûrer à Jesus-Christ de bons Serviteurs ? L'Apôtre saint Paul après tant de revelations & de ravissemens ne fait point de difficulté de s'abaisser à redevenir enfant, en quelque sorte, comme une Nourrice pourroit faire avec le sien : *Facti sumus parvuli in medio vestrûm, tanquam si Nutrix foveat filios suos.* Une mere quelquefois s'ôte de la bouche un morceau pour le faire prendre à son enfant, & elle en est plus contente que de toute la nourriture qu'elle prendroit ellemême à une table somptueuse. Vous devez avoir une joye pareille, de vous derober quelquefois vous-même à vous-même, pour vous donner au soin des enfans de vôtre Paroisse ; quelle facilité merveilleuse n'aurez-vous pas pour les conduire, quand ils seront plus avancez en âge, si vous les accoûtumez dès leur jeunesse à écouter & à suivre vôtre voix ? Au contraire n'esperez pas gouverner à vôtre gré ceux qui dans leur enfance n'ont pas été dociles à vos Instructions. Jesus-Christ recommanda deux fois à saint Pierre de paître ses Agneaux, & il ne parle qu'une fois de ses Brebis, il semble que c'est nous faire entendre qu'il faut deux fois autant de soin à l'égard des enfans, qui sont marquez par les Agneaux, qu'à l'égard des autres qui sont representez par les Brebis, c'est ce que les premiers donnent effectivement une plus grande esperance. *Devoirs des Curez traduits de l'Italien par le Pere Buffier.*

On est communement assez persuadé que de la bonne éducation des en-

Exemple du Chancelier Gerson.

Thess. 2, 7.

Les avanta

ges de la bonne éducation des enfans.

sans depend le bonheur, non-seulement des familles particulieres, & la joye de leurs Parens, mais encore tout le bien public, la prosperité & le bon reglement des Republiques & des Royaumes : mais je ne sçai si l'on est également convaincu que la bonne éducation des enfans dépend aussi de l'Instruction qu'on leur donne des Mysteres de nôtre Religion, de l'horreur qu'on leur imprime du peché, de la crainte de Dieu & de la fidelité à son service ; sur quoi Saint Bernard dit, qu'il ne faut point chercher d'autres causes, pourquoi on voit beaucoup de vieillards remplis de vices & destituez de toutes sortes de vertus, si ce n'est parce qu'ils ne les ont pas acquises dans leur jeunesse, qui étoit le temps propre pour cela. Et Saint Jerôme décrivant les belles qualitez de la vieillesse, de ceux qui se sont adonnez en leur jeunesse à la vertu, dit qu'elle devient plus sçavante par son âge, plus asseurée par l'experience, plus sage par la longueur du temps ; & qu'elle recüeille agréablement les fruits des anciens travaux de sa jeunesse. Parce que la jeunesse est le temps des tentations & des combats ; d'où il s'ensuit que quand on les a surmontez en ce temps-là, on trouve une grande facilité pour les vaincre dans le reste de la vie. Il est certain que les plus violentes tentations sont celles de la volupté, qui surmontent quelquefois ceux que les tourmens n'avoient pu vaincre ; mais quoique les tentations soient communes à tous les âges, il est constant qu'elles sont ordinairement plus fortes & plus frequentes dans la jeunesse, qui est toûjours, comme dit Saint Jerôme, dans les combats de la chasteté ; & comme elle est environnée des occasions du péché, & pressée des aiguillons de la chair, elle souffre beaucoup pour conserver la pureté, semblable au feu qui se conserve difficilement, sous le bois verd dont il est accablé. C'est pourtant une chose deplorable de voir souvent des vieillards qui ignorent les premiers principes de leur Religion, faute de les avoir appris dans leur bas âge, particulierement parmi les Gens de la campagne, & encore assez souvent parmi les Gens d'affaires, qui ne font presque jamais reflexion sur les Veritez Chrétiennes ; & par un malheur presque inévitable, meurent dans leur ignorance, n'étant plus guere en état d'être instruit, comme si cette occupation n'étoit plus de saison ; mais du moins leur negligence ne seroit pas sans remede, si les uns vouloient s'instruire par les livres ; & les autres en assistant aux Instructions qu'on ne manque guere de faire de temps en temps dans les Missions de la campagne, ou par quelques entretiens avec un Confesseur. *Auteur moderne.*

Le premier obstacle au Salut de la jeunesse, est le manquement d'Instruction.

Le premier empéchement du Salut de la jeunesse, est l'ignorance ou le manquement d'Instruction. Pour aimer le bien, il le faut connoître, pour le connoître, il faut que nous en soyons instruits, nous ne le pouvons connoître par nous-mêmes, qui n'apportons avec nous au monde que l'ignorance & le péché. Dieu dit par son Prophete : *Que son Peuple a été emmené en captivité, à cause qu'il n'a pas eu la science* : c'est-à-dire, l'Instruction & la connoissance de son Salut. Et le *Prov. 19.* Sage ajoûte, que *Là où il n'y a point de science, il n'y a point de bien*

bien & de salut pour l'ame. Cet empêchement est grand, & c'est la premiere source de la dépravation de la jeunesse. Il est d'autant plus à deplorer, qu'il est commun, & qu'il s'étend à plusieurs ; étant veritable que la plus grande partie de la jeunesse se perd, faute d'Instruction dans les maximes de la vertu. Les Peres negligent d'instruire leurs enfans dans la veritable pieté, & mettent tous leurs soins à les élever dans la vanité, dans les plaisirs, dans l'amour des biens de la terre, & dans les maximes du monde. Ce qui fait qu'ils demeurent dans l'ignorance & dans les mauvaises habitudes, & qu'ils se perdent sans ressource. *Auteur moderne.*

SUR LES PRIERES
PUBLIQUES.

AVERTISSEMENT.

Aprés avoir donné au sixiéme Tome de nôtre Morale un recüeil des Materiaux sur la necessité & les conditions de la Priere, & sur le pouvoir qu'elle a d'obtenir de Dieu tout ce qu'on lui demande ; une des principales pratiques
de l'Eglise, est d'employer un si puissant moyen, & une promesse si generale & si
souvent réiterée, pour les besoins publics, par des prieres également publiques &
solemnelles, c'est-à-dire, lorsqu'une ville entiere, ou quelque Communauté se joint
en corps pour demander à Dieu quelque faveur ou quelque secours dans une necessité commune & pressante ; ce que l'on croit avec raison, impetrer plus infailliblement quand plusieurs se joignent ensemble, comme le Fils de Dieu l'a dit expressément dans l'Evangile, que quand un seul particulier le demande, & fait
instance à la divine Majesté pour ce sujet. Nous en apporterons les raisons ; j'a-
joûte seulement que nous comptons entre les prieres publiques, celles qui le sont en
effet. Comme la récitation de l'office Divin, dans les Eglises Cathedrales, &
dans les Paroisses, & presque dans toutes les Communautez Religieuses, selon
leurs constitutions.

Sur quoi il faut sçavoir qu'il y a plusieurs autres occasions où l'Eglise a coutume
d'employer extraordinairement ces sortes de prieres ; & comme elle est mieux instruite des volontez de Dieu sur ce sujet, & qu'elle connoit les necessitez pressantes,
où les peuples ont plus d'interêt de s'adresser à Dieu ; par exemple, pour les biens
de la terre ; car c'est pour cela qu'elle a institué des Prieres, qu'elle a nommé
Rogations. Elle en a ordonné d'autres dans les calamitez publiques, comme dans
un tems de peste & de famine, ou d'une maladie populaire ; il y en a d'autres, qu'elle fait en actions de graces, pour une victoire obtenuë sur les ennemis de la Religion & de l'Etat ; d'autres pour être delivrée de quelques prochains malheurs,
dont on est menasé ; d'autre, pour la santé d'un Prince, de qui depend la prosperité
de ses peuples ; & enfin pour differens sujets, où il y va du bien public, à quoi chaque
particulier doit prendre interêt, en assistant avec devotion à ces prieres, & contri-
buant de son côté à ces ceremonies publiques.

✶✶⟡✶✶✶✶✶✶⟡✶✶✶✶✶✶✶✶⟡✶✶✶✶✶✶✶✶✶✶✶✶✶

SUR LES PRIERES
PUBLIQUES.

SI la priere d'un feul eſt toûjours efficace, lorſqu'elle eſt aſſortie de ſes conditions ; que ſera-ce de celle de pluſieurs enſemble , qui ſollicitent le Ciel tout à la fois , pour impetrer la même faveur ? C'eſt la premiere raiſon qui ſe preſente d'abord , & qui ſemble une conſequence tirée des paroles du Fils de Dieu : *Si duo ex vobis conſenſerint ſuper terram , de omni re , quamcumque petierint , fiet illis à Patre meo.* Car c'eſt raiſonner juſte avec ſaint Chryſoſtome ; celui, dit-il , qui ne peut rien refuſer à deux perſonnes unies enſemble , que refuſera-t-il à une aſſemblée nombreuſe ? *Qui nihil negat tam paucis, quid in conciliis, & congregatione ſanctorum poſcentibus denegabit ?* Cette conſéquence ſe tire de la nature de toute ſorte de ſocieté & d'aſſemblée , qui comprend neceſſairement une multitude de perſonnes réünies en un corps ; & qui eſt ſans doute , tout d'une autre conſideration devant Dieu , auſſi bien que devant les hommes , que n'eſt pas un ſeul membre ou une ſeule perſonne en particulier ; d'où il s'enſuit que ce que toute une grande aſſemblée demande ou autoriſe , eſt de tout un autre poids , que l'avis ou les inſtances d'un homme ſeul , pour lequel il s'en faut bien qu'on ait les mêmes égards , que l'on a pour une Communauté entiere. Ainſi nous voyons que les juſtes demandes d'un Peuple , d'une Ville , d'une Province , ſont autrement écoutées d'un Souverain , & qu'on a des ménagemens & des conſiderations pour un Corps entier , qu'on n'a pas pour les particuliers ; & c'eſt pour cela qu'on ſacrifie ſouvent le bien particulier , au bien public, & la vie d'un ſeul , pour ſervir d'exemple à tous. *L'Auteur des Sermons ſur tous les ſujets.*

Dieu , Chrétiens , ſemble tenir la même conduite , il prefere le tout à la partie ; & ſi quelquefois il a eu plus d'égard à quelques-uns de ſes amis , comme à un Abraham , à un David , & à quelques Prophetes , qu'à des Nations entieres , ç'ont été des faveurs ſpéciales envers des perſonnes d'un mérite ſingulier & ſuperieur , ce qui n'a point tiré à conſéquence ; au lieu que nous voyons qu'il s'eſt toûjours rendu favorable aux prieres des peuples , qu'il s'eſt laiſſé fléchir à la vûë des miſeres publiques , & que ſa colere n'a pû tenir contre les ſoumiſſions de toute une multitude , qui a imploré ſa miſericorde : *Miſereor ſuper turbam* , dit un jour le Sauveur du monde , dans une rencontre où il s'agiſſoit de ſoulager la faim d'une grande multitude de peuple qui l'avoit ſuivi dans le deſert ; j'ai compaſſion de ce peuple. Que ſi nôtre cœur eſt ſenſible aux miſeres communes , & aux gemiſſemens d'une infinité de pauvres miſerables , ſi nous avons compaſſion des plus criminels mêmes , quand nous les voyons humiliez , & implorer la miſericorde de leur Juge ; penſons que le cœur de Dieu eſt encore infiniment plus tendre , & plus vivement touché des pleurs , des gemiſſemens & des prieres

Les prieres publiques ſont plus efficaces que les particulieres. Matth. 18.

Serm. 130.

La conduite de Dieu eſt en ce point ſemblable à celle des ſouverains de la terre , leſquels ont plus d'égard au bien public, qu'à celui d'un particulier. Matt. 8.

Y ij

des fidéles assemblez ; il ne peut leur refuser ce qu'ils demandent : *Vidi af-fliction**em populi mei* , dit-il dans l'Ecriture, j'ai vû l'affliction de mon peuple, la voix de leur misere est venuë jusqu'à moi, leurs cris & leurs plaintes qui ont monté jusqu'au Ciel, m'ont touché sensiblement ; je leur accorderai enfin ce qu'ils me demandent, vaincu par les instances & par les prieres qu'ils m'ont faites. *L'Auteur des Sermons sur tous les sujets.*

La pratique des premiers Chrétiens sur ce point.

Les premiers Chrétiens étoient si persuadez de cette verité ; sçavoir, que Dieu préfére toûjours les prieres publiques aux particulieres, que c'est la raison que Tertullien rendoit aux Magistrats infidéles, qui les vouloient faire passer pour des gens de cabale & séditieux ; parce qu'ils faisoient des assemblées pour prier en commun ; & l'ombrage qu'on avoit pris de ces assemblées, est quelquefois allé si loin, qu'on les a investis, forcez & massacrez inhumainement dans les lieux mêmes où ils trouvoient un azile contre la colere de Dieu ; mais on leur fit voir combien leur soupçon étoit mal fondé. Ce n'est point contre l'Etat, leur disoit cet Auteur, ni contre les Princes de la terre, que nous tramons les conspirations, dont vous nous accusez ;

In Apol c 39.

c'est contre le Ciel, & en quelque maniere contre Dieu même : *Corpus su-mus de conscientiâ Religionis & disciplinæ veritate, & spei fœdere ; coimus in cœtum & congregationem, ut ad Deum, quasi manu factâ, precationibus am-biamus orantes.* Si nous faisons un corps, c'est l'interêt de la Religion qui nous assemble, c'est pour y aprendre la verité, & la maniere de bien vivre; nous sommes liez par la confederation d'une même foi, & nous agissons de concert, dans l'esperance du bien que nous attendons. C'est pourquoi nous nous assemblons dans le même lieu, & nous nous unissons, comme un corps d'armée, afin de forcer Dieu même en quelque maniere, à nous accorder ce que nous demandons. Mais ne nous accusez pas pour cela, de porter nôtre insolence contre Dieu même : *Hæc Deo grata vis est.* Nous sçavons que cette violence lui est agréable, & que c'est la maniere dont il veut qu'on le prie. C'est par là qu'il se laisse fléchir, & c'est par ce moyen qu'on obtient, & qu'on emporte tout ce qu'on souhaite de lui. *L'Auteur des Sermons sur tous les sujets.*

Cette maniere d'agir à l'égard de Dieu, ne nous doit pas surprendre, puisque les hommes en usent souvent de la sorte.

N'êtes vous point surpris, Chrétienne compagnie, de la maniere dont ce Pere s'exprime ? Mais c'est que ceux qui unissent leurs prieres de la sorte, ont à peu près le même pouvoir sur le cœur de Dieu, qu'auroit sur l'esprit & sur le cœur d'un homme, la priere de tous ses amis, assemblez pour le conjurer de leur accorder une faveur, dans laquelle il doit lui même prendre interêt. Les freres de Joseph crurent ce moyen infaillible, pour arracher du cœur de ce frere qu'ils avoient vendu comme un esclave, le ressentiment de l'outrage qu'ils lui avoient fait, & dont ils craignoient qu'il ne se ressentît, de se jetter tous ensemble à ses pieds, pour le conjurer au nom de leur pere commun, d'oublier cette injure. Et il y a peu de cœurs assez durs, pour tenir contre les instances, que font plusieurs amis pour le même sujet; il en est en ce point comme dans la nature, la force de plusieurs Agens, qui s'unissent ensemble pour la même chose, a toûjours plus d'effet, que quand elle est seule, & sans secours. Je dis donc que la priere publique a plus de force pour impetrer ce que nous demandons, que celles d'un particulier ; puisqu'il est incomparablement plus aisé & plus ordinaire, que ces conditions se rencontrent dans les prieres communes ; parce qu'enfin ce qui manque à l'un, est suppléé par l'autre, & que c'est dans cette occasion que cette pensée du Sage doit avoir lieu : *Frater qui adjuvatur à fratre quasi civitas* Proverb. 8. *firma.*

L'Eglise a pratiqué de tout tems la priere publique ; & il y a certaines occasions, & certains besoins plus pressans, où elle ordonne, comme elle fait en ce tems, & en d'autres rencontres, des suplications solemnelles, pour implorer la Misericorde Divine, afin de détourner les fleaux, dont sa justice nous punit ; tels sont les guerres, les famines, & la sterilité des moissons. De même elle fait de solemnelles actions de graces pour la delivrance des malheurs dont nous étions menacez, des oraisons pour les Princes, & pour les personnes publiques, dont la vie & la santé doivent être cheres aux peuples, qui témoignent par là de leur côté, combien ils s'y interessent. On comprend tout cela en general, sous le nom de prieres publiques, dont on peut faire voir les avantages sur les particulieres. *L'Auteur des Sermons sur tous les sujets.*

Je dis, Chrétiens, que les prieres publiques rendent plus de gloire à Dieu, & qu'en ce point elles sont preferables, du moins dans les rencontres, dont nous parlons, aux prieres, qu'on lui pourroit offrir en particulier. Mais pour ôter l'équivoque qui se trouve d'abord dans ce terme de public ; souffrez que je vous donne une idée plus distincte & plus précise, de ce que nous apellons priere publique, qui peut être prise, & se pratiquer en differentes manieres. Une priere peut être apellée de ce nom, lorsqu'elle se fait dans un lieu public, comme dans un Temple, ou en quelque endroit, où la pieté assemble plusieurs fidéles ; encore que chacun prie à diverses fins, & avec une intention particuliere, qui n'a rien de commun avec celle des autres. Ce n'est pas ce que nous entendons ici, par une priere publique, quoique la sainteté du lieu la rende ordinairement plus agréable à la divine Majesté. Je n'apelle pas non plus publiques, ces prieres chantées publiquement par les Ministres de l'Eglise, qui recitent l'Office divin avec tant de ceremonie & de pieté, ni celles ausquelles les peuples assistent en certains jours, à cause de la solemnité des fêtes qu'on y celebre ; bien qu'on ne puisse douter que le concours, qui fait la solemnité plus grande, ne rende aussi les prieres plus recommandables aux yeux de Dieu. Mais j'apelle proprement prieres publiques, celles qui conspirent dans le même dessein, ou par lesquelles tout un Peuple, toute une Ville, ou une Communauté entiere s'unit pour adresser ses vœux à Dieu, & demander, d'une commune voix, un même bienfait, dans quelqu'une des occasions que nous avons marquées ; comme seroit la priere que l'Eglise adresse à Dieu dans les miseres communes. *L'Auteur des Sermons sur tous les sujets.*

Or, je dis, que ces prieres sont plus glorieuses à la divine Majesté ; car si la priere en general est apellée dans l'Ecriture un sacrifice de loüange & d'honneur, que l'on fait à Dieu, pour lui rendre l'hommage qui lui est dû, & pour faire un aveu que c'est de sa bonté que nous tenons tous les biens que nous possedons, & tous ceux que nous attendons de son infinie liberalité, n'est-il pas plus honoré par les vœux, par les prieres, & par les soumissions de plusieurs qui s'unissent, & qui conspirent ensemble, & qui font un

gros , que par les mêmes actions de chaque personne , prises en particulier?
Il en est de Dieu comme des Princes & des Souverains de la terre, un Cour-
tisan leur vient rendre ses respects , & faire sa cour ; c'est un devoir qui leur
est dû, on ne le conteste pas ; mais on ne peut disconvenir , que quand les
Magistrats d'une Ville, les Deputez d'une Province, les plus considerables
de tout un Etat viennent en corps leur rendre hommage, les féliciter de leurs
victoires, ou de leur avènement à la Couronne, afin de leur marquer l'interest qu'ils prennent à la joye publique : on ne peut, dis-je, disconvenir que ces
Souverains sont plus sensibles à cet honneur, qu'ils regardent ces déferences,
ces hommages, ces soumissions de tout un autre œil, comme de plus authentiques marques de leur grandeur. Aussi voyons-nous qu'ils les reçoivent
en ceremonie , & qu'ils font tout un autre accueil à ceux qui portent la parole , & qu'ils traitent réciproquement avec honneur, ceux qui ne
viennent que pour les honorer. *L'Auteur des Sermons sur tous les*
sujets.

Je veux que la priere honore toûjours Dieu, & en toutes les rencontres;
car c'est le langage ordinaire de l'Ecriture. Cependant, puisque les prieres
publiques sont aussi un aveu public de cet hommage, qu'on lui rend avec
plus d'éclat , avec plus de marques d'estime, & de plus profonds sentimens
de sa toilhance : ces prieres lui doivent estre par conséquent plus glorieuses : *Si ego Pater vester , ubi est honor meus , & si Dominus ego sum , ubi est timor*
meus ? dit-il autrefois à son peuple, par un reproche sanglant qu'il lui faisoit
sur l'interruption des festes & des ceremonies solemnelles qu'il lui avoit ordonnées. Hé quoi ! mes bienfaits ne s'étendent-ils pas sur tout le monde ?
Chacun n'a-t-il pas sa part au bien commun ? Et les actions de graces que
vous m'en devez rendre , ne doivent-elles pas estre publiques. De là vient
que quand Dieu avoit gratifié ce peuple de quelque bienfait signalé, qu'il
l'avoit délivré de l'oppression , ou de la crainte de ses ennemis ; il vouloit
aussi-tôt qu'il en conservât le souvenir par une feste publique , & par une ceremonie solemnelle, pour en reconnoître l'Auteur ; & tous les peuples ont
été persuadez de tout tems, qu'ils ne pouvoient rendre plus de gloire à leurs
bienfacteurs, que par ces demonstrations solemnelles de leurs sentimens , qui
sont autant de prieres , ou faites à celui qui est la source de tous les biens ,
ou faites en faveur de ceux dont il s'est servi pour les communiquer.
Le même.

Que si l'honneur est proprement dans celui qui honore , selon la maxime
de la morale ; n'est-il pas évident, qu'autant que le tout est préferable à
chaque partie qui le compose, que le droit de toute une Communauté doit
l'emporter sur celui des particuliers, quels qu'ils puissent estre , & que le
public est de toute une autre consideration qu'une personne privée ; puisqu'on sacrifie le bien de l'un à la commodité de l'autre ; ne doit-on pas aussi
conclure, que si les prieres honorent Dieu, si elles rendent hommage à sa
grandeur ; & si elles lui procurent de la gloire , les prieres publiques lui
sont par conséquent plus glorieuses ; puisqu'elles sont offertes par un concours de peuple , par l'ordre des personnes publiques , & élevées en dignité,
& que tous prient d'une commune voix, qui tend au même but & à la même
fin. *Le même.*

Si l'honneur & la gloire n'eſt dûë qu'à Dieu ſeul, comme parle le grand Apôtre ; qu'apelle-t-on gloire, ſinon la connoiſſance qu'on a du merite d'une perſonne, & l'opinion avantageuſe que s'en ſont formée ceux qui la connoiſſent ? Mais qui ne jugera en même-tems, que plus la connoiſſance & l'eſtime en ſont publiques, & l'aplaudiſſement plus univerſel, plus cette gloire eſt éclatante : ſi donc la priere avec les ſentimens de reſpect, de confiance, & de culte qu'elle renferme, eſt un hommage & une gloire que l'on rend au Seigneur, ne s'enſuit-il pas que cette gloire eſt grande à proportion de la multitude de ceux qui la lui rendent ? C'eſt ce qui faiſoit que les Prophetes de l'ancienne Loi invitoient plus ordinairement les peuples à s'aſſembler, pour glorifier cette ſouveraine Majeſté, par leurs prieres, & marquer par là leur culte & leur veneration : *Vocate cœtum, congregate populum.* Et c'eſt pour cela, qu'avant même qu'il y eût des Temples dans le Chriſtianiſme, il y avoit des Egliſes ; c'eſt à dire, des aſſemblées où l'on faiſoit des Prieres communes ; & ſaint Paul même fait un détail des choſes que l'on y devoit demander à Dieu pour le bien de l'Egliſe & de la Religion. *L'Auteur des Sermons ſur tous les ſujets.*

De maniere, Chrétienne Compagnie, que je me ſens comme inſpiré de m'écrier ſur le ſujet qui vous aſſemble aujourd'hui : *Afferte Domino gloriam & honorem.* Peuples ! Magiſtrats ! Chrétiens de tout âge, de tout ſexe & de toute condition, rendez aujourd'hui la gloire qui eſt dûë à ce Souverain de l'Univers ; mais rendez la lui par un témoignage public, par des prieres ſolemnelles ; joignez vos voix dans un même concert, pouſſez tous vos cris & vos gemiſſemens vers le Ciel ; perſuadez que vous ne pouvez davantage honorer vôtre Dieu, que par ce témoignage public de vôtre pieté : *Afferte Domino gloriam & honorem.* C'eſt enfin ce qui a introduit la coutume de prier maintenant dans les Temples, qui portent le nom d'Egliſes, parce que c'eſt le lieu où les Chrétiens s'aſſemblent pour prier. Ce qui nous fournit une ſeconde raiſon de l'honneur & de la gloire, que la Priere publique rend à Dieu ; elle ſe prend de la charité qui les aſſemble, & qui les réünit en un corps, pour unir enſemble leurs deſirs & leur intention, & conſpirer dans la même fin. C'eſt la raiſon qu'en donne ſaint Auguſtin, & dont la force ſe tire du deſſein & de l'inſtitution de Dieu même, dans l'ancienne & dans la nouvelle Loi, où il a fait ſçavoir aux hommes de quelle maniere il vouloit être honoré ; & le Sauveur a ſouvent fait connoître dans l'Evangile, que c'eſt par l'union & par la charité que les Chrétiens marqueroient qu'ils ſont ſes Diſciples. C'eſt dans cette vûë qu'il veut qu'ils s'apellent freres, & qu'ils n'ayent qu'un même cœur, & qu'un même eſprit. Ce qu'il a tellement eu à cœur qu'il en fit lui-même le ſujet de la Priere qu'il adreſſa à ſon Pere, un peu avant que d'aller à la mort : *Ut omnes unum ſint, ſicut tu Pater in me & ego in te. Le même.*

L'Egliſe commençant à s'étendre, les Apôtres, ſuivant l'eſprit & le projet de leur Maître, ont toûjours pris ſoin de les raſſembler ſouvent, afin de maintenir cette union ; & que cette Egliſe, qui eſt apellée ſon Corps myſtique, par l'aſſemblage des membres differens qui la compoſent, loûé & honore le Seigneur ſur la terre, de la même maniere qu'elle le loûera & le benira dans le Ciel éternellement ; c'eſt-à-dire, tous d'une même voix, tous

Marginal notes:

La priere étât un hommage & une gloire que l'on rend à Dieu, plus elle eſt publique, plus elle eſt éclatante.

Joëlis 2.

Invitation à ſe trouver aux aſſemblées, où ſe font des prieres publiques *Pſal. 28.*

Joan. 17.

C'a été la coutume de l'Egliſe dans tous les ſiécles, d'aſſembler les fidéles pour prier en commun.

avec le même efprit & avec le même cœur ; & d'ailleurs , s'il ordonne que la lumiere de leur exemple & de leurs bonnes œuvres paroiffe en public , afin que le Pere celefte en foit glorifié : *Ut videant opera veftra bona , & glorificent patrem veftrum qui in cœlis eft.* Certes , comme entre toutes les œuvres de pieté la priere eft fans contredit la principale , n'eft-il pas évident que Dieu n'eft jamais plus glorifié que par la priere publique , puifqu'elle marque mieux l'union & la charité qui raffemble les Fideles pour loüer & benir le même Dieu d'une commune voix ? auffi étoit-ce l'emploi principal & le foin dont s'occupoient les premiers Chrétiens , qui compofoient cette Eglife naiffante , comme fi elle n'avoit été inftituée & établie ; que pour cela *Erant perfeverantes unanimiter in oratione.* De-là eft venu la coûtume de prier en commun , qui a été obfervée depuis dans tous les fiecles. Les Ecclefiaftiques d'abord demeuroient enfemble , pour s'acquitter plus commodement de ce devoir : fi le nombre ne le pouvoit permettre , ils s'affemboient pour chanter les Pfeaumes & les autres prieres dont eft compofé l'Office Ecclefiaftique , & c'eft ce que nous apellons le chœur. Les Solitaires mêmes qui vivoient dans les Deferts , feparez non-feulement du commerce des hommes , mais encore les uns des autres , avoient cependant leurs jours & leurs heures , pour faire des prieres communes ; & dans la fuite des tems , pour les faire avec plus de facilité , ils fe font faits Cenobites , c'eft-à-dire , qu'ils ont vêcu enfemble , pour s'animer mutuellement au Service de Dieu , perfuadez qu'ils étoient , que par ce moyen ils lui rendroient plus de gloire , & qu'alors ils feroient voir au monde ce beau fpectable , fi agreable aux yeux de Dieu : *Ecce quam bonum & quam jucundum habitare fratres in unum. Le même.*

Voilà le fpectacle auquel Dieu fe plaît , & dont il reçoit le plus de gloire , foit à caufe de la charité qui les unit , foit à caufe de la priere commune , qui eft la marque la plus certaine de cette charité & de cette union ; puifque c'eft faire voir fur la terre une image des Chœurs des Anges dans le Ciel , où ces Efprits Bien-heureux , comme l'affure le Prophete Royal , n'ont point d'autre emploi que de benir Dieu & de lui offrir un Sacrifice de loüange immortel. Si donc , Chrétienne Compagnie , la priere publique eft la marque du même Efprit de Dieu , qui anime les Chrétiens , fi c'eft lui qui les raffemble dans un même deffein , fi ce concours eft un temoignage que la Charité les unit enfemble , auffi bien que la même Foi ; qui pourra douter que cette forte de priere ne foit plus glorieufe à Dieu , puifque c'eft de ces deux chofes que Dieu tire fa principale gloire , fçavoir , de la priere & de la charité. *Le même.*

Il femble que le Sage ait pris occafion d'une ceremonie que celebra le Grand Prêtre Simon , Fils d'Onias , après avoir fait reparer le Temple de Jerufalem , de montrer combien la Priere faite en public rend de gloire au Souverain Seigneur de la Terre & du Ciel. *Rogavit populus* , dit-il , *Dominum excelfum in prece , ufque dum perfectus eft honor Domini.* Tout le peuple alors pria le Très-Haut d'une commune voix , jufqu'à ce que l'honneur du Seigneur , c'eft-à-dire , le Sacrifice fût achevé. *Tunc defcendens , manus fuas extulit in omnem congregationem Filiorum Ifrael , dare gloriam à labiis fuis & nomine ipfius gloriam.* Alors le Grand Prêtre leva les mains fur le peuple d'Ifraël affemblé , afin de rendre gloire à Dieu par les prieres de leurs levres

Matth 5.

Act. 1.

Pfal. 132.

Cette union reprefente cel'e des Bienheureux dans le Ciel , qui loüent & beniffent éternellement Dieu.

Les prieres publiques ont plus de force que les particulieres. Ecclif. 50.

Ibidem.

vres. *Et iteravit orationem fuam volens oftendere virtutem Dei.* Le Grand *Ibidem.*
Prêtre recommença fa priere, afin qu'étant jointe à celle de tout ce grand
peuple, elle fît mieux connoître la vertu du Seigneur, qui eft Roi de gloire, & qui merite que tous les hommes s'uniffent pour la lui rendre, ce qui
ne fe peut mieux faire que par la Priere publique, qui réunit enfemble le
culte, les refpects, les adorations, les voix, les fentimens & les cœurs de
chaque particulier, dans une même fin & dans un même deffein. Il a fujet
fans doute, de croire que c'eft particulierement dans ces occafions que les
Anges les portent & les prefentent plus volontiers devant le Trône de Dieu :
comme fi elles avoient plus de force pour fe faire entendre. Nous voyons
dans le Texte Sacré qu'elles montent jufqu'au Ciel, & qu'elles font enfuite
plus favorablement écoutées, comme étant plus puiffantes pour toucher le
cœur de Dieu. *Le même.*

Vous fçavez, je m'affure, Chrétienne Compagnie, combien eft puiffan- Les promef-
te la priere prife en general & la promeffe que le Fils de Dieu a faite aux fes que Jefus
hommes de leur accorder tout ce qu'ils demanderoient à fon Pere Celefte en fait à ceux
fon nom ; vous voyez dans les paroles de l'Evangile qu'il n'excepte rien, & qui s'affem-
il eft hors de doute que fi les hommes fçavoient bien ufer d'un fi grand avan- blent pour le
tage, ils obtiendroient de fa bonté tout ce qu'ils pourroient fouhaiter de plus prier.
grand & tout ce qui eft dans la puiffance d'un Dieu de nous donner. Neanmoins il y a bien des conditions neceffaires à cette priere, afin que l'effet en
foit infaillible ; & comme il y a peu de perfonnes qui prient comme il faut,
ou qui demandent ce qu'il faut, nous voyons que ce moyen fi puiffant de
foi-même & fi efficace devient en quelque maniere utile à l'égard de la plûpart qui n'en fçavent pas faire ufage, pour n'y pas apporter les conditions
qui y font attachées. Ce n'eft pas ici le lieu de vous les expliquer, on vous
les a rebatuës mille fois ; mais j'oferois bien vous affeurer que jamais la priere
n'a plus de force & n'eft mieux écoutée, que lorfque plufieurs élevent leurs
voix pour demander à Dieu le même bienfait. *L'Auteur des Sermons fur*
tous les fujets.

Si parmi les Ninivites, il y avoit quelques gens de bien, ils étoient du Dieu écoute
moins en petit nombre ; mais il eft conftant qu'il y avoit une infinité d'en- la priere des
fans qui n'avoient point de part aux defordres communs de cette Ville, ils innocens &
élevoient leurs voix tous enfemble, & Dieu écouta les uns en faveur des au- des coupa-
tres, & fit mifericorde à tous. Ah ! s'écrie faint Chryfoftome fur ce fujet : bles, lorf-
Voila la force de la priere commune & publique, les uns obtiennent pour les qu'ils font
autres, la juftice des innocens couvre les crimes des coupables, & comme joints en fem-
ils font tous la même priere, ils joüiffent tous du même bienfait. *Le même.* ble pour le
prier.

Les prieres publiques marquent qu'on s'intereffe fortement & que ce qu'on Les prieres
demande ne nous eft pas indifferent, puifqu'on fait tant de vœux pour l'ob- publiques
tenir, & que tant de perfonnes ne fe joindroient pas enfemble pour deman- marquent
der la même faveur, s'ils n'avoient un defir extrême de l'obtenir, outre que l'ardeur qu'à
le peu d'application des uns eft recompenfé par la ferveur des autres, & que à d'obtenir
les plus lâches font animez par l'exemple des plus fervens. Enfin comme ce ce qu'on de-
qu'on demande à Dieu dans ces fortes de prieres, n'eft pas de ces chofes mande.
fuperfluës, inutiles ou prejudiciables, qui font l'objet des prieres les plus
ardentes de la plûpart des hommes ; mais qu'on a recours à Dieu dans les be-

foins les plus preffans, & lorfque plufieurs ont fujet de craindre d'en être accablés, ainfi qu'on a coûtume de faire pour detourner un malheur public, qui menace tout le monde, telle qu'eft la guerre, la famine ou une maladie populaire qui defole les villes entieres. Ces prieres alors ne manquent gue-re d'avoir leur effet & d'être écoutées de ce Pere de bonté, qui veut que dans ces fortes de befoins on ait recours à la fource de tous les biens. En effet comme dans les accidens publics tous les moyens humains viennent à manquer, n'eft-ce pas nous faire entendre alors que ce n'eft que de la divine mifericorde que nous devons attendre le fecours & à elle feule que nous devons nous adreffer, pour dire avec le faint Roi Jofaphat, attaqué à l'impourvû d'une

2.Paralip.20. Armée nombreufe : *In nobis quidem non eft tanta fortitudo, ut poffimus huic multitudini refiftere quæ irruit fuper nos.* Vous fçavez, ô grand Dieu! que nous n'avons pas des forces fuffifantes pour repouffer les efforts de cette multi-tude d'ennemis qui ont conjuré nôtre perte, & qui font venus fondre inopi-nement fur nous; quelle reffource nous refte-il dans ce malheur imprevû & dans une telle perplexité, que de recourir à vous, qui êtes le Dieu des Ar-mées, l'azile des affligez & le protecteur de tous ceux qui gemiffent fous le

Ibidem poids de l'oppreffion : *cum ignoremus quid agere debeamus, hoc folùm habe-mus refidui, ut oculos noftros dirigamus ad te. L'Auteur des Sermons fur tous les fujets.*

L'Oraifon Dominicale femble être faite pour ê-tre recitée en public.
C'eft une belle remarque, je ne fçai fi vous y avez jamais fait reflexion, que l'Oraifon Dominicale, que le Fils de Dieu a laiffée à tous les Fideles com-me le modele d'une parfaite Oraifon, femble être faite pour être recitée en public; puifque tout ce qu'on y demande à Dieu, regarde nos freres auffi-bien que nous. Car enfin, dit Saint Chryfoftome, nous y apellons Dieu nôtre pere, & nous lui demandons pour les autres auffi bien que pour nous. Don-nez-nous nôtre pain quotidien, & non pas donnez-moi, remettez-nous nos dettes, qui font nos pechez, ne permettez pas que nous foyons livrez à la tentation, mais delivrez nous du mal. Quoique vous recitiez feul cette prie-re, elle ne laiffe pas d'être publique, ajoûte faint Cyprien, parce que vous la recitez pour tous, & en quelque maniere au nom de tous; mais vous ne perdez rien pour cela de vôtre merite, non plus que du fruit que vous en partagez avec les autres. *Le même.*

Ce que nous difons de la priere publi-que, n'eft pas pour nous de-tourner de cele qu'on doit faire en particulier.
Je ne pretends pas par-là, Chrétiens, vous detourner de l'exercice de l'O-raifon que les perfonnes devotes pratiquent dans leur domeftique & dans le fe-cret, & comme parle l'Evangile, la porte fermée, afin de n'être vûës & en-tendües que de Dieu feul. Il y a une folitude de cœur & un recüeillement d'efprit qui fait éviter la foule & le bruit. Cette maniere de prier eft toujours fainte & propre des ames élevées qui font une Eglife de leur maifon, & de leur cœur un Autel portatif, l'on ne peut affez loüer ni confeiller un exerci-ce fi faint; auffi tout ce que nous avons dit ne detruit point les avantages qu'elles en retirent. Car j'ai pretendu feulement vous montrer que ces prie-res publiques étant plus rares, & ne fe pratiquant que dans des occafions extraordinaires, il eft bon de s'y trouver, & qu'autant que le public l'em-porte fur le particulier, & tout le corps fur chaque membre qui le compo-fe; de même la priere publique rend plus de gloire à Dieu, eft plus efficac-ce, plus favorablement reçûë & plus utile pour nous-mêmes, lorfque plufieurs

s'uniffent pour la même fin, & dans un même efprit. Que fi vous étiez d'un autre fentiment, ce que je ne puis croire, puifque c'eft le fentiment conftant & unanime de l'Eglife, il y auroit moyen de vous contenter. Satisfaites à la bonne heure vôtre devotion en fecret, en vous donnant à l'exercice de l'O-raifon, qui eft le moyen d'élever l'ame à la plus haute fainteté; mais acquit-tez-vous des devoirs d'un Chrétien, en vous trouvant aux prieres publiques, joignez vôtre voix dans ce concert fi agreable à Dieu; penfez qu'en priant pour les autres dans ces occafions, vous priez auffi pour vous mêmes. *Le même.*

N'eft-il pas furprenant, Chrétiens, qu'il faille que le Fils de Dieu, non-feulement invite tous les hommes, mais qu'il les exhorte, qu'il les follicite, & qu'il les preffe lui-même de lui demander: *Petite & accipietis,* qu'il leur prefcrive ce qu'ils doivent demander, qu'il les convainque de la force & du pouvoir de la priere, par des exemples & des fimilitudes, & enfin qu'il leur enfeigne jufqu'à la maniere dont ils s'y doivent prendre, afin que leur priere ait tout l'effet & tout le fuccez qu'ils en doivent efperer? C'eft de l'une de ces manieres de prier que j'ai deffein de vous entretenir aujourd'hui, après vous avoir parlé en d'autres difcours des principales conditions de l'Oraifon, je veux dire de la priere publique, telle que l'Eglife la prefcrit en certains tems, & telle que nous la devons pratiquer dans une infinité d'autres ren-contres, où le bien public nous doit intereffer à nous joindre en corps, pour impetrer avec plus de certitude & d'efficace ce que Dieu n'accorderoit peut-être pas à une feule perfonne en particulier. Auffi eft-ce de cette forte de priere que l'Ecriture dit, tantôt que plufieurs ne femblent former qu'une feule voix, & tantôt que tout un peuple pouffe mille & mille voix, qui fe joignent enfemble pour flechir le Ciel; & c'eft à cette priere que Dieu fe laiffe plus ordinairement flechir, pour accorder aux hommes tout ce qu'ils lui demandent de cette maniere: *Dico vobis, fi duo ex vobis confenferint de omni re quamcumque petierint, fiet illis à Patre meo.* Il eft facile de voir les avantages de la priere publique fur celle que nous faifons en particulier, & dans nôtre domeftique, & j'efpere que ces avantages vous exciteront à affif-ter avec les fentimens d'une pieté édifiante, que le zele du bien public, & même de celui que vous ne pourrez retirer en particulier vous doit exciter. *Le même.*

A Dieu ne plaife, Chrétiens, que nous donnions jamais entrée à un foup-çon auffi injufte que feroit celui de nous imaginer qu'il puiffe y avoir de la contradiction ou dans la volonté ou dans la parole de Dieu fur le fujet de la priere, dont le Sauveur nous a prefcrit des regles fi feures & fi juftes. Les prieres publiques & les prieres particulieres font deux manieres differentes à la verité, mais qui n'ont nulle oppofition que dans la circonftance du lieu où elles fe font; & chacune a non-feulement fon prix & fon merite, mais encore chacune a fon temps propre, fes avantages particuliers & même fes rencontres, où l'une & l'autre doit être mife en ufage; l'Eglife qui eft la depofitaire des veritez du Saint Efprit, a marqué les differentes occafions dans lefquelles la pieté des fideles les doit pratiquer. Elle confeille l'Oraifon parti-culiere & fecrete, quand il s'agit de mediter les veritez éternelles, d'expofer fes propres befoins, & de remercier le Seigneur des bienfaits particuliers qu'e

L'efficacité de la priere publique. Joan. 6.

Matth. 18.

La priere pu-blique & la particuliere ont chacune leur merite, & doivent ê-tre determi-nées par les circonftances du tems, des lieux & des occafions.

nous avons reçûs de sa bonté. C'est là que les larmes des yeux, les gemissemens du cœur, les prosternations du corps, l'élevation des mains & toutes les marques exterieures de respect, de culte & de soumission sont d'autant plus sinceres & moins sujetes à la vaine gloire, qu'elles sont moins exposées aux yeux des hommes. *Le même.*

L'Office divin doit être mis au nombre des prieres publiques.

Entre les prieres publiques, on doit, ce me semble, compter l'Office divin, qu'on recite publiquement dans les Eglises Cathedrales, Collegiales, Paroissiales & dans plusieurs Communautez Religieuses, où on les chante souvent jour & nuit, ce qui a rapport à ce qu'un Payen (c'est Pline le jeune) manda à l'Empereur Trajan que l'occupation ordinaire des Chrétiens qui étoient accusez de troubler le repos public & de quelque conspiration contre l'Etat, à cause des frequentes assemblées qu'ils tenoient entre eux; que leur occupation, dis-je, étoit à la verité de s'assembler souvent pour reciter des Hymnes & des Cantiques à leur Dieu, ce qui n'avoit aucune apparence de complot ni d'aucun mauvais dessein; mais seulement marquoit une superstition qui n'étoit prejudiciable en aucune maniere à l'Etat, à quoi l'Empereur fit une réponse peu raisonnable & peu judicieuse, contre laquelle on sçait que Tertullien dans son Apologie s'est recrié avec justice. Mais c'est ce qui marque la coûtume des Chrétiens de reciter ensemble les Pseaumes & autres prieres dont est composé l'Office Divin. *L'Auteur des sermons sur tous les sujets.*

La recitation de l'Office divin est un puissant secours aux Ecclesiastiques pour acquerir la sainteté.

Dieu a fourni aux Ecclesiastiques plusieurs secours pour acquerir la sainteté éminente à laquelle il les appelle. Parmi ces secours, un des principaux qu'il leur donne, est la recitation de l'Office Divin. C'est pourquoi il est d'une très-grande importance aux Ecclesiastiques de bien entrer dans l'esprit de l'Eglise, & de travailler fortement à rendre agreables à Dieu les prieres qu'elle commande de lui offrir. Or pour bien connoître l'excellence de cet Office divin, nous n'avons qu'à examiner les parties qui le composent. Cet Office en premier lieu est composé pour la plus grande partie des paroles de l'Ecriture, on a choisi ce qu'il y a de plus touchant dans les Livres saints, soit par rapport aux Ecclesiastiques, soit par rapport aux differentes solemnitez qui se celebrent dans l'Eglise. En second lieu les Pseaumes en particulier qui font une excellente portion de l'Ecriture, sont partagez dans cet Office, & l'on peut presque l'appeller un chant continuel de Pseaumes. Nous avons en troisiéme lieu dans l'Office le recit des actions incomparables des Saints. Enfin nous lisons les Homelies des Peres, qui sont les discours qu'ils ont composez pour nourrir de la parole de Dieu le peuple qui étoit commis à leurs soins. Voilà quelles sont les parties de l'Office divin, qui composent toutes ensemble des prieres très-parfaites & très-dignes de nos respects. *Discours sur la Vie Ecclesiastique de Mr. Lambert Tom.* 2.

L'Office divin est la parole de Dieu, c'est pourquoi nous devons le reciter avec beaucoup de respect.

Ceux qui sont obligez de reciter l'Office divin, doivent faire reflexion que c'est la parole de Dieu qui leur est presentée pour leur servir de nourriture, & doivent par consequent être penetrez d'un saint respect, lorsqu'ils recitent des paroles & des maximes qui sont tirées de ces sources sacrées? Rien n'est plus deraisonnable & ne doit faire plus de peine à des Ecclesiastiques, que ces degoûts qu'ils ressentent la plûpart du tems dans la recitation de l'Office divin. Car cet Office, comme je viens de vous dire, contient la parole du Seigneur. Donc le réciter avec dégoût , c'est n'avoir aucun attrait pour la Parole de Dieu ; c'est recevoir cette parole avec tristesse & avec ennui. Voyez combien vous êtes éloignez des dispositions , dans lesquelles doivent être les veritables Ecclesiastiques , & même tous les Chrétiens. Or , détestons cette immodestie, dont les peuples sont offensez avec tant de raison. Tâchons de reparer ce scandale , en témoignant dans toutes nos actions , une très grande retenuë. Redoublons nos efforts , lorsque nous sommes apliquez aux fonctions de nôtre ministere. Quand nous prions , quand nous chantons les Hymnes , & les saints Cantiques, que nôtre extérieur fasse voir ce que nous sentons en nos cœurs. Quoi de plus beau qu'une troupe d'Ecclesiastiques , dont les cœurs sont unis , qui s'animent à celebrer la toute Puissance du Souverain Maître , qui poussent vers le Ciel , des soupirs & des gemissemens, dont un cœur contrit & humilié est le principe! Vous sortez de ces assemblées content & penetré. Vous croyez avoir entendu les divins concerts que les Anges forment dans le Ciel à l'honneur du Tout-Puissant. *Discours sur la vie Ecclesiastique , par M. Lambert , Tome 1.*

Les Chrétiens sont obligez de prier souvent. L'Eglise attentive aux besoins de ses enfans , & particulierement de ses Ministres, leur a voulu fournir un moyen pour leur faciliter l'accomplissement de cette obligation. C'est même dans ce dessein, qu'elle a partagé l'office en differentes heures. C'est un avertissement salutaire qui nous marque , que nous devons être exacts à nous occuper de Dieu. Les affaires séculieres ne troublent & ne partagent que trop souvent nôtre attention. Nous reconnoissons qu'il se passe de longs intervalles, pendant lesquels , nous ne pensons point à Dieu. Le tems vient qui est marqué pour la récitation de l'Office. N'est-ce pas un heureux signal , qui interrompt un sommeil fâcheux , & qui nous presse de penser à celui que nous ne devons jamais oublier ? De là, il s'ensuit que comme l'Eglise a très-sagement partagé l'office , & que dans ce partage elle a eu de très-saints motifs & très-avantageux pour nous ; il est de la pieté d'un Ecclesiastique de suivre les intentions de l'Eglise , en partageant les heures de l'Office , & le récitant dans les tems que l'Eglise a marqué pour rapeller leur esprit, lorsqu'il s'égare , & qu'il oublie Dieu. *Discours sur la vie Ecclesiastique de M. Lambert , Tome 1.*

L'Eglise ne fait rien qu'avec sagesse , & jamais nous ne marchons plus sûrement , que quand nous suivons les routes qu'elle nous marque. Que ceux là connoissent peu leurs obligations, qui considerent la necessité de réciter l'Office , comme un joug fâcheux ; ils le suportent avec peine. Ils s'en délivrent le plûtôt qu'ils peuvent. Quand ils ont satisfait à cette Loi, qui leur paroît toûjours très-dure, ils se considerent comme étant déchargez d'un fardeau public. Non , l'Office divin n'est point un joug fâcheux ! Vous vous trompez dans vos idées ; ce qui est très-fâcheux & très-insuportable à un Chrétien, c'est d'avoir un esprit, qui est en proye aux distractions, qu'il est difficile de fixer , & qui ne s'occupe de Dieu qu'avec peine. Comme cet éloignement des choses du salut, fait son suplice, tout ce qui l'oblige à se souvenir de Dieu , bien loin de lui être penible , au contraire, est sa joye & sa consolation. C'est suivant ces principes , que les Ecclesiastiques vertueux jugent de l'Office divin , & c'est là ce qui les porte à le regarder comme une heureuse neceſſité, d'aller à Dieu, pour lui rendre les hommages qui lui ſont dûs. *Le même.*

La recitation de l'Office divin, étant regardée cōme prieres publiques, tous les chrétiens, & ſurtout les Ecleſiaſtiques ſont obligez de le reciter ſouvent.

En qualité de Chrétiens, & à plus forte raiſon, en qualité d'Eccleſiaſtiques nous ſommes obligez de prier ſouvent. Souvenons-nous que la récitation de l'Office eſt un excellent moyen pour ſatisfaire à cette obligation. Mais ſouvenons-nous auſſi, qu'il faut pour cela, ſçavoir bien mettre en œuvre cet excellent moyen: c'eſt-à-dire, que pour ſatisfaire dignement à l'obligation qui nous eſt impoſée de prier, eſt un puiſſant motif pour nous engager à réciter l'Office divin avec attention. Songeons pour qui, nous ſommes obligez de prier, & combien il y a de perſonnes, à qui nous devons le ſecours de nos prieres. Cette conſideration nous fournira encore un motif nouveau, qui aura beaucoup de force pour nous faire voir de quelle conſéquence il nous eſt d'offrir à Dieu des prieres, qui lui ſoient agréables. *Le même.*

Des Eccleſiaſtiques qui recitent l'Office divin avec ennui.

Beaucoup d'Eccleſiaſtiques récitent l'Office divin avec ennui. Quelle en eſt la ſource ? C'eſt qu'ils ne ſe donnent aucun tems pour reflechir ſur ces grandes veritez qui ont tant de force pour fortifier l'ame. L'Eccleſiaſtique fidéle trouve de la conſolation, où celui qui eſt infidéle ne rencontre que de l'ennui. Quelle joye pour un Eccleſiaſtique inſtruit des veritez de la Religion, & à qui Dieu a fait la grace de les goûter ? Quelle joye d'être devant ſon Roi, l'adorer, de lui parler, de lui expliquer ſes beſoins, de pouvoir s'adreſſer à Dieu comme à un ami fidéle, à qui l'on peut avec ſûreté confier ſes plus intimes ſecrets ! Nôtre eſperance nous ſoutient au milieu de nos miſeres. Nous ſommes pendant cette vie continuellement attaquez. Qui peut ſe promettre de demeurer ferme ? Quand bien même Dieu nous diſtribuë de ſes richeſſes, qui peut s'aſſurer de conſerver *des treſors renfermez dans des vaſes de terre ?* Les ennemis de cette vie, ſeroient capables de faire perdre courage, à celui qui n'enviſageroit que ce qui ſe paſſe ici-bas, & qui ne porteroit pas ſa vûë plus loin. Le Chrétien fidéle ſuporte les miſeres de cette vie, parce qu'il connoît qu'elles ſeront courtes. Il ſçait ce que Dieu lui a promis. Ce ſont donc les promeſſes du Seigneur, qui le conſolent, qui le ſoutiennent, qui l'animent. L'office de l'Egliſe lui fournit ſouvent cette ſolide conſolation. Il y entend Dieu, qui lui promet & qui l'aſſure qu'il eſt fidéle dans ſes promeſſes. Il y entend Dieu, qui l'anime à eſperer, & qui lui fait voir qu'il ne ſera point trompé dans ſon eſperance. *Diſcours ſur la vie Eccleſiaſtique de M. Lambert, Tome 2.*

La joye & les conſolations que reçoivent ceux qui recitent l'Office divin avec attention. Pſal. 18.

Celui qui récite l'Office divin avec reflexion, ſent bien la verité de ces paroles prononcées par David : *Que vos paroles, Seigneur, ſont pleines de douceur ; le miel n'eſt pas ſi doux à la bouche, que vos paroles le ſont à mon cœur ; vos promeſſes, & vos commandemens me paroiſſent infiniment plus aimables que les richeſſes de la terre les plus précieuſes !* Qu'un Eccleſiaſtique ſoit frapé d'affliction, ſon office lui fournira des moyens ſolides d'une conſolation aſſurée, au milieu des plus vives douleurs, il lira dans ſon office, que Jeſus Chriſt n'a élevé ſa tête, que parce qu'il a bû les eaux ameres du torrent : c'eſt-à-dire, que Jeſus-Chriſt, comme parle ſaint Paul, eſt entré en poſſeſſion de la gloire ; parce qu'il s'eſt humilié en ſe rendant obéiſſant juſqu'à la mort. Il lira dans ſon office, que *ceux qui ſement avec larmes, moiſſonneront avec joye.* Pourra-t-il faire attention à ces paroles, fans éprouver bientôt que les douleurs les plus fortes, ne tiennent point contre les motifs folides de confolation, que la Religion nous fournit. Ainfi celui qui récite l'Office avec attention, y trouvera beaucoup de goût, & il ne s'apliquera point à la Priere, qu'il ne fe fente foutenu & animé à perfeverer dans la voye qui conduit à Dieu. *Le même.*

Je demande trois difpofitions dans celui qui veut bien profiter de la récitation de l'Office divin : J'apelle ces trois difpofitions, preparation, attention, devotion. Ecoutez ce que l'on doit entendre par ces trois difpofitions. Si le Seigneur vous infpire une forte refolution de pratiquer fidélement fes veritez que je vais vous expliquer, vous verrez que dans la fuite vous retirerez beaucoup de fruit de la récitation de l'Office divin. Je dis que celui qui veut réciter faintement fon office, doit d'abord fe preparer. En quoi confifte cette preparation ? Elle confifte en deux points effentiels. Le premier, eft de vivre dans une grande féparation du monde, d'abandonner autant qu'il eft en nous, le commerce & les embarras du fiécle. Le fecond, eft de faire avant la Priere, de faints efforts pour recüeillir fon efprit, & pour purifier fon cœur. Les difpofitions de nôtre efprit nous font connuës, on nous entend tous les jours en faire des plaintes, qui ne font que trop bien fondées. Mais en même-tems, que nous apercevons les diffipations de nôtre efprit, ne voyons-nous pas que nous ne fommes point en état d'aller à Dieu comme des fuplians, à moins que nous n'éloignions les penfées éttangeres ; & que par de férieux efforts, nous ne travaillions à occuper nôtre efprit de Dieu, à qui nous fommes prêts de rendre nos hommages. *M. Lambert, Difcours fur la vie Ecclefiaftique ; Tome 2.*

Les trois difpofitions necefiaires à ceux qui veulent profiter de la recitation de l'Office divin.

La diffipation eft un défaut très-ordinaire. Plufieurs Ecclefiaftiques font obligez de confeffer, que dans la récitation de leur office, ils font très-fouvent occupez de penfées féculieres & profanes. Il leur paroît qu'ils peuvent s'excufer par la difficulté qu'il y a de fixer l'efprit humain ; mais leur excufe eft vaine. Ils font très-criminels devant Dieu, & leurs diffipations ne font point de celles, dont Dieu eft fi facile à accorder le pardon. Car s'ils veulent rentrer en eux-mêmes, & confiderer le peu de précautions qu'ils aportent, lorfqu'ils fe prefentent devant Dieu pour le prier. Ils verront que toute la fource du mal eft en eux, & que leur diffipation n'eft qu'une fuite d'une negligence trés criminelle. Comment viennent-ils à la Priere ? Quelle eft alors la difpofition de leur efprit & de leur cœur ? Ils aportent à la Priere un efprit plein d'idées étrangeres, plein de penfées profanes ; les affaires du monde l'ont pleinement rempli. Ne feroit-ce pas comme une efpece de miracle, de pouvoir arrefter tout d'un coup un efprit, dont on n'eft plus le maître, & que l'on a livré aux égaremens du fiécle ? *Mr. Lambert, Difcours fur la vie Ecclefiaftique, Tome 2.*

Le défaut le plus ordinaire dans ceux qui recitent l'Office divin eft la diffipation.

Il eft aifé de concevoir que l'attention eft neceffaire, quand on fait reflexion que c'eft à Dieu même à qui l'on parle dans la Priere. A Dieu qui voit le cœur, qui nous demande nôtre cœur, & qui nous a declaré tant de fois qu'il n'eft point content de nos hommages & de nos facrifices, lorfqu'ils font feulement exterieurs. Parler à Dieu de bouche, lorfque nôtre efprit & nôtre cœur ne s'accordent point avec nos paroles, n'eft-ce pas être de ceux que

Nous devons avoir beaucoup d'attention dans nos prieres.

le Fils de Dieu a condamnez , quand il a dit : *Ce peuple m'honore des levres, mais leur cœur est très-éloigné de moi.* Que d'Ecclefiastiques , qui prononcent beaucoup de paroles , & qui ne prient point ! Cet homme récite l'Office de l'Eglife depuis un grand nombre d'années. A-t-il prié ? Non , ce qui est de plus effentiel dans la Priere , ne se rencontre point dans la sienne. Le Fils de Dieu a condamné les Payens qui s'imaginoient *qu'à force de paroles , ils obtiendroient ce qu'ils demandoient.* C'est renouveller leur erreur , que de faire confifter la Priere dans les paroles , & de se persuader que l'on a beaucoup prié , parce qu'on a beaucoup parlé. L'effence de la Priere , c'est le cri du cœur. Plufieurs parlent , ils gardent le filence à l'égard de Dieu. Il ne les entend point. Leur cœur ne parle point , & il n'y a que le langage du cœur , qui puiffe parvenir jusqu'au trône de Dieu. *Difcours fur la vie Ecclefiaftique, par M. Lambert , Tome 2.*

Matth. 6.

SUR L'ORAISON DOMINICALE.

AVERTISSEMENT.

SI la priere faite au Nom du Sauveur, & avec les conditions necessaires, est toûjours efficace & agréable à Dieu, à qui nous devons nous adresser dans tous nos besoins ; que doit-on penser de l'Oraison Dominicale, que le Sauveur a dictée lui-même à la sollicitation de ses Apôtres, & qu'il a laissée à toute son Eglise, comme le modele d'une parfaite priere, laquelle contient tout ce que nous devons demander à Dieu, la maniere dont nous devons le demander, & les conditions qui doivent accompagner notre demande.

Le Fils de Dieu ne pouvoit accorder à son Eglise rien de plus utile & de plus necessaire, dans le dessein qu'il a eu de la sanctifier, & de lui enseigner le moyen d'arriver au bonheur éternel, que de lui enseigner la maniere de bien prier, afin d'obtenir les graces absolument necessaires pour ce dessein. Aussi est-ce la plus commune, la plus ordinaire, & qui nous doit être la plus familiere ; puisqu'il y a peu de fidéles qui ne la sçachent, & qui ne l'ayent aprise dés leur jeunesse, les uns dans leur langue naturelle, & les autres dans celle de l'Eglise.

Or, cette Eglise, à qui le Fils de Dieu a laissé un si puissant moyen d'obtenir tout ce qu'elle doit demander, marque bien le besoin qu'elle en a, & les avantages qu'elle en retire ; puisqu'elle commence par là, toutes les ceremonies de nôtre Religion, qu'elle recite toûjours cette priere dans le sacrifice de la Messe, & en toutes les heures de l'Office divin ; de sorte qu'on peut apeller justement l'Oraison Dominicale la priere de l'Eglise ; ce seul éloge comprend tout ce que nous en dirons en détail. Suivons cet usage, avec les sentimens de pieté, de devotion & de confiance, que la dignité de son auteur, les besoins que nous en avons, & la grace du Ciel nous inspireront.

SUR L'ORAISON
DOMINICALE.

IL faut qu'une priere foit jufte & raifonnable, pour mériter d'être exaucée. On ne fait point de demandes aux Princes de la terre, qui n'ayent au moins cette condition : oferoit-on en faire à Dieu, qui ne l'euffent pas ? Or, la priere que nous nommons oraifon Dominicale, renferme deux chofes, que nous pouvons juftement & raifonnablement demander à Dieu. La premiere, c'eft qu'il nous accorde ce qui eft un vrai bien : La feconde, c'eft qu'il nous délivre de ce qui eft un mal veritable.

Sous le nom de vrai bien nous entendons d'abord le bien de Dieu, s'il eft permis d'ufer de ce terme ; c'eft-à-dire, que nous fouhaitons que fa gloire croiffe & s'étende toûjours au dehors : *Sanctificetur nomen tuum.* De plus, fous le nom de vrai bien, nous entendons enfuite nôtre bien même ; bien célefte, *que vôtre regne arrive* : bien fpirituel, *que vôtre volonté fe faffe* ; afin que par là nous parvenions au bien celefte ; bien temporel, *donnez-nous aujourd'hui le pain néceffaire à nôtre fubfiftance*, afin qu'il nous foutienne dans le bien fpirituel.

A l'égard du mal, dont nous fouhaittons d'être délivrez ; c'eft de tout mal contraire aux differentes fortes de biens que nous defirons. *Remettez-nous nos dettes, ne nous expofez pas à la tentation, délivrez-nous du mal.* Or, toutes ces demandes font équitables ; comment donc Dieu ne les exauceroit-il pas ?

Celui qui parle dans l'équité fera aimé. Le Pere Segneri, dans fes Meditations.

Il doit y avoir de l'ordre & de la fubordination dans nos prieres, afin qu'elles foient efficaces auprès de Dieu. Car les prieres font les interprétes des defirs ; & il faut que les defirs foient fubordonnez les uns aux autres, felon la nature de leur objet. Le Sauveur nous l'a marqué cet ordre merveilleux, qui rend nos demandes agréables à fon Pere. Il a mis comme à la tête de nos defirs celui de la gloire de Dieu, enfuite le defir des biens qui nous regardent, felon leur rang ; enfin, le defir d'être délivrez des maux contraires à ces biens, ainfi que nous le difions tout à l'heure. Qui n'efpereroit pas au Seigneur, en le priant de cette forte ? Dieu voit que vous êtes non-feulement équitable dans vos demandes, mais encore reglé dans vos defirs ; que vous les lui adreffez, felon l'ordre qui lui plait davantage, & que fon Fils, la fageffe même, vous prefcrit. *Le même.*

Eft-ce pour gagner la bienveillance de nôtre Pere, que nos demandes font precedées par cet éloge, *qui êtes dans le Ciel* ? Non, ces fortes d'artifices ne conviennent point à des enfans, qui s'a dreffent à leur Pere ; & ce préambule de nos prieres n'eft que pour nous avertir, que c'eft au Pere celefte que nous parlons ; que par conféquent rien de terreftre ne doit être l'objet, au moins principal de nos defirs ; mais que tous ces defirs doivent être dignes du

Trés-Haut, à qui nous en demandons l'accompliſſement : *Cherchez les choſes qui ſont au Ciel* . . . . *& non pas celles de la terre.* Il eſt vrai que tous les biens, même les biens temporels, dependent de Dieu, & qu'il les accorde quand il lui plaît : mais ce n'eſt point de ces biens là, qu'il faut lui parler, pour l'entretenir d'une maniere digne de lui : il ne faut lui demander que les biens qu'il fait gloire de nous donner, tels que ſont les biens ſpirituels. Les autres, s'ils nous ſont neceſſaires, nous viendront ſans les lui avoir demandez : *Vous aurez tout cela de ſurcroît.* De quelle nature ſont les prieres que vous *Matth.* faites à Dieu ? Sont-elles conformes à ſa grandeur, à ſa qualité de Pere celeſte ? Demanderiez-vous des choſes viles à un Pere ſi puiſſant, des choſes déraiſonnables à un Pere ſi ſage, des choſes iniques à un Pere ſi ſaint ? Ce ſeroit lui faire injure, il s'en tiendroit infiniment offenſé. Lorſque donc que nous voulons prier le Seigneur, oubliant toutes les choſes d'ici-bas, élevons nos eſprits vers le Ciel. Penetrons par une foi vive, non-ſeulement juſqu'aux lieux où il regne, comme le Maître de la nature, & d'où il repand ſur ce monde viſible les influences ſalutaires des Aſtres ; mais introduiſons-nous juſqu'au Trône où il eſt aſſis, environné d'une lumiere inacceſſible, adoré d'une multitude innombrable d'Anges & d'hommes, dont il fait pour jamais le bonheur. C'eſt là proprement que reſide nôtre Pere ; c'eſt là qu'il nous deſtine les places que nous remplirons un jour, ſi nous voulons répondre à ſes vûës. *Le même.*

Le Sauveur ne ſe mettoit point à prier, qu'il ne commençât d'abord par lever les yeux au Ciel : *Aprés que Jeſus eut ainſi parlé, il dit en levant les yeux au Ciel : Mon Pere, le tems eſt venu ; glorifiez vôtre Fils, afin que vôtre Fils vous glorifie.* Il a pretendu par là nous aprendre à commencer nôtre priere de cette ſorte. Penſons d'abord que c'eſt dans le Ciel, que nôtre Pere eſt toûjours prêt à nous écouter ; afin qu'à cette penſée, nous écartions de nous tout objet terreſtre, & que nôtre eſprit ne ſoit plus occupé que de Dieu, à qui nous allons parler. Et c'eſt ici la premiere raiſon pourquoi Jeſus-Chriſt veut que nous diſions : *Nôtre Pere qui êtes dans le Ciel.* C'eſt afin que par *Jean.* 12. cette preſence locale, nôtre foi dès le commencement de l'Oraiſon ſoit plus animée. *Le P. Segneri, dans ſes Medit.*

Pater, Pere. Quelle gloire pour une vile créature, qu'elle puiſſe, en adreſſant ſa priere à Dieu, l'apeller du nom de Pere : mais quelle indignité en même-tems, qu'elle oſe l'apeller du nom de Pere, ſans penſer nullement à ce qu'elle dit ! Helas ! c'eſt un peché dont bien des fois je me ſuis rendu coupable en vôtre preſence, ô mon Dieu ! Ah ! que ſouvent je vous ai apellé du nom de Pere, ſans faire attention à ce que c'eſt que d'être enfant de Dieu, & à ce que c'eſt que d'avoir Dieu pour Pere ! Que ſouvent je vous ai adreſſé cette reſpectable parole à la hâte, avec précipitation, par routine, & ſans nulle attention ! Combien de fois même ai-je eu la temerité de vous apeller du nom de Pere, en aimant ce qui me rendoit entierement indigne du nom & de la qualité d'enfant de Dieu ; & en portant dans moi ce qui me rendoit vôtre ennemi ? Faites, ô mon Dieu ! qu'à l'avenir, en récitant cette Oraiſon, je comprenne mieux ce que vous êtes, ce que vous méritez, ce que je ſuis, & ce que je vous ſuis. Vous avez ordonné à chacun de nous, de le commencer de cette ſorte : *Pater noſter*, nôtre Pere ; afin de nous

A a ij

inspirer à tous, les sentimens d'une parfaite charité : cependant mille fois j'ai proferé ces paroles, sans m'éforcer d'entrer dans la charitable union, que vous avez voulu établir par là, entre tous ceux qui aspirent à vôtre céleste heritage. Je ne pourrois pas dire avec verité que j'ai pris soin une seule fois, de me défaire de cet amour propre, qui fait tout raporter à soi, & oublier entiérement les besoins, & les peines des autres. Jamais je n'ai renoncé sincerement à ces envies, à ces inimitiez, à ces vengeances, à ces haines, qui détruisent la charité, cette aimable vertu, qui fait le caractere de vos enfans. Vous nous avez obligez d'employer ces paroles dans nôtre priere ; afin qu'elles nous fissent regarder sans distinction tous les hommes, riches, pauvres, grands & petits, comme nos freres, apellez au même heritage, à l'heritage des Cieux, où est la demeure de notre commun Pere, qui nous y attend. Je suis contraint de reconnoître & d'avoüer aujourd'hui, à ma confusion, que je ne me suis pas servi une seule fois de ces paroles, pour détruire en moi toutes les idées de distinction, que l'orgueil & l'envie ont porté à un tel excès parmi les hommes, & que vous avez prétendu détruire, en nous ordonnant de vous prier en ces termes. *Tiré du livre intitulé: Maniere de reciter l'Oraison Dominicale.*

Cette priere est autant pour les ames élevées que pour les simples. S. Ambr.
On ne penetre jamais les mysteres qui sont renfermez dans l'Oraison Dominicale ; on s'arrête simplement à la Letre ; on passe legerement sur la surface de cette merveilleuse priere. Jamais on n'entre dans les divines profondeurs qui s'y rencontrent, & dans les divins tresors qu'elle renferme. Autant qu'il s'y trouve de paroles, ce sont autant de Sacremens : *Quot voces, tot Sacramenta* ; c'est à dire, autant de sources de graces. Ce sont les paroles, non d'un homme, mais d'un Dieu. Le mal que produit le peu d'aplication à reciter cette priere ; c'est que, n'en penetrant pas les mysteres, on la regarde comme une formule de priere, que Jesus-Christ a laissée sur la terre, en faveur des ames simples & grossiéres, qui, sans le secours de cette espece de requête, seroient incapables de representer leurs besoins au Pere celeste. Sur cette prévention, on la regarde comme une priere vulgaire, qui n'est pas dressée pour les ames choisies, que Dieu veut élever à la perfection. Faites, mon Dieu ! que nous comprenions aujourd'hui, que cette Oraison, étant une priere que vous nous avez dictée de vôtre propre bouche ; & un modele achevé de tous les genres d'Oraisons ; qu'elle convient également aux ames qui aspirent à la plus haute perfection ; & aux ames qui marchent dans les voyes ordinaires de la vertu. Ah ! quel autre Maître que vous, Seigneur ! plus capable de nous aprendre à prier, à mediter, à contempler, & à communiquer avec le Ciel, de toutes les manieres, même les plus relevées, & quel autre fond, quel autre sujet, que cette priere, plus propre à former, & à élever les personnes spirituelles jusqu'à vous ? *Tiré du livre : Maniere de reciter l'Oraison Dominicale.*

Sentimens que doit avoir un pecheur, en disant l'Oraison Dominicale.
Pater noster, nôtre Pere. Tout criminel que je suis, j'ose commencer ainsi ma priere, puisque vôtre Fils, ô mon Dieu ! me le commande. Il est vrai que je me suis rendu indigne d'être compté parmi vos enfans ; les actions basses & honteuses que je me suis permises, la vie terrestre, sensuelle & animale que j'ai menée, devroit m'empêcher de me presenter à vous, & d'ouvrir la bouche, pour vous presenter cette priere. Mais puisque le Sau-

veur , que vous nous avez envoyé du Ciel , parlant à tout le monde en general , fans excepter même les plus grands pecheurs , nous a ordonné à tous
de commencer nôtre priere par ces paroles : *Nôtre Pere.* Je ne puis douter
que vous ne conferviez encore , malgré tous mes égaremens , l'aimable
nom de Pere à mon égard. Mes miferes font très grandes ; mais quelque grandes qu'elles foient , elles ne furpaffent point vos infinies mifericordes ; & je
ne dois pas manquer de confiance , ayant en vous un Pere d'une bonté infinie. Mais auffi cela me doit faire fondre en larmes , & me caufer un regret
infini , quand je penfe que j'ai offenfé un tel Pere. Si j'étois capable de ver-
fer autant de larmes , qu'il y a de goutes d'eau dans la mer ; ce feroit encore trop peu , pour expier le mal que j'ai fait , en offenfant le Pere que j'ai
offenfé ; car en pechant contre vous , j'ai peché contre le Ciel. Je ne devrois donc paroître en vôtre prefence , que comme un criminel devant fon
Juge ; & vous voulez nonobftant tout cela , que je vous apelle mon Pere. *Tiré
du livre intitulé : Maniere de reciter l'Oraifon Dominicale.*

Les avanta-
ges que J. C.
nous a pro-
curez , en
nous enfeig-
nant l'Orai-
fon Domini-
cale.

Quand vous prierez , dit Jefus-Chrift , vous prierez ainfi. Voila déja un
grand motif de confiance pour ceux qui prient. Celui dont j'ai befoin , m'enfeigne comment il le faut prier pour obtenir de lui ce que je defire , pour
le fléchir , pour me le rendre favorable. Ah ! mon ame , il a plus d'envie de m'accorder ce que je lui demande , que je n'en ai moi-même de le
recevoir. On eft déja bien perfuadé , quand on enfeigne à l'Orateur , par quel
endroit on peut être touché.

Nôtre Pere qui êtes dans les Cieux. Eftoit-il neceffaire , mon Dieu ! que
vous m'affuraffiez , par une promeffe folemnelle & authentique , que vous
m'accorderiez tout ce que je vous demanderai dans une humble & fervente
priere ; n'eft ce pas affez que vous m'ordonniez de vous appeller mon Pere,
quand je vous prie , pour m'ôter tout lieu de douter , que vous ne me veuil-
lez exaucer ? Vous le dites vous-même : *Un Pere ne donne point une pierre à* Luc. 11.
un fils qui lui demande du pain. Allons , mon ame , avec affurance expofer
à Dieu nos befoins : ce n'eft pas à un Juge que nous les expofons , mais à
un Pere.

Que vôtre Nom foit fanctifié : que vôtre Royaume nous advienne : que
vôtre volonté foit faite dans la Terre , comme dans le Ciel. Donnez-nous
aujourd'hui nôtre pain quotidien , & pardonnez-nous nos offenfes , comme nous pardonnons à ceux qui nous ont offenfé : Et ne nous induifez point
en tentation ; mais délivrez-nous du mal. La fanctification du faint Nom
de Dieu par la converfion de ceux qui ne le connoiffent pas , & par la perfection de ceux qui le connoiffent ; la poffeffion du Royaume celeft ; l'accompliffement de la volonté de Dieu. Le pain qui nous fuftente en cette vie,
& qui nous fert de viatique , pour l'autre ; le pardon de nos pechez , la victoire des tentations ; la délivrance de tout mal. Un cœur fidéle & vraiment
chrétien peut il defirer autre chofe , pour la vie prefente , & pour la future ?
Mon Sauveur ! ôtez-moi tout le refte ; mais ne me retranchez rien de cela :
& puifque c'eft vous qui m'avez appris à le demander au Pere celefte , joignez-
vous à moi pour l'obtenir. *Abregé des Meditations du P. Dupont , par le P.
d'Orleans.*

Le Sauveur nous ordonne de nous adreffer à Dieu , comme à nôtre Pere; Le deff...

Sauveur dans l'inſtitutiõ de cette priere eſt de nous adreſſer à Dieu comme à nôtre Pere. Matth. 23.

afin que nous concevions une ferme eſperance d'obtenir de lui , les choſes importantes que nous avons à lui demander. Un Pere de famille n'eſt point communément aſſez dur , pour refuſer à ſes enfans les demandes raiſonnables qu'ils lui font. Le Pere celeſte ſeroit-il inſenſible à nos juſtes prieres , lui qui à proprement parler , mérite ſeul le nom de Pere ? *N'appellez point qui que ce ſoit ſur la terre , vôtre Pere : car vous n'avez qu'un Pere qui eſt dans le Ciel.*

Le Seigneur donc étant nôtre Pere , par toutes ſortes de titres , nôtre eſperance en lui , ne peut jamais être trop vive , ni trop ferme. Auſſi le nom de Pere ſemble-t-il avoir été mis dans l'Oraiſon Dominicale , pour ſervir de fondement à chaque demande qu'elle renferme. C'eſt comme ſi nous diſions dans chacune en particulier : *Pere , que vôtre nom ſoit ſanctifié* ; *Pere , que vôtre regne arrive ; Pere , que vôtre volonté ſe faſſe.* C'eſt ſur le nom de Pere que tout eſt ici apuyé. *Le même.*

Entretien ſur les demandes de l'Oraiſon Dominicale

Mon Dieu , les titres glorieux de Seigneur & de Roi vous plaiſent donc moins que la qualité de nôtre Pere. C'eſt vôtre Fils qui nous ordonne de vous la donner dans nos prieres : j'obéïs avec reſpect ; mais en vous appellant mon pere , je n'oublie ni ma baſſeſſe ni vôtre grandeur , je vous dois déja tout ce que je ſuis , parce que vous m'avez tiré du néant , & que vous êtes mon Pere , ſelon l'ordre de la nature. Que pourrai-je donc vous rendre pour la dignité de Fils adoptif , où vous m'avez élevé dans l'ordre de la Grace ? Si l'amour , la ſoumiſſion , le reſpect peuvent acquitter mes obligations ; je ne ſerai pas ingrat envers vous. Vous êtes mon Pere , ô mon Dieu ! ce nom me fait ſouvenir de vôtre tendreſſe ; il me fera ſouvenir de l'amour & de la reſpectueuſe obéïſſance que je dois au meilleur de tous les Peres. Vous êtes mon Pere , Seigneur , comment n'aurois-je pas de honte de me degrader moi-même , en me rendant par ma déſobéïſſance l'eſclave du Demon ? Comment pourrois-je ne pas recevoir avec ſoumiſſion vos châtimens paternels ? c'eſt vôtre amour pour moi qui me les ordonne. Vous êtes mon Pere : je m'en ſouviens avec plaiſir , en commençant ma priere ; & ce ſouvenir me remplit de confiance. De vôtre côté vous ne l'oubliez jamais , Seigneur , & vôtre amour paternel vous ſollicite en ma faveur , plus vivement que toutes mes prieres ne ſçauroient faire. *Le P. Segneri dans ſes Meditations.*

Il falloit un ordre exprés de J.C. pour oſer Dieu nôtre Pere.

Quel prodige qu'une vile creature , adreſſant ſa priere au Seigneur , puiſſe lui donner le nom de Pere ; qu'elle doive même l'apeller ainſi : *Vous prierez , de cette ſorte.* Il falloit un ordre exprés de la part de Jeſus-Chriſt , pour oſer prendre cette liberté avec ſon Pere. C'eſt pour cela que le Prêtre , comme Miniſtre public , ne recite point au Sacrifice de la Meſſe l'Oraiſon Dominicale , ſans dire auparavant : *Inſtruits par les ſalutaires Preceptes , & formez par les leçons d'un Dieu* , nous oſons dire : *Nôtre Pere.* Le Miniſtre par-là déclare au peuple que les termes de nôtre priere ceſſent d'être préſomptueux , puiſque c'eſt le Sauveur lui-même qui nous les a preſcrit. Avant donc que vôtre langue articule le nom de Pere , excitez dans vôtre cœur des ſentimens de confiance , à la vûe de ce que vous êtes devant Dieu , nous ne ſommes que des vers de terre , que cendre , que pouſſiere , que des hommes pecheurs: *Et tamen , Domine , Pater noſter tu es , nos verò lutum. Le même.*

Pſ. 64. Ce qui fait nôtre Pere dans l'ordre de la nature & de la grace.

Lorſqu'en nous adreſſant à Dieu , nous prononçons le nom de Pere ; prononçons-le , & comme ſes enfans dans l'ordre de la nature , & comme ſes enfant dans l'ordre de la grace. Sous le premier rapport, nous lui sommes entierement redevables de nôtre être, & par conséquent nous sommes indispensablement obligez d'être à lui sans ressource. Sous le second rapport, nous lui sommes redevables de son être même, dont il a déja commencé à nous faire participans, dans le dessein de nous rendre un jour semblables à lui par la gloire ; ainsi que nous le sommes à present par la grace. Jugeons sur cela, quels doivent être les sentimens de nôtre cœur, toutes les fois que nous apellons Dieu nôtre Pere. *Le Pere Segneri, dans ses Meditations.*

Jesus-Christ nous ordonne d'apeller Dieu nôtre Pere; premierement, afin que nous nous souvenions par là de la dignité de nôtre état. Nous sommes les enfans de Dieu: voudrions nous dégénérer & devenir des esclaves, comme font tant de Chrétiens indignes du nom que nous portons ? Nous conviendroit-il de courir après les biens méprisables de la terre, comme ceux qui n'ont point de part au Royaume celeste. *Le Prince aura des pensées dignes d'un Prince.* Le Fils d'un Souverain qui se reduiroit à la plus vile des professions, s'aviliroit bien moins, que ne fait l'homme Chrétien, lorsqu'il recherche les biens, la gloire & les plaisirs du siécle. Un enfant de Dieu devenu l'esclave du demon! Quel monstre ! C'est le prodigue reduit à garder les pourceaux. Comment alors un Chrétien pourroit-il donner à Dieu le nom de Pere, si ce n'est pour lui marquer, comme le prodigue penitent, le regret de l'avoir abandonné ? *Mon Pere, je suis coupable envers le Ciel & à vos yeux : je ne merite plus qu'on m'appelle vôtre fils. Le même.*

Vous êtes dans le Ciel : Ces paroles qui precedent toutes les demandes que je dois vous faire, doivent aussi en être la regle. Elles doivent me faire souvenir en commençant à vous prier, que les biens celestes sont ceux que vous faites gloire sur tout de donner à vos enfans. Me seroit il difficile d'oublier la terre, & de mépriser ses biens fragiles, quand la foi me fait lever les yeux vers le Ciel ; où est mon Pere, & l'heritage qu'il me destine ? Ah ! que cette vûë m'inspire de mépris pour tout ce que le monde estime ! Que cette vûë fait naitre dans mon cœur de vifs sentimens de confiance ! Vous regnez dans le Ciel, ô mon Dieu, ô mon Pere : est-il rien plus capable de consoler vos enfans, & de soutenir leurs esperances ? Que ne doit pas attendre un fils d'un Pere, dont la bonté & la puissance n'ont pas de bornes ? Mais helas ! vous regnez dans le Ciel, & je suis encore éloigné de vous dans une terre étrangere ? Ingrat que je suis, je ne soupire pas après l'heureux moment qui doit me réünir à mon Pere ! Insensé que je suis, je me plais peut-être dans mon exil ! *Le même.*

Puisque nous apellons Dieu nôtre Pere, il faut en user à son égard, comme ses vrais enfans, dans toutes les demandes que nous lui faisons. Que desire avant toutes choses, un fils sage & bien né ? Ce qui revient à l'avantage même de son Pere. Ainsi, ce que nous devons demander d'abord au Pere celeste, ce sont les choses qui tournent à sa gloire : *Sanctificetur nomen tuum.* Cette demande est la plus noble de toutes celles que renferme l'Oraison Dominicale ; parce qu'en la faisant, l'homme paroit dépoüillé de tout interet propre, & n'aimer Dieu, que pour lui-même. Aussi est-elle la premiere de toutes, pour nous faire entendre que les autres se doivent raporter à celle là, comme à leur fin. Si nous prions le Seigneur, que son regne arrive, que si

[marginal notes:]
Dieu est nôtre Pere : rougissons d'être par le peché les esclaves du demon. *Is. 32.*

Ces paroles, vous êtes dans le Ciel, doit nous faire souvenir que Dieu fait gloire de donner les biens celestes à ses enfans.

Cette demande, que nôtre Nom soit sanctifié, est la plus noble comme la fin à laquelle se rapportent toutes les autres.

volonté se fasse , qu'il nous donne le pain necessaire à nôtre subsistance , qu'il nous remette nos dettes , qu'il ne nous expose pas à la tentation , qu'il nous delivre du mal. Tout cela se doit terminer à ce que son Nom soit sanctifié. Efforçons-nous d'épurer nos demandes , de sorte qu'elles se reduisent toutes à celle-ci : *Que vôtre Nom soit sanctifié.* Repetons-la sans cesse ; que toutes nos œuvres soient animées du désir de voir le Nom de Dieu sanctifié. *Le Pere Segneri , dans ses Meditations.*

Une vive confiance doit animer nôtre priere : l'Oraison Dominicale nous en fournit des motifs.
Jerem. 39.

Quelques justes , & quelques reglées que soient nos demandes , nous les faisons inutilement , si la confiance ne les accompagne point. Nous sçavons nous mêmes combien nous sommes portez à faire ce que l'on nous demande avec confiance. Si nous en usons de la sorte , tout mauvais que nous sommes; Dieu en useroit il autrement , lui qui se glorifie sur-tout d'être bon ? *Vous sauverez vôtre ame , parce que vous avez mis vôtre confiance en moi.* Or , l'Oraison Dominicale est le modele d'une priere pleine de confiance. Car alors nous demandons sans hesiter : *Que vôtre Nom soit sanctifié ; Que vôtre regne arrive ; Que vôtre volonté soit faite.* Maniere de prier qui paroîtroit même imperieuse , si le Sauveur ne nous l'avoit dictée , pour nous montrer qu'il ne faut point s'adresser à Dieu comme aux hommes , en chancelant : *Postulat in fide nihil hæsitans.* Nous demandons avec amour comme des enfans qui prient leur pere , & pour eux mêmes , & pour leurs freres : *Nôtre Pere qui êtes dans le Ciel.* Enfin nous demandons en peu de paroles : rien de plus simple & de plus précis que la priere dont nous parlons ici. Employer de longs discours , des discours étudiez , comme on le fait auprès des Princes de la terre , c'est une preuve certaine que l'on n'a gueres de confiance en eux. Aussi le Sauveur nous dit : *En priant ne faites pas de longs discours , comme font les Gentils ; car ils croyent être exaucez à force de parler beaucoup.* Ce ne sont pas les paroles , mais les desirs que Dieu considere. Le Seigneur exaucera les vœux des justes affligez ; les saintes dispositions de leur cœur vous feront écouter leurs prieres , ô mon Dieu. *Le même.*

Jac. 1.

Matth. 6.

Ps. 9.

Il étoit necessaire que Dieu nous apprît à prier.

Etoit-il necessaire d'aprendre à des malheureux à demander le soulagement de leurs maux ? Oüi , mon Dieu , l'excès de nôtre misere étoit de ne la point sentir , & d'ignorer la maniere de vous l'exposer , comme il faut pour vous fléchir. Il a fallu que vôtre Fils nous aprît à prier , & nous dressât , pour ainsi dire, la requête que nous devions vous presenter;& qui pouvoit mieux nous aprendre par quel endroit nous vous rendrions sensible à nos maux. Où puiserai je ailleurs que dans l'Oraison Dominicale , ces sentimens d'humilité & de confiance, qui rendent la priere efficace ? La vûë de tous les besoins que je dois vous y exposer , m'inspire l'humilité : Vous voulez y être apellé *nôtre Pere* Vous en avez donc la bonté & la tendresse , ô mon Dieu : quelle source pour moi de confiance ! *Le même.*

Ceux qui ont quelque attache au peché, ou à la vie, ne peuvent demander à Dieu qu'en tremblant , que son regne arrive.
Ps. 16.

Ni les pecheurs , qui ne songent point à quitter leurs desordres , ni les justes mêmes qui sont attachez à cette vie mortelle , ne sçauroient faire hardiment cette priere : *Que vôtre Regne arrive.* A l'égard des pecheurs , c seroit demander que le moment de leur damnation arrivât. Dieu doit certai nement regner un jour absolument sur les bons & sur les méchans , quoiqu d'une maniere très-différente : *Regnabit Deus super gentes.* Il regnera sur le justes dans le Ciel , & sur les méchans dans les enfers. Il regnera sur les ju tes

tes, comme un Monarque aimable d'autant de Rois couronnez de sa main, qui se font un honneur de venir mettre leur Couronne au pied de son Auguste Trône. Il regnera sur les pecheurs, comme un Monarque terrible, d'autant d'esclaves condamnez à une prison éternelle : car ces malheureux s'efforceroient vainement de briser leurs fers, pour échaper aux terribles supplices qu'ils souffrent. Voila donc ce que les pecheurs obstinez demandent à Dieu, sans y penser, lorsqu'ils lui disent : *Que vôtre Regne arrive.* Ils demandent de voir le tems de l'esclavage éternel qui leur est reservé. *Malheur à ceux qui desirent le jour du Seigneur.... Ce jour du Seigneur sera pour vous un jour de tenebres & non de lumiere.* Mais les justes trop attachez à cette vie mortelle, ne peuvent non plus dire, comme il faut : *Que vôtre Regne arrive.* Car comment oseroient-ils faire à Dieu cette demande, eux qui craignent si fort de quitter la terre. *Le même.*

Amos. 5.

Quoique le Royaume qui nous a été preparé soit nôtre heritage ; le Sauveur ne veut point que nous l'apellions nôtre regne, mais que nous disions à nôtre Pere : *Que vôtre Regne arrive.* C'est pour marquer au Seigneur, que comme des enfans dignes de lui, nous aimons encore plus sa gloire que nôtre propre interêt, & que nous n'aspirions à nôtre heritage, que pour le voir lui-même regner plus absolument sur nous. Dans le tems donc que nous lui disons : *Que vôtre Regne arrive.* Ne pensons qu'à cet empire parfait, qu'il aura sur nous, lorsque dégagez de toutes les affections de l'homme charnel, nous n'aurons plus rien en nous, qui s'opose à la volonté de Dieu ; lorsque nos pensées, nos desirs, nos mouvemens, tout ce que nous sommes, ui sera pleinement soumis : *Le Seigneur regnera sur eux dans la Montagne de Sion depuis ce tems jusques dans l'éternité.* Le premier objet de la joye des Saints & de leurs actions de graces, c'est d'avoir été faits pour le Royaume de Dieu ; c'est que Dieu regne désormais totalement sur eux : ils se réjoüissent plus de cela seul, sans comparaison, que d'être eux-mêmes des Rois. Entrons dans ces sentimens, en prononçant ces paroles : *Que vôtre Regne arrive. Le P. Segneri, dans ses Meditations.*

Nôtre plus grand bonheur ne sera pas de regner dans le Ciel; ce sera d'y voir regner Dieu sur nous.

Mic. 4.

Le Sauveur avoit en vûe deux objets en nous prescrivant cette priere : *Remettez-nous nos dettes.* Le premier, étoit d'aller au devant de nôtre presomption ; le second, étoit de prévenir nôtre desespoir : deux précipices affreux, où le juste d'une part, & le pecheur d'une autre part, peuvent tomber. Le juste en peut quelquefois venir à cet excès de confiance, qu'il se croye désormais exempt de demander pardon de ses offenses au Pere Celeste : *Il y a tant d'années que je vous sers sans avoir jamais contrevenu à vos ordres.* Le pecheur, au contraire, peut arriver à un tel degré de défiance, qu'il desespere du pardon de ses iniquitez : *J'ai commis un trop grand crime pour pouvoir en obtenir le pardon.* Mais Jesus-Christ prévient l'un & l'autre excès, en nous ordonnant de dire : *Remettez-nous nos dettes. Le Pere Segneri, dans ses Meditations.*

Cette priere, *remettez-nous nos dettes,* peut également prevenir la presomption des justes & le desespoir des pecheurs. *Luc. 15. Genes. 4.*

C'est à tous, c'est pour tous les lieux, & pour tous les tems, qu'il est dit : *Voici la priere que vous ferez.* Que personne donc ne présume assez de son innocence, pour se croire en droit de ne la plus faire pour lui-même ; en effet, est-il un homme sur la terre qui osât se glorifier d'être effacé du nombre des debiteurs envers Dieu ? C'est à tous les hommes en general, que le

Tous les hômes doivent faire à Dieu cette priere : *remettez-nous nos dettes.*

Sauveur commande de prier de la sorte : *Remettez-nous nos dettes*. Tous peuvent donc en contracter, tous peuvent donc obtenir qu'elles leur soient emises. Il peut arriver, il est vrai, que toutes nos dettes nous soient remises, dans le tems que nous en demandons encore la remission au Pere celeste ; mais qui nous assurera que cela est ainsi ? Sans une revelation expresse, il nous est défendu de compter sûrement que nos fautes sont effacées : *Ne soyez*

Eccl. 5.   *point sans crainte, au sujet de l'offense qui vous a été remise*. Le P. Segneri, dans ses Meditations.

Nous fommes tous les débiteurs de Dieu.

Du reste, si nul ne doit présumer d'estre pur de toute iniquité, personne ne doit non plus desesperer du pardon, pourvû qu'il dise de cœur au Pere celeste : *Remettez-nous nos dettes*. Jesus-Christ nous auroit-il enjoint de prier de la sorte, si nous pouvions contracter des dettes trop considerables, pour en obtenir la remission, en la demandant avec un cœur contrit ? Non, puisqu'il nous fait demander que nos dettes nous soient remises, nous fommes

Matth. 32.   sûrs qu'elles le seront en effet : *Je vous ai remis toute la dette, parce que vous m'avez prié*. Quelles dettes, que celles que nous contractons par le peché ! Pouviez-vous trop exiger de nous, Seigneur, pour nous les remettre ? Et pouvez-vous moins exiger que vous ne faites ? Pour effacer le peché, il n'en coute que de la douleur de l'avoir commis : & vous vous contentez de quelques peines legeres, pour satisfaire vôtre justice. Où est-elle donc cette justice d'un Dieu, cette justice si terrible, & sur qui exerce-t-elle ses rigueurs? C'est sur vous, ô mon aimable Sauveur. Vous avez payé nos dettes de tout vôtre Sang : refuserois-je d'avoir quelque part à vos souffrances, pour avoir le bonheur de m'en appliquer le merite ? *Le même*.

Sur la premiere demande du Pater.

Par ces paroles, *sanctificetur nomen tuum* ; que vôtre Nom soit sanctifié. Nous ne demandons pas que Dieu acquiere quelque degré de sainteté ; il est la sainteté même ; il renferme toutes les perfections ; & il ne peut rien acquerir de nouveau ; mais nous souhaitons que *son saint Nom soit sanctifié* ; c'est-à-dire, selon le langage de l'Ecriture, qu'il soit celebré, loüé & glorifié. Premierement, *sanctifier*, selon les Hebreux, c'est celebrer ; comme on dit, celebrer le jeûne & le sabath, au lieu de sanctifier le jeûne & le sabath, pour marquer qu'on revere ces jours, & qu'on les distingue de tous les autres, par un culte particulier. Ainsi sanctifier, ou celebrer le saint Nom de Dieu, c'est le distinguer de tout autre nom, le relever au-dessus de tout autre, & n'en parler jamais qu'avec la veneration la plus profonde. Secondement, sanctifier le Nom de Dieu, c'est loüer & glorifier Dieu comme l'Auteur de tous les biens, comme toute sainteté & toute verité. Nous souhaitons que toutes les créatures publient sa puissance & ses infinies perfections, comme

Sap. 20.   il est dit dans la Sagesse : *Ils ont chanté, Seigneur, vôtre saint Nom*. Qu'on publie que tout honneur, & toute gloire lui appartiennent ; que tous les enfans de l'Eglise ayent en vûë sa gloire, dans toutes leurs actions ; & qu'enfin on puisse chanter par tout avec les Anges, que *Dieu est Saint, Saint, Saint*. Livre intitulé : *Les Ceremonies de la Messe*, par le P. le Brun, Prêtre de l'Oratoire.

Sur la seconde & troisiéme demandes du Pater.

Lorsque nous disons, *adveniat regnum tuum* ; que vôtre regne arrive. C'est afin que Dieu soit generalement glorifié ; il faut qu'il regne dans les esprits & dans les cœurs des hommes, comme il regne dans le Ciel sur les Esprits bienheureux. Nous souhaitons que le regne de Dieu s'accroisse tous les jours, qu'il s'étende par son Eglise dans toute la terre , & que les infidéles & les heretiques se convertissent à lui, & se réünissent à son Eglise ; que les pecheurs ne laissent plus regner le peché en eux ; que Dieu regne seul dans le cœur des fidéles, comme il regne dans tous les Esprits bienheureux ; & qu'enfin son regne soit parfait par la réünion de tous les Elûs dans le Ciel. *Fiat voluntas tua sicut in Cœlo & in terrâ* : *Que vôtre volonté soit faite en la terre comme au Ciel.* Dieu regne , où sa volonté s'accomplit. Nous souhaitons qu'elle s'accomplisse sur la terre, comme elle s'accomplit dans le Ciel ; c'est-à-dire , que les hommes ne veüillent faire , que ce que Dieu veut qu'ils fassent , qu'ils aiment , qu'ils respectent tout ce qui vient de Dieu , qu'ils se soumettent à sa divine Providence avec une resignation parfaite ; & qu'ils executent les ordres de sa divine volonté , comme ils s'executent dans le Ciel par les saints Anges , qui se disposent à entendre parfaitement toutes les volontez de Dieu, par la promptitude à executer celles qu'ils connoissent. Secondement , nous demandons que son Regne vienne dans nous , qu'il prenne dès à present possession de nôtre ame , & que nous faisant renoncer à l'amour de la vie presente , & de tout ce qui peut nous attacher à ce monde , nous ne desirions rien plus ardemment que d'avoir part au Royaume éternel avec les justes. Troisiémement , nous demandons que sa sainte volonté se fasse , c'est-à-dire , qu'elle soit faite en nous , que nous puissions faire avec amour sa volonté, dit saint Cyprien , qu'il nous secoure dans le combat continuel de la chair contre l'esprit , & dans tout ce qui s'opose à sa Loi sainte ; que nous ne voulions dans toutes les choses de cette vie , que ce qui peut contribuer à nôtre salut , & que nous acceptions avec soumission & de bon cœur tous les évenemens qui nous affligent. *Livre intitulé* : *les Ceremonies de la Messe, par le P. le Brun , Prêtre de l'Oratoire.*

Panem nostrum quotidianum da nobis hodie : *Donnez nous aujourd'hui nôtre pain quotidien.* Le mot de pain se prend dans l'Ecriture , tantôt pour ce qui est necessaire à la vie corporelle , tantôt pour les besoins de la vie spirituelle , & tantôt pour la divine Eucharistie , qui est le pain par excellence, dont Jesus-Christ a dit : *Le pain que je vous donnerai , c'est ma Chair.* Toutes ces nourritures sont un pain quotidien ; car nous avons tous les jours besoin de nourrir l'ame & le corps ; & l'Eucharistie est un pain quotidien pour l'Eglise , si elle ne l'est pas pour chaque fidéle en particulier. Nous ne pouvons pas dire que Jesus-Christ veut que nous demandions ici principalement les besoins du corps , comme sont le vivre & le vêtement ; puisque Jesus-Christ nous dit dans ce même chapitre : *Ne vous mettez point en peine de ce que vous mangerez, ou de quoi vous vous vêtirez, & qu'il ajoûte : Cherchez premierement le Royaume de Dieu & sa justice, & toutes les autres choses vous seront données comme par surcroît ;* c'est-à-dire , que Dieu les donnera sans qu'on les lui demande , lorsqu'on s'apliquera à obtenir les biens spirituels; & il donne même ces biens temporels aux méchans aussi bien qu'aux bons. Nous ne pouvons pas dire non plus, que Jesus-Christ nous ordonne de demander ici specialement l'Eucharistie ; car outre que Jesus-Christ a fait cette priere long-tems avant l'institution du divin Sacrement , elle doit être dite tous les jours par tous les Chrétiens qui ne communient pas tous les jours ;

Sur la quatriéme demande du *Pater.*

2. *Joan.*

& elle eſt dite pluſieurs fois dans la journée, quoiqu'on ne communie pas alors. Il reſte donc que par le pain quotidien, nous entendions principalement les biens ſpirituels qui doivent nourrir nôtre ame, pour la vie éternelle, & dont nous avons beſoin continuellement. Enfin, après avoir eu principalement en vûë nos beſoins ſpirituels, nous pouvons demander les beſoins de la vie temporelle; tels que la nourriture, le logement & le vêtement; mais il faut les demander comme on demande du pain; c'eſt-à-dire, ne demander que ce qui eſt purement neceſſaire. Il faut les demander *hodiè*, pour aujourd'hui, afin d'éloigner toute avarice, & toute ſollicitude pour l'avenir. Il faut les demander pour nous tenir dans une continuelle dépendance de Dieu, en toutes choſes. En effet, à l'égard de tous ces beſoins, toutes nos prévoyances deviendroient inutiles, ſi Dieu ne nous ſecouroit. *Car*, dit Jeſus-Chriſt, *en quelque abondance qu'un homme ſoit, ſa vie ne depend point des biens qu'il poſſede.* En quelque état que nous ſoyons, pauvres ou riches, nous devons mettre uniquement nôtre confiance en Dieu, & vouloir dépendre abſolument de la puiſſance & de la bonté du ſouverain Seigneur, qui peut en un moment faire ceſſer l'indigence du pauvre, & reduire le plus riche dans l'état où étoit Job ſur ſon fumier. Il faut donc tous les jours demander à Dieu nôtre pain, comme des indigens. Ce pain eſt une grace, & non une dette. Nous devons benir le Seigneur, quand il nous donne peu, comme quand il nous donne beaucoup; parce que la privation nous eſt ſouvent plus utile que l'abondance. *Livre intitulé: Les Ceremonies de la Meſſe, par le P. le Brun, Prêtre de l'Oratoire.*

Eccl. 10.

Sur la cinquiéme demande du Pater.

Dimitte nobis debita noſtra, ſicut & nos dimittimus debitoribus noſtris. Remettez-nous nos dettes, comme nous les remettons à ceux qui nous doivent. Nos dettes ſont nos pechez. Ils ſont appellez dettes, parce qu'ils nous rendent redevables à la juſtice de Dieu, à laquelle il faut ſatisfaire en ce monde ou en l'autre. Et par les dettes que nous nous engageons de remettre, il faut auſſi entendre principalement les offenſes, plûtôt que les dettes d'argent ou autre choſe ſuivant la remarque de ſaint Auguſtin. Jeſus-Chriſt nous le marque aſſez clairement, lorſqu'à la fin de cette priere, il nous dit que ſi nous remettons aux hommes leurs pechez, le Pere celeſte nous remettra les nôtres. Ainſi c'eſt avec raiſon qu'on exprime ordinairement cette demande en ces termes: *Pardonnez-nous nos offenſes, comme nous les pardonnons à ceux qui nous ont offenſez.* Jeſus Chriſt veut nous engager ici à être miſericordieux envers tous nos freres. La regle qu'il veut que nous nous preſcrivions en demandant à Dieu qu'il nous remette nos dettes, n'eſt pas reſtrainte. Il faut que nous remettions les injures qu'on nous a faites de quelque nature qu'elles ſoient; & il y a toûjours à l'égard même des dettes d'argent, des regles qu'il faut obſerver pour remettre l'offenſe, & pour être miſericordieux, comme Jeſus-Chriſt nous engage à l'être, ſi nous voulons que Dieu le ſoit à nôtre égard. Il faut remarquer en ſecond lieu, avec ſaint Auguſtin, que des ſept demandes que Nôtre Seigneur nous ordonne de faire en priant, celle, ſur laquelle il a appuyé davantage, eſt celle qui regarde le pardon des pechez; en quoi il nous a marqué qu'un des plus ſûrs moyens que nous ayons, de nous délivrer de nos miſeres, c'eſt d'être miſericordieux. Auſſi eſt-ce la ſeule demande de l'Oraiſon Dominicale, où nous prions Dieu, comme ſi nous compofions avec lui ; car nous lui difons : *Remettez nous nos dettes, comme nous les remettons à ceux qui nous doivent.* Si dans ce traité que nous faifons avec lui, nous agiffons de mauvaife foi & que nous mentions, nous ne tirerons aucun fruit de nôtre priere. Car, dit-il, *fi vous pardonnez aux hommes les offenfes qu'ils commettent contre vous, vôtre Pere, qui eft aux Cieux, vous pardonnera auffi celles que vous commettez contre luy ; mais fi vous ne leur pardonnez pas, vôtre Pere ne vous pardonnera pas non plus.* Il nous rend les arbitres de l'Arreft qu'il doit prononcer, & il nous donne le choix de fa bonté ou de fa rigueur, felon que nous uferons envers nos freres de l'une ou de l'autre.

Une troifiéme remarque importante, eft que cette demande a un rapport neceffaire à la feconde, dans laquelle nous defirons que le Regne de Dieu vienne en nous : car toute la peine que nous fentons à remettre les offenfes, vient de ce que nous voulons regner & dominer fur nos freres. Si nous ne defirons fincerement d'autre Regne dans nos cœurs que celui de Dieu, nous n'aurons à cœur que fon honneur & fa gloire, nous rougirons de nous compter pour quelque chofe, nous lui abandonnerons tout ce qui nous regarde, & nous ferons bien eloignez de vouloir exercer fur nos freres la vengeance que Dieu feule s'eft refervée. *L'homme,* dit le Texte facré, *garde fa colere contre un* **Eccl. 18.** *homme, & il ofe demander à Dieu qu'il le gueriffe ? Il eft fans mifericorde pour un homme femblable à lui, & il demande le pardon de fes pechez ? Lui qui n'eft que chair garde fa colere, & il demande mifericorde à Dieu, qui ofera prier pour lui ?* Quand même par les calomnies les plus fenfibles & les plus humiliantes on noirciroit nôtre reputation d'une maniere irreparable, il faudroit encore étouffer tous les reffentimens contre ceux qui nous porteroient des coups fi douloureux. Or comment nous mettre fi fort au deffus de tous les mouvemens de l'amour propre, fi Dieu ne regne abfolument dans nous, & ne poffede toute nôtre ame ? Le pardon des offenfes eft donc une fuite de la feconde demande. *Le même.*

Et ne nos inducas in tentationem. Et ne nous induifez point en tentation. Les **Sur la fixié-** tentations aufquelles nous fommes expofez nous empêchent fouvent d'ac- **me demande** complir la volonté de Dieu ; c'eft pourquoi nous demandons de n'être point **de l'Oraifon** induits en tentation. Or tenter, c'eft ordinairement éprouver pour connoître **Dominicale.** ou faire connoître quelque chofe On peut tenter un homme premiérement pour tâcher de connoître fa difpofition, quand on l'ignore. Dieu ne tente point en cette maniere, parce que tout eft à decouvert à fes yeux. Secondement on peut tenter un homme, c'eft à-dire, l'éprouver pour faire connoître fa vertu. C'eft ainfi que Dieu éprouve quelquefois les Juftes, pour leur donner lieu de meriter la gloire, & les faire fervir d'exemple. C'eft ainfi qu'il a tenté Abraham, Job, Tobie & plufieurs autres. Mais ces deux manieres de tenter ne conviennent point à ce que nous demandons dans nôtre priere. La tentation s'y prend en mauvaife part, puifque nous demandons de n'y être pas induits ; & il faut remarquer avec foin comment il peut convenir à Dieu d'induire en tentation. On peut induire quelqu'un en tentation, premierement en le portant au mal, fecondement en ne detournant pas les tentations dont il va être attaqué, troifiémement en le laiffant fans les fecours qui l'empêcheroient de fuccomber à la tentation. Nous n'avons garde de de-

mander à Dieu qu'il ne nous porte pas au mal , nous sçavons tous qu'il ne
nous tente pas de cette maniere , & qu'il ne peut nous induire en tentation
que dans ce deux derniers ; ainsi nous demandons , à cause de nôtre fragilité , que Dieu ne nous laisse pas entrer en tentation. C'est la priere que Jesus-Christ dit à ses Apôtres de faire , & c'est en ce sens que saint Cyprien &
plusieurs autres Peres expliquent ces paroles : *Ne nous induisez point en tenta-*
tion : c'est-à-dire , ne souffrez pas que nous soyons tentez. Mais comme cette
vie est une tentation continuelle , & que nous ne pouvons pas esperer d'éviter toutes les tentations , ayant à combattre contre le Demon , le Monde &
la chair ; nous demandons aussi que Dieu ne nous laisse pas succomber à la
tentation , en nous abandonnant à nous-mêmes. Nous ne nous éloignons de
la volonté de Dieu , & nous ne succombons à la tentation qu'en manquant
de lumiere & de force. La grace de Dieu est toute nôtre ressource pour faire

Serm. 57. in
Matth.

le bien & pour vaincre les tentations. *Et comme nous sommes victorieux*
quand Dieu nous assiste , dit le Pape Innocent premier , *il est necessaire que*
nous soyons vaincus quand il ne nous assiste pas. Non en nous y poussant , mais
en nous abandonnant , dit saint Augustin. Nous demandons donc que Dieu
ne nous abandonne pas & ne nous laisse pas succomber à la tentation , nous
sçavons qu'étant fideles à ses promesses , il ne nous laissera pas tenter au-de-là
de nos forces , & nous esperons qu'il ne permettra la tentation que pour nous
en faire sortir avec avantage. *Livre intitulé Les Ceremonies de la Messe par*
le P. Le Brun.

Sur la septié-
me demande
de l'Oraison
Dominicale.

Sed libera nos à malo. Mais delivrez-nous du mal. C'est ici la conclusion
de la priere & la demande qui doit nous procurer l'effet & le fruit de toutes
les autres. Nous trouvons continuellement des obstacles aux dispositions que
ces demandes supposent en nous , toute nôtre ressource est que Dieu nous
preserve du mal , non de quelque mal en particulier , mais generalement de
tout ce qui peut nous empêcher de sanctifier le Saint Nom de Dieu , de desirer son Regne , de faire sa sainte volonté , de recevoir les biens qui nous
sont necessaires , de pardonner les offenses , & d'obtenir le pardon des nôtres , & de nous preserver de tentation. Jesus-Christ nous fait demander ici
ce qu'il demanda lui-même pour ses Apôtres la veille de sa mort : *Preservez-*
les du mal , c'est-à-dire , preservez-les de tout ce qui nuiroit à leur salut. Il
ne faut donc pas restraindre ici le mot de mal , pour l'appliquer au péché ,
au Demon , ou à quelqu'autre objet particulier , le péché est sans doute un
mal & le plus grand de tous les maux ; mais ce n'est pas seulement du péché
dont on demande la delivrance , nous avons déja demandé d'être delivrez de
nos pechez , & même de la tentation qui nous porteroit au péché , le Demon
aussi est un mal , il est appelé dans l'Ecriture *le Malin* , mais nous ne demandons pas seulement d'être délivrez des attaques du Démon ; car il y a
d'autres causes qui nous portent au mal : il faut prendre le mot de mal , generalement pour tout ce qui nous detourne des vrais biens ; soit en nous faisant tomber dans de nouveaux pechez , soit en renouvellant les fâcheuses
impressions que les pechez passez ont laissé dans nôtre esprit & dans nôtre
cœur. En un mot , nous demandons à Dieu de nous délivrer des maux
quels qu'ils soient , qui nous detournent de nôtre salut , & qui mettent en
nous des oppositions à sa sainte volonté. *Le même.*

SUR LA SALUTATION
ANGELIQUE.

AVERTISSEMENT.

ENtre les ceremonies & pratiques de l'Eglise Catholique, la Salutation Angelique peut justement tenir un rang considerable,
puisqu'elle est l'une des preuves de la devotion qu'on porte à la Sainte Vierge, & que depuis quelque tems elle est en usage dans toutes les
villes, & recitée par tous les fideles qui font profession d'honorer la
Mere de Dieu. Outre les autres biens qui suivent de-là, c'est un avertissement de rentrer en soi-même & de faire reflexion sur les actions
de la journée, & enfin de rappeller nôtre esprit de la dissipation où
nous jette insensiblement la multitude de nos occupations.

On convient que cette sainte coûtume n'est pas d'une obligation
étroite & indispensable dans le Christianisme, mais seulement une
pratique de devotion, passée en coûtume parmi les fideles. C'est pourquoi, sans en faire un titre & un sujet particulier, on pourroit la
confondre avec la devotion envers la sainte Vierge, ou enfin avec
les pratiques qu'un Chrétien peut exercer, soit en public, soit dans le
domestique; mais en considerant l'utilité & le fruit que l'Eglise en
peut recevoir & que les Chrétiens en peuvent retirer, comme de renouveller l'intention que nous avons formée le matin, d'agir en toutes
choses pour la gloire de Dieu, selon le conseil de l'Apôtre. Je n'ai pas
crû peu contribuer à la pieté des fideles de leur faire connoître le merite, la dignité & le fruit que l'Eglise peut retirer de cette sainte &
religieuse pratique.

✳✳✳✳✳✳✳✳✳✳✳✳✳✳✳✳✳✳✳✳✳✳✳✳✳✳✳✳✳✳✳✳

SUR LA SALUTATION
ANGELIQUE.

LA Salutation Angelique est une priere que nous faisons à la très-sainte
Vierge, qui commence par les paroles dont l'Ange saint Gabriel la salua, lorsqu'il vint lui annoncer qu'elle seroit Mere de Dieu : Les principales
parties de cette priere sont la Salutation, la loüange & la demande ; la salutation par les paroles de saint Gabriël, la loüange par les paroles du même
Ange & de sainte Elizabeth, & la demande par la priere de l'Eglise. Lorsque nous saluons la sainte Vierge, nous suivons l'exemple de l'Ange, &
nous nous servons de ses paroles, pour marquer l'estime & le respect singulier que nous avons pour sa qualité inestimable de Mere de Dieu, pour l'en
feliciter & pour lui en temoigner la joye de nôtre cœur. Or Voici les paroles de l'Ange : *Je vous saluë*, dit-il, *pleine de grace, le Seigneur est avec
vous, vous êtes benie entre les femmes*. Nous loüons ainsi la sainte Vierge
de l'honneur d'avoir conçû & donné au monde le Seigneur du monde, de
la plenitude de graces & de benedictions qu'elle a euës, & de l'élevation de
sa gloire dans le Ciel, ce qui merite toutes les loüanges que nous lui pouvons
donner. Voici en même tems les paroles de sainte Elisabeth : *Vous êtes benie
entre toutes les femmes, & le fruit de vôtre ventre est beni* : Et nous marquons quel est ce fruit par le Saint Nom de Jesus, & nous le devons
prier d'une maniere particuliere, parce qu'étant la Mere de nôtre Sauveur &
la plus élevée en gloire que tous les Saints, elle a plus de pouvoir auprés de
Dieu. Nous en avons des exemples dans l'Ecriture, puisque le premier miracle de nôtre Seigneur se fit à la priere de sa Mere ; c'est pourquoi nous devons la prier sans cesse, de nous presenter à son Fils & de prier elle-même
pour nous, qui sommes indignes d'être exaucez, à cause de nos pechez. Mais
quand nous appellons la sainte Vierge, Sainte Marie Mere de Dieu, c'est
pour exciter sa bonté, en lui representant sa sainteté & sa qualité de Mere de
Dieu, qu'elle estime infiniment, & qui est le fondement de toutes ses grandeurs : nous lui demandons instamment de prier pour nous, & en cette qualité nous la regardons comme pleine de bonté, pour vouloir demander en
nôtre faveur, & assez puissante auprès de Dieu pour obtenir ce qu'elle demande par son Fils ; mais non pas pour nous le donner elle même. Nous
nous declarons pecheurs en sa presence, c'est ainsi que nous nous humilions,
& nous reconnoissons nôtre misere & nôtre indignité d'être écoutez, afin
d'exciter sa compassion & sa bonté, nous lui demandons sa protection generalement, mais nous specifions l'heure de nôtre mort, parce que c'est le
point decisif de nôtre éternité, où nous avons plus besoin de la misericorde
de Dieu ; & ce besoin consiste particulierement en quatre choses. 1°. Pour
n'être point troublez par la crainte de la mort & les tentations du Demon.
2°. Pour supporter le mal avec une patience Chrétienne. 3°. Pour recevoir dignement les derniers Sacremens. 4°. Pour conserver l'esprit de penitence,

nitence , de confiance en Dieu & de perseverance dans sa grace & dans son amour. *Auteur moderne.*

Il y a trois parties dans la Salutation Angelique , la première est celle que l'Ange à la Sainte Vierge en annonçant le Mystere de l'Incarnation du Fils de Dieu , en ces mots : *Je vous saluë Marie pleine de grace , le Seigneur est avec vous ,* c'est pour ce sujet que l'*Ave Maria* est appellé Salutation Angelique. La seconde contient les paroles que lui dit sainte Elisabeth en la visite qu'elle lui rendit , quand elle lui parla ainsi : *Vous êtes benie entre toutes les femmes , & le fruit de vôtre ventre est beni.* Et la troisiéme est une courte priere que l'Eglise ajoûte , en disant : *Sainte Marie Mere de Dieu , priez pour nous , pauvres Pécheurs , maintenant & à l'heure de nôtre mort.* Nous ne disons pas , à proprement parler , que la Salutation Angelique a été composée par nos Auteurs , mais plûtôt nous asseurons que le Saint Esprit tout seul est Auteur de cette sainte & divine priere ; quoiqu'il soit vrai que le même Saint Esprit l'a fait prononcer à trois fois ; sçavoir par l'Ange Gabriël la premiere partie ; la seconde par sainte Elisabeth ; & la troisiéme par l'Eglise. Or cette priere est toûjours appellée Salutation Angelique , parce que l'Ange a prononcé la premiere & principale partie , en qualité d'Ambassadeur du Ciel , au très-haut Mystere de l'Incarnation , saluant & loüant la Sainte Vierge , par dessus toutes les creatures. De sorte que cette priere doit être estimée pour une des plus saintes qui puissent être , puisqu'après l'Oraison Dominicale , que Jesus-Christ nous a enseignée par sa propre bouche , & qu'il nous a donnée pour un parfait modele d'Oraison , la Salutation Angelique est la plus noble & la plus excellente ; comme étant faite immediatement par le même Dieu , & prononcée par la bouche de ses Serviteurs. C'est pourquoi on ne peut pas douter que la sainte Vierge ne reçoive favorablement ceux qui prononcent souvent la Salutation Angelique ; & il nous est très-avantageux de ne perdre jamais le souvenir du Mystere de l'Incarnation , à l'occasion duquel cette Salutation fut faite à la sainte Vierge ; en effet comment ne se plaîroit-elle pas à entendre souvent réiterer cette Salutation , par laquelle elle est , comme elle le fut autrefois , declarée Mere de Dieu ; prerogative qui comprend toutes les plus riches & excellentes qualitez qu'on sçauroit jamais attribuer à aucune pure creature ? *Le même.*

Mais , dira quelqu'un , s'il est vrai que la Salutation Angelique soit d'un si grand prix , & que Dieu & la sainte Vierge s'y plaisent tant , pourquoi donc les ennemis de la Religion ne la veulent ils point ni reciter ni recevoir ? Il est aisé de repondre , que c'est parce que les Heretiques , en se separant de l'Eglise , à laquelle ils obéïssoient auparavant , ont fait aussi-tôt alliance avec l'Ennemi du salut des hommes , lequel ne peut souffrir que la sainte Vierge en soit la mediatrice ; & c'est en cela même qu'ils portent avec eux le caractere de leur reprobation ; comme parlent plusieurs Peres , ils falsifient même l'Ecriture , quand ils disent que Jesus-Christ doit seul être tenu pour Mediateur & Avocat auprès de son Pere ; car on convient que Nôtre-Seigneur seul pouvoit suffire , mais il a été convenable que les deux sexes contribüassent à nôtre Redemption , puisqu'ils avoient tous deux cooperé à nôtre perte. C'est donc une priere sainte & pratiquée de tout temps de saluer en cette qualité la sainte Vierge , à l'imitation de l'Ange , comme le rapportent

Tome V. Cc

Les trois parties qui sont renfermées dans la Salutation Angelique.

Objection sur le refus que font les Heretiques de recevoir la Salutation Angelique.

saint Jacques Apôtre & saint Jean Chrysostome en leurs Liturgies. *Le même.*

De l'excellence de la Salutation Angelique

Qu'y a-t-il parmi les prieres vocales de comparable à la Salutation Angelique ? De toutes celles qui s'adreffent à la Mere de Dieu, il n'en est point qui ne doive ceder à celle-là, elle contient le bien honorée par fon excellence, le delectable par le plaifir qu'elle caufe à la très-fainte Vierge, & le bien utile, par les avantages qui nous reviennent de fon ufage. L'excellence de la Salutation Angelique fe connoît par fon Auteur, par la perfonne à qui cette harangue a été adreffée, & par la fin pour laquelle elle fut inventée. Son Auteur eft Dieu même : car l'Ange ne parla à Marie que de la part de Dieu, & ne lui dit que ce que le Saint Efprit lui fit dire. Cette Salutation de l'Ange a été concertée dans le Confeil éternel des trois divines Perfonnes, & dreffée par la Sageffe Incréée ; elle fut écrite dans le Livre de Vie, & dans l'Entendement du Pere, avec les mêmes caracteres que fut écrit le Decret éternel de l'Incarnation de fon Fils ; & nous pouvons dire avec verité que la Salutation Angelique eft une claufe de ce Decret infiniment adorable. S'il faut donc juger de l'excellence de cette priere, par la qualité de fon Auteur, qu'eft-ce qu'on en peut penfer d'affez grand ? *Tiré du Livre intitulé la veritable devotion à la Mere de Dieu, par le Reverend Pere Rupé, Recollet.*

Suite du même fujet.

La Salutation Angelique s'adreffe à la premiere en merite & à la plus excellente des creatures, à la veritable Mere du Fils de Dieu, à l'unique Epoufe du Saint Efprit, à la Souveraine de l'Univers ; & la fin eft le plus haut de tous les Myfteres qui pouvoient jamais partir de la toute puiffance de Dieu, puifque ce fut pour conclurre l'execution du deffein éternel de l'Incarnation du Verbe éternel, qu'il fut porté à la très fainte Vierge, & pour lui en faire la propofition. Efprit humain, ce n'eft pas à vous à juger du prix de cette Harangue, puifqu'il le faut connoître par l'importance de fon Auteur, de la perfonne à qui elle s'adreffe, & de la fin pour laquelle elle lui fut envoyée. Auffi fut-elle prononcée par un des premiers Princes du Ciel. Saint Gabriël, que cette Commiffion a fait nommer, Ange & Archange, c'eft-à dire, *Député de Dieu pour un fujet d'une confequence extraordinaire.* Il y en a même qui croyent qu'il eft un des premiers, parce que cette harangue, qui regardoit la plus importante commiffion qui fût poffible, puifque c'étoit pour annoncer le plus grand de tous les Myfteres, & qu'elle devoit être prononcée à la très-Sainte Vierge, comme à la plus excellente de toutes les Creatures. *Le même.*

Le nom de Marie diftingue la Mere de Dieu au deffus des plus hautes Intelligences du Ciel. *Ad Hebr.* 2.

En prononçant le mot de Marie, *Ave Maria*, il me femble qu'on peut dire de la Sainte Vierge avec quelque proportion, ce que faint Paul a dit du Verbe Incarné, dont elle eft la Mere, qu'elle eft d'autant au-deffus des plus hautes Intelligences du Ciel, que le nom qu'elle porte & qui lui a été donné, pour marque de fa grandeur, nous marque une plus grande diftinction : *Tantò melior Angelis effectu, quantò differentius pra illis nomen hareditavit.* Ainfi comme le nom, pour être donné avec juftice, doit expliquer la nature de la chofe qu'il fignifie : par ce nom de Marie, je dois concevoir d'abord ce qui la diftingue, & ce qui fait fa difference finguliere entre toutes les femmes, qui ont porté le nom de Dame, de Reine & de Souveraine ; or ce qui y met de la difference, c'eſt que les autres l'ont eu comme un nom ajouté à ceux qu'elles portoient déja, qu'elles avoient emprunté de leur naiſſance, ou herité de leurs ancêtres; & cette qualité n'étoit que par rapport aux lieux où ils avoient quelque droit de commander, & preſque toutes par l'alliance qu'elles ont eu avec des Rois & des Souverains, qui leur ont fait part de leur autorité; mais comme ſaint Bernard dit que Jeſus-Chriſt a pris le ſien du fond de ſa nature, ſans en être redevable au haſard ni au caprice des autres hommes; de même le nom de Marie, dans cette premiere ſignification, par l'ordre de Dieu, lui a été comme approprié & impoſé, par rapport à ce qu'elle devoit être un jour, c'eſt-à-dire, la Souveraine de la Terre & du Ciel; c'eſt par-là qu'il la diſtingue de toutes les autres qui portent ce même nom de Souveraine; par-là qu'il l'éleve audeſſus de toutes les grandeurs humaines, & qu'on la reconnoît auſſi tôt pour la Reine & la Souveraine de l'Univers, parce qu'un Chrétien entendant ce nom de *Marie* conçoit auſſi-tôt que c'eſt la Fille du Pere éternel, la Mere du Verbe incarné, l'Epouſe du Saint Eſprit, & que tout ce qu'il y a de grand dans l'ordre de la nature, de la grace & de la gloire, a été employé pour l'élever au-deſſus de tout ce qui eſt purement créé. C'eſt donc un nom de grandeur, de puiſſance & d'autorité, puiſqu'il lui eſt commun avec Dieu même, qui n'en a point trouvé de plus propre pour ſe faire craindre & reſpecter des hommes, que le nom de Seigneur, qui eſt ſaint & terrible tout à la fois, dit le Prophete, c'eſt-à-dire, qui doit inſpirer la crainte & le reſpect. *L'Auteur des ſermons ſur tous les ſujets.*

Le reſpect que doit nous inſpirer le nom de la Ste. Vierge.

Si le nom de Marie ne nous imprime pas la crainte, parce qu'elle n'employe la puiſſance & l'autorité que ce nom nous repreſente, que pour nous ſecourir & pour nous procurer toutes ſortes de biens; du moins il nous doit inſpirer toute la veneration & le reſpect qui eſt dû à la Reine des Anges & à la Souveraine de la Terre & du Ciel. A la bonne heure que les Demons tremblent à ce nom qui leur eſt terrible, & qui a été ſi fatal à toutes les puiſſances de l'Enfer. Pour nous, Vierge Sainte, nous vous regarderons toûjours comme celle que Dieu a voulu donner pour nôtre Souveraine; & dans cette penſée, nous aurons pour vous tous les reſpects, nous vous rendrons le culte qui eſt dû à tant de grandeur & de Majeſté; nous publierons avec Saint Anſelme, que celui-là ne ſçait pas combien Dieu eſt grand, qui n'a pas conçu une aſſez haute idée de la grandeur de Marie; nous declarerons que c'eſt ignorer la force & la ſignificaiton d'un nom ſi illuſtre que de ne pas faire une proteſtation publique de vous être ſoumis; & quand nous aurons conçû la gloire qui vous eſt dûë, & que ce nom nous exprime, nous nous eſtimerons nous-mêmes glorieux d'être du nombre de vos ſerviteurs, puiſque cette qualité nous eſt plus honorable que d'être au ſervice des plus grands Monarques de la terre. *L'Auteur des Sermons ſur tous les ſujets.*

Les moyens dont nous devons nous ſervir pour honorer le nom de la Ste. Vierge.

Mais ce nom de Marie ſeroit un nom en vain à nôtre égard & un titre en l'air, tel que ſeroit celui d'un Roi ſans Sujets, d'un Maitre ſans Serviteurs, & d'un Souverain ſans Domaine; ſi nous refuſions d'être du nombre des ſujets & des ſerviteurs de Marie, par le culte, les devoirs & les ſervices que nous ſommes capables de lui rendre. En effet ſera-t-il dit qu'elle soit reverée dans le Ciel , & reconnuë de toutes les Nations ; que toutes les créatures , en un mot , lui rendent leurs hommages ; & que nous, en faveur de qui ce Nom lui est donné, nous ne soyons pas les premiers à la reconnoître ? Vous sçavez comme la dignité d'un Maître , d'un Seigneur , & d'un Souverain , fait la grandeur des serviteurs, des vassaux & des sujets ; qu'il est glorieux d'être au service d'un Maître illustre , & que les hommes les plus ambitieux grossissent leurs titres des noms & des charges qu'ils possedent auprès des Princes de la terre ; qu'il y en a qui annoblissent même ceux qui en sont pourvûs ; & que c'est un titre d'une noblesse ancienne, de faire voir que leurs Ancêtres en ont été honorez ; & qu'elles sont depuis long tems dans leurs maisons ; parce que la grandeur d'un serviteur se mesure par celle de son maître. Ah ! quel comble de gloire ne recevrons-nous pas , d'être du nombre des serviteurs de celle, qui porte à si juste titre, le Nom de souveraine de tout le monde ? *L'Auteur des Sermons sur tous les sujets.*

Sur l'excellence de l'ambassade de l'Ange Gabriel à la sainte Vierge.

Quand je considere l'ambassade qui donne sujet à la Salutation Angelique, & que je fais reflexion sur la grandeur de celui qui l'envoye , sur la sainteté de celle qui la reçoit, sur la qualité de celui qui est envoyé, & sur l'importance de l'affaire qui s'y traite ; il me semble , M. que le Ciel & la terre , qui ont un égal interêt , sont dans l'attente du succès de cette importante négociation. Le Pere Eternel touché de la perte des hommes, a pris la resolution de mettre fin à leurs miseres, & pour l'execution de ce projet a envoyé un Archange chargé de saluer de sa part une Vierge appeliée Marie , descenduë de la tige Royale de David. Mais cette Vierge bien loin de prendre la qualité de Princesse , & d'en tenir le rang , mene une vie obscure & retirée , dans une maison de la ville de Nazareth. Là , ce Messager celeste lui parle de l'Incarnation du Verbe divin, lui annonce qu'elle est choisie pour être la Mere , & pour accomplir par ce moyen, un Mystere impenetrable à tous les esprits. Il s'agit dans ce traité de la paix & de la réconciliation des hommes avec Dieu ; du Royaume éternel , du Messie , du salut du monde , & de la naissance temporelle d'un Dieu. Y eût-il jamais une affaire qui méritât mieux de retenir attentifs tous les esprits des Anges & des hommes ? *Le même.*

Combien de loüange la sainte Vierge reçoit dans la Salutation Angelique. Luc. 1.

L'Ange ne se contente pas d'appeller la sainte Vierge pleine de grace, ni de dire qu'elle est agréable aux yeux de la divine Majesté : *Invenisti gratiam apud Deum* ; Mais que l'Auteur même de la grace repandra sur elle tous les richesses : *Spiritus sanctus superveniet in te.* Comme s'il lui disoit , vous étiez deja sainte , mais cette qualité de Mere de vôtre Dieu , achevera de vous remplir de sainteté ; vous êtes déja pleine des graces du Ciel ; mais celui qui est la grace incréée surviendra lui-même à tous ces dons : *superveniet* ; vous êtes déja agréable à Dieu ; mais il faut que la plenitude de la grace vous soit communiquée, & que le Saint Esprit repande sur vous, tous ses biens en venant lui-même : *Spiritus sanctus superveniet.* Il vous sera donné en Personne, & non pas seulement par ses effets, comme vous l'avez reçû , dans les autres prerogatives qui avoient precedé cette haute & éminente dignité de Mere de Dieu ; parce que pour soutenir le plus illustre , & le plus glorieux titre d'honneur , dont une pure créature pouvoit être honorée; il faut que tout ce qu'il y a de plus élevé dans l'ordre de la grace vous soit

donné ; & en un mot , que vous en receviez la plenitude ; & l'on peut dire
e vous presentement , ce que l'on dira un jour de celui que vous donnerez
u monde ; que le Saint-Esprit ne vous est point donné par mesure ; mais au-
ant que vous êtes capable de le recevoir , afin de repondre à la dignité où il
vous eleve. *L'Auteur des Sermons sur tous les sujets.*

Pour juger de la grandeur de cette dignité de Mere de Dieu ; il ne faut *Combien la*
que reflechir sur les paroles de l'Ange , & faire ce raisonnement ; si la grace *grace a élevé*
leve une personne si haut , qu'il n'y a rien au monde qui mérite seulement *Vierge en*
l'entrer avec elle , en comparaison ; que sera-ce de la plenitude de la grace *dignité.*
même , qui n'est que comme une suite de cette Maternité , ou une preparation pour la recevoir ? Si cette grace est quelque chose de si précieux , que
e moindre degré vaut mieux que tout ce qu'il y a de plus grand dans la
Nature ; que faut-il conclure de cette plenitude , qui n'a été qu'une voye
& une disposition à cette auguste Maternité. Ah ! jugeons, M. du prix des
hoses, non par l'estime qu'en font les hommes , qui les pesent à de fausses
valances, comme dit le Roi Prophete ; mais par le jugement que Dieu mê-
ne en porte , qui est la regle de la verité ; & inferons de là , que la grace
st preferable à tous les biens, & à toutes les grandeurs imaginables ; parce
que c'est une qualité surnaturelle , qui ne peut venir que de la main libera-
e du Très Haut ; que c'est le gage précieux de son amour, une participation
e son Esprit saint , le lien sacré qui nous y unit, l'adoption celeste qui nous
leve ; & enfin un écoulement de ses divines perfections, qui fait l'orne-
nent & la beauté de nôtre ame , & lui donne un droit legitime à la posses-
ion de Dieu même. *Le même.*

Si la grace qui n'a été qu'une disposition à la Maternité divine , a rendu *L'alliance*
Marie si considerable devant Dieu ; que sera ce, M. de l'alliance étroite *que Dieu a*
que cette Maternité lui a ensuite donnée avec le Très-Haut ? Elle est expri- *vec la sainte*
née par ces paroles de l'Ange : *Dominus tecum* ; pour tirer de là une forte *Vierge dans*
reuve , & une juste conjecture de sa grandeur. Souvenez-vous de ce que *exprimé par*
ous avons présuposé , que le Verbe Eternel a demeuré neuf mois dans son *les paroles de*
ein , où elle lui a donné la vie ; & où son Corps a été formé de sa substance, *l'Ange, Domi-*
x de son sang le plus pur. Car de là il s'ensuit , qu'elle lui a donné un nou- *nus tecum.*
el estre qu'il n'avoit pas ; de maniere, qu'elle peut dire dans le tems, ce
ue Dieu a dit dans toute l'éternité de ce même Fils : *Ego hodie genui te.* Je
ous ai donné l'estre , & c'est de moi que vous l'avez reçû ; d'où elle contra-
te avec lui, une alliance inexplicable , de consanguinité, comme parlent
quelques Saints Peres, ou bien d'affinité , comme disent les autres ; quelque
om qu'on lui donne , il importe peu ; il est toûjours constant qu'il n'y a
oint de lien plus étroit que celui du sang, ni d'alliance qui aproche da-
antage une personne d'une autre , que celle d'une mere avec son fils ; puis-
ue la chair de l'une entre dans la composition de l'autre , que leur sang est
ommun , & que la substance du Fils est faite de la substance de la Mere ;
'où saint Augustin conclut, que la Chair de Jesus, est une partie de la sub-
tance de Marie : *Caro Christi , Caro Mariæ. L'Auteur des Sermons sur tous les*
jets.

Si vous voulez sçavoir quel est le faîte de la grandeur où la Maternité *L'Ange Ga-*
ivine éleve la sainte Vierge , & jusqu'où elle peut monter ; il vous est facile *briel nous*

*fait connoi-
tre par ces
paroles, juf-
qu'où vont
le grandeurs
de la fainte
Vierge.*

de l'aprendre de cette parole de l'Ange, qui eft chargé de lui dire de la part de Dieu, qu'elle eft benite entre toutes les femmes, par la riche poffeffion d'un Fils qui eft Dieu, qu'elle poffede feule avant que de le donner au monde : *Benedicta tu in mulieribus.* Car je fuppofe que vous fçavez que la benediction que Dieu donnoit aux anciens Patriarches, & aux juftes de l'ancienne Loi, regardoit particulierement le fruit du mariage, une pofterité nombreufe, & ne tendoit qu'à les rendre puiffans, par la poffeffion des biens de cette vie. Mais la benediction que ce Meffager celefte annonce à Marie, eft toute finguliere ; puifqu'elle la rend glorieufe, & l'éleve au-deffus de toutes les femmes, par la poffeffion d'un Fils, qui eft le fouverain du Ciel & de la Terre, & qui lui donne un pouvoir jufte & legitime en qualité de Mere, fur celui qui eft le Tout-Puiffant. *Le même.*

*Combien la
fainte Vierge
a pour agrea-
ble la Saluta-
tion Angeli-
que.*

Il faut juger de l'honneur, & en quelque maniere de la joye, que la très fainte Vierge reçut au recit que lui fit l'Ange, quand il lui annonça qu'elle devoit être la Mere de Dieu. *C'eft une courte priere, il eft vrai,* dit le Bienheureux Alain de la Roche ; *mais elle eft très grande par la hauteur de fes Myfteres.* Quoi de plus myfterieux que des paroles qui furent employées, pour donner à la très fainte Vierge, la plus heureufe nouvelle, qu'elle étoit capable de recevoir de la part de Dieu, & qui contiennent en abregé, toutes les grandeurs, & tous les privileges de cette même Vierge ? Nous en avons plufieurs revelations, entre autre celle qui fut faite à fainte Mectilde à qui la fainte Vierge s'étant apparuë, lui declara que la plus agréable maniere, dont les Anges & les hommes pouvoient la faluer, c'étoit de lui offrir la falutation Angelique. *Tiré du livre intitulé, la veritable devotion à la Mere de Dieu, par le P. Rupé.*

*Vide Sur. in
ejus vitâ.*

*Nous ne pou-
vons mieux
honorer la
fainte Vier-
ge, qu'en nous
fervant des
paroles de
l'Ange pour
la faluer.*

Jefus Chrift nous a donné un parfait modele d'oraifon, lorfqu'il nous a appris le *Pater* ; & pour parler à Dieu, nous avons été inftruits, par une Perfonne divine ; ainfi pour parler, comme nous devons à la fainte Vierge Mere de Dieu, il a été à propos que nous fuffions inftruits par un Ange, & qu'à cette incomparable Vierge, n'ayant rien au-deffous de Dieu, qui lui foit égal, nous fçuffions au moins nous fervir des paroles de l'Ange pour la faluer ; c'eft-à-dire, d'une Créature très-noble, & qui peut avoir le plus de rapport, aux lumieres de fon efprit, à la pureté de fon Ame & de fon Corps, à la fermeté de fa vertu, & à l'abondance de fa grace. Quand donc nous défirons honorer la fainte Vierge, par la falutation Angelique, la qualité même de l'Auteur, qui eft un Ange, doit être une inftruction pour nous ; & fans doute, afin que nos loüanges lui foient agréables, nous devons tâcher d'avoir avec elle les mêmes rapports, par lefquels les Anges lui font femblables ; & les imiter autant que nous pourrons, par la fincerité de la foi, par la pureté de confcience, & par la fermeté inviolable dans l'amour & le fervice de Dieu. *Auteur moderne.*

*Ce que figni-
fie le mot
d'Ave.*

Le premier mot de cette Salutation eft *Ave,* que nous exprimons, en notre langue, *je vous falue* ; mais ce mot dans toute fa fignification, eft un terme de refpect, un témoignage de bienveillance, une marque de joye, un fouhait de félicité. L'Ange en ufa ainfi, en parlant à Nôtre Dame, la confidera comme l'objet des faveurs & de l'amour de Dieu ; ainfi, dans une haute eftime du fublime état, où déja fes vertus l'avoient élevée, & d

grandeurs inconcevables, ausquelles elle étoit destinée ; elle conçût pour elle , une veneration singuliere , & la salua dans le plus profond respect , qui
puisse être rendu à une pure créature. Il témoigna tout ensemble la joye , du
bonheur de la Vierge , & de son propre emploi auprès d'elle , & fit paroître
ses désirs pour l'accomplissement du Mystere qu'il annonçoit , & de la félicité de celle à qui il parloit : Tels furent les sentimens de l'Ange , exprimez
en ce premier mot , & tels doivent être les nôtres ; quand nous le prononçons , il faut que nous regardions la Vierge sacrée , comme la Mere de Dieu,
& la Mere de la belle dilection ; & sous ces deux qualitez nous la reconnoissons digne d'un profond respect , & d'un parfait amour ; & qu'ensuite
n'ayant plus à former aucuns souhaits pour son exaltation , puisqu'elle est
dans la consommation d'une gloire qui ne peut plus recevoir d'accroissement,
nous ayons au moins une joye sensible , & une tendre complaisance pour
l'état heureux , auquel elle est élevée. Il est vrai que pour la perfection de sa
gloire accidentelle ou extérieure , Dieu a laissé quelque exercice à nos désirs,
& quelque matiére à nos services ; car comme il a voulu que son Fils bien-
aimé possedât une gloire infinie en lui-même , & que hors de lui , toutes les
créatures contribuassent par leurs respects à l'exaltation de son nom ; de
même il a ordonné qu'à la beatitude essentielle de la sacrée Vierge , fût ajoûté le témoignage extérieur des Anges & des hommes , & que selon ce qu'elle
a prédit en son Cantique , que toutes les generations publiassent son bonheur
& sa gloire. En ce sens là , nous devons desirer qu'elle soit honorée dans
tous les lieux , & dans tous les tems , que toutes les créatures lui soient soû-
mises , qu'il n'y ait point de cœurs qui ne l'aiment , ni de langues qui ne le
benissent ; & qu'elle reçoive dans toute l'étenduë de la terre des venerations
& des loüanges , qui répondent au respect & aux benedictions , que les Saints
lui rendent dans le Ciel. *Auteur moderne.*

Maria. Les noms doivent être les images des choses , & les expressions
de leur substance & de leurs qualitez. Les hommes se peuvent tromper ,
dans l'imposition des noms par l'ignorance des sujets & des raisons qu'on a
de les imposer ; mais il ne faut point soupçonner d'erreur , quand Dieu même veut par là faire connoître les personnes ; puisqu'il ne peut ni tromper ,
ni être trompé. Nous ne pouvons douter que Dieu ne soit l'Auteur du sacré Nom de Marie ; & que comme Adam reçût du Ciel l'autorité d'imposer
le nom à celle qui lui avoit été donnée pour compagne ; ainsi le S. Esprit
ne se soit reservé le pouvoir & le soin de nommer son Epouse. Dans le
Nom de Marie , les Saints Peres ont trouvé diverses significations qui nous
expriment ce que nous devons particulierement considerer en sa personne.
Ils y ont trouvé des marques de sa souveraineté , & c'est le raport qu'elle a
avec son Fils , qui est le Seigneur absolu de toute créature. Ils y ont remarqué
de l'amertume , & c'est ce que nous pouvons considerer en elle , durant sa
vie mortelle ; car Dieu l'a conduite par les souffrances continuelles , la pré-
voyance de la mort du Sauveur, depuis la Prophetie de Simeon , & le souvenir de sa Passion , depuis qu'elle en eut vû le spectacle , fut le glaive à deux
tranchans , dont son ame fut toûjours transpercée. Ils admirent encore dans
ce saint Nom des lumieres & des influences , dont nous tirons des avantages
considerables. *Le même.*

Explication
du Nom de la
sainte Vierge.

La premiere loüange que le celeste Meſſager donne à Nôtre-Dame, eſt exprimée en ces termes : *Pleine de graces.* Par leſquels, il ne pretend pas ſeulement l'aſſurer qu'elle eſt agréable à Dieu ; mais il découvre par quel principe elle a eu le bonheur de lui plaire. Car c'eſt la grace qui l'a renduë agréable aux yeux de Dieu, digne de ſes regards & de ſon amour. Dieu l'a prévenuë par grace & par faveur ; car elle n'a pû par elle-même être preſervée du peché, non plus que tirée du néant. Elle a reçû de la pure liberalité de Dieu ces dons magnifiques, ces ſecours puiſſans, ces graces miraculeuſes, qui l'ont élevée au-deſſus de toutes les pures créatures, & qui ont mis même les premiers fondemens de ſon édifice ſpirituel au-deſſus des plus hautes montagnes, pour parler avec le Prophete ; c'eſt-à-dire, dans une perfection plus haute que celle de tous les Anges, & de tous les Saints. Mais elle a répondu à ces graces, avec une fidélité ſi parfaite, qu'on peut dire à toute rigueur, que jamais, à ſon égard la grace n'a été inutile : Elle l'a reçuë avec reconnoiſſance, elle en a profité avec des accroiſſemens incomprehenſibles à la foibleſſe de nos eſprits, elle l'a conſervée avec tous les ſoins qu'on peut avoir pour une choſe infiniment précieuſe ; & ſans doute, elle a eu pour la grace, la même eſtime que Salomon a euë pour la ſageſſe, qu'il jugeoit préferable à tous les tréſors de la terre & à tous les avantages de la fortune. *Le même.*

La ſainte Vierge a plû aux yeux de Dieu, non par ſon extraction Royale, non par la beauté du Corps, non par les lumieres naturelles de ſon Eſprit ; mais par les dons de la grace, dont ſon ame a été ornée, par la pratique de toutes les vertus dont elle l'a enrichie, par une humilité profonde, par une obeïſſance entiere, par une patience invincible, par un zele ardent, par une charité conſommée, & par une pureté parfaite de ſon cœur, de ſes ſens, & de ſon ame, de ſes penſées, & de ſes affections, qui n'ont jamais eu d'autre objet que l'amour & le ſervice de Dieu. Voila ce que nous devons concevoir, quand nous diſons *Marie pleine de grace* ; & ſi après l'avoir ainſi conſiderée, nous faiſons quelque réflexion ſur nous, que ce ſoit pour reconnoître, que nous ſommes redevables à la bonté de Dieu, & à ſa miſericorde infinie, de tous les ſecours qu'il nous a donnez pour nôtre ſalut, du tems qu'il nous accorde pour faire penitence, & des inſpirations par leſquelles il nous y convie. Reſſentons ces bienfaits de Dieu, comme des faveurs que nous n'avions pas méritées, & deſquelles mêmes nous étions très-indignes. Mais cultivons ces graces par une fidéle correſpondance, & ſçachons qu'il eſt impoſſible de plaire à Dieu dans l'état du peché, & de nous approcher de lui, par tous les avantages de la nature. *Auteur moderne.*

Dominus tecum. Puiſque l'ame eſt unie à Dieu par le moyen de la grace, l'Ange qui avoit reconnu que la ſainte Vierge en étoit remplie, lui a rendu enſuite, avec grande raiſon, le témoignage de la preſence de Dieu, & de ſon aſſiſtance particuliere ; & lui diſant, *le Seigneur eſt avec vous.* De quelle joye puis je être capable, diſoit un Saint affligé, moi qui ne vois point la lumiere du Ciel. Mais quel bonheur peut eſperer une ame, & quel repos peut elle goûter, quand elle eſt ſéparée de celui qui a créé le Ciel, & qui en fait toute la gloire. Au contraire, quel mal peut-elle craindre, & de quel bien peut-elle être privée, ſi Dieu eſt avec elle. Quand donc Marie reçoit cette
avantageuſe

Ce que l'on doit entendre par ces paroles, *gratia plena.*

Par quels motifs la ſainte Vierge a plû aux yeux de Dieu.

Explication de ces paroles, *Dominus tecum,* & la joye de la ſainte Vierge.

avantageufe affeurance, elle a de quoi contenter fon cœur, & fatisfaire tous fes defirs; non-feulement parce que Dieu eft fon veritable & unique bien; mais encore parce qu'il l'étoit auffi dans fon eftime. Dieu a donc été avec elle comme fa force & fon appui, & elle avoit fujet de dire : *Si je marche en l'ombre de la mort, il n'y a point de maux que je puiffe craindre, parce que vous êtes avec moi.* Dieu a été avec elle comme fa lumiere, ainfi elle n'a pû être trompée, & elle a dû dire mille fois ces paroles qui lui conviennent mieux qu'à perfonne : Vôtre parole éternelle, vôtre fageffe infaillible, vôtre Verbe que vous m'avez donné dans fon Incarnation, eft le flambeau de mes yeux & la conduite de ma vie. Dieu a été avec elle comme l'objet de fon amour, auquel elle a toûjours été infeparablement unie, & par confe-quent elle n'a pû rien defirer hors de lui; & fans doute elle a dit plus verita-blement que tout autre, quel bien pourrois-je trouver dans le Ciel ou dans la Terre digne d'occuper mon cœur, dont vous êtes le Seigneur Souverain, le tout & le partage. Ces paroles donc fignifient en la bouche de l'Ange, l'u-nion de la Sacrée Vierge avec Dieu, par le moyen de la grace. Il eft croya-ble qu'il en étendit encore le fens & le myftere, fur l'union qu'elle devoit bien-tôt avoir avec Dieu, comme une Mere avec fon enfant; & quand nous la faluons, nous devons nous réjoüir avec elle de ces deux avantages; mais nous y devons ajoûter celui de l'union qu'elle a maintenant avec Dieu dans la gloire, & la regarder en cet état, avec une complaifance d'autant plus grande, que cette union eft plus parfaite. Cependant comme elle a in-comparablement plus de foin & plus de zele pour nôtre bonheur, que nous n'avons de joye pour le fien, prenons garde qu'elle ne nous reproche que nos fentimens ne font point finceres, & que nous ne l'eftimons pas autant heureufe que nous le difons; dans la poffeffion du Souverain bien, fi nous en cherchons toûjours quelqu'autre au mepris de celui-là; fi nous en avons une jufte eftime, craignons fans ceffe d'en être feparez, même pour un mo-ment, & demeurons attachez & unis à Dieu par a conformité de nos volon-tez avec la fienne, afin que cette union commencée par l'amour fur la terre, fe confomme par la gloire dans le Ciel. *Auteur moderne.*

Benedicta tu in mulieribus : Vous êtes benite entre toutes les femmes, ajoute l'Ange, pour declarer à Nôtre Dame que Dieu lui avoit accordé toutes les graces que tant d'illuftres femmes avoient reçûes, & que toutes les faveurs qui avoient été départies aux autres, étoient raffemblez en elle. Nous devons donc entendre par ces paroles, qu'elle a été créée en grace, & dans un de-gré plus excellent que celui qui fut donné à Eve à l'inftant qu'elle fut for-mée. Elle a été plus forte, plus chafte, plus faint, plus éclairée, & enfin plus parfaite en tous les dons & en toutes les vertus, que les plus vertueufes femmes que l'Ecriture nous a reprefentées; on peut dire pour leur gloire qu'elles ont été des figures & des ombres imparfaites de l'excellence de la Sainte Vierge; mais parmi elles on n'a pû trouver le plus leger crayon, ni la moindre image du Privilege incommunicable à tout autre, & qui lui a été fpecialement accordé, quand elle a été choifie pour être Mere de Dieu, Mere & Vierge tout enfem-ble : elle a donc la pureté dont les Vierges font leur trefor, elle a auffi la fe-condité, dont les Meres tirent toute leur gloire : Or ces deux avantages, qui feparement ont leur prix different, font réünis en elle, par le miracle qui

Ce que l'An-ge a voulu faire enten-dre à la Ste. Vierge, en lui difant : *Benedicta tu in mulieribus.*

les aſſemble & qui les conſacre en ſa perſonne. Cette faveur étoit ſi ſpeciale-
ment reſervée à Marie, qu'il n'y a qu'elle qui ſoit Mere & Vierge, comme
il n'y a que Jeſus qui ſoit Dieu & Homme. Et Saint Bernard a dit enſuite que
comme Dieu voulant ſe faire Homme, ne pouvoit naître que d'une Vierge;
auſſi une Vierge pouvant être Mere, ne pouvoit produire qu'un Dieu-Homme. Cette divine Maternité, qui eſt pour Marie une faveur ineſtimable, eſt
auſſi la ſource & le fondement de toutes les autres; c'eſt pourquoi l'Ange qui
pouvoit dire abſolument à la Sainte Vierge, qu'elle étoit benire au-deſſus de
toutes les Creatures, puiſqu'en effet elle ſurpaſſe tout ce qu'il y a de grand
au deſſous de ſon Fils bien-aimé, dans la Nature humaine & dans la Nature
Angelique, lui voulut dire expreſſément qu'elle étoit benite entre toutes les
femmes, pour faire connoître le rapport de ſon bonheur & de ſa Maternité.
Cependant quoique nous ſoyons obligez de conſiderer cette éminente qualité, comme la ſource de toutes les autres graces qui ont été accordées à la
Sainte Vierge, il faut pourtant avoüer qu'elle n'eſt pas la plus grande, &
que Marie a été plus heureuſe pour avoir aimé Jeſus-Chriſt & lui avoir obéï,
que pour l'avoir conçû & enfanté. Elle eſt benite entre toutes les femmes &
par deſſus le reſte des creatures, non pas préciſément parce qu'elle eſt Mere
de Dieu, mais parce qu'ayant été choiſie pour être Mere de Dieu, elle a reçû une abondance de graces proportionnées au ſublime état auquel elle étoit
deſtinée; de ſorte que, ſelon le temoignage des ſaints Peres, elle eſt plus
heureuſe par ſa ſainteté que par ſa dignité. Ne nous plaignons donc pas de
ne pouvoir pretendre à l'un de ſes avantages, puiſqu'il nous eſt permis d'aſpirer à l'autre; ou plûtôt beniſſons la magnificence du Sauveur, qui veut bien
nous faire part de tous les deux, & nous accorder, ſelon l'eſprit, le privilege que ſa ſainte Mere a eu même ſelon la chair, puiſqu'il promet à ceux
qui feront la volonté de ſon Pere, de les faire participer à cette ſublime alliance, & que quiconque a conçû Jeſus-Chriſt en ſon cœur, peut auſſi par
les bons conſeils & par les bons exemples l'enfanter dans le cœur de ſon prochain. Avec ces ſentimens, nous pouvons repeter les paroles de l'Ange à la
Sainte Vierge, la felicitant de ſes benedictions avec une joye ſenſible de ce
qu'elles ont été verſées dans ſon ame; & avec confiance que par ſon entremiſe, quelques goûtes de cette roſée celeſte ſeront auſſi repanduës ſur nous.
Auteur moderne.

Ce que nous devons en rendre par ces paroles: *Et benedictus fructus ventris tui Jeſu.*

Et benedictus fructus ventris tui, Jeſu. L'Egliſe qui termine par le nom
de Jeſus, toutes les prieres qu'elle adreſſe au Pere Eternel, n'a pû finir que
par le même nom les loüanges qu'elle preſente à la Sainte Vierge. Le Saint
Eſprit qui conduit l'Egliſe & qui lui donne ſes ſentimens, inſpira ces dernieres paroles à Sainte Eliſabeth, dans le temps où elle ſe vit honorée de la Viſite de Marie. Vous êtes benite, lui dit-elle, entre toutes les femmes, & le
fruit de vôtre ventre eſt beni; comme ſi elle avoit voulu lui dire: Vous êtes
la plus heureuſe de toutes les Meres, mais l'enfant que vous portez eſt la cauſe de vôtre bonheur. C'eſt une verité qui ne peut pas être revoquée en doute,
puiſqu'elle eſt claire par elle même, & le choix des mots dont cette ſainte
Femme ſe ſervit, nous l'exprime encore; elle ne dit pas, vôtre Fils eſt beni,
mais elle uſa du mot de fruit, parce qu'il arrive aſſez ſouvent que les enfans ſont benits en conſideration de leurs Peres & Meres, ce qui ne pouvoit

convenir au Fils de Marie, & qu'au contraire le fruit n'eſt pas eſtimé pour l'arbre qui le porte : mais l'arbre pour ſon fruit. Cette benediction du Fils de la Vierge, s'eſt donc répanduë ſur elle, avec abondance, comme ſur le ſujet qui lui étoit plus proche & même le plus conjoint ; & toutes les grandeurs que nous admirons en elle, ſont des effets de la grace dont Jeſus étoit le principe. Mais ces heureuſes communications ne ſe ſont pas arrêtées-là, ces eaux ſalutaires ont arroſé toute la terre & ſe ſont répanduës dans tous les ſiécles. C'eſt un fleuve qui a remonté contre ſa ſource, pour ſanctifier les anciens Patriarches, dont le Corps du Sauveur a tiré ſon origine. C'eſt un torrent qui renverſe les puiſſances de l'Enfer, qui noye les pechez & qui fortifie nos ames ; c'eſt enfin une ſource d'eau vive, qui nous eſt ouverte dans les Sacremens, qui nous ôte la ſoif des choſes terreſtres, & qui retournant au lieu de ſon principe, remonte juſqu'au Ciel, pour nous y conduire, & pour y devenir un torrent de ſaintes delices, dont nous ſerons raſſaſiez dans l'Eternité. Saint Paul voyoit bien le terme de ces pretieuſes inondations, lorſqu'après avoir rapporté les paroles par leſquelles Dieu s'engagea de benir toutes les Nations du monde par les merites de ſon Fils ; il ajoûte qu'en ſa faveur & en l'union de ce chef adorable, le Pere éternel nous avoit départi toutes les benedictions ſpirituelles qui nous donnent droit au Ciel, & qui nous rendent capables de la Gloire. Jeſus Chriſt eſt donc la ſource de toutes benedictions, & toute benediction lui doit être renduë, comme tous les Fleuves qui ſortent de la mer y rapportent leurs eaux par un continuel tribut. C'eſt de lui-même dont il a été dit, qu'il eſt digne de poſſeder la puiſſance, la ſageſſe & la divinité, & de recevoir la gloire, les loüanges & les benedictions de toutes les créatures : c'eſt devant ſon Trône que les Princes du Ciel preſentent leurs Couronnes, & comme la Sacrée Vierge a reçû de lui les faveurs les plus ſpeciales & les dons les plus ſublimes, c'eſt elle auſſi qui lui en rend la reconnoiſſance avec la plus profonde ſoûmiſſion, c'eſt entrer dans ſes ſentimens, que de benir Jeſus Chriſt avec elle, & pour elle, le conſiderant comme la fin de toute conſommation, c'eſt à-dire, comme l'objet de toutes les actions parfaites. La Sainte Vierge voit avec joye ſes devots Serviteurs loüer ſon Fils bien-aimé ; & multiplier ſes benedictions autant de fois qu'ils la ſaluënt ; elle le benit par leur bouche, & elle leur dit avec bien plus de zele que le Prophete, venez mes enfans, & je vous ferai connoître les merveilles que Dieu a faites en ma faveur, glorifiez avec moi nôtre commun Seigneur, & beniſſons enſemble ſon Nom adorable. C'eſt ce qu'elle deſire de nous comme le plus important & le plus legitime de nos devoirs, & ce ſeroit l'offenſer, que de ne ſe propoſer pas la gloire de ſon Fils pour dernier but des ſervices qui lui ſont rendus à elle même. Ces dernieres paroles de l'*Ave Maria* ſont donc celles qui touchent le plus agreablement le cœur de Nôtre-Dame, & ce ſont celles là que nous devons prononcer avec le plus profond reſpect & la plus fervente devotion. Mais afin que nos benedictions ſoient bien reçuës, purifions nos cœurs & reglons nôtre vie, puiſque la loüange ne peut plaire à Dieu dans la bouche d'un Pécheur, & que c'eſt un culte frivole & ſuperſtitieux, que de benir le nom du Sauveur par nos prieres & par nos diſcours, tandis que nous le deshonorons par des actions ſi éloignées de ſes conſeils, & ſi oppoſées à ſes exemples. *Le même.*

La Salutation Angelique contribué beaucoup à honorer la Ste. Vierge.

Nous devons tous rendre un culte singulier à la sainte Vierge, & c'est ce que nous faisons en particulier toutes les fois que nous recitons les premieres paroles de la Salutation Angelique : *Je vous saluë Marie pleine de grace, le Seigneur est avec vous, vous êtes benite entre toutes les femmes* ; car elles sont une excellente action de graces que nous rendons à Dieu pour tous les dons celestes dont il l'a remplie, & de plus une preuve que nous lui donnons à elle-même de la joye que nous avons de son singulier bonheur. l'Eglise inspirée de l'Esprit de Dieu, a joint à cette action de graces une priere particuliere qui s'adresse immediatement à cette Trés-Sainte Mere de Dieu, afin qu'ayant imploré avec humilité son secours par cette priere, elle intercede pour nous, nous reconcilie avec Dieu, & nous obtienne de sa bonté les secours qui nous sont necessaires pour la vie presente & pour la vie future. C'est pourquoi, afin de nous conformer au dessein de l'Eglise, il faut qu'étant dans cet exil & ce lieu de larmes, où nous ayons été releguez, en qualité d'enfans d'Eve nôtre premiere Mere, nous avons un grand soin d'invoquer souvent cette Mere de misericorde & cette Avocate des fideles, & d'implorer par cette priere que l'Eglise lui adresse, son secours & son assistance, afin qu'elle prie pour nous, qui sommes de miserables pecheurs, puisqu'il n'y a personne qui puisse douter sans crime & sans impieté, que ses merites ne soient d'un trés grand prix devant Dieu, & qu'elle n'ait aussi de son côté toute la volonté possible de nous secourir & de nous assister. *Tiré du Catechisme du Concile de Trente.*

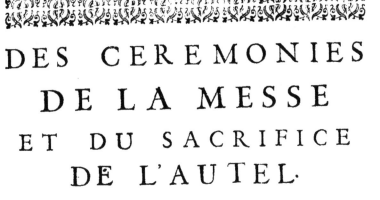

DES CEREMONIES
DE LA MESSE
ET DU SACRIFICE
DE L'AUTEL.

AVERTISSEMENT.

LE Fils de Dieu n'a pas seulement fait de l'Eglise son Corps mystique ; il a encore voulu, par une insigne faveur qu'on ne peut assez
admirer, lui donner un pouvoir presqu'absolu sur son Corps naturel ;
car c'est un pouvoir d'en disposer à son gré , de l'offrir en sacrifice pour les vivans & pour les morts , de se faire trouver à
point nommé sous les apparences du pain & du vin, en tous
temps & en tous lieux, de l'employer à tous les besoins, & en
faire tous les usages necessaires au salut des fideles, qui peuvent l'offrir avec le Prêtre, & en faire une commune oblation,
comme parle l'Eglise même : Ut meum ac vestrum sacrificium acceptabile sit apud Deum , &c.

Pour donc l'offrir à Dieu, d'une maniere convenable, l'E-
glise ne se contente pas d'obliger les Fideles d'y assister,
avec toute la devotion intérieure, dont ils sont capables ;
Elle y joint, de son côté, les ceremonies les plus conformes, & qui nous donnent une plus haute idée de sa grandeur, & de la fin de ce divin sacrifice ; sçavoir, de nous
representer de la maniere la plus parfaite, celui qui s'est accompli sur la Croix ; Ceremonies qu'elle tient par une Tradition constante, & par consequent ordonnées & établies par
les Apôtres, ce qui distingue l'Eglise Catholique des Protestans,

qui n'ont point ce sacrifice, & qui n'ont pas même le pouvoir de l'offrir, ou bien qui ont perdu celui qu'ils avoient reçû legitimement avant leur schisme, par le Sacrement de l'Ordre qui les faisoit auparavant membres de l'Eglise. Nous expliquerons plus en détail ces ceremonies, sans repeter ce que nous avons dit touchant le sacrifice de l'Autel, dans nôtre Bibliotheque, Tome troisiéme, Titre de l'Eucharistie, dont nous avons parlé en qualité de Sacrement, & de sacrifice, en deux Traitez séparez.

DES CEREMONIES
DE LA MESSE
ET DU SACRIFICE
DE L'AUTEL.

DE toutes les reconnoiſſances, & de tous les hommages que les hommes rendent à Dieu, à cauſe de ſes perfections infinies, & pour les faveurs admirables dont il a comblez les hommes; il n'y en a point de plus naturel ni de plus legitime que le ſacrifice. C'eſt par là, que nous reconnoiſſons la ſouveraine puiſſance de Dieu ſur toutes les créatures, en les détruiſant à ſa vûë. Nous lui proteſtons que nous ſommes perſuadez qu'il les a tirées du néant par une pure liberalité, ſans avoir beſoin d'elles pour ſon bonheur ou pour ſa gloire; qu'il les ſoutient encore de ſa main puiſſante, pour les empêcher de retomber dans cet abîme de leur origine, qu'il eſt ſeul le ſouverain Maître, le premier principe & la derniere fin; & comme elles tiennent tout leur eſtre de ſa Puiſſance, elles le doivent tout entier à ſa gloire. Auſſi le ſacrifice eſt-il un droit ſi propre de Dieu, & ſi incommunicable, que la vanité même de ces Princes ſuperbes, qui ſe ſont attribuez les honneurs divins, n'a jamais oſé pretendre à celui-là, comme l'a remarqué ſaint Auguſtin. Tous les peuples ont rendu cet hommage à la Divinité ſeule, que leur pieté leur a ait adorer, ou que l'erreur de leurs eſprits leur a formée. Les premiers hommes ont offert des ſacrifices au vrai Dieu, la Loi de Moïſe en commandoit de toutes eſpeces, & la Loi de grace en a un admirable, dont tous les autres étoient la figure, qui a été offert une ſeule fois ſur le Calvaire, & qui ſe renouvelle encore tous les jours ſur nos Autels. *Auteur moderne.*

Du ſacrifice en general.

L'Egliſe Catholique n'a rien de plus grand dans ſon culte, que le ſacrifice de Jeſus-Chriſt; parce qu'il renferme toutes les grandeurs de ſa perſonne, tous les Myſteres de ſa vie, & toute la ſainteté de ſa Religion. Elle y poſſede l'Homme-Dieu en tout ce qu'il eſt; impaſſible, & mourant, Prêtre, & Victime, Autel, & don, Pontife, & Agneau. Elle voit dans ce Myſtere de ſa foi, un renouvellement très-réel de tous ceux du Sauveur, qu'il eſt engendré divinement au ſein de l'Autel par la même vertu qu'au ſein de ſon Pere; qu'il s'y incarne tous les jours par ſa parole, entre les mains des Prêtres; qu'il unit ſa mort & ſa vie, ſes opprobres & ſa gloire, ſa Croix & ſa Reſurrection, ſes miſericordes, & ſes jugemens. Elle trouve tout le culte des hommes envers le Seigneur, un Dieu infiniment adorable, à qui ſeul le ſacrifice eſt dû, & un adorateur infiniment ſaint, qui eſt ſeul capable de lui offrir un ſacrifice digne de lui: elle nous y montre l'accompliſſement de tous les ſa-

Quelles ſont les prerogatives, & les caracteres du ſacrifice de la Meſſe.

crifices de l'ancienne Loi, par la feule hoftie, qu'ils ont tous figurée ; elle forme enfin les vrais Chrétiens, de toute condition dans cette fource de toutes les graces ; par le grand exemple de l'immolation continuelle de Jefus-Chrift, qui nous perfuade que la participation de fon Sang n'eft pas tant un feftin de Religion, qu'un apprentiffage de martyre, & un modele de tous les devoirs : *Non tam cœna, quam difciplina*, comme dit Tertullien. Voila pourquoi l'Eglife, toûjours penetrée de la neceffité & des fruits du faint facrifice de la Meffe, a produit dans tous les fiécles tant de faints Docteurs qui en ont défendu la verité, tant de fidéles Interpretes qui en ont recüeilli la Liturgie, tant de fublimes contemplatifs, pour en devoiler le fens fpirituel, & tant d'habiles hiftoriens pour en foutenir l'ancienneté. *Auteur moderne.*

Le facrifice de la Meffe eft l'accompliffement de l'ancienne Loi.   La facrifice de la Meffe n'eft autre chofe que la continuation du facrifice de la Croix, & l'accompliffement de tous les facrifices de l'ancienne Loy. Les Juifs annonçoient par leurs facrifices, la mort que Jefus-Chrift devoit fouffrir ; Jefus-Chrift, en inftituant celui de la Meffe, a voulu que nous reprefentaffions la mort qu'il a fouferte. Les Juifs annonçoient cette mort, par celle d'une victime, qui n'étoit pas ce qu'elle reprefentoit ; & nous en renouvellons le fouvenir, par l'immolation de la même victime, qui s'eft déja offerte pour nous fur la Croix, & qui eft la chofe même qu'elle reprefente. Les Juifs offroient leurs facrifices par les mains des Prêtres, & participoient avec les Prêtres aux victimes de leurs facrifices. C'eft ce que Jefus-Chrift veut que nous faffions à la Meffe, il nous donne fon Corps, afin que l'offrant à Dieu, par les mains de fes Miniftres, nous y renouvellions la memoire de la mort qu'il a endurée pour nous ; & afin que nous nous en nourriffions, après que nous l'aurons offerte. Jefus-Chrift, après s'eftre immolé fur la Croix, pour les pechez des hommes, n'a pû laiffer un témoignage plus conftant de fon amour, que d'inftituer le facrifice de la Meffe, d'y renouveller tous les jours fur les Autels, d'une maniere non fanglante, ce qui s'eft paffé fur la Croix d'une maniere fanglante, & de s'unir à eux, après s'eftre offert pour eux à fon Pere, en leur donnant fa Chair à manger, & fon Sang à boire. Or, avec quelque recüeillement que nous affiftions à ce facrifice, avec quelque préparation que nous participions à la victime qui eft offerte, pouvons-nous jamais affez reconnoître les témoignages, que Jefus-Chrift nous y donne de fon amour. *Livre intitulé, de l'éducation des enfans, par le P. Jean Pie.*

Si ce facrifice étoit moins commun, on eftime oit davantage le bonheur d'y affifter.   Si chaque jour on ne difoit qu'une Meffe fur la terre, fût-ce à l'extrêmité la plus éloignée de celle que nous habitons, il fe trouveroit des perfonnes affez pieufes, quelque penible & quelque dangereux qu'en pût eftre le voyage, qui l'entreprendroient de grand cœur, pour avoir le bonheur d'affifter à cet augufte facrifice. Cependant quoiqu'on ait tous les jours occafion d'entendre la Meffe, & que Jefus-Chrift étant la nourriture de nos ames, ait voulu par un exces de fa bonté, s'y rendre auffi commun, que nous font communes les chofes qui fervent de nourriture à nos corps ; on reconnoît fi peu tous ces avantages, que l'on compte pour rien de le perdre. L'ufage trop commun de ce Myftere l'avilit dans l'efprit de la plûpart des gens ; s'il étoit plus rare, il feroit plus grand à leurs yeux, ils s'en aprocheroient avec plu de crainte & plus d'amour. *Livre intitulé : de l'éducation des enfans , par le P. Jean Pie.*

Le Sacrifice de l'Autel est si excellent , qu'il renferme lui seul tous les La dignité & autres Sacrifices de l'ancienne Loi : puisqu'il s'offre pour honorer la grandeur l'excellence de Dieu , à qui il procure plus de gloire , que ne pourroient faire tous les de ce Sacrifice. hommes , & tous les Anges unis ensemble , pour le remercier de ses bienfaits , pour satisfaire à sa justice ; & enfin pour obtenir de sa misericorde les graces qui nous sont necessaires. Et la vertu de ce Sacrifice est si grande , qu'il n'y a rien que nous ne puissions obtenir par ce moyen ; parce que c'est Jesus-Christ qui intercede lui-même pour nous. Et que pourroit refuser le Pere Eternel à son Fils , dans cet état de victime ? Si donc nous manquons de quelque chose , nous ne devons nous en prendre qu'à nous-mêmes , & ce n'est que parce que nous n'avons pas assez de confiance aux merites de Jesus-Christ. *Considerations chrétiennes.*

La Religion est un culte qui nous lie à Dieu , par un assujettissement par- Necessité du fait de nous-mêmes à l'Estre suprème , & qui nous fait rapporter à sa gloire, sacrifice inte- tout ce que nous sommes , & tout ce que nous faisons. Or , elle nous fait rieur & exte- particulierement remplir ce devoir indispensable , par le sacrifice , qui est une rieur. oblation faite à Dieu pour reconnoître son souverain Domaine , sur tout ce qui est créé. Cette oblation doit estre faite interieurement , parce que *Dieu est Esprit , & qu'il faut que ceux qui l'adorent , l'adorent en esprit & en veri-té.* Mais les hommes composez de corps & d'esprit , doivent encore faire exterieurement cette oblation ; parce qu'ils doivent donner des marques visibles & publiques de la disposition de leur cœur envers la souveraine Majesté; & par conséquent , ils doivent joindre au sacrifice intérieur , le sacrifice extérieur , qui n'est autre chose qu'un signe sensible de l'oblation intérieure de nous mêmes que nous devons faire à Dieu , comme à nôtre Créateur & nôtre Conservateur La Religion ne peut donc subsister sans le sacrifice intérieur, & exterieur , puisqu'elle ne consiste qu'à réünir les hommes dans les marques extérieures qu'ils doivent donner à Dieu de leur dépendance, & de leur amour. *Tiré du livre intitulé. Les Ceremonies de la Messe , par le P. le Brun , Prêtre de l'Oratoire.*

Les lumieres naturelles ont toûjours inspiré aux hommes le Sacrifice , com- Sacrifices of- me le premier de tous les actes essentiels à la Religion ; l'Histoire sainte nous ferts depuis apprend ce qu'ils ont offert dès le commencement du monde ; & nous voyons le commen- qu'ils ont compris que le sacrifice étoit necessaire , & qu'il ne pouvoit estre cement du offert qu'à la Divinité La Loi écrite a confirmé ce que la nature avoit insmonde. piré , & elle nous a declaré que de détourner les hommes du sacrifice , ou de sacrifier à quelqu'autre qu'à Dieu seul , étoient deux crimes énormes. *Le* 1. *Reg.* peché des enfans d'Elie , étoit très-grand devant le Seigneur , dit le Texte sacré , parce qu'ils détournoient les hommes du sacrifice. Et lorsque les hommes aveuglez par leurs passions , ont craint & reveré des créatures , des Anges ou des demons , jusqu'à leur offrir des sacrifices , la Loi pour leur donner de l'horreur de ce sacrilege , a dit : *Quiconque immolera aux Dieux , ou à quel-* Exod. 22. *qu'autre qu'à Dieu seul , sera mis à mort.* Le sacrifice extérieur consiste à offrir à Dieu une chose sensible & extérieure , pour estre détruite , ou pour souffrir quelque changement , & cela se fait pour quatre raisons. La premiere , pour reconnoître le souverain Domaine de Dieu sur tous les estres créez. La seconde, pour le remercier de ses bienfaits. La troisiéme, pour obtenir le pardon des pechez, & pour marquer ce que nous devons à la justice divine. La quatriéme, pour demander les secours necessaires. La destruction ou le changement de la chose offerte exprime parfaitement deux des principales fins du sacrifice, qui sont d'honorer le souverain Domaine de Dieu, & de reconnoître ce que nous meritons par nos pechez ; car premierement les hommes marquent par cette destruction & par ce changement, que Dieu est le Maître absolu de toutes choses, & qu'il n'a besoin d'aucune créature ; puisqu'on les détruit en les lui offrant. Secondement, ils marquent par cette destruction, que comme pecheurs, ils ont mérité la mort par leurs offenses, & que la victime est substituée à leur place : c'est pourquoi ceux qui offroient le sacrifice, mettoient la main sur la tête de la victime. *Tiré du livre intitulé : Les ceremonies de la Messe, par le P. le Brun, Prêtre de l'Oratoire.*

Causes insoutenables du schisme des Protestans sur le sacrifice de la Messe, le retranchement de la coupe, & la transubstantiation.

Les Protestans font grand bruit du sacrifice de la Messe ; ils abusent du mot de *Sacrifice*, pour grossir les objets, & pour se former des monstres dans ce culte de l'Eglise Romaine : on diroit, à les entendre, que tous les jours elle pretend faire souffrir de nouveau, le Sauveur du monde, & qu'elle ne croit pas que la mort, qu'il a une fois soufferte sur la Croix, ait été suffisante pour racheter le genre humain. On a beau leur dire que Jesus-Christ ne souffre plus ; qu'il ne meurt plus ; qu'il regne toûjours à la droite de son Pere ; que le sacrifice de la Messe est un sacrifice *non-sanglant* ; ils ne veulent pas reconnoître, que leur dispute ne roule plus que sur des mots, & que ce qu'ils aiment mieux appeller *la celebration, & la commemoration du sacrifice de la Croix*, les Catholiques l'appellent *un sacrifice non sanglant*.

Sur le Calice.

Pour des gens qui se glorifient d'avoir spiritualisé la Religion, de l'avoir déchargée de toutes les ceremonies de l'ancienne Loi, & de n'adorer qu'en esprit, c'est être encore bien au-dessous de ce dont on se glorifie ; c'est avoir encore une idée bien basse de la Religion Chrétienne, c'est n'estre gueres entrez dans le dessein de l'esprit de cette Religion divine, que d'insister tant sur le retranchement de la coupe. Comme si cette ceremonie ne pouvoit pas être laissée à la conduite de l'Eglise ; comme si la coupe étoit de l'essence de la foi ou des mœurs ; & que sans elle, il fût moins facile d'esperer en Dieu, & d'aimer son prochain comme soi même. Les Protestans qui sçavent si bien dire, *crois & tu l'as mangé* ; n'apprendront-ils jamais à dire, *crois & tu l'as bû* ? Le Royaume de Dieu n'est ni viande ni breuvage ; il ne consiste point dans des élemens corporels ; mais dans la justice, dans la paix & dans la joye spirituelle. Quand ce seroit aux Laïques, que Jesus-Christ auroit dit, *bûvez-en tous* ; croit-on que Jesus-Christ ne mette pas une grande difference entre *l'observation d'une ceremonie*, & la pratique d'une vertu, qui est l'ame de toute sa Religion, & le but de toutes ses souffrances ? Peut-on douter qu'il n'aime mieux que l'on se prive du calice, que de renoncer à la charité, & à la paix pour laquelle il a repandu son Sang, & dont le Calice n'est que le Sacrement ? Si vous demeurez dans l'union & dans la charité, vous avez le fruit du Sang de Jesus-Christ. Si pour prendre la coupe, vous violez la charité & la paix, en rompant l'union de l'Eglise, vous bûvez vôtre condamnation, vous ne participez point au Sang de Jesus-Christ, vous changez la coupe de charité & d'amour, en une coupe de division & de guerre. *M. Papin, Ministre Protestant converti.*

L'excellence du sacrifice de la Messe.

Il n'y a rien de plus grand dans la Religion, que le Sacrifice de la Messe; les autres Sacremens, & presque tous les Offices & toutes les ceremonies de l'Eglise, ne sont que des moyens ou des preparations pour le celebrer, ou pour y participer dignement. Jesus-Christ s'y offre pour nous, à son Pere. Il y renouvelle tous les jours, comme Prêtre Eternel, l'oblation qu'il a faite une fois sur la Croix; & il s'y donne à manger aux fidéles, qui trouvent ainsi à l'Autel, la consommation de la vie spirituelle; puisqu'ils s'y nourrissent de Dieu même. On peut dire que le sacrifice de la Messe, change nos Eglises en un Ciel. Le divin Agneau y est immolé & adoré, comme saint Jean nous le represente au milieu du Sanctuaire celeste. Les esprits Bienheureux, instruits de ce qui s'opere sur nos Autels, viennent y assister avec le tremblement qu'inspire le plus grand respect. Saint Chrysostome, après d'autres anciens Peres, en a rapporté des faits très-autorisez; & cette verité de la presence des Anges, a toûjours été si connuë, que saint Gregoire le Grand ne fait pas difficulté de dire : *Quel est le fidéle qui peut douter, qu'à* S. Greg. Dial. *là voix du Prêtre, à l'heure même de l'immolation, le Ciel ne s'ouvre, les* l. 4. *Chœurs des Anges n'assistent au Mystere de Jesus-Christ, & que les Creatures celestes & terrestres, visibles & invisibles ne se réunissent dans ce moment. Tiré du Livre intitulé : les Ceremonies de la Messe, par le P. le Brun, Prêtre de l'Oratoire.*

Nous ne faisons dans nos Temples que ce que les Saints font continuellement dans le Ciel. Nous adorons ici la victime sainte, immolée entre les mains des Prêtres; & tous les Saints adorent dans le Ciel cette même victime, l'Agneau sans tache representé de bout, mais comme égorgé, pour marquer son immolation & sa vie glorieuse. Toutes les prieres, & tous les mérites des Saints s'élevent comme un doux parfum devant le Trône de Dieu : ce que saint Jean a exprimé par l'encensoir qu'un Ange tient à la main, & par l'Autel, d'où les prieres des Saints s'élevent devant Dieu. L'Eglise de la terre offre même à l'Autel de l'encens à Dieu, comme un signe des adorations, & des prieres de tous les Saints, qui sont ici bas, ou dans la gloire. Tous l'adorent unanimement dans le Ciel, & sur la terre; parce que nous avons alors sur l'Autel d'ici-bas, ce qui est sur le Trône celeste. *Le même.*

Origine des prieres & des ceremonies qui accompagnent le sacrifice.

Ce qu'il y a d'essentiel dans les prieres, & dans les ceremonies de la Messe nous vient de Jesus-Christ. Les Apôtres, & les hommes Apostoliques, y ont joint ce qui convenoit aux tems des persécutions, de la part des Juifs & des Gentils, au culte desquels il auroit été dangereux alors, que le nôtre eût eu quelque ressemblance. On ne fixa point un Rit, qui devoit prendre exterieurement une nouvelle forme, lorsque la Religion Chrétienne devenant celle des Empereurs, & la plus éclatante de la terre, on n'auroit plus à craindre les impressions que faisoient sur les nouveaux Chrétiens, les Rits du Judaïsme, ou de la Gentilité. Jusqu'alors il n'y avoit que fort peu d'usages ou de ceremonies; mais qu'on devoit observer comme une loi, ainsi que saint Paul l'avoit recommandé. *Le même.*

E e ij

Sur la Transubstantiation.

On ne s'accorde pas sur la maniere dont Jesus-Christ est present dans le Sacrement, les Catholiques la conçoivent d'une façon, les Lutheriens d'une autre, & les Calvinistes d'une autre. Mais une question de Physique ou de Metaphysique devroit-elle être le sujet de rupture, pour les Chrétiens, qui doivent être unis par les liens de la charité, de l'obéissance à Jesus Christ, & de la soumission à son Eglise ? De quelque maniere que l'Eglise ait défini cette question, qui est tout-à-fait au-dessus de la portée des simples fideles, en conscience sa définition, peut elle porter quelque préjudice à la pieté & à l'étude de la sanctification ? Quand on croit la Transubstantiation, en est-il moins facile de vivre en Chrétien ? *Oh ! mais nous ne comprenons pas cette définition.* Et bien, c'est une occasion de faire paroître nôtre humilité & nôtre soumission ; c'est tout ce que l'Eglise demande. Les Protestans n'oseroient dire qu'il y ait plus d'apparence de contradiction dans la Transubstantiation, que dans la maniere dont les Lutheriens conçoivent, que l'humanité de Jesus-Christ est par tout, ce qu'ils appellent ubiquité ; & qu'elle est réellement presente dans le Sacrement. Cependant quelqu'inconcevables que leurs idées nous paroissent, sur cette matiere, ils n'y trouvent rien de préjudiciable au salut, ils n'en font pas une cause de séparation, ils communient avec eux La reponse que l'on fait en cela, *que les Lutheriens n'adorent pas Jesus-Christ dans le Sacrement, & qu'ainsi ils ne sont point idolâtres*, s'évanoüit, du moment que l'on a prouvé que les Catholiques ne le sont pas non-plus ; puisque Jesus Christ est constamment le seul objet de leur adoration. Et il faut avoüer de plus, que l'adoration que les Catholiques rendent à Jesus-Christ dans le Sacrement, est une conséquence naturelle de la persuasion, où ils sont & où ils doivent être, & qu'il y est present personnellement ; & qu'en cela, ils raisonnent mieux sans contredit, que les Lutheriens. *Mr. Papin, Ministre Protestant converti.*

Suite du même sujet.

Parmi les Protestans, il y en a qui disent que cette doctrine de la Transubstantiation renverse la Physique & la nature, & détruit les preuves de la verité de la Religion Chrétienne, qui sont fondées sur le témoignage de nos sens. Cela seroit bon, si les Catholiques pretendoient que la Transubstantiation se fit naturellement, & en conséquence des loix de la nature. Il s'ensuivroit de là que nos sens ne nous enseignant pas la Transubstantiation, nous ne pourrions nous fier à leur témoignage, non pas même dans les choses qui se feroient par les regles de la nature, & qui doivent nous paroître toutes telles, qu'elles sont en elles-mêmes ; mais on nous avertit expressément, que c'est un mystere incomprehensible, qui n'a aucun rapport, ni aucune liaison avec les loix de la nature ; & dont, par conséquent, on ne peut juger par les regles ordinaires de nôtre connoissance, & de nôtre jugement naturel. *Le même.*

La haute idée que le mot de Messe donne du Sacrifice.

Il étoit difficile de trouver un mot, qui marquât plus sagement ce que l'Eglise vouloit faire secretement pour les seuls fideles, & qui en même-tems en donnât une plus haute idée ; puisque ce mot de Messe ou de renvoi, indiquoit l'Office, où l'on ne pouvoit admettre que ceux qui étoient censez avoir conservé ou recouvré la grace du Baptême. Les Chrétiens non baptisez, tels qu'étoient les Catechumenes, les Chrétiens mis en penitence, tous étoient renvoyez aussi bien que les infideles, pour ne laisser assister aux saints Mysteres, que ceux qui s'étoient conservez purs, ou qui s'étoient purifiez par la penitence. C'est par indulgence que l'Eglise, depuis long-tems, laisse assister à la Messe plusieurs Chrétiens, qui en auroient été exclus autrefois. Mais elle a encore soin de faire avertir au Prône, que diverses personnes doivent être renvoyées, & elle fait assez souvent entendre qu'elle ne souhaiteroit d'y admettre que ceux qui ont conservé la grace du Baptême, & ceux qui l'ont recouvrée, ou qui travaillent à la recouvrer par la penitence. Ainsi le seul mot de Messe ou de renvoi, doit faire penser à plusieurs de ceux qui vont assister à ce divin Office, qu'ils mériteroient souvent d'être renvoyez eux-mêmes, & qu'ils doivent être dans de vifs sentimens d'humilité & de douleur, pour travailler à recouvrer l'innocence qu'ils ont perduë, & à mériter le nom de fidéles dont ils sont honorez. *Tiré du Livre intitulé: les Ceremonies de la Messe, par M. le Brun, Prêtre de l'Oratoire.*

Depuis 1290. ans, la Messe qui s'est dite dans une Eglise où l'on invitoit tout le monde, hommes & femmes, a été appellée Messe publique, pour la distinguer des Messes appellées quelquefois privées, qui se disoient dans des Oratoires particuliers, ou qu'on disoit pour les Morts, auxquelles on n'invitoit que les parens & les amis, ou de celles qu'on celebroit dans les Eglises des Monasteres. Celles que saint Ambroise, les Prêtres d'Hippone sous saint Augustin, & Theodoret, disoient dans des maisons, ou dans une cellule, n'étoient point censées publiques, non plus que celles que le Concile d'Agde permettoit de dire dans les lieux de la Campagne, éloignez de la Paroisse. Le second Concile de Vaison ordonne qu'aux Messes des Morts on dira le *Sanctus* de la même manière qu'aux *Messes publiques*; & saint Gregoire le grand écrit à l'Evêque de Rimini, de ne point dire des Messes publiques dans les Monasteres, de peur de troubler la retraite des serviteurs de Dieu, par le concours des hommes & des femmes. On appelle la Messe grande ou solemnelle, quand on la celebre avec plus d'appareil & de ceremonies. On appelle une Messe haute, quand le Prêtre & le Chœur chantent, & par la raison oposée la Messe a été apellée basse, lorsqu'elle se dit sans chant; & petite, parce qu'elle est celebrée sans l'apareil & sans les ceremonies de la Messe solemnelle. Mais on y dit également toutes les prieres, & l'on n'y omet rien de ce qui apartient au sacrifice. *Tiré du livre intitulé: les Ceremonies de la Messe, par le M. le Brun, Prêtre de l'Oratoire.*

Il est vrai, comme on n'en peut douter, que la meilleure maniére d'assister à la sainte Messe, est de suivre le Prêtre dans toutes ses paroles, & dans toutes ses actions; rien n'a été plus necessaire aux fidéles, qu'une instruction sur toutes ces mêmes paroles & actions, par laquelle penetrant le sens tant des prieres, que des ceremonies de la Messe, ils pussent s'acquitter de ce devoir, non seulement avec affection & pieté; mais encore avec intelligence & avec fruit, dans l'esprit, aussi bien que dans le cœur. Les ceremonies ne sont point de petites choses dans le culte de Dieu; elles sont les actions qui répondent aux paroles, elles en sont par conséquent le sens & l'instruction la plus naturelle, & exposée aux yeux de tous: il n'apartient qu'à ceux qui les ignorent, de les mépriser. Dieu, dans l'Ancien Testament, ordonna jusqu'aux moindres circonstances, les ceremonies de son culte, & il les exigea si rigoureusement, que les violer même par ignorance, étoit un

Ce qu'on entend par Messe solemnelle, haute, grande, privée, basse ou petite.

Quelle est la maniere d'assister a la Messe.

E e iij

crime égal aux pechez commis avec connoiſſance contre le prochain, comme on le voit dans le Lévitique & dans Philon. Il eſt vrai que dans la Loi nouvelle, le Sauveur qui a preſcrit le Rit de la celebration des ſaints Myſteres, a laiſſé à l'Egliſe l'établiſſement & la détermination des ceremonies qui l'accompagnent, mais elles n'en ſont pas moins une partie du culte divin, & la partie qui eſt au peuple fidéle, comme le flambeau qui l'éclaire, & le guide qui éleve ſon ame au Ciel. C'eſt pour cela, que l'Egliſe a voulu donner à tous les fidéles une intelligence très-facile de tout ce qui regarde la Meſſe, dans l'explication des Prieres & des ceremonies qui la compoſent. *Tiré du Livre intitulé : Les ceremonies de la Meſſe, par Monſieur le Brun, Prêtre de l'Oratoire.*

Des noms & des parties de la Meſſe.

La Meſſe eſt le ſacrifice de la nouvelle Loi, par lequel les Chrétiens rendent à Dieu le culte ſuprême, en lui offrant le Corps & le Sang de Jeſus-Chriſt ſous les eſpeces du pain & du vin, par le miniſtere des Prêtres. Comme Jeſus-Chriſt inſtituant ce ſacrifice, dit ſimplement à ſes Apôtres : *Faites ceci en memoire de moi*, ſans donner à cette action aucun nom particulier ; l'Egliſe, depuis les premiers ſiécles, lui en a donné pluſieurs ; tantôt pour faire connoître ce qui s'opere dans ce divin Office, & tantôt pour en cacher les Myſteres, à ceux qui n'étoient pas du nombre des fidéles. On l'a nommé la Liturgie, c'eſt-à-dire, le ſervice ; la Synaxe, ou la Collecte, c'eſt-à-dire, *l'aſſemblée*, les Offices des divins Sacremens, les ſolemnels ou les divins ſolemnels, le ſacrifice, l'oblation, la ſuplication, les venerables, les Saints, les divins, les redoutables Myſteres. Mais depuis quatorze cens ans, l'Egliſe Grecque s'eſt fixée au nom de Liturgie ; & l'on voit depuis le même tems, dans ſaint Ambroiſe, & ailleurs, que l'Egliſe Latine a donné le nom de Meſſe à cet Office divin. Ce mot de Meſſe vient de l'ancien mot Latin *Miſſa* pour *Miſſio*, qui ſignifie renvoi ; parce qu'on renvoyoit autrefois de l'aſſemblée avant l'oblation, ceux qui ne devoient pas aſſiſter au ſacrifice. S. Auguſtin, ſaint Avit de Vienne, & ſaint Iſidore de Seville, ont marqué trop clairement cette origine pour en pouvoir douter. *Tiré du Livre intitulé : Les ceremonies de la Meſſe, par Monſieur le Brun, Prêtre de l'Oratoire.*

De l'origine du nom & des ceremonies de la Meſſe.

C'eſt une choſe étonnante, que les ennemis de l'Egliſe ayent eu l'aſſurance de conteſter la verité du Sacrifice de l'Autel, vulgairement apellé le Sacrifice de la Meſſe, après qu'on en voit le nom, l'origine de ce nom, la ſubſtance, les parties, les ceremonies, dans les Peres, & dans les Conciles des ſix premiers ſiécles. Si on veut diſputer ſur la ſource du nom de cet adorable Sacrifice ; je puis dire que les Apôtres qui étoient Hebreux de naiſſance l'ont fort vrai ſemblablement tiré du nom de *Miſſah*, qu'on trouve dans le Chapitre ſixiéme du Deuteronome, & qui ſignifie une offrande volontaire. En effet, il n'eſt rien qui ſoit plus volontaire, ou dans ſon établiſſement, ou dans ſa pratique, ou dans la fin que Nôtre-Seigneur s'y eſt propoſée. Dans ſon établiſſement, parce qu'il n'avoit point alors de plus fort mouvement, que le zele pour la gloire de ſon Pere, ni d'amour plus violent que celui des hommes ; & l'on ſçait qu'il n'eſt rien de plus volontaire que l'amour. Il eſt volontaire dans ſa pratique ; parce que nul Prêtre ne peut conſacrer ſans avoir une intention, c'eſt-à-dire, une volonté qui ſoit du moins virtuelle. Dans a fin , parce que Jesus-Chrift s'y eft propofé le bien des ames ; que la Meſſe procure infailliblement , tant à ceux qui l'entendent,qu'à ceux qui la celebrent. *Auteur moderne.*

C'eſt avec raiſon que l'on peut dire que le nom de *Miſſah* ſignifie *l'abon-* Ce que ſigni-*dance & la ſuffiſance* ; parce qu'il n'eſt ſecours qu'on puiſſe donner aux ames fie le nom ſouffrantes , qui ne ſe trouve en la ſainte Meſſe , ou par effet , ou comme en *Miſſah.* ſon principe , ou par quelque vertu qui lui eſt équivalente. Jeſus-Chriſt eſt dans cet adorable Sacrifice , en propre Perſonne , lui qui eſt le Liberateur des fidéles ; la Communion du Prêtre , eſt une des parties ſubſtantielles de ce Sacrifice. La priere qu'on y fait , tant publique que particuliere , s'y trouvent. La publique ſe fait au nom de toute l'Egliſe ; la particuliere ſelon la devotion, & les intentions particulieres , que le Prêtre peut avoir ; la priere mentale s'y trouve , ſoit qu'on l'employe pour les vivans , ou qu'on prie pour les morts ; dans l'un & dans l'autre *Memento* ; outre l'aplication qu'on fait de toutes les puiſſances de l'ame , tant pour conſacrer , que pour recevoir le Sauveur , & lui faire l'accüeil qu'il mérite , en lui ſoumettant tout ce qu'on eſt , & tout ce qu'on peut , dans les momens précieux qui ſuivent la Communion ; l'O-raiſon vocale y eſt auſſi , lorſque l'on demande à Dieu les neceſſitez commu-nes ou particulieres , ou qu'on lui rend grace de ſes bontez. Enſuite , non-ſeulement les lumieres & les ſaintes affections s'y diſtribuent abondamment aux eſprits qui s'y diſpoſent , comme ils doivent ; mais encore le Corps , l'A-me , la Divinité , & tous les tréſors des graces que nous recevons , en offrant à Dieu ce divin Sacrifice , & à quoi l'on participe en y aſſiſtant. *Auteur moderne.*

On demande ; le ſacrifice de la Meſſe eſt-il le même que celui de la Croix? C'eſt le mê-On repond à cela , que le ſacrifice de la Meſſe , eſt Jeſus-Chriſt immolé ſur me ſacrifice la Croix , qui eſt preſent ſur l'Autel , après la conſécration , & qui y eſt of- que ſur la fert , comme ayant été immolé ſur la Croix pour nous. Si vous me demandez Croix. s'il s'y fait effuſion du Sang , comme en la Croix , je vous repons qu'il s'y fait une effuſion du même Sang , quant à la ſubſtance , mais differemment. Car cette effuſion ne ſe fait pas viſiblement , & hors des veines de Jeſus-Chriſt , comme ſur la Croix ; mais dans les corps & dans les cœurs des com-munians , ce qui eſt une effuſion myſterieuſe , ſacramentelle , & ſanctifiante. *ſaint Auguſtin , l. 4. de Trinit. c. 14.*

La neceſſité du ſacrifice de la Meſſe , paroît viſiblement en ce que nous de- De la neceſſi-vons neceſſairement participer à l'oblation que Jeſus-Chriſt a faite de lui-même té du ſacrifi-en la Croix,& participer à la Victime,qu'il a offerte pour nous;car c'eſt là le ce de la Meſ-fondement & l'unique moyen de nôtre ſalut. Il eſt vrai , qu'il a levé l'empê-ſe. chement , lorſqu'il a été livré à la mort pour nos pechez , qu'il a effacé la cedule qui nous obligeoit à une mort éternelle , & qu'il l'a entierement abo-ie , en l'attachant à la Croix. Mais comme pour participer au fruit des ſa-crifices anciens , il falloit manger de la Victime ſacrifiée ; ainſi pour être ſanctifié par le ſacrifice de Jeſus-Chriſt , & participer à la Victime qu'il a of-ferte ſur la Croix ; c'eſt-à-dire , ſon Corps ; il le faut veritablement manger , ſuivant cette parole du Fils de Dieu même , ſi vous ne mangez la Chair du Fils de l'Homme , & ſi vous ne bûvez ſon Sang , vous n'aurez point la vie en vous. *Le même.*

Sacrifice de la nouvelle Loi, & ses differences d'avec ceux de la Loi ancienne Hebræor. 5

Il est bien visible, que le sacrifice de la Messe est proprement le sacrifice de la nouvelle Loi, qui a plusieurs noms, & entre autres celui de Messe. C'est le sacrifice qui établit le Sacerdoce de la nouvelle Loi ; Sacrifice, selon lequel Jesus-Christ est Prêtre éternel selon l'ordre de Melchisedech : *Sacerdo in æternum secundùm ordinem Melchisedech.* Ce Sacrifice étant le même qui s'offre par toute l'Eglise de la terre, & qui s'offrira éternellement dans le Ciel, avec cette difference, qu'il est encore caché sous les signes, & voilé sous les aparences du pain, pour l'Eglise d'ici bas ; & que ce Sacrifice n'est pas caché sous des signes visibles dans le Ciel. Car il est bon de se souvenir toûjours que dans l'unité de l'Eglise, il y a trois Eglises ; la Judaïque, l Chrétienne, & la Celeste. Qu'en la premiere il y a des figures & des signes sans verité ; dans la seconde, que la verité y est dans les figures ; & qu'enfin la troisiéme possede la verité sans signes, sans voile & à découvert. L même.

Explication des ceremonies de la Messe.

Rien ne nous instruit mieux de la maniere dont le Sacrifice sanglant a été consumé sur la Croix, que les ceremonies avec lesquelles l'Eglise celebre cet adorable Mystere. Les ornemens du Ministre qui celebre, representent jusqu'aux habits, dont le souverain Prêtre de la nouvelle Loi fut revêtu ; le voile, dont son visage fut couvert, les liens dont il fut garoté ; tout est marqué, tout y est dépeint, autant qu'une representation le peut permettre ; on y exprime les stations, qu'il fit en portant sa Croix ; l'Autel est la figure du Calvaire ; la séparation du Sang, qui est mis à part dans le Calice, marque l'effusion qui en fut faite sur la Croix ; & la consomption des especes Sacramentelles, est une vive image de la destruction de la Victime, necessaire en tout veritable sacrifice. Il n'y a pas un geste en toute cette auguste Ceremonie, qui n'ait quelque raport au sacrifice de sa Mort. D'où je conclus que c'est le veritable Corps du Sauveur, & le même qui fut offert sur la Croix lequel est maintenant sacrifié sur nos Autels, les invectives des impies, & les railleries des heretiques sont autant de blasphemes ; car avant que d'être en droit de blâmer ce culte que nous rendons au Sauveur, en faisant ce qu'il commandé de faire en memoire de lui ; il faudroit qu'il fût constant, qu'il ne fût qu'en figure, dans ce divin Mystere, comme le publient maintenant les Calvinistes ; encore font-ils eux mêmes quelques ceremonies dans leur Cene ; & il n'y en a point parmi eux, qui ne croyent que ce ne soit une profanation criminelle, d'en user comme d'un pain ordinaire, & de le recevoir sans respect ; puisqu'ils ne pourroient se garantir des anathemes de S. Paul qui marque comme le plus grand de tous les crimes, de ne point faire de distinction entre le Corps du Seigneur, & les autres mets communs ; il faut donc qu'ils y aportent quelques ceremonies ; & comme il est le plus grand de leurs Sacremens, peuvent-ils eux-mêmes marquer trop de respect à l'égard de ce grand Mystere ? Or, quel seroit ce respect, sans quelque marque extérieure qui témoigne l'estime & le sentiment qu'on a conçû intérieurement ; ils sont donc toûjours injustes, de blâmer ce qu'ils font eux-mêmes, & d'improuver dans les autres, ce qu'ils ne peuvent faire eux mêmes avec trop d'apareil & de ceremonie, quand même le Mystere ne contiendroit autre chose, que ce qu'ils en croyent. Je ne pretends point ici défendre la réalité du Corps & du Sang d'un Dieu, dans l'adorable Eucharistie : je dis seulement que ce qu'ils alleguent

alleguent pour détruire le culte qu'on rend à l'adorable Sacrement de l'Autel, dans ce facrifice non-fanglant ; fçavoir , les ceremonies qu'on employe pour l'honorer , eſt ce qui les convainc eux-mêmes d'impieté ; puiſque l'Egliſe ne les auroit pas employées de tout tems , ſi elle n'avoit été bien perſuadée que ce Sacrement contient le veritable Corps du Sauveur , & que ce Sacrifice eſt le même en ſubſtance , que celui de la Croix ; parce qu'une partie de ces ceremonies ne ſe peuvent pratiquer , qu'à l'égard d'un Dieu , telle qu'eſt l'adoration , & que les autres ſupoſent que c'eſt lui-même que l'on reçoit réellement , & non-ſeulement en figure , comme celles que l'on apporte pour participer dignement à un ſi grand myſtere , & d'autres qui ſeroient vaines & inutiles ſans cela. *L'Auteur des Sermons ſur tous les ſujets.*

Je ne m'attacherai pas davantage à découvrir l'origine du nom de la Meſſe ; mais ſi nous voulons être informez de la ſubſtance , ne devons-nous pas être pleinement ſatisfaits , quand nous entendons Jeſus-Chriſt qui l'ordonne à ſes Apôtres , & par eux à ſon Egliſe : *Qu'ils ſacrifient , & qu'en ſacrifiant , ils ſe ſouviennent de lui , & de ſes ſouffrances.* Liſons les Liturgies anciennes , on la connoîtra ſuffiſamment. Prenons garde à ce qu'en diſent les Peres , dans les premiers ſiécles de l'Egliſe. Saint Ignace le Martyr le declare expreſſément , lorſqu'il dit : *Qu'il n'eſt point permis ſans le conſentement de l'Evêque , ni de baptiſer , ni de preſenter des offrandes , ni de celebrer le ſacrifice.* Et le même , lorſqu'il parle de Nôtre-Seigneur , nous aſſure , *qu'il enſeigna le ſacrifice nouveau de la nouvelle Alliance ; ſacrifice que l'Egliſe offre à Dieu par tout l'Univers , ainſi qu'elle a été inſtruite par les Apôtres.* Saint Hyppolite Martyr , ſur la fin du diſcours qu'il nous a laiſſé de l'Ante-Chriſt , fait parler Jeſus-Chriſt en qualité de ſouverain Juge , aux ames choiſies ; & commençant par les Prêtres , il leur fait addreſſer ces paroles : *Venez Miniſtres ſacrez , qui m'avez ſaintement preſenté nuit & jour le ſacrifice , & qui avez immolé tous les jours mon précieux Corps.* Pouvoit-on parler plus clairement du Capital de la ſainte Meſſe ? *L'Auteur des Sermons ſur tous les ſujets.*

Il n'y a aucune partie des ceremonies de la Meſſe qui ne ſoit autoriſée par l'Egliſe , & par les Saints Peres. *L'Introït , le Gloria in Excelſis ,* l'Epître , l'Evangile, la Preface, & les autres parties ont été approuvées, & très-ſoigneuſement recommandées par les plus grands hommes de l'antiquité. Saint Cyprien , ſaint Cyrille, ſaint Auguſtin, & ſaint Ambroiſe, & quantité d'autres Saints ont traité des Ceremonies de la Meſſe, & les ont aprouvées ; ſaint Jerôme parle de l'Oraiſon Dominicale ; & il eſt conſtant que *l'Agnus Dei ,* ſe diſoit même du tems de ſaint Jean Chryſoſtome. Les Autels , les Calices ; les ornemens , & leur benediction , tout eſt ſi nettement dans les Peres , que les plus obſtinez pourroient être forcez de ſe rendre à la verité que je ſoutiens , s'ils vouloient avoir des yeux pour lire ce que je dis , & un eſprit docile aux maximes de la vraye foi. Les Autels ſe trouvent par tout. Les Calices ſont verifiez par ſaint Cyprien , dans cette excellente lettre , qui pourroit ſuffire à détruire entiérement l'erreur que je combats. Je m'arrête ſeulement à ce que ce ſaint écrit des Calices , en ces termes ? *On declare qu'il faut meſler l'eau avec le vin ; c'eſt-à-dire , que la coupe du Sauveur eſt meſlée d'eau & de vin.* Mais qu'eſt-il beſoin d'emprunter le ſentiment des Peres , où

Marginal notes:
La ſubſtance de la Meſſe.

Luc. 22.

Toutes les parties des ceremonies de la Meſſe ſont autoriſées par les Saints Peres.

l'Ecriture se declare si ouvertement, ainsi qu'il paroît dans les paroles de la consecration du Calice. *Le même.*

Le sacrifice de la Messe se fait non-seulement à Dieu, mais encore d'un Dieu, qui est le Prêtre & la victime.

Le sacrifice de la Messe se fait & s'offre non-seulement à Dieu, comme ceux de l'ancienne Loi, mais encore d'un Dieu ; ce qui est propre de la nouvelle, où le Prêtre & la Victime ne sont que la même chose ; & où le Sauveur nous a voulu laisser une representation vive & éternelle de sa mort ; de sorte que comme les paroles, dont il a justifié ce divin Sacrement, ont été effectives & operantes, & ont changé par leur vertu, la substance du pain & du vin, en la substance de son Corps & de son Sang ; ainsi ces autres paroles ; *hoc facite*, ont fait de ces Apôtres autant de Prêtres de la nouvelle Loi, & leur ont donné un veritable pouvoir de mettre & d'offrir sur nos Autels, ce même Corps & ce même Sang, dans le sacrifice de l'Autel, auquel vous assistez tous les jours. C'est même ce que veut dire le mot de *facite*, qui dans les langues Hebraique, Grecque & Latine, a la même force & la même signification ; faites ceci, c'est-à dire, sacrifiez comme je fais ; comme s'il leur disoit, l'amour que je vous porte, m'a fait prevenir le sacrifice de ma mort, en m'immolant par mes propres mains ; mais je ne me contente pas de cet excés de charité ; je veux le renouveller par les vôtres, dans tous les siécles ; c'est pourquoi je vous donne le pouvoir de faire le même ; j'ai commencé ma mort par ce sacrifice, vous la continuerez ; je la souffrirai bien-tôt en effet, & vous en conserverez la memoire par ce Mystere, que vous offrirez ; je vais repandre mon Sang pour tous les hommes, vous en appliquerez la vertu à chacun en particulier, par ce moyen ; enfin si le merite de ma mort est infini, je vous en ferai les dispensateurs, par ce sacrifice qui le contient tout entier. *Le même.*

L'union qu'il y a entre la Religion, le Sacrifice, & le Sacerdoce.

La Religion, le Sacrifice, & le Sacerdoce sont, M. trois choses si étroitement unies, ou plûtôt si inséparablement liées ensemble, qu'il est impossible que l'une puisse subsister sans les autres ; aussi courent-elles même fortune, soit dans leur établissement, soit dans leur destruction, soit enfin dans le changement, qui s'en peut faire dans la suite des tems. C'est ce qui a fait tirer cette conséquence à l'Apôtre saint Paul ; que le Sacerdoce de l'ancienne Loi, étant changé & transferé, par la loi de l'Evangile ; il faut de necessité que la Religion soit aussi transferée, parce que ce sont deux choses qui se

ad Heb. 7.

tiennent, & qui ne se peuvent separer : *Translato Sacerdotio, necesse est, ut legis quoque translatio fiat.* D'où l'on doit inferer avec saint Augustin, qu'il n'y a jamais eu de Religion, soit fausse ou veritable, dans laquelle il n'y ait eu quelque sacrifice, établi pour reconnoître la Divinité, pour lui rendre l'hommage qui lui est dû, par ce culte extérieur ; & enfin pour marquer le

L. 10. *de Civ. Dei c.* 4.

sentiment intérieur, qu'elle avoit de sa grandeur : *Nulla fuit gens tam barbara*, dit ce saint Docteur, *quæ non sacrificavit his, quos aut putavit, aut finxit esse Deos.* C'est, M. la premiere chose que je présuppose dans ce sujet ; je dis, que je présuppose ; parce qu'il n'y a jamais eu que les heretiques des derniers siécles qui se soient recriez contre cette verité, connuë par la lumiere même de la raison ; ils devroient du moins en être convaincus, par autant de preuves qu'il y a eu de Prêtres, d'Autels, & de Sacrifices, depuis la naissance du monde, & dans toutes les Religions qui ont jamais été. *L'Auteur des Sermons sur tous les sujets.*

Une feconde chofe qui n'eft pas moins conftamment vraye, & qui eft re- *La Religion chrétienne eft la feule veritable & la plus fainte, attendu qu'elle renferme les plus auguftes Myfteres.*
çûë de nos Heretiques mêmes ; c'eft, que la Religion Chrétienne eft non-
feulement aujourd'hui la feule veritable ; mais encore la plus fainte & la plus
parfaite qui ait jamais été : comme celle qui a les plus hauts fentimens de la
Divinité, & par conféquent, qui doit auffi les faire davantage connoître, par
des proteftations plus folemnelles, & par des Myfteres plus auguftes. Or elle
ne le peut faire que par le facrifice, qui eft l'acte le plus noble & le plus excellent de la Religion, comme ayant pour but & pour fa fin, propre & naturelle, de faire un aveu & une proteftation de l'excellence & de la grandeur
d'un Dieu, à qui elle rend fon culte, comme à l'Auteur fouverain de tous les
Eftres. Ce qui me fait faire une troifiéme démarche, & préfuppofer encore *La Religion Chrétienne eft la plus noble de toutes les Religions par le facrifice de l'Autel.*
une troifiéme verité, dont l'intelligence eft tout-à-fait neceffaire pour fe for-
mer une jufte idée de la grandeur du bien, que nous poffedons dans l'adorable Sacrifice de l'Autel ; fçavoir, que la Religion Chrétienne étant tellement
élevée au-deffus de toutes les Religions, elle demandoit auffi que le Fils de
Dieu inftituât dans fon Eglife, un Sacrifice infiniment plus noble & plus digne
de la Majefté de Dieu, & plus proportionné à celui qui a inftitué cette Religion, & plus conforme à la dignité du Sacerdoce, dont il a exercé toutes les
fonctions. *Le même.*

Le Sacrifice de l'Autel eft une de ces veritez fondamentales, dont il eft ne- *Il eft neceffaire que tous les Chrétiens ayent une connoiffance diftincte du facrifice de l'Autel*
ceffaire que tous les Chrétiens adultes ayent une connoiffance diftincte ; quoi
de plus augufte que Jefus-Chrift offert dans ce Sacrifice ! C'eft une fource de
falut pour ceux qui fçavent entrer dans les deffeins du Sauveur du monde.
Les méchans & les pecheurs trouvent leur perte & leur condamnation ; là où
les juftes & les bons puifent avec abondance les eaux falutaires de la grace.
Voila pourquoi le Fils de Dieu a voulu qu'une matiére de cette importance,
fût traitée en plufieurs endroits de fon Evangile. Il ne s'eft pas contenté de
nous en inftruire, lorfque fon amour l'a engagé à faire un fi grand miracle
en nôtre faveur. Il femble qu'il ait eu impatience d'expliquer aux hommes,
le bienfait qu'il leur preparoit. Comme le Sacrifice de l'Autel eft une vive
image de fa mort ; un des principaux fruits de ce Sacrifice, *c'eft d'annoncer la
mort du Seigneur ;* il n'a voulu nous donner fon Corps & fon Sang, que
quand il a été prêt de mourir pour nôtre falut. Mais l'amour du Sauveur ne
peut attendre que ce tems foit arrivé pour nous faire connoître les graces ineffables qu'il veut répandre fur nous. Long-tems auparavant, il avoit promis
ce qu'il a depuis donné avec tant de mifericorde. *Année Evangelique,
Tome V I.*

De toutes les reconnoiffances, & de tous les hommages que les hommes *Le facrifice de l'Autel eft l'acte le plus parfait de la reconnoiffance que nous devons à Dieu, pour fes bienfaits.*
rendent à Dieu pour fes perfections infinies, & pour les faveurs admirables,
dont il les a comblez ; il n'y en a point de plus naturel ni de plus legitime que
le Sacrifice. C'eft par là que nous reconnoiffons la fouveraine puiffance de
Dieu fur toutes les créatures. En les détruifant à fa vûë, nous lui proteftons
que nous fommes perfuadez qu'il les a tirées du néant, par une pure liberalité, fans avoir befoin d'elles pour fon bonheur ou pour fa gloire ; qu'il les
foutient encore de fa main toute puiffante pour les empêcher de retomber
dans cet abîme de leur origine ; qu'il en eft feul le fouverain Maître, le premier principe & la derniere fin ; & comme elles tiennent tout leur être de fa

Puiſſance , elles le doivent tout entier à ſa gloire. Auſſi le Sacrifice eſt-il un droit ſi propre à Dieu , & ſi incommunicable, que la vanité même de ces Princes ſuperbes, qui ſe ſont attribué les honneurs divins , n'a jamais oſé pretendre à celui-là , comme l'a remarqué ſaint Auguſtin. Tous les peuples ont rendu cet hommage à la Divinité ſeule, que leur pieté leur a fait adorer, ou que l'erreur de leurs eſprits leur a formé. Les premiers hommes ont offert des Sacrifices au vrai Dieu ; la Loi de Moïſe en commandoit de toutes les eſpeces, & la Loi de Grace en a un admirable, dont tous les autres étoient la figure , & lequel a été offert une ſeule fois ſur le Calvaire, mais qui ſe renouvelle encore tous les jours ſur nos Autels: Surquoi dit le grand S. Auguſtin, tous les Sacrifices viſibles ne ſont rien, s'ils ne ſont des Sacrifices inviſibles de l'eſprit & du cœur , que l'homme doit à ſon Dieu. S'il eſt le Prêtre des premiers, il doit être la Victime des ſeconds, & Dieu regarde avec mépris tout ce que l'homme lui preſente, s'il ne s'offre lui-même tout entier au Sacrifice. *L'Abbé Verjus , Sermon ſur ce ſujet.*

Le ſacrifice que le Fils de Dieu a offert pour nos pechez ſur la Croix , ne nous diſpenſe pas de l'obligation de lui en offrir de nôtre part. Encore que le Fils de Dieu ait offert ſur la Croix un Sacrifice d'un prix & d'une dignité infinie , & ſuffiſant pour laver tous les crimes du monde ; il eſt certain néanmoins qu'il ne nous exempte pas d'offrir nous-mêmes des Sacrifices pour nos pechez ; au contraire, l'efficace & la vertu de cet holocauſte ineffable de la mort d'un Dieu, ne nous eſt communiquée qu'à cette condition que nous nous conformerons à ſes ſouffrances, pour pouvoir prendre part à ſa gloire. C'eſt pourquoi l'Apôtre ſaint Paul dit ſi ſouvent, que nous n'avons reçû le baptême, où nos pechez nous ont été remis , que pour mourir avec Jeſus-Chriſt , pour nous arracher au monde, & pour nous dépoüiller de nous-mêmes ; & le Sauveur du monde ne proteſte-t-il pas que perſonne ne peut être ſon Diſciple, s'il ne renonce à ſoi-même, s'il ne haït ſon ame, s'il ne porte ſa croix tous les jours, & s'il ne le ſuit dans toutes ſes ſouffrances. *Le même.*

De l'inſtitution de la fête du ſaint Sacrement. Nul Myſtere de Jeſus-Chriſt, dont le Très ſaint Sacrement ne ſoit & la repreſentation, & la memoire : Nul auſſi qui ne ſoit dignement celebré par la divine Euchariſtie dans le Sacrifice de la Meſſe. Quelle ſolemnité dans l'Egliſe, qui ne ſoit pour ainſi dire, la Fête du Très-ſaint Sacrement : & certainement on peut dire qu'offrir le divin Sacrifice, c'eſt en faire la Fête ; puiſque c'eſt celebrer ſolemnellement la memoire de ſon Inſtitution, & faire en memoire du Sauveur, ce qu'il fit lui-même en ſa derniere Cene. Le divin Sacrifice eſt ce que toutes les Fêtes ont de plus reſpectable, de plus ſaint, & de plus ſolemnel. Toutes les Fêtes, dit ſaint Jean Chryſoſtome, ſont la Fête de ce divin Sacrifice. De ſorte que la même raiſon , qui avoit empêché durant ſi long-tems qu'on ne fit dans l'Egliſe une Fête particuliere à l'honneur de la Très-ſainte Trinité ; avoit auſſi empêché qu'on en fit une en particulier, à l'honneur de l'adorable Euchariſtie ; lorſqu'enfin la divine bonté, qui pourvoit à toutes les neceſſitez de ſon Egliſe , prévoyant qu'il s'éleveroit dans la ſuite des tems, des Sectes impies qui combattroient, qui prophaneroient même par toutes ſortes d'impietez ce divin Myſtere, inſpira à l'Egliſe d'en inſtituer une Fête particuliere. *Le Pere Croiſet , dans ſes Exercices de Pieté, Tome IV.*

Les vûës que Le Sauveur, diſent les Theologiens , en inſtituant l'Euchariſtie, a eu ſin-

lierement en vûë, d'honorer fon Corps facré, foit pour reparer les igno-
inies de fa Paffion, foit pour laiffer aux Fidéles, qui n'ont pas eu le bon-
eur de le voir vivant fur la terre, la confolation de lui adreffer leurs hom-
ages, fous le figne qui le renferme, jufqu'à la fin des fiécles. L'Eglife ani-
ée de l'Efprit de fon divin Inftituteur, rapporte toutes les folemnitez, toute
magnificence de fon culte, à glorifier ce Corps adorable ; c'eft la penfée
1 Docteur fubtil : *Quaſi omnis devotio, in Eccleſià eſt in ordine ad hoc Sa-*
amentum. Autels, Temples, Prêtres, Fêtes, Sacremens mêmes, & Myfte-
s, tout ce qu'il y a de plus augufte dans la Religion, nous infpire la venec-
tion, que nous lui devons. Cette Victime divine repofe fur une infinité
'Autels dans toutes les contrées de la terre, toûjours unie à la Divinité, par
out contenant ces miracles furprenans, que la Foi nous enfeigne, en tous lieux,
gage & l'abregé des effets les plus admirables de la mifericorde, & de la
ute puiffance de Dieu. *Sermons du Pere la Peſſe, Tome 3.*

Jeſus Chriſt s'eſt propoſé en inſtituant le Sacrement de l'Euchari- ſtie.
in 4. Diſt. 8. q. 1.

C'eſt dans le Sacrifice de la Meffe, où l'on trouve réellement dans le feul
acrificateur, tout ce qu'on peut fouhaiter, & confiderer dans tous les Sacri-
ces, Dieu, à qui il faut offrir, le Prêtre qui offre, le don qu'il faut offrir ;
uifque ce divin Mediateur, Prêtre & Victime eft un, avec Dieu à qui il of-
e ; & qu'il eft réüni, ou plûtôt qu'il s'eft fait un, avec tous les Fidéles,
u'il offre pour les réconcilier à Dieu. Il eft certain qu'il a été en même-tems
1r la Croix, le Prêtre & la Victime. Les Juifs & les Gentils qui l'ont mis
mort, ont été fes bourreaux, & non pas les facrificateurs ; c'eft donc lui
ui s'eft offert en facrifice, & qui nous a offert avec lui fur la Croix. Ce font là
es merveilles de l'Euchariftie que Jefus Chrift inftitua immediatement avant
ue d'aller s'offrir fur la Croix. Il l'inftitua *par l'amour qu'il avoit pour les*
ens ; ſçachant, dit faint Jean, *que toute puiſſance lui avoit été donnée par ſon*
Pere. Et certainement il falloit & une telle puiffance, & un amour infini pour
hanger le pain & le vin en fon Corps & en fon Sang, & pour faire avant fa
nort, par anticipation, une effufion de fon Sang, felon l'expreffion de l'E-
angile dans le Texte Grec : *Ceci eſt mon Corps, qui eſt donné pour vous....*
Ce caliſe de la nouvelle alliance en mon Sang, qui eſt répandu pour vous. Effu-
1on réelle & myfterieufe dans le corps & dans le cœur des Communians,
vant que ce Sang fortît vifiblement de fon Corps fur la Croix. *Auteur*
moderne.

Jefus Chrift renferme tout ce qu'on peut confiderer dans les Sa- crifices, Prê- tre & Victi- me fur la Croix.

Le Sacrifice de la Meffe remplit toutes les conditions qui convenoient aux
victimes de l'ancienne Loi, dans les Sacrifices les plus parfaits. Car il falloit
quatre conditions qui formoient quatre parties du Sacrifice. La premiere étoit
'acceptation de la victime par les Prêtres. La feconde l'oblation à Dieu. La
troifiéme, le changement ou la deftruction de la Victime. La quatriéme, la
confomption ou la communion de la Victime. Premierement, il falloit une
hoftie choifie, agréée ou acceptée par les Prêtres, fuivant l'ordre Dieu, qui
leur avoit marqué ce qu'ils devoient admettre, pour le facrifice, & ce qu'ils
devoient rejetter. Les Prêtres du nouveau Teftament, acceptent le pain & le
vin deftinez à être le Corps & le Sang de Jefus-Chrift ; & ils font cette acceptation après le choix du Pere Eternel, qui a declaré fon Fils bien-aimé Prêtre
felon l'ordre de Melchifedech ; & par confequent offrant du pain & du vin,
mais un pain qui doit être changé au Corps que Dieu a deftiné pour être la

Le facrifice de la Meffe renferme tou- tes les condi- tions des fa- crifices de l'ancienne Loi.

vraye Victime. Secondement, l'Hostie étoit offerte à Dieu par les Prêtres d[e] la Loi, & tirée par là de l'état commun ; les Prêtres du nouveau Testamen[t] representant Jesus-Christ, offrent à Dieu le pain & le vin, comme devan[t] devenir le Corps & le Sang de Nôtre-Seigneur, pour nôtre salut. Troisiéme[-] ment, dans les holocaustes, & dans les sacrifices pour les pechez, la Victim[e] étoit immolée & égorgée ; elle changeoit d'état. Ici le pain & le vin son[t] changez au Corps & au Sang de Jesus-Christ, qui est immolé & comme e[n] état de mort sur l'Autel ; parce qu'il est privé des fonctions de la vie naturel[-] le, qu'il avoit sur la terre, & parce qu'il y est avec des signes de mort, pa[r] la séparation mystique de son Corps d'avec son Sang ; ainsi que saint Jean vi[t] devant le Trône du Ciel, l'Agneau vivant ; puisqu'il étoit debout, mais e[n] même-tems comme immolé & comme mort, à cause des cicatrices de se[s] playes, & des marques de son immolation sanglante, qu'il conserve mêm[e] dans la gloire. Quatriémement, enfin la consomption de l'Hostie étoit ne[-] cessaire. Si l'on offroit un holocauste, tout étoit brûlé en l'honneur de Dieu[.] Dans les autres Sacrifices une partie étoit consumée pour Dieu ; le reste étoi[t] distribué aux Prêtres, & à ceux qui avoient presenté l'Hostie. Ici la victim[e] est toute pour Dieu, & toute consommée par les hommes, qui la lui offrent[.] Elle se communique toute entiere à tous sans aucune division, & elle est con[-] sommée en nous, sans cesser d'être. *Livre intitulé : Les ceremonies de la Messe par M. le Brun, Prêtre de l'Oratoire.*

Toute l'Egli-se est unie à J. C. dans son sacrifice.

Il faut remarquer que le Sacrifice de l'Autel qui est celui de Jesus-Christ, & en même-tems le Sacrifice de toute l'Eglise, qui est offerte avec Jesus-Christ; qu[e] c'est le Sacrifice de tous les Prestres qui l'offrent, & de tous ceux qui veulen[t] y participer, qui doivent par conséquent s'offrir eux mêmes en sacrifice comme Jesus Christ & son Eglise s'offrent à Dieu. Ecoutons saint Augusti[n] qui nous instruit merveilleusement sur cette verité. Toute la cité rachetée, c'est-à-dire, l'Eglise & la société des Saints, est le Sacrifice universel, offer[t] à Dieu par le grand Prestre, qui s'est offert aussi lui-même pour nous dans sa Passion ; c'est elle qu'il a offerte Dieu, & c'est en elle qu'il a été offert ; parc[e] que c'est selon elle qu'il est le Médiateur, le Prestre & le Sacrifice. ... E[t] pour continuer à parler ici avec saint Augustin, elle voit dans le Sacrement d[e] l'Autel connu des Fidéles, & si souvent renouvellé, qu'elle est offerte dans l[a] chose même qu'elle offre. Comme c'est Jesus-Christ Prestre qui offre, & qu[i] est lui-même le don offert, l'Eglise a dù aussi s'offrir en l'offrant ; & Dieu lui fait voir ce mystere, dit encore saint Augustin, dans le Sacrifice qu'ell[e] offre tous les jours : car comme elle est le Corps d'un tel Chef, elle apprend [à] s'offrir elle-même par lui. Le Sacrifice de la Messe, est donc celui de Jesus-Christ & de l'Eglise ; le seul Sacrifice extérieur qu'il faut offrir à Dieu, le vrai & l'unique Sacrifice, qui renferme l'idée de tous les autres ; l'unique qui ex-pie les pechez, qui nous mérite les graces, & qui sera continué jusqu'à la fin des siécles. *Le même.*

Comment les fideles doivét se preparer pour assister à la Messe avec fruit.

Les livres Sacrez nous recommandent de preparer nôtre ame avant la priere. Et comme il n'y a point de plus excellente priere, que celle qui doit rendre Jesus-Christ present sur nos Autels, & qui nous fait participer à son adorable Sacrifice ; il n'y en a point aussi qui exige plus de preparation que le Sacrifice de la Messe. La premiere & la meilleure préparation, c'est la bonne vie, qui repond à l'état de Chrétien : *Vivez de telle maniere*, ont souvent dit les Peres, *que vous puissiez meriter chaque jour d'être admis à la sainte Table*. En second lieu, il faut se preparer par un ardent desir d'aller à la maison du Seigneur, & de trouver au pied de l'Autel toutes les consolations. Et en effet, quel sujet n'ont pas les Chrétiens de soupirer après le lieu où est réellement Dieu leur Redempteur ! Dans quelque embarras qu'ils se trouvent, ils doivent se calmer, en disant avec le Prophete Jonas, au milieu des flots de la mer : *J'aurai la consolation de voir le saint Temple.* Leur foi devroit tenir leurs ames attachées au Sacrement de nôtre Redemption. Un troisiéme moyen de se preparer est de gemir de ses miseres ; de concevoir quelle est son indignité, d'entrer dans le sentiment du Publicain, qui n'osoit presque lever les yeux en entrant au Temple. Rien de plus respectable que la maison du Seigneur ; & si Dieu a dit du Tabernacle de la Loi, *tremblez devant mon Sanctuaire* ; quel respect Levit. 26. ne doivent pas inspirer des Eglises, où l'on offre le Sacrifice du Ciel & de la Terre, le Sang d'un Dieu fait Homme. Enfin, pour se preparer à tirer beaucoup de fruit du saint Sacrifice de la Messe, où l'Eglise s'offre avec Jesus-Christ ; il faut se disposer à pouvoir s'y offrir soi-même, & entrer dans l'esprit du Sacrifice de Jesus-Christ, & de son Eglise. Il faut que les Fidéles demandent à Dieu, que semblables aux holocaustes que le feu purifioit & consumoit, le feu divin consume ce qui est en eux de terrestre & de charnel, & qui ne peut estre offert avec Jesus-Christ ; afin que non-seulement leurs ames soient purifiées par ce divin feu ; mais encore leurs corps, qui doivent estre offerts comme leurs ames ; & qu'ils puissent dire avec saint Paul : Puisque nous avons un grand Pontife, établi pour nous sur la maison de Dieu, aprochons-nous de lui avec un cœur vraiment sincere, sans aucun déguisement ; avec une pleine foi, penetrez de tous nos devoirs, à la vûë de ces grands Mysteres, que la foi nous fait appercevoir, ayant les cœurs purifiez par une aspersion intérieure, exempts de tout reproche de la conscience, & renouvellant en nos corps la pureté qu'ils ont euë par les eaux salutaires du Baptême. Mais quand nous ne nous trouverions pas dans ces saintes dispositions que les Chrétiens doivent souhaiter, ne laissons pas d'esperer en la misericorde de Dieu, & d'aller avec confiance au pied de l'Autel, qui est la source des graces. *Le Pontife que nous avons*, dit saint Paul, *n'est pas tel qu'il ne puisse compatir à nos foiblesses. Il a éprouvé comme nous toutes sortes de tentations, hormis le peché.* Allons donc nous presenter devant le trône de la grace, afin d'y recevoir misericorde, & d'y trouver le secours de la grace dans nos besoins. *Le même.*

L'Eglise a une attention particuliere pour tous ceux qui assistent au Sacrifice. Le Prestre ne prie point pour lui, sans prier pour eux ; il suit seulement l'ordre que marque saint Paul, qui est *d'offrir premierement pour la remission de ses pechez, & ensuite pour ceux du peuple.* Il offre pour les assistans, qui ce, offrent avec lui autant qu'il leur est possible, & qui ont besoin de la misericorde de Dieu. Le Prestre prie premierement pour lui, secondement pour les assistans, troisiémement pour tous les fidéles vivans & les morts ; mais la principale vûë qu'on doit avoir en offrant le Sacrifice, c'est qu'il nous procure le salut & la vie éternelle, en expiant nos pechez. Le Sacramentaire du Pape Gelase, s'exprime ainsi ; afin que cette Hostie salutaire soit l'expiation de nos

Le Prêtre offre non-seulement pour lui le sacrifice, mais encore pour tous ceux qui y assistent.

pechez, & nôtre propitiation devant vôtre Majesté sainte. Tel est le langage de saint Cyrille de Jerusalem dans sa Liturgie, & de toute l'ancienne Eglise, qui a toûjours appellé ce Sacrifice l'Hostie de propitiation pour les vivans, & pour les morts. *Livre intitulé : Les ceremonies de la Messe, par M. le Brun, Prêtre de l'Oratoire.*

Ce que l'Eglise entend par offrir le sacrifice en memoire des Saints.

Rien n'est plus honorable aux Saints, que d'estre unis au Sacrifice de Jesus-Christ ; & nous ne pouvons rien faire qui leur soit plus agréable, que de celebrer leur memoire dans le Sacrifice, qui a fait tout leur honneur & toute leur gloire. Mais cet article arreste des personnes, qui n'entrent pas facilement dans les Mysteres, & qui ne connoissent pas l'étenduë du saint Sacrifice. Quelques Catholiques ne portent pas leurs vûës assez loin, & les ennemis de l'Eglise voudroient faire rentrer ici un sujet de scandale ; comme si l'Eglise égaloit les Saints à Dieu, & les preferoit même à Jesus-Christ. Offrir, dit-on, le Sacrifice de Jesus-Christ, afin qu'il serve à l'honneur des Saints, n'est-ce pas honorer les Saints plusque Jesus-Christ ? Puisqu'on fait servir Jesus-Christ à les honorer, & n'est-ce pas même les égaler, ou les preferer à Dieu : puisqu'on s'adresse à Dieu pour rendre honneur aux Saints ? Cette difficulté, quelque specieuse qu'elle paroisse, ne consiste que dans le tour, & le mauvais sens qu'on donne aux termes ; & elle tombe d'elle-même, si l'on fait attention que l'Eglise est bien éloignée de faire servir Dieu & Jesus-Christ à honorer les Saints ; mais qu'en adorant Dieu par le Sacrifice, elle honore les Saints, en les joignant à Jesus-Christ, avec qui ils s'offrent eux-mêmes en sacrifice à Dieu : Developons ces veritez.

Premierement, il est évident que l'Eglise n'offre le Sacrifice qu'à Dieu seul ; puisque dans les deux oblations qu'on fait séparement de l'Hostie & du Calice, on adresse à Dieu seul l'Hostie sans tache, & la Coupe du salut, pour l'expiation des pechez. Il n'est pas moins visible que tout ce qui apartient au Sacrifice, n'est point raporté aux Saints ; qu'on est bien éloigné de leur offrir des Sacrifices, & que l'Eglise a toûjours fait profession de dire ce que dit S. Augustin. Nous sacrifions au Dieu des Martyrs, lorsque nous érigeons des Autels en leur memoire : car quel est le Prestre qui ait jamais dit à l'Autel : Nous offrons à vous, Pierre, ou Paul, ou Cyprien ; mais ce qu'on offre, est offert à Dieu, qui a couronné les Martyrs, dans les lieux destinez à honorer ceux que Dieu a couronnez. *Le même.*

De l'élevation & de l'adoration de l'Hostie dans le sacrifice de la Messe.

Ni l'élevation, ni l'adoration de l'Euchatistie n'ont pas été toûjours faites de la même maniere qu'elles se font à present. Jusqu'au commencement du douziéme siécle, les Prestres se contentoient à la fin du Canon, d'élever les dons sacrez, le Calice & l'Hostie, en disant, *Per ipsum, &c.* ou seulement à ces mots ; *omnis honor & gloria, per omnia sacula saculorum* : ce qu'on appelle à present la seconde ou la petite élevation. Mais depuis les premieres paroles du Canon, jusqu'à la fin, tout le Clergé se tenoit incliné, adorant la Majesté divine, & l'Incarnation, dont le Mystere de l'Euchatistie n'est qu'une extension. *Ceux qui sont derriere le Prêtre, & ceux qui sont en face,* dit Amalaire, *s'inclinent, reverant la divine Majesté, & l'Incarnation du Sauveur ; & ils se tiennent dans la même posture durant tout le Canon, jusqu'à la fin de l'Oraison Dominicale.* Et en effet, comment les hommes n'adoreroient ils pas ce Corps sacré, qui est adoré par les Anges. L'Eglise a toûjours prescrit cette adoration aux fidéles ; mais elle

elle ne leur a pas toûjours marqué en quelle posture du corps, ils devoient la faire; parce que l'adoration consiste essentiellement dans l'intention de se soumettre à celui qu'on adore, comme à son souverain principe & à sa dernière fin; & les circonstances où l'on se trouve, peuvent marquer cette intention ou cette disposition intérieure, dans quelque situation du corps, où l'on se mette, soit debout, soit assis, soit à genoux, ou prosternez par terre. Les differentes postures ne signifient rien par elles-mêmes, & ne marquent le respect que selon que les mœurs, & l'usage des peuples les déterminent. De là vient qu'on a toûjours vû des differences sur ce point, & sur le tems auquel on doit faire cette adoration parmi les personnes qui avoient la même créance. *Le même.*

Sur les sragmens de l'Eucharistie sans le sacrifice de l'Autel.

On a toûjours eu grand soin dans l'Eglise qu'aucune parcelle de la sainte Eucharistie, ne se perdît ou ne tombât à terre. Saint Cyrille de Jerusalem disoit aux nouveaux baptisez qu'ils devoient plus craindre la perte de quelqu'une de ces parcelles, que la perte de l'or, des diamans, & de quelqu'un de leurs membres. Les Grecs ont communément appellé les fragmens de l'Eucharistie *des perles.* La Liturgie de saint Chrysostome marque qu'à la fin de la Messe, *le Prêtre ou le Diacre consume avec attention & avec devotion tous les fragmens, & prend garde qu'il ne reste aucune particule appellée Perle.* Les Latins les ramassent pour les consumer dans le Calice. *Livre intitulé : Les ceremonies de la Messe, par M. le Brun, Prêtre de l'Oratoire.*

SUR LA DEDICACE DES EGLISES.

AVERTISSEMENT.

CELui qui entreprend de parler en general de la Dedicace des Eglises, n'a qu'à consulter l'histoire Ecclesiastique, pour apprendre l'origine & le progrès de cette ceremonie, presque aussi ancienne que l'Eglise même. Le premier Temple érigé en l'honneur de la divine Majesté, par Salomon dans l'ancienne Loi ; & dans la nouvelle, ceux qui ont été construits par les premiers Princes Chrétiens, ont été dediez à Dieu, & ensuite consacrez par une fête & une magnificence extraordinaire, laquelle a été renouvellée tous les ans, sinon avec le même appareil ; du moins avec une fête toute particuliere, comme nous voyons dans les Ecrits des Saints Peres, qui ont fait des Homelies sur ce sujet.

Entre les reflexions & les consequences que les Saints Peres ont tiré de cette ceremonie, les uns se sont étendus sur le respect qu'on doit apporter dans les Eglises, ensuite de cette Dedicace ; parce qu'elles deviennent le Palais & le lieu de la Majesté divine, comme l'on peut voir en ce que nous avons recüeilli sur ce sujet dans nôtre Bibliotheque, au troisiéme Tome, Titre des Eglises materielles. Les autres se sont appliquez à nous peindre la Majesté & la multitude des augustes Mysteres qui se celebrent dans ce même lieu, où Dieu semble avoir attaché tous les bienfaits de sa misericorde envers les hommes. Mais sans parler de tout cela, sinon autant qu'il sera necessaire & convenable à nôtre dessein ; nous nous étendrons principalement sur la reflexion de saint Bernard, comme étant plus propre de cette ceremonie.

Ce saint pretend que cette fête de la Dedicace n'est pas tant pour renouveller la memoire de la consecration d'une Eglise, que pour exprimer par une figure sensible, la consecration de nos ames à Dieu, faite la pre-

miere fois par le Baptême. Les juftes rapports qu'il y a entre cette confécration, par laquelle nous fommes devenus les Temples du Dieu vivant, comme parle faint Paul ; & les ceremonies qui fe pratiquent
dans la Dedicace des Eglifes. Les onctions, benedictions, illuminations,
&c. La maniere, dont fe fait cette confecration : C'eft furquoi nous
nous étendrons pour conclure avec le même faint Bernard, que la fête
de la Dedicace d'une Eglife eft auffi la fête de la dedicace de nos
ames.

❋❋❋❋❋❋❋❋❋❋❋❋❋❋❋❋❋❋❋❋❋❋❋❋❋❋❋❋❋❋❋❋❋

SUR LA DEDICACE
DES EGLISES.

L'antiquité
PERSONNE n'ignore que les Eglises & les Autels ont été de tout tems deſtinez aux plus augustes cérémonies de l'Egliſe ; parce que ce ſont les lieux
où l'on célebre les plus auguſtes Myſteres, & les endroits où les plus ſaintes
actions de la Religion Chrétienne s'exercent comme l'adminiſtration des Sacremens, la conſécration du Corps & du Sang de Jeſus-Chriſt, la prédication
de la parole de Dieu, &c. Or comme le Tabernacle de l'ancienne Loi, & le Temple de Salomon deſtinez à la garde de l'Arche ſainte, & aux ſacrifices des
animaux de la ſ 'ancienne Loi, n'ont été que l'ombre & la figure des Autels
& des Temples, qui dans la Loi nouvelle devoient ſervir au renouvellement
continuel ou ſacrifice ſanglant du Corps du Fils de Dieu ; de même les ceremonies que Dieu preſcrivit avec tant d'exactitude à Moïſe, pour la conſécration
du Tabernacle, & à Salomon pour celle du Temple, ne ſont que l'ombre & la figure de ce tes que l'Egliſe, toujours conduite par le Saint-Eſprit,
a obſervé de tout tems, & obſerve encore aujourd'hui dans la conſécration
de nos Temples & de nos Autels. D'où il s'enſuit que celles-ci ſurpaſſent autant les premieres en ſainteté, en vertu & en ſignification, que la réalité &
la verité ſurpaſſent les ombres & les figures ; & d'où il faut conclure qu'elles
doivent faire ſur l'eſprit des fideles des impreſſions infiniment plus vives &
plus efficaces, que les autres ne devoient & ne pouvoient faire ſur l'eſprit des Iſraëlites. C'eſt ce que l'on concevra aſſez dans la ſuite de ce
Traité.

Ce que la conſécration des égliſes matérielles ſignifie & repréſente.
La conſécration des Egliſes materielles ſignifie & repreſente en général la
conſécration de l'Egliſe ſpirituelle par Jeſus-Chriſt, qui en eſt le premier
Pontife ; & la conſécration particuliere de nos ames, qui doivent s'en appliquer toutes les ſaintes cérémonies. Elle ſignifie & repreſente encore la ſainteté du lieu conſacré, qui en devient plus reſpectable. Les aſperſions qui ſe
font en grand nombre, pendant le cours de la ceremonie ont pour fin naturelle de ſanctifier ſpirituellement les choſes, ſur leſquelles elles ſe font, & d'en
éloigner le demon, & les puiſſances de l'enfer. Pendant qu'on fait celles de
l'égliſe en dehors, nous devons ſonger que c'eſt par l'aſperſion des eaux
ſalutaires du Baptême que nous avons été lavez de la tache originelle, que le
demon a été chaſſé de nos ames, & que nôtre conſécration à Dieu a commencé ; toutes les autres nous avertiſſent de laver par les larmes de la penitence, les pechez que nous faiſons tous les jours. *Auteur moderne.*

Les Egliſes ſont ſaintes par rapport aux ſaints emplois qu'on y exerce.
Si vous demandez à ſaint Bernard pourquoi les Egliſes ſont ſaintes, il vous
répondra que c'eſt à cauſe des emplois tous ſaints qu'on y exerce ; car comment, dit-il, ce lieu ne ſeroit-il pas ſaint qui retentit ſi ſouvent des loüanges
du Seigneur ; ce lieu où s'aſſemble le peuple Chrétien, pour rendre le culte

& l'hommage qu'il doit à son Créateur, & pour comprendre tout en un mot; ce lieu où le Saint des Saints, le Sauveur & le Redempteur des hommes demeure jour & nuit, & qu'il consacre encore davantage par la presence réelle de son Corps adorable ; C'est donc de là que doit naitre ce profond respect, cette sainte frayeur, dont tous ceux qui ont quelque sentiment de Religion, doivent être frappez, en entrant dans nos Eglises, comme ils le seroient sans doute, s'ils entroient avec une vive foi dans la grote de Bethléem, & dans le saint Sépulchre, où ce même Corps a reposé ; parce que ces saints lieux rappellant en même tems le souvenir des augustes Mysteres qui s'y sont accomplis, leur inspireroient des sentimens tout extraordinaires de pieté. C'est donc dans cette même pensée qu'un Chrétien doit venir à l'Eglise, & se dire à lui-même : J'entre dans le lieu où mon Dieu s'est voulu rendre present, & ce même Dieu, que les Anges adorent dans le Ciel, & devant lequel ils s'aneantissent par de profonds respects dans ce même lieu: Je suis dans un lieu, où le même sacrifice qui fut offert sur le Calvaire pour mon salut est tous les jours renouvellé,& la même victime immolée pour mon amour,c'est à la verité d'une autre maniere ; mais elle n'est pas moins sainte, ni moins digne de mes adorations. Cet Autel devant lequel je suis, est le lieu où le même Sang de mon Sauveur, qui a été répandu sur la Croix, coule encore tous les jours, & dont le mérite m'est appliqué dans les Sacremens que je reçois. Je suis enfin dans un lieu, où le même Esprit qui descendit autrefois visiblement sur les Apôtres, descend aujourd'hui invisiblement sur les fidéles ; mais dans ce lieu consacré par tant de Mysteres aussi saint que le Calvaire, aussi digne de nos respects que l'est la grote de Bethléem, & que le Cenacle, où les Apôtres étoient assemblez, y demeurer sans attention, sans respect, sans aucun recüeillement, sans devotion ; peut-on marquer moins de pieté, moins de foi, moins de sentimens de Religion ? *L'Auteur des Sermons sur tous les Sujets.*

Rien n'étoit plus solemnel chez les Juifs, que la Dedicace de leur Temple ; à voir le concours du monde qui s'y assembloit, le nombre prodigieux des victimes que l'on y immoloit, la pompe des ceremonies augustes que l'on y pratiquoit, c'étoit plûtôt le triomphe public de la Religion, que la fête particuliere du Temple. Comme Dieu ne pouvoit leur donner de plus tendres marques de son amour, que de venir chez eux ; pouvoient-ils lui donner de plus éclatans témoignages de leur gratitude, que de perpetuer la memoire de ce jour heureux, que d'en faire passer le souvenir jusqu'à la posterité, par une solemnité qui se renouvelloit tous les ans, en réünissant leurs cœurs, & leurs voix pour s'écrier dans le transport de leur joye, & de leur étonnement. *Qui le croiroit que ce Dieu de Majesté vint habiter avec les pecheurs, & être parmi les hommes sur la terre.* Si toute l'etendüe des Cieux ne peut le comprendre, combien moins le Temple que nous lui avons bâti, pourra-t-il le contenir ? *Ergone credibile, habitet Deus cum hominibus super terram ?* On ne peut douter que ce ne soit de la & sur ce modele, que l'Eglise celebre la Dedicace des Temples, dans le Christianisme ; puisqu'elle y observe une partie des mêmes ceremonies qui ont été observées dans ce fameux Temple bâti par Salomon. Il faut surtout remarquer que cette Dedicace de nos Eglises est l'une des fonctions Episcopales, & comprend cinq sortes de ceremonies, comme a remarqué saint Bernard, ausquelles se réduit tout ce

Les Juifs celebroient la Dedicace de leur Temple avec beaucoup de solemnité.

2 Paralip.

G 3

qui se pratique dans cette solemnité ; sçavoir, l'Aspersion, l'Inscription, l'Onction, l'Illumination & la Benediction. Elles ne se font pas séparément l'une après l'autre ; mais elles sont enremêlées. Je ne m'étendrai pas sur l'ordre qu'on y garde, ni sur chaque ceremonie en particulier. On peut les voir dans les Rituels, qui en contiennent jusqu'au moindre détail : mais seulement sur quelques-unes des principales, pour en faire l'application à la consécration de nos ames, qui sont autant de Temples du Dieu vivant, à qui elles sont dediées & consacrées par le Baptéme. Pour ce qui est de chaque ceremonie en particulier, il est aisé d'en faire l'application à ces Temples spirituels, il me suffit de dire & de faire remarquer que le tout s'acheve & finit avec la benediction, laquelle se donne par l'Evêque ; outre qu'elle a été employée en toutes les actions, où se font les signes de Croix, & les Aspersions de l'eau. Vous voyez donc, que saint Bernard a eu raison de rapporter à ces cinq ceremonies principales, toutes celles qui se pratiquent en la consécration des Eglises ; à l'Aspersion, par l'Eau benite ; à l'Inscription, par les signes de Croix, & par les caracteres Grecs & Latins : à l'onction par l'eau, le vin & la cendre mêlez ensemble, par l'huile des Cathecumenes, & par le saint Chrême ; à l'Illumination, par les encensemens & les lumieres ; à la benediction qui s'étend sur toutes les choses, & sur les personnes. *Panegyrique des Saints du P. Duneau, Tome 1.*

Pourquoi on fait tant de ceremonies à la Dedicace d'une Eglise.

Mais pourquoi je vous prie, employer tant de ceremonies pour consacrer des pierres & des murailles ? *Numquid de lapidibus cura est Deo*, dit ingenieusement saint Bernard, appliquant très à propos aux pierres, ce que l'Apôtre a dit des Bœufs : *Numquid de bobus cura est Deo* ; voulant signifier que le precepte de la Loi ancienne, *non alligabis os bovi trituranti*, n'a pas été fait en consideration des Bœufs, mais des hommes qui ont droit de vivre de leur travail. De même ce n'est pas en consideration des pierres & des murailles qu'on les sanctifie & qu'on les consacre : c'est pour nous, qui avons été sanctifiez & consacrez au Baptême ; c'est pour nous avertir de ce que nous sommes, & de l'obligation que nous avons de renouveller souvent la memoire de nôtre consécration. Cette celebrité de la Dedicace nous est propre ; c'est de nous-mêmes que nous celebrons cette fête : *Nostra siquidem illa aspersio, nostra illa benedictio, nostra illa consecratio fuit.* Voulez-vous voir comment ? Soyez attentifs à l'application que nous allons faire des ceremonies qui se pratiquent en la consécration des Eglises, & ressouvenez-vous que nous les avons reduites à cinq avec saint Bernard, qui sont l'Aspersion, l'Inscription, l'Onction, l'Illumination, la Benediction. *Panegyrique des Saints du Pere Duneau, Tome 1.*

Les onctions sensibles que l'on fait en la Dedicace d'une Eglise nous representent intimement quel est le caractere du Baptême, tome 1. la personne qui le reçoit.

Toutes les onctions extérieures que l'on fait à la Dedicace des Eglises, appartiennent à l'Inscription sensible ; mais la principale se fait invisiblement & intérieurement par l'impression d'un caractere ineffaçable dans l'ame du baptisé, par lequel il est comme enrôlé dans la Milice chrétienne, & mis au nombre des soldats de Jesus-Christ, sans que jamais il se puisse dispenser de son service. Car tout ainsi qu'une Eglise, qui a été consacrée à l'honneur de Dieu, ne peut plus estre apliquée à des usages profanes, sans sacrilege : de même depuis que nous avons été marquez en nos corps par le signe de salut, & en nos ames par une qualité divine, que nous appelions caractere ; nous

ne pouvons plus, à moins que de profaner son Temple, vaquer à des emplois contraires à son service. *Panegyrique des Saints du Pere Duneau, Tome
premier.*

Ces onctions que l'on fait pour la Dedicace d'une Eglise, nous marquent
la Royauté que nous acquerons par le Baptême. Surquoi il me femble fort à
propos de faire quelque reflexion. Anciennement les Eglises étoient apellées
Bafiliques par les Grecs, c'eft-à-dire Royales, ou maisons des Rois. Ce qui
a été reçû par les Latins, principalement lorsqu'on parle des Eglises plus celebres, comme font les Patriarchales, les Metropolitaines, les Cathedrales.
C'eft ainfi que nous difons : *Bafilica Salvatoris, Bafilica fancta Maria, Bafilica fancti Petri.* Ce nom leur a été donné pour trois raisons. La premiere,
parce que ce font les maisons du Roi des Rois. Tout ainsi donc qu'on apelle
Palais Royal, celui où le Roi fait fa demeure ; de même on apelloit Bafiliques les Temples dediez & confacrez au Roi du Ciel. La feconde raison de
cette apellation eft que les Eglises étoient ordinairement bâties par la magnificence des Rois & des Empereurs, avec une grande depense ; & on apelle
Royal, ce qui eft fplendide & fomptueux. La troifiéme raison eft parce que
les Eglises font ointes en leur confecration, de même que les Rois qui font
les oints du Seigneur ; & à caufe de cette onction, qui leur eft commune avec
les Rois ; on les apelle Bafiliques. *Le même.*

Reflexion fur les onctions que l'on fait pour la Dedicace d'une Eglife.

Il eft évident que nous avons été confacrez à Dieu par le Baptême, pour
être fes Temples, & que l'Apôtre a eu raifon de nous dire : *Nefcitis quia templum
Dei eftis, & Spiritus Dei habitat in vobis :* Les temples materiels font faints,
templum Dei fanctum eft ; mais leur fainteté fe raporte à la nôtre, & la nôtre à
Dieu. D'où il s'enfuit que la folemnité des Dedicaces, n'eft pas tant des
glifes que de nous mémes : *Noftra eft quia de Ecclefia noftra ; magis autem
noftra, quia de nobis ipfis.* Peut-eftre que vous ferez étonné, & même que
vous rougirez d'entendre qu'on celeb e vôtre fefte, comme fi vous eftiez des
faints déja canonifez ; mais je ne crois pas que vous ayez fi peu d'efprit, que
de penfer que nous celebrons la fefte des pierres & des murailles qui n'ont
aucune fainteté relative a nous : *Veftra eft igitur, veftra eft hodierna feftivitas,
vos dedicati eftis Domino, vos elegit ... effumpfit in proprios.* Quand on celebre
la fefte d'un Apôtre, d'un Martyr, d'un Confeffeur, d'une Vierge, on dit
c'eft la fefte de faint Pierre, de faint Etienne, de faint Auguftin, de fainte
Catherine. Il y a des feftes de Nôtre-Seigneur, il y en a de Nôtre Dame. Aujourd'hui ce n'eft la fefte d'aucun Saint qui foit au Ciel, ni d'aucun myftere
de Nôtre-Seigneur, ou de Nôtre Dame, & toutefois nous celebrons une
grande fefte ; de quel Saint eft-elle, ou de quelle fainte ? *Panegyrique des
Saints du P. Duneau, Tome 1.*

La folemnité des dedicaces des Eglifes nous fait cô- noître que nous fommes nous-mémes les Temples vivans de Dieu, felon le fentiment de l'Apôtre.
1. Cor. 6.
Ibidem.

Saint Jean nous dit dans fon Apocalypfe : *Vidi ... illam civitatem novam
defcendentem de cœlo à Deo, paratam ficut fponfam ornatam viro fuo.* J'ai vû
une cité fainte, qui defcendoit du Ciel, comme y ant ainfi ordonné, parce
qu'preparée comme une Epoufe pour fon Epoux. Si elle eft defcenduë du Ciel,
elle eft donc en terre. Or il n'y a point de terre de fainte en terre, qui foit
Epoufe de Jefus-Chrift, finon les ames faintes rachetées & fanctifiées par fon
fang ; car c'eft d'elles que faint Paul a dit : *Defpondi vos uni viro virginem
caftam exhibere Chrifto.* C'eft donc de ces ames faintes que nous celebrons

La dedicace des Eglifes nous repre- fente verita- blement la dedicace des ames.
Ap. cal. 21.
2 Cor.

aujourd'hui la dedicace. Saint Bernard ayant prêché à ses Auditeurs cette pensée, qui est très solide & très bien fondée, non pas de ces legeres & menuës conceptions, qui se debitent quelquefois en chaire, & qui n'ont d'applaudissement que parmi les ignorans. J'ai peur, dit-il, qu'il ne se trouve quelqu'un en cet auditoire, ou qui entre en vanité, de ce qu'on celebre sa feste ; ou qui par une certaine pusillanimité d'esprit plûtôt que par une vraye humilité, ne le veuille pas croire ; Mais il se faut garder de l'un & de l'autre. Dieu donne sa grace aux humbles, il faut donc fuïr la vanité ; il est impossible de plaire à Dieu sans la foi ; il faut donc fuïr l'incredulité. Pourtant je desire, poursuit le Saint, que vous ayez une grande estime de vous-mêmes, considerant que vous estes les Temples de Dieu ; & néanmoins que vous l'ayez très petite, connoissant vôtre indignité & vos propres infirmitez. Ce que vous estes de grand, c'est par la grace de Dieu que vous l'estes, & vous devez dire comme l'Apôtre : *Gratia Dei sum id quod sum.* Ce que vous estes de petit, ou plûtôt rien du tout, c'est de vous mêmes, qui n'avez rien qui soit purement de vous que le peché. *Panegyrique des Saints du Pere Dureau, Tome 1.*

Ce que nous sommes par rapport à nous-mêmes, & ce que Dieu a bien voulu nous faire. Job. 7.

Nous ne sommes rien ; parce que nous sommes pecheurs, ignorans, foibles, sujets à nos passions, & enclins au mal. Nous sommes quelque chose de grand, parce qu'il a plû à Dieu de nous faire grands, en nous honorant de son affection, & nous choisissant pour estre les temples vivans de son habitation : *Quid est homo quia magnificas eum ? aut quid apponis erga eum cor tuum,* disoit le saint homme Job : En disant qu'est-ce que l'homme, il donne à entendre que c'est peu de chose. Et en effet, il le compare à une fleur qu'on foule aux pieds, & à une feüille que le vent emporte. Toutes fois il reconnoît que Dieu l'a magnifié, & qu'il a mis son cœur en lui. Si Dieu a

Matth. 6.

mis en l'homme son cœur, il faut que son tresor y soit : *Ubi est enim thesaurus tuus, ibi est & cor tuum.* N'est-ce rien que d'estre le tresor de Dieu, &

a Cor. 6.

un tresor sacré, qui lui sert de temple : *Nescitis quia templum Dei estis vos, & Spiritus Dei habitat in vobis.* Cette pensée est de grande consolation. Nous sommes le tresor de Dieu ; nous sommes le Temple de Dieu, où il daigne faire sa demeure. *Le même.*

Puisque nous avons été faits les Temples de Dieu par le Baptême, nous devons bien prendre garde de violer ce temple par le peché. 2 Cor. 3.

Il y a une chose qui est bien capable de nous donner l'épouvante : *Si quis autem templum Dei violaverit, disperdet illum Deus.* Dieu perdra celui qui violera son Temple. Nous avons été consacrez à Dieu au Baptême ; avons-nous maintenu inviolable cette consécration : Si nous l'avons fait ! ô que nous sommes heureux ! sinon il y a de quoi trembler sous ces épouvantables paroles, Dieu perdra celui qui aura violé son Temple. Et qui oseroit s'assurer de ne l'avoir jamais violé : Les Temples & les Eglises sont profanées & violées en plusieurs manieres, que les Docteurs reduisent à trois. La premiere est d'y faire des actions après lesquelles il n'est plus permis d'y celebrer la sainte Messe, ni l'Office Divin sans les rebenir. Comme si on y avoit enterré un infidele, ou on y avoit tué quelqu'un, ou blessé avec effusion de sang ; si on y avoit commis quelque notable impudicité. En tous ces cas, il est défendu par les saints Canons d'y celebrer & d'y faire aucune fonction Ecclesiastique, sans une nouvelle benediction. En second lieu, c'est un sacrilege de se servir d'une Eglise comme d'un lieu profane, comme d'y

rendre

rendre la juſtice dans les formes , que les Juriſconſultes apellent *ſtrepitum fori* , le bruit du Palais. Comme auſſi d'y vendre ou acheter de même qu'en plein marché ; d'y retirer du bétail , ou des meubles , hors d'une preſſente neceſſité : d'y repreſenter des jeux , & des ſpectacles deshonneſtes. Toutes fois ces ſortes de ſacrileges n'obligent pas à reconcilier l'Egliſe comme les premiers. En troiſiéme lieu , c'eſt un ſacrilege d'y violer l'immunité Eccleſiaſtique ; comme d'en tirer par force , ceux qui s'y ſont réfugiez pour quelque crime , hors de certains cas qui ſont exceptez par le droit. On pourroit ajoûter une quatriéme ſorte de ſacrilege le pire de tous , qui eſt de démolir les Temples , briſer les images , abbattre & détruire les Autels , & commettre d'autres impietez contre les choſes ſacrées , de quoi nous n'avons que trop d'exemples funeſtes dans l'hiſtoire du Calviniſme. *Panegyrique des Saints du P. Duneau , Tome* 1.

Il eſt certain par le témoignage de l'Apôtre , que Dieu perdra celui qui violera ſon Temple ; nous ſommes les Temples de Dieu. Nous avons donc grand ſujet d'aprehender que cette menace ne tombe ſur nous. Les Temples ſont violez quand ils perdent leur ſainteté : *Templum enim Dei ſanctum eſt.* Tout peché mortel nous prive de la grace de Dieu , ſans laquelle il n'y a point de ſainteté. Donc tout homme qui commet un peché mortel profane & viole en ſoi le Temple de Dieu : *Si quis autem templum Dei violaverit , diſperdet illum Deus.* L'argument eſt concluant & ſans replique. Or , tout ainſi que les Egliſes ſont privées de leurs uſages , par la démolition des Autels , par l'effuſion du ſang humain , & par l'impudicité. De même il y a trois ſortes de pechez , qui ont plus d'opoſition à la ſainteté , & par leſquels on viole ſpécialement en ſoi le Temple de Dieu , l'impieté , l'homicide & l'impureté. Sous le nom d'impieté je comprens tous les pechez qui ſont directement contre Dieu , comme le blaſpheme , l'athéiſme , le mépris des choſes ſacrées. Sous le nom d'homicide , j'entens la haine du prochain : *Quia qui odit fratrem ſuum , homicida eſt* , dit le Diſciple bien-aimé ; & ſous le nom d'impureté ſont compris tous les pechez ; *per quæ quis peccat in corpus ſuum* , pour parler avec l'Apôtre. Ces trois ſortes de profanations rendent le pecheur plus incapable des fonctions divines , que toutes les autres ; & c'eſt principalement de ces crimes qu'il faut entendre ces paroles : *Si quis templum Dei violaverit , diſperdet illum Deus.* Toutes fois afin que ceux qui ſentent leur conſcience chargée d'avoir violé en eux , le temple de Dieu , n'entrent point en deſeſpoir de leur ſalut , comme ſi Dieu vouloit les perdre ; qu'ils ſçachent qu'il faut ſous-entendre une condition tacite , s'ils n'ont expié par la penitence leur violement. Les Egliſes qui ont été polluës , ne peuvent plus eſtre conſacrées ; mais on les reconcilie , & par cette reconciliation qui ſe fait par l'aſperſion de l'eau-benite , & de quelques ſignes de Croix , elles ſont rétablies dans leurs premiers uſages ; de même ceux qui ont ſouïllé leur ame , & violé le Temple de Dieu , ne peuvent eſtre rebaptiſez ; mais ils peuvent eſtre reconciliez au Sacrement de Penitence , par la benediction du Preſtre , qui eſt l'abſolution, par les eaux des larmes qui accompagnent la Confeſſion , & par les œuvres ſatisfactoires repreſentées par les ſignes de Croix. *Le même.*

L'onction n'eſt pas employée en la rebenediction ou reconciliation des Egliſes , ni l'illumination , pour nous aprendre qu'il n'eſt pas juſte que les

Comme nous ſommes les Temples de Dieu , nous devons bien prendre garde de violer ces Temples; parce que Dieu perd.a celui qui violera ſonTemple.

1. Joan.

Pourquoi l'on n'employe point l'onc-

tion & l'illumination, quand on rebenit les Eglises qui ont été souillées par quelque crime.

Penitens soient traitez avec douceur & avec caresse. Je ne dis pas qu'on doive les recevoir avec un esprit de douceur, & je blâme ces Confesseurs qui n'ont que des reproches, des menaces, des injures & des paroles foudroyantes pour les pauvres penitens. Il ne faut pas non plus les flatter, ni leur dissimuler la grieveté de leurs offenses ; mais les exhorter efficacement à un juste repentir, & leur faire connoître la necessité qu'ils ont de changer de vie ; les consolations intérieures qui sont les délices des ames saintes, signifiées par l'onction, ne leur sont pas accordées d'abord ; ni les lumieres que Dieu communique aux plus parfaits. Ils doivent dire avec David : *Asperges me Domine hysopo, & mundabor.* L'hysope est abstersive & amere. Il faut pleurer ses pechez avec amertume, & se laver de ses larmes. Il faut se marquer du signe de la Croix, c'est-à-dire, porter en son corps la mortification de Jesus-Christ. Nous serons par ce moyen reconciliez & rétablis dans nôtre premiere dignité de temples du Seigneur, & rendus participans des mêmes honneurs qu'auparavant. *Panegyrique des Saints du Pere Duneau, Tome* 1.

Psal. 50.

Quels étoient les sentimens respectueux du Prophete David qui avoit honte de demeurer dâs un Palais magnifique, & de n'en avoir point bâti un plus superbe au Dieu vivant.
Rom. 10.

Le Prophete Royal disoit autrefois, je suis honteux d'estre logé dans un magnifique Palais, & que je n'aye point encore bâti de maison à mon Dieu. Il le vouloit faire ; mais Dieu se contenta de sa bonne volonté, reservant l'execution à son Fils. O ame Chrétienne ! tu habites dans un beau corps, qui est comme un beau Palais, que Dieu même a fabriqué de ses propres mains. N'est-il pas raisonnable que prenant les sentimens de David, tu prepares une habitation à Dieu : Tu la trouveras en toi-même sans beaucoup de difficulté. Il n'est pas besoin de couper les cedres du Mont Liban, ni d'amasser de l'or, de l'argent, & autres métaux, ni d'employer un grand nombre d'Architectes, d'ouvriers, de Tailleurs de pierre & de bois : *Prope est verbum in ore tuo, & in corde tuo.* Tu n'as qu'à dire un bon mot, & c'en est fait : Tu seras toi-même l'architecte & la maison, l'ouvrier & l'ouvrage. Quel est ce mot ? Il faut qu'il soit dans le cœur aussi bien que dans la bouche : *Prope est verbum in ore tuo, & in corde tuo.* Ce mot n'est autre, sinon dire à Dieu, je vous aime. Vous ne l'aurez pas plûtôt prononcé, que vous serez le temple de la Très sainte Trinité. Je n'en veux point d'autre preuve que ces paroles du Sauveur, qu'on ne sçauroit assez peser, repeter, méditer, tant elles sont pleines de douceur & de consolation : *Siquis diligit me, Pater meus diliget eum, & ad eum veniemus, & mansionem apud eum faciemus.* Si le Pere & le Fils viennent, & font leur demeure dans celui qui aime, le Saint-Esprit ne manque pas d'y autre aussi, & d'y demeurer. O amour que tu es puissant ! puisque tu tire à toi le Tout-Puissant, & que tu nous fais demeurer en lui pendant une éternité bienheureuse. *Le même.*

Joan. 14.

Quels doivent être nos sentimens de joye & de reconnoissance, lorsque nous entrons dans les Eglises dediées & consacrées à la divine Majesté, après leur consecration.

Si le Roi David demeuroit si volontiers & avec tant de plaisir sur la montagne de Sion, où reposoit l'Arche d'Alliance, qui n'étoit qu'une figure de nos Tabernacles, où le Saint des Saints reside en propre Personne ; quels doivent estre les sentimens de nos cœurs, lorsque nous entrons dans les Eglises dediées & consacrées à la divine Majesté. Certes, nous ne devrions jamais y mettre le pied, qu'avec des transports de joye, considerant que Dieu nous fait cet honneur de nous permettre l'entrée dans sa maison. Mais s'il y a jour en l'année, où il faille recevoir cette faveur avec toute la reconnoissance poſſible , & s'en réjoüir ſaintement ; c'eſt celui auquel on celebre la dedicace, laquelle ayant été faite une fois , ſe renouvelle tous les ans par une ſainte inſtitution , pour deux raiſons principales. La premiere , afin que nous ſoyons avertis que Dieu veut eſtre prié & honoré en des Temples materiels, où le très ſaint ſacrifice de l'adorable Euchariſtie lui eſt offert. La ſeconde , afin de nous faire reſſouvenir que nous ſommes les Temples de Dieu , lui ayant été conſacrez au Baptême. *Panegyrique des Saints du Pere Duneau , Tome* 1.

Il eſt certain que les Egliſes ſont plus propres que les autres lieux pour exciter davantage nôtre attention , nôtre devotion , & la reverence avec laquelle nous devons prier , après leur conſécration ; parce que n'ayant point d'autre uſage que celui qui concerne le culte & l'honneur de Dieu , il ſemble que nous ſommes avertis par les parois mêmes , par les Autels , & ſurtout par ce qui eſt dans les Tabernacles , le Sacrement adorable de l'Euchariſtie , d'eſtre modeſtes , reſpectueux , & attentifs à nos prieres. Qu'y a-t-il dans ce lieu qui ne ſoit grand , qui ne ſoit admirable ; c'eſt là où ſont toutes nos richeſſes & nôtre eſperance. *Panegyrique des Saints du Pere Duneau , Tome* 1.

Les Egliſes après leur conſécration ſont plus propres que tout autre lieu a rendre à Dieu le culte & les hommages que nous lui devons.

Si les hommes vouloient rendre à Dieu leur culte à proportion de ce qui eſt dû à ſa ſouveraine grandeur , ou des bienfaits qu'ils reçoivent de ſa liberalité toute divine ; il faudroit , M. que toutes les maiſons des Villes & des Campagnes , & même tous les lieux de la terre , fuſſent changez en autant d'Egliſes , ou plûtôt que tout ce grand monde ne fût plus qu'un ſeul Temple ; que tous les hommes fuſſent autant de Prêtres , que toutes les creatures qui le compoſent fuſſent autant de victimes , & que tous les momens de nôtre vie , ne fuſſent employez qu'à lui offrir des ſacrifices. Mais comme ce Maître de l'Univers a bien voulu condeſcendre à nôtre foibleſſe , & s'accommoder à nos manieres ; il s'eſt ſeulement reſervé de certains lieux qui ſont plus particulierement conſacrez à ce miniſtere ; lieux qu'il remplit plus viſiblement de ſa preſence , & où il veut eſtre honoré & ſervi avec un plus profond reſpect par la pieté des peuples. Or , ces lieux qu'il a choiſis de la ſorte , ſont nos Egliſes , qui lui ſont ſolemnellement conſacrées par des ceremonies publiques , que nous appellons Dedicace & conſécration ; ce qui nous oblige de les conſiderer comme des lieux deſtinez au culte de cette divine Majeſté , des lieux ſaints & conſacrez pour eſtre ſa demeure : d'où il s'enſuit que ceux qui y entrent , & qui les frequentent , doivent d'un côté eſtre penetrez d'un ſentiment de crainte & de reſpect , envers celui qui y eſt preſent en ce lieu , d'une maniere toute ſinguliere ; mais d'un autre côté ils doivent eſtre remplis d'une veritable confiance de participer aux bienfaits qu'il y repand ſur tous ceux qui y viennent en eſprit de pieté & de Religion. *L'Auteur des Sermons ſur tous les ſujets.*

Suite du même ſujet.

Vous voyez , M. que je n'ai d'autre deſſein que de vous mettre devant les yeux le motif qui vous a aſſemblez aujourd'hui en ce lieu ; ſçavoir , pour y celebrer , par une ceremonie toute particuliere , la conſécration de cette Egliſe , qui a rendu ce lieu ſi ſaint en le faiſant le Temple & la Maiſon de Dieu : terrible d'un côté à ceux qui la profanent par leurs immodeſties , & par leurs impietez ; mais ſouhaitable de l'autre à ceux qui y viennent par un vrai

Avec quel reſpect on doit ſolemniſer la dedicace des Egliſes.

motif de Religion. Il me femble donc, M. qu'il m'arrive aujourd'hui la même aventure qui arriva au grand Apôtre faint Paul, lequel étant dans la Ville d'Athenes, & étant entré dans un de leurs Temples, y trouva un Autel confacré à un Dieu inconnu, *ignoto Deo*; d'où cet Apôtre prit occafion de leur aprendre quelle étoit la divinité qu'ils adoroient, fans la connoître. C'eft, M. ce qui m'arrive aujourd'hui; je ne vois pas fur le frontifpice de cette Eglife, ni au deffus de ces Autels, *ignoto Deo*; mais j'y ai remarqué par le peu de refpect, de devotion & de pieté, que plufieurs y font paroître, qu'ils ne connoiffent pas le Dieu qu'ils y adorent; car s'ils faifoient un peu de reflexion que c'eft un Dieu de Majefté jaloux de fa gloire, & de l'honneur qui lui eft dû, terrible dans les vengeances qu'il tire des impietez que l'on commet en fa prefence, & en fa propre Maifon; ils concevroient que ce lieu eft redoutable, & qu'ils n'y doivent paroître qu'avec la frayeur dans le cœur, le filence, le refpect & la retenuë; ils craindroient de profaner ce lieu faint, & fanctifié par tant de Myfteres qui s'y celebrent, ce qui les obligeroit à y prendre des fentimens conformes à la grandeur de celui qu'ils y honorent. C'eft à quoi je les conjure de penfer, & de connoître mieux quel eft le Maître de cette maifon, & le Seigneur de ce Temple: *Quod ergo ignorantes colitis, hoc ego annuntio vobis*. L'Auteur des Sermons fur tous les fujets.

Combien Dieu fe tient offenfé du peu de foin que l'on a à pour les Eglifes donc quelques-unes font plus mal en tretenuës que les mai ous mêmes des fimples particuliers.

Nous ne pouvons douter que Dieu ne fe tienne offenfé du peu de foin que nous avons de la propreté de fon Palais? Ne parlons point des Eglifes des Villes, nous n'avons pas de grands fujets de nous en plaindre; mais en verité, il faudroit n'avoir point de fentiment, pour n'être point touché de la faleté des Eglifes de la Campagne; entrons dans les Eglifes, entrons dans les Châteaux, entrons dans les maifons particulieres; & fi nous avons quelque fentiment de pieté, n'avons nous pas raifon de dire en gémiffant, que le Roi des Rois eft plus mal logé, que plufieurs d'entre les moindres de fes fujets? Le Château d'un grand, le logis d'un homme qui ne fera quelquefois pas de naiffance, eft enrichi de peintures & de dorures, l'œil ne fe peut arrêter fur aucun endroit, où il ne remarque quelque chofe de précieux. Allez à l'Eglife, vous verrez les murailles noires, & à moitié mangées, point d'autres plat-fons, point d'autres tapifferies, que les toiles d'araignées; je n'ofe décrire les Autels, mon efprit ne peut fe les reprefenter qu'avec une horreur, qui pour être extréme, ne laiff pas d'être moindre que le fujet ne le mérite. *Le Pere Heliodore Capucin.*

Dieu fait la même chofe dans la confecration de nos Eglifes, qu'il fit dans la dedicace du fameux Temple de Salomon.

Ce que Dieu fit autrefois dans la Dedicace du fameux Temple de Salomon, il le fait encore aujourd'hui dans la confecration de nos Eglifes. Il y defcend avec la même Majefté qu'il a fur le trône de fa gloire; il y vient, & s'y rend prefent non feulement invifiblement par fes effets, mais encore réellement & en perfonne, par le facrifice qu'on y offre du Corps d'un Dieu, par les graces qu'il y communique, & par les merveilles ineffables qu'il y opere. C'eft pour cela qu'après les avoir confacrées une fois au culte de Dieu, on en rapelle le fouvenir tous les ans, par une fête folemnelle, qu'on apelle Dedicace; & c'eft cette ceremonie qui nous affemble en ce lieu, comme pour y faire à Dieu une nouvelle proteftation des hommages qu'il exigea, lorfqu'il choifit la premiere fois cette Eglife pour fa maifon. De forte que la confecration & la sainteté exterieure de ce Temple, n'est que comme la representation & la figure d'un autre Temple, où il demeure encore plus volontiers, par une presence plus intime, & d'une maniere plus avantageuse pour nous; c'est celui de nos ames, qu'il a-consacrées & choisies pour sa demeure, par une sainteté interieure, qui fait que saint Paul les apelle son Temple. *L'Auteur des Sermons sur tous les sujets.*

La premiere chose en quoi consiste la consécration des Temples, & la Dedicace qui s'en fait avec tant d'apareil, c'est de les tirer de l'usage commun; en sorte que des actions, qui seroient permises en tout autre lieu, deviendroient criminelles, si elles se faisoient dans ce lieu, devenu saint par cette consécration. C'est sur cela qu'est fondé le respect que nous devons avoir pour les Eglises, où nous ne devons jamais entrer, sans qu'un rayon de la Majesté divine qui les remplit, ne fasse une impression sensible de crainte & de veneration; & si nous avons quelque zele de la maison de Dieu, nous devons gémir, non-seulement sur les impietez qui s'y commettent; mais encore sur celles qui étant indifferentes d'elles-mêmes, ne le sont plus, dès-là qu'elles se font à la vûe des Autels, & dans ce lieu où nous devons être persuadez de la presence toute particuliere d'un Dieu. Ce fut ce qui anima le zele du Sauveur du monde; lequel poussé d'une sainte indignation, chassa honteusement du Temple ceux qui y vendoient, & qui y achetoient; & en renversant leurs Tables & leur argent, leur fit ce sanglant reproche, *auferte ista hinc*; Ostez ces choses profanes d'un lieu consacré au culte de mon Pere, & ne faites pas d'une maison de prieres, une maison de negoce & de trafic. *Le même.*

La dedicace des Eglises sait à les tirer de l'usage commun à tout autre lieu.

Joan. 2.

Ce Dieu-Homme si jaloux de l'honneur de son Pere, nous voulut instruire par cette action, aussi bien que par ces paroles: que comme la premiere & la plus essentielle des perfections de Dieu est la sainteté; de même que les Temples qui sont sa maison & sa demeure; ont une sainteté de consécration, par laquelle ils apartiennent tellement au culte de Dieu, qu'ils ne peuvent estre employez à aucun autre usage; parce que comme le Seigneur de la maison est Saint, la maison doit estre sainte, c'est à-dire, uniquement faite pour y honorer le Dieu de sainteté, & pour lui rendre l'hommage qui lui est dû. Mais qu'est-ce, dira t-on, que cet édifice fait de la main des hommes a de particulier, qui le distingue des autres? Ne sont-ce pas des pierres & du bois qui en sont les matériaux? Ce qu'il y a de somptueux & de magnifique, ne se trouve-t-il pas avec plus d'art & de dépense dans les Palais des grands? Est-il plus orné que les maisons mêmes de plusieurs particuliers? Si c'est la volonté des hommes qui l'a destiné à des usages plus nobles & plus saints, la volonté d'autres hommes ne peut-elle pas changer cet usage? Et en un mot, la sainteté peut-elle estre attachée au lieu, & à tout cet exterieur qui frape nos yeux? Ah! répond saint Bernard, que c'est mal raisonner! puisqu'il n'y a jamais eu de Religion qui n'ait eu des Temples, & des lieux destinez pour y rendre ses devoirs à la Divinité qu'elle y adoroit, & qui ne fussent comme consacrez, par des ceremonies conformes aux sentimens qu'en avoient ceux qui s'y assembloient; mais dans le Christianisme, ajoûte ce saint, pourquoi n'apellerions-nous pas saintes ces murailles que la charité & la Religion ont élevées; que les mains des Pontifes ont consacrées, avec des ceremonies si

Le Fils de Dieu chassant ceux qui vendoient dans le Temple, a voulu nous faire connoitre quel doit être nôtre respect dans les Eglises qui lui sont consacrées.

publiques & fi folemnelles , & où la pieté raffemble fi fouvent les fidéles ;
pour s'acquitter de ce qu'ils doivent au vrai Dieu ? Leur inftitution , le deffein de Dieu même , le choix & l'acceptation qu'il en fait , les fonctions qui
s'y exercent , les bienfaits que nous y recevons , les Myfteres auguftes qui s'y
celebrent , ne font-ils pas affez fentir cette diftinction , & ne doivent-ils pas
nous faire regarder ces Temples comme faints , comme la maifon de Dieu ,
comme le lieu que lui-même a choifi pour fa demeure , ainfi que parle l'Ecri-

1.Paralip.29. ture : *Neque enim homini præparatur habitatio , fed Deo.* L'Auteur des Sermons fur tous les fujets.

On ne fait la ceremonie de la dedicace des Eglifes qu'en nôtre faveur.   Quelques faints que foient ces Temples , par tant de ceremonies & de
myfteres , ce n'eft que par une fainteté exterieure , qui n'eft pas pour eux-
mêmes : car après tout , ce ne font que des pierres infenfibles ; mais c'eft pour
nous , & en nôtre faveur , afin de rendre nos devoirs à la divine Majefté
avec plus de bienféance , & recevoir plus infailliblement les graces qui y font
attachées. Mais la folide inftruction que nous devons tirer de ce qui fe pratique dans cette extérieure confécration , eft qu'elle eft la figure d'une autre
intérieure qui fe fait dans nous-mêmes ; puifque comme nous avons dit

ad Cor. 3. avec l'Apôtre , nous fommes les temples de Dieu : *Templum Dei fanctum
quod eftis vos.* Et ces Temples étant animez , & capables d'une fainteté réelle , doivent fe rendre dignes de loger celui qui eft la fainteté même ; parce
qu'il n'y peut faire fa demeure , s'ils ne font fanctifiez par la grace qui nous
rend Saints , en attachant ce même Dieu à nos ames , fi étroitement , fi intimement , & par une union fi admirable , que fi par impoffible , il n'étoit point
préfent par tout , il fe trouveroit neceffairement dans l'ame d'un jufte. Supo-
fant donc cette verité comme inconteftable ; je dis avec le même faint Bernard , que c'eft proprement nôtre fefte que nous celebrons dans la dedicace

Serm. de de- des Temples : *Veftra eft fratres , veftra eft hodierna feftivitas* ; car , dit ce
dicat. Saint , ce qui fe fait vifiblement fur les pierres de nos Eglifes , fe fait invifiblement en nous ; puifque Dieu , en choififfant nôtre ame pour fa demeure ,
la fépare par une fuite neceffaire de tout ufage profane , par les mêmes ceremonies qui fe pratiquent dans la confécration des Temples , & qui font
particulierement l'Afperfion , l'Infcription , l'Onction , l'Illumination & la
benediction. Voila ce qui fait la fainteté extérieure de ce lieu materiel où
nous fommes ; mais c'eft auffi ce qui opere la fainteté intérieure de nos ames,
qui font autant de Temples confacrez à la divine Majefté. L'Auteur des Sermons
fur tous les fujets.

L'Eglife eft la maifon de Dieu, & cela par trois rai-fons.   Cette Eglife , dont nous honorons la Dedicace , eft la Maifon de Dieu , &
le Temple de fa gloire pour trois raifons , 1°. Par le choix particulier que
Dieu en a fait pour ce fujet. 2°. Par des operations fingulieres & plus remarquables de fa puiffance & de fa bonté. 3°. Par la prefence adorable de
Jefus-Chrift dans le plus augufte de nos Myfteres. Car premierement quoique Dieu foit le Roi de tous les fiécles , & que tous les tems doivent eftre
confacrez à fon honneur , nous voyons néanmoins dans l'Ecriture que dès
le commencement du monde , il choifit le feptiéme jour pour lui , voulant
qu'on s'abftint ce jour-là des œuvres ferviles , & qu'on l'employât à lui donner des marques de la reconnoiffance de fes bienfaits par des prieres & par
des facrifices : & parmi les Chrétiens , quoique tous les jours doivent eftre

pour Dieu, il y en a un cependant qui eſt apellé par excellence le jour du
Seigneur, *dies Domini*. Ainſi quoique Dieu rempliſſe tous les lieux par
ſon immenſité, il en a choiſi néanmoins quelques uns, voulant qu'on y
bâtît des Temples, où il déclare qu'il veut ſe rendre preſent, pour y recevoir nos hommages, & y écouter nos prieres. En ſecond lieu, c'eſt une
marque de la preſence d'une cauſe que ſon action & ſon effet ; de ſorte que
plus elle agit noblement dans un lieu, plus il eſt vrai de dire qu'elle y eſt
preſente. C'eſt ainſi que nous diſons que l'entendement de l'homme, qui
n'eſt point réellement diſtinct de la ſubſtance de l'ame, eſt plus à la tête
qu'aux yeux, d'autant qu'il y exerce des operations plus nobles & plus proportionnées à l'excellence de ſa nature. Suivant cette maniere de diſcourir,
David dans ſes Pſeaumes, dit, que Dieu a deux grandes maiſons où il a particulierement établi ſa preſence, & affermi ſon trône. La premiere eſt le
Ciel. La ſeconde l'Egliſe & le Temple : *Dominus in Templo ſancto ſuo : Do-* *Pſalm* 10.
minus in cœlo ſedes ejus. En voici la raiſon, ajoûte David, c'eſt que Dieu eſt
preſent dans le Ciel par l'effuſion & la manifeſtation de ſa gloire ; & il eſt
dans l'Egliſe par la communication abondante de ſa grace : *Gratiam & glo-*
riam dabit Dominus. Dominicale du P. Texier, Tome 2.

En troiſiéme lieu, ſi Dieu autrefois ſe rendoit preſent dans ſon Temple, *Suite du mê-*
par ſon Arche d'Alliance, & par ſon Tabernacle, & par quelques autres té- *me ſujet.*
moignages viſibles de ſa bonté, qui au fond n'étoient que des ombres & des
figures. Nous pouvons bien aſſurer que ce ſont les Egliſes de la nouvelle
Loi, qui après leur conſécration ſans figure, & ſans métaphore ſont le ſéjour & la demeure auguſte de la grandeur de nôtre Dieu, puiſqu'elles lo-
gent dans leurs enceintes, ſous les eſpeces du Très-adorable Sacrement, la
Perſonne réelle & veritable de Jeſus-Chriſt. C'eſt ſur nos Autels que Jeſus-
Chriſt accomplit à la Lettre la promeſſe qu'il nous a faite d'être avec nous
juſqu'à la conſommation des ſiécles : *Ero vobiſcum uſque ad conſummationem* *Matth.* 28.
ſaculi. Il y eſt pour exercer principalement deux fonctions, celle de Roi &
celle de Prêtre ; de Roi pour y recevoir nos adorations & nos hommages, &
pour y enteriner nos requêtes ; de Prêtre pour y expier nos offenſes, &
nous rendre ſon Pere propice & favorable par la commémoration, & par
l'extenſion du ſacrifice de la Croix ; ſi bien que tous les fidéles qui entrent
dans nos Egliſes, après leur conſécration peuvent dire avec beaucoup plus
de ſujet que Jacob : *Terribilis eſt locus iſte, verè Dominus eſt in loco iſto. Geneſ.*12.
Le même.

Les prieres faites dans l'Egliſe après ſa conſécration deviennent prieres pu- *Les prieres*
bliques, & jointes à celles de toute l'Egliſe ; & en cette qualité elles ont plus *qui ſe font*
de vertu. C'eſt là où nous avons le bonheur de joindre nos oraiſons, & de *ſes après leur*
confondre nos loüanges avec celles des Eſprits bienheureux, & de tous les *conſecration,*
Saints du Paradis : *Et ideo cum Angelis & Archangelis una voce dicentes.* *deviennent*
Nous devons offrir au Cœur de Dieu qui eſt dans l'Egliſe, un cœur bien *prieres publi-*
preparé, bien ſoumis à ſes ordres, & porté à l'execution de toutes ſes divines *ques, & en*
volontez, un cœur ardent & embraſé de ſon amour. Comme pour être bien *elles ont plus*
reçû à la porte des Grands, & pour avoir entrée dans leur Palais, afin d'ob- *de forces que*
tenir une audiance favorable ; nous avons beſoin ordinairement de quelque *les prieres*
puiſſant interceſſeur : auſſi pour pouvoir paſſer par cette porte Myſtique de *particulieres.*

l'Eglife , afin d'arriver à Dieu , & d'en être reçûs comme nous fouhaitons ;
il faut que nous nous adreffions au Saint , à qui particulierement l'Eglife eft
dediée. Ce fera le faint titulaire de l'Eglife , qui joignant fes prieres aux nôtres , nous obtiendra cet accès favorable ; enfuite duquel nous obtiendrons
ce que nous defirons. Ainfi après avoir été reçûs dans la maifon de Dieu fur
la terre : après avoir par cette porte favorable , entré en commerce avec
Dieu pour les biens temporels & fpirituels , nous obtiendrons enfin les biens
éternels dans la gloire. *Le même.*

Dans les ceremonies dont on fe fert dans la dedicace des Eglifes , on y
employe l'afperfion , comme pour y laver tout ce qu'il y avoit d'impur & de
foüillé , *afperfio* ; & c'eft auffi la premiere chofe , par où nous commençons
à devenir Chrétiens dans le Baptême , & par où Dieu commence à prendre
poffeffion de nous , parce qu'il ne peut rien fouffrir de foüillé dans ce Temple qui doit eftre faint : *Domum tuam decet fanctitudo Domine* ; & que la premiere chofe en quoi confifte la fainteté , eft l'éloignement du peché. Ainfi
comme la premiere ceremonie qui fe pratique dans la confécration des Temples , eft de les purifier , & de les laver , par cette afperfion de l'eau , &
par la vertu que lui donne la benediction de l'Eglife , chaffer le demon de
ce lieu , afin que Dieu en prenne une entiere poffeffion ; de même nous ap-
partenions au demon dès le premier inftant que nous avons reçû l'eftre ;
nous étions donc fes efclaves par le malheur de nôtre naiffance : mais Dieu
pour faire en nous fa demeure , & nous faire fon veritable temple , le chaffe ,
comme d'une maifon dont cet injufte ufurpateur s'étoit rendu le maître ; &
afin qu'il n'ait plus de pretexte pour rentrer dans fon ancienne poffeffion ,
on nous fait renoncer à tout commerce avec lui dans le Baptême ; & enfuite
au monde , dont il eft apellé le Prince : car c'eft par fon moyen qu'il nous
tient dans une rude fervitude , foumis à fes loix , & affervis à fes maximes ;
il faut donc que la fainteté nous en fépare , ou nous en éloigne ; c'eft ce
qui fe fait par cette premiere ceremonie de nôtre confécration dans le Baptême , où l'on commence par nous laver du peché qui nous a foüillez , pour eftre
enfuite apliquez à des actions toutes faintes ; en forte que comme tout ce qui
eft mondain , profane un Temple deftiné à des ufages facrez ; de même tout
ce qui nous attache au monde , & tout ce qui nous en infpire les fentimens ,
foüille nôtre ame , qu'il a choifie pour fa demeure. *L'Auteur des Sermons fur
tous les fujets.*

Si depuis le Baptême , où nous avons été lavez dans le Sang du Sauveur ,
nous étions retombez dans le peché , & donné une feconde fois l'entrée au
demon dans nôtre ame ; il faut reconfacrer cette ame de nouveau , comme
l'on fait les Temples qui ont été profanez , & les purifier par les eaux de la
Penitence ; il faut recommencer à y réimprimer les marques d'une nouvelle
poffeffion , que Dieu en prend , par une autre ceremonie qui fe pratique
dans la confécration des Temples ; c'eft celle par laquelle l'Evéque écrit le
jour & l'année qu'il a confacrées , imprimant en differens lieux le glorieux figne de la Croix , pour marquer que ce lieu apartient au Sauveur ;
puifqu'il porte fes armes ; c'eft ce que faint Bernard apelle *infcriptio* , l'infcription ; l'on y ajoûte le nom de quelque Saint , à l'honneur du quel ce
Temple eft dedié au fouverain Seigneur , comme pour faire eftendre que le
demon

demon n'a plus rien à y pretendre ; on grave ſur le frontiſpice le nom de celui qu'on y vient honorer , en ſorte qu'on ne peut ignorer , quand on y entre , que l'on eſt dans un lieu ſaint , & dans la maiſon de Dieu ; puiſque toutes ces marques & ces inſcriptions nous en avertiſſent , & nous le mettent devant les yeux. *Le même.*

Ce qui ſe pratique ex-terieurement ſur les prieres dans la de-dicace de nos Egliſes , ſe paſſe inviſi-blement dans nos ames.

Ce qui ſe fait viſiblement ſur les pierres , dans la dedicace de nos Egliſes,
ſe paſſe tous les jours inviſiblement dans nos ames ; Dieu les ayant choiſies
pour ſon temple , les a comme marquées , en y imprimant le caractere du
Baptême , qui ne s'effacera jamais ; enſuite il y a écrit ſa Loi de ſon propre
doigt : *Signatum eſt ſuper nos lumen vultus tui* ; Et ſelon le langage de l'Ecriture , il écrit ſes Commandemens , non ſur des tables de pierre , mais dans
nôtre propre cœur : Et comme cette Loi , & ces Commandemens ſont compris dans la charité , le Saint-Eſprit la repand lui-même dans le fond de nôtre ame , pour marquer qu'elle eſt uniquement à lui ; de maniere que Dieu
peut dire à chacun de nous ces paroles d'un Prophete : *Meus es tu.* Vous
eſtes à moi , & rien ne peut plus me conteſter cette poſſeſſion. Mais comme nous ne pouvons eſtre parfaitement à lui , qu'en renonçant à tout autre
Maître , il demande une ſéparation entiére de tout ce qui eſt profane , &
non un partage & un accommodement , par lequel on pretend loger Dieu &
le monde dans un même cœur ; comme autrefois les Philiſtins voulurent
loger l'Arche avec l'idole de Dagon. Car de même que ſi l'on faiſoit ſervir
un Temple à des uſages ſaints & profanes tout à la-fois , on le profaneroit ;
& ce ſeroit entreprendre d'allier deux choſes qui ſe détruiſent mutuellement.
Pour eſtre donc à Dieu comme ſes veritables temples , il faut eſtre entiérement ſéparé de tout ce qui lui eſt contraire ; & c'eſt ce que ſignifient l'aſperſion , & l'inſcription qui ſe pratiquent dans la dedicace des Egliſes. *L'Auteur des Sermons ſur tous les ſujets.*

Les onctions qui entrent dans la cere-monie de la dedicace ſont employées dans pluſieurs des Sacre-mens de l'E-gliſe.

Les onctions qui entrent dans cette ceremonie pour conſacrer les Autels ,
qui ſont la partie de nos Temples la plus ſainte ; puiſque c'eſt ſur ces Autels
qu'on immole l'Agneau ſans tache , & qu'on fait un ſacrifice à Dieu de la
plus ſainte Victime qui puiſſe eſtre au monde. Or ces onctions ſont employées dans une grande partie des ceremonies de l'Egliſe , comme dans pluſieurs de ſes Sacremens , & dans l'ordination des Preſtres , leſquels par là
deviennent des perſonnes ſacrées , qui aprochent de plus prés de Dieu , &
qui ſont enſuite diſtinguez du commun des hommes. Mais il faut ajouter que
le Chrétien , qui eſt le temple du Dieu vivant , reçoit auſſi l'onction qui ſert
dans le Sacrement de Confirmation , pour lui inſpirer la force de faire une
profeſſion publique & declarée de ſa Religion , de mépriſer l'opinion &
les ſentimens du monde , qui nous empêchent d'eſtre entiérement à Dieu. En
effet , la profeſſion de Chrétien a mille obſtacles à vaincre , mille ennemis à
combattre , mille aſſauts à ſoutenir ; parce que la ſéparation qu'on eſt obligé
de faire avec le monde , & avec tout ce qu'il a de charmes , demande de la
force & du courage ; & il faut que Dieu les lui inſpire par l'onction intérieure de la grace , autrement ce temple ſeroit bientôt ſoüillé & profané ; &
le demon comme le fort armé , dont il eſt parlé dans l'Evangile , aprés en
avoir été chaſſé , y retourneroit en compagnie de ſept autres plus détermi-
nez que lui , & rentreroit dans ſa premiere demeure. C'eſt pourquoi il n'y a

point de vertu plus neceffaire à un Chrétien que la force, qui eft reprefentée par l'onction ; fans cette force, toutes les autres vertus qui ornent ce Temple, feroient défectueufes ; la prudence agiroit fouvent contre fon devoir, fi la force ne lui donnoit du courage, & de la conftance dans l'execution de fes deffeins ; la juftice fe laifferoit corrompre, fi elle ne l'animoit ; la temperance cederoit aux plaifirs, & feroit bientôt vaincuë dans cette guerre, que lui livre la volupté, fi la force ne la faifoit refifter à tous les charmes des plaifirs, & la crainte de nous attirer le mépris où la cenfure des hommes arrêteroit nos meilleures refolutions, fi nous n'étions foutenus d'une force chrétienne, contre le refpect humain, qui eft le plus dangereux ennemi de la pieté ; de maniere que fans la force, toutes les vertus feroient foibles, de peu de durée, de peu de fecours, de peu de refiftance. *L'Auteur des Sermons fur tous les fujets.*

L'illumination & la benediction dont on fe fait dans cette ceremonie, ont auffi du rapport avec nos ames.

On connoît le raport des Temples materiels avec nos ames, par le refte des ceremonies qu'on obferve dans la confécration de ces deux fortes de Temples, pour être la demeure digne d'un Dieu ; ce font l'illumination & la benediction. On éclaire les Temples par les flambeaux qu'on y allume, comme pour marquer que c'eft là où Dieu repand fes lumieres ; & les benedictions que l'on y fait dans tous les endroits, nous aprennent qu'il n'y a rien qui ne foit faint & confacré. Or, à la vûë de ces ceremonies toutes myfterieufes, faifons reflexion ; premierement, que par tout ailleurs le Prince des tenebres exerce le pouvoir qu'il a fur les hommes, il les féduit par de fauffes lumieres, ou il les aveugle par d'épaiffes tenebres, qui leur dérobent les connoiffances les plus neceffaires pour penfer, comme ils doivent, à leur confcience & aux affaires de leur falut. Mais c'eft ordinairement dans les Temples que Dieu les éclaire, & qu'il les comble de graces & de benedictions ; il veut que ce foit là particulierement, que nous répandions la lumiere de nos bonnes actions par les exemples de pieté & de Religion, que nous y ferons paroître, qui édifient tout le monde, afin que Dieu foit glorifié, & que fon Nom en foit beni. *L'Auteur des Sermons fur tous les fujets.*

Comme les Eglifes materielles font éloignées de tout ufage profane, de même auffi nos ames qui font les Temples vivans de Dieu, doivent pratiquer toute fainteté.

Comme nous avons remarqué, avec faint Bernard, que nôtre ame devient le temple de Dieu, étant confacré par les mêmes ceremonies, qui s'obfervent dans la dedicace des Temples ; je dis encore avec le même Saint, qu'en vertu de cette confécration, non-feulement elles doivent être éloignées de tout ufage profane ; mais encore qu'elles doivent en quelque maniere pratiquer les mêmes fonctions qui s'exercent dans les temples materiels, afin de mener une vie chrétienne & toute fainte. Je raporte ces exercices à trois principaux, qui font plus capables de nous fanctifier, & de nous rendre de dignes temples de la divine Majefté ; fçavoir, le facrifice qui s'offre dans ces lieux faints, la priere à quoi ils font particulierement deftinez, & enfin la parole de Dieu qu'on y annonce, & qu'on y vient écouter ; voilà les ufages aufquels les Temples font employez enfuite de leur dedicace & de leur confécration ; & ce font ceux-là mêmes, aufquels nos ames doivent particulierement être employées, en qualité de temples vivans, que le Dieu de fainteté a choifi pour fa demeure. *L'Auteur des Sermons fur tous les fujets.*

Nos Temples font les lieux où l'on offre à Dieu le facrifice de la nouvelle Loi, comme vous fçavez, ainfi que dans l'ancienne, le Temple de Salomon étoit l'unique lieu, où il fût permis d'offrir des facrifices à Dieu; or, un Chrétien enfuite de la confécration que Dieu a faite de fon ame, doit offrir à ce même Dieu un facrifice continuel de foi-même, & devenir en quelque façon le Prêtre, l'Autel, & la Victime, auffi bien que le Temple du Dieu vivant: *Obfecro vos, ut exhibeatis corpora veftra hoftiam viventem,* dit le même Apôtre, qui nous a apris que nous étions les temples de Dieu; auffi eft-ce une conféquence de fa doctrine; mais quel eft ce facrifice que nous devons faire? Car tous les Chrétiens ne font pas les Miniftres du Seigneur, tous n'ont pas reçû la puiffance d'offrir le Sacrifice non fanglant du Corps & du Sang d'un Dieu: mais outre qu'ils peuvent du moins le lui prefenter avec le Prêtre qui l'immole, ils font tous Prêtres d'une autre maniere, & il n'y en a point qui ne lui puiffent faire d'autres facrifices, qui lui font extrémement agréables; ce qui fait que faint Pierre, dans l'éloge qu'il fait des premiers Chrétiens, les apelle un facerdoce Royal: *vos verò, genus electum, gens fancta, regale facerdotium. L'Auteur des Sermons fur tous les fujets.*

Les Eglife aprés leu confécrati font deftin au facrifice de la nouve le Loi.

Rom. 11.

1. Petr.

Pour s'acquitter de l'office de Miniftres, il n'eft pas neceffaire de fe tranfporter dans nos Eglifes, ni de chercher d'autres temples que nous-mêmes; nous pouvons offrir autant de facrifices, qu'il y a de paffions, qui fe foulevent dans nôtre cœur: & comme nous pouvons eftre les Preftres & les Victimes tout à la fois, nous lui devons facrifier toutes les puiffances de nôtre ame. Car l'entendement lui doit eftre immolé par la foi, en renonçant aux lumieres de fa raifon, pour les foumettre à l'autorité de la parole d'un Dieu, nous devons faire un facrifice entier de nôtre volonté, de nos fens, & de toutes nos puiffances, en leur interdifant l'ufage de tout ce qui eft contre les ordres & les Loix de Dieu; il faut que nôtre corps devienne une hoftie vivante, à qui l'on donne tous les jours la mort, par une continuelle mortification. Et comme toutes les bonnes œuvres, l'aumône, la charité du prochain, les jeûnes & les autres aufteritez, portent le nom de facrifice dans l'Ecriture fainte; un Chrétien ne peut manquer de victimes pour offrir à Dieu, non plus que de temple, puifqu'il trouve l'un & l'autre dans lui-même; & parce que dans tout facrifice, il faut qu'il y ait une efpece de mort & de deftruction de la victime; un Chrétien fait un facrifice de foi-même, dès-lors qu'il veut mener une vie fainte, felon les regles & les maximes de l'Evangile. *Le même.*

Comme nos ames font les Temples de Dieu, nous pouvons offrir à Dieu autant de facrifices qu'il y a de paffions qui fe foulevent contre nous,

Si cette fonction à laquelle les Temples font deftinez, eft fi fainte; la feconde qui eft la priere, ne l'eft pas moins; puifque le Sauveur même apelle fes Temples une maifon d'oraifon, comme étant particulierement deftinez à cela: *Domus mea, domus orationis eft.* Et c'eft le fentiment de tous les peuples, lorfqu'ils bâtiffent un Temple à quelque Divinité, quelle qu'elle puiffe eftre, d'en faire un lieu propre pour l'invoquer, & pour y reclamer plus efficacement fon fecours dans leurs befoins, de maniere qu'on ne peut douter que les Temples ne foient faits & confacrez pour y offrir nos prieres à Dieu; & l'Eglife, dans la Meffe qu'elle celebre à la folemnité de leur dedicace, fe fert de ces paroles, & de ce motif, pour nous porter à les frequen-

Les Eglifes aprés leur confecration, font deftinées à la priere. Matth. 11.

Matth 7.

ter : *Domus Dei eſt , omnis qui in eâ petit accipit.* C'eſt la maiſon de Dieu ; celui qui y vient & qui y prie, y reçoit l'effet de ſes prieres ; parce que Dieu les écoute plus favorablement en ce lieu-là, que dans tout autre, comme étant plus particulierement deſtiné à cet uſage, établi ou accepté de Dieu pour un exercice ſi ſaint. Ce qui a fait dire à un ſaint Pere, que tout y prie en quelque maniere, parce que tout ce qu'on y voit nous porte, & nous invite à la priere. *Le même.*

Nous devriōs prier plus ſouvent dans les Temples, qui ſont conſacrez à Dieu.

Si la priere n'eſt autre choſe qu'un ſaint commerce de l'ame avec ſon Dieu, & de Dieu avec cette ame ; un Chrétien peut-il penſer que Dieu demeure en lui d'une maniere ſi particuliere & ſi réelle, ſans lui parler, ſans l'entretenir, ſans s'adreſſer du moins à lui, & ſans l'écouter ? N'eſt-il pas étonnant, qu'un exercice qui devroit eſtre continuel, & preſque jamais interrompu, autant que la foibleſſe de nôtre nature le peut permettre, ſoit aujourd'hui ſi rare, & ſi peu d'uſage, qu'il ſemble que ce ſoit la derniere choſe, à quoi l'on penſe, ou du moins un emploi, auquel on ne deſtine que ce qui nous reſte de tems de nos occupations ordinaires, au lieu qu'il devroit eſtre la premiere & la plus importante de toutes ? Car pour cela il n'eſt point neceſſaire de paſſer les jours & les nuits dans une Egliſe, pour y trouver Dieu, & pour lui parler dans ſa maiſon ; nous ſommes nous-mêmes ſon Temple, & pour le prier, pour nous conſulter dans nos doutes, pour nous adreſſer à lui dans nos beſoins, nous n'avons qu'à rentrer en nous-mêmes, & là nous recüeillir en ſa preſence, lui ouvrir nôtre cœur, lui expoſer nos miſeres, & le beſoin que nous avons de ſon ſecours. C'eſt cette priere d'eſprit, qui a toûjours fait l'emploi le plus ordinaire des Saints ; c'eſt cet eſprit d'oraiſon, ſi neceſſaire à tous ceux qui veulent faire quelque progrès dans la vertu ; c'eſt enfin ce commerce mutuel que les hommes peuvent avoir avec Dieu, qui leur donne audience à toute heure, & à tout moment. *L'Auteur des Sermons ſur tous les ſujets.*

L'ame étant le Temple de Dieu, on peut le prier par tout.

Il me ſemble que le Sauveur nous peut dire maintenant, ce qu'il répondit autrefois à la femme Samaritaine, ſur la queſtion qu'elle lui avoit faite, ſi c'étoit dans le Temple de Jeruſalem, ou bien ſur une montagne, où les anciens Patriarches avoient ſacrifié, qu'il falloit adorer la Majeſté divine ; que le temps étoit venu, auquel la priere étoit indépendante des lieux ; puiſqu'on pouvoit par tout adorer Dieu en eſprit & en verité : ce qui veut dire, que l'ame étoit ſon temple, qu'il rempliſſoit de ſon eſprit. Ainſi prier, ce n'eſt pas faire de longs diſcours, ce n'eſt pas non plus ſe proſterner en terre, ni lever les mains au Ciel ; mais c'eſt parler à Dieu beaucoup plus de cœur, que de bouche ; enſorte que la priere ſoit le cri & la voix du cœur même, qu'elle en explique les ſentimens, les affections, & les deſirs ; que l'oraiſon enfin ſoit embraſée de ce feu ſacré, dont parle le Prophete : *Concaluit cor meum , & in meditatiōne meâ exardeſcet ignis.* L'Auteur des Sermons ſur tous les ſujets.

Pſal. 38.

Les Egliſes après leur conſecration, ſont deſtinées à la parole de Dieu.

Les Egliſes, après leur conſecration, ſont deſtinées à la parole de Dieu qu'on y prêche, & qu'on y entend. Cet emploi, ſans doute, eſt digne du nom qu'ils portent, d'eſtre la maiſon de Dieu, où l'on parle de lui, où ſes loüanges retentiſſent ſans ceſſe, où l'on vient pour aprendre ſes volontez, &

pour eftre inftruit de fes devoirs ; auffi eft-ce y marquer de refpect que d'y parler d'autre chofe. La parole de Dieu retentit prefque dans toutes les Eglifes après leur confécration ; mais c'eft pour les Temples vivans qu'elle eft annoncée : c'eft là qu'elle eft reçûë , meditée , conçûë , pratiquée , comme étant une parole de falut , ainfi que l'apelle l'Apôtre ; & de plus , c'eft celle qui nous engage , & qui nous anime à nous acquitter de toutes les autres obligations ; puifque c'eft par fon moyen que nous en fommes inftruits. De forte que comme les Temples font confacrez , afin d'eftre un lieu propre , pour annoncer cette divine parole aux peuples ; de même c'eft de l'un des principaux devoirs d'un Chrétien , c'eft de l'écouter , afin d'éclairer fon efprit , & entretenir le feu divin dans le fanctuaire de fon cœur. D'ou il s'enfuit , que fi c'eft encore un effet de la parole de Dieu de nous détacher des chofes de la terre , pour nous attacher uniquement à Dieu ; de même c'eft marquer qu'on eft entiérement à Dieu , & que nôtre ame eft veritablement fa demeure & fon temple , que de goûter cette parole , de la mediter , & de la mettre en pratique ; parce que c'eft montrer qu'on eft détaché de la bagatelle , des amufemens & des foins de ce monde pour ne s'occuper que de Dieu. *Le même.*

Nos ames , en vertu de la confécration qu'elles ont reçûë au Baptême, doivent reprefenter la confécration des Temples : d'un côté , elles doivent eftre tirées des ufages profanes du monde , & de tout ce qui eft capable de les foüiller ; de l'autre , elles doivent eftre apliquées aux ufages les plus faints , c'eft-à-dire , à travailler à la gloire de fon Nom : & c'eft pour cela que comme on celebre la Dedicace des Eglifes , pour conferver le fouvenir de leur confécration , & pour imprimer plus profondement dans l'efprit des fidéles , que ce font des lieux faints , où ils ne doivent pas faire les mêmes actions qu'ils feroient dans les maifons particulieres ; parce que ces Eglifes font devenuës la maifon de Dieu ; auffi faut-il conclure par la reflexion de faint Bernard , fur ce fujet : *Veftra eft , fratres , veftra eft hodierna celebritas.* La dedicace de cette Eglife eft vôtre fefte , puifque vous eftes autant de temples confacrez à Dieu. Et comme les pierres , & les autres materiaux, dont ce Temple eft bâti , étoient auparavant indifferens d'eux mêmes à eftre employez à la conftruction d'un Palais , ou d'une Eglife ; mais que par la confécration qu'en a fait le Pontife , ils ont été tirez de tout ufage commun ; de même nous , qui avant nôtre baptême , étions fous la puiffance du demon , efclaves du monde , des vafes de colere , & éloignez de Dieu ; maintenant que nous fommes confacrez à Dieu , deftinez à fon culte & à fon fervice , en qualité de fes temples , donnons-nous bien de garde de les profaner par une vie toute mondaine. Quel crime , & quel facrilege ne croirions nous point avoir commis , fi nous avions fait quelque action indecente dans une Eglife ? ou bien fi nous nous étions fervi des vafes facrez dans un feftin de débauche , comme fit autrefois Balthafar ? Les Miniftres des Autels s'animeroient fans doute d'un jufte zele contre cette profanation; la juftice des hommes en voudroit connoître , pour prevenir la vangeance de Dieu fur tout le peuple. He ! que fera-ce donc du Temple vivant que Dieu a choifi pour fa demeure ? Dieu fouffrira-t-il que le corps & l'ame d'un Chrétien , qui font devenus fes temples , par une confécration fi folemnelle,

Nos ames ayant reçû le baptême, doivent reprefenter les Temples après leur dedicace.

foient foüillez de mille ordures ? Dieu aura-t-il moins de zele pour fes Temples fpirituels, qu'il en a eu de tout tems pour les Temples materiels ? Et les profanations des uns font-elles moins criminelles que celles des autres ? *Si quis violaverit templum Dei, difperdet illum Dominus.* Protefte-t-il par la bouche de l'Apôtre faint Paul ; celui qui violera ou profanera le Temple de Dieu, le Seigneur le perdra, & le regardera comme l'objet de fa jufte vangeance. *L'Auteur des Sermons fur tous les fujets.*

SUR LES INDULGENCES
ET LE JUBILÉ

AVERTISSEMENT.

CE n'est pas aßez de sçavoir que le Fils de Dieu a laißé à son Eglise, c'est-à-dire, à ses Apôtres & leurs Succeßeurs, & à ses principaux Ministres, le pouvoir de remettre les pechez, en quelque nombre, & de quelque nature qu'ils soient, si l'on est persuadé que la misericorde de ce Sauveur s'est encore étenduë jusqu'à remettre la peine qui est dûë à ces mêmes pechez, après même qu'ils sont pardonnez quant à l'offense & à la coulpe, par le Sacrement de Penitence ; ce qu'on apelle Indulgence & Jubilé, selon le tems, l'occasion, les raisons & les vûës des Souverains Pontifes & des Prelats, dans les bornes du pouvoir qu'ils ont reçu, & que l'Eglise reconnoît.

On ne repetera point en parlant de ce sujet, ce que nous avons re-cüeilli au Tome cinquiéme de la Bibliotheque des Prédicateurs, ni les contestations, les troubles & les heresies mêmes, qui se sont élevées dans les deux derniers siécles, à l'occasion des Indulgences ; mais seulement du bien-fait inestimable de Dieu envers son Eglise, en lui accordant ce pouvoir : nous nous étendrons sur le peu de cas qu'en font la plûpart des Chrétiens ; ce qui a souvent obligé les souverains Pontifes à les revoquer ; mais quelle que soit la negligence des fideles sur ce point, nous devons profiter de cette occasion, afin de satisfaire à peu de frais à la justice de Dieu en cette vie, pour des pechez qu'il faudra expier dans l'autre, par des an-nées, & peut-être par des siécles entiers de très rudes suplices. De plus, nous tâcherons d'exciter la vigilance des Chrétiens à ne pas rendre inu-tiles à leur égard, un si précieux tresor ; mais d'en faire l'usage que l'E-glise souhaite en nous l'accordant si liberalement.

✱✱✱✱✱✱✱✱✱✱·✱✱✱✱✱✱✱3✱✱✱✱✱✱✱✱✱✱✱✱✱✱✱

SUR LES INDULGENCES
ET LE JUBILÉ.

Par les Indulgences les peines dûës aux pechez déja pardonnez, font remiles.

LA creance des Catholiques a toûjours été que le Fils de Dieu a donné à l'on Eglise le pouvoir de délier le pecheur penitent, non-feulement des liens de fes pechez, par les mérites de la Paffion de Jefus-Chrift qu'on lui aplique au Sacrement de Penitence ; mais auffi des liens de la peine qu'il devoit fubir en ce monde ou en l'autre ; afin de fatisfaire à la juftice divine, pour les pechez qu'il commet après le Baptême ; c'eft ce qui s'apelle Indulgence, & l'on ne la donne jamais qu'en fatisfaifant pleinement à Dieu, par le prix infini des fouffrances de fon Fils qu'on lui offre, pour le payement de cette dette. C'eft ainfi que faint Paul, à la priere de ceux de Corinthe remit à cet Inceftueux qu'il avoit excommunié, le refte de la peine qu'il devoit fouffrir pour un fi grand crime ; & que les Evêques des premiers fiécles rendoient la paix aux Apoftats, & les reconcilioient à l'Eglife, en leur abregeant le tems de la penitence canonique, par l'interceffion des Martyrs, & en confideration de leurs fouffrances, jointes à celles du Sauveur du monde, qui les rendoient précieufes devant Dieu. *Tiré de l'hiftoire de l'Arianifme, Tome 1.*

L'ufage des Indulgences auroit été par les fouverains Pontifes, & par les Conciles.

L'ufage des Indulgences qui a toûjours perfeveré dans l'Eglife, après les perfécutions, fe trouve autorifé, non-feulement par les anciens Papes, comme faint Gregoire, felon la remarque de faint Thomas, & Leon III. mais auffi par les Conciles de Nicée, d'Ancyre, & de Laodicée ; par celui de Clermont, où l'on commença à donner l'Indulgence pour les Croifades ; & par ceux de Latran, de Lyon, de Vienne, & de Conftance. Clement VI. dans fa Decretale, ou Conftitution, reçûë generalement de toute l'Eglife, déclare en expofant ce dogme de la foi, que Jefus-Chrift nous a laiffé un trefor infini de merites, & de fatisfactions furabondantes de fa Paffion, de celles de la fainte Vierge, qui fut l'innocence même, & des Saints, qui ont fatisfait par leurs penitences volontaires, ou par leur martyre, beaucoup au-delà de ce qu'ils avoient merité de peines, pour leurs pechez remis au Sacrement de Penitence. De plus, que les Pafteurs de l'Eglife, & fur-tout les Papes, qui font les fouverains difpenfateurs de ce trefor, le peuvent apliquer aux vivans par la puiffance des Clefs, & aux morts par la voye de fuffrage, pour les délivrer de la peine dûë à leurs offenfes, en tirant, & offrant à Dieu ce trefor, autant qu'il en faut pour fatisfaire à cette dette. *Le même.*

Les abus qui avoient coutume de fe glifler dans la diftributió des Indulgences.

Il faut avoüer néanmoins, que comme l'on peut abufer des chofes les plus faintes, & le plus faintement établies, il s'eft auffi gliffé de tout tems d'affez grands abus, dans la diftribution de ces graces de l'Eglife, ou de ces Indulgences. En effet, faint Cyprien s'eft plaint affez fouvent de ces abus ; tantôt de ce que les Martyrs donnoient fans difcernement leurs lettres à toutes

fortes

fortes de pecheurs ; tantôt de ce que les Evêques leur accordoient trop tôt, & trop facilement ces Indulgences ; & quelquefois même de ce que de simples Prêtres avoient eu la presomption de donner l'Indulgence qu'il n'apartenoit qu'aux Evêques d'accorder. Surquoi Tertullien , Novatien, & quelques autres qui les ont suivis dans une conduite si déraisonnable, au lieu de s'attacher précisément aux abus, pour arracher, s'ils pouvoient du champ de l'Eglise , cette yvraye qui nuisoit au bon grain, ont attaqué les Indulgences mêmes, contre lesquelles ils se sont furieusement emportez , ne voyans pas,par un aveuglement volontaire & très criminel,que le mauvais usage qu'on peut faire de ce qu'il y a de plus sacré dans la Religion , ne donne pas droit de s'en prendre, comme ils ont fait brutalement, à la chose sainte dont on abuse. Or c'est là justement ce que l'Auteur du schisme & de l'heresie dont on parle, fit à cette occasion. *Tiré de l'Histoire de l'Arianisme , Tome premier.*

Ce que faisoient autrefois les Chrétiens pour obtenir le pardon de leurs pechez.

Nous aprenons de Tertullien, dès le second siécle, & des autres Peres, qui ont vécu vers ce tems-là, que c'étoit la coutume des Penitens, de courir aux prisons de ceux qui devoient souffrir le martyre pour les conjurer de leur faire part du mérite de leurs souffrances ; de sorte que , quand ces Penitens pouvoient, à force de prieres, obtenir des lettres ou des attestations qu'on leur avoit accordé cette grace, ils les portoient aussi-tôt aux Evêques; cela étoit reçu en deduction des peines canoniques qui leur avoient été imposées. Nous voyons même que saint Paul en usa de la sorte envers un Corinthien incestueux, à qui il remit, à la priere de l'Eglise de Corinthe, une partie des peines qu'il lui avoit imposées ; & cet Apôtre témoigne qu'il le fait en qualité de Ministre du Seigneur , comme representant la personne de Jesus-Christ même, & par le pouvoir qu'il en avoit reçu de lui. L'Indulgence n'est donc point une nouvelle institution, comme le publient les Heretiques ; ils peuvent seulement inferer , que l'usage en est un peu plus fréquent aujourd'hui, qu'il ne l'étoit alors : ce que l'Eglise, qui est la dépositaire de ce trésor, a jugé necessaire en ce tems, auquel la premiere ferveur du Christianisme est ralentie, afin d'exciter par là les Chrétiens à la penitence, & d'expier leurs pechez en cette vie ; ce qui se fait par cette satisfaction abregée & racourcie, comme parle saint Cyprien : *Non per momenta temporis , sed compendio gratiæ maturatur. L'Auteur des Sermons sur tous les sujets.*

Les Indulgences sont des remedes faciles & salutaires.

De quel pretexte, M. pouvez-vous couvrir vôtre lâcheté, si pour guerir de si grands maux, vous negligez un remede si facile, qui vous épargne avec les longueurs de la maladie, les douleurs qu'elle vous causeroit, & la rigueur des autres remedes encore plus facheux, qu'il y faudroit necessairement employer ? S'il falloit faire de longues & de rudes penitences, s'il falloit jeûner au pain & à l'eau tous les jours de vôtre vie, gemir sur la cendre & sous le cilice, distribuer tous vos biens aux pauvres, & verser une partie de vôtre sang, par tous les autres instrumens que la charité ingenieuse a inspiré à tant de saints Penitens ; ce seroit encore une grace signalée de vous donner le tems, & le moyen d'expier vos pechez en cette vie, plûtôt que d'attendre dans l'autre, où Dieu les punit en juge sévere & irrité. Il pouvoit ce Dieu juste, vous obliger à toutes ces satisfactions ; & ce seroit encore une effet de fa mifericorde & de fa bonté de vous laiffer faire à vous-mêmes la punition de vos crimes ; mais par une feconde mifericorde , il vous difpenfe de ces rigueurs , & de ces aufteritez qui vous effarouchent ; il vous ouvre le trefor de fes mérites , & le bain de fon Sang , pour vous fervir d'un fecond baptême ; il abrege & reduit à peu de jours , la longueur des peines que vous méritez ; en un mot , il exige fi peu de vous , que vous eftes inexcufables , fi vous ne vous prevalez d'une fi favorable occafion. Refuferezvous le peu qu'il exige de vous , & que vous devez contribuer de vôtre part , pour joüir de cet incomparable bienfait ? Non , & vous uferez, je m'affure , d'une plus fage précaution , qui eft de vous aquitter fidélement des conditions , fous lefquelles ces Indulgences vous font accordées , afin de ne pas vous priver par vôtre faute , d'une fi glorieufe faveur. *Le même.*

Les Indulgences font une fatisfaction abregée des peines que l'on devroit fouffrir pour les pechés commis.

Il y a encore un autre avantage que l'on retire des Indulgences ou Jubilé, qui me les fait apeller une fatisfaction abregée ; parce que non-feulement elle eft plus entiere & plus parfaite ; mais encore s'acheve en moins de tems : car quoique le peché fe commette fouvent en un inftant , vous fçavez néanmoins que fa malice eft de telle nature , qu'elle engage le pecheur à une éternité de peines ; & qu'encore que dans le Sacrement de Penitence , la peine foit changée , & que d'éternelle qu'elle eût été , Dieu fe contente d'une fatisfaction de peu de durée , que nôtre ferveur peut même encore reduire à un moindre efpace de tems . Cependant fi la durée de la penitence eft peu de chofe , comparée à l'éternité des fuplices ; que mériteroit un feul peché mortel , elle n'eft point fi peu confiderable , que de la maniere dont s'y prennent la plus grande partie des pecheurs aujourd'hui , elle ne leur doive paroître rude & fâcheufe ; il ne faut que lire les anciens Canons , pour y aprendre que dans la primitive Eglife , on exigeoit des huit & dix années de penitence pour de certains pechez , pour lefquels à peine le plus rigide Confeffeur , impoferoit-il quelques femaines d'abftinences , & d'autres aufteritez. Que gagne-t-on donc par le Jubilé & les Indulgences ? Ils abregent la peine qui eft dûë à nos pechez : *Compendium pœnæ* , comme l'apelle un faint Docteur ; on paye en peu de tems , ce que nous n'euffions jamais peut-eftre pû aquitter durant toute cette vie , & ce qui nous auroit engagé à fatisfaire dans l'autre , durant plufieurs années. Et c'eft la principale raifon qu'a eu l'Eglife d'établir l'ufage des Indulgences , comme nous l'aprenons de faint Cyprien , & des plus anciens Peres , & même du Concile de Nicée. Ce qui fuffit pour convaincre de mauvaife foi nos Heretiques , qui le diffimulent , & qui foutiennent que c'eft une coutume introduite dans l'Eglife , & inconnuë avant le huitiéme fiécle. Il faut donc fçavoir que dans la premiere ferveur du Chriftianifme , on impofoit aux pecheurs , pour la fatisfaction de leurs crimes des peines tout autrement féveres , & pour la durée , & pour la rigueur , qu'on ne fait aujourd'hui ; mais comme les perfécutions vinrent à s'élever , & que les Chrétiens penitens avoient befoin de fe fortifier contre la crainte de la mort , & contre la violence des tourmens , dans le continuel danger où ils étoient d'eftre arreftez & traînez aux fuplices ; l'Eglife relâcha de la premiere féverité en leur faveur , & ufa de la voye d'Indulgence , en leur remettant le refte de leurs peines ordonnées par les Canons , & en les dmettant à la participation des saints Mysteres , dont ils étoient privez durant le tems de leur penitence publique , afin qu'ils fussent plus forts & plus courageux à souffrir le martyre. *L'Auteur des Sermons sur tous les sujets.*

Il est vrai , M. que l'Eglise a toûjours apellé la Penitence un second baptême , parce que c'est le nom , qui exprime mieux sa nature & ses effets ; car enfin si l'un est la premiere regeneration d'un Chrétien , l'autre est une seconde naissance , qui nous rend la même vie divine , que nous avions perduë par quelque nouveau peché ; l'un & l'autre efface tous nos crimes , & les lave dans le Sang du Sauveur : & en un mot , il y a un tel raport entre les deux , qu'ils empruntent réciproquement le nom l'un de l'autre ; que le baptême s'apelle quelquefois Penitence , & la Penitence un second , & un nouveau baptême ; ce qui a fourni aux Heretiques un pretexte assez mal fondé , de les confondre ; mais nonobstant leur ressemblance , il y a toûjours cette difference essentielle , qui se fait assez sentir ; que l'un est baptême de justice & de rigueur , & l'autre de douceur & de misericorde. Mais , M. dans le Jubilé , que je puis apeller un baptême d'indulgence , il se fait comme un juste temperamment des deux autres ; & pour ainsi parler , un milieu entre ces deux extrêmitez. La Penitence y entre , & y mesle quelque chose de sa séverité ; puisqu'il faut accomplir quelques œuvres penibles , jeûner , prier , faire des aumônes , ce sont des conditions sous lesquelles le Jubilé nous est accordé. Mais il tient encore davantage de la facilité & de l'efficace du baptême , puisqu'il remet toute la peine duë à nos pechez ; & que ce n'est point sur le mérite de nos satisfactions , qu'est fondé le pardon de nos crimes ; mais sur celles du Sauveur , qui ayant offert à son Pere Eternel , un prix infini , & incomparablement au dessus de nos dettes ; ce qui reste de ces satisfactions , & pour ainsi parler , le surplus de ce prix surabondant , est comme le fond public , & le tresor inépuisable qui suffira toûjours pour payer ces dettes , quelque immenses qu'elles puissent estre. *L'Auteur des Sermons sur tous les sujets.*

Ce qui fait éclater la misericorde d'un Dieu dans le relâchement qu'il fait , des droits de sa justice , c'est que cette aplication qui nous en est faite , va à la décharge de nos dettes personnelles ; comme si vous deviez une somme immense , & que vôtre créancier se contentât de la centiéme partie , en vous disant qu'un autre a aquitté le reste pour vous. C'est ce que j'ai apellé un baptême d'Indulgence , qui n'est pas tout-à-fait comme celui , qui nous remet & l'offense , & la peine du peché originel , sans y rien contribuer de nôtre part , ou bien sans y contribuer autre chose qu'un acte de douceur , que l'on exige des Adultes. Celui-ci ne remet que la peine ; mais il la remet par une satisfaction presque toute étrangere , puisque nous n'avons qu'à recourir à ce tresor , puiser dans cette source , & prendre tout ce qui nous est necessaire dans ce fond , qui est ouvert en ce tems à tous les fidéles , à proportion de leurs besoins ; comme dans le baptême , celui qui le recevroit après la vie la plus criminelle du monde , n'y recevroit pas moins la remission de toutes les peines duës à ses pechez , que celui qui n'auroit que le seul peché originel : or ce nouveau baptême , dont nous parlons , a cet avantage , même sur l'ordinaire ; qu'il peut estre réiteré & reçû plusieurs fois , puisque les Indul-

(marginalia :) La penitence est un second baptême , on y peut satisfaire par les Indulgences.

(marginalia :) Dieu fait éclater sa misericorde par les Indulgences , en relachant des droits de sa justice

gences font frequentes, & que le Jubilé, qui au commencement ne s'accordoit qu'à la fin de chaque fiécle, s'accorde aujourd'hui en mille autres occafions, & toutes les fois que le Difpenfateur de ce trefor le juge à propos *Le même.*

Les Indulgences de l'ancienne Loi, font des figures de celles de la nouvelle.

Ne croyez pas, M. que l'Eglife Chrétienne recommence à judaifer, quoi qu'on y annonce une femblable année de remiffion & de Jubilé, qui a tan de raport à cette ceremonie de l'ancienne Loi, pour marquer ce qui devoi s'accomplir en verité dans la nouvelle ; difons plûtôt que ce tems fi favorable aux criminels, & cette année d'Indulgence & de remiffion, étoit l'ombre & la figure du Jubilé que l'Eglife nous annonce de tems en tems, auquel les liens de nos pechez font rompus ; ceux qui gemiffent depuis long tems fous la fervitude honteufe de leurs paffions, vont joüir d'une heureufe liberté, & toutes nos dettes étant remifes, il ne tiendra qu'à nous de recouvrer la grace, & de rentrer dans le droit que nous avions fur l'heritage du Ciel. Jugez, M. fi cette heureufe nouvelle, que les Predicateurs de l'Evangile vous annoncent en ce faint tems, doit eftre reçûë avec un exrraordinaire fentiment de joye ; pour moi j'efpere que comme vous vous difpofez à écouter tous ces avantages, avec une particuliere attention, vous vous apliquerez encore avec plus de foin à vous mettre en état d'en joüir. *L'Auteur de. Sermons fur tous les fujets.*

Les avantages que l'on retire des Indulgences & du Jubilé.

Pour vous reprefenter d'abord, les avantages du Jubilé que l'Eglife accor de à tous les Chrétiens en cet heureux tems ; je crois qu'il n'eft pas befoin de vous inftruire fort au long, mais plûtôt de préfupofer qu'il y a deux chofes dans le péché qui en font inféparables ; fçavoir, l'offenfe que nous commettons contre la divine Majefté, & la peine ou l'obligation qui demeure, de fatisfaire à fa juftice, après avoir reçû le pardon de l'injure qu'on lui a faite Or, que fait l'Indulgence & le Jubilé, qui font deux chofes qui ne font differentes que de nom, & diftinguées feulement par quelques ceremonies ou quelques formalitez plus folemnelles & plus authentiques ? L'effet, M. de l'Indulgence ou Jubilé, ne tombe, comme vous fçavez, que fur les peines düe à nos pechez, pour lefquels nous devons indifpenfablement fatisfaire par quelque voye que ce foit. Mais voici le bien & l'avantage que l'Eglife nous accorde dans ce Jubilé, pour le pouvoir qu'elle a reçû du Fils de Dieu, qui l'a fait la dépofitaire de fa puiffance, & de fes graces à cet égard ; c'eft d'obtenir une entiére & parfaite remife des dettes que nous n'euffions aquittées, qu'à peine par nos bonnes œuvres penibles & difficiles ; c'eft de fatisfaire en peu de tems pour ce qui auroit demandé des années entiéres d'une penitence volontaire ; c'eft enfin de fatisfaire à peu de frais, pour des pechez qu'il eût fallu peut-eftre expier en l'autre vie par toutes les rigueurs de la juftice d'un Dieu offenfé. Ce qui fait dire à quelques Docteurs, que c'eft comme un baptême réiteré, à caufe de fa facilité & de fon efficace ; une fatisfaction abregée, qui nous aquitte en peu de tems, de ce qu'il faudroit payer par de longues & de rigoureufes fouffrances, & enfin une juftice mifericordieufe, qui fe contente de peu de chofe, pour un grand nombre de griefs pechez. *Le même.*

Les Indulgences nous

La grace fanctifiante, qui eft le premier fruit du Sacrement de Penitence rend bien au Chrétien la vie divine, & la qualité d'enfant de Dieu ; mais elle ne le délivre pas du mal de la peine, à laquelle on reste obligé, même *preservent* après que par l'efficace de l'absolution, on a été délivré de l'offense, & la- *des peines* vé de la tache du peché. Il est bien vrai que cette dette n'est pas éternelle, *dües à nos* comme est la dette de ces miserables, qui finissent leur vie en état de peché *pechez.* mortel; lesquels payeront éternellement, & seront neanmoins éternellement débiteurs, à la justice Divine; parce qu'ils n'aquitteront jamais leurs dettes, quoique leur payement soit éternel, & que leurs peines soient infinies dans leur durée; ce qui ne se peut pas dire de l'obligation de souffrir ce qui reste à payer après une bonne Confession; puisqu'à même tems que l'on recou-vre la grace de Dieu, l'on est dégagé des peines de l'enfer; mais helas! qui est-ce qui peut comprendre quelle est la rigueur des peines du Purgatoire. *Livre intitulé: la Maison de la Vierge, par le P. Rupé.*

Il est vrai que la séverité des penitences, la patience dans les adversitez, *Les Indulgen-* le bon usage des Sacremens, la pratique des vertus, l'assiduité aux bonnes *ces sont ne-* œuvres, & les efforts de la Contrition, ne sont pas des choses moins satis- *cessaires pour* faisantes, pour nous garentir des peines du Purgatoire, ou pour en abreger *pardon des* la durée, & en diminuer la rigueur, qu'elles sont méritoires pour nous pro- *fautes, que* curer la gloire du Ciel; & qu'il est de la prudence chrétienne, d'embrasser *nous cômet-* ces saintes pratiques, d'en continuer l'usage, & se faire penitence jusqu'à la *tons même* mort. Mais comme il est constant, que nos meilleures actions sont mêlées *dans nos* de mille défauts, & que la fragilité de nôtre nature engage tous les jours, *meilleures* même les plus justes personnes à quantité de fautes, il est certain aussi que *actions.* très peu de Chrétiens par le seul usage des penitences & des bonnes œuvres, évitent entiérement les peines du Purgatoire; & il faut necessairement avoüer, qu'outre la vie penitente, qui doit estre la vie de tous les bons Chrétiens, il n'est point de plus asseuré moyen, pour prevenir les peines de l'autre vie, que le soin de se prévaloir des richesses de l'Eglise, par l'exactitude à gagner les Indulgences. *Le même.*

L'absolution du Prestre nous délivre bien du peché quant à la peine; elle *L'avantage* nous établit bien dans la grace & dans l'amitié de Dieu, elle nous dégage *que les indul-* bien de l'obligation à la peine éternelle: mais elle nous laisse reliquataires à *ces nous pro-* la justice divine des peines temporelles, ausquelles il nous est absolument ne- *curent.* cessaire de satisfaire, ou pendant cette vie, ou dans l'autre, à moins que par le gain des Indulgences, ces peines ne viennent à nous estre remises. L'In-dulgence qui ne regarde purement que la peine temporelle, encouruë par les pechez, supose que les mêmes pechez soient dija effacez quant à l'offense, par l'absolution du Prestre, & elle remet la dette de cette peine entiérement ou du moins en partie. D'où il faut inferer que les personnes qui se rendent assiduës à gagner les Indulgences, font un commerce bien avantageux; puis-qu'outre le grand amas de mérite, que l'on fait en cela pour le Ciel, en ac-complissant les choses prescrites pour joüir de cette faveur, on se met en état de n'avoir rien, ou bien peu à expier par les flammes du Purgatoire. *Le même.*

Il y a dans l'Eglise un certain tresor ramassé, premierement & principa- *Le tresor des* lement des mérites & des satisfactions de Jesus-Christ & de la sainte Vierge; *Indulgences* & en second lieu, de la surabondance des satisfactions des Saints. Or, con- *est inépuisa-* ceder une Indulgence, n'est autre chose qu'apliquer ces satisfactions à ceux *ble.*

qui en ont befoin, pour les peines qui reftent après l'offenfe pardonnée dans le Sacrement de Penitence. Il faut que ce trefor foit inépuifable, puifqu'on ne ceffe de donner fouvent beaucoup d'Indulgences plenieres pour la fatis-faction des pechez des hommes. Ce trefor ne peut donc eftre épuifé, vû que les merites & les fatisfactions de Jefus-Chrift fuffifent pour tout le monde, fi elles étoient apliquées, tant pour effacer toute la peine, que l'offenfe, ainfi qu'il fe fait à l'égard des baptifez ; car tous en effet euffent été affran-chis de la peine, & nettoyez entierement de la faute & de l'offenfe, s'ils euffent été baptifez tous à la fois. Quant aux fatisfactions des Saints, il en revient encore de ce trefor, un grand furcroît, au profit de l'Eglife : car quoiqu'ils ayent été pleinement recompenfez, felon leur merite, en ce qu'ils ont reçû la gloire éternelle, néanmoins par raport à leurs fatisfactions, elles ont été fouvent de beaucoup furabondantes ; pour le moins celles de plufieurs Saints, qui n'ayans point du tout peché, comme la fainte Vierge, ou bien peu, comme faint Jean-Baptifte, & plufieurs autres grands Saints, ont cependant beaucoup enduré & fatisfait ; ainfi difoit le faint homme Job : *Je voudrois*, dit-il, *qu'on mît mes pechez dans une balance, & la calamité que je fouffre : celle-ci furpafferoit le fable de la mer. Auteur moderne.*

Il n'y a que l'Eglife Ca-tholique qui a le pouvoir d'accorder des Indul-gences
La puiffance & l'autorité de difpenfer le trefor des merites & fatisfactions de Jefus-Chrift & des Saints, ne fe trouve que dans l'Eglife Catholique, veu que les Indulgences ont leur fondement en la Communion des Saints, qui eft en l'Eglife Catholique ; mais fi dans toute Republique, il y a puif-fance d'employer & de diftribuer les biens communs : pourquoi Jefus-Chrift nôtre Sauveur, qui a laiffé la puiffance à fon Eglife, & aux Prélats de dif-penfer fes merites & fes fatisfactions pour le rachapt & l'abfolution de la peine éternelle, par le moyen des Sacremens, même au profit de fes enne-mis ; n'aura-t-il pas femblablement pû laiffer la puiffance de difpenfer fes mê-mes merites & fes fatisfactions au profit de fes amis, pour la remiffion de la peine temporelle, qui leur peut refter. Toute cette doctrine eft fondée

Matth. 18.
Joan. 20
fur les paroles mêmes de Nôtre Seigneur, lorfqu'il dit : *Tout ce que vous liez ou retenu fur la terre, fera lié & retenu au Ciel ; & tout ce que vous aurez delié ou pardonné fur la terre, fera delié & pardonné au Ciel.* Où les pechez fe delient & fe pardonnent promptement, quand on remet la peine qui reftoit encore après la remiffion de l'offenfe ; c'eft ainfi que David s'en

Pfalm 50.
explique : *Amplius lava me Domine ab iniquitate meâ ?* Auffi voyons-nous que l'ufage des Indulgences eft très ancien dans l'Eglife Catholique ; puifque durant les perfécutions, plufieurs Chrétiens qui étoient tombez en quelque grand peché, de quelque nature qu'il pût eftre, ayant la volonté de fe re-concilier avec Dieu, s'en alloient trouver en prifon les Martyrs, pour avoir d'eux quelque lettre adreffante aux Evêques, & aux Prélats de l'Eglife, qui pardonnoient lefdites fautes, & en remettroient la peine, finon toute entie-re, pour le moins en partie, d'où eft venüe la coutume, auffi bien que le pouvoir de diminuer, & de moderer les penitences enjointes, à mefure qu'on voit les penitens contrits & fervens. *Le même.*

Les Indulgen-ces n'ont pas été toûjours fi abondantes
Il eft conftant que les Indulgences ne font pas nouvelles dans l'Eglife Ca-tholique ; puifqu'ayant pris leur commencement, dès le tems des Apôtres, elles ont continué de fiécle en fiécle, jufqu'à nôtre tems. Il eft vrai qu'elle

n'ont pas toutes été fi frequentes, ni fi amples qu'elles font depuis quelques fiécles. La raifon eft que dans ces derniers tems, la charité étant refroidie, les Chrétiens ne pratiquent pas l'aufterité des anciennes penitences & fatis- factions qui font dûës à la juftice divine : fi bien qu'il a été fort à propos d'ouvrir plufque jamais les trefors de l'Eglife, & de difpenfer plus liberalement les finances fpirituelles, pour attirer par ce moyen le peuple Chrétien aux exercices de la Religion, l'excitant tantôt à frequenter les Sacremens, tantôt à celebrer les feftes, tantôt à honorer les Reliques des Saints, tantôt à détefter l'herefie, quelquefois à prier pour les Trepaffez, &c. dans l'efperance de gagner les Indulgences. *Auteur moderne.*

Il y a deux fortes d'Indulgences, les unes s'apellent Indulgences plenieres, les autres Jubilé, qui n'eft cependant qu'une même chofe dans fa fubftance. Celle-ci eft une Indulgence, par laquelle eft pardonné toute la peine que quelqu'un, felon le jugement de Dieu, devoit payer dans le Purgatoire, pour tous fes pechez; l'autre eft l'Indulgence, par laquelle feulement une partie de cette peine eft aquittée. Il eft vrai que le Jubilé, quant au pardon, n'accorde rien plus que l'Indulgence pleniere; néanmoins il a ordinairement pour avantages quelques graces & privileges d'importance, comme lorfqu'il s'agit d'élire un Confeffeur, qui puiffe abfoudre de tous cas refervez, changer les vœux, & autres chofes femblables; il y a auffi des caufes publiques qui precedent le Jubilé, & qui ne fe trouvent pas dans les autres Indulgences. Or on doit entendre par les Indulgences de cent & de mille ans, que le fouverain Pontife donne Indulgence, & pardonne autant de peine par l'aplication des merites & des fatisfactions de Nôtre-Seigneur, qu'en euffent effacé les penitences autrefois ordonnées par les Canons, lorfque l'Eglife mefuroit la durée des peines de l'autre vie, à la rigueur & à la durée de la penitence qu'on auroit dû faire en celle-ci. *Le même.*

Les perfonnes qui defirent gagner les Indulgences accordées par l'Eglife, doivent eftre en état de grace, & faire tout ce qui eft prefcrit par la Bulle; je dis qu'il faut eftre en la grace de Dieu & fans peché? Il eft vrai cependant que les Indulgences, comme nous avons dit, ne remettent point l'offenfe que l'on a commife contre Dieu; mais feulement la peine qui refte à payer en ce monde ou en l'autre. Les pretendus Reformez, difent que quand Dieu remet le peché, il remet auffi la peine qui lui eft dûë; & que pour eftre entiérement exemt de la peine, il fuffit d'eftre reçû en grace; au lieu que l'Eglife Catholique nous enfeigne, que quand le peché eft effacé, la peine ne l'eft pas toûjours; mais que communément & ordinairement, quand Dieu nous reçoit en grace, fa mifericorde pardonne l'offenfe que l'on a commife; mais que fa juftice en referve la peine, d'où il s'enfuit que comme par la contrition & la confeffion nous contentons cette mifericorde; ainfi par la fatisfaction, nous fommes obligez d'apaifer fa juftice : car fi la peine dûë au peché, fe remet toûjours avec le peché : pourquoi fommes-nous fujets à tant de maladies & de mortalitez, attendu que le peché nous eft pardonné au baptême? Pourquoi Dieu ayant remis à Moife la faute qu'il commit aux eaux de contradiction, l'empêche-t-il d'entrer en la Terre promife? Pourquoi le peché de David étant effacé, tant de calamitez lui arrivent-elles, pour expiation de ce même peché? Il faut donc conclure que quand la faute eft effacée,il n'en est pas toûjours de même de la peine ; & qu'après la reconciliation, il nous faut trouver le moyen de satisfaire à la divine justice. Et ce , toûjours par les merites de Jesus-Christ , sans lequel il n'y a rien de meritoire , ni de satisfactoire au monde. Or , l'un des moyens de satisfaire à la justice de Dieu, le plus facile de tous , est le bon usage des Indulgences , par lesquelles satisfactions de Jesus-Christ , qui ordinairement nous sont apliquées par les Sacremens , nous sont communiquées extraordinairement par celui qui a le pouvoir de nous les aproprier , comme dispensateur des tresors de l'Eglise , c'est ce qui s'apelle Indulgence & remission des peines. *Auteur moderne.*

Les erreurs que les Protestans attribuent faussement aux Catholiques.

Les Protestans nous attribuent faussement quelques erreurs sur le sujet des Indulgences , & ils seront obligez de les desavoüer , quand on leur fera entendre qu'on est seulement obligé de croire que le pouvoir de donner des Indulgences a été accordé par Jesus-Christ à l'Eglise , & que l'usage en est très salutaire au peuple Chrétien. C'est pourquoi la plûpart des Theologiens enseignent qu'il y a dans l'Eglise un tresor de mérites & de satisfactions , duquel les Evêques , & sur-tout le souverain Pontife , sont les dispensateurs , & qu'ils le distribuent par les Indulgences comme ils le jugent necessaire , pour la gloire de Dieu , & pour le salut des fidéles ; surquoi quelques Docteurs disent que les Indulgences remettent seulement les peines canoniques que l'Eglise auroit imposées aux penitens ; les autres soutiennent qu'elles remettent aussi les peines , dont les penitens sont redevables à la justice de Dieu , autrement l'Eglise ne nous donneroit rien ; puisque les peines Canoniques sont ôtées. *Le même.*

Preuve de l'antiquité des Indulgences.

Si j'entreprenois de justifier ici les Indulgences , & de raporter leur origine ; je dirois que les Conciles en parlent assez nettement , pour verifier leur pouvoir , à une personne Catholique , & que les satisfactions infinies du Sauveur , les tresors qu'il a aquis aux fidéles ; les clefs du Ciel qu'il a données à saint Pierre , & à tous ses Successeurs , sont des preuves assez sûres & assez fortes pour ceux qui auront l'esprit tant soit peu docile. J'ajoûterois qu'elle sont aussi anciennes que l'Eglise , puisque saint Paul en use , en faveur de ce Corinthien incestueux , comme les Sçavans l'ont assez compris ; je prouverois que les remises que les Martyrs faisoient aux pecheurs , étoient même pour les peines qu'ils devoient à la justice de Dieu ; puisqu'au témoignage de saint Cyprien , les penitens étoient aidez dans la satisfaction de leurs pechez à l'égard de Dieu , par les Martyrs. Je raporterois l'autorité de saint Thomas , qui assure que saint Gregoire établit les Indulgences des stations de Rome ; c'est à-dire , qu'il donna une Indulgence de sept ans , à ceux qui visiteroient ces Eglises ; comme ses Successeurs ont donné depuis une Indulgence pleniere à ceux qui s'aquiteroient de ce devoir de pieté. Voyez , Messieurs après cela, le Concile de Trente n'a pas sujet d'assurer , que l'usage des Indulgences est dès les premiers tems ; & s'il n'est pas vrai , qu'elles ont eu cours dès le tems de saint Gregoire. *Le même.*

Les Indulgences ont été en usage dans tous les siécles.

Nous ne raporterons point ici de quelle maniere saint Paul se comporta envers ce Corinthien incestueux , vû que nous en avons parlé ailleurs ; nous nous contentons d'alleguer ensuite du premier siécle les témoignages de saint Cyprien & de Tertullien , touchant la remission que les Evêques faisoient par l'entremise & la priere des Martyrs. Tertullien , au livre qu'il adresse aux

Martyrs

Martyrs, apelle l'Indulgence qu'on accordoit en leur faveur *aux*
& un accord parfait & faint, avertit les Martyrs de prendre b..... , pour
qui ils intercedent ; il faut pourtant remarquer, que Tertullien étant devenu
heretique, commença de nier ce qu'il avoit autrefois accordé ; fçavoir, que
l'on pouvoit ufer d'Indulgence à l'égard de ceux, pour lefquels les Martyrs
intercedoient. Au troifiéme & quatriéme fiécle nous avons les anciens Conciles, tant Oecumeniques que Provinciaux, dans lefquels les Indulgences
font accordées aux Penitens, felon le jugement & la difcretion des Evêques;
& au premier Concile de Nicée, après que les Peres eurent déterminé les
années de penitence felon la grandeur des crimes, dont il étoit alors queftion, le Concile ajoûta que l'Evêque pourroit ufer d'humanité, c'eft-à-dire,
d'Indulgence envers ceux qui auroient embraffé férieufement la penitence.
Au cinquiéme & fixiéme fiécle, faint Gregoire le grand donna des Indulgences à ceux qui vifitoient les ftations de la Ville de Rome, comme faint
Thomas & Guillaume d'Auxerre le témoignent. Au feptiéme & au huitiéme
fiécle faint Leon Pape donna diverfes Indulgences aux Eglifes d'Allemagne
& de France, ainfi que l'écrit Ludgerus à faint Svvibert, dans le fecond
Tome de Surius. Le Pape Sergius, furnommé *Junior*, tenoit le fiége de faint
Pierre en l'année 884. quand il accorda Indulgence de trois ans, & de
trois quarantaines, à ceux qui vifiteroient à Rome l'Eglife de faint Martin
des Monts, le jour de la fête dudit lieu, comme il fe voit en un marbre très-
ancien, qui couvre le grand Autel de ladite Eglife. Or n'eft-il pas probable,
que ou Leon III. ou Sergius II. ou Gregoire I. tous faints Perfonnages,
euffent voulu pratiquer une chofe de telle importance, fans exemple en l'E-
glife. Les fouverains Pontifes, & les Conciles generaux ont accordé diverfes
Indulgences en differentes rencontres, felon qu'il eft marqué plus au long dans
le Pere Coton, & dans plufieurs autres Auteurs, qu'il feroit trop long de
raporter. On peut feulement ajoûter pour la confirmation de cette verité,
les miracles que fit faint Bernard, préchant en plufieurs endroits les Indulgences que le Pape Eugene accorda à ceux qui alloient à la conquête de Jerufalem & de la Terre fainte ; de plus, les revelations faites à fainte Brigide,
examinées & aprouvées par le Concile de Bafle, où nous lifons comme cette
ame devote fut divinement avertie des grandes Indulgences qui font en la Ville de Rome. *Auteurs modernes.*

Il fe fait dans le Jubilé ou Indulgences uñ merveilleux temperament de
la juftice & de la mifericorde d'un Dieu ; & nous venons de voir comme fa
mifericorde y a toûjours la meilleure part, ou plûtôt y fait prefque tout ;
mais je dis maintenant qu'il faut prendre le parti de la juftice, contre nous-
mêmes ; & que fi de fon côté, il nous remet les plus grandes rigueurs de la
penitence, du nôtre, nous ne devons pas manquer d'accomplir le refte qui
eft abfolument neceffaire pour obtenir l'effet du Jubilé. Certes, il eft de la
derniere importance, de ne rien retrancher de ce qui refte à faire de nôtre
part, après que Dieu a prefque déja tout fait de la fienne ; & fi nous aportons
les difpofitions qu'il demande, pour joüir de cet incomparable bienfait ; je
foûtiens qu'il y a encore affez de quoi faire une veritable & une fincere penitence ; voici comment : La penitence, M. comme vous fçavez, fe peut confiderer en deux differentes manieres, ou comme Sacrement, ou comme ver-

Le merveil-
leux accord
qu'il y a en-
tre la juftice
& la miferi-
corde de Dieu
dans les In-
dulgences ou
Jubilé.

tu. Or l'une & l'autre est requise comme une condition necessaire pour joüir de la grace des Indulgences & du Jubilé. *L'Auteur des Sermons sur tous les sujets.*

Pourquoi le Sacrement de Penitence est necessaire pour gagner les Indulgences.

Le Sacrement de Penitence est necessaire pour gagner les Indulgences ; aussi voyez-vous qu'on le présuppose toûjours, puisque la remission des peines dûës à nos pechez ne s'accorde qu'à ceux qui ont déja obtenu pardon de l'offense, comme on l'a repeté cent fois ; car c'est par la Confession Sacramentelle que l'offense du peché, s'il est mortel, se pardonne ordinairement, & quelque peu que l'on exige d'un pecheur pour le reste, il ne peut s'exempter de cette condition indispensable. Vous en connoissez les difficultez, M. car quoique les Indulgences, ou le Jubilé, s'étendent jusques sur cette partie, en donnant la liberté de se confesser à tout Prêtre aprouvé, & la puissance à tout Confesseur de remettre toutes sortes de pechez, de lever toutes les censures, d'absoudre des vœux particuliers, ou de les changer en d'autres bonnes œuvres, & par d'autres adoucissemens, qui ne se trouvent pas toûjours dans les confessions ordinaires ; cependant il est toûjours necessaire d'y concevoir une douleur veritable & sincere, sans quoi le Sacrement étant nul, la satisfaction & la peine qui est dûë au peché, n'a garde d'être remise ; ce qui est pourtant l'effet propre des Indulgences ou du Jubilé. De plus, il faut que cette Confession soit entiere pour les pechez griefs, & que la douleur s'étende du moins sur tous les autres ; car à moins de cela, jamais l'Indulgence n'est ni pleniere, ni entiere, s'il y a quelque reserve de nôtre part, sur ce point. Ajoûtez à cette confession sincere, ce qui lui est commun avec tous les autres, que la resolution de quitter le peché, & l'attachement au peché pour l'avenir, doit être ferme, & d'une égale obligation, comme étant renfermée dans la douleur même de l'avoir commis. Car quelle remission de la peine, aussi-bien que de l'offense pourroit-on esperer d'un peché, qu'on ne seroit pas resolu de quitter ? Si donc nous pretendions nous faire grace nous-mêmes sur cet article, Dieu revoqueroit la grace qu'il nous promet, & il y auroit aussi peu d'Indulgence pour nous, que de pardon de nos crimes. Or cela, M. n'est pas si peu de chose que l'on pourroit peut-être s'imaginer, puisque c'est en quoi consiste la veritable conversion d'un pecheur ; & si l'on remplit fidélement cette condition, on peut dire que le plus fort en effet, & le plus puissant obstacle à la penitence levé. *L'Auteur des Sermons sur tous les sujets.*

Conditions sans lesquelles l'Indulgences ni le Jubilé n'ont point leur effet.

Si par les Indulgences, ou le Jubilé, l'on nous remet les peines exterieures, & les penitences qui affligent le corps ; il y en a d'autres, qui ne nous sont pas moins sensibles, sur lesquelles ni Dieu, ni l'Eglise ne se relâcheront jamais ; ce sont les suites de certains pechez. Telle que sont les occasions capables de nous y faire retomber ; la fuite des lieux, des rencontres & des compagnies que l'experience de nôtre foiblesse nous doit rendre suspects, & nous oblige absolument d'éviter. Car comment renoncer tout de bon au peché, sans renoncer à ce qui nous y livre, & à ce qui nous y engage ? De plus, il y a des peines attachées à de certains pechez, sans lesquelles toute Indulgence qu'on nous pourroit donner de l'offense, ne pourroit avoir de lieu : Telles sont la restitution du bien d'autrui, & de l'honneur qu'on lui ravi, la réparation du scandale qu'on a causé au prochain, le pardon sincer les injures qu'on en a reçûës la reconciliation qu'on doit faire du fond du cœur, avec ses plus grands ennemis, autrement Dieu nous diroit comme à e serviteur de l'Evangile : *Omne debitum dimisi tibi, quoniam rogasti me,* *onne igitur oportuit te misereri conservi tui !* Ce sont-là, vous le sçavez, les hoses les plus rudes & les plus difficiles qui soient dans le Christianisme, & ont on ne peut être dispensé, que par l'impossibilité absoluë de s'en aquiter, & sans quoi ni Indulgence ni Jubilé ne peut avoir d'effet. *L'Auteur des Sermons ur tous les sujets.*

Matth. 18.

Ces conditions, direz-vous, ou ces obligations, sont necessairement attachées à toutes les autres Confessions ; eh ! c'est donc pour cela, M. qu'elles e sont aussi à celle du Jubilé, d'autant plus indispensablement qu'il faut être n état de grace, pour joüir de cet inestimable bienfait, & que sans ces conditions, il est impossible de s'y mettre ; & par une suite necessaire d'avoir part à cette faveur. Si donc la misericorde de Dieu éclate dans le procedé, ont il use à l'égard des pecheurs dans les Jubilez ou Indulgences, nous devons de nôtre part, remplir les devoirs de la justice, en nous aquittant avec oute l'exactitude & toute la fidélité que nous pourrons, de ce qu'il exige de ous pour ce sujet. Or je m'assure que si vous y faites reflexion, ce peu de hose qu'on vous demande, ne laisse pas d'avoir une grande étenduë, & ses difficultez particulieres ; puisque souvent il seroit plus facile de pratiquer les plus grandes austeritez corporelles, que de renoncer de cœur, à l'attachement qu'on a au peché, & de remplir toutes les conditions necessaires à une veritable conversion. *Le même.*

Suite du mê-me sujet.

Si vous considerez, M. la Penitence en tant qu'elle est une vertu, qui a pour fin la satisfaction que nous devons faire à la justice de Dieu ; il est encore constant, que Dieu use d'une condescendance admirable à nôtre égard, de se contenter dans le Jubilé & Indulgences que l'Eglise nous accorde, de si peu de chose, pour des crimes quelquefois énormes, & peut-être souvent réïterez : mais comme la remise de cette dette n'est pas tellement entiere, qu'il ne nous en laisse encore quelque partie à aquitter, afin que la justice divine ne perde pas tout à fait ses droits ; nous devons accompli ce qui reste avec tous les sentimens de devotion, que merite une si signalée faveur que nous en recevons. *Le même.*

La penitence vertu, est encore necessai-re avec l'In-dulgence & le Jubilé.

Il y a une difficulté qui pourroit nous faire de la peine, & qui sans doute a besoin de quelque éclaircissement ; sçavoir, que le souverain Pontife n'étant que l'œconome & le dispensateur de ce trésor des merites du Sauveur & de ses Saints, & ne pouvant l'employer que pour le plus grand bien de l'Eglise, dont il est le souverain Pasteur, & pour la gloire de celui qui lui a confié l'administration de ses finances, aussi bien que la conduite de son troupeau ; comment peut-il accorder, demandez-vous, à tous les fidéles de tout âge, de tous les païs du monde, sans distinction des plus & des moins coupables, une remission si generale & si entiére de toutes les peines dûës à tant de pechez ? N'est-ce pas, diront quelques-uns, être un dispensateur prodigue de ce trésor, plûtôt qu'un juste dispensateur ? Quelle proportion entre trois jours de jeûnes, la visite de quelques Eglises, quelques prieres, dont on se remet souvent à la devotion des pecheurs mêmes, & la remise entiére d'une dette immense ? Quelle raison si juste & si pressante, peut obliger le Chef de l'Eglise

Le tresor des merites du Sauveur & des Saints, quoique dis-tribué à tant de personnes pour chacun, n'est pas pro-digué inuti-lement par le souverain Pontife, dans un Jubilé, & pourquoi.

de faire cette profusion ? (C'est ce qui a été l'écüeil & la pierre de scandale des Heretiques du siécle passé , & ce qui est encore l'occasion du murmure des libertins du nôtre ?) Je veux que la paix de l'Eglise & des Princes Chrétiens, que l'extirpation des heresies , que les funestes suites des guerres allumées par tout , soient un sujet raisonnable , digne des soins & du zele d'un Pasteur souverain ; quelle proportion toutes fois , des moyens avec de si grands effets ? Et n'est-ce pas une espece de présomption de promettre tant , & de demander si peu? La priere d'un quart-d'heure arrachera-t-elle de la justice de Dieu, ce que les Saints n'ont obtenu que par les larmes de plusieurs années, & par des penitences continuées durant toute leur vie ? Voilà , M. la difficulté en toute sa force , & qui entretient l'incrédulité de bien des gens sur le chapitre des Indulgences. Ils avoüent le pouvoir qu'a le souverain Pontife de les dispenser ; mais ils se recrient éternellement contre l'abus prétendu qu'on en fait. Je répons donc que ces personnes se laissent préoccuper par un faux zele , qui n'est pas celui qui doit toûjours être accompagné de science , & de la connoissance parfaite de l'affaire dont il s'agit. L'Eglise a ses besoins & ses necessitez , tous en conviennent ; les guerres y causent la licence , & de furieux desordres ; les Infidéles l'attaquent , & font des progrès considerables ; les heresies s'élevent , & la foi s'affoiblit ; les crimes se multiplient & attirent sur la terre les fleaux du Ciel ; il s'agit de les arrêter, de conjurer l'orage , de fléchir la justice divine , & d'attirer les benedictions de sa misericorde sur toute la Chrétienté. Ce dessein n'est-il pas grand & important ? N'est-ce pas l'effet d'une sainte prudence ? En pouvez-vous douter ? Mais vous cherchez la proportion des moyens avec une si noble fin ? La voici. Pour obtenir un si grand bien , où toute la Chrétienté est interessée ; il faut , sans doute , une grande quantité de prieres , une multitude bien considerable de jeûnes , beaucoup d'aumônes , & d'autres actions de pieté , & des penitences en grand nombre , pour apaiser cette colere irritée , & pour obtenir le grand bien que l'on pretend , & que l'on demande instamment : mais je soûtiens qu'on ne peut venir à bout de tout cela , par des moyens plus sûrs & plus infaillibles que par la maniere & par les conditions sous lesquelles on accorde des Indulgences ou Jubilé ; c'est le nœud de la difficulté , rendez-vous-y attentifs. Je vous accorde donc , M. que ce que chacun y contribuë en particulier , est peu de chose ; mais ce que font tous les Chrétiens ensemble , de toutes les Villes , & de tous les païs , est quelque chose de grand: & comme les plus grands fleuves se forment de l'amas & de la multitude des petits ruisseaux ; de même de la multitude des jeûnes , des prieres & des aumônes qui se pratiquent en ce saint tems , se forme un amas & un assemblage de bonnes œuvres , capable d'arrêter la colere de Dieu , & de satisfaire à sa justice : toutes ces communions s'unissent dans un même dessein ; toutes ces prieres jointes ensemble ont un même objet , & ces penitences n'ont toutes qu'un même but ; il est donc indubitable qu'elles ont plus de force pour obtenir ce que l'on veut impetrer par tout cela ; que si cent ou mille personnes de pieté y passoient les jours & les nuits ; les aumônes de tant de millions de personnes ne font-ils pas une plus grosse somme , que si vingt ou trente seulement donnoient tout leur bien aux pauvres ? C'est ce que disoit Tertullien , en une autre occasion , en parlant des Chrétiens qui s'assembloient en

Corps, & qui uniſſoient leurs prieres, comme pour faire une eſpece de violence à la miſericorde de Dieu : *Coimus in cœtum & in congregationem , ut
quaſi manu factâ , miſericordiam ambiamus orantes.* Ce fut par cet artifice que
les Ninivites fléchirent la colere de Dieu , qui auroit ſans cela détruit , & entiérement renverſé leur Ville ; les grands & les petits , les Princes & les particuliers s'étant couverts de cilices & de cendres , à force de jeûnes & de gemiſſemens , obtinrent pour tous , ce que chacun n'eût peut-être pas obtenu
pour ſoi-même en particulier. *L'Auteur des Sermons ſur tous les ſujets.*

Continuation du même ſu-jet.

Pour joindre ainſi tous les Chrétiens en un Corps , & pour faire un amas
de ces ſatisfactions particulieres , il falloit y engager chacun , par ſon propre
interêt ; parce que le bien qui ne regarde que le general , ne nous touche pas
d'aſſez près , pour nous y obliger efficacement. Or , qui eſt-ce qui pouvoit
nous y intereſſer davantage , que de promettre à chacun la remiſe de ſes propres dettes ? La juſtice qui demande l'égalité , n'y peut-être bleſſée , de ſatisfaire en commun ; par où il ſe fait une compenſation de l'abondance des uns,
& de l'indigence des autres , outre que vous m'avoüerez que Dieu eſt plus
honoré , par la converſion des Heretiques & des Infidéles , par la paix de
l'Egliſe , par l'accroiſſement de la Religion , & par la fréquente pratique des
bonnes œuvres ; que ſi quelques pecheurs expioient en cette vie ou en l'autre , avec la derniere rigueur , les pechez qu'ils ont commis ; puiſque l'un
eſt un bien public , qui va à la conſervation de la Religion même , & l'autre
eſt ſeulement un intereſt particulier. Ce tréſor ne peut donc être mieux employé , la fin n'en peut être plus juſte , la neceſſité plus preſſante , l'uſage plus
utile , & l'interêt de la juſtice de Dieu mieux menagé , que dans l'accord que
le Jubilé & les Indulgences en font avec ſa miſericorde. *L'Auteur des Sermons
ſur tous les ſujets.*

De la puiſ-ſance d'ac-corder des Indulgences aux pecheurs

Pour ce qui regarde la vertu & le pouvoir des Indulgences , qui conſiſte à
remettre , par le mérite de Jeſus-Chriſt & de ſes Saints , la peine du peché
hors le Sacrement , pourquoi trouvez-vous étrange qu'en ce ſiécle l'Egliſe
prétende ce pouvoir ; puiſque la pratique nous fait connoître qu'elle en eſt de
tout tems en poſſeſſion , ayant dès ſa naiſſance remis les peines Canoniques ,
comme fit ſaint Paul à l'inceſtueux Corinthien ? L'Epître des Eutychéens raportée au Concile de Calcedoine , ne fait-elle pas mention qu'au tems de
Pâques , on remettoit aux pecheurs , ce qu'ils avoient merité par leurs fautes?
N'eſt-ce pas ce que veut ſaint Cyprien , lorſqu'il dit : Dieu peut donner indulgence , il peut adoucir ſon jugement , il peut par ſa clemence pardonner à
celui qui fait penitence , qui opere de bonnes œuvres , & qui peut aprouver
& avoir pour agréable , tout ce que les Martyrs auront demandé , & que les
Prêtres auront fait en leur faveur. Ces paroles font clairement connoître que
les Martyrs demandoient à l'Egliſe , remiſſion des peines düés aux pecheurs
penitens , & que l'Egliſe enterinoit quelquefois leurs requêtes ; n'eſt-ce pas
auſſi ce que veut Tertullien , au livre de la Pudicité , où après avoir diſcou-
ru de la remiſſion de la peine des pechez par Jeſus-Chriſt , il reproche à l'E-
gliſe , de laquelle il s'étoit alors ſéparé , *qu'elle donne cette puiſſance à ſes
Martyrs.* Et en effet , puiſque l'Egliſe a pouvoir d'impoſer les peines Canoniques , quelle aparence de dire , qu'elle ne les puiſſe ôter ; puiſque la raiſon
fait connoître que ce pouvoir eſt neceſſairement joint à l'autre ? *Tiré du*

livre intitulé : Les principaux points de la Foi, par Monsieur le Cardinal de Richelieu.

Raponse à l'objection que l'on peut faire sur la puissance des Indulgences.

Si vous dites que les peines Canoniques, qui étoient remises par l'Eglise, n'étoient pas imposées pour payer ce dont nos fautes nous rendent redevables envers Dieu ; mais seulement pour satisfaire l'Eglise offensée par le scandale du peché , vous serez condamnez par la raison & par le témoignage des Peres, & par la confession même de ceux qui sont oposez aux sentimens de l'Eglise. Je dis premierement, que vous serez condamnez, en ce que les satisfactions qu'on enjoignoit, n'étoient pas seulement pour les fautes publiques, par lesquelles l'Eglise recevoit du scandale, mais aussi pour celles dont elle n'avoit aucune connoissance, pour des pechez cachez, comme le témoigne S. Cyprien. D'où il s'ensuit que la peine qui se remettoit par forme d'indulgence, avoit été ordonnée pour satisfaire à Dieu, & non-seulement au public. De plus, ces peines qui avoient été ordonnées, & qui étoient remises, s'accomplissoient quelquefois en secret, comme nous aprend Gennadius. Quelquefois elles étoient enjointes pour des pechez legers, selon le raport du même S. Cyprien ; & on les imposoit pour apaiser Dieu, par la penitence, & obtenir qu'il nous pardonnât, d'autant plus volontiers, que moins nous nous pardonnerions à nous mêmes, dit encore Tertullien ; de peur que la punition des pechez, ne fût reservée à la fin, c'est à-dire, en l'autre monde, dit saint Augustin. Toutes ces considerations n'ont point de lieu dans les satisfactions qui se faisoient seulement envers l'Eglise ; puisqu'on les imposoit pour des pechez secrets, ni pour des offenses legeres, & qu'elles se faisoient secretement. C'est pourquoi les peines qui étoient imposées, n'étoient pas seulement pour satisfaire l'Eglise ; mais aussi Dieu, qui en étoit offensé. *Le même.*

C'est aux chrétiens soigneux de leur salut, de profiter du bienfait & de l'occasion favorable d'un Jubilé.

C'est à present à vous, M. de vous prévaloir d'une occasion si favorable, & d'en tirer tout l'avantage que vous pourrez. Je ne m'arrêterai pas à tout le détail qui est necessaire pour joüir d'un si grand bonheur ; la Bulle donnée pour ce sujet, ne laisse rien à éclaircir là-dessus ; & s'il vous restoit quelque doute, il se doit proposer à un Confesseur, qui vous en peut instruire plus amplement. Je me contente seulement de dire, que quoiqu'il soit libre de commencer ou par les jeûnes, ou par les aumônes, ou par les stations qui sont prescrites & marquées ; & que les Indulgences ou le Jubilé se gagnent après qu'on s'est acquitté de tout cela ; cependant il est plus à propos & plus utile de commencer par la Confession, parce qu'en se mettant d'abord en état de grace, on rend méritoire tout le reste, qui est compté pour l'éternité ; au lieu que nous en perdons la recompense en l'autre vie, quand on le fait en état de peché ; outre que les prieres que l'on fait, après s'être reconcilié avec la divine Majesté, lui sont plus agreables & plus favorablement écoutées. Il ne me reste donc plus qu'à vous conjurer par le plus sensible de vos interêts, de vous acquitter d'une si importante action, avec tout le soin & tous les sentimens de pieté & de reconnoissance, qu'il vous sera possible, dans la pensée que ce tems de Jubilé est proprement le tems favorable, les jours de salut & de propitiation : *Ecce nunc tempus acceptabile, nunc sunt dies salutis.* C'est en effet en ce tems où il faut imiter l'Apôtre, qui parle de la sorte, en accomplissant comme lui, ce qui manque aux souffrances & aux satisfactions du Sauveur ; sçavoir, l'aplication que nous en devons faire dans le Jubilé, où l'Indulgence qui nous est accordée, est comme un compofé du Sang du Sauveur , & des bonnes œuvres d'un pecheur ; il les faut joindre enfemble, enforte que comme le Sauveur y contribuë de fa part, fes merites, fes fouffrances , & le fruit de fon Sang, nous y contribuyons de la nôtre, nos bonnes œuvres, avec tous les fentimens de reconnoiffance, de pieté & de Religion. Que fi nous négligeons cette grace & cette occafion fi favorable, la juftice divine rentrera un jour dans fes droits , dont elle fe relâche maintenant en nôtre faveur ; quelles peines , faites y un peu de reflexion , ou plûtôt quels effroyables fuplices n'évitez vous point par ce moyen , en l'autre vie , & quelles rigoureufes penitences la bonté divine ne vous épargne-t-elle point en celle-ci ? Si Dieu accordoit cette faveur à ceux qui gémiffent dans les prifons du Purgatoire, à quelles penitences & à quelles fatisfactions ne fe foûmettroient-ils point ? Or , le bienfait que l'on vous offre, n'eft pas moins confiderable que la faveur qu'on leur feroit, de les retirer de ces triftes lieux : au contraire , il eft plus grand, puifque c'eft pour vous épargner des tourmens infuportables , pour le peu qu'on exige de vous ; c'eft vous abreger la longueur de la penitence que vous deviez faire ; & enfin c'eft vous avancer la poffeffion de la gloire & de l'éternité bienheureufe. *L'Auteur des Sermons fur tous les fujets.*

L'Eglife eft fi bonne, qu'elle nous donne moyen d'ufer des richeffes du Sauveur & des Saints, pour nous aquitter; je crois certainement que les Indulgences font des moiens infaillibles pour nous dégager; il faut pour cela y aporter toutes les difpofitions qu'on nous ordonne: mais combien y en a-t-il qui le font? Il faut être en état de grace. Qui eft affuré d'y être? Il faut avoir pardon de la faute qu'on a commife , qui eft-ce qui l'a eu ; il faut en avoir conçû quelque déplaifir , & peut-être qu'on n'y a pas encore penfé. Croiriez-vous bien , M. qu'il y a eu des ames qui ont été condamnées aux peines du Purgatoire , jufqu'à la fin des fiécles ? Ô Dieu , quelle longueur ! combien fera-t-il de jours , de mois , d'années , & de fiécles jufqu'à la fin du monde ? Les hommes l'ignorent ; les Apôtres ont eu la curiofité de le fçavoir , & n'ont pû l'aprendre ; les Saints ne le connoiffent point dans l'Empirée ; les intelligences les plus élevées du Paradis, ne penetrent pas dans ce Myftere, c'eft un fecret qui eft refervé à Dieu , & à Jefus-Chrift , & une durée fi effroyable eft le tems les peines d'une ame fouffrante. *Tiré du livre intitulé : L'exercice de la charité Chrétienne , par le Pere-Auger.*

Les Indulgences font des moyens infaillibles pour nous delivrer des peines du Purgatoire.

SUR LA PRATIQUE DE L'EGLISE
d'honorer les Images du Sauveur, & des Saints, &c.

AVERTISSEMENT.

Aprés avoir si amplement traité du culte que l'Eglise a de tout tems rendu & permis de rendre aux Saints ; l'ordre naturel de nôtre dessein , est de parler de l'honneur qu'elle rend à leurs images , à celles du Sauveur du monde , de la sainte Vierge , des Anges , & celles que l'Eglise nous permet d'honorer de la maniere qu'elle le prescrit.

Si un Predicateur entreprend de faire un discours sur ce sujet , il faut à mon avis , pour se distinguer d'un Controvertiste , qu'il présupose comme hors de doute. 1° La coutume de la primitive Eglise , & par consequent l'antiquité de c culte apuyé sur la tradition constante & immemoriale. 2°. Le Decret d'un Concile Oecumenique , lequel a decidé contre les Iconoclastes , que ce culte étoit licite ; de sorte que c'est un article de foi que l'on peut honorer les Images.

Un Orateur chrétien ne doit pas s'étendre sur la nature de ce culte , ni d'en exposer toutes les conditions , ce lui est assez de faire entendre que l'honneur que l'on rend aux Images est relatif à la personne qu'on honore , & les motifs qu'o peut avoir dans ce culte ; pour quelle raison on peut l'apeller Religieux , & de quelle maniere on le peut rendre ; mais il ne faut pas omettre les utilitez qu'on en reçoit , les miracles constans que Dieu opere , l'exemple & la pratique des plus grands hommes , & des plus grands Saints. Tout cela se peut exposer aux nouveaux heretiques , qui ne cherchent qu'à combattre les plus religieux sentimens , & les plus saintes pratiques de l'Eglise.

✶✶✶✶✶✶✶✶✶✶✶✶✶✶✶✶✶✶✶ ✶✶✶✶✶✶✶✶✶✶✶✶✶✶✶✶✶

SUR LA PRATIQUE DE L'EGLISE
d'honorer les Images du Sauveur, & des Saints, &c.

Quand Dieu fait ce commandement à son peuple de ne point faire d'Idoles, ni d'Images taillées, &c. Il ajoûte aussi-tôt pour les adorer ; il ne faut pas croire que Dieu défende par ce precepte, l'art de la peinture, de la sculpture, & de la gravure. Car nous voyons dans l'Ecriture sainte, que Dieu même ordonne de faire des figures & des images, comme les Cherubins du propitiatoire & le Serpent d'airain. Ainsi il faut necessairement reconnoître, que quand il est défendu par ce commandement de faire des images, ce n'est que de crainte que les hommes n'en fassent des divinitez, & ne leur rendent les honneurs, qui ne sont dûs qu'à Dieu. Or, l'on peut offenser grièvement la Majesté divine en deux manieres, par raport à ce commandement. La premiere est, lorsque l'on rend à des idoles ou à des images, le même culte qu'on rend à Dieu, ou lorsque l'on croit qu'elles ont en elles, quelque vertu divine, qui mérite qu'on les adore, ou qu'on leur demande quelque grace, & que l'on a de la confiance en elles ; ainsi que faisoient autrefois les Payens, qui mettoient toute leur esperance en leurs idoles ; ce que l'Ecriture condamne en plusieurs endroits. La seconde est, lorsque l'on tâche de representer la Divinité, sous quelque forme corporelle, croyant qu'elle peut être renduë visible, & qu'elle peut être representée par des figures & des couleurs. Car qui peut representer Dieu qui est invisible, qui est un pur esprit, qui est infini, & qui ne peut être figuré ? C'est ce qui a fait dire à l'Apôtre saint Paul, que les Gentils avoient transferé l'honneur, qui n'est dû qu'à Dieu, incorruptible, à l'image d'un homme corruptible, & à des figures d'oiseaux, de bêtes à quatre-pieds, & de serpens. Car ils honoroient toutes ces choses comme Dieu même, en élevant leurs images dans leurs Temples pour les adorer ; c'est ainsi que les Israëlites, pour avoir crié devant la figure d'un veau : *Voila tes Dieux, ô Israël ! qui t'ont retiré de la terre d'Egypte*, ont été apellez idolâtres, ayant ainsi transferé le culte qu'ils rendoient au vrai Dieu, à la figure d'un animal, dont l'herbe est la pâture.
Tiré du Catechisme du Concile de Trente.

Dieu ayant défendu dans la premiere partie de ses Commandemens, d'adorer des Dieux étrangers, défend par celle-ci, pour détruire entiérement l'idolâtrie, de faire des images d'airain, ou de quelque autre matiére que ce soit pour les adorer. Et c'est ce qu'Isaïe declare, lorsqu'il dit : *A quoi ferezvous ressembler Dieu, ou quelle forme lui donnerez-vous ?* Il est constant que c'est là le sens de ce premier Commandement. Car outre que les Saints Peres l'ont tous expliqué en ce sens, & en particulier les Peres du second Concile de Nicée ; les paroles suivantes que l'Ecriture raporte, que Moïse dit au peuple d'Israël qu'il vouloit détourner de l'idolâtrie, le font assez voir. *Vous n'a-*

Sur le Commandement que Dieu fait de ne point faire d'idole, ni d'image taillée peut les adorer.

Suite du même sujet.

vez point remarqué, leur dit-il, que Dieu ait pris aucune forme au jour qu'il vous parla, au milieu des feux & des éclairs sur le Mont Oreb. Ce que ce très-sage Legislateur leur dit, de crainte qu'étant tombez dans l'erreur, ils ne se laissassent aller à representer, sous quelque forme la divinité, & qu'ils ne rendissent à la creature, l'honneur & le culte qui n'est dû qu'à Dieu seul. La même.

Ce n'est point pecher que de representer quelqu'u- ne des per- sonnes de la Très-sainte Trinité, sous quelque for- me.

Il ne faut pas se persuader que ce soit contrevenir au premier Commandement de Dieu, & pecher contre la Religion, lorsque l'on represente par quelque signe sensible, quelqu'une des personnes de la Très-sainte Trinité ; puisqu'elles ont aparu sous differentes figures dans l'ancien & le nouveau Testament, & qu'il n'y a personne qui soit assez grossier, pour croire que ces figures representent la divinité en elle-même. Ainsi les Pasteurs feront comprendre aux fidéles que ces figures representent seulement quelques proprietez ou quelques operations qui sont attribuées à Dieu. C'est ainsi que dans Daniel il est dépeint sous la forme d'un vieillard, assis dans un Trône, devant qui sont des livres ouverts, pour nous marquer son éternité, & sa sagesse infinie, par laquelle il examine toutes les actions & les pensées des hommes, pour les juger. Tiré du Catechisme du Concile de Trente.

Pourquoi on represente les Anges sous la forme hu- maine. Hebr. 1.

On represente aussi les Anges sous la forme humaine, & ayant des aîles pour faire entendre aux fidéles l'inclination qu'ils ont à les secourir, & qu'ils sont toûjours disposez à s'aquitter du ministere qu'il plaît à Dieu de leur imposer. Car ils sont, selon l'Apôtre, des Esprits qui tiennent lieu de serviteurs & de Ministres, en faveur de ceux qui doivent être les heritiers du salut. Et quant au Saint-Esprit, il est si évident que la colombe, & les langues de feu, sous la figure desquelles il a paru, comme il est raporté dans l'Evangile, & dans les Actes des Apôtres, marquoient seulement quelques effets, qui lui sont propres, & qu'il seroit inutile de s'arrêter à expliqurr ces choses plus au long. Pour ce qui est de Nôtre-Seigneur Jesus-Christ, & de sa très-sainte Mere, & de tous les autres Saints, comme ils sont hommes, non-seulement il n'est pas défendu par ce Commandement de les representer sous des figures, & d'honorer leurs images ; mais même l'on a toûjours crû dans l'Eglise, que c'étoit une preuve très-certaine & très-juste de nôtre reconnoissance envers eux, que d'en user de la sorte. Et c'est ce qui est confirmé par les exemples qu'en ont laissez des hommes Apostoliques, & par l'autorité du premier Concile œcumenique, & de beaucoup de Peres de l'Eglise très-saints & très-sçavans, qui conviennent tous sur ce point. Tiré du Catechisme du Concile de Trente.

C'est une pra- tique très- avanrageuse à l'Eglise d'honorer les Saints dans leurs images.

Il n'est pas seulement permis d'avoir des images dans l'Eglise, & de leur porter honneur & respect ; puisque cet honneur qu'on leur rend, se raporte aux Saints mêmes, qu'elles representent ; mais il est encore certain que cette pratique a été jusqu'à present très avantageuse à l'Eglise. Cependant comme le demon s'efforce toûjours de corrompre, par ses tromperies, les coûtumes les plus saintement établies, si les Pasteurs reconnoissent qu'il se soit introduit dans celle-ci, quelque chose de mauvais, par l'ignorance du Peuple, ils doivent conformément au Decret du Concile de Trente, tâcher de le corriger autant qu'ils pourront. Et même quand le tems le leur permettra, ils apliqueront ce Decret, & ils aprendront aux plus grossiers, qui ignorent quel est l'usage des images, qu'elles sont pour nous faire connoître l'histoire de l'un & de l'autre Testament, & nous en rafraîchir de tems en tems la memoire, afin qu'étant excitez par le souvenir de tant de choses, que Dieu a faites en nôtre faveur, nous soyons portez à l'aimer & à l'honorer avec encore plus d'ardeur ; & que si l'on permet de mettre des images des Saints dans les Eglises, ce n'est qu'afin qu'en les honorant, nous soyons excitez par leur exemple, à imiter la sainteté de leur vie, & de leurs actions. *Le même.*

Par ce qu'enseigne l'Eglise Catholique sur le culte des images, on découvrira sans peine, sur quels veritables principes la Religion Chrétienne est fondée ; & sans entrer dans la discussion de ces celebres questions, que l'on agite parmi les Theologiens, on sera tellement persuadé, & de l'antiquité, & de la solidité de l'usage que nous faisons des images des Saints, qu'on ne pourra, comme on a fait, nous accuser d'idolâtrie, sans s'exposer à la risée, & même à l'indignation de toutes les personnes raisonnables. *Tiré du Catechisme du Concile de Trente.*

Ce fut l'Empereur Leon Isaurique, qui étant encore dans l'Eglise Catholique, fit le premier, ouvertement la guerre aux saintes Images de Jesus-Christ, de la Vierge, & des Saints, en soûtenant opiniâtrement que c'étoient des idoles qui étoient adorées par les Chrétiens. Et comme c'est assez la coûtume des gens du monde, & sur-tout de ceux de la Cour, de suivre aveuglement les inclinations du Prince ; l'impieté de cet Empereur devint bien-tôt la Religion des grands, qui n'en vouloient point d'autre que la sienne, principalement quand ils virent de quelle furieuse maniere il s'y prenoit pour l'établir par la violence & par les suplices. Car il envoya de ses Officiers bien accompagnez de ses gardes, pour renverser à la vûë de tout le monde, l'Image du Sauveur qui paroissoit sur la grande porte du Palais Imperial, que le grand Constantin avoit fait bâtir ; mais le Peuple déja furieusement irrité de la declaration de ce Prince, accourut en armes de toutes parts, pour s'oposer à cet execrable attentat, & empêcha l'execution de ce dessein ; ce qui fit que cet Empereur heretique prit d'autres mesures pour faire éclater son ressentiment en cette rencontre, & pour soutenir son heresie. *Histoire des Iconoclastes. Tome 1.*

Cet Empereur employa ce qu'il pût de raisons, de caresses, de menaces & de promesses pour obliger les Chrétiens à suivre son parti ; & à se declarer contre le culte des Images, qu'il apelloit idolâtrie : mais bien loin de ployer sous les injustes volontez d'un Prince, dont l'humeur violente venoit d'éclater par de si sanglans effets de sa cruauté ; quelques Docteurs entreprirent de le convertir, & de lui faire concevoir l'impieté d'une entreprise, aussi peu raisonnable que la sienne : or comme ils étoient très-sçavans & très-éclairez dans la Doctrine de l'Eglise, ils lui remontrerent qu'il y avoit une difference infinie à faire entre les idoles que les Payens adorent, & les images qui sont honorées & reverées par les Chrétiens. Que l'idole est un simulacre qu'on croit être un Dieu, ou qui represente une fausse divinité, à laquelle on rend les honneurs divins dans cette idole ; mais que l'image sainte, est une vraye representation de ce qui est en effet très-digne d'honneur, à sçavoir de Nôtre-Seigneur Jesus-Christ, de la Vierge, & des Saints, & dans

Les impietez de l'Empereur Leon Isaurique, qui fit le premier la guerre aux saintes Images du Sauveur, de la Vierge & des Saints.

Les moyens dont se servit l'Empereur Leon pour obliger les Chrétiens à se declarer contre le culte des images.

laquelle on ne reconnoît pourtant aucune vertu divine : Que Dieu, qui seul, doit être adoré du Souverain culte qui lui apartient, à l'exclusion de tout autre, a défendu dans le Décalogue l'usage des Idoles ou des Simulacres, qu'on tient pour des Dieux, ou qui representent comme un Dieu, ce qui en effet ne l'est pas, & qui partage avec lui les honneurs divins ; mais que pour les autres images, il ne les a nullement condamnées: bien loin de cela, que lui-même commanda qu'on mît sur l'Arche les images des Cherubins, & qu'il fit élever le Serpent d'airain, qui étoit la figure ou l'image allégorique de Jesus-Christ crucifié. Que Salomon avoit mis devant l'Arche deux autres Cherubins de bois d'olivier, couverts d'or, & qu'on voyoit dans son Temple plusieurs images de ces bienheureux Esprits, avec des figures de palmes, & d'autres peintures. Que toute l'Asie sçavoit que Jesus-Christ même avoit envoyé son Image au Roi d'Edesse Abagarus. *Histoire des Iconoclastes, Tome 1.*

Le culte des images prouvé par l'exemple de cette femme, que le Fils de Dieu guérit du flux de sang.

Rien ne prouve encore mieux le culte que l'on doit rendre aux images, que l'exemple de cette femme, que le Fils de Dieu guérit du flux de sang; cette femme voulant donner à Jesus-Christ des marques de sa reconnoissance, lui fit ériger une statuë d'airain dans la ville de Paneade ; & Dieu pour autoriser cette action, & pour montrer qu'elle lui étoit infiniment agréable, voulut rendre celebre cette Image, & la consacrer en quelque maniere par deux miracles signalez. Le premier, qu'une herbe inconnuë qui naissoit au pied de la statuë, étant cruë jusqu'à toucher la frange de la Robe du Sauveur, representée dans cette image, recevoit une merveilleuse vertu pour guerir toutes sortes de maladies. Le second, que Julien l'Apostat ayant fait abattre cette statuë, pour mettre en sa place la sienne, celle-ci fut aussi-tôt frapée d'un coup de foudre qui la renversa, & lui enlevant la tête, la mit en l'état où fut autrefois réduite l'idole de Dagon, dans le Temple des Philistins. Les Payens ayant depuis déchargé leur fureur sur cette sainte Image, qu'ils mirent en piéces, les Chrétiens prirent soin de les ramasser pour les mettre dans leurs Eglises, où elles ont été depuis conservées avec tout le respect imaginable. Suivant l'exemple de cette femme les premiers fidéles voulurent avoir l'image du Sauveur, particulierement durant la celebration des saints Mysteres, lorsqu'ils étoient dans la ferveur de leur plus ardente dévotion ; & pour cela même, elle étoit peinte sur les sacrez Calices, sous la figure du Pasteur qui le porte sur ses épaules, la brebis qui s'étoit égarée. *Le même.*

Pourquoi le culte des images étoit plus rare dans les premiers siécles.

Dans les premiers siécles, où l'idolâtrie regnoit dans l'Empire, l'usage des saintes Images, & sur-tout celui des statuës, étoit plus rare, de peur que l'on n'en prît occasion de croire, que les Chrétiens avoient d'autres Idoles, qu'ils substituoient en la place de celles qui étoient adorées par les Gentils. Mais quand l'Eglise eut triomphé du Paganisme, sous le grand Constantin, qu'elle eut toute sa liberté, & qu'il n'y eut plus de scandale à craindre ; alors comme les Chrétiens bâtirent des Temples, ce que quelques-uns ne vouloient pas auparavant, ils commencerent aussi à exposer publiquement dans leurs Eglises, & de tenir dans leurs maisons, les images sacrées, dont les saints Peres parlent si souvent avec éloge ; qu'ils ont honorées avec tant de veneration, & par lesquelles il a plû à Dieu d'operer

uvent de grandes merveilles. *Hiſtoire des Iconoclaſtes, Tome premier.*

Il y a lieu de s'étonner que le culte des Images de Nôtre-Seigneur & des aints, ſoit encore aujourd'hui un ſujet, aux Proteſtans de leur ſchiſme, & e leur ſéparation de l'Egliſe Catholique, après les déciſions des Conciles eneraux & particuliers; la Tradition conſtante, l'autorité des Saints, & des lus ſçavans Docteurs de tous les ſiecles, & enfin l'explication & l'éclairciſ- ment que les Theologiens ont donné aux doutes & aux fauſſes accuſations que l'héréſie a inventées ſur cet article, pour avoir un pretexte plauſible & parent de ſoûtenir leur rébellion. Je dis un pretexte; car ils ſont aſſez clairez pour la plûpart, & aſſez ſçavans dans l'hiſtoire Eccleſiaſtique pour e pas ignorer, d'où leur erreur a pris naiſſance; ſçavoir, d'un Empereur evenu héréſiarque, & qui étant le premier ſéduit a employé ſon autorité, es forces, & ſon pouvoir pour l'introduire dans la Religion Chrétienne; nais ſi ces mêmes Proteſtans ont aſſez de mauvaiſe foi, pour abuſer les per- onnes ſimples ſur ce point, & leur perſuader que le culte & l'honneur qu'on end aux images, eſt une veritable idolâtrie; ils font connoître par là qu'ils nt deſſein de déclarer la guerre à l'Egliſe en combattant une doctrine ſi ſoli- ement établie. *Auteur moderne.*

Il eſt étonnant que le culte des images ſoit encore au- jourd'hui un ſujet aux Pro- teſtans de leur ſépara- tion, vû tou- tes les preu- ves évidentes qu'on leur en a données.

Que ſi, ſelon l'Ecriture, il y a pluſieurs choſes inanimées, comme l'Ar- he, le Propitiatoire, le Temple, les livres de l'Ecriture, certaine Terre, ertains jours, le ſépulchre de Jeſus-Chriſt, & beaucoup d'autres choſes ui ſont réputées ſaintes & ſacrées, & qu'on doit enſuite honorer d'un culte eligieux; parce qu'elles ſe raportent particulierement à Dieu; qui peut rai- onnablement douter qu'on ne doive auſſi rendre de l'honneur aux ſaintes images, pour le raport qu'elles ont aux perſonnes ſacrées qu'elles repreſen- ent? Il n'y avoit qu'une extrême ignorance, ou qu'une horrible malice qui pût accuſer ce culte d'idolâtrie; puiſque tout le monde ſçavoit qu'on e reconnoiſſoit nulle divinité dans les images, & que c'étoit Jeſus Chriſt même, la Vierge ſa Mere, & les Saints qu'on honoroit par elles; & qu'en- in cet honneur ſe raportoit toûjours à Dieu, qui étant admirable, & dans ui-même, & dans ſes Saints, peut être auſſi légitimement adoré, & dans ui-même, & dans les Saints, deſquels on revere les Images; parce qu'elles epreſentent ceux qu'il a couronnez dans ſa gloire. *Hiſtoire des Iconoclaſtes, Tome* 1.

Il n'y a que l'ignorance ou la malice, qui puiſſe ac- cuſer d'idolâ- trie le culte que l'on rend à pluſieurs choſes ſaintes inanimées; mais qui ont du rapport à Dieu & aux Saints, qu'il les repreſen- tent, & que l'on invoque.

Nous voyons dans le ſecond Concile de Nicée que l'on refute très-ſoli- dement toutes les fauſſes raiſons, par leſquelles un Conciliabule, tenu ſous Conſtantin Copronyme, & qui prend la qualité de ſeptiéme Concile uni- verſel, combat les images, & l'honneur que nous leur rendons. Ce ſont à peu près celles, dont les Proteſtans ſe ſont depuis ſervi contre l'Egliſe, & qui ſont preſque toutes fondées ſur cette fauſſe imagination, qui fait pitié, à ſçavoir qu'une idole, & une image ſont la même choſe, & que l'hon- neur qu'on lui porte eſt celui là même qu'on ne doit rendre qu'à Dieu ſeul. C'eſt ce que ce prétendu Concile préſuppoſe toûjours, ſans jamais rien dire pour le prouver. Auſſi ne le pouvoit-il faire, puiſqu'il n'y a rien de plus faux, & c'eſt en cela qu'il eſt imité des Proteſtans, qui ſe ſont engagez par l'interêt de leur doctrine touchant les images, à lui donner des loüanges ex- ceſſives, ſans avoir pris garde que d'ailleurs, ſelon leurs principes, ils ſont

Le ſecond Concile de Nicée combat victorieuſe- ment & celui tenu ſous Conſtan- tin Coprony- me.

obligez à le condamner ; puisqu'il les condamne eux-mêmes, en difant ana-
thême à tous ceux qui rejettent l'intercession de la Vierge & des Saints ;
mais c'est que la passion n'a point de discernement, & qu'elle ne permet
pas qu'on prenne ses précautions, pour considerer si ce n'est point en se nui-
sant à soi-même, qu'on prétend nuire aux autres. *Histoire des Iconoclastes,*
Tome 1.

Ces premiers Iconoclastes détruisent eux-mêmes leurs opinions, en jurant sur la Croix & sur l'Eucharistie, pour abolir le culte des images

Ce qui est assez surprenant, c'est que ces premiers Iconomaques, qui
ne pouvoient souffrir les images, reveroient la Croix, à laquelle ils rendi-
rent tant d'honneur en cette occasion, qu'ils voulurent que l'on jurât sur
ce sacré bois, conjointement avec la sainte Eucharistie ; ne voyant pas
qu'ils se détruisoient eux-mêmes, & que la raison qui les obligeoit à honorer une Croix d'or ou d'argent, par raport à Jesus-Christ, prouve encore
plus fortement l'honneur que l'on doit rendre à ses Images qui le representent immédiatement ; ce qu'assurément la Croix ne fait pas. Mais il n'y a
que la verité qui soit uniforme ; l'erreur & le mensonge étant trop foibles
pour se soûtenir par une conduite suivie & mesurée. *Histoire des Iconoclastes,*
Tome 1.

L'action memorable que saint Etienne fit devant l'Empereur Leon, & tous les assistans pour convaincre ces Iconoclastes d'impieté.

Saint Estienne le jeune, après avoir demeuré long-tems dans le désert, fut
apellé à Constantinople par l'ordre de l'Empereur Leon Copronyme, où le
saint fit en sa presence, & devant toute la Cour, une mémorable action
pour convaincre sensiblement les Iconoclastes d'impieté ; car voyant bien
que l'Empereur, qui vouloit faire le Theologien, ne comprenoit pas la
force de ses réponses aux fausses raisons qu'il lui alléguoit, ce saint Solitaire tira de sa robe une piéce d'argent qu'il avoit demandée en passant
un de ses amis ; puis la montrant à toute l'assemblée, avec l'image de Constantin qui y étoit empreinte, il demanda si l'on n'avoüoit pas que celui qui
la fouleroit aux pieds, meriteroit d'être puni, pour l'outrage qu'il auroit
fait à l'Empereur. On répondit, sans hésiter, que ce seroit un crime punissa-
ble du dernier suplice. Alors le Saint jettant un grand soupir, & s'adressant
à Constantin : Et quoi donc, Seigneur, lui dit-il, c'est un crime que de deshonorer vôtre image qu'on voit gravée sur ce métal ; parce que cet outrage
retombe sur vôtre personne qu'elle represente ; & vous ne croyez pas que
c'en soit un, de briser, de fouler aux pieds, de jetter au feu, de deshonorer en mille maniéres l'Image du Sauveur du monde, quoique nous n'honorions non plus la matiére sur laquelle on l'avoit exprimée, que l'or &
l'argent sur lequel on a gravé vôtre figure, & que tout l'honneur qu'on
lui rend, se termine à Jesus-Christ même, qu'on nous represente par cette
image ; mais son zele le porta un peu trop loin. *Histoire des Iconoclastes, Tome*
premier.

Ce que fit Herulphe Evêque de Langres pour autoriser le culte que l'on doit rendre aux images.

Herulphe Evêque de Langres, pour autoriser le culte que l'on rend aux
images, par le témoignage de saint Gregoire le grand, produisit son Epitre
à Secundinus, dans laquelle envoyant à ce Solitaire, les Images de Jesus-
Christ, de la Vierge sa Mere, & des Apôtres saint Pierre & saint Paul ; il
lui dit, qu'on ne se prosterne pas devant cette Image du Sauveur, comme
devant une Divinité ; mais que par cette action l'on adore celui qu'elle
nous represente, ou naissant, ou mourant pour nous, ou séant sur son
Trône ; enfin ce culte des saintes Images, entendu de la sorte par raport

leurs prototypes, ou aux personnes qui nous sont representées, fut si fortement établi par un très grand nombre de témoignages qui furent exposez sur ce sujet par les sçavans Prélats de France, que l'on anathematisa le Conciliabule de Constantinople, & tous ceux qui refuseroient de rendre aux saintes Images la veneration qui leur est dûë. *Histoire des Iconoclastes, Tome premier.*

Il se fit à Beryte en Syrie, un fameux miracle, à la vûë d'une infinité de témoins irréprochables, où les Juifs ayant crucifié l'Image du Sauveur du monde, il en sortit au coup de lance qu'ils lui donnerent, une si grande quantité de sang & d'eau, qu'il y en eût assez pour en envoyer aux Eglises d'Orient & d'Occident : ce qui fut cause que les Juifs, dont les malades mêmes furent gueris, par cette sainte & miraculeuse liqueur, se firent tous baptiser à Beryte. Comme la chose étoit publique, & qu'on ne pouvoit la contester, sans démentir, avec une extrême impudence, le témoignage des yeux, & la voix de tout le monde ; personne aussi, non pas même ceux qui avoient été les plus ardens Iconoclastes, ne la contredit : & ce n'est que parce que huit siécles écoulez depuis ce tems-là, on n'a plus maintenant une pareille conviction, que l'on se donne la liberté de la nier ; ce qui, sans doute, n'est point raisonnable, à moins que de pretendre que le tems puisse abolir les veritez, & faire à mesure qu'il passe, que ce qui n'est plus, n'ait jamais été. *Le même.*

Fameux miracle arrivé à Beryte en Syrie, qui prouve suffisamment le culte que l'on doit rendre aux Images.

Calvin, pour prouver qu'on ne doit point mettre d'images dans les Eglises, cite le Canon trente-sixiéme du Concile d'Eliberis, qui étoit anciennement une Ville celebre d'Espagne ; mais cet Heretique réüssit très-mal dans son entreprise ; car ce Concile de dix-neuf Evêques, qui se tint durant la persécution, vingt ans avant le premier de Nicée, ordonne seulement qu'on ne fasse plus de peintures dans le corps & dans la fabrique des Eglises, de peur, dit-il, que ce que l'on revere, & que l'on adore, ne soit point sur les murailles ; d'où il pouvoit arriver, durant la fureur de quelque persécution, ou que ces sortes d'images qu'on ne peut cacher aussi facilement que des Tableaux, fussent exposées aux injures & aux outrages des Payens, ou qu'étant corrompuës par l'humidité, lorsque les Temples seroient abandonnez, elles fussent enfin reduites en un état indigne d'Elles, & de ce qu'elles representent. De sorte que bien loin que ce Concile si ancien ait rien fait contre les Images ; qu'au contraire, il pourvoit, à leur honneur, & fait voir clairement que c'étoit tellement la coûtume de les avoir, & de les honorer dans les Eglises, qu'on les peignoit même sur les murailles ; ce qu'on a fait encore, & même en Espagne, depuis que la cause de cette defense, qui n'est qu'un point de police a cessé. Tout cela prouve que Calvin, qui a bien osé dire que durant les cinq premiers siécles les Chrétiens n'avoient point d'images dans leurs Eglises, ne sçavoit point du tout l'Histoire ; car il y a particulierement depuis la conversion de Constantin tant d'exemples du contraire, dans les Histoires & dans les Peres, & l'on voit encore un si grand nombre de saintes Images dans les Caracombes où les premiers Chrétiens faisoient leurs devotions, & leurs synaxes, durant les persécutions, que je ne doute point que ses Disciples d'aujourd'hui, qui sont plus sçavans que leur Maître, n'en ayent de la honte pour lui. *Le même.*

L'erreur de Calvin touchant le culte des Images, dans la citation qu'il fait du Canon trente sixiéme du Concile d'Eliberis.

Comment l'Eglise nous fait comprendre le culte que nous devons aux images.

Pour vous faire mieux comprendre le culte que nous devons aux Images, je vais vous exposer nettement, & en peu de mots, ce que l'Eglise nous propose ici à croire, en le démeslant d'avec ce que la subtilité des Curieux & des Sçavans, & la superstition des foibles, & des ignorans y ont ajoûté. Pour cet effet, il faut présuposer que les images sont d'elles-mêmes indifferentes, puisqu'elles ne sont ni commandées, ni défenduës dans l'Evangile ; & que dans l'ancien Testament, Dieu ne défend que les idoles, ou les images ausquelles on rend un culte qui n'est dû qu'à la Divinité : ce qui paroît évidemment, en ce que Dieu commanda qu'on en fit quelques-unes, dont par conséquent l'usage peut être très bon. D'où il faut necessairement conclure, que l'Eglise en peut user de la maniére qu'elle le juge à propos, selon la diversité des tems, des lieux & des occasions, comme elle fait de cent autres choses, qui sont de leur nature indifferentes, & ne sont point absolument necessaires au salut. *Le même.*

L'honneur qu'on rend aux images, est semblable à celui que l'on rend à un Ambassadeur.

Il faut encore remarquer que quoique la veneration & le culte que l'on peut rendre aux Images, soit par raport à l'objet qu'elles representent ; il faut ajoûter qu'on honore aussi ces mêmes Images, à peu près comme dans l'honneur qu'on rend à l'Ambassadeur d'un Souverain, à cause de la personne qu'il represente, on honore en même-tems, cet Ambassadeur en sa propre personne, mais d'un honneur bien inférieur : De même l'honneur qu'on rend aux Images, & aux autres choses destinées au culte divin, est un culte particulier, mais bien au-dessous de celui qu'on rend à ce qu'il represente, ou au service duquel elles sont destinées : or, ce culte se peut rendre en deux manieres, l'une négative, qui consiste à ne les point deshonorer, en les employant à des usages profanes ; & la seconde positive en les mettant sur les Autels, ou dans les maisons particulieres dans un lieu honorable, en se prosternant ou se mettant à genoux, en les ornant & couronnant de fleurs, & autres marques d'honneur qu'on leur peut rendre ; mais on n'honore pas la matiére, le prix, ni l'industrie de l'ouvrier qui les a faites. *Le même.*

L'honneur que l'on rend aux images doit être relatif à la personne sacrée qu'elle represente.

Pour détruire donc l'erreur de ceux qui croyent qu'on ne doit pas honorer les Images, le Concile de Nicée veut qu'en certaines occasions, par toutes sortes de marques extérieures de respect, on leur rende de l'honneur, non pas absolument en elles-mêmes ; puisqu'étant inanimées, elles n'ont aucune qualité qui soit capable d'attirer du respect, comme en ont les hommes & les Anges, mais uniquement par raport aux originaux qu'elles representent, ce qui se trouve très souvent exprimé en plusieurs endroits du Concile ; cet honneur purement rélatif qu'on leur rend, & qui passant par elles, s'attache à l'original qu'on revere dans ces Images, est d'une espece très inférieure à celui qu'on rend aux Prototypes en eux mêmes ; comme celui qu'on défere à un Officier, en consideration du Roi son Maître, & conséquemment au Roi même dans son Officier, n'est pas à beaucoup près si grand, ni accompagné de tant de ceremonies, que celui qu'on rend à la personne du Roi même. *Histoire des Iconoclastes, Tome I.*

Le culte de Latrie n'apartient qu'à Dieu, & le Concile

Le Concile de Nicée declare qu'on ne doit jamais honorer les Images du vrai culte de Latrie, qui n'apartient qu'à Dieu, & qui aux marques exterieures de respect, ajoûte un mouvement intérieur, qui en est l'ame, & par le quel on se soûmet à Dieu, comme au souverain Maître de toutes choses ; & l'on l'on ſe dévoüe tout à lui, en reconnoiſſant ſa ſupême excellence par-deſſus tout. Le ſaint Concile exclut par tout des Images cette adoration de Latrie, laquelle il opoſe toûjours à cet honneur relatif qu'on leur rend : de ſorte que, quand on adore ou la ſainte Croix, ou l'Image de Jeſus-Chriſt, ce n'eſt point du tout de l'adoration de Latrie, non pas même par raport à lui ; parce que cette adoration ſuprême, ſelon le Concile, eſt toûjours abſoluë : & ſi quelques Theologiens, qui n'avoient pas lû ce Concile, ont parlé autrement, en donnant neanmoins le même ſens que nous à leurs pa-roles, par certaines diſtinctions d'école, ils ne l'ont fait qu'en parlant très-improprement ; & bien loin qu'ils ſoient en cela avoüez de l'Egliſe ; qu'au contraire, c'eſt bien le meilleur de n'uſer jamais de ces ſortes d'expreſſions, qui choquent d'abord les eſprits, & qu'on ne peut jamais juſtifier, que par de longs détours, qui embaraſſent plus qu'ils n'édifient. *Hiſtoire des Icono-claſtes, Tome* 1.

Nicée decla-re que conſe-quent qu'on ne doit pas rendre ce cul-te ſuprême aux images, ni même aux Saints.

Si toutes fois en regardant la Croix ou l'Image de Jeſus-Chriſt, on ſe le repréſente comme le premier objet de ſa penſée, ce qui arrive très ſouvent : alors c'eſt à lui qu'on s'adreſſe, & que l'on parle ; c'eſt lui qu'on prie & qu'on adore ; & c'eſt en lui qu'on met ſa confiance. Mais quand on s'adreſſe à la Croix, ou à l'Image comme repréſentant Jeſus-Chriſt, rien de tout cela ne lui apartient ; & ce n'eſt point à elle que l'on parle, ſi ce n'eſt par une figure, de la même maniere qu'on apoſtrophe le Ciel & la terre ; parce qu'elle n'eſt capable en qualité d'Image, que de cet honneur relatif qu'on lui rend, en conſideration de celui qu'elle repreſente. *Le même.*

C'eſt J.C que l'on prie en regardant la Croix ou ſon Image.

Puiſque le Concile ne parle point des Images qui repreſentent les perſon-nes Divines, il n'eſt pas auſſi de la foi qu'il en faille uſer ; mais puiſqu'elles ont bien voulu paroître ſous la forme humaine, & ſous celle de la Colom-be ; on ne doit point du tout condamner la permiſſion que l'Egliſe donne de les repreſenter ſous la figure qu'elles ont priſe, ſans qu'on pretende par là, d'exprimer la nature Divine, qui ne ſe peut peindre comme on fait les choſes corporelles, ni qu'on donne lieu de croire, que Dieu ait un Corps, non plus qu'en peignant les Anges, qui ont ſouvent paru en forme humai-ne, on ne croit pas pour cela qu'ils ayent des corps d'hommes. C'eſt là tout le précis de la doctrine Catholique, expoſée clairement dans le Concile de Nicée, & dans laquelle la plus noire malignité ne pourroit jamais découvrir aucune ombre d'idolâtrie. Tout ce qui eſt au-delà de ce que je viens d'y re-marquer, vient ou de ces ſubtiles opinions de l'Ecole, qui ne ſont point du tout des appartenances de la foi, & dont on ſe peut aiſément paſſer, ou de la ſimplicité du peuple, qui abuſe, par un excès de pieté, que l'on ap-pelle ſuperſtition, des inſtructions qu'on lui donne : à quoi il peut facile-ment remedier, en s'apliquant mieux à s'inſtruire, & en raportant toûjours à Dieu tout l'honneur qu'il rend aux ſaintes Images, & qu'il ne pretend leur déferer, que ſelon le ſens & l'intention de l'Egliſe. *Hiſtoire des Iconocla-ſtes, Tome* 1.

On ne doit point côdam-ner la per-miſſion que l'Egliſe don-ne de repre-ſenter les per-ſonnes divi-nes ſous une forme hu-maine, puiſ-qu'elles ont bien voulu paroître ſous cette forme.

Pour ce qui regarde le culte des Images ; comme ce n'eſt pas une choſe eſſentielle à la Religion, ni qui ſoit abſolument neceſſaire au ſalut ; & que les eſprits étoient aſſez partagés ſur ce point, les uns les voulant reverer, les autres ne le voulant pas ; les Peres, dans un autre Concile, le laiſſent

Comme le culte des ima-ges n'eſt pas une choſe eſ-ſentielle à la Religion, les Peres le laiſ-ſent libre.

libre, en declarant qu'ils ne veulent contraindre perſonne ſur cet article. Ainſi ſi l'on ne peut pas dire que ce Concile ait confirmé le ſecond de Nicée; puiſqu'il le condamne, par un Canon, ſur une doctrine impie qu'il trouva dans une fauſſe verſion qu'on lui preſenta pour l'examiner. On ne peut pas auſſi ſoûtenir qu'il ait rien defini qui fût contraire à ce Concile. Car ils condamnent tous deux également les deux extrêmitez, qui ſont l'adoration de Latrie pour les Images, & l'hereſie de ceux qui les briſent: & ils diſent tous deux à peu près la même choſe ſur le culte des Images, en ce que l'un le laiſſe libre, & l'autre l'aprouve & l'établit, ſans toutefois qu'il y ait obligation de les honorer, ni toutes en general, ni chacune en particulier, en toutes les occaſions, ſinon en cas qu'il y eût du ſcandale à ne le pas faire, & qu'on fît connoître par là qu'on ne croit pas qu'il ſoit permis de leur rendre de l'honneur; de la même maniere que l'on n'eſt pas abſolument obligé d'invoquer les Saints, mais ſeulement de croire qu'il eſt bon de les invoquer. *Hiſtoire des Iconoclaſtes, Tome 1.*

L'on pratique bien des choſes qui, quoique ſaintes, ne ſont pas écrites; mais que nous obſervons par les Traditions, tel eſt le culte des images.

Il ne faut avoir qu'une fort médiocre connoiſſance de la doctrine chrétienne, pour ſçavoir qu'il y a bien des choſes qu'on pratique très-ſaintement, qui ne ſont point écrites, & que l'on a reçûës de vive voix, & par Tradition des Apôtres, qui écrivent eux mêmes qu'il faut exactement garder ce qu'ils nous ont laiſſé ſans écrit, & qui eſt venu juſqu'à nous, de ſiécle en ſiécle, par leurs Succeſſeurs. Or, comme c'eſt à l'Egliſe de juger de la parole écrite, ſi elle eſt de Dieu, & de ſa veritable interprétation; c'eſt à elle auſſi de déterminer quelles ſont ces Traditions, ſoit pour la créance, ſoit pour la pratique. Car on porte l'Evangile à baiſer, & on la baiſe en effet, avec beaucoup de reſpect; on adore la Croix, on en forme le ſigne ſur le front; on jeûne avant Pâques; on celebre cette grande ſolemnité en un autre tems que les Juifs: il n'y a rien de tout cela, ni de cent autres choſes pareilles, qui ſoit écrit dans l'Evangile, ou dans les autres livres Canoniques; & néanmoins nous le faiſons, parce que l'Egliſe a reçû ces ſaintes pratiques par une conſtante Tradition, qui depuis le tems des Apôtres, eſt venu de main en main juſqu'à nous, qui les obſervons religieuſement comme nos Peres ont fait: Nous ſommes en termes beaucoup plus forts, pour ce qui regarde le culte des Images; puiſque celles de Jeſus Chriſt le repreſentent; ce que ne font pas ni le livre des Evangiles, ni la Croix; car de vouloir dire maintenant avec les Iconoclaſtes que ce ſont des idoles; outre que la Croix que l'on adore, en ſeroit encore une plus étrange, c'eſt un aveuglement & une fate extravagance, dont il n'y a qu'une forte malice, ou une extrème ignorance qui puiſſe êrre capable; puiſque, ſelon S. Paul, l'idole n'eſt rien, n'étant que la repreſentation de ce qui n'eſt pas; je veux dire, d'une fauſſe divinité; & que l'image dans laquelle on ne reconnoît aucune vertu divine, nous repreſente ce qui eſt en effet très-digne d'honneur, & que nous honorons dans elles, de la même maniere qu'on revere tous les jours la Majeſté des Rois, dans les images qui les repreſentent. *Le même.*

Les Iconoclaſtes ſe condamnent eux-mêmes en ado-

Ce qui acheve de convaincre ceux qui briſent les Images, eſt, que comme quelques faiſeurs de Conference adoroient la Croix, & reveroient les Evangiles, les Vaſes ſacrez, & les Reliques des Saints, comme nous faifons ; ils entaſſent pluſieurs paſſages à la loüange de la ſainte Croix ; & que quand ils ſe veulent juſtifier, de ce qu'adorant la Croix, ils refuſent d'honorer l'Image de Jeſus-Chriſt ; ils diſent pour toute raiſon, que c'eſt parce que Jeſus-Chriſt eſt mort ſur la Croix, & non pas ſur ſon Image, & que c'eſt par la Croix qu'il nous rachete, & nullement par une image. Fut-il jamais un plus pitoyable raiſonnement ? Comme ſi Jeſus-Chriſt étoit mort ſur la Croix d'argent, de cuivre, & de bois que nous adorons, & qu'il nous eût rachetez par elles ; & comme ſi celles ci n'étoient pas des Images de la vraye Croix. Puis donc qu'ils avoüent eux-mêmes qu'il faut adorer l'Image de la vraye Croix, pourquoi ne faut-il pas adorer l'Image du Crucifié ? Et ſi l'on adore l'image de la Croix, parce que la Croix eſt l'inſtrument par lequel Jeſus-Chriſt nous a rachetez, pourquoi n'adorerons-nous pas l'Image de Jeſus-Chriſt qui nous a rachetez par lui-même ? Car de dire que c'eſt parce que la figure humaine peut porter les ſimples à l'idolâtrie plus facilement, que la figure d'une choſe inanimée, comme eſt la Croix ; c'eſt avoüer nettement par là, que l'honneur qu'on rend à l'image par raport à ſon Prototype, n'a rien de mauvais en ſoi ; outre que ce danger, s'il y en a, ſe peut aiſément ôter, par l'inſtruction ; comme en mille autres choſes, qui ne laiſſent pas d'être bonnes, quoique l'on en puiſſe abuſer. Ils ſont encore ſi aveugles, que de citer en même tems d'autres paſſages, pour montrer qu'il n'eſt pas permis d'adorer l'ouvrage de nos mains ; ne voyant pas que les Vaſes ſacrez, le livre des Evangiles, & la Croix qu'ils adorent, ſont l'ouvrage des mains des hommes, qu'on ne peut effectivement adorer du ſouverain culte, qui n'eſt dû qu'à Dieu ; mais ſeulement d'un autre infiniment inférieur à celui-ci, & par le ſeul raport que ces choſes ſacrées ont avec Dieu. *Hiſtoire des Iconoclaſtes, Tome 2.*

rant la Croix & refuſant d'honorer l'Image de J.C.

Bogoris Roi des Bulgares, pria Methodius qui s'étoit rendu fort excellent Peintre & Religieux, le pria, dis je, de peindre une maiſon qu'il venoit de bâtir, ſans lui dire autre choſe, ſinon en general, qu'il lui fit des repreſentations de choſes toutes les plus terribles qu'il pût s'imaginer, auſquelles il ſe plaiſoit, ayant accoûtumé de regarder avec plaiſir ces Tableaux, où l'on voyoit des combats de chaſſeurs contre les Sangliers, les Lions, les Ours & les Tygres. Surquoi Methodius ne trouvant rien qui lui ſemblât plus terrible que le dernier avenement de Jeſus-Chriſt, il le peignit admirablement bien, avec toutes ſes circonſtances les plus épouvantables, & ſur-tout avec les Reprouvez à la gauche, & livrez par la ſentence du Juge aux demons, qui les entraînent dans l'enfer. Bogoris en voyant cette peinture, après que tout fut achevé, & aprenant de l'adroit Peintre, qui prit ſagement ſon tems pour l'inſtruire, le terrible myſtere, & l'étonnante verité qu'elle repreſentoit, en fut ſi vivement touché, Dieu operant efficacement en ſon ame par la vûë de cette Image, qu'il ſe reſolut, ſans plus differer, à embraſſer la foi de Jeſus-Chriſt. En effet, il le fit, après que Theodora lui eut envoyé un ſçavant Evêque, qui acheva de l'inſtruire, & le baptiſa, en lui donnant le nom de Michel, que Bogoris voulut porter en conſideration du jeune Empereur. *Le même.*

Methodius convertit Bogoris Roi des Bulgares, en lui montrant ſeulement un tableau qu'il avoit fait.

Luther qui s'éleva contre l'Egliſe, n'entreprit rien contre les Croix & les Images. Au contraire, comme il eut apris que durant ſa retraite de Vitberg,

Luther, quoique hereti-

que, a toû-
jours côdam-
né les Icono-
claſtes; mais
c'eſt par là
que Zuingle
& Calvin ſig-
nalerent leur
impieté.

André Carolſtade qui, de diſciple vouloit devenir maître & chef de parti,
ayant pris l'occaſion de ſon abſence, avoit renverſé les Autels & les Images,
il accourut pour s'opoſer à la fureur de ce nouvel Iconoclaſte, contre lequel
il écrivit deux Livres, où il condamne l'eſprit des Iconomaques, comme
un eſprit qui ne reſpire, à ce qu'il dit, que la fureur, le ſang, & le carna-
ge. Mais les diſciples de Zuingle & de Calvin, ayant repris ce premier eſprit
des anciens Iconoclaſtes, firent dans le ſiécle paſſé, en Suiſſe, en Allemagne,
& dans pluſieurs autres Païs, contre les Egliſes, les Crucifix, & les images,
& contre les Catholiques qui les reverent, des choſes dont je ſouhaiterois
de tout mon cœur qu'on pût abolir la memoire, d'autant plus que les Proteſtans d'aujourd'hui, moins déraiſonnables, & plus moderez que leurs ancêtres, en ont honte eux-mêmes; & voudroient pour leur honneur, qu'elles
n'euſſent jamais été faites. Auſſi ne pretend-t-on pas les rendre coupables des
crimes de leurs Peres; mais les déſabuſer, en leur faiſant ouvrir les yeux,
pour découvrir l'infamie de leur origine dans celle des Iconoclaſtes. *Hiſtoire
des Iconoclaſtes, Tome 2.*

Ordonnance
du Concile
de Trente,
pour le culte
que l'on doit
rendre aux
images.

Le ſaint Concile de Trente enjoint aux Evêques, & à tous ceux qui ſont
chargez de l'inſtruction qu'ils doivent aux peuples, de leur enſeigner......
Qu'on doit tenir particulierement dans les Egliſes, les Images de Jeſus-
Chriſt, de la Vierge Mere de Dieu, & des autres Saints; & qu'il leur faut
rendre l'honneur & la veneration qui leur apartient; non pas que l'on croye
qu'il y ait en elles quelque divinité ou vertu, pour laquelle on les doive honorer, ou qu'il faille leur demander quelque choſe, ou qu'on doive fonder ſa conſcience dans les Images, comme faiſoient autrefois les Payens,
qui mettoient leur eſperance en leurs idoles; mais parce que l'honneur qu'on
leur rend ſe raporte aux Prototypes, & aux originaux qu'elles repreſentent.
De ſorte que par les images que nous baiſons, & devant leſquelles nous
nous découvrons, & nous nous proſternons, nous adorions Jeſus-Chriſt, &
nous reverions les Saints, dont elles portent la reſſemblance. Ce qui a été défini par les Decrets des Conciles, & principalement du ſecond de Nicée, contre ceux qui combattent les images. *Le même.*

Suite du mê-
me ſujet.

De plus, il faut que les Evêques prennent grand ſoin d'enſeigner, que par
les hiſtoires des Myſteres de nôtre Redemption, exprimez par les penitences
ou par d'autres images, le peuple eſt inſtruit & confirmé dans les articles
de la foi, pour les repeter ſouvent, & pour en renouveller aſſiduement le
ſouvenir, & quoiqu'on recüeille un grand fruit des ſaintes Images, non-ſeulement parce que le peuple eſt averti par là des dons & des bienfaits qu'il a
reçûs de Jeſus-Chriſt; mais auſſi d'autant que les miracles qu'il a plû à Dieu
de faire par les Saints, & leurs exemples ſalutaires ſont propoſez aux yeux
des fidéles, afin qu'ils en rendent graces à Dieu, qu'ils imitent leur vie,
& qu'ils ſoient excitez à adorer Dieu, à l'aimer & à pratiquer les exercices de
pieté. Et ſi quelqu'un enſeigne ou tient quelque opinion contraire à ces Decrets,
qu'il ſoit anatheme. *Le même.*

Dans quel
cas le Conci-
le de Trente
deſire qu'on
évite l'abus

Si quelques abus ſe gliſſent parmi ces ſaintes & ſalutaires obſervations, le
ſaint Concile deſire qu'on les aboliſſe entierement: de ſorte qu'on n'expoſe
aucune image, qui puiſſe donner aux ignorans quelque occaſion d'erreur.
Que quand, pour l'utilité du ſimple peuple, on peindra les hiſtoires qui ſont

racontées dans la sainte Ecriture, on ne manquera pas de lui faire enten-dre, qu'on ne pretend pas par cela, figurer la divinité ; comme si elle pou-voit être vûë des yeux du corps, ou qu'on la pût exprimer par des cou-leurs & par des images. Davantage, que toute superstition soit ôtée, dans l'invocation des Saints, dans la veneration des Reliques, & dans l'usage des images. Que l'on rejette bien loin tout interêt, & sur-tout, qu'on évite tout ce qui y pourroit être de lascif ; en sorte qu'on ne peigne, & qu'on ne pare point les images, d'une maniére peu honnête, & en leur donnant une beauté peu modeste ; & qu'on n'abuse point des solemnitez des Saints, ni des visites de leurs Reliques, pour faire des festins & des débauches, com-me si les fêtes se celebroient en l'honneur des Saints, par ces sortes de dis-solutions. Enfin, que les Evêques veillent là dessus, avec tant de soin, qu'on n'y voye rien de déréglé, de messeant, de profane, ou de deshonnête ; puisque la sainteté doit être le propre de la maison de Dieu. *Histoire des Iconoclastes*, *Tome 2.*

marg: & l'usage des prieres des saints.

marg: Le Concile de Trente decla-re qu'on ne doit exposer aucune ima-ge ou reli-que sans la per-mission de l'Evêque.

Le saint Concile de Trente declare qu'il n'est pas permis à personne de mettre, ni de faire exposer en aucun lieu, ni en aucune Eglise, quelque exempte qu'elle puisse être, aucune Image nouvelle, qui ne soit aprouvée de l'Evêque, ni admettre de nouveaux miracles, ou recevoir de nouvelles Reliques, sans son aprobation ; lequel ayant pris sur cela l'avis des Theo-logiens, & d'autres personnes pieuses, fera ce qu'il jugera être conforme à la verité, & propre à nourrir la vraye pieté des fidéles. Et quand il s'agira d'extirper quelque abus ou douteux, ou difficile, ou qu'il faudra resoudre quelque importante question sur toutes ces choses, qu'il ne détermine rien de lui-même, mais qu'il attende sur ce point, la sentence du Metropoli-tain, & des Evêques Comprovinciaux, dans un Synode Provincial ; ensorte néanmoins qu'on n'ordonne rien de nouveau, ou d'inusité jusqu'alors dans l'Eglise sans avoir consulté le Pape. *Le même.*

marg: L'usage an-cien d'hono-rer les Ima-ges, prouvé par l'autorité des SS. Peres.

L'usage d'honorer les Images est trés ancien dans l'Eglise, il est de la premiere antiquité. Tertullien, Eusebe, saint Gregoire de Nysse, saint Asterius Evêque d'Amasée, saint Paulin, saint Nil Abbé, Disciple de S. Chrysostome, saint Gregoire Pape, & plusieurs autres Peres anciens, dont il seroit trop long de raporter les témoignages, fournissent des preuves de l'antiquité de l'usage des Images dans les Eglises. Les plus sçavans Ministres Protestans ne l'ont pas nié ; & les plus scrupuleux d'entre-eux ne croyent pas offenser Dieu, d'avoir chez eux des tableaux, où les mysteres de la Re-ligion, & les Saints sont representez. Luther même est peint à la tête de ses œuvres à genoux devant un Crucifix ; & les Lutheriens ont conservé les Images dans les Eglises, pour l'édification & pour l'instruction des fidéles. Les Images de Jesus Christ & des Saints, sont dans les Eglises, pour être les livres des ignorans, selon saint Gregoire, & pour nous remettre à tous dans l'esprit les originaux ou les mysteres qu'ils representent, & nous por-ter par ces Images à la reconnoissance envers Dieu, à l'imitation des Saints, & à la pieté. Or, ce n'est point violer le premier Commandement de Dieu, que de les honorer ; parce que, 1°. Nous ne croyons pas qu'il y ait en elles aucune divinité, ni aucune vertu. 2°. Nous ne leur adressons pas nos prie-res ; mais à Jesus-Christ, ou aux Saints. 3°. Nous ne mettons pas nôtre con-

fiance en ces Images, au lieu que les idolâtres les mettoient en leurs idoles.
Tiré des Theologiens.

La devotion envers les images, est aprouvée de l'Eglise.

La devotion qu'on a pour certaines Images de la sainte Vierge ou des Saints, qu'on pretend être miraculeuses, n'a rien d'opposé à ce que nous avons dit. Cette devotion ne prouve pas pour cela, que les peuples mettent leur confiance en ces Images, & qu'ils croyent qu'il y a en elles quelque vertu surnaturelle ? Car on appelle miraculeuse une Image de Jesus-Christ, ou de quelque Saint, à l'occasion de laquelle, Dieu a operé quelque miracle. 1°. L'Eglise ne souffre pas qu'on expose publiquement ces images, si la verité des miracles n'a été authentiquement reconnuë par les Evêques. 2°. L'Eglise ne croit pas que ces statuës ou images soient le principe de ces miracles, ni qu'il y ait en elles aucune vertu ; elle les conserve seulement avec respect, comme des monumens de la bonté & de la Toute-puissance de Dieu. C'est ainsi que les Israëlites solidement religieux, conservoient autrefois avec respect la Verge d'Aaron, & le Serpent d'airain, en memoire des miracles que Dieu avoit operez par ces instrumens. 3°. L'Eglise espere que la vûë de ces Images, renouvellant dans l'esprit des peuples les miracles que Dieu a operez à leur occasion, animera leur foi, & les portera à faire des prieres plus ferventes, qui pourront attirer sur eux de nouveaux effets de la protection de Dieu, par les mérites de Jesus-Christ, & par l'intercession de la sainte Vierge ou des Saints. 4°. L'Eglise ne souffre pas qu'on adresse des prieres à ces Images, ni qu'on mette sa confiance en elles. Ce sont les originaux qu'on invoque, c'est en Dieu seul qu'on met sa confiance. 5°. L'Eglise espére que la sainte Vierge, ou les Saints qui ont donné en ces lieux des marques reconnues de leur protection, continueront à les donner, quand on viendra y faire des prieres. 6°. S'il se trouve des fidéles, qui par une ignorance tombent par cela, dans quelque excés, ou s'il se glisse quelque abus, l'Eglise ne les autorise pas. Elle ordonne aux Pasteurs de les corriger, & d'apprendre aux peuples ce qu'il faut croire sur ces devotions. *Les mêmes.*

Sentiment de St Augustin, sur les miracles qui s'operent aux tombeaux des Saints, préférablement à d'autres Saints.

Saint Augustin dit nettement dans une de ses Lettres, qu'on ne peut pas nier ce que l'experience prouve tous les jours, que Dieu ne fasse au tombeau d'un Saint des miracles, qu'il ne fait point au tombeau d'un autre Saint. Et sur ce fondement, il dit qu'il a envoyé au tombeau de saint Felix à Nole, pour l'éclaircissement d'un fait contesté entre deux Ecclesiastiques de son Clergé : il dit au même endroit, qu'il étoit de notorieté publique qu'à Milan il se faisoit aux tombeaux des Martyrs des miracles qui ne se faisoient pas en Afrique aux tombeaux des autres Saints, & il raporte pour cela un de ces miracles. *Les mêmes.*

Le culte que l'on rend aux Saints, n'est point opposé au culte que l'on rend à Dieu.

Le culte que nous rendons aux Saints, à leurs Reliques & à leurs Images, ne détruit nullement le culte que nous rendons à Dieu ; car nous n'adorons point les Saints, mais nous les honorons seulement ; parce qu'ils sont les fidéles serviteurs de Dieu, ses amis, & les ouvrages de sa grace : ainsi l'honneur que nous leur rendons se raporte à Dieu ; ou pour mieux dire, nous honorons Dieu dans ses Saints. On repliquera, sans doute, que nous invoquons les Saints, & que par conséquent nous leur rendons l'honneur qui n'est dû qu'à Dieu ; puisque saint Paul dit : *comment invoqueront-ils celui en*

ui ils n'ont point crû : de là il s'enfuit, dit-on, que comme on ne doit
roire qu'en Dieu, l'on ne doit invoquer que lui feul : fur quoi je reponds
u'il faut diftinguer deux fortes d'invocation. La premiere, eft celle par la-
uelle nous regardons celui que nous prions, comme l'Eftre fouverain, &
ui peut nous donner par lui-même, ce que nous lui demandons ; il n'y a
ue Dieu qu'on puiffe invoquer ainfi ; & c'eft de cette invocation, dont
aint Paul parle dans le paffage qu'on vient de citer. La feconde, eft celle
ar laquelle nous prions, comme dependant de l'Eftre fouverain en toutes
hofes ; mais qui lui étant agréable, peut par fes prieres en obtenir pour
ous les chofes dont nous avons befoin. C'eft ainfi que nous invoquons les
aints ; car nous croyons qu'ils n'ont rien qui ne vienne de Dieu ; & fi nous
ifons qu'ils nous font quelque bien, ce n'eft que par le pouvoir que Dieu
eur en donne, à caufe des prieres qu'ils lui font pour nous ; par conféquent
ous invoquons Dieu & les Saints d'une maniere bien differente : nous
rions Dieu de nous accorder lui-même nos befoins : nous prions les
aints de les demander à Dieu pour nous, à l'exemple de faint Paul qui fe recommandoit fouvent aux prieres des fidéles. *Livre intitulé : Défenfe de la
Religion.*

Les Proteftans nous objectent, que nous invoquons les Saints qui font au
Ciel, en fupofant qu'ils ont une perfection, que l'Ecriture fainte n'attribuë
qu'à Dieu ; fçavoir, la connoiffance des chofes qui fe paffent parmi nous,
& même de nos penfées ; & que par conféquent nous attribuons aux créatures l'honneur du Createur, ce qui renferme une idolâtrie ; mais nous leur
repondons que la connoiffance de Dieu furpaffe infiniment celle des Saints ;
que Dieu connoît par lui-même toutes chofes, & que les Saints fçavent feulement ce qu'il plait à Dieu de leur faire connoître. Nos adverfaires demeurent d'accord que c'eft par un ordre de la Providence de Dieu, que nous
prions pour les fidéles, qui font avec nous fur la terre, & que nous en
reffentons de bons effets. Ils croyent que Dieu fe plaît dans ce commerce &
dans la charité que les uns exercent envers les autres ; pourquoi ne veulent-
ils pas que, par quelque ordre de fa Providence, les fidéles qui font au
Ciel connoiffent les prieres que nous leur faifons, pour entretenir un faint
commerce, & un exercice de charité ; puifque cela ne peut auffi lui être que
très-agréable ? Ils ne fçauroient répondre fans blafphéme, que Dieu n'a pû établir cet ordre. Comment prouveront-ils qu'il ne l'a pas voulu, puifqu'il a
bien voulu faire connoître aux Prophétes, & aux Apôtres, plufieurs chofes
fecretes ? Les Saints dans le Ciel ne font-ils pas plus favorifez de Dieu que
n'étoient les Prophétes & les Apôtres fur la terre ? D'ailleurs, l'Ecriture dit
que les Saints dans le Ciel prefentent nos prieres à Dieu ; qu'ils fe rejouïffent
de la converfion des pecheurs, & qu'ils gouvernent les Nations : De là nous
pouvons conclure que Dieu fait connoître aux Saints les prieres qu'on leur
adreffe. *Le même.*

Il eft inutile, dira quelqu'un, d'invoquer les Saints ; puifque nous ne
fommes pas affurez qu'ils écoutent nos prieres ; mais que fçavons nous, dit
faint Auguftin, s'ils ne font pas des prieres à Dieu, generalement pour ceux
qui les invoquent, comme nous prions pour les morts fans les voir, & fans
fçavoir où ils font, ni ce qu'ils font. De plus, nous avons de fortes raifons

pour croire que les Saints connoissent les prieres que nous leur adressons ;
si neanmoins ils ne les connoissent pas, il suffit que Dieu voye nôtre humilité, & que ne trouvant pas nos prieres assez parfaites, nous souhaitions
qu'elles soient soutenuës & fortifiées par celles des Saints, que nous croïons
lui être beaucoup plus agréables que les nôtres. Enfin, comme ils sont remplis de charité, & qu'ils ont éprouvé la difficulté qu'il y a de se sauver,
ils prient du moins en general pour tous les hommes ; ainsi quand on les invoque, c'est prier Dieu même, qu'il se laisse fléchir par les prieres que les
Saints font pour nous dans le Ciel ; ce qui, sans doute, n'est pas inutile.
Nous disons avec le saint Concile de Trente, qu'il est bon & utile d'invoquer les Saints, qui regnent dans le Ciel. Ce seul motif nous doit engager à
cette sainte pratique. Nous les invoquons comme les amis de Dieu, qui,
par les liens de la charité qu'ils ont pour nous, s'interessent à demander
par Jesus-Christ nos besoins, sur-tout les biens du Ciel, les vertus qui nous
y conduisent. Il est vrai cependant qu'il s'en trouve quelques-uns qui croïent
l'invocation des Saints si utile au salut, qu'ils s'imaginent qu'en recitant le
Chapelet, ou en portant le Scapulaire, ou en faisant certaines prieres à la
sainte Vierge ou aux Saints, qu'ils seront assurément sauvez sans observer les
Commandemens de Dieu ; mais s'il s'en trouve quelques-uns qui abusent
de ces pratiques de pieté qui sont très-saintes d'elles-mêmes ; n'abuse-t-on pas
de tout ? N'abuse-t-on pas du fer, de l'or, de l'argent, du feu, de la terre, du Soleil, & de toutes les autres creatures ? N'abuse-t-on pas des choses
les plus saintes ? Des Prieres, des Sacremens, de l'Ecriture sainte, &c. Que
resteroit-il donc, s'il falloit suprimer les choses qui sont sujettes à quelque
abus ? Si quelques-uns en usent mal, plusieurs s'en servent utilement pour
leur salut ; il faut donc seulement empêcher l'abus de ces choses, & en laisser
l'usage. *Livre intitulé : Défense de la Religion.*

Qui sont ceux qui ont combattu le culte des images. Les Manichéens qui attribuoient un corps phantastique à Jesus-Christ,
rejettoient par conséquent toutes les images qui le representoient. Les Ariens
défendoient d'honorer les images. Julien l'Apostat fit abattre l'Image de
Jesus-Christ, pour y substituer la sienne à la place ; il se mocquoit des Chrétiens qu'il appelloit Galiléens : disant qu'ils avoient quitté l'adoration du
tonnerre de Jupiter, pour adorer le gibet de la Croix. Constantin Copronyme défendoit l'usage des images ; & les Empereurs Leon troisiéme &
quatriéme les faisoient brûler. Michel & son fils Theophile aussi Empereurs,
ne les pouvoient endurer. Les Vaudois disoient que les images faisoient injure à Dieu : enfin, il y a eu un très-grand nombre d'Iconoclastes, qui ont
souvent aporté du trouble en la maison de Dieu. L'Eglise, au contraire,
nous fait voir que l'Ecriture & toute l'antiquité prouve que le culte que l'on
rend aux Images, est très-saint & très-utile à tous les fidéles. *Institution Catholique du Pere Coton.*

Autorités des SS. Peres sur le culte des images. Tertullien, au Livre second contre Marcion, repond à l'objection populaire, prise de l'Exode, chapitre vingtiéme, où le Seigneur défend d'adorer
aucune image taillée, faisant connoître par là que ce precepte s'entend des
idoles & des figures, qui peuvent conduire à l'erreur ; car Dieu après avoir
créé le Ciel & la terre, ajoute ces paroles : *Tu ne les adoreras point.* Voulant
faire comprendre par là, qu'il ne défendoit pas toutes sortes d'images ; mais
celles

elles que l'on adore du culte de Latrie, sans quoi Dieu n'auroit pas commandé d'élever le Serpent d'airain, & d'embellir l'Arche de Cherubins & de Seraphins. Le même Tertullien, au livre de la Pudicité, écrit que l'Image de Jesus-Christ portant la brebis sur ses épaules, se voyoit communément gravée sur les Calices. Saint Ambroise, au sermon des saints Gervais & Prothais, recite l'aparition de trois Saints, dont l'un étoit saint Paul, & dit qu'il reconnût l'Apôtre par une peinture qu'il avoit vûë auparavant. Le Poëte Prudence, en l'hymne de saint Cassien, dit qu'il leva les yeux au haut de l'Eglise, qui portoit le nom dudit Saint, & qu'il y aperçût l'image du Martyr, enrichie de couleurs ; & sur le tombeau de saint Hypolite, il écrit que l'on y voyoit son image avec les marques & couleurs qui representoient son martyre. Saint Jerôme témoigne de sainte Paule, qu'étant prosternée devant la Croix, elle l'adoroit, comme si elle y eût vû Jesus-Christ. Le même.

Saint Gregoire, dans son Epître à Serenus, Evêque de Marseille, le reprend de ce qu'il avoit rompu quelques images, de peur qu'elles ne fussent adorées, le loüant de son zele, & le blâmant de son indiscretion ; après il lui remontre qu'il y a bien de la difference entre servir aux images & se servir des images, qu'il ne devoit entreprendre ce qu'aucun Evêque ni Prêtre n'avoit attenté devant lui, que c'étoit un effet d'orgüeil de reprouver ce que tous les autres aprouvent ; qu'il avoit ôté le livre d'instruction & de devotion au simple peuple, leur ayant enlevé les images ; que c'est autre chose d'adorer la peinture, & autre chose, d'honorer ce qui est representé par la peinture, qu'il ne devoit pas rompre ce qui servoit pour l'instruction, & non pas pour l'adoration, que l'antiquité n'avoit pas reçû sans raison les images ; que c'étoit trop de singularité & d'affectation à lui, d'avoir rejetté ce que les autres recevoient. Et au septiéme de ses Epîtres, il écrit à Secondin : Nous vous avons envoyé les images que vous nous avez demandées, vôtre priere nous ayant été fort agréable ; parce que vous cherissez de tout vôtre cœur celui qu'elles representent. Je sçai bien que vous ne demandez point l'Image de Nôtre Sauveur pour adorer l'Image même ; mais c'est afin qu'en la contemplant, vous vous souveniez de Dieu ; & que par ce moyen, vous l'aimiez davantage. *Institution Catholique du P. Coton.*

La reprimande que saint Gregoire fit à un Evêque qui avoit rompu quelques images,

Le second Concile de Nicée, composé de trois cens cinquante Evêques, excommunie ceux qui prennent *l'idole & l'image* pour une même chose ; l'un étant défendu, l'autre permis de Dieu. D'où il est aisé de conclure que ce ne sont pas les images qui sont défenduës ; mais le mauvais usage des images, qui degenerent en idolâtrie. Or entre les Chrétiens, il n'y a point de peché plus dangereux que celui de l'idolâtrie, qui étoit le plus à craindre dans les Israëlites ; & cependant malgré ce danger, certaines images leur étoient permises, comme l'on voit dans l'Ecriture. Pourquoi donc y auroit-il plus d'idolâtrie à honorer les Images de Nôtre Seigneur, & celles des Saints, qu'à retenir & élever celles des Pontifes, des Empereurs, des Rois, de nos parens & de nos amis. *Le même.*

La difference qu'il y a entre idole & image.

L'intention de Calvin & des Protestans n'a point été d'interdire absolument les images ; mais seulement d'ôter l'abus qui s'étoit peut-être glissé en plusieurs endroits, touchant leur usage ; & quand on les a abatuës, ce n'a pas été qu'on les ait jugé d'elles-mêmes mauvaises ; mais parce que quelques-uns ont crû qu'il seroit plus aisé de les effacer tout-à-fait que d'en ôter l'abus, disans que c'est pour

Quel a été l'intention des Protestans lorsqu'ils ont défendu les images.

cette raifon que le Roi Ezechias brifa le Serpent d'airain ; parce que les enfans d'Ifraël l'adoroient, comme s'il y eût en quelque divinité, à quoi l'on confentiroit encore à prefent, s'il étoit vrai que l'on adorât les images, comme les Ifraëlites adoroient le Serpent, & qu'il n'y eût point d'autre moyen d'empêcher une fi fotte idolâtrie, qu'en les ôtant. On avoüera aufli que l'Image de Jefus-Chrift en Croix porte nôtre efprit à s'élever à lui. Que les images des Saints fervent d'inftruction au peuple, & de livre aux ignorans. On conviendra de plus qu'il y a bien de la difference entre l'image & l'idole; puifque l'idole reprefente ce qui n'eft point, & l'image reprefente ce qui eft. *Inftitution Catholique du P. Coton.*

La difference qu'il y a entre honorer & adorer, comment il le faut faire. Il y a bien de la difference entre honorer & adorer, quoique ces termes foient fouvent employez dans l'Ecriture l'un pour l'autre; car à proprement parler, il n'y a que Dieu feul que l'on doit adorer ; & fi l'adoration eft apliquée à autre chofe comme à fa Croix, à fes cloux, à fa lance & à fes vêtemens ; c'eft parce qu'il y eft lui-même, & que nôtre imagination eft frapée de fa prefence. Ces pratiques de pieté nous font propofées pour cela ; c'eft pourquoi on auroit raifon de nous reprocher le culte que nous rendons aux images, fi ce n'eft qu'il fe raporte à la perfonne même qu'elles reprefentent, & que l'Eglife les a dediées comme des fignes faints & facrez pour fervir tant à l'inftruction qu'à la devotion du peuple: outre cela quand nous nous profternons devant les images, c'eft comme fit Abraham fous le chêne de Mambré, quand il adora celui qui lui étoit figuré par trois Anges; ou comme quand Moïfe adora l'Ange qui lui parloit de la part de Dieu fur la Montagne de Sinaï ; ou comme quand le Saint Efprit eft adoré fous la figure d'une Colombe, & des langues de feu ; c'eft en ce fens que Calvin, avec fes Sectateurs, eft obligé de confefler la verité; car il reconnoît l'image de Dieu dans l'Arche d'alliance, & enfeigne que ce figne avoit été donné aux enfans d'Ifraël, non pas pour y arrêter & fixer leurs penfées; mais pour leur fervir d'aide & de motif à s'élever fpirituellement en Dieu, & c'eft toûjours revenir à ce que l'Eglife enfeigne, & à ce que difoit le Philofophe, que par un même mouvement l'imagination eft portée à l'image, & à la chofe qu'elle reprefente. Luther voulant tacher de juftifier fa créance fur les images, s'explique ainfi : Nous donnons, dit-il, à entendre, que les memoires des Saints, les Temples, les Autels, les noms, & les images doivent être adorées, afin que par leurs exemples, nous foyons encouragez à fuporter les mêmes maux, qu'ils ont porté ; que fi on les honore autrement, ce n'eft que fuperftition & idolâtrie. *Le même.*

DES SACREMENS EN GENERAL.

AVERTISSEMENT.

DE toutes les ceremonies qui s'observent & se pratiquent dans l'Eglise Catholique, la plus commune & la plus necessaire est sans contredit, l'administration & la reception des Sacremens; par conséquent celles dont les fidéles ont le plus de besoin d'être instruits, & les Pasteurs une obligation plus étroite de les instruire; c'est ce que nous aprend le Concile de Trente. Comme on ne doute point du besoin Sess 7. absolu qu'ont tous les Chrétiens de plusieurs de ces Sacremens, & de l'utilité qu'on reçoit des autres ; on doit pareillement être convaincu de l'avantage de l'Eglise Romaine en ce point sur toutes les autres Sectes, qui usurpent le nom d'Eglise; puisqu'il n'y a que la Romaine qui les reçoive & administre tous.

L'on traite dans ce sujet des Sacremens en general ; car quoique dans la Bibliotheque des Predicateurs, nous ayons amplement parlé de chacun de ces Sacremens; du Baptême dans le premier Tome de la Morale; de l'Ordre, & de ce qui regarde la Prêtrise & l'état Ecclesiastique au Tome troisiéme ; du Mariage, au Tome sixiéme; du Sacrement de Penitence au Tome troisiéme en parlant de la Confession; de l'Eucharistie, au second Tome des Mysteres de Nôtre-Seigneur; de l'Extrême-Onction au sixiéme Tome des Morales, en parlant de la preparation prochaine à la mort. Nous n'userons point ici de redites; & nous nous contenterons de parler de chacun par raport à la maniére dont l'Eglise a coutume de les administrer, & de faire là-dessus quelques reflexions morales; il n'y a que le Sacrement de la Confirmation, à quoi nous nous sommes arrêtez plus particulierement, comme à celui d'où l'on peut tirer plus de fruit, & dont les obligations nous sont moins connuës.

DES SACREMENS EN GENERAL.

Dieu produit d'admirables effets dans les Sacremens qu'il opere par ses Ministres.

LE Sauveur n'est pas seulement l'Auteur des Sacremens, parce qu'il les a instituez, & qu'il nous les a méritez par son Sang, il en devient continuellement encore l'Auteur, dans la production actuelle de leurs admirables effets, & comme Dieu, & comme Homme. Cependant Jesus-Christ qui opere toûjours ces effets immediatement par lui-même, ne les veut pas operer par lui seul ; il se sert encore du ministere de celui que l'Eglise a établi pour cette fonction ; & c'est ce qui rend si excellent l'état où vous, Prêtres, vous êtes élevez par le Sacerdoce. En effet, par là vous cooperez avec le Redempteur, à la sanctification des ames ; par là il vous appartient de leur fermer la porte de l'enfer, où elles étoient sur le point de tomber, & de leur ouvrir les portes du Ciel, qui leur étoient fermées. Par là vous avez entre les mains, tous les tresors de la grace, dont le moindre degré est incomparablement plus précieux que mille & mille mondes : est-il rien de plus admirable ! que Jesus-Christ veüille se servir de vous, dans un ministere si divin, preferablement aux Anges, ausquels il semble qu'il conviendroit beaucoup mieux. *Le Pere Segneri, devoirs des Curez.*

De la signification de Sacrement & de la définition.

La premiere chose qu'il faut examiner touchant les Sacremens en general, est la force & la vertu du mot de Sacrement, & ses differentes significations, afin que l'on puisse discerner plus facilement celle qui lui est propre en ce lieu-ci. Les Pasteurs feront donc remarquer, que le mot de Sacrement est pris d'une maniere par les Auteurs profanes, & d'une autre par les Auteurs Ecclesiastiques. Car les Auteurs profanes s'en sont servis pour signifier l'obligation que nous contractons, lorsque par nôtre serment, nous nous obligeons au service d'un autre. Et c'est ainsi que le serment, que les soldats Romains faisoient, de servir fidelement la Republique, étoit apellé le Sacrement militaire. Et c'est le sens le plus ordinaire, dans lequel ils ont pris le terme de Sacrement. Mais les Auteurs Ecclesiastiques se sont servis de ce mot dans le même sens que les Grecs usoient de celui de Mystere, pour marquer quelque chose de saint & de caché. C'est en ce sens que saint Paul l'employe dans ces paroles de son Epître aux Ephesiens : *Pour nous faire connoître le Sacrement de sa volonté.* Et dans ces autres de celle à Timothée ; *ce Sacrement de pieté est grand.* Le Sage dit aussi dans le même sens : *ils n'ont point connu le Sacrement de Dieu.* Car il est aisé de remarquer que le terme de Sacrement n'est employé dans ces passages, & dans plusieurs autres semblables de l'Ecriture, que pour signifier quelque chose de sacré & de caché. C'est pourquoi les Peres Latins ont cru qu'ils pouvoient, avec raison, apeller Sacremens, certains signes sensibles, qui produisant la grace, la marquent, la signifient, & la rendent en quelque sorte sensible à nos yeux. On peut dire aussi, selon la pensée de saint Gregoire, que ces signes sont apellez Sacremens ; parce que la grace étant cachée sous les aparences de ces choses corporelles ; comme sous un voile qui la couvre, opere le salut. *Tiré du Catechisme du Concile de Trente.*

Outre la signification du no. de Sacrement que nous venons d'expliquer, il faut encore examiner la nature & les proprietez de la chose qu'il signifie, afin que les fidéles puissent comprendre ce que c'est proprement qu'un Sacrement. Car il est certain que les Sacremens sont du nombre des choses qui sont necessaires pour obtenir la justice & le salut. Quoiqu'il y ait plusieurs manieres excellentes de le leur faire comprendre, il n'y en a point néanmoins qui l'explique plus nettement & plus clairement, que la definition que nous en a donné saint Augustin ; & que tous les Theologiens ont suivie aprés lui. Le Sacrement, dit ce saint Docteur, est le signe d'une chose sacrée ; ou pour parler en d'autres termes, qui signifient pourtant la même chose : le Sacrement est un signe visible de la grace invisible, institué pour nôtre justification. *Le même.* Définition du mot de Sacrement, selon S. Augustin.

Cette doctrine presuposée, il est clair qu'il faut mettre les Sacremens au rang des choses qui sont instituées pour en signifier d'autres ; puisqu'ils nous representent, par ce qui se passe extérieurement dans leur administration, ce que Dieu par sa vertu toute puissante, qui ne se peut apercevoir par les sens, opere invisiblement dans l'ame. Ainsi, par exemple, lorsque dans le Baptême on verse l'eau sur le corps, en usant de certaines paroles propres & particulieres à cet effet, cela signifie que l'ame est lavée & purifiée invisiblement, par la vertu du Saint-Esprit, de toutes les taches, & de toutes les souïlleures du peché, & qu'elle est ornée & perfectionnée par le don celeste & parfait de la justice. En sorte que cette ablution du corps opere invisiblement dans l'ame, ce qu'il designe & marque extérieurement. *Le même.* Les Sacremens sont des symboles des choses invisibles qui se passent dans nos ames.

L'Ecriture sainte nous insinuë assez clairement, qu'il faut mettre les Sacremens au rang des signes. Car l'Apôtre, parlant de la Circoncision, qui étoit un Sacrement de la Loi ancienne, & qui avoit été ordonnée à Abraham le Pere de tous les fidéles, dit qu'il reçût *la marque de la Circoncision comme le sceau de la justice, qu'il avoit euë par la foi.* Et lorsqu'en un autre endroit, il assure que *nous tous qui avons été baptizez en Jesus-Christ, nous l'avons été en sa mort.* Il nous veut faire entendre que le Baptême nous marque, comme il le dit lui-même, que *nous y sommes ensevelis en Jesus-Christ, pour mourir au peché.* Ainsi il est très important que les fidéles sçachent que les Sacremens sont des signes ; puisque par là ils peuvent plus aisément être portez à croire que ce qu'ils signifient, ce qu'ils renferment, & ce qu'ils operent est saint, & digne de respect & de veneration, & que la connoissance de cette sainteté peut beaucoup servir à leur faire reconnoître par de dignes actions de graces, la bonté que Dieu a pour eux. *Tiré du Catechisme du Concile de Trente.* Suite du même sujet.

Pour expliquer encore plus nettement ce que c'est que Sacrement en general, & en donner une connoissance plus nette & plus distincte, il faut dire que c'est une chose sensible, qui, par l'institution de Dieu, a la vertu de signifier & de produire la sainteté & la justice. D'où il est aisé de conclure, qu'encore que les images des Saints, les Croix & autres choses semblables soient des signes de choses sacrées, elles ne doivent pas néanmoins être. Autre définition des Sacremens en general.

apellées Sacremens. Il eſt aiſé de faire voir enſuite la ſolidité de cette définition, par l'exemple de tous les Sacremens. Car ſi l'on y fait attention, l'on y remarquera les mêmes effets que nous avons remarquez dans le Sacrement de Baptême, en diſant que l'ablution du corps qui s'y fait extérieurement eſt le ſigne efficace de la choſe ſacrée, qui s'opere intérieurement par le Saint-Eſprit. Ces ſignes myſtiques que Dieu a inſtituez, ont encore ceci de particulier, qu'il ne les a pas deſtinez à ſignifier une ſeule choſe; mais même pluſieurs enſemble, comme on le peut remarquer dans chaque Sacrement. Car ils ne ſignifient pas ſeulement la ſainteté & la juſtice qui nous y eſt communiquée, mais encore ces deux choſes qui ſont inſéparables de nôtre ſanctification. 1°. La paſſion de Jeſus-Chriſt, qui en eſt la cauſe & le principe. 2°. La vie & la beatitude éternelle, à laquelle nôtre ſainteté doit ſe raporter, comme à ſon unique fin. De ſorte que comme tous les Sacremens ont cela de commun, c'eſt avec raiſon que tous les Saints Peres ont enſeigné que tout Sacrement étoit un ſigne de trois choſes différentes, d'une choſe paſſée, dont il renouvelle la memoire, d'une choſe preſente qu'il repreſente, & d'une choſe à venir qu'il promet. *Le même.*

Dieu fait éclater ſa puiſſance dans les Sacremens de la loi nouvelle, & pourquoi J C. les a inſtituez.

Toutes ces choſes doivent faire connoître aux fidéles, combien la puiſſance de Dieu éclate dans les Sacremens de la Loi nouvelle, & le grand nombre de myſteres cachez qu'ils renferment; & pour les convaincre de l'obligation qu'ils ont de les recevoir, avec un très profond reſpect & de très grands ſentimens de Religion. Mais rien ne peut être plus propre pour y engager les Chrétiens, & pour les porter à en faire un bon uſage, que de leur declarer les raiſons qui ont excité Nôtre-Seigneur à les inſtituer. On en remarque pluſieurs. La premiere, eſt la foibleſſe de l'eſprit de l'homme. Car nous voyons qu'il ne peut arriver à la connoiſſance des choſes ſpirituelles que par la connoiſſance des choſes ſenſibles. C'eſt pour cela, que le ſouverain Artiſan de toutes choſes, deſirant nous faire comprendre les effets ſecrets & cachez de ſa Toute-puiſſance, a voulu par un effet de ſa charité pour nous, qu'ils nous fuſſent marquez par des ſignes ſenſibles & corporels. Car comme a très bien remarqué ſaint Jean Chryſoſtome, ſi l'homme eût été degagé de la maſſe du corps, Dieu ne lui eût preſenté que des biens purement ſpirituels, & qui euſſent été entiérement dégagez de voiles & de ſignes corporels; mais parce que l'ame eſt unie au corps, il a été neceſſaire qu'elle eût recours aux choſes ſenſibles & corporelles, pour concevoir celles qui ſont ſpirituelles.

Suite du même ſujet.

La ſeconde raiſon, eſt que nous avons de la peine à croire les choſes qu'on nous promet ſimplement. C'eſt pourquoi Dieu n'a point ceſſé depuis le commencement du monde, non-ſeulement de declarer par des promeſſes expreſſes & réiterées, ce qu'il s'étoit propoſé de faire dans la ſuite des tems, mais même lorſqu'il promettoit d'executer quelque deſſein, dont la grandeur ſurpaſſoit la croyance de ceux à qui il le découvroit; de joindre à ſes promeſſes d'autres ſignes, qui étoient comme autant d'eſpeces de miracles. C'eſt ainſi que lorſqu'il envoya Moïſe pour délivrer le peuple de la tyrannie de Pharaon, & qu'il vit que ce Prophete ſe défioit même de ſon ſecours, craignant que le Commandement qu'il lui faiſoit, ne fût une charge trop peſante pour lui, ou que le peuple ne crût pas ce qu'il lui diroit de ſa part;

confirma en même-tems par divers signes, la promesse qu'il lui faisoit. De même donc que Dieu, dans l'ancien Testament, s'est servi de signes pour confirmer ses plus grandes promesses: Jesus-Christ voulant nous faire esperer la remission de nos pechez, le don de sa grace, & la communication du Saint-Esprit, a institué dans la Loi nouvelle quelques signes visibles & sensibles, qu'il nous a laissez comme les arrhes & les gages de sa parole, afin que nous ne puissions jamais douter de la fidélité de ses promesses. *Tiré du Catechisme du Concile de Trente.*

Les Sacremens étant, selon l'expression de saint Ambroise, comme les remedes salutaires du Samaritain de l'Evangile, Dieu a voulu que nous y eussions toûjours avoir recours, ou pour rétablir la santé de nos ames, ou pour la conserver. Car si la vertu de la passion de Jesus-Christ; c'est à-dire, la grace qu'il nous a meritée sur la Croix, ne coule incessamment en nous, par le moyen des Sacremens, comme par autant de canaux; il n'y a aucune esperance de salut pour nous. C'est pourquoi Nôtre-Seigneur, par un pur effet de sa charité infinie, a laissé dans l'Eglise des Sacremens établis sur sa parole, & sur sa promesse, afin que nous ne pussions douter, que le fruit de sa Passion ne nous fût communiqué, pourvû que chacun de nous usât de ces souverains remedes avec pieté & Religion. *Tiré du Catechisme du Concile de Trente.*

Les Sacremés sont des remedes pour rétablir la santé de nos ames.

Ce qui fait voir la necessité des Sacremens, est qu'il falloit necessairement qu'il y eût de certaines marques, qui pussent faire reconnoître & distinguer les fidéles du reste des hommes, n'y ayant aucune societé d'hommes, comme a fort bien remarqué saint Augustin, qui puisse former un corps de Region soit fausse ou veritable, s'ils ne sont unis par le moyen de quelques signes qui servent comme de liens, qui les unissent ensemble; c'est ce qui se fait parfaitement, par les Sacremens de la Loi nouvelle. Car ils distinguent les fidéles des infidéles, & ils unissent les fidéles entre eux, par le lien tout divin de la grace & de la charité. Ces paroles de l'Apôtre: *On croit de cœur pour être justifié, & on confesse de bouche, pour être sauvé:* Nous marquent encore une autre raison, que Nôtre-Seigneur a pû avoir d'instituer les Sacremens. Car c'est proprement par l'usage des Sacremens, que nous faisons une profession publique de la foi. Ainsi dans le Baptême, nous déclarons publiquement que nous croyons que c'est par la vertu de l'eau dont nous sommes lavez dans ce Sacrement, que nos ames sont purifiées de tout péché. *Le même.*

Sur la necessité des Sacremens.

Les Sacremens ne contribuent pas seulement à renouveller en nous la foi, & à l'y exercer; mais encore à augmenter la charité, & l'amour que nous nous devons les uns aux autres, lorsque nous faisons reflexion que c'est par la communication des saints Mysteres, que nous sommes unis ensemble, par des liens si étroits, & que nous sommes faits membres d'un même corps. Et ce qui montre la necessité des Sacremens, & qui doit être très considerable à toute personne qui se conduit selon les sentimens de la pieté chrétienne, c'est que les Sacremens servent beaucoup à reprimer l'orgüeil de nôtre esprit, & à nous exercer dans l'humilité; parce que nous sommes contraints pour obéir à Dieu, que nôtre impieté nous avoit fait abandonner, pour nous assujettir aux créatures sensibles de ce monde, de nous soumettre

Les Sacremés nous unissent ensemble, par les liens de la charité.

à ces mêmes créatures dans les Sacremens. *Tiré du Catechisme du Concile de Trente.*

Des parties des Sacremés & de la necessité de leurs ceremonies.

Il faut que les Pasteurs fassent entendre aux fidéles que la chose sensible, qu'on a dit ci-dessus être renfermée dans la définition du Sacrement, n'est pas simple, mais double, quoiqu'il ne s'en forme qu'un simple signe, & un seul Sacrement. Car il y a deux choses qui composent chaque Sacrement. L'une tient lieu de matiere, & on l'apelle *l'élement* : L'autre en est comme la forme, & on l'apelle communément, *la parole.* C'est ce que les saints Peres nous ont enseigné, & particulierement saint Augustin, par ces paroles si celebres, qui sont dans la bouche de tout le monde. La parole est jointe à l'élement, & le Sacrement se fait. Ainsi dans chaque Sacrement, par la chose sensible, on entend & la matiere, comme l'eau dans le Sacrement du Baptême, le Crême dans celui de la Confirmation, l'huile dans celui de l'Extrême-Onction, qui sont toutes choses visibles & sensibles; & les paroles qui en sont la forme, & qui appartiennent à l'oüie. L'Apôtre a marqué clairement l'un & l'autre, lorsqu'il a dit que Jesus-Christ a aimé *l'Eglise, & s'est livré lui-même à la mort pour elle, afin de la sanctifier, après l'avoir purifiée dans le Baptême de l'eau, par la parole de vie.* L même.

Les paroles sont necessaires dans les Sacremens pour en signifier la vertu.

Il a fallu que les paroles fussent jointes à la matiére, afin que l'effet du Sacrement fût marqué plus distinctement; car il est certain que les paroles sont les plus significatifs de tous les signes; & que même si elles n'accompagnoient la matiére du Sacrement, il seroit comme impossible de connoître ce qu'elle-même signifie; ainsi dans le Baptême, comme l'eau a la vertu de rafraîchir, aussi-bien que de laver & de purifier, & qu'elle peut être la marque & le signe de l'un aussi-bien que de l'autre; on pourroit, peut-être, bien juger par quelque conjecture, qu'elle y marque plûtôt un effet que l'autre; mais on ne pourroit l'assurer avec certitude, si l'on n'y joignoit les paroles; au lieu que lorsqu'on les y joint, on conçoit en même-tems qu'elle y est employée en tant qu'elle a la vertu de purifier, & qu'elle marque que l'ame est purifiée de tout peché par ce Sacrement. Et c'est en quoi nos Sacremens surpassent de beaucoup ceux de la Loi ancienne. Car au lieu qu'on ne gardoit en administrant les Sacremens de la Loi ancienne, aucune forme déterminée, au moins qui nous soit connuë; ce qui faisoit qu'ils étoient obscurs, & qu'il étoit très-difficile de connoître ce qu'ils signifioient; les nôtres au contraire, ont une forme de paroles, tellement fixe & déterminée, que pour peu qu'on l'altere, & qu'on s'en éloigne, le Sacrement est nul. Ainsi ils sont très clairs & ne laissent aucun doute, ni aucune difficulté dans l'esprit touchant l'effet qu'ils produisent, & la chose qu'ils signifient; forte que cette matiére & cette forme sont les parties essentielles, qui composent les Sacremens. *Le même.*

Pour Sacrement a limistre avec des ceremonies particulieres.

L'Eglise, dès ses premiers commencemens, a joint à ces parties des Sacremens, certaines ceremonies publiques & solemnelles, que bien qu'elles ne soient point de leur essence, puisqu'ils peuvent subsister sans elles, peuvent néanmoins s'omettre sans peché, si la necessité n'y oblige. Et c'est avec beaucoup de raison, qu'elle a établi & conservé cette coutume. Car il étoit de la sainteté & de la grandeur de nôtre Religion de faire éclater le respect que l'on doit avoir pour les divins Mysteres ; en ne permettant pas que d'autres , que des personnes qui paroîtroient au moins extérieurement dans un état de sainteté , administrassent des choses si saintes. 2°. Ces ceremonies font connoître plus distinctement , & mettent comme devant les yeux les effets que produisent les Sacremens , & en impriment la sainteté plus fortement dans l'esprit des fidéles. Enfin , elles élevent l'esprit de ceux qui les observent exactement , & qui les considerent avec attention , à la contemplation des choses les plus élevées , & elles excitent & augmentent en eux la foi & la charité. C'est ce qui oblige les Pasteurs à aporter plus de soin à faire connoître aux fidéles ce que signifient les ceremonies que l'on pratique à chaque Sacrement. *Tiré du Catechisme du Concile de Trente.*

Comme la connoissance que les fidéles auront du nombre des Sacremens, leur sera très-utile pour les porter à loüer & à publier avec toute la pieté dont ils seront capables, la bonté toute singuliere de Dieu envers les hommes , à qui il a preparé de si puissans moyens , pour obtenir le salut & la vie éternelle ; il faut qu'ils sçachent que l'Eglise Catholique n'en reconnoît que sept ; & que ce nombre est établi dans l'Ecriture sainte , par la Tradition des Saints Peres , & par l'autorité des Conciles. Et pour leur faire voir qu'il n'y en a ni plus ni moins ; les Ministres du Seigneur pourront se servir de cette raison , prise du raport qu'il y a entre la vie naturelle & la vie spirituelle qui est très-propre à les convaincre. Car sept choses sont naturellement necessaires à l'homme , afin qu'il puisse vivre & conserver sa vie , & l'employer utilement pour son bien particulier , & celui du public. Il faut qu'il naisse , qu'il croisse , qu'il se nourrisse , qu'il use de remedes pour recevoir la santé quand il l'a perduë , qu'il reprenne ses forces quand elles sont affoiblies par quelque infirmité ; qu'il y ait des Magistrats qui ayent l'autorité & le commandement pour le gouverner , & qu'enfin par la generation legitime des enfans , il se perpetuë en quelque maniere lui-même , & conserve le genre humain. Or , toutes ces choses se rencontrent dans la vie que l'ame reçoit de Dieu , par la grace qui lui est communiquée par les Sacremens. Car par le Baptême qui est le premier , & comme la porte , par laquelle on est admis aux autres Sacremens , nous renaissons en Jesus-Christ. Par la Confirmation nous croissons , & nous nous fortifions dans la grace , que nous avons reçûë dans le Baptême : D'où vient , comme remarque saint Augustin , que Nôtre-Seigneur ordonna à ses Apôtres , qui avoient été baptisez de demeurer dans la ville de Jerusalem , jusqu'à ce qu'ils fussent revêtus de la force d'enhaut. Nôtre ame est nourrie & soutenuë par l'Eucharistie , comme par une viande spirituelle , suivant ces paroles de Nôtre-Seigneur ! *Ma Chair est veritablement viande , & mon Sang est veritablement breuvage.* Par la penitence , nous recouvrons la santé , que nous avions perduë par les playes que le peché avoit faites à nos ames. L'Extrême-Onction efface le reste de nos pechez , & repare les forces de nôtre ame ; ce qui a fait dire à saint Jacques , parlant de ce Sacrement , que si celui qui le reçoit a commis des pechez , ils lui seront remis par ce Sacrement. Par le Sacrement de l'Ordre , les Ministres de l'Eglise reçoivent le pouvoir d'administrer publiquement les Sacremens au peuple , & d'exercer toutes les autres fonctions sacrées de leur ministere. Enfin , le Sacrement de Mariage a été institué ,

Du nombre, de la necessité, & de l'excellence des Sacremens, afin que par l'union fainte & legitime du mari & de la femme, il pût naître des enfans, qui en confervant la race des hommes, ferviffent à la gloire de Dieu, après avoir été élevez chrétiennement. *Tiré du Catechifme du Concile de Trente.*

Les Sacremês ne font pas tous égale-ment necef-faires.

Il faut remarquer, qu'encore que chaque Sacrement renferme en foi une vertu toute divine, & toute admirable; ils ne font pas tous néanmoins ni également neceffaires, ni d'une égale dignité, ni également fignificatifs. Car il n'y en a que trois, qui bien qu'ils ne foient pas même également neceffaires, le font toutes fois plus que les quatre autres. Ainfi le Baptême eft abfolument, & fans aucune exception neceffaire à tout le monde pour être fauvé, comme Nôtre-Seigneur l'a declaré par ces paroles: *Si un homme ne renaît de l'eau & de l'efprit, il ne peut entrer dans le Royaume de Dieu.* Ce qui s'entend des differentes fortes de Baptême, qui supléent à celui de l'eau. La penitence eft neceffaire feulement à ceux qui ont peché mortelle-ment depuis le Baptême: car ils ne pourront éviter leur perte éternelle, s'ils ne fe repentent fincerement des pechez qu'ils auront commis en fe foumet-tant au Sacrement de Penitence que Dieu a inftitué pour les effacer. Enfin, bien que l'ordre ne foit pas neceffaire à chaque fidéle en particulier, il eft néanmoins neceffaire à toute l'Eglife en general. Que fi on a égard à l'ex-cellence & à la dignité des Sacremens, il eft certain que celui de l'Euchariftie furpaffe de beaucoup les autres en fainteté, & pour le nombre & la profon-deur des Myfteres qu'il renferme. *Le même.*

De l'Auteur & du miniftre des Sacre-mens.

Puifque c'eft Dieu, qui rend juftes les hommes, & que les Sacremens font les inftrumens dont il fe fert pour leur communiquer cette juftice; il faut reconnoître que c'eft Dieu même, qui eft en Jefus-Chrift le principe de la juftification, & l'Auteur des Sacremens. De plus, comme les Sacremens ren-ferment une vertu, qui penetre jufqu'au fond de l'ame, & qu'il n'y a que la puiffance de Dieu, qui puiffe fonder & penetrer le cœur & l'efprit de l'homme; il eft évident qu'il faut croire fermement que les Sacremens ont été inftituez de Dieu par Jefus-Chrift, & c'eft le témoignage que faint Jean affure qu'il a reçu de Jefus Chrift. *Celui*, dit-il, *qui m'a envoyé baptifer dans l'eau, m'a dit: Celui fur qui vous verrez defcendre & demeurer le S. Efprit, eft celui qui baptife par le Saint-Efprit. Tiré du Catechifme du Concile de Trente.*

Les mauvais Miniftres ne laiffent pas de conferer validement les Sacremês.

Il faut bien obferver, que comme les hommes n'agiffent pas en leur nom & par eux-mêmes, dans cette fonction; mais comme Miniftres, & tenant la place de Jefus-Chrift, ils ne laiffent pas, foit qu'ils foient bons ou mé-chans, de conferer validement les Sacremens, pourvû qu'ils ufent de la for-me & de la matiere dont l'Eglife Catholique a toûjours ufé felon l'inftitu-tion de Jefus Chrift, & qu'ils fe propofent de faire ce que l'Eglife fait en les adminiftrant; rien ne pouvant empêcher que la grace n'ait fon effet dans les Sacremens, fi ce n'eft que ceux qui les reçoivent, ne veüillent eux-mê-mes fe priver d'un fi grand bien, & refifter au Saint Efprit. Ce fentiment a toûjours été tenu pour certain & indubitable dans l'Eglife, comme il paroît clairement par les ouvrages que faint Auguftin a fait contre les Donatiftes. Que fi néanmoins il eft befoin d'avoir recours à l'Ecriture fainte pour l'ap-puyer, il ne faut que faire attention à ces paroles de l'Apôtre pour en être *perfuadez. C'est moi, dit-il, qui ai planté, c'est Apollon qui a arrosé ; mais c'est Dieu qui a donné l'accroissement. Ainsi, celui qui plante n'est rien, celui qui arrose n'est rien, mais c'est Dieu qui donne l'accroissement.* Car faint Paul donne affez à entendre par ces paroles, que de même que la malice de ceux qui plantent des arbres, ne nuit point à ces arbres ; auffi ceux qui font entez en Jefus-Chrift par le miniftere des méchans Miniftres, ne contractent aucune fouilleure des crimes, dont ces Miniftres font coupables. C'est fuivant cette doctrine, que les faints Peres ont enfeigné ; que quoique Judas eût baptifé plufieurs perfonnes, comme le raporte S. Jean, dans fon Evangile, néanmoins on ne voit point qu'on en ait rebaptifé aucun. Ce qui a fait dire excellemment à faint Auguftin : Judas a baptifé, & on n'a point rebaptifé ceux qui l'avoient été par Judas. Jean Baptifte a auffi baptifé, & on a rebaptifé ceux qui avoient été baptifez par Jean. D'où vient cela, dit ce Pere ? C'est parce que fi Judas a baptifé, c'est le baptême de Jefus Chrift qu'il a donné : au lieu que le baptême que Jean a donné étoit feulement le baptême de Jean. Ce n'est pas, ajoûte ce Pere, que nous préférions Judas à Jean ; mais nous préférons le Baptême de Jefus-Chrift conferé même par les mains de Judas, au baptême de Jean, donné même par les mains de Jean. *Le même.*

Les Miniftres des Sacremens, entendant ceci, ne doivent pas s'imaginer qu'il leur fuffife pour fatisfaire pleinement à leur devoir, qu'ils s'apliquent feulement à la maniere de bien adminiftrer les Sacremens, quoiqu'en même-tems ils negligent l'integrité de leurs mœurs, & la pureté de leur confcience. Car s'il eft vrai qu'ils doivent bien prendre garde à adminiftrer comme il faut les Sacremens ; il eft certain auffi que leur miniftere ne confifte pas purement en cela ; car ils doivent toûjours avoir devant les yeux cette verité, que quoique les Sacremens confervent toûjours la vertu divine qu'ils renferment, ils caufent la mort éternelle à ceux qui les adminiftrent avec une confcience impure & fouillée de crimes. Car c'est une verité qu'on ne fçauroit affez repeter, que les chofes faintes doivent être traitées faintement, & avec pieté & religion. D'où vient que Dieu fait le reproche par fon Prophete ; pourquoi annoncez-vous mes preceptes ; pourquoi parlez-vous de mon alliance, vous qui haiffez la verité. *Tiré du Catechifme du Concile de Trente.* {.margin}

C'est un grand crime d'adminiftrer les Sacremens en état de peché.

Le premier effet des Sacremens, & le plus confiderable, eft la grace qu'ils communiquent, que les Docteurs & les Theologiens apellent communément juftifiante. C'est ce que l'Apôtre enfeigne très clairement, lorfqu'il dit que *Jefus-Chrift a aimé l'Eglife, & qu'il s'eft livré lui-même à la mort pour elle, afin de la fanctifier après l'avoir purifiée dans le Baptême de l'eau, par la parole de vie.* Mais l'efprit de l'homme, éclairé de la feule lumiere de la raifon, n'eft pas capable de comprendre de quelle maniere les Sacremens operent cet effet fi grand, & fi admirable ; c'eft-à-dire, felon S. Auguftin, comment il fe peut faire que l'eau qui purifie le corps, penetre jufqu'au cœur. Car il eft conftant qu'aucune chofe corporelle n'a par elle-même la vertu de penetrer jufqu'à l'ame. Ainfi ce n'eft que par la lumiere de la foi que nous reconnoiffons dans les Sacremens cette vertu divine, qui fait qu'ils

Quels font les effets des Sacremens.

Ephef. 5.

operent des chofes qu'ils ne pourroient jamais operer par leur propre vertu. *Tiré du Catechifme du Concile de Trente.*

Les effets des Sacremens confirmez par des miracles.

Afin qu'il ne reftât aucun doute dans l'efprit, fur l'effet des Sacremens; Dieu, qui eft infiniment bon, a voulu même dès leur inftitution, marquer par des miracles exterieurs, les effets qu'ils operoient interieurement en l'ame, afin que nous cruffions fermement qu'ils les opereroient toûjours dans la fuite des tems, quoique ces effets dûffent demeurer cachez à nos fens. Ainfi, fans parler de ce qui arriva fur les bords du Jourdain, après que Jefus-Chrift eut été baptifé, que le Ciel s'ouvrit, & que le Saint-Efprit parût en forme de Colombe, pour marquer que lorfque nous fommes purifiez par l'eau falutaire du Baptême, la grace eft repanduë dans nôtre ame, fans parler, dis-je, de ce miracle; puifqu'en effet il regarde plûtôt la fainteté du Baptême, que l'effet que produit ce Sacrement; nous lifons dans les Actes, que lorfque les Apôtres reçûrent au jour de la Pentecôte, le Saint-Efprit qui les rendit plus forts & plus difpofez à prêcher les veritez de la foi, & à s'expofer à toutes fortes de perils, & de dangers pour la gloire de Jefus Chrift, s'étant fait tout d'un coup un grand bruit, comme d'un vent violent & impetueux, ils virent paroître comme des langues de feu, qui fe partagerent & s'arrêterent fur chacun d'eux. Ce qui a fervi à nous faire connoître que nous recevons par le Sacrement de Confirmation le même Efprit, que reçûrent alors les Difciples, qui nous donne de nouvelles forces pour combattre la chair, le monde & fatan, & pour leur refifter. Ces mêmes miracles, dans la naiffance de l'Eglife, accompagnerent affez long-tems les Sacremens; mais fur-tout lorfque les Apôtres les adminiftroient: & ils n'ont ceffé tout-à-fait, que lorfque la foi a été entierement établie & confirmée. *Tiré du Catechifme du Concile de Trente.*

Difference entre les Sacremens de la loi nouvelle, & ceux de la loi ancienne.

Le premier effet des Sacremens, qui eft de communiquer la grace juftifiante, nous fait voir que les Sacremens de la Loi nouvelle, ont une vertu bien plus excellente & plus efficace, que n'étoit celle des Sacremens de la Loi ancienne. Car au lieu que ceux ci n'étoient que de purs élemens, fans force & fans vertu, qui ne donnoient à ceux qui étoient foüillez, qu'une pureté exterieure & charnelle, & qui ne paffoit pas jufqu'à l'ame; ce qui montre qu'ils n'étoient proprement établis, que pour être les figures des chofes qui fe devoient operer par nos myfteres, & nos Sacremens: car ceux de la Loi nouvelle, qui ont coulé comme de leur fource, du côté de Jefus-Chrift,

Heb. 3.

qui s'eft offert lui-même à Dieu comme une victime, fans tache, purifient nôtre confcience des œuvres mortes, pour nous faire rendre un vrai culte au Dieu vivant, & produifent par la vertu du Sang de Jefus-Chrift, la grace qu'ils fignifient. Et ainfi, fi nous les comparons avec les Sacremens de la Loi ancienne, outre qu'ils font plus efficaces, nous trouverons encore qu'ils nous font beaucoup plus avantageux pour leur utilité, & plus venerables pour leur fainteté. *L emême.*

Il n'y a que trois Sacremens qui im priment un caractere. 1. Cor.

L'effet principal des Sacremens, qui, à la verité n'eft pas commun à tous, mais qui eft propre à ces trois feulement; au Baptême, à la Confirmation & à l'ordre, c'eft le caractere qu'ils impriment dans l'ame. Car lorfque l'Apôtre dit: *Que Dieu nous a oints de fon onction, qu'il nous a marquez de fon fceau, & que pour arrhes des biens qu'il nous a promis, il nous a donné le*

Saint Esprit dans nos cœurs. Il marque visiblement par ces paroles ce caractere, & particulierement par celles-ci, *qu'il nous a marquez de son sceau ;* car le sceau a cela de propre, qu'il imprime quelque marque. Ce caractere est donc comme une marque imprimée dans l'ame, qui ne se peut effacer, & qui y est toûjours adherante : car comme dit saint Augustin, y a-t-il aparence que les Sacremens des Chrétiens soient moins considerables que cette marque militaire, dont les soldats sont honorez ? Or, dit-il, un soldat qui reprend les armes qu'il avoit quittées, n'a pas besoin qu'on lui imprime une nouvelle marque ; mais la premiere qu'il avoit reçuë lui suffit pour être reçu & reconnu à l'armée. L'effet de ce caractere est, d'une part de nous rendre capables de recevoir ou de faire quelque chose de saint, & de l'autre de nous distinguer des autres hommes. Ainsi par le caractere qui nous est imprimé par le Baptême, nous sommes rendus capables de recevoir les autres Sacremens, & nous sommes distinguez des Gentils, qui n'ont pas la foi. Il en est de même du caractere de la Confirmation, & de celui de l'Ordre. Car par le premier non-seulement nous recevons en qualité de soldats de Jesus-Christ, des armes & des forces pour confesser & défendre publiquement le Nom de Jesus-Christ, & pour resister aux ennemis qui sont au-dedans de nous-mêmes, & aux esprits impurs qui sont dans l'air ; mais encore nous sommes distinguez des nouveaux Baptisez, qui ne sont encore que comme des enfans nouvellement nez ; & le second non seulement donne le pouvoir d'administrer les Sacremens à ceux qui l'ont reçu, mais les distingue encore du reste des fidéles. Il faut donc croire comme une verité constante, que l'Eglise Catholique nous enseigne, que ces trois Sacremens impriment un caractere ; & qu'ainsi il ne faut jamais les réiterer. *Le même.*

Il faut que les Ministres du Seigneur, en expliquant aux fidéles la necessité & l'utilité des Sacremens ; il faut, dis-je, qu'ils observent particulierement deux choses, premierement de leur faire comprendre combien ces dons celestes & divins méritent d'honneur, de respect & de reverence ; & en second lieu de les avertir que puisque Dieu a établi les Sacremens pour le salut de tout le monde, ils en doivent user avec beaucoup de pieté & de Religion, & avoir un desir si ardent de la perfection chrétienne, qu'ils communiquent ; que s'il arrive qu'ils soient privez de l'usage si salutaire des Sacremens de Penitence & de l'Eucharistie, ils regardent cette privation cóme une très-grande perte pour eux. C'est ce qu'ils pourront aisément gagner sur l'esprit des fidéles, s'ils ont soin de leur representer, quelle est la dignité des Sacremens, & les fruits qu'ils produisent. Que c'est Nôtre-Seigneur Jesus-Christ, de qui il ne peut rien venir que de très-parfait, qui les a instituez : Que lorsqu'on les administre le Saint-Esprit se rend present, & penetre le fond du cœur, par sa vertu toute puissante & efficace : Qu'ils renferment une vertu divine & admirable qui guerit infailliblement les maladies de nos ames, que le peché y a causées : Que c'est par eux que les tresors infinis de la Passion de Nôtre-Seigneur, nous sont communiquez ; & qu'enfin quoique l'édifice de l'Eglise soit bâti sur le fondement inébranlable de la pierre angulaire, qui est Jesus-Christ, néanmoins s'il n'est soûtenu de tous côtez par la prédication de l'Evangile, & par le fréquent usage des Sacremens, il est à craindre qu'étant affoibli de toutes parts, il ne tombe par terre, & ne se ruine entierement. En effet, comme c'est par les Sacremens que nous recevons la vie spirituelle de nos ames, c'est aussi par eux que nous l'entretenons, que nous la con-

Ce qui doit porter les fidéles à reverer les Sacremens.

P p iij.

servons , & que nous l'augmentons. *Tiré du Catechifme du Concile de Trente.*

La diftinctió des Sacremens.

Il faut diftinguer entre les Sacremens ; car les uns s'apellent *Sacramenta mortuorum*, les Sacremens des morts; parce que leur propre effet confifte en ce qu'ils rendent la vie à ceux qui étoient morts fpirituellement par le peché; tels font le Sacrement de Baptême, & celui de Penitence. Les cinq autres s'apellent *Sacramenta vivorum*, les Sacremens des vivans; parce qu'en leur reception, ils fupofent la vie fpirituelle de la grace, en celui qui les reçoit ; leur propre effet étant de fortifier , de nourrir , de donner un pouvoir de confacrer le Corps de Jefus-Chrift, ou quelque Miniftere dans l'Eglife, de guerir les playes de l'ame, ou de donner la grace , afin de porter & fuporter dans le mariage , les charges qui en dependent, &c. Toutes ces chofes fupofent en l'ame, de celui qui va recevoir le Sacrement , la vie de la grace. *Tiré des Theologiens.*

L'obligation qu'ont les Miniftres d'inftruire les peuples, & de les difpofer eux mêmes à recevoir les Sacremens avec les difpofitions neceffaires.

Il eft aifé de concevoir, par ce que nous venons de dire, deux fortes d'obligations, qu'ont les Pafteurs par raport à ces myfteres tout celeftes; la premiere, c'eft d'être toûjours difpofez eux-mêmes à les difpenfer dignement; la feconde, c'eft de difpofer leurs peuples à les bien recevoir ; les Sacremens font appellez avec raifon, le pain de la vie & de l'efprit. *Cibavit eum pane vita & intellectûs.* En tant qu'ils font un pain de vie, celui qui en eft le Miniftre, doit être dans la vie, de la grace pour les diftribuer, & en tant qu'ils font le pain de l'efprit , il faut qu'il ait une pleine intelligence du bien qu'ils renferment , pour l'apliquer à propos. Un Miniftre ne doit pas moins faire enforte que les Sacremens foient reçus par fon peuple , comme le pain de la vie & de l'efprit ; il faut pour cela que le peuple foit bien inftruit de la maniere de les recevoir faintement, & des difpofitions qu'il y faut aporter; il faut de plus , qu'il connoiffe leur excellence, leur origine, leur caractere & leurs effets. C'eft ce que prefcrit le Concile de Trente : *Sacramenta adminiftraturi prius illorum vim, & ufum, pro fufcipientium captu explicent.* Negliger une inftruction fi importante , ce feroit expofer les Myfteres les plus facrez aux plus grandes irreverences, & aux plus grands mépris. *Le Pere Segneri.*

Seff. 14.

SUR LE BAPTÊME,

QUI EST LA PREMIERE

ceremonie de l'Eglise qui nous fait Chrétiens.
Le nom de Chrétien, & les devoirs qu'il
impose, &c.

AVERTISSEMENT.

Comme le Baptême est la premiere, la plus essentielle, &
par consequent la plus necessaire ceremonie de l'Eglise à
l'égard des Fidéles ; les Saints Peres l'ont unanimement appellé l'entrée au Christianisme, le fondement de l'Estre surnaturel, le Sacrement qui nous fait Chrétiens, & nous en fait
porter le nom ; & enfin, qui nous fait être enfans de Dieu,
d'enfans & de sujets du demon que nous étions ; nous n'a-
vons pû nous dispenser de traiter de cette ceremonie, par
où l'on commence d'être membres de l'Eglise, & de lui appartenir.

Nous en avons déja parlé, & même fort amplement,
vers la fin du premier Tome de nôtre Bibliotheque, où nous
avons recüeilli tout ce que nous avions alors ramassé sur la
dignité de ce Sacrement, sans nous étendre en détail sur
les ceremonies que l'Eglise observe en le conferant, tant aux
enfans qu'aux adultes ; & nous n'avons parlé que des devoirs qu'ils imposent, & sur l'obligation de soûtenir la dignité du nom de Chrétien que nous y recevons ; & les choses à
quoi nous avons renoncé en embrassant la foi de Jesus-Christ :
voilà ce qui regarde ce sujet, & le fruit qu'en doivent retirer ceux qui portent le nom de Chrétien, lesquels sont assez
instruits sur tout le reste.

On nous objectera peut-être que nous avons suffisamment parlé de tout cela dans le lieu que nous avons marqué ; mais la maniere differente dont tant de nouveaux Auteurs ont traité cette matiere, & les nouveaux tours qu'ils ont employé pour nous instruire de ces devoirs, nous servira aussi d'une excuse suffisante pour justifier la repetition des mêmes pensées exprimées en des termes differens.

SUR

SUR LE BAPTÊME,

QUI EST LA PREMIERE
ceremonie de l'Eglise qui nous fait Chrétiens.
Le nom de Chrétien, & les devoirs qu'il
impose, &c.

LE difcours que je me propofe de vous faire, eft uniquement pour vous *Un Chrétien* exciter à repondre à la grace du Baptême. Remontons, je vous prie, *doit faire* Chrétiens, à nôtre regeneration fpirituelle, pour nous remplir de nos obli- *tous les ef-* gations. *Reçois*, dit le Miniftre facré, (en mettant un vêtement blanc fur *forts pour re-* la tête d'un enfant nouvellement reg. néré ;) *reçois la robe de l'innocence*, *grace du bap-* *pour la conferver dans toute fa blancheur, & la porter devant le Tribunal du* *tême.* *fouverain Juge, ornée de graces & de merites, comme la robe nuptiale, qui* *doit t'admettre aux nôces éternelles de l'Agneau.* Cette robe myfterieufe nous repréfente la grace baptifmale, qui, en effaçant les taches du peché origi- nel dans l'ame, l'embellit d'une blancheur divine, & d'une beauté furna- turelle, en y gravant l'Image de Dieu, & les caractères de fon enfant adop- tif, avec les rayons tout lumineux de la grace, & les riches fplendeurs, que cette precieufe participation de la Divinité fait rejaillir de leur fource: de forte que, fi nous pouvions voir une ame regenerée, telle qu'elle re- naît des fonds baptifmaux, & avec cette blancheur celefte qu'elle prend dans la pifcine facrée; charmez d'un objet fi ravi ffant, qui efface roit l'é- clat de toutes les beautez humaines: nous ferions pleins d'horreur pour le peché, feul capable de défigurer tant de graces. Nous l'avons reçuë cette robe de l'innocence, nous qui avons été apellez à la grace du baptême ; d'enfans de colere que nous étions, nous fommes devenus des enfans de be- nediction par nôtre naiffance fpirituelle ; nous avons tous reçu ce précieux vêtement de la grace, pour l'embellir de plus en plus par un accroiffement de mérites, pour rendre dans nos ames les traits de l'Image de Dieu plus diftincts, & plus reconnoiffables. Cependant de combien de taches avons- nous fouillé cette robe, fi blanche & fi pure, quand nous l'avons reçuë des mains de Dieu ? Helas ! bien loin de l'orner, & de l'embellir, nous l'a- vons noircie d'une infinité de crimes. *M. l'Abbé du Jarry, dans un Sermon fur* *la Conception.*

Toutes les ceremonies qui entrent dans le Sacrement de baptême, nous *Les differen-* figurent l'obligation du détachement des vanitez du fiécle, aufquelles on *tes ceremo-* doit renoncer, pour être fidèles à la grace que nous y avons reçûë. Ces ce- *crement nous* remonies nous aprennent que nos ames doivent être pures, par l'eau qu'on *obligent de* verfe fur nos têtes ; incorruptibles, par le fel qu'on nous met en la bou- *conferver la* *grace pendant* *toute nôtre* *vie.*

che ; que tous nos defirs , toutes nos penfées , toutes nos affctions doivent
repondre à ce renoncement folemnel, que nous faifons aux pompes du fiécle dans le Baptême par le miniftere de ceux qui nous y prefentent. A la
verité , le caractere que le Sacrement de baptême imprime en nos ames , fuffit pour les rendre agreables à Dieu , jufqu'à ce que nous ayons atteint l'u-
fage de raifon ; comme le titre de foldat fuffit en tems de paix , pour faire
jouïr ceux qui le portent , des avantages qui lui font attachez ; mais de la
même maniere , dit faint Auguftin, que la guerre étant allumée , & les ennemis prefens , ce caractere eft non feulement inutile , mais funefte à ceux
qui le portent , fans en faire les fonctions , & ne fert qu'à faire punir ces
deferteurs , lorfqu'on le découvre en eux , hors de la milice , en laquelle ils
ont été enrollez : ainfi pendant ces années d'ignorance & de foibleffe , où
nous ne fommes pas encore en état de connoître nos ennemis , où nous n'a-
vons pas la force de prendre les armes que Dieu nous a données , pour les
combattre ; le caractere du Chrétien , fans aucune cooperation de nôtre part,
nous fait jouïr des avantages qui le fuivent. Mais auffi-tôt que nous fommes
en état de nous apercevoir des dangereufes attaques d'un monde, qui fe hâte de nous féduire : c'eft un devoir indifpenfable pour nous , de le combattre
de toutes nos forces ; & fi nous ne le faifons , le titre de Chrétiens fera pour
nous , une note d'infamie. *Mr. l'Abbé du Jarry , dans un Sermon fur la Conception.*

Nous rece-
vons dans le
baptême une
grace pleine
& abondante,
qui nous de-
voüe entiere-
ment à Dieu.

La grace qui nous previent dans le Baptême, eft une grace pleine &
abondante, qui n'admet point de partage. Elle fe repand fur tout l'homme ; le Sang de l'Agneau lave également l'ame & le corps. L'un & l'autre,
par une funefte contagion , avoient été foüillez ; les taches de l'un & de
l'autre font effacées par une onction exterieure & interieure. Il fe fait par
confequent une regeneration entiere. Il renaît après le baptême un homme
tout nouveau , & qui ne doit rien retenir de fes anciennes inclinations.
C'eft ce que fignifient les ceremonies , qui accompagnent le baptême. Après
qu'un enfant , prefenté à Dieu fur les autels , eft retiré de l'eau dans laquelle
il a été plongé, pour lui aprendre le paffage qu'il doit faire du peché , à
la grace : on le couvre d'une robe blanche ; on lui met un flambeau à la
main. Le Miniftre de Dieu , qui le reçoit dans le fein de l'Eglife , après lui
avoir fait renoncer folemnellement au monde , & à fes pompes ; l'avertit
par ces fymboles fenfibles , qu'il doit être fans tache à l'avenir , & qu'il
doit mener une vie irréprochable ; que comme tous les rayons qui partent
de ce flambeau , font tous également lumineux , & le feront jufqu'à fa confommation : de même toutes fes penfées , toutes fes actions , doivent jetter
une vive lumiere , fans défaillance & fans obfcurité. *Second Difcours de l'A-
cademie , année* 1677.

La grace du
baptême im-
prime dans
nos ames un
caractere
ineffaçable.

Il faudroit ignorer les premiers élemens de la Religion , pour ne pas fçavoir que , quoique les ceremonies du baptême paffent , ce qu'elles fignifient
laiffe un caractere qui ne s'efface point & qui doit durer éternellement. Que
la chair foit foible , que les paffions foient violentes ; que la concupifcence
nous entraîne au mal ; que le monde mette tout en ufage pour nous féduire ;
que le demon faffe les derniers efforts pour nous perdre ; dès que nous fommes devenus Chrétiens , nous ne difpofons plus de nous ; nous apartenons à

Dieu ; nous portons un caractere divin , que nous ne pouvons deshonorer , sans commettre une espece de sacrilege , & un attentat contre Dieu même. *Second Discours de l'Academie , année* 1677.

Estre Chrétien , c'est estre serviteur de Jesus-Christ ; & certes , il étoit tems que l'on sçût reconnoître & respecter dans le monde , & sur-tout dans Rome , la prophane capitale de l'Univers , d'autres titres que ces noms fastueux , uniquement fondez sur les avantages de la nature & de la grandeur humaine : Estre serviteur de Jesus-Christ , c'est la premiere des qualitez, dont le Maître des Gentils se glorifie ; qualité auguste & preferable , même à l'honneur du saint ministere , qui sans l'humilité , sans la fidélité d'un veritable serviteur , ne tourne qu'à la honte & à la confusion du Prédicateur , du Pasteur , de l'Apôtre : qualité preferable à tous ces titres pompeux & éblouissans , de grand , de Prince , de Monarque même ; puisqu'à la mort , tous ces grands noms deviennent vuides , & séchent tous dans le tombeau. La qualité de Chrétien , de serviteur de Jesus Christ , est la seule qui annoblit en l'autre monde ; c'est le seul titre pour regner éternellement dans le Ciel. Quelle consolation pour tous ceux qui n'ont dans ce monde ni éclat , ni distinction , ni prérogative de naissance ! Tout le monde ne peut pas estre Roi ; mais tout le monde peut estre serviteur de Jesus-Christ. Quelle folie de ne pas faire tous ses efforts pour mériter ce titre. *Le Pere Croiset , dans ses Exercices de Pieté.*

> *La qualité de Chrétien est preferable à tous les vains titres des grandeurs du monde.*

Vous estes Chrétiens , dites-vous : mais quelles preuves pouvez-vous en apporter ? Est-ce parce que vous portez ce magnifique nom ? Est-ce parce que vous avez été élevez dans cette Religion , qu'on nomme Chrétienne ? C'est là une pure imagination : pour porter ce nom ; pour vivre dans la société des Chrétiens , on n'est pas Chrétien pour cela. La regle la plus sûre pour connoître si vous l'estes , c'est de mener une conduite toute oposée à la vie que vous menez ; car peut-on avoir une preuve plus oposée à ce que vous dites , que de voir que vos mœurs sont si oposées à l'Evangile , qu'il n'y peut rien y avoir de plus contraire ? *Auteur moderne.*

> *La plus sûre preuve que l'on est chrétien , c'est la conformité que l'on a avec J. C.*

Qu'il est à craindre que le Crucifix , qu'on nous presentera un jour à l'heure de la mort ; à nous , qui nous glorifions d'estre Chrétiens , au lieu d'estre le motif de nôtre esperance & de nôtre confiance , ne devienne l'objet de nôtre frayeur , & peut-estre de nôtre desespoir & de nôtre condamnation ; lorsque venant à nous comparer ce divin modéle , dont nous devons estre de fidéles copies , si nous voulons estre Chrétiens & predestinez ; bien loin de trouver aucune ressemblance de nôtre vie , à celle du Fils de Dieu , nous ne trouverons alors en nous , que des traits entiérement oposez , & une différence universelle de nôtre conduite avec la sienne , & par une suite necessaire , une marque trop visible de nôtre réprobation. En vain porterons-nous jusqu'au dernier periode de la vie , ce nom celebre de Chrétiens ; sa mort nous sera inutile , si sa vie n'a été nôtre regle. Nous ne profiterons point de ses mérites , si nous n'avons profité de ses divins exemples , & il ne sera point nôtre Sauveur , s'il n'a été nôtre modéle. Efforçons-nous de prevenir un si grand malheur. Ne nous contentons pas de porter le nom de Chrétiens ; il nous sera fort inutile , si nous ne prenons pour modéle Jesus-Christ crucifié , qui est l'Original auquel nous devons conformer nôtre vie , sur

> *J. C. crucifié, dont l'adorable image sera un sujet de frayeur à l'heure de la mort, à ceux qui n'auront pas conformé leur vie à la sienne.*

lequel nous devons regler nos mœurs, auquel nous devons uniquement attacher toutes nos penſées, deſirs & affections; afin qu'à la mort il ne ſoit point l'objet de nôtre crainte & de nôtre deſeſpoir. Ayons continuellement devant les yeux ce divin original, pour en exprimer en nous tous les traits au naturel: car en vain eſpererions-nous alors en lui, ſi nous n'avons eu ſoin pendant la vie de regler nos mœurs au niveau de ſon Evangile & de ſes ſaints exemples. *Le Pere Nepveu, dans un livre intitulé: L'eſprit du Chriſtianiſme.*

On peut être apellé veritablemét chrétien,tant que l'on conſerve l'innocence baptiſmale.

C'eſt une des premieres queſtions qu'on vous a faites, lorſque vous avez eu l'uſage de raiſon; on vous a demandé, pour vous faire ſouvenir des engagemens de vôtre baptême; êtes-vous Chrétien? Vous avez repondu que vous l'étiez, & vous l'avez repondu alors avec verité; parce que par le bonheur de l'innocence de l'âge où vous êtiez, vous n'aviez point effacé l'Image de l'Homme nouveau; c'eſt-à-dire, de Jeſus Chriſt, qu'on avoit imprimée dans vôtre ame avec le caractere du baptême. Mais le pourriez-vous repondre maintenant, & avec verité? Si vous reconnoiſſez en vous les traits de ce divin modele; ſi vous êtes ſemblables à Jeſus-Chriſt, vous pouvez l'aſſurer ſans crainte: mais ſi cela n'eſt pas, vous ne pouvez l'aſſurer, ſans démentir vos paroles, par vôtre conduite. C'eſt donc à chacun de nous à nous examiner ſur cette regle, mais ſans nous tromper ou nous flatter. *Le même.*

A comparer la vie des Chrétiens à leur modele, qui eſt J C. on y trouve peu de reſſemblance.

Quand on veut voir ſi une copie eſt fidéle, ſi elle exprime bien tous les traits de l'original, on jette d'abord les yeux ſur l'original, & enſuite ſur la copie; & puis on compare tous les traits de l'un, avec les traits de l'autre. Servons-nous de cette methode, pour reconnoître ſi nous ſommes veritablement Chrétiens, ſi nous ſommes les copies fidéles de Jeſus-Chriſt. Mais qu'il eſt à craindre que cette comparaiſon ne nous confonde, en nous faiſant voir que bien loin de nous y faire remarquer de la reſſemblance avec le Fils de Dieu, nous y trouverons une difference, & une opoſition entiére. Car enfin le Sauveur du monde a été parfaitement humble; & il nous dit lui-même, que c'eſt la principale leçon qu'il veut que nous aprenions de lui; & cependant nous ſommes vains & ſuperbes. Jeſus Chriſt a fui les grandeurs & les honneurs, comme il parut lorſqu'on le voulut faire Roi; & nous les recherchons avec ardeur. Tout cela convient-il avec ce celebre nom de Chrétiens, dont nous nous parons. Sont-ce les promeſſes que nous avons faites à nôtre baptême, & que nous avons réiterées tant de fois peu après, de renoncer à Satan, d'avoir en horreur l'eſprit, la conduite & les pompes du monde; de ſuivre uniquement Jeſus-Chriſt, & de lui garder pendant toute notre vie une fidelité inviolable & ſans reproche? *Le P. Nepveu, au même endroit.*

Le nom de Chrétien eſt le plus haut titre d'hōnneur qu'on puiſſe ſe procurer ſur la terre.

On eſt fils de Dieu, on eſt heritier de Jeſus Chriſt par la grace de Dieu. Quel titre d'honneur plus auguſte! quelle qualité plus noble, plus eſtimable, plus précieuſe que celle de fils adoptif de Dieu même par la grace, & d'heritier de tous ſes biens! Tous ces titres pompeux, tous ces grands noms de diſtinction & de dignité; ces droits de ſucceſſion, & ces prérogatives de nobleſſe, que donnent la naiſſance, la faveur des grands, les ſervices rendus aux Princes, les charges, les emplois ſont des droits reſpectables, il eſt vrai, des monumens majestueux ; mais bâtis sur le sable. Outre qu'ils sont vuides au dedans ; quelle est leur solidité, leur vertu, leur durée ? Quelque brillans qu'ils soient au dehors, leur éclat n'est que superficiel ; le tems les use, & la mort les ensevelit, ou du moins les confond. Quel de tous ces titres pompeux, quelle de toutes ces riches successions ; & quelle de ces distinctions nous accompagnent jusques dans l'autre vie ? Prodigieuse statuë d'or, d'argent, de bronze, ou de fer ; elle ne porte que sur des pieds d'argile. Quelque riches, quelque somptueux que soient les mausolées, ils ne renferment que des cendres. La seule qualité d'enfant de Dieu, de fils adoptif par la grace, donne un merite qui ne vieillit jamais, une noblesse, qui a rang dans le Ciel. Voila la noblesse que nous donne le Sang du Redempteur. La qualité seule d'enfans de Dieu, absorbe, dissipe, éteint toutes les autres; il n'y a proprement que celle-là seule qui soit réelle, permanente, solide, superieure à toutes les revolutions de la vie, & à tous les accidens. La qualité seule de Chrétien, rend un homme veritablement noble, riche, puissant, heureux. Sans cette qualité, toutes les autres sont des noms vuides. Mais quand en remplirons-nous les devoirs, pour estre en état de recüeillir nôtre heritage ? *Le Pere Croiset, dans ses Exercices de Pieté pour les Dimanches & Festes mobiles.*

Saint Pierre parlant des fidéles en general, leur attribuë le Sacerdoce, comme un honneur attaché au Christianisme. Ce n'est pas que selon lui, ils soient tous Prestres, comme ceux à qui les Evêques imposent les mains, & qui seuls ont le pouvoir de celebrer les saints Mysteres : mais ils le sont en quelque façon, puisqu'ils peuvent & qu'ils doivent même immoler à Dieu, non de veritables hosties, comme étoient les Bœufs, les Moutons, les Tourterelles, & les Colombes parmi les Juifs, & comme est le Corps du Sauveur parmi les Chrétiens, mais des victimes spirituelles ; c'est-à-dire des prieres, & des loüanges, des œuvres saintes, des jeûnes & des aumônes. Ce sont de ces sortes de sacrifices, que saint Paul nous recommande, lorsqu'il dit : *Offrons donc toûjours à Dieu par Jesus Christ, des sacrifices de loüange, comme les fruits de nos levres, qui glorifient son saint Nom.* L'Apôtre exprime tout cela en peu de paroles: Je vous conjure, dit-il, d'offrir vôtre corps, comme une hostie vivante, sainte, agréable à Dieu ; & il ajoûte : Rendez aussi au Seigneur un culte raisonnable. Il ne demande pas de nous un vrai sacrifice, où nous presentions nos corps pour estre immolez & consumez par le feu ; mais un sacrifice purement moral & spirituel. Il veut seulement, qu'à l'imitation de nôtre Seigneur, qui a sacrifié son Corps sur la Croix ; nous sacrifions en quelque maniere les nôtres, comme des hosties vivantes, saintes, parfaites, & par consequent agréables à Dieu : qu'ainsi la mortification les immole, & que la charité les consume. Il faut que nos corps soient des hosties ; c'est-à-dire, des choses consacrées à Dieu ; il faut que nous les employons, & qu'ils se consument au service de celui qui en est le Créateur. Nous ne devons plus les considerer comme étant à nous ; mais comme étant tout-à-fait à Dieu, à qui nous nous sommes devoüez pour toûjours dans le baptême ; & qui, comme dit saint Paul, nous a achetez bien cher. Il faut de plus, que ce soient des hosties vivantes, & animées par le Saint Esprit ; car un homme mort par le peché, est la victime du demon, qui ne cherche

En quel sens le commun des fidéles peut offrir des sacrifices à Dieu.

ad Heb. 13.

Qq iij

qu'à perdre les corps & les ames. Mais Dieu, qui vit éternellement, qui est la source de la vie, ne veut pas qu'on lui presente des cadavres, qui ne sont bons qu'à jetter à la voirie. Conservons-donc, avec tout le soin possible, la vie de nos ames, afin de pouvoir honorer Dieu d'une maniere raisonnable & spirituelle. *Le Cardinal Bellarmin, dans ses Opuscules.*

Modele d'un veritable Chrétien,

Les Chrétiens, dit saint Justin Martyr, sont dans le monde comme dans un exil, ils se regardent comme Citoyens de la Jerusalem celeste. Ils sont au milieu des Villes, mais comme des voyageurs ; ils prennent part aux choses de cette vie, mais comme des gens qui en attendent une autre ; ils vivent dans une terre étrangere comme chez eux, & chez eux comme dans une terre étrangere. Ils vivent dans la chair, mais ils ne vivent pas selon la chair ; ils demeurent sur la terre, & leur commerce est au Ciel. C'est la peinture que fait saint Justin, des Chrétiens ; est-ce la nôtre ? *Le P. Croiset, dans ses Exercices de Pieté, Tome 4.*

Les premiers Chrétiens, pour conserver ce precieux nom, avoient en horreur les dignitez & les grandeurs du monde.

Pour la conservation de cet illustre nom de Chrétien, les premiers fidéles ont bien voulu souffrir toutes les injures imaginables. Ils ont bien voulu passer pour des personnes inutiles au monde, incapables des affaires ; & qui n'etoient qu'à charge au public : & s'ils prenoient quelque part à la vie commune ; c'étoit dans ces emplois sans éclat, qui n'avoient rien d'oposé à l'humilité de l'Evangile. Plusieurs d'entre-eux ont refusé les Magistratures, & craignoient avec raison, qu'en se partageant entre Dieu & le monde, ils ne pussent satisfaire à des devoirs si differens... Vous avez renoncé au monde, vous qui portez le nom, & qui faites profession d'estre Chrétiens : vôtre parenté est éclatante, elle est sublime ; puisque c'est l'union des cœurs qui vous lie ensemble dans la priere commune que vous faites à Dieu ; c'est la conformité des esprits dans la science du salut ; c'est la societé d'une même table, en la communion du Corps & du Sang adorable du Sauveur. Voyez, Chrétiens, quelle est la hauteur du nom que vous portez ; & gardez-vous bien de déchoir d'une si illustre qualité, par une vie basse, commune & attachée aux choses corporelles de ce siécle. *Auteur moderne.*

Il y en a peu qui portent le nom de chrétiens qui se duissent dire tels avec justice.

Qu'il est peu de gens portant le nom de Chrétiens, qui, s'ils mettoient leur conduite en paralelle avec celle de Jesus-Christ, leur Chef, n'y reconnussent une difference toute entiere. L'oposition est formelle entre leurs manieres de vivre, & ce divin Original, duquel on ne peut remarquer sur eux aucun trait. Qu'il en est peu qui soient de fidéles copies de ce divin modéle! Qu'il en est peu qui se puissent dire veritablement Chrétiens ! Puisque c'est la ressemblance avec le Sauveur, qui nous fait remplir & meriter ce nom ; & ne peut-on pas dire par conséquent, qu'il en est peu qui marchent dans les voyes du salut ; puisqu'il n'y a que les veritables Chrétiens qui y puissent pretendre.... Mais pourquoi l'Evangile nous marque-t-il un si petit nombre d'Elûs, si ce n'est à raison du peu de conformité de mœurs, de vie, de sentimens & d'affections, que nous avons avec Jesus-Christ, Chef & modéle de tous les Chrétiens qui ont l'honneur d'avoir été marquez de son sceau & de porter son Nom, quoiqu'il soit de foi qu'il n'y a de salut pour qui que ce soit, qui ne soit entierement conforme au Fils de Dieu. Puisque cela est ainsi, surquoi fonder nos esperances, si, bien loin de nous efforcer de l'imiter autant qu'il est en nôtre pouvoir, nous y avons une oposition si fune-

ste ? *Le Pere Nepveu, dans son livre intitulé : L'esprit du Christianisme.*

Si Jesus-Christ est nôtre Roi, par le choix que nous en avons fait à nôtre baptème, & par la fidélité que nous lui avons promise alors ; en prenant
le nom de Chrétiens, & en nous engageant autentiquement à renoncer à
tous ses ennemis ; c'est-a-dire, au monde, au demon & à la chair ; à leur
declarer une guerre immortelle, en combattant genereusement jusqu'au dernier soupir sous ses enseignes, le reconnoissant pour nôtre veritable Roi ;
car c'est là ce qu'ont promis pour nous ceux qui nous ont tenus sur les fons
de Baptême : c'est ce que nous avons dû ratifier dans le moment que nous
avons eu l'usage de raison, dont nous avons dû consacrer les premices, en
rendant nos hommages à ce divin Roi. Nous avons donc choisi Jesus Christ
pour nôtre Roi, quand nous avons pris le titre & la qualité de Chrétiens
au baptème ; mais pour n'avoir pas lieu de nous repentir de ce choix, il
faut tellement conformer nôtre vie à sa doctrine & à ses mœurs, selon nôtre
pouvoir, que nous puissions esperer un jour d'estre avoüez de lui pour ses freres, & ses coheritiers dans le Royaume de son Pere. *Le même, au même
endroit.*

[marginal note: L'homme chrétien doit tenir à Dieu, la parole qu'il lui a donnée à son sujet au baptême.]

Quelle haute idée l'homme chrétien ne reçoit-il pas dans la Religion,
de sa propre excellence ! Quelle assurance n'y trouve-t-il point de la plus précieuse estime qui fût jamais, de l'estime de Dieu même ? S'il se recherche
dans son origine, & par raport à sa fin ; qu'il est grand, cet homme, qui
avant la naissance des tems, qui durant la suite de toute l'éternité, est l'objet de l'attention d'un Dieu ! Cet homme qu'il a créé à son image, qu'il
n'a formé que pour lui seul, en faveur de qui il a produit tous les estres ;
en faveur de qui il employe les plus nobles intelligences, en faveur de
qui il daigne descendre sur la terre, dont il veut bien durant tous les siécles porter la ressemblance, dont il veut estre le seul maître, dont il doit
estre lui seul la recompense ! Qu'il est grand, cet homme, & qu'il est estimé de Dieu ; lui, dont un seul peché n'a pû estre lavé que par le Sang
d'un Dieu ! lui, qui dès maintenant est revêtu des glorieux titres d'ami,
d'enfant, de frere de Jesus-Christ ; & qui durant toute l'éternité, partagera
avec lui l'heritage du Pere celeste ! *Troisiéme Discours de l'Academie, année* 1707.

[marginal note: L'homme, si grand par sa nature, est bien plus noble par la dignité de chrétien.]

Qu'est-ce qu'estre Chrétien ? Est-ce avoir été regeneré dans les eaux du
baptème ? Est-ce aprendre les premiers élemens de la foi, & en faire profession, reciter quelques prieres, aller à l'Eglise, aprocher des Sacremens ?
C'est bien là quelque chose ; mais ce ne sont là que des marques ou generales, ou exterieures, & équivoques d'un vrai Chrétien. L'estre veritablement, c'est se consacrer au service de Dieu avec liberté, avec plaisir, avec
courage. Avec liberté ; il veut quand on en a l'usage, qu'on ratifie soi-
même des vœux qu'on n'a prononcé, que par une bouche étrangere, qu'on
décharge ses cautions de leur engagement, & qu'on porte soi-même,
comme parle Tertullien, tout le poids de son baptême. Avec plaisir ; il rejette les victimes qu'on lui amene de force, il ne peut souffrir des serviteurs
involontaires ; il veut, dit l'Apôtre, qu'on lui donne avec joye, & qu'on le
serve dans un esprit de ferveur. Avec courage ; loin de lui ces chrétiens là

[marginal note: Ce que c'est qu'être chrétien.]

ches, timides, que les moindres difficultez rebutent, qui ravis de se voir en la compagnie de Jesus-Christ, quand il monte sur le Thabor, prennent la fuite, quand on le conduit sur le Calvaire ; qui s'excitent de tems en tems à quelques œuvres de religion, qui sont de leur goût ; mais qui en demeurent là, lorsqu'ils aprehendent de s'attirer de mauvaises affaires, comme ce jeune homme, qui éveillé d'un gros bruit qu'on faisoit près de lui, sortit brusquement de son lit, envelopé de son linceüil ; mais qui se retira bien vîte, dès qu'il s'aperçut que les soldats vouloient se saisir de lui. *M. l'Abbé Boileau, dans ses pensées choisies.*

Ce que c'est qu'un parfait chrétien. Un chrétien parfait est un homme que la vie dégoûte, que les éloges importunent, que sa foi console. S'il gemit, c'est sur les miseres des pauvres ; s'il rougit, c'est sur les desordres des pecheurs ; s'il soupire, c'est pour les biens du Ciel ; s'il pleure, c'est à cause des scandales de la terre. Oüi, il y a quelque chose qui l'afflige ; mais c'est le peché ; quelque chose qu'il craint, mais ce sont les jugemens de Dieu ; quelque chose qui le console, mais c'est la proximité de la mort. En lui, nul autre desir, que de faire la volonté de Dieu ; nulle autre jalousie, que celle de lui plaire ; nulle autre fortune, que celle que la Providence divine lui envoyera. Il regarde la pauvreté comme le prix du Ciel, la misere comme le signe de la vertu, les injures comme l'épreuve de sa patience, aimant à être inconnu, & reputé pour rien, goûtant les calomnies, comme les autres font les éloges ; il craint de ne point souffrir assez, & la gloire qu'il cherche dans les bonnes œuvres qu'il fait, est l'avantage de les cacher aux yeux des hommes, afin que Dieu en soit seul le témoin. *Le même.*

Un chrétien doit s'instruire de sa religion. Etudions nôtre religion, disoit le sçavant Pic de la Mirande, & ne nous reduisons pas volontairement en matiére de Christianisme, à une simplicité méprisable. Souvenons-nous que ce Christianisme doit être dans nos personnes aussi solide & aussi raisonnable contre ceux qui l'attaquent, qu'édifiant pour nous-mêmes qui le défendons. Ne tombons pas dans ce desordre aujourd'hui si deplorable & si commun, de professer une creance, & d'en ignorer les prémices essentielles. Faisons nous un devoir de les bien comprendre, & selon la maxime de saint Pierre, d'être toûjours prêts à en rendre compte. Que Dieu trouve en nous, sinon des martyrs fervens, puisque le tems de la persécution n'est plus, au moins des Confesseurs éclairez, pour soûtenir son culte contre la vaine presomption du libertinage : car c'est, Chrétiens, à quoi nous sommes apellez. Vous demandez quelquefois, ce qui pourroit vous occuper au défaut des divertissemens prophanes, & des joyes du siécle ; je vous le dis. L'étude de vôtre religion, à peine vous y êtes-vous jamais apliquez, & par une negligence dont vous repondrez à Dieu, à peine avez-vous une idée confuse de ce que vous croyez ; c'est à dire, de ce qui vous fait Chrétiens. Si bien loin d'être en état de persuader & de confirmer les autres, vous ne prenez nul soin de vous confirmer & de vous persuader vous-mêmes, comment osez-vous vous glorifier du nom que vous portez. *Le P. Bourdaloue, dans sa Dominicale.*

Un chrétien ne doit se glorifier que dans la croix. D'où vient que l'Apôtre paroit si déterminé à ne se glorifier jamais que dans la Croix de Jesus Christ : Dieu me garde, dit-il, de me glorifier, si ce n'est dans la Croix de Nôtre-Seigneur Jesus-Christ, par qui le monde est
crucifié

rucifié à mon égard, & moi je le fuis à l'égard du monde : *Mihi autem ab-* Gal. 6.
t gloriari niſi in cruce Domini noſtri Jeſu Chriſti. Ne pouvoit il pas ſe glorifier auſſi avec juſtice dans la ſageſſe, dans la ſainteté, dans la puiſſance du
Sauveur, qui lui avoit communiqué tous ces dons avec ſi peu de reſerve ?
Il le pouvoit, ſans doute, & cependant il ſe glorifie uniquement dans la
Croix, qui étoit l'oprobre du monde. O que nous ſerions heureux de connoître, comme ce grand Apôtre, tout le prix d'une gloire ſi belle : mais que
faiſons-nous ? Nous nous glorifions de la croix, & non dans la Croix de Jeſus-
Chriſt. Nous faiſons gloire d'être chrétiens, nous faiſons briller la croix dans
nos étendarts, nous l'exaltons, nous l'adorons; ce n'eſt là que ſe glorifier de la
croix du Sauveur: pour ſe glorifier dans la croix de Jeſus-Chriſt; il faut vouloir,
comme lui, y demeurer attaché. Or qu'eſt-ce proprement que la croix, ſinon le mépris, la douleur, le dépouillement des biens de la terre. Lors
donc que nous mettrons nôtre gloire en ces choſes, nous nous glorifierons
dans la croix de Jeſus-Chriſt. Le monde met ſa gloire dans les richeſſes,
dans les plaiſirs, dans les grandeurs : la gloire d'un chrétien doit être toute
opoſée à celle du monde. *Le Pere Segneri, dans ſes Meditations ſur des paſſa-*
ges choiſis, &c.

Un veritable chrétien eſt-il reduit à la mendicité ? ce n'eſt ni la faineantiſe, *Conduite du*
ni la débauche, c'eſt l'Evangile qui le dépouille ; il aime ſes playes ſans les *vrai chrétien*
dans diffe. en-
découvrir, & ſon état ſans ſe plaindre; plus ravi d'habiter avec Jeſus-Chriſt dans *tes circonſ-*
ſa chaumiere, que de vivre magnifiquement ſous les tentes des pecheurs. Eſt-il ca- *tances de la*
lomnié ? il ſe défend ; ſi c'eſt pour ſa foi, il ſe juſtifie, ſi c'eſt pour ſa dignité, il *vie.*
ſe réjoüit de n'être pas crû ; s'il ne s'agit que de ſon honneur ; ſi les hommes le maudiſſent, il benit Dieu ; & s'ils le condamnent, il lui rend graces : monte-t-il ſur l'échaffaut ? il prie pour ſon juge, il foûrit à ſon bour-
reau, il baiſe les inſtrumens de ſon ſuplice. Son teſtament, c'eſt l'Evangile,
ſon patrimoine, c'eſt la croix ; ſa patrie, c'eſt le Ciel ; ſes favoris, ce ſont
ſes perſécuteurs ; ſon ennemi, c'eſt ſa chair ; ſes treſoriers, ce ſont les pauvres. Eſt-il dans l'abondance ? les feſtins ſont ſa peine, le monde lui paroît
une priſon, la ſolitude un paradis. Fâché d'être ſi peu conforme à l'Image
exterieure de Jeſus-Chriſt, il ſe trouve par neceſſité avec les grands, par
charité avec les petits, par inclination avec les pauvres, avec modeſtie à
l'Egliſe, avec frayeur à la Cour, avec joye aux hôpitaux : Eſt-il ſçavant ?
il a plus d'éloquence pour refuter ceux qui le flattent, que pour démentir
ceux qui l'accuſent, pour mettre en uſage l'éminente ſcience de Jeſus-Chriſt;
il veut connoître ſon néant, étudier la mort, embraſſer la croix. Ingenieux
à amoindrir ſes bonnes qualitez, & à groſſir ſes mauvaiſes ; il regarde le monde avec pitié, avec crainte, avec mépris, avec dégoût ? Eſt-il au ſervice des
Princes ? la proſperité des méchans ne lui donne pas de ſcandale, & la ſienne lui donne des ſcrupules ; les gens indignes lui font honte, les heureux
lui font pitié, les ingrats lui font plaiſir. Il aſſiſte le miſerable, il plaint le
criminel, il porte envie à l'innocent, & remercie Dieu de ne le point paroître. Eſt-il penitent ? il boit à longs traits les amertumes de la vie ; il goûte
avec plaiſir ſes peines, & ſe nourrit de ſes larmes, uſant du monde comme
s'il n'en uſoit pas, paroiſſant triſte, & toûjours plein de joye, prêt à ſortir
de ſon pelerinage, il demande pardon au Seigneur de l'attachement qu'il

y a eu. Il a l'éternité dans son esprit, l'amour de Dieu dans son cœur, la mortification de Jesus-Christ dans son corps. Comment regarde t-il les choses de ce monde : les richesses ? Il n'en est que l'œconome pour les pauvres : les charges ? il n'en est que l'esclave pour le peuple : ses talens ? il en est la victime pour la religion : sa science ? il n'en est que le canal, & il se glorifie avec le grand Apôtre, de ne sçavoir que Jesus, & Jesus crucifié : son tems ? il n'en est que le dépositaire pour travailler à son salut, & à la sanctification de ses freres. *Monsieur l'Abbé Boileau, dans ses pensées choisies.*

Noblesse du Chrétien, & comment il doit s'en glorifier.

Non, Messieurs, le chrétien ne connoît point sa noblesse, il ne sent point assez la grandeur de sa religion ; qu'un Dieu pour me sauver, pour s'attirer mon amour, pour me rendre heureux de son bonheur, se soit reduit à ma condition mortelle, se soit fait tel que moi ; soit mort pour moi : jamais les religions prophanes ont-elles enseigné rien de pareil ! jamais l'éclat du sang, la splendeur de la fortune a-t-elle fourni à l'homme un plus grand sujet de se glorifier ! c'est aussi ce qui est permis, & même ordonné dans l'Evangile.

1. Cor. 10.

Oui, glorifiez-vous, dit saint Paul, mais que ce soit dans le Seigneur : *Qui gloriatur, in Domino glorietur. Le P. de la Ruë, dans son Avent.*

Les chrétiens seront punis plus severement dans les enfers, que les idolâtres.

Isaïe, avec tout l'éclat de l'éloquence des Prophetes, a laissé aux siécles futurs une image symbolique de ce qui se passe dans l'enfer, à l'arrivée d'un orgueilleux enlevé du monde par la mort. Tout y est en mouvement, dit-il, toutes les Puissances des tenebres, les Geans, les Rois de la terre se levent, & s'empressent d'aller au devant de lui. Faisons à nôtre esprit le même tableau du mouvement des Reprouvez infidéles & idolâtres, à la vûë de la damnation des chrétiens. Ecoutons les cris insultans des Princes des Nations : Hé quoi ! vous voila donc tels que nous, coupables des mêmes crimes, foudroyez par le même arrest, rejettez de la vûë de Dieu, damnez & malheureux éternellement comme nous ! Et vous pretendiez que le Ciel n'étoit preparé que pour vous ! Vous damnez le reste du monde qui ne voyoit point comme vous ! & vous voila damnez comme le reste du monde. Qu'avez-vous fait du Sang d'un Dieu ! Quel usage en eussions-nous fait, si nous eussions sçû comme vous, qu'il l'eût repandu pour nous ! Dieu créateur, nous avons abusé des lumieres de la raison, que vous nous aviez donnée, pour nous aprocher de vous : nous sommes justement punis : mais Dieu Sauveur nous ne vous avons point connu. Coupables de n'avoir pas cru, nous ne le sommes point d'avoir trahi nôtre foi, profané vôtre baptême, & foulé vôtre Sang aux pieds. C'est contre ces profanateurs, contre ces perfides chrétiens que doit tomber le poids de vôtre colere. Y a-t il assez de feux & de tortures pour eux ! Vous serez exaucez, déplorables criminels ; ce juste Juge a prevenu vos plaintes, il a resevé à ces ingrats des tourmens fort au dessus des vôtres. Il y aura pour vous quelque reste de clemence ; il n'y en aura point pour eux ; sa seule bouche en a déja prononcé l'arrest en faveur de Tyr & de Sodome. Au jour du jugement elles seront traitées, disoit-il aux Juifs, moins rigoureusement que vous. Quel traitement reservera-t-il donc aux Chrétiens ! Plus dur sans comparaison qu'aux Juifs, qu'aux idolâtres de Tyr & de Sidon, qu'aux impudiques de Sodome & de Gomorrhe. Innocens des excès de toutes ces nations, ils en meriteront les suplices par la feule profanation qu'ils auront faite du Nom & de la Loi de Jefus-Chrift. *Le même.*

Saint Cyprien difoit autrefois à tous les chrétiens, qu'en prenant ce nom venerable, ils fe dévoüoient eux-mêmes à toutes fortes de fouffrances prefentes & fenfibles, pour attendre les biens invifibles & éternels ; qu'enfin, il n'étoit pas permis aux heritiers d'un Sauveur crucifié de craindre ni les fuplices, ni la mort. Il les nomme les heritiers du Crucifié ; parce que le Sauveur en fe facrifiant pour l'amour des hommes, n'a rien laiffé en ce monde à fes veritables enfans que la croix ; c'eft-à-dire, que la douleur & la honte en partage. Quel affreux heritage, bon Dieu ! que celui de Jefus faoulé d'oprobres, comme parle l'Ecriture, attaché nud, & mourant fur la Croix ? Cependant il faut renoncer à fon heritage celefte, fi on n'accepte pas cet heritage temporel de fouffrance & d'humiliation. Nul des enfans de Jefus-Chrift ne peut fe difpenfer d'entrer dans cette fucceffion fi onereufe de fon Pere. *Monfieur de Fenelon, Archevêque de Cambray, dans fes Sermons choifis.*

Les fouffrances font l'heritage temporel du chrétien.

Ce qui doit faire nôtre principale gloire, fe trouve également dans tous les chrétiens ; s'il y a quelque difference à faire, elle doit être fondée fur les principes de la Religion. Si un chrétien peut avoir quelque prérogative au-deffus d'un autre, ce ne peut être que parce qu'il fuit avec plus de fidelité les loix de l'Evangile. Le riche qui fuit les maximes de Jefus-Chrift, eft au deffus du pauvre, non parce qu'il eft riche ; mais parce qu'il eft fidéle à Jefus-Chrift. Le pauvre qui fe fanctifie dans fon état, eft infiniment au-deffus du riche qui abufe de fes richeffes, & qui mene une vie contraire aux maximes de l'Evangile. En un mot, il n'y a rien de plus grand fur la terre que le nom de chrétien. Que Dieu foit éternellement beni de ce qu'il nous a vifitez, & de ce qu'il a commencé à nous faire fentir les effets de fa redemption dès les premiers momens de nôtre vie. *M. Lambert.*

Tous les chrétiés font égaux en un fens.

Entre Chrétien, dit faint Profper, c'eft marcher comme Jefus Chrift a marché, méprifer ce qu'il a méprifé, ne pas craindre ce qu'il a fouffert, faire de bon cœur ce qu'il a fait, efperer humblement ce qu'il a promis, aller fur fes traces, le fuivre comme fon guide. Eftre chrétien, c'eft mourir au peché ; & pour y mourir, c'eft ne pas vivre de fes œuvres, & ne rien defirer charnellement. Enforte que comme un mort ne parle mal de perfonne, n'envie les biens, n'infulte à la difgrace, ne corrompt la chafteté de qui que ce foit : un chrétien eft un homme qui met la temperance comme une garde fidéle, fur fon cœur, pour en arrêter les mouvemens dereglez, fur fes mains, pour ne faire aucune mauvaife action, fur fa langue pour ne pas éclater en des joyes prophanes ; fur fa bouche, pour ne pas aller au-delà d'une raifonnable fobrieté. Qu'eft-ce encore qu'un chrétien ? c'eft, repond ce même Pere, un homme qui n'eft fujet ni à boire avec excès, ni à faire un Dieu de fon ventre : un homme qui n'eft ni enflé par l'orgueil, ni entraîné par la débauche ; un homme qui voit les gens de bien, mais qui ne lie aucune focieté avec les méchans, qui prend foin de fa famille ; mais qui fe repofant fur la divine Providence, vit fans trouble, & fans mauvais defirs, &c. *Le Dictionnaire Moral.*

Ce que c'eft qu'être chrétien.

Combien de fois ai-je deshonoré par mes excès le glorieux nom de Chré-

Sentimens

d'un pecheur chrétien, qui renonce à Dieu.

tien, d'enfant de Dieu, que je porte ! Je le reconnois, je l'avouë, tout pénétré de douleur : je le confesse au Ciel & à la terre. Je devois, par l'exemple d'une vie sainte ; & je pouvois, par le secours de vôtre grace, contribuer à l'honorer, & à le faire honorer par les autres : je ne l'ai point fait. J'ai mené, au contraire, une vie si opolée à ce glorieux titre de Chrétien, que je porte, & à ce qu'il devoit m'inspirer ; qu'elle auroit pû faire dire aux impies, ce que je ne puis penser qu'avec horreur ; si on avoit voulu juger du pere, par l'enfant. Ô Pere très saint d'un fils si dénaturé ! m'étant comporté, comme j'ai fait jusqu'ici : il n'y a plus pour moi d'autre moyen desormais, d'honorer ce glorieux nom de Chrétien, que je porte ; que par le regret sincere, & l'amer repentir d'une sainte penitence. J'y suis resolu. Accordez-moi donc le tems qui m'est necessaire pour pleurer ma conduite passée, afin qu'avant que je descende dans cette terre de tenebres & d'horreur, où ma vie doit bientôt aboutir ; je repare autant qu'il sera en moi, par la penitence, la prophanation que j'ai faite du nom glorieux de Chrétien, à proportion de ce que je l'ai deshonoré par ma vie scandaleuse. *Tiré du livre intitulé, Maniere de reciter l'Oraison Dominicale.*

Les chrétiens qui étant baptisez ne croyent point à la Religion, ne doivent être regardez que comme des payens.

Les Chrétiens qui ne croyent pas à la Religion chrétienne, encore qu'ils la professent exterieurement, ne doivent être regardez que comme des Payens baptisez qui desavouënt par leur irreligion & par leur impieté, l'offrande que leurs parens ont fait d'eux à l'Eglise, & retractent les promesses les plus solemnelles de leur baptême. L'abime de leur aveuglement & de leur misere leur fait rejetter avec mépris les veritez les plus certaines du Christianisme, & fermer les yeux aux lumieres les plus claires de l'Evangile. Ces chrétiens partagent en quelque façon l'Evangile ; ils croyent une partie, & ne croyent pas l'autre ; ils reconnoissent ses mysteres, parce qu'ils n'en sont pas incommodez ; mais ils ne reconnoissent pas ses maximes au moins dans la pratique, parce qu'elles condamnent leur vie & leur libertinage. Comme ils veulent suivre les desirs de leur cœur, ils cherchent à trouver innocent ce qu'ils ne veulent pas cesser de faire ; ils obscurcissent leurs esprits par des tenebres volontaires, pour suivre sans remords la coûtume qu'ils ne veulent pas surmonter ; & la peur qu'ils ont de découvrir à l'avenir des veritez qui les empêcheroient de pecher en repos, fait qu'ils demeurent dans des erreurs continuelles, sans vouloir examiner si ce sont en effet des erreurs. *Auteur moderne.*

Volonté de Dieu & de J. C. pour le salut de chaque fidele.

L'homme regeneré en Jesus-Christ par le baptême, devient par ce Sacrement l'ami de Dieu, l'objet de ses complaisances & de sa tendresse. Il est fait son enfant, & à ce titre *il l'aime comme un pere aime son fils* ; c'est l'expression du Prophete. A ce titre, il le fait heritier des promesses, le membre vivant de Jesus-Christ, & comme le dit l'Apôtre, en quelque sorte *participant de la nature divine.* Il en fait son épouse, c'est encore l'Ecriture qui le dit : *Je vous épouserai dans la foi ; sponsabo te mihi in fide.* Il ne reste rien dans cette ame purifiée de la damnation, à laquelle elle appartenoit auparavant : *Nihil est damnationis in iis qui sunt in Christo.* Dans cet état, cette ame a constamment droit à l'heritage du Ciel, au salut éternel. Il lui est aquis, il lui est promis : elle en reçoit un nouveau gage dans la participation du Corps de Jesus-Christ. Il est important de reflechir sur cette alliance so-

Osée 2.

ad Rom 8.

lemn-lle contractée dans le baptême, & fur les promeffes qui y font faites au nom de Jefus-Chrift à celui qui a le bonheur de recevoir ce Sacrement. Saint Auguftin trouvoit autrefois dans les exorcifmes employez par l'Eglife en cette fainte folemnité, de quoi confondre l'erreur des Pelagiens fur le peché originel. *Auteur moderne.*

Dans cette augufte ceremonie, le Miniftre qui parle au nom de Jefus-Chrift, promet au Néophyte la vie éternelle. Il la promet fur ce fondement, qui eft l'alliance que Jefus-Chrift contracte avec l'ame regenerée, dont il fait fon enfant & fon époufe, pour réünir fur elle tout ce que ces deux titres peuvent attirer de faveurs & de tendreffe. *Le même.*

Le Miniftre promet la vie éternelle à celui qui eft baptifé.

L'Efprit divin porté fur les eaux du Baptême, transforme pour ainfi dire, en autant de Dieux, tous ceux qui font regenerez en efprit dans ce premier des Sacremens. Cet enfant qui naît au monde, reçoit avec la vie furnaturelle l'image & la reffemblance de fa Divinité; mais en renaiffant par la grace, il en reçoit l'efprit; marqué du caractere ineffaçable d'enfant de Dieu, il devient le frere de Jefus-Chrift, & le coheritier de fa gloire. Il entre par cette feconde naiffance dans un ordre furnaturel & infiniment au-deffus de ce qu'il étoit par la premiere. Il devient une creature nouvelle,& d'une excellence tout admirable, il ceffe d'être renfermé dans les limites du monde corporel & vifible. De là viennent ces expreffions figurées de l'Apôtre S. Paul, fi fréquentes dans fes Epîtres; être la bonne odeur de Jefus-Chrift, nous revêtir de Jefus-Chrift, manifefter en nous la vie de J. C. porter les Stigmates de Jefus-Chrift, ne vivre plus que de la vie de Jefus-Chrift; parce qu'en effet c'eft à ces operations ineffables de la grace en nous, que fe reduit toute la Religion, que le Verbe divin qui eft un pur efprit, s'eft fait chair, afin que l'homme de chair devint un pur efprit par fon union avec Dieu : *Qui adhæret Deo unus fpiritus eft.* L'Abé du Jarry, *fermon de l'Annonciation.*

Elevation de l'homme par la grace dans le baptême.

Le Baptême eft le premier, & le plus neceffaire Sacrement de la nouvelle Loi, qui fe fait avec un lavement du corps, & une prononciation des paroles Evangeliques, felon l'inftitution de Jefus-Chrift; fi vous me demandez pourquoi le Baptême eft le premier Sacrement, c'eft parce que fi l'on n'eft premierement baptifé, on ne peut recevoir aucuns Sacremens, qui ne font que pour les Chrétiens: or perfonne n'eft chrétien, s'il n'eft auparavant baptifé; vous ne pouvez participer aux Sacremens de l'Eglife, fi vous n'êtes par le Baptême, fait enfant de l'Eglife. Car comme l'Eftre en la nature, eft le fondement de toutes les actions; ainfi l'Eftre fpirituel, par la generation du Baptême, devance tous accroiffemens, & perfections fpirituelles. Le Baptême eft auffi le plus neceffaire des Sacremens; parce que la juftification de l'homme pecheur, qui n'eft autre chofe qu'un tranfport de l'état auquel il a été né de nôtre premier Pere, à l'état de grace, & de l'adoption des enfans par le fecond Adam Jefus-Chrift Nôtre-Seigneur, ne fe peut faire au tems de l'Evangile, fans avoir été regeneré, ou pour le moins fans le defir de l'être, enfuite de ce qui eft écrit: *Si quelqu'un n'eft rené de l'eau & d'efprit, il ne peut entrer au Royaume de Dieu. Auteur moderne.*

Comme le baptême eft le fondement de tout l'Etre fpirituel.

La neceffité du baptême eft fi indifpenfable, qu'un Pafteur ne peut aporter trop de précautions fur ce qui regarde la fubftance de ce Sacrement. C'eft pourquoi il doit bien enfeigner la forme du baptême, & la maniere de le

Sur la neceffité du baptême.

donner dans les cas d'un danger preſſant ; car alors il eſt permis à tout ſe
monde & aux femmes mêmes de l'adminiſtrer , ſupoſé qu'il ne ſe trouve
point d'autres perſonnes à qui ce miniſtere convienne davantage. Il faut auſſi
expliquer pourquoi il eſt à propos que les enfans baptiſez de la ſorte , à
cauſe de quelque neceſſité ou de quelque accident imprévû ſoient encore
rebaptiſez ſous condition par le Paſteur , du moins lorſqu'il n'a pas une
ſureté morale , que le baptême a été bien conſeré ; la raiſon de ceci eſt que
le peril où ſe trouve la mere auſſi-bien que l'enfant qui vient au monde , a
coutume de troubler ſi fort les perſonnes qui ſont preſentes ; c'eſt pourquoi
il y a ſujet de craindre pour la validité du baptême , qu'elles donnent alors
fort à la hâte. Or , dans une affaire ſi importante , on ne peut prendre trop
de ſureté. *Le Pere Segneri , devoirs des Curez , Traduit par le Pere
Buffier.*

L'obligation
qu'ont les fi-
déles d'être
inſtruits du
Sacrement, de
Baptême.

Quiconque aura lû avec ſoin les Epîtres de ſaint Paul , reconnoîtra en
même-tems , qu'il eſt d'une extrême importance pour les fidéles , d'avoir
une parfaite connoiſſance du baptême. Car cet Apôtre , pour rendre recommandables les effets tout divins , que produit ce Sacrement, qui eſt ſelon
lui , l'image de la mort , de la ſépulture , & de la Reſurrection de Jeſus-Chriſt,
dont il veut que toute nôtre vie ſoit une vive expreſſion , non-ſeulement
nous en renouvelle ſouvent la memoire ; mais il n'en parle qu'en termes
pleins de Majeſté , & tous remplis de l'Eſprit de Dieu. Ainſi les Paſteurs ne
doivent jamais ſe perſuader qu'ils ayent ſuffiſamment inſtruit leurs peuples,
de ce qui regarde ce Sacrement, ni ſe contenter , ſuivant l'uſage & la pratique des premiers ſiécles , de leur en expliquer les Myſteres , ſeulement aux
jours du Samedi de Pâques , & de celui de la Pentecôte , auſquels l'Egliſe
avoit coutume d'adminiſtrer avec beaucoup de religion , & de très-auguſtes
ceremonies , ce Sacrement aux Catechumenes ; mais ils le doivent faire toutes les fois qu'ils en ont l'occaſion. *Tiré du Catechiſme du Concile de
Trente.*

Un Paſteur
eſt obligé de
repreſenter à
ſes peuples
l'importance
& les obliga-
tions du Bap-
tême.

Dieu ne nous fait jamais aucun bienfait, qu'il ne nous oblige à lui en témoigner nôtre reconnoiſſance : *In omnibus gratias agite.* Mais ſi on n'a pas
l'idée du bienfait tout divin qu'on reçoit dans le baptême , quelle reconnoiſſance en aura-t-on ? Jeſus-Chriſt voit une infinité de chrétiens purifiez &
gueris de la lepre du peché originel , par ce divin myſtere qu'il a établi en
leur faveur ; & à peine en voit-il qui lui rendent les actions de graces qu'ils
devroient : *Nonne decem mundati ſunt , & novem ubi ſunt ? Non eſt inventus
qui rediret , & daret gloriam Deo , niſi hic alienigena.* Mais ſi ceux qui y
manquent ſont coupables , combien le ſera davantage celui qui s'étant fait
leur guide, devroit leur enſeigner leur devoir ſur un point ſi eſſentiel , & le
leur repreſenter ſans ceſſe ? Faites leur donc bien comprendre comment par le
baptême nous ſommes faits enfans de Dieu ; & que par là Dieu nous cherit infiniment plus , que quelque autre Pere que ce ſoit , ne cherit ſes enfans. Ex-
poſez vivement la ſublimité de la grace du baptême qui eſt incomparablement
au-deſſus de tous les avantages que nous pouvons jamais recevoir dans l'ordre de la nature ; de ſorte qu'il vaudroit infiniment mieux perdre mille vies ,
que de commettre un ſeul peché mortel qui nous feroit perdre cette divine
grace : *Melior eſt miſericordia tua ſuper vitas.* Faites remarquer auſſi

Pſ. 64.

xactement aux fidéles l'obligation immenſe que nous avons par cet endroit, a Fils de Dieu nôtre Sauveur ; car bien éloigné du caractere des autres fils niques, non-ſeulement il ne s'eſt pas mis en peine de garder pour lui ſeul s richeſſes paternelles ; mais c'eſt lui-même qui a obtenu que ſon Pere ous prît pour ſes enfans adoptifs, & nous fit participans de ce divin heri-ge qui étoit dû à Jeſus-Chriſt ſeul, comme à celui ſeul qui eſt ſon fils par ature. Montrez auſſi l'engagement que nous avons tous, pour correſpon-e à la grace de nôtre baptême, de combattre ſous les étendarts du Sau-ur, de renoncer entiérement au parti de ſes ennemis, qui ſont la chair, monde & le demon, & regarder tous les hommes comme nos freres qui oivent être unis avec nous, & ſoumis à Jeſus-Chriſt nôtre frere aîné. Il roit bon encore de diſpoſer les fidéles à renouveller tous les ans, ſoit le ur de la ſainte Trinité, ou le jour qu'ils ont été baptiſez, les actions de races qu'ils doivent à Dieu pour ce bienfait incomprehenſible, & de rati-r la fidélité qu'ils lui ont promiſe dans ce Sacrement. Les loix Imperiales rdonnoient qu'on ſolemniſât tous les ans le jour de la naiſſance de l'Em-ereur, & celui de ſon avenement à l'Empire ; combien eſt-il plus juſte u'un Chrétien ſolemniſe le jour où il commença de renaître pour le Ciel ; où il fut revêtu des droits d'un Empire qui n'a point de bornes ? Que ſi Loi divine ne nous fait pas un commandement exprès de cette pratique, ous devons nous y porter de nous-mêmes d'autant plus volontiers, qu'on laiſſe davantage à nôtre liberté. On voit donc par ce que nous venons e dire que toutes les obligations d'un Paſteur ſur le chapitre du baptême, e ſe reduiſent pas comme quelques-uns pourroient ſe l'imaginer, à tenir eulement en ordre le livre des Regiſtres des Baptêmes qui ſe font dans la aroiſſe ; c'eſt à la verité un devoir ordonné expreſſément par le Concile de rente, pour des raiſons importantes ; mais cela ne ſuffit pas, ce n'eſt mê-e que la moindre partie de vos obligations, en comparaiſon de pluſieurs utres beaucoup plus conſiderables que vous avez à remplir touchant le Sa-rement du baptême. *Devoirs des Curez du P. Segneri, traduits par le Pere uſſier.*

On ne peut douter que le Sacrement de baptême ne ſoit neceſſaire, puiſ- | Du Baptême
u'on ne peut être ſauvé ſans l'avoir reçu ; c'eſt ainſi que le Fils de Dieu le | & de ſa ne-
eclare par la bouche de ſaint Jean ; ſi quelqu'un, dit-il, n'eſt regeneré de | ceſſité.
eau & du Saint-Eſprit, il ne peut entrer au Royaume de Dieu ; il ne dit pas
i quelqu'un n'eſt regeneré de la volonté des Parens ou des Parrains, ou en
ertu de ſa foi, mais clairement : Quiconque n'eſt regeneré de l'eau & du
aint-Eſprit. Les Peres l'ont ainſi compris, quand ils ont jugé qu'en l'extrê-
nité, au défaut de l'Evêque, du Prêtre, du Diacre, Soûdiacre, ou autre
lu Clergé, les Laïcs mêmes pouvoient baptiſer, plûtôt que de manquer à
ne choſe ſi neceſſaire. C'eſt pourquoi le Sacrement du baptême peut eſtre
dminiſtré en cas de neceſſité par des perſonnes Laïques de l'un & de l'autre
exe. Il étoit convenable que comme nous naiſſons enfans de colere, portant
a malediction avec nous du ventre de nos meres, il y eût auſſi un antidote
& un remede facile à ce mal ; c'eſt pour cela que la divine bonté a établi
e Sacrement de baptême en une maniere ſi commune qu'elle ſe trouve par-
out avec une forme ſi facile qu'elle conſiſte en peu de ſyllabes, & en a tel-

lement communiqué l'administration, qu'il l'a permise à toutes fortes de personnes en cas de necessité, comme autrefois l'étoit la Circoncision. *Auteur moderne.*

Le báptême de S. Jean n'a-voit pas la même effica-ce que celui de Nôtre-Seigneur tou-chant la re-mission des pechez.
Saint Jean enseigne la difference qu'il y a de son Baptême à celui du Fils de Dieu, disant en saint Matthieu : *Quant à moi, je vous baptise d'eau en penitence ; mais celui qui vient après moi, est plus fort que moi, duquel je ne suis pas digne de délier la chaussure, c'est lui qui vous baptisera du S. Esprit & du feu.* Mais ce qui presse davantage, est la propre parole sortie de la bouche de Jesus-Christ, disant au premier des Actes, Jean a baptisé du baptême d'eau ; mais vous serez baptisez dans peu de jours du Saint-Esprit. Telle a été l'intelligence de l'Eglise primitive, d'où il s'ensuit que les Apô-tres faisoient rebaptiser ceux qui avoient été ondoyez au baptême de Jean ; Tertullien, au livre du Baptême, chapitre 10. prouve que le Baptême de saint Jean ne donnoit ni le Saint-Esprit, ni la remission des pechez, par cet-te raison ; si le Saint-Esprit n'étoit pas encore donné, parce que Jesus Christ n'étoit pas encore glorifié : Comment auroit pû le serviteur donner plus que le Maître ? Il prouve aussi qu'il n'étoit pas celeste par sa propre parole disant, celui qui est venu d'enhaut est par-dessus tous ; celui qui est issu de la terre est de la terre, & parle comme de la terre. *Le même.*

Du S. Chrê-me, dont on se sert dans le Sacrement de Bapteme.
Je ne m'arresterai point ici à vous faire comprendre la necessité d'un baptistere, la benediction de l'eau baptismale. Tout le monde en sçait assez sur ces sujets ; je me contente seulement de vous dire que le saint Chrême dont on se sert dans l'administration du Sacrement de baptême, n'est autre chose que cette huile d'exultation duquel le Fils de Dieu a été oint, selon le Prophete, & conséquemment établi par dessus tous ses coheritiers ; par ce Chrême nous sommes apellez Chrétiens, & par l'onction nous témoignons la sépulture du peché, auquel nous mourons par le baptême ; c'est pour ce-la que nous renonçons à Satan, à ses pompes, & à ses œuvres. *Auteur moderne.*

Du sel qui se met dans la bouche des Baptisez.
Le sel est le hieroglyphe de sagesse, comme l'explique saint Gregoire sur ces paroles : *vous êtes le sel de la terre.* Il signifie premierement, que le bap-tisé sera un jour goûter au monde par son exemplaire conversation, com-bien Dieu est bon à ceux qui l'aiment. Secondement, que la Doctrine chré-tienne est celle qui preserve l'ame de corruption, & qui donne une ferme esperance de la Resurrection des corps. Troisiémement, quelle difference il y a entre la sagesse des Chrétiens, & la prudence des sages mondains & derechef, que le baptisé doit experimenter en soi-même, que les amer-tumes de cette vie causées par le peché, sont grandement adoucies en vertu du baptême, tout ainsi que les eaux de Jericho furent renduës potables par l'injection du sel ; & enfin qu'il fera connoître au monde, que les seuls vrais & vertueux Chrétiens, par leur charitable conversation, sont comme le sel de la terre. *Le même.*

De la salive.
La salive destilée du chef, represente le Fils de Dieu qui procede du Pere & qui est l'éternelle sagesse ; ainsi que saint Augustin, & Euthymius l'ex-posent, en traitant l'histoire de l'Aveugle né, sur les yeux duquel Nôtre Seigneur apliqua de sa salive meslée avec la poussiére. Elle s'aplique sur les sens du baptisé, pour enseigner que Jesus-Christ les regira ; & que si

œuvr

uvres, paroles & penſées ſeront accompagnées de grace & de ſageſſe, particulierement on en touche l'organe de l'ouye & de l'odorat, pour marquer au premier que le don de la foi eſt infuſé & donné au baptiſé ; & par
ſecond, que l'odeur de ſes actions ſervira un jour de confirmation a ſa
créance, ainſi que l'explique ſaint Thomas ; ou pour ſignifier qu'avec le don
de la foi, il aura celui d'obéiſſance & de diſcretion comme l'expoſe ſaint
Bonaventure. *Le même.*

Le ſouffle du Preſtre déplaît à l'ennemi commun de nôtre ſalut : Premierement, parce qu'il repreſente le Saint-Eſprit qui precede du Fils, comme
d'une ſeule bouche. Secondement, parce que c'eſt la ceremonie avec laquelle Dieu même crea l'homme, ainſi qu'il eſt écrit au ſecond de la Geneſe.
Troiſiémement, parce que Jeſus-Chriſt députant ſes Apôtres pour la converſion du monde, ſouffla ſur eux, & leur dit : *Recevez le Saint-Eſprit ; à tous
ceux auſquels vous remettrez les pechez, ils leur ſeront remis, & à quiconque
vous les retiendrez, ils ſeront retenus* Quatriémement, à cauſe de la perſonne
qui eſt ſacrée, & que ſon eſtomach ſert de ſanctuaire au Corps du Fils de
Dieu. Enfin, cette façon de faire déplaît à Satan, parce qu'un eſprit ſu-
perbe ne peut endurer de ſe voir aſſujetti à une choſe ſi vile & ſi baſſe.
Le même.

*Du ſouffle
qui ſe pra-
tique ſur l'en-
fant dans le
Sacrement de
Bapteme.*

Pour apartenir à Jeſus-Chriſt, il faut être baptiſé ; car Jeſus Chriſt dit
que ceux qui ne ſeront pas baptiſez, n'entreront pas dans le Ciel. Ce n'eſt
que par le Baptême que nous recevons la remiſſion du peché originel ; encore que ſi nous ne ſommes regenerez par ce Sacrement, nous ne ſommes
pas ſes membres ; & par conſéquent nous ſommes hors de l'Egliſe. Il eſt
vrai que les enfans baptiſez par les infidéles, ou par les Juifs, par les heretiques ou par les ſchiſmatiques, ou par les excommuniez, ſont membres de
l'Egliſe ; car le baptême, conferé par toutes ces perſonnes eſt bon, & donne
la remiſſion des pechez. On peut dire auſſi que les Chrétiens baptiſez, quelques grands pecheurs qu'ils ſoient, ſont membres de l'Egliſe, tant qu'ils ne
ſont pas excommuniez. Car Jeſus-Chriſt nous aprend ſouvent dans l'Evangile,
que ſon Egliſe ſur la terre, eſt meſlée de paille & de bon grain, de bons &
de méchans, que la ſéparation ne ſe fera qu'à la fin du monde. *Auteur
moderne.*

*Par le Baptê-
me nous re-
cevons la re-
miſſion du
peché origi-
nel Tout le
monde peut
conferer ce
Sacrement, &
mê me les he-
retiques.*

Les ceremonies du baptême ſignifient deux choſes ; les unes ſont des ſignes
exterieurs de ce que le Saint-Eſprit opere interieurement dans les ames de
ceux qui reçoivent le Sacrement, Les autres avertiſſent l'homme de ce qu'il
doit faire, & lui font voir les obligations qu'il contracte en ce Sacrement.
On peut reduire ces ceremonies à ces trois chefs ; les unes ſe font devant qu'on
aproche les fonts du Baptême, les autres ſe font aux fonts mêmes, & les dernieres ſuivant le Baptême. Les ceremonies qui ſe font devant le Baptême,
ſervent à nous faire entendre que l'enfant ne mérite point d'entrer dans
l'Egliſe, pour le peché dont il eſt ſoüillé, ſelon le Pſal. *Domum tuam decet
ſanctitudo Domine.* Et ſi vous me demandez ce qu'on fait à cet enfant en ce
lieu, je vous dirai qu'on lui fait deux choſes ; on l'exorciſe & on le catechi-
ſe : or quoique les enfans n'ayent aucun entendement, pour concevoir les
veritez qu'on leur annonce ; on ne laiſſe pas cependant de leur propoſer la
foi & la croyance Catholique, afin qu'après ils aprennent de leurs Parrains

*Ce que ſigni-
fient genera-
lement par-
lant les cere-
monies du
Baptême.*

& Marraines ce qu'ils doivent croire. Cette ceremonie de catechiser les enfans est fondée sur le commandement que nôtre Sauveur donna aux Apôtres, disant, allez par tout le monde, & enseignez toute Nation, les baptisant au Nom du Pere, & du Fils, & du Saint-Esprit ; leur montrant comme ils seront tenus doresnavant de bien garder les ordonnances que je vous ai recommandées. *Auteur moderne.*

Ce que signifient les signes de croix que l'on fait dessus l'enfant.

Tous les signes de Croix que l'on fait dessus l'enfant, nous font connoître, 1°. Que par le baptême un certain caractere lui est imprimé en l'ame, qui ne se peut biffer, au moyen duquel tout le monde connoîtra encore au jour du Jugement, qu'un tel & un tel aura été Chrétien. 2°. Que tous les sens du baptisé se vont ouvrir pour reconnoître le vrai Dieu, & Jesus-Christ Nôtre-Seigneur. 3°. Que le baptisé doit ensuite faire une profession publique de la Foi & de la Religion Catholique, en tous ses sens, & en toutes ses puissances. 4°. Ces croix lui sont comme un avertissement qui dit que doresnavant, il devra porter le joug du Seigneur, & que sa vie & sa profession seront non de chercher les délices & les commoditez de la vie ; mais de porter toûjours la croix & la mortification de Jesus-Christ, en son Corps & en tous ses membres, & de faire ses commandemens. Il ne faut donc pas que le Chrétien s'étonne, s'il arrive beaucoup de contrarietez en cette vie ; car il n'est Chrétien que pour porter la croix du Seigneur, ainsi que cette ceremonie nous le fait entendre. 5°. Elle nous dit aussi que les membres d'un chrétien baptisé, sont consacrez à Dieu, & sont faits la demeure du Saint-Esprit ; c'est pour nous faire entendre que le baptême tire toute sa force, & toute son action efficace de la Croix, mort, & Passion de Nôtre Sauveur. *Le même.*

Pourquoi l'ô demande à l'enfant s'il veut être baptisé.

Si quelqu'un me demande pourquoi l'on interroge un enfant qui n'a pas encore d'entendement, & pourquoi on lui demande s'il veut estre baptisé ? C'est parce que comme le premier homme se perdit par sa franche & libre volonté, de même il est convenable que sa posterité retourne à Dieu de son propre gré, & sans aucune contrainte. Et comme les enfans ont encouru la colere de Dieu, & la damnation, ils retournent à lui par la volonté & le consentement de ceux qui répondent pour eux : *Je veux être baptisé.* Or, c'est une coûtume très ancienne, de donner des Parrains au baptême ; ce qui sert premierement à faire connoître que les nouveaux baptisez, qui sont comme des enfans depuis peu engendrez en Nôtre-Seigneur, ayent un Pere spirituel par le soin duquel étants élevez & instruits, ils prennent un nouvel accroissement en la vie chrétienne. Secondement, afin que ces Parrains repondent en l'Eglise, & soient témoins du baptême reçû par l'enfant ; & afin qu'ils repondent & promettent au baptême, au nom de l'enfant, ce qu'il repondroit lui-même s'il étoit en âge. *Le même.*

Le Baptême ne nous affranchit pas de toutes les miseres de cette vie, & pourquoi.

Aussi-tôt que nous avons reçû le baptême, nous ne sommes pas pour cela affranchis de toutes les miseres qui nous travaillent en ce monde ? Et cela pour plusieurs raisons. Premierement, afin qu'on ne recherche pas les Sacremens, plûtôt pour l'amour des biens presens & temporels, que pour les futurs. Il arrive néanmoins quelquefois que le baptisé reçoit non seulement le remede & la guerison de son ame ; mais aussi de son corps, comme l'Empereur Constantin qui fut gueri de la lepre aussi-tôt qu'il eut été baptisé par aint Sylveſtre. En ſecond lieu, toutes les miſeres & les tribulations de cette ie ſont encore utiles après le baptême ; car ôtez toutes ces miſeres, qui ſt-ce qui méritera les palmes du martyre, les couronnes de la virginité, les ecompenſes des Prédicateurs. En troiſiéme lieu, les miſeres de cette vie demeurent encore après le baptême, afin que la faute ne ſemble point petite, omme elle ſeroit en effet, ſi la peine finiſſoit avec la faute. C'eſt auſſi pour xciter l'homme à penſer, & à rechercher une meilleure vie, exempte de oute miſere : car s'il avoit ici toutes ſes aiſes, il ſe contenteroit de la maiſon, mettant en oubli le palais de la gloire. De ſorte que les peines qui reſtent après a remiſſion de la faute, l'avertiſſent de ſon infirmité, & le rendent ſage contre les tentations. *Auteur moderne.*

Mais, me direz-vous, ſi le baptême nous donne tous ces beaux avantages de la grace, & des vertus que vous dites, comment ſe peut-il faire neanmoins que les Chrétiens baptiſez ſoient encore ſi foibles à faire le bien ; c'eſt arce que nous avons auſſi après le baptême, je ne ſçai quoi d'infirmité & de langueur en l'ame, & une continuelle rebellion de la chair contre l'eſprit, qui ſont les reſtes du peché originel, d'où nous ſommes faciles à ſuccombas ; ſi nous n'avons recours aux aides, & aux graces actuelles de Dieu, pour nous fortifier contre les aſſauts de nos ennemis. Outre cela le baptême ouvre le Ciel au baptiſé, ainſi qu'il arriva au baptême du Sauveur. Car lors le Ciel fut ouvert, & le Saint Eſprit en forme de Colombe deſcendit ſur Nôtre-Seigneur, pour donner à entendre que les baptiſez ſont remplis du Saint-Eſprit, & que la porte du Ciel leur eſt ouverte, où ils arriveront invinciblement, s'ils gardent ſoigneuſement l'innocence baptiſmale. *Auteur moderne.*

Pourquoi après le baptême, nous ne ſommes pas plus courageux à faire le bien.

On introduit dans l'Egliſe l'enfant qui doit eſtre baptiſé, pour marquer que c'eſt le baptême qui lui donne l'entrée dans l'Egliſe, & qui lui ouvre le Ciel, que l'Egliſe & le Ciel vont devenir ſa maiſon ; parce qu'il va devenir enfant de Dieu, & que c'eſt dans l'Egliſe ſeule que l'on peut trouver le ſalut. On le fait auſſi renoncer à Satan, à ſes pompes, & à ſes œuvres ? Parce que l'on ne peut ſervir à Jeſus-Chriſt & au demon, & qu'il faut renoncer à l'amour des biens, aux vanitez, au luxe d'habits, &c. qui ſont ſes pompes ; à l'immodeſtie, à l'oiſiveté, aux plaiſirs dereglez du monde, & aux autres pechez qui ſont ſes œuvres, ſi l'on veut eſtre à Jeſus-Chriſt. Les onctions que l'on fait à la poitrine & aux épaules devant le baptême, & à la tête après le baptême, nous marquent que la grace adoucira toutes les difficultez du joug de Jeſus-Chriſt, auquel nous nous ſoumettons, & que nous embraſſons ; & enfin, qu'étant baptiſez, nous ſommes les Rois de nos paſſions pour les gouverner, au lieu de nous en rendre eſclaves, & Preſtres ſpirituels pour offrir nôtre cœur en ſacrifice à Dieu ; & qu'enfin nous ſommes Chrétiens, c'eſt-à-dire, oints de l'onction. *Le même.*

Pourquoi on introduit l'enfant dans l'Egliſe pour recevoir le baptême.

Le baptême eſt le premier, & comme la porte des Sacremens ; parce que quiconque ne l'a pas reçu, eſt incapable d'en recevoir d'autres. Voici les ceremonies qu'on y garde. 1°. Il faut que celui qui doit eſtre baptiſé, faſſe profeſſion de la foi Catholique, ou par lui-même, ou par l'entremiſe d'un Parrain. 1°. Il doit renoncer au demon, à ſes pompes & à ſes œuvres ; 3°. Il faut qu'il reçoive l'eau ſalutaire du baptême, qu'il en ſoit lavé, afin que

Le baptême eſt l'entrée des autres Sacremens, les ceremonies qui s'y pratiquent.

libre par là de l'esclavage du demon, & net de toutes les souïlleures de ses pechez, il devienne enfant de Dieu, & heritier avec Jesus-Christ de son Royaume éternel. 4°. On lui donne une robe blanche, & on l'avertit de la conserver sans tache jusqu'à la mort. 5°. On lui met un cierge allumé à la main, symbole des bonnes œuvres, qu'il doit ajoûter pendant sa vie, à l'innocence & à la pureté des mœurs, figurée par la robe blanche qu'il a reçûë peu auparavant. Car c'est ce que Nôtre-Seigneur nous recommande par ces paroles : Que vôtre lumiere luise tellement devant les hommes, que voyant vos bonnes œuvres, ils glorifient vôtre Pere qui est dans le Ciel. Voilà donc les principales ceremonies que l'Eglise observe en administran le baptême : car j'omets les autres, qui ne font rien à nôtre sujet. Par celles-ci, chacun peut juger s'il a vécu en bon chrétien, après son baptême. Pour moi je crois qu'il y en a peu qui ayent accompli tout ce qu'ils ont promis, & ce qu'ils étoient obligez de faire. Car le chemin qui conduit à la vie est étroit, & peu de personnes le trouvent. Beaucoup de gens sont apellez mais peu sont élus. *Opuscules du Cardinal Bellarmin, Tome 5.*

Le baptême efface le peché originel. Nous naissons tous enfans de colere, esclaves du demon, éloignez de la vie de Dieu. Quand Jesus-Christ nous apelle au Christianisme, il ne trouve en nous que corruption & peché. Nous ne sçaurions estre justes, membres de l'Eglise, enfans de Dieu, & freres de Jesus-Christ, si nous ne commençons par recevoir la remission de nos pechez. Tous ceux qui croyent en Dieu, ont besoin de cette remission. C'est par le Sacrement de baptême que Dieu accorde ordinairement cette premiere remission des pechez, suivant ce que dit saint Paul, que Jesus-Christ a sanctifié son Eglise, en la purifiant par le baptême, joint à la parole de vie. Mais comme Dieu est le Maître de ses dons, il peut accorder cette premiere remission des pechez par lui-même, & sans le Ministere extérieur de l'Eglise ; & c'est ce qu'il fait à l'égard de ceux, qui n'étant point encore baptisez, souffrant le martyre, pour la cause de Jesus-Christ, ou meurent avec un desir ardent de recevoir le baptême d'eau. *Auteur moderne.*

La necessité du baptême, & les effets qu'il produit en nous. Le baptême est un Sacrement qui efface le peché originel tous les autres pechez, & toute la peine qui leur est dûë, & qui nous fait enfans de Dieu & de l'Eglise; il nous fait enfant de Dieu; parce qu'il nous donne une vie nouvelle, & qu'en nous la donnant, il nous rend les membres de J.C. qui est le Fils de Dieu. C'est par le baptême que nous sommes admis au nombre des fideles, ce qui nous donne droit aux Sacremens, & aux autres avantages de l'Eglise. Il imprime en nôtre ame un caractere spirituel, qui ne peut jamais estre effacé, d'où il s'en-suit qu'on ne peut sans crime, recevoir deux fois ce Sacrement. La maniere la plus ordinaire de l'administrer, est en versant trois fois de l'eau naturelle en forme de Croix, sur la teste de la personne qu'on baptise, & on dit en même-tems : *Je te baptise au Nom du Pere, & du Fils, & du Saint-Esprit.* Nous entendons par l'eau naturelle, celle qui n'est point faite par l'artifice des hommes ; mais qui vient naturellement, comme l'eau de riviere, de la mer, des sources, des pluyes. Si on baptisoit avec de l'eau artificielle, le baptême seroit nul. Ce Sacrement est d'une necessité pour estre sauvé ; parce qu'il n'y a que le baptême qui puisse effacer le peché originel, & tant que ce peché subsiste, on est en état de damnation. *Le même.*

Quoique les Auteurs Ecclesiastiques donnent plusieurs définitions au Sa- *La définition du Sacrement de baptême.*
crement de baptéme , il n'y en a point de plus propre & de plus naturelle
que celle qui se tire des paroles de Nôtre-Seigneur , dans saint Jean ; & de
celles de l'Apôtre saint Paul , dans son Epître aux Ephesiens. Car lorsque
Nôtre-Seigneur dit : *Que si un homme ne renaît de l'eau & de l'esprit , il ne* *Joann. 3.*
peut entrer dans le Royaume de Dieu ; & que saint Paul parlant de l'Eglise , *Eph. 5.*
dit : *Qu'elle est purifiée par le baptême de l'eau , par la parole de vie.* Ils
nous donnent lieu de définir le baptême , le Sacrement de la regeneration
qui se fait en l'eau par la vertu de la parole. *Car nous sommes par la nature* *Eph. 3.*
que nous tirons d'Adam , *enfans de colere* ; mais nous devenons en Jesus-
Christ par le baptéme , enfans de misericorde ; Dieu ayant donné à tous
ceux qui l'ont reçu , le pouvoir d'être *faits enfans de Dieu , à ceux qui croyent*
en son nom , qui ne sont point nez du sang , ni de la volonté de la chair , ni de la
volonté de l'homme ; mais de Dieu même. Or , ce Sacrement se fait , comme
tous les saints Peres l'enseignent , lorsqu'en versant de l'eau , l'on prononce
les paroles que Nôtre-Seigneur a prescrites pour en estre la forme. C'est ce
qui est évident , par ces paroles de saint Augustin. La parole jointe à l'ele-
ment fait le Sacrement. Et il est très important d'expliquer ceci clairement ,
de peur que les fidéles ne tombent dans cette erreur qui est assez ordinaire , de croire que l'eau qui est reservée dans les fonts Baptismaux ,
est elle-même le Sacrement du baptéme. Car ce Sacrement ne se fait ,
comme nous venons de le dire , que lorsqu'en versant actuellement l'eau
sur celui à qui on le donne , l'on prononce en même-tems les paroles
qui ont été instituées de Jesus-Christ , pour estre la forme de ce Sacrement.
Tiré du Concile de Trente.

Quoique l'eau simple & naturelle , & qui n'est point mêlée d'autre *Pourquoi en use du saint Chrême en conferant le baptême.*
liqueur , suffise pour administrer le Sacrement de baptéme dans la ne-
cessité ; neanmoins on a toûjours observé dans l'Eglise Catholique ,
conformément à la Tradition des Apôtres , que lorsqu'on le donne
publiquement , & avec ceremonie ; on y joint aussi le saint Chrême ,
qui marque encore plus visiblement l'effet du baptême. Et il faut que les
Pasteurs avertissent soigneusement les fidéles , que , quoique l'on pût
dans la necessité se servir d'une eau , dont on douterot , si elle seroit telle qu'il est requis pour la perfection de ce Sacrement , il est
neanmoins très constant que le baptéme ne peut estre valide , s'il n'est
donné avec de l'eau pure & naturelle. *Tiré du Catechisme du Concile de*
Trente.

Il n'y a que trois manieres de baptiser qui soient reçûes , & qui ayent *On peut baptiser en trois manieres differentes.*
été en usage dans l'Eglise. La premiere , est de plonger dans l'eau ceux
que l'on veut baptiser. La seconde , de verser l'eau sur eux : & la troisiéme , de la repandre par aspersion. De quelqu'une de ces trois manieres qu'on se serve pour baptiser , le baptéme est bon & valide.
Car l'eau dans le baptéme marque la sanctification de l'ame qu'il opere. D'où vient que le baptéme est apellé par saint Paul un lavoir où l'on
reçoit la vie. Or , cette sanctification ne vous est pas plus marquée par
l'immersion qui a été en usage assez long-tems dans les premiers tems
de l'Eglise , ou par l'aspersion dont on croit que se servit saint Pierre ,

lorſqu'il baptiſa en un jour trois mille perſonnes qu'il avoit converties à la foi, qu'en verſant l'eau, qui eſt la maniere de baptiſer, dont o. ſe ſert à preſent. Et il n'importe que l'on verſe l'eau une ſeule fois, ou trois fois. Car il paroit par la lettre de ſaint Gregoire le grand à Lean dre, que de quelque maniere qu'on le faſſe, le baptême a toûjour été valide, & l'eſt encore maintenant. Neanmoins chacun doit obſer ver en cela l'uſage de ſon Egliſe. Il faut ſeulement bien prendre gard de verſer l'eau ſur la tête, qui eſt le ſiége de tous les ſens intérieurs & exterieurs, préférablement à toute autre partie du corps, & de n prononcer les paroles qui contiennent la forme du Sacrement, ni aprè avoir verſé l'eau ; mais en même-tems qu'on la verſe. *Tiré du Catechiſme d. Concile de Trente.*

Les trois gra-
des obliga-
tions que
nous contrac-
tons dans le
baptême.

Si la vocation au Chriſtianiſme eſt une ſi grande grace, quelles en feront les obligations ? Certes très grandes, & toutes autres que le com mun des Chrétiens ne l'eſtime. Car, 1°. La profeſſion de Chrétien qu vous avez faite au baptême, vous oblige à croire fermement tout ce que Dieu nous a revelé par ſon Fils Jeſus-Chriſt : ce qui eſt compri en quatre chefs ; à ſçavoir, les Myſteres de la foi, les maximes de vertu qu'il a prêchées, les recompenſes des bons, les peines des méchans Vous n'avez été reçû au baptême qu'avec cette condition. Le Preſtre avant que de vous baptiſer, vous a demandé : *Croyez - vous au Pere au Fils Nôtre-Seigneur & Redempteur, & au Saint - Eſprit.* Et vous avez repondu par la bouche de vos Parrains : *Credo,* je crois. Mais ſouvenez vous que cette foi doit eſtre ferme, genereuſe & efficace ; *ferme,* pour ne douter aucunement de tout ce que vous devez croire. *Genereuſe,* pour ne rou gir jamais d'en faire profeſſion devant les hommes. *Efficace,* pour vous faire vivre conformément aux veritez que vous croyez, & ne démentir pas vôtre fo par vos actions, à l'imitation de beaucoup de Chrétiens, qui, comme dit l'A tre, *confeſſent Jeſus-Chriſt de bouche, & le renient par leurs œuvres.* 2°. La pro feſſion chrétienne vous oblige à renoncer au demon & à toutes ſes œuvres C'eſt encore une condition avec laquelle vous avez été reçû au baptême. Le Preſtre vous a demandé : *Renoncez vous au demon & à toutes ſes pompes, & à toutes ſes œuvres ?* Et vous avez répondu : *abrenuntio, j'y renonce !* Avez-vous ja mais penſé à ce renoncement ; & ſçavez-vous bien ce que c'eſt ? C'eſt une pro feſſion ſolemnelle que vous avez faite de ne ſuivre jamais le demon, de n'ai mer point ſes pompes ; c'eſt-à-dire, les fauſſes aparences des biens & des plai ſirs de la terre, par l'amour deſquels il tâche de ſéduire & de perdre les hom mes, & de fuir toutes ſes œuvres, qui ſont les œuvres de tenebres & de peché. Vous eſtes obligé de garder ce renoncement que vous avez fait ; vous avez re noncé au demon par la voix ; il faut y renoncer à preſent par vôtre vie & par vos actions, ſi vous ne voulez paſſer pour un perfide & pour un deſerteur. Helas ! M. l'avez-vous fait ? Mais au moins le ferez-vous à l'avenir ? Sera-t-il poſſible que vous retourniez à cet ennemi, auquel vous avez ſolemnellement renoncé ? 3°. La profeſſion chrétienne vous oblige à vivre dans la vertu & dans l'innocence, fuiant le peché plus que la mort. C'eſt pour vous avertir de cette obligation que le Preſtre, après vous avoir baptiſé, vous a reveſtu d'un habit blanc, en vous diſant ces paroles : Recevez la robe blanche, pour la por-

e au jugement de Dieu sans tache & sans souilleure , pour vous faire souve-
r par cette blancheur exterieure , & par ces paroles , de conserver soigneu-
ment la beauté & la pureté interieure que nôtre ame venoit de recevoir par
grace du baptême. Meditez bien ces paroles , & souvenez-vous de ce qui
us arrivera au jugement de Dieu , si vous al'ez souiller cette innocence par
ne vie pleine de pechez. Cette robe blanche de laquelle vous avez été revê-
, vous condamnera en ce jour effroyable du jugement dernier. Le Prestre
ui vous a baptisé , s'élevera contre vous , & demandera à Dieu vengeance de
abus que vous aurez fait de la grace de vôtre baptême. *Instruction de la jeu-
esse , par M. Gobinet.*

SUR LE SACREMENT
ET CEREMONIE DE LA CONFIRMATION,
& pourquoi il est institué.

AVERTISSEMENT.

Qvoique le Royaume de Dieu soit dans nous mêmes, comme dit l'Apôtre, & qu'il consiste dans l'interieur de nos ames,& en des dons tout spirituels;la foi, l'esperance,la charité,& les autres vertus infuses & surnaturelles;ce n'est pas assez pour être veritable chrétien, que nous les ayons reçûes au baptême, pour être disciples de Jesus-Christ, enfans de Dieu, qui ayent droit à son Royaume celeste ; si l'on ajoûte avec le même Apôtre, que les adultes doivent professer exterieurement cette foi,& cette Religion par les actions,qu'elle enseigne & qu'elle ordonne;c'est à dire, si on en fait une profession publique, si on ne la défend,si l'on ne se declare chrétiens, en s'aquittant exterieurement des devoirs qui sont attachez à ce glorieux titre.

Or comme dans cette profession publique & declarée,il y a des devoirs fort difficiles à remplir,souvent des travaux & des combats à soûtenir,qu'il faut quelquefois renoncer à des interêts qui nous sont chers, & des inclinations naturelles,ausquelles il faut renoncer;en un mot, que le service de Dieu a ses peines & ses difficultez qu'il faut vaincre,pour mériter & aquerir le Royaume du Ciel. Le Fils de Dieu a institué le Sacrement de la Confirmation, pour inspirer aux Chrétiens la resolution,la force & le courage de satisfaire aux obligations que le baptême nous a imposées ; de sorte que sans une lâcheté criminelle.nous ne pouvons manquer non-seulement à nous aquitter des devoirs de nôtre Religion ; mais encore d'en faire hautement profession, & de ne point rougir du service de Dieu, contre le respect humain, & les railleries des mondains qui ne détournent que trop souvent de la pieté, & des obligations de nôtre Religion.

✳✳✳✳✳✳✳✳✳✳✳✳✳✳✳✳✳✳✳✳✳✳✳✳✳✳✳✳✳✳✳✳✳✳✳

SUR LE SACREMENT

ET CEREMONIE DE LA CONFIRMATION,
& pourquoi il eſt inſtitué.

LE Sacrement de Confirmation a été inſtitué de Nôtre-Seigneur Jeſus-Chriſt, afin que ceux qui ont été baptiſez reçoivent une force ſpeciale pour défendre la foi, par l'impoſition des mains de l'Evéque, & par l'onction du ſaint Chrême. Ce Sacrement n'eſt pas à la verité abſolument neceſſaire pour eſtre ſauvé ; mais celui qui par mépris negligeroit de le recevoir, pecheroit mortellement. D'ailleurs, nous en retirons des avantages conſiderables. Le Saint-Eſprit deſcend inviſiblement en nos ames, qu'il comble de ſes graces. Il nous donne la force & la hardieſſe de f ire profeſſion de nôtre foi devant les Tyrans, s'il en eſt beſoin, de maintenir cette même foi parmi les heretiques, les athées & les libertins, & de f ire les actions chrétiennes ſans aprehender aucune honte. Il augmente auſſi en nous la perfection de chrétien, en augmentant la grace du Baptême. De ſorte qu'il eſt vrai de dire qu'il imprime dans nôtre ame une certaine marque ſpirituelle apellée caractere ; c'eſt ce qui fait que ce Sacrement ne peut eſtre réiteré en nous, & que nous ne le pouvons recevoir qu'une ſeule fois. A l'égard de la diſpoſition avec laquelle nous devons le recevoir, il ſuffit de dire qu'elle doit eſtre la même que dans les autres Sacremens ; c'eſt à dire, que l'on doit eſtre en état de grace, & avoir expié ſes pechez par le Sacrement de penitence.

Pourquoi J. C a inſtitué le Sacrement de Confirmation.

La Confirmation eſt un Sacrement par lequel nous recevons le S. Eſprit, pour nous fortifier interieurement, & nous affermir dans la foi & dans la grace du Baptême, afin de nous rendre parfaits chrétiens. Ce Sacrement a été inſtitué par Nôtre-Seigneur Jeſus-Chriſt ; puiſqu'il nous donne le Saint Eſprit, qu'aucune créature ne peut donner par elle même ; ainſi que nous l'aprenons des Apôtres qui donnoient ce Sacrement à ceux qui étoient baptiſez. Ils prioient pour eux, ils leur impoſoient les mains, & ils recevoient le Saint-Eſprit inviſiblement, par ſes dons & par ſes graces qu'il repandoit dans leurs cœurs, & quelquefois il leur marquoit viſiblement ſa deſcente inviſible, comme le jour de la Pentecôte, afin d'en établir la foi ; de ſorte qu'il n'eſt plus beſoin que le Saint-Eſprit deſcende viſiblement ſur les perſonnes qui reçoivent le Sacrement de Confirmation, attendu qu'étant deſcendu une fois ſur les Apôtres, nous devons croire qu'il opere interieurement dans nos ames les mêmes effets, qu'il opera dans le cœur de ſes Apôtres, qui étoient aſſemblez pour le recevoir. *Auteurs modernes.*

De l'inſtitution du Sacrement de Confirmatio,

Il n'y a que les Evêques qui tiennent la place des Apôtres, & qui . ayant la perfection du Sacerdoce, doivent donner le Sacrement de perfection.

Suite du mê me ſujet.

C'eſt pourquoi ils impoſent les mains en faiſant un ſigne de croix ſur le front, avec du ſaint Chrême, & diſant ces paroles : *Je vous marque du ſigne de la Croix, & je vous confirme par le Chrême du ſalut : au Nom du Pere, du Fils, & du Saint-Eſprit.* Ce Sacrement eſt très conſiderable, puiſqu'il perfectionne le Baptême, qu'il a les Evêques pour Miniſtres, & que ſa matiere, qui eſt le chrême, doit eſtre benie par l'Evêque. Je conviens que ce Sacrement n'eſt pas abſolument neceſſaire à tout le monde ; mais ce ſeroit un peché de le negliger, lorſque l'on a occaſion de le recevoir ; ce ſeroit un très grand peché de le mépriſer ; & il eſt neceſſaire à ceux qui ſont foibles dans la foi ou dans la vie chrétienne ; parce qu'ils s'expoſent à tomber en pluſieurs pechez, pour n'avoir pas reçû ce Sacrement, qui eſt inſtitué pour nous fortifier. L'effet de ce Sacrement, eſt de nous affermir dans la foi ; de nous donner la force de la profeſſer publiquement, même au peril de nôtre vie ; d'augmenter la grace reçûë dans le Baptême, & de nous donner le ſceau & le caractere de la milice de Jeſus-Chriſt, pour combattre ſous lui, contre les ennemis de nôtre ſalut. Il nous donne auſſi la grace d'entreprendre avec courage, ce qui eſt neceſſaire pour vivre chrétiennement, pour ſurmonter l'humeur, la paſſion, l'habitude, le reſpect humain, pour retrancher les vanitez & les ſuperfluitez, ſouffrir les rebuts, les railleries du monde, & les autres peines, & pour eſtre fervens dans la pratique de la pieté & de la charité. *Le même.*

Le Sacrement de confirmation eſt different de celui du Baptême. La Confirmation eſt un veritable Sacrement different de celui du Baptême. Car quand le Pape Melchiades a dit, que le Sacrement de Baptême avoit une étroite connexion avec celui de la Confirmation ; ce n'eſt pas qu'il crût que ce fût un même Sacrement ; puiſqu'il eſt certain que la diverſité des graces, que chaque Sacrement confere en particulier, & la diverſité des choſes ſenſibles qu'on y employe, pour ſignifier & pour produire cette même grace, diſtingue neceſſairement les Sacremens les uns des autres. Et par conſéquent comme les hommes ſont regenerez, & reçoivent une nouvelle vie par la grace du Baptême ; & que par celle de la Confirmation, ils deviennent des hommes parfaits qui ſe ſont dépoüillez de tout ce qui tenoit de l'enfance ; il faut qu'il y ait autant de difference entre le Baptême, par lequel nous recevons une nouvelle vie, & la Confirmation qui nous fait croître, & nous rend parfaits, ſelon l'eſprit, qu'il y en a dans la vie naturelle entre la naiſſance & l'accroiſſement. De plus, ſi les difficultez nouvelles & differentes que l'eſprit trouve à ſurmonter, font qu'il a beſoin de nouveaux & de differens Sacremens ; comme nous n'avons pas ſeulement beſoin d'eſtre éclairez de la foi, qui eſt l'effet particulier du Baptême ; mais encore d'eſtre fortifiez dans cette foi, afin que nous ne puiſſions eſtre détournez de la confeſſer par la crainte d'aucunes peines, & d'aucuns ſuplices, ni de la mort même, qui eſt la grace qui nous eſt donnée par la Confirmation ; il faut que ces deux Sacremens ſoient fort differens l'un de l'autre. Le Pape Melchiade explique admirablement cette difference par ces paroles. L'homme, dit-il, eſt enrôlé dans la Milice chrétienne par le Baptême, & il reçoit des armes pour combattre ſes ennemis dans la Confirmation. Dans le Baptême, le Saint Eſprit nous donne la plenitude de la grace pour recouvrer l'innocence ; & dans la Confirmation, il nous donne la grae pour acquerir la perfection de la justice. Dans le Baptéme , nous sommes egenerez pour une vie nouvelle ; après le Baptéme nous sommes confirmez pour combattre. Dans le Baptéme nous sommes lavez & purifiez ; après le Baptéme nous sommes fortifiez. La regeneration sauve par elle-même dans le tems de paix , la Confirmation leur met les armes à la main , & les dispose au combat. *Tiré du Catechisme du Concile de Trente.*

L'Eglise a donné à ce Sacrement le nom de Confirmation , parce qu'en même-tems que celui qui est baptisé est oint du saint Chrême par l'Evêque, qui prononce les paroles Sacramentelles , il reçoit de nouvelles forces , & commence à estre un parfait soldat de Jesus-Christ , pourvû qu'il ne se trouve rien en lui , qui empêche l'effet de ce Sacrement. L'Eglise a aussi toûjours reconnu & enseigné que tout ce qui est de la nature & de l'essence d'un veritable Sacrement , se trouve dans la Confirmation. C'est ce que le Pape Melchiade , & plusieurs autres Papes très saints & très anciens, declarent clairement. Ainsi saint Clement ne pouvoit pas exprimer cette verité en des termes plus précis , que lorsqu'il a dit que chacun doit se hâter de renaître sans y aporter le moindre retardement , & ensuite d'estre marqué par l'Evêque ; c'est-à-dire, de recevoir la grace des sept dons du Saint-Esprit ; parce que celui-là ne peut pas estre un parfait chrétien , qui par un mépris volontaire ne reçoit pas la Confirmation ; ainsi que nous l'aprenons de saint Pierre , & que tous les autres Apôtres l'ont enseigné par l'ordre de Nôtre-Seigneur. *Le même.*

La Confirmation produit en nous deux effets. Le premier est la grace du Saint Esprit , qui fortifie nôtre ame contre toutes les tentations , soit exterieures , soit interieures , & qui se communique à elle, avec tous ses dons. Le second , est le caractere que ce Sacrement imprime dans nôtre ame, comme le Baptéme : caractere qui ne peut estre effacé , & qui fait qu'on ne peut recevoir deux fois le Sacrement de Confirmation , par lequel le S. Esprit nous accorde ses dons, que l'Ecriture met au nombre de sept ; qui sont la sagesse , l'intelligence , le conseil , la force , la science , la pieté & la crainte de Dieu. La sagesse est un don du Saint-Esprit , qui nous détache du monde,& nous fait goûter & aimer uniquement les choses de Dieu. L'intelligence est un don qui nous fait comprendre & penetrer les veritez & les Mysteres de la Religion. Le conseil est un don , qui nous fait toûjours choisir , ce qui contribuë le plus à la gloire de Dieu & à nôtre salut. La force est un don qui nous fait surmonter courageusement tous les obstacles & toutes les difficultez qui s'oposent à nôtre salut. La science est un don qui nous fait voir le chemin qu'il faut suivre , & les dangers qu'il faut éviter , pour arriver au Ciel.La pieté est un don qui fait que nous nous portons avec plaisir & avec facilité , à tout ce qui est dû au service de Dieu. La crainte de Dieu est un don qui nous inspire un respect pour Dieu meslé d'amour , & qui nous fait aprehender de lui déplaire. De sorte que la difference qu'il y a entre le caractere du Baptême , & celui que nous recevons dans le Sacrement de Confirmation , c'est que nous recevons dans le Baptéme le caractere d'enfans de Dieu , & dans la Confirmation le caractere de ses soldats. Le premier fait que nous sommes à Dieu ; le second fait que nous combattons pour lui. *Auteur moderne.*

Pourquoi ce Sacrement est appelé Confirmation.

Les effets du Sacrement de la Confirmation.

Tt ij

Il n'y a que les Evêques qui ſoient les Miniſtres de la Confirmation, nous le ſçavons par la Tradition des ſaints Peres, qui ayant remarqué la pratique des Apôtres, nous ont apris que telle étoit l'inſtitution de notre Sauveur. Car on ne lit pas qu'aucun autre que les Apôtres ait conferé le Saint-Eſprit par l'impoſition des mains, ou la Confirmation. Or les Evêques tiennent la place & repreſentent les perſonnes des Apôtres ; & cela avec d'autant plus de raiſon, que dans tous les arts ; le Maître donne la derniere forme & acheve l'ouvrage commencé par les aprentifs : de même, par le Sacrement de Confirmation, le chrétien eſt rendu parfait & accompli en ce qui regarde le Chriſtianiſme ; il eſt bien juſte que l'Evêque, comme chef de ſon Egliſe, adminiſtre ce Sacrement, achevant ainſi ce que les Miniſtres ſubalternes ; je veux dire les Preſtres, avoient commencé par le Baptême. Quand le Secretaire a écrit la lettre, c'eſt à faire au maître de la ſigner ; nous ſommes la lettre écrite au Baptême par le Preſtre ; mais après nous ſommes ſignez au front du ſigne de la croix par l'Evêque, lorſqu'il dit : *Signo te ſigno crucis*, &c. Il faut donc que les chrétiens confirmez, ſçachent qu'ils ne ſont plus enfans en la foi, mais de parfaits chrétiens, qui doivent eſtre ſtables & immobiles, affermis par l'eſperance, que l'Evangile leur annonce, & non pas ſe laiſſer aller à toute doctrine. *Auteur moderne.*

Outre la maniere de faire l'onction avec le ſigne la croix, au front de celui qui eſt baptiſé, pour lui ôter la honte & la confuſion qui pourroit l'empêcher de confeſſer librement Jeſus-Chriſt ; il faut remarquer que l'Evêque en confirmant, touche de ſa main la joüe de la perſonne qui eſt confirmée, en diſant : *Pax tecum*, pour lui dire que doreſnavant, ſa profeſſion ſera d'endurer, comme ſoldat de Jeſus-Chriſt, qui eſt un vrai moyen pour avoir la paix avec Dieu, avec ſon prochain, & avec ſoi même ; comme ſi l'Evêque diſoit : Vous avez reçû les armes du chrétien, vous voila maintenant fait ſoldat de Nôtre-Seigneur, voyons comme vous vous comporterez en cette milice ; experimentons vôtre patience ; il y en a qui diſent que cela ſe fait, afin que les enfans ſe reſſouviennent d'avoir une fois reçu ce Sacrement, qui ne ſe peut réiterer. En ſecond lieu, on bande le front de celui qui veut eſtre confirmé, cela ſe fait en partie par la veneration que l'on a pour le ſaint Chrême, afin qu'il ſe ſeche deſſous, ſans eſtre touché par des mains profanes, & en partie auſſi pour ſignifier l'ignominie & la confuſion, que le chrétien doit eſtre preſt d'endurer pour le Nom de Jeſus-Chriſt. C'eſt auſſi pour nous donner à entendre, comme le Confirmé doit eſtre ſoigneux de bien conſerver la grace, qu'il a reçuë en ce Sacrement, ſelon ce qui eſt écrit en ſaint Jean : *Unctio quam accepiſtis, maneat in vobis* ; comme s'il diſoit, gardez bien, & en toute reverence le ſaint Chrême, & la ſainte onction, que vous portez au front ; mais principalement tâchez auſſi de garder, & de conſerver la ſainte onction interieure ſignifiée & operée en vôtre ame par ce Sacrement. *Le même.*

Les Evêques ſont les Miniſtres ordinaires qui ſeuls ont le droit d'adminiſtrer le Sacrement de la Confirmation. Nous le ſçavons par l'Ecriture ſainte, par la Tradition, & par la déciſion de l'Egliſe. L'Ecriture ſainte le fait entendre au chapitre huitiéme des Actes des Apôtres, où il eſt dit que ſaint Pierre & ſaint Jean furent envoyez à Samarie par les Apôtres, & qu'ils donnerent le Saint-Esprit, par l'imposition de leurs mains, aux Samaritains, qui avoient déja été baptisez au Nom de Jesus Christ, par les Disciples. Il faut avoir reçu le Baptême avant que de pouvoir estre confirmé ; car la Confirmation supose le Baptême, & en est la perfection ; il est vrai cependant que l'Eglise donnoit la Confirmation, même aux enfans nouvellement baptisez ; & quand un Evéque baptisoit, il confirmoit toûjours ceux qu'il venoit de baptiser. Mais cet usage ne subsiste plus dans l'Eglise d'Occident. *Auteur moderne.*

Suite du même sujet.

Pour recevoir le Sacrement de Confirmation, selon l'usage present de l'Eglise Romaine ; il faut avoir l'usage de la raison, 1°. Afin qu'on reçoive ce Sacrement avec plus de fruit, le recevant avec connoissance. 2°. Parce que c'est alors qu'on commence à estre sujet aux tentations, & qu'on a besoin d'estre fortifié pour y resister. 3°. Parce que recevant ce Sacrement avec connoissance on s'en souvient, & on est moins exposé à le recevoir deux fois ; mais pour le recevoir avec fruit, 1°. Il faut estre en état de grace ; c'est-à-dire, qu'il faut avoir conservé l'innocence du Baptême, ou l'avoir reparée par la penitence. 2°. Il faut sçavoir les principaux Mysteres de la foi. 3°. Il est à propos d'estre à jeun. Je conviens cependant qu'on peut estre sauvé sans estre confirmé ; mais on peche quand on neglige de recevoir ce Sacrement, ou qu'on le méprise ; car alors, 1°. On desobéit à Dieu & à l'Eglise, dont l'intention est que tous les Chrétiens se fassent confirmer. 2°. On se prive volontairement d'un puissant secours pour le salut. *Le même.*

La grace & la force sont conferées dans ce Sacrement.

Les Chrétiens qui reçoivent le Sacrement de Confirmation, reçoivent en même-tems une force & une grace toute particuliere, qui les fortifie pour combattre vaillamment contre les ennemis visibles & invisibles, en qualité de soldat spirituel de Jesus-Christ. Et c'est pour cela qu'on apelle ce Sacrement Confirmation ; & pour vous faire mieux entendre ceci, considerez, M. que comme un homme, selon la nature, tire son premier estre de la naissance ; après laquelle il n'est qu'un enfant, jusqu'à ce qu'il ait pris accroissement, & qu'il soit affermi dans ses forces ; ce qui fait qu'alors on dit qu'il est homme parfait & accompli, même capable d'estre soldat. De même un homme regeneré par le Baptême, est encore en son enfance, par raport au Christianisme ; jusqu'à ce que par le second Sacrement, qui est celui de la Confirmation, il ait pris un accroissement spirituel, & obtenu les forces & la grace du Saint Esprit, pour estre non-seulement un chrétien parfait & accompli, mais aussi pour devenir un soldat enrôlé en la milice de Nôtre-Seigneur. *Auteur moderne.*

Pourquoi l'Eglise permet de changer de nom à ceux qui desirent recevoir le Sacrement de Confirmation.

L'Eglise permet aux personnes qui veulent recevoir le Sacrement de Confirmation, de changer de nom, & cela pour plusieurs raisons. La premiere, parce qu'on a eu quelquefois dans le Baptême un nom prophane, comme celui d'Hector, d'Hercule, &c. au lieu duquel on donne celui de quelque Saint, comme de Pierre, Jean, Nicolas, &c. La seconde, qu'il arrive souvent que les Païens ont quelque devotion particuliere à quelque Saint, le nom duquel ils desirent donner à leurs enfans, ou bien peut-estre que l'enfant a reçu quelque guerison, ou autre benefice d'un Saint, en reconnoissance de quoi, & pour s'obliger davantage à son service, il prend son nom à la Confirmation. Enfin, c'est afin qu'ils aprennent à changer leur mœurs avec le nom, & à mesure qu'ils croissent en la grace du Saint Esprit. *Auteur moderne.*

Les avantages de ce Sacrement.

On reçoit dans le Sacrement de Confirmation un accroissement de graces, reçûës ci-devant au Baptême, & conséquemment un accroissement de toutes les vertus. De maniere que la vertu, la force & la justice, qui étoient en la personne baptisée, petites & foibles, prennent ici, tant d'augmentation qu'elles deviennent parfaites, robustes, pleines & accomplies, & proportionnées à l'état de soldats, de Rois, de Prophetes & de parfaits Chrétiens. Outre cela, toute la plenitude des dons du Saint Esprit est conferée à l'homme, & principalement une grande force pour combattre le demon ce qui fait qu'il reçoit dans ce Sacrement une constance heroïque pour professer avec toute liberté la foi de Jesus-Christ, particulierement parmi les persécutions ; & c'est ici que les Martyrs triomphoient, vainquant courageusement les tourmens, & la mort même. *Le même.*

Quelle est la vertu du Sacrement de Confirmation.

Le Sacrement de Confirmation a la vertu de donner le Saint Esprit, nous l'aprenons des Apôtres, qui donnoient ce Sacrement à ceux qui étoient baptisez ; ils prioient pour eux ; ils leur imposoient les mains, & ils recevoient le Saint Esprit ; ils le recevoient invisiblement par ses dons & ses graces qu'il repandoit dans leurs cœurs ; & quelquefois il leur marquoit visiblement sa descente invisible, comme le jour de la Pentecôte, afin d'en établir la foi cela ne se fait plus visiblement; parce que la foi de la venuë visible du S. Esprit est établie suffisamment. Ce sont les Evêques qui tiennent la place des Apôtres, & qui ayant la perfection du Sacerdoce, doivent donner le Sacrement de perfection. Ce Sacrement est très considerable, puisqu'il perfectionne le Baptême, & qu'il a les Evêques pour Ministres, & que la matiere qui est le Chrême, doit estre benie par l'Evêque. *Tiré des Theologiens.*

Les ceremonies qui se pratiquent ordinairement dans le Sacrement de Confirmation

L'on donne dans le Sacrement de Confirmation un Parrain à celui qui desire estre confirmé, afin qu'il soit comme son Pere spirituel, qu'il l'instruise de ses devoirs ; qu'il lui donne l'exemple comme son guide, de la fidélité qu'il doit avoir à garder la foi & les maximes de Jesus-Christ, & il a les mêmes obligations que celui du Baptême. Le signe de la croix que l'on fait sur le front de la personne que l'on confirme, nous marque premierement, qu'elle a un caractere spirituel : & en second lieu, pour nous aprendre qu'il ne faut point rougir de faire profession de la foi de Nôtre-Seigneur ou de souffrir pour sa défense ; puisque l'on porte la marque de ses souffrances sur le front. On forme le signe de la croix avec une onction que l'on apelle le saint Chrême, pour nous marquer que le Saint-Esprit, par sa grace adoucira tout ce que nous souffrirons pour lui, en entreprenant les choses difficiles, necessaires à nôtre salut. Ensuite l'Evêque frape la joüe de la personne qu'il confirme, pour lui enseigner à souffrir patiemment les injures & les railleries que le demon suscitera, lorsque l'on vivra saintement ; & se rendre ainsi imitateur de Jesus-Christ, en même-tems l'Evêque prononce ces paroles : *La paix soit avec vous*, pour marquer que pour posseder la paix du Saint-Esprit dans nos cœurs, il faut souffrir patiemment tout ce qui nous arrive de fâcheux. *Auteur moderne.*

Le Sacrement

Quoique le Baptême soit plus necessaire au salut que la **Confirmation ,**

utes fois la Confirmation eſt plus noble que le Baptême ; & cela ſe peut
rouver par la qualité du Miniſtre, qui le confere, par ſa matiere & par
n effet. Le Miniſtre ordinaire du Baptême eſt le Preſtre, ou le Diacre, &
ut homme, en cas de neceſſité ; celui de la Confirmation eſt l'Evêque,
peut eſtre par diſpenſe du Pape, le Preſtre ſeul. La matiere du Baptême
t de l'eau commune & naturelle : celle de la Confirmation eſt de l'huile
eſlée de baume, & conſacrée par l'Evêque. L'effet du Baptême eſt la grace,
vec une eſpece de caractere ſpirituel, qui ne ſçauroit s'effacer ; mais une
race propre à ſes enfans nouvellement nez dans l'Egliſe, ſuivant ce mot de
int Pierre : *Demandez du lait, comme des enfans qui viennent de naître.* 1. Petr.
'effet de la Confirmation eſt auſſi la grace avec un ſemblable caractere ;
ais il faut que cette grace convienne à des ſoldats de Jeſus-Chriſt, qui doi-
nt combattre des ennemis inviſibles, dont parle ſaint Paul, quand il dit :
e n'eſt pas contre la chair & le ſang que nous avons à combattre, c'eſt contre Epheſ. 6.
s Principautez & des Puiſſances ; contre des eſprits méchans, qui ſont rendus dans l'air, & qui dominent parmi les tenebres d'ici-bas. Enfin, l'on
et aux enfans du ſel dans la bouche, quand on les baptiſe ; mais à ceux que
on confirme, & dont on fait des ſoldats chrétiens ; on donne un ſoufflet,
ur lui aprendre que ce n'eſt point en frapant, mais en ſouffrant qu'ils doi-
nt combattre, & remporter la victoire. Or pour bien comprendre les de-
oirs de ceux qui ont reçû le Sacrement de Confirmation ; ſouvenons nous
e ce que reçurent les Apôtres, quand ils furent confirmez dans le Cenacle,
jour de la Pentecôte. A la verité, le Sacrement ne leur fut pas alors con-
ré : mais Jeſus-Chriſt le Prince des Preſtres, & le ſouverain Paſteur leur en
mmuniqua tout l'effet. Ils ſe trouverent tout à coup remplis de ſageſſe, d'é-
quence & d'amour de Dieu ; & ils reçurent de plus le don des miracles,
i leur devoit eſtre d'un très grand ſecours pour la converſion des infidéles.
out cela étoit figuré par les langues de feu qui parurent ce jour-là ſur eux,
t par le grand bruit que l'on entendit en même-tems qui venoit du Ciel,
mme celui d'un vent impetueux. La lumiere de ce feu divin, repreſentoit
ſageſſe, ſon ardeur deſignoit la charité, & ſa figure ſemblable à celle de
langue, marquoit l'éloquence ; enfin, ce bruit éclatant qui étonna tout
eruſalem, étoit un ſymbole du don des miracles. *Opuſcules de Bellarmin,*
ome V.

Lorſque l'Evêque confirme un chrétien, il lui met, pour ainſi dire, les
rmes au front, en diſant : Je te marque au ſigne de la croix, armes des chré-
ens, & pour déclarer tout ouvertement que deformais il aura à combattre
ontre le demon, & contre les tentations ; on lui confere la ſainte onction,
vec ces paroles : je te confirme avec le Chrême du ſalut, au Nom du Pere,
du Fils, & du Saint Eſprit ; de ſorte que par ce Sacrement, le chrétien
t armé par la grace du Saint-Eſprit : *Qui adjuvat infirmitatem noſtram.* Sui-
ant le témoignage de ſaint Clement, qui dit que chaque fidéle doit renaître
Dieu par le Sacrement de Confirmation, afin de participer aux ſept dons du
aint-Eſprit ; ſaint Pierre, & les autres Apôtres l'ont enſeigné par le commandement du Seigneur ; c'eſt pourquoi on ne peut eſtre parfait chré-
ien, lorſque l'on mépriſe ou neglige de recevoir ce Sacrement. Le témoignage du Pape Melchiade, eſt auſſi fort clair ſur ce ſujet, quand parlant du

Diſt. 62.

Baptême & de la Confirmation , il dit : *Utrumque magnum Sacramentum eſt.* Tous deux ſont de grands Sacremens. *Auteur moderne.*

La difference qu'il y a entre le Sacrement de Baptême & celui de la Confirmation.

Il y a beaucoup de difference entre le Baptême & la Confirmation , vû que les ſignes exterieurs , qui ſignifient la grace en l'un & en l'autre , ſont bien differens ; car la matiere du Baptême n'eſt pas ſemblable à celle de la Confirmation , & la forme de l'un , n'eſt pas la même que celle de l'autre ; c'eſt pourquoi la grace qu'ils operent , & les effets ſont biens differents ; ce qui fait que ce ſont deux divers Sacremens. Le Baptême à la verité ſuffiſoit aux chrétiens pour eſtre ſauvez ; mais outre cela , il falloit encore un autre Sacrement , où l'homme a beſoin d'une autre grace , pour ſe maintenir ſpirituellement en quelque rencontre & difficulté nouvelle qui ſe preſente. Or , comme il avoit affaire du Baptème , pour eſtre imbu de la foi , & pour renaître en Nôtre-Seigneur ; ainſi falloit-il pour pourvoir raiſonnablement à toutes choſes , que ce ſecond Sacrement fût inſtitué pour affermir & fortifier les ames fidéles par la grace du Saint-Eſprit , afin qu'elles fuſſent inebranlables en la confeſſion de la foi , & la maintenir aux depens de la vie , au tems de la perſécution. *Le même.*

L'eſtime que nous devons avoir pour le Sacrement de Confirmation.

Quoique le Sacrement de Confirmation ne ſoit pas abſolument neceſſaire pour eſtre ſauvé , ce ſeroit néanmoins un grand peché d'en faire peu de cas ou de le mépriſer , attendu qu'il eſt un vrai Sacrement inſtitué de Jeſus-Chriſt pour des effets tres-importans ; & que pour la vertu de ce divin Sacrement , toute la maiſon , où les Apôtres , & les Diſciples étoient aſſis , au raport de ſaint Luc , fut remplie du Saint-Eſprit ; le même Evangeliſte nous aprend qu'ils furent tous remplis de ce même Eſprit , pour nous declarer que tous les fidéles ont bien ſujet de deſirer , & ſe diſpoſer à ce même benefice , pour la ſanctification de leurs ames par la Confirmation. Car ſaint Cyprien oſe dire , parlant du Baptême & de la Confirmation : *Tunc demum planè ſanctificari , & eſſe filii Dei poſſunt , ſi Sacramento utroque naſcantur.* La raiſon eſt fondée ſur ce qui eſt écrit : *Niſi quis renatus fuerit ex aquâ & Spiritu ſancto, non poteſt intrare regnum Dei.* Parce que comme l'intention de la nature eſt , que l'homme engendré prenne un accroiſſement , de même auſſi la volonté & l'intention de l'Egliſe eſt qu'un chrétien baptiſé prenne un accroiſſement ſpirituel par le Sacrement de Confirmation. *Le même.*

Quels ſont les heretiques qui ont mépriſé le Sacrement de Confirmation

Les heretiques ont de tout tems combattu le Sacrement de Confirmation, quoiqu'il ſoit certain que ce Sacrement n'eſt autre choſe que l'impoſition des mains qui ſe faiſoit , & fait encore ſur tout le peuple , tant de l'un que de l'autre ſexe ; auſſi eſt il probable que ſi une telle action a été jugée Sacramentelle , par tous les catholiques , qui ont été depuis les Apôtres juſqu'à nous , perſonne n'y pourra contredire , s'il n'a deſſein de ſe ranger du parti des heretiques , dont le premier de ceux qui l'ont rejetté , a été Novatus , lequel ayant été baptiſé à la maniere des Cliniques , c'eſt-à-dire , dans le lit, & en danger de ſa vie , après avoir recouvré ſa ſanté , negligea le reſte des ceremonies baptiſmales , & le ſceau du Saint-Eſprit , qui nous eſt imprimé par la vertu de ce Sacrement. Les Arriens n'en firent pas plus de cas , comme l'on peut voir en ce que les Evêques catholiques étoient tenus par l'ordonnance des Conciles , d'apliquer le ſaint Chrême à tous ceux qui abjuroient l'Arianiſme , & revenoient à l'Egliſe. Optat de Mileve , écrit au livre ſecond

contre

ontre Parmenien, que les Donatiſtes mépriſerent ce Sacrement ; il raconte ce ſujet le miracle de l'Ampoulle ſacrée, qui fut jettée par mepris ſur un nas de pierres, ſans qu'elle en fût briſée. Les Armeniens ſoutenoient que Confirmation n'étoit qu'une ſuperſtitieuſe ceremonie, qui n'avoit aucune ertu. Les Vaudois demandoient un paſſage en l'Ecriture, où il fût parlé de e Sacrement. Et Luther faiſoit l'étonné quand on demandoit un nom ſacré, l'impoſition manuelle qu'il eſtimoit purement naturelle & profane. *Tiré du vre intitulé : l'Inſtitution catholique du P. Cotton.*

Preuves in-conteſtables cont e les heretiques qui rejettent le Sacrement de Confirmatiõ. Ephſ. 4. 2 Corinth. 1.

A tous ces extravagans eſprits, nous pourrions dire avec l'Apôtre : *Ne ontriſtez point le Saint-Eſprit, auquel vous avez été ſcellez au jour de la re-emption* ; & avec le même, écrivant aux Corinthiens : *celui qui nous a con-rmez en Jeſus-Chriſt, & qui vous a oints, c'eſt Dieu, lequel auſſi nous a ſcel-z, & donné les arrhes du S. Eſprit dans nos cœurs.* Quand on n'auroit d'autre reuve à leur aporter que ces paſſages, ils devroient ſuffire, attendu qu'ils 'en peuvent produire aucune pour la nier ; c'eſt à quoi neanmoins on de-roit les obliger, avant que de les écouter, lorſqu'ils veulent combattre la erité. Car n'eſt-il pas certain que les Apôtres donnoient le Saint-Eſprit par impoſition des mains ? N'eſt-il pas évident que quand ſaint Paul parle de la Doctrine apoſtolique, il comprend auſſi la doctrine du Baptême & l'impo-tion des mains ; le deſir que ſaint Jean declare à ceux auſquels il adreſſe ſa remiere Epître, n'eſt-il pas que l'onction qu'ils avoient reçû, demeure n eux, & que par elle ils ſoient inſtruits ? Les anciens Peres ne l'ont-ils pas inſi témoigné & en particulier, & dans le Corps des Conciles ? Le Concile Elvire ordonne, que ſi quelqu'un eſt baptiſé en état de maladie, il ſoit onduit, auſſi tôt qu'il ſera remis en ſanté, à l'Evêque pour recevoir l'im-oſition des mains. Le premier Concile d'Arles défend de rebaptiſer les he-etiques, & commande qu'au lieu du ſecond Baptême, l'impoſition des nains leur ſoit apliquée par l'Evêque ; le ſecond ordonne le même, & fait nention du Chrême, dont il eſt pareillement fait mention en celui de Laodicée, ù il eſt commandé que les Novateurs ſeront oints du ſaint Chrême ; & au Canon cinquiéme de celui d'Orleans, il eſt enjoint à ceux qui ſe veulent pre-enter à la Confirmation, d'y venir à jeun, qu'ils ſoient d'âge competent & réalablement confeſſez, afin que purs & nets, ils puiſſent recevoir le don u Saint-Eſprit ? Et en celui de Meaux, il fut dit auſſi que l'Evêque ſeroit à eun, quand il adminiſtreroit la Confirmation. *Tiré du livre intitulé : l'Inſtitu-ion catholique du P. Cotton.*

La verité du Sacrement de Confirmatiõ, eſt autoriſée & confirmée par les Sou-verains Pon-tifes, & par pluſieurs Au-teurs très-

Les Papes Urbain & Fabien, qui étant animez du même eſprit, ont répan-u leur ſang pour Jeſus-Chriſt, confirment dans leurs Decretales la verité du Sacrement de Confirmation. Tous les Peres l'ont ainſi ſoûtenuë, & entre ous ſaint Denis marquant la maniere dont on devoit faire le Chrême, & ont on devoit s'en ſervir, dit que les Preſtres reveſtoient celui qui avoit été aptiſé, d'une robe propre à marquer ſon innocence & ſa pureté, pour le onduire à l'Evêque, & que l'Evêque, en le marquant de cette ſainte & tou-e divine onction, le rendoit digne de participer à la ſainte Communion. Euſebe de Ceſarée reconnoît dans ce Sacrement une ſi grande vertu, qu'il ne raint point de dire, que ce qui fut cauſe que Novatus heretique ne pût ob-enir le Saint-Eſprit pour ſa converſion, étoit qu'étant tombé dans une ma-

ladie dangereuse après son Baptême, il n'avoit pas été marqué du sceau d
saint Chrême. Nous avons encore des preuves bien claires de cette verit
dans le livre que saint Ambroise a intitulé des nouveaux baptisez, & da
ceux que saint Augustin a écrits. Ces deux Saints ont été si persuadez, qu'o
ne pouvoit douter de la verité de ce Sacrement, que l'un & l'autre la confi
ment par plusieurs témoignages de l'Ecriture sainte. Ainsi l'un pretend qu'
faut entendre du Sacrement de Confirmation ces paroles de l'Apôtre : *N'a
tristez pas l'Esprit saint de Dieu, dont vous avez été marquez comme d'u
sceau ;* & l'autre soutient qu'il y faut raporter ces autres paroles du mêm
Apôtre saint Paul : *L'amour de Dieu a été repandu dans nos cœurs par
Saint-Esprit qui nous a été donné. Tiré du Catechisme du Concile a
Trente.*

Quelle est la forme du Sacrement de Confirmation.

Je ne m'arresterai point ici à vous expliquer ce que c'est que le saint Chrê
me, dont on se sert dans la ceremonie du Sacrement de Confirmation ;
me contente seulement de vous dire que la forme de ce Sacrement consist
dans les paroles que l'Evéque prononce, lorsqu'il aplique l'onction du Chrê
me. Ainsi les fidéles doivent se souvenir d'exciter en eux des sentimens d
pieté, de foi & de Religion, lorsque l'Evéque les prononce, en leur admini
trant ce Sacrement, afin qu'il n'y ait rien en eux qui puisse mettre obstacle
la grace qu'il opere. Voici ces paroles : *Je vous marque du signe de la Croix
& je vous confirme du chrême du salut, au nom du Pere, & du Fils & du S. Espri
Et il est aisé de montrer que la forme essentielle de ce Sacrement, consiste dan
ces paroles; puisqu'elles renferment tout ce qui sert à en expliquer la substanc
& la nature, en quoi consiste proprement la forme d'un Sacrement. Car il fau
observer trois choses dans la Confirmation, 1°. La vertu divine, qui oper
comme cause principale. 2°. La force & le courage que les fidéles y reçoiven
par l'onction sacrée, pour travailler à leur salut ; & enfin, le signe dont e
marqué celui qui doit entreprendre le combat de la vie chrétienne. La pre
miere chose est marquée assez clairement par ces paroles : *Au nom du Pere
du Fils, & du Saint-Esprit,* qui sont les dernieres de la forme de ce Sacre
ment. La seconde, par celles-ci : *Je vous confirme par le chrême du salut,* qu
tiennent le milieu. Et la troisiéme, par ces autres qui font le commencemen
je vous marque du signe de la Croix. Mais quand on ne pourroit pas montrer pa
aucune raison, que c'est là la veritable & seule forme de ce Sacrement, l'autori
té de l'Eglise qui nous a toûjours enseigné que ce l'est, ne nous permettroit pa
d'en douter. *Le même.*

Quel fut le zele des premiers chrétiens à confesser la foi de J. C.

Quand les premiers fidéles expliquoient leurs sentimens, par la bouche de
Tertullien, ils protestoient qu'ils faisoient gloire de suivre Jesus-Christ, &
par conséquent bien loin de rougir de lui, qu'ils étoient ravis de paroître in
fâmes, & d'estre condamnez à mort pour sa défense ; parce qu'ils sçavoient
dit ce sçavant Africain, que quiconque rougit de son Dieu, le renoncer
bien-tôt, que tout l'homme est dans le visage, que l'état interieur de so
ame se produit au dehors sur son front, & qu'avant de faire aucune playe su
son corps, il faut en faire à sa pudeur. Confusion criminelle, que tu perd
aujourd'hui de Chrétiens ! Depuis que le demon a trouvé l'adresse de rendr
les maximes de la Religion humiliantes pour l'esprit, & austeres pour le cœur
depuis que changeant de conduite, il a repandu le sang sur le visage par la

onte, au lieu qu'il le tiroit des veines par le martyre : il a fi bien réüffi dans dernier genre de combat, qu'il a prefque toûjours fait des lâches & des oftats. *Difcours moraux*, *Tome* I.

Quand on confeffoit hautement Jefus-Chrift fur les échaffaux, le fang des Martyrs étoit la femence des chrétiens. Plus on coupoit de teftes, plus les déles croiffoient en nombre & en force ; mais depuis que la peine de la ort a été changée en une marque d'infamie ; où eft l'homme qui s'opofe, ne dis pas à un Tyran, mais à un libertin qui fe moque de la Religion, : de fes plus venerables myfteres ? Où eft l'homme qui fe tienne heureux eftre perfecuté pour la juftice ? qui fe rejoüiffe d'eftre trouvé digne de puffrir un affront pour le nom de Jefus-Chrift, qui au contraire ne fe fcan-alife de lui, qui ne rougiffe de paroître devot, qui ne cede lâchement à la remiere raillerie, qui ne prefere les vains & injuftes jugemens des hommes ceux de fon Dieu, qui fouvent ne fe vante d'avoir fait plus de mal qu'il 'en a fait, de peur de paffer pour un trop religieux obfervateur de la Loi ? Circonftances qui font autant de lâches deferteurs, n'étant permis à perfon-es de mentir, de fe partager, de fe cacher, ni de fe tenir indifferent en fait e Religion : *Nulli fas eft de fuâ religione mentiri*. J'ajoûterois que ce fcan-ale eft une des marques les plus certaines de la réprobation d'un homme ; uifqu'il ne peut eftre fauvé, s'il n'apartient à Jefus-Chrift ; & fi cet Homme-Dieu ne le mene hardiment à fon Pere, & que d'ailleurs il protefte que quand l viendra dans fa gloire, il rougira en prefence de ce Pere celefte, & de fes Anges, de celui qui aura rougi de lui devant les hommes. *Difcours Moraux*, ôme I.

Saint Ambroife, au livre des initiez, chapitre feptiéme : Reffouvenez-ous, dit-il, que vous avez reçû le fceau fpirituel, l'efprit de fageffe, d'in-elligence & de pieté, l'efprit de confeil & de force, & gardez ce que vous vez reçû. Dieu le Pere vous a marqué, le Seigneur Jefus-Chrift vous a con-irmé, & a fait defcendre le Saint-Efprit dans vos cœurs. Et dans fon livre roifiéme des Sacremens, chapitre fecond, il dit qu'après les fonts de Bap-ême, il nous refte le fceau fpirituel, pour eftre conduits à la perfection hrétienne ; & ce, par l'infufion du Saint-Efprit, à la priere du Preftre. aint Jerôme, au chapitre quatriéme du Dialogue contre les Luciferiens, émoigne que de fon tems c'étoit la coûtume de conduire tous les petits en-ans qui avoient été baptifez en la ville Metropolitaine, pour eftre reprefen-ez à l'Evêque, & recevoir le Saint-Efprit, par l'impofition des mains : vous emandez, dit-il, d'où vient cette coûtume, & où cela eft écrit ; je vous re-onds que c'eft aux Actes des Apôtres, & quand même l'Ecriture ne nous n fourniroit pas des preuves auffi convaincantes, le confentement univer-el de tout le monde tiendroit en cette matiere lieu de precepte. *Tiré du livre* ntitulé : *l'Inftitution catholique du P. Cotton.*

Calvin avoüé que la Confirmation a été Sacrement du tems des Apôtres. Et u quatriéme livre de fon inftitution, qu'elle a été pratiquée par eux ; ce u'étant veritable, on lui demande avec raifon, qui l'a rayée depuis du ombre des Sacremens ; & qui fe peut attribuer une telle autorité ? C'eft ourquoi au Colloque de Ratisbonne, elle fut reçûë d'un commun accord & confentement, même par les Novateurs. Les paroles de Luther y revien-

Marginal notes:

La difference qui fe trouve entre les pre-miers fideles, & ceux d'à-ne dis-ent.

Sentimens de St. Ambroife fur le Sacre-ment de Con-firmation.

Calvin & fes autres Here-fiarques ont reconnu la Confirmatió pour un Sa-crement.

nent au livre de la puissance du souverain Pontife : *C'est un même Baptême*, dit-il, *celui de toutes les Eglises ; même Confirmation, même Sacerdoce, même penitence.* Ce qu'il confirme encore au sermon du nouveau Testament, sur le premier chapitre de la premiere aux Corinthiens, en ces termes : *Le Seigneur a publié & ordonné quelques Sacremens par soi-même, comme l'Eucharistie, l'Ordre, la Penitence, & quelques autres par ses Apôtres, comme la Confirmation, & l'Extrême-Onction.* Les Vaudois, en leur confession de foi au Roi de Hongrie, s'expliquent aussi en ces termes : Nous faisons, disent-ils, profession de la foi puisée des Ecritures, & qui a été gardée dès le tems des Apôtres. C'est pourquoi, quiconque n'a point reçu la promesse des dons du Saint-Esprit, n'étant pas encore sorti de l'enfance, qu'il la reçoive par l'oraison & imposition des mains en confirmation de la foi. Nous devons donc confesser que la matiére du Sacrement de Confirmation est l'huile avec le baume, pour nous marquer qu'en vertu de la grace marquée par l'huile, il aura la force & le courage de se preserver de la corruption du peché. Il est donc vrai de dire après saint Cyprien, que l'huile represente la puissance Sacerdotale, & le baume la puissance Royale, comme s'il eût fait allusion aux paroles de saint Pierre, vous estes la generation élevée, la nation sainte, le peuple acquis. *Tiré du livre intitulé : l'Institution catholique par le P. Cotton.*

Saint Denis apelle le Chrême sacré, *l'onction divine & Deifique.* Il dit qu'elle perfectionne l'ame, que c'est elle qui consomme & acheve l'œuvre du Saint-Esprit. Clement d'Alexandrie l'apelle, la marque bienheureuse. Origene, en l'Homelie huitiéme sur le Levitique, enseigne que le don & la grace du Saint-Esprit, sont marquez par l'Eglise ; comme par l'eau du Baptême l'ablution du peché originel. Eusebe de Cesarée, au livre sixiéme de son histoire, raporte comme l'Heresiarque Novatus, après avoir été delivré de l'esprit malin par le secours des Exorcistes, negligea de recevoir le *sceau Episcopal*, après le baptême. Saint Cyrille de Jerusalem a cru que la Confirmation étoit un signe sacré ; mais vraiment & proprement un Sacrement, puisqu'il le met en paralelle avec le baptême & l'Eucharistie ; & c'est ainsi qu'il s'en explique. *De même*, dit-il, *que le pain de l'Eucharistie n'est plus pain commun, après l'invocation du Saint-Esprit ; mais le Corps de Jesus-Christ, de même aussi cet onguent, après qu'il a été consacré, n'est plus un simple onguent, mais le chrême de Jesus-Christ, qui tire son énergie de l'avenement du Saint-Esprit, & quand il a touché le front, & les autres parties du corps, l'ame est sanctifiée par le Saint-Esprit.* Or, continuë-t-il, on aplique le saint Chrême sur le haut du visage, pour deux raisons. La premiere, pour effacer la honte que le peché d'Adam nous a laissé. La seconde, pour signifier que desormais les personnes qui reçoivent ce Sacrement, verront Dieu face à face. *Le même.*

Saint Jean Damascene, au livre quatriéme de la Foi, enseigne que comme le delage fut la figure du baptême, ainsi la colombe qui raporta le rameau d'olive dans l'Arche, representoit le Saint-Esprit, & l'onction interieure qui nous est communiquée dans ce Sacrement. Entre les Latins, Tertullien declare en peu de mots toute la ceremonie qui se pratique en ce Sacrement, qui est d'oindre, de benir, faire le signe de la croix, & imposer mains : *La chair*, dit-il, *est ointe, afin que l'ame soit consacrée, la chair est arquée du signe de la croix, afin que l'ame soit garentie ; on fait l'imposition s mains, afin que l'ame soit éclairée du Saint-Esprit.* Et au livre de la Prescription, contre les Heretiques, il joint ce Sacrement à celui du baptême & celui de l'Eucharistie, & derechef au premier, qu'il écrit contre Marcion, rs la fin il compare l'onction de l'huile avec l'eau du baptême, & le pain le vin de l'Eucharistie ; & au livre du Baptême, par trois fois il en fait ention. Saint Cyprien, en l'Epitre derniere du premier livre, use du mot necessité, parlant de ce Sacrement : il est necessaire que celui qui a été ptisé reçoive l'onction, afin qu'ayant reçu le Chrême, il puisse estre, le nit du Seigneur, & avoir en soi la grace de Jesus-Christ. Et en la premie-Epitre du second livre, il le nomme *Sacrement* en ces termes : alors ils uvent estre pleinement sanctifiez, & faits enfans de Dieu, s'ils sont rege-rez de l'un & de l'autre Sacrement. *Tiré du livre intitulé : l'Institution ca-olique par le P. Cotton.*

La force & la vertu d'un chrétien qui a reçu le Sacrement de Confirmatiõ.

Si nous avons reçu le don de force, & le Saint-Esprit comme les Apôtres, mmençons à parler comme eux ; & quand la Providence l'ordonnera, yons prests à souffrir comme eux. En vrais disciples du Sauveur, pleins de n Esprit, confessons hautement son Nom ; ne rougissons point de son vangile ; rendons lui dans le monde les témoignages dignes de nôtre foi ; pliquons-nous dans les occasions : n'ayons point, quand il est question de la ause de Dieu, de lâches complaisances pour les hommes ; ne donnons point et avantage à l'impieté, qu'elle nous rende timides & muets ; mais confon-ons-là par une sainte, quoique modeste liberté. On dira que nous sommes nprudens ; on a bien tenu des Apôtres d'autres discours & plus injurieux, ans que leur zele en ait été refroidi. Ne nous contentons pas de parler. Tra-aillons pour Dieu avec courage, interessons-nous dans tout ce qui regarde on culte, sa Religion, sa Loi, son Eglise. Dans l'étenduë de nôtre pouvoir, proportion de nos talens, formons pour lui des desseins & des entreprises, e nous rebutons point des obstacles qu'il y aura à surmonter. L'Esprit de Dieu nous donnera des forces, & il nous fera vaincre le monde. Nous avons es contradictions à essuyer, il faudra livrer des combats, peut-estre nous en oûtera-t-il des persécutions : he bien, nous nous ferons de tout cela, com-ne les Apôtres, une consolation & un mérite. A quoi connoitra-t-on que ious avons reçu le Saint Esprit, si-ce n'est par nôtre constance à soûtenir ces ortes d'épreuves ? *Sermons du Pere Bourdaloüe sur les Mysteres, Tome remier.*

Suite du mê-me sujet.

Il ne suffira pas de paroître chrétiens, lorsqu'il nous est avantageux de le paroître devant les personnes qui font état de la pieté, & devant qui il seroit souvent honteux de ne le paroître pas. Mais il ne faut pas même rougir de l'Evangile devant les Juifs & les infidéles ; c'est-à-dire, devant les personnes qu'on sçait estre oposées à tout ce qui s'apelle Religion. Voilà ce que Dieu demande de vous ; & voilà ce que nôtre siecle ignore. On se montre assez zelé pour tout ce qui concerne la Religion, la pieté, les bonnes œuvres ; quand on peut s'en faire honneur en presence des gens de bien ; mais dès qu'on se trouve avec des impies, des libertins, des mondains ; on sent expi-rer ce zele, on mollit, on est foible, on a des ménagemens, des égards,

on n'ofe aprocher des Sacremens, on rougit de la pieté & des bonnes œu‑
vres, en foûrit à une impieté, on ferme les yeux au libertinage, on eſt in‑
different & froid pour les intereſts de Jeſus Chriſt, & peut‑eſtre va‑t‑on juſ‑
qu'à ſe déchaîner contre lui comme les autres. Or, voila proprement où

Act. 1. Jeſus‑Chriſt demande vôtre témoignage. *Eritis mihi teſtes.* Voilà où Dieu
veut que vous vous declariez en ſa faveur. Il n'a pas beſoin de vous devant
ſes Diſciples fidéles qui lui ſont aquis; il ne manquera pas de défenſeurs de‑
vant ceux qui ſont zelez pour ſa gloire: mais il en a beſoin devant ces li‑
bertins qu'il faudroit confondre, & qui ſe prévalent contre lui de vôtre foi‑
bleſſe. C'eſt là qu'il faudroit montrer une fois qui vous eſtes. Vous avez
fait une ſi haute profeſſion de pieté dans de ſaintes aſſemblées; pouvez‑vous
ſans rougir, vous démentir devant le monde. Mais la crainte des Juifs vous
arreſte: *Propter metum Judæorum. Sermons du Pere Cheminais, Tome
ſecond.*

Le don des langues & des miracles n'eſt point neceſſaire à preſent à ceux qui reçoivent le Sacrement de Confirma‑ tion.

1. Cor.

On ne reçoit pas à preſent le don des langues, ni celui des guerifons mi‑
raculeuſes; parce qu'elles ne ſont plus neceſſaires, comme ils l'étoient du
tems des Apôtres, non pour leur propre perfection; mais pour l'établiſſe‑
ment de l'Evangile dans toute la terre. On reçoit ſeulement le don de ſageſ‑
ſe, & le don de charité, qui ſelon l'Apôtre, *eſt douce & patiente.* Et c'eſt
pour marquer la patience chrétienne, vertu excellente, mais très rare, que
l'Evêque donne un ſoufflet à ceux qu'il confirme. Ils doivent entendre par
là, qu'on n'eſt pas ſoldat de Jeſus‑Chriſt, pour commettre des violences,
mais pour les ſouffrir: car dans la guerre ſpirituelle, on n'a pas affaire à des
hommes que l'on voit, mais à des demons que l'on ne voit point. Ainſi Jeſus‑
Chriſt nôtre capitaine attaché à une croix, combatit & defarma les puiſſances
de l'abîme: ainſi les Apôtres flagellez & flétris publiquement, triompherent
des ennemis de la foi. C'eſt là entre autres, la grace attachée au Sacrement
de la Confirmation de faire qu'un homme cruellement outragé, ne ſonge point

Act. 5. à la vangeance, mais qu'*il ſe rejoüiſſe,* comme les premiers fidéles, *d'avoir
été jugé digne d'endurer quelque affront pour le Nom de Jeſus‑Chriſt. Opuſcu‑
les de Bellarmin, Tome 5.*

Reflexion que doit fai‑ re ſouvent une perſonne qui a été confirmée.

Il faut qu'un homme qui a été confirmé ſe recüeille ſouvent en lui‑même,
& qu'il voye ſi le Saint‑Eſprit lui a communiqué ſes dons, principalement
celui de ſageſſe & celui de force; qu'il regarde s'il a dans le cœur cette ſa‑
geſſe des Saints, qui fait qu'on eſtime infiniment les biens éternels, & qu'on
foule aux pieds les biens temporels; s'il a cette force & ce courage des ſol‑
dats de Jeſus Chriſt, qui ſont toûjours preſts à ſouffrir qu'on les maltraite
injuſtement, ſans jamais vouloir maltraiter perſonne. Et s'il veut ne ſe pas
tromper, qu'il s'examine ſur la maniere dont il en a uſé juſqu'ici. Car s'il
trouve qu'il ſe plaiſe moins à amaſſer des richeſſes, qu'à donner l'aumône,
qu'ayant reçû quelque affront, il n'a point tâché d'en tirer raiſon; mais qu'il
a ſuporté l'injure avec patience & avec douceur, il doit en avoir une extrême
joye, juſqu'à cette marque il a tout ſujet de croire qu'il eſt du nombre des
enfans de Dieu. Mais ſi après la Confirmation, il ne ſe ſent pas moins at‑
taché à ſes propres intereſts, moins avare, moins colere, moins vindicatif
qu'auparavant; s'il a autant de difficulté que jamais à aſſiſter les miferables; &
ſi toute ſa paſſion eſt de s'enrichir, que peut‑il conclure de là, ſinon qu'il

reçu le Sacrement fans en recevoir l'effet. *Opufcules de Bellarmin , Tome cinquiéme.*

Pour ce qui regarde les enfans qui n'ont pas encore l'ufage libre de la raifon , il eſt à croire que le Sacrement de Confirmation opere en eux tout fon effet , puifqu'ils n'ont rien qui y puiſle mettre obſtacle. Mais ils doivent craindre , que commettans dans la fuite beaucoup de pechez legers , & differant trop long-tems à s'en repentir , ils ne viennent enfin , par une faute mortelle à étouffer , & pour parler avec S. Paul , *à éteindre en eux l'efprit* ; c'eſt-à-dire , à perdre tout-à-fait la grace & les autres dons , que l'Efprit de Dieu communique à ceux qui reçoivent la Confirmation. Quiconque donc veut ſi bien vivre , qu'il merite de bien mourir , doit prifer beaucoup la grace des facremens , qui comme des vafes precieux contiennent les trefors du Ciel : mais ceux qu'il faut eſtimer particulierement , ce font ceux qu'on ne reçoit qu'une fois. De ce nombre eſt la Confirmation , qui produit une infinité de biens fpirituels , mais qui ne fe peut réiterer : car quoique le caractere , qui s'imprime en l'ame , ne s'efface point ; cependant c'eſt pour les méchans un fujet , non pas de confolation , mais de confufion. *Opufcules de Bellarmin , Tome 5.*

Les enfans font plus propres à recevoir la grace du Sacrement de Confirmation.
1. *Theſſ.*

Vous vous eſtes engagé , par le Sacrement de Confirmation , à profeſſer publiquement la foi de Jefus-Chriſt ; mais quand il a été queſtion de fuivre ce divin Maître , de vous declarer de fon parti , de défendre fa caufe , ou celle de fon Eglife , ne l'avez-vous pas abandonné ; ne vous eſtes-vous point feparé de lui ? Ne vous a-t-il pas été un fujet de chûte , & de fcandale ? Si cela eſt , avec quel front ofez-vous vous dire chrétien , & vous flatter d'eſtre avec Jefus-Chriſt ; vous qui avez aprehendé ou eu honte de lui apartenir ? Quelle aparence qu'il puiſle s'apaifer aifément , après que vous l'avez ſi lâchement renoncé , & ſi honteufement trahi ? Qu'il ait pitié de vous , après que vous lui avez preferé vos plaifirs , ou vos biens , après que vous avez violé fon temple , par vos facrileges , aprés que vous avez dit par vôtre orueil , par vôtre infidélité , par vos blafphemes , que vous n'eſtiez pas à lui , ni lui à vous. *Difcours moraux , Tome* 1.

Combien les chrétiens pratiquent avec peu de fidelité , l'obligation qu'ils ont contractée dans le Sacrement de Confirmation.

Si vous vous eſtes fait un devoir & une regle de falut , de ne vous pas confondre de lui ; ſi bien loin de trouver aucune matiere de honte , dans fes plus humilians myſteres , vous les avez regardez comme les Sacremens de vôtre reparation ; ſi vous avez crû que tout ce qui eſt indigne de lui vous eſt avantageux & neceſſaire ; ſi par le mépris des maximes du monde , vous avez été faintement impudent ; ſi enfin pour ne rien omettre de l'Evangile , vous n'avez pas été non plus que Jean-Baptiſte , un roſeau mobile à tout vent ; ſi par une conduite conſtante & uniforme , vous vous eſtes genereufement attachez à Jefus-Chriſt , facrifiant à fa veritable gloire la fauſſe , qu'on voulu vous rendre ; recourant à lui dans vos adverfitez , confeſſant qu'il eſt venu pour vous fauver ; & que vous n'attendez point d'autre Redempteur que lui ; ſi cela eſt , j'ofe dire que vous eſtes bienheureux : *Beatus eſt qui non fuerit fcandaliZatus in me.* Pouveu toutes

Le bonheur de ceux qui font profeſſion de la foi de J C. après avoir reçu le Sacrement de Confirmation.
Matth. 11.

fois qu'aprés avoir évité ce premier fcandale, vous ne foyez pas la caufe d'un autre, par raport à vos freres. *Le même.*

Honte de faire le bien, invention du demon.

Entre les moyens que la malice du demon a trouvez pour pervertir les ames, il n'y en a point qui lui ferve davantage à les retenir fortement dans le vice, que la honte de faire le bien : honte, par laquelle il féduit déplorablement les efprits des hommes, dont l'efprit fo ble étant fufceptible des impreffions de la crainte & de la pudeur, donne occafion a ce malheureux d'abufer malicieufement de leur facilité, & de leur pudeur naturelle, pour leur faire concevoir à l'égard du bien & de la vertu, la honte & la crainte qu'ils ne devoient avoir que pour le peché. *Inftruction de la Jeuneffe par M. Gobinet.*

Explication des ceremonies qui fe pratiquent dans le Sacrement de Confirmation.

Le Sacrement de Confirmation nous affermit dans la Foi, & nous donne la force de profeffer publiquement, même au peril de nôtre vie ; d'augmenter la grace reçûë dans le Baptême, & de nous donner le fceau & le caractere de la milice de Jefus-Chrift, pour combattre fous lui contre les ennemis de nôtre falut ; il nous donne encore la grace d'entreprendre avec courage ce qui eft neceffaire pour vivre chrétiennement, pour furmonter l'humeur, la paffion, l'habitude, le refpect humain, pour retrancher les vanitez, & les fuperfluitez ; fouffrir les rebuts, les railleries du monde, & les autres peines & pour eftre fervens dans la pratique de la pieté & de la charité &c. Le figne de la Croix qui fe fait fur la perfonne que l'on confirme, nous marque : 1°. Qu'il a un caractere fpirituel. 2°. C'eft pour nous apprendre qu'il ne faut point rougir de faire profeffion de la Foi de Nôtre Seigneur, ou de fouffrir pour fa défenfe ; puifque l'on porte la marque de fes fouffrances fur le front ; on le forme avec une onction que l'on appelle le faint Chrême, pour nous marquer que le Saint Efprit, par fa grace, adoucira tout ce que nous fouffrirons pour lui, en reprefentant les chofes difficiles neceffaires à nôtre falut. Cette onction eft compofée d'huile & de baume d'huile qui fortifie & adoucit, pour marquer l'effet de la grace du Saint Efprit ; de Baume qui empêche la corruption, & qui repand une douce odeur, pour marquer que nous devons ne nous point laiffer corrompre par le peché, & que nos bons exemples doivent eftre la bonne odeur de Jefus-Chrift. L'Evêque frappe enfuite la joüe de celui qu'il confirme, pour lui enfeigner à fouffrir avec patience les injures & les railleries que le demon fufcitera, lorfque l'on vivra faintement, & fe rendre ainfi imitateur de Jefus-Chrift ; il lui dit en même-temps : *La paix foit avec vous* ; afin de lui faire entendre que pour poffeder la paix du Saint-Efprit, il faut fouffrir patiemment tout ce qui nous arrive de fàcheux. *Tiré des Theologiens.*

Il ne faut rechercher que la bonne opinion des gens vertueux. Luc. 9.

Si la bonne opinion des hommes vous touche, que ne cherchez-vous celle des hommes fages & vertueux, qui vous eftiment, & vous honorent, quand vous faites bien. Souvenez-vous de cette menace terrible que le Fils de Dieu fait à tous ceux qui rougiffent de fon fervice. *Celui qui rougira de moi & de mes paroles, je rougirai de* de lui au jour du jugement. Il veut dire qu'il ne le reconnoîtra point. Souvenez - vous de cette confusion épouvantable qui couvrira au jour du jugement la face de ceux , qui auront rougi en cette vie du service de Dieu , lorsque leurs pechez feront exposez à la vûë de tout le monde ; & que pour la honte qu'ils auront euë de la vertu , ils feront abandonnez à une confusion éternelle , qui ne fera jamais effacée de la memoire des Anges & des Saints , felon le témoignage de Dieu même : *Je vous exposerai à un opprobre éternel , & à une ignominie qui ne finira jamais. Instruction de la jeunesse par M. Gobinet.* Jerem. 23.

SUR LE SACREMENT
DE PENITENCE,
ET CONFESSION SACRAMENTELLE.

AVERTISSEMENT.

Nous *avons traité fi amplement de la Penitence en tant que Sacrement, dans le troifieme Tome de nôtre Bibliotheque, au titre de* Confeffion ; *qu'il ne nous refte plus fur ce fujet que de faire quelques reflexions fur le precepte & la neceffité de faire cette Confeffion, fur la maniere dont l'Eglife prefcrit du moins de la faire une fois l'année, & fur chaque partie de ce Sacrement, qui eft un moyen abfolument neceffaire pour obtenir de la divine mifericorde le pardon de nos pechez, qu'on a commis après le Baptême ; & enfin de l'antiquité de cette pratique, & de la differente maniere qu'elle s'obfervoit dans la primitive Eglife, & particulierement fur la fatisfaction, qu'on appelle communément Penitence.*

✳✳ ✳✳✳✳✳✳✳✳ ✳✳✳✳✳✳✳✳✳ ✳✳✳✳✳✳✳✳✳✳✳✳✳✳✳✳✳ ✳✳✳

SUR LE SACREMENT
DE PENITENCE,
ET CONFESSION SACRAMENTELLE.

LA Confeſſion eſt une accuſation, & une declaration que le Penitent fait de ſes pechez à un Prêtre qui a juriſdiction ſur lui, pour en recevoir la penitence & l'abſolution. La confeſſion de tous les pechez mortels, commis après le Baptême, eſt neceſſaire ſi l'on veut en obtenir le pardon : Nous le ſçavons par l'Ecriture ſainte, & par la Tradition ; *par l'Ecriture*, Jeſus-Chriſt dit aux Apôtres, après ſa Reſurrection : *Recevez le Saint-Eſprit, les pechez ſeront remis à ceux à qui vous les remettrez, & ils ſeront retenus à ceux à qui vous les retiendrez.* Ces paroles prouvent la neceſſité de ſe confeſſer ; car les Prêtres ne peuvent pas connoître quels ſont les pechez qu'il faut remettre ou retenir, ſi on ne les leur declare par la confeſſion. *Par la Tradition*, c'eſt par elle que nous ſçavons que Jeſus-Chriſt a donné par ces paroles aux Evêques & aux Prêtres, le pouvoir de remettre & retenir les pechez commis après le Baptême ; & que l'Egliſe a toûjours regardé l'obligation de les confeſſer comme une ſuite de ces paroles. *Tiré des Theologiens.*

De la confeſſion & de ſa neceſſité.

Il n'eſt pas à propos de ſe confeſſer indifferemment à toutes ſortes de Prêtres, quoiqu'ils ſoient aprouvez ; mais il faut choiſir un Confeſſeur avec une grande circonſpection ; de là depend pour l'ordinaire le ſalut, & l'experience fait voir que la plûpart des Chrétiens ne ſe perdent que faute d'avoir un guide éclairé & homme de bien, qui leur faſſe voir le danger où ils ſont, qui ne les flatte pas. La même choſe arrivoit aux Juifs, comme les Prophetes s'en plaignent ſouvent. C'eſt pourquoi quand on feroit de bonne foi tout ce que diroit un Confeſſeur, ſans examiner s'il eſt habile ou non, on n'eſt pas pour cela en ſûreté de conſcience ; car Jeſus-Chriſt dit : *Qu'un aveugle qui eſt conduit par un autre aveugle, tombe avec ſon guide dans la foſſe.* La bonne foi ne les empêche pas d'y tomber. Ainſi il eſt fort à craindre que ſi un Confeſſeur peu éclairé nous trompe, cela ne nous empêche pas de perir. Cependant dans les choſes où l'ignorance ſeroit excuſable, la bonne foi avec laquelle les perſonnes ſimples ſuivroient l'avis d'un Confeſſeur peu éclairé, n'en connoiſſant pas de meilleur, les excuſeroit ; car l'experience nous fait voir que les Evêques mêmes, ſont ſouvent trompez dans le choix qu'ils en font ; en effet, n'eſt-il pas vrai que quand on eſt malade, on ne ſe repoſe pas ſur ce qu'un medecin a reçu le bonnet de Docteur ; on veut le plus habile qu'on connoiſſe. La gueriſon de nôtre ame doit nous eſtre plus precieuſe que celle de nôtre corps : malheur à quiconque cherche

Du choix d'un confeſſeur.

des pretextes pour se flatter sur ce point. Ceux qui sont regardez dans l'an cien Testament , comme de mauvais conducteurs & de faux Prophetes, avoient souvent le caractere & la mission necessaire pour conduire les peu ples , c'est pourquoi chacun a interest de se choisir un confesseur qui soit sçavant , prudent , charitable , & fort secret. Il doit avoir assez de lumieres pour connoître les regles de l'Eglise , assez de fermeté & de prudence pour les apliquer, assez de charité pour les faire aimer. Pour ce qui est du secret , tout le monde sçait qu'il doit estre inviolable. *Les mêmes.*

En quoi con siste le Sacre ment de Pe nitence , son institution , sa necessité. Le Sacrement de Penitence , dont nous parlons ici , consiste dans la contrition , la confession du penitent , la satisfaction , & dans l'ab solution du Prestre ; c'est-à-dire , que pour recevoir le Sacrement de Pe nitence , il faut que celui qui a commis quelque peché mortel après son baptême. 1°. Le deteste. 2°. Le confesse à un Prestre aprouvé. 3°. Soit re solu de satisfaire à Dieu pour l'expier. 4°. Qu'il en reçoive l'absolution par le ministere du Prestre à qui il l'a confessé. Nous sçavons que Jesus-Christ a institué le Sacrement de Penitence par l'Ecriture sainte , & par la Tradition. L'Ecriture sainte nous aprend que Jesus-Christ a donné à ses Apôtres les clefs du Ciel , & le pouvoir de lier & de delier , de remettre ou de retenir les pechez. La Tradition nous aprend que c'est par le Sacrement de Peni tence , que les Evêques & les Prestres exercent ce pouvoir par raport aux pechez commis après le baptême : il a toûjours été necessaire d'avoir recours au Sacrement , pour obtenir la remission des pechez ; car depuis Jesus-Christ , ces pechez commis après le baptême , n'ont été remis qu'en vertu de ce Sa crement. Il ne s'ensuit pourtant pas de là , que les Chrétiens , qui meurent sans avoir pu recevoir le Sacrement de Penitence soient infailliblement dam nez ; parce que le Sacrement de Penitence peut estre supléé , comme le bap tême en cas de necessité , par le desir qu'on a de le recevoir , accompagné d'une contrition parfaite. Or , quand je dis qu'aucun peché mortel commis après le baptême , n'est remis qu'en vertu du Sacrement , c'est parce que le voeu , la resolution ferme de recevoir la penitence ou le baptême , fait que ces Sacremens operent leur effet par eux-mêmes , dans ceux qui ne peuvent pas les recevoir. Ainsi c'est toûjours par la vertu de ces Sacremens , que les pechez sont remis ? La Tradition nous enseigne que le desir de recevoir le Sacrement de Penitence , accompagné d'une contrition parfaite , obtient la remission des pechez dans la necessité ; ça toûjours été la doctrine de l'Eglise , & c'est sur ce fondement , que quand un Penitent mouroit dans le cours de sa penitence , n'ayant pas encore reçu l'absolution , on avoit , & on a toûjours eu dans l'Eglise bonne opinion de son salut. On peut avoir recours à ce Sa crement toutes les fois qu'on se sent pecheur , quelques énormes ou quelques legers que soient les pechez. On peut le recevoir plusieurs fois , & y avoir recours toutes les fois qu'on en commet de nouveaux ; & on le doit. , si ce sont des pechez mortels. Il est bon & utile de s'en aprocher pour les pechez même veniels ; mais il n'est pas necessaire , parce qu'il y a d'autres moyens pour en obtenir la remission ; sçavoir , la seule contrition du coeur , la prie re , le jeûne , l'aumône , & les autres bonnes oeuvres. *Tiré des Theo logiens.*

L'idée que C'est une chose vraiment digne de larmes , que la puissance instituée pour délier les pecheurs, par un succès tout contraire, ferre plus fort leurs liens, que le benefice de la remission des crimes soit leur condamnation, que l'abfolution soit leur arrest de mort, que la clef laissée pour ouvrir le Ciel, leur en ferme la porte. C'est, sans doute, que nous n'en aprochons pas avec la reverence, la contrition, & toutes les preparations que demande ce mystere; ce défaut ne vient que de ce que nous ne nous representons pas assez vivement ce qu'elle est. A la prendre donc pour ce qu'elle est, vous la devez premierement considerer comme un Sacrement, ou autrement un signe honorable de Jesus-Christ, jugé de son Pere sur la Croix, comme portant tous les pechez du monde. Oüi, le Penitent prosterné aux pieds du Prestre, le represente paroissant comme criminel devant Dieu, portant nos pechez, il en fait un aveu, & une confession generale devant le Tribunal de son Pere, comme si lui seul qui néanmoins étoit incapable de peché, les eût tous commis; aussi bien le apelle-t-il par son Prophete ses pechez : *Longè à salute Psal. 21. mea verba delictorum meorum* ; & il a porté devant Dieu & devant les hommes cette incomparable humiliation, d'estre en la place de tous les sacrileges, idolâtres, apostats, adulteres, & en un mot de tous les hommes les plus criminels du monde; d'où il s'ensuit que tous les attentats, & toutes les impuretez pour lesquelles il s'est rendu une Hostie d'expiation, lui ont causé une extrême douleur en son cœur de tant d'outrages & de mépris faits à son Pere; c'est pour cela qu'il a voulu se soumettre au dernier de tous les suplices, & en a accepté la condamnation, non-seulement par l'ordre de Dieu son Pere; mais par le jugement même des hommes. *Tiré du livre intitulé : Les conduites de la Grace, par le Pere de saint Martin de la Porte.*

Le Penitent en sa confession, doit se rendre l'image veritable de Jesus-Christ, penitent & jugé pour nous; il faut que pour faire un vrai Sacrement, il se rende devant le Prestre son juge, tel que Jesus-Christ a été devant son Pere; il faut qu'il fasse une entiere accusation de tous ses pechez avec contrition, pour ressembler au Fils de Dieu humilié & contrit pour nos pechez, & qu'il se soumette à la peine qui lui sera ordonnée, comme une participation du suplice de la Croix. Avoir donc cette pensée là qu'on va exprimer en soi les sentimens qu'avoit Jesus Christ, touchant nos pechez en sa passion, envisageant l'arrest de mort prononcé contre Jesus-Christ, qui s'étoit chargé de nos crimes, & que cette justice divine ne s'est jamais tenuë satisfaite des offenses qui avoient été commises contre elle, que par le sang & par la mort d'un Dieu; je dirai aussi-tôt, il faut bien maintenant que mes pechez tirent des larmes de mes yeux; puisqu'ils ont tiré tout le sang des veines de mon Sauveur, & que je sois bien fâché d'avoir offensé Dieu, voyant que Jesus-Christ s'en est affligé jusqu'à en estre abbatu de tristesse dans le jardin des Olives. Lorsque je considere que le Sauveur qui étoit l'innocence même, a bien voulu estre accusé comme coupable, estre condamné comme tel, & mourir comme le plus infame, & le plus criminel de tous les hommes, & cela à la vûë de tout le monde; pourrois-je avoir de la repugnance & de la difficulté à confesser à un homme qui tient la place de Dieu, que je suis pecheur, en lui découvrant mes crimes, ou plûtôt les cachant sous le sceau d'un secret qui ne se peut jamais publier. *Le même.*

X x iij

Il n'y a que les ennemis de l'Eglise qui nous ayent voulu priver de ce salutaire remede, suivant le témoignage de l'histoire Ecclesiastique & des Peres. Les Montanistes fermoient les portes de l'Eglise aux Penitens, comme s'ils avoient renoncé au Fils de Dieu. Novatus écrivit aux Eglises qui le reconnoissoient, qu'elles n'admissent point à la participation des saints Mysteres, ceux qui auroient sacrifié aux idoles, qu'on les devoit seulement exhorter à la penitence, sans leur donner aucune absolution, disant que les Prestres mêmes n'en avoient pas le pouvoir. Meletius, Evêque de la Thebaïde, n'admettoit personne à ce Sacrement, qu'après un long espace de tems, alleguant qu'il faut auparavant faire des fruits dignes de penitence. Arius, disciple de Novatus, étoit encore plus rigoureux, dogmatisant que ceux qui après le baptême commettoient l'espece de peché, que les saintes Ecritures apellent *peché à mort*, étoient indignes de la communion, & que les Prestres n'avoient pas le pouvoir de remettre ce peché ; mais qu'il n'y avoit que Dieu seul. *Institution catholique du Pere Coton.*

Il est aisé de montrer que la confession a été en usage devant S. Jerôme, & qu'elle a été pratiquée de tout tems dans l'Eglise, ce qui se voit non-seulement par l'Ecriture ; mais aussi par l'autorité irréfragable des Peres. Au cinquiéme livre des Nombres, il est écrit que Dieu parlant à Moïse, lui dit : *Quand l'homme ou la femme auront commis quelque peché selon la fragilité de la nature, & quand par negligence ils auront transgressé le commandement du Seigneur, ils confesseront leur peché.* Saint Matthieu nous dit, que *les habitans de Jerusalem, de toute la Judée, & de la contrée qui étoit aux environs du Jourdain étoient baptisez, confessans leurs pechez.* Saint Marc nous dit aussi, que *saint Jean baptisoit au desert, & préchoit le baptême de penitence, & remission des pechez, & tout le pais de Judée, & ceux de Jerusalem alloient vers lui, & étoient tous baptisez par lui, au fleuve du Jourdain, confessans leurs pechez.* Saint Basile se sert de ce passage pour prouver la Confession. Mais pour venir à la loi Evangelique, qui doutera que ce Sacrement ne soit le *ministere de reconciliation*, dont parle l'Apôtre, écrivant aux Corinthiens ; ensuite des paroles de nôtre Redempteur : *En verité, en verité je vous dis que ce que vous aurez lié sur la terre, il sera lié au Ciel, & que ce que vous aurez deli sur la terre, le sera pareillement dans le Ciel.* Qui pourra donc nier, que le Fils de Dieu n'ait donné le pouvoir de remettre les pechez, quand il dit à ses Apôtres : *Que la paix vous soit donnée ; comme mon Pere m'a envoyé, & soufflant sur eux, leur dit : recevez le Saint Esprit, les pechez que vous remettrez seront remis, ceux que vous retiendrez seront retenus ?* D'où le Concile de Trente tire cette conséquence, que les Successeurs des Apôtres ne pouvant connoître quels pechez ils doivent retenir, & ceux qu'ils doivent remettre si ce n'est par la confession de celui qui les a commis, le pecheur est obligé de manifester sa conscience, & de découvrir sa lepre au Prestre, afin qu'il puisse prononcer sur lui la sentence de son jugement ; car il faut que ce procès soit vuidé devant Dieu par l'entremise des Prestres, sans crainte de revelation. *Le même.*

N'est ce pas veritablement une chose digne de larmes, que la puissance constituée pour délier les pecheurs, par un effet tout oposé aux vûes du Fils de Dieu, serre plus fort leurs liens, & rende leurs maux encore plus in

Les heretiques qui ont voulu nous priver du Sacrement de confession.

L'usage de la confession est trés ancien.

c. 3

c. 1.

2 Cor. 14.

C'est une chose deplorable.de nous rendre plus

rables, par le remede même établi pour les guerir! Que le bienfait de la
miſſion des pechez, ſoit par l'abus qu'on en fait, pour eux une plus gran-
condamnation, que l'abſolution qu'ils reçoivent ſoit leur arreſt de mort,
que la Clef miſe entre les mains du Preſtre, pour ouvrir le Ciel, leur en
ꝼme la porte! Cela vient de ce que nous n'aprochons pas du Tribunal de
Penitence, avec la contrition, la reverence, & les preparations que de-
ꝼande ce grand Sacrement. *Le P. Gibieu de l'Oratoire.*

Un penitent, dans ſa confeſſion, ſe doit rendre l'image de Jeſus-Chriſt
ꝼnitent, & jugé pour nous; & ſe ſoûmettre à la peine qui lui ſera ordon-
ꝼe, comme à une participation du ſuplice de la Croix. Il doit exprimer en
ꝼi les mêmes ſentimens de ſes pechez, qu'avoit le Sauveur au tems de ſa
ꝼſſion. Et certes, il eſt bien juſte que nos crimes tirent des larmes de nos
ꝼux, puiſqu'ils ont tiré tout le Sang des veines du Sauveur. Nous devons
ꝼrs ſur-tout eſtre penetrez de douleur d'avoir offenſé Dieu, voyant que
ꝼtre Redempteur s'en eſt affligé, juſqu'à eſtre abattu de triſteſſe dans le
ꝼdin des Olives. C'eſt dans ce tems, ſur-tout, que nous devons pleurer nos
ꝼchez avec le Fils de Dieu, nous en affliger avec lui, & unir nôtre contri-
ꝼn & nôtre douleur à celle qu'il conçût lui-même de nos deſordres.... De
ꝼus, conſiderant que le Sauveur, qui eſt l'innocence même, a bien voulu
ꝼre accuſé comme coupable, eſtre condamné comme tel, & mourir ſur un
ꝼbet, comme le plus infame, & le plus criminel de tous les hommes; &
ꝼa, à la vûë de tout le monde: pouvons-nous avoir de la répugnance, &
ꝼuver de la difficulté à confeſſer à un homme, qui tient la place de Dieu
ꝼême, que nous ſommes pecheurs, lui découvrir nos crimes, ou plûtôt
ꝼ cacher ſous le ſceau d'un ſecret, qui ne ſe peut jamais publier? Com-
ꝼent pouvons-nous trouver de la repugnance à ſatisfaire à la juſtice d'un
ꝼieu offenſé par nos deſordres, que nous avons pleurez par la contrition,
ꝼe nous avons avoüez par la confeſſion; après que le Sauveur, qui étoit lui-
ꝼême offenſé, a bien voulu s'expoſer à une mort cruelle & infame, ſatisfai-
ꝼnt par là ſi exactement & ſi pleinement pour nos crimes? *Le P. Gibieu de*
Oratoire.

Saint Baſile, dans ſes regles, enſeigne que comme dans les maladies du
ꝼrps, on s'adreſſe à ceux qui les peuvent guerir; de même auſſi, pour la gueriſon
ꝼs fautes, qui ſont les bleſſures de l'ame, il faut avoir recours à ceux qui
ꝼt le pouvoir de remettre les pechez; c'eſt ainſi qu'il s'en explique: *il faut*
ꝼ-il, neceſſairement confeſſer ſes pechez à ceux qui ont reçu l'adminiſtration
ꝼs Sacremens, ſuivant la pratique de nos anceſtres; & ce qui eſt écrit
ꝼns l'Evangile, que l'on confeſſoit les pechez à ſaint Jean-Baptiſte, comme
ꝼn faiſoit auſſi aux Apôtres. Saint Gregoire de Nyſſe, dit dans une de ſes
ꝼaiſons: *Prenez le Prêtre comme vôtre pere, afin qu'il participe & s'aſſocie*
ꝼvec vous dans vos afflictions, &c. Montrez-lui hardiment ce que vous ſavez
ꝼ caché, découvrez-lui les ſecrets de vôtre cœur, comme vous découvri-
ꝼez une playe cachée au Medecin; il ménagera vôtre honneur & vôtre ſan-
ꝼ. Saint Jean Chryſoſtome traite ſouvent de la penitence & des gemiſſemens
ꝼui doivent ſuivre le peché. *Si le pecheur,* dit-il, *veut avoir recours à la*
ꝼonfeſſion de ſes pechez, qu'il montre ſa bleſſure au medecin établi pour la guerir,
ꝼ pour recevoir de lui les remedes, parlant à lui ſeul, ſans temoin, & lui de-

Marginal notes:

criminels, par le peu de diſpoſition que nous apportons à ce Tribunal.

Au Tribunal de la penitence, nous devons ce priꝼ mer en nous l'image du Sauveur ſouffrant, & mourant pour nous.

Les autoritez des SS. Peres ſur le Sacrement de confeſſion.

Greg. Nyſſen, oratione ad eos qui durius & acerbius alios judizant.

S. Chryſoſt. in Geneſim homil. 20.

clarant le tout avec diligence. C'est par ce moyen qu'il se corrigera aisémemt de ses fautes, attendu que la confession est une abolition des pechez passez. En sa trentiéme Homelie, il traite de la diligente & sincere confession que

Idem.hom.33. in Joan.

les chrétiens doivent faire. Et en la trente-troisiéme, sur saint Jean, il dit: *En confessant les pechez que nous avons commis, il ne faut point que nous ayons honte de personne ; mais il faut seulement que nous redoutions nôtre Dieu.* E

Idem. lib.2.de Sacerdotio.

au livre second du Sacerdoce. Il faut, dit-il, user de beaucoup d'industri pour engager les pecheurs à se persuader volontiers qu'ils sont obligez de f soumettre à la guerison des Prestres. *Institution catholique du Per Coton.*

Temoignage de Tertul- lien sur la confession.

c. 10.

Tertullien, entre plusieurs sentences prononcées sur le sujet de la Peniten ce, & confession des pechez, dit au chapitre huitiéme, la confession diminu autant le peché, que la dissimulation le noircit & l'augmente ; & peu après il blâme ceux qui par la honte qu'ils ont de leurs pechez, les celent ou le dissimulent : *Vaut-il mieux*, dit-il, *être damné en cachant son peché, que d'e être absous en le découvrant ; c'est une chose deplorable de se presenter à la con fession de cette maniere.* Et au chapitre douziéme, reprenant ceux qui negli gent ou qui different la confession, veu qu'après le baptême nous avons en core ce remede si facile, qu'en montrant la playe avec douleur, elle e guerie, confessant la dette, elle est remise ; accusant sa faute, elle est excu sée : *Pourquoi*, dit-il, *abandonnez-vous vôtre salut ? Pourquoi differez-vous prendre ce qui vous sert de medecine.* Les animaux irraisonnables reconnoi sent dans l'occasion les remedes que Dieu leur a donné ; lorsque le Cerf reçu quelque coup, il sçait qu'il faut avoir recours au Dictame, pour fair sortir au plûtôt le fer de sa playe, de crainte qu'en le laissant trop long-tems elle ne devienne incurable ; & le pecheur, qui sçait que Dieu a institué l confession, afin de le purifier, la negligera ? *Institution catholique du Pe Coton.*

Sentiment de St. Ambroise sur le Sacre- ment de con- fession.

S.Amb.l.1.de Pœnit.c.2.

Saint Ambroise, au premier livre de la Penitence, disputant contre l Novatiens, ennemis jurez de la Confession sacerdotale, repond à ceux qu se veulent confesser à Dieu seul, en ces termes : *Mais ils disent qu'ils déf rent cet honneur à Dieu, auquel seul ils reservent le pouvoir de remettre les p chez ; & c'est au contraire, car personne ne lui fait plus grand tort, que ceu qui veulent violer ses Commandemens, & rejetter la charge qui a été commi aux Prêtres ; car Nôtre Seigneur ayant dit de sa propre bouche dans l'Evangil recevez le Saint-Esprit, ceux à qui vous remettrez les pechez, ils leur seror remis, & ceux à qui vous les retiendrez, ils leur seront retenus ; qui est-ce q l'honore plus, ou celui qui obéit à ses commandemens, ou celui qui leur resiste L'Eglise garde l'obéissance en l'un & en l'autre, soit à lier le peché ou à le delie l'heresie, au contraire, impitoyable à l'un, & desobéissant en l'autre, veut li ce qu'elle ne delie point, & ne veut pas delier, ce qu'elle aura lié. Et peu aprè ce droit appartient seulement aux Prêtres ; c'est pour cela que l'Eglise se l'a tribuë avec justice, ayant les vrais Prêtres ; ce que les heretiques ne peuvent fa re n'en ayant point.* Et ensuite il dit: *L'office du Prêtre est l'office du Sain Esprit ; or l'office du Saint-Esprit consiste à lier & delier les crimes.* Et au chap tre septiéme, *le Seigneur veut que ses Disciples ayent beaucoup de puissance, veut que ses serviteurs fassent en son nom, ce qu'il faisoit étant lui-même sur*

fort

erre, vous ferez, dit-il à ſes Apôtres, *des choſes plus grandes que celles-ci ;*
il leur a donné le pouvoir de reſſuſciter les morts, & pouvans lui même rendre
à Saül l'uſage de la vûë, il l'a neanmoins envoyé à ſon diſciple Ananias, afin
que par ſa benediction, il recouvrât la vûë, Saint Ambroiſe continuant encore ſa diſpute contre les Novatiens : *Pourquoi donc baptiſez-vous, leur dit il, ſi*
l'homme ne peut pas remettre les pechez. Qu'importe que les Preſtres s'attribuent
ce droit , par la penitence ou par le baptême, le même miniſtere n'eſt il pas
en l'un & en l'autre. *Inſtitution catholique du P. Coton.*

Saint Jerôme écrivant contre les Montaniſtes ; *il y a*, dit-il , *cette differen-* Sentimens &
ce entre eux & nous , qu'ils ont honte de confeſſer leurs pechez. Et dans ſon paſſages de S.
Epître ſoixante-cinquiéme , qu'il écrit à Pammachius , touchant les erreurs Jerôme ſur le
d'Origene , il montre clairement la neceſſité de la confeſſion , quand il écrit même ſujet.
que la *ſeconde planche après le naufrage, eſt de confeſſer ſimplement ſa faute.*
Et ſur la ſeptiéme de ſaint Matthieu , repon lant à ceux qui mediſent de l'autorité judiciaire de l'Egliſe , comme ſi elle étoit opoſée à celle de Dieu ; s'il
défend , dit-il , de juger , *pourquoi ſaint Paul a t-il jugé l'inceſtueux Corin-*
thien ; pourquoi ſaint Pierre a t-il repris le menſonge d'Ananie & de Saphire ?
Et ſur le ſeiziéme, *le Preſtre faiſant ſa charge, ayant entendu la verité des*
pechez, ſçait ce qui doit eſtre lié ou delié. Et ſur le dix huitiéme : *il a donné la*
puiſſance aux Apôtres, afin que ceux qui ſont condamnez par telles perſonnes,
ſçachent que la ſentence des hommes eſt confirmée par celle de Dieu ; & que to t
ce qui ſera lié en terre, ſera lié pareillement au Ciel. Inſtitution catholique
du Pere Coton.

Pour vous donner le moyen de faire une confeſſion qui vous ſoit avanta La co feſſion
geuſe , je vous en veux donner trois penſées qui la devroient toûjours pre- eſt inſtituée
ceder , 1°. Vous la devez aprehender & croire d'inſtitution divine. 2°. La de Dieu, c'eſt
la p emiere
reverer & recevoir comme un Sacrement qu'elle eſt. 3°. Vous en aprocher penſee que
comme de vôtre jugement. C'eſt pourquoi la premiere penſée que vous de- nous devons
vez en avoir , eſt qu'elle n'eſt point une invention d'un ſouverain Pontife, en avoir.
ou de la cervelle des hommes, elle eſt de droit divin, un Dieu ſeul en eſt
l'Auteur , en ſaint Jean chapitre 20 où il laiſſe à ſon Egliſe , en la perſonne des Apôtres, la puiſſance de remettre les pechez , afin que les pecheurs
fuſſent d'autant plus aſſurez de ſa miſericorde , s'ils venoient à ſe repentir ,
qu'il en a commis la diſpenſation & les clefs à leurs ſemblables : *Quorum*
remiſeritis peccata remittuntur eis, & quorum retinueritis, retenta ſunt. Je vous
donne la juriſdiction ſur les ames, & la puiſſance, & l'autorité de les abſoudre ou de les lier , vous aſſurant que les pechez que vous leur aurez remis en
terre , le ſeront au Ciel , & ceux que vous aurez retenus , demeureront tels
devant Dieu : *Sicut miſit me vivens Pater, & ego mitto vos.* Comme je ſuis
envoyé de mon Pere dans le monde pour delier les pechez , je vous envoye
faire la même fonction ; je vous communique la puiſſance que j'ai. Ces paroles font voir que leur communiquant la même puiſſance de remettre les pechez qu'il avoit reçûë de ſon Pere autant qu'ils en étoient capables ; il ne les
établit pas des ſimples herauts, qui declarent la reconciliation des pecheurs ,
& la remiſſion des pechez en tant qu'ils offenſent l'Egliſe, & rendent indignes de ſa communion viſible , comme l'entendent les heretiques ; mais il les
a commis & deputez comme de vrais juges, avec plein pouvoir & juriſdic-

tion de lier & délier, prononçans sentence d'absolution des pechez, en tant qu'ils rendent coupables devant Dieu ; je vous remets vos pechez, nous dit le Prestre ; & non pas, je vous dénonce que vos pechez vous font remis. Le Sauveur ne dit pas, ceux dont vous declarerez que leurs pechez font remis ; mais dont vous remettrez les pechez : c'est donc une erreur de dire qu'au Sacrement de Penitence, le Prestre ne remet pas le peché, mais qu'il declare seulement que Dieu l'a remis, & que de sa part il en impose la penitence ; parce que le Prestre n'a pas la vûë de mon interieur pour reconnoître si j'ai produit l'acte d'une veritable contrition, qui m'obtienne la grace, & n'a pas non plus l'entrée dans les conseils de Dieu, ni n'en a pas de revelation pour sçavoir s'il donne la grace ; comment donc peut-il faire la declaration de ce qu'il ignore ? D'ailleurs, pourquoi s'accuser de ses fautes devant un Prestre qui n'en seroit pas le juge ; si l'affaire de l'absolution ne se traitoit que devant les yeux de Dieu, qui voyent la contrition dans le fond de l'ame ; & si la grace se devoit obtenir immédiatement de sa bonté ? Certes, la confession ne seroit pas un Sacrement, puisqu'elle auroit un effet si foible, si peu probable, & d'une conséquence si legere que de declarer seulement la remission des pechez, & non pas de la conferer. *Le Pere de saint Martin de la Porte.*

Les Prêtres font établis les juges des consciences, c'est pourquoi on doit leur declarer tous les pechez.

Le Concile de Trente apelle les Prestres : *Judices supra tribunal conscientiæ.* Or, comme on ne juge point de ce qui est inconnu, ni on n'absoud pas juridiquement du crime dont on n'a point de connoissance ; il faut que pour l'équité de la sentence que le Prestre donne, il connoisse tous les pechez pour les absoudre ; & encore plus pour discerner ceux qu'ils doivent retenir ; il faut de necessité que nôtre mal lui soit découvert par nôtre propre accusation & confession, pour y apliquer le remede ; puisqu'autrement il ne peut pas deviner nôtre état interieur. C'est pourquoi ou le Prestre n'exercera pas la jurisdiction que le Fils de Dieu lui a donnée sur les pecheurs ; ou s'il l'exerce, les pecheurs sont obligez par le même droit divin qui a conferé cette jurisdiction au Prestre, de lui manifester par une pure & entiere confession l'état de leur ame, qui lui est caché, s'ils ne le découvrent eux-mêmes, comme il est écrit aux Actes des Apôtres ; que plusieurs des fideles alloient à S. Paul, & aux autres Disciples, confessans & annonçans leurs pechez : *Multi credentium veniebant confitentes, & annuntiantes actus suos ;* & comme porte la version Syriaque, *offensas suas,* leurs mauvaises actions & leurs offenses, & pour montrer que ce n'étoit pas une action confuse & generale, par laquelle ils se declaroient pecheurs sans détailler les especes, les circonstances, & le nombre de leurs offenses, comme disent les heretiques & les libertins ; mais une confession distincte, qui fasse connoître en quoi, comment, & combien de fois ils avoient offensé ; la même version porte, *numerantes offensas suas ;* ils faisoient le dénombrement de leurs pechez l'un après l'autre, & la suite du Texte le declare suffisamment, en ce qu'il est dit qu'en conséquence de cette confession, ceux qui auroient suivi les superstitions de la magie, & autres sciences curieuses & défenduës, aportoient leurs livres pour estre mis au feu : *Qui erant curiosa sectati, attulerunt libros, & combusserunt coram omnibus.* Le Pere de saint Martin de la Porte, dans son livre intitulé : *Les conduites de la grace.*

Act. Apost. 1, 19.

La maniere de confeſſer ſecretement ſes pechez à l'oreille d'un Preſtre, n'eſt pas directement déterminée par inſtitution divine, ni par conſéquent eſſentielle ou neceſſaire, abſolument parlant à ce Sacrement, non plus que ne l'eſt pas la confeſſion publique; puiſque le Concile de Trente aſſure que Jeſus-Chriſt ne l'a pas défenduë, ſi le penitent la veut faire volontairement & ſans contrainte; d'où il eſt conſtant que l'une & l'autre façon de ſe confeſ-ſer n'a pas été déterminée par le Concile d'inſtitution divine; mais que la ſubſtance de la confeſſion & de l'accuſation des pechez, ſoit qu'elle ſe faſſe publiquement ou en ſecret, eſt partie eſſentielle & neceſſaire à ce Sacrement, & qu'elle trouve directement ſon inſtitution dans ces paroles : *Quorum remi-ſeritis peccata, &c.* Cependant que la confeſſion particuliere ne ſoit pas di-rectement déterminée en cette inſtitution; elle l'eſt, ſans doute, indirecte-ment & en quelque façon, en ce que preſupoſée l'inſtitution divine de la confeſſion, la maniere de ſe confeſſer en ſecret, eſt la plus honnête, la plus ſainte, la plus convenable à la condition humaine, & la plus propre pour lever toutes les difficultez & ſcandales, qui pourroient ſe rencontrer ſi elle ne ſe faiſoit pas en ſecret. *Le P. de ſaint Martin de la Porte, dans ſon livre inti-tulé : Les conduites de la Grace.*

La confeſſion ſecrete eſt la plus conve-nable à la condition humaine.

Pour recevoir dignement le Sacrement de Penitence, il faut auparavant bien examiner ſa conſcience, & entrer dans le détail de tous les pechez, prin-cipalement de ceux que l'on commet par habitude; comme la colere, la mediſance, le reſſentiment; de conſiderer le mal que vous n'avez pas em-pêché d'eſtre fait chez vous, & le bien que vous avez omis de faire, com-me de reconcilier vos proches, de faire l'aumône dans la grande neceſſité des pauvres, de manquer à vos exercices ſpirituels par lâcheté, de détour-ner ou laiſſer tomber à terre une mediſance. Enſuite pour en concevoir une douleur veritable, & une contrition ſincere; vous vous propoſerez tous les motifs capables d'exciter en vous ce détachement actuel & interieur du peché, ſans lequel vos confeſſions ne valent rien. Ainſi vous regarderez & vous re-greterez vos pechez, comme des effets de la derniere ingratitude envers les bontez infinies que Dieu a pour vous, envers toutes les graces qu'il vous a faites, & tous les biens que vous en avez reçus; vous les deplorerez comme des outrages faits à ſa Majeſté ſuprême, comme un mépris de ſa grandeur, & comme une profanation de ſon ſang; vous jetterez les yeux ſur un Cruci-fix, & vous vous arreſterez à ces penſées : Voilà ce que mon peché a fait ſouf-frir à mon Jeſus! Voilà où l'amour qu'il me porte l'a reduit! Faut-il que j'aye offenſé un Dieu ſi aimable! Faut-il que je continuë de verſer ſon Sang! Faut-il que je ne me laſſe point de l'outrager, lui qui ne ſe laſſe point de me faire du bien! Ah, mon Dieu! que j'ai regret de vous avoir déplu! En ſe-cond lieu, vous vous confeſſerez avec ſincerité, en diſant tous les pechez, dont vous vous ſouvenez, & avec brieveté, n'y meſlant rien d'inutile, & marquant en peu de mots les circonſtances qu'il eſt neceſſaire d'exprimer, ſans faire des recits longs & inutiles, où ſouvent on fait plus connoître les défauts des autres que les ſiens propres; en quoi l'on fait mal, lors même qu'on penſe bien faire; & croyez que plus la declaration de vos pechez ſera breve, exacte, nette, & plus elle ſera parfaite; & pour la faire ainſi, ſou-venez-vous d'exprimer le nombre de vos pechez, autant que vous le pourrez.

Pratique pour ſe bien confeſſer.

de dire ſi vous les avez commis avec vûë & reflexion, & de marquer ſi vous vous y eſtes arreſté long-tems, ou ſeulement quelques momens; & ſi enfin vous y avez pleinement conſenti, ou ſi vous y avez ſeulement aporté quelque negligence à vous en retirer, & ne manquez jamais de dire ſi vos pechez ſont en matiere notable ou legere. En troiſiéme lieu, lorſque vous recevez l'abſolution, recueillez vôtre eſprit devant Dieu, renouvellez la douleur de vos pechez, & perſuadez-vous que c'eſt le Sang de Jeſus-Chriſt qui purifie vôtre ame, qui la conſacre, & qui lui imprime une force toute nouvelle pour ne plus pecher. En quatriéme lieu, après la confeſſion retirez-vous en particulier, mettez-vous en eſprit aux pieds de Jeſus crucifié, & le conſiderant tout couvert de playes & de ſang, expirer d'amour & de douleur pour vous. *Auteur moderne.*

De l'examen de conſcience pour ſe preparer à la confeſſion.

Pour ſe bien preparer à la confeſſion, il faut examiner ſa conſcience avec ſoin; c'eſt à-dire, qu'il faut travailler avec aplication à bien découvrir ſoi même l'état de ſon ame, pour pouvoir la faire connoître au Confeſſeur. Cet examen eſt ſi neceſſaire, que la confeſſion ſeroit nulle & ſacrilege, ſi l'on oublioit un ſeul peché mortel, faute de s'eſtre examiné avec ſoin. Mais cet examen ne doit pas aller juſqu'au ſcrupule. On doit aporter toute l'attention que mérite une affaire très-importante, & le tems qu'il faut y mettre doit ſe regler par le beſoin & par l'avis d'un Directeur éclairé. Or pour bien connoître l'état de nôtre ame, il faut, 1°. Implorer le ſecours & les lumieres du Saint-Eſprit; nous examiner ſur les pechez capitaux, ſur les vertus, ſur les Commandemens de Dieu & de l'Egliſe; en un mot, ſur les maximes de l'Evangile, & ſur tous les devoirs de la vie chrétienne. Car c'eſt tout cela que nous ſerons jugez un jour. Nous devons prevenir nous-mêmes le jugement de Jeſus-Chriſt, comme dit ſaint Paul. Nous devons nous examiner ſur les devoirs de nôtre état, ſur les pechez d'habitude, ſur les diſpoſitions qui dominent dans nôtre cœur; & afin que nous puiſſions plus facilement nous en ſouvenir, il faut penſer aux differens lieux, où nous nous ſommes trouvez, aux perſonnes que nous avons frequentées, aux emplois ou aux affaires qui nous ont occupez, à nos paſſions, inclinations & habitudes. En examinant ſa conſcience, il faut voir les pechez qu'on a commis par penſées, par paroles, par actions, par omiſſions; le nombre de tous les pechez mortels, les circonſtances qui les rendent plus ou moins griefs, les cauſes & les occaſions qui nous les ont fait commettre, les ſuites qu'ils ont eu, par raport à nous, ou aux autres; après s'eſtre examiné ſoigneuſement; il faut, 1°. Demander pardon à Dieu de tout ſon cœur des pechez dont on eſt coupable. 2°. Prendre une ferme réſolution de ne les plus commettre. 3°. Prendre les meſures & les précautions neceſſaires pour les expier & les éviter. *Tiré des Theologiens.*

Ce que doit faire le penitent qui ne peut pas ſe ſouvenir de tous les pechez qu'il a commis.

Si après s'eſtre bien examiné, on ne peut pas ſe ſouvenir de tous les pechez que l'on a commis, lors Dieu ne demande pas l'impoſſible. Il pardonne les pechez oubliez, comme ceux qu'on a declarez, quand l'oubli ne vient pas de nôtre faute. Et ſi l'on s'en ſouvient après, il faut s'en confeſſer à la premiere occaſion. Mais au contraire, ſi faute d'examen ou par honte ou par malice, on en avoit omis quelqu'un qui fût mortel, la confeſſion ſeroit nulle & ſacrilege, il faudroit la recommencer toute entiére, & faire penitence de ce ſacrilege. Lorſque l'on a oublié de declarer un peché mortel, parce qu'on ignoroit que c'en fût un, sa confession seroit bonne, si l'ignorance étoit venielle, ou entiérement excusable; mais si l'ignorance étoit, la confession seroit pour lors sacrilege. Or, on apelle une ignorance mortelle, quand c'est une ignorance grossiére & affectée des devoirs importans qu'on a dû & pû facilement sçavoir. Elle est venielle, quand elle n'est pas grossiére & affectée, ou quand ce qu'on ignore n'est pas fort important. Elle est entierement excusable, quand elle est absolument invincible. Or, le nombre de ceux qui vivent dans une ignorance criminelle, est fort grand, & on ne peut y penser sans fremir; car il y a peu de Chrétiens dans tous les états, qui ne vivent dans une ignorance criminelle de leurs obligations generales & particulieres. Il y en a peu par conséquent qui ne doivent craindre, pour leurs confessions, & leurs communions. *Tiré des Theologiens.*

Un penitent doit se confesser avec l'humiliation d'un criminel, qui sent le poids de ses crimes, qui s'en repent, & qui veut les expier. Car declarer ses pechez sans douleur & sans confusion, comme on raconteroit une histoire indifferente, les excuser ou les rejetter sur autrui contre la verité: Ne point recevoir avec soumission les ordres ou les avis d'un Confesseur éclairé, à qui on s'est adressé, c'est se confesser sans humilité. Outre cela il faut dire ses pechez comme on les connoît, sans les augmenter ni diminuer; & se representer au Confesseur tel qu'on croit estre aux yeux de Dieu. Or, se montrer autre qu'on n'est, ou enveloper tellement ses paroles qu'un Directeur ne puisse pas discerner l'état de nôtre ame; c'est manquer de simplicité dans la confession. C'est un défaut très commun, & c'est un grand peché; car c'est aller directement contre l'intention de Jesus-Christ, qui n'a ordonné la confession qu'afin qu'on se découvre au Prestre, tel qu'on est, & que le Prestre puisse juger sainement, & aporter les remedes convenables. Un Penitent doit encore declarer ses pechez en des termes honnestes, & ne point parler de ceux des autres sans necessité: je dis *sans necessité*; car il y a des occasions où il est necessaire de découvrir les fautes d'autrui; par exemple, quand vous ne pouvez absolument faire connoître vôtre crime dans toute son étenduë, & dans toute sa noirceur, sans découvrir le complice; quand la justice que vous devez à une personne, fait que vous ne pouvez, sans lui nuire, vous empêcher de découvrir le vrai coupable, &c. *Les mêmes.*

Il faut se confesser avec humilité, a. vec simplicité & avec prudence.

Il y a des gens, pour qui c'est une necessité de faire une confession generale, & y en a d'autres pour qui c'est une sage précaution. *C'est une necessité* pour ceux qui ne se sont jamais aprochez comme il faut du Sacrement de Penitence; ils ne peuvent rentrer en grace avec Dieu, que par une confession generale bien faite. C'est une sage précaution pour ceux qui doutent avec fondement de la validité de leurs confessions precedentes, ils peuvent les reparer par ce moyen. Il est avantageux pour ceux qui se confessent souvent, de faire quelquefois des confessions extraordinaires, où ils s'accusent en détail de tous les pechez qu'ils ont déja confessez, & dont ils ont reçu l'absolution; cette pratique de pieté est bonne & quelquefois necessaire, pour certaines personnes; elle est inutile, & quelquefois dangereuse pour d'autres. C'est au Confesseur à en juger, suivant les differentes circonstances. C'est pour ce-

Des confessions generales, de leurs utilitez & necessitez.

la , & pour une infinité d'autres raisons qu'il est d'une extrême importance d'avoir un Confesseur éclairé & prudent. *Les mêmes.*

Pourquoi la confession publique a été interdite.

Nous devons avoüer après le commun consentement de tous les siécles & la propre confession de ceux qui se sont séparez de l'Eglise , que la Penitence est un Sacrement , par lequel le Prestre , en vertu des clefs ; c'est-à-dire , du pouvoir qu'il a reçu de Dieu , pardonne les pechez que nous avons commis après le baptême , & n'oublions pas à reconnoître , sous peine d'extrême ingratitude , combien grande a été la misericorde de nôtre Redempteur , d'avoir laissé un remede si prompt & si facile à nos infirmitez. Avoüons aussi , qu'il est plus honneste & plus aisé de confesser son peché secrettement à un Prestre , Vicaire de Dieu , que de manifester & publier en pleine assemblée les fornications , les adulteres , les sacrileges , les homicides , & autre énormitez qui diffament le Penitent , & scandalisent l'Eglise ; c'est pour cette raison que la confession publique a été interdite , & la secrete commandé & retenuë. *Les mêmes.*

Les moyens pour faire une confession generale.

La Confession étant un Sacrement institué de Jesus-Christ , pour effacer les pechez des Chrétiens , & pour les remettre en grace avec Dieu , il n'y a point de doute , que c'est un moyen non-seulement utile ; mais necessaire pour aquerir la vertu & la sainteté , qui doit commencer par la purgation des pechez. Or , afin que ce moyen vous soit plus profitable , je vous conseille de commencer par une confession generale de toute vôtre vie , & cela pour trois raisons. Premierement , parce qu'il arrive quelquefois que les confessions precedentes ont été nulles ; comme lorsqu'on y a celé quelque peché mortel , ce qui n'arrive que trop aux jeunes gens , ou lorsqu'on s'est confessé sans preparation suffisante , sans regret de ses pechez , & sans resolution de s'en corriger. En ces deux cas la confession generale est necessaire. Secondement , quand on ne voit pas une évidente nullité dans les confessions precedentes , on peut avoir encore des raisons d'en douter , à cause de plusieurs défauts dont elles sont ordinairement remplies , par la negligence des Penitens , qui se confessent avec très-peu de preparation ; presque point de douleur , & souvent sans aucun amendement. La confession generale suplée à ces défauts , & met la conscience en assurance , quand elle est bien faite. Troisiémement , si elle ne vous est pas necessaire , elle vous sera toûjours très-profitable , par trois grandes utilitez que vous en recevrez : l'une à l'égard de vous-même ; l'autre de la part de vôtre Confesseur ; & la troisiéme du côté de Dieu. *Instruction de la Jeunesse , par M. Gobinet.*

Necessité de la confession frequente.

Quoique vous puissiez être quelque-tems sans tomber en peché mortel , néanmoins sans la confession fréquente , vous ne pouvez éviter quantité d'autres pechez , qui étant multipliez & negligez , conduisent au peché mortel. Outre cela , sans la confession fréquente , vous vous engagez insensiblement en beaucoup de mauvaises habitudes que vous ne croirez pas être telles, & vous tomberez en plusieurs occasions dangereuses , dont vous ne vous garderez pas , si vous n'en êtes averti. Or , vous ne le pouvez être , qu'en découvrant souvent vôtre conscience à un sage Confesseur , qui les remarquera , & vous avertira de les éviter. Enfin , il est impossible que vous demeuriez long-tems sans être attaqué de tentations , & principalement de celles qui combattent la chasteté. Or , je soutiens qu'il est impossible que vous y resistiez long-tems

ns la confeſſion fréquente. Faites tout ce que vous voudrez, ſi vous n'em-
oyez ſouvent ce remede, vous ſuccomberez infailliblement : l'experience
us le fera voir. Celui qui neglige le remede, tombera dans la maladie, &
la maladie dans la mort. *Le même.*

La confeſſion eſt un remede contre le peché : 1°. Parce qu'étant un Sa-
rement, elle donne des graces pour l'éviter. 2°. A cauſe qu'elle fait re-
nveller la déteſtation du peché, & la reſolution de ne le commettre ja-
ais. 3°. Parce que les remontrances que le Confeſſeur fait dans la confeſ-
n, reveillent le Penitent, & l'encouragent de nouveau à fuir le peché,
à être fidéle à Dieu. 4°. Parce que le Penitent declarant ſes tentations à ſon
onfeſſeur, reçoit de lui les moyens d'y reſiſter. Et même cette ſeule decla-
ion des tentations eſt un puiſſant remede pour les vaincre. *Le peché*, dit
nt Bernard, *eſt bien-tôt gueri, quand il eſt declaré ; mais il s'augmente par*
ſilence : ſi on le découvre, de grand il devient petit ; ſi on le cache, de petit il
vient grand. Le même.

La confeſſion fiequente, remede contre le peché, pour quatre raiſons.

S. Ber. de inter domo c. 17.

C'eſt une procedure qui nous eſt comme naturelle, de nous humilier dent ceux que nous avons offenſez, d'avoüer ingenuement nos fautes, afin
en obtenir le pardon ; parce que la violence & la confuſion que nous ſouf-
ns en cela, eſt une juſtice qu'on prend de ſoi-même, une eſpece d'amande-
norable qu'on fait à la perſonne offenſée. De même la confeſſion des pechez
ordonnée aux Chrétiens comme une ſatisfaction qu'on rend à Dieu aux
eds de ſon Lieutenant, en punition des pechez que l'on a commis, qui ſont
s entrepriſes manifeſtes contre ſa divine Majeſté ; c'eſt pourquoi il faut ſe
eſenter devant lui avec tremblement & reſpect. Ceux qui font enteriner
graces des Princes, ſe mettent en état comme criminels, on ne
mande pas le pardon d'une injure avec des paroles hardies & inſolentes,
ſſi eſt-ce une poſture fort peu convenable au Penitent de faire ſa confeſſion,
mme s'il racontoit quelque hiſtoire, & de porter une poitrine ouverte dans le
nfeſſional, comme on feroit dans une chambre, d'y être ſans componction,
ſans regret ; mais il faut témoigner à l'exterieur ſon état de penitent autant
'on le peut. Il faut donc conſiderer le Confeſſeur comme un juge établi ſur
tre conſcience ; mais comme il ne peut ſçavoir vos crimes, que par vôtre
opre depoſition, il faut rechercher exactement l'état de vôtre ame, & en
re l'examen, pour lui expoſer vos fautes, avec douleur de les avoir com-
s, pour en recevoir l'abſolution. Cet examen eſt neceſſaire tant pour la
uleur que pour l'integrité de la confeſſion, qui ſont les deux parties eſſen-
lles & neceſſaires à ce Sacrement. *Tiré du livre intitulé: Les conduites de la*
ace, par le P. de S. Martin de la Porte.

La confeſſion eſt un jugement.

On eſt obligé de confeſſer tous ſes pechez ; car ſi on en retenoit volontai-
ment quelqu'un, on augmenteroit ſes pechez, au lieu d'en recevoir l'ab-
ution & la grace. Or, cette omiſſion d'un peché mortel peut être volon-
re en deux façons. 1°. *In ſe*, en ſoi, quand directement, & de propos
liberé on ne le veut pas declarer. 2°. *In cauſâ*, en ſa cauſe, quand faute
s'examiner, on vient à omettre quelques pechez. En effet, vous voyez
s gens même des plus prudens, & des plus aviſez dans les affaires du
onde, qui ont paſſé une année entiere ſans ſe confeſſer, qui auront offenſé
eu mille fois en œuvre, dix mille fois en penſées, cent mille fois en

La neceſſité de declarer tous ſes pechez, demande une recherche & un examen particuliez.

paroles, les erreurs & les ignorances crasses auront tous les jours aveuglé leur entendement, les malices auront depravé leur volonté, l'oubli de Dieu & de ses graces auront égaré leur memoire, les envies, les haines, ou les vangeances auront envenimé leur cœur ; l'orgueil enflé leur esprit, les regards sales ou malins auront souillé leurs yeux, les mauvais discours infecté leurs oreilles, les maledictions, les blasphemes, les jugemens temeraires, les mensonges, les parjures auront sali leur langue, les dissolutions, les yvrogneries, les injustices, les fraudes, les rapines auront armé leurs mains contre le prochain, le libertinage leur aura été ordinaire, la luxure & les pollutions, auront infecté tout leur corps ; en un mot, ils porteront plus de pechez dans leurs ames, qu'ils n'ont de cheveux à la tête ; & après un an de délai vous les voyez malgré tout cela, venir le propre jour de Pâque, où un Confesseur accablé d'un grand nombre de penitens, n'a pas le tems de les bien reconnoître, joint à ce qu'ils se presentent devant lui sans avoir pris une seule heure pour s'examiner sur tous leurs desordres, c'est ce qui fait aussi qu'ils en oublient la moitié, par leurs negligences, vous en voyez même qui sont tout à-fait müets ; de sorte qu'il faut qu'un Confesseur süe & travaille pour deviner leurs fautes. *Tiré du livre intitulé : Les conduites de la Grace, par le P. de S. Martin de la Porte.*

Comment il faut s'examiner pour se preparer à la confession.

Il faut examiner avec soin, & declarer avec exactitude, 1°. Les pechez d'omission, comme sont tous ceux qui regardent vôtre emploi, vos devoirs & vos obligations. Un Chrétien est obligé au bon exemple, au détachement du monde, à la mortification de ses passions. Ce sont pour lui des moyens necessaires à son salut ; s'il y a manqué, il doit s'en confesser avec dessein de s'en corriger. Si les personnes mondaines s'examinoient bien sur ces devoirs essentiels à tout Chrétien ; elles ne trouveroient pas leur vie si innocente, comme elles font ; mais elles la regarderoient comme une vie toute criminelle, toute inutile & toute oposée à l'esprit & aux maximes du Christianisme. Un pere & une mere, un maître & une maîtresse sont obligez en conscience de veiller sur la conduite de leurs enfans, & de leurs domestiques, de prendre soin de leur salut, de ne point souffrir de déreglement & de desordre parmi eux, point de débauche, de jurement, d'excès ; s'ils manquent à ce devoir, ils doivent s'en confesser, & s'en corriger. Un mari, une femme, un juge, un marchand, un enfant, un domestique, chacun ses obligations ; on y manque souvent ; on s'en confesse peu, & on s'en corrige encore moins. Il ne suffit pas de vous accuser des medisances que vous avez faites ; c'est-à-dire, du mal secret & veritable que vous avez dit de vôtre prochain ; du bien d'autrui que vous avez pris, soit en prenant ce qui ne vous étoit pas dû, soit en ne payant pas ce que vous deviez ; & du peché d'impureté où vous êtes tombé de pensée, de desir, de parole ou d'action. Ne croyez pas, dis-je, qu'il suffise de vous confesser de ces pechez pour en obtenir le pardon devant Dieu, si vous n'êtes resolu de reparer vos medisances, de restituer le bien d'autrui, & de payer ce que vous devez, le plûtôt que vous le pourrez, & de quitter l'occasion prochaine du peché d'impureté, c'est-à-dire, de ne plus voir la personne qui vous donne occasion d'y tomber ; car sans cette resolution sincere & efficace, toutes vos confessions sont nulles & inutiles à vôtre salut. C'est pourquoi il importe à tous les Chrétiens de s'examiner s'examiner avant de s'aprocher du Tribunal de la Penitence ; & afin de ne rien oublier dans les confeſſions, tâchez de ne vous point confeſſer par coûtume, ſans douleur & ſans reſolution de vous corriger de vos défauts ; vous ſouvenant que c'eſt le Sang de Jeſus-Chriſt qui vous eſt apliqué dans le Sacrement de Penitence, & qui demande pour effacer vos pechez, que vous les déteſtiez ſincerement. Ne vous contentez donc pas de dire, ni de penſer que vous vous repentez de vos fautes, ou que vous voudriez bien en avoir de la douleur ; mais tâchez d'en former une douleur actuelle & ſincere dans vôtre cœur, ſoit par l'amour de ſa bonté, ſoit par la crainte de ſa juſtice, conſiderant les richeſſes & les bienfaits de l'une, & les menaces & les châtimens de l'autre. *Auteur moderne.*

C'eſt en cachant, & non pas en confeſſant ſon peché, qu'on ne peut éviter la confuſion ; puiſqu'au jour du jugement univerſel, Dieu revelera toutes ces turpitudes, tous ces adulteres, & déportemens lubriques qu'on aura caché au Prêtre, & les repreſentera à la face de tous les états du monde ; mais confiez tous vos pechez dans le ſein du Prêtre, ils demeureront pour toute une éternité couverts de Dieu : *Beati quorum tecta ſunt peccata.* C'eſt pourquoi le Confeſſeur eſt obligé de garder le ſecret ; car le Prêtre doit ſuivre & adorer les procedures de ſon Dieu en la confeſſion, & ne ſe peut jamais diſpenſer du ſecret de ſon penitent ; il eſt donc obligé d'oublier les moindres eſpeces des choſes qu'il a entenduës, & qu'il garde un ſilence perpetuel, ſous peine d'anatheme & de condamnation éternelle. Ce peché de perfidie & trahiſon ſacrilege ſeroit ſi grand, que premierement, il violeroit le droit naturel qui veut que la fidélité ſoit gardée entre les hommes ; il violeroit la juſtice, dérobant la renommée d'autrui, & la charité, ſcandaliſant ſon prochain en matiere ſi importante : mais de plus, il fouleroit aux pieds le droit divin, qui défend & ſurcharge cet attentat de revelation du ſceau d'un nouveau commandement, du ſecret qu'il a voulu être inſéparable de celui de la confeſſion, pour engager les fidéles avec plus de confiance, à l'uſage de ce Sacrement : Car qui oſeroit, je vous prie, donner la connoiſſance de tant de crimes énormes à un Prêtre, ſi cette bonté ineffable qui a toûjours de la compaſſion pour nos foibleſſes, n'avoit fermé la bouche à ſes Officiers, par un precepte ſi juſte & raiſonnable, ce qui tendroit à l'abolition de ce Sacrement, & par conſéquent à la ruine totale de la chrétienté ; car que ſeroit-ce de l'Egliſe, ſi y ayant tant de déteſtables pechez, elle venoit à être deſtituée du remede de la confeſſion, que feroit-on ? Que ne feroit on point ſous le pretexte du libertinage de ne ſe point confeſſer. Les Lutheriens en Allemagne, prierent un Empereur de leur rétablir par un Edit la Confeſſion, vû les deſordres qui s'étoient gliſſez entre eux depuis qu'ils n'en avoient plus l'uſage : Allez, leur dit-il, vous avez mépriſé l'ordonnance qu'un Dieu en a fait, vous mépriſerez encore bien plûtôt mon Edit. Le ſecret Sacramentel de la Confeſſion n'admet ni vie, ni mort, ni bien public pour autoriſer la revelation ; il a toûjours été inviolable en l'Egliſe, reçu ſous cette forme, & obſervée ſans exception, qui peut douter à preſent que Jeſus-Chriſt n'aye pas commandé aux Prêtres le ſecret de la Confeſſion, au peril même de leur vie ; puiſque ni la mort du Confeſſeur, ni l'interêt de ſon honneur, ni quelque neceſſité plus urgente qu'on ſçauroit aporter, n'ont rien de conſiderable ſi

Le ſecret inviolable que nous trouvons dans l'accuſation de nos pechez, doit ôter le ſcrupule & la honte que nous avons de les déclarer.

on les opofe aux biens qui reviennent à l'Eglife du **Sacrement de Penitence**, duquel depend le falut du genre humain , & dont les aproches feroient en horreur , & l'ufage bien-tôt aboli parmi les fidéles , au préjudice de toute la chrétienté , fans l'affurance infaillible du fecret. *Tiré du livre intitulé : Les conduites de la grace , par le P. de S. Martin de la Porte.*

Avis pour la confeſſion frequente.

Rien de plus ordinaire dans le monde , fur-tout parmi les hommes , que de fe confeffer rarement ; parce qu'on a beaucoup d'indifference pour fon falut ; un fort grand attachement au monde , qu'on a honte de declarer fes pechez tels qu'ils font , & qu'on n'eft pas bien refolu de quitter certains pechez d'habitude aufquels on eft engagé ; c'eft ce qui fait qu'on ne fe confeffe que rarement ; mais rien n'eft plus dangereux que l'éloignement de la confeſſion. 1°. Parce qu'on fe prive d'un remede neceſſaire à la guerifon des playes de fon ame. 2°. Qu'on neglige un moyen fi efficace pour effacer les pechez , & pour les éviter. 3°. Qu'on paffe prefque toute l'année & la vie entiere en état de peché mortel , & fans avoir aucun mérite pour le Ciel. 4°. Qu'on perd par fa faute les fecours & les graces que la confeſſion donne pour éviter le mal , & pour pratiquer le bien. C'eft pourquoi vous devez aprocher fouvent du Sacrement de la Penitence. Mais tâchez de n'en aprocher jamais qu'avec un cœur humilié & penitent ; c'eft-à-dire , avec une douleur fincere de vos pechez , & avec une forte refolution de vous en corriger , d'en éviter les occafions , & de prendre les moyens de n'y plus retomber : mais fouvenez vous qu'il n'eft point neceſſaire que vous fentiez la douleur de vos pechez,& qu'il fuffit que vous l'ayez;& pour vous éprouver là-deffus,demandez-vous à vous même,voudrois-je maintenant faire tel & tel peché que je vais confeffer ; & fi vous vous croyez refolu de l'éviter , croyez que vôtre contrition eft fincere. *Tiré des Exercites de la vie interieure du Pere Gonnelieu.*

Suite du même fujet.

Il faut declarer fes pechez avec humilité , netteté & brieveté , fans rien celer ni déguifer , ni excufer , du mal que vous avez fait ; mais auffi fans rien raconter d'inutile , où nommer perfonne , qui ait eu part à vôtre peché. 1°. Accufez-vous du motif qui vous a fait pecher , fi c'eft par reffentiment , par vanité , par refpect humain , que vous avez dit ou fait telle chofe. 2°. Marquez le nombre de vos pechez , s'ils font confiderables , autant que vous le pourrez faire , faites-en connoître l'habitude. 3°. Declarez-en l'infidelité , fi c'eft contre une vûë que vous avez peché , ou par furprife. 4°. Dites fi vôtre peché a donné du fcandale ; par exemple , fi vous avez dit du mal de vôtre prochain , ou tenu quelques difcours peu honnêtes devant une ou plufieurs perfonnes. 5°. Confeffez vous des circonftances qui peuvent ou changer l'efpece , ou augmenter la grieveté ; par exemple , une impureté ou un larcin confiderable dans l'Eglife eft un facrilege , & hors de l'Eglife , ce n'eft qu'un peché mortel ; une parole méprifante dite à un Pere ou à une Mere , eft plus confiderable que fi on l'avoit dite à quelque autre perfonne. Il ne faut pas non plus omettre de dire dans vos confeſſions , les pechez aufquels vous avez donné occafion. 1°. Par vos mauvais confeils. 2°. Par vos mauvais exemples. 3°. Par la complaifance lâche & criminelle que vous avez euë pour les pechez d'autrui ; comme pour les medifances , les difcours deshonnêtes , les vangeances , & les injuftices de vôtre prochain. 4°. Par la negligence que vous avez euë à reprendre & corriger ceux qui vous font inferieurs, & fur qui vous avez autorité : Car en ces quatre maniéres vous participez au peché d'autrui, & vous en estes coupables devant Dieu. *Tiré des Exercices de la vie interieure du P. Gonnelieu.*

De la penitence, comme vertu; necessité de la penitence, & de la faire sans délai.

La Penitence peut estre considerée ou comme une vertu, ou comme un Sacrement. La vertu de Penitence est une douleur & une détestation des pechez que l'on a commis, & une resolution de ne les plus commettre; mais de les punir. Le Sacrement de Penitence est un Sacrement institué par nôtre Seigneur Jesus-Christ, pour remettre les pechez commis après le baptême. Or, il y a de la difference entre le Sacrement de Penitence & la vertu de penitence. Car, 1°. La vertu de penitence est, & a toûjours été necessaire pour toutes sortes de pechez ; au lieu que le Sacrement de Penitence n'est en usage que depuis Jesus Christ, & n'est institué que pour les pechez commis après le baptême. 2°. Le Sacrement de Penitence supose la confession des pechez, la vertu de penitence ne la supose pas ; la vertu de penitence a toûjours été necessaire pour toutes sortes de pechez ; parce qu'il a toûjours été necessaire pour rentrer en grace avec Dieu, de detester ses pechez, de s'en repentir, d'avoir la resolution de ne les plus commettre, & de les punir ; ce qui s'apelle faire penitence, c'est ce qu'il est bon de faire sitôt qu'on se reconnoît pecheur, sans differer sa conversion, sans attendre au lendemain; car ceux qui attendent au tems de la maladie ou de la vieillesse pour faire penitence, & qui cependant vivent dans le crime, sont certainement des insensez & des aveugles. 1°. Parce que nous ignorons si nous irons jusqu'à la vieillesse. Nous pouvons mourir subitement. La maladie nous peut mettre hors d'état de reflechir sur rien. Presque tout le monde est surpris par la mort ; Jesus-Christ l'a prédit, & l'experience le fait voir chaque jour. 2°. La penitence qui ne commence qu'au tems de la maladie, n'est pas fondée, pour l'ordinaire, sur la conversion du cœur : C'est la seule crainte qui l'excite ; elle est par consequent ordinairement insuffisante, & presque toûjours fausse. 3°. C'est se moquer de Dieu, que d'attendre à se convertir, le tems auquel on ne peut plus pecher ; & Dieu se moque pour l'ordinaire, à son tour au tems de la mort d'un pecheur qui s'est moqué de lui pendant sa vie. 4°. L'Exemple d'Antiochus, raporté dans l'Ecriture, doit faire trembler tous les pecheurs, qui different à la mort leur conversion & leur penitence. Antiochus avoit vêcu comme un impie ; il s'étoit toûjours moqué de Dieu ; il avoit cruellement persecuté les Juifs ; il tomba malade, & prêt à mourir ; il rentra en lui-même ; il fit les plus belles resolutions du monde, s'il revenoit en santé ; il fit à Dieu les prieres en aparence les plus ferventes ; *mais ce scelerat*, dit l'Ecriture, *prioit le Seigneur de qui il ne devoit pas obtenir misericorde. Orabat autem hic scelestus Dominum à quo non esset misericordiam consecuturus.* Dieu menace de la même punition tous les pecheurs qui attendent l'heure de la mort pour se convertir ; cependant il ne faut pas pour cela, que les pecheurs qui ne se sont point convertis, se desesperent à l'article de la mort ; car Dieu peut faire alors en leur faveur un miracle semblable à celui qu'il fit en faveur du bon Larron sur la croix ; mais ils ne doivent pas aussi se flatter de ce miracle, il est unique dans l'Ecriture. *Tiré des Theologiens.*

Z z ij

De la contri-
tion & des
conditions
qu'elle doit
avoir.

La premiere chofe que doit faire un pecheur qui veut avoir recours au Sacrement de Penitence, il doit avoir une contrition fincere de fes pechez, qui n'eft autre chofe qu'une douleur de l'ame, & une deteftation des pechez qu'on a commis, avec refolution de ne plus pecher à l'avenir. Or, cette contrition doit être interieure, furnaturelle, fouveraine & univerfelle. Cette douleur doit être interieure; c'eft-à-dire, qu'il faut la reffentir dans le fond du cœur, & ne pas fe contenter de reciter du bout des levres un acte de Contrition; c'eft le cœur qui eft le principe de tous les pechez. Ainfi c'eft le cœur qu'on doit brifer; c'eft du fond du cœur que doit partir la converfion. La contrition doit être furnaturelle; c'eft-à-dire, qu'elle doit être excitée par la foi, & par un mouvement du Saint-Efprit, & non pas par aucun motif naturel. Deux exemples peuvent rendre cette reponfe fenfible. Un homme qui pleure fon péché à caufe de la honte, & du châtiment qu'il en reçoit aux yeux des hommes, n'a qu'une douleur naturelle. Un homme qui a de la douleur de fon péché, parce que ce peché déplaît à Dieu, qu'il l'exclut du Paradis, & lui fait meriter l'enfer a une douleur furnaturelle. La douleur doit être fouveraine; c'eft à dire, qu'elle doit être plus grande qu'aucune autre douleur, que nous puiffions jamais reffentir. Le bien que le peché nous fait perdre, eft le plus grand de tous les biens; le mal qu'il nous procure eft le plus grand de tous les maux. Il eft jufte que la douleur que nous reffentons de ce malheur, foit la plus grande de toutes les douleurs. Mais il n'eft pas neceffaire pour cela, que cette douleur foit fenfible: ce n'eft pas par la fenfibilité qu'il en faut juger. On a une douleur fouveraine, quand on eft plus fâché d'avoir offenfé Dieu, que d'avoir perdu ce qu'on avoit de plus cher au monde; qu'on prefere Dieu à tout, & qu'on eft difpofé à facrifier toutes chofes, & même fa vie, plûtôt que d'offenfer Dieu, comme Jefus-Chrift l'ordonne. Enfin, la douleur doit eftre univerfelle; c'eft-à-dire, qu'il faut détefter univerfellement tous les pechez qu'on a commis, fans en excepter un feul. Si l'on confervoit encore un attachement dominant pour quelque peché, pour quelque créature, le retour vers Dieu ne feroit pas entier; on feroit toûjours pecheur volontaire, & par conféquent ennemi de Dieu. Mais c'eft le Saint-Efprit qui forme en nous cette contrition, parce qu'il n'y a que lui feul qui puiffe amollir la dureté de nôtre cœur; nous faire haïr le peché, & aimer la vertu, nous faire gemir devant Dieu de nos iniquitez. Or, eftre dans ces difpofitions, c'eft ce qu'on apelle avoir la contrition; & fi on veut l'obtenir, il faut la demander à Dieu à l'exemple de David; puifque nous ne fçaurions l'avoir de nous-mêmes, & qu'elle eft un don du Saint-Efprit. *Tiré des Theologiens.*

De la contri-
tion parfaite
& imparfaite.

Il y a de deux fortes de Contrition, l'une parfaite qu'on nomme fimplement Contrition; l'autre imparfaite que les Theologiens nomment attrition. La Contrition parfaite eft une douleur & une déteftation du peché, caufé par le mouvement d'une charité parfaite. L'attrition eft une douleur & une déteftation du peché, caufée ordinairement par la confideration de la difformité ou laideur du peché, ou par la crainte du châtiment, & qui a pour principe le Saint-Efprit qui n'habite pas encore dans un cœur, mais qui l'excite & le porte au bien, & par conféquent un amour de Dieu encore foible. La contrition parfaite reconcilie l'homme avec Dieu, avant même qu'il ait reçu ac-

uellement le Sacrement de Penitence , en vertu du defir de recevoir ce Sacrement. Si la douleur que cause l'attrition est accompagnée d'une volonté incere de ne plus pecher , & de l'esperance du pardon ; bien loin de rendre l'homme hypocrite & plus grand pecheur , elle le dispose à obtenir la grace de Dieu dans le Sacrement de Penitence. L'attrition ne peut pas elle-même , dans le Sacrement de Penitence , conduire le pecheur jusqu'à la justification. Elle est seulement une disposition à recevoir cette grace dans le Sacrement. La douleur des pechez conçûë par la crainte des peines , peut suffire pour obtenir la remission des pechez ; mais pour cela , il faut qu'elle soit accompagnée de la haine & détestation du peché , & par conséquent d'un commencement d'amour de Dieu , qui seul peut estre le principe de cette haine , dans ces dispositions elle ne suffit pas. Car Dieu ne remet les pechez , que quand le cœur est converti. La crainte des peines , quand elle est seule , commence à la verité la conversion ; elle y dispose , mais elle ne l'acheve pas , si elle n'est jointe à l'amour dominant de Dieu & de la justice ; parce qu'un cœur n'est converti , que quand il déteste sincerement son peché. Pour le détester , il faut aimer la justice , il faut par conséquent changer d'amour & d'affection. Or , la crainte seule n'opere pas ce changement. Un pecheur qui quitte le peché que parce qu'il craint de brûler éternellement , ne craint pas de pecher , dit saint Augustin , mais de brûler ; il pecheroit encore , s'il pouvoit le faire impunément. Il aime donc toûjours le peché. Ce n'est pas l'amour de la justice, mais la seule crainte des peines qui le fait agir. Par conséquent son cœur n'est pas encore converti & changé. Mais quoique la crainte seule ne change pas la disposition du cœur , elle fait cependant qu'on ne commet plus le crime , de peur d'en être puni ; & elle fait perdre ainsi peu à peu l'habitude de le commettre. Faisant perdre l'habitude du crime , elle éloigne les obstacles qui s'oposoient à faire entrer l'amour de Dieu dans le cœur. Ainsi elle dispose le cœur à la conversion. C'est pour cela que saint Augustin compare la crainte à une aiguille qui introduit le fil ou la soye dans une étoffe. La soye ne peut y entrer , si elle n'est introduite par l'aiguille ; ainsi l'amour de Dieu , qui convertit nôtre cœur , n'y est introduit que par la crainte des châtimens.
Tiré des Theologiens.

On ne peut pas suffisamment repondre à l'article precedent , en disant que Suite du même sujet. la Contrition enveloppant une resolution , & le vœu de se presenter au Sacrement de Penitence , en fait une partie ; & que par cette liaison ou raport au Sacrement , elle remet le peché ; & qu'il suffit que l'absolution soit instituée relativement à cette fin & à cet effet , quoiqu'il ne se confere jamais , & qu'il ne donne la grace qu'il contient sans la veritable & parfaite contrition. Ce n'est pas , dis-je , satisfaire raisonnablement ; puisqu'au sentiment & aux termes du Concile , l'efficace & la vertu principale de ce Sacrement consiste dans les paroles qui sont sa force , c'est ce qui fait qu'avant de les exprimer & de les prononcer , l'effet qui naît de la force & de la vertu que l'Auteur des Sacremens a imprimé dans celui de l'absolution , n'est jamais produit ; d'où il s'ensuit que la Contrition qui precede le Sacrement , & qui justifie une ame en la vûë & par le vœu qu'elle a du Sacrement , ne contribuë point du tout à la remission du peché , qui se fait par la vertu des clefs ; & qui vient , comme on dit , de l'œuvre du Sacrement ; mais elle remet le peché par la propre action & difposition de l'ame, ce qui fe faifoit avant l'inftitution du Sacrement. *Tiré du livre intitulé : Les conduites de la grace , par le P. de S. Martin de la Porte , Religieux Carme.*

La contrition parfaite n'eft point abfolument neceffaire pour recevoir l'abfolution

On peut dire que fi la Contrition parfaite étoit une difpofition abfolument neceffaire avant l'efficace du Sacrement , Nôtre-Seigneur n'auroit pourvû par l'inftitution de ce Sacrement , d'aucun remede qui nous rendît les moyens d'obtenir la remiffion de nos pechez plus faciles ; mais il nous auroit impofé une nouvelle charge ; puifque la remiffion de la faute precederoit la forme du Sacrement. D'ailleurs , fi la contrition étoit abfolument neceffaire , la plûpart des Chrétiens s'aprocheroient rarement du Sacrement de Penitence ; car ou ils penferont avoir cette Contrition , ou bien ils fe fentiront ne la pas avoir ; s'ils croyent en eftre en poffeffion , le Sacrement leur paroîtra inutile ; puifque la Contrition a d'elle-même la force d'obtenir la remiffion du peché ; s'ils peuvent trouver & prendre la fanté dans le miniftere & l'abfolution du Preftre , ils fe difpenferont d'aller à lui comme au Medecin , ils n'auront pas recours aux clefs de faint Pierre , fi Dieu même leur ouvre les portes du Ciel ; mais s'ils croyent n'eftre pas vraiment contrits , ils fçavent que le Sacrement ne leur fervira de rien , & que faute d'avoir la difpofition neceffaire , il ne leur conferera pas la grace ; c'eft ce qui fait qu'ils ne fe prefenteront point au Tribunal de la peniteace , dont il faut conclure que la feule attrition jointe avec le Sacrement , eft une difpofition fuffifante à la grace & à la converfion ; c'eft-à-dire , une attrition qui bleffe nos cœurs de douleur , & qui n'eft autre chofe qu'une déteftation efficace du peché conçûë dans l'ame par quelque motif furnaturel & relevé , qui ne pouvant d'abord contempler Dieu comme bonté fouveraine , le regarde du moins comme un juge inexorable , dont il aprehende les châtimens , & dont il efpere obtenir mifericorde ; il n'en faut pas davantage pour lui faire quitter l'affection au peché. A quoi j'ajoûte ici l'Oracle de la Faculté de Paris , qui en l'année 1658. a cenfuré la propofition qui avance que l'attrition n'eft pas fuffifante , & que la contrition eft abfolument neceffaire pour recevoir le Sacrement de l'abfolution , & a jugé que ces propofitions ne pouvoient fervir qu'à jetter les troubles dans les confciences , qu'elles étoient contraires à l'ufage & à la pratique de l'Eglife , & qu'elles diminuoient l'efficace du Sacrement , ce qui fait qu'elles les a condamnées de temerité & d'erreur. *Tiré du livre intitulé : Les conduites de la grace , par le Pere de faint Martin de la Perte , Religieux Carme.*

Que le ferme propos de ne plus retourner au peché, & de mieux faire à l'avenir, eft neceffaire à nôtre converfion.

Celui qui n'a pas la refolution efficace & déterminée de quitter fa mauvaife vie paffée , demeure dans la complaifance de fes pechez , & dans l'attache actuelle à fes mauvaifes habitudes ; & par conféquent il n'eft pas converti , & ne peut , en cet état , efperer aucune reconciliation avec lui. S'il a eu un veritable deplaifir de fes pechez , il eft impoffible qu'il retienne de la complaifance pour quelqu'un. Auffi le Sauveur , après avoir rendu la fanté aux malades , & leur avoir donné la remiffion de leurs pechez , les renvoyoit ordinairement avec ce petit mot d'avis : *Vade & noli amplius peccare , ne quid deterius tibi contingat.* Prenez garde de ne plus retourner au peché , de crainte qu'il ne vous arrive quelque chofe de pire ; la rechûte étant plus dangereufe que la maladie ; car fi fatan peut encore une fois trouver l'entrée ans le lieu d'où il eft forti , fes conquêtes lui feront d'autant plus honorables, que les places reconquifes augmentent la gloire , & le retour de ce mal- eureux conquerant , qui y exercera de nouvelles forces encore plus grandes. On ne peut pas defirer de preuves plus convainquantes fur cette matiere , que ce que nous en dit faint Pierre , dans fa feconde Lettre , où il éleve fi aut la neceffité de ce fervent propos , de ne plus commettre fes pechez , qu'à ceux , qui dans la connoiffance de Jefus-Chrift , ont une fois quitté les bominations du peché , & s'y engagent derechef ; il eût été beaucoup meil- eur de ne point connoître les voyes de la juftice , & vivre dans l'ignoran- e de fes obligations , qu'après en avoir reçû les lumieres , en méprifer la onduite : *Melius erat illis non cognofcere viam juftitiæ , quam poft agnitionem* 2. Petr. 2. *onverti ab ea quod illis traditum eft , mandato.* Tiré du livre intitulé: *Les conduites de la grace , par le Pere de faint Martin de la Porte , Religieux Carme.*

Du bon pro- pos fur les mauvaifes habitudes, & les occafions du peché.

Il ne fuffit pas de détefter les pechez que l'on a commis , il faut encore avoir la refolution de ne plus jamais en commettre ; cette refolution eft ne- ceffaire , parce que fans elle la douleur eft fauffe. On ne peut pas dire qu'on eft fâché d'avoir commis ce qu'on eft encore refolu de commettre : on ne peut connoître cette refolution que par les effets ; 1°. Par le changement de vie. 2°. Par l'effort qu'on fait pour fe corriger de fes mauvaifes habitudes. 3°. Par la fuite des occafions du peché. On doit entendre par les mauvaifes habitudes , une facilité de tomber en certains pechez , aufquels on s'eft ac- coûtumé : par exemple , à l'impureté , au jurement , à l'yvrognerie , à la me- difance , &c. Or , pour fe corriger des mauvaifes habitudes qu'on a contra- ctées , il faut veiller exactement fur foi même , prier beaucoup , & éviter toutes les occafions prochaines du peché ; nous fommes obligez de les éviter, car fans cela nous nous perdrons infailliblement : *Celui qui aime le peril , y perira* , dit le Saint-Efprit , furquoi il eft bon de remarquer qu'il y a de deux fortes d'occafions prochaines du peché , les unes font par elles-mêmes occa- fion de peché , les autres ne font occafion de peché , qu'eu égard à certaines circonftances , ou à la difpofition des perfonnes , 1°. Les figures ou peintu- res lafcives & indécentes , la lecture des mauvais livres , la fréquentation trop familiere de perfonnes de different fexe , l'affiftance au Bal , aux Come- dies , le jeu immoderé , &c. Toutes ces chofes font par elles-mêmes occafion de peché. 2°. Un juge , qui par ignorance , par crainte , par refpect humain n'eft pas en état de rendre la juftice , eft dans l'occafion prochaine du peché , tant qu'il garde fa charge. Un homme qui ne peut fe trouver dans des com- pagnies , honnêtes d'ailleurs , qu'il n'offenfe Dieu , eft dans l'occafion pro- chaine du peché , s'il ne les quitte , le négoce , la profeffion de Banquier , font une occafion prochaine de peché pour plufieurs , qui ne peuvent pas par leur mauvaife difpofition , exercer ces profeffions , fans commettre des ufu- res , des menfonges , des injuftices , ou d'autres pechez : ce font là des exem- ples d'occafion de peché de la feconde efpece. Il faut quitter ces occafions , fans cela il n'y a point de vraye contrition , quand même on devroit en fouf- frir quelque dommage confiderable ; car en ce cas là , il faut pratiquer ce que dit Jefus Chrift : *Si vôtre œil droit , fi vôtre main droite vous eft une occafion de chûte , arrachez vôtre œil , coupez vôtre main ; car il vaut mieux aller au*

Ciel n'ayant qu'un œil & qu'une main, que d'aller en enfer avec vos deux yeux & vos deux mains. Le sens de ces paroles est, que si une personne ou une chose qui nous toucheroit d'aussi près, ou qui nous seroit aussi chere & aussi necessaire que nôtre œil droit, ou nôtre main droite, nous est une occasion de chûte & de peché, nous devons nous en séparer, si nous voulons éviter l'enfer. *Tiré des Theologiens.*

Le propos que nous faisons de ne plus offenser Dieu, doit être inviolable. *Juaic. 3. 11.*   Dans le propos present que nous faisons de ne plus offenser Dieu à l'avenir, il faut imiter ce juge d'Israël Jephté, qui ayant promis à Dieu de lui sacrifier la premiere chose qu'il rencontreroit, s'il gagnoit la bataille; venant à rencontrer sa fille qui étoit tout son cœur, il leva les yeux au Ciel, il dit: Il n'importe, quoique ce soit m'arracher la vie, que d'immoler toutes mes plus cheres délices, qui étoient renfermez en ma fille, j'en ferai un sacrifice à Dieu, puisque je lui ai ainsi promis: *Os meum aperui ad Dominum, & jam aliud facere non possum.* Il faut malgré toutes les revoltes de la nature, que m'aquitte de ma promesse. De même ayant triomphé de vos ennemis par la contrition & le bon propos que vous avez fait de renoncer à ce plaisir, à cet objet, pour l'amour de Dieu; fut-ce vôtre fille, c'est à dire, cette passion que vous idolâtriez si fort, cette creature pour laquelle vous avez un tel attachement: dites, quand l'occasion se presente d'offenser Dieu: *Os meum aperui ad Dominum, & jam aliud facere non possum.* J'ai engagé ma parole à mon Dieu, comment oserois-je paroître devant sa Majesté, si je lui allois à present refuser mes devoirs; ce seroit lui manquer de parole. Non, mon Dieu, je vous le proteste; ma volonté ne sera jamais autre, que de vous servir, & de vous plaire. Je renonce pleinement à toutes ces malheureuses suggestions de l'ennemi, qui s'efforce de me détourner de vôtre service. *Traité de conduites de la grace, du Pere Antoine de saint Martin de la Porte, Religieux Carme.*

Combien est douteuse la penitence qu'on ne fait qu'à la mort.   Le pecheur compte de faire une bonne confession à la mort; mais le pourra-t-il? Il faut commencer par une recherche exacte de ses pechez: quel embarras! quel cahos à démêler! Pensées, desirs, actions, à quoi il n'a peut être jamais reflechi depuis tant d'années qu'il est dans le desordre; il faut tout rapeller en ce moment, particulierement ces pechez de scandale & d'injustice qui doivent être indispensablement reparez. La difficulté de rendre ce compte au Ministre de Jesus-Christ, paroissoit insurmontable au pecheur, dans les jours même de santé; la surmontera-t-il dans le tems qu'il sera accablé de son mal? Mais la douleur de ses crimes, à laquelle l'absolution est attachée, l'aura-t-il, ce pecheur, aussi sincere, aussi efficace, aussi absoluë, qu'il est necessaire? Cette douleur doit être surnaturelle, & depend de Dieu & de l'homme, de la grace & de nôtre cooperation. Or, une grace qui enleve le pecheur à d'anciennes & de violentes attaches; une grace aussi speciale, aussi décisive, lui est-elle promise au lit de la mort? L'Ecriture, au contraire, ne lui en annonce-t-elle pas le refus? *In interitu vestro ridebo.* Ainsi, dans les regles ordinaires, le pecheur qui rejette sa conversion au dernier moment, n'a gueres lieu de compter sur la divine misericorde. *Le P. Segneri, dans ses Meditations.*   *Proverb. 1.*

Qu'est ce que la Penitence   La penitence est une détestation du peché, c'est faire un serment solemnel de prendre vangeance de nous-mêmes, c'est dénoncer à Dieu la qualité nos crimes , avec une ferme refolution d'y fatisfaire de tout nôtre poffible , neceffaire à la converfion du pecheur. en proteftant une averfion immortelle , non-feulement au peché , mais enco- re aux lieux & aux occafions où nous l'avons commis. Or , il y a deux for- tes de penitences , ou déteftations des pechez , lefquelles procurent au pecheur fa réconciliation & fa juftification auprès de Dieu ; l'une comme vertu , & l'autre comme Sacrement ; mais l'une & l'autre entre , quoique differem- ment dans la confeffion. La Contrition eft neceffaire pour le Sacrement de Penitence ; c'eft pourquoi les Theologiens nous enfeignent que c'eft une douleur intérieure & raifonnable , que l'ame conçoit de tous fes pechez en vûë d'un Dieu fouverainement aimable , avec un ferme propos de ne le plus offenfer. Sa définition commence par ce terme de douleur , qui ne veut dire autre chofe qu'un repentir , ou déplaifir que l'on a dans le cœur , de fes pe- chez ; & comme c'eft au cœur que le peché a été conçû & formé , par une volupté defordonnée , il faut auffi que ce foit dans le cœur qu'il foit détruit par une jufte douleur , que Dieu demande de nôtre offenfe , pour en obtenir le pardon. Mais , je vous prie , de faire attention à ce que Dieu exige pour vôtre converfion , & pour vous délivrer de l'enfer que vous avez merité ; ver- fez une larme de contrition ; c'eft-à-dire , concevez un regret de l'avoir of- fenfé ; il fe tient fatisfait pour la faute , & la peine éternelle. Ô Dieu ! que vous êtes facile à pardonner ; & qu'il eft aifé de vous contenter ! Qu'un re- noncement à nos volontez & une retractation de nos fautes paffées , qu'un regret foit toute la démarche qu'il faut faire , fi nous voulons nous convertir. *Tiré du livre intitulé* : Les conduites de la grace , par le P. de S. *Martin de la Porte , Religieux Carme.*

C'eft ici , que je veux ôter le fcrupule de tant de bonnes ames , qui font Le moyen de fçavoir fi l'on a une veritable contri- tion. ordinairement en peine de fçavoir , fi leurs contritions font bonnes & vala- bles , fi elles ont autant de regret d'avoir offenfé Dieu , comme il eft necef- faire d'en avoir pour obtenir mifericorde ; je les affure , après les plus fameux Docteurs , qu'il n'eft point abfolument neceffaire d'avoir un regret de fes fautes le plus vehement , & le plus grand qu'il eft poffible. Le veritable dé- plaifir de fes fautes , que demande la converfion , n'eft nullement attaché à certaine mefure ; il fe conferve auffi bien dans le moins que dans le plus. C'eft à l'effence de la converfion , & non à fes differences ou à fes degrez , que l'Ecriture fainte promet le pardon des offenfes ; quand donc un pecheur ac- complit la condition que Dieu demande , qui eft qu'il fe convertiffe ; fi petite que foit la Contrition , elle aura toûjours , ou comme forme , ou comme derniere difpofition à la grace , une opofition effentielle , avec tous les pe- chez mortels ; cette raifon eft tirée du Concile de Trente. En effet , fi le moindre peché mortel prive une ame de la grace , & de tous les mérites qu'elle avoit ; par cette même raifon , il faut que la moindre contrition foit capable de nous redonner la grace , & de chaffer tous pechez mortels , pour énormes qu'ils puiffent être : *Non patitur exigua etiam pœnitentia amitti mer- cedem* , dit faint Chryfoftome. D'ailleurs , la Contrition eft un acte de vraye charité ; car aimant Dieu par-deffus tout ce qui eft aimable , quand même cet amour feroit foible , s'il eft veritable , nous fatisfaifons au precepte de l'a- mour de Dieu ; de forte qu'un acte de douleur , fi foible qu'il puiffe être , eft capable d'effacer tous les crimes. Saint Auguftin , c. 14. *de verâ & falsâ pœnitentiâ* ; & generalement tous les Peres difent, qu'il faut confiderer la qualité du crime, pour y proportionner la Penitence ; ce qu'il faut entendre de la remiſſion de la peine, & non pas de la faute ; pour l'expiation de laquelle, un ſeul acte ſuffit ſi relâché qu'il puiſſe être, quoique cependant, plus il eſt vigoureux, plus il procure de perfection à l'ame qui le produit. *Tiré du livre intitulé : Les conduites de la grace, par le P. de S. Martin de la Porte, Religieux Carme.*

La douleur & la deteſtation des pechez doit être raiſonnable & volontaire.

Comme il y a deux ſortes de pechez, l'originel & l'actuel, Dieu nous a donné auſſi deux ſortes d'eaux, qui ſont les larmes de la penitence pour les laver, comme le peché originel s'eſt contracté par la volonté d'autrui ; c'eſt pour cela qu'une eau étrangere ſuffit pour l'abolir au Sacrement de baptême ; mais le peché actuel, qui nous ſoüille, par l'aveu & le conſentement de nôtre propre volonté, demande une eau, qui ſoit tirée du cœur du pecheur, par la douleur volontaire ; mais pour calmer les conſciences timides, qui ne croiroient jamais avoir une veritable douleur d'avoir offenſé Dieu, s'ils n'en reſſentoient une triſteſſe ſenſible & extérieure, marquée par les ſanglots & les larmes, qui ſont très utiles, comme il a paru dans le Roi Prophete, dans ſaint Pierre & dans ſainte Magdeleine ; c'eſt ce que l'on voit aſſez ſouvent, attendu que le cœur ne peut s'empêcher d'envoyer quelquefois aux yeux la communication des mouvemens qu'il cache, & des playes qu'il reſſent : mais ſi nous ſommes tous obligez d'avoir de la douleur de nos pechez, nous ne ſommes pas pour cela obligez de la faire paroître, en jettant des larmes qui ſont ſouvent très-ſuſpectes, & ne partent pas toûjours du fond du cœur ; au lieu que ſouvent la volonté a une averſion extrême du peché, avec des yeux bien ſecs & ſteriles de larmes, qui ſont plûtôt des productions de la nature, que des ouvrages de la grace ; cette contrition & cette douleur doit être raiſonnable & volontaire, ſans qu'il ſoit neceſſaire, que les alterations ſenſibles du corps, comme les ſoupirs, & les pleurs ſe mettent de la partie. Si la Contrition doit être raiſonnable & volontaire, il eſt clair qu'elle ne depend nullement de la longueur du tems, & que ſa valeur ne ſe prend que de la diſpoſition de l'eſprit. La brieveté du tems, & l'extrêmité de l'heure derniere, ne font jamais refuſer le pardon à une ame, ſi elle le demande avec une contrition veritable, dit ſaint Cyprien : *Nec brevitas temporis, nec hora extremitas excludit à veniâ, ſi fuerit contritio vera.* Et la raiſon en eſt, qu'étant volontaire, ſon principe qui a une faculté ſpirituelle, agit en un inſtant. En quelque heure, c'eſt-à-dire, en quelque moment que gemira une ame, dit l'Ecriture, ſes pechez lui ſeront pardonnez. De ſorte que s'il eſt queſtion de vaincre tout l'enfer, nous le pouvons faire comme le fit David, avec trois ſyllabes : *peccavi*, j'ai peché ; en un inſtant, il eut une ſi vive atteinte de douleur pour ſon adultere & ſon homicide, que Dieu lui fit dire par ſon Prophete Nathan, qu'il les lui avoit pardonnez. *Tiré du livre intitulé : Les conduites de la grace, par le Pere de ſaint Martin de la Porte, Religieux Carme.*

Nous devons remercier le Sauveur, d'avoir ſatisfait pour nos dettes.

Le Seigneur exige-t-il trop de nous, lorſque pour nous pardonner nos fautes, il demande que nous les déteſtions, que nous les declarions à ſes Miniſtres, que nous nous ſoumettions à la penitence qu'ils nous enjoignent ? Remercions plûtôt le Sauveur de ce qu'il a ſatisfait pour nous, par ſes œures, qui font d'une valeur infinie ; car fans cela , que produiront tous nos regrets , tous nos gemiffemens , tous nos foupirs ? Ainfi lorfque nous difons au Pere celefte : Remettez-nous nos dettes ; ne nous imaginons pas lui demander peu de chofe. Le pardon qu'il nous accorde , ne nous coûte gueres, mais que n'a-t-il pas coûté à Jefus-Chrift ? Il l'a acheté au prix de fon Sang; Il s'eft donné lui-même , pour être le prix du rachat de tous les hommes. Mon Seigneur ! je ne puis plus foûtenir la vûë de mon ingratitude ; j'ai offenfé le meilleur de tous les Peres. Je fuis pourtant affez heureux dans mon malheur , pour trouver des motifs de confiance & de reffource , dans ce qui fait le fujet de ma douleur. En effet, puifque c'eft un Pere que j'ai offenfé, mes larmes ne fçauroient manquer de le flechir ; j'ofe donc vous dire , ô mon Dieu ! avec les fentimens de confufion & de confiance que m'infpire & mon peché , & vôtre mifericorde ; remettez-nous nos dettes. *Le P. Segneri , dans fes Meditations.*

1. *Timoth.*

Si la contrition parfaite étoit requife comme condition ou difpofition neceffaire , ce feroit nous impofer un joug bien pefant en la loi Evangelique, & de douce que nous la reprefente faint Jean , nous la rendre onereufe jufqu'à l'impoffible ; car quoi de plus rigoureux que d'une part obliger le pecheur au dénombrement fpécial de tous les crimes les plus cachez de fa confcience aux pieds d'un Prêtre , avec la violence que peut fouffrir la nature en ce genre d'accufation ; & de l'autre , vouloir encore tirer de lui cette contrition héroique , qui foit au-deffus du fang & de la chair , & qui paffe tous les fentimens pour ne s'arrêter que dans la vûë fimple d'une bonté fouverainement aimable. C'eft pourquoi cette même bonté infinie nous a laiffé en fon Eglife un Sacrement qui a la vertu en foi d'annoblir & de rechauffer nos attritions, de maniere que quoiqu'elles foient féparées de ce Sacrement , elles ne puiffent d'elles-mêmes nous conduire à la juftification ; cependant étant jointes à ce divin myftere , elles attirent cet efprit du Ciel qui les fait concourir en qualité de partie effentielle , pour faire du pecheur penitent un homme tout à Dieu. *Tiré du livre intitulé : Les conduites de la grace , par le P. de S. Martin de la Porte , Religieux Carme.*

Comme l'attrition fuffit avec le Sacrement.

Le Concile de Trente parlant de la Contrition imparfaite , dit que quoique fans le Sacrement , elle ne fuffife pas d'elle-même pour mettre le pecheur en l'état de juftification , elle le difpofe néanmoins à la recevoir dans le Sacrement ; paroles qui marquent affez clairement l'efficace qu'a la vertu & le Sacrement de Penitence , de juftifier par lui-même une ame pechereffe, s'il trouvoit en elle la difpofition d'une entiére & furnaturelle attrition. Il dit qu'elle ne peut pas de foi , & de fon propre fond difpofer une ame criminelle à fa juftification ; & il ajoûte qu'elle le peut à la faveur du Sacrement : n'eft-ce donc pas clairement & nettement nous inftruire que ce Sacrement a de foi , & de fon inftitution , la force de conferer la grace juftifiante à un fujet qu'il rencontre difpofé par la feule attrition ? Il eft l'un des Sacremens des morts avec le baptême qui eft l'autre , il a donc de fon inftitution & de fes propres forces le pouvoir de conferer la grace expulfive du peché mortel ; il ne demande donc pas pour fon efficace & fon action de trouver ou de fuppofer le peché déja remis & pardonné ; autrement il ne feroit jamais l'effet pour lequel il eft ordonné. Le Sacrement donc ne demande nullement

La contrition imparfaite difpofe le pecheur à la juftification.

la contrition préalable comme difposition neceffaire à fon action , autrement il la fupoferoit toûjours , & les pechez remis par fa vertu, contre ce que les Theologiens enfeignent de la puiffance des clefs, qui ne s'étend pas feulement à declarer un criminel abfous , mais encore à remettre & à abfoudre fon crime. *Tiré du livre intitulé : Les conduites de la grace , par le P. de S. Martin de la Porte , Religieux Carme.*

De la fatisfa-Ction enjointe par le confeffeur. Il eft bien certain que fi Dieu par fa bonté ne condefcendoit à quelque forte d'accommodement & de remife de fes droits , jamais les hommes ne pourroient fatisfaire à fa juftice , pour leurs pechez commis : car de l'infini offenfé au criminel fini , il n'y a point de proportion , & là où les puiffances font fouveraines , les pouvoirs qui font bornez , ne peuvent pas les reconnoître fuivant leur autorité : c'eft pourquoi Dieu connoiffant que nous fommes de nous-mêmes trop infolvables , accepte les efforts de nos foibleffes pour l'amende-honorable que nous faifons à fa juftice , & les exige de nous dans le Sacrement de Penitence , lequel étant établi dans l'Eglife en forme de jugement , demande qu'en échange des peines éternelles , les officiers qui prononcent les arrêts au for de la confcience , foient auffi juges arbitraires pour taxer les peines temporelles dûës aux pechez. Car comme dans les pratiques du droit civil , quoique le Prince faffe grace à un criminel , c'eft pourtant toûjours avec cette claufe , de fatisfaire à la partie lefée , ce qui ne diminuë pas pour cela fa liberalité ; de même auffi la grace ne laiffera pas d'être entiere & parfaite , quant à la faute , & quant à la peine éternelle , quoiqu'après l'abfolution même du Prêtre , Dieu exige de nous ces fatisfactions pour nous fervir de marque juridique , en nous faifant reffentir quelque peine pour le payement de nos fautes , & pour faire raifon à Dieu , & vanger fes **Tome 9 Tract. 124 in Joan. 6. 21.** iujures. Il le falloit ainfi , dit admirablement bien faint Auguftin : *Ne parva putaretur culpa , fi cum illà finiretur & pœna.* Parce que fi la peine finiffoit avec la faute , le pecheur mettroit auffi-tôt en oubli la grandeur de fon offenfe ; il étoit neceffaire que celui que la mifericorde de Dieu a delivré des peines éternelles par l'abfolution , confervât toûjours dans fa memoire les marques fenfibles de cette grace , où les punitions éternelles lui font changées en peines temporelles , afin que par la pratique de cette fatisfaction , taxée dans la confeffion , il rempliffe ce qui lui refte à acquitter de fes obligations. *Le même.*

Suite du même fujet. Quand même les fatisfactions pour le peché , fe pourroient referver en l'autre vie , dans le Purgatoire , fur quoi fe fondent ceux qui fe difent n'être nullement obligez d'accepter les penitences ordonnées en celle-ci ; & quand même la Contrition feroit fi grande , qu'elle ne laifsât rien à expier après elle ; il eft certain , comme dit le Concile de Trente , qu'il y a toûjours certaines peines falutaires & neceffaires à la guerifon de nos ames , que les Confeffeurs , qui font nos medecins fpirituels , font obligez d'impofer , & nous de les recevoir ; parce qu'elles font des remedes à nos maux , & des moyens neceffaires à nôtre falut , fur-tout lorfqu'elles font ordonnées pour fuir les occafions qui nous ont porté à offenfer Dieu ; car alors il les faut recevoir fans apel ou fans excufe , fi nous ne voulons être les caufes de nôtre mort ; puifque nous avons une obligation indifpenfable de fuir non feulement le peché , mais encore les voyes qui nous y conduifent. *Tiré du livre intitulé :*

es conduites de la Grace, par le Pere de S. Martin de la Porte, Religieux
rme.

Le Prêtre impose une penitence aux pecheurs qui se confessent, parce De la satisfa-
*i*l est necessaire que les Chrétiens satisfassent à Dieu pour les pechez qu'ils ction & de sa
*i*t commis après le baptême. Or, l'homme n'est pas capable de satisfaire à necessité.
*i*eu par lui-même ; mais il le peut en s'unissant à Jesus-Christ, qui a satis-
*i*it pour nous, & dont la satisfaction donne le prix aux nôtres. Cependant
*i*oique Jesus-Christ ait satisfait pour nous, cela n'empêche pas que nous
e devions satisfaire à Dieu pour nos pechez, & que nôtre satisfaction ne
*i*t utile & necessaire. Car pour obtenir la remission de nos pechez, il ne
*s*ffit pas que Jesus-Christ ait satisfait pour nous, il faut encore que la satis-
*f*ction de Jesus-Christ nous soit apliquée. Or, elle ne nous est apliquée
*d*ns le Sacrement de Penitence, qu'à condition que de nôtre part, nous sa-
*i*sferons à Dieu pour nos pechez, autant que nous le pourrons. Il est vrai
*q*ue Dieu est le Maître de nous pardonner en la maniere qu'il le veut. Il peut
*n*ous pardonner nos pechez, en nous apliquant le merite de la satisfaction de
*J*esus-Christ, sans nous laisser aucune obligation de satisfaire ; & c'est ainsi
*q*u'il en use la premiere fois qu'il nous pardonne au Sacrement de Baptême.
*M*ais il est juste qu'au Sacrement de Penitence, il ne nous pardonne nos pe-
*c*hez qu'en nous laissant l'obligation de les punir nous mêmes en cette vie,
*p*ar nos satisfactions jointes à celles du Sauveur ; parce que le Sacrement de
*P*enitence n'est institué que pour des ingrats qui ont violé l'alliance faite avec
*D*ieu dans le baptême. Il est juste que ces ingrats soient punis, & qu'en con-
*s*equence Dieu ne leur pardonne qu'a condition qu'il leur en coûte de la pei-
*n*e & des travaux en cette vie, en échange de la peine éternelle qu'ils auroient
*m*eritée. *Tiré des Theologiens.*

Nous voyons dans l'Ecriture des exemples de pechez pardonnez avec l'o- Exemples ti-
*b*ligation de satisfaire à Dieu en cette vie ; nous y voyons même que les pe- rez de l'Ecri-
*c*hez n'ont été remis gueres autrement, avant Jesus-Christ ; quoiqu'alors ture sainte
*a*ussi-bien qu'aujourd'hui, les pechez ne pussent être remis qu'en vûë, & par pour prouver
*l*es mérites de la satisfaction de Jesus-Christ. Après la sortie d'Egypte, les la necessité
*I*sraëlites adorerent le veau d'or dans le desert ; ils murmurerent souvent con- de la satisfac-
*t*re Dieu ; Dieu leur pardonna leur peché à la priere de Moïse. Mais en puni- tion.
*t*ion de ces pechez qu'il pardonnoit, il les condamna à passer quarante ans
*d*ans ce desert, & plusieurs à ne jamais entrer dans la Terre promise. David
*c*ommit un adultere & un homicide, il s'en repentit ; Dieu lui pardonna son
*c*rime. Mais le Prophete Nathan lui dit de la part de Dieu, qu'en punition
*d*e ce crime pardonné, il souffriroit dans sa famille les afflictions les plus du-
*r*es & les plus humiliantes. Un péché d'orgüeil que commit ensuite ce Prince,
*l*ui fut pardonné, & fut puni en même-tems par une peste de trois jours.
*C*es exemples de l'Ecriture prouvent à la verité, qu'en punition de nos pe-
*c*hez nous devons souffrir les afflictions que Dieu nous envoye ; mais il y a
*a*ussi plusieurs autres exemples, qui nous prouvent qu'il faut y ajouter des pe-
*n*itences & des satisfactions volontaires. Par exemple, David pleura ses pe-
*c*hez toute sa vie, il jeûna pour les expier, il porta le cilice, il se leva toutes
*l*es nuits pour prier. Cependant il étoit Roi, & Dieu l'avoit fait assurer par
*u*n Prophete, que ses pechez étoient pardonnez, L'exemple des Ninivites

n'est pas moins célebre. Jonas fut envoyé à Ninive pour dire aux habitans de cette ville, de la part de Dieu, qu'en punition de leurs crimes, dans quarante jours leur ville seroit détruite. Les Ninivites se couvrirent de sacs, de cilices, de cendre ; ils firent un jeûne rigoureux, ils se mirent en prieres pour obtenir misericorde, & ils l'obtinrent. Jesus-Christ dit dans l'Evangile, que ces peuples s'éleveront contre nous au jour du Jugement, si nous n'imitons leur conduite ; & que nous perirons tous, si nous ne faisons penitence comme eux. Jesus-Christ autorise donc, & ordonne les satisfactions volontaires semblables à celles des Ninivites. On peut voir des exemples semblables en la personne du Roi Manassez, & en celles des Juifs de Bethulie. Il paroît par ces exemples, que c'est par la priere, le jeûne, l'aumône & les autres œuvres satisfactoires, que les hommes peuvent & doivent apaiser Dieu, se le rendre favorable, & expier leurs pechez sans craindre de faire tort à la satisfaction de Jesus Christ. Le Chef a souffert sur son corps innocent pour les hommes coupables ; les hommes coupables doivent souffrir à l'exemple de leur Chef, & s'unir à ses souffrances. *Tiré des Theologiens.*

Quel est & a toujours été l'esprit de l'Eglise dans l'imposition des penitences.

L'Eglise imposoit autrefois aux pecheurs des penitences rigoureuses. 1°. Pour les engager à satisfaire par là à la justice de Dieu. 2°. Pour retenir par ces exemples les fidéles qui n'étoient pas tombez dans le peché. 3°. Pour donner plus d'horreur du peché, & faire sentir son énormité. 4°. Pour l'édification publique. 5°. Pour empêcher par ces saintes rigueurs les pecheurs de retomber. 6°. Pour s'assurer par une longue & penible épreuve, de la sincerité de leur conversion. Mais l'Eglise, pour condescendre à la foiblesse de ses enfans, a beaucoup retranché sur ce point de son ancienne exactitude, & elle ne permet plus qu'on impose des penitences si longues & si rigoureuses. Cet ancien appareil de penitences solemnelles, & tout ce qui y avoit rapport, ne subsistent plus aujourd'hui. Cependant l'Eglise ne s'est pas pour cela entierement relâchée sur tout ce qui regarde les penitences. Car, 1°. Elle ordonne expressément qu'on fera penitence publique pour les pechez publics & scandaleux. 2°. Elle enjoint en termes très forts & très précis aux Confesseurs de suivre dans l'imposition des penitences l'esprit des anciens Canons & des saints Peres, en proportionnant, autant qu'ils le peuvent la penitence qu'ils imposent à la grandeur des pechez dont on s'est confessé. *Les mêmes.*

Il doit y avoir de la proportion entre les penitences & les pechez.

Si nous séparions nos satisfactions de celles de Jesus-Christ, il n'auroit jamais de proportion entre nos penitences les plus grandes, & nos pechez les plus legers. Mais la satisfaction de Jesus-Christ, dont les nôtres, qui y sont unies, tirent toute leur force, fait qu'il peut y avoir de la proportion entre nos penitences & nos pechez. C'est pourquoi quand l'Eglise ordonne de proportionner l'imposition des penitences aux pechez, elle entend qu'il faut imposer des penitences plus ou moins rigoureuses, selon que les pechez sont plus ou moins griefs. C'est ce qui fait que les Saints Peres ont autrefois regardé comme une cruauté aux Prêtres, & une espece d'homicide de n'exiger pas des pecheurs une penitence proportionnée à leurs crimes. On doit dire la même chose aujourd'hui : car c'est l'esprit du Concile de Trente, qui dit qu'un Prêtre en e cas-là, loin de délier les pecheurs, se lie lui-même, & devient complice de leur peché. D'où il s'ensuit, que selon le même Concile, on doit imposer des penitences qui soient une punition, aussi bien qu'un remede du peché. Elles sont un remede, quand elles vont à preserver le pecheur de retomber, & à se corriger. Par exemple, la retraite, la lecture des bons livres, la fuite des occasions, &c. Elles sont une punition du peché, quand elles sont penibles, humiliantes, & d'une longueur qui ait quelque proportion avec l'énormité du crime. C'est par raport à ces sortes de satisfactions, que le même Concile apelle après tous les Peres de l'Eglise le Sacrement de Penitence, un baptême penible & laborieux. *Tiré des Theologiens.*

Les œuvres, par lesquelles nous pouvons satisfaire à Dieu pour nos pechez, peuvent se reduire toutes à la priere, au jeûne & à l'aumône, selon ce que l'Ange Raphaël dit à Tobie. Celles qui se reduisent à la priere, sont: 1°. L'offrande que l'on fait à Dieu de toutes ses actions, & des afflictions & peines qu'on souffre, soit corporelles, soit spirituelles, de quelque part que viennent ces peines. 2°. Toutes sortes de prieres, soit vocales, soit mentales. 3°. L'assistance au service public de l'Eglise, au saint sacrifice. 4°. Les saintes lectures, &c. Les œuvres satisfactoires qui se reduisent au jeûne, sont toutes les mortifications du corps; comme les cilices, les disciplines, coucher sur la dure, s'abstenir des plaisirs même permis, & les mortifications de l'esprit; comme renoncer à son propre jugement, se soumettre à la volonté d'autrui, & souffrir pour l'amour de Dieu les humiliations & les confusions. Par l'aumône, on entend toutes les œuvres de misericorde, tant spirituelles que corporelles; nous en avons suffisamment parlé dans le premier Tome de nôtre Bibliotheque. Il est bon cependant d'ajoûter soi-même des penitences à celles du Confesseur, pourvû qu'on le fasse avec prudence. Mais il est ordinairement à propos de consulter son Confesseur, pour ne rien faire d'indiscret dans les penitences, qu'on s'impose soi même. C'est pourquoi deux penitences semblables, dont l'une est imposée par le Confesseur, & l'autre est du choix du Penitent; la plus utile & la plus meritoire, est celle qui est imposée par le Confesseur, pourvû que d'ailleurs les dispositions soient égales dans le Penitent; parce que ces penitences font partie du Sacrement; elles sont faites par ordre de l'Eglise, & en les faisant, on pratique l'humilité & l'obéïssance; d'où il s'ensuit qu'elles attirent plus de benedictions & de graces, que celles qui sont du choix du penitent; si d'ailleurs toutes choses sont égales. *Les mêmes.*

Un Pecheur qui veut satisfaire à Dieu, doit n'avoir aucune affection au peché mortel; c'est-à-dire, être fâché de l'avoir commis, être sincerement déterminé à ne plus le commettre, & se mettre en état d'en recevoir la remission. C'est pourquoi la penitence de ceux qui commettent encore des pechez mortels, qui n'en ont point de douleur, & ne sont pas resolus à n'en plus commettre, qui ne font aucuns efforts, ni aucunes prieres pour cela, la penitence de ces personnes est inutile, & elle est même criminelle; parce qu'elle ne peut être que fausse & hypocrite. Car, 1°. c'est se mocquer de Dieu, & être menteur & hypocrite, que de lui demander pardon d'un peché qu'on aime encore, & qu'on ne veut pas quitter. 2°. Toute penitence doit être fondée sur

la converſion du cœur , ou au moins ſur un commencement de converſion
ſans cela elle eſt fauſſe. Or , il n'y a ni converſion , ni commencement de con
verſion dans ceux qui aiment leurs pechez , & qui veulent encore les commet
tre. Ainſi leurs penitences , bien loin d'apaiſer la colere de Dieu , ne ſont ca
pables que de l'irriter , ce qu'il eſt facile de prouver par l'Ecriture ſainte , qu
nous dit que les preſens des impies ne ſont point agreables à Dieu ; qu'il rejet
te leur ſacrifice , qu'il ne peut les ſouffrir , que celui qui jeûne étant dans le pe
ché , y retombe toûjours , ne tire aucun fruit de ſon humiliation , & que per
ſonne n'exaucera ſa priere. *Tiré des Theologiens.*

SUR LE SACREMENT
DE L'ORDRE.

DIGNITE' DU SACERDOCE,
& ce que l'Eglise prescrit à ses Ministres, & aux Laics sur ce sujet.

AVERTISSEMENT.

QUoique les ceremonies, que l'Eglise observe dans le Sacrement de l'Ordre, semblent n'être que pour les Ministres du Seigneur, Prêtres, & autres Eccle-siastiques ; neanmoins les fidéles Laics , & le commun des Chrétiens, pour le salut desquels ce Sacrement a été institué, y trouveront de quoi se sanctifier, & d'estimer leur bonheur, d'être membre d'une Eglise , si sagement condui-te & ordonnée , qui leur fournit tant d'aides , d'occasions , & de moyens de pratiquer les plus excellentes vertus , par le respect qu'on doit aux Prêtres & aux autres Ministres, par la soumission à l'Eglise, qui nous gouverne par les Pasteurs, nous nourrit par les Sacremens , nous entretient par la parole de Dieu, & tant d'autres avantages que ce Sacrement de l'Ordre nous procure.

Nous n'en parlerons cependant qu'en general, sans nous arrêter aux questions qu'on fait sur ce sujet, plus propres d'un Theologien, que d'un Predicateur, qui se doit borner à l'instruction de ses auditeurs, & au fruit qu'on peut retirer d'un discours chrétien, sur quelque sujet que ce soit.

✳✳✳✳✳✳✳✳✳✳✳✳✳✳✳✳✳✳✳✳✳✳ ✳✳✳✳✳✳✳✳✳✳✳✳✳✳✳✳✳✳

SUR LE SACREMENT
DE L'ORDRE.

DIGNITE' DU SACERDOCE,
& ce que l'Eglife prefcrit à fes Miniftres, & aux
Laics fur ce fujet.

Ce que c'eft que le Sacrement de l'Ordre. L'Ordre eft un Sacrement, qui donne le pouvoir & la grace de faire les fonctions publiques, qui ont du raport au culte de Dieu, & au falut des ames. Je dis que l'Ordre eft un Sacrement, parce que c'eft un figne fenfible, qui confere la grace. L'impofition des mains, & la priere de l'Evêque ; voila le figne fenfible. Le pouvoir & la grace d'exercer les fonctions facrées ; par exemple, d'offrir le faint facrifice de la Meffe ; de remettre les pechez, de prêcher, de faire les autres fonctions du miniftere ; voila la grace que ce figne opere. Nous fçavons que ce figne fenfible opere ces effets fpirituels, nous le fçavons par l'Ecriture & par la Tradition. L'Ecriture fait mention de l'impofition des mains des Apôtres pour le Sacerdoce, & pour le Diaconat ; & de la grace qui eft attachée à cette impofition des mains, jointe à la priere. Et nous fçavons par la Tradition de tous les fiécles, que l'Eglife fondée fur ces autoritez de l'Ecriture, a toûjours regardé l'impofition des mains jointe à la priere des Evêques fur les Miniftres du Seigneur ; comme une ceremonie qui confere la grace. Or, il n'y a que les Evêques qui ayent le pouvoir de conferer ce Sacrement ; cela fe prouve par l'Ecriture, qui donne aux feuls Apôtres, & aux Evêques leurs Succeffeurs, le pouvoir d'impofer les mains ; cela fe prouve auffi par la Tradition ; car l'Eglife a toûjours reconnu que les Evêques font les feuls, qui ayent reçu ce pouvoir, & a toûjours condamné ceux qui ont voulu l'attribuer aux fimples Prêtres. *Auteur moderne.*

La vertu & les effets du Sacrement de l'Ordre. Le Sacrement de l'Ordre, donne la puiffance d'exercer les fonctions attachées à chaque ordre ; il donne la grace pour les exercer avec benediction ; & enfin, il imprime un caractere qui ne fe peut effacer, & qui fait qu'on ne peut pas recevoir deux fois ce Sacrement. On compte ordinairement fept Ordres, qui font les Ordres de Portier, de Lecteur, d'Exorcifte, d'Acolythe, de Soûdiacre, de Diacre, & de Prêtre. Les quatre premiers font appelez Mineurs, & les trois derniers Majeurs ou Sacrez. Rien n'en pêche que l'Epifcopat ne foit regardé, fi l'on veut, comme un huitiéme Ordre ; puifque les Evêques font élevez au-deffus des Preftres, par leur caractere, par leur autorité fpirituelle, & par leurs fonctions ; comme les Preftres font élevez au-deffus des Diacres, & les Diacres au-deffus des Miniftres inferieurs.

C'est un article de foi que les Evêques sont superieurs aux Prestres ? Car dès le quatriéme siécle de l'Eglise, on a regardé Aërius comme heretique ; parce qu'il nioit cette verité. Saint Epiphane & saint Augustin, mettent cette herefie au nombre de celles qu'enseignoit cet Heresiarque. Cependant la Tonfure n'est pas un ordre, elle n'est qu'une preparation & disposition aux ordres, qui ne font tous ensemble qu'un seul Sacrement de l'Ordre, auquel on participe avec plus ou moins d'abondance, à proportion que l'ordre qu'on reçoit est plus ou moins élevé. *Tiré des Theologiens.*

Jefus-Christ, Prestre établi pour l'eternité, selon l'ordre de Melchisedech, institua le facrifice non-fanglant de l'Eucharistie dans la derniere Cene, où il offrit à Dieu le Pere son Corps & son Sang, sous les efpeces du pain & du vin. Ce facrifice qui represente tous les jours celui de la Croix, est propitiatoire pour les vivans & pour les défunts ; il s'offre à Dieu seul, quelquefois en l'honneur & en la memoire des Saints ; il n'y a rien dans le Canon de la Messe qui ne soit pur, & qui ne ressente la pieté ; outre cela, les ceremonies avec lefquelles on la celebre sont très faintes; les Messes où le Prestre seul communie Sacramentellement, ne laiffent pas d'estre communes ; puifqu'elles sont celebrées par un Ministre public de l'Eglise, non-seulement pour lui, mais aussi pour tous les fidéles qui seront membres du Corps de Jesus-Christ ; le mélange qui se fait de l'eau avec le vin dans le Calice, est très faintement ordonné par l'Eglise, pour reprefenter l'eau & le sang qui fortirent du facré côté de Jesus-Christ, il n'est pas expedient que la Messe se dife par tout en langue vulgaire ; mais il faut que les Pasteurs, & ceux qui ont charge d'ames, expliquent ou faffent expliquer par d'autres, au milieu de la celebration de la Messe, quelque chofe de ce qui s'y lit ; & quelqu'un des Mysteres de ce très faint facrifice, particulierement les jours de Feste & de Dimanche. *Tiré du Catechifme du Concile de Trente.*

Le Concile de Trente definit ce qu'on doit croire du Sacrement de l'Ordre en quatre articles, où l'on declare que Jefu-Christ a donné aux Apôtres & à leurs Succeffeurs dans le Sacerdoce, la puiffance de confacrer & d'offrir le facrifice de l'Eucharistie, & de remettre & de retenir les pechez : Qu'il y a eu de tout tems dans l'Eglise sept Ordres, dont les uns sont plus grands que les autres : Qu'étant indubitable par l'Ecriture, & par la Tradition Apoftolique, que l'Ordre conferé donne la grace ; on ne peut ensuite douter qu'il ne soit Sacrement : Que comme ce Sacrement, aussi bien que le Baptême & la Confirmation, impriment un caractere qui ne peut estre jamais effacé ; on ne peut foûtenir fans erreur, que ceux qui ont été une fois legitimement ordonnez, peuvent redevenir laiques, s'ils ceffent d'exercer le ministere de la parole de Dieu : Que tous les Chrétiens ne font pas Prestres ; mais ceux-là feulement qui font ordonnez par les Evêques, comme par les vrais Succeffeurs des Apôtres, & Superieurs aux Prestres, qui n'ont pas comme eux, le pouvoir de conferer ni la Confirmation, ni les Ordres. Que le confentement du Peuple, ou des Puiffances feculieres, n'est pas neceffaire pour l'ordination ; & qu'au contraire, ceux qui préfument d'exercer les ministeres Ecclefiastiques, par la feule volonté des feculiers, fans avoir reçu la grace de l'ordination, font des voleurs & des larrons. *Tiré du Catechifme du Concile de Trente.*

Les avantages que Dieu a fait aux Prêtres.

Comme dans l'ancienne Loi, Dieu vouloit que les Prêtres fussent apliquez entiérement au culte de son Tabernacle ; il demande dans la Nouvelle, qu'ils soient apliquez au service des Autels, étroitement unis à lui, & uniquement occupez aux exercices de pieté. Ils sont consacrez à Dieu par le Sacrement de l'Ordre qu'ils ont reçus, ils lui apartiennent donc par un dévoüement éternel ; & par là, ils doivent devenir des hommes de Dieu, comme saint Paul apelloit son disciple Timothée : de sorte que comme Dieu voulut estre leur part & leur heritage dans l'ancienne Loi. Il ne les a pas moins avantageusement partagez dans la nouvelle ; puisqu'en effet il devient leur tresor, & leur possession : aussi doit-il estre l'objet de leurs soins & de leurs services, & de leurs desirs ; & Dieu ne se contente pas qu'ils aprochent plus près de lui par leur ministere ; il veut encore qu'ils y soient unis par la sainteté, par une charité ardente, & par un attachement inséparable à tous ses interests. Ils sont les mediateurs des peuples auprès de Dieu ; il faut donc qu'ils lui soient plus agreables que les autres, qui n'en aprochent que par leur moyen, & par leur mediation. Ils sont destinez à offrir une victime sans tache, & un sacrifice saint ; ils doivent donc par conséquent accompagner ce sacrifice de celui de leur cœur ; autrement ils s'attireroient le reproche que Tertullien faisoit autrefois aux Prêtres des idoles, qu'ils aportoient plus de soin à examiner la qualité de la victime qu'ils offroient à leurs Dieux, que le cœur & la pureté de ceux qui l'offroient. Car il est constant que pour un ministere si saint, Dieu a toûjours exigé une sainteté toute particuliere en ceux qui le doivent exercer : *Ideo sancti erunt Deo suo*, dit l'Ecriture en parlant des Prêtres ; c'est la conséquence qu'elle infere de leur dignité, & de l'emploi auquel ils sont apliquez. *L'Auteur des Sermons sur tous les sujets.*

Levit. 11.

La sainteté que Dieu exige des Prêtres.

Isaïa 52.

C'est cette sainteté que nous devons entendre, par l'union qu'il veut que les Prêtres, & les Ministres de ses Autels ayent avec lui. Car si ceux qui portoient seulement les vases sacrez, dans la loi de Moïse, devoient estre saints, *Mundamini, qui fertis vasa Domini.* Quelle pureté & quelle sainteté ne doivent point avoir ceux qui se sont destinez à offrir, à immoler, & ensuite à recevoir dans eux-mêmes le Corps & le Sang d'un Homme-Dieu, dont ils sont les Ministres ? C'est ce qui a obligé quelquefois les plus grands Saints de refuser par respect, un ministere & une dignité, qui demande une sainteté proportionnée à celle de la victime qu'ils immolent, & du souverain Prêtre dont ils sont les Ministres ; & de dire avec saint Pierre, dans une autre occasion : *Recede à me quia homo peccator sum.* Je ne parle pas ici de l'état où l'on doit estre pour aprocher des saints Mysteres, mais de la disposition avec laquelle l'on doit entrer dans le Sacerdoce, du fond de vertu & de capacité que l'on doit avoir, pour ne pas deshonorer son caractere & sa dignité ; comme ceux qui donnerent autrefois sujet à un Prophete de leur faire ce reproche : *Sacerdotes polluerunt sanctum ejus.* Que ce sont les Prêtres mêmes qui soüillent le plus saint de nos Mysteres, & que Dieu n'est jamais plus deshonoré que par ses propres Ministres : *Sacerdotes polluerunt sanctum ejus. Le même.*

Luc. 5.

Sophon 3.

Les ordres majeurs sont

L'Episcopat, la Prêtrise, & le Diaconat, sont d'institution divine· Les autres Ordres sont d'institution Ecclesiastique ; l'institution du Sacerdoce &

du Diaconat, paroît clairement dans l'Ecriture. Il est fait mention du sous-Diaconat, & des autres Ordres inferieurs dés les premiers tems de l'Eglise. Plusieurs Theologiens ne regardent pas les ordres Mineurs & le Sous-Diaconat comme des Sacremens ; & il y en a eu plusieurs qui ont cru que le Diaconat n'est pas un Sacrement : mais leur sentiment n'est pas suivi, & on doit le rejetter, à cause des autoritez de l'Ecriture, & de la Tradition, qui prouvent que les Diacres, dans leur ordination, reçoivent le Saint-Esprit par l'imposition de la main de l'Evêque ; c'est pourquoi le Diaconat est un vrai Sacrement, parce qu'il est une portion du Sacerdoce, lequel a été institué par Jesus-Christ. Quand on dit que le Diaconat a été institué par les Apôtres, on ne veut dire autre chose, si ce n'est que les Apôtres ont choisi des fidéles, à qui ils n'ont communiqué que cette portion du Sacerdoce. Et ce qui fait que plusieurs Theologiens celebres regardent aussi tous les autres ordres comme faisant partie du Sacrement de l'Ordre, est qu'ils regardent tous ces ordres, quoiqu'instituez par l'Eglise, comme une portion du Diaconat, lequel est une portion du Sacerdoce, institué par Jesus Christ ; c'est-à-dire, en un mot, que tout le monde convient, & il est de foi, qu'il n'y a qu'un Sacrement d'Ordre à proprement parler, qui est le Sacerdoce. Les Prestres le reçoivent par leur ordination, & les Evêques en ont la plénitude. Les premiers Diacres ont été ordonnez par les Apôtres pour le soulagement des Evêques & des Prestres, & ont reçu un écoulement & une portion de leur caractere. Les Ministres inferieurs ont été instituez pour le soulagement des Diacres ; & une partie du pouvoir des Diacres leur a été communiquée ; mais toutes ces fonctions se trouvent réünies dans le Sacerdoce, & n'en sont, pour ainsi dire, qu'un écoulement. *Tiré des Theologiens.*

d'institution divine, & les ordres mineurs sont d'institution Ecclesiastique

Pour recevoir les saints Ordres, il faut n'avoir aucune irrégularité ; mais au contraire, avoir les qualitez propres pour les fonctions Ecclesiastiques, & estre appelez de Dieu à ces fonctions : or, les irregularitez sont des defauts qui rendent inhabiles à recevoir la Tonsure ou les saints Ordres, & à en exercer les fonctions, quand on les a reçus. L'irrégularité fait aussi qu'on ne peut posseder aucuns Benefices ; & que si on en avoit quelqu'un, il seroit vacant & impetrable. C'est une suite de l'inhabileté aux fonctions Ecclesiastiques. Il y a de deux sortes d'irregularitez, 1°. Celles qui viennent de quelques défauts. 2°. Celles qui viennent de quelque peché, parmi lesquels on en compte huit, qui rendent irrégulier ; sçavoir, les défauts d'esprit, les défauts de corps, de naissance, d'âge, de liberté, de Sacrement, de douceur & de réputation. *Les mêmes.*

Les irregularitez qui rendent les personnes inhabiles au Sacrement de l'Ordre.

L'Evêque, après avoir demandé le sentiment de ceux qu'il doit ordonner, demande aussi celui du peuple, afin de n'ordonner que ceux dont la bonne vie & la réputation est bien établie ; & d'apprendre aux peuples, combien ils sont interessez à avoir de bons conducteurs. On récite les Litanies des Saints avant l'ordination des Soûdiacres, des Diacres, des Prestres & des Evêques, afin d'inviter l'Eglise du Ciel à se joindre à l'Eglise de la terre, pour obtenir de Dieu l'abondance de ses graces, sur ceux qui vont estre ordonnez. L'Evêque qui administre les Ordres, fait toucher à ceux qu'il ordonne, les instrumens qui servent aux fonctions Ecclesiastiques, pour leur donner le pouvoir d'exercer ces fonctions, & les mettre, pour ainsi dire, en possession de

Explication des ceremonies qui se pratiquent dans le Sacrement de l'Ordre.

l'exercice de leur ordre ; il leur donne auſſi les habits qui leur conviennent, pour leur declarer par cette ceremonie, qu'ils ont le pouvoir de les porter, & leur marquer en même-tems la vertu qui leur eſt, pour ainſi dire, repreſentée par chacun de ces habits. L'onction que l'Evêque fait des mains du Prêtre, dans la ceremonie de l'ordination repreſente, ſelon l'Ecriture ſainte, la grace du Saint-Eſprit, qui nous eſt ſignifiée ſous le nom d'onction interieure du Saint-Eſprit. C'eſt pour cela que Jeſus-Chriſt qui avoit la plenitude de l'Eſprit ſaint, eſt apellé *Chriſt* ; c'eſt-à-dire, *oingt* Tout ce que les Prêtres conſacrent & beniſſent, ne peut eſtre beni & conſacré que par la grace du Saint-Eſprit, qui accompagne leur miniſtere, & qui y eſt attaché. Cela ſupoſé ; je dis que l'Evêque conſacre les mains des Preſtres avec l'huile ſainte, pour demander à Dieu qu'il daigne les remplir de l'onction de ſon Eſprit, & benir & conſacrer par la grace de cet Eſprit ſaint, tout ce que les mains des Preſtres beniront & conſacreront. Les nouveaux Preſtres diſent auſſi la Meſſe avec l'Evêque, & conſacrent avec lui. C'eſt un reſte de l'ancienne diſcipline ; car autrefois, quand l'Evêque celebroit la Meſſe, tous les Preſtres qui s'y trouvoient, celebroient avec lui, pour marquer la grande union qui eſt entre les Preſtres & l'Evêque, & faire voir que la Meſſe eſt le ſacrifice de tous ceux qui y aſſiſtent, auſſi bien que celui du Preſtre. Après la communion, les nouveaux Preſtres récitent le Symbole des Apôtres, pour faire une profeſſion ſolemnelle de la foi qu'ils doivent annoncer au peuple de la part de Dieu & de l'Egliſe. Ils promettent à l'Evêque après leur ordination de le reſpecter, & de lui obéir ; c'eſt une promeſſe ſolemnelle, qui engage les Preſtres à vivre dans la dépendance de leur Evêque, & à lui obéir avec ſimplicité, & avec confiance dans toutes les choſes qui ont raport au miniſtere Eccleſiaſtique. C'eſt pourquoi ceux qui aſſiſtent à la ceremonie de l'ordination doivent s'unir à l'Evêque qui ordonne, & demander à Dieu avec inſtance, pour ceux qui ſont ordonnez, les graces & les vertus que l'Evêque demande pour eux. *Tiré des Theologiens.*

Les diſpoſitions neceſſaires pour recevoir les ſaints Ordres. Pour recevoir les ſaints Ordres, il faut avoir les diſpoſitions & les qualitez propres pour ces fonctions ſaintes, & eſtre apellé de Dieu ; voici les diſpoſitions neceſſaires pour l'état Eccleſiaſtique ; ſçavoir, le détachement du monde, le déſintereſſement, la charité, le zele de la gloire de Dieu, & du ſalut du prochain, la ſcience, les talens pour ſervir l'Egliſe, le courage & la fermeté ; la prudence, la patience dans les contradictions, la chaſteté, l'amour du travail & de l'étude, l'eſprit de retraite, l'éloignement de toute ſenſualité, & de toute vaine curioſité, l'humilité & la docilité, l'amour de la priere. Outre cela, il faut encore eſtre apellé de Dieu ; & cette vocation eſt fondée ſur l'autorité de l'Ecriture ſainte, & de la Tradition, & ſur l'exemple des Prophetes, de Jeſus-Chriſt, des Apôtres, & de tout ce qu'il y a jamais eu de ſaints Evêques, ou Preſtres, ou autres Eccleſiaſtiques. Ceux qui ne ſont pas apellez de Dieu à l'état Eccleſiaſtique, ſont ceux qui ſont irreguliers, qui n'ont pas au moins en quelque degré, les diſpoſitions neceſſaires à cet état. Ceux qui ne conſultent en cela que la volonté de leurs parens. Ceux qui ſe portent à l'état Eccleſiaſtique par des vûes d'ambition, d'avarice, ou de ſenſualité. Ceux qui employent auprès de leur Evêque pour eſtre ordonnez ou tonſurez, les brigues, les ſollicitations empreſſées. Ceux qui veulent paſſer tout d'un coup d'une vie criminelle à l'état Eccleſiaſtique. *Tiré des Theologiens caſuites.*

Ceux que l'on doit regarder comme appellez de Dieu , à l'état Eccleſiaſtique & aux ſaints Ordres , ſont ceux qui ayans toutes les qualitez requiſes , ne ſe déterminent pas ſeuls à embraſſer cet état ; mais attendent la vocation de leur Evêque , ou de ceux qui ſont prépoſez à cet effet par l'Evêque , ou du moins qui ne font rien que par le conſeil d'un guide éclairé , inſtruit des regles de l'Egliſe , experimenté dans les voyes de Dieu , & plein de zele. Mais nous avons toûjours lieu de nous défier de nôtre vocation , quand elle n'a pour principe que nôtre propre choix & empreſſement , quelque bonne que nous paroiſſe nôtre intention ; parce que ſaint Paul dit , que nul ne doit s'attribuer à ſoi-même l'honneur du Sacerdoce ; mais qu'il faut y eſtre appellé de Dieu , comme Aaron ; ainſi Jeſus-Chriſt n'eſt point entré de lui-même dans la gloire pour eſtre Pontife , mais il l'a reçûë de Dieu ſon Pere. *Les mêmes.*

Qui ſont ceux qui ſont appellez de Dieu à l'état Eccleſiaſtique.

C'eſt une choſe ſainte aux Parens de ſouhaiter que leurs enfans ſoient appellez à l'état Eccleſiaſtique , & de les élever dans cette vûë-là , pourvû qu'on évite les fautes que la plûpart des parens commettent tous les jours en ce point. Car ſouvent ils font violence à l'inclination de leurs enfans ; ils ne deſtinent à l'Egliſe que ceux en qui ils reconnoiſſent moins de talens & d'ouverture ; ils ont des vûës d'ambition ou d'intereſt pour eux en ce point ; ils ne cherchent qu'à décharger leurs familles , ou à y tranſmettre & perpetuer des benefices comme un heritage. Ils ont recours aux diſpenſes , ſans aucune neceſſité ou utilité pour l'Egliſe ; ils employent auprès des Evêques , ou des Puiſſances ſéculieres , les brigues & les ſollicitations pour les engager à violer les loix de l'Egliſe , à mollir , & ſe relâcher de l'exactitude des ſaints Canons, &c. *Les mêmes.*

Les abus qui ſe commettent dans ceux qui aſpirent à ce Sacrement.

Dieu ne benit pas ordinairement ceux qui ſont entrez dans l'état Eccleſiaſtique par des voyes d'intereſt ou d'ambition , & ils ſont ſouvent la honte de leur famille , & le ſcandale de l'Egliſe. Dieu répand quelquefois ſa malediction ſur des familles pour de telles fautes ; & il permet , à cauſe de cela, la ruine & le renverſement des maiſons les mieux établies. S'il reſerve à châtier les parens en l'autre vie , c'eſt pour les punir plus ſéverement. On voit dans l'Ecriture des exemples de la punition divine , ſur les uſurpateurs du Sacerdoce , & du miniſtere de l'ancienne Loi : & ces exemples ſont une figure que nous devons apliquer au Sacerdoce , & au miniſtere de la Loi nouvelle , & qui doivent faire trembler les parens, qui pouſſent leurs enfans contre l'ordre Dieu , à ce qu'il y a de plus ſaint. Coré , Datan , Abiron , voulurent uſurper le miniſtere de l'ancienne Loi. La terre s'ouvrit , & ils furent engloutis tous vivans avec leur famille. Le Roi Oſias fut frapé de lepre , pour avoir voulu mettre la main à l'encenſoir. *Les mêmes.*

Les châtimens de Dieu tombent ſur ceux qui s'y ſont élevés par intereſt ou par ambition.

Dans pluſieurs Dioceſes , on fait publier au Prône , la future ordination des Soûdiacres , des Diacres , & des Preſtres. 1°. Pour s'informer s'il n'y a pas quelque choſe dans leur conduite , qui doive les exclure des ſaints Ordres. Car ſaint Paul veut que ceux qui ſeront ordonnez , ſoient d'une conduite irréprochable , & que les infideles mêmes rendent bon témoignage de leur probité. Cette bonne réputation eſt neceſſaire pour rendre les Miniſtres du

Explication des principales ceremonies de l'Ordination.

Seigneur utiles au peuple. 2°. Pour inviter les peuples à prier pour ceux qui doivent estre ordonnez, & pour l'Evêque qui doit l'ordonner. Les peuples y sont interessez, puisque leur salut depend pour l'ordinaire des bons Prêtres. Mais avant que de commencer l'ordination des Diacres ou des Prestres, l'Archidiacre dit à l'Evêque, que l'Eglise lui demande l'ordination de ces personnes, pour faire voir que ceux qui vont estre ordonnez ne se presentent pas d'eux-mêmes à l'ordination, ce qui seroit un grand mal; mais que c'est l'Eglise qui a besoin de leur ministere, & qui les demande. L'Evêque demande à l'Archidiacre s'il sçait qu'ils sont dignes d'estre ordonnez; parce qu'anciennement les Archidiacres avoient inspection sur la conduite de tous les Ministres inferieurs, & qu'encore aujourd'hui, dans les lieux où les fonctions des Archidiacres subsistent, ils doivent veiller sur le Clergé, & en répondre à l'Evêque. C'est pour cela qu'ils font les visites des Paroisses. *Les mêmes.*

Puissance que les Prestres ont receüe de celebrer les divins mysteres.

Saint Chrysostome parle d'abord de la puissance que les Prestres ont receüe de celebrer les divins Mysteres, & de consacrer le Corps de Jesus-Christ. Quand vous voyez, dit ce saint Pere, le Fils de Dieu immolé sur l'Autel, le Prestre qui offre le Sacrifice, & qui prie; tout le peuple, teint & rougi du Sang précieux du Sauveur; pensez-vous encore estre sur la terre, & parmi les hommes? Ne vous imaginez-vous pas dans ce moment, que vous estes transportez jusqu'au Ciel? Ô miracle! ô bonté de Dieu! Celui qui est assis dans le Ciel, avec le Pere celeste, se laisse toucher par les hommes? Representez-vous Elie environné d'une multitude infinie de peuple; tout le monde dans le silence; le Prophete qui prie; la flâme qui tombe tout d'un coup du Ciel sur le Sacrifice. Toutes ces choses, à la verité, sont pleines de merveilles; mais ce qui se passe dans les saints Mysteres est bien plus surprenant. Le Prestre fait descendre, non pas le feu du Ciel, mais le Saint-Esprit. Il fait de longues prieres, non pas afin qu'une flâme celeste consume les choses preparées pour le Sacrifice; mais afin que la grace, par le moyen du Sacrifice, embrase les cœurs de ceux qui sont presens, & les rende plus purs que l'argent qui a été épuré par le feu. *Monsieur Lambert.*

Pourquoi les Saints ont tremblé lorsqu'ils ont été élevez au ministere des Autels.

Ce caractere est si élevé, que tous les Saints, qui en ont eu une juste idée, ont tremblé lorsqu'ils ont été élevez au sacré ministere des Autels. Ils ont tremblé, parce qu'en considerant combien le rang auquel on les élevoit, étoit au-dessus de ce qu'ils méritoient; ils se jugeoient à bon droit, indignes d'un si grand honneur. Ils ont tremblé, parce que sentant la pesanteur du fardeau dont on les chargeoit, ils avoient lieu de craindre que ce fardeau ne fût au-dessus de leurs forces, & de ne se pas acquitter assez fidelement de leurs obligations. *Le même.*

C'est tenter Dieu que de s'engager sans vocation dans les ordres sacrez.

C'est tenter Dieu, que de s'engager dans les Ordres sacrez sans vocation, en se flattant de l'esperance que Dieu rectifiera nôtre entrée, & ne laissera pas de nous accorder les graces necessaires, pour nous aquitter du ministere auquel nous nous serons engagez temerairement. Car la voye ordinaire d'obtenir les graces necessaires pour ces emplois si élevez au-dessus de tous les autres, est d'y entrer par la porte d'une sainte vocation; & si Dieu regarde ce défaut dans quelques-uns, en les faisant rentrer de nouveau, dans le ministere miſtere qu'ils ont uſurpé : c'eſt une grace extraordinaire, que perſonne ne ſçauroit ſe promettre ſans témérité & ſans tenter Dieu. *Traité des manieres de tenter Dieu.*

Les Paſteurs entrent par Jeſus-Chriſt, lorſqu'ils ne s'élevent point d'eux-mêmes aux dignitez Eccleſiaſtiques ; qu'ils n'y entrent que ſelon les regles, par ſon ordre, pour la gloire de celui qui les y apelle, pour le ſervice du troupeau qui leur eſt confié. S'ils viennent d'eux-mêmes, ce ſont des voleurs. On ne penſe point aſſez à ces paroles. Ils couroient d'eux-mêmes, dit Dieu par un Prophete, & je ne les avois pas envoyez. Ils ont été les Princes de mon peuple ; & je ne l'ai point ſçû. C'eſt-à-dire, c'eſt ſans me participation qu'ils ont pris la conduite de mes oüailles. Ils ſe meſlent de gouverner mon peuple, pour contenter leur ambition ou leur avarice. Je ne les ai point placez où ils ſont ; je ne leur tiendrai point compte du bien qu'ils y pourroient faire ; & je leur dirai un jour : Retirez-vous, ouvriers d'iniquité, je ne vous connois point. Ce ſont des voleurs, qui uſurpent une dignité qui ne leur apartient pas, & qui exercent un miniſtere, où Dieu ne veut apeller que ceux qu'il lui plaît. On ne mérite le pardon d'un larcin, que par la reſtitution de ce qui a été pris, ou par la volonté ſincere de reſtituer. Celui qui s'eſt intrus de lui-même, & ſans vocation dans le Sacerdoce, dans un Benefice, dans une charge Eccleſiaſtique, peut-il eſperer d'eſtre traité de Dieu d'autre maniere qu'un voleur ; s'il ne lui rend ce qu'il a uſurpé, ou au moins s'il n'eſt tout diſpoſé à le lui rendre, & s'il ne conſulte Dieu pour ſçavoir ce qu'il doit faire avec une volonté ſincere de ſortir de l'état où il eſt entré ſans ſon ordre, à moins que ce ne ſoit lui qui lui ordonne de demeurer. Cette diſpoſition eſt ſi rare, qu'on peut juger de là combien il eſt dangereux d'entrer de ſoi-même dans la bergerie ; puiſque, quand on a commis cette faute, qui eſt ſi commune ; on ne fait preſque jamais ce qui eſt neceſſaire pour l'expier. *Auteur moderne.*

Quelle doit eſtre la foi, quelle doit eſtre la pureté des mœurs, & l'éminente ſaintcté de ces Miniſtres du Très-Haut ? De ces mediateurs viſibles entre Dieu & les hommes ? de ces Preſtres du Dieu vivant, dont les Puiſſances de la terre reverent la dignité, dont le ſacré caractere eſt reſpectable aux Anges mêmes ? Peuvent-ils aprocher de ces Autels, ſans eſtre ſaiſis d'une ſainte frayeur ? Peuvent-ils tenir cette Hoſtie vivante entre les mains, & ne pas ſentir les effets merveilleux de ſa preſence ? Moïſe ne ſort de l'entretien qu'il avoit eu ſur la montagne avec Dieu, qu'avec des rayons de lumiere ſur ſon viſage. Un Preſtre peut-il ſortir de l'Autel ſans une nouvelle ferveur, ſans une devotion, une vertu plus éclatante ? Peut-on monter à l'Autel avec un cœur mondain ? Mais peut-on en deſcendre avec une foi, avec une charité languiſſante ? Le ſacré caractere eſt une formidable obligation ; c'eſt un crime de n'eſtre pas ce qu'on doit eſtre ; plus la place où l'on eſt, eſt élevée, plus les défauts ſont viſibles : rien ne peut diſpenſer les Miniſtres des Autels de la haute ſainteté, à laquelle leur caractere les oblige ; peu de leurs défauts qui ne ſcandaliſent, nul qui ne ſoit extraordinairement injurieux à Dieu, qui les a choiſis pour ſes Miniſtres, & qui les diſtingue ſi fort du reſte des hommes par ce choix. *Le P. Croiſet, dans ſon Année chrétienne.*

Il faut que le Pontife de Jeſus-Chriſt ſoit tellement irreprehenſible, dit S. Jer.

Note marginale droite : De la vocation à l'état Eccleſiaſtique.

Note marginale droite : Quelle doit eſtre la ſaincteté des Preſtres.

Note marginale droite : Continuation du même ſujet.

Jerôme, que l'infidéle qui ne craint point de blasphemer contre la Religion, disant qu'elle propose des mysteres trop élevez, ou des vertus trop difficiles, n'ose rien reprocher à celui qui la professe. Il faut que voyant la sainteté du Prestre, il soit porté à reverer la sainteté de Dieu, qui exige & qui se forme des Ministres si venerables, dit saint Ambroise. Il faut que le fidéle, jettant les yeux sur le Pontife, comme sur son modele, aprenne de lui à pratiquer les plus excellentes vertus, dit un Concile. Il faut que sa seule presence impose silence aux impies & aux libertins, &c. *M. de la Chetardie, dans ses Homelies.*

La vie des Prestres doit être extrémement exemplaire.

Quand on voit que le Prestre n'a pas une profonde pieté, on ne peut se persuader qu'il croye la grandeur des mysteres qu'il opere. Quand on voit qu'il n'a pas les vertus dans un haut degré, on se figure que la Religion qu'il professe, ne donne pas la grace ni la force de rendre les hommes meilleurs; quand on voit qu'il s'attache aux biens temporels de ce monde; on s'imagine qu'il n'espere pas aux biens éternels de l'autre, ou qu'il ne les croit pas. On ne peut se resoudre à suivre un chemin enseigné par un si mauvais guide; on rejette des remedes ordonnez par un Medecin si peu habile; on méprise une Religion proposée par des Ministres si méprisables, & on ne sçauroit se convaincre que ceux qui n'ont point de charité pour les hommes, puissent estre bons à sauver les hommes. Que sert une lampe mise sous un boisseau? C'est-à-dire, un homme qui doit estre la lumiere du monde, enseveli sous l'amour des biens, des plaisirs, ou des honneurs du monde. *Le même.*

Du bon exemple que les Prestres doivent donner aux peuples.

Si les peuples ne remarquent point de difference entre les Prestres & eux; si au lieu de s'acquitter de leurs emplois & de leurs fonctions, ils les voyent s'abaisser à des choses indignes de leur profession, s'introduire dans les maisons des grands, se faire leurs œconomes, & prendre la direction de leurs affaires; si au lieu d'avoir soin des ames, ils ne pensent qu'aux choses temporelles, à bâtir, à se meubler, à s'établir dans le monde; s'ils ne s'apliquent qu'à intenter ou à soûtenir des procès; ou bien si le jeu, si la bonne chere, si la fréquentation de toutes sortes de compagnies, si les intrigues & les divertissemens mondains font leur plus ordinaire occupation; quel respect peuvent-ils mériter par cette vie molle & oisive, que l'on blâme même dans le commun des Chrétiens? Oüi, Ministres du Seigneur, si vous vouliez qu'on respecte vôtre caractere, ôtez l'oprobre que vous attirez sur vôtre personne: *Aufer à me opprobrium & contemptum*, demandoit autrefois à Dieu le saint Roi Prophete: mais vous demandez à Dieu que puisqu'il vous a apellez à un état, & élevez à une dignité, qui mérite tant de respect, demandez la grace d'éviter les vices & les desordres qui attirent le mépris sur vos personnes, & qui vont à l'oprobre de vôtre état & de vôtre dignité. Pensez que ceux qui ne remarquent qu'à peine les vices des personnes du monde, sont éclairez pour les voir dans les Prestres, & dans les personnes consacrées au service de Dieu. *L'Auteur des Sermons sur tous les sujets.*

Psal 118.

Les moindres défauts dans les peuples sont des péchez considerables dans les Prestres.

De plus, faites réflexion que les Prestres devant servir d'exemple aux autres, par une obligation qui est attachée à leur profession & à leur caractere, les moindres défauts, à quoi l'on ne prendroit pas même garde dans le commun des hommes, deviennent des péchez considerables dans les Ministres des Autels, comme dit faint Bernard : *Nugæ in ore fæculatium nugæ funt*, *in* L 2 de Confi. *ore facerdotum blafphemia.* A quoi l'on pourroit ajoûter, que tout vice & tout peché dans leurs perfonnes, devient un fcandale ; parce qu'il ne peut manquer de venir à la connoiffance des autres, & d'avoir enfuite de pernicieux effets, quand il n'y auroit que l'occafion & le fujet qu'ils donnent aux difcours qu'on en tient, & aux railleries qu'on en fait. Car s'il y a quelque conte agréable, quelque hiftoire de galanterie, quelque hiftoire propre à divertir une compagnie de libertins, ce fera aux dépens de la réputation d'un Ecclefiaftique, & d'une perfonne confacrée à Dieu. Malheur à ceux qui fous pretexte de quelque defordre, croyent qu'ils peuvent les tourner en ridicules, & en faire le fujet de leurs fatyres ! Mais auffi malheur à ceux qui leur en donnent occafion, par leurs déréglemens, qui deviennent fcandaleux par le rang qu'ils tiennent ; parce qu'ils fourniffent aux autres des pretextes & des excufes pour autorifer leurs vices, & tenir une femblable conduite. Souvenez-vous enfin que comme l'impieté & l'irréligion, a prefque toûjours commencé par le mépris qu'on a fait des Miniftres des Autels ; auffi leurs defordres & leur vie déréglée ont fouvent rendu la Religion méprifable, & donné un fujet aparent aux heretiques d'accufer l'Eglife d'eftre corrompuë ; & ç'a été l'un des pretextes du fchifme, & de leur apoftafie au fiécle paffé, comme fi la Religion que nous fuivons autorifoit ces defordres, & c'eft la penfée de faint Jerôme : *Propter vitia facerdotum fanctuarium non modò* Epift. ad Diac. *deftituitur, fed etiam deftruitur.* L'Auteur des Sermons fur tous les Fabinian. fujets.

Origene, dans l'Homelie feptiéme fur Jeremie, avertit les Preftres de ne Autorizez les point préfumer de leur dignité en ces termes : Nous qui fommes eftimez quel-fa es Peres que chofe, & qui prefidons aux autres dans l'ordre de la Clericature, nous fur le Sacre-ne ferons pas tous fauvez pour cela ; car plufieurs Preftres fe perdent, pen-ment de l'Or-dant que plufieurs Laïcs feront très heureux : nous nous fauverons, lorfque dre. nous aurons & meriterons l'ordre de la Clericature, parce qu'il s'en trouve qui vivent, de maniere qu'ils ne reçoivent aucun fruit de leur ordre, & ne font point d'honneur à leur charge. Saint Bafile, au fecond livre du Baptême, chapitre huitiéme, nous dit que quoique le Prophete dife que tous les hommes feront apellez Preftres ; il ne s'enfuit pas que tous fe puiffent attribuer le Sacerdoce & la grace qui l'accompagne, attendu que c'eft un don de Dieu que perfonne ne fe peut ufurper ni attribuer de foi-même. Saint Gregoire de Nazianze, en l'Oraifon vingt-uniéme, qui eft des loüanges de faint Athanafe, raconte comme ce faint Patriarche parvint à eftre Evêque de l'Eglife d'Alexandrie, après avoir paffé par tous les Ordres de l'Eglife. Saint Ignace, dans fon Epître à ceux de Smyrne, leur dit : Suivez les Prélats, comme fi c'étoit le college des Apôtres, refpectez les Diacres comme fervans aux divins Commandemens ; & dans un autre endroit : Que toutes chofes foient faites avec l'ordre convenable. Que les Laïcs foient fujets aux Diacres, les Diacres aux Preftres, les Preftres à l'Evêque, l'Evêque à Jefus-Chrift, comme Jefus-Chrift l'eft à fon Pere. *Auteur moderne.* Suite des au-toritez des

Saint Gregoire de Nyffe reprefentant les effets de la divine parole, dit SS. Peres fur qu'elle rend le Preftre augufte & venerable ; & que par la nouvelle benedic-le Sacrement tion, il eft féparé du vulgaire, & quoiqu'à l'exterieur, on n'y aperçoive de l'Ordre.

aucun changement ; neanmoins il est transformé en l'interieur , par une force & grace invisible qui le rend Maître , Prélat , Docteur & administrateur des Mysteres cachez. Saint Jean Chrysostome , au livre troisiéme de la Prestrise. Le Sacerdoce se perfectionne sur terre ; mais il doit estre raporté à l'ordre des choses celestes , attendu que ce n'est point un homme mortel , ni un Ange , ni un Archange , ni aucune autre Puissance ; mais le Saint-Esprit même qui a établi cet ordre. Theodoret , sur le cinquiéme chapitre de la premiere à Timothée , exposant ces paroles : n'imposez point les mains à personne legerement ; il faut , dit il , premierement examiner la vie de celui qui reçoit l'ordre , & après invoquer sur lui le Saint-Esprit. Justinien , dans la Constitution nouvelle cent trente-septiéme , au chapitre premier , veut que les Diacres , les Prestres , les Evêques , & tous autres du Clergé , soient examinez sur la foi , & que l'on s'informe de leurs vies & de leurs mœurs avant de les élever aux Ordres , d'où il conclud qu'il les faut conferer avec beaucoup de circonspection. Le même.

Ce qui doit exciter les gens du monde à avoir du respect pour les Prestres.

Si on est obligé souvent de considerer de qui les Ecclesiastiques sont les Ministres , pour s'exciter à leur rendre l'honneur qui leur apartient , d'autant plus que plusieurs n'ont en eux que la qualité glorieuse de l'estre de Jesus-Christ , qui soit digne d'estre honorée ; nous devons aussi faire souvent reflexion pourquoi ils sont les Ministres envers qui , ou pour qui ils le sont. C'est pour tous ceux qui sont incorporez à Jesus-Christ par le baptême , & qui sont membres de l'Eglise , & par consequent pour nous , qui avons ce bonheur preferablement à tant d'autres qui en sont séparez. Que si quelquefois ils exercent leur ministere envers ceux qui sont hors de l'Eglise , c'est extraordinairement ou par une mission particuliere , n'étant destinez par leur vocation ordinaire qu'à cultiver le champ de Dieu , qui est le nom

1. Cor. 3.
Ibidem.

que l'Apôtre donne aux fidéles : Dei agricultura estis ; après s'estre donné celui de Ministres ou cooperateurs de Dieu : Dei adjutores sumus. Année chrétienne , Tome 9.

Un Prestre doit estre détaché des choses temporelles.

Le soin des choses temporelles , avec les sages précautions que l'on peut prendre , est permis , peut estre même loüable dans un Laïque ; mais à un Prestre , à un homme consacré d'une maniere speciale au service de Dieu , ce soin est toûjours dangereux , & souvent criminel. Pourquoi ? parce que l'attention qu'il donne aux affaires du monde ; 1°. Fait pencher vers la terre un esprit & un cœur qui doit toûjours s'élever vers le Ciel. 2°. Elle consume un tems qui lui est donné par des occupations plus importantes & plus saintes. 3°. Elle ralentit le zele qu'il est obligé d'avoir pour sa propre perfection & pour le salut des autres. 4°. Elle l'expose au moins à perdre la confiance & l'estime des ames vertueuses , & à se rendre suspect aux personnes, dont la conduite lui avoit été confiée. Voilà la leçon que Jesus-Christ a pretendu donner à ses Ministres par le refus qu'il fit de prononcer sur le different de deux freres. Seigneur , rendez nous dociles à cette instruction , inspirez-nous ce parfait détachement de toutes les choses du monde : Vous estes nôtre partage , ô mon Dieu , malheur à qui vous ne suffirez pas tout seul. Extrait du livre intitulé : La Morale du Nouveau Testament du P. la Neuville, Tome 4.

De l'ambi-

Comme l'ambition est un mal qui entre par tout , & qui attaque aussi-bien les Ecclefiaftiques que les féculiers, il a falu que le Fils de Dieu leur ait apris que les dignitez de fon Eglife font plus à craindre qu'à defirer, & qu'encore qu'elles foient faintes, elles ne laiffent pas d'être dangereufes. C'eft pourquoi il ne veut pas qu'on y afpire, fi l'on n'y eft apellé; & il défend à tous fes Difciples d'y pretendre, fi fon Pere, par une marque évidente & affurée ne leur témoigne qu'il fe veut fervir d'eux dans un miniftere fi élevé. Il apella Aaron par un miracle, & il fit fleurir un bâton fec & aride entre fes mains, pour aprendre à tout le monde qu'il les deftinoit au fervice de fes Autels : Il punit plufieurs Preftres qui s'étoient aprochez de l'Autel fans vocation. De là vient qu'il n'a jamais été permis à perfonne d'entrer dans l'Eglife de fon propre mouvement, & qu'il a toûjours falu que Dieu ait fait paroître fa volonté, ou par des infpirations fecretes, ou par des marques évidentes, ou par le fuffrage des fidéles. Quiconque a fait autrement, a été taxé d'ambition ou d'injuftice, & quelque pretexte qu'il ait voulu donner à fa témérité, il a été blâmé de toute l'Eglife. Ce fameux paffage de faint Paul, qui femble flater ceux qui pretendent à l'Epifcopat, a été fi bien expliqué par faint Gregoire, qu'il eft inutile d'y aporter d'autre éclairciffement. *Extrait du livre intitulé : La Morale du Nouveau Teftament, par le P. la Neuville, Tome 4.*

tion des Ecclefiaftiques & de leur vocation.

Si les Miniftres de l'Eglife s'imaginoient que ce fût affez d'une pieté vulgaire, pour prendre place parmi les facrificateurs, on n'auroit, pour les defabufer, qu'à leur dire avec les faints Conciles, qu'ils fe flattent en vain, qu'étant dévoüez au culte de Dieu, & devenus en cette qualité, les confidens de fes myfteres; ils ne doivent pas plus fe diftinguer des peuples par leur dignité fublime, que par la fimplicité de leur converfation, & par la pureté de leur vie. Tout doit être régulier dans la conduite de ceux qui fe deftinent à l'Autel; leur maintien, leurs occupations, leurs converfations; puifque devant être au deffus des peuples, par la fuperiorité de leur caractere; il eft jufte qu'ils les furpaffent encore par l'innocence de leurs mœurs : *Ut qui aliis ordine præfunt, etiam & laudabili morum & ftudiorum inftitutione præluceant.* C'eft peu pour un homme apellé à l'Eglife, de n'être point diffipé, il doit être interieur; féparé du monde par fon vêtement, il faut qu'il le foit encore par la gravité de fes mœurs; fes actions, fes penfées, fes difcours, tout doit le difcerner des perfonnes féculieres, & le faire prendre pour un Miniftre de l'Autel, avant même qu'il le foit. Qu'il porte long-tems l'Ephod avec Samuel, en la prefence d'Heli, avant que de brûler de l'encens, & d'offrir des facrifices pour le peuple. Tel eft l'efprit que les Peres de l'Eglife ont demandé pour le Sacerdoce; & en cela, ils ont confulté, non pas leur ferveur, mais les oracles de Dieu. Dans l'Exode, il dit à Moïfe; que les Prêtres qui aprochent du Seigneur, ayent foin de fe fanctifier, de peur qu'il ne les abandonne. Il ajoûte dans le même livre : Lorfqu'ils approcheront pour fervir devant le Seigneur, ils feront purs de tout peché, s'ils ne veulent être frapés de mort. *Auteur moderne.*

La fainteté que Dieu exige des Miniftres de l'Autel.

Cap. 19.

Si Dieu demandoit tant de purifications légales pour un facrifice, où s'immoloit feulement par la main des hommes, la chair des boucs & des taureaux; quelle pureté n'exige point Jefus-Chrift, pour ce facrifice augufte, dont il eft lui-même le Prêtre & la victime ? En fecond lieu, s'il faut tant de pre-

De la vocation au Sacerdoce, & de fa dignité.

paration pour aprocher de l'Autel ; on comprend affez quelle perfection on doit aporter au Sacerdoce, qui nous introduit à l'Autel, & nous donne droit d'entrer, non pas une fois l'année, comme aux Preftres de la Synagogue ; mais tous les jours de nôtre vie dans le Saint des Saints. Mais fi l'on eft mal apelé au Sacerdoce, on efpere, dit-on, reparer par une vie reguliere, l'irrégularité de fon ordination. Voici à peu près ce que repondent le Saints à ceux qui pretendent corriger le defaut de leur vocation par leu exactitude à remplir leur miniftere. Vous avez emporté cette charge, cett dignité Ecclefiaftique par la violence, ou vous l'avez furprife par la brigue Vôtre adminiftration, dites-vous, eft fans reproche. Tout ce que je fçai c'eft que vous le dites ; mais la maniere en laquelle vous eftes entré dans ce pofte, n'a pas été pure ; & puifqu'il faut s'expliquer, il eft fort à craindre que l'efperance, que vôtre vie fera plus fainte, que vôtre vocation ne vou féduife. Il eft vrai qu'à confiderer la bonté de Dieu, qui fort quelquefois e faveur de fes Elûs, de fa conduite ordinaire, il n'eft pas impoffible de voi un changement fi heureux ; mais avoüez auffi, qu'à regarder l'ordre qu'i a établi pour la fanctification de fes Miniftres ; il n'eft rien de plus prefomptueux que d'attendre d'un mauvais commencement un favorable fuccès ;

S Leo. Epift 1. in Concil. apud Gratian. Difficile eft, ut bono peragantur exitu, quæ malo inchoata funt principio. Auteur moderne.

Le Fils de Dieu n'a pu avoir un titre plus glorieux & plus excellent que celui de Prêtre. Pfal. 109. Un des titres les plus glorieux qu'ait porté le Verbe Incarné fur la terre, & celui qui fembloit lui eftre le plus legitimement dû, a été la qualité de Prêtre, dont le Sacerdoce, felon le Prophete Royal, devoit eftre éternel : Tu es Sacerdos in æternum. Cette qualité n'eft pas feulement augufte, & fainte en elle-même ; elle renferme encore toutes les autres, qui devoient diftinguer cet Homme-Dieu du refte des hommes : car elle comprend la Royauté, où il a été élevé par fa filiation divine ; puifque la même onction qui l'a établi le Sacrificateur par excellence, l'a établi, felon le même Prophete, le fouverain de toutes les creatures ; & enfuite les titres de Sauveur, de Mediateur & de Redempteur des hommes, ont été, au fentiment de faint Chryfoftome, des emplois & des fonctions attachées à cet augufte miniftere, dont fon Pere l'avoit honoré ; parce que pour fauver les hommes, pour fatisfaire à la juftice divine, & pour reconcilier le monde avec Dieu, il a fallu une victime égale à la perfonne offenfée, & qu'il n'y en pouvoit avoir d'autre que lui-même, & que nul autre n'étoit digne de l'offrir que lui ; c'eft ce qui l'a fait le Prêtre & la victime tout à la fois de la nouvelle Loi. Mais ce qui me paroît le plus myftérieux, & le plus digne de nos reflexions ; c'eft ce que le Roi Prophete ajoute, que fon Sacerdoce doit eftre éternel ; parce qu'après avoir aboli tous les facrifices de l'ancienne Loi, par le grand facrifice de lui même, qu'il a offert fur la Croix, il le continüe encore à tous momens dans l'adorable facrifice de l'Autel, qui contient toute la vertu du premier, & qui n'eft pas d'en moindre prix : Tu es Sacerdos in æternum fecundum ordinem Melchifedech.

Ibidem. L'Auteur des Sermons fur tous les fujets.

Dieu a communiqué aux hommes ce titre fi augufte de Prêtre, O., Chrétiens, ce titre fi glorieux, cette qualité fi augufte, ce miniftere fi divin, comme l'apellent les faints Peres, n'eft point tellement attaché à ce Homme Dieu, qu'il ne l'ait voulu communiquer aux hommes, comme il a fait une partie de fes autres prerogatives ; mais il n'en eft pas du titre de reſtriſe comme des autres qualitez qu'il communique à tous les hommes en general ; car quand il leur a fait part de ſon Sacerdoce, il a fait choix es perſonnes qu'il a élevées à ce miniſtere par un caractere qu'ils ne peuvent perdre en cette vie, & que la violence, ni l'injuſtice des hommes ne eur peut ravir ; puiſque de ſa nature il eſt éternel, & qu'il ne depend pas omme les autres dignitez de la terre, de l'aveu & du conſentement des ommes ; mais que c'eſt une dignité & un pouvoir auquel rien n'eſt comparable en ce monde ; puiſqu'ils ſont par là établis les Miniſtres du Dieu ivant, & les diſpenſateurs de ſes myſteres & de ſes graces, pour ouvrir ou rmer le Ciel aux autres hommes, qui ne peuvent y entrer que par leur oyen. C'eſt, Chrétiens, ſurquoi eſt fondé le reſpect qui leur eſt dû ; en rte que ni leurs défauts, ni les foibleſſes auſquelles ils peuvent être ſujets, e peuvent diſpenſer les autres hommes de les leur rendre. Pour en être onc perſuadé d'une maniere à n'en laiſſer aucun doute, il ne faut que faire reflexion ſur le pouvoir qui eſt attaché au caractere du Sacerdoce, il onſiſte en deux choſes exprimées par ces paroles mêmes de ſaint Paul : *Sic* *s exiſtimet homo, ut miniſtros Chriſti, & diſpenſatores myſteriorum Dei.* e même.

avec toutes ſes autres prérogatives; mais avec cette différence, que quand il nous donne la qualité d'enfans de Dieu, & de Dieux mêmes il communique ces titres à tous les hommes en general.

ad Cor. c. 4.

Les Prêtres ont un pouvoir ſur le corps naturel du Fils de Dieu, qu'ils roduiſent & qu'ils mettent ſous les aparences du pain, comme parle ſaint rôme : *Corpus Chriſti ſacro ore conficiunt.* C'eſt le grand ſacrifice de nôtre eligion, qu'ils offrent à Dieu, en qualité de Prêtres & de Miniſtres du igneur ; pouvoir ſurprenant & tout-à-fait divin, que le Sauveur du monde, qui eſt le Prêtre par excellence de la nouvelle Loi, leur a communiqué : *Hoc facite in meam commemorationem.* Le ſecond pouvoir qu'il leur a ſſé, eſt ſur ſon Corps myſtique, qui eſt ſon Egliſe, compoſée de tous s fidéles : pouvoir ſi grand, qu'il n'eſt autre que celui de Dieu même ; ſqu'il conſiſte à remettre les pechez & à reconcilier les pecheurs avec la vine Majeſté ; pouvoir enfin ſi abſolu que Dieu ratifie les graces qu'ils troyent, & la ſentence qu'ils portent, ſoit qu'ils lient ou qu'ils délient s pecheurs, qui ſont ſoumis à leur pouvoir, de quelque rang & de quelle qualité qu'ils ſoient. C'eſt ce que l'Apôtre apelle être diſpenſateurs des yſteres d'un Dieu : *Diſpenſatores myſteriorum Dei. L'Auteur des Sermons ſur us les ſujets.*

Le grand pouvoir que Dieu a accordé aux Prêtres, qui ſont ſes Miniſtres.

Luc. 22.

Or, ce grand pouvoir qu'ils ont reçû du Ciel, n'établit-il pas ſuffiſamment le reſpect qui eſt dû à leur caractere & à leur dignité ? Veu que rien tout cela ne peut être conteſté, ſans tomber dans une damnable hereſie, ai-retranche du Corps myſtique du Fils de Dieu même, ceux qui veulent truire le ſacrifice de ſon propre Corps, qui n'eſt pas plus eſſentiel à la Religion, que le pouvoir d'offrir & de faire ce ſacrifice eſt attaché au caractere à la dignité du Sacerdoce. Ainſi comme l'honneur & le reſpect ſont des ites & des conſéquences de la dignité & du pouvoir où une perſonne eſt evée, par quelque titre que ce ſoit ; faut-il que dans le Chriſtianiſme, il it beſoin d'étaler ces deux titres, & ces deux marques de la plus illuſtre gnité, & du plus ample pouvoir qui ſoit au monde, pour obliger les Chrétiens à reſpecter les Miniſtres de leur Dieu, & les diſpenſateurs de ſes myſtes & de ſes faveurs ? C'eſt pourtant à quoi eſt directement apellé le mépris

C'eſt ſur ce double pouvoir, qu'eſt fondé le reſpect qui eſt dû aux Prêtres.

qu'on en fait ; mépris affez connu & affez ordinaire , pour vous faire croir
que ce ne font pas des ennemis imaginaires qu'on attaque , ni des monftre
que l'on feint pour les détruire ; comme difoit l'éloquent Salvien , lorfqu
d'un côté il faifoit reflexion fur l'éminente dignité , où Dieu avoit élevé le
Prêtres ; & de l'autre , fur le peu de refpect que leur portoient les Chrétien
de fon tems. Je ne trouve qu'une chofe à redire dans l'expreffion dont s'e
fervi ce grand homme ; fçavoir , que les monftres font rares, au lieu qu'il n'
a guere de peché plus commun , que le mépris ou le manquement de refpec
qu'on a pour ceux , à qui le Fils de Dieu même s'eft foûmis , en obéiffant
ponctuellement à leur parole , & à leur voix. *L'Auteur des Sermons fur tous le*
fujets.

Tout le ref-
pect que l'on
peut rendre
aux Prêtres
eft encore
bien au-def-
fous de leur
dignité & de
leur caracte-
re.

Le pouvoir des Prêtres étant tout divin , au-deffus de la nature , & d
toute puiffance humaine , éleve les Miniftres du Seigneur à une dignité , q
n'a rien de femblable , & à laquelle rien ne peut être comparé ; tirez-en don
la conféquence , à qui on doit du refpect , de l'honneur & de la veneratio
fi l'on n'en rend à une telle dignité , à un tel pouvoir , & à une autorité d
cette nature ? Peut-il y en avoir d'affez profonds, qui ne foient au-deffous d'un
dignité fi fublime ? *Le même.*

Le profond
refpect qu'a-
voient plu-
fieurs faints
Perfonnages,
pour la dig-
nité de Prê-
trife.

Je ne m'étonne plus fi le grand faint Antoine , cet homme de miracles
& ce modele des Solitaires fe profternoit devant eux , lorfqu'il les renco
troit , pour demander leur benediction ; fi le grand & féraphique fai
François , baifoit leurs mains par refpect , & quelquefois même la terre f
laquelle ils avoient marché ; fi les plus grands & les plus pieux Monarque
les Conftantins & les Theodofes , les honoroient avec tant de marques de di
tinction , & fe recommandoient à leurs prieres avec tant d'inftances ; & fi l
autres ont marqué par mille bons offices qu'ils leur ont rendu , la confid
ration qu'ils avoient pour eux : ils confideroient dans leurs perfonnes le c
ractere & la dignité dont Dieu même les avoit honorez ; ils regardoient
grandeur de celui qu'ils reprefentoient , & dont ils tenoient la place ; ils e
vifageoient ce pouvoir en quelque maniere divin , avec lequel toute
puiffance , que les Souverains avoient fur la vie & fur la fortune des autr
hommes , ne pouvoit faire de comparaifon. Hé qui pourroit donc difpenf
le refte des hommes de ce refpect ; puifque c'eft à Dieu qu'ils le rendent à
fes Miniftres ; mais auffi c'eft à Dieu qu'ils le refufent ; puifque l'honneu
qu'on rend aux Souverains , doit s'étendre fur tous ceux qui aprochent
leurs perfonnes , & qui font revêtus de leur autorité. *L'Auteur des Sermo*
fur tous les fujets.

Rien ne peut
autorifer per-
fonne d'avoir
du mépris
pour les Prê-
tres, quelque
défaut qu'ils
puiffent a-
voir.

Nous ne leur conteftons pas ce droit , me direz-vous , nous avoüons bi
qu'il eft dû à leur caractere , & au pouvoir qu'ils ont reçu de Dieu ; mais
le deshonorant par leurs vices , ou ne pouvant le foûtenir par leur peu de m
rite , ils fe dehonorent eux-mêmes , & rendent leurs perfonnes mépri
bles. Ainfi en faifant abftraction de leur dignité , de leur caractere & de le
autorité , nous ne méprifons que ce qu'eux-mêmes ont rendu digne de m
pris ; fçavoir , leurs perfonnes. C'eft en effet , Chrétiens , le pretexte fur
quel les peuples pretendent être difpenfez d'un devoir fi étroitement co
manlé dans l'ancienne Loi , & qui n'impofe pas une moindre obligati
dans la nouvelle ; on fépare le caractere de leurs perfonnes , pour fe donner
liber

...berté d'en faire l'objet de leurs mépris, de leurs censures, de leurs raille-
...ies, & de la satyre la plus licentieuse. On ajoûte même souvent le venin de
...a calomnie la plus outrageuse, & de la medisance la plus atroce contre des
personnes, dont les Anges reverent le ministere, comme parle saint Chrysostome. Mais ce que Dieu a joint & uni si étroitement, l'homme peut-il le
séparer ? comme a dit le Sauveur du monde dans une autre occasion : je ne
craindrai point de m'en servir dans celle-ci ; pourquoi voulez-vous séparer
ce qui ne peut être désuni ? Vous honorez une personne pour ses grandes
qualitez, ou vous la méprisez à cause de ses défauts & de ses vices. Mais ici
vous ne sçauriez séparer la dignité de Prêtrise, d'avec le Ministre qui la porte, pour vous autoriser à le mépriser. *L'Auteur des Sermons sur tous les
sujets.*

On ne peut
... séparer la
dignité de Prê-
tise, d'avec
celui qui en
est revêtu,
sous quelque
pretexte mê-
me que ce
puisse être.

On n'ignore pas que les Prêtres, étant hommes, ne puissent avoir des
vices & des défauts, qui peuvent rendre leurs personnes méprisables ; mais
il ne s'ensuit pas qu'on les doive jamais mépriser, ni perdre à leur égard le
respect qu'on leur doit ; parce qu'on doit toûjours considerer le caractere que
Dieu a attaché à leurs personnes, & quelque indigne que puisse être le Ministre, qui en est revêtu, il est toûjours considerable par cet endroit ; &
c'est dans l'honneur & dans le respect qu'on leur rend, que l'abstraction de
la personne & du caractere doit avoir lieu, en ne considerant eu eux que le
pouvoir & l'autorité qu'ils ont reçus de Dieu. Car comme le caractere n'est
pas plus excellent dans le Prêtre le plus saint & le plus apliqué à ses devoirs,
que dans le plus dereglé & le plus vicieux ; si les desordres de quelques-uns
viennent à vôtre connoissance, envisagez alors le caractere, & le séparez
de leurs personnes ; persuadez que vous devez être, que ni ses défauts, ni
ses crimes ne peuvent justifier vôtre mépris, ni vous dispenser de l'honneur
& du respect que vous leur devez. C'est la reflexion que fait saint Ambroise :
*Non merita personarum consideres, sed officia sacerdotum. L'Auteur des Sermons
sur tous les sujets.*

On ne sçau-
roit se justi-
fier, de ne
point porter
le respect &
la veneration
que l'on doit
aux Prêtres.

*De iis, qui
mysterio ini-
tiantur.*

Voilà, Chrétiens, la maniere dont vous vous devez conduire à leur égard :
faites abstraction de la personne dans les défauts qu'ils peuvent avoir ; ils
sont hommes comme les autres ; ils ont des imperfections & des vices, l'on
n'en peut douter : peut-on donc mépriser le vice & les desordres ? Oüi, &
on le doit ; mais peut-on mépriser la personne où se trouve ces vices & ces
desordres ? Non, parce que le Sacerdoce est une dignité qui mérite par tout
du respect, & qui est inséparable de leur personne ; on peut n'avoir nul
égard à leur caractere, dans les qualitez qui leur sont personnelles, comme
dans la science, dans la penetration d'esprit & dans la capacité, pour toutes les affaires ; séparez alors le caractere & la dignité du Sacerdoce tant
qu'il vous plaira ; car la personne peut être loüable par d'autres endroits ;
mais dans les défauts & dans les vices, qui lui sont propres, n'en séparez
jamais le caractere & la dignité, parce qu'ils la rendent digne du respect par
tout, & en quelque état qu'elle puisse être. *L'Auteur des Seemons sur tous les
sujets.*

On ne peut
séparer le ca-
ractere d'avec
la personne,
dans un Prê-
tre, pour ho-
norer l'un &
mépriser l'au-
tre.

Si du pouvoir que les Prêtres ont sur le Corps naturel du Fils de Dieu,
nous passons à la puissance qu'ils ont pareillement reçûë sur son Corps mystique, qui est son Eglise ; je dis encore en second lieu, que ce respect leur

Du pouvoir
que les Prê-
tres ont sur
le Corps my-

stique & na-
turel du Fils
de Dieu.

est dû, comme aux Ministres du Seigneur, qui peuvent, en son nom, & de sa part lier & délier, ouvrir & fermer le Ciel ; en sorte que la sentence qu'ils prononcent, n'est pas une simple declaration qu'ils sont absous ; car c'est l'erreur des heretiques du siécle passé, frapée d'anatheme par le Concile de Trente, au lieu que la verité constante & orthodoxe, est qu'ils ont un veritable pouvoir de remettre les crimes, & de reconcilier veritablement les pecheurs les plus criminels, avec la divine Majesté, indignement offensée. Or, si vous devez du respect à un juge établi par le Prince, pour punir les coupables, & absoudre les innocens. Si les Magistrats, dans l'étenduë de leur jurisdiction, semblent porter avec les marques de leur charge, le droit de se faire honorer ; jusques-là, que plusieurs entrent dans ces emplois, plûtôt pour l'honneur qui y est attaché, que pour le lucre qu'ils en esperent, ou pour le service qu'ils y peuvent rendre au public ; si ceux que la naissance a élevez au-dessus du reste des hommes, semblent imprimer le respect dans l'esprit des peuples qui leur sont soûmis ; & si l'Apôtre nous oblige sous ce titre, de leur rendre l'honneur qui leur est dû : *Cui honorem honorem, cui tributum tributum*. Qui pourra le refuser ou le contester aux Prêtres. *Le même*.

ad Rom. 13.

Le pouvoir
absolu que
les Prêtres
ont sur les
esprits.

Pour nous acquitter dignement du devoir du Sacerdoce, nous n'avons qu'à considerer la puissance qu'ils ont reçuë, comme la plus noble & la plus ample participation que Dieu ait jamais communiquée aux hommes, de sa suprême autorité ; puisque toute autre puissance ne peut s'étendre que sur nos corps, sur nos vies, & sur nos biens temporels ; mais le rang & la puissance du Sacerdoce, regarde le Ciel & les biens éternels ; c'est un pouvoir qui s'étend sur l'esprit, où nul Monarque ne peut avoir de droit. Cette autorité & cette puissance consiste à nous procurer la grace, la gloire, l'amitié de Dieu, puisque nous recevons la plus grande partie des Sacremens par leur ministere ; nous sommes regenerez par le baptême qu'ils nous conferent, du moins le plus ordinairement ; nous sommes absous de nos crimes, par la sentence qu'ils prononcent en nôtre faveur ; nous recevons par leur moyen, le Sacrement du Corps adorable du Sauveur ; ils nous rendent en quelque maniere le droit que nous avions perdu sur le Ciel, puisque Dieu même leur en a confié les clefs. *L'Auteur des Sermons sur tous les sujets*.

Les differen-
tes fonctions
des Prêtres.

Que si vous ajoûtez à tout cela, les autres fonctions qui sont plus particulierement attachées au Sacerdoce ; comme d'instruire les peuples, & de leur annoncer la parole de Dieu, d'offrir pour eux des prieres & des sacrifices, de conduire & de regler leurs consciences, & tout ce qui depend de leur jurisdiction, & des devoirs dont Dieu les a chargez ; quel pouvoir, Chrétiens, quelle autorité, quel rang, & quelle dignité ! Sur quel autre pied les devons-nous considerer, que de celui de nos Juges, de nos Peres, & de nos Mediateurs auprès de Dieu, & qui nous procurent le souverain bonheur ; ce qui fait que le grand Apôtre les apelle les Coadjuteurs de Dieu même, dans le salut des hommes ? Et tous ces titres ne sont ce pas autant de droits à l'honneur qui est dû à chacun de ces emplois, & de ces ministeres considerez séparement ? Certes, quand la loi Chrétienne ne seroit point un devoir de Religion du respect qu'on leur doit rendre, la seule raison ne nous obligeroit-elle pas à ce devoir, & ne nous aprendroit-elle pas, que plus la puissance & l'autorité qu'ils ont reçuë de Dieu sur les autres hommes, est étenduë & établie pour une fin infiniment plus noble; plus l'honneur que nous leur devons rendre est juste, & nos respects mieux fondez: De maniere qu'en qualité de Ministres, d'Ambassadeurs & de Substituts du Fils de Dieu, qui sont les titres que les saints Peres lui donnent, la veneration qu'on doit avoir pour eux, doit surpasser celle qu'on doit à toutes les puissances humaines; parce qu'elle est une participation plus noble de la puissance divine; d'où vient que le manquement de respect envers eux, où les mépris outrageux qu'on en fait, sont traitez de blasphemes par l'Apôtre; parce que c'est la Majesté divine que l'on viole en leurs personnes; puisqu'ils sont reconnus comme ses Ministres & ses Agens. C'est, Chrétiens, ce qui est bien à remarquer, & ce qui seul peut autoriser le respect qu'on leur doit, de voir que le Saint-Esprit comprend l'honneur & le respect qui est dû à Dieu, & à ses Ministres dans un même precepte: *In totâ animâ tuâ time Dominum, & Sacerdotes ipsius sanctifica*, dit l'Ecclesiastique; honorez Dieu de toutes les forces de vôtre ame, c'est le premier objet de vôtre culte; & ensuite honorez ses Prêtres & ses Ministres, comme des personnes que leur fonction rend saintes, & aplique au culte de Dieu; c'est ce que veut dire ce terme, *sanctifica*. *L'Auteur des Sermons sur tous les sujets.* *Eccli. 7.*

Ce n'est pas, Chrétiens, rien avancer, qui soit contraire à l'humilité chrétienne, que de dire que les Prêtres, en qualité de Ministres du Seigneur, doivent s'attirer du respect & soûtenir leur caractere par leur vertu. Je sçai que l'humilité est de toutes les vertus celle qui doit davantage éclater dans leurs personnes, & dans toute leur conduite; & que pour être semblables au Fils de Dieu, dont ils tiennent la place, ils doivent être éloignez de toute ambition, fuir l'éclat, & aimer l'humiliation même. Mais cela ne détruit point ce que je veux établir, qu'ils doivent, par l'exemple de leur vie, par leur mérite & par leurs vertus, honorer leur ministere, & se donner bien de garde de le rendre méprisable, par le mépris, que leurs vices & une conduite dereglée pourroient attirer sur leurs personnes. Or, pour éviter l'oprobre, qui de l'un a coûtume de retomber sur l'autre, je ne m'ingererai pas de leur donner des instructions necessaires pour remplir les devoirs qui sont attachez à un ministere si saint; mais je leur exposerai seulement les obligations que Dieu imposa aux Prêtres de l'ancienne Loi, par la bouche de son premier Legislateur. Les voici: *Separavit vos Deus Israel ab omni populo, & junxit sibi, ut serviretis in cultu Tabernaculi; & staretis coram frequentia populi.* Ecoutez, Lévites & Prêtres du Seigneur, la fin pour laquelle Dieu vous a établis ses Ministres; il vous a séparez de la foule des autres hommes, par le choix particulier qu'il a fait de vous, pour ce haut degré d'honneur; vous devez donc vous en séparer vous-mêmes, & vous distinguer d'eux par vos actions: *Separavit vos.* De plus, en vous apellant à son service, il vous a aprochez plus près de sa divine Majesté, par la relation toute particuliere que vous y avez, vous devez donc vous-mêmes vous y unir, & vous y attacher de plus près, par une sainteté interieure, qui en est le seul moyen: *& junxit sibi.* Enfin, il vous a destinez à être les media-

Numer. c. 16.

 L'humilité profonde que doivent avoir les Prêtres.

teurs de son peuple, pour le sanctifier, & afin d'interceder pour lui ; il faut donc que vous ayez du zele pour la maison de Dieu, & pour procurer le salut des autres : *Ut staretis coram frequentia populi.* C'est dans ces trois obligations que sont compris tous leurs devoirs, sans lesquels ils ne peuvent eux-mêmes honorer leur ministere, ni le faire respecter des autres. *L'Auteur des sermons sur tous les sujets.*

Les Prêtres doivent se distinguer du reste des hômes par leur vertu.

En séparant les Prêtres du reste des hommes, pour les apliquer à un ministere si saint ; ils doivent eux-mêmes s'en séparer par leur vertu & par leur sainteté, qui fait le veritable mérite ; aussi la premiere chose à quoi ils doivent prendre garde, est de ne point entrer dans un état si saint, qui est un engagement à la sainteté sans une vocation particuliere, & sans avoir des marques moralement certaines de ce choix de Dieu, qui les sépare par là du reste des hommes ; parce que sans cela, ils vivent dans une profession sainte, d'une maniere toute profane, & en embrassant un état dont ils ne remplissent point les devoirs ; bien loin de l'honorer, ils ne lui attirent que le mépris des hommes ; c'est pourquoi cette séparation de mœurs d'avec le commun des Chrétiens, doit toûjours preceder cette séparation d'état & de profession. Car c'est pour cela, qu'on a toûjours fait une recherche si exacte, & une information toute particuliere de leur vie & de leurs bonnes qualitez, dans l'ancienne & dans la nouvelle Loi ; pour cela, que le Sacerdoce dans les premiers siécles de l'Eglise, étoit une recompense du mérite, & une marque de distinction ; & pour cela, que saint Paul même demande qu'ils ayent un bon témoignage des peuples, dont l'Eglise a long-tems exigé les suffrages, particulierement pour les Prélats & pour ceux qui étoient élevez à quelque charge : *Oportet testimonium habere bonum. Le même.*

1. Tim 3.

Les vûës ordinaires que la plûpart des Prêtres se proposent en embrassant cet état de sainteté.

On ne sçait que trop par quelles vûës, & à quels autres desseins, plusieurs s'engagent dans cet état, que l'interêt & l'ambition portent la plûpart à l'embrasser, & que d'autres ne l'envisagent, que comme une profession honorable & tranquille, où ils pourront vivre à l'abri des tempêtes, ausquelles toutes les autres sont sujettes. Ah ! Chrétiens, faut-il que le Seigneur n'ait pour Ministres que ceux, à qui l'interêt, l'ambition ou la necessité ouvre sa maison, pour s'établir les dispensateurs de ses mysteres, de ses graces, & de ses bienfaits ? Cette indignité semble si étrange à saint Bernard, qu'il décharge dans ses écrits toute l'indignation qu'il en conçoit, avec des expressions si vives & si animées, qu'il semble qu'il ne puisse nous inspirer assez d'horreur d'une profanation si criminelle : *Curritur passim ad sacros ordines, & verenda ipsis quoque spiritibus Angelicis ministeria homines apprehendunt sine reverentia, sine consideratione.* D'où vient cette fureur de l'orgüeil humain, de s'ingerer & de s'introduire dans la maison de Dieu, sans y être apellez ; d'usurper en quelque maniere sans crainte & sans reverence un ministere redoutable aux esprits mêmes bienheureux ? *Va tibis*, poursuit-il, *qui clavem tollitis non scientia solum, sed & autoritatis.* Quelle malediction ne mérite point celui qui prend hardiment les clefs, non seulement de la science du salut, mais encore de l'autorité divine, sans que le Seigneur les leur mette entre les mains : *Va ministris infidelibus,* conclud enfin ce Pere, *qui necdum reconciliati reconciliationis aliena negotia*

Sentiment de S. Bernard.

Lib. de Conv. Cleric. e 20.

L'idem.

pprehendunt ! *Va filiis iræ, qui se Dei ministros profitentur* ! Malheur à ces
Ministres infidéles, qui ne sont pas encore reconciliez avec Dieu, qu'ils
nt offensé par une vie dereglée, & qui se chargent de l'emploi de recon-
ilier les autres, qui sont les ennemis de cette divine Majesté, & qui s'in-
erent de faire la paix des autres, & de les remettre en grace : Mediateurs
spects, Dispensateurs interessez, Oeconomes & Ministres infidéles ! Voila
e sentiment que ce grand Saint avoit de ceux qui entrent dans l'Eglise sans
vocation, qui n'étant pas choisis de Dieu pour cet état, ne sont pas separez
e mœurs & de conduite des gens du siécle, quoiqu'ils en soient separez
'état & de profession : *Separavit vos Deus Israel de omni populo.* L'Auteur
es sermons sur tous les sujets.

La conduite ordinaire des Prêtres qui se font ingerez dans le sanctuaire sans vocation. *Ose 4.*

Ces personnes, sans doute, ont tort de se plaindre du peu de respect
qu'on leur porte ; puisqu'ils oublient qu'ils sont les Ministres du Dieu du
Ciel ; mais ce qui est à plaindre, c'est qu'ils exposent leur caractere au même mépris ; parce que tout ineffaçable qu'il est, ils en effacent toutes les
marques, par les vices dont ils le deshonorent ; n'ayant rien qui le fasse re-
erer, ni qui les distinguent eux-mêmes des autres hommes : *Sicut populus*,
sic sacerdos. Ils n'en portent même assez souvent aucune marque à l'exte-
ieur, dans leur habit non plus que dans leurs mœurs & dans leurs manie-
es. Les airs mondains & tout seculiers qu'ils se donnent, font plûtôt pen-
er qu'ils sont idolâtres du monde, que Prêtres & Ministres de Jesus-Christ.
Hé ! comment veulent-ils que les autres honorent leur caractere & leur dignité, qu'ils souillent & deshonorent eux-mêmes par les desordres de leur
vie ? Mais ne poussons point ceci plus loin, de crainte de les avilir nous-
mêmes, en découvrant les vices & les dereglemens de tant de Ministres indignes qui se sont ingerez dans le sanctuaire sans vocation, & qui n'étant
point separez du reste des hommes par la sainteté de leur vie, n'ont garde
d'estre unis à Dieu, & attachez à son service, qui est cependant la principale
chose que Dieu exige d'eux. *Le même.*

Témoignage des SS. Peres sur le Sacrement de l'Ordre.

Tertullien, au chapitre septiéme de son exhortation à la chasteté, dit que
l'Eglise fait difference entre les personnes sacrées & les prophanes, que
l'honneur qui leur est dû, vient de Dieu, & que le Prêtre est celui qui
sacrifie, & qui baptise. Saint Cyprien, au traité des actions principales de
Jesus-Christ, apelle l'Ordre un Sacrement, & le compare avec le Baptéme,
en ce que l'un & l'autre ne peuvent estre réiterez. Saint Ambroise, au chapitre cinquiéme de la dignité des Prêtres : Mon frere, dit-il, qui est celui
qui donne la grace Episcopale? Est ce Dieu ou l'homme? Vous repondez, sans doute, que c'est Dieu, quoique ce soit par l'entremise de l'homme; l'homme impose
les mains, Dieu confere la grace; le Prêtre étend sa droite supliante, & Dieu benit de sa droite toute-puissante; par l'Evêque on est élevé à l'Ordre, & Dieu donne la dignité. Et sur le chapitre quatriéme de la premiere à Timothée, il écrit
que le pouvoir d'offrir le sacrifice à Dieu en la personne de Jesus-Christ, est
donné au Prêtre par l'imposition des mains, & les prieres mystiques ; ce
que saint Jerôme confirme, lorsqu'il dit que l'imposition des mains & la
priere sont deux choses essentielles pour conferer le Sacrement de l'Ordre.
Saint Augustin, au livre second contre l'Epître de Parmenien, chapitre
treiziéme, nomme huit fois l'Ordre Sacrement, voulant nous faire enten-

dre par là que comme ceux qui se séparent de l'Eglise ne perdent ni le Baptême, ni l'Ordre ; de même ceux qui y rentrent, ne doivent point estre rebaptisez, ni recevoir une seconde fois le Sacrement de l'Ordre ; car dit-il, si le Baptême & l'Ordre, sont deux Sacremens, dont personne ne doute, pourquoi l'un se perdroit-il plûtôt que l'autre ; on ne doit pas faire une telle injure à l'un de ces deux Sacremens. Saint Leon, dans son Epître à Dioscore, chapitre premier, ordonne les circonstances du tems, & des personnes, quand il faut conferer l'Ordre sacré qu'il apelle Sacerdotal & Levitique ; c'est-à-dire, de Prestrise ou Diaconat, & veut que les personnes soient à jeun, quand l'Ordre est conferé ; attendu, dit il, que telle est la Tradition, que nous tenons des Apôtres ; pour ce qui regarde le tems, il faut que ce soit le jour du Seigneur ; parce que c'est en ce jour que le monde a commencé, que Nôtre-Seigneur est ressuscité, que les Apôtres ont reçû le commandement de prêcher, & le pouvoir de remettre les pechez, c'est en ce jour que Nôtre-Seigneur les visita, & qu'il leur envoya son Saint-Esprit. *Auteur moderne.*

Saint Gregoire le grand, sur le dixiéme chapitre du premier des Rois, dit que la phiole d'huile qui fut versée sur le chef de Saül par Samüel, signifioit l'onction Sacerdotale, laquelle étant un Sacrement, le Saint-Esprit opere l'onction interieure en celui qui la reçoit ; & cette onction n'est autre chose que la grace avec les sept Dons du Saint-Esprit ; & sur le seiziéme du même Livre, l'homme donne à l'homme l'ordre de sa Religion; mais celui à qui l'ordre est donné, le Saint Esprit lui est communiqué, afin qu'il reçoive extérieurement le degré honorable de l'Ordre, & qu'il reçoive intérieurement la force du Saint Esprit : l'Ordre est donné extérieurement, afin que l'homme s'employe aux choses divines, le Saint-Esprit est adressé au dedans, afin qu'il les puisse executer ; car le Sacrement de l'Ordre est une grande charge, & la fragilité de la chair est aussi un grand fardeau, c'est d'où les Theologiens prouvent que l'Ordre est un Sacrement ; car puisqu'il est certain qu'on y reçoit une puissance spirituelle, c'est le propre de la divine liberalité de donner à celui, à qui il confere quelque charge, la grace de s'en acquitter. Or, comme cette charge est infaillible dans l'Eglise, de même aussi la grace qu'il communique est infaillible, pourvû que celui qui est élevé à l'Ordre n'y aporte point d'obstacle ; ce que l'Apôtre enseignoit à son Disciple Timothée, l'exhortant d'exciter & rallumer en soi, la grace qui lui avoit été donnée par l'imposition de ses mains. Tout le monde avoüera donc, avec l'Apôtre, que personne ne doit s'ingerer dans le ministere, ni s'avancer de soi-même à un degré si sublime ; mais qu'il faut y estre apellé de Dieu comme Aaron. Tous avoüeront avec saint Ambroise que l'homme impose la main, & Dieu lui donne la grace. Tous reconnoîtront qu'il y a six choses qui sont necessaires pour recevoir legitimement le Sacrement de l'Ordre ; sçavoir, 1°. Le pouvoir dans la personne qui confere ce Sacrement ; car il faut que ce soit un Evêque. 2°. L'onction & imposition des mains exterieure. 3°. Les paroles formelles du Sacrement. 4°. L'intention actuelle ou virtuelle de celui qui ordonne, ou de celui qui est ordonné. 5°. Le sexe, car les femmes ne sont pas capables du Sacerdoce. 6°. Que celui qui reçoit l'Ordre soit baptisé, atendu que le baptême est la porte de tous les Sacremens. *Auteur moderne.*

C'est contre l'erreur des Aëriens, qui maintenoient que l'Evêque & le Les Evêques sont plus que les Prêtres. Prêtre étoient une même chose. Erreur que Marcillius de Padouë s'efforça le persuader de son tems, & après lui quelques autres Heretiques ; mais la verité se trouve confirmée au quatorziéme chapitre des Actes des Apôtres ; lorsqu'ils ordonnerent des Prêtres par toutes les Eglises, en les recommandant à Dieu par des jeûnes & par des prieres ; & dans la premiere à Tite : *pour cette raison, je vous ai laissé en Créte, afin que vous mettiez en ordre les choses qui restent, & que vous établissiez des Prêtres de ville en ville, suivant ce que je vous ai ordonné.* L'on voit assez dans ces passages la superiorité de celui qui ordonne, & de celui qui est ordonné, & qui n'entend que c'est à leurs semblables, à qui particulierement saint Pierre écrivoit : *Paissez le troupeau de Jesus-Christ qui vous est commis,* &c. Saint Ignace, dans son Epître à ceux de Smirne, ordonne que le Laic soit sujet aux Diacres, le Diacre au Prêtre, & le Prêtre à l'Evêque, comme l'Evêque l'est à Jesus-Christ, & Jesus-Christ à son Pere ; & dans cette occasion, il compare les Prêtres aux cordes, & l'Evêque à l'instrument de musique, lorsqu'ils conviennent en charité & subordination reciproque. Origene raporte plusieurs comparaisons qui font voir que les Evêques sont plus élevez en dignité que les Prêtres. *Institution Catholique du Pere Coton.*

Au Canon soixantiéme du Concile de Nicée, traduit de l'Arabe, il est Suite du même sujet. ordonné en quelle maniere les Evêques doivent examiner & faire instruire les Prêtres, tant devant qu'après leur promotion. Saint Gregoire de Nazianze, en l'Oraison vingtiéme, qui est des loüanges de saint Basile, raconte comme il parvint par son mérite, premierement à la Prêtrise, ensuite à l'Episcopat ; & en la vingt-uniéme, qui est sur saint Athanase, il décrit comme ce saint Patriarche passa par tous les Ordres de l'Eglise, devant que d'estre fait Evêque d'Alexandrie. D'où il s'ensuit que selon le sens des Peres, la Prêtrise est par-dessus le peuple, & l'Episcopat par-dessus la Prêtrise ; & il n'y a jamais eu personne dans l'Eglise qui les ait confondus que les heretiques, chez lesquels, dit Tertullien : *Hodie Presbyter qui erat laicus.* Aujourd'hui tel est Prêtre, qui demain est laic, parce qu'ils communiquent jusqu'aux laics, les charges Sacerdotales ; & pour maintenir cette profanation, ils alleguent deux choses ; l'une est le texte de S. Pierre, & celui de l'Apocalypse, où il est écrit : *Il nous a fait Rois, & sacrificateurs à Dieu son Pere.* L'autre, que le Sacerdoce est un même ordre & même Sacrement, avec l'Episcopat. A l'un & à l'autre la reponse est aisée ; car si par ce pretexte, chacun du peuple est Prêtre, chacun aussi par la même raison sera Roi ; ce qui est une chose absurde, qui montre clairement qu'il parle d'une Prêtrise spirituelle ; parce que nous devons tous à Dieu, nos langues & nos bouches, par le sacrifice de loüange ; la victime de nos corps pour soûtenir la foi & l'holocauste de nos cœurs ; pour maintenir la charité que nous devons à Dieu & à l'union de son Eglise. *Institution Catholique du Pere Coton.*

L'onction que l'Evêque fait des mains du Prêtre dans la ceremonie de Ce que signifie l'onction l'ordination, nous represente, selon l'Ecriture sainte, la grace du Saint-

que l'Eglise Esprit. C'est pour cela que Jesus-Christ qui avoit la plenitude du Saint-Esprit fait aux est appellé *Christ*, c'est-à-dire, *oint*. Tout ce que les Prestres consacrent, mains du & benissent, ne peut estre beni & consacré que par la grace du Saint-Prestre. Esprit, qui accompagne leur ministere, & qui y est attaché. Cela suppo-sé, je dis que l'Evêque consacre les mains des Prestres avec l'huile sainte, pour demander à Dieu qu'il daigne les remplir de l'onction du Saint-Esprit, & benir & consacrer par la grace de cet Esprit Saint, tout ce que les mains des Prestres beniront & consacreront. Les nouveaux Prê-tres disent la Messe avec l'Evêque, & consacrent avec lui. C'est un reste de l'ancienne discipline. Autrefois quand l'Evêque celebroit la Messe, tous les Prestres qui s'y trouvoient celebroient avec lui, pour marquer la grande union qui est entre les Prestres & l'Evêque, & faire voir que la Messe est le sacrifice de tous ceux qui y assistent, aussi bien que celui de l'Evêque ou du Prestre. Après la Communion les nouveaux Prestres reci-tent le Symbole des Apôtres, pour faire voir une profession solemnelle de la foi, qu'ils doivent annoncer au peuple de la part de Dieu & de l'Eglise. Les Prestres, après leur ordination, font une promesse solemnelle à leur Evêque de lui obéir avec simplicité & avec confiance, dans toutes les choses qui ont rapport au ministere Ecclesiastique. *Auteur Mo-derne.*

Explication Les Evêques sont ordinairement élus par trois Evêques, & c'est un usa-des ceremo- ge de Tradition Apostolique, & que l'Eglise a toûjours observé & pres-nies de la crit. Or, le premier des Evêques assistans, dit au principal Consecrateur: consecration *L'Eglise demande que le Prêtre que je vous presente soit ordonné Evêque.* ou ordinatio C'est pour faire voir qu'on n'ordonne aucun Evêque que pour remplir le be-d'un Evêque. soin d'une Eglise vacante. Ensuite le principal Consecrateur fait lire la Bulle, en vertu de laquelle il doit faire l'ordination; parce que selon la discipline presente de l'Eglise, les Evêques des Eglises d'Occident ne peu-vent estre ordonnés si leur élection n'a été confirmée par le Pape; & s'ils n'ont obtenu les Bulles necessaires pour leur consecration. L'Evêque élu fait un Serment entre les mains du Consecrateur, pour marquer la Com-munion qu'il veut garder toute sa vie, avec le saint Siége, & le respect qu'il aura toûjours pour le Pape & pour ses Successeurs. Ensuite celui qui consacre l'Evêque, l'examine sur sa foi, sur ses mœurs & sur les autres choses portées dans la formule d'Examen, qu'on lit dans le Pontifical Ro-main; parce que l'Eglise ne veut pas qu'on ordonne Evêques ceux qui n'au-ront pas la foi, & qui ne seront pas dans la resolution fixe d'observer pon-ctuellement les saints Canons, & toutes les choses qui sont marquées dans cette formule d'Examen; il lui represente ensuite ses devoirs, afin que ces devoirs lui ayant été solemnellement declarez dans la ceremonie de l'ordi-nation, il soit plus fidéle à les remplir toute sa vie. La même chose se fait à l'ordination des Prestres, des Diacres, & des Ministres inferieurs. *Le même.*

Les ceremo- Avant que de commencer l'ordination d'un Evêque, on dit les Litanies nies qui se des Saints, afin d'inviter l'Eglise du Ciel à se joindre à l'Eglise de la terre, pratiquent à pour demander à Dieu l'abondance de ses graces sur l'Evêque qui va estre l'ordination ordonné. C'est la chose la plus importante que l'Eglise puisse demander. d'un Evêque. Car

Car quel bien un bon Evêque n'est-il pas en état de faire à l'Eglise ? & au contraire, quel mal un mauvais Evêque ne produit-il pas ? Ensuite les trois Evêques qui consacrent, mettent le livre des Evangiles ouvert sur la teste & sur les épaules de l'Evêque élû, pour lui faire comprendre que par l'ordination on lui impose le joug de l'Evangile, & qu'il doit porter toute sa vie avec joye, c'est-à-dire, qu'il doit estre rempli des maximes de Jesus-Christ contenuës dans l'Evangile, y conformer sa vie, ses paroles, ses actions, & toute sa conduite. Après cela, les Evêques qui consacrent imposent les mains sur la teste de l'Evêque élû ; & cette ceremonie jointe aux prieres qui la suivent, est l'essentiel de l'ordination des Evêques, comme il paroît par l'Ecriture sainte, & par toute la Tradition. On fait aussi l'onction du saint Chrême sur la teste de l'Evêque qu'on ordonne, pour demander à Dieu par cette onction exterieure, que l'onction interieure, c'est à-dire, la grace du Saint-Esprit, descende sur l'Evêque pour le remplir. On peut lire dans le Pontifical la priere qui suit cette onction, pour voir les raisons de cette ceremonie. Cette priere est quelque chose d'admirable & de divin. Elle est toute tirée de l'Ecriture sainte. L'Evêque oingt aussi avec le saint Chrême les deux premiers doigts, & les mains de celui qu'il consacre, pour demander à Dieu par cette onction exterieure, que l'onction interieure, c'est-à-dire, la grace du Saint-Esprit daigne rendre ces mains, pour ainsi dire, fécondes, & leur donner la vertu de benir, de consacrer, & de sanctifier tout ce qu'elles toucheront dans l'exercice du ministere Episcopal. L'onction se fait aux Prestres avec l'huile des Catechumenes, & aux Evêques avec le saint Chrême. Pour faire voir que les Evêques reçoivent dans leur ordination, avec plus de plenitude que les Prestres, l'onction du Saint-Esprit, qui est plus expressément representée par le saint Chrême, que par l'huile des Catechumenes. Ensuite l'Evêque qui consacre donne à l'Evêque élû la Crosse Pastorale, pour le mettre en possession de l'autorité Episcopale ; il lui donne un Anneau pour lui faire comprendre qu'il vient de contracter une espece de mariage avec l'Eglise. Il lui met le livre des Evangiles entre les mains, pour l'avertir que l'un de ses premiers & de ses plus indispensables devoirs, est d'annoncer l'Evangile au peuple, dont le soin vient de lui estre confié. On lui tient le livre de l'Evangile toûjours ouvert sur les épaules, jusqu'à ce qu'on le lui remette entre les mains, pour faire comprendre que l'Evêque ne doit prêcher l'Evangile qu'après s'en estre rempli lui-même, & qu'il doit avoir porté le joug de Jesus Christ, pour apprendre efficacement aux autres à le porter. Le nouvel Evêque dit ensuite la Messe avec l'Evêque qui vient de le consacrer. C'est une ceremonie qui s'est toûjours pratiquée par toute l'Eglise, pour faire voir l'unité de l'Episcopat & du sacrifice. Dans l'Eglise Grecque l'Evêque nouvellement consacré, communie le premier ; & c'est lui qui distribuë la sainte Communion à l'Evêque qui l'a consacré, & aux assistans. *Auteur moderne.*

A la fin de la Messe on donne la Mitre au nouvel Evêque, parce que la Mitre est l'ornement de teste des Evêques ; c'est comme un Casque que l'Eglise leur donne pour les rendre terribles à tous les adversaires du salut, dit le Pontifical. On lui donne aussi des gants qui sont regardez comme l'image de la pureté & de l'innocence de Jesus-Christ, dont l'Evêque doit estre revestu pour rendre agreables à Dieu & utiles au peuple , les sacrifices & les prieres qu'il offrira. Après la ceremonie de l'ordination de l'Evêque on chante l'hymne *Te Deum* , pour remercier Dieu de la grace qu'il vient de faire à son Eglise, en lui donnant un Evêque pour la conduire ; pendant que l'on chante le *Te Deum* , on conduit l'Evêque nouvellement consacré sur un Trône, pour le mettre en possession de la chaire Episcopale. Ensuite les deux Evêques assistans le conduisent par toute l'Eglise, pour le faire voir au peuple , & pour donner aux fidéles la consolation de recevoir la benediction du nouvel Evêque , qui à la fin de cette ceremonie , dit trois fois en fléchissant le genoüil : *ad multos annos* , pour plusieurs années ; c'est ainsi que pour remercier l'Evêque qui l'a consacré, il lui souhaite une longue vie pour le bien de l'Eglise. Or ceux qui se trouvent à cette ceremonie doivent prier Dieu avec ferveur pour l'Evêque qu'on va consacrer, s'unir aux prieres de l'Eglise , entrer dans l'esprit de toutes ces saintes prieres , & de ces ceremonies. *Auteur moderne.*

Ce qui oblige les Ministres du Seigneur d'expliquer aux fidéles la dignité du Sacrement de l'Ordre.

Quiconque aura examiné avec soin la nature des autres Sacremens , reconnoîtra aisément qu'ils dependent tous de telle sorte du Sacrement de l'Ordre ; que les uns ne peuvent s'accomplir ni s'administrer; & les autres sont destituez de toutes ceremonies solemnelles,& de tout culte Religieux,sans ce Sacrement. C'est ce qui oblige les Predicateurs , lorsqu'ils traitent des Sacremens , d'expliquer celui de l'Ordre, avec encore plus de soin & d'exactitude, qu'ils n'ont fait les autres ; outre que cette aplication sera très-utile , & à eux-mêmes, & à ceux qui seront entrez dans l'état Ecclesiastique , & même au reste des fidéles. Les Ministres du Seigneur doivent expliquer aux fidéles l'excellence & la dignité de ce Sacrement, par raport à son plus haut degré, qui est le Sacerdoce. En effet , que peut-on s'imaginer de plus haut & de plus relevé que le ministere des Evêques & des Prêtres , qui les rend non-seulement les interpretes des volontez de Dieu, & ses Ambassadeurs , pour publier aux hommes ses Loix & ses Commandemens ; mais même fait qu'ils le representent & agissent comme tenant sa place sur la terre ; d'où vient que l'Ecriture ne les apelle pas seulement des Anges, mais des Dieux;& quoique la dignité des Prêtres ait toûjours été consi-derée comme la plus élevée de toutes les dignitez de la terre , neanmoins celle des Prêtres de la Loi nouvelle est encore beaucoup plus excellente que celle de tous les Prêtres de l'ancienne ; la puissance qu'ils ont reçuë de consacrer & d'offrir le Corps & le Sang de Nôtre-Seigneur , & de remettre les pechez, étant tellement au-dessus de toutes les choses humaines,qu'il ne peut y avoir rien dans ce monde qui puisse l'égaler, ni même en approcher. *Tiré du Catechisme du Concile de Trente.*

De la vocation à l'état Ecclesiastique.

L'état Ecclesiastique étant si saint & si relevé,il est certain qu'il requiert une vocation particuliere de Dieu;c'est la grande maxime de l'Apôtre:*Que personne ne doit s'arroger cet honneur de soi-même;mais celui-là qui est apellé de Dieu comme Aaron.* Maxime qu'il confirme par l'exemple adorable de Jesus Christ , lequel étant Prêtre par lui-même,& par sa dignité de Fils de Dieu,n'a point voulu prendre de lui-même la qualité de souverain Pontife;mais il l'a reçuë de celui qui lui a dit de toute éternité , vous êtes mon Fils , je vous ai engendré aujourd'hui ; & lui a dit dans le moment de l'incarnation : vous êtes Prêtre éternel selon l'ordre de Melchisedech. Il faut donc être apellé de Dieu à l'état Ecclesiastique;& ce seul exemple de Jesus-Christ doit confondre tous ceux qui ont la te-

merité de s'y prefenter de leur mouvement, fans la vocation divine, attirant fur
ux par cette hardieffe, l'indignation de Dieu, le refus de fes graces, & la perte
ertaine de leur falut éternel. *Inftruction de la jeuneffe, par M. Gobinet.*

Pour réüffir dans le choix que vous voulez faire de l'état Ecclefiaftique, il
aut reconnoître fi le mouvement & l'inclination que vous fentez à l'état Ecclefiaftique, vient de Dieu; car s'il en vient, c'eft une vocation; mais s'il n'en vient
pas, c'eft une illufion & une tromperie du demon, qui vous pouffe à cet état,
our vous y perdre. Pour connoître donc fi ce mouvement vient de Dieu, il
aut examiner deux chofes. Premierement, quelle eft l'intention qui vous porte
à cet état. Secondement, fi vous en avez les difpofitions requifes. Quant à
l'intention, il eft conftant que fi elle eft mauvaife, vôtre volonté n'eft pas de
Dieu; parce qu'il ne peut eftre auteur du mal. Or elle eft mauvaife, fi vous avez
pour but quelqu'une de ces fins, comme de vivre plus à vôtre aife dans l'état
Ecclefiaftique, d'y trouver le repos, l'oifiveté, les délices: d'y amaffer des richeffes, d'y eftre honoré & eftimé des hommes, & autres chofes femblables.
Tous ces motifs font mauvais; & fi vous n'en avez aucun, vôtre vocation n'eft
pas de Dieu, mais plûtôt du demon. Vous aprendrez cette verité de faint Bernard: *Tous ceux*, dit-il, qui dans les Ordres Ecclefiaftiques, cherchent ou leur
honneur, ou les richeffes, ou les plaifirs de la vie, & en un mot, qui cherchent leurs interefts, & non pas ceux de Jefus-Chrift; il eft hors de doute qu'ils
ne font pas portez à cet état par la charité, qui eft de Dieu; mais par la cupidité
qui eft ennemie de Dieu, & la fource de tous les maux. Il faut donc que vôtre intention foit bonne, & afin qu'elle foit bonne, vous devez avoir pour fin
ces deux chofes: La fanctification de vôtre ame, & le falut du prochain, qui
font les deux obligations generales de cet état; c'eft-à-dire, qu'il faut que vous
vous propofiez de vivre en cet état d'une vie fainte & exemplaire; & de contribuer au falut des ames par vos prieres, par vôtre travail, & par tous les moïens
qui feront poffibles, felon le même faint Bernard, qui dit que celui qui veut
entrer dans les Ordres de l'Eglife, & eftre reçû au miniftere du fanctuaire,
doit avoir cette intention de s'aprocher de Dieu avec un entier détachement des
chofes du monde, dans une parfaite pureté de corps & d'efprit, pour eftre
éclairé de lui, & pour y operer fon falut & celui du prochain. *Le même.*

SUR LE SACREMENT
DE L'EXTRÊME-ONCTION.

AVERTISSEMENT.

*L*A *conduite de l'Eglife eft admirable dans le deffein qu'elle a de faire arriver fes enfans à leur derniere fin, qui eft leur bonheur ; car aprés les avoir enfantez par le baptême, qui leur a donné la vie de la grace, elle leur donne le moyen de croître, & des forces pour profeffer leur foi, & pour la défendre ; c'eft par le Sacrement de la Confirmation : mais aprés les avoir nourri de la parole de Dieu, & d'un pain tout celefte par le Sacrement de l'Autel ; elle ne les abandonne point qu'elle ne les ait conduits à une fin bienheureufe, en leur procurant une fainte mort, par le Sacrement de l'Extrême-Onction, dont l'effet eft de remettre les pechez, afin de paroître devant Dieu dans l'état qu'il le fouhaite. Ce Sacrement eft donc la derniere des ceremonies, ou pour mieux dire, le dernier des devoirs qu'elle exerce envers les fidéles ; à quoi elle joint le Viatique pour leur fervir de guide, & les conduire au port d'une bienheureufe éternité. Il eft vrai que la coûtume d'adminiftrer ces deux Sacremens, n'eft pas uniforme par tout, & que fouvent l'on reçoit l'un avant l'autre ; mais puifque l'Eglife l'approuve, nous les joindrons tous deux dans ce traité ; en telle forte neanmoins que nous nous étendrons principalement fur l'Extrême Onction, à quoi le Viatique qu'on peut recevoir, & qu'on reçoit fouvent en même-tems, peut mutuellement fervir de difpofition prochaine à une fainte mort.*

✱✱✱✱✱✱✱✱✱✱✱✱✱✱✱S✱✱✱✱✱✱✱✱✱✱✱✱✱✱✱✱

SUR LE SACREMENT
DE L'EXTRÊME-ONCTION.

Ce que c'eſt que le Sacrement de l'Extrème onction, & ſon utilité.

L'Extrême-onction eſt un Sacrement qui ſe donne aux malades pour remettre les reſtes de leurs pechez, les fortifier contre les attaques du demon, & les peines de la maladie, pour leur donner la ſanté, ſi elle eſt utile à leur ſalut ; & enfin les diſpoſer à bien mourir. Nous appellons les reſtes des pechez, les pechez veniels, la langueur de l'ame, ſes infirmitez, ſes craintes cauſées par le ſouvenir de ſes crimes, & même pour tous les pechez oubliez, ou qu'il ſeroit impoſſible de confeſſer. On l'appelle Sacrement, parce qu'il y a un ſigne ſenſible, qui eſt l'onction d'huile benie, & la priere, ce qui opere une grace inviſible, ſçavoir la remiſſion des pechez. C'eſt Nôtre-Seigneur qui l'a inſtitué ; parce qu'il n'y a que lui qui puiſſe donner pouvoir de remettre les pechez, par un ſigne viſible. Sa bonté a voulu inſtituer ce Sacrement ; parce qu'après nous avoir pourvû de tant de ſecours pendant la vie par les autres Sacremens ; il a daigné nous en pourvoir encore pour la mort. Les paroles de ſaint Jacques nous font connoître que ce Sacrement remet les pechez, lorſqu'il nous dit : *Quelqu'un d'entre vous eſt-il malade, qu'il appelle les Prêtres de l'Egliſe, & qu'il prie ſur lui, l'oignant d'huile, au nom du Seigneur, la priere de la foi ſauvera le malade, le Seigneur le ſoulagera ; & s'il a commis des pechez, ils lui ſeront remis.* On lui donne le nom d'Extrême-onction ; parce que c'eſt la derniere des onctions qu'un fidéle reçoive pour l'ordinaire. Il eſt inſtitué avec une onction, parce que l'huile dont ſe fait l'onction, par ſes qualitez naturelles, marque les effets de ce Sacrement, qui ſoulage & fortifie l'ame, adoucit ſes maux, la guerit de ſes infirmitez ſpirituelles, quelquefois même des corporelles, & la prepare au combat contre le demon, &c. Outre cela on fait les onctions ſur diverſes parties du corps, pour marquer la remiſſion des pechez commis, par les organes des ſens ; & comme pour reparer la ſainteté du corps, qui ayant été fait le Temple du Saint Eſprit, avec les onctions du Baptême & de la Confirmation, a été profané par le peché. On les fait en ſigne de Croix, parce que la grace du Sacrement vient de Nôtre-Seigneur Jeſus-Chriſt, qui eſt mort ſur la Croix. Enfin, on preſente & on laiſſe au malade un Crucifix ; parce qu'il ne doit eſperer qu'en ce Sauveur, qui a été crucifié, & qu'il doit ſe conſiderer comme attaché avec lui ſur la Croix pour y ſouffrir, y mourir & entrer à la gloire par cette porte. On adminiſtre ce Sacrement aux fidéles qui ſont en danger de mourir ; mais il ne faut pas qu'un Chrétien attende à l'extrêmité pour le recevoir, il le faut demander pendant qu'on a une entiere connoiſſance, de crainte d'être ſurpris de la mort, & d'en être privé, & pour le recevoir avec plus pieté & de fruit ; un Chrétien peut le recevoir auſſi pluſieurs fois, s'il retombe pluſieurs fois malade, & en peril de mort. *Auteur moderne.*

EEe iij

On adminif-
tre l'Extré-
me · onction
d'une manie-
re differente
des autres
Sacremens; &
comment.

On ne doit pas trouver étrange qu'au lieu que la forme des autres Sacremens, ou signifie absolument ce qu'ils operent ; comme lorsqu'on dit en
adminiftrant le Baptême & la Confirmation : *Je vous baptife, je vous marque
du figne de la Croix*, ou eft prononcée par maniere de commandement ;
comme lorfqu'en adminiftrant le Sacrement de l'Ordre, l'Evêque dit : *Recevez la puiffance, &c*. Mais la feule forme du Sacrement de l'Extrême-
onction, fe faffe par maniere de priere. Car c'eft avec jufte raifon que l'E-
glife a ordonné d'en ufer de la forte. En effet, comme ce Sacrement a été
inftitué, afin qu'outre la grace qu'il communique, il redonne la fanté du
corps aux malades ; & que néanmoins il n'arrive pas toûjours que les malades gueriffent, la forme de ce Sacrement devoit être exprimée par une priere, afin d'obtenir de la bonté de Dieu, cet effet, que ce Sacrement n'o-
pere pas toûjours. On obferve auffi dans l'adminiftration de ce Sacrement,
des ceremonies particulieres, qui confiftent la plûpart dans des prieres, que
le Prêtre fait pour obtenir la fanté & le falut du malade. C'eft pourquoi il
n'y a point de Sacrement qui s'adminiftre avec tant de prieres. Et c'eft avec
raifon qu'on le pratique de la forte, parce que c'eft dans l'extrémité de la
maladie où l'on a plus befoin de fecours. *Concile de Trente.*

Quels font
les Hereti-
ques qui ont
combattu le
Sacrement de
l'Ext en e-
onction.

Les Armeniens renonçoient au Sacrement de l'Extrême-onction ; les Vaudois l'apelloient Sacrement de malediction ; quelques autres Heretiques étant
interrogez, qu'eft-ce qu'ils en penfoient, repondoient felon leur coûtume,
en bouffonnant & blafphemant : *Olera oleo condita meliora*. Les Flagellans
foûtenoient, que telle action n'a aucune promeffe, ni aucune affiftance de
grace. Wiclef nioit qu'elle fut un Sacrement inftitué de Jefus-Chrift, ni de fes
Apôtres. Luther écrit que s'il y a eu de la fuperftition au monde, c'eft en ce Sacrement: que l'Epître attribuée à faint Jacques, n'eft point de lui ; & que quand
elle feroit de lui, ce n'eft pas aux Apôtres à nous introduire des Sacremens;
Melanchton l'apelle *fuperftitieufe ceremonie*. Quoique tous ces Heretiques en
difent, il n'y a point de replique raifonnable aux paroles de faint Jacques :
*Y a t-il quelqu'un d'entre vous malade, qu'il appelle les Prêtres de l'Eglife,
& qu'ils prient fur lui, & qu'ils l'oignent d'huile au nom du Seigneur, &
la priere de foi fauvera le malade ; & le Seigneur le foulagera ; & s'il a commis
quelque peché, il lui fera pardonné*. Car quelle aparence y a-t-il que l'Apôtre
eût ofé enjoindre telle ceremonie, & promettre fi déterminément le don de
grace fpirituelle, s'il n'en eût reçu quelque commandement & affurance de Dieu?
Geneve auffi fentant la force de ce paffage, l'a changé dans fes Bibles ; car
au lieu de traduire, *& qu'ils prient fur lui* : paroles qui marquent une action
Sacramentelle, ils y ont fubftitué, *& qu'ils prient pour lui* ; & au lieu de dire:
le Seigneur le foulagera, ils tournent : *le Seigneur le guerira*, afin de perfuader
que la guerifon des corps étoit en la primitive Eglife, l'effet de ce Sacrement;
& afin de pouvoir conféquemment rejetter la caufe, dont l'effet ne feroit
plus aparent ; mais on voit par l'Apôtre que ce Sacrement a deux effets ; l'un
la fanté du corps, avec hypothefe & condition, s'il eft expedient au malade ; l'autre effentiel, qui eft la remiffion du peché par l'infufion de la grace.
L'Apôtre met pour le principal effet de l'onction du malade la remiffion de
fes pechez ; & quant au corps, il dit feulement que le Seigneur le foulagera;

quoiqu'il arrive affez fouvent, que par le Sacrement l'entiere fanté eft renduë aux infirmes. *Inftitution catholique du P. Coton.*

Origene, dans la feconde Homelie fur le Levitique, dit que la remiffion
des pechez fe fait, felon la parole de l'Apôtre, quand il écrit : *Si quelqu'un
d'entre vous eft malade, &c.* Le Canon foixante-neuviéme Arabique, du
Concile de Nicée, ordonne que le Prêtre faffe chaque année nouvelle benediction fur l'eau & fur l'huile, non comme celle du Baptême & du Chrême, mais comme à l'huile des malades ; faint Ephrem, au traité de la vie
fpirituelle, enfeigne à un jeune novice, comme il fe doit comporter, eu
égard à ce Sacrement. Et faint Jean Chryfoftome, au livre troifiéme du Sacerdoce, enfeigne que les Prêtres n'ont pas feulement le pouvoir de remettre les pechez, quand ils nous regenerent ; mais encore après, témoin faint
Jacques, dans fon Epître. *Le même.*

Saint Cyrille d'Alexandrie, au livre dixiéme de l'adoration en efprit, exhorte le malade qui croit au Nom du Dieu des armées de recourir à l'E-
glife, & aux remedes que l'Ecriture divinement infpirée nous propofe, ci-
tant faint Jacques mot à mot. Saint Jerôme, en la vie de faint Hilarion,
recite comme ce faint homme guerit & preferva de mort le gendre d'une
fainte femme nommée Conftance, par ce moyen, & plufieurs Bergers &
villageois qui avoient été mordus des ferpens. Saint Auguftin, au traité de
la droite converfation des Catholiques, exhorte les malades d'avoir recours
à ce Sacrement, & non aux Enchanteurs, ni au Dieu d'Accaron, comme fit
Ochofias ; de quoi il parle encore plus amplement, au Tome dixiéme de fes
œuvres, le tout à l'exemple des Apôtres, qui apliquoient l'huile aux malades, & les gueriffoient. En ce Sacrement, l'huile eft la matiere, l'oraifon,
la forme, & la remiffion des pechez, le principal effet. Et Innocent premier, environ l'an quatre cens, expofe les paroles de l'Apôtre, felon le
fens & la pratique de l'Eglife, & veut qu'il foit ainfi entendu fans aucune
controverfe : comme auffi faint Gregoire le grand, au Sermon de la cinquiéme ferie, met au long l'oraifon qui fe fait à la benediction de l'huile. Et le
venerable Bede, fur ces paroles, en faint Marc fixiéme, *ils chaffoient plufieurs demons, & oignoient plufieurs malades d'huile, & ils étoient gueris ;* raporte la fentence de faint Jacques, puis conclud : *D'où il s'enfuit que cette
fainte coûtume d'oindre les Energumenes & les malades d'huile confacrée par
la benediction de l'Evêque, a été laiffée à l'Eglife, par la Tradition des Apôtres.*
Ce qu'il réitere fur le huitiéme chapitre de faint Luc, & fur le cinquiéme
chapitre de faint Jacques. *Le même.*

Calvin, au livre de la vraye maniere de reformer l'Eglife ; & dans fon
livre intitulé : l'Antidote du Concile de Trente, avouë qu'au tems des Apôtres, l'Extrême-onction étoit Sacrement. Et au quatriéme de fon inftitution,
lorfqu'il femble combattre ce Sacrement à outrance, il feint à rendre raifon, pourquoi maintenant elle n'eft plus Sacrement ; s'appercevant affez que
quand la fanté miraculeufe feroit le feul effet de ce Sacrement ; ce que faint
Jacques ne dit pas. Encore devroit-on apliquer l'onction, pour voir ce qu'il
plaira à Dieu de faire, attendu que l'on en voit plufieurs qui reviennent à
convalefcence ; & dans cette incertitude de la volonté de Dieu, il eft plus
affuré & plus raifonnable de fe tenir à l'affirmative, qu'à la negative. Enfin

il ordonne au livre de la visitation des malades, que les infirmes seront plus souvent visitez par les Ministres & Pasteurs. Et l'on sent bien que peu s'en faut, que lui, & ceux de son opinion ne reviennent au commandement de l'Apôtre, & à la pratique de l'Eglise, Apostolique & Romaine, quoique d'ailleurs il se laisse emporter à son mauvais exemple. *Institution catholique du Pere Coton.*

Jesus Christ est l'Auteur du Sacrement de l'Extrême-onction. Comme il est constant que l'Extrême onction, est proprement & veritablement un des Sacremens de l'Eglise ; il s'ensuit qu'il faut que ce soit Jesus-Christ qui l'ait instituée, & que l'Apôtre saint Jacques n'en ait ensuite proposé que la pratique, & recommandé l'usage aux fidéles. Le Fils de Dieu semble en avoir donné lui-même l'exemple dans l'Evangile. Car ayant envoyé ses Disciples deux à deux devant lui, par les Villes & Villages ; il est dit d'eux, qu'ils préchoient aux peuples qu'ils fissent penitence, qu'ils chassoient les demons, qu'ils oignoient d'huile plusieurs malades,, & les guerissoient tous. Or, il est certain que ce ne furent point les Apôtres qui inventerent cette onction, & que ce fut le Sauveur qui leur commanda de la faire, l'ayant instituée, non tant pour la guerison du corps, que pour la guerison de l'ame, en lui communiquant une vertu toute divine & surnaturelle. Saint Denis, saint Ambroise, saint Chrysostome, & saint Gregoire le grand, confirment tous si clairement cette verité, qu'il n'y a aucun lieu de douter que ce Sacrement ne soit un des sept de l'Eglise, que chacun doit recevoir avec toute la Religion & la pieté possible. *Tiré du Catechisme du Concile de Trente.*

Il ne faut pas attendre que le malade ait perdu la connoissance, pour recevoir ce Sacrement. Quoique ce Sacrement soit institué indifferemment pour tous les fidéles, il n'y a neanmoins que les malades, & même ceux qui sont en peril de mort, à qui on le doive administrer. C'est ce que l'Apôtre saint Jacques marque assez clairement par ces paroles : *Quelqu'un parmi vous est il malade?* Et c'est de quoi la raison nous doit convaincre ; puisque le Sacrement n'a pas été institué seulement pour redonner la santé de l'ame, mais aussi celle du corps. Or, quand on dit, qu'il ne faut administrer ce Sacrement qu'aux personnes dangereusement malades ; il faut bien prendre garde de ne pas commettre cette faute considerable, d'attendre, comme font plusieurs, à le leur faire administrer, quand elles sont presque sans sentiment & sans vie, & qu'il n'y a plus d'esperance de les sauver. Car il est très important pour les malades, afin qu'ils puissent participer avec plus de fruit, à la grace de ce Sacrement, qu'on le leur administre, lorsqu'ils ont encore le jugement & la raison entierement libre ; & qu'ils peuvent se disposer à le recevoir avec une foi vive, & une pieté ardente. Ainsi il faut que les Pasteurs ayent soin d'employer ce divin remede, qui est toûjours, par sa propre vertu, très salutaire, dans le tems où ils jugeront que la pieté & la religion avec laquelle le malade le recevra, pourra le rendre plus utile & plus efficace pour le salut de son ame, & la guerison de son corps. On ne doit point non plus administrer ce Sacrement à ceux qui sont privez de l'usage de la raison, comme sont les enfans qui n'étant pas en un âge où ils puissent pecher, n'ont par consequent aucuns restes de peché, dont ils ayent besoin d'être purifiez. Il faut dire la même chose des insensez & des furieux, si ce n'est qu'ils eussent quelques intervalles, où leur raison fût libre, où ils

donnassent

donnaſſent des marques de pieté ; ou qu'avant que d'eſtre tombez dans cet
état, ils euſſent deſiré avec ardeur de recevoir ce Sacrement. *Tiré du Catechiſ-*
me du Concile de Trente.

Le premier avantage que l'on reçoit de ce Sacrement, eſt qu'il efface les *Les fruits de*
pechez legers, ou comme on les apelle communément les pechez veniels. *l'Extrême-*
Car il n'a pas été inſtitué pour effacer les mortels. Et ce n'eſt que par le bap- *onction.*
tême & par la penitence que l'on obtient la remiſſion de ces pechez. Le ſecond, eſt qu'il délivre l'ame de tous les reſtes du peché, & de la langueur
& de l'infirmité qu'elle a contractée par l'habitude du peché. Or, il eſt certain que nous n'avons jamais plus de beſoin, que Dieu nous faſſe cette grace, que dans le tems où nous ſommes plus preſſez de la maladie, & en
un plus grand danger de mourir ; puiſque comme rien ne nous eſt plus naturel que de craindre la mort, rien n'eſt auſſi plus capable d'augmenter en
nous cette crainte que le ſouvenir de nos pechez, & lorſque nous ſommes
vivement preſſez par les remords de nôtre conſcience. D'où vient que le
Sage dit : *Que les pecheurs ne penſeront qu'avec crainte à leurs pechez ; parce* *Sap. 4.*
qu'ils trouveront en eux le ſujet de leur condamnation & de leur perte. De plus,
la penſée où eſt un malade, que dans peu il paroîtra devant le Tribunal de
Dieu, pour y eſtre jugé ſelon le mérite de ſes œuvres ; fait que dans la vûë
de ce jugement, il ſe ſent étrangement agité, & troublé de crainte & d'a-
prehenſion. Ainſi rien ne lui peut eſtre plus utile en cet état, que ce qui
peut rendre la tranquillité à ſon ame, chaſſer la triſteſſe de ſon cœur, &
lui faire attendre avec joye l'avenement du Seigneur, pour lui rendre le
dépôt qu'il lui a confié ; lorſqu'il lui plaira de lui en demander compte. Or
c'eſt ce que le Sacrement de l'Extrême-onction opere dans ceux qui le reçoivent dignement, ôtant de leur cœur toute inquietude, & le rempliſſant d'une
joye ſainte & tranquille. *Le même.*

Ce Sacrement nous donne encore des armes & des forces pour reſiſter *Suite du mê-*
courageuſement aux attaques que le demon, nôtre commun ennemi, nous *me ſujet.*
livre à l'extrêmité de nôtre vie ; ce qui eſt aſſurément le plus grand avantage que nous en puiſſions recevoir. Car, quoiqu'il ne ceſſe point pendant
tout le cours de nôtre vie, de penſer aux moyens de nous perdre ; il eſt
certain néanmoins, que lorſqu'il en ſent aprocher les derniers momens,
c'eſt alors qu'il redouble tous ſes efforts pour venir à bout de ſon malheureux deſſein, & pour nous ôter, s'il peut, toute confiance en la miſericorde de Dieu. Et c'eſt ce qui lui ſeroit facile, ſi ce n'étoit que ce Sacrement
relevant nôtre courage, par la confiance en la bonté de Dieu qu'il nous
inſpire, nous donne dans cette extrêmité de nouvelles forces, pour ſouffrir avec moins de peine toutes les incommoditez de la maladie, & pour
ne nous laiſſer pas ſurprendre aux artifices, & aux tromperies du demon.
Le même.

Le Sacrement de l'Extrême-onction produit cinq merveilleux effets *Les merveil-*
dans l'ame du malade, & qui requierent preſque tous une actuelle dévo- *leux effets*
tion en celui qui les reçoit. Le premier eſt, qu'il ſert de preparation im- *que produit*
le Sacrement
mediate à la vie éternelle : *Immediate hominem diſponit ad gloriam.* Le ſecond *de l'Extrême-*
eſt, qu'il met la derniere main à nôtre perfection. C'eſt pourquoi le Con- *onction.*
cile de Trente dit que c'eſt un Sacrement qui conſomme la vie chrétienne,

& qui nous sert comme d'un puissant renfort, dont Dieu a muni la fin de nôtre vie. Le troisième est, qu'il fortifie l'ame, & lui confere des graces actuelles pour résister aux tentations qui peuvent mettre son salut en danger, soit qu'elles viennent de la violence du mal, ou de la malice de ses ennemis invisibles. Car le malade étant muni de ce Sacrement, comme dit le même Concile, souffre plus facilement les incommoditez de la maladie, & résiste mieux aux tentations du demon, qui dresse ses embuches au talon, c'est-à-dire, à l'extrêmité de la vie. Le quatriéme est, qu'il efface les pechez quant à la coulpe : *Et si in peccatis sit, remittentur ei.* Et si le malade se trouve coupable de quelques pechez, ils lui seront remis, dit l'Apôtre S. Jacques, ce qui s'entend non-seulement de tous les pechez veniels, ausquels il n'a point d'attachement qui puisse mettre obstacle à la grace ; mais encore des pechez mortels dont il ne se peut pas confesser, soit pour en avoir perdu le souvenir, soit pour avoir déja perdu la parole, soit même pour avoir perdu le jugement & la presence d'esprit ; pourvû qu'auparavant que de la perdre, il ait produit quelque acte d'une veritable douleur de ses offenses, telle qu'elle suffiroit pour le Sacrement de Penitence, auquel celui de l'Extrême-onction supplée en cette occasion. Le dernier est, qu'il remet encore les pechez du moins en partie, quant à la peine, afin que l'ame chrétienne sorte de ce monde, *Sine stigmatibus peccatorum*, comme parle Tertullien ; c'est-à-dire, sans l'obligation à la peine, qui est comme une tache, & une marque d'infamie que le peché laisse après lui. C'est pourquoi l'Eglise aplique l'huile sacrée à tous les sens, par où le peché entre dans l'ame, priant Dieu par cette sainte onction, & par sa très grande misericorde, de pardonner au malade tous les pechez qu'il a commis par chacun de ses sens, à quoi il est important qu'il fasse lui-même une serieuse attention, afin qu'à chaque fois que le Prestre prononce les paroles Sacramentelles, il demande avec lui le pardon des fautes qu'il a commises par les sens, & par la partie du corps qui est ointe. Car comme les Sacremens agissent plus ou moins, selon la disposition qu'ils trouvent dans leur sujet, il se peut faire que le malade les reçoive avec tant de devotion, & qu'il sanctifie son agonie par tant d'actes de vertus, que son ame se trouve exempte à sa sortie de toutes sortes de taches.

Quelles parties du corps il faut oindre, & pourquoi. Dans l'administration de ce Sacrement, l'on ne doit faire l'onction que sur les parties du corps, que la nature a données à l'homme pour estre les organes du sentiment, comme sur les yeux pour la vûë, les oreilles pour l'oüie, les narines pour l'odorat, la bouche pour le goût ou la parole, & les mains pour le toucher, & le sentiment, qui, quoiqu'il soit également repandu dans tout le corps, a neanmoins beaucoup plus de force dans cette partie, que dans les autres. Et c'est ce qui se pratique universellement par toute l'Eglise. Et en effet, cela convient parfaitement à la nature de ce Sacrement, qui nous est donné comme un remede. Car comme dans les maladies corporelles, quoique tout le corps s'en ressente, on s'aplique neanmoins uniquement à guerir la partie, qui est l'origine & la source du mal ; de même, quoique le sentiment soit repandu par tout le corps, on ne fait neanmoins les onctions que sur les parties du corps, où il a plus de force. D'où vient que l'on oingt aussi les reins ; parce qu'ils sont plus particulierement le siége de la volupté, & les pieds, parce qu'ils sont les principes des démarches, que nous faisons pour aller ou entrer par tout où nous pechons. *Tiré du Catechisme du Concile de Trente.*

Il faut observer, que ce Sacrement est un de ceux qui se peuvent réïterer. Car quoiqu'il ne soit permis de le donner qu'une fois dans la même maladie, à un malade qui seroit en danger de mourir ; si neanmoins après l'avoir reçû, il recouvre sa santé, & qu'ensuite il retombe dangereusement malade, on peut alors le lui donner, & même tout autant de fois que retombant malade, il sera en danger de mort. Il faut aussi bien prendre garde qu'il n'y ait rien en celui à qui l'on administre ce Sacrement, qui puisse en empêcher l'effet. C'est pourquoi comme il n'y a rien qui soit plus oposé à la grace de ce Sacrement, que le peché mortel, les Pasteurs doivent observer soigneusement, selon que l'Eglise Catholique l'a toûjours pratiqué, de ne donner ce Sacrement aux malades, qu'après leur avoir administré les Sacremens de Penitence, & les avoir disposez à recevoir cette onction sainte, avec une foi pareille à celle de ceux qui se presentoient aux Apôtres pour en estre guéris, & avec la volonté de rechercher premierement la santé de leur ame, & ensuite celle de leur corps ; & même sous cette condition, si elle doit estre utile pour le salut éternel. Car ils ne doivent point douter que les prieres saintes que le Prestre fait solemnellement en administrant ce Sacrement, comme tenant la place de l'Eglise, & de Jesus-Christ, ne soient exaucées de Dieu, lorsqu'ils le reçoivent dans ces dispositions. Ils doivent même avoir d'autant plus de soin de se disposer à recevoir avec pieté ce Sacrement, que les forces de leur esprit & de leur corps, semblent fort diminuées au moment qu'ils se trouvent exposez à un plus grand combat. *Tiré du Catechisme du Concile de Trente.*

> L'Extrême-onction ou peut se réïterer les dispositions necessaires pour le recevoir.

Comme ce n'est pas toûjours un bien pour le malade que la santé, l'Extrême-onction produit en lui un autre effet, qui est de le soulager, & de lui donner des forces pour suporter patiemment, & avec joye les incommoditez de la maladie ; si bien qu'encore que sa santé ne soit pas meilleure, il sent moins son mal, & en profite beaucoup davantage pour son ame. De-là vient que c'est un abus de remettre à donner ce Sacrement au malade, lorsqu'il est à l'extrêmité, & hors d'état d'en tirer ces deux premiers fruits. Car quoique l'on doive attendre un veritable danger de mort ; parce que c'est en ce tems-là que le corps & l'ame ont accoûtumé de souffrir beaucoup, le meilleur est cependant de ne pas trop differer ; parce que la grace du Sacrement n'aïde pas peu le malade à sanctifier ses souffrances. *Oeuvres spirituelles, traduites par le Pere Brignon.*

> L'Extrême-onction sert à soulager beaucoup le malade, de quelque façon que ce soit.

Il y a encore deux autres effets de l'Extrême-onction encore plus nobles & plus spirituels, dont le premier est de purifier l'ame de certaines taches, que la Confession & la Communion n'ont pas effacées. Saint Jacques en parle fort clairement, lorsqu'il dit que *s'il reste encore quelques pechez, ils seront remis.* La forme essentielle du Sacrement exprime la même chose ; car elle est conçûë en ces termes : *Que le Seigneur par cette sainte onction, & par sa douce misericorde, vous pardonne toutes les fautes que vous avez commises, par la vûë, par l'ouïe, &c. Le même.*

> Suite des mêmes effets de ce Sacrement

Dans le Sacrement de l'Extrême-onction, Dieu remet trois choses au malade : Premierement, si depuis sa derniere confession, il est tombé en quelque

> Les graces que reçoit le

malade dans le Sacrement de l'Extrême-onction.

peché mortel, & qu'il ne puiſſe s'en confeſſer, ou parce qu'il ne peut parler, ou par quelqu'autre cauſe que ce ſoit, où il n'y ait point de ſa faute, la grace du Sacrement l'effacera ; pourvû que dans ſon cœur il s'en repente tout de bon , ou qu'il s'en ſoit repenti , avant que de perdre toute connoiſſance, quand même ſa contrition ne ſeroit pas une contrition parfaite. Ce qui montre de quelle importance, & de quelle neceſſité eſt l'Extrême-onction pour les malades ; puiſqu'il ſuffit quelquefois de l'avoir reçûë pour eſtre ſauvé , ou de ne l'avoir pas reçûë pour eſtre damné. De plus , elle a la vertu de remettre les pechez veniels , lorſque le cœur n'y a point d'attache , & qu'on ne veut point en commettre de nouveaux. Car les paroles eſſentielles des Sacremens operent tout ce qu'elles ſignifient , pour le bien de ceux qui les reçoivent. Or, celles de l'Extrême-onction ne ſont autre choſe que des prieres qu'on fait à Dieu, afin qu'il lui plaiſe de pardonner aux malades toutes les fautes qu'ils ont commiſes par les cinq ſens , par où tout ce qu'il y a d'objets dangereux entre dans l'ame , & y fait entrer le peché ; ces fautes ſont donc remiſes , & les taches en ſont effacées , pourvû qu'il ne s'y rencontre nul empêchement. *Le même.*

La foibleſſe de la foi eſt un obſtacle à l'effet du Sacrement de l'Extrême onction.

L'Extrême-onction nous fait recouvrer la ſanté du corps ; & ſi tous les malades n'éprouvent pas ſa vertu en ce point, cela ne vient que de la foibleſſe de la foi de ceux qui le reçoivent, ou qui l'adminiſtrent ; n'y ayant rien plus capable d'empêcher l'effet de ce Sacrement , que ce manquement de foi ; puiſque l'Evangeliſte remarque que Nôtre-Seigneur même n'avoit pas fait pluſieurs miracles en ſon païs , à cauſe de l'incredulité de ceux qui l'habitoient. On peut dire neanmoins que cela peut venir de ce que la Religion chrétienne n'a plus beſoin maintenant d'eſtre ſoûtenuë par ces ſortes de miracles, depuis qu'elle a pris de plus profondes racines dans le cœur des hommes , comme elle avoit beſoin de l'eſtre dans ſa naiſſance. Mais cela ne doit pas empêcher d'exciter les fidéles à avoir une grande foi en ce Sacrement , afin que laiſſant entiérement à la volonté de Dieu d'ordonner ce qu'il lui plaira de la ſanté de leur corps , ils ayent une ferme confiance d'obtenir par la vertu de cette onction ſainte , la ſanté de leur ame, & d'éprouver en cas qu'ils meurent , la verité de ces paroles : *Bienheureux ceux qui meurent dans le Seigneur. Tiré du catechiſme du Concile de Trente.*

Apoc 14.

Les avantages du Sacrement de l'Extrême - onction.

La Providence de Nôtre-Seigneur eſt admirable à l'égard des Juſtes, qui à l'article de la mort ſont combattus de toutes les tentations. Car de même qu'il a inſtitué le Sacrement de Confirmation , pour affermir les fidéles dans la foi , & pour leur donner des forces contre les Tyrans , qui par la rigueur des ſuplices voudroient les contraindre d'y renoncer ; ainſi il a inſtitué le Sacrement de l'Extrême-Onction , en faveur des malades qui ſont en peril , afin que fortifiez d'une grace ſpeciale , ils perſeverent dans la foi & dans la charité , & reſiſtent courageuſement aux tentations qui leur arriveront alors , ſoit par les douleurs de la maladie , ſoit par la perte des biens temporels , ou la crainte de ſouffrir les maux éternels. Il ſçavoit qu'en ce tems-là le corps eſt tout épuiſé de forces , que l'eſprit eſt tout abattu ; & que, comme dit ſaint Auguſtin, la violence du mal emporte toute l'attention , & ne permet pas de penſer à autre choſe. C'eſt pourquoi il nous a donné ce Sacrement , qui par les ſecours ſurnaturels qu'il porte avec lui , nous ſoûtient, nous fortifie &

nous anime dans nôtre extrême foibleſſe. Auſſi n'eſt-il pas pour ceux qui ſe
portent bien, quoiqu'ils ſoient prêts par arreſt de la juſtice humaine de mourir ; parce qu'ayant l'uſage libre de toutes les facultez de leur corps & de leur
ame ; il leur eſt aiſé, avec le ſecours de la grace, de ſe preparer à la mort par
la Confeſſion & par la Communion, & de reſiſter fortement aux derniers aſſauts des ennemis de leur ſalut. *Tiré des Oeuvres ſpirituelles de Bloſius, traduites par le Pere Brignon, de la Compagnie de Jeſus.*

Ce n'eſt pas ſans deſſein que Nôtre-Seigneur a voulu que dans ce ſeul Sacrement il ſe faſſe cinq ou ſept onctions, & qu'à chacune on le prie de
pardonner au malade. C'eſt peut-eſtre afin d'exciter nôtre foi, & de nous
faire reſſouvenir que Dieu connoît diſtinctement tous nos pechez ; qu'il n'en
eſt aucun par conſéquent, dont il ne ſoit neceſſaire de lui demander pardon,
qu'il ne faut pas nous contenter de le lui demander une fois, & en general ;
mais qu'il en faut venir au détail, & réciter juſqu'à ſept fois, & juſqu'à cent
s'il eſt beſoin nôtre priere, avec nôtre acte de contrition, ſur l'abus que
nous avons fait, tant de nos cinq ſens, que de nos mains & de nos pieds,
& ſur tous les mouvemens dereglez de nôtre chair : Car plus nous témoignons
en cela de pieté & de ferveur, plus la grace du Sacrement ſera abondante ;
puiſqu'elle ſe meſure toûjours à la diſpoſition que l'on y aporte. *Oeuvres ſpirituelles, traduites par le Pere Brignon.*

Pourquoi on
fait des orai-
tions ſur le
malade.

L'Extrême-onction remet les peines temporelles, qui ſont des reſtes fâcheux des pechez déja pardonnez. A la verité, elle ne les remet pas toutes ;
mais elle en remet plus ou moins ſelon la diſpoſition plus ou moins parfaite qu'on y aporte. Cependant il peut arriver qu'on le reçoive avec de ſi
grands ſentimens de penitence, que l'ame ſortant du corps, & ne devant
rien à la juſtice divine, aille droit au Ciel, ſans paſſer par le Purgatoire.
Mais en quoi paroît davantage la vertu de ce Sacrement, c'eſt à donner de
la vigueur, & des forces ſpirituelles au malade, pour vaincre les tentations
& les peines interieures, dont il eſt alors violemment combattu ; c'eſt à l'empêcher de faire de nouvelles fautes, à l'aider à perſeverer dans l'exercice des
vertus chrétiennes, juſqu'à ce qu'il reçoive la couronne dûe à ſa fidélité &
à ſa conſtance. Le Concile de Trente le declare nettement par ces paroles.
Nôtre Redempteur, qui par ſon infinie miſericorde, a toûjours eu ſoin de
fournir à ſes ſerviteurs des armes pour ſe défendre contre tous leurs ennemis,
non content de leur offrir dans les autres Sacremens de puiſſans ſecours pour
vivre en parfaits Chrétiens, ſans rien faire qui ſouïlle notablement leur
conſcience, leur a encore donné le Sacrement de l'Extrême-onction, qui
ſert pour les fortifier à l'article de la mort. Car encore que durant toute nôtre
vie, l'ennemi de nôtre ſalut ne cherche que l'occaſion de perdre nos ames,
par quelque voye que ce ſoit ; il ne fait neanmoins jamais de plus grands
efforts pour nous attirer dans ces piéges, & pour nous ôter, s'il peut, la
confiance en la miſericorde divine, que quand il nous voit prochés de la
mort. Le remede à un ſi grand mal, eſt cette onction ſacrée, qui ſoûtient
& fortifie l'eſprit du malade, & excite en lui une grande confiance en la
bonté infinie de Nôtre Seigneur : de ſorte qu'il ſouffre avec plus de patience
les douleurs de la maladie, & reſiſte avec plus de facilité aux tentations du
malin eſprit. Tout ce diſcours eſt du Concile de Trente, qui explique le-

Quelle eſt la
vertu de ce
Sacrement.

sujet pourquoi l'on donne ce Sacrement aux malades qui sont en danger. On les oint avec de l'huile, afin qu'ils sçachent non seulement que c'est un remede & pour leur corps, & pour leur ame ; mais aussi qu'en le recevant, ils deviennent des Athletes, pleins de courage, & plus forts que le demon, à qui l'onction sainte ferme l'entrée des cinq sens, par où il s'efforce de s'insinuer dans le cœur. Enfin, cette huile sacrée, comme remarque Theodoret, designe la misericorde & l'allegresse interieure, qui fait que l'on se repose sur le Tout Puissant, que l'on s'anime au combat, qu'avec le secours de la grace, on se promet la victoire. Au reste, c'est avec raison qu'en ce Sacrement, les onctions se font non avec du baume, comme en la Confirmation ; mais simplement avec de l'huile. Cela signifie qu'on le reçoit, non pas tant afin d'édifier le prochain par la bonne odeur d'une vie sainte, qu'afin d'essuyer toutes les taches de ses pechez, & de porter au Tribunal du souverain Juge, une conscience parfaitement nette. *Oeuvres spirituelles par le Pere Brignon.*

Le Sacrement de l'Extrème-onction sert beaucoup à nous humilier & à nous faire rentrer en nous-mêmes. Daniel 18.

En recevant le Sacrement de l'Extrème onction, on reconnoît avec une vraye humilité, qu'on est infirme de corps & d'esprit, & on s'aplique à soi-même les paroles qui accompagnent l'onction. On avouë qu'on a abusé de ses sens, & qu'on est pecheur. Ce sentiment est le plus sûr, & le plus utile en ce tems-là : car il vaut bien mieux se confier en la divine bonté, qu'aux bons exemples qu'on pourroit donner au prochain. On peut dire avec Daniel : *Seigneur nous vous offrons nos prieres, & nous en attendons l'effet ; appuyez non sur nos merites, mais sur vos misericordes infinies.* De ces effets de l'Extrème-onction, il en resulte un dernier, qui est d'aider le malade à bien mourir, à perseverer dans la grace, & à sortir de ce monde victorieux pour jamais de l'enfer & du peché. *Le même.*

Pourquoi il y a si peu de malades qui recouvrent la santé par le Sacrement de l'Extrème-onction.

Si l'on demande pourquoi en ce tems-ci l'on voit si peu de malades guerir par l'Extrème-onction ? Il y en a deux raisons. L'une est qu'on differe trop à la demander ; car il ne faut pas s'imaginer qu'elle opere communément des miracles manifestes. Quel miracle ne seroit ce pas que des gens à l'extrêmité de la maladie, recouvrassent en un moment la santé ? Mais si les malades le recevoient dès qu'on s'aperçoit du danger, sans doute qu'on en verroit des effets miraculeux qui n'arriveroient peut-estre pas tout d'un coup ; mais qui se feroient peu à peu avec le tems. L'autre raison est, que souvent la mort est plus souhaitable au malade que la guerison ; & si l'Eglise demande à Dieu, pour lui, dans ce Sacrement la santé du corps, c'est toûjours à condition qu'elle puisse lui estre utile pour son salut éternel. Ce Sacrement procure aussi au malade la remission des pechez. Saint Jacques le marque aussi, quand il dit : *Et s'il est coupable de quelques pechez, il en aura la remission.* Mais comme la remission du peché originel apartient au Sacrement de Baptême, & celle des pechez actuels, partie au Baptême pour les adultes, & partie au Sacrement de la Penitence ; il n'y a plus par conséquent que les restes des pechez a effacer par l'Extrème-onction. Or, ces restes, selon la doctrine des Theologiens, sont de deux sortes. On apelle quelquefois restes des pechez, des pechez veniels, ou même des pechez mortels, que l'on a commis depuis la derniere confession, & que l'on n'a point confessez, ou par ignorance, ne sçachant pas qu'ils fussent mortels, ou par oubli, ne s'en étant point sou-

nu , & n'ayant nullement fongé à s'en confeſſer. Ceux-là ſont remis par le
ſacrement , dont nous parlons ; & c'eſt de ceux là auſſi , que parle ſaint
Jacques , comme l'enſeigne aſſez clairement le Concile de Trente. Il y a
encore d'autres reſtes de pechez , qui tourmentent le malade au lit de la mort,
& qui ne ſont autre choſe qu'un certain abbatement , une langueur , une
crainte , une triſteſſe , dont ils ſe ſentent ſouvent accablez. L'effet de l'Extrême-onction eſt , ſelon ſaint Jacques , de les ſoulager , de les rejoüir , de relever leur eſperance , & de diſſiper leurs craintes. Et de vrai ce leur eſt un grand
ſujet de conſolation , de voir les biens que Dieu leur promet , & qui ſont marquez dans la forme de ce Sacrement. Voila pourquoi l'on ne devroit pas attendre à le leur donner , qu'ils fuſſent à l'extrèmité , & qu'ils euſſent perdu l'uſage des ſens & de la raiſon. *Opuſcules de Bellarmin , Tome cinquiéme.*

Au même tems que le Preſtre aplique les ſaintes huiles ſur les cinq parties | Quels ſont
du corps , où reſident les cinq ſens , qui ſont la vûë , l'oüie , l'odorat , le | les fruits de
goût , le toucher ; il dit ces paroles : Qu'il plaiſe au Seigneur de vous pardon- | l'Extrême-
ner toutes les fautes que vous avez commiſes par la vûë , par l'oüie , &c. | onction.
Comme dans cette priere eſt la forme de ce Sacrement , elle opere ce que les
paroles ſignifient , à moins que celui qui le reçoit n'y aporte quelque obſtacle. Ainſi pour connoître comment Dieu exerce ſa miſericorde en ce dernier
ſacrement , il ne faut que voir combien l'on abuſe des cinq ſens , qui ſont
comme autant de ſources d'imperfections & de pechez. Saint Bernard écrit
dans la vie de ſaint Malachie , que ce ſaint Evêque ayant differé de quelques
heures à donner l'Extrême-onction à une femme de qualité , dans cet intervalle , elle mourut. Il en fut ſi affligé , qu'il paſſa toute la nuit avec ſes Prêtres auprès du corps , priant , gemiſſant , s'accuſant d'avoir été cauſe par ſa
negligence que cette femme n'avoit point été guerie , ou que du moins elle
avoit perdu beaucoup de graces attachées au Sacrement. Enfin , il pria & pleura tant , que par ſes mérites , il obtint de Dieu , qu'il lui redonnât la vie.
Après quoi lui ayant adminiſtré le Sacrement qui lui manquoit , il lui en com-
muniqua les deux principaux effets. Car elle reçût avec la vie , une ſanté qu'elle conſerva long-tems ; & ſes pechez , comme nous avons ſujet de le croire ,
lui furent remis. Cet exemple d'un grand Saint , raporté par un autre Saint ,
doit aprendre à tout le monde , combien l'on doit eſtimer le Sacrement de l'Extrême-onction. *Le même.*

Le Sacrement de l'Extrême-onction a toutes les marques que les Proteſtans | Les Proteſ-
déſirent en un Sacrement ; 1°. Le precepte divin. 2°. Le ſigne viſible. 3°. Et | tans ne peu-
la promeſſe de grace. Auſſi les plus fameux d'entre les Ecrivains de la Confeſ- | vent conteſ-
ſion de Geneve , reconnoiſſent qu'il a été Sacrement du tems des Apôtres , | ter que l'Ex-
porſqu'ils avoient la grace des guerifons , ſans conſiderer que ce n'eſt pas là la | trême-onctió
ſeule grace de ce Sacrement , que de ſoulager le malade en ſes douleurs ; mais | ne ſoit un
encore de lui obtenir la remiſſion des pechez. Ce qui fait voir , ou qu'ils renon- | Sacrement.
cent à leur unique regle de foi , la ſainte Ecriture , ou que s'ils s'y tiennent ,
ils peuvent aiſement en ce point ſe joindre à la doctrine Romaine , apuyée
de toute l'antiquité , & d'un uſage non interrompu de ſeize ſiécles. *Auteur
moderne.*

Les Epiſcopaux d'Angleterre ont conſervé quelque choſe d'équivalent à ce | Les Proteſ

tans font
quelques ce-
remonies aux
malades qui
aprochent du
Sacrement de
l'Extrême-
onction.

que nous apellons *Extrême-nction*. La forme de l'adminiſtrer , eſt expliquée
au long dans leur livre des prieres publiques , ſous le titre de la *viſite des malades*. Bien qu'ils ne les oignent point , ils font pluſieurs prieres ſur le malade , tant pour la ſanté de ſon corps , que pour le ſalut de ſon ame. Cette liturgie porte que ſi le malade ſent ſa conſcience chargée de quelques pechez , il
ſe confeſſera en particulier au Preſtre , qui après avoir entendu ſa confeſſion ,
lui donnera l'abſolution , en diſant : " Que Nôtre-Seigneur Jeſus Chriſt , qui
,, a donné à l'Egliſe le pouvoir d'abſoudre de leurs pechez ceux qui ſont ve-
,, ritablement repentans , & qui croyent en lui , vous pardonne vos pechez
,, par ſa miſericorde infinie. Pour moi , ſelon l'autorité de l'Egliſe que j'ai
,, reçûë de lui , je vous abſous de tous vos pechez , au Nom du Pere , du Fils,
,, & du Saint-Eſprit. Ce ſont là les propres termes de cette abſolution. *Auteur
moderne.*

Combien il
eſt neceſſaire
d'inſtruire les
fideles ſur ce
Sacrement.

Il ne faut pas ſe contenter de faire recevoir le Sacrement de l'Extrême-onction aux Chrétiens , quand ils ſont malades ; il faut de plus leur en faire concevoir l'eſtime qu'ils doivent , quand ils ſe portent bien. Cette eſtime eſt abſolument neceſſaire , afin de tirer de ce Sacrement les fruits qu'il doit produire ; on le regarde d'ordinaire , comme on fait les potions des Medecins ; la
ſeule vûë en fait fremir , lors même qu'on y a recours ; on y a de la repugnance , quand on voit entrer le Preſtre qui aporte les ſaintes huiles ; on s'imagine voir entrer la mort en même-tems ; c'eſt pourquoi le malade ne les demande lui-même que très-rarement , & ſa famille le differe le plus qu'elle peut à
les demander pour lui ; une fauſſe compaſſion pour un corps mortel , l'emporte
ainſi ſur les intereſts de l'ame les plus eſſentiels ; ſuivant cette parole du Sau-

Matth. 10.

veur : *Les plus grands ennemis de l'homme ſont ceux qui demeurent dans ſa propre maiſon* : *Inimici ejus domeſtici ejus.* Il eſt donc neceſſaire qu'un Miniſtre
du Seigneur , travaille fortement à décrier un abus ſi pernicieux , & à bien
expliquer les effets de ce Sacrement , tout-à-fait opoſez à la fauſſe idée qu'en
ont la plûpart des gens. En effet , il eſt de lui-même infiniment ſalutaire & au
corps , & à l'ame , & pour le paſſé , & pour le preſent : pour le paſſé , procurant la remiſſion des pechez qu'on n'avoit pas aperçû , & détruiſant le reſte de
la peine dûë aux pechez , dont on avoit déja obtenu la remiſſion ; pour le
preſent donnant de nouvelles forces , & de nouveaux ſecours contre les tentations du demon ; il eſt auſſi très-ſalutaire au corps , procurant la ſanté au malade , quand elle doit lui eſtre plus utile que déſavantageuſe , ou du moins
adouciſſant les douleurs de la maladie , & donnant du courage pour les ſouffrir
avec plus de patience ; car il eſt écrit que la priere faite avec foi ſauvera le malade , & qu'elle engagera Dieu à le ſoulager : *Oratio fidei ſalvabit infirmum ,
& alleviabit eum Diminus. Le Pere Segneri , dans la pratique des devoirs des
Curez , traduit par le P. Buſſier.*

Suite du mê-
me ſujet.

Il eſt important d'enſeigner au peuple la maniere dont le malade doit ſe
diſpoſer à ce Sacrement , ſi avantageux par un repentir de tous ſes pechez : car
l'Extrême-onction eſt un Sacrement de ceux qui vivent de la vie de la grace ,
& comme le ſceau de tous les autres : c'eſt la couronne de la vie chrétienne ,
l'accompliſſement de nos victoires ſur nos ennemis ; c'eſt comme le dernier
trait qui ſe donne au caractere d'un veritable Chrétien , afin qu'il devienne
parfaitement ſemblable à Jeſus-Chriſt , ſon divin original , & qu'il ne lui reſte
rien

rien quand il vient à sortir de ce monde , qui l'empêche aussi-tôt d'entrer dans
le Ciel. Mais comment pourroit-on se prévaloir de ces avantages , si l'on attendoit à être demi-mort pour recevoir ce Sacrement ? Il ne peut produire
tous ces admirables effets que nous n'y contribuyons de nôtre part ; & si nous
n'avons plus ni raison , ni sentiment quand on viendra nous le conferer ; ne
perdrons-nous pas la plus grande partie de son fruit. *Le même.*

Pour recevoir le Sacrement de l'Extrême-onction avec plus de fruit,& parti- Les disposi-
ciper plus avantageusement aux merveilleux effets qu'il produit, il faut d'abord tiós qu'il faut
souhaiter de recevoir la paix que le Prestre nous donne , baiser la Croix qu'il aporter pour
nous presente , & l'embrasser de tout nôtre cœur , pour nous unir aux souf- recevoir ce
frances de Jesus-Christ. Ensuite il faut ecouter ce qu'il demande pour nous Sacrement.
dans les oraisons qui precedent le Sacrement ; a sçavoir , que Dieu nous donne
un bonheur éternel , une prosperité divine , une joye sans tristesse , une charité
abondante, que les demons s'éloignent de nôtre maison, que les Anges de paix
s'en aprochent,& que la discorde n'y regne jamais. Pour cela il faut se joindre
de cœur à ses prieres,pour obtenir toutes ces graces.Il faut apeller avec lui tous
les Anges,& tous les Saints à vôtre secours, pour chasser loin de vous toutes les
puissances tenebreuses de l'enfer, par la force que Dieu a donnée à l'imposition
des mains de son Ministre. Après quoi il faut faire un acte de Contrition de
tous les pechez qui pourroient encore rester en vous , connus & inconnus,& si
vous ne recevez ce Sacrement après le Viatique,ajoutez à la douleur de vos offenses, la confession Sacramentelle, afin d'aporter toute la disposition possible
pour en obtenir le pardon. Enfin , il faut suivre en esprit l'action du Prestre qui
vous administre le Sacrement, & a chaque onction, joignez votre intention à la
priere qu'il fait pour vous,en disant: *Amen;*demandant pardon des pechez que
vous avez commis par chacun des sens , a mesure qu'on aplique l'huile sacrée.
Meditation du P. Noüet , Tome 6.

Le malade,en se joignant interieurement aux prieres du Prestre,doit porter ses Les sentimés
sentimens vers le Ciel,en disant : Seigneur, je vous prie par les larmes que vous interieurs
avez versées de vos yeux , d'effacer les pechez que j'ai commis , par le dérégle- que doit a-
ment de ma vuë,afin qu'ayant achevé la course de ma vie,je puisse voir la beauté voir un ma-
de vôtre divin visage ; je vous prie aussi, par la pureté celeste de vos oreilles, de lade.
laver l'impureté des miennes, afin qu'a l'heure de ma mort, ne craignant point
d'oüir un Arrest funeste de vôtre bouche , je me presente avec joye devant vôtre
trône,pour recevoir la couronne,& pour entendre ces paroles : *Venez benits de*
mon Pere,possedez le Royaume qui vous est preparé dès le commencement du monde.
Je vous prie,Seigneur,par la puissante vertu des paroles sacrées, qui sont sorties
de vôtre bouche , de me pardonner l'intemperance de la mienne , & l'inconti-
nence de ma langue , afin qu'en sortant de cet exil , j'entre avec joye dans le
Temple de vôtre gloire,pour chanter éternellement vos loüanges,&c. *Le même.*

Lorsque le malade aura reçû le Sacrement de l'Extrême-onction , il doit tra- Ce que doit
vailler soigneusement à mettre ordre à ses affaires temporelles , pour empêcher faire le ma-
après sa mort les procès,querelles,& inimitiez qui n'arrivent que trop souvent lade,après a-
entre les parens & heritiers;ensuite il fera faire pendant sa vie toutes les restitu voir reçu le
tions & reparations des dommages , ausquels il se sentira obligé ; il doit aussi Sacrement de
pardonner toutes les injures , & remettre de bon cœur toutes les offenses, s'il lui l'Extrême-
en reste quelques-unes du côté du prochain;il recommandera à ses domestiques onction.

& à ſes ſujets,la paix,l'union,la crainte de Dieu, la miſericorde envers les pauvres,&c.Il s'abandonnera entierement à la ſainte Providence de Dieu, ſoit pour
la vie, ſoit pour la mort. Il produira ſouvent des actes de foi , d'eſperance , de
chaſité , d'actions de graces, & de conformité à la volonté de Dieu.Il jettera
ſouvent les yeux ſur le Crucifix,ou ſur quelque devote image,s'aſpergera d'eau
benite, & baiſera devotement les Reliques des Saints, s'il en a;il preferera la viſite de ſon Confeſſeur,& de quelques autres perſonnes de pieté, à toutes autres
viſites inutiles & ſuperfluës ; afin de bien employer le peu de tems qui lui reſte.
Il ſe fera entretenir de quelque diſcours ſalutaire,ſelon ſa condition & capacité,
& entendra volontiers la lecture de la Paſſion de Nôtre-Seigneur , & de la
ſainte Ecriture. Il doit auſſi ſe faire recommander aux prieres & ſacrifices des
Eccleſiaſtiques,& des Religieux, & envoyera des aumônes aux hôpitaux, & aux
pauvres honteux,ſelon ſes commoditez. Il fera ſouvent profeſſion de la foi Catholique,Apoſtolique & Romaine,proteſtant de vouloir vivre & mourir en vrai
Chrétien,& vouloir endurer cette maladie, & la mort même, pour l'amour de
Dieu ; de le vouloir benir & loüer éternellement, & de ne vouloir conſentir à
aucune tentation de l'ennemi, repetant ſouvent les promeſſes qu'il a faites au
Baptême. *Auteur moderne.*

Les ſentimés que doit avoir un mala- de aprés a- voir reçù le Sacrement de l'Extrême- Onction.

Le malade doit faire ſes efforts pour élever ſon ame à Dieu,en lui diſant plus
de cœur que de bouche : Mon Dieu, je n'ai rien aporté en ce monde , je n'en
remporterai rien.Je ſuis venu nud;j'en ſortirai auſſi tout nud. Je paſſerai comme une ombre qui diſparoît,comme une goute de pluye,que le vent ſéche ; car
la vie preſente n'eſt qu'une nuit fort courte , dont toutes les heures ſont pleines
d'inquietude;& quand elle eſt paſſée,que reſte-t-il de toute la gloire d'un homme mort,qu'un peu de cendre?Qui penſera à lui quand il ſera dans le tombeau?
Ceux qui l'ont connu,le mettront bien-tôt en oubli.Les autres n'en entendront
jamais parler.Il n'y a que l'homme de bien,dont la memoire eſt éternelle;parce
qu'il ſera toûjours uni à Dieu,qui ne meurt point ; heureux donc celui qui ne
met pas ſa confiance dans les hommes , ni la joye de ſon cœur dans aucune
choſe créée , qui ſoit ſous le Ciel , parce que tout y eſt caduc & mortel. *Meditation du P. Noüet , Tome 6.*

SUR LE CULTE DES SAINTS,

TANT EN GENERAL QU'EN particulier.

AVERTISSEMENT.

*U*N *des principaux points qui a servi de pretexte aux heretiques de ces derniers siecles, pour se séparer de l'Eglise Romaine, est le culte & l'invocation des Saints ; quelque éclaircissement que les Theologiens, & les Docteurs les plus zelez, leur ayent pû donner sur ce sujet, n'a pû encore les faire revenir de l'entêtement où ils sont, que c'est une idolâtrie d'honorer ceux que Dieu a voulu honorer lui-même, & de condamner un culte que tant d'exemples tirez de l'Ecriture, autorisent à l'égard des saints Patriarches de l'ancienne Loi, & que la pratique de tous les siécles confirme par une Tradition constante, qui ne peut venir que des Apôtres.*

Nous ne nous arrêterons pas ici à refuter tous les subterfuges, les faux raisonnemens, & la mauvaise explication du precepte que Dieu a fait dans l'ancienne Loi, d'adorer un seul Dieu, ni enfin l'abus qu'ils font de ce terme d'adoration, commun à Dieu & aux hommes, & dont l'Ecriture & les saints Peres se sont servis en cette matiére. Nous avons suffisamment repondu à toutes leurs objections dans un traité dogmatique, mis au commencement du premier Tome des Panegyriques des Saints, où l'on trouvera en abregé tout ce qu'on a pû recüeillir sur ce sujet, des Controvertistes & de la plus saine Theologie. Ainsi pour suivre le dessein que nous nous sommes proposé, de ne parler que des saintes ceremonies, & coûtumes de l'Eglise, le culte & l'invocation des Saints étant la plus ordinaire & la plus autorisée ; celle que les Iconoclastes se sont efforcez d'abolir avec fureur, & que les Protestans combattent encore aujourd'hui avec opiniâtreté. Nous nous bornerons à ce deſſein. Nous ajoûterons ſeulement à ce que nous avons dit ailleurs, le témoignage des ſaints Peres qui confirment cette pratique, & qui fait voir avec quelle injuſtice on veut ravir à l'Egliſe ces défenſeurs, ces protecteurs, ces mediateurs des hommes auprès de Dieu.

Nous avons joint à ce traité, abregé du culte des Saints en general, le culte propre & particulier que l'Egliſe rend à la ſainte Vierge, celui qu'on rend aux Anges, & celui qu'on nomme adoration de la Croix. Sur leſquels ſujets que nous avons déja traité plus au long chacun en leur lieu, dans la Bibliotheque des Predicateurs : Nous donnerons des remarques conformes aux ceremonies, coûtumes & pratiques de l'Egliſe.

✶✶✶✶✶✶✶✶✶ ✶✶✶✶✶✶✶ ✶✶✶✶✶✶✶✶✶✶✶✶✶✶

SUR LE CULTE
DES SAINTS,
TANT EN GENERAL QU'EN
particulier.

L'Eglise honore les Saints , d'un culte qui a du raport à leur état , comme les amis de Dieu , & comme fes enfans , qui font en poffeffion de
fon Royaume , victorieux qu'ils font de ce monde , & poffeffeurs d'une
tranquille & bienheureufe immortalité. Enfuite elle les invoque dans fes
befoins , & leur adreffe fes prieres , comme à fes mediateurs , qu'elle employe pour avoir plus d'accès auprès de Jefus-Chrift , & par Jefus-Chrift
auprès du Pere Eternel. C'eft en ces deux devoirs que confifte le culte que
l'Eglife leur rend , & ce qui repond aux deux chofes que nous devons confiderer dans les Saints , par raport à eux , & par raport à nous. La premiere
eft leur gloire & leur bonheur inexplicable , à quoi nous témoignons prendre part , par l'honneur que nous nous efforçons de leur rendre ; & la feconde eft l'intereft qu'ils prennent réciproquement , au bonheur où nous
afpirons. De maniere que la juftice & la reconnoiffance , nôtre intereft & le
leur , nous engagent aujourd'hui à défendre le culte qui eft dû aux Saints,
L'Auteur des Sermons fur tous les fujets.

Je dis d'abord que les Saints & les Bienheureux amis de Dieu font dignes
d'eftre honorez de tous les fidéles fur la terre. Pourquoi ? Les raifons , M. en
font prifes de leurs mérites , & des grandes actions , par lefquelles ils fe font
fignalez durant leur vie ; de l'éclat où ils font élevez après leur mort ; du
rang qu'ils tiennent auprès de Dieu ; & enfin du deffein de Dieu même , qui,
pour couronner leur vertu, ne fouhaite pas moins qu'ils foient honorez fur la
terre , qu'il veut qu'ils le foient dans le Ciel : *Nimis honorati funt amici tui* Pfal. 138.
Deus. Les Saints méritent qu'on les honore ; & rien n'eft plus jufte que de
leur rendre de l'honneur , qui eft la recompenfe de la vertu. C'eft par cela
que l'honneur , felon l'idée que nous en ont donné les Payens mêmes , n'eft
autre chofe qu'une connoiffance claire & diftincte , du mérite fuperieur d'u-
ne perfonne , & que l'on s'efforce de lui marquer , par quelque témoignage
extérieur ; comme font les loüanges , les refpects & les déferences que la coutume a fait paffer en loi. Or , fi lorfque les Saints vivoient fur la terre , ils
méritoient qu'on eût du refpect pour leur vertu , & qu'on les honorât ;
pourquoi leur refufer cet honneur maintenant qu'ils font dans le Ciel , où
ils ne font plus fujets à ces viciffitudes également furprenantes & funeftes ,
que l'inconftance & la fragilité humaine n'a fait voir que trop fouvent en

L'Eglife ho-
nore les Sts.
d'un raport à
leur état glo-
rieux.

Pourquoi les
Saints meri-
tent d'étre
honorez.

GGg iij

des perſonnes , qui , du comble de la vertu , ſont tombez dans les plus grands
dérèglemens , & ſe ſont précipitez dans l'abîne du vice ? au lieu que dans le
Ciel , les Bienheureux ſont inébranlablement affermis dans le bien ; & qu'ou
tre cela , ils joüiſſent de la gloire , & d'un bonheur incomparable . qui eſt la
recompenſe de leur vertu. *Le même.*

L'honneur qu'on rend aux S⁰ˢ n'eſt point contraire à celui qu'on doit à Dieu.

Tant s'en faut qu'en honorant les Saints , qui ſont morts en la grace du
Seigneur , en les invoquant , & en reſpectant leurs Reliques & leurs cen
dres ſacrées ; on diminuë la gloire de Dieu , qu'au contraire elle en eſt d'au
tant plus augmentée , que l'eſperance des hommes en eſt plus fortifiée , &
en devient plus ferme , & qu'ils en ſont plus portez à les imiter. C'eſt ce
qui eſt confirmé par le ſecond Concile de Nicée , par ceux de Gangres , &
de Trente , & par le témoignage des ſaints Peres ; & ce qui eſt encore plu
conſiderable , & que l'on doit joindre à l'autorité des Saints , c'eſt la coûtu
me établie par les Apôtres , laquelle a toûjours été conſervée & gardée dan
l'Egliſe. On n'en peut deſirer une preuve plus évidente , & plus forte que
témoignage même de l'Ecriture ſainte , qui publie d'une maniere ſi admira
ble , les loüanges des Saints ; car on y voit les loüanges que Dieu même
données à quelques-unes. Puis donc que l'Ecriture ſainte publie ſi hautemen
les loüanges de ces Saints , pourquoi les hommes ne leur porteront-ils pas u
honneur particulier ; vû même qu'ils doivent les honorer & les invoque
avec d'autant plus d'affection & de confiance , qu'ils ſont des prieres conti
nuelles pour leur ſalut , & que Dieu leur accorde tous les jours , en leur con
ſideration , & en vûë de leurs mérites , pluſieurs graces & pluſieurs bienfaits
Car s'il y a de la joye dans le Ciel à l'occaſion d'un pecheur qui fait peniten
ce ; faut-il douter que les Saints ne ſecourent les penitens , & n'obtiennen
le pardon de leurs pechez , & les ſecours de la grace de Dieu , dont ils on
beſoin , lorſqu'ils les en prient. *Tiré du catechiſme du Concile d
Trente.*

Le ſecours des Saints ne nous eſt pas inutile au près de Dieu, comme le pretendent quelques-uns

Si l'on pretend , comme font quelques-uns , que la protection & le ſe
cours des Saints eſt inutile , Dieu lui-même entendant nos prieres , ſans qu'
ait beſoin d'interprétes , pour les lui faire connoître ; il eſt aiſé de convain
cre de fauſſeté le ſentiment de ces impies ; parce que , dit ſaint Auguſtin
que ſouvent Dieu n'accorde pluſieurs choſes à des perſonnes , qu'après e
avoir été prié par d'autres , qui font en cela la fonction de mediateurs , &
d'interceſſeurs auprès de lui ; comme il ſe voit par les exemples celebre
d'Abimelech , & des amis de Job , à qui Dieu ne pardonne leurs pechez
qu'à la priere d'Abraham & du ſaint homme Job. Que ſi l'on objecte enco
re , que c'eſt une marque que l'on manque de foi , ou du moins qu'elle e
très foible , que d'avoir recours à l'interceſſion des Saints. Que peut-on ré
pondre à l'exemple du Centenier , dont nôtre Seigneur a loüé la foi d'une ma
niere ſi particuliere , quoiqu'il lui eût envoyé quelques-uns des Senateurs de
Juifs , pour le ſuplier de guerir ſon ſerviteur qui étoit malade. Ainſi quoiqu'i
ſoit vrai que nous n'ayons qu'un ſeul mediateur , qui eſt Jeſus-Chriſt nôtr
Seigneur , qui ſeul nous a reconciliez par ſon Sang avec Dieu ſon Pere , &
qui étant entré une fois dans le ſanctuaire , & nous ayant acquis une redem
ption éternelle , ne ceſſe point d'interceder pour nous ; il ne s'enſuit pa
neanmoins qu'il ne ſoit point permis d'avoir recours aux mérites des Saints

Car fi à caufe que nous n'avons pour Avocat que Jefus-Chrift, il ne nous croit pas permis d'implorer le fecours des Saints ; jamais l'Apôtre n'auroit commis cette faute, que de témoigner defirer avec tant de foin d'eftre affifté devant Dieu des prieres des Saints de fon tems ; puifqu'il eft conftant que les prieres des Saints de ce monde, ne diminueroient pas moins la gloire de Jefus-Chrift, nôtre mediateur, que celle des Bienheureux. *Tiré du catechifme du Concile de Trente.*

Il eft certain qu'on doit honorer tous les Saints, à caufe du Saint des Saints, en qui eft comprife toute leur excellence & toute leur vertu ; & comme leur fainteté n'eft qu'un écoulement & une participation de la fienne, fon amour envers eux n'étoit qu'une partie de celui qu'il avoit auffi pour lui. Mais comme entre les parties du corps, qui toutes font unies au Chef, ou par elles-mêmes ou par les autres, & qui toutes de près ou de loin, reçoivent fes influences ; il y en a qui lui font immediatement conjointes ; & que fans avoir befoin de l'entremife d'autrui, puifent elles-mêmes à la fource de la vie : auffi quoique tous les Saints foient des membres de Jefus-Chrift, & qu'ils en reçoivent tous l'efprit, la vie, & le mouvement ; il y en a toutefois qui ont cet avantage, d'eftre unis plus étroitement, & plus intimement que les autres à ce divin Sauveur, que les Anges & les hommes ont la gloire d'avoir pour leur chef, en confequence de quoi ils ont auffi plus de pouvoir. *Tiré de la vie du Cardinal de Berulle.*

Qui pourroit douter, & de l'honneur qui eft dû aux Saints, & de la protection qu'ils nous donnent, après les effets merveilleux qui fe font operez à leurs fepulchres, où les aveugles ont recouvré la vûë, & les paralytiques ont été gueris, & rétablis dans le parfait ufage de leurs membres ; où les morts ont été reffufcitez, & les demons chaffez des corps d's poffedez, comme faint Ambroife & faint Auguftin, qui font des témoins irreprochables, affurent non-feulement l'avoir oüi-dire, comme plufieurs font, non-feulement l'avoir lû, comme quantité de perfonnes le témoignent, mais même l'avoir vû de leurs propres yeux ? Enfin, s'il eft conftant que les habits, les linceuls, l'ombre même des Saints ont eu la vertu, pendant leur vie, de guerir les paralytiques, & de redonner la fanté aux malades ; qui ofera nier que Dieu ne puiffe faire les mêmes merveilles, après leur mort, par leurs facrez offemens, leurs cendres & leurs reliques ? L'exemple de ce corps mort, qui ayant été mis par hazard dans le fepulchre d'Elifée, reffufcita auffi tôt qu'il ut touché le corps de ce Prophete, eft une preuve convaincante de cette verité. *Tiré du catechifme du Concile de Trente.*

Quoique l'Eglife propofe à tous les fidéles la maniere d'honorer tous les Saints, & de les invoquer, elle ne condamne pas pour cela la pieté de ceux qui ont une devotion particuliere envers quelque Saints qu'ils fe font choifis, pour interceffeurs auprès de Dieu ; c'eft un culte qui fe pratique dans plufieurs Monafteres, & même parmi les perfonnes de pieté de fe choifir au commencement de chaque mois un de ces Saints que l'Eglife celebre, pour le modéle de leur vie & de leur conduite, à qui ils adreffent toutes leurs prieres; mais tous les fidéles doivent avoir un refpect & une devotion particuliere pour le Saint dont ils portent le nom ; car c'eft pour ce fujet qu'il nous a été impofé dans le Sacrement de Baptême, afin qu'il fût nôtre protecteur & nô-

On doit honorer les Sts. à caufe du Saint des Saints.

Les miracles des Saints font de puiffans motifs pour nous porter à les honorer.

L'Eglife ne défend pas d'honorer un Saint, preferablement à un autre.

tre intercesseur envers Dieu , & que par ses prieres , & par l'exemple de ses vertus , nous puissions nous acquitter dignement des obligations de la vie chrétienne , suivant la profession que nous en faisons dans ce Sacrement. C'est pourquoi on doit honorer & aimer le Saint, dont on porte le nom, se recommander à lui tous les jours , & se souvenir d'imiter ses vertus , pour obtenir les secours qui nous sont necessaires. *Le même.*

Il est très-avantageux d'invoquer les Saints; la maniere de le faire.

Non-seulement on peut , mais il permis & très avantageux d'invoquer les Saints , afin qu'ils nous aident de leurs prieres auprès de Dieu. Or , ce n'est point les égaler à Dieu , que d'attendre d'eux quelque secours ; car lorsque l'on invoque Dieu , on le regarde comme une bonté & une puissance infinie, qui peut nous donner ce que nous lui demandons ; on lui dit Seigneur ayez pitié de nous , donnez-nous vôtre grace , vôtre amour , &c. Mais lorsque l'on invoque les Saints , on ne leur dit pas de nous donner , mais de demander à Dieu pour nous ; ainsi nous leur disons , priez pour nous , intercedez pour nous. Nous ne les égalons pas non plus à Jesus-Christ , lorsque nous les prions , comme nous ne lui égalons pas les Saints de cette vie que nous prions aussi. Mais la difference qu'il y a , est qu'en priant Jesus-Christ , nous lui demandons à lui même , parce qu'il est Dieu ; nous demandons par ses propres mérites , comme à nôtre Sauveur , & nous lui disons : Ayez pitié de nous , donnez-nous. Nous ne parlons pas ainsi aux Saints , qui n'ont , & ne peuvent rien que par les merites de Jesus Christ , qui est nôtre mediateur de redemption & de propitiation , nous ayant reconcilié avec son Pere , & merité des graces par son Sang : les Saints sont seulement mediateurs d'intercession , pour demander à Dieu quelque grace pour nous , par les mérites de Jesus-Christ. Ainsi l'invocation des Saints ne nous empêche pas d'aller à Jesus-Christ ; car lorsque nous prions un Prince de nous presenter au Roi , nôtre priere ne nous empêche pas de lui demander par l'intercession de ce mediateur une grace ; & le Roi ne s'en tient pas deshonoré ; mais , au contraire , il est vrai que nous pouvons nous presenter seuls à Jesus-Christ ; mais comme les Saints sont plus agréables à Dieu que nous , nous pouvons plus esperer d'estre exaucez , s'ils se joignent à nous. *Auteur moderne.*

Quel est l'esprit de l'Eglise dans le culte qu'elle rend aux Sts.

Les Protestans ne veulent pas considerer que l'on ne regarde pas les Saints, ni les Anges comme des Dieux , mais comme des Ministres de Dieu , qui reçoivent de lui tout leur pouvoir & toute leur vertu. Ils n'ont pas honte de comparer la pluralité des Saints de l'Eglise Romaine , à la pluralité des Dieux des Payens , comme si c'étoit quelque chose d'aprochant ; & comme si les Catholiques se representoient les Saints , comme autant de divinitez indépendantes qui eussent chacun leurs inclinations particulieres , leurs passions leurs caprices & leurs interêts propres , tels que les Payens se representoient Jupiter & Junon , Venus & Minerve. C'est une étrange injustice que d'attribuer une pareille idée à ceux qui l'ont en horreur. Si l'on voyoit les Saints converser au milieu de nous , leur refuseroit-on un respect tout particulier ? E peut-on douter qu'étant parvenus à la perfection , dans la gloire , ils ne soient dignes d'un plus grand honneur , que s'ils étoient encore ici , dans un état de bassesse & d'imperfection. *M. Papin , Ministre Protestant converti.*

Les Saints nos protecteurs

Je ne sçaurois m'imaginer que le secours des veritables amis de Dieu nous manque au besoin ; je ne puis croire que leur protection finisse , que leur priere prieres cessent, à cette heure, qu'elles peuvent agir plus fortement, & estre prêts de nous secourir lorsque nous les invoquons. plus puissantes & plus efficaces. Ils sont unis à Dieu, mais ils ne sont pas pour cela séparez des hommes : Et Dieu qui a pardonné à tout un peuple à la recommandation de Moïse, de Moïse mortel, & sujet aux infirmitez humaines fera bien quelque chose, à mon avis, pour un Saint, qui le priera en nôtre faveur, attendu qu'il est dans un état bien plus parfait, & pour une infinité de Saints, qui vivent en sa presence, qui sont proche de sa personne, & qui le regardent face à face. En effet, s'il n'y avoit point de commerce établi entre le Ciel & la Terre ; point de correspondance entre l'une & l'autre Eglise, que voudroient dire les exhortations que nous font les saints Peres, de faire amitié avec les Saints ; de confirmer par nos prieres, celle qui est déja faite ; d'entrer d'avance, & par esprit dans la celeste Jerusalem ; de prendre place dès cette vie, dans cette divine Republique, aux droits & aux privileges de laquelle nous pretendons aprés nôtre mort. *Auteur moderne.*

SUR LE CULTE
SINGULIER
QUE L'EGLISE REND
A LA
SAINTE VIERGE.

AVERTISSEMENT.

L'Eglise Catholique ne se contente pas d'honorer & d'invoquer les Saints, tant en general qu'en particulier; elle se fait de plus un devoir & un merite d'honorer la Mere de Dieu d'un culte spécial, qu'elle nomme hyperdulie, lequel tient le milieu entre celui qu'on doit rendre uniquement à Dieu, & celui dont on honore les autres Saints, de quelque rang qu'ils soient, & quelque merite qu'ils ayent devant Dieu. De maniere qu'après ce qui est dû à Dieu seul, & au Verbe Incarné, les plus magnifiques eloges qu'on peut faire en l'honneur de la sainte Vierge; & tout le culte qu'on lui peut rendre, est aprouvé & mis en usage dans l'Eglise, & même est au-dessous du merite de cette digne Mere de Dieu.

On sçait assez toutes les restrictions, les censures, & les modifications que des personnes également ennemies de l'Eglise, & de la glorieuse Vierge, ont publié sur ce sujet, par des écrits scandaleux & impies, sous couleur de regler ce culte ; les uns se sont recriez contre les titres de Mediatrice, de Redemptrice, & d'Avocate des pecheurs, & autres semblables, que les uns ont traité de superstitieux, & les autres d'injurieux au Sauveur du monde, sans faire attention au sens que l'Eglise leur donne, fondée sur le sentiment des saints Peres, & sur la Tradition de tous les siécles, sans user de tous ces ménagemens, que ces indignes censeurs y aportent.

L'avis le plus raisonnable qu'on peut donner aux fidéles sur ce sujet, est le terme d'adoration, dont quelques saints Peres, & quelques serviteurs

e la Vierge se sont servis, & qu'ils ont toûjours entendu au sens de l'E-
riture, & qui exprime seulement par-là, le respect & l'honneur exterieur
ue l'on rend aux personnes de merite, & qui sont au-dessus de nous ; on se
rt pourtant rarement aujourd'hui de cette façon de parler, pour ôter tout
retexte de scandale à ces censeurs importuns, peu Chrétiens & peu Ca-
holiques.

Pour ce qui est du sentiment de l'Eglise sur ce culte particulier, on peut
ire qu'il n'y a point de pratique qu'elle ait eu plus à cœur de tout tems,
t particulierement depuis qu'elle fut declarée Mere de Dieu dans le
Concile d'Ephese ; ce qu'elle declare encore maintenant par toutes les fê-
es qu'elle celebre en son honneur, de tous les Mysteres qui la regardent,
ar l'Office qu'elle recite un jour la semaine, & par son intercession qu'elle
oint ordinairement avec celle du Sauveur, en chaque partie de l'Office
ecité tous les jours, par toutes les Confrairies, & même les Ordres Religieux
rigez en son Nom. De maniere qu'on peut dire, sans exageration, que
'est la devotion de l'Eglise en general, aussi bien que de tous les fideles
en particulier. Nous ne parlons point ici des grandeurs, prérogatives,
excellences, privileges, & avantages sur lesquels ce culte & cet honneur si particulier est fondé, parce qu'il en est traité assez amplement
en nôtre Bibliotheque, dans tout le troisiéme Tome des Mysteres, & particulierement au titre de la devotion à la Mere de Dieu.

SUR LE CULTE
SINGULIER
QUE L'EGLISE REND
A LA
SAINTE VIERGE.

NOus avons dit que la fainte Vierge étant au-deffus de tous les Saints, il lui eft dû un culte, qui foit au-deffus de celui que l'on rend aux Saints; c'eft ce que nous entendons par le mot d'hyperdulie, qui fignifie un honneur au-deffus de celui qu'on rend aux ferviteurs de Dieu. De forte que l'adoration d'hyperdulie que l'on doit rendre à elle feule, eft un profond refpect, de l'excellence qui lui eft propre ; c'eft une veneration de toutes les grandeurs qui lui conviennent, enfuite de fa divine Maternité ; une très humble reverence de fa fainteté furéminente, de fon alliance avec Dieu, de la dignité incomprehenfible qu'elle poffede en qualité de fa Mere, de fon éle-vation au-deffus de tous les Anges, & de fon empire fur toutes les creatures. Voila ce que c'eft que l'adoration d'hyperdulie, que l'Eglife Catholique rend à la fainte Vierge ; & pour l'expliquer derechef en peu de mots, c'eft une profonde veneration des grandeurs qui font propres à la fainte Vierge, au-deffus de tous les Saints. *Tiré du livre intitulé : La veritable devotion à la Mere de Dieu, par le P. Ruppé Recollet.*

Ce que j'attends de vous, M. c'eft que penetrant bien ce que c'eft que le culte d'hyperdulie, qui eft dû à la Mere de Dieu, vous ufiez de grande affi-duité à l'en honorer. Je defire que vous le lui rendiez en deux façons : en premier lieu formellement, par un acte exprès de cette adoration ; en fe-cond lieu implicitement, s'il m'eft permis de parler ainfi ; c'eft-à-dire, habi-tuellement & virtuellement, en meflant une veneration & un refpect d'hy-perdulie, avec tous les devoirs que vous lui rendrez, & accompagnant toutes les faintes pratiques, dont vous l'honorerez, d'une reverence fi profonde & fi refpectueufe, que l'on puiffe dire que c'eft un culte perpetuel d'hyperdu-lie. De-là il eft aifé de conclure, qu'il eft jufte de regler le refpect & la reve-rence tant interieure qu'exterieure, avec laquelle il faut prier la très fainte Vierge, par l'excellence & la dignité de fa perfonne ; il eft conftant que quand vous imiteriez parfaitement la reverence même avec laquelle les An-ges lui parlent, vous n'en auriez pas encore affez pour la prier, & lui rendre vos devoirs : mais faites-y pour le moins tout ce qui pourra dependre de l'aplication de vôtre efprit. Avant que de commencer les prieres, & les

Ioüanges que vous voudrez lui offrir ; comme le Rosaire , son office & autres semblables ; rentrez un moment dans vous-mêmes ; reflechissez sur l'action que vous allez faire , de vous adresser à la Mere de Dieu ; & dites interieurement : avec quelle reverence assez profonde , avec quelle assez grande attention pourrai je parler à l'Epouse du Saint-Esprit , à la Reine du Ciel & de la Terre , à celle que tous les Anges reverent , & que Dieu même honore comme sa Mere ! Mon Dieu , faites-moi la grace que je rende mes devoirs à vôtre sainte Mere , avec la reverence & l'attention que je dois. Vous pouvez aussi l'invoquer elle-même , & la suplier humblement de vous aider à lui parler avec grand respect ; & pour cet effet , vous servir de cette courte , mais devote priere : *Dignare me laudare te virgo sacrata ; da mihi virtutem contra hostes tuos.* Tiré du livre intitulé : *La veritable devotion à la Mere de Dieu* , par le *Pere Rupé , Recollet.*

Il est de vôtre devoir , quand vous prierez la sainte Vierge , de vous tenir dans une posture honnête , sans vous en dispenser jamais , que par une évidente necessité. Car il vaudroit mieux ne pas entreprendre de la loüer , & de lui offrir des prieres , que de vous en acquitter avec negligence , & des dissipations volontaires d'esprit , & sans aucune aparence de respect. L'adoration d'hyperdulie , quoiqu'elle consiste principalement comme les autres adorations dans les actes interieurs , elle a neanmoins les effets exterieurs ; voilà pourquoi se prosterner pour rendre hommage à la très sainte Vierge , ou pour saluer ses images ; ce sont des actes exterieurs de cette adoration , qui lui sont fort agreables , & très méritoires devant Dieu ; si l'interieur les accompagne & les anime ; & si , en tout ce que nous faisons pour son service , nous tâchons d'avoir interieurement un vif sentiment de ses grandeurs , ce sera élever toutes les pratiques , & les devotions que nous lui adresserons , de l'esprit du très saint culte d'hyperdulie , & l'honorer parfaitement. *Tiré du livre intitulé : La veritable devotion à la Mere de Dieu , par le P. Rupé Recollet.*

Il faut prier la Ste. Vierge dans une posture honnête.

C'est ainsi que nous devons honorer la sainte Vierge d'un culte d'hyperdulie , & la prier en ces termes : Avec toute la reverence & toute la soumission dont nôtre esprit est capable , je me presente devant vôtre Trône , & me prosterne aux pieds de vôtre Majesté , très sainte Vierge , digne Mere de Dieu , glorieuse Reine du Ciel & de la Terre. Je revere humblement toutes les graces , toutes les prérogatives , & toutes les grandeurs incomprehensibles que Dieu a mises en vous. Je vous honore par dessus tous les Anges & les Saints , comme étant plus sainte qu'eux tous ensemble. Je vous honore comme l'unique Epouse du Saint-Esprit, le plus cher objet des tendresses du cœur de Jesus-Christ , & après lui , le plus noble instrument de la gloire de la Très-sainte Trinité. Je vous honore comme la veritable Mere de Dieu , à qui il a bien voulu s'assujettir , en qualité de son Fils ; je revere la puissance que cette dignité souveraine vous donne sur tout l'Univers. J'avoüe que toutes les creatures sont obligées de se soûmettre à vôtre autorité , & de vous donner des marques de leur dependance : & pour satisfaire de mon côté à un si grand devoir , je vous fais une offrande sincere de mon corps , & de mon ame , de ma vie , & de tout moi-même. Je vous suplie , très-sainte Vierge , de vouloir vous servir du droit absolu que vous avez sur ma personne , & sur tout ce qui me touche , & d'en disposer à vôtre sainte volonté. Et puisque je me-

De quelle maniere on doit honorer la Ste Vierge du culte d'hiperdulie.

réjoüis de tout mon cœur , de toute la gloire dont la bonté de Dieu vous couronne , & que je la revere ; faites-moi la grace de me prendre entiérement sous votre protection , & de n'abandonner jamais cette pauvre créature , qui veut vivre & mourir dans vôtre dependance. *Tiré du livre intitulé : La veritable devotion à la sainte Vierge , par le P. Rupé , Recollet.*

Jesus-Christ nous a donné à la sainte Vierge , c'est ce qui fait que nous sommes toûjours à Elle, Indépendamment de nous.

Quand nous ne voudrions pas que la sainte Vierge eût part à tout ce qui nous regarde , Elle ne laisseroit pas pour cela d'y en avoir. Ce n'est pas nôtre devotion qui nous assujettit à cette Reine du monde,mais sa propre grandeur;& nous ne sommes pas à Elle , parce que nous nous y donnons ; mais parce que Jesus-Christ, à qui nous apartenons, nous y a donnez. Il se trouve une liaison si étroite entre Jesus-Christ & Marie, qu'on ne peut estre à l'un, sans estre à l'autre:Et il semble,que comme il y a une communauté parfaite entre le Fils & le Pere,de tous les biens de la nature,il y en a une entre le Fils & la Mere, de tous les biens acquis;j'oserai même me persuader qu'il y a quelque sorte de justice, & quelque espece d'obligation à Jesus-Christ,de faire part à la sainte Vierge de sa grandeur & de sa Royauté,il ne fait en cela que lui rendre en quelque façon ce qu'il en tient ; & l'on peut dire que tout de même qu'en recevant l'essence divine de son Pere , il reçoit de lui tous les hommages qui lui sont rendus , en qualité de Fils de Dieu;il reçoit de sa Mere tous les honneurs qui lui sont rendus comme au Redempteur des hommes,en recevant la nature & le sang, par le moyen desquels il opere la Redemption. Qu'on ne s'étonne donc point,si après avoir fait voir & établi la subordination qui se trouve en ces deux devoirs, on croye que l'homme peut non seulement servir à un Maître, & à une Maîtresse; mais qu'il le peut même bien servir l'un,qu'il ne les serve tous deux. *Tiré de la vie du Cardinal de Berulle.*

Autorisez des saints Peres , sur le culte dû à la Ste. Vie ge.

S. Ephrem. Orat. de Sanctissimæ D.i matris laudibus.

Saint Irénée,au chapitre 19.du livre cinquiéme contre les heresies,dit que de même qu'Eve a été séduite pour s'éloigner de Dieu;ainsi Marie a été persuadée d'obéir à Dieu,afin qu'Eve qui étoit vierge alors,eût la Vierge Marie pour Avocate.Saint Ephrem s'adresse à Elle en ces termes:Vous estes mon port, ô Vierge très pure & mon infaillible refuge.C'est,tout consideré,sous vôtre garde & protection que je repose. Je vous implore avec abondance de larmes , & prosterné devant vous, je vous reclame & suplie que vôtre cher Fils ne me perde pas au jour de sa colere,que je me suis attiré par le grand nombre de mes pechez.Saint Jean Chrysostome , au sermon de l'Arbre interdit , fait l'antithese d'Elle avec Eve,& de Jesus-Christ avec Adam;& ailleurs il la saluë,& nomme le Temple de Dieu animé,le domicile du Ciel & de la terre, l'habitation de celui qui ne peut estre compris.Saint Cyrille d'Alexandrie, en l'Homelie qui fut recitée au Concile d'Ephese,contre Nestorius, la saluë pareillement, & l'apelle l'ornement du monde,le sceptre de Doctrine,& le Temple de devotion. Saint Epiphane se sert des expressions les plus énergiques,pour exprimer sa pieté & son amour envers la sainte Vierge.C'est ainsi que saint Gregoire de Nysse,dans l'Oraison qu'il lui adresse sur la Naissance de nôtre Sauveur.Saint Jean Chrysostome,au sermon de l'Annonciation de la Vierge;saint Bernard,& plusieurs autres Saints qui se sont disputez les uns les autres,à qui témoigneroit & plus de respect & plus d'amour envers la sainte Vierge. *Le P. Coton.*

Temoignages de saint Ambroise.

Saint Ambroise s'adressant à Dieu dans la priere, dit ; afin que ma priere soit efficace, je demande les suffrages de la Bienheureuse Vierge , que vous avez comblée de toutes sortes de graces, & de bienfaits. Saint Augustin s'écrie dans ses meditations : Seigneur très-misericordieux ne vous rendez pas inexorable à mes prieres, à cause de mes pechez; mais acceptez par vôtre bonté, la requeste de vôtre serviteur, & lui donnez l'effet de ses désirs, par les prieres & interpretations de la glorieuse Vierge Nôtre-Dame. Et dans une autre occasion, il s'écrie; sainte Mere de Dieu, secourez les miserables, aidez les foibles, essuyez les larmes de ceux qui sont dans l'affliction; priez pour le peuple, intercedez pour le Clergé, & pour le sexe devot, & que tous ceux qui celebrent vôtre memoire, se ressentent de vôtre faveur signalée. Ensuite il dit que nôtre Seigneur a voulu, par sa Providence, que sa Mere passât par toutes les conditions, afin d'encourager particulierement celles de son sexe, à recourir à Elle. *Institution catholique du P. Coton.*

Les festes instituées & observées de tout tems à l'honneur de la sainte Vierge, prouvent la même chose ; & les anciens Peres nous en rendent témoignage. Entre les Grecs, saint Athanase honore particulierement la feste de l'Annonciation ; parce que, dit-il, c'est en ce jour que le Fils de Dieu descendit du Ciel en terre. Saint Gregoire de Nysse, & saint Cyrille de Jerusalem, celebrent la feste, que nous apellons de la Purification, & la nomment la rencontre de Nôtre-Seigneur, de sa sainte Mere, & de saint Simeon. Saint Jean Chrysostome nous a laissé l'Oraison qu'il fit sur l'Ambassade de l'Archange, le vingt-cinquiéme de Mars. Sophronius, celle de l'Assomption. André de Créte, celle de son Trépas, qu'il apelle avec tous les Grecs, *le sommeil de la Mere de Dieu.* Germain, Patriarche de Constantinople, celle de sa Presentation au Temple. Saint Jean Damascene, celle de sa Nativité, comme l'avoit fait auparavant saint Gregoire le grand. *Le même.*

SUR LE CULTE

QUE L'EGLISE REND AUX ANGES,
& particulierement aux Anges Gardiens.

AVERTISSEMENT.

C'Eſt une coûtume & une ſainte pratique de l'Egliſe, d'honorer & de prier les Anges, tant en general qu'en particulier les Anges Gardiens. Nous en avons un precepte & pluſieurs exemples en differens endroits de l'Ecriture, & nous en avons fait un traité entier au troiſiéme Tome de la Bibliotheque des Predicateurs, dans les Panegyriques, où nous avons recüeilli ce que nous avons trouvé de plus remarquable dans les Predicateurs, & autres Livres ſpirituels.

J'ajoûte ſeulement ici que c'eſt à juſte titre que l'Egliſe prend un ſoin particulier de les faire honorer d'un culte ſpecial, qui eſt ſouvent appellé dans l'Ecriture adoration ; mais infiniment au-deſſous du culte ſouverain qui n'eſt dû qu'à Dieu ſeul, comme celui qu'on rend aux autres Saints, mais en ce qu'ils ſont les premiers Miniſtres des volontez de Dieu ; & que l'honneur qu'on leur doit, eſt à proportion grand, qu'eſt la ſuperiorité qu'ils ont les uns ſur les autres. Or le moins que nous puiſſions faire, c'eſt d'entrer dans les ſentimens de l'Egliſe ſur ce ſujet, de les honorer de la maniere dont elle les honore, par un motif de reconnoiſſance pour la vigilance, la charité & le ſoin qu'ils prennent du ſalut des hommes, tant en general qu'en particulier.

✳✳✳✳✳✳✳✳✳✳✳✳✳✳✳✳✳✳✳✳✳✳✳✳✳✳✳✳✳✳✳✳

SUR LE CULTE
QUE L'EGLISE REND
aux Anges, & particulierement aux Anges Gardiens.

Tous les fidéles doivent sçavoir que le culte & l'invocation des saints Anges, ou la veneration que l'Eglise a toûjours euë pour ces bienheureux Esprits, n'est point contraire au commandement d'aimer & honorer Dieu seul. Et en effet, se pourroit-il trouver quelqu'un assez fou, pour s'imaginer, que parce qu'un Roi auroit défendu à qui que ce fût de ses sujets, de prendre la qualité de Roi, & de souffrir qu'on lui rendît les mêmes honneurs qu'à lui-même ; ce fût une marque qu'il ne voudroit pas qu'on portât honneur à ses Ministres, & à ses Officiers ? Car quoique les Chrétiens honorent les Anges, à l'exemple des Saints de l'ancien Testament; ils ne leur portent pas néanmoins le même honneur qu'à Dieu. Ainsi lorsque nous voyons que quelques Anges ont refusé les honneurs que les hommes leur vouloient rendre, ce n'a été que parce qu'on leur vouloit rendre en ces occasions, l'honneur qui n'est dû qu'à Dieu seul. Or, si Dieu a bien voulu qu'on rendît tant d'honneur aux Rois, par lesquels il gouverne ce monde ; pourquoi ne nous seroit-il pas permis d'honorer les Anges, puisque Dieu a voulu qu'ils fussent ses Ministres, dont il se sert non-seulement au gouvernement de son Eglise en particulier ; mais generalement au gouvernement de toutes les choses de ce monde, & par le secours desquels nous sommes délivrez tous les jours de mille grands perils, soit pour l'ame, soit pour le corps ; & même de les honorer d'autant plus, quoique nous ne les voyons pas, que ces Esprits bienheureux surpassent en dignité & en grandeur les Rois de la terre ? La charité même qu'ils ont pour nous, nous y oblige. Car c'est cette charité qui les porte, comme il est facile de le remarquer dans l'Ecriture sainte, à prier Dieu pour les Provinces, dont ils sont les protecteurs. Et il ne faut point douter qu'ils n'en usent de même à l'égard de ceux que Dieu a commis à leur garde. Car ce sont eux qui presentent à Dieu nos prieres & nos larmes. D'où vient que le Sauveur recommande dans l'Evangile, *de prendre bien garde de ne scandaliser aucuns des* *petits qui lui appartiennent ; parce que dans le Ciel, leurs Anges voyent sans* *cesse la face de son Pere, qui est dans le Ciel.* Il faut donc invoquer les Anges, tant parce qu'ils sont toûjours en la presence de Dieu, que parce qu'ils prennent avec joye le soin de procurer nôtre salut, dont Dieu les a chargez. Nous avons plusieurs témoignages dans l'Ecriture sainte, qui autorisent cette invocation. Ainsi Jacob demanda à l'Ange, avec lequel il avoit luté, qu'il le benît, & même qu'il l'y contraignit, lui protestant qu'il ne

Le culte & l'invocation des saints Anges, n'est point contraire au premier commandement de Dieu.

Matth. 18.

Tome V.　　　　　　　　　　　　　　　　III

le laifferoit point aller, qu'il n'eût reçû fa benediction. Et non-feulement il invoqua cet Ange qu'il voyoit ; mais même un autre qu'il ne voyoit pas, comme il paroît par ces paroles : *Que l'Ange qui m'a délivré de tout mal, beniffe & protege ces enfans.* Tiré du catechifme du *Concile de Trente.*

L'eftime que nous devons avoir pour les Anges.

En general, on doit eftimer tous les Anges, trés-puiffans & trés-fecourables en toutes chofes, & en toutes occafions, foit de maladies, foit d'affaires, on doit prendre plûtôt, pour eftre affifté, la voye de leur interceffion, que les voyes humaines. On doit donner le même confeil aux autres, de s'adreffer aux bons Anges des lieux & des Villes où ils fe trouvent, pour y faire réüffir leurs affaires, ou pour leurs autres befoins : & ceux qui fe fervent de ce moyen, éprouvent d'ordinaire par un heureux fuccès, qu'on a bien plûtôt fait de lever les yeux au Ciel, que de tendre les mains à la terre pour avoir du fecours. *Tiré de la vie du Cardinal de Berulle.*

Dieu nous a donné à chacun un Ange pour nous garder.

Nous lifons dans le Cantique, que le lit du Roi Salomon étoit environné de foixante gardes, les plus forts, les plus vaillans, & les plus adroits qui fuffent en Ifraël ; & que chacun d'eux veilloit l'épée au côté, pendant le fommeil du Prince, pour le défendre des furprifes, & des perils de la nuit. Grace à la bonté divine, il n'y a pas un de nous, qui ne fe puiffe vanter d'avoir un avantage femblable, & même plus grand ; & s'il eft vrai que l'ame de chaque fidéle eft comme le lit, où repofe le nouveau Salomon, il eft vrai encore qu'elle eft environnée, non de foixante vaillans guerriers choifis en Ifraël ; mais d'un guerrier immortel & invincible, choifi dans les troupes, & dans les armées du Seigneur. C'eft lui, qui bien mieux que ces foldats, veille à la garde & à la défenfe de cette ame, contre les embûches des puiffances des tenebres & des enfers. C'eft lui qui prend garde que les Princes des tenebres n'ufent de quelques furprifes, & ne viennent troubler fon repos ; & c'eft lui qui a toûjours l'épée à la main, non comme cet autre Ange, pour nous défendre l'entrée du Paradis de la Terre ; mais au contraire, pour nous conduire au vrai Paradis du Ciel. Car c'eft ainfi qu'il nous eft permis de parler de cette inftitution adorable, par laquelle Dieu a voulu donner à chacun de nous un Ange pour nous garder, & pour nous tenir compagnie, dans le voyage de ce monde ; où il a voulu donner aux Vierges mêmes, un aide, non-feulement Vierge, & femblable à elles, mais beaucoup plus noble ; & où enfin, par une charité & une humilité admirable, on voit, non le petit peuple employé à la garde des Princes, pour les defendre & pour les fervir. En verité, nous ne fçaurions affez loüer la bonté de Dieu, de nous avoir favorifez d'un fi puiffant & fi illuftre fecours : mais nous ne fçaurions auffi trop reconnoître celle de ces Efprits glorieux, qui s'humilient jufqu'à ce point ; & qui, par un abaiffement, qui tient quelque chofe de celui de leur Maître, lequel affocie une perfonne Angelique à nôtre nature imparfaite & baffe, pour la conduire, comme il a daigné y unir fa Perfonne divine, pour la foûtenir & la gouverner. *Le même.*

Les motifs qui doivent nous engager à avoir du refpect pour les Anges.

Plus les Anges s'abaiffent en ce miniftere, pour l'amour de nous, plus nous fommes obligez d'eftre fidéles à les reverer ; & nous devons les regarder comme autant de Princes, établis de Dieu, fur les ames particulieres des vivans. Ils ont un pouvoir fingulier fur nous, pour honorer Dieu par nous, & en nous ; & il nous faut eftre fort foigneux de nous unir avec eux, dans l'oblation qu'ils font à Dieu, de nôtre estre. C'est une pratique fort utile de s'abandonner chaque jour, par un acte formel, & exprès à l'usage que nôtre bon Ange sçait, peut & veut faire de nous, pour la gloire de Dieu, & de nous livrer entiérement à la conduite de ces esprits immortels, qui sont comme de secondes ames glorieuses, illuminées & impeccables, que Dieu nous donne, pour assister nos ames infirmes, aveugles & pecheresses. C'étoit encore un de ses Conseils, que dans les tentations & dans les combats qui nous arrivent, nous nous liassions à eux, par pensée, & par nôtre volonté, comme pour les apeller au secours, & les obliger à venir combattre & vaincre encore une fois en nous, leurs anciens ennemis. Il faut se lier à leurs vertus en particulier, pour resister aux vices contraires; par exemple, à leur pureté, pour resister à la concupiscence de la chair, à leur humilité, pour se défendre contre l'orgüeil, & ainsi du reste. En un mot, nous devons en pareilles occasions, mettre nôtre volonté entre les mains de nos bons Anges, qui sont bien plus soigneux que nous de nôtre salut, & ressemblent aux Nourrices, qui d'ordinaire amoureuses des enfans qui leur sont commis, ont incomparablement plus de soin de les conserver, qu'elles n'en ont pour elles-mêmes. Car quoi qu'en tout tems & en toute façon, nôtre bon Ange soit toûjours fort puissant pour nous aider; néanmoins il le fait avec bien plus de facilité & de liberté, quand nous lui abandonnons ainsi nôtre ame; & il est non seulement plus animé à nôtre conservation, mais encore plus fort pour nôtre défense, quand par cette résignation nous confirmons & ratifions le don que Dieu lui a déja fait de nous. *Tiré de la vie du Cardinal de Berulle.*

Si c'est, au sentiment de saint Jerôme, une preuve incontestable de l'excellence de nos ames, de sçavoir qu'elles ne sont pas plûtôt créées, que Dieu leur députe un des Princes de sa Cour, pour en prendre le soin, & se charger de leur conduite; ce n'est pas cependant une chose dont nous devions estre surpris; puisque c'est l'ordre de la sagesse de Dieu, & en quoi il fait éclater sa grandeur & sa Majesté, d'employer ces intelligences celestes, comme ses officiers, au gouvernement de ce grand univers. Mais de voir que ces esprits immortels, élevez si haut au dessus de nous par leur nature, & dans cette plenitude de bonheur, dont ils joüissent, par la possession de Dieu même, qui est leur souverain bien; que ces créatures, dis-je, si nobles, si parfaites, & si humbles, soient destinées à la conduite, non-seulement des Princes & des Monarques; mais du dernier de tous les hommes, & du plus miserable qui vive sur la terre; & de sçavoir qu'ils s'y apliquent avec tous les soins imaginables, qu'ils regardent cet emploi comme le plus grand & le plus glorieux qui soit au monde; jusques-là, qu'ils en portent le nom, comme d'un office considerable, dont ils se font honneur. C'est, M. ce qui doit faire l'étonnement de tous les hommes, aussi-bien que le sujet de leur reconnoissance. Mais afin de bien concevoir la grandeur de ce bienfait, il faut remarquer, s'il vous plaît, que dans la Cour d'un Souverain de la terre, il y a deux sortes d'officiers, qui ont des emplois differens, & qui leur sont également necessaires; les uns demeurent dans son Palais, sont toûjours en sa presence, & l'accompagnent par tout; les autres sont envoyez de côté & d'autre, dans les lieux les plus éloignez, pour les affaires, & pour les com-

[marginal note] Dieu donne à chacun de nous un Ange, pour nous conduire dès le moment de nôtre creation.

missions les plus importantes de l'Etat. Il en est de même dans la Cour de ce Monarque du Ciel ; avec cette difference toutes fois , que ces deux emplois ne sont pas incompatibles en même-tems à l'égard des mêmes personnes ;

Matth. 12. puisque , selon l'Evangile , les mêmes Anges qui ont soin de nous sur la terre , sont sans cesse en la presence de ce Dieu du Ciel : *Angeli eorum semper vident faciem Patris mei , qui in cœlis est.* Le bonheur dont ils joüissent , ne les empêche point de soulager nos miseres ; ils loüent & benissent le Créateur , & sont attentifs aux besoins des créatures : ils sont au Ciel , & conversent avec les hommes sur la terre , en même-tems. De là vient que l'on peut considerer ces Esprits bienheureux dans ces deux fonctions , qui ont raport aux hommes, & qui toutes deux sont exprimées par le nom d'Anges , lequel est pris de leur office , & non pas de leur nature , comme dit saint Augustin , & qui signifie des Messagers , des Ambassadeurs , & des Envoyez. Ce que saint Bernard a heureusement expliqué dans ce peu de paroles : *Illos utique , & tuos ad nos, & nostros ad te , Angelos facis.* Ces purs Esprits , dit-il , sont les vôtres & les nôtres tout à la fois ; c'est-à-dire , ce sont les Envoyez des hommes auprès de vous , & les mêmes vos Ambassadeurs auprès des hommes. *L'Auteur des sermons sur tous les sujets.*

Combien la providence de Dieu est grande de nous avoir donné des Conducteurs qui sont les Anges. Vous sçavez , M. que c'est un procès , que de tout tems l'on a injustement intenté à la divine Providence , qu'après avoir créé l'homme , le plus noble de ses ouvrages , elle semble l'avoir le plus abandonné , l'avoir exposé à toutes les injures , accablé de miseres , & assujetti à toutes les necessitez. Ceux d'entre les Philosophes , qui ont entrepris sa défense , ont crû qu'il suffisoit , pour faire l'apologie de cette Providence , de dire qu'elle avoit donné à cet homme la raison , & un esprit capable de pourvoir à tous ses besoins , de se défendre des insultes de tous ses ennemis , & de trouver le remede à tous ses maux ; mais je m'assure que les autres , au lieu de quereller cette providence d'un Dieu à son égard , l'auroient plûtôt sans cesse admiré , s'ils avoient connu certainement cette verité , dont quelques-uns ont eu seulement quelque pensée ; sçavoir , qu'elle ne s'est pas contentée de donner à cet homme un esprit raisonnable , qui est au dedans de nous , & qui fait une partie de nous mêmes ; mais qu'elle nous a encore assigné un autre extérieur , aussi éclairé & aussi plein d'amour & de tendresse , que nous pouvions nous-mêmes le souhaiter. Ils verroient que Dieu , bien loin de nous avoir abandonnez , comme ils se plaignent , a plus fait en nôtre faveur , que nous n'eussions osé esperer nous-mêmes. C'est pourquoi saint Bernard ne

Psal. 143. peut s'empêcher de se récrier dans cette pensée : *Domine , quid est homo ? quia innotuisti ei , aut quid apponis erga eum cor tuum ?* Ô mon Dieu , quel est cet homme , pour en prendre un soin si empressé ? Et par quel endroit a-t-il merité que vous vous missiez tant en peine de lui ? Vous ne vous contentez pas de nous avoir envoyez vôtre Fils , pour nous servir d'exemple & de modele ; de nous donner vôtre Saint-Esprit , pour estre nôtre Maître ; si vous ne nous députez encore ces bienheureux Esprits , pour avoir soin de nous. *Le même.*

L'obligation que nous avons aux Anges. Quoique l'homme ait une obligation singuliere à la bonté de son Créateur ; cela n'empêche pas qu'il ne soit redevable aux Anges , de remplir si exactement cet office , & de s'acquitter si ponctuellement de cet emploi , d'Envoyés de Dieu auprès de nous, pour deux ou trois fignalez bienfaits, qui ont raport à l'état où nous fommes en cette vie. Le premier eft, que nous y fommes comme des pupils, qui pour eftre enfans de Dieu par la grace, n'avons pas encore la jouïffance de nôtre bien ; nous foûpirons après l'heritage du Ciel, qui nous eft promis, & que nous attendons ; car la premiere qualité que nous portons, felon faint Paul, eft celle d'enfans, qui par un droit fondé fur la nature, doivent avoir des tuteurs & des gouverneurs, pour l'inftruction de leurs mœurs, & pour l'adminiftration de leurs biens, jufqu'à ce qu'ils foient en âge de fe conduire eux-mêmes : *Quanto tempore hæres* *ad Galat. 4.* *parvulus eft, fub tutoribus eft, & exactoribus.* Le tems de cette vie eft veritablement le tems de nôtre enfance, nous y fommes foibles, nous y avons peu de lumieres, peu de conduite, & nous y courons beaucoup de hazards. Or, pendant ce tems, dit S. Thomas, fur ces paroles de l'Apôtre, nos Anges Gardiens font les tuteurs de nos perfonnes, & les adminiftrateurs de nos biens. A raifon de nos perfonnes ; ils s'apellent Tutelaires, & font l'office de Maîtres qui nous inftruifent, qui nous éclairent, qui nous avertiffent de nos devoirs, & qui nous preffent de nous en acquitter ; & à raifon de nos biens, ils s'apellent adminiftrateurs, qui eft le fens que quelques-uns donnent à cette parole de faint Paul : *Ipfi funt adminiftratorii fpiritus, iis qui capiunt hæreditatem fa-* *ad Heb. 1.* *lutis.* En qualité de maîtres & d'inftructeurs, ils nous font prendre garde aux graces de Dieu, qui paffent comme des éclairs, fans que nous y faffions fouvent reflexions ; ils nous expliquent ce que Dieu veut dire, & ce qu'il demande de nous ; & lorfqu'il ne nous dit mot, & que pour nous punir, il retire fes graces, & ne nous les donne plus genereufement ; ils font alors, dit faint Denis, les interpretes du filence de Dieu, *divini filentii interpretes;* ils nous reprennent, & nous châtient de nos fautes, de nos negligences, par de fecrets reproches, & nous difent en particulier, ce que l'un d'eux difoit autrefois à tout le peuple d'Ifraël : *Noluiftis audire vocem meam ; &* *Judic. 2.* *cur hoc feciftis ?* Vous n'avez pas voulu écouter ma voix, & les confeils que je vous donnois, qu'avez-vous fait en les rejettant de la forte ; vous avez tout perdu. *L'Auteur des Sermons fur tous les fujets.*

Pour vous, M. n'avez-vous jamais entendu la voix & les reproches de ces faints Anges ? Dites-moi, quel confeil fuivez-vous quand vous perdez & vôtre bien & vôtre confcience au jeu, quand vous vous abandonnez à ces débauches, quand vous quittez la voye de la juftice, que Dieu vous avoit marquée ; c'eft lui qui excite ce remords de confcience : *Noluifti audire vocem meam.* Vous, Mefdames, quand vous ne cherchez que le luxe, la vanité, les compagnies trop libres ; fuivez vous le confeil de ce fage Directeur ? Non, vous fuivez plûtôt celui du demon, qui n'oublie rien pour vous perdre ; mais un jour, il vous en fera le reproche, non plus en fecret, mais à la vûë de tous les hommes : *Noluiftis audire vocem meam.* Cet Ange, en un mot, fait à l'égard de nos perfonnes les offices de maître, de directeur, de confeiller, de gouverneur ; parce que tout cela eft renfermé dans celui de tuteur. *Le même.*

Combien il y a peu de gés qui écoutent la voix interieure des Anges, qui leur parlent.

Pour ce qui regarde nos biens, fi nous voyons que les loix s'intereffent tellement pour le bien des pupils, qu'elles veulent que les tuteurs en foient refponfables du leur propre : *Omnem rationem adhibere fubveniendis*

Les Anges font les tuteurs & les confervateurs de nos biens,

pupillis, cum ad curam publicam pertineat, liquere omnibus volo, dit un grand Legiflateur. Mais cette loi, qui a été faite pour les hommes, ne fut jamais mieux obſervée que par les Anges ; quel compte ne tiennent-ils point de tout ce que nous poſſedons ; j'entens de nos vertus, de nos mérites, de nos graces, & de tout l'état intérieur de nôtre ame : ils tiennent un compte exact de toutes nos bonnes penſées, de toutes les bonnes paroles que nous proferons ; ils marquent toutes les bonnes actions que nous faiſons, grandes, petites, publiques, ſecretes ; leurs motifs & leurs intentions, ſans que pas une leur échape. Vous vous apliquez à la priere, il n'obmet pas un mot de ce que vous dites, ſoit de bouche, ſoit de cœur ; parce que tout cela mérite ſa recompenſe dans le Ciel : Donnez-vous l'aumône, il compte juſqu'au dernier denier ; parce que cela augmente vôtre tréſor : Vous allez à l'Egliſe, aux Hôpitaux, aux Priſons ; il compte tous vos pas ; les veilles, les jeûnes, les actions de charité, ſont les titres par leſquels on pretend à la recompenſe de cet heritage : Ce fidéle Tuteur les garde comme en dépôt : Vous vous apliquez à la lecture, à la meditation, à quelque travail pour Dieu ; les heures & les momens ſont marquez exactement ; & quand vous entrerez en poſſeſſion de vôtre bien, il vous tiendra un compte exact de tout ; car c'eſt pour cela qu'il les marque, & qu'il les offre à Dieu, comme l'Ange Raphaël

Tob. 12. diſoit autrefois à Tobie : *Quando orabas cum lacrymis, & ſepeliebas mortuos, abſcondebaſque per diem in domo tuâ, & no<i>ct</i>e ſepeliebas, ego obtuli orationem Domino.* C'eſt moi qui offrois vos prieres, & vos bonnes actions ; je conſiderois tout, je comptois tout, je preſentois tout à cette divine Majeſté. *L'Auteur des Sermons ſur tous les ſujets.*

Sur la nature des Anges. Dans l'ancienne Loi, les Sadducéens, & quelques autres Heretiques ont abſolument nié les Anges, & aucun eſprit, comme il eſt raporté aux Actes des Apôtres. Cent ans après, les Baſilidiens dogmatiſerent, que les Anges tiroient leur extraction l'un de l'autre, comme les hommes, par la propagation naturelle. Dans la nouvelle Loi, Tertullien diſputant contre Marcion, leur attribuoit la ſolide ſubſtance des corps humains ; Origene les a tenu corporels à la maniere de Platon ; Fauſtus Manichéen, ſe figuroit des armées d'eſprits ſans nombre, qu'il ſoûtenoit avoir été produits de la ſubſtance de Dieu ; & Proclus philoſophe, enſeignoit que les Anges inferieurs étoient les enfans des ſuperieurs. L'Egliſe a condamné & détruit toutes ces erreurs, par l'idée & la definition qu'elle nous donne de ces bienheureux Eſprits ; ſçavoir, que Dieu à la naiſſance des ſiécles a tiré du néant toutes les créatures non-ſeulement corporelles, mais encore ſpirituelles ; c'eſt-à dire, une multitude infinie d'Anges, pour eſtre continuellement devant le Trone de la Majeſté divine, & lui ſervir de Miniſtres, dans l'execution de ſes volontez. C'eſt la doctrine de l'Egliſe, confirmée par un grand nombre de témoignages de l'Ecriture, dont les uns marquent leur puiſſance, les autres leur vigilance ; & les autres enfin, à ſecourir les hommes dans leurs beſoins. *Tiré de pluſieurs Auteurs.*

Sentimens des Peres & des Docteurs del'Egliſe ſur l'exiſtence Sans rien reperer ici, de ce que nous avons dit des Anges, dans la Bibliotheque des Predicateurs, ſaint Gregoire le grand parle de la ſorte, qui eſt entre cette Hierarchie celeſte, lequel eſt auſſi raporté par ſaint Paul, & tiré des autres endroits de l'Ecriture. Saint Ignace le Martyr, les nomme

ous par leurs noms Saint Irenée en fait mention deux fois dans ses livres contre les herefies. Saint Clement d'Alexandrie, fur le troifiéme chapitre de la premiere Epître de faint Pierre, & remarque que cet Apôtre a
nommé un ordre de chaque Hierarchie. Saint Athanafe, faint Ambroife,
faint Jerôme & faint Auguftin, en ont amplement parlé, (comme on peut
voir dans le Pere Coton, page 64.) & dans faint Denis, qu'on croit eftre
l'Aréopagite, page 37. *Les mêmes.*

Dieu nous a aimé fi tendrement, qu'il nous a donné à chacun un Ange
pour nôtre garde, employant par une bonté incomprehenfible, fes plus
parfaites créatures à nôtre fervice; & ces celeftes intelligences, qui font
créées pour le contempler & pour le fervir inceffamment dans le Ciel. Ô
quelle bonté de Dieu! de ne députer rien moins, qu'un Prince de fa Cour,
pour la conduite d'un pauvre ferviteur? Et comme dit excellemment faint
Bernard, non content de nous avoir envoyé fon Fils, de nous donner fon
faint-Efprit, de nous promettre la joüiffance de lui-même dans le Ciel; afin
qu'il n'y ait rien au Ciel qui ne foit employé à nôtre falut, il nous envoye
fes Anges, pour y contribuer leur fervice, il les commet à nôtre gar-
deur commande d'eftre nos maîtres & nos conducteurs. Portez un hon
& un amour particulier à celui que Dieu vous a donné. Il eft toûjours
de vous pour vous conduire & pour vous garder. Il vous infpire de bonne
ées, il vous affifte dans les affaires importantes; il vous fortifie dans les i
ions. Il détourne de vous beaucoup de malheurs qui vous arriveroient,
pour le corps, foit pour l'ame; & il continuë fes bons offices, d'autant plus
vous avez recours à lui. Qu'eft-ce que vous ne devez pas à un tel condu
& à un tel défenfeur? Ayez donc un profond refpect pour vôtre Ange
quand vous ferez tenté d'une mauvaife action, reffouvenez-vous de fa pre
e, ayez honte de faire devant lui ce que vous n'oferiez pas faire devant
comme de bien, aimez-le fingulierement, recommandez-vous à lui tous
ours, priez-le qu'il veille à vôtre conduite, & qu'il vous garde des malhe
de cette vie, & fur-tout du peché, qui eft le malheur des malheurs. *Livre*
intitulé: Inftruction de la Jeuneffe, par M. Gobinet.

Il ne faut pas manquer d'avoir recours à vôtre Ange dans toutes vos neceffitez, & principalement en deux occafions; dont la premiere eft, lorfque vous délibérez, ou que vous entreprenez quelque affaire importante,
dans laquelle vous avez befoin de confeil & d'affiftance. Demandez à vôtre
bon Ange qu'il vous conduife dans cette affaire; en forte que vous ne l'entrepreniez pas, fi elle n'eft, felon la volonté de Dieu, & pour fon fervice &
vôtre falut, & qu'il vous affifte pour l'achever heureufement. Ce moyen eft
très-efficace pour bien réüffir dans ces affaires-là. Il eft impoffible qu'elles ne
fuccedent heureufement fous un fi bon conducteur, qui eft tout enfemble
très fidéle, très-fage & très-puiffant. La feconde occafion eft, lorfque vous
eftes attaqué de quelque tentation, & que vous eftes en quelque danger
d'offenfer Dieu. *Quand vous voyez,* dit faint Bernard, une grande tentation
qui vous preffe, ou une grande tribulation qui s'aproche; invoquez vôtre
garde, vôtre Docteur, celui qui vous fécourt à propos dans les neceffitez.
Ce remede eft très-puiffant dans toutes les tentations, & principalement
dans celles qui combattent la chafteté; les Anges aiment cette vertu, & ils

s'en rendent les protecteurs ; parce qu'elle leur rend les hommes semblables; & qu'elle leur fait imiter leur vie toute pure & toute celeste sur la terre. D'où vient qu'il ne faut pas s'étonner, dit saint Ambroise, si les Anges défendent les ames chastes qui menent en terre la vie des Anges. *Livre intitulé : Instruction de la Jeunesse, par M. Gobinet.*

Les Anges sont nos mediateurs auprés de Dieu. Ce sont, M. ces Princes & ces Courtisans du Ciel, si grands, si sages & si puissans, qui sont nos médiateurs, & nos Agens auprès de cette divine Majesté, pour ménager les interêts de nôtre salut ; & c'est même de cette presence, & de cette vûë de Dieu, qui fait leur gloire & leur souverain bien, qu'ils puisent les motifs de cette ardente charité, qu'ils ont pour nous; comme si leur bonheur n'étoit que par raport au nôtre, & que tous leurs avantages & leurs prérogatives ne fussent que pour les rendre plus propres, & plus prompts à nous secourir. Premierement, parce que cette vûë de Dieu qui allume ce brasier d'amour, dont ils brûlent pour ce divin objet, leur en fait reflechir l'ardeur sur nous ; car comme ils voyent sans cesse son visage, & qu'ils lisent dans son cœur la charité immense qu'il a pour les hommes ; ils aiment ensuite ce qu'ils le voyent aimer ; & comme ils souhaiteroient se consumer pour l'interêt de sa gloire, voyant que nous en sommes le principal objet, ils n'ont point de désir plus ardent que de nous assister & de nous faire part du bonheur qu'ils possedent. Ainsi, M. si vous me demandez ce qui les excite à nous secourir avec tant de zele, & ce qui les porte à nous **Matth. 18.** témoigner tant d'amour ; je vous en aporterai pour raison : *Semper vident faciem Patris mei, qui in Cælis est.* Ils voyent sans cesse la face de Dieu ; ils sont toûjours en sa presence ; ils voyent les mouvemens de son cœur, & l'amour infini qu'il a pour nous ; ils prennent toutes les dimensions de cette charité divine, sur laquelle ils reglent la leur. Saint Paul, à la verité, tâ- **Ephes. 3.** choit de nous la faire comprendre par ses effets : *Ut possitis comprehendere quæ sit latitudo, longitudo, sublimitas & profundum.* Mais ces sublimes intelligences la voyent dans Dieu même, éclairées qu'elles sont de la lumiere de la gloire, elles en conçoivent la hauteur & la profondeur, quand elles voyent que ce Dieu de Majesté daigne bien arrêter les yeux sur des créatures aussi miserables que le sont les hommes. *L'Auteur des Sermons sur tous les sujets.*

L'empressement des Anges à nous secourir dans nos besoins. Ces sublimes intelligences, bien loin de se croire abaissées dans les services qu'elles nous rendent, elles s'estiment trop glorieuses de seconder cet amour d'un Dieu, & croyent que la plus noble commission, où elles puissent être employées, est de se dévoüer, pour ainsi dize, à tous les besoins de ceux, dont leur Souverain leur a commis le soin. Elles voyent la longueur de cette même charité, en considerant que de toute éternité il les a aimez, & que le premier mouvement de son cœur a été de les vouloir associer à son propre bonheur ; & dans cette vûë, elles voudroient éterniser leur zele & leurs services. C'est pourquoi elles les commencent dès le premier moment de nôtre vie, & les continuent infatigablement jusqu'au dernier soûpir ; & si nous vivions des siécles, & une éternité entiere sur la terre, elles ne se lasseroient jamais de nous marquer leur charité ; parce qu'elles la mesurent sur la longueur de celle de Dieu même. Elles en voyent enfin la largeur & l'étenduë, qui est sans bornes, en ce qu'il n'a rien omis pour nôtre salut, &

qu'il

qu'il a tenu tous ses travaux, & toutes ses souffrances, sa vie, & son Sang bien employé pour ce sujet, & cette immensité de la charité d'un Dieu, donne une si grande étenduë à celle que ces bienheureux Esprits ont pour nous, qu'elle leur fait tout entreprendre : C'est saint Augustin qui nous en assure, en parlant de l'Ange Gardien : *Grandis est ei cura de nobis, & magnus dilectionis affectus, erga nos, & hoc totum propter honorem tuæ inæstimabilis charitatis, quâ dilexisti nos.* Leur soin est proportionné à leur amour ; mais cet amour est grand & ardent par reflexion de cette charité embrasée qu'un Dieu a euë pour nous : *Diligunt quos tu diligis,* poursuit-il, *custodiunt quos tu custodis* ; ils nous aiment, parce que vous nous aimez, ô mon Dieu ! & l'ardeur de l'amour qu'ils nous portent, s'allume dans cette fournaise de la charité, que vous avez pour les hommes. *L'Auteur des Sermons sur tous les sujets.*

Quel bonheur ! M. d'avoir auprès de ce souverain Monarque, un Prince de sa Cour, qui porte en même-tems la qualité d'Agent & d'Envoyé de nostre part ? Qui nous aime d'un amour constant, & à qui cet amour fait ménager nos affaires comme les siennes propres ; qui met, en un mot, son bonheur à avancer le nostre, afin que s'il étoit possible, que ce Dieu de bonté oubliât l'amour & le soin qu'il a pour nous ; cet Agent & cet Ambassadeur les lui representât sans cesse, & le fit souvenir de ce que lui a coûté cette ame, qui lui est si chere ; & comme cet Agent nous aime sincerement, il nous sert avec fidélité auprès de Dieu, ne tâchant qu'à nous mettre toûjours plus avant dans son amitié : Les demons, ces Anges Apostats en conçoivent une envie, & un dépit qui va jusqu'à la rage & au desespoir : mais ces fidéles Esprits secondent l'intention de leur Maître, par l'affection la plus pure, & la plus ardente qui se puisse imaginer ; parce que comme elle prend naissance du cœur de Dieu, elle n'a point d'autre but, que de nous porter à Dieu, comme à la source de nostre commun bonheur. *Le même.*

Combien nous sommes heureux d'avoir des Anges pour agens de nos affaires auprès de Dieu.

Le pouvoir & le crédit des saints Anges est employé continuellement, & tout entier pour nous, pour nos affaires, & pour procurer nos besoins ; parce qu'ils sont nos Anges auprés de Dieu ; & d'ailleurs, qu'ils sçavent que mieux ils s'acquitteront de cette commission, plus ils avanceront sa gloire ; que ne devons-nous donc point esperer de leur secours ? Quelle intercession plus puissante ? Quel moyen plus efficace pour impétrer quelque faveur de Dieu, si nous sçavons nous servir de cet avantage ? Si un Ambassadeur qui reside à la Cour d'un Prince étranger a coûtume de demander audiance pour parler des affaires dont il est chargé, & s'il ne manque pas d'employer toute son industrie & tout son crédit pour les bien conduire, & pour parvenir à ses fins. Nous agissons, M. avec Dieu, à la grandeur, après qu'il nous a élevez à la qualité de ses amis, & de Princes de son sang, par l'alliance qu'il a voulu faire avec nous ; nous avons un Ange en sa Cour, qui est un resident ordinaire : helas ! que nous avons de grandes affaires à traiter ? Il ne s'agit pas d'un petit interêt temporel ; mais il s'agit de l'heritage de son Royaume, & d'une éternité de bonheur. Qu'il y a de differens à discuter & à démêler sur cet heritage ! Que nos ennemis y forment d'étranges obstacles ! Il y a des conditions que Dieu nous propose de sa part ; nous avons des propositions

Nous devons tout esperer du secours des Anges, vû qu'ils s'interessent beaucoup à nôtre salut.

de paix à lui faire de la nôtre ; à qui pouvons-nous commettre nos interêts plus sûrement qu'à cet Ambassadeur & à cet Agent si intelligent, si fidèle, si zelé & si puissant ? Combien de fois l'alliance est-elle rompuë entre nôtre ame & Dieu ? He ! qui peut mieux ménager les interêts de tous les deux, que ce Ministre si intelligent, & qui est tellement ami des deux partis ? C'est lui qui apaise ce souverain, lorsque nous l'avons irrité par nos crimes, lui qui allegue nôtre foiblesse, qui represente les surprises & les piéges que nous ont dressé nos ennemis, & tout ce qui en peut diminuer la violence. *Le même.*

Les Anges font profiter nôtre bien.　Les Anges ne se contentent pas de nous garder nôtre bien, ils le font encore profiter, tant qu'ils peuvent, & n'omettent rien pour rendre plus ample & plus riche l'heritage que nous attendons, en tâchant, lorsqu'ils presentent nos actions à Dieu, d'en raporter de nouvelles graces, & par nôtre consentement, de nous en faire mériter de plus fortes & de plus grandes ; ils n'ont point de plus grande passion que d'ajoûter toûjours quelque chose au tresor de nos mérites & de nos bonnes œuvres. Ah ! M. si nous secondions leurs soins, leur vigilance & leurs intentions ; quelles richesses dans le Ciel, quels tresors de gloire ne possederions-nous point un jour, comme parle saint Paul ? *Quæ divitiæ gloriæ hæreditatis ejus in sanctis.* Nous *ad Ephes.* 1. dirions alors, comme le jeune Tobie disoit à son Pere, en parlant de l'Ange qui avoit eu soin de lui, sans le connoître : *Bonis omnibus per eum repleti sumus.* C'est lui qui par ses soins nous a comblez de biens ; mais qu'il y a à craindre, que faute de lui obéir, nous ne perdions tout ? Ah ! vous dissipez ce qu'il tâche de vous épargner avec tant de soin, & vous prodiguez en un seul moment, & par un seul peché, tout l'amas de mérites, que ce fond avoit produit entre ses mains ; & ce n'est qu'avec regret qu'il voit que vous ménagez si mal le bien & le tresor dont il est le depositaire & le gardien. *L'Auteur des Sermons sur tous les sujets.*

L'exemple du jeune Tobie, se trouve dans toutes les creatures. Tob. 5.　Une personne ne vient pas plûtôt au monde pour commencer sa carriere, que dès le premier pas, il fait la même rencontre que fit autrefois le jeune Tobie, qui se preparoit à un long voyage : *Invenit juvenem stantem, præcinctum, & quasi paratum ad ambulandum.* Il trouva, dit le Texte sacré, un Ange, sous la forme d'un jeune homme tout disposé à faire ce voyage ; ils lient commerce, ils se joignent de compagnie, ils prennent la même route ; l'un est le guide, & l'autre le suit ; mais helas ! M. nous ne suivons pas comme lui ce guide fidéle ; il nous montre le chemin d'un côté, & nous allons de l'autre. Combien de fois, lorsque vous allez dans ces lieux de débauches, que vous vous embarquez dans ces mauvaises compagnies, que vous vous jettez aveuglément dans ces occasions de vous perdre : combien de fois, dis-je, vous dit-il interieu **Num. 22.** rement ces paroles, qu'un Ange dit autrefois à Balaam : *Perversa est via tua, mihique contraria.* Par cette route, & par cette voye, vous aboutirez infailliblement à vôtre malheur éternel ; vous passez outre cependant, & vous continuez. *Le même.*

Pourquoi nous ne profitons pas des avis de nôtre bon Ange.　Si les pensées salutaires que vôtre bon Ange vous suggere quelquefois, lorsque vous êtes sur le point de commettre le crime, ne font pas toute l'impression qu'il souhaite sur nôtre esprit ; alors il vous prend, pour ainsi dire, par la main, pour vous retirer de l'occasion & du peril, comme l'un d'eux retira Loth de So-

dome , pour le mettre en lieu d'affurance. Combien de fois!, quand vous vous
égarez dans la voye de l'iniquité , & que vous vous éloignez de Dieu,en vous
écartant de vos devoirs,ce fidéle Gardien vous a-t-il fuivi & rapellé:*Revertere* Genef. 32.
in terram tuam , & vous avez fait la fourde oreille à fes cris;lorfque vous avan-
ciez toûjours dans ce chemin de perdition,il ne vous a pas abandonné pour cela;
mais il vous a reprefenté le malheur où vous vous engagiez; prenez garde,arrê-
tez vous,vous allez vous perdre;n'importe,avez-vous répondu,en courant,où la
paffion vous pouffoit,où l'exemple vous attiroit,où ces compagnies vous entraî-
noient,& où voftre inclination vous a emporté.Chofe étrange!M. que ces intelligences roulent les Cieux & les Aftres, reglent les mouvemens & les periodes
de ces grands corps, fans affiftance & fans travail, & que les hommes rendent
fouvent tous leurs foins inutiles, refiftent à tous les mouvemens & à toutes les
impreffions qu'ils leur donnent, & qu'ils aiment mieux fuivre leur caprice ou
leurs paffions,que la conduite de ces efprits éclairez.*Le même.*

 Comme dans le chemin du Ciel,on court une infinité de hazards,& que nous   L'affiftance
fommes continuellement en danger de nous perdre ; ils nous gardent & nous que nous re-
affiftent à tous momens : *Ut cuftodiant te in omnibus viis tuis.* Dans les pas les   faints Anges
plus gliffans,dans les occafions les plus dangereufes , dans les perils les plus évi- Gardiens.
dens,foit de l'ame,foit du corps:*In omnibus viis tuis.* Souvent nous dormons fur Pfal. 90.
le bord du précipice,& pour peu que nous avancions,nous fommes perdus , &
alors nôtre Ange nous éveille, comme il fit à faint Pierre dans la prifon , *furge* AE. 12.
velociter ; jeune homme , qui êtes engagé dans ce commerce & dans cette familiarité dangereufe , lorfque vous demeurez dans ce profond
fommeil,dans la negligence & dans l'entier oubli de voftre falut ; & il fait retentir ces paroles à vos oreilles, *furge velociter.* Eveillez-vous,fortez de ce lieu,
quittez cette maifon, rompez ces liens qui vous tiennent fi étroitement ferrez,
fuyez au plûtôt un malheur que vous ne pouvez éviter que par la fuite;tantôt il
nous avertit par des preffentimens interieurs, nous ne fçavons d'où ils viennent , ni ce qu'ils veulent dire;mais fi nous fuffions allé en tel endroit où nous
avions coûtume d'aller;fi nous fuffion trouvez en cette compagnie, comme nous l'avions projeté,nous étions perdus;nous ne fçavons qui a détourné ce
malheur;c'eft ce gardien fidéle qui nous conduit dans toutes nos voyes : *In om-*
nibus viis tuis. Le même.

 Saint Bernard dit que la garde de noftre Ange doit nous infpirer trois chofes, Nous devons
le refpect, l'amour, & la confiance. Le refpect, à caufe de fa prefence;l'amour, trois chofes à
ou la devotion, à caufe de la bienveillance qu'il a pour nous; la confiance , à nôtre Ange
caufe du foin qu'il a de noftre garde.Ayez donc beaucoup de refpect pour voftre Gardien.
Ange Gardien, & quand vous ferez tenté d'une mauvaife action, reffouvenez-
vous de fa prefence ; ayez honte de faire devant lui , ce que vous n'oferiez pas
faire devant un homme de bien.Aimez-le fingulierement,recommandez-vous à
lui tous les jours,priez-le qu'il veille à voftre conduite, & qu'il vous garde des
malheurs de cette vie, & fur-tout du peché , qui eft le malheur des malheurs.
Souvenez-vous d'avoir recours à lui dans toutes vos neceffitez, & principalement en deux occafions entre les autres.La premiere eft,lorfque vous déliberez
ou que vous entreprenez quelque affaire importante , dans laquelle vous avez
befoin de confeil & d'affiftance. Demandez à voftre bon Ange qu'il vous conduife dans cette affaire;enforte que vous ne l'entrepreniez pas,fi elle n'eft felon

la volonté de Dieu, & pour son service & vostre salut ; & qu'il vous assiste pour l'achever heureusement. Ce moyen est très-efficace pour bien réüssir dans ces affaires-là. Il est impossible qu'elles ne succedent bien sous un si bon Conducteur, qui est tout ensemble très-fidéle, très-sage & très-puissant. La seconde occasion est, lorsque vous êtes attaqué de quelque tentation, & que vous êtes en quelque danger d'offenser Dieu. Quand vous voyez, dit saint Bernard, une grande tentation qui vous presse, ou une grande tribulation qui s'approche, invoquez vostre garde, vostre Docteur, celui qui vous secourt à propos dans les necessitez, c'est un remede très-puissant dans toutes les tentations. *Instruction de la Jeunesse*, par *M. Gobinet*.

DES RELIQUES
DES SAINTS,
ET DU CULTE QU'ON LEUR REND.

AVERTISSEMENT.

C'Eſt avec raiſon que le Prophete Royal nous aſſure que Dieu eſt admirable dans ſes Saints, mirabilis Deus in ſanctis ſuis ; puiſqu'en effet rien n'eſt plus capable d'attirer nôtre admiration, que le ſoin que prend la divine Providence, de les faire honorer, ſoit dans le Ciel, ſoit ſur la terre. Il eſt admirable, lorſqu'il glorifie leurs ames dans le Ciel ; & il ſera admirable, lorſqu'il tirera leurs corps du tombeau, par une reſurrection glorieuſe, & qu'il les reformera ſur le modéle de celui du Sauveur : Cum venerit glorificari, in ſanctis ſuis, & admirabilis in his qui crediderunt. Mais j'oſe dire, qu'il ne merite pas moins nos admirations, lorſque par les ſoins de ſon Egliſe, il nous fait honorer les precieux reſtes de ces mêmes corps que nous appellons leurs Reliques ; qu'il rend glorieux juſqu'à leur ſépulchre, par le concours & la devotion des peuples, qu'il fait part à leurs cendres, & à leurs oſſemens, de cet honneur ; & qu'en attendant la gloire qu'il leur reſerve dans le Ciel ; il permet qu'on les place ſur les Autels, qu'on faſſe la fête de leur Tranſlation, avec pompe & avec appareil, & qu'enfin on leur rende le culte qui leur eſt dû, pour recompenſe de l'honneur qu'ils ont eux-mêmes rendu à Dieu durant leur vie.

Nous nous éloignerions trop de nôtre deſſein, ſi nous entreprenions de juſtifier le culte qui eſt dû à ces Reliques, & la maniere, dont l'Egliſe permet qu'on leur rende ; c'eſt ce que les Controvertiſtes ont fait aſſez au long : il me ſuffit de dire que c'eſt une

2. Theſſal. 1

KKK iij

des plus anciennes coûtumes, autorisée par une infinité d'exemples, & confirmée par les plus anciens Peres ; & que nonobstant les abus qui s'y sont quelquefois glissez, comme d'en supposer de fausses, & d'en faire un trafic sacrilege, comme des Chrétiens apostats en ont faits autrefois ; ce qui a donné sujet aux Heretiques de se recrier contre le culte des Reliques en general. L'Eglise ne pretend honorer que celles qu'elle reconnoit incontestablement veritables ; nous le voyons par les précautions qu'elle apporte sur cela, & nous verrons dans ce recüeil, les motifs & la maniere de les honorer.

DES RELIQUES
DES SAINTS,
ET DU CULTE QU'ON LEUR REND.

IL y a cette différence, M. entre les services que l'on rend aux Souverains de la terre, & ceux que l'on rend au Souverain du Ciel ; que si les premiers ont quelque connoissance des services que nous leur rendons, pendant que nous sommes en vie, & que nous pouvons encore leur être utiles, on voit rarement que ces sentimens passent au delà de la mort ; ou s'ils rendent quelque honneur à nôtre memoire, dans la pompe de nos obsèques, cet honneur ne dure que peu de jours, après lesquels le même tombeau qui renferme nos corps, ensevelit aussi toute nostre gloire dans un oubli, & dans un silence éternel. Mais Dieu ne fait pas seulement honorer ses amis ; je veux dire, ceux qui l'ont servi, d'une gloire éternelle dans le Ciel ; il veut encore que cette gloire s'étende après leur mort, sur la terre même ; & pendant que les grands du monde sont dans l'oubli, qu'on ne s'informe, ni du lieu de leur sépulture, ni en quel païs repose leur corps ; les amis de Dieu, au contraire, après avoir été souvent inconnus dans le monde, & quelquefois même méprisez, bannis, maltraitez, sont non-seulement honorez & invoquez dans le Ciel ; mais encore leurs cendres, & leurs ossemens sont sur la terre l'objet de la veneration des peuples, & sont le trésor des Villes & des Nations entiéres. Ce qui a fait dire au Prophete Royal ces paroles : *Nimis honorati sunt amici tui Deus, nimis confortatus est principatus eorum.* Vos amis, mon Dieu, sont honorez en cette vie, & la puissance & le crédit qu'ils ont auprès de vous, se fait sentir par une source de biens & de benedictions qu'ils attirent sur nous. Or, ce sont ces deux choses qui rendent Dieu admirable dans ses Saints : le soin que sa Providence prend de leurs Reliques, en faisant honorer ces corps, dont une partie est déja reduite en poussière ; la vertu & le pouvoir qu'il a attachez à ces cendres & à ces ossemens, pour le salut & la sanctification de ceux qui les honorent. *L'Auteur des Sermons sur tous les sujets.*

Quoique Dieu soit jaloux de sa gloire, & qu'il ne puisse souffrir que personne l'usurpe ou la partage avec lui ; il ne laisse pas, M. d'en faire part à ses amis, pour recompense d'avoir méprisé la gloire de ce monde, ou bien pour l'avoir lui-même honoré durant leur vie. C'est ainsi qu'il s'en est declaré par la bouche de son Prophete : *Quicunque glorificaverit me, glorificabo eum.* En effet, le bonheur qu'il leur prépare dans le Ciel s'appelle gloire ; & pendant que ses ennemis, qui méprisent ses loix, se-

Marginal notes:

Le culte qu'ô rend aux Reliques des Saints, montre la difference qu'il y a entre l'honneur que les hommes rendent à leurs amis, & celui que Dieu fait rendre aux Saints, après leur mort.

Psal. 138.

Dieu fait rendre aux Saints, après leur mort, la gloire qu'ils ont méprisée pour son amour pendant leur vie.

1. Reg. c. 24.

ront l'objet d'un opprobre éternel, comme il les menace ; ceux-ci feront éternellement glorieux. Mais ce qu'il y a de furprenant, & ce qui fait le fujet de la ceremonie de ce jour ; c'eft qu'outre la gloire, dont joüiffent leurs ames bienheureufes dans le Ciel, & celle qu'il referve à leurs corps après la Refurrection ; comme fi ce terme, que la Providence a fagement ordonné, lui fembloit trop éloigné ; il procure encore une autre gloire accidentelle, à quelques-uns de fes amis, par le foin qu'il prend de faire honorer jufqu'aux cendres de leurs corps, & jufqu'à leurs Reliques, comme de facrez dépofts, qu'il fait diftinguer des autres, par le culte & la veneration des peuples, afin de faire connoître par là ce qu'ils ont été, ce qu'ils feront un jour, & ce qu'ils font encore prefentement devant fes yeux. Il veut faire connoître par là ce qu'ils ont été ; car comme cet honneur ne leur eft pas rendu fans l'avoir mérité, & que la gloire confifte dans la connoiffance qu'on a du mérite d'une perfonne, & dans l'aveu qu'on en fait ; jamais on n'honore ces précieux reftes, qu'en vûë de ce qu'ils ont été autrefois ; fçavoir, des ferviteurs & des amis de Dieu, & des Saints qui ont été en ce monde élevez au-deffus de toutes les chofes de la terre, par le genereux mépris qu'ils en ont fait. *L'Auteur des Sermons fur tous les fujets.*

Dieu declare par ce procedé l'eftime qu'il fait des Saints qui ont fait de leur corps l'inftrument de leur falut. *ad Heb c.11.*

Les Saints ont vêcu dans des corps, comme s'ils en euffent été féparez ; ou plûtôt, du plus grand obftacle de leur falut, ils ont fait l'inftrument de leur bonheur ; parce qu'ils les ont foûmis, mortifiez, & qu'ils en ont fait autant de Temples du Saint-Efprit. De là vient qu'un Saint eft quelque chofe de fi grand & de fi confiderable devant Dieu, que l'Apoftre faint Paul, parlant de ceux de l'ancienne Loi, nous affure que le monde n'étoit pas digne de les poffeder : *Quibus dignus non erat mundus.* Et par là, il les éleve au-deffus de tout ce que nous voyons en ce monde, des Cieux, des Aftres, des Elemens, & de tout ce qu'il y a de plus digne de nos admirations. Je ne m'en étonne pas ; puifque pour produire toutes ces merveilles, qui frapent nos yeux, il n'en a coûté à Dieu qu'une parole ; mais pour faire un Saint, combien de graces, de paroles interieures, & de faintes infpirations ? Et de leur cofté, combien de combats leur a-t-il fallu foûtenir pour vaincre tant d'ennemis de leur falut ? Combien d'obftacles au dehors & au dedans leur a-t-il fallu vaincre ? Et enfin, combien de victoires leur a-t-il fallu remporter fur eux mêmes. *Le même.*

Voila comme Dieu honore lesSaints,que les hommes ont fouvent méprifez & maltraitez. *1. Cor. 4. Sapient. 5.*

Voila ce qui rend les Saints grands & confiderables devant Dieu ; le monde, fouvent n'a pas daigné les regarder durant leur vie ; parce qu'il ne les a pas connus, fouvent même il les a perfécutez & traitez comme l'oprobre des hommes ; car c'eft ainfi que parle le même Apoftre : *Omnium peripfema ufque adhuc.* Mais Dieu les fait honorer après leur mort, & fait faire à leurs cendres une efpece de réparation d'honneur ; en faifant dire aux hommes fur la terre, ce que les impies difent dans les enfers : *Nos infenfati, vitam illorum æftimabamus infaniam, & finem illorum fine honore, ecce quomodò computati funt inter filios Dei.* Nous traitions de folie leur vie fainte, & reglée felon les loix de la fageffe divine ; nous avions pour eux le dernier mépris, comme pour des gens qui n'avoient ni rang, ni eftime parmi les hommes : ah ! maintenant nous reconnoiffons qu'ils étoient éclairez de la veritable fageffe ; puifque Dieu les confidere comme

fes

ſes amis & ſes enfans, & qu'il les fait reſpecter en cette qualité. Ainſi en voïant l'honneur qu'on rend à ces ſaintes Reliques, nous ne devons pas les regarder comme des oſſemens froids ſans vie, & déja réduits en pouſſiére ; mais nous devons nous retracer le ſouvenir de ce qu'ils ont été, & juger par cette gloire temporelle que Dieu leur fait rendre, l'eſtime qu'il fait de leur ſainteté ; puiſqu'il a ſoin d'eux, & qu'il les conſidere juſque dans cet état d'anéantiſſement où ils ſeront juſqu'à la fin des ſiécles. C'eſt, Chrétiens, ce qui nous doit inſpirer une eſtime de la vertu & de la ſainteté, de voir que Dieu n'a pas ſeulement de la conſideration pour les ames bienheureuſes de ſes ſerviteurs, & de ſes amis ; mais encore pour leurs corps & pour leurs oſſemens, qui ſont comme les reſtes de ces Temples, & de ces Autels, où ils ont offert tant de ſacrifices au Dieu vivant, & où plutôt ils ſe ſont immolez eux-mêmes comme autant de victimes vivantes, ainſi que parle Saint Paul. *Le même.*

Rien n'entre en conſideration devant Dieu que la ſainteté, les richeſſes de la terre paſſent & nous échapent, la gloire du monde s'évanoüit en fumée, les plus grandes actions, les exploits de guerre, & tout ce qui n'eſt point pour Dieu eſt enſeveli dans un oubli éternel ; mais la ſainteté & les moindres actions d'une vertu chrétienne ſont d'un prix ineſtimable : Dieu ne les oubliera jamais, & s'il n'en donne pas la récompenſe à tout le monde durant cette vie, il la reſerve dans l'autre, où il les reconnoîtra éternellement pour ſes amis, & pour ſes veritables ſerviteurs : *Qui glorificaverit me glorificabo eum.* L'Auteur des Sermons ſur tous les ſujets, &c.

Mais cet honneur qu'il fait rendre maintenant aux Reliques de quelques-uns, ne marque pas ſeulement ce qu'ils ont été durant leur vie, il fait encore connoître ce qu'ils ſeront un jour : je veux dire que nous devons juger de là, que leurs corps, qui ſont une partie d'eux mêmes, participeront un jour à la gloire de leurs ames bien-heureuſes ; que ces os cariéz & dont une partie eſt déja réduite en cendre, reſſuſciteront plus éclatans que le ſoleil, & revêtus de la ſubſtance de l'immortalité, comme parle Tertullien. Ce Pere veut dire par là, que leurs corps ont déja joüi des accidens de cette gloire, par la ſoumiſſion qu'ils ont rendüe à l'eſprit durant leur vie, par la promptitude & l'agilité dont ils ſe ſont portés au ſervice de Dieu, par cette eſpece d'incorruptibilité qu'ils ont conſervée juſque dans le tombeau, ce ſont comme les accidens de la gloire qui leur eſt dûë, en attendant qu'ils en reçoivent la ſubſtance dans le Ciel, où ils joüiſſent d'une vie immortelle, où, ſi vous voulez, l'honneur qu'ils reçoivent par avance ſur la terre, eſt un gage & une aſſurance de celle qui leur eſt préparée dans cet heureux ſejour ; comme ſi Dieu qui a voulu attendre la Reſurrection générale pour glorifier leurs corps, vouloit prévenir ce tems en faveur de quelques-uns de ſes amis, en leur donnant déja par avance quelque portion du bonheur qui leur eſt reſervé : nous en avons aporté les raiſons aſſez amplement ailleurs ; je dis ſeulement ici que la pratique des actions chrétiennes ne ſont pas teſtoutes propres de l'ame, que le corps n'y ait part, & par conſequant il a droit à la récompenſe, puiſque c'eſt par ſon moyen que l'ame a pratiqué les vertus les plus pénibles & les plus laborieufes, comme les jeûnes, les veilles, & toutes les rigueurs de la pénitence. Je fçai bien que cette récompenfe eft differée jufqu'à la fin des fiécles, & à la Refurrection générale de tous les corps ; mais comme dans les plantes, avant que les fruits paroiffent, on en voit des marques & des apparences dans les fleurs, qui font connoître que nôtre efperance n'a pas été vaine quand on les a cultivées, de même dans l'attente de la gloire, & de la récompenfe que Dieu referve à nos corps dans le Ciel, il en donne par avance quelques marques, par l'honneur qu'il leur fait rendre fur la terre, qui eft comme un gage de ce qu'il leur prépare dans le Ciel. *Le même.*

Nous devons preffentir, quel doit être le bonheur que Dieu deftine à fes Saints ; car s'ils font fi glorieux dans ce lieu de baniffement, & jufque dans l'état de leur humiliation, que fera-ce dans leur Patrie, & dans le lieu de leur Triomphe ? S'il les récompenfe jufque dans le tombeau, qui eft le lieu de leur anéantiffement, que ne leur referve-t-il point dans cet heureux état, où il effuiera leurs larmes, & les confolera de tous leurs travaux ? Et n'eft-ce pas autant de la gloire de leurs corps, que de celle de leurs ames, que fe doivent entendre ces paroles de Saint Paul : que ni l'œil n'a vû, ni l'oreille entendu, ni le cœur de l'homme compris la récompenfe que Dieu a refervée à fes amis, auffi le Prophéte dont nous avons emprunté les paroles, s'eft fervi d'un terme qui femble tenir de l'exageration. *Nimis honorati funt amici tui Deus :* l'honneur & la gloire qu'ils reçoivent, va jufqu'à l'excès : le tems de leurs travaux a été court, leur repos fera éternel, leurs fouffrances ont été legeres, & ils feront comme inondez d'un torrent de plaifirs, leur abaiffement & leur humiliation a été jufqu'à être reduits en pouffiére, mais auffi ils feront accablez d'un poids éternel de gloire. *Nimis honorati funt.* Et nous voyons déjà qu'en ce monde, l'honneur & le culte qu'on leur rend, paffe tout ce que l'on rend aux Rois & aux Souverains de la terre ; puifque c'eft un culte religieux, qu'on bâtit des Temples en leur honneur, qu'on place leurs Reliques fur les autels, que les Rois mêmes & les grands du monde fe profternent devant eux & mettent leurs couronnes à leurs pieds. C'eft ainfi, dit Saint Auguftin, qu'on a vû la Majefté du premier Empereur Chrétien profterné devant les offemens d'un pauvre pécheur. C'eft de la forte qu'on a vû nos plus puiffans Monarques à genoux devant les Reliques d'une fimple bergere. Et nous voyons dans l'Hiftoire Ecclefiaftique que les plus grands Monarques ont honoré de leur préfence les cérémonies de ces tranflations, que les uns ont fait venir à grands frais les corps de ceux que l'Eglife a reconnus pour Saints, afin de les prendre pour les protecteurs de leurs Etats, après leur avoir fait rendre les honneurs qui font dûs aux ferviteurs & aux amis de Dieu. *Le même.*

Or dans la vûe de la gloire que Dieu referve aux corps des Bienheureux dans l'autre vie, & de l'honneur qu'il leur fait rendre par avance dans celle-cy qui ne s'animera à fouffrir quelque chofe pour fon amour ? Il y a déja récevront à tant de perfonnes qui font aujourd'hui Idolatres de leurs corps, uniquement occupez du foin de les nourrir, de les vêtir, de leur procurer leurs

commoditez & leurs divertissemens ; hé , s'ils les aiment tant , que ne nous doit a-
pensent ils donc à leur procurer un bonheur éternel ? Pourquoi tout leur soin miner à les
se borne t-il à cette vie , sans penser à ce qu'ils seront un jour ? Est ce les mortifier en
aimer veritablement que de les rendre éternellement malheureux , après cette vie, &c.
quelque peu de satisfaction qu'ils leur procurent en cette vie ? Non , dit
Saint Augustin , ceux-là seuls les aiment veritablement qui pensent à les
rendre éternellement glorieux , & qui les affligent sur la terre pour les rendre
compagnons de la gloire de l'ame dans le Ciel. *Le même.*

Si l'honneur que Dieu a toûjours fait rendre aux saintes Reliques nous De l'honneur
rappelle le souvenir de ce que ces corps ont été , & nous fait penser à ce qu'on doit
qu'ils seront quelque jour ; il prouve encore invinciblement qu'on es peut rendre aux
honorer presentement , en l'état où ils sont , & c'est aller contre le senti- Saintes Reli-
ment de toute l'Eglise , que de contester si ce respect & ce culte leur est dû. ques.
Il semble à la verité , Chrétiens , que ce soit ici le foible , & comme l'endroit défectueux de mon sujet , puisque nous voyons que ces Reliques que
nous appellons saintes , & que nous honorons en cette qualité , ne sont en
effet que des ossemens , des cendres , & les restes des corps qui ont échapé
à la pourriture. Qu'y a t il de plus vil en apparence , & de moins capable d'attirer l'estime des hommes ? C'est même une occasion de scandale
aux hérétiques de ce tems , qui nous font un crime d'honorer ce qui fait
l'objet des soins d'une providence toute particuliere de Dieu , comme assure
le Prophete Royal : *Custodit Dominus omnia ossa eorum.* Mais leur erreur sur *Psal.* 33.
ce chapitre est suffisamment refutée par l'autorité , & par l'exemple des plus
sçavans Peres de l'Eglise. Saint Jerôme la combat dans des livres qu'il a
écrits contre Vigilantius. Saint Ambroise suppose ce culte comme établi &
reçû universellement de toute l'Eglise , puisque lui même a honoré avec une
pompe & une magnificence digne de sa pieté , les corps de Saint Nazaire &
de Saint Celse. Et Saint Augustin , qui temoigne avoir assisté à la Translation des Reliques de plusieurs Saints , parle de l'honneur que l'on rendoit
dans toute l'Affrique à celles du premier Martyr Saint Etienne. Et Saint Gregoire le grand n'a t-il pas signalé sa pieté par l'honneur qu'il leur faisoit
rendre par tout ? Voilà les quatre Docteurs de l'Eglise Latine qui soutiennent qu'on leur peut rendre ce culte , & qui le leur ont rendu eux-mêmes.
L'Auteur des Sermons sur tous les sujets.

Ceux de l'Eglise Grecque n'ont point été d'un autre sentiment , & il ne Sentiment
faut que lire ce que Saint Chrisostome rapporte de Saint Babylas , ce que les des Peres de
premiers Conciles de Nicée & de Gangres , en ont défini ; ce que les Peres l'Eglise Grec-
Grecs & Latins du premier & second siécle ont écrit sur ce sujet , & entre que sur les
autre Tertullien & Saint Cyprien , témoins oculaires de ce qui se faisoit Reliques des
dans leur tems : comme si ce que l'Eglise Grecque & Latine nous ensei- Saints.
gne par la plume de ces premiers Docteurs , les définitions de ces premiers
Conciles , la pratique constante des premiers siécles , qui a continué jusqu'à
present , & l'exemple de ceux que les hérétiques reconnoissent eux-mêmes
pour Saints & pour les plus grands honneurs que le Christianisme ait eu ;
comme si tout cela ne je ne sçois pas à preferer au sentiment d'un Wiclef
& d'un Luther , & de quelques autres , qui se sont fait un point de
Religion de brûler ces pieux restes de tant de Martyrs , & d'en jetter les

cendres au vent. C'est à les entendre, le grand exploit de leur zéle prétendu, & le chef-d'œuvre de leur belle reforme, d'abolir le culte des Saints. *Le même.*

La vénération de ce serf presque que l'on doit avoir pour les Reliques des Saints.

L'Impieté, qui n'épargne pas même nos plus Saints Mystéres, semble triompher sur le chapitre des Reliques, comme sur le sujet qui donne plus beau jeu à la censure, à la raillerie & au peu de foy de bien des gens, en qui le vice & le libertinage a étouffé presque tout sentiment de Religion. Pour nous, Chrétiens, quoique nous ne voyons dans ces Reliques que des cendres & des ossemens dessechez, regardons les comme des restes de ces corps qui ont été autrefois animez de ces saintes ames, qui sont maintenant dans le Ciel, comme des monumens de ces grands hommes, dont les uns ont versé leur sang pour la defense de leur foi, & les autres ont fait de leurs corps un sacrifice vivant par les rigueurs de la penitence, & les autres enfin, se sont consommez de fatigues & des travaux pour instruire les peuples, & les porter à la connoissance, & à l'amour du vrai Dieu, j'avoue que ce ne sont maintenant que des os cariez, disloquez, separez, & si voulez à demi pourris; mais nous les devons envisager comme des restes de ces temples ruinez, qui sont encore augustes, pour le ministere auquel ils ont autrefois été employés: pour moi, quand je les vois exposez sur nos Autels, il me semble que je leur puis adresser ces paroles

Ezech. c. 37.

d'un Prophéte, *Ossa arida, audite verbum Domini*: ossemens sacrés, quelque dessechés que vous soyez, écoutez la parole de Dieu, vôtre ame à laquelle vous avez été autrefois unis, est maintenant dans le Ciel, où elle rend des loüanges continuelles à Dieu en attendant que vous y soyez réünis quelque jour: mais puisque c'est l'ordre de sa justice que vous demeuriez encore sur la terre, écoutez du moins les loüanges que nous lui donnons à votre occasion, de s'être rendu si admirable dans ses Saints. Mais illustres & glorieux restes! faites encore quelques choses de plus que d'écouter les loüanges & les benedictions que nous lui donnons? attirez vous-mêmes sur nous ses graces & ses bienfaits, par le pouvoir & le crédit que vos saintes ames ont auprès de Dieu! C'est ce que nous a voulu

Psal. 138.

dire le Prophéte Royal par ces paroles: *Nimis honorati sunt amici tui Deus, nimis confortatus est principatus eorum.* L'Auteur des Sermons sur tous les sujets.

Dieu nous accorde des graces par l'intercession des Saints.

Dieu accorde ordinairement les graces & les faveurs qu'il nous fait, tantôt aux prieres que nous offrons les uns pour les autres, tantôt à l'intercession de quelque Saint, & tantôt aux demandes que nous lui faisons nous-mêmes, en consideration des mérites de ses amis, lesquels montrent leur crédit & leur pouvoir auprès de lui, par les bienfaits qu'ils nous obtiennent tous les jours. Or, Chrétienne compagnie, je dis que c'est souvent en consideration des Reliques des Saints que Dieu fait des graces. 1.° A des Villes, & quelquefois à des peuples tous entiers, par une protection singuliere, que ces sacrés dépôts leur attirent. 2.° Aux personnes pieuses qui les reverent avec devotion, & avec une particuliere confiance; & enfin aux pecheurs-mêmes les plus déréglés puisqu'il n'y a rien de plus puissant pour les porter à changer de vie, que l'exemple de ceux que ces saintes Reliques leur mettent devant les yeux. *L'Auteur des Sermons sur tous les sujets.*

C'est le sentiment des Peuples qui possedent ces précieux restes, de considerer, & d'invoquer les Saints qui les leur ont laissés, ou dont la providence les a gratifiez, comme leurs protecteurs & leurs mediateurs auprès de Dieu, & il y en a peu même, à qui cette protection ne se soit fait sentir par des effets remarquables, & souvent même par des miracles visibles. Ce qui me fait souvenir de ce que nous lisons dans l'Ecriture : que lorsque le Peuple de Dieu, sortit de l'Egypte, il eut un soin tout particulier d'emporter les ossemens du Patriarche Joseph, qu'il conserva pendant tout le voyage, parmi tant de perils & de hazards. C'est un fait connu, & attesté par la verité même. Mais sçavez-vous pourquoi Dieu voulut que Moïse se chargeât de ce soin ? Ce n'est pas seulement, comme disent quelques Saints Peres, afin qu'ils ne restassent point dans un pays idolâtre, où ils eussent été privés de l'honneur que le Peuple de Dieu leur rendoit, mais particulierement, comme assurent les autres, afin que les Israëlites ayant d'affreux déserts à traverser, & des ennemis redoutables à combattre ; avant que de s'ouvrir le passage de la terre promise, & en un mot, ayant une infinité de dangers à essuier, ils eussent en ce sacré dépôt, un gage & une assurance de la protection de Dieu, qui les avoit tirez de l'Egypte : aussi étoient-ils assurez que ces saintes Reliques courant les mêmes risques qu'eux, en tant de differens combats qu'il leur falloit soûtenir, Dieu, en défendant ce saint dépôt, les défendroit eux-mêmes, en sa consideration, & qu'ils l'opposeroient comme un bouclier à tous les traits de leurs ennemis. Nous pouvons dire le même, Chrétiens, de ces précieuses Reliques que vous avez devant les yeux ; elles sont comme un gage assuré de la protection de Dieu : nous aspirons, comme ce peuple d'Israël à la terre promise ; mais helas, qu'il y a de combats à donner ! que d'ennemis à vaincre ! que de hazards à éviter ! or ce saint dépôt vous repond de la protection du Ciel ; & ce sentiment a toûjours été si fortement imprimé dans l'esprit de tous les peuples, qu'il y en a peu dans la Chrétienté qui n'ait choisi quelque protecteur de la sorte. *Le même.*

Quand les Peuples possedent les Reliques, ou quelques parties considerables de leur corps ; ils en font leur azile, & y ont recours dans les necessitez publiques ; ils les opposent à la fureur des armes de leurs ennemis, comme un rempart qui les met en assurance. Ce qui a fait dire à Saint Chrysostome, que leurs ossemens sont autant de tours & de forteresses qui les défendent : *Ossa Sanctorum tanquam turres, muniunt Ecclesias.* Ce que les Conciles de Nicée & de Latran assurent presque en mêmes tems, & l'Histoire Ecclesiastique est remplie d'exemples du secours que le Ciel a accordé en leur faveur. De là vient que dans le langage des premiers Chrétiens, ces Reliques s'appelloient *Patrocinia*; des défenses, des aziles, des gages & des assurances d'une puissante protection. C'est ainsi qu'ils sont appellez dans les écrits des plus anciens Peres. Je me contente du témoignage de Saint Chrysostome, qui employe une grande partie d'un Sermon qu'il a fait sur le transport des Martyrs d'Egypte en la Ville de Constantinople, à prouver cette verité, & qui préfere cet azyle & cette protection aux murailles, à toutes les Citadelles, & à toutes les défenses imaginables: *Sanctorum corpora, quovis adamantino & inexpugnabili muro, tutius nobis*

[marginal notes]
C'est le sentiment des Peuples qui considerent, en choisissant des Ss. pour leurs Patrons & Protecteurs.

Les Peuples ont recours aux Reliques des Sts dans les necessitez Publiques.

De vita Sancti Babylæ.

In laud. Martyrum Ægypti.

urbem communiet. Qui m'empêchera donc, Chrétiens, de dire que ces faintes Reliques que vous poffédez dans cette Eglife, font en meme-tems vôtre tréfor, vôtre azile, & vôtre défenfe ? Car quoique Dieu ne faffe pas toujours des miracles vifibles, il y en a d'autres qui pour nous être inconnus, ne font pas moins confiderables. Car qui vous a affuré qu'ils n'ont point fouvent détourné les fleaux de la colere de Dieu de deffus vous, lorfque pour tirer vengeance des excés & des defordres publics, il avoit deffein d'employer pour cela les peftes, les famines, la guerre, la fterilité des moiffons, & les autres malheurs dont il a coûtume de punir les hommes en cette vie ? C'eft ce que Dieu nous fera connoître un jour, & fans doute, il vaut mieux pour nôtre interêt, reffentir ces fortes de fecours, qui détournent les maux qui nous menacent, que d'en ére delivrés par leur affiftance après qu'ils font arrivez. *L'Auteur des Sermons fur tous les fujets.*

Les bienfaits que les particuliers obtiennent par la protection des Saints dont ils honorent les Reliques.

Mais comme nos interêts particuliers nous touchent plus fenfiblement, que ce qui regarde feulement le Public ; je dis que les faveurs que chacun en peut attendre ; nous font reconnoître combien Dieu même cherit ces precieux dépôts ; auffi le grand Concile de Nicée, qui autorife & qui recommande le culte des Reliques, nous eft garant du pouvoir & du credit que les Saints, dont elles font les precieux reftes, ont auprès de Dieu, en les appellant des fources de graces & de falut : *Fontes falutis.* ; & les guerifons furprenantes que Dieu a bien voulu accorder à ceux qui les ont demandées en leur confideration, & qu'il accorde encore tous les jours, montrent que ce font des fources inatiffables de bienfaits. *Le même.*

On doit ajoûter aux miracles, qui fe font par l'interceffilon des Saints dont on a eu les Reliques

Il faut ôter du monde toute la foi humaine, démentir les actes les plus autentiques, & les témoins les plus fideles, pour foutenir que tant de guerifons qui fe font faites aux tombeaux des Saints, en confideration de leurs Reliques, font autant d'impoftures pour abufer de la credulité des peuples ; & pour entretenir la pieté des fimples ; c'eft plûtôt la plus deraifonnable de toutes les defaites qu'ont employée les ennemis de la religion. Et en effet, qui ofera donner le démentir à un Saint Auguftin, lorfqu'il rapporte les guerifons miraculeufes qu'il a vûës lui même, à la tranflation des corps de Saint Gervais & de Saint Prothais ; ou à Saint Ambroife fur ce qu'il a écrit comme, témoin oculaire des miracles des Saints dont il confervoit les Reliques avec honneur dans fon Eglife, & qui rend un fidele temoignage des bienfaits qui s'étendoient jufque fur les Peuples voifins, & fur tous ceux

Serm. de Ss. Martyr. Ne nar. & Celf

qui révéroient ces faints corps, *Non clauditur locis, it il, quod d'iffunditur meritis, intereffi ubique Martyrem, ubique te exaudit ille, qui honoratur in Martyre.* Faudra-t-il s'infcrire en faux contre Saint Gregoire de Tours, fur ce qu'il a écrit du grand Saint Martin. & fi l'on en vient jufqu'à ce ridicule faux fuyant, quelle foy reftera t-il dans le monde, & que pourra-t-on trouver de certain & d'inconteftable *L'Auteur des Sermons fur tous les fujets.*

Si ces mira cles des Ss. font-elles plus rares aujourd'hui que dans les premiers

Si vous me dites que ces guerifons miraculeufes, & les autres bienfaits que nous attachons à la vertu des Reliques, font du moins plus rares aujourd'hui, ce n'eft pas, Chrétiens, que les Saints que nous honorons dans ces precieux reftes, n'ayent le même pouvoir qu'ils ont toujours eu auprès de Dieu ; mais c'eft que nous avons moins de foi, moins de confiance, moins de Religion. Ceux qui font les esprits forts, & qui ne croyent que ce qu'ils voyent, ne meritent pas de les voir: la curiosité dont les autres sont poussez, n'est pas un moindre obstacle qui arrête le cours de ces sources salutaires, & quand ces miracles sauteroient aux yeux, pour ainsi dire, & qu'on ne pourroit les desavoüer, l'étonnement & l'admiration en seroient tout le fruit, comme Saint Augustin dit des Juifs, qui admiroient ceux qu'operoit le Sauveur du monde ; *Mirabantur, sed non convertebantur* Mais demandons des graces spirituelles, qui nous sont plus necessaires, & qui sont de tout autre prix, demandons les vertus, & la victoire de nos vices, c'est ce que nous obtiendrons immanquablement, par la vertu de ces gages precieux, & c'est particulierement en ce sens, qu'ils sont des sources de grace & de salut, & des secours contre les ennemis de nôtre souverain bonheur, dit Saint Jean de Damas : *Fontes nobis salutares Dominator Christus reliquit, Sanctorum Reliquias, multimoda beneficis scaturientes ;* & c'est en cette vüe qu'on les expose dans les Eglises, & sur nos Autels afin qu'en presentant nos prieres à Dieu, & en lui exposant nos besoins, nous nous souvenions d'employer pour médiateurs les Saints dont nous voyons les Reliques, comme pour lui dire que nous étant rendus indignes par nos crimes qu'il exauce nos prieres, nous le conjurons de nous accorder ses graces, par le merite de ses amis qui intercedent pour nous dans le Ciel. *Le même.*

Tract. 29. in Joan.

L. 4 de fide c 16.

Le grand & l'incomparable avantage, que les plus grands pêcheurs mêmes peuvent tirer des Reliques des Saints, & la principale raison pour laquelle Dieu permet qu'elles soient honorées sur la terre, c'est afin que les ayant devant les yeux, ils soient plus sensiblement frappez de l'exemple des Saints dont elles leur rappellent les actions, les vertus, & la sainteté. C'est encore la pensée du grand Saint Chrysostome ; *Eam ob causam,* dit il, *Sanctorum Reliquias nobis concessit Deus, ut nos ad se, eorum imitatione perduceret :* Elles nous servent d'exemples & de modéle pour devenir Saints, nous nous sentons animez à souffrir pour Dieu, à la vüe des Reliques d'un Martyr, comme un soldat qui voit l'épée & les armes de quelque vaillant Capitaine, se souvient que c'a été l'instrument des victoires qu'il a remportées, sent un secret reproche de sa lâcheté ; & son courage se réveille à la presence de cet objet. Ainsi peut-on mieux retracer dans l'esprit d'un Chrétien le souvenir de la force, des heroiques vertus & des actions signalées des Saints, que de montrer les restes de leurs corps ? Voilà ces corps & ces membres, dit-on, qui ont été meurtris & déchirés, pour la défense de la foi ? Voilà ces mains qui ont fait tant d'aumônes, & repandus tant de charités ? Voilà ces os qui ont encore conservé les marques des tortures & des chevalets, qui les ont brisez : on rappelle à la vüe de leurs cendres la mémoire des feux qui les y ont reduits, & la grace interieure se joignant à ces objets touche le cœur, & y excite du moins le désir de faire quelque chose pour Dieu, si nous ne pouvons pas égaler leur courage & leurs grandes actions. De maniere que de toutes les representations qui nous font souvenir des vertus des Saints, celle des Reliques est la plus vive, celle qui excite de plus puissans mouvemens, & des sentimens plus chrétiens : leurs images & leurs

tems, c'est que nous avons moins de foi.

Les avantages que les plus grands pecheurs mêmes retirent des Reliques des Saints.

t. 4. de fide, c. 16.

statuës nous représentent plus au naturel les traits de leur visage ; mais ce
font des couleurs mortes, qui n'en font voir que la figure : leurs écrits
s'ils en ont laissés marquent les sentimens qu'ils ont eus durant leur vie,
les histoires qui rapportent leurs actions, en expliquent à la verité jusqu'aux
moindres circonstances ; mais l'éloignement des lieux & l'intervalle des
tems affoiblissent le sentiment que le recit d'une chose récente produiroit.
Mais quand l'exemple de leur vie est comme dépeint & représenté dans ces
restes précieux d'eux-mêmes, il fait toute une autre impression ; comme
rapporte Saint Ambroise, de plusieurs Martyrs qu'il fit tirer de leurs tombeaux : tout le Peuple de Milan fut touché des mêmes sentimens de pieté &
de devotion, que s'il eût été témoin de leurs martyres ; tant les playes &
les profondes cicatrices qui paroissoient encore sur ces corps Saints, & le
sang dont leur suaire estoit encore teint, plus d'un siècle après, inspire-
rent de la tendresse & de la pieté, il n'y eut personne qui ne versât des
larmes à la vûë de ce spectacle, & qui ne se sentit animé à souffrir pour
Dieu, & à servir celui qui sçait ainsi faire reconnoître le mérite de nos
souffrances & de nos services. *L'Auteur des Sermons sur tous les sujets, &c.*

Les Saints par leurs Reliques nous montrent le chemin que nous devons suivre.

Sess. 25.

Les Reliques des Saints sont autant d'exemples qu'on nous met devant les
yeux, pour nous montrer les voyes que les Saints ont suivies pour aller au
Ciel ; & c'est là le principal dessein de l'Eglise, en les exposant à la véne-
ration publique ; comme le marque expressément le Concile de Trente : *Sanctorum Reliquiæ, tanquam salutaria exempla, fidelium oculis objiciuntur, ut ad
earum imitationem mores componant* ; c'est afin que par ce moyen, nous concevions de nouveaux desirs de bien vivre, & d'imiter leurs vertus, comme
si l'Eglise nous disoit : ce sont les restes de ceux, que ni les persecutions,
ni la pauvreté, ni les miseres, ni tous les accidens de cette vie n'ont pû séparer
de la charité qu'ils ont eu pour le même Dieu, que nous servons avec
tant de lâcheté, ce sont les cendres & les ossemens de ces Martyrs, qui
ont mieux aimé souffrir mille morts que de perdre la vie de l'ame, &
perdre mille fois la vie du corps que de souffrir la mort du peché. Ce
sont les Reliques de ces Saintes Vierges, qui ont été pures de corps &
d'esprit, & qui nous apprennent que rien de souïllé ne peut entrer dans
le Ciel : mais qu'il n'y a que ceux qui ont le cœur pur qui verront Dieu.
Ce sont enfin les dépôts de ces Saints Confesseurs qui ont mené une vie
si austere, & pratiquez de si rudes pénitences, mais qui nous disent par
leur exemple, que c'est par cette voye qu'il faut emporter le Ciel. Que si
nous refusons de suivre leurs exemples, ils seront un jour nos juges,
& des témoins qui nous accuseront au tribunal de Dieu, lorsqu'après la
Résurrection ces mêmes corps paroîtront tout éclatans de gloire, & res-
susciteront de ce lieu & de cette Eglise qui les a en dépôt, & après avoir
été nos Protecteurs, nos Avocats, & nos Mediateurs, ils nous accuseront
de nous être contenté de loüer & d'admirer leurs vertus, & leurs grandes
actions, qui étoient comme les premieres Reliques qu'ils nous ont laissez ;
au lieu de les imiter en même tems, que nous avons honorez les autres,
puisque c'est par ce moyen que nous serons participans de leur gloire éternelle. *Le même.*

De la devo- Vous vous prosternez devant les Reliques des Martyrs qui de dessus les
rolles

rouës, du milieu des flammes, accablez de tourmens, regardoient leurs ^{tion aux Re-} bourreaux & leurs tyrans avec amitié, & brûloient du défir de les ſanctifier ^{liques des} & de les ſauver. Quand vôtre pieté vous conduit à leurs tombeaux, ou aux ^{Saints.} Autels enrichis de leurs oſſemens, vous ne vous ſouvenez pas, ſans doute, qu'ils n'avoient point les ſentimens ni le cœur ſi genereux de ces mondains, qui d'un ſtyle ſi pompeux, font l'éloge d'un courage acharné à la perte d'un ennemi. Ce ſeroit vous inſulter ſans égard, mon cher Auditeur, que de mettre dans un plus grand jour le paralelle que je viens de commencer : vôtre Religion vous découvrira ce qu'il renferme d'humiliant pour vous. Si vous me repondez que ces Saints, que ces Martyrs qui ont ſignalé leur ſainteté par l'amour dont ils ont honoré leurs perſécuteurs, ſont les héros du Chriſtianiſme & de l'Egliſe, & qu'il n'appartient pas à des ames communes, tels que nous ſommes d'aſpirer à la gloire où ils ſont arrivez. Sur cette re-ponſe, je vous demanderai comment on peut convenir & du rang qu'ils tiennent parmi les Elûs, & de l'honneur particulier qui leur eſt dû, s'il eſt vrai qu'il faut ſe conformer au jugement du monde, qui trouve tant de force dans la vengeance, & tant de lâcheté dans le pardon. *Sermons du Pere la Peſſe, Tome 5.*

Comme les Saints que nous honorons, étoient compoſez de corps & d'eſ- ^{Les deux dif-} prit, & qu'ils ont employé l'un & l'autre au ſervice de Dieu ; l'Egliſe con- ^{ferens hom-} duite par l'Eſprit de ſon Epoux, a choiſi deux jours dans l'année pour leur ^{mages que} rendre deux hommages differens. Car au jour de leur naiſſance, elle honore ^{l'Egliſe rend} leur eſprit, & ſe réjoüit de la gloire qu'ils poſſedent dans le Ciel avec les An- ^{aux Saints.} ges : & en celui de la Tranſlation de leurs reliques, elle révère leur corps, ſe réjoüit des honneurs qu'il reçoit parmi les hommes, & des miracles que Dieu opere par leurs cendres. Et certes, il eſt bien juſte que le corps qui a ſi fidélement ſervi l'eſprit, ait quelque part à ſes recompenſes, & qu'avant que d'être tiré de la poudre, il reçoive dans ſon tombeau les hommages des fidé- les. C'eſt pourquoi, M. non contens d'avoir pris un jour dans l'année, au- quel vous honorez l'entrée de l'ame de ſaint N. dans le Ciel, vous prenez encore celui-ci pour ſolemniſer le triomphe de ſon corps ſur la terre. *Panegyrique de ſaint Benoiſt du Pere Senault de l'Oratoire, Tome deuxieme.*

Ce ſiécle malheureux porte des impies, qui condamnent des reſpects que ^{Il n'y a que} la nature autoriſe par des miracles, & qui ne peuvent ſouffrir qu'on rende ^{les impies} ^{qui refuſent} honneur à des corps, qui n'ont plus de ſentiment ni de vie ; permettez-moi ^{d'honorer les} de les combattre par les raiſons de ſaint Ambroiſe, & de leur rendre compte ^{Reliques des} avec lui, des juſtes motifs qu'a l'Egliſe de reverer les reliques de nos Saints ; ^{Saints} *qnid honoras,* dit ce grand Docteur, faiſant parler un de ces impies, *in carne* ^{*Ambroſ. in*} *conſumptâ atque jam reſolutâ, de quà nulla jam Deo cura eſt.* Qu'honorez- ^{*Natali ſanct.*} ^{*Nazarii &*} vous dans un corps à demi conſumé, & preſque reduit en cendres, & du- ^{*Ce ſi.ſerm.93.*} quel il ſemble que vôtre Dieu n'ait plus de ſoin ? Mais ne vous reſſouvenez- vous plus, lui dit ſaint Ambroiſe, des paroles qu'a prononcées la Verité, par la bouche de ſon Prophète : *Pretioſa in conſpectu Domini mors ſanctorum* ^{*Pſal.115.*} *ejus ;* que la mort des Saints eſt précieuſe devant Dieu, avez-vous oublié ces autres-ci, par leſquels l'Ecriture témoigne que Dieu conſerve les os des Saints, & qu'il n'y en aura pas un de briſé : *Dominus cuſtodit omnia oſſa eorum, &* ^{*Pſalm.33.*}

Joan. Damafc. *unum ex his non conteretur.* Mais parce que l'autorité n'a pas tant de pouvoir
fur vôtre efprit que la raifon , fçachez que j'honore dans le corps des Martyrs les playes qu'ils y ont reçûës pour la querelle de Jefus-Chrift : *Honoro*
in carne martyris exceptas pro Chrifti nomine cicatrices. J'honore la memoite
de ces Saints , qui vivent encore par la durée de leur puiffance : *Honoro vi-*
ventis memoriam , perennitate virtutis. J'honore leurs cendres qui ont été
Idem. Ibid. confacrées par leur confeffion de foi : *Honoro per confeffionem Domini facratos*
cineres. J'honore dans ces cendres que vous méprifez les fémences de l'éternité : *Honoro in cineribus femina æternitatis.* J'honore enfin ces corps qui m'ont
apris à aimer le Fils de Dieu aux depens de ma propre vie , & à ne point re-
douter la mort , quand il s'agira de fon interêt & de fa gloire : *Honoro corpus*
quod mihi Dominum meum oftendit diligere , quod me propter Dominum mor-
tem docuit non timere. Panegyrique de faint Benoit du Pere Senault de l'O-
ratoire.

Saint Ambroife chargeant de confufion tous les libertins , conclud que les
hommes peuvent bien honorer les reliques de nos Saints ; puifque les demons
les honorent , & que ces fuperbes efprits redoutent dans les tombeaux , ceux
qu'ils ont affligez dans les fupplices. Ne trouvez donc point étrange , fi l'E-
glife revere les cendres de faint N. Si l'Europe lui a élevé tant d'Autels , & fi
Dieu même lui procuro tant d'honneurs , puifqu'après l'avoir mortifié pendant fa vie , il le ranime après fa mort , & que prevenant la refurrection generale , il lui communique fur la terre quelques avantages de l'immortalité.
Le même.

Il n'en eft pas de même du corps des Saints que des autres corps odorife-
rans. Quand ceux-ci commencent à fe pourrir , leur bonne odeur ceffe , &
fe change en une odeur puante qui ne peut être foufferte de perfonne. Mais
quand le corps des Saints pourrit dans la terre , il s'exhale de leurs tombeaux,
une odeur celefte , qui parfume le Ciel & la terre. Il eft certain néanmoins
que l'Eglife ayant très-fagement ordonné des regles pour l'honneur public
que l'on doit aux Saints , afin de bannir le culte volontaire qui eft fi contraire à la vraye Religion , & d'empêcher une infinité d'abus , qui fe pourroient gliffer parmi les fidéles ; il faut attendre l'oracle de cette Eglife , avant
que de fuivre les mouvemens de nôtre devotion particuliere. Il faut que la
maîtreffe de la verité parle par la bouche de fon fouverain Pafteur ; & qu'elle affure fes enfans , que celui qu'ils eftiment faint , eft faint en effet. Il faut
qu'elle ouvre les bouches , & délie les langues , afin que les Temples reten-
tiffent de leurs loüanges en fûreté. Toute pieté qui n'eft pas reglée par fes
ordonnances eft irréguliere , fauffe , infructueufe , & fujette à être trompée.
Nous en avons mille exemples dans l'hiftoire Ecclefiaftique. C'eft pourquoi
l'Eglife ancienne étoit fi foigneufe d'examiner la qualité de ceux que l'on difoit avoir été Martyrs , & avant que l'Evêque eût reconnu par une diligente
information , & qu'ils étoient orthodoxes , & qu'ils avoient veritablement fouffert pour la caufe de Jefus-Chrift , il n'étoit pas permis d'honorer leurs Reliques. *Eloge de faint François de Sales de M. Godeau , dans fon livre intitu-*
lé : Eloges des Evêques.

L'on peut garder & honorer les reliques des Saints , 1°. Parce qu'elles
ont été les Temples du Saint-Efprit , & les membres de Jefus-Chrift, 2°.

Parce qu'elles ont fervi à vaincre le monde & l'enfer, & à faire regner Jefus-
Chrift. ; °. Parce qu'un jour elles reffufciteront pour être réünies à leurs ames,
& regner dans la gloire avec Jefus-Chrift. Nous les honorons par rapport
aux Saints, que nous honorons & gardons ce qui leur a appartenu ; parce
que ce font de précieux reftes de ceux qui ont été nos Peres dans la foi, &
que Dieu nous a donnez pour les modéles que nous devons imiter dans la
vertu. L'honneur qu'on rend aux reliques des Saints eft très-raifonnable, &
fondé dans l'Ecriture qui rapporte que Dieu l'a fouvent autorifé par des miracles. L'Ecriture fainte dit que le manteau d'Elie, fit que les eaux du Jourdain fe féparerent pour laiffer paffer la riviere à pied fec à Elizée. Qu'un mort
fut reffufcité par l'attouchement du corps mort d'Elizée. Qu'une femme malade depuis long-tems d'un flux de fang, fut guerie par l'attouchement des
habits de Jefus-Chrift. Que les peuples venoient en foule, pour voir paffer S.
Pierre, & que l'ombre de cet Apôtre gueriffoit les malades : Que les mouchoirs qui avoient touché le corps de faint Paul, gueriffoient de toutes fortes de maladies, & chaffoient les demons. Cependant on ne leur rend pas le
même honneur que l'on rend à Dieu ; car ce feroit une idolâtrie & une abomination. Cet honneur eft néanmoins très-ancien dans l'Eglife ; car c'eft un
ufage de la Tradition apoftolique, pratiqué felon les plus habiles Proteftans,
dans les fiécles mêmes les plus purs. L'Eglife a toûjours honoré les Reliques
des Martyrs, & des autres Saints, dont la fainteté a été autentiquement reconnuë. Mais les Martyrs étoient ceux qu'on honora d'abord publiquement
dans les quatre premiers fiécles. On rendit enfuite le même honneur à ceux
que nous nommons Confeffeurs; & Dieu a autorifé ce culte, par le grand nombre de miracles qui fe font faits à leurs tombeaux. On peut en voir plufieurs
dans faint Gregoire de Tours, l'un des fucceffeurs de faint Martin. Il en raporte quelques-uns operez fur lui-même. *Auteur moderne.*

Il eft écrit dans l'Exode, chapitre treiziéme, que Moïfe étant fur fon départ, avec tout le peuple qui fortit d'Egypte, enleva honorablement les offemens du Patriarche Jofeph, & depuis les enfevelit au terroir de Sichem. Au
troifiéme des Rois, un Lion garde le corps d'un Prophéte. Au quatriéme,
le manteau d'Elie fend le fleuve du Jourdain, & en arrête le cours. Au même
Livre, il eft écrit des os du Prophete Elizée, que par leur attouchement un
mort reffufcita ; c'eft pourquoi il eft appellé par le fils de Syrach, *Prophete
aprés fa mort*. En faint Marc, chapitre cinquiéme, une femme qui avoit le
flux de fang depuis douze ans, & avoit beaucoup fouffert des Medecins, ayant
entendu parler de Jefus-Chrift, fendit la preffe, vint, & lui toucha la robe ;
difant en elle-même, pourvû que je puiffe toucher feulement la frange de fa
robe, je ferai auffi-tôt guerie ; & en effet elle le fut. En faint Luc chapitre
onziéme, Nôtre-Seigneur ne reprit pas les Juifs de ce qu'ils dreffoient des
monumens fur les os & les corps des faints Prophetes ; mais il les appelle malheureux, parce qu'ils étoient enfans de ceux qui les avoient maffacrez. Dans
les Actes des Apôtres, chapitre cinquiéme & dix-neuviéme, il eft écrit que
l'ombre de faint Pierre gueriffoit les malades, & que les mouchoirs qui avoient
touché faint Paul, les gueriffoient auffi. D'où l'on peut conclure que la vertu
accompagne les Saints jufques dans leur tombeau. Saint Juftin Martyr, en la
Queftion vingt-huitiéme, dit que les corps des Saints, & les Reliques des

Marginal notes:

geux de gar-
der & hono-
rer les reli-
ques des Sts.

Autoritez de
l'Ecriture
fainte, & de
quelques Sts.
Peres.

Martyrs diffipent les embûches des demons, & guériffent les maladies quelques defefperées qu'elles puiffent être. Saint Athanafe, en la vie de faint
Antoine, nous fait connoître avec quelle joye il reçût le manteau de ce faint
Anachorette : & faint Jerôme nous dépeint l'honneur que le même faint Antoine rendoit à la robe de Palmier du Bienheureux faint Paul, premier her-
mite, ne la mettant que les jours de Pâques & de Pentecôte. Saint Bafile expofant les paroles du Pfalmifte : *La mort des Saints eft précieufe devant Dieu.*
Dit qu'il étoit autrefois défendu de fe foüiller par l'attouchement d'un corps
mort, mais qu'à prefent celui qui touche les offemens d'un Martyr, participe en quelque maniere à la grace qui a fanctifié l'ame de ce Martyr. Saint
Gregoire de Nyffe, en l'Oraifon fur faint Theodore Martyr, rapporte les
miracles qui fe font par les dépoüilles des Saints ; parce que leurs corps ont été
les organes & les inftrumens de leurs ames ; enfuite il reprefente l'admiration
des peuples, quand ils voyent les Eglifes, les voutes, les murailles, les ftatuës, & les diverfes peintures qui les embelliffent ; s'eftimans heureux, lorfqu'ils peuvent recüeillir un peu de pouffiére qui fe trouve fur leurs chaffes ;
car de toucher les mêmes Reliques, ce leur feroit une grace trop finguliere.
Auteur moderne.

Témoignage
des SS. Peres.

Saint Jean Chryfoftome, dans l'Homelie trente-deuxiéme, fur l'Epître
aux Romains, préfere l'honneur que Rome reçoit des Reliques de faint
Pierre & de faint Paul, à tous les Trophées de guerre, & à tous les
Arcs de triomphes, aux colomnes, & ftatuës, à tout l'or & l'argent,
& à tous autres ornemens du fiécle. Enfuite il ajoûte, qui me fera la
grace de me laiffer étendre fur ce fépulchre, de baifer la poudre de
leurs offemens, & d'honorer leurs facrées dépoüilles. Saint Ignace remarque que Dieu nous a laiffé les Reliques miraculeufes des Saints,
pour nous exciter davantage à les fuivre, & nous fervir comme de
port affuré au milieu de nos afflictions. Sozomene, au troifiéme livre
de fon hiftoire, récite comme Hezychas tranfporta fecrettement en Palef-
tine les Reliques de faint Hilarion, & les enfevelit dans fon Monaftère,
où l'on en celebroit la fête tous les ans, avec une grande multitude de
peuples. Theodoret, au livre troifiéme de l'hiftoire Ecclefiaftique, chapitre 9. 10. & 11. raconte que l'Empereur Julien ayant refolu de faire
la guerre contre les Perfes, envoya confulter tous les Oracles qui étoient
fur les frontiéres de l'Empire Romain, le conjurant de lui dire le fuccès de cette guerre ; mais le demon lui répondit par une de ces ftatuës,
qu'il ne devoit attendre aucune reponfe ; parce qu'il y avoit aux environs
de-là, les facrez corps du Martyr Babylas, & de quelques autres jeunes
hommes que l'on avoit fait mourir pour la foi de Jefus-Chrift. L'Empereur fçachant bien ce que le demon vouloit lui dire, invita les Chrétiens
d'enlever lefdits Corps, ce qu'ils firent auffi-tôt avec beaucoup de joye,
de pompe, & de magnificence. Saint Ambroife traitant de l'invention
des faints Martyrs Gervais & Prothais, rapporte comment par révélation il
apprit le lieu où repofoient leurs corps, la ceremonie que l'on obferva,
quand ils furent enlevez ; qu'il y eut un homme qui reçût la vûë par le feul
attouchement du drap qui étoit étendu fur les précieufes Reliques de ces
Saints. Saint Auguftin écrivant à Quintilien, dit : Ceux qui vous rendront

na lettre , portent avec eux les Reliques du bienheureux Martyr S. Eſtienne ;
vôtre ſainteté n'ignore point l'honneur qui leur eſt dû , & ſçait auſſi combien
e les honore. Le même , au livre de la Cité de Dieu , dit ; ſi nous conſervons
& regardons précieuſement les choſes que nos parens & nos amis nous ont
aiſſées , pourquoimépriſerons-nous les corps & ſacrées dépoüilles des Saints,
qui nous ont precedé : & au livre vingt-deuxiéme , chapitre huitiéme , il récite grand nombre de miracles operez par le moyen des Reliques du bienheureux Martyr ſaint Eſtienne , & ſe dit témoin oculaire de la plûpart. *Auteur*
moderne.

SUR L'ADORATION
DE LA
CROIX.

AVERTISSEMENT.

L'*Adoration de la Croix étant un culte tout different de celui qu'on rend aux Saints, à leurs Images, à leurs Reliques, il merite aussi d'être traité dans l'ordre de nôtre dessein, d'une maniere differente & toute particuliere : Comme la marque, qui autrefois a distingué le paganisme de la Religion Chrétienne, & qui distingue encore aujourd'hui la veritable Eglise des assemblées heretiques, qui, par un aveuglement déplorable, & opiniâtre, regardent ce culte comme une profession ouverte d'idolâtrie. Or, l'Eglise Catholique compte la Croix, sur laquelle le Fils de Dieu a expiré entre les Mysteres qu'elle revere & qu'elle adore, étant un des principaux objets de sa créance,* fulget crucis mysterium.

On expliquera *dans la suite la nature de ce culte, & de quelle maniere l'Eglise l'entend & le pratique ; il suffit maintenant, de dire que le signe de la Croix est le signe du Chrétien, qu'il imprime presque à tous les momens sur son front ; & comme parle saint Augustin, qui est mis sur le frontispice de tous les Temples, & sur tous les Autels, où l'on renouvelle d'une maniere non-sanglante, le sacrifice qui se fit sur la Croix. L'Eglise n'a donc pû marquer par une pratique plus autentique & plus manifeste, l'honneur qu'elle porte à la Croix du Sauveur, que par les fêtes qu'elle celebre, de l'invention sur le Calvaire, & de son exaltation après qu'elle fut rapportée de Perse, & particulierement par la ceremonie qu'elle pratique au temps de la Passion, en invitant les fideles à la venir adorer :* Ecce lignum crucis venite adoremus;

& enfin en l'expofant publiquement à l'adoration de tous les fideles, qui fe proſternent religieuſement en terre.

Sur quoi je prie de remarquer que quoique nous ayons déja traité ce ſujet dans la Bibliotheque des Predicateurs, au premier Tome des Myſteres ; & quelque repugnance que j'aye toûjours eu d'uſer de repetitions, je n'ai pû m'en diſpenſer entierement en cette matiere ; mais en recompenſe nous avons eu ſoin de nous borner à la pratique extérieure de cette adoration, & d'exciter les Chrétiens à repondre par leurs actions, au ſigne qu'ils portent, & à la profeſſion qu'ils font d'être diſciples de la Croix.

✠✠✠✠✠✠✠✠✠✠✠✠✠✠✠✠✠✠✠✠✠✠✠✠✠✠✠✠✠✠✠✠✠✠✠✠✠✠

SUR L'ADORATION

DE LA

CROIX.

Du signe de la Croix. LE signe de la Croix est une ancienne coûtume, pratiquée par les Chrétiens de la primitive Eglise, qui commençoient toutes leurs actions par le former sur leur front, de la maniere qu'on le fait encore aujourd'hui; c'est ce qu'enseigne Tertullien, qui rapporte que non-seulement ils formoient ce signe en commençant les actions de pieté & de Religion; mais encore les plus ordinaires de la vie, comme de se lever le matin, se vêtir, se mettre à table pour prendre leur repas, de sortir de la maison pour vaquer à leurs affaires, & les autres fonctions encore plus viles, dont cet Auteur fait un détail, sans craindre d'avilir son discours; mais que la majesté de la Chaire ne souffre pas aujourd'hui. Saint Jerôme, ce grand Docteur de l'Eglise, écrivant à la vertueuse Eustochium, n'a pas cru indigne de son ministere de Directeur, de descendre à ses actions particulieres, & à la maniere de former ce glorieux signe. D'autres anciens Peres, comme saint Chrysostome, donnent plusieurs raisons de cette sainte & ancienne pratique; sçavoir, 1°. Pour chasser les demons qui abhorrent la Croix par laquelle ils ont été vaincus. 2°. Afin d'implorer le secours du Ciel, dans les actions qu'ils entreprenoient pour le service & la gloire de Dieu, & afin qu'il y donnât sa benediction, qui étoit comme attachée à ce signe. 3°. Pour renouveller le souvenir des deux plus grands & plus essentiels mysteres de nôtre Religion, qui sont les trois divines Personnes de l'Auguste Trinité, que l'on exprime par ce signe; & l'Incarnation du Verbe, en nous representant le fruit de sa mort. 4°. L'Eglise, pour autoriser une si sainte pratique, & attirer la benediction de Dieu sur les actions que nous commençons, par ce signe si mysterieux, nous a laissé une formule de prieres pour la demander au Seigneur: *Actiones nostras quæsumus Domine aspirando præveni, &c.* Nous vous prions, Seigneur, de vouloir prevenir par vôtre grace nos actions, & de les accompagner de vôtre secours, afin que cette action qu'on vous offre, commence & finisse par vous. *Tiré des Theologiens.*

Autres raisons de cette coûtume & pratique de l'Eglise, de faire le signe de la Croix. La pieté des anciens Chrétiens, & la coûtume constante de l'Eglise Catholique, non-seulement a autorisé, mais encore a rendu venerable le signe de la Croix, pour les raisons suivantes; 1°. Pour nous exciter à une juste reconnoissance de l'incomparable bienfait de nôtre redemption, que le Sauveur du monde a accompli sur la Croix. 2°. Pour nous animer à mettre nôtre esperance, nôtre gloire & nôtre confiance en la Croix du Sauveur, à l'exemple de saint Paul. 3°. Pour nous marquer par ce signe tout particulier

aux

aux fidéles Chrétiens, qu'ils font diftinguez des Payens & des Juifs, avec lefquels ils ne veulent avoir rien de commun, en profeffant hautement qu'ils font difciples de la Croix, & qu'ils font gloire d'appartenir à un Dieu crucifié. 4°. Pour s'exciter par ce figne, comme par un fymbole à la patience, & à fouffrir les croix & les perfécutions que Dieu permet pour éprouver leur vertu & leur fidélité à fon fervice. 5°. Pour nous fervir d'armes défenfives contre les ennemis de nôtre falut, qui nous attaquent en tant de maniéres : *In hoc figno vinces*, felon la devife du premier Empereur Chrétien. *Tiré des Theologiens.*

C'eſt un des grands effets de la fageffe du Fils de Dieu, qu'une chofe auffi honteufe & abominable, que la Croix l'avoit été jufqu'à fa mort, foit deve- nuë une marque de dignité & d'honneur ; qu'elle ferve même d'ornement aux couronnes des Empereurs & des Rois ; & que les vrais Difciples du Sau- veur, non contens de s'en glorifier, y trouvent de la douceur, & l'embraf- fent avec joye. Saint André n'eût pas plûtôt apperçû de loin celle où on l'al- loit attacher, qu'il s'écria : Je vous falue, ó précieufe Croix, à qui le Corps de mon Seigneur a communiqué une admirable beauté ! Ô Croix, que j'ai fi long-tems défirée, que j'ai cherchée avec tant d'empreffement, que j'ai fi paffionnément aimée, que je voi dreffée enfin, & que je regarde enfin le but de mes efperances & de mes défirs ! Je viens à vous plein d'affurance & de joye : Recevez le Difciple du Sauveur, mon Maître, qui eſt mort entre vos bras. *Le Cardinal Bellarmin, dans fes Opufcules.*

Il eſt neceffaire de fe fouvenir ici de ce que nous avons dit fur le culte des Saints ; & en particulier fur celui qui eſt dû à la Mere de Dieu, qui s'appelle hyperdulie, & qui eſt au-deffus de celui qui eſt dû au commun des Saints ; mais infiniment au-deffous de celui que nous rendons à Dieu feul ; fçavoir, 1°. Que quoique tout culte que l'on rend aux perfonnes refpectables pour leur mérite & leurs excellentes qualitez, foit aux Saints de l'ancienne & de la nouvelle Loi, eſt appellé du nom d'adoration. 2°. Qu'il y en a pourtant de trois fortes, comme nous l'avons expliqué ; & que celui qu'on nomme hyperdulie, peut être appliquée au culte & à l'adoration de la Croix, laquel- le a été teinte du fang du Sauveur du monde, & fur laquelle il a expiré ; parce qu'elle a eu une union & un rapport plus particulier avec ce Sauveur, & qu'elle a été l'inftrument par lequel il a racheté le monde.

C'eſt en ce fens que l'on doit entendre le culte d'adoration qu'on doit à la Croix ; culte rélatif au Fils de Dieu, qui y a été attaché, fans croire que fans ce rapport tout particulier, ce bois qui avoit été infame & maudit juf- qu'alors, ait aucune vertu de lui-même. Je fçai qu'il y a des Theologiens que l'Eglife ne condamne, ni ne défapprouve point, lefquels expliquent au- trement cette adoration, en faifant comme un compofé de Jefus-Chriſt ex- pirant fur la Croix, & de cette Croix même ; & enfeignent qu'en cette con- fideration, on lui doit un vrai culte d'adoration, lequel tombe fur l'un & fur l'autre en même-tems. Mais comme Jefus-Chriſt en eſt maintenant féparé, & que la Croix eſt confiderée fous le feul rapport qu'elle a eu avec cet Homme-Dieu ; on peut rendre le même culte d'adoration aux clous qui ont attaché le Fils de Dieu à cette Croix, à la Couronne d'épines, au faint Suaire qui ont enveloppé fon facré Corps après fa mort ; mais il faut toûjours que

La Croix, fi abominable avant la faf- fion du Sau- veur, eſt de- venuë une marque d'hó- neur depuis fa mort.

Explication de l'adoratió de la Croix, & que l'Egli- fe enfeigne par là.

ce foit au fens que l'Eglife l'entend du culte qu'on doit aux chofes facrées, quoiqu'inanimées, auquel on donne le nom d'adoration d'hyperdulie, felon le Cardinal Bellarmin, pour le diftinguer d'un autre moindre culte que l'on rend aux autres Croix qui ne font que les images & les reprefentations de cette premiere, qui eft l'inftrument de nôtre Religion. *Tiré des Theologiens.*

Il y a long-tems que l'Eglife fe feit du figne de la Croix. On peut dire avec verité, qu'il y a long-tems que l'Eglife Catholique fe fert du figne de la Croix ; & nous le tenons des Apôtres par tradition. Nicephore, au livre fecond de l'Hiftoire Ecclefiaftique, racontant la fin de faint Jean l'Evangelifte, dit qu'il entra dans le tombeau, fe muniffant du figne de la Croix ; & dans l'ancienne Loi il y a eu des figures de ce figne ; car Moïfe priant Dieu les mains élevées avec fa verge contre les Amalecites, fignifioit la victoire que remportent journellement les ferviteurs de Dieu, par l'oraifon & le figne de la Croix contre le demon. Moïfe dreffant le Serpent d'airain au défert pour la guerifon de ceux qui étoient bleffez par la morfure des Serpens, fignifioit comme Jefus-Chrift feroit élevé en la Croix, pour le remede des hommes bleffez fpirituellement par le demon, qui eft l'ancien Serpent ; & que fouvent les Chrétiens reprefentoient falutairement cette même élevation, en faifant le figne de la Croix, pour participer aux fruits qui en font provenus. *Auteur moderne.*

De l'ufage & des fruits du figne de la Croix. Nous devons nous fervir du figne de la Croix, lorfque nous commençons quelque chofe, principalement lorfque nous fommes en quelque danger corporel ou fpirituel ; parce que c'eft une des meilleures armes que nous ayons, pour refifter au demon, qui ne craint rien tant que le figne de la Croix, avec lequel il a été combattu, & par lequel Nôtre-Seigneur, mourant fur la Croix, lui a arraché les hommes qu'il tenoit fous fon empire; c'eft par ce figne que nous le mettons en fuite, & que nous le faifons difparoître en prononçant les faintes paroles en le faifant. Or, il eft certain que ce figne eft une excellente priere pour impétrer de Dieu fon aide & fon fecours ; car ceux qui le font, font autant comme s'ils difoient : Mon Seigneur & mon Dieu, nous vous demandons par la Majefté de la Très-fainte Trinité, par l'Incarnation de Jefus-Chrift, par fa mort & paffion, & par toutes les graces que nous avons reçûës de lui, qu'il vous plaife nous aider en cette affaire que nous allons entreprendre, ou en ce péril, &c. L'ufage de la Croix eft auffi très-ancien dans l'Eglife fur ces paroles du grand Tertullien. En marchant, entrant, fortant, nous habillant, entrant en la chambre, nous mettant à table, nous couchant, enfin au commencement de toutes nos actions nous devons nous marquer au front du figne de la Croix. Si l'on vous demande, dit-il, quelle eft l'origine & le commencement de cette pratique, répondez : La Tradition nous l'a laiffée, la raifon la confirme, & la foi la pratique. Nous devons nous fervir de ce figne au commencement de nos actions, afin que nous faffions toutes chofes au Nom de Nôtre-Seigneur, felon le confeil de l'Apôtre, & que nous obtenions un heureux fuccès en toutes nos affaires, par le mérite de nôtre même Sauveur crucifié ; nous nous en fervons avant la priere, afin que nôtre oraifon foit méritoire par la Croix ; on s'en fert auffi très fouvent dans l'adminiftration des Sacremens, & au faint facrifice de la Meffe, pour nous faire entendre que les Sacremens , & le facrifice ont leur vertu & efficace de la mort & paffion de Nôtre-Seigneur crucifié. *Le même.*

C'eft unè chofe bien loüable de planter des Croix au milieu des marchez, aux coins des ruës , & dans les places publiques , afin que par tout il nous fouvienne des myfteres qui fe font paffez en la Croix, comme fi l'image de la Croix nous difoit : *O vos omnes qui tranfitis per viam, attendite & videte ,* *fi eft dolor ficut dolor meus* ? C'eft afin de rompre en tous lieux la puiffance du demon , par la prefence de la Croix ; comme fi dreffant la Croix , on difoit : *Ecce crucem Domini , fugite partes adverfæ ; vicit Leo de Tribu Juda.* Voila la Croix du Seigneur ; bandes ennemies , fuyez-vous-en ; car le Lion de la lignée de Juda a vaincu. C'eft pour le même fujet , qu'on met le Crucifix devant les yeux du malade , qui eft à l'agonie de la mort ; qui eft une coû- tume très-ancienne en l'Eglife , comme il fe peut voir dans faint Auguftin ; d'où il s'enfuit que pour tirer le fruit que nous prétendons du figne de la Croix , il le faut faire avec une grande foi & confiance en la mifericorde de Dieu , & aux mérites de Nôtre-Seigneur , reconnoiffans particulierement les biens qu'il nous a aquis par la Croix. *Le même.*

Voici en peu de mots , l'éloge qu'ont faits les Saints du figne de la Croix ; faint Cyprien l'appelle la marque du Sacrement , le figne de nôtre falut, de nôtre commune liberté , de la manfuétude , & de l'humilité de Jefus-Chrift. Saint Epiphane , l'effigie de nôtre falut. Saint Auguftin , une pierre précieufe enchaffée dans un diadême. Saint Ephrem , l'armure invincible des Chrétiens. Enfin , faint Cyrille , (pour omettre tous les autres) le nomme la crainte des ennemis , la joye des fidéles , la terreur des demons , & le figne royal. Or , les principaux effets du figne de la Croix , font au nombre de trois , dont le pre- mier eft de ruiner & anéantir tous les efforts des demons , & toute la puiffan- ce de l'enfer. Ceci fe voit clairement dans les écrits des faints Peres , & dans les exemples fuivans. Saint Ephrem affure qu'à la vûë de ce figne , toutes les puiffances des ennemis tremblent. Origene dit que cette enfeigne immortelle, étant fur le front , épouvante tous les efprits malins. Saint Auguftin témoigne que toutes les machines des demons font ruinées par la vertu de la Croix. Saint Athanafe eft de même fentiment ; affurant que tous les enchantemens , ma- gies , enforcellemens , & autres preftiges du demon , font totalement anéantis par le figne de la Croix. Sozomene rapporte que Julien l'Apoftat allant con- fulter les demons dans une caverne , fe fentant épouvanté de crainte par le bruit qu'ils faifoient dans cette affreufe retraite , fit auffi tôt le figne de la Croix par une ancienne habitude qu'il avoit avant fon apoftafie , il mit mal- gré lui tous les demons en fuite. Saint Athanafe , en la vie de faint Antoine, & faint Jerôme , en celle de faint Hilarion , rapportent les infignes victoires que ces Saints ont remportées par ce figne contre les demons. Severe Sulpice dit la même chofe en la vie de faint Martin. En un mot , le figne de la Croix a été de tout tems une puiffante armure pour vaincre & furmonter toutes les puiffances de l'enfer.

Le fecond effet , c'eft que le figne de la Croix eft un fouverain remede & une medecine falutaire à tous les maux de cette vie. Saint Auguftin , au livre vingt-deuxiéme de la Cité de Dieu , rapporte qu'une certaine femme nommée Innocentia , ayant un ulcere & un chancre incurable , fut guérie avec le

Il eft loüable de planter des Croix dans les lieux publics. *Threu.* 1.

L'éloge que plufieurs Sts. ont fait du figne de la Croix.

N n n ij

ſigne de la Croix, par une femme qui venoit d'être baptiſée. Saint Paulin aſſure que ſaint Martin guérit une perſonne par la vertu de ce ſigne. Et Gregoire de Tours écrit du même Saint, que s'apparoiſſant à un malade, il lui commanda de ſe ſigner de la Croix, & qu'incontinent après il fut parfaitement guéri. Les hiſtoires ſont toutes pleines de guériſons miraculeuſes, qui ont été operées par la vertu de ce ſigne. Les Aveugles ont été illuminez, les Muets, Boiteux & Paralytiques ont été guéris, les bêtes farouches ont été adoucies, les flammes & les incendies ont été éteintes ; en un mot, toutes les incommoditez de cette vie ſont entiérement ſoulagées par la vertu divine, & le ſigne de la Croix.

Le troiſiéme effet de ce ſigne admirable, eſt qu'étant appliqué ſur les choſes inanimées, il produit des fruits miraculeux de benediction & de ſanctification. Les Auteurs Eccleſiaſtiques font foi de cette verité, par le rapport fidéle qu'ils font de quantité de miracles qui ſont arrivez par l'eau, par le pain, & par l'huile benit avec le ſigne de la Croix. Saint Gregoire rapporte qu'un homme ayant eu une côte rompuë, fut guéri miraculeuſement par l'aſperſion de l'eau qui avoit été benite avec le ſigne de la Croix, par un Evêque nommé Fortunat. Saint Gregoire de Nazianze, aſſure que ſa mere Nonne avoit été guérie d'une maladie, après avoir mangé du pain benit du ſigne de la Croix. Gregoire de Tours témoigne que ſaint Maxence, avec de l'huile benite, guerit le bras d'un homme qui étoit devenu ſec, pour l'avoir voulu frapper. Après tant de merveilles, il eſt étonnant que les Chrétiens, qui font ſi ſouvent le ſigne de la Croix, en tirent ſi peu de fruit, & en voici la raiſon ; c'eſt qu'ils le portent ſeulement au front, & ne le portent pas au cœur. Saint Auguſtin aſſure qu'il ſert de peu d'avoir le front couvert de la Croix, & le cœur plein de crimes ; & que le cachet de la Croix étant ſi précieux, doit cacheter non de la paille, mais quelque choſe de grand prix ; & c'étoit autrefois un proverbe parmi les Chrétiens, au rapport du venerable Bede, d'avoir Jeſus-Chriſt au cœur, & la Croix ſur le front. *Tiré de pluſieurs Auteurs.*

Juſqu'où a été l'impieté des heretiques, ſur le culte de la Croix. Quelque-tems après la ruine des Iconoclaſtes, un certain Pierre de Bruis, entre autres erreurs, qu'il tâcha de répandre dans la Provence, dans le Languedoc, & dans pluſieurs autres Païs, enchériſſant encore ſur l'impieté des autres Heretiques qui étoient déja répandus dans ces Provinces, eut l'audace de ſoûtenir qu'il faut renverſer non-ſeulement les Images, mais auſſi les Temples & les Egliſes, & ſur-tout les Croix ; qu'il vouloit que les Chrétiens euſſent en horreur comme un ſigne abominable. Il en vint même juſqu'à cette extrêmité de fureur & d'impieté, qui eſt horrible ſeulement à raconter ; qu'un jour de Vendredy ſaint, ayant fait un grand bûcher des Croix qu'il avoit miſes en piéces, il y fit cuire, au feu qu'il y mit, de la viande qu'il mangea publiquement avec les ſiens, invitant tous ceux qui paſſoient à venir faire bonne chere avec lui dans ce ſacrilege repas. Ce qui enflamma tellement le zele des fidéles contre cet impie, que tout le peuple de ſaint Gilles s'étant ſoûlevé contre lui, en fit lui-même la juſtice, en lui faiſant commencer dès ce monde ſon enfer, dans ce grand feu où il fut jetté tout vif dans l'ardeur de ce tumulte populaire. *Hiſtoire des Iconoclaſtes, Tome deuxiéme.*

Nous lifons dans la Genefe, chapitre 48. que le faint Patriarche Jacob **Figure de la** voulant donner fa benediction aux enfans de Jofeph, croifa exprés & de **Croix tirée** propos déliberé les bras en forme de croix, & mit fa main droite fur Ephraim, **de l'Ecriture.** & fa gauche fur Manaffé ; il repondit à Jofeph qui l'en voulut détourner, qu'il devoit en ufer de cette maniére ; marquant par-là, comme l'ont témoigné quelques Saints Peres, le futur myftere de la Croix. C'eft ainfi qu'en parlent Ifidorus Pelufiota, **L.** 1. Ep. 362. L'action de Moïfe qui eft décrite au dix-feptiéme de l'Exode, eft une figure myfterieufe de ce glorieux figne, lorfque ce faint Legiflateur étendant les bras vers le Ciel, & conféquemment formant le figne de la Croix, obtint à Jefus fils de Navé une victoire entiére & complette fur les Amalécites, en combattant jufqu'au coucher du Soleil, non tant par la priere que fit Moïfe en cette pofture, comme parlent faint Cyprien & faint Juftin Martyr ; qu'à caufe du figne de la Croix, & **Juftin. contra** au nom de celui qui devoit y être attaché pour le falut de tous les hom- **Triph 1. Cypr.** mes. **l. 2 adversüs** **Judæos c. 22.**

Je ne m'étendrai pas fur la lettre *Thau*, dont il eft parlé dans le Prophete Ezechiel, ch. 9. vû qu'il eft conftant, par le témoignage & l'expofition des faints Peres, que cette Lettre, de la maniere dont elle eft formée, reprefente la figure de la Croix.

Au chapitre feptiéme de l'Apocalypfe, un Ange tenant le fceau du Dieu vivant, cria aux quatre Anges, aufquels il avoit été ordonné de nuire à la **Apocal. 7.** terre & à la mer : *Ne touchez point à la terre, ni à la mer, ni aux arbres, jufqu'à ce que nous ayons marquez les ferviteurs de nôtre Dieu fur le front, qui eft le figne de la Croix.*

Le figne de la Croix eft une ceremonie chrétienne, reprefentant la paffion **Ce que c'eft** de Nôtre-Seigneur, par l'expreffion de la figure de la Croix, faite avec le fim- **que le figne** ple mouvement des mains. Or, le figne de la Croix eft la marque qui diftingue **de la Croix.** les foldats de Jefus-Chrift, d'avec les ennemis de la fainte Eglife ; à fçavoir, les Gentils, Juifs, Turcs, & les Heretiques de ce tems, qui ont tous ce figne en horreur ; ce figne nous reprefente les myfteres de la fainte Trinité, de l'Incarnation, de la Mort & Paffion de Nôtre-Seigneur Jefus Chrift : il nous reprefente d'abord le myftere de la fainte Trinité ; car lorfque nous difons au Nom du Pere, du Fils & du Saint-Efprit, nous témoignons par-la qu'il n'y a qu'un feul Dieu, & que ces trois Perfonnes n'ont qu'une feule & même Divinité. En fecond lieu, il nous reprefente le myftere de l'Incarnation ; car en mettant la main à la tête, puis fous la poitrine ; cela nous aprend que le Fils de Dieu eft defcendu du Ciel, & a pris chair humaine dans le fein de la Vierge, par la vertu du Saint-Efprit. Enfin, ce figne nous enfeigne le myftere de la Mort & Paffion de Jefus Chrift, parce qu'il nous reprefente la Croix, fur laquelle Nôtre-Seigneur a fouffert la mort pour le falut de tous les hommes. *Auteur moderne.*

L'Eglife fe fert toûjours du figne de la Croix dans tous les myfteres qu'elle **L'Eglife fe** celebre ; car il n'y a point de cérémonie, Benediction, Sacrement, ni cho- **fert du figne** fe Sacramentelle où elle n'employe ce figne ; parce que toute grace, bene- **de la Croix** diction, & fanctification proviennent des mérites de Jefus-Chrift crucifié. **dans fes myf-** Voila pourquoi tous les lieux, toutes les chofes & les perfonnes confacrées **teres & dans** à Dieu le font par la priere ; & par le figne la Croix, on le fait au commen- **toutes fes ce-** **remonies,** cement de ſes œuvres , afin qu'elles ſoient faites pour la gloire de Dieu , & qu'elles ayent un bon ſuccés, par les mérites de Jeſus-Chriſt, c'eſt auſſi pour faire que les trois Perſonnes de la ſainte Trinité y reçoivent une ſatisfaction particuliere ; le Pere voyant le bon uſage de l'Etre donné par la création ; le Fils le fruit de ſa Mort & de ſa Paſſion, qui fait la ſainteté de nos œuvres ; le Saint-Eſprit, l'effet de ſa grace, & du divin amour qui nous invite à faire une telle action , & nous occuper à une telle affaire. On le fait au commencement de la priere, pour invoquer l'aſſiſtance particuliere de Dieu, & pour être plus efficacement exaucé par les mérites de Nôtre-Seigneur Jeſus-Chriſt ; comme auſſi pour imiter les anciens Chrétiens, qui prioient les mains étenduës en forme de Croix. Saint Clement rapporte que S. Pierre pria en cette forme contre Simon le Magicien. Et ſaint Epiphane aſſure que ſaint Jacques le juſte, pria les mains étenduës en forme de Croix, & obtint la pluye du Ciel, dans une grande ſéchereſſe. Saint Chryſoſtome témoigne que le peuple prioit en cette poſture durant le ſaint ſacrifice de la Meſſe. *Auteur moderne.*

Pourquoi on benit les perſonnes avec le ſigne de la Croix.

On benit les perſonnes avec le ſigne de la Croix, pour en détourner les embûches des ennemis ; c'eſt auſſi une priere, par laquelle on demande à Dieu quelque grace à la créature, ſur laquelle on a quelque ſupériorité, & ce par les mérites de Jeſus-Chriſt. Mais voici encore les occaſions, où les Chrétiens ſe ſervoient anciennement du ſigne de la Croix, & preſque en toutes rencontres. 1°. Quand il étoit queſtion de faire profeſſion de la foi chrétienne, quand on s'approchoit de la ſainte Communion, & lorſqu'il falloit combattre ſes ennemis. 2°. Au tems de la diſpute contre les Heretiques, en entrant & ſortant des Egliſes, & en entendant des blaſphemes contre Dieu, & des injures contre ſoi-même. 3°. Au tems des foudres & des tonnerres, & au milieu des craintes & des triſteſſes de l'eſprit, dans les maladies, à l'extrêmité de la vie, dans les tentations, quand on ſe conſacroit à Dieu, & quand on entreprenoit quelque long voyage, ou quelque affaire de grande importance. *Le même.*

Les Chrétiens doivent commencer la journée par le ſigne de la Croix.

Lorſque nous commençons la journée, nous recevons ce nouveau jour, comme un nouveau benefice de la main de Dieu ; & nous le commençons par hommage & ſervice à celui qui nous le donne : c'eſt pourquoi nous devons le commencer comme Chrétiens, par le ſigne de la Croix, par lequel nous adorons & invoquons la Très-ſainte Trinité, en proférant le Nom du Pere, du Fils, & du Saint-Eſprit ; & nous nous conſacrons à Jeſus-Chriſt, en repaſſant dans nôtre memoire les myſteres de ſon Incarnation & de ſa Paſſion, par leſquels a été accompli le ſalut du monde : & nous imprimons ſur nous le ſigne du Fils de l'Homme, la marque de Jeſus-Chriſt, le caractere de ſon amour & de nôtre délivrance, en imprimant la Croix, par laquelle il a ſauvé ſon peuple, le délivrant de la ſervitude éternelle de l'enfer, de la mort, & du peché ; & par cette impreſſion ſainte & ſalutaire, nous proteſtons être à Jeſus Chriſt, & vouloir entrer dans la participation du mérite de ſon Sang, qui a été répandu ſur la Croix, pour nous donner la vie. *Oeuvres de pieté du Cardinal de Berulle.*

Il y a trois choſes à re-

Nous devons conſiderer, 1°. Que ce ſigne ſe fait en forme de Croix, pour honorer la Paſſion ; & par conſéquent l'Incarnation du Fils de Dieu,

ui s'eſt fait Homme , afin de ſouffrir pour les hommes. 2°. Que ce ſigne marquer ſur
applique aux parties principales , qui ſont la ſource & l'effet de nôtre vie, le ſigne de la
our y appliquer la grace qu'il nous a acquiſe , & fortifier nos ſens & nos Croix.
enſées qui réſident dans nôtre tête , nos mouvemens & affections qui domi-
ent dans le cœur. Nos œuvres & nos actions , dont l'organe eſt la main &
bras. 3°. Que ce ſigne ſe fait en portant la main du front à la poitrine , &
on pas de la poitrine au front ; & de la gauche à la droite , non de la droite
la gauche , pour nous faire entendre que le Fils de Dieu eſt deſcendu du
Ciel du ſein du Pere , dans le ſein de la Vierge , par le myſtere de l'Incar-
ation ; & que par ſon avenement , il nous a élevez des choſes baſſes , aux
iens éternels : du peché à la grace ; de la mort à la vie ; de l'enfer au Ciel ;
& qu'il nous veut enfin établir à la droite de Dieu , avec lui pour jamais.
Que ce ſigne ſe fait en diſant ces paroles ſaintes & divines : *Au Nom du Pere,*
& du Fils , & du Saint-Eſprit. Je dis au nom , & non pas aux noms ,
our montrer l'unité de Dieu en la Trinité des Perſonnes : car la puiſſance ,
a nature & l'autorité , eſt une ſeule en toutes les trois Perſonnes , qui nous
ont exprimées par leurs noms propres , revelez par le Fils de Dieu même , &
nſeignez à ſon Egliſe. *Le même.*

Le ſigne de la Croix eſt compoſé de deux choſes , & toutes deux venera- De quoi eſt
les , ſaintes & efficaces ; ſçavoir , de la prononciation de ces noms affectez compoſé le
ux Perſonnes divines , & de la marque de la Croix , ſur laquelle le ſalut ſigne de la
es hommes a été operé. Qu'y a-t-il a reprendre en un uſage & en une prati- Croix.
ue de ſi grande veneration ? Car s'il nous faut parler , pouvons-nous pro-
rer des paroles plus ſaintes , & plus divines que ces paroles qui nous ex-
riment les perſonnes divines , ſources de toute ſainteté ? Et s'il nous faut don-
er quelque mouvement à nos bras & à nos mains , le pouvons-nous faire
lus ſaintement & plus religieuſement , qu'en formant le ſigne de la Croix ,
ur laquelle le Fils de Dieu a voulu s'offrir en holocauſte au Pere Eternel , &
perer le ſalut du monde ? Jeſus-Chriſt , par la Croix , a voulu adorer Dieu
ſon Pere , ſatisfaire à ſa juſtice , appaiſer ſon courroux , racheter les hommes,
quèrir la gloire éternelle , choſes toutes ſaintes , toutes divines & admira-
les ; & nous par le ſigne de la Croix , nous proteſtons que nous ſommes
Chrétiens , c'eſt-à-dire , attachez à Jeſus-Chriſt , comme ſes Diſciples , comme eſclaves de la Croix , comme ſujets de ſon empire , comme enfans de ſa
amille , & comme les heritiers de ſa gloire. Nous proteſtons , qu'au lieu
e l'état miſerable , & de la qualité d'enfans d'Adam , en laquelle nous étions,
ous avons déſormais Dieu pour Pere , & ſon Fils pour Redempteur. Nous
vons le Sang de Jeſus pour nôtre prix , la foi pour nôtre Loi , ſon Egliſe
our nôtre Mere , & ſa gloire pour nôtre Paradis. Toutes ces choſes ſont
randes , ſaintes & dignes d'une memoire éternelle. *Dans les Oeuvres du Car-*
inal de Berulle.

La pratique du ſigne de la Croix , eſt une des plus anciennes & univer- La pratique
elles obſervances de la chrétienté ; & ce ſigne a toûjours été reveré & eſti- du ſigne de
né , comme le ſigne du Chrétien , qui le diſtingue & ſépare des Gentils , la Croix eſt
es Juifs , des Turcs , & même des Heretiques , qui le rejettent. Tous les fort ancien-
Chrétiens , par toute la terre , depuis la mort de Jeſus-Chriſt , juſqu'à nôtre ne,
iécle , l'ont pratiqué par reverence à ſa mort , & à ſa Paſſion accomplie en

la Croix : Et ils l'ont pratiqué en toutes leurs actions, soit saintes, soit profanes, soit publiques, soit particulieres, soit Ecclefiastiques, soit domestiques ; & nonobstant les ruines & la fureur de l'hereſie, nous le voyons encore gravé ſur les marbres, & ſur les couronnes, ſur les Palais, & ſur les Egliſes bâties, il y a plus de huit cens ans. A la verité, les heretiques de ce ſiécle l'ont blâmé ; mais ſi ce ſigne eſt mauvais, pourquoi le pratiquent-ils eux-mêmes au Baptême ? Et s'il eſt ſaint, pourquoi le rejettent-ils dans leurs autres actions ? Et ſi tous les Chrétiens de tous les ſiécles l'ont pratiqué, pourquoi ces nouveaux Chrétiens l'ont-ils abandonné & blâmé. Suivons toûjours l'antiquité, & abandonnons cette nouveauté, qui n'eſt ni plus ſçavante, ni plus vertueuſe, ni plus religieuſe que les Chrétiens de tous les ſiécles, que tous les Saints, les Martyrs, les Docteurs, les Paſteurs, les Rois & les peuples qui ont adoré Jeſus-Chriſt, par ce ſigne juſqu'à nous. *Le même.*

Autorité & témoignage des Sts. Peres. Témoignage d'Origene. Origene, en l'Homelie huitiéme, ſur les divers lieux de l'Evangile, exhorte les Chrétiens à ſe munir ſouvent du ſigne ſalutaire de la Croix, & de le marquer ſur le front ; parce que les demons tremblent devant la Croix. Le même, en l'Homelie ſixiéme, ſur l'Epître aux Romains, fait voir les utilitez du ſigne de la Croix, & dit que quand l'ame chrétienne ſe rend attentive à le conſiderer, il n'y a paſſion ſi déréglée dans l'homme, qui ne ſoit facilement vaincuë.

Témoignage de l'Empereur Conſtantin. Après que l'Empereur Conſtantin eut ſubjugué l'Empereur Maxence, en vertu du ſigne, dont il a été parlé, il fut touché d'un très-ardent déſir de faire en ſorte que par-tout ce Hieroglyphe de ſalut fût déſormais en honneur. C'eſt pourquoi au lieu des Aigles imperiales, il fit porter dans ſes armes le ſigne de la Croix, en forme d'étendart, vulgairement appellé *Labarum.* Il le fit graver ſur toutes eſpeces de monnoye, & ordonna aux Peintres & Statuaires, de repreſenter déſormais ſa perſonne, tenant un globe en la main droite, & une Croix ſur le globe, pour donner à connoître que le monde avoit été conquis & ſauvé par ce ſigne ſalutaire ; quelquefois auſſi à même fin, il ſe faiſoit peindre avec une Croix ſur le haut du front. Sans parler de l'invention de la vraye Croix que les Centuriateurs de Madebourg ont oſé révoquer en doute, après le témoignage des plus anciens Hiſtoriens, & des Saints Ambroiſe, Severe Sulpice, Paulin, Gregoire de Tours, ſaint Gregoire le grand, & quantité d'autres.

Témoignage d'Euſebe de Ceſarée. Euſebe de Ceſarée, au Livre troiſiéme de la vie de Conſtantin, chap. 2. rapporte que ce grand Empereur faiſoit de tems en tems le ſigne de la Croix ſur ſon front, & ſaint Athanaſe qui témoigne la même choſe, traitant de l'Incarnation du Verbe, en rend ces raiſons ; parce, dit-il, que par ce ſigne nous ſurmontons les tentations, nous chaſſons les illuſions du malin eſprit ; rompons les charmes, faiſons taire les idoles, & mettons en fuite les demons.

Témoignage de St. Athanaſe. Saint Athanaſe, dans la vie de ſaint Antoine, rapporte qu'en preſence des Philoſophes payens, il délivroit les Energumenes, en invoquant le Nom de Jeſus, & faiſant le ſigne de la Croix ; & qu'il donnoit cet avis à ſes Diſciples, que pour découvrir & éviter les piéges du demon, qui ſe transfiguroit en Ange de lumiere, il ne falloit que former ſur ſoi le ſigne de la Croix.

Saint

Saint Basile, au Livre de *Spiritu Sancto*, c. 27. parlant des coûtumes non écrites de l'Eglise, entre les premieres Traditions, met le signe ordinaire de la Croix.

Sant Cyrille de Jerusalem, parle ainsi; Imprimez le signe de la Croix fur vôtre front, afin que les demons appercevans ce caractere du Roi souverain, prennent la fuite; faites ce signe en bûvant & mangeant, & en tout ce que vous entreprenez.

Saint Ephrem, au Traité *de Creatura spirituali*, pour joindre la facilité avec l'utilité de ce sacré signe, exhorte à le faire non seulement de la main, mais encore d'esprit & de cœur.

Saint Gregoire de Nysse rapporte les miracles que saint Gregoire Thaumaturge fit par le moyen du signe de la Croix.

Saint Chrysostome, dans les démonstrations de la divinité de Jesus-Christ, remarque que par une singuliere providence, Dieu a voulu que ce signe d'oprobre & d'infamie qu'il étoit autrefois, fait maintenant l'ornement & la gloire de nos actions.

Saint Ambroise dit que nous marquons ce signe de la Croix sur le front, sur le cœur, & sur le bras; sur le front, pour confesser hautement Jesus-Christ; sur le cœur, pour l'aimer toûjours; sur le bras, pour agir, & tout entreprendre à la gloire de Jesus-Christ.

Saint Jerôme, en la vie de saint Hilarion, rapporte comme par le signe de la Croix, il chassoit les demons qui lui apparoissoient sous diverses formes. Ce même saint Docteur, parle encore de ce sacré signe en divers endroits, & particulierement dans l'Epître huitiéme à Démétriade, chapitre 6.

Saint Augustin, au Traité 118. sur saint Jean, dit ces paroles: Quel est le signe de Jesus-Christ, sinon la Croix de Jesus-Christ? Et si ce signe n'est appliqué sur le front des fideles, ou à l'eau même, par laquelle ils sont regenerez, rien n'est bien fait. Outre ce qu'il en dit ailleurs, car c'est celui des Saints Peres, qui en a le plus souvent, & le plus magnifiquement parlé.

L'Empereur Justinien, en l'Autentique, *de sanctissimis Episcopis*, c. 22. ordonne trois choses en l'honneur de ce signe. 1°. Que la Croix soit placée en un lieu honorable. 2°. Qu'elle soit portée dans les Processions. 3°. Qu'il y ait des personnes destinées pour cela, & que ce soit en presence des Evêques & du Clergé; ce qui marque le respect qu'on portoit à la Croix en ce tems-là.

Que dirons-nous de tant d'autres Peres de l'Eglise, qui ont parlé de ce glorieux titre; des plus anciens Auteurs, comme Arnobe, & Eusebe, des Liturgies anciennes que l'Eglise approuve, où il n'est rien parlé plus souvent que du signe de la Croix. Ajoûtez les reproches que les Payens faisoient sur ce sujet aux premiers Chrétiens; car ce sont autant de preuves de la pratique de l'Eglise, sur cet article de nôtre Religion; sur quoi je demanderois volontiers à nos Protestans ce qu'ils peuvent repondre à tant de témoignages des Saints de tous les siécles, & à l'autorité d'une coûtume si constante, qui ne peut être venüe que des Apôtres.

L'Eglise, en considerant ce bois sacré, sur lequel Jesus-Christ a versé tout

Marginal notes:
Témoignage de S. Basile.
De S. Cyrille de Jerusalem, Catech. 8.
De S Ephrem
De S. Gregoire de Nysse.
De S. Chrysostome.
De saint Ambroise, l. de Isaac & animâ, c. 8.
S. Jerôme
De S Augustin.
Les raisons qui portent

l'Eglise à ho-
no er la
Croix.

son Sang, & sacrifié sa vie pour elle , comme le Char de son triomphe , &
le Trône de sa gloire , elle ne peut se dispenser de lui porter beaucoup de
respect , & une reverence toute particuliere. Admirant dans la Passion de
son Sauveur , tant d'effets si extraordinaires de toutes ses perfections divines , & tant d'exemples merveilleux de toutes les vertus ; elle se sent obligée de lui en témoigner ses sentimens, autant qu'il lui est possible ; & elle
ne croit pas s'en acquitter parfaitement , si l'Autel de ce grand sacrifice , &
l'organe de ces grands miracles ne reçoit une partie de ses venerations : de
sorte néanmoins que les rendant à la Croix, à cause de Jesus-Christ seulement,
c'est à lui proprement qu'elle les adresse , comme c'est lui seul qui les a méritées , n'ayant autre dessein que d'expliquer par ce culte extérieur la grandeur de son zele , & d'adorer la mort & les souffrances salutaires de son
Redempteur dans leur principal instrument , & leur plus vive representation.
Tiré des Panegyriques de M. Verjus.

Les grandes
obligations
que nous a-
vons au Sau-
veur de ce que
de l'avoir
voulu mourir
sur la Croix.

Pour faire aujourd'hui le Panegyrique de la Croix selon l'esprit & le dessein de l'Eglise, il faudroit ici deployer les incomprehensibles mysteres de la
mort d'un Dieu. Il faudroit découvrir jusqu'au fond sa necessité & son efficac-
ce , le besoin qu'en avoient les hommes perdus par le peché , & les grands
biens qu'ils ont reçus de ce merveilleux holocauste. Mais un si grand ouvrage est trop vaste pour pouvoir être compris dans un discours ; c'est pourquoi
je me contenterai de vous proposer quelques considerations qui serviront à
l'exaltation de la Croix en nôtre estime ; & nous avertissant, en même-tems,
de nôtre devoir , nous ferons connoître les actions de grace , & les reconnoissances que nous devons à l'immortel , qui a voulu mourir sur la Croix,
pour nous donner une vie éternelle. Je crois cependant qu'il n'est pas necessaire dans une assemblée si catholique de justifier , comme il est aisé de le
faire , contre les Heretiques anciens & modernes , la coûtume établie depuis
tant de siécles dans l'Eglise, d'adorer la Croix du Sauveur , de solemniser des
fêtes en son honneur , & de lui adresser des prieres & des loüanges. La
Tradition claire & constante depuis l'établissement de nôtre sainte Religion,
les témoignages & les exemples infinis des Saints Peres, dans tous les siécles,
& un consentement si general de tout le peuple chrétien, la défend assez de
leurs calomnies , & montre évidemment que cette pratique a été inspirée
aux Apôtres , par le Saint Esprit , lorsqu'il les remplit de toutes les veritez
necessaires à l'instruction & au gouvernement de toutes les Nations, & de
tous les peuples du monde. Je crois , M. qu'il seroit inutile de vous dire
qu'en cette coûtume, aussi-bien qu'en toutes nos autres ceremonies, ce qu'il y
a de plus important , est de considerer le dessein de l'Eglise en l'instituant,
& avec quelles dispositions d'esprit elle veut que nous l'observions , de peur
que nous attachant trop aux signes extérieurs , nous ne prenions l'ombre
pour le corps, & la figure pour la verité. *Tiré des Panegyriques de Monsieur
Verjus.*

Ce que nous
devons faire
lorsque nous
adorons la
Croix.

Nous sçavons assez que comme toutes les choses corporelles ne peuvent
borner nôtre amour, & en être la derniere fin sans injustice, elles ne peuvent aussi être le terme de nos adorations sans idolâtrie. Lors donc que nous
adorons la Croix, nos respects & nos soumissions ne s'arrêtent pas à ce
bois mort & insensible, elles passent plus outre ; & ce sacré bois , qui a eu

l'honneur de soûtenir les membres adorables du Fils de Dieu mourant , & d'être teint de son Sang précieux , ne fait qu'aider nôtre memoire , & exciter nôtre imagination ; afin que nous portions nos hommages & nos venerations jusqu'à celui qui l'a sanctifié par un emploi si saint & si auguste. Pour tout dire , en un mot , nous faisons ce que saint Ambroise dit de l'Imperatrice Helene : Nous adorons Jesus-Christ crucifié , en adorant sa Croix. De même que les peuples qui ne peuvent voir leurs Princes , & rendre leurs hommages à leurs propres personnes ; parce qu'ils sont trop éloignez du siége de leur Empire , s'acquittent de ce devoir en reverant leurs images , qui sont envoyées dans les Provinces ; nous honorons nôtre Roi , dans les marques de sa puissance , & dans le trophée de ses victoires. *Tiré des Panegyriques de M. l'erjus.*

Comme Nôtre-Seigneur , pour imprimer à jamais en nos ames le respect & l'amour de ses souffrances , a rendu le bois de la Croix illustre par tant de miracles ; & l'appelle dans l'Evangile , son signe , son étendart & sa gloire, ainsi que tous les Peres remarquent ; l'Eglise qui a les mêmes intentions , & qui brûle d'ardeur de donner toutes les marques possibles de sa reconnoissance envers son Sauveur , ne peut satisfaire son zele , si elle ne rend tous les honneurs imaginables à sa mort , en adorant la Croix. Elle en honore les moindres parties , & les estime plus précieuses que les Sceptres & les Couronnes, & que les rayons mêmes du Soleil , comme dit saint Chrysostome : Elle en respecte la figure en quelque matiére qu'elle se rencontre : Elle n'exerce aucune action de pieté , & ne fait aucun acte authentique de son autorité sacrée, que la Croix n'en soit le sceau & le cachet : Elle reconnoît qu'elle doit sa naissance , sa conservation , & toute sa gloire à cette mort vivifiante. Elle avoue que la Croix est la source de sa vie , de sa beauté & de ses forces, qu'elle est la fontaine des graces qui la soutiennent , qui l'animent , & qui lui donnent toute sa Majesté : Elle celebre tous les ans des fêtes solemnelles de la Croix , pour honorer de rejoüissances & d'applaudissemens éternels , les victoires de son Sauveur dans ce triomphant supplice , & témoigner sa gratitude pour les avantages qu'elle en a reçûs. *Le même.*

L'Eglise n'a pas tant ordonné l'adoration de la Croix , pour renouveller le jour solemnel de son Exaltation , que pour prendre occasion d'une action si celebre , de remettre en memoire aux Chrétiens les grandes merveilles que Nôtre-Seigneur a operées par sa mort , & les obligations infinies que nous lui en avons. Elle veut que nous nous representions avec quelle pompe , & quelle magnificence Heraclius Empereur de Constantinople , reporta lui même sur ses épaules , cette Croix adorable , dans le lieu d'où elle avoit été enlevée par les Perses; après l'avoir délivrée de la captivité dans laquelle un Prince impie la retenoit , comme autrefois l'Arche de la nouvelle alliance ; mais elle veut encore davantage , & souhaite avec bien plus d'ardeur , que nous portions son exaltation jusques sur le Calvaire , & que nous la regardions teinte du Sang d'un Dieu , pour le rachat de tous les hommes. Pour suivre donc autant qu'il est possible , le dessein & l'intention de l'Eglise sur ce sujet ; il faut admirer les victoires & les triomphes de Jesus-Christ par sa mort sur la Croix. *Le même.*

S'il est vrai , comme disent plusieurs des saints Peres , & la plûpart des sacrez Interpretes, que le Prophete Habacuc, nous décrit les victoires de la Croix dans son Cantique. Je ne m'étonne pas s'il témoigne que la revelation que Dieu lui en a faite, confond son esprit, & le remplit d'étonnement. Il faut bien que toute la force du Tout Puissant y ait été renfermée, pour produire les grands effets dont parle ce Prophete ; & puisque Jesus-Christ, par sa Croix, a fait fuir la mort devant lui ; puisqu'il a mis en déroute les demons ; puisque les montagnes du siécle & les collines du monde, comme il parle, ont ployé sous ses efforts, & ont été mises en poudre par ses coups ; il a bien raison d'appeller ce Mystere l'ouvrage de Dieu par excellence, & de dire que sa gloire a rempli toute la terre, & a surpassé même la hauteur des Cieux. Car il faut avouer que la puissance infinie de Dieu n'a jamais paru davantage que dans les victoires que la Croix a remportées dans le monde. Qui l'eut jamais pensé, que l'infirmité & la bassesse même, l'objet du scandale des Juifs, & de la raillerie des Gentils, eut renversé tout ce qu'il y avoit de grand & d'élevé dans l'Univers ? Mais la grandeur de Dieu consiste à pouvoir faire des choses, qui non-seulement surpassent les forces de toutes les créatures ; mais que leurs pensées même ne peuvent atteindre, que leurs esprits ne peuvent comprendre, que toutes leurs admirations, & leurs loüanges ne peuvent jamais égaler. La Croix a vaincu le Ciel, les enfers & la terre, la justice de Dieu, la puissance des demons, la malice & les miseres des hommes. *Le même.*

Les grands
avantages
que nous re-
tirons de la
mort du Sau-
veur sur la
Croix.

La voix de ce Sang qui a coulé de la Croix, a été si forte & si puissante, qu'elle a monté jusqu'au Ciel, non pas pour y crier vengeance, mais pour y obtenir pardon de nos crimes ; elle l'a obtenu, & maintenant nous sommes délivrez, par la vertu de ce Sang, de la malediction de nôtre origine. De criminels condamnez, & d'ennemis que nous étions, nous devenons ses enfans, & les heritiers de son Royaume & de sa gloire ; elle en ouvre les portes, qui sembloient être fermées pour jamais : elle a vaincu tous les ressentimens d'un Dieu irrité contre nous, l'a obligé à conclure une paix si difficile entre le Ciel & la Terre. C'est la premiere victoire de la Croix, & la premiere obligation que nous avons à Jesus crucifié : N'est-elle pas grande, n'est-elle pas admirable ? *Panegyrique de M. Verjus.*

La Croix du
Fils de Dieu
a remporté
de grandes
victoires sur
les demons.

La seconde victoire de la Croix est celle qu'elle a remportée sur les demons. Ces esprits rebelles, qui, par un désordre étrange, ont formé un malheureux état de confusion & de crime dans la Monarchie du Dieu Tout-Puissant, ayant vaincu les hommes par le peché, comme par le droit de la guerre, avoient usurpé un empire si absolu sur eux, & l'exerçoient avec tant de violence & de cruauté, qu'il n'y avoit rien de plus déplorable que l'état où ils avoient réduit l'Univers. Ils tenoient tous les esprits enchaînez par des erreurs monstrueuses, & toutes les volontez captives par des passions honteuses & infames, comme parle l'Apôtre. La justice de Dieu leur ayant abandonné toutes les créatures qui avoient été faites pour les hommes ; ils se servoient des biens de leurs esclaves pour leur perte ; & abusant du pouvoir qu'ils avoient dans tous les élemens, y excitant des desordres & des alterations extraordinaires, qu'ils faisoient cesser quand ils vouloient, trompant les hommes par de faux prodiges, & des oracles trompeurs ; ils se faifoient craindre & adorer fous le nom de divers Dieux, comme les fouverains maîtres des créatures. *Le même.*

La Croix a diffipé tous les fantômes de divinité que les Payens adoroient avec tant de faux zele, elle a écarté ces horribles tenebres d'impieté qui couvroient toute la terre, dit faint Chryfoftome, elle a fait éclater une vive lumiere de vraye Religion, & ce grand jour de faintes veritez où nous vivons. Elle a fait voir aux peuples que ces Dieux adorez par leurs ancêtres, durant tous les fiécles, & qu'ils eftimoient les auteurs de leurs richeffes & de leur gloire, les fondateurs & les protecteurs de leur empire, leurs Mars, leurs Jupiters, leurs Pénates, & leurs Dieux tutelaires, ne font que des fantaifies de Poëtes ingenieux, ou des demons tourmentez dans l'enfer, ou des hommes auffi malheureux après leur mort, qu'ils avoient été criminels pendant leur vie. Voir l'Empire Romain deteffer ces Dieux qu'il croyoit lui avoir foumis toutes les Nations ; ruiner des Temples & des Autels, que leurs Pompées, leurs Scipions & leurs Céfars avoient élevez & ornez des dépoüilles de toute la terre, & faire tous ces changemens pour adorer un Dieu crucifié ; c'eft le prodige le plus étonnant, c'eft la victoire la plus digne que l'on puiffe s'imaginer d'un Dieu de verité, de juftice & de puiffance. *Le même.*

La Croix du Fils de Dieu a chaffé toutes les divinitez payennes.

Lorfque la Croix commença de paroître dans le monde, tout ce qui étoit dans le monde, comme dit un Apôtre, n'étoit que convoitife de la chair, convoitile des yeux, & la fuperbe de la vie ; ou pour parler en termes plus clairs ; l'impureté, l'avarice, l'ambition, & toutes les autres peftes, qui coulent de ces fources empoifonnées, avoient tellement infecté tous les efprits, qu'on pouvoit dire alors ce que le Roi Prophete difoit autrefois : *Corrupti funt, & abominabiles facti funt, non eft qui faciat bonum, non eft ufque ad unum.* Victoire merveilleufe ! miracle inconcevable ! La Croix paroît, & les vices font abbatus, les paffions font défarmées, les inclinations de la nature corrompuë font domptées, toute la terre eft heureufement bouleverfée par les conquêtes de la Croix. La terre, dit faint Chryfoftome, eft changée par la Croix en un Paradis, au lieu qu'elle étoit devenuë un enfer par les crimes. On voit incontinent un nombre infini de Chrétiens, qui foulent aux pieds toutes les douceurs & toutes les grandeurs de la terre, pour porter leur Croix après Jefus Chrift. On voit des troupes de Martyrs qui après avoir abandonné les plus hautes fortunes de l'Empire Romain, courent à la mort comme au triomphe, animez par l'exemple d'un Dieu crucifié. On voit ces rigoureufes maximes, de fe haïr foi-même, de perdre fon ame, de renoncer a tout pour fuivre Jefus-Chrift, perfuadées, cheries, & pratiquées par une infinité de perfonnes, qui après avoir tout quitté, fe font exilées elles mêmes dans ces affreufes folitudes, afin de n'avoir que Dieu feul pour témoin de leurs actions. *Panegyriques de M. Verjus.*

La Croix de N. Seigneur a renverfé toutes les paffions, fi-tôt qu'elle a paru. *Pfal.* 13.

C'eft un prodige étonnant, & qui furpaffe tout ce qu'on en peut dire, de voir la gloire, & les honneurs du myftere de la Croix dans toutes les parties du monde, depuis l'établiffement de l'Eglife chrétienne. Saint Chryfoftome remarque que Nôtre Seigneur l'a toûjours appellée fa gloire. Car, dit ce grand Homme, lorfque Jefus-Chrift adreffe ces paroles à fon Pere : *Pater clarifica filium tuum* ; il les entend de la gloire de la Croix. Et lorfque

La gloire & les honneurs que l'on rend à la Croix, dans toutes les parties du monde.

faint Jean dit que le Saint-Esprit n'étoit pas encore donné, parce que Jesus-Christ n'avoit pas encore été glorifié ; c'eft-à-dire, felon la penfée de ce Pere, que le Ciel n'étoit pas encore reconcilié avec la terre, par un amour mutuel de Dieu & des hommes, dont le Saint-Esprit eft le principe ; parce que ce miracle étoit refervé à la Croix ; c'eft auffi le fentiment de faint Cyrille, Evêque de Jerufalem, fur ces mêmes paroles. *Panegyriques de M. Verjus.*

L'Eglife chré-
tienne met
toute fa gloi-
re dans la
Croix de Je-
fus Chrift.

Si la Croix eft la gloire de Jefus-Chrift, ce n'eft pas merveille qu'elle foit toute la gloire de l'Eglife chrétienne, & qu'elle ait reçû toûjours tant d'honneur de tous les Chrétiens. L'Apôtre S. Paul détefte comme un facrilege la feule penfée de pretendre autre gloire de fes prédications, que la gloire de la Croix. Il n'attaque la dureté des Juifs, & l'aveuglement des Gentils, que parce qu'ils font ennemis de la Croix ; il ne lance les foudres de fon éloquence divine, contre ceux qui veulent établir leur juftice aux dépens de celle de Dieu, que pour conferver l'honneur à la Croix ; il ne court la terre & la mer, avec tant de perils & de travaux, que pour empêcher que la force & la vertu de la Croix ne foit pas affez reconnuë. Ce qui nous fait voir clairement que les foins de tous les Apôtres, leurs voyages par tout le monde, leurs prédications, leurs écrits, leurs travaux & leurs martyres n'ont eu autre but que de faire triompher par tout le fupplice de la Croix. L'Eglife a imité ces excellens Maîtres ; & l'on peut dire que toute fa fplendeur & fa Majefté, fon établiffement, fon gouvernement, fa hierarchie, fes Sacremens, fes ceremonies, tout ce qu'il y a de grand & d'augufte dans cette fainte Jerufalem, n'eft que la pompe du triomphe de la Croix. C'eft l'image de l'honneur que l'Eglife catholique rend à la Croix du Sauveur, ou plûtôt au Sauveur dans la Croix. Elle a été délivrée d'une horrible captivité par fon moyen ; elle lui doit fa liberté, fon falut & fa gloire ; c'eft pourquoi elle lui a toûjours rendu tous les honneurs dont elle a pû s'avifer. Cette Croix, autrefois l'horreur & l'abomination de tous les hommes, le fupplice des efclaves & des voleurs, la honte des plus infames criminels, eft devenuë le fujet d'une fi grande gloire ; qu'il n'y eut jamais rien dans le monde de plus glorieux, ni de plus pompeux que fon triomphe. Je ne finirois pas, fi je voulois vous en faire voir en détail, toutes les parties, qui paroiffent fi éclatantes dans tous les ouvrages des Peres, dans les hiftoires & dans les pratiques de l'Eglife. *Panegyriques de Mr. Verjus.*

Lorfque Nô-
tre-Seigneur
viendra juger
les hommes,
il n'aura
point d'autre
marque plus
illuftre que
le figne de la
Croix.
Matth. 25.

Des années entieres ne fuffiroient pas pour confidérer attentivement tout l'appareil du triomphe de la Croix, & en admirer à loifir toute la magnificence. Je ne puis neanmoins paffer fous filence un de fes principaux ornemens. Lorfque Nôtre-Seigneur viendra revêtu de toute fa Majefté, pour juger les hommes : *Cum venerit in majeftate fua;* il n'aura point d'autre marque plus illuftre de cette Majefté, & de fa puiffance fouveraine, que le figne de la Croix. C'eft le fentiment de S. Auguftin, de S. Chryfoftome, & de tous les faints Peres, fur ces paroles : *Tunc parebit fignum filii hominis in cœlo.* Le Soleil & la Lune auront perdu leur lumiere, toutes les Etoiles feront tombées du Ciel, comme l'Evangile nous l'enfeigne, & la Croix feule y paroîtra avec plus de lumiere que tous les Aftres enfemble ; puifqu'elle les effacera tous par fon éclat incomparable. Il faut que ce Roi des Aftres quitte fa couronne de rayons pour lui faire hommage ;

que la Lune & les Etoiles se dépouillent de ces ornemens précieux de feu & de lumiere, qui les rendent les plus belles & les plus nobles creatures, pour saluer avec plus de soumission ce nouveau météore de salut & de grace. *Panegyriques de M. Verjus.*

Ce n'est pas assez que le Soleil s'éclipse, si-tôt qu'elle paroît en ce grand jour ; ces honneurs lui étoient rendus, lorsqu'elle sembloit être encore le théatre de la honte & de l'infamie sur le Calvaire. Mais après tant de glorieuses conquêtes, il faut que toutes les creatures lui rendent de profonds respects, que tous les hommes adorent dans cette assemblée generale cet Astre bienheureux. Il faut que tous les Saints reverent cette source inépuisable de lumieres & d'ardeurs divines, cette fontaine de vie éternelle, ce principe universel de toutes les productions merveilleuses de la grace ; ce Soleil qui produira sans cesse de vives clartez, dont brillera à jamais le grand jour de l'eternité. Il faut aussi que toutes les Hierarchies de ces esprits de lumiere, surprises également d'admiration pour la Croix, fassent retentir par tout à l'envie ces cris d'allegresse, que nous entendons dans l'Apocalypse, benediction, gloire, puissance à l'Agneau qui a été immolé sur la Croix. *Le même.*

Suite du même sujet.

N'est-il pas vrai, M. que ce triomphe de la Croix est auguste & magnifique ? la mort, les demons, & les pechez sans force & sans vigueur y sont trainez ; toute l'Eglise militante, tous les peuples & tous les Princes Chrétiens qu'elle a delivrez de leurs ennemis, suivent avec des chants de victoires ; tous les ordres des Anges, & toutes les bienheureuses troupes des Saints l'honorent de leurs respects & de leurs cris de joye. Les mers & les montagnes n'en peuvent interrompre la pompe ici bas, & la fin même de tous les siecles ne la pourra borner. Le Ciel & la terre, dit le Prophete, sont remplis de la gloire & des loüanges du mystere de la Croix. *Le même.*

Jusqu'où va le triomphe de la Croix.

Ce que nous avons dit jusques ici sur le culte de la Croix, ne doit-il pas suffire pour nous faire voir l'estime & le respect que nous devons aux souffrances & à la mort de nôtre Dieu, & pour montrer que le dessein de Nôtre-Seigneur qui a autorisé par tant de miracles le culte que l'Eglise rend à sa Croix, & l'intention de l'Eglise qui l'a fait triompher par toute la terre, & de nous faire avoir sans cesse des sentimens de veneration & de reconnoissance pour un Dieu, qu'un excés d'amour pour nous a fait descendre pour nôtre salut, du trône de la gloire & de l'immortalité, jusqu'au plus cruel des supplices. Elle veut que cet étendart victorieux de nôtre Roi, brille par tout à nos yeux, pour enflammer nôtre courage contre ses ennemis, & nous exciter à verser tout nôtre sang, s'il est besoin, pour son service ; & à mourir plûtôt mille fois que de manquer au serment que nous lui avons fait dans sa milice spirituelle, étans tous soldats de la Croix, comme dit un des plus anciens Peres : car nous ne devons pas être des spectateurs oisifs & inutiles de ses victoires & de ses triomphes. Non-seulement nous devons des reconnoissances & des actions de grace infinies à l'Auteur de ces grandes victoires, & des respects profonds, & un zele ardent à nôtre sainte Religion, qui s'est établie & conservée par tant de grands miracles ; puisque la Croix n'a combattu tant d'ennemis, que pour nous aquerir une paix & un Royaume éternel ; nous devons tous contribuer à ce même dessein ; nous sommes obligez de la seconder maintenant de toutes nos forces contre les mêmes ennemis, en accomplissant ce qui manque à la

Les raisons qui doivent nous porter à aimer la Croix.

Paſſion de Nôtre-Seigneur Jeſus-Chriſt, en nous configurant à ſes ſouffrances. Nous devons combattre ſans ceſſe par ſon ſecours, les demons, les erreurs & les vices, que ſes victoires nous ont rendus faciles à vaincre. Il faut ſur-tout nous déclarer pour elle, contre nos concupiſcences & nos mauvaiſes mœurs, qui tâchent tous les jours de lui arracher la victoire des mains, & de nous priver du fruit de ſes combats. Les ſouffrances & les douleurs de la Croix ſont ennemies de nos délicateſſes & de nos voluptez, ſa nudité & ſa pauvreté le ſont de nôtre luxe & de nos folles depenſes, ſes opprobres & ſes ignominies le ſont de notre vanité. Il eſt de nôtre puiſſance, mais il eſt encore plus de nôtre devoir, de donner l'avantage à la Croix ſur ces ennemis de ſa gloire, & qui le ſont encore plus de nôtre ſalut. Combattons donc, M. pour une cauſe legitime & ſi importante avec les forces de la Croix : & puiſque nôtre Chef eſt entré dans ſa gloire, après avoir vaincu par la Croix, ſi nous combattons ici-bas avec courage & perſeverance, ſous cet étendart victorieux, nous irons triompher & regner avec lui dans l'éternité. *Panegyriques de M. Verjus.*

Témoigna-
ges des SS.
Peres ſur le
ſigne de la
Croix. Tertullien, proche du tems des Apôtres, dit ces paroles : A tous nos pas, & preſque à tous momens, ſoit en ſortant, ſoit en entrant dans nos maiſons, ſoit en nous habillant, ſoit en nous levant, ſoit en nous couchant, & quelque autre action que nous faſſions, nous devons nous marquer du ſigne de la Croix. S. Jerôme dit: Fermez la porte de vôtre cœur, & muniſſez ſouvent vôtre front du ſigne de la Croix. S. Baſile, dans le même ſiécle, parlant d'un Martyr, dit: Le ſoldat de Jeſus-Chriſt ayant dit ces paroles, ſe munit du ſigne de la Croix ; & d'un courage ferme, d'une face conſtante & aſſurée ſans changer de couleur, marcha gayement au ſuplice. Et lui-même ailleurs, raporte cette coûtume de faire le ſigne de la Croix, comme publique & ordinaire entre les Chrétiens. Saint Auguſtin dit que le ſigne de la Croix eſt connu de tout le monde, & qu'il eſt appliqué au front des fidéles ; l'on s'en ſert au Baptême, à la Confirmation & au ſacrifice de la Meſſe. Ces Peres ſont venerables par leur antiquité, & ſont témoins irréprochables de la doctrine & pratique des Chrétiens de leur ſiécle : Et leur Egliſe lors pratiquoit ce que vous pratiquez, & ce que ceux-ci condamnent. Cependant elle étoit alors dans ſa pureté ſuivant l'aveu même des ennemis de la Croix. C'étoit lorſqu'elle étoit dans l'ardeur du martyre, c'étoit lorſqu'elle combattoit l'idolâtrie, c'étoit lorſqu'elle raviſſoit les Cieux, qu'elle étonnoit le monde, qu'elle confondoit les demons, qu'elle domptoit la terre par ſes miracles & par ſa ſainteté, & y établiſſoit le Royaume de Jeſus Chriſt, & tiroit à lui par ſa lumiere tous les beaux eſprits de l'univers. *Oeuvres de pieté du Cardinal de Berulle.*

SUR LES PRIERES
POUR
LES MORTS.

AVERTISSEMENT.

LA priere pour les Morts a tant de liaison avec la verité du Purgatoire que nous présupposons, & dont nous avons assez parlé dans le huitiéme Tome de nôtre Bibliotheque, qu'il est difficile d'exposer la coûtume, & la profession que l'Eglise fait de prier pour les ames des Défunts, sans déclarer les motifs & les raisons qu'elle a d'en user de la sorte, qui sont de les délivrer des peines qu'elles souffrent, afin de satisfaire à la justice Divine, & expier les restes de leurs pechez.

Nous ne confondrons pas cependant ces deux sujets, sinon qu'autant qu'il sera necessaire d'emprunter de l'un de quoi apuyer & confirmer la pratique de l'autre. C'est pourquoi nous nous apliquerons principalement à justifier l'antiquité, la necessité de cette coûtume, son utilité, & les avantages que nous en tirerons pour nous-mêmes.

Cette coûtume & cette pratique est un des principaux points, qui distingue l'Eglise Catholique & Romaine des autres societez heretiques & schismatiques de ces derniers siécles, lesquels manquant de charité envers les Morts, se rendent non-seulement indignes qu'on prie pour eux aprés leur deceds ; mais encore rendent inutiles toutes les prieres que l'Eglise feroit pour eux en mourant dans le schisme & dans l'erreur ; de sorte que tout ce que peut faire la charité en leur faveur, est de prier en cette vie pour leur réünion avec cette même Eglise, afin qu'aprés leur mort, ils participent aux suffrages qu'elle offre à Dieu pour ceux qui meurent en sa Communion.

SUR LES PRIERES
POUR
LES MORTS.

Secourir les morts eft un devoir de charité.

Hebr. 13.

LA penfée de prier pour les morts, eft une penfée fainte ; parce qu'elle eft fondée fur la charité chrétienne ; vertu la plus excellente de toutes. Que demande la charité ? Que les membres qui font fains, foulagent précifément ceux qui font infirmes ? Non, elle veut encore que l'on aide les membres qui font fains ; mais qui n'ont pas la liberté d'agir : *Souvenez-vous de ceux qui font dans les fers, comme fi vous étiez avec eux.* Or, il eft certain que les fidéles morts & détenus dans le Purgatoire, ne font pas moins membres de l'Eglife, que les fidéles vivans. Ce font d'ailleurs des membres fains, on ne peut le nier, puifqu'ils font en grace : mais ce font des membres comme liez, des membres incapables de s'aider eux-mêmes dans leurs befoins, le tems de mériter étant expiré pour eux après la mort : *La nuit vient où l'on ne peut rien faire.* C'eft donc une chofe fainte, que les fidéles vivans, & furtout ceux qui font des membres fains, donnent du fecours aux fidéles morts. *Que tous les membres ayent également foin l'un de l'autre.* Le Pere Segnery, *Tome* 5. *de fes Méditations.*

La priere pour les morts eft falutaire à celui qui la fait, & à ceux pour qui on la fait.

Prier pour les morts, n'eft pas feulement une penfée fainte, c'eft encore une penfée falutaire : Elle eft premierement falutaire pour les morts ; puifque c'eft particulierement à leur avantage qu'on la rapporte. Elle n'eft pas à la verité pour tous les morts en general ; les Saints dans le Ciel n'ont plus befoin que nous prions pour eux, & les Reprouvez dans l'enfer font des membres retranchez du corps Myftique de l'Eglife. Le fruit donc de nos prieres pour les morts, fe borne aux feuls fidéles qui fouffrent dans le Purgatoire. Il eft vrai que ces ames affligées ne font plus maintenant dans la voye, en ce qu'elles ne peuvent plus avancer vers le Ciel, par de nouveaux mérites ; mais elles font encore dans la voye, en ce qui leur refte d'arriver au dernier terme, qui eft le féjour de la gloire. Nous ne pouvons donc plus les aider à mériter, ainfi que nous faifons à l'égard des fidéles vivans ; mais nous pouvons néanmoins les aider beaucoup à recevoir la recompenfe de leurs mérites. *Le même.*

Il eft difficile de foulager ceux, qui pédant leur vie, ont negligé de prier pour les morts.

Quoique les fidéles condamnez au Purgatoire foient morts dans la grace, il s'en trouve neanmoins parmi eux qui ont negligé de prier pour les autres, & qui par raport à eux-mêmes, ont mieux aimé remettre après la mort, à fatisfaire pour leurs pechez, que d'y fatisfaire pendant la vie. Par cette conduite ils ont mérité que le Seigneur leur refufe la grace, qu'il accorde aux autres en confideration de nos prieres. Si nous voulons donc fouager ces morts, il faut prier pour eux avec plus d'inſtance ; parce qu'ils ont bien plus indignes d'avoir part au treſor de miſericorde que Dieu diſpenſe dans le Purgatoire, que les ames qui furent autrefois, & plus miſericordieuſes envers les autres, & plus précautionnées pour elles-mêmes. *Le Pere Segnery.*

Exhortation ſur ce ſujet.

Quel cœur aſſez dur, pourroit ne pas s'attendrir ſur les peines de ces captifs, que la juſtice divine retient dans le Purgatoire ? Ce ſont nos freres, ils ſont avec nous les membres d'un même corps ; ils ne peuvent ſe ſoulager ; & ils implorent nôtre ſecours du milieu des flâmes. La charité peut-elle demeurer inſenſible, ou oiſive à ce ſpectacle ? Non, Seigneur, elle me fait ſentir les maux de ces ames captives ; & elle me fera prendre tous les moyens de les délivrer. Manquer de les ſecourir, ce ſeroit manquer à l'amour que je me dois à moi-même. Ce ſont vos amis, Seigneur, que je délivre : Quelle ſource plus abondante de mérites pour moi, ô mon Dieu ? Ce ſont de puiſſans protecteurs à qui j'ouvre le Ciel ; en ſçauroient-ils être ingrats ? Ne s'efforceront-ils pas, au contraire, de me procurer le même bonheur que je leur aurai procuré ? Le jeûne, l'aumône, la priere, toutes les œuvres de pieté ; que de moyens j'ai entre les mains, pour faire tomber les chaînes qui retiennent encore ces ames captives ! Malgré toute la rigueur que vous exercez ſur elles; on voit bien, Seigneur, que vous les puniſſez toûjours en Pere ; puiſqu'il eſt ſi facile de les arracher à vôtre juſtice. Que je ſerois donc coupable, ô mon Dieu ! ſi je refuſois de ſoulager mes freres à qui il ne faut, pour ainſi dire, que tendre les mains pour les délivrer. Le moindre châtiment que je devrois craindre, c'eſt que vous puniſſiez mon inſenſibilité, ou en permettant que les hommes en uſent un jour ainſi pour moi, ou en refuſant d'accepter leurs prieres pour ma délivrance. *Le même.*

Nous ſommes obligez pour diverſes raiſons, de ſoulager ces ames dans leurs peines.

Quelles ſont les perſonnes qui ſouffrent dans ce lieu ſi terrible, que nous appelons Purgatoire ? Ce ſont de ſaintes ames, qui toutes affligées qu'elles ſont, doivent joüir pendant toute l'éternité du bonheur de Dieu. Ce ſont des ames que Dieu cherit, comme ſes enfans, en même-tems qu'il les punit comme un Juge ſevere. Ce ſont vos amis, vos parens, vos peres, vos meres ; qui ne ſouffrent peut-être depuis pluſieurs années l'activité de ces feux, que pour vous avoir trop aimez, & pour avoir eu trop d'empreſſement à vous amaſſer du bien, ſans que vous ayez penſé depuis tant de tems, à les ſoulager. Si vous voyez un criminel brûlé à petit feu, quelque inconnu qu'il fût, vous ſeriez touché de compaſſion : n'en aurez-vous aucune pour des perſonnes qui vous doivent être ſi cheres ? *Clamat in tormentis fidelis : clamat in tormentis pater : & non eſt qui reſpondeat. Ecce veſtra inhumanitas.* Aurez-vous le cœur aſſez dur, pour refuſer à ces ſaintes ames, le ſoulagement qu'elles vous demandent, & que vous pouvez leur accorder ſi aiſément ? Quelques prieres que vous ferez, quelques aumônes, quelques bonnes œuvres, offertes à Dieu pour elles, adouciront la rigueur de leurs flâmes, & abregeront la durée de leurs ſuplices. Que ſi après cela vous êtes inſenſibles aux maux des ames ſouffrantes ; ſouvenez-vous que ce que vous ferez pour elles, ſera la regle de la conduite des autres à vôtre égard : *Eadem menſurâ, quâ menſi* *Luc. 6.* *eritis ; remetietur vobis.* *Conſiderations chrétiennes.*

Les liens qui retiennent les ames dans le Purgatoire, ce ſont leurs pechez; Les ames des fideles ne peuvent plus rompre les liens de leurs pechez, nous ne pouvons par nos prieres.

pechez remis il est vrai, mais pour lesquels elles n'ont pas satisfait : *C'est une sainte & salutaire pensée de prier pour les morts, afin qu'ils soient délivrez de leurs pechez.* Ce que font les chaînes par rapport au corps, les pechez le font par rapport à l'ame : *Le méchant se trouve pris dans son iniquité ; & il est lié, par les chaînes de ses pechez.* Ainsi lorsque nous pechons, nous formons nous-mêmes des chaînes, pour en être étroitement liez ; de doubles chaînes, dont les unes sont la coulpe du peché, & les autres sont la peine dûë au peché. Les ames, dans le Purgatoire, sont dégagées des premiers liens, parce qu'elles ont été enlevées de leurs corps, en état de grace ; mais elles ne sont pas encore délivrées des seconds liens, & elles ne peuvent elles-mêmes les rompre. Un pecheur, peut ici-bas, avec la grace du Seigneur, briser les

Isaïa 52.

fers, qui l'environnent : *Jerusalem, sortez de la poussiere, levez-vous, asseyez-vous ; rompez les chaînes de vôtre cou, fille de Sion, captive depuis si long-tems.* Mais les ames du Purgatoire ont besoin de nôtre ministere pour sortir de leur prison ; c'est à nous de les délier, de les élargir. Les laisserions-nous dans un si pressant besoin, sans nous empresser de les tirer ? Songeons que leurs chaines sont de feu, & que par conséquent il n'y a point de tems à perdre pour les leur ôter. *Le P. Segneri, dans ses Meditations.*

Moyens de soulager les morts.

Nous contribuons en deux manieres à la delivrance des ames du Purgatoire ; par voye d'intercession, & par voye de satisfaction. La premiere maniere renferme le saint sacrifice de la Messe, & la Priere ; car tout le corps mystique de l'Eglise, peut réünir son intercession commune en faveur des morts ; & il le fait dans le sacrifice de la Messe. Chaque membre de l'Eglise peut aussi employer séparément son intercession pour les morts ; & c'est qui arrive, lorsque chacun en particulier adresse pour eux des prieres, au Pere des misericordes. *Le même.*

Les souffrances excessives que souffrent les ames du Purgatoire, doivent exciter nôtre tendresse envers elles.

Je crois, M. que vous êtes assez convaincus de la grandeur des peines que souffrent ces ames, qui languissent dans le Purgatoire ; mais auriez-vous assez de dureté pour refuser un peu de secours, à celui que vous verriez souffrir de la sorte en vôtre presence, quelque indifferent qu'il vous fût. La compassion naturelle ne vous porteroit-elle pas à le soulager, s'il étoit en vôtre pouvoir ? Hé ! où est donc la charité chrétienne ? Où est la voix de la nature, & de la tendresse du sang ? Avez-vous quelque reste d'humanité pour manquer à rendre ce devoir à vos freres, & à vos proches, qui attendent cette assistance de vous ? Mais afin de vous y solliciter encore plus fortement & de vous imprimer encore une idée plus vive de la grandeur des peines que la justice de Dieu exige en l'autre vie, pour les fautes qu'on a negligé d'expier en celle-ci. *Le même.*

La loi de nature nous oblige à prier pour les morts.

La loi de la Nature nous oblige de secourir les défunts, & de nous acquitter envers eux de ce charitable devoir : les uns nous ont été unis par la proximité du sang ; puisqu'ils ont été nos peres, nos freres, & nos plus proches, les autres par les nœuds d'une étroite amitié, maris, femmes, amis, personnes que nous avons peut-être tendrement cheries ; & les autres par les liens de la societé humaine ou civile, pour avoir été de même nature, de même rang, de même profession ; ils ont été ce que nous sommes, c'en est assez, & ils portent le nom de nos freres pour être morts dans la même foi & dans la même Religion que nous. La nature nous oblige donc à les secourir ; & cette loi étant imprimée dans le fond de nôtre estre , nous ne pouvons étouffer cette voix secrette , qui nous sollicite de leur donner toutes les assistances dont nous sommes capables. *L'Auteur des Sermons sur tous les sujets.*

La charité , qui est la loi fondamentale du Christianisme , & le caractere qui distingue le veritable chrétien , ne consiste pas seulement à aimer le prochain ; elle est encore le lien le plus étroit , qui doit unir tous les membres avec leur Chef , qui est Jesus-Christ ; & ces mêmes membres les uns avec les autres , pour ne faire qu'un corps mystique , qui est l'Eglise , laquelle triomphe dans le Ciel , en la personne des Saints , & combat sur la terre en la personne des fidéles : mais elle souffre en Purgatoire , dans la personne de ces ames predestinées , qui comptables encore envers Dieu d'un reste de dettes düës à la justice , implorent la charité de leurs freres qui sont sur la terre , comme les seuls qui puissent mériter pour elles leur délivrance , ou du moins leur soulagement. C'est cette societé de commerce que la charité a établie entre les membres du même corps , qui nourrit le même principe qui l'a formée , & qui est si avantageuse aux deux partis. Comme c'est le Saint Esprit qui anime l'Eglise , c'est aussi lui qui lui inspire d'entretenir sans cesse ce religieux commerce , en demandant aux Saints leurs intercessions auprès de Dieu , pour les fidéles qui sont sur la terre ; & en demandant à ces mêmes fidéles leurs satisfactions , leurs prieres , leurs bonnes œuvres , pour le soulagement de ces ames souffrantes , qui sçauront bien un jour leur rendre le centuple de tous les secours , de tous les biens qu'elles en auront reçus. *Le P. Croiset , dans ses Exercices de pieté.*

Le devoir de la charité chrétienne est d'unir les membres de Jesus Christ , de l'Eglise militante & souffrante , par le commerce d'un secours mutuel , & commment.

Bienheureux les morts , qui meurent au Seigneur , dit l'Apôtre bien-aimé: *Beati mortui , qui in Domino moriuntur.* Il est certain que les prieres que fait un Ministre du Seigneur sur un moribond , sont d'un grand secours pour lui procurer cette mort précieuse. Ce sont des prieres de recommandation , que l'on fait pour lui procurer beaucoup d'amis auprès de Dieu ; & pour lui rendre favorable le souverain Juge. Doit-on negliger un secours de cette conséquence ? Et est-ce peu de chose d'en être privé ? Ce ne sont plus les belles qualitez de cette personne qui se meurt , dont on fait mention des ses prieres. On ne prie pas le Sauveur du monde de se souvenir que c'est ici une personne d'une naissance illustre , d'un esprit distingué , ou d'une autorité absoluë. On ne fait point mention de ses belles actions , de ses grands biens , de ses qualitez éminentes. Titres fastueux ! vous n'êtes plus d'usage : grandeurs mondaines ? vous êtes oubliées. On ne parle que de la qualité de Chrétien , que de la foi , dont cette ame a fait profession ; que de l'esperance en la misericorde de Dieu , en qui l'on croit qu'elle avoit mis toute sa confiance. On ne parle ici que de la qualité de Serviteur de Dieu , de disciple de Jesus Christ : nulle autre qualité ne passe en l'autre monde. Et que deviendront ces personnes qui n'auront nulle de ces qualitez ? *Le même.*

De quelle utilité sont les prieres , que l'Eglise fait pour les mourians.

Apoc. 14.

L'Eglise prie Dieu de faire misericorde à une personne mourante , d'oublier les desordres de sa jeunesse , & toutes ses iniquitez ; & les motifs sur lesquels porte toute sa recommandation ; c'est que cette personne est l'ouvrage de ses mains ; que c'est une ame rachetée par le commun Redempteur

Mais de quelle inutilité, si ce mourant a eu le malheur d'être un im-

pie, un incre-
dule, de paf-
fer fa vie dãs
le defordre.

de tous les hommes, dont elle implore la mifericorde. Mais fi ce mourant
a été toute fa vie un impie, qui fe foit fait un honneur de ne rien croire:
fi c'eft un libertin, qui railloit même des veritez les plus claires de la Religion chrétienne ; fi c'eft une de ces femmes mondaines, qui n'avoit de
religion que par coutume, & par bienféance : cette recommandation de l'E-
glife aura-t-elle beaucoup d'effet ? ces prieres feront-elles écoutées ? Quand
les Saints, follicitez d'interceder pour cet agonizant, ne trouveront en lui
que des marques de Reprouvé, qui ne tourne les yeux vers le Ciel, que
parce que le monde a ceffé de le regarder, & qui n'implore leur fecours,
que parce qu'il n'eft plus en état de fe mocquer de leurs bons exemples:
ces Saints, qu'il a peut-être méprifez, s'interefferont-ils beaucoup pour fon
falut ? A quoi donc penfons-nous, de ne pas cultiver pendant la vie l'amitié
de ceux, dont nous aurons un tel befoin à l'heure de la mort ? Nous avons
à la verité une forte recommandation : mais que nous fervira-t elle, fi elle
n'eft fondée que fur de faux titres ? Mon Dieu ! que ces mondains, que ces
ames baffes, qui tiennent à la terre par tant de liens, & qui les multiplient,
encore tous les jours, doivent être effrayez, pour peu qu'ils faffent de re
flexion à cet inftant fatal, où fe fera la décifion de leur fort éternel, heureux
ou malheureux ! *Le P. Croifet, dans fes Exercices de pieté.*

Nous avons
bien des mo-
tifs de foula-
ger les ames,
qui fouffrent
dans le Pur-
gatoire.

Nous ne manquons pas de motifs, tous plus forts, tous plus preffans,
tous plus intereffans ; d'avoir de la charité pour les ames du Purgatoire. Les
liens qui nous attachent à elles, les peines qu'elles fouffrent, les avantages
finguliers que cette charité nous procure, l'exemple que l'Eglife nous donne de cette infigne charité. Si les foupirs & les cris, que pouffent fans
ceffe nos freres, & nos plus chers amis, qui fouffrent dans le Purgatoire,
pouvoient parvenir jufqu'à nous, nous ferions bien-tôt attendris par leurs
plaintes continuelles. Seroit-il poffible qu'un fils, qu'une fille puffent voir
de fang froid le pitoyable état où leur pere & leur mere font reduits ? Ce
pere, qui s'eft épuifé pour leur laiffer du bien ; cette mere, qui les aimoit
avec tant de tendreffe. Quel naturel fi barbare, quel cœur fi dur, qui ne
foit pas touché de voir des parens, des amis, qui, furpris dans un incendie,
implorent leur fecours du milieu des feux qui les environnent, & qui les
brûlent ? Se trouveroit-il un homme fi inhumain, qui refufât de tirer du milieu d'un brafier ardent un valet, un inconnu ; & qui, pour ne vouloir
pas lui donner la main, le laiffât perir au milieu des flâmes ? Chacun crie-
roit au cruel, au tyran, au barbare. Helas ! ne peut-on pas dire à la plûpart de nous : *Tu es ille vir*, vous êtes cet inhumain, ce cruel tyran, ce
cœur barbare. Il y a tant de tems que vôtre pere, que vôtre mere, que
cette fille, que vous aimiez avec tant de tendreffe ; que ce cher ami, qui
s'eft facrifié pour vous, que ce pauvre domeftique, qui vous a fervi tant
d'années avec une fidélité fi grande ; qui a ufé fes forces, fa jeuneffe, fa
fanté, fa vie même à vôtre fervice : il y a fix mois, un an, que ces perfonnes, autrefois fi cheries, brûlent dans les feux du Purgatoire ; vous ne pouvez pas l'ignorer, c'eft, pour ainfi dire, fous vos yeux, que ces victimes
de la juftice de Dieu fouffrent, & vous negligez de les fecourir ? Le Seigneur
vous fait, à proprement parler, les arbitres de leur fort ; il vous a donné
le pouvoir de les foulager, de les délivrer par vos bonnes œuvres ; par vos

bonnes œuvres, par vos prieres, par vos aumônes, & il ne vous plaît pas
de leur rendre cet important service ? Et vous les voyez souffrir de sang
froid, & vous vous amusez à mille divertissemens : vous passez vos jours
dans la joye, pendant qu'ils souffrent des peines étranges, étant en vôtre
pouvoir de les soulager, de les délivrer ? Comprenez vous quelle inhumanité, quel crime c'est d'avoir de l'oubli, de l'insensibilité pour ces ames
souffrantes ? *Le Pere Croiset, dans ses Exercices de pieté.*

Une seconde maniere de soulager les morts, est le jeûne & l'aumône ; Autre moyen
de soulager
les morts.
par le jeûne, à quoi nous reduisons ici toutes les penitences appellées afflic-
tions, nous pouvons beaucoup diminuer de la peine que doivent les morts
à la justice divine ; & par l'aumône nous pouvons racheter cette peine.
Cependant ces compensations ne sont acceptées de Dieu que par maniere de
suffrages, ainsi que s'exprime l'Eglise ; parce qu'il n'y a pas de proportion
entre les peines qu'impose aux morts la justice divine, & celle qu'elle accepte de la part des vivans en échange. La justice de Dieu ne condamne les
hommes en ce monde qu'à de legeres peines : *Maintenant il ne punit pas les* Job. 35.
crimes dans sa severité. Dans l'autre vie, Dieu exerce sa justice avec la derniere rigueur : *Je vous dis en verité, vous ne sortirez point de là, que vous ne* Matth. 5.
ayez jusqu'au dernier sou. C'est donc toûjours une grace, quand le Seigneur
reçoit les peines de cette vie, pour compenser les peines de l'autre. Il n'a
pas coûtume de rejetter cette compensation, mais il est en droit de le faire :
il ne nous reste donc que de le prier instamment, qu'il veüille bien ne l'a pas
refuser. *Auteur moderne.*

Les saintes Lettres ne nous disent rien de plus, sinon *de prier pour les morts* : Il faut unir
tout ce que nous faisons pour eux se doit rapporter là. Ainsi jeûnons, mor- nos prieres
tifions nôtre chair, donnons l'aumône ; mais prions toûjours en même-tems au Sang de
la misericorde du Seigneur, qu'elle daigne agréer ces offrandes, si infé- Jesus-Christ
rieures aux dettes dont nous sollicitons la remise pour nos freres. Unissons pour les
encore & nos offrandes & nos prieres au Sang de Jesus-Christ, qui deman- morts.
de beaucoup plus efficacement que nous. Une des vertus principales de son
sang adorable, est d'ouvrir les prisons à tant d'ames enchaînées, que dévore
une soif ardente de voir Dieu, & que l'impuissance de se délivrer par elles-mêmes, retient dans les les fers : *C'est vous, qui par le Sang de vôtre al-* Zach. 9.
liance avez fait sortir les captifs du fond du lac qui étoit sans eau. Le Pere
Segnery.

C'est une sainte & salutaire pensée de prier pour les morts, afin que leurs
pechez leur soient remis.

Helas ! que ne vient-elle plus souvent en l'esprit des vivans, cette sainte Combien il
& salutaire pensée de prier pour les morts ! Les ames saintes qui souffrent est avanta-
dans les noires prisons du Purgatoire, pour les pechez qu'elles ont commis geux de prier
en ce monde, ne languiroient pas si long-tems dans le triste état où elles pour les
sont reduites, sans être secourues ; on s'attendriroit sur leur misere extrême, morts.
& l'on s'emploiroit auprès d'un Dieu misericordieux, pour adoucir les
rigueurs de sa justice à leur égard. Non, ces saintes ames, du milieu des
feux qui les brûlent, ne se plaindroient pas de la dureté & de l'insensibilité de leurs proches, qui les oublient dans ce triste lieu où elles sont
releguées, & qui pouvant aquitter leurs dettes à peu de frais, n'ont nulle

compaſſion des maux qu'elles endurent : mais d'où vient, je vous prie, que cette penſée ſi ſalutaire eſt ſi rarement dans l'eſprit des Chrétiens ? Et ſuppoſé même qu'elle y entre quelquefois, d'où vient qu'ils negligent les plus juſtes devoirs de l'amitié, de la reconnoiſſance, de la proximité du ſang, & de tout ce qui les attachoit par les liens les plus étroits aux perſonnes, qu'ils ont le plus tendrement cheries durant leur vie, & qu'ils les abandonnent, lorſqu'elles auroient le plus de beſoin de leurs ſervices, & de leurs charitables aſſiſtances. *L'Auteur des Sermons ſur tous les ſujets.*

Le manque de foi & de charité eſt la cauſe de nôtre inſenſibilité envers les morts. Deux raiſons, M. cauſent cette ſurprenante inſenſibilité, que nous aurions de la peine à croire, ſi nous-mêmes ne nous en ſentions coupables; ſçavoir, le defaut de foi dans les uns, & le manquement de charité chrétienne dans les autres; défauts qui ſe trouvent le plus ſouvent enſemble dans le même ſujet. On n'étoit pas fortement perſuadé de la verité du Purgatoire, & de la grandeur des peines, auſquelles les ames ſéparées de leurs corps, ſont condamnées après cette vie; ce n'eſt donc pas merveille ſi ce que la foi & la raiſon nous en apprennent, fait ſi peu d'impreſſion ſur nos eſprits. On n'a pas une veritable charité chrétienne pour ſes freres, quoique ce ſoit la vertu que le Fils de Dieu a eu le plus à cœur, & qu'il nous a le plus expreſſement commandé. Voilà en deux mots les cauſes du peu de ſecours que nous donnons aux ames de nos freres défunts; ſecours qu'ils implorent par les plus inſtantes prieres, & qu'ils demandent par les plus fortes & les plus tendres conſiderations. *L'Auteur des Sermons ſur tous les ſujets.*

L'action memorable de Judas Macchabée nous doit inſpirer des ſentimens de charité envers les morts. Judas Macchabée, le Chef & le conducteur du peuple de Dieu, pendant qu'il étoit gouverné comme une Republique, ayant fait une recolte des aumônes des fideles, envoya dix mille dragmes d'argent à Jeruſalem, afin d'offrir le ſacrifice pour l'expiation des pechez de ceux qui avoient été tuez dans une ſanglante bataille. Or, ſur cette action de pieté de ce ſage Prince, il y a bien des reflexions à faire. La premiere eſt, que l'Hiſtorien inſpiré du Saint-Eſprit, ne rapporte pas ſeulement cette action, comme une marque de la pieté de ce grand homme, ni comme un fait hiſtorique qu'il approuve, mais il lui donne des éloges, comme étant faite par un pieux ſentiment de la Religion qu'il profeſſoit : *Benè & religioſè de reſurrectione cogitans.* Et afin qu'on ne s'imagine point que ç'ait été un ſentiment particulier de ce Prince Religieux, qui ne laiſſe pas d'être d'un grand poids; l'Ecriture ajoûte que tout le peuple contribua liberalement à cette action de pieté, *collatione factà*, par où il paroît que c'étoit la croyance commune du peuple de Dieu, dans l'ancienne Loi, que les ames des défunts avoient beſoin de ce ſecours, & étoient délivrées par ces ſacrifices, de la priſon où elles étoient retenuës, avant que de joüir du repos qu'elles eſperoient; car s'ils n'euſſent pas été perſuadez de cette verité, auroient-ils employé leurs biens inutilement dans une ceremonie ſuperſtitieuſe, ſi elle n'eût été autoriſée par la Loi ? Troiſiéme reflexion, le Texte ſacré ne ſe contente pas d'approuver le fait, il approuve encore le droit; & bien loin de donner lieu de ſoupçonner qu'il y ait eu quelque apparence de ſuperſtition, dans cette pratique autoriſée par la Loi; c'eſt, conclud-t-il, une ſainte & ſalutaire penſée de prier pour les morts,

morts, afin qu'ils foient délivrez de leurs pechez, non pas de ceux qui les rendent coupables d'un fuplice éternel ; car ils étoient perfuadez, auffi-bien que nous, qu'il n'y a plus de reffource, ni de mifericorde dans ce lieu infortuné, où les Reprouvez ne fatisfont jamais, ni par eux-mêmes, ni par le fecours des autres, à la juftice de Dieu. Il falloit donc de neceffité qu'ils cruffent, comme nous, un troifiéme état, & un troifiéme lieu, où fe fit l'expiation de certains pechez qui ne méritoient pas une peine éternelle, & qui cependant les empêchoient d'attendre en repos la joüiffance du fouverain bonheur, qu'ils efperoient auffi-bien que nous. *L'Auteur des Sermons fur tous les fujets.*

Pour nous convaincre que c'étoit la croyance commune de l'ancienne Loi, de foulager les morts par les prieres. L'Ecriture rend elle-même raifon de l'action du genereux Macchabée : *Quia confiderabat quod his, qui cum pietate dormitionem acceperant optimam haberent repofitam gratiam.* Il fçavoit, ce grand Prince, & il faifoit reflexion lui-même, que ceux qui étoient morts avec pieté, & dans la foi de leurs Peres, avoient une efperance certaine que Dieu leur feroit grace, & qu'il leur donneroit la gloire après la Refurrection. Or, à quoi euffent fervi ces prieres & ces facrifices, comme ajoûte le même Texte facré, fi ce n'eût été en vûë du bonheur qu'ils efperoient, & dont ils ne pourroient joüir pendant qu'ils feroient retenus dans ce trifte lieu ? Le paffage, M. qui parle fi clairement & fi magnifiquement tout enfemble, de la priere pour le foulagement des défunts, fert à convaincre les heretiques, qui forcez par l'évidence du fait inconteftable, qui autorife & juftifie le droit, dont l'Eglife eft en poffeffion, ne pouvant en détourner le fens, comme ils font celui des autres paffages, ont pris le parti ordinaire des heretiques, qui eft que n'ofant recufer le témoignage de l'Ecriture ; puifqu'ils ne veulent point d'autre Regle de leur foi, ils rejettent & retranchent de leur propre autorité, du nombre des livres Canoniques, les livres des Macchabées, où ce fait fi authentique eft rapporté. *Le même.*

L'Ecriture nous convainc par l'exemple du genereux Macchabée, des devoirs de pieté envers les morts.

La priere pour les morts, eft plus ancienne même que l'Eglife de Jefus-Chrift ; puifque la pratique en étoit conftante dans l'ancienne Loi, & qu'outre le témoignage des Macchabées, Jofeph qui a écrit l'hiftoire des Juifs, fous les premiers Empereurs, en parle comme d'une ancienne coutume parmi ce peuple, dont leur ceremonial faifoit foi ; & nous fçavons qu'encore aujourd'hui, qu'ils font fans Temple & fans Prêtres, & qu'ils ont alteré la Loi, qu'ils avoient reçûë de Dieu, en tant d'autres chofes, ils ont confervé cette pratique, de faire des prieres folemnelles pour les morts. Telle eft la force d'une coûtume établie par une ancienne Tradition. *Le même.*

Combien eft ancienne la pieufe coutume de prier pour les morts.

Toutes les œuvres de mifericordes, faites avec un efprit & un cœur chrétien, font d'un grand prix & d'un grand mérite. Quoi de plus loüable, quoi de plus doux, que de faire du bien à un malheureux ; & fans s'incommoder, rendre la tranquillité, la joye même, à un efprit tenté fouvent de defefpoir, à un cœur confumé de douleur & de trifteffe. Ce font les effets de ces vifites charitables des pauvres, des malades, ou des pauvres honteux ; de ces vifites confolantes des malheureux dans les prifons :

Il n'y a d'action plus loüable, & même plus avantageufe pour nous, auffi bien que pour les fidéles défuns, & c'est singulierement à ces œuvres de misericorde, que Dieu veut bien attacher la félicité & la gloire éternelle. Cependant ces pauvres malades, & ces prisonniers seront peut-être des reprouvez, qui maudiront Dieu éternellement dans les enfers. N'importe, la bonne œuvre a toûjours son mérite & sa recompense. Quelle recompense donc, & quel mérite ne doivent pas avoir les charitez que l'on fait aux ames du Purgatoire ; puisqu'outre le mérite de la bonne œuvre, & de la charité qui lui est commun avec toutes les autres œuvres de misericorde : on a l'honneur & la consolation de soulager, de réjoüir, de tirer des plus horribles tourmens, des ames predestinées, des épouses du Sauveur, dont la place est marquée dans le séjour de la gloire ? Quel avantage de tirer des fers un Prince, une Princesse, une Reine ! A quoi ne doit pas s'attendre un tel liberateur ? Aussi voit-on l'attention de l'Eglise, de ne laisser passer aucun mois de l'année, aucune semaine, aucun jour même, sans faire quelque priere pour le soulagement des ames fidéles qui souffrent dans le Purgatoire ; & la pratique de tous les tems autorise cette devotion. *Le P. Croiset, dans ses Exercices de pieté.*

les défuns, & c'est singulierement à ces œuvres de misericorde, que Dieu veut bien attacher que de les soulager dans leurs souffrances.

Si nous negligeons de soulager les ames saintes, qui souffrent en Purgatoire, Dieu permettra aussi que quand nous y serons, personne ne pensera à nous ; mais si nous sommes charitables envers elles, on le sera également envers nous ; c'est donc une pensée sainte & salutaire de prier pour les défunts ; puisqu'en cela nous ferons une action agréable à Dieu, qui, aimant ces saintes ames, ne demande autre chose, que de les voir tirées des mains de sa justice ; ajoûtez à cela, que ce seront autant d'amis que nous nous ferons auprés de Dieu ; car ces ames étant délivrées de leurs peines par nôtre moyen ; que ne feront-elles pas pour nous, quand elles seront dans la gloire ? Sur-tout lorsqu'elles nous verront dans ces flammes, dont nous les aurons retirées, & que selon toutes les apparences, nous n'éviterons pas ? Il faut peu de chose, si l'on peut parler ainsi, pour tomber dans ces feux. Une petite negligence au service de Dieu, un petit mensonge, une legere impatience, sont capables de nous y jetter : *Illo transitorio igne, de quo dixit Apostolus, ipse autem salvus erit, sic tamen per ignem, non capitalia, sed minima peccata purgantur. Considerations chrétiennes.*

En tâchant de délivrer les ames du Purgatoire, nous nous faisons des amis auprés de Dieu.

Cæsarius.

C'est une verité constante, que la charité chrétienne, soit celle que nous avons pour Dieu, soit celle que nous avons pour le prochain, ne peut subsister sans la foi, & même selon le sentiment de l'Apôtre, elle soit toûjours dans ses operations les lumieres de la foi qui la regle, & qui la conduit : *Charitas quæ per fidem operatur.* C'est pourquoi persuadez, comme vous le devez être, de la verité d'un Purgatoire, & que les ames de nos freres souffrent dans ce lieu de tourmens ; car je puis bien l'apeller de ce nom, puisque les Saints Peres ne font point de difficulté de lui donner celui même de l'enfer, quoiqu'avec des modifications qui le distinguent du lieu où souffrent les victimes infortunées de la vengeance éternelle de Dieu. Persuadez, dis-je, que nos Peres souffrent dans ce lieu de tourmens ; je n'aurai pas grande peine à vous montrer que la charité nous oblige à les secourir. Je tâcherai de vous suggerer les motifs les plus pressans, & les plus capables d'exciter cette charité envers ces saintes ames, & de rallumer ce feu presque éteint, que le Fils de Dieu est venu aporter sur la terre ; je me con-

La charité nous oblige à prier pour les morts.

Galat. 5.

ente aujourd'hui , de vous reprefenter les plus communs , & qui engagent e plus indifpenfablement tous les Chrétiens en general , à s'acquitter de ce devoir. *L'Auteur des Sermons fur tous les fujets.*

Le premier eft pris de l'union que nous avons avec les ames fidéles , en qualité de membres du même Corps myftique du Sauveur , qui eft le Chef de fon Eglife partagée en trois états qui le compofent. En effet , il n'y a point de Chrétiens qui ne doivent fçavoir qu'une partie de cette Eglife eft triomphante dans le Ciel , comme étant heureufement arrivée au glorieux erme où nous efperons tous ; c'eft là qu'elle joüit de la recompenfe de fes ravaux , & qu'elle poffede le fouverain bonheur , qui fait l'objet de nos efperances. L'autre partie de cette Eglife combat ici , & c'eft pour cela que nous l'apellons Militante , expofée aux perils & aux hazards , que nous courons dans cette carriere mortelle , dans une égale incertitude , & de nô-re falut à venir ; & fi nous fommes prefentement agréables aux yeux de la divine Majefté. La troifiéme partie de cette Eglife , eft fûre à la verité de fon fouverain bonheur , qui ne lui peut manquer un jour ; mais elle en fouffre le retardement , condamnée qu'elle eft , par arreft de fa divine ju-ftice , à payer les dettes qu'elle a contractées en ce monde , & à fouffrir une peine douloureufe & affligeante pour les pechez qu'elle a negligé d'ex-pier par une penitence falutaire , & c'eft de là qu'elle a retenu le nom de fouffrante. *Le même.*

L'union que nous avons avec nos fre-res, nous doit engager à prier pour eux , comme étant avec eux les mem-bres de J. C.

Nous devons contribuer par nos prieres au bonheur des fidéles qui font decedez ; parce qu'ils font nos freres , & parties d'une même Eglife. Nous pouvons les affifter de nos prieres , les foulager par nos aumônes , & payer leurs dettes par les fatisfactions que nous offrons pour elles à nôtre commun chef. Qui peut donc douter que la charité ne nous y engage ? Ce font nos freres & nos proches , finon felon la chair , du moins felon l'efprit , qui doit être un lien plus étroit & plus fort , pour nous unir enfemble en quali-té de Chrétiens , qui font membres d'un même chef , & qui compofent un même corps. Une partie de ces membres eft foible , pour parler dans le langage , & dans la fimilitude de l'Apôtre : *Membra corporis infirmiora ;* elle eft incapable d'agir , & de fe procurer le moindre foulagement. Or , dans l'impuiffance où font ces ames faintes , de fe délivrer des maux inconceva-bles qu'elles endurent , & quelquefois même à nôtre occafion , avec quel foin & quel empreffement ne devons nous pas nous porter à les fecourir ? *Mortuo ne prohibeas gratiam* , s'écrie le Sage ; ne refufez pas au mort la gra-ce , & le feul bien que vous lui pouvez faire , qui eft de foulager les pei-nes qu'il fouffre : Ne foyez pas le feul , qui lui refufiez vôtre fecours ; l'E-glife le reconnoît pour un de fes enfans , & elle a inftitué des prieres pour fon repos ; le Sauveur des hommes a verfé fon Sang pour lui , il ne tient plus qu'à le lui apliquer : d'ailleurs , c'eft vôtre frere , fils du même Pere celefte , membre du même corps : *Mortuo ne prohibeas gratiam.* C'eft une inhumanité & une barbarie de ne pas écouter la voix de la nature ; comme fi un frere , felon le fang , refufoit à fon frere l'affiftance neceffaire dans une preffante neceffité. Ce feroit une chofe inoüie , que les membres d'un mê-me corps , refufaffent de s'entre-foulager ; que la main , par exemple , refu-fât d'appliquer le remede au pied : he ! quel jugement doit-on faire des

Suite du mê-me fujet.

Eccli. 17.

Chrétiens liez ensemble par la grace, qui est le lien le plus étroit, refuser ou negliger les fidéles défunts, dans le plus pressant de tous les besoins, dans l'impuissance de se soulager eux-mêmes? N'est ce pas oublier le plus juste devoir, & manquer à la plus importante des obligations de la charité, qui doit s'étendre sur tout le monde? *Mortuo ne prohibeas gratiam.* Non, M. les devoirs de la charité chrétienne ne se bornent point au tems de cette vie; & si l'Apôtre nous aprend qu'elle ne se perd jamais, mais qu'elle demeure jusques dans le séjour de la gloire, après même que la foi a disparu par la claire vûë du souverain bien, & que nôtre esperance a fait place à la possession de l'objet que nous poursuivons; l'ardeur de cette même charité qui a uni des Chrétiens vivans, ne doit pas se ralentir, ni se perdre par la séparation qui se fait à la mort des uns; ceux qui restent la doivent conserver toute entiere; & comme on est en état de rendre les plus importans services au prochain, qui en a le plus de besoin, & qui est hors d'état lui-même de se secourir, ne doit-on pas dire, que c'est en cette occasion que nous en devons donner des témoignages réels, effectifs & essentiels, par l'avancement de leur bonheur que nous leur devons procurer: *Mortuo ne prohibeas gratiam.*

C'est par les prieres envers les morts, que l'on distingue la charité chrétienne d'avec l'amitié humaine.

Une autre raison qui nous oblige à employer tous nos efforts pour soulager nos freres retenus dans le Purgatoire, est que ce secours, que nous leur pouvons rendre, distingue proprement la charité chrétienne, des devoirs de l'amitié humaine, que les vivans rendent à leurs amis & à leurs proches défunts; car en vûë de cette amitié, les uns deplorent le sort de leurs amis, & arrosent leurs tombeaux de leurs larmes; quelques-uns en paroissent inconsolables, & l'on en a vû, que l'excès de la douleur a porté jusqu'à s'ensevelir dans le même sépulchre, ou à se jetter dans le bûcher, qui consumoit leur corps, pour mêler leurs cendres avec celles de leurs amis; & d'autres enfin ont tâché de se consoler de leur perte par la magnificence des obséques & de la pompe funebre dont ils les ont honorez après la mort. Ce sont à la verité des marques d'une amitié constante; mais devoirs inutiles! foibles soulagemens des vivans, plûtôt que des morts, s'écrie saint Augustin; témoignages équivoques de la douleur & de l'amitié de ceux qui souvent marquent être les plus sensiblement touchez de la mort d'un ami! Non, ce n'est point en cela que consiste la charité chrétienne, laquelle est également éloignée de la stupidité stoïque, qui n'est sensible à rien, & des sentimens trop vifs, que la nature & la tendresse de l'amitié excitent dans le cœur des autres. Elle ne condamne point la douleur, que l'amitié inspire dans ces fâcheux accidens; mais elle la modere, & la retient dans de justes bornes: *Modicum plora super mortuum, & fac planctum secundum meritum ejus*, dit le Saint-Esprit, par la bouche de l'Ecclesiastique. Mais cette même charité ne se contente pas aussi d'un lugubre appareil; non, elle ne se borne pas là, elle donne des marques plus solides de pieté & de religion; car elle procure à nos freres la joüissance du repos & du bonheur éternel, sur lequel ils ont déja un droit acquis; mais qui n'en sont pas encore en possession. Cette charité mêle des prieres avec ses larmes, elle soulage les peines & les douleurs ameres des défunts, au lieu de chercher à adoucir les siennes propres; si elle fait faire quelque dépense pour honorer

Eccl. 12.

les obféques des défunts , elle fait encore plus d'aumônes pour acquitter les dettes , dont ils font redevables à la juftice de Dieu ; & méprifant le fafte qui femble les vouloir faire triompher de la mort , par une efpece d'immortalité qu'on tâche de leur procurer dans le fouvenir de la pofterité , elle leur en procure une réelle & une veritable dans le féjour même de la gloire. *L'Auteur des Sermons fur tous les fujets.*

La veritable charité fe fait connoître dans les prieres que l'on fait pour les morts ; c'eft ce qui la diftingue de l'amitié humaine , laquelle ou finit à la mort ; ou fi elle s'étend au-delà du tombeau , ce n'eft plus qu'une ceremonie de bienféance ; & comme l'apeke faint Auguftin , des devoirs dont l'humanité nous oblige de nous acquitter ; mais inutiles au repos & à l'avancement du bonheur de celui à qui on les rend : *Humanitatis officia , non vitæ æternæ præfidia.* Car enfin de quoi leur peuvent-ils fervir ? Les connoiffent-ils ces témoignages d'amitié , ces marques de vôtre fouvenir ? Et fi Dieu les leur fait connoître , y font-ils fenfibles ? Qu'ont-ils befoin de vos larmes , de ce deüil , de ces dépenfes exceffives ? Ils exigent de vous des devoirs plus chrétiens , & une charité plus folide , dont les effets & les marques font d'implorer pour eux la mifericorde du Seigneur ; les aider à fatisfaire à fa juftice par les jeûnes , & par les autres bonnes œuvres , que vous offrirez à ce deffein. Au lieu donc d'honorer leur tombeau , de faire mettre leurs armes dans les Eglifes , & de traîner un grand deüil , faites offrir des facrifices & des prieres , afin de folliciter la divine mifericorde en leur faveur. C'eft ce qu'au raport de faint Jerôme , fit l'illuftre Pammachius , auffi diftingué par fa pieté que par le rang qu'il tenoit dans le monde. La mort lui avoit enlevé fon Époufe en la fleur de fon âge ; il l'avoit cherie par devoir & par inclination; car elle lui reffembloit en mérite & en vertu , étant fille de l'admirable fainte Paule , & n'ayant jamais degeneré de la pieté de fes ancêtres. Pammachius eut autant de charité pour elle après fa mort , qu'il lui avoit temoigné d'affection durant fa vie; au lieu de jetter des fleurs fur fon tombeau , dit ce Pere , & d'employer une partie de fes biens à lui faire faire de magnifiques obféques , ou de marquer fa douleur par fes larmes ; il affembla tous les pauvres fur le tombeau de cette illuftre défunte , & arrofa , comme parle ce faint Docteur , du baume de l'aumône , fes cendres & fes offemens : *Sanctum ejus favillam , offaque veneranda eleemofyna balfamo irrigabat.* Voilà les marques d'une fainte amitié , ou plutot d'une charité parfaite. C'eft temoigner qu'on eft bon ami , bon pere , bon parent , bon époux ; & que la charité chrétienne nous a unis en ce monde , quand on n'oublie point après la mort , ceux qu'on a tendrement aimez durant leur vie. *L'Auteur des Sermons fur tous les fujets.*

La charité chrétienne ne doit pas être fujette à l'inconftance ; l'intervalle du tems ni des lieux ne doit jamais empêcher que les Chrétiens ne foient unis enfemble , & ne s'entre affiftent ; & fi elle ne fe perd point dans le Ciel , elle doit encore moins fe perdre ou s'affoiblir envers ceux qui font dans le Purgatoire , & qui ont befoin d'un prompt fecours ; & c'eft particulierement en ce fens , que l'on doit dire que la charité eft plus forte que la mort & que l'enfer ; c'eft-à-dire , qu'elle doit paffer jufques dans cette prifon foûterraine , qui fépare ces ames faintes du féjour des lumieres : *Fortis ut mors*

Suite du même fujet.

Les fidéles doivent toûjours faire paroître une charité conftante, & furtout envers les morts.

dilectio, *& dura ficut infernus æmulatio.* Elle doit donc s'étendre jufques-là, & n'oublier jamais ceux que la mort a enlevez à nos yeux, & releguez dans cette region de tenebres & de fouffrances. Mais quelle dureté & quelle infenfibilité dans la plûpart des Chretiens? qui, après avoir conduit leurs proches & leurs amis jufqu'au tombeau, les y laiffent; & après quelques jours de deüil, les mettent entierement en oubli. Car c'eft la coûtume de la plûpart des hommes; & ce qui a fait dire au faint Roi Prophete: *Oblivioni datus fum, tanquam mortuus à corde.* On fe fouvient auffi peu de moi que d'un mort, auquel on ne penfe plus, après quelques devoirs funebres qu'on lui a rendus. C'eft ce dont fe plaignent avec juftice, les ames du Purgatoire: Helas! quelques-uns vivent dans des papiers qui font mention d'eux, ou dans les écrits qu'ils ont laiffez, ou bien qu'on fait d'eux, de leur vie & de leurs actions; d'autres vivent par leur réputation dans la memoire des hommes, & dans la bouche de ceux qui parlent d'eux avec honneur; d'autres enfin vivent en quelque maniere dans l'épitaphe de leur tombeau; mais prefque tous meurent dans le cœur de leurs proches, de leurs amis, de leurs enfans; parce qu'ils ne les fecourent point par leurs prieres & par leurs bonnes œuvres: *Oblivioni datus fum, tanquam mortuus à corde.* Ah! M. fi nous fommes bien convaincus de la verité du Purgatoire, & du befoin que ceux qui y font releguez, ont de nôtre fecours; defcendons fouvent de penfée dans cette Region des morts, confiderons le trifte état où ces ames font reduites, & que la charité nous donne des entrailles de compaffion pour foulager leur mifere. Mais ne nous contentons pas d'une compaffion fterile, offrons pour elles des prieres & des aumônes, & fur-tout le facrifice de l'Autel, pour leur délivrance; nous n'obligerons pas des ames ingrates, mais reconnoif-fantes au poffible, & qui emploiront leur crédit auprès de Dieu pour nous procurer le bonheur dont nous les aurons mifes en poffeffion. *L'Auteur des Sermons fur tous les fujets.*

Les ames des fidéles qui fouffrent dâs le Purgatoi-re, fe recom-mandent à nos prieres pour abeger leurs peines.

Je ne doute point que les ames qui font dans le Purgatoire ne fouffriffent volontiers tous les tourmens imaginables pour avancer d'une heure feule-ment la joüiffance d'un fi grand bien: mais c'eft à vous, M. qu'elles s'adref-fent pour l'obtenir, Dieu eft fourd à leurs cris & à leurs prieres; mais il fe rend facile aux vôtres; il accordera à vos demandes ce qu'il refufe à leurs plus inftantes follicitations. Oüi, ces faintes ames vous prennent aujourd'hui pour leurs mediateurs auprès de leur Pere irrité; il eft en colere contre el-les; vous pouvez faire leur paix, en vous entremettant pour elles; refufe-rez-vous de vous y employer? Ces aimables époufes du Juge qui les punit fi rigoureufement vous conjurent de le folliciter en leur faveur; parce qu'elles ne font plus en état d'être écoutées, & de fatisfaire; & pour cela, ce qu'el-les demandent de vous, eft fi peu de chofe, que c'eft la derniere cruauté de le leur refufer. Rendez-vous donc en quelque maniere leur Sauveur, en avançant leur bonheur éternel, & en arrêtant la main de Dieu, qui non-feulement les repouffe de fa prefence: mais en fecond lieu, qui les éloigne du féjour de leurs délices, & du lieu de leur bonheur. C'eft le Ciel après lequel elles foupirent inceffamment; en forte que fi le défir de voir Dieu, dont elles font privées pour un tems, les afflige inconfolablement; le regret

de fe voir éloignées de cette bienheureufe demeure, augmente encore leur douleur. *Le même.*

Ces ames qui languiffent dans les fouffrances, confiderent cet heureux fé- **Combien font**
jour, comme leur chere Patrie ; elles s'en forment une haute idée ; elles **grandes les**
l'envifagent comme une partie de leur beatitude ; & comme elles en font **fouffrances &**
bannies par arrêt de ce Juge fouverain, & repouffées fur le point qu'elles **les chagrins**
ont d'y entrer ; il ne faut point douter que ce retardement ne leur caufe une **des ames du**
douleur plus fenfible & plus affligeante, que ne feroit celle d'un voyageur, **Purgatoire.**
qui après une courfe de plufieurs années, & des empreffemens inquiets de
revoir fon païs, fe verroit arrêté par un fâcheux accident, qui l'obligeroit
d'attendre encore long-tems. Ce regret & ce déplaifir eft fi chagrinant, que
Dieu même ne trouva rien de plus fenfible, pour punir Moïfe d'une petite
infidelité qu'il avoit commife à fon fervice, que de lui montrer de loin la
terre promife, après laquelle il foupiroit depuis quarante ans : *Vide terram & **Deuter. 31.***
morere. La voila cette terre, l'objet de tes vœux, de tes plus ardens defirs;
tu la vois, mais contente toi de la voir, tu n'en aprocheras pas. Helas ! M.
cette terre où devoit naître un jour un Homme-Dieu, étoit-elle comparable à
celle des vivans, où le Monarque du Ciel & de la Terre étale toute fa gloire ?
Vide, vide terram & morere : Regarde cette terre, dira-t-on alors à une ame
retenuë dans une affreufe prifon, c'eft ta chere Patrie, c'eft le féjour de toutes les délices, c'eft le lieu où tu afpires depuis fi long-tems ; regarde-la donc
cette terre, & meurs à chaque moment de deplaifir ; parce que le tems de
ton exil n'eft pas encore expiré : *Heu mihi ! quia incolatus meus prolongatus* **Pfal. 119.**
eft ! Peut-elle s'écrier, faut-il demeurer ici pour fi long-tems ? Ce regret dont
elle eft fi fenfiblement penetrée, lui fait pouffer mille foûpirs & mille fan-
glots à tout moment ; parce qu'elle a toûjours cette penfée prefente & actuelle, & que la violence du defir qu'elle a du lieu où elle afpire, ne lui permet pas d'en divertir fon efprit. Or, fi par vos prieres & par vôtre fecours,
vous abregez fon exil, & la mettez en poffeffion du bien qu'elle fouhaite fi
ardemment, quelle obligation ne vous aura-t-elle pas ? *L'Auteur des Sermons
fur tous les fujets.*

Si en même-tems que Dieu repouffe ces ames affligées, par la main de fa **Combien eft**
juftice, nous leur tendons une main charitable, pour les tirer de cet état, **grande la re-**
pour leur ouvrir le Ciel, & pour leur procurer la poffeffion de Dieu même, **connoiffance**
de quel bienfait ne vous feront-elles point redevables ? Et quelle obligation ne **des ames du**
vous auront-elles point éternellement ? Vous, M. qui faites profeffion de **Purgatoire**
pratiquer les œuvres de charité, je les approuve toutes, elles font toutes de **envers ceux**
grand prix aux yeux de Dieu ; mais quand en pratiquerez vous une plus no- **qui prient**
ble & plus excellente, dans une neceffité plus preffante envers des perfonnes **pour leur dé-**
qui le méritent mieux, ou qui foient dans une plus grande impuiffance de fe **livrance.**
procurer du fecours ? Ce n'eft pas une piece d'argent que vous donnez à un
pauvre pour vous délivrer de l'importunité qu'il vous caufe ; c'eft le Ciel,
avec toutes fes richeffes, que vous leur donnez, ou du moins dont vous leur
avancez la poffeffion : Vous ne revêtiffez pas un miferable tout nud, c'eft
la robe de gloire que vous donnez à une ame qui en auroit été privée peut-
être des années entieres ; ce n'eft pas feulement un neceffiteux, & preffé
de la faim, auquel vous donnez un morceau de pain, c'eft un Saint que vous

allez raffafier d'un torrent de délices ; ce n'eſt pas un priſonnier que vous
viſitez , ou que vous retirez d'un cachot, ce doit être un habitant de la
Cour céleſte à qui vous allez procurer la liberté des enfans de Dieu , en le
retirant de ces priſons de ténèbres. Non , M. on ne peut pratiquer la charité
dans un plus haut point que d'être charitable envers ceux mêmes à qui Dieu
ſe montre le plus ſevere , & d'être d'autant plus miſericordieux à leur égard,
que Dieu ſemble exercer ſa juſtice avec plus de rigueur. *L'Auteur des Ser-*
mons ſur tous les ſujets.

Les perſon-
nes qui ne-
gligent de
prier pour les
morts , Dieu
permettra
auſſi qu'on
les oubliera
après leur
mort.

Joëlis 3.

Voici le châtiment dont Dieu menace ſon peuple par le Prophete Joël :
Reddam viciſſitudinem vobis. Je vous rendrai la pareille , & je vous traiterai
de la même maniere que vous aurez traité vos freres : on vous refuſera une
goûte d'eau pour rafraîchir l'ardeur qui vous brûlera dans ce triſte lieu ,
parce que vous avez refuſé aux autres les miettes de vôtre table ; c'eſt-à-dire,
quelque part en vos prieres , & quelque reſte de vos ſatisfactions , à ceux qui
languiſſoient dans les priſons de ma juſtice. En vain ils ont imploré vôtre ſecours , vous implorerez en vain celui des autres ; vous avez mis en oubli vos
plus proches , & vos plus chers amis ; on vous oubliera à vôtre tour , & on
ne ſe ſouviendra plus de vous après vôtre mort : *Reddam viciſſitudinem vo-*
bis. . . eâdem menſurâ , quâ menſi fueritis , remetietur vobis. Vous vous êtes
contentez de quelques legeres prieres , lorſque vous avez apris la nouvelle de
leur mort , & vous avez plûtôt cherché à vous conſoler de leur perte , qu'à
les ſoulager dans leurs peines , au lieu de prieres , de jeûnes & d'aumônes
que vous pouviez faire pour les délivrer ; vous vous êtes vous-mêmes livrez
à la douleur , & à d'inutiles regrets , d'avoir perdu l'appui de vôtre famille,
ou l'eſperance de vôtre fortune ; voilà comme Dieu permettra qu'on ſe com-
porte envers vous , on vous pleurera durant quelques jours , & l'on conſume-
ra en plaintes , en ſoûpirs , & en condoleances inutiles qu'on fera ſur vôtre
deceds , un tems qu'on pouvoit employer à ſatisfaire à la juſtice de Dieu ; on
ſongera à vos obſeques , à executer vos dernieres volontez , à vous dreſſer un
magnifique tombeau , à publier par tout vôtre éloge ; mais perſonne ne ſongera à prier pour vous : *Reddam viciſſitudinem vobis. L'Auteur des Sermons ſur*
tous les ſujets.

Le fruit des
prieres que
l'on fait pour
les morts, eſt
appliqué à
ceux qui ont
prié, pendant
leur vie, pour
les ames du
Purgatoire.

Du moins , dites-vous , je participerai aux ſuffrages communs de toute l'E-
gliſe ; & ſi perſonne en particulier ne ſe ſouvient de moi , j'aurai part à cet
amas de prieres que les fidéles offrent tous les jours en general , & à la devotion qui en porte ſouvent pluſieurs à prier pour les délaiſſez , & pour ceux à
qui on penſe le moins. L'Egliſe même dans les ſacrifices qu'elle offre pour
ce ſujet , ne recommande-t-elle pas à Dieu , les ames de tous les défunts ?
Vaine eſperance , mon cher Auditeur , & ſi vous penſez vous excuſer ſur ce
pretexte, que vous deplorerez un jour vôtre illuſion ! Car enfin êtes-vous ſi
peu inſtruit de l'effet des prieres , & des ſatisfactions qu'on offre pour les
morts , que vous ne ſçachiez pas encore que ce qui eſt preſenté à Dieu pour
leur délivrance , ou pour l'adouciſſement de leurs peines , eſt offert par maniere de ſuffrage , & que Dieu ſe reſerve toûjours le droit de l'apliquer , à
qui il lui plaît , & autant qu'il lui plaît ; autrement il ne faudroit qu'offrir une
ſeule fois le ſacrifice de l'Autel , pour éteindre toutes les flammes du Purgatoire , & pour délivter tous ceux qui ſont dans ces triſtes priſons. Or , l'aplication

cation de ces suffrages étant entre les mains de Dieu, il dispose des actions de charité que font les vivans pour le soulagement des morts, selon les ordres de sa justice, & comme la regle de sa conduite envers les personnes pieuses, est de les recompenser, ou de les punir selon la mesure de la charité qu'elles auront exercée envers le prochain ; ces prieres & ces satisfactions seront apliquées à celles qui auront secouru les autres pendant qu'elles ont vêcu ; pour vôtre égard, il usera de toute la sévérité de sa justice : *Judicium sine misericordia iis qui non faciunt misericordiam.* Selon cette regle etablie par sa sagesse, ce qu'on lui offrira pour vous, sera apliqué à ceux qui ont été plus charitables, plus zelez & plus réguliers à s'apliquer à ce devoir. *Le même.*

Jacobi c. 2.

Quand on oublie ceux qui nous ont été autrefois chers, ce ne peut être qu'une dureté de cœur, & une insensibilité criminelle, qui a fait succeder la froideur, l'indifference & l'oubli profond à la plus ardente affection, à l'amitié la plus tendre, a l'estime la plus juste que nous avions pour eux, & aux dernieres obligations que nous avons encore à quelques-uns ; vous apelleriez cela infidelité, ingratitude, mauvais naturel, & une cruauté envers les vivans. Hé ! d'où vient que cela même est compté comme pour rien, à l'égard des morts ? Quand nous serions persuadez que leurs ames auroient eu la même sort que leurs corps, & qu'il ne resteroit rien d'eux que le nom & le souvenir, encore serions-nous obligez de cherir leur memoire ; mais instruits & éclairez comme nous le sommes sur l'état de nos ames après la mort, dans la connoissance de ce qu'elles souffrent pour l'expiation des pechez commis en cette vie, & du besoin qu'elles ont de nôtre secours, les oublier, les méconnoître, les abandonner, n'y penser presque jamais, ou bien y penser sans les secourir ? Amis infideles ! enfans dénaturez ! hommes insensibles ! pouvez-vous trouver étrange qu'on vous rende la pareille, ou que pourrez-vous attendre autre chose, que d'être traité un jour avec la même rigueur ? *L'Auteur des Sermons sur tous les sujets.*

Oublier ou négliger ceux qui ont été autrefois nos amis c'est être infidele; qu'est ce dóc à l'egard des morts qui nous ont été fideles,& que nous avons dû cherir.

Nous voyons parmi les hommes qu'on a peu de compassion pour ceux qui ont été impitoyables envers les autres ; que quand une personne reçoit le même traitement qu'elle faisoit à tout le monde, on se récrie que Dieu est juste, & qu'il la punit comme elle le méritoit. Que souvent même la justice humaine condamne un criminel à subir les mêmes peines qu'il a fait souffrir aux innocens ; rien n'est plus conforme à l'équité naturelle, que ce procedé, & personne en un mot n'a droit de se plaindre, même en secret quand on use de la même severité envers lui, dont il a usé envers les autres le premier. Or, M. c'est l'ordre que la justice de Dieu observe dans les châtimens des crimes des hommes ; quelquefois dans cette vie, mais toujours & immanquablement dans l'autre, comme l'Ecriture nous l'aprend. Le Riche reprouvé, dont parle l'Evangile, avoit refusé les miettes de sa table au pauvre Lazare qui mouroit de faim à sa porte, & lorsque ce Riche impitoyable fut enseveli dans l'enfer, on lui refusa une goute d'eau, pour moderer l'ardeur de sa soif plus ardente, que les feux mêmes qui le bruloient ; l'insensibilité de ce barbare fut punie par le même refus qu'il avoit fait à un pauvre languissant ; & c'est un plaisir de voir comme les saints Peres, & particulierement saint Chrysostome, font valoir ce retour si juste, le refus d'une goute

La justice de Dieu se comportera à nôtre égard comme nous nous sommes comportez à l'égard des ames du Purgatoire.

d'eau , pour punir le refus d'une miette de pain ; & comme Abraham ne fut point touché du miferable état , & des tourmens infuportables de celui qui n'avoit eu nulle compaffion de la mifere d'autrui ; ce faint Patriarche rebuta avec reproche les prieres de celui qui avoit fermé fes oreilles aux cris & aux gemiffemens d'un pauvre qui mouroit de faim , & qui reclamoit fon affiftance ; il témoigna même de l'infenfibilité à celui qui avoit eu une telle dureté de cœur envers un pauvre reduit à la derniere neceffité. Terrible exemple de la juftice de Dieu dans l'autre vie , & quelque difference qu'il y ait entre une ame reprouvée dans l'enfer , & une ame fainte & amie de Dieu dans le Purgatoire , cette juftice ne change rien dans cet ordre , qui eft de garder la même conduite qu'elles auront euë dans ce monde , à l'egard de leurs freres , qu'elles pouvoient aider dans un femblable befoin. *L'Auteur des Sermons fur tous les fujets.*

Les prieres que nous faifons pour les ames du Purgatoire ne fçauroient être que trés-utiles , puifque le Fils de Dieu même s'en eft rendu garant.

Matth. 25.

Quand les vivans vous oublieroient , & que les ames que vous aurez foulagées , ne feroient pas affez puiffantes pour s'opofer aux arrêts de la juftice de Dieu , je vous donne un troifiéme garant de la verité que j'ai avancée ; c'eft le Fils de Dieu lui-même , puifqu'il veut bien fe charger de l'obligation que vous auront les ames que vous foulagerez , & vous être en quelque maniere redevable de tout le bien que vous leur aurez fait. Car il s'enfuit de là , qu'il nous en fçaura le même gré , & qu'il nous donnera un jour la même recompenfe , que fi nous l'avions retiré lui-même du milieu de ces flammes impitoyables , & que fi nous lui avions ouvert le Ciel. Car enfin fi dans les aumônes que nous faifons , il daigne bien les compter comme autant de bienfaits qu'il a reçûs de nous : *Efurivi , & dediftis mihi manducare , nudus eram, & cooperuiftis me , in carcere eram & vifitaftis me.* Quelle obligation ne témoignera-t il point à ceux , qui dans la perfonne de leurs freres , l'auront délivré de cette affreufe prifon ? Que dira-t il à ceux qui par leurs prieres auront apaifé la colere de Dieu , éteint les feux qui le bruloient , payé les dettes dont il étoit redevable ? Comment recevra-t-il ceux qui l'auront raffafié des delices du Ciel , qui l'auront délivré de tant de peines , & comblé de tant de joyes ? Lui qui eft liberal jufqu'à promettre tout fon Royaume pour un verre d'eau donné par charité & en fon nom ? Peut-on douter , M. qu'il ne reconnoiffe tant de bienfaits renfermez dans ce feul bienfait par toutes les marques de bienveillance , qu'on doit attendre de lui ? *Le même.*

Il faut prier pour les ames du Purgatoire comme nous voudrions qu'on priât pour nous , fi nous fouffrions les mêmes peines.

Vous efperez , M. un jour entrer dans le Ciel , ce doit être l'objet de vos vœux & de vos défirs , fi vous avez des fentimens chrétiens , le moyen d'y parvenir , vous le fçavez , c'eft une fainte vie , la foi & les bonnes œuvres ; voila la voye qui y conduit. Mais puifque la même foi nous apprend en-mêmetems qu'il y a un milieu entre le Ciel , qui eft le féjour des Bienheureux , & l'enfer qui eft la demeure éternelle des Reprouvez ; & que ce milieu que nous apellons Purgatoire , nous ferme pour un tems l'entrée du Ciel , & retarde nôtre fouverain bonheur , vous avez fi vous voulez un moyen fûr & infaillible d'arriver à cet heureux terme ; c'eft , felon le confeil du Fils de Dieu même , de faire aux autres ce que vous fouhaitez qu'on vous faffe à vousmême , & de vous faire en cette vie des amis qui vous reçoivent dans les Tabernacles éternels ; vous pouvez vous faire ces amis non-feulement du trefor d'iniquité que vous avez peut-être amaffé , mais encore du trefor

de vos bonnes œuvres, de vos prieres & de vos satisfactions, dont vous
pouvez soulager les ames du Purgatoire ; ces ames saintes & bienheureuses vous ouvriront la porte du Ciel de même maniere que vous la leur
aurez ouverte à elles-mêmes ; le Fils de Dieu qui l'a méritée, & qui en
a fait la conquête pour tous les hommes, vous apliquera la vertu de son
sang d'une maniere particuliere pour vous faciliter cette entrée ; & la
charité à laquelle le Ciel est particulierement promis pour recompense,
vous en avancera la possession. *Le même.*

Quelle obligation ne vous auront point ces saintes ames, que vous aurez secouruës si à propos, & dans un si pressant besoin ? Estant genereu-
ses au point qu'elles le sont, elles reconnoîtront, on n'en peut douter,
cet insigne bienfait, & ne manqueront pas de vous le rendre à leur tour.
Car, M. rien n'est perdu de ce que l'on fait pour elles, pour peu qu'on
leur donne, elles s'en sentent toûjours infiniment obligées, & jamais elles
n'oublient le bien qu'elles ont reçû de nous, dans leur necessité extrême,
lorsqu'elles ne pouvoient se soulager elles-mêmes, & encore moins les
unes les autres ; en quoi il y a cette difference entre elles, & les plus affligées qui vivent sur la terre, qu'il n'y a point de miserable qui soit reduit à un si pitoyable état, qu'il ne puisse faire quelque effort pour s'aider,
ou du moins qui ne puisse être secouru des autres ; mais ces pauvres ames
ne sçavent à qui s'adresser, Dieu ne les écoute plus, leurs freres, leurs
amis, leurs plus proches les ont entierement oubliées ; elles ont beau pousser
des cris vers le Ciel, il est sourd à leurs plaintes, c'est inutilement qu'elles implorent le secours de ceux qu'elles ont laissé sur la terre ; il y a un
cahos, & un intervalle immense qui les en sépare ; le tems qui leur étoit
donné pour acquitter leurs dettes, est passé, la mort est venuë, & cette
fatale nuit durant laquelle on ne peut plus agir par voye de mérite : or,
dans ce déplorable abandon, vous les avez secouruës & retirées de ce lieu
de tenebres & de miseres, vous leur avez procuré le comble de leurs désirs;
seroient-elles saintes, si elles pouvoient être ingrates ? Et seroient-elles justes,
si elles n'étoient reconnoissantes ? Quelles prieres ne feront-elles point pour
vous, lorsqu'elles seront écoutées dans le Ciel ? Se lasseront-elles jamais de
solliciter la misericorde de Dieu en faveur de ces personnes charitables ?
Quelles graces n'obtiendront-elles pas par leurs instantes & continuelles sol-
licitations ? Et quand Dieu sera prêt de vous condamner aux mêmes suplices,
dont vous les aurez délivrées, elles s'eleveront & se presenteront au tribunal de cette divine Majesté, afin de demander grace pour vous ; elles crie-
ront comme le peuple sauvé par Jonathas, qu'il n'est pas juste que celui-là
souffre la peine, dont il les a delivrées ; oüi, elles fléchiront la justice divine,
toute rigoureuse qu'elle est, ou du moins elles vous obtiendront le moyen
de la satisfaire en cette vie à moins de frais. *L'Auteur des Sermons sur tous les
sujets.*

Si vous considerez la quantité de personnes que vous obligez dans leur
extrême besoin ; faites reflexion que ce sont autant d'heritiers du Royaume
éternel, autant de personnes toutes puissantes auprès de Dieu, que vous attachez par-là à vos interets, & que vous rendez vos meilleurs amis, que ce
seront autant d'avocats qui plaideront un jour votre cause au Tribunal de

Quelles sont les obligatiôs & la reconnoissance des ames du Purgatoire, envers ceux qui prient pour leur delivrance.

En priant pour les morts, nous nous faisons de puissans amis auprés

de Dieu, lef-
quels prie et
pour nous.

Dieu, autant d'interceffeurs que vous aurez dans la Cour de ce Roi celefte ; mais des interceffeurs zelez, qui parleront pour vous, autant d'a-
mes fidéles, & de médiateurs encore plus charitables que vous n'avez été à
leur égard. Si vous fçaviez qu'une perfonne qui fe trouve dans une preffante necellité, fût un Roi ou un Souverain, qui fe verroit obligé d'employer
votre fecours, mais qui feroit un jour en état de reconnoître le bon office
que vous lui auriez rendu, avec quel empreffement ne lui offririez vous
point tout ce qui dépend de vous ? Ne regarderiez vous pas cette occafion
comme une heureufe fortune, qui s'offriroit à vous ? Ah ! il s'en prefente
une à tous momens mille fois plus heureufe, & vous ne fçavez pas vous
en prévaloir ? Ce qui me fait dire, que de toutes les actions, il n'y en a
point de mieux placée, & dont la récompenfe foit plus affurée, que celle
qu'on exerce envers les ames du Purgatoire. Car quoique Dieu qui les reçoit en la perfonne du prochain, quel qu'il puiffe être, nous en tienne
toûjours compte ; il arrive neanmoins fouvent que les perfonnes à qui nous
les faifons, en font indignes ; ce font des ingrats qu'on oblige, & peut-être
des reprouvez, qui fe ferviront du bien que nous leur faifons contre le
deffein de Dieu même. Mais ici il n'y a rien à rifquer, vos bienfaits font
toûjours bien placez, puifque ces ames faintes ne les oublieront jamais ; &
il me femble que je pourrois vous dire en cette rencontre, ce que les Juifs
dirent autrefois au Sauveur pour le preffer de fecourir une perfonne de mé-

Luc. 7.

rite : *Dignus eft ut hoc illi præftes* ; il mérite que vous lui faffiez cette grace, & que vous vous employiez pour lui rendre fervice. Je dis le même
en cette occafion, & il n'y a point de perfonnes qui méritent mieux d'être
fecouruës : Dieu les confidere & les cherit ; ils feront un jour en état de
faire vôtre fortune à vous-mêmes ; puifqu'ils font tout-puiffans auprès de
Dieu, & grands dans ce Royaume, où tous ceux qui ont le bonheur d'entrer, font autant de Rois. *L'Auteur des Sermons fur tous les fujets.*

Dieu permet
que ceux qui
ont prié pen-
dant leur vie,
pour les ames
du Purgatoi-
re foient affi-
ftez après
leur mort par
les prie es
des vivans.

Ce n'eft pas affez que ceux à qui nous aurons rendu un fervice fi confiderable, nous en marquent leur reconnoiffance ; je dis en fecond lieu, que
ce qui nous doit engager à leur rendre ce charitable office, eft que Dieu
fçaura bien faire en forte que ceux qui vivront après nous, auront auffi la
même charité pour nous, & s'aquitteront fidélement des mêmes devoirs à
nôtre égard, felon la maxime que nous avons établie : car encore une
fois, fi cette maxime a lieu, que doit attendre la dureté & l'infenfibilité
de ces perfonnes qui joüiffent des biens que leur ont laiffez leurs ancêtres,
& qui plaignent le peu de depenfe qu'il faudroit faire pour leur procurer
le repos éternel ! Helas ! il arrive à ces pauvres ames abandonnées de leurs
proches, ce qui arriva autrefois au Patriarche Jofeph, après avoir porté à
manger à fes freres qui gardoient leurs troupeaux à la campagne ; fes
freres ingrats prirent le pain & le vin qu'il leur portoit, & fans avoir nul
égard au fervice qu'il venoit de leur rendre, le dépoüillerent & le jette-
rent dans une cîterne defféchée, où ce pauvre innocent renfermé comme
dans un tombeau, conjuroit ces barbares de le retirer de cette prifon, avec
des larmes & des paroles capables de leur fendre le cœur, s'ils euffent eu
quelque refte d'humanité, fans que fes plaintes euffent affez de force pour
réveiller les fentimens de la nature. Ce qui parût enfuite fi inhumain au

Prophete Amos, qu'il leur fait ce fanglant reproche : *Bibentes vinum in* [Amos. 61.]
phialis, & nihil patiebantur fuper contritione Jofeph. Ils faifoient bonne chere de ce que Jofeph leur avoit aporté, & n'avoient nulle compaffion de
fa mifere. N'eft-ce pas-là, M. ce qui fe paffe à l'égard de ceux qui font
renfermez dans les triftes prifons du Purgatoire ? Ils ont beau pouffer des
cris & des plaintes comme Jofeph, leurs heritiers qui ont recüeilli leur
fucceffion, vivent de ce que les autres ont amaffé du travail de leurs mains,
& gagné à la fueur de leur front, & pendant que ceux-ci demeurent dans
cette prifon, ceux-là font infenfibles aux douleurs qu'ils endurent : *Et nihil*
patiebantur fuper contritione Jofeph. Ils croyent fatisfaire à leur devoir d'affifter à leurs obféques, avec les ceremonies ordinaires, de faire parer les
Eglifes & les Autels, d'avoir foin que les armes, les chifres de nobleffe,
& les marques de la dignité & des emplois des défunts, y foient portées
comme en triomphe ; vraiment c'eft bien là de quoi les morts fe mettent
en peine ! *Hæc folatia funt qualiacumque vivorum,* dit faint Auguftin, *non* [S rm. 32. de]
fubfidia mortuorum. Tout cela peut fervir pour la confolation des vivans ; [verb. Apoft.]
mais il ne fert de rien pour le foulagement des morts, qui n'ont befoin
que de prieres & de bonnes œuvres ; & c'eft à quoi les heritiers ne penfent point : mais qu'arrivera-t-il de-là ? Il arrivera, M. par une jufte difpofition
de la juftice divine, qu'on traitera un jour ces ingrats avec la même dureté ; ils laifferont leurs biens à d'autres, qui en feront le même ufage ;
& s'ils font affez heureux pour mourir en état de grace & de falut, leurs
enfans & leurs proches n'auront que de l'infenfibilité pour eux, & Dieu
permettra qu'ils foient abandonnez de tout le monde, comme eux-mêmes
ne fe font mis en peine de perfonne, pendant qu'ils ont vêcu : *In quâ* [Matth. 7.]
menfurâ menfi fueritis remetietur vobis. L'Auteur des Sermons fur tous les
fujets.

Je ne mettrai point l'action charitable de prier pour les morts, en pa- [L'action cha-]
ralelle avec les œuvres que nous apellons de mifericorde corporelle, telle [ritable de fe-]
que feroit de foulager les befoins d'un pauvre, par une aumône qui le ti- [courir les]
reroit de la neceffité, affifter un malade, retirer de prifon un pauvre mal- [morts par les]
heureux qu'on y auroit renfermé pour un affez leger fujet, & quelques-au- [prieres, eft]
tres femblables, qui font neanmoins d'un tel prix devant Dieu qu'au dernier [plus excellen-]
jugement, il femble que le Ciel ne fera donné pour recompenfe, qu'à [te que les]
ceux qui les auront pratiquées. Il faut pourtant demeurer d'accord, que [œuvres cor-]
tous ces fecours corporels ne fe peuvent feulement comparer avec les fpi- [porelles de]
rituels, mis à part les circonftances particulieres, qui pourroient d'un au- [mifericorde.]
tre côté recompenfer cet avantage ; que fi maintenant vous faites comparaifon du fecours que vous procurez aux ames fouffrantes en l'autre vie,
avec celui qu'on peut donner à celles qui font encore en ce monde ; non,
toute la confolation que vous pourrez donner aux plus affligez, pour adoucir leurs chagrins & leurs déplaifirs, les plus falutaires confeils que vous
puiffiez fuggerer aux autres dans leurs doutes, ou dans la perplexité où
ils peuvent fe trouver, la correction la plus à propos qu'on leur peut faire pour leur bien, & l'inftruction qu'on leur peut donner pour les porter
à s'aquitter de leurs devoirs & de leurs obligations ; tout cela n'egale point
le bien que l'on fait à ces faintes ames ; la dignité du fujet, le befoin extrê-

me où elles se trouvent, la grandeur du bienfait, dont elles se sentiront éternellement obligées, mettent cette action hors de pair, comme étant d'un ordre en quelque maniere superieur. Car la foi & l'esperance s'y joignent avec la charité, le desinteressement y est plus parfait, toutes les autres bonnes œuvres semblent se réünir dans celle là, & tout ce qui peut relever une belle action, s'y trouve dans le souverain degré. Ne doutez donc plus de son excellence entre les vertus, c'est un acte de charité. Entre les actions de charité, celle-ci regarde l'ame de nos freres; ce qui la rend incomparablement plus noble, que celles qui ne s'exercent que sur le Corps : mais ce qui met cette action au-dessus de toutes celles, que la plus noble de toutes les vertus, peut faire pratiquer pour le bien & le salut des ames mêmes, c'est que le bien que l'on procure aux ames du Purgatoire est plus certain, se fait à des personnes plus reconnoissantes, & qui n'en peuvent jamais abuser. *L'Auteur des Sermons sur tous les sujets.*

Il est plus fa-
cile de secou-
rir les morts
par les prie-
res que les
vivans, on y
réüssit mieux.

Il est bien plus facile de secourir les justes defunts que les pecheurs vi-vans; parce que les premiers n'y aportent nulle resistance de leur part, comme font les personnes plongées dans leurs desordres, lesquelles resistent aux graces interieures du Ciel, & aux efforts que l'on fait pour les se-courir : Il n'est pas même besoin d'aller bien loin, pour avoir l'occasion & le moyen d'assister ces saintes ames, comme font les personnes Apostoli-ques qui passent les terres & les mers, pour trouver des ames à convertir; vous pourrez réüssir par tout à moins de frais; & quoiqu'il y ait un chaos immense qui sépare celles-ci de nous, elles ressentent les effets de vôtre charité dans le centre de la terre, où elles sont releguées; & vous pou-vez, de quelque endroit que ce soit, les soulager, sans changer de lieu. Pour toucher & convertir les pecheurs, il faut outre la presence des lieux, employer de nôtre côté les moyens propres pour cela; il faut s'insinuer dans leur cœur, afin de les gagner à Dieu, condescendre quelquefois à leur infirmité, employer l'adresse, & toutes les saintes industries, que la charité peut suggerer à un homme veritablement zelé; mais les ames du Purgatoire sont toûjours disposées à recevoir vôtre secours; elles le de-mandent, elles l'attendent, elles le reclament par leurs cris & par leurs sou-pirs continuels; elles le reçoivent avec mille actions de graces, & elles ne peuvent jamais en mal user. Que d'avantages donc de leur côté & du vôtre, pour leur donner la preference s'il y pouvoit avoir quelque con-testation ! Mais il n'y en a point; vous pouvez partager vôtre zele sans le diminuer, & secourir les uns & les autres dans leurs differens besoins. *Le même.*

En priant
pour les
morts, nous
nous faisons
autant d'a-
mis auprès
de Dieu, qui
seront très
reconnoissans

On peut dire avec verité, que lorsque nous prions pour les morts, nous faisons autant d'amis fidéles, & autant de puissans protecteurs, qui nous aideront reciproquement à obtenir la grace que nous leur avons pro-curée; car ils ne s'interesseront pas seulement dans nôtre délivrance, si nous sommes condamnez aux mêmes peines dans le Purgatoire; mais de plus, de crainte que leur intercession ne fût alors inutile, ils s'emploiront pour nous procurer un bien plus essentiel, qui est la grace de mourir dans un état, auquel les prieres des autres nous puissent servir, si elles ne nous peuvent garantir tout-à-fait des peines que nos pechez auront méritées. Ils nous obtiendront de Dieu des secours si puissans dans les perils, & dans les occasions les plus hazardeuses, où nous courerions risque de nôtre salut ; & je ne doute nullement qu'il n'y ait plusieurs personnes dans le Ciel, qui sont redevables de leur bonheur éternel, aux ames qu'ils ont eux-mêmes délivrées du Purgatoire, en quoi leur reconnoissance surpasse infiniment le bienfait qu'elles ont reçû ; de sorte que je m'imagine que quand nous serons en possession du bonheur dont elles jouïssent par nôtre moyen ; il y aura une reconnoissance réciproque entre les bienheureux, & un saint combat, à qui marquera davantage ses sentimens ; & qu'ils se donneront mutuellement des témoignages éternels de l'obligation qu'ils auront les uns aux autres ; sans vous, dira l'un, je n'aurois pas joüi si tôt de mon bonheur ; & moi repliquera l'autre, sans vous je n'aurois jamais possédé le mien ; sans vous, dira celui-ci, je gémirois peut-être encore dans ces prisons affreuses du Purgatoire ; & sans vous, dira celui-la, j'aurois peut-être été condamné aux flammes éternelles ; c'est à vos prieres, ajoûte l'un, que je dois l'avancement de ma beatitude ; c'est à vôtre crédit & à vôtre intercession, replique l'autre, que je suis en partie redevable de la mienne. Qui pourroit exprimer, M. avec quels sentimens de joye, d'affection & de tendresse, ils se verront éternellement heureux, par les soins que les uns ont pris des autres ; non, un pere sauvé du naufrage par son fils, deux amis qui ont exposé réciproquement leur vie l'un pour l'autre, ne s'entre-embrassent pas si tendrement ; deux personnes éloignées qui se sont rendus mutuellement des services importans, durant leur absence n'ont pas un désir si ardent de se voir, & ne se donnent pas tant de marques d'amitié, & d'un mutuel attachement dans leur premiere entre-vûë, que font deux personnes dans le Ciel, dans la joüissance de leur commun bonheur, & qu'ils continueront de faire pendant toute l'éternité ; mais contentons-nous de commencer à les obliger dans la chose du monde qu'ils souhaitent le plus ; ils connoissent ceux qui les obligent ; car il n'y a nulle aparence que Dieu les leur veüille cacher ; ils leur veulent donc du bien : car dans ce Royaume de la charité, on aime par devoir & par reconnoissance, aussi bien que par inclination. Or, pour qui ces personnes si reconnoissantes peuvent-elles s'employer avec plus de justice, que pour ceux qui les ont secouruës dans leurs besoins. Si un ami vous avoit retiré de prison, ou de la servitude où vôtre malheur vous auroit engagé, à moins d'être insensible, vous auriez pour lui toute la reconnoissance possible ; & vous vous croiriez obligez de lui rendre la pareille dans une semblable necessité ; jugez donc du sentiment de reconnoissance qu'auront ces saintes ames, pour vous quand elles seront en pouvoir de vous faire ressentir l'effet de leur protection, & soyez persuadez que vous travaillez sûrement pour vous, en travaillant a mettre dans vos interêts de si puissans médiateurs. *L'Auteur des Sermons sur tous les sujets.*

Vous pouvez, M. envoyer des ames au Ciel tous les jours, & presque à tous momens en les retirant des feux du Purgatoire par vos prieres, par les sacrifices que vous offrirez, ou que vous ferez offrir pour ce sujet. Tous les hommes ne peuvent pas instruire, ni prêcher, ni aller dans les païs barbares pour les éclairer des lumieres de l'Evangile, l'âge & le sexe en dispensent

Nous pouvons tous délivrer des ames du Purgatoire : mais nous ne poules uns, les infirmitez en empêchent les autres, des engagemens qu'on ne peut rompre, arrêtent ceux ci, & l'incapacité fait que ceux-là n'y réüsiroient pas. Mais pour ce nouvel apoſtolat que je vous ſuggere, de ſauver les ames, & de les envoyer ſûrement au Ciel ; il n'y a rien à craindre ni à riſquer pour vous, tout le monde y eſt propre, tous les hommes y ſont apellez, la moiſſon y eſt ample, le fruit & le ſuccès en eſt aſſuré, & il n'eſt pas beſoin d'autre miſſion que le precepte de la charité qui s'adreſſe à tous ; il n'y a rien enfin de plus noble, ni de plus élevé dans la charité, que faut-il davantage pour vous y animer ? Or, ſi vous voulez ſçavoir la gloire que vous procurez à Dieu, en vous employant à ſecourir les ames ſaintes qui ſont retenuës dans le Purgatoire ; vous les mettez en état de voir Dieu, de le loüer & de l'aimer plus parfaitement, que ne peuvent faire les plus grands Saints ſur la terre. Vous procurez donc une plus grande gloire à Dieu ; puiſque c'eſt en cela qu'elle conſiſte : & ſi cette gloire de Dieu eſt l'objet de votre zele, je ne puis aſſez loüer une intention ſi noble, & un deſir ſi ſaint & ſi parfait ; mais où en allez-vous chercher les moyens, & les occaſions qui ſe preſentent à vous, & que vous avez toûjours en vôtre pouvoir ? Vous n'êtes pas capables de vous mêmes de rendre une gloire ſignalee & fort conſiderable à ce Dieu de Majeſté, ſubſtituez ces ames ſaintes en vôtre place, donnez leur le moyen de loüer & d'aimer Dieu, autant qu'elles en ſeront elles-mêmes capables ; & je puis vous repondre que vous procurerez à Dieu plus de gloire par ce moyen, que par tous les travaux, & par toutes les bonnes œuvres que vous pourriez faire vous-mêmes. *L'Auteur des Sermons ſur tous les ſujets.*

Les motifs qui doivent nous engager à ſecourir les ames du Purgatoire. Si c'eſt une conſolation ſenſible à ces ames ſouffrantes que vous ſecourez charitablement, d'être aſſurées de leur ſalut ; car c'eſt ce qui les diſtingue des reprouvez, qui ſont ſans eſperance & ſans conſolation ; je dis que c'eſt un motif bien capable de nous animer à les ſecourir, de ſçavoir que par là nous avons plus d'aſſurance du nôtre, & une eſperance toute particuliere d'obtenir un jour nous-mêmes le bonheur que nous leur aurons procuré. Pourquoi ? parce que le Ciel eſt promis aux exercices de la charité ; & comme je vous ai aſſez fait voir qu'il n'y en a point de plus grande ni de plus agreable à Dieu, que celle qui ſe pratique envers ces ames qu'il cherit ſi tendrement ; c'eſt donc s'aſſurer ce bonheur autant qu'on le peut en cette vie, que de faire des actions qui le méritent, & pour leſquelles Dieu s'eſt lui-même engagé de le donner comme une juſte recompenſe. Ainſi c'eſt ſe tromper de croire que l'on ménage mieux ſes intereſts, en ſe reſervant tout le fruit de ſes bonnes œuvres, que d'en faire part aux défunts. Nous travaillons pour nous, en travaillant pour eux. Il arrive quelquefois qu'en nous employant pour nos amis, & en nous intereſſant dans l'avancement de leur fortune, nous trouvons des appuis à la nôtre chancellante & mal aſſûrée. Mais cela eſt immanquable, en travaillant à ſecourir les ames du Purgatoire ; parce que c'eſt l'effet & le merite de la charité chrétienne, de nous obtenir de Dieu le même bien que nous faiſons aux autres. Ceux qui font liberalement l'aumône, loin de s'apauvrir, augmentent leurs biens par la benediction du Ciel qu'ils y attirent ; l'Ecriture eſt pleine de ces ſortes de promeſſes, & ceux qui font miſericorde aux autres, reſſentent celle de

Dieu

Dieu à leur égard, & on la leur fera : *Beati misericordes quoniam ipsi mi-* Matth. 27.
sericordiam consequentur. Et il semble que pour nous porter aux œuvres de
charité, Dieu ne trouve point de plus puissant motif, que de nous promettre qu'on les exercera réciproquement envers nous ; & qu'outre la ré-
compense qui nous est reservée en cette vie, on nous récompensera encore
en celle-ci, dans la même nature de biens que nous aurons procuré aux autres.

Le même.

Après vous avoir représenté les motifs qui vous obligent à soulager les La différence
ames de vos freres qui gemissent dans le Purgatoire, & qui implorent vôtre qu'il y a en-
secours, avec toutes les instances imaginables ; permettez moi, pour con- tre l'état des
clure ce triste sujet, de comparer leur état avec le vôtre. Helas ! M. elles ames du Pur-
font dans des cachots obscurs, pendant que vous jouissez d'une entiere li- gatoire & le
berté ; elles ne respirent en ce lieu qu'un air embrasé, pendant que vous nôtre.
estes à vôtre aise ; elles souffrent d'inconcevables tourmens, pendant que
vous ne pensez qu'à prendre vos divertissemens ; & ce qui augmente leurs
regrets, c'est que ceux qui ont une obligation plus indispensable de les soulager, sont souvent ceux là mêmes qui les mettent le plûtôt en oubli : *Ah !*
miseremini mei saltem vos amici mei ! Vous qui vous disiez leurs amis sur
la terre ! Vous qui pouvez si facilement les soulager par quelques prieres ou
par quelque aumône, ayez quelque compassion de leurs souffrances : Vous
Prestres qui offrez si souvent sur l'Autel le Sang de l'Agneau, versé pour les
morts, aussi bien que pour les vivans, faites-le couler sur leurs brasiers, afin de
les éteindre : *miseremini mei.* Vous enfin qui passez si souvent devant ces Eglises où reposent les os de vos plus proches, vous qui avez sans cesse leurs
tombeaux devant les yeux, comment oubliez-vous dans l'autre vie, ceux
qui vous ont donné l'Etre en celle-ci ? Car il me semble que parmi ces voix
confuses, qui demandent du secours, j'entens celle d'un Pere, qui, du milieu de ces flammes, pousse ses cris & ses soupirs jusqu'ici, & s'adresse à
ce fils, qu'il a laissé l'heritier de tous ses biens, après avoir accumulé ses
supplices, en lui amassant des tresors : Ingrat & dénaturé, j'ai tant travaillé en cette vie pour toi, je me suis donné tant de mouvemens, & consumé de tant de travaux pour te mettre à ton aise, & pour établir ta fortune, où est ta reconnoissance ? Je ne me plains point de cette main pesante de Dieu, laquelle s'étend sur moi, elle est trop juste, & je m'y soû-
mets ; mais je me plains qu'étant ici à ton occasion, & pour avoir preferé
ta fortune à mon propre salut, tu m'abandonne dans ma plus pressante necessité ; & que de tant de revenus que je t'ai laissez, tu aye regret d'en employer
la moindre partie à soulager l'ame de ton Pere, qui souffre & qui gémit
dans ces brasiers ? Ah ! quand je vois l'argent que je t'ai amassé, prodigué
au jeu, à tes divertissemens, & à tant de folles dépenses, quel créve-
cœur, de voir que tu en aye de reste pour employer à des bagatelles, &
que tu plaigne ce qu'il faudroit pour délivrer de tant de miseres l'ame de
celui qui t'a donné la vie ? Il ne faudroit qu'une partie des étoffes dont tu
es si magnifiquement vestu, pendant que je suis investi de feux & de flammes ; que ce que tu jouë en un coup de dez, ou ce que tu employe en un
seul festin ; & cruel tu me le refuse, ou ce qui est même chose, tu n'y pense
pas seulement. *L'Auteur des Sermons sur tous les sujets.*

Tome V. S ss

Quelles font les perfonnes qui implorét nôtre fecours dans le Purgatoire.

Pour vous, Mefdames, c'eft ce cher mari qui vous crie du milieu de ces flâ-mes, où eft cette foi fi folemnellement jurée, & cette amitié fi conftante, après lui avoir promis, lorfqu'il étoit au lit de la mort, de vivre plus dans fon tom-beau que dans vous-même : Ah! la mort ne l'a pas plûtôt enlevé de vos yeux, que l'oubli l'a déja effacé de vôtre cœur & de votre penfée. D'un autre côté, il me femble que j'entends l'ame d'un pauvre abandonné, d'un matelot enfe-li dans les eaux, d'un foldat à qui une tranchée a fervi de tombeau, qui foupi-re fans ceffe, femblable à ce Paralytique de l'Evangile, lequel avoit demeuré trente-huit ans fur le bord de la Pifcine, fans trouver perfonne qui lui prêtât une main charitable, pour l'aider à fe jetter dedans ; de forte qu'interrogé par le Sauveur pourquoi il étoit demeuré fi long-tems fans eftre guéri, ne ré-pondit que ces triftes paroles : *Hominem non habeo*, je n'ai perfonne qui me rende ce bon office. Helas ! M. combien de pauvres délaiffez de tout le monde, fans parens, fans amis, fans connoiffance, lefquels languiffent depuis plufieurs années dans ces feux ; parce qu'ils n'ont perfonne qui les puiffe plonger dans la pifcine du Sang du Sauveur : *Hominem non habeo*. Ils implorent vôtre fecours, ne leur refufez pas ce charitable office, qu'ils reconnoîtront un jour au cen-tuple.

Jean. 5.

Le facrifice de la Meffe eft un puif-fant moyen pour délivrer les ames du Purgatoire.

Il eft à propos de remarquer ici l'avantage incomparable du facrifice de la Meffe, pour l'expiation des peines du Purgatoire, fur toutes les autres bonnes œuvres, que l'on peut exercer & offrir à Dieu en forme de fuffrages ; car puif-que ce facrifice agit par lui-même, & par fa propre vertu, comme enfeignent les Theologiens ; il agit indépendamment du mérite de la perfonne qui l'offre ou qui le fait offrir ; ce que les jeûnes, les prieres, & les mortifications qu'on pratique pour la même fin, ne font pas. Car fi l'on pratique ces actions, quel-ques faintes qu'elles foient en elles-mêmes, fans eftre en état de grace, quoi-qu'elles ne nous foient pas tout à-fait inutiles, elles ne fatisfont ni pour vous, ni pour les autres ; ce font des œuvres mortes, comme on les apelle commu-nément, n'étant point vivifiées par la charité & par la grace juftifiante, qui leur donne leur prix, & d'où toutes nos bonnes actions tirent leur mérite, & la vertu qu'elles ont de fatisfaire ; mais le facrifice de l'Autel ayant cette vertu de lui-même, que le Preftre foit en grace ou non, il opere ni plus ni moins ; fi le Preftre l'offre en mauvais état, il commet à la verité un horrible facrilege, perfonne n'en peut douter ; mais le facrifice qui eft offert pour l'expiation des pechez de ces ames fouffrantes, ne perd rien pour cela de fon efficacité & de fa vertu ; il faut dire le même de celui qui le fait offrir, s'il eft en état de peché, il n'acquiert aucun mérite pour lui-même, par cette action ; mais le facrifice qu'il procure aux défunts, tourne également à leur foulagement ; parce que c'eft le prix de leur délivrance, de quelque part qu'il vienne, il eft toûjours égale-ment bien reçû, puifqu'il opere indépendamment de celui qui l'offre ou qui le fait offrir, & ainfi c'eft toûjours agir à coup fûr. Ce qui ne fe peut pas toû-jours dire de toutes les autres bonnes œuvres qu'on prefente à Dieu dans la mê-me vûë & pour le même fujet. *L'Auteur des Sermons fur tous les fujets.*

Cyrill. Cath. 5. Myftag.

Saint Cyrille de Jerufalem dit : Quand nous offrons le facrifice de la Meffe, nous faifons auffi commémoration de ceux qui font morts ; car c'eft un grand fecours pour les ames que d'offrir pour elles la priere de ce faint & redoutable facrifice, qui eft expofé fur l'Autel ; ce que, dit-il, je veux vous montrer par un exemple : Je fçai qu'il y en a plufieurs qui difent, que fert de faire dans le facrifice de l'Autel commémoration d'un homme qui meurt en peché ? Mais fi un Roi avoit envoyé en exil ceux qui l'ont offenfé, & qu'enfuite il fe trouvât des perfonnes qui vinffent offrir au Roi une Couronne, en faveur de ceux qu'il auroit bannis, ne leur relâcheroit-il pas quelque chofe de la condamnation des fuplices? de même en prefentant des prieres pour ceux qui font decedez; quoiqu'ils foient pecheurs, nous ne faifons pas une couronne, mais nous offrons Jefus-Chrift immolé pour nos pechez, afin de le rendre propice envers eux, & envers nous. Saint Jean Chryfoftome, au livre fixiéme de la Preftrife, parle ainfi: *Chryf. l. 6. de* Le Preftre, dit-il, qui eft comme Ambaffadeur pour tout le monde eft orateur, *Sacerd.* & intercede envers Dieu, afin qu'il foit propice aux pechez de tous les hommes, non-feulement vivans, mais auffi decedez. Et dans fon Homelie 21. fur les Actes : Ce n'eft point, dit-il, fimplement le Diacre qui crie pour ceux qui font morts en Jefus-Chrift, & pour ceux qui font les commémorations pour eux : ce n'eft point le Diacre qui jette cette voix, mais le Saint-Efprit ; & dans fon Homelie troifiéme, fur l'Epître aux Philippiens : Ce n'eft point en vain, dit-il, que les Apôtres ont ordonné qu'en la celebration des venerables myfte-res, on fit commémoration des morts ; ils fçavoient qu'il leur en revenoit une grande utilité ; car tout le peuple étant prefent, élevant les mains aux Cieux, & le redoutable facrifice y étant pofé ; comment n'apaiferons-nous point Dieu, priant pour eux ? Le même faint Jean Chryfoftome nous enfeigne qu'il n'eft *Idem. Hom. 3.* pas befoin de pleurs, & d'accompagner de larmes celui qui eft mort ; mais qu'il *in Epift. ad* doit eftre aidé par des prieres, par des aumônes & par des facrifices. Et dans un *Philip. & 41.* autre endroit : Ce n'eft pas envain, dit-il, que celui qui eft près de l'Autel, *in 1. ad Co-* s'écrie en la celebration des divins Myfteres, pour tous ceux qui dorment en *rinth.* Jefus-Chrift ; car fi le facrifice de Job a purgé fes enfans ; doutez-vous que fi nous faifons quelque facrifice pour ceux qui font morts, il n'y ait quelque foulagement pour eux. Saint Epiphane, dans la Récapitulation, met entre les dogmes de l'Eglife, de prier pour les morts, d'accomplir le culte divin pour eux, & la difpenfation des myfteres. Saint Cyprien en parle comme il s'enfuit: Les Evêques, nos Predeceffeurs, par une religieufe confideration & providen-ce falutaire, ont ordonné que fi quelque frere venant à deceder, nomme un Clerc pour tuteur ou curateur, l'on n'offre point d'oblation pour lui, ni qu'on ne celebre point de facrifice pour fon repos ; car celui-la ne mérite point d'eftre nommé à l'Autel, en la priere des Preftres, qui a voulu détourner les Preftres & les Miniftres de l'Autel. *Inftitution Catholique du Pere Cotton.*

SUR L'OBSERVATION DES DIMANCHES ET DES FÊTES.

AVERTISSEMENT.

LEs fidéles sçavent assez que le saint jour du Dimanche a été subrogé au jour du sabat des Juifs, lequel a été si expressément commandé depuis qu'il y a eu dans le monde une Loi & une Religion. L'Eglise en a renouvellé le commandement dans la Loi nouvelle; & y a seulement ajoûté les Fêtes consacrées à la memoire des Saints, & des mysteres du Christianisme.

Pour ce qui regarde les Dimanches, les Schismatiques, quoique separez de l'Eglise reconnoissent l'obligation de les observer, comme étant instituez de Dieu même, & uniquement destinez à son culte sans avoir égard aux preceptes que l'Eglise en fait pareillement. Mais pour ce qui est des Fêtes des Saints par une suite de leur erreur, ils refusent de les observer, & ne croyent pas devoir s'assujettir à cette obligation que l'Eglise impose aux veritables Chrétiens.

Pour traiter ce sujet, nous ne nous étendrons point sur ce qu'enseignent les Theologiens, les Casuistes, & les Controvertistes, en ce qui est absolument commandé, & necessaire pour satisfaire à ce precepte; mais outre ce que nous avons dit sur cette matiere, au troisiéme Tome de nôtre Bibliotheque, nous ferons voir les défauts les plus ordinaires que les Catholiques mêmes commettent en cette matiére, & la maniere de l'observer religieusement, en veritable Chrétien. Je suis persuadé qu'il n'y a rien, dont il soit plus necessaire d'avertir, & plus souvent, parce qu'il n'y a point de commandement moins bien observé que celui-là, & à quoi l'on manque plus ordinairement.

****

SUR L'OBSERVATION
DES DIMANCHES
ET DES FÊTES.

POur paſſer les Dimanches & les Feſtes en Chrétiens, (je les joins enſemble, parce que l'Egliſe ne les ſépare point, & leur donne le même pouvoir de nous obliger,) trois choſes ſont neceſſaires ; l'une à ſçavoir ; l'autre à faire ; & la troiſiéme à laiſſer. La premiere n'eſt pas tant
une obligation, qu'une adreſſe pour celebrer les Feſtes avec plus de ſentiment intérieur ; mais il eſt important que les Chrétiens ſoient inſtruits
du deſſein de Dieu & de l'Egliſe en cette inſtitution ; faute de le ſçavoir, nôtre eſprit y demeure vuide, & n'a pas de quoi s'y occuper avec
profit. Diſons donc en general, que les Dimanches & les Feſtes ont été
établis pour nous faire prendre le loiſir de traiter avec Dieu. Cette ame
immortelle qui eſt enfermée dans nos corps, ſeroit bien miſerable, ſi elle n'avoit aucun tems pour s'élever vers le Ciel, & conſiderer le principe d'où elle eſt ſortie, & s'attacher à la derniere fin, où elle doit retourner. Si étant faite pour Dieu, elle étoit toûjours divertie d'un objet ſi digne de ſon amour, pour donner tous ſes ſoins & toutes ſes inclinations aux choſes baſſes, & qui ne la valent pas. Elle avoit beſoin
d'un tems bien libre pour s'apliquer à Dieu, pour aprendre à le connoître, pour admirer ſes ouvrages, pour admirer ſes grandeurs, & pour
lui ſacrifier les principaux mouvemens de ſon cœur. *Tiré du livre intitulé* : La
Famille ſainte du Pere Cordier.

Secondement, les Feſtes ſont inſtituées pour nous faire goûter dès cette vie, la douceur de la joye que nous eſperons dans le Ciel, où étans
délivrez de toute peine & de toute inquiétude, nous n'aurons qu'à nous
repoſer dans le ſein de Dieu. Il faut que cet avant-goût nous faſſe mériter par l'exercice des vertus chrétiennes & laborieuſes, ce que nous pourrions perdre par nôtre negligence. C'eſt auſſi pour nous faire entendre,
qu'après avoir été les eſclaves du peché, & condamnez enſuite à ne tirer
jamais la main de deſſus la beſogne, nous avons été remis dans la liberté des enfans de Dieu, par les mérites du Sang de Jeſus-Chriſt, en vertu
de quoi nous faiſons la feſte. Dirai-je plus ? Dieu nous a voulu obliger à
nous épargner nous-mêmes, & à ne point épuiſer nos forces par un travail
indiſcret. Nous n'avons pas un corps de bronze, il s'uſe ; la trop grande
fatigue eſt une ſource de maladies, qui a plus beſoin de relâche que de
medecines. Il eſt certain que l'avarice des maîtres conſommeroit la vie des
ſerviteurs, & que la charge de nourrir une famille, ruineroit de ſanté les

les pauvres artifans, & autres gens de peine, fi on ne les avoit obligez à un faint repos. *Tiré du livre intitulé : La Famille fainte du Pere Cordier.*

La dignité des Dimanches & des Fêtes, & leur utilité. Il n'eft point de jour de Fefte qui ne foit une inftruction pour les fidéles. Le Dimanche eft pour prefenter à Dieu nos remerciemens, pour tous les biens qu'il nous a faits pendant la femaine paffée, & pour lui demander la grace de bien commencer celle où nous allons entrer. Ce même jour reveille en nos cœurs la foi de nôtre refurrection à la gloire : il nous fait fouvenir de celle de Jefus-Chrift, en faveur de laquelle il a été declaré faint, au-delà de tous les autres jours. On ne peut trop fouvent entretenir nôtre efprit fur cette belle penfée, qui peut toute feule nous détacher du vice, & nous faire vivre à la vertu. Les autres Feftes ont chacune leur myftere : Les unes nous reprefentent Jefus-Chrift dans les actions les plus confiderables de fa vie. Comme nous ne pouvons avoir trop de reconnoiffance pour lui, auffi ne pouvons-nous avoir trop d'occafions qui nous faffent fouvenir de ce qu'il a fait pour nous. Les autres font inftituées en l'honneur de la fainte Vierge, tantôt pour nous imprimer dans l'efprit une jufte admiration de fes grandeurs ; tantôt pour nous faire prendre une grande confiance en fa protection. Le refte des Feftes a été introduit dans l'Eglife pour rendre nos honneurs aux Saints, & pour repaffer en nôtre memoire, comme leurs belles actions ont été recompenfées auprès de Dieu ; afin que l'exemple & l'intereft nous portent à nous rendre imitateurs de leurs vertus. *Tiré du livre intitulé : La famille fainte, par le Reverend Pere Jean Cordier, Tome 2.*

Comment les Chrétiens font obligez d'entendre la Meffe les Fêtes & les Dimanches. Pour fanctifier les Feftes, tout Chrétien eft obligé d'entendre la Meffe, & c'eft un grand peché quand on manque à ce devoir, fans une excufe bien legitime. Le Commandement de l'Eglife y eft formel ; elle ne pouvoit mieux nous ordonner de fanctifier les Feftes, qu'en requerant nôtre prefence au plus augufte facrifice qui puiffe eftre offert à Dieu. Pour y affifter avec l'efprit, qu'une fi fainte action demande de nous ; il eft neceffaire que nous y aportions l'attention, la devotion & la reverence. C'eft-à-dire, qu'il faut que nous y recüeillions foigneufement nos penfées, fans permettre que nôtre ame fe diffipe en des imaginations extravagantes ; que nous y pratiquions les plus folides vertus du Chriftianifme ; & que nôtre modeftie foit fi bien mefurée, qu'elle aproche de celle des Anges, qui y font prefens. Que les Chrétiens fe faffent fi bons qu'il leur plaira, il y a bien de quoi blâmer leur indevotion envers cet adorable Myftere. Au lieu d'y affifter avec une foi vive & profonde, ils y viennent la plûpart avec un efprit profane, & plus pour éviter le peché, s'ils y manquoient, que pour honorer Dieu quand ils y font. *Le même.*

Jufqu'à quel point les Juifs obfervent le jour du Sabbat. Outre l'obligation de la Meffe aux jours de Feftes & de Dimanches, on aporte encore un autre culte, qui eft de s'abftenir des œuvres ferviles & mercenaires. Les Juifs font fi rigoureux obfervateurs de leur fabbat, que nonfeulement ce jour eft reveré parmi eux, par un interdit general de toute occupation penible & laborieufe : mais dès la veille au foir, fi-tôt que le Soleil eft fur le penchant, ils ferment leurs boutiques, laiffent leurs marchez imparfaits, abandonnent leurs ouvrages ; de forte que s'il ne falloit qu'un coup de pinceau pour achever une piéce, le Peintre ne le donneroit point. On a même vû des marchands Juifs à qui on venoit apporter fur le foir du Vendredy le prix des marchandifes qu'on avoit levées le matin, qui l'ont refufé. Monfieur, excufez-moi, difoient-ils ; le jour du Seigneur commence, tout autre emploi doit ceffer. La Loi de Dieu ne me permet point de toucher vôtre argent. Voila cependant, M. comme en ufent les perfonnes les plus avares qu'il y ait fur la terre. *Tiré du livre intitulé : La Famille fainte par le R. P. Jean Cordier, Tome 2.*

Saint Chryfoftome voulant nous faire connoître la rigoureufe obfervation des Juifs fur leur Sabbat, nous dit que s'ils voyoient un tréfor à leurs pieds, ils ne fe baifferoient pas pour le ramaffer en ce jour. Cependant, M. les Loix du Chriftianifme ne nous pouffent pas jufqu'à ces extrémitez : mais pour eftre moins avares que les Juifs, nous n'en devons pas eftre moins refpectueux, en la fanctification des Feftes. Nous avons les veritez, dont ils n'avoient que les figures ; leurs ceremonies n'étoient que les ombres de nos myfteres, & leur devotion ne devoit eftre qu'une peinture de la nôtre ; fi nous avons moins d'extérieur, nous devons faire plus qu'eux au fond de nôtre ame, fi nous ne voulons eftre coupables, ayans plus reçûs & rendans moins. Nous jugerons mieux de l'obligation de ce commandement, qui nous défend pour le refpect de la Fefte, de nous occuper au travail manuel & fervile ; fi nous repaffons par nôtre memoire qu'il y a trois fortes d'emplois ; les uns font quafi tout d'efprit, comme la priere, l'étude, la lecture, l'écriture, & autres où le corps contribuë fort peu. Il eft certain que nôtre ame étant la partie la moins fujette qui eft en nous, toutes fes fonctions font permifes en quelque fefte que ce foit ; quand même elles fe pratiqueroient en la vûë de la recompenfe & du profit ; car bien que cette vûë foit mercenaire & baffe, elle eft neanmoins tolerée par l'Eglife, qui ne regarde pas tant en fes referves, les intentions qui demeurent au fond de nôtre ame, que les actions qui fe produifent au dehors. *Tiré du livre intitulé: La famille fainte, par le R. P. Jean Cordier, Tome 2.*

L'Eglife ne condamne pas ceux qui ne pourroient pas vivre fans travailler les Dimanches ; elle fçait bien que la neceffité eft plus forte que la Loi, & qu'il ne s'eft point trouvé de Republique, qui l'ait pû foumettre à fes ordonnances : auffi plufieurs actions ferviles font permifes les Feftes & les Dimanches ; parce qu'on ne s'en peut pas paffer, ou que celui qui ne travailleroit point en ces jours, en fouffriroit une perte confiderable. Voila ce qui eft d'obligation ; mais comme j'efpere que l'Affemblée que j'inftruis fera plus devote que le commun des hommes, & qu'elle ne fe tiendra pas à ce qu'on ne peut omettre fans peché. Je n'ofe auffi penfer que de tout un jour de Fefte, elle voulût donner qu'une demie heure à Dieu ; ce feroit lui faire une bien petite part d'un jour, qui eft particulierement à lui. Elle fe propofera donc les Dimanches & les Feftes, comme des jours facrez, & des tems de trafic avec Dieu, dont tous les momens font précieux. Elle tâchera de pratiquer cet heureux commerce depuis le matin jufqu'au foir, & de ne point manquer à aucun exercice de pieté, où elle pourra commodement affifter. Il ne faut point, s'il fe peut, que le monde mette la main fur ce qui apartient à Dieu. Comme je ne fuis pas affez rigoureux pour lui retrancher

(marginal notes:)

Les Loix de la Religion chrétienne n'exigent pas de nous des devoirs fi rudes que celles des Juifs.

En quelle occafion l'Eglife permet de travailler les Dimanches, les devoirs de ceux qui peuvent s'en paffer.

tous les divertissemens honnestes & bienséans à sa condition ; aussi ne suis-je pas si indulgent que je lui voulusse permettre, que le plus de devotion qu'elle aura acquis pendant le jour, se dissipe sur le soir par une trop grande legereté ; le jour n'est jamais bien passé, quand la fin n'en est pas bonne. *Le même.*

Les abus que la plûpart des chrétiens font des Dimanches & des Fêtes.

Aujourd'hui on peut dire avec verité, que les Festes ne sont plus que pour les vices : il n'est quasi point de vertus qui y osent paroître : on y souffre encore la devotion pour quelques heures ; mais quel traitement lui fait-on ? Combien lui faut-il essuyer de disgraces ? Combien de fois l'hipocrisie se met-elle en sa place. Tous les vices s'y montrent avec une effronterie, qui ne leur est pas ordinaire. Ceux qui ne font que particuliers, les jours ouvriables se font publier les Dimanches. L'orgüeil y va la tête levée ; elle triomphe dans le luxe des habits, & dans la somptuosité des festins. A voir les excès de bouche qui s'y font, on diroit que ce sont des festes payennes, où on ne fait sacrifice qu'à la gourmandise. La profusion y est si peu raisonnable, qu'il n'est pas même jusqu'aux artisans qui n'y dépensent le gain de leur travail de toute une semaine. Il y a plus de foule aux cabarets & aux lieux de débauche, que dans les Eglises. Mais se peut-on persuader que les hommes chrétiens ayent l'esprit assez bas, pour croire que les Festes ont été instituées pour faire des paresseux ? J'aimerois autant qu'on me dît que les Festes ont été établies pour faire des larrons, des gourmands & des blasphemateurs ; car l'oisiveté étant la mere de tous les vices, les attire tous à elle. Quand Dieu en a retranché le travail & la peine, c'a été pour donner plus de tems à la devotion, & non pas pour donner plus de cours au vice. Or, comment en usez-vous ? Le déréglement est si grand parmi vous, que quand vous passeriez innocemment tous les jours de la Semaine, le mépris que vous faites des Festes & des Dimanches, seroit capable de vous faire perir. Il n'est point d'homme, à mon avis, qui ne juge que ces plaintes sont très-justes, & que pour en arrester les vengeances, il ne fût besoin d'une plus grande pieté ; c'est à nous d'y aporter le remede, & de ne point faire un crime de ce qui a été institué pour nôtre sanctification ; sanctifions les Festes, & les Fêtes nous sanctifieront. *Tiré du livre intitulé :* La famille sainte, *par le R. P. Jean Cordier, Tome 2.*

On ne peut se dispenser de celebrer le Dimanche sans une necessité indispensable de la vie.

Ce n'est pas, M. que les personnes reduites veritablement à la necessité & qui sans le travail de leurs mains, n'auroient pas de quoi vivre durant ces jours ; que ces personnes, dis-je, ne soient dispensez du precepte ; Dieu qui autrefois en a puni l'infraction de mort, n'y a jamais obligé personne dans le danger évident de la vie, quoique les Juifs fussent autrefois dans cette erreur, & qu'ils ayent quelquefois mieux aimé se laisser massacrer au jour de Sabbat, que de prendre les armes pour se défendre contre la violence de leurs ennemis ; l'Eglise qui est une bonne Mere, n'a point voulu y obliger ses enfans avec cette rigueur ; de même que dans l'observation des jeûnes, dans l'obligation d'assister au service divin, & dans les autres precepte qu'elle a droit de leur faire, elle s'est accommodée à leur pouvoir & à leurs forces ; & elle n'a jamais pretendu les y contraindre, quand il y va d'un interest considerable de leur santé, ou du danger de leur vie, ou même quelquefois d'un interest temporel, comme il arrive dans la recolte des moissons
que

que la faifon ne permet pas de differer ; & dans de certains métiers qui font abfolument neceffaires à la vie , & en d'autres femblables rencontres qu'il n'eft pas neceffaire de marquer plus en détail. Je parle à ceux qui le violent par avarice & par intereft ; les uns , de crainte d'interrompre leur commerce ; les autres , de rebuter les perfonnes qui les employent , par le retardement de l'ouvrage qu'ils fe font engagez de leur rendre au jour fixé ; ceux-ci , pour la multitude des affaires dont ils fe font chargez mal à propos , & dont ils fe trouveroient enfuite accablez ; & ceux-là , pour ne pas manquer l'occafion d'un profit confiderable , qui fe prefente , & qui leur échaperoit ; d'autres , par le défir qu'ils ont d'achever ce qu'ils ont commencé , & qu'ils ne veulent pas laiffer imparfait ; & d'autres enfin , qui obligent leurs domeftiques de travailler fans diftinction de tems & de jours , ou qui les chargent de tant de travail , qu'ils ne peuvent s'en acquitter fans cela. La cupidité , qui eft ingénieufe , trouve affez de raifons & de pretextes pour les y obliger , & faire comme Pharaon faifoit aux Ifraëlites , lorfqu'ils lui parloient d'aller offrir un facrifice à Dieu ; cet impitoyable Maître redoubloit leur travail , & les accabloit , pour leur ôter cette penfée. C'eft ce que fait quelquefois l'avarice , qui eft une maîtreffe plus cruelle & plus imperieufe ; elle trouve mille chofes à quoi occuper leurs domeftiques , quand ils doivent s'aquitter des devoirs de Religion. *L'Auteur des Sermons fur tous les fujets.*

Que ces perfonnes font abufées , fi elles croyent avancer leurs affaires , ou remedier à cette neceffité pretenduë , en violant ainfi le jour que Dieu s'eft refervé pour recevoir le culte qui lui eft dû : peut-il benir leur travail ? Non , puifqu'il eft contre fes ordres , & contre fon commandement exprés ? Efperent-ils s'enrichir , & s'accroître fans cette benediction ; ou la meritent-ils en fe retirant de la foumiffion qu'ils doivent à fes volontez ? Non , dit l'Apôtre , ce n'eft pas celui qui plante , ni celui qui arrofe , qui fait produire les fruits & les moiffons ; mais Dieu qui les fait croître , & qui leur donne leur maturité dans la faifon : de maniere que comme , fans les influences du Ciel , & fans le fecours des pluyes , la terre demeure fterile & ne peut rien porter ; de même fans le fecours de Dieu , & fans fa benediction fur vôtre travail , vous n'aurez jamais une heureufe iffuë de vos affaires. Difons mieux, comme dans la nature , fans le concours de Dieu , qui eft la premiere caufe , rien ne peut agir , rien ne peut fubfifter , à caufe de la dependance neceffaire que toutes les créatures ont de ce premier Eftre ; ainfi dans la vie civile vous ne dependez pas moins de Dieu , & s'il ne concourt avec vous , c'eft-à-dire , s'il ne benit vôtre travail , vous n'avancerez jamais. C'eft ce que Dieu même protefte en mille endroits : *Nifi Dominus ædificaverit domum , in vanum laboraverunt qui ædificant eam ; Nifi Dominus cuftodierit civitatem , fruftra vigilat qui cuftodit eam.* Oüi , en vain voulez-vous établir vôtre maifon , étendre vos poffeffions , conferver ce que vous avez amaffé ; en vain employez-vous les jours & les nuits au travail , & prevenez-vous le lever du Soleil , pour y donner plus de tems ; en vain pour n'en point perdre , ajoûterez-vous les Feftes aux autres jours de la femaine , vous en aurez toute la peine ; vous porterez , comme dit l'Evangile , le poids du jour & de la chaleur ; & la fueur de vôtre front arrofera , fi vous voulez , vôtre ouvrage ; mais

Le travail que l'on fait le Dimanche ne fçauroit être profitable , même aux ouvriers.

Pfal. 126.

ſi Dieu n'y donne ſa benediction, tout cela ne vous ſervira de rien : *In va-num laboraverunt*, &c. Et comme ce même Dieu, pour reduire toutes les creatures dans le néant, d'où il les a tirées, n'a qu'à retirer ſa main & ceſſer de les ſoûtenir & de les conſerver ; de même il n'a qu'à la retirer de deſſus vôtre travail, de deſſus vos affaires, de deſſus vos entrepriſes & vos deſſeins, tout ſera anéanti, vous n'en tirerez jamais aucun profit, ni aucune utilité. *L'Auteur des Sermons ſur tous les ſujets.*

Pour meriter la benediction de Dieu il faut que nôtre travail ſoit dans l'ordre, en ſolemniſant le ſaint jour de Dimanche.

Comment pouvez vous meriter la benediction & le ſecours du Ciel, ſi vôtre travail n'eſt pas dans l'ordre ? Si vous preferez un petit gain à ſes loix les plus ſaintes ; ſi ſans égard à la dépendance que vous devez avoir de ſa Providence, vous donnez à vôtre avarice les jours que vous devez employer à lui rendre vos devoirs ? Si vôtre cupidité inſatiable ne ſe contentant pas du tems que Dieu vous a donné, vous lui refuſez celui même qu'il s'eſt reſervé, vous negligez ſes intereſts, & vous voulez qu'il ait ſoin des vôtres ? Vous uſurpez, pour ainſi dire, ſon bien, & vous eſperez qu'il vous fera croître le vôtre ? Non, il ne vous dira point comme

Geneſ. 22. à Jacob : *Ego ero tecum, benedicam tibi, & multiplicaberis.* Je vous benirai, & je multiplierai vos biens, vos troupeaux, vos heritages ; mais au contraire, l'argent acquis par cette voye, étant un bien acquis par un crime, portera la malediction dans vôtre maiſon ; ce ſera un fruit d'iniquité, qui attirera la perte de tout le reſte que vous poſſediez legitimement, & cela, par un juſte châtiment de Dieu, qui punit ſouvent par la pauvreté & par la perte de vos biens, l'avarice & la cupidité, qui vous a porté à en vouloir amaſſer contre les ordres de ſa Providence. Il promet au contraire ſa benediction au juſte ; c'eſt-à dire, qu'il ſçaura faire en ſorte que ſa fidélité au ſervice de Dieu ne préjudicie point ni à ſes affaires ni à ſon travail : *Quoniam tu be-*

Pſalm. 5. *nedices juſto.* Oüi, Dieu entrera dans vos intereſts, comme vous entrez dans les ſiens ; & ſi, ni la crainte de la pauvreté, ni l'eſperance du gain, n'eſt pas capable de vous faire tranſgreſſer ſes loix ; oüi, vous lui êtes trop cher, pour vous abandonner, ou pour permettre que vôtre pieté vous ſoit préjudiciable en quelque choſe : *Quoniam tu benedices juſto.* Oüi, cette benediction vous avancera plus, & multipliera davantage vôtre bien, que ne feront tous ces ſoins empreſſez d'acquerir, & ce travail criminel que vous prefereriez à ſon ſervice ; non-ſeulement à cauſe de la dependance que vous avez de la Providence ; mais en ſecond lieu, à cauſe de la confiance que vous marquez y avoir par cette conduite ſi pieuſe & ſi réguliere ; puiſqu'il n'y a rien de plus conſtant, & dont l'Ecriture nous aſſure en des termes plus formels, que le ſecours & l'aſſiſtance particuliere que Dieu promet à ceux qui s'y abandonnent. Cette Providence a des reſſources à leur égard, qui nous ſont inconnuës à la verité ; mais qui n'en ſont pas moins infaillibles, & qui nous obligent de nous repoſer dans ſon ſein, ſur l'aſſurance certaine qu'elle aura ſoin de nous, pendant que nous ſerons fidéles à

1. Petr. nos devoirs : *Omnem ſollicitudinem projicientes in eum, quoniam ipſi cura eſt de vobis*, comme parle l'Apôtre ſaint Pierre ; & quand la Providence n'y ſeroit point engagée, cette confiance même l'y engageroit ; parce que rien n'eſt plus capable d'attirer les effets de la bonté d'un Dieu ſur nous, ni de mériter les ſoins de ſon amour paternel, qu'un entier abandon que nous ferons de nôtre personne, de nos affaires & de nos biens ; comme au contraire, rien ne lui est plus sensible ni plus outrageux, que la défiance que nous témoignons à cet égard. Or, quelle défiance plus visible peut-on faire paroître du secours de Dieu, & du soin de sa Providence, que d'esperer obtenir par nôtre travail, ce qu'il nous a promis par sa bonté ? Que si ce travail est contre ses ordres, n'est-ce pas employer un moyen injuste & criminel pour en venir à bout ? Jugez donc si Dieu doit benir ce travail qu'on entreprend les jours défendus, & s'il n'y donnera pas plûtôt sa malediction ; & ainsi au lieu de venir à vos fins, vous aprendrez à vos propres dépens, qu'il n'y a ni industrie, ni conseil qui puisse tourner à vôtre avantage, quand Dieu n'est pas dans vôtre parti : *Non est consilium contra Dominum.* Vous avez Prov. 21. voulu vous enrichir au mépris de ses loix, tous les jours vous ont été indifferens, pour amasser du bien ; & les plus lucratifs ont été vos jours de fêtes, vôtre fortune, & l'avancement de vos affaires vous sont trop chers, pour vous en fier à d'autres qu'à vous mêmes. Eh ! que devez-vous attendre d'une défiance si criminelle, & si indigne d'un Chrétien, sinon que Dieu vous en punisse par l'indigence même, où vous craignez de tomber, par la perte de ce bien que vous amassez par une voye si illegitime, & par le mauvais succès de cet ouvrage, que vous avez entrepris si à contre-tems. *L'Auteur des Sermons sur tous les sujets.*

C'est une chose surprenante, M. de voir que les Payens autrefois, au *Les Payens* raport de Tertullien, dans leurs jours de festes, étoient si persuadez, que *auroient cru* jamais leur travail n'eût réüssi, ou qu'ils se fussent attiré quelque malheur, *que leur tra-* s'ils les eussent profanez par ces sortes d'occupations ; qu'ils n'osoient même *vail n'eût ja-* preparer leur repas, & ne mangeoient que ce qu'ils avoient preparé le jour *mais réüssi,* precedent ; ce qui leur étoit commun avec les Juifs, comme vous sçavez, *s'ils eussent* tant la Religion avoit d'empire & d'ascendant sur leurs esprits ; lors même *manqué quel-* qu'elle n'étoit qu'une superstition aveugle dans ces infidéles ! Et un chrétien *quefois à ce-* dans une Religion toute sainte, qui lui aprend que ces jours sont destinez au *lebrer leurs* culte du vrai Dieu, s'imaginera de gagner beaucoup en employant ce tems *fêtes dans* sacré à un travail servile, contre son commandement exprès ? Que peut *leur religion* moins faire la justice de Dieu, qui punissoit de mort dans l'ancienne Loi *payenne.* l'infraction de ce precepte, que de punir par la necessité qu'on veut éviter, une défiance qui semble aller jusqu'à l'infidélité ! Quoi, dit saint Augustin, vous vous défiez de la sorte, de la Providence du Pere celeste ? Et vous croyez qu'il laissera manquer un Chrétien, un de ses serviteurs, & un de ses enfans des choses necessaires ? Et cela, lorsqu'il s'aquitte de ses devoirs, & qu'il quitte pour peu de tems ses affaires, pour s'apliquer à celles de Dieu ? Eh ! d'où vient cette infidélité dans une ame chrétienne ? La défiance que vous témoignez en cette occasion ne mérite-t-elle pas qu'il vous abandonne ?*L'Auteur des Sermons sur tous les sujets.*

En employant les Dimanches & les Festes au travail, vous preferez par-là *C'est preferer* le corps à l'ame, & la terre au Ciel, & les biens de cette vie à ceux de l'é- *le corps à* ternité, contre l'ordre que la Providence a établi, & la condition sous la- *l'ame, & la* quelle Dieu s'est engagé de vous secourir dans vos besoins. Car comme cette *que d'emplo-* Providence consiste dans un ordre qu'il a mis entre les causes & les évene- *yer les Di-* mens de cette vie, & qu'elle menage ; en sorte qu'elle fait réüssir à nôtre *manches &* *terre au Ciel,* *les Festes au* *travail.*

avantage les chofes qui paroiffent un pur effet du hazard ; de même il veut qu'il y ait de l'ordre dans nôtre conduite, & cet ordre eft celui même que le Fils de Dieu nous a marqué, de préferer le falut de nôtre ame au foin de nôtre corps ; c'eft la maniere dont il s'en eft expliqué dans l'Evangile, cherchez premierement le Royaume des Cieux, & Dieu fe charge de pourvoir au refte, qui nous fera accordé comme l'acceffoire qui fuivra le principal : *Quærite primùm regnum Dei, & hæc omnia adjicientur vobis.* Or, quand eft-ce que cet ordre eft plus indignement renverfé, que lorfqu'on viole le Commandement qu'il nous a fait de lui confacrer ces faints jours ? Ne prefere-t-on pas ouvertement les biens du corps aux biens de l'ame, quand par l'efperance d'un petit gain, ou fous couleur d'une neceffité imaginaire, on neglige un des premiers devoirs de nôtre Religion ? Ne cherche-t-on pas les biens de la terre avant le Royaume du Ciel ? Et ne prefere-t-on pas les commoditez du corps à fon falut ? Mais que doit-on attendre d'une conduite fi irréguliere, & fi outrageufe à Dieu, finon que par un jufte châtiment, il nous prive de tous les deux ; on fera privé de ce qu'on attendoit de fon travail, qui eft le gain prefent que l'on cherche, & l'on perdra en même tems ce qu'on eût immanquablement trouvé, fi on l'eût cherché préferablement à tout le refte, qui eft le Royaume des Cieux. *L'Auteur des Sermons fur tous les fujets.*

La fanctification du Dimanche étoit fi religieufement obfervée par les premiers fidéles, qu'elle fembloit faire leur caractere dans l'efprit des Payens; car les Magiftrats demandoient fouvent aux Chrétiens, s'ils s'étoient trouvez à l'Eglife le Dimanche ; comme fi toute la Religion chrétienne eût été renfermée dans ce feul acte de Religion. Oüi, je fuis chrétienne, s'écrioit la genereufe Thelica ; & c'eft parce que je fuis chrétienne, que j'ai obfervé le faint jour de Dimanche, que je me fuis trouvée dans l'affemblée des enfans de Dieu ; que j'ai affifté à la celebration de nos divins Myfteres : *In collectâ fui, & Dominicum, cum fratribus celebravi, quia Chriftiana fum.* Nous ne craignons point de celebrer le faint jour du Dimanche, parce qu'on ne peut s'en difpenfer fans peché : *Securi Dominicum celebravimus, quia non poteft Dominicum intermitti.* La Loi de Dieu l'ordonne, & cette même loi nous aprend comme nous devons l'obferver : *Lex fic jubet, lex fic docet.* Et nous en dût-il coûter la vie, nous obferverons, nous fanctifierons ce faint jour. Ignorez-vous, Seigneur, difoit faint Felix, au Proconful Amulin, que c'eft dans la celebration des facrez Myfteres, & dans la religieufe obfervation du Dimanche, que le Chrétien fait une profeffion folemnelle de fa Religion, & que cette religieufe obfervation eft une preuve éclatante de la foi des fidéles : *An nefcis in Dominico Chriftianum & in Chriftiano Dominicum conftitutum.* Je ne te demande pas fi tu es Chrétien, difoit ce Juge au faint Martyr ; mais fi tu as obfervé le Dimanche ; en bonne foi la maniere fi irréligieufe, on peut même dire fi fcandaleufe, dont la plûpart des Chrétiens obfervent aujourd'hui ce faint jour, pourroit-elle eftre une preuve de la pureté de leur foi, & de la fainteté de leur conduite ? *Le Pere Croifet, dans fes Exercices de pieté, Tome 1.*

Theophile d'Alexandrie, marque la folemnité avec laquelle on eft obligé de celebrer ce faint jour : *Et confuetudo,* dit-il, *& officii ratio, poftulat ut diem Dominicum honoremus, eumque feftum habeamus.* La loi, l'ufage, la folemnité du jour, tout demande que nous honorions le Dimanche, comme le jour du Seigneur, & que nous le celebrions comme une fête folemnelle. C'est le même esprit qui a fait dire au sixiéme Concile de Paris, que ce jour est plus folemnel, & plus venerable que tous les autres : *Hunc diem cæteris diebus celebriorem, & venerabiliorem.* Aussi une des premieres loix que publia l'Empereur Constantin, après sa conversion, fut d'ordonner que le Dimanche seroit celebré par tout l'Empire Romain, avec une ponctualité & une celebrité singuliere ; déchargeant tous les soldats Chrétiens, ce jour-là, de toutes fonctions militaires ; ordonnant même par un second Edit, que les soldats payens sortissent en pleine campagne ce jour-là, pour faire tous ensemble au seul vrai Dieu, la priere qui leur étoit marquée, voulant que le Dimanche fût reveré, & religieusement observé par tous les peuples qui lui étoient soûmis : *Cunctis sub imperio Romano degentibus præcepit, ut Dominico die feriarentur.* Ce pieux Empereur crut que la Loi du Prince, par la crainte du châtiment corporel, serviroit à faire garder avec encore plus d'exactitude la Loi de Dieu sur l'observation du Dimanche. *Le P. Croiset, Exercices de pieté, Tome 1.*

En 819.

Ce n'est pas dans la seule cessation des œuvres serviles, que l'Eglise fait consister la celebration du Dimanche ; elle nous oblige à sanctifier ce jour privilegié, par les plus saints exercices de Religion, & par la pratique exacte de toutes les vertus chrétiennes. L'observation de la Loi ne se reduit pas toute à entendre la sainte Messe. Il y avoit peu de fidéles anciennement, qui ne participassent par la communion ce jour-là, aux sacrez Mysteres, nul ne se dispensoit d'entendre la parole de Dieu. La priere, la lecture des livres de pieté ; la meditation, les bonnes œuvres, sont les seules occupations qui conviennent au saint jour de Dimanche. C'est encore pour marquer la solemnité de ce jour, & pour le distinguer de tous les autres de l'année, que l'Eglise a ordonné qu'on ne jeûneroit point ce jour-là, & qu'on suspendroit même les autres exercices de la penitence. Comme le Dimanche est la memoire & l'octave continuelle du jour de la Resurrection, l'Eglise ne veut pas que rien trouble la joye de ce Mystere. L'usage de prier debout le jour de Pâques, & tout le tems Pascal est mysterieux. L'Eglise voulant nous faire entendre par cette posture, qu'étant ressuscitez avec Jesus-Christ, nous ne devons plus tenir à la terre : *Si consurrexistis cum Christo quæ sursum sunt, sapite, non quæ super terram. Le même.*

La celebratiõ du S. jour de Dimanche ne consiste pas seulement à s'abstenir des œuvres serviles;mais aussi à pratiquer les exercices de Religion.

Coloss. 3.

Quel fond de reflexions ne fournit point tout ce que nous venons de dire de l'institution, de la solemnité, de la sainteté du Dimanche. Le celebre-t-on aujourd'hui dans le même esprit de Religion ? Avec les mêmes sentimens de pieté, avec la même veneration, la même exactitude ? Le sanctifie-t-on par les exercices de devotion, & par la priere ? Helas ! peu de jours, ce semble plus profanez ! Combien de gens n'employent le Dimanche qu'à des occupations, qu'à des divertissemens, qu'à des exercices profanes ? Pourvû qu'on ait assisté rapidement, & plûtôt en payen qu'en chrétien, au redoutable sacrifice de l'Autel, on croit d'avoir suffisamment satisfait à l'étroite obligation de sanctifier le Dimanche. Une Messe entenduë sans devotion, sans respect, on pourroit dire, sans sentimens de religion,

Reflexions sur ce sujet.

tient lieu a bien des gens, de toutes les pratiques de piété enjointes indispensablement à tous les fidéles. S'il y a une partie de plaisir, une partie de campagne, un repas somptueux à donner ; en un mot, tout ce qu'il y a de moins chrétien, pour ne pas dire de plus payen, est renvoyé au saint jour du Dimanche. Peut-on, en bonne foi, l'apeller aujourd'hui le jour du Seigneur ? Helas ! le Seigneur n'y a presque plus de part ; n'auroit-on pas plus de sujet de l'apeller le jour de l'homme, puisque c'est le jour de débauche, de jeu, de divertissemens ; puisqu'il est employé qu'à ce qui favorise, qui nourrit l'amour propre, le penchant, les passions de l'homme; & l'on s'étonne après cela, si le Seigneur est irrité, si le Ciel n'exauce plus nos vœux, si la corruption du cœur, & l'erreur de l'esprit, inondent presque par tout ; on s'étonne si la foi s'éteint, si le nombre des Elûs est petit, s'il se trouve par tout si peu de vrais fidéles ; on peut dire que la profanation du saint jour du Dimanche est la source de tous les malheurs. *Le P. Croiset, Exercices de pieté, Tome 1.*

Reponse d'O-rigene à la question que l'on peut faire, pourquoi Dieu s'est choisi un jour dans la se-maine pour son service.
Exod. 20.

C'est une question, M. que l'on peut faire sur ce sujet, mais que je n'entreprends pas de décider, pourquoi Dieu qui a condamné l'homme au travail après son peché, & qui pour châtiment de sa désobéïssance, a voulu qu'il mangeât son pain à la sueur de son front ; pourquoi, dis je, Dieu a-t-il voulu que ce même homme s'abstint du travail le septiéme jour, par un precepte qu'on ne doute point qu'il ne lui ait intimé ; puisqu'ensuite il lui fit une loi expresse à tout son peuple : *Memento ut diem Sabbathi sanctifices.* Mais la reponse que fait Origene à cette question, me donne lieu de vous faire voir le droit que le Createur de l'homme a eu de lui faire l'un & l'autre commandement, & l'interêt que l'homme a de les observer. Il lui a imposé le premier, dit ce Pere, comme Juge, pour le punir de son crime, & pour empêcher que l'oisiveté ne lui en fit commettre de nouveaux, si la terre lui eût fourni de quoi vivre, & même jusqu'aux délices, comme elle faisoit auparavant, sans qu'il eût besoin de la cultiver. Mais il lui a intimé le second precepte, comme Seigneur, & comme souverain, en se reservant un jour qui fût uniquement consacré à son culte & à son honneur ; parce que c'étoit bien le moindre devoir qu'il pût exiger, qu'un jour fut employé au service de celui qui en avoit employé six à produire le reste des creatures, qui ne sont que pour le service de l'homme. On sçait la raison qui porta Dieu à choisir alors le septiéme pour son repos, & la cause qui a obligé l'Eglise depuis de changer le jour du Sabbath en ce saint jour de Dimanche, auquel le Redempteur des hommes sortit glorieux du Tombeau, pour jouïr du repos éternel qu'il nous a procuré à nous-mêmes, après avoir achevé le grand ouvrage de nôtre salut. Il seroit même inutile de vous déduire les raisons qu'a eu l'Eglise d'ajoûter à ce saint jour, les Fêtes consacrées à la memoire des autres mysteres de nôtre Religion, & même de plusieurs Saints, dont elle a voulu nous mettre l'exemple devant les yeux, & les engager eux-mêmes par le culte qu'on leur rend, à nous aider de leurs prieres, & de leur pouvoir auprès de Dieu. *L'Auteur des Sermons sur tous les sujets.*

Quoique bien des gens

Je supose, M. que vous êtes parfaitement instruits des obligations que vous avez de sanctifier le Dimanche ; seulement, comme ce precepte renforme une des premieres obligations d'un Chrétien ; je vous conjure de vous défaire de cette injuste prévention, par laquelle plusieurs se pourroient imaginer, que ce sujet n'est pas assez digne de la majesté de la chaire, ni de la qualité de ceux qui nous écoutent ; parce qu'on en fait d'ordinaire une instruction populaire ; car j'ose vous dire que ceux qui croyent n'avoir rien à se reprocher dans l'observation de ce précepte, ne l'ont peut-etre jamais observé comme il faut. Cependant, M. pour tirer de ce discours des instructions familieres ; je dirai seulement que ce précepte se peut violer en deux manieres, selon les deux plus fortes passions, qui nous y poussent ; sçavoir, par intérêt & par libertinage. L'intérêt regarde ceux qui craignent qu'en interrompant leur travail, leur bien ou leurs affaires, n'en souffrent quelque préjudice considerable, ou bien qui preferent un gain temporel au soin de leur salut. Le libertinage regarde ceux qui étant assez à leur aise, & pouvant se passer du travail de leurs mains, font de ces jours, un repos criminel, en les employant au jeu, aux divertissemens & aux débauches. Ou si vous l'aimez mieux, je réunis les deux parties de ce précepte, que l'on divise & que l'on partage ordinairement. Les uns ne l'observent point du tout, en continuant leur travail ordinaire ; & les autres croyent y avoir satisfait, en cessant simplement de travailler ; mais sans employer ces saints jours au culte & au service de Dieu, par une erreur grossiere que la coutume semble autoriser. Les premiers violent ouvertement ce précepte par un intérêt sordide. Les autres, selon saint Augustin, sont les plus coupables, parce qu'ils profanent ces jours consacrez à Dieu, par des actions plus criminelles, que ne sont les œuvres serviles, qui sont si expressément défenduës.

Le même.

Il faut avoüer, à la honte de nôtre Religion, que la plus grande partie des Chrétiens ne connoît & ne distingue les jours de Festes, que par les débauches, par les jeux, & les divertissemens, à quoi ils les destinent & les employent ; car enfin la passion de l'avarice & de l'intérêt ne regne pas si universellement, que plusieurs ne se fassent un point de conscience de les violer, par un travail servile & corporel ; mais le libertinage, qui est autorisé par la coûtume, est devenu si universel, que l'on peut dire de tous ces jours consacrez à la pieté & à la devotion, ce que saint Bernard a dit en particulier de ceux auxquels l'Eglise celebre la naissance du Sauveur du monde ; que les hommes l'offensoient plus par leurs débauches, en ces seuls jours, que dans tout le reste de l'année. Du moins peut on assurer que dans ces jours de sainteté & de recüeillement, nous y commettons souvent plus de desordres que dans tout le reste de la semaine ; qu'au lieu qu'ils sont instituez pour expier nos pechez, ou pour réparer par une pieté exemplaire, les défauts que nous commettons les autres jours ; ce sont ceux où l'on y en ajoûte de plus grands & de plus scandaleux, & ceux que nous souhaiterons un jour être retranchez de nôtre vie ; comme le saint homme Job souhaitoit que le jour de sa naissance ne fût point compté entre les jours de l'année ; puisque ce sera peut-être à la fin de nôtre vie, le plus juste sujet de nôtre condamnation, d'avoir fait de ces jours de misericorde, de ce tems de salut, de ces festes de propitiation, comme ils sont apellez dans l'Ecriture, autant de sujets de nôtre condamnation, pour les avoir employez en

[marginalia:] soient instruits de l'obligation qu'ils ont de sanctifier le Dimanche ; il y en a cependant beaucoup qui violent ce précepte par intérêt ou par libertinage.

[marginalia:] La plûpart des chrétiens ne connoissent, & ne distinguent les jours de Fêtes que par les débauches & les divertissemens.

festins, en débauches, & en parties de divertissemens ; c'est-à-dire, d'avoir abusé des moyens de nôtre salut. *L'Auteur des Sermons sur tous les sujets.*

Il faut se souvenir de la fin pour laquelle les Dimanches ont été institutez, afin de remedier aux desordres qui se commettent dans ces jours, plus que dans tous les autres.

Pour remedier aux desordres qui se commettent le saint jour de Dimanche, ausquels peut-être n'avez-vous jamais sérieusement pensé ; il faut, s'il vous plait, M. vous souvenir de la fin pour laquelle ces saints jours ont été instituez, & vous trouverez dans les propres termes de la Loi, la conviction de vôtre erreur, & la condamnation de ce dérèglement. On se persuade qu'après avoir donné une heure au service de Dieu, le reste du jour est à nous, & peut-être employé au jeu, en visites, en conversations agréables, & en toutes sortes de divertissemens ; jusques-là qu'un jour de fête, & un jour de réjoüissance semblent être aujourd'hui la même chose, par un abus que l'on ne sçauroit assez déplorer. Or, je remarque dans l'Ecriture, que Dieu a eu particulierement trois desseins dans l'institution du jour du Sabbath, & des festes les plus solemnelles de l'ancienne Loi, auquel, comme je vous ai déja dit, nôtre Dimanche, & nos jours de festes ont déja succedé. Le premier est, qu'il s'est reservé ces jours pour recevoir le culte des hommes, en qualité de Maître de tous les tems, & de Roi de tous les siécles. Le second, afin que son peuple lui marquât sa reconnoissance pour les bienfaits les plus signalez qu'il avoit reçûs à pareils jours, & c'étoit pour en conserver le souvenir, qu'il avoit ordonné aux Juifs de les rapeller toutes les années. Et le troisiéme enfin, pour distinguer son peuple des autres nations idolâtres & infidéles, par le culte & les ceremonies qu'il vouloit qu'il observât en ces grands jours ; ce sont, M. les mêmes fins que Dieu & l'Eglise conduite par son Esprit, ont eu dans l'institution des festes des Chrétiens ; mais c'est aux Chrétiens à examiner s'ils les celebrent dans les desseins de Dieu, & s'ils les raportent aux mêmes fins. Il ne faut donc que vous les mettre devant les yeux, pour vous convaincre que le libertinage y a plus de part, que le culte, la reconnoissance, & les devoirs d'un Chrétien, en les observant avec si peu de pieté & si peu de sentiment de Religion. *Le même.*

Les Dimanches & les Festes sont instituez pour rendre à Dieu le culte qui lui est dû.

Ces jours sont instituez pour honorer Dieu par le culte que nous lui devons ; puisque quand nous serions encore dans la Loi de la nature, sans être éclairez des lumieres de nôtre foi, ni instruits des mysteres de nôtre Religion. La même raison qui nous enseigne qu'il y a un Dieu, & un Etre souverain, à qui nous devons rendre nos hommages, nous aprend aussi, dit saint Thomas, que nous devons avoir quelques jours destinez pour s'aquitter de cet indispensable devoir. D'où vient que dans le fond, ce precepte est de droit naturel ; & il n'y a jamais eu de nation qui ait reconnu une divinité, telle qu'elle pût être, qui n'ait en même-tems consacré quelque jour, & quelque feste en son honneur, ou quelques ceremonies pour lui rendre ses hommages. Mais Dieu ne se contentant pas de cette Loi naturelle, en a fait un precepte positif dans l'ancienne Loi ; de crainte que ce peuple tout charnel ne vint à oublier les choses qui regardent le culte & le service de cette divine Majesté : *Memento ut diem sabbathi sanctifices.*

Exod. 2.

Or, quoique dans la nouvelle Loi, & dans l'établissement de l'Eglise, les ceremonies de la Synagogue ayent été abolies, les Apôtres n'ont eu garde d'abolir celle-ci, comme étant instituée de Dieu même ; ils ont seulement changé

changé ce jour en un autre, qui nous reprefente de plus grands myfteres, & par conféquent qui doit être fanctifié ; c'eft-à-dire, employé à le fervir avec de plus grands fentimens de pieté ; de maniere que ces jours font appellez faints, parce qu'ils doivent être employez au culte de Dieu, & que les Chrétiens ne doivent avoir d'autre foin ces jours-là, que de fe fanctifier eux-mêmes ; d'où il s'enfuit que le travail n'eft alors défendu que pour le refpect qu'on doit à ces jours, & parce qu'il détourne du fervice de Dieu. Jugez, M. fi ceux-là les obfervent, qui les employent à leurs divertiffemens & à leurs débauches ; n'eft-ce pas en détruire la fin ? N'eft-ce pas les violer d'une maniere plus criminelle ? *L'Auteur des Sermons fur tous les fujets.*

Vous ne voulez pas vous foûmettre aux ordres de Dieu, ni lui rendre vos devoirs, de peur que vôtre famille ou vos affaires n'en fouffrent quelque dommage ; mais ce fera pour ce refus, & pour avoir manqué à un devoir fi jufte, que vos affaires iront en décadence, que vôtre famille fera reduite à la neceffité, & que la malediction paffant de vôtre perfonne jufques fur vos biens, vous fera languir dans une honteufe pauvreté. Vous penfez avancer beaucoup par ce travail, & peut-être reparer par là l'oifiveté ou la negligence des autres jours, ou bien vous dédommager de la perte que vous avez faite par quelque accident. Ah ! ce n'eft pas aux depens des biens de l'éternité, qu'il faut reparer ceux du tems ; foyez foûmis aux ordres de Dieu, comme vous le devez être, régulier à obferver fes loix, comme il eft jufte ; rendez-lui ce que vous lui devez, & ce qu'il attend de vous, & Dieu de fon côté ne vous oubliera jamais. Ce que vous pretendez avoir par un moyen fi criminel, vous l'obtiendrez par la confiance que vous aurez en lui. *Le même.*

Dieu fçait que vous avez befoin de ce bien temporel, & vous pouvez fçavoir, que le moyen le plus legitime de l'acquerir eft le travail : *Scit Pater vefter, quia his omnibus indigetis.* Mais vous ne fçavez pas par quel moyen vous devez l'engager à vous le conferver & à le faire croître, quand vous le preferez aux obligations de pieté qu'il vous a prefcrites. Je ne m'étonne plus, M. pourquoi l'Apôtre apele l'avarice & l'attachement aux biens de la terre une idolâtrie, & un culte que l'on rend aux idoles : *Avarus, quod eft idolorum fervitus.* Parce qu'on lui rend les devoirs qu'on ne doit qu'à Dieu, en préferant un petit interêt à fon fervice, & en y mettant toute fa confiance. C'eft ce qui arrive à tous ceux qui font poffedez de cette paffion ; mais ce culte facrilege, dont un Chrétien a tant d'horreur, ne paroît jamais plus vifiblement qu'en violant les jours deftinez au culte de Dieu. Car ne donne-t-on pas à l'interêt ce qui n'eft dû qu'au fouverain Seigneur ? Ne refufe-t-on pas à Dieu qui mérite d'être fervi, tous les momens de nôtre vie ; ce tems que l'on employe à gagner un peu d'argent ? Ne prefere-t-on pas ce petit gain au culte de Dieu, qui s'eft refervé ce tems pour recevoir nos hommages ? N'eft-ce pas être perfuadé qu'il y a quelque autre affaire plus importante & plus preffée, que celle de s'acquitter des devoirs de fa Religion ? C'eft à quoi la cupidité, qui eft aveugle, ne fait pas affez de reflexion. Mais je ne fçai fi le libertinage en fait davantage, en profanant ces jours faints d'une maniere toute differente à la ve-

Dieu fçait nos befoins temporels, c'eft pour cela que nous devons le fervir les jours qui lui font confacrez. Matth. 6. ad Ephef. 5.

rité, mais qui n'eſt pas moins criminelle. *L'Auteur des Sermons ſur tous les ſujets.*

Comme les Dimanches ſont inſtituez pour ſervir Dieu, on ne doit point les employer à des occupations toutes mondaines.

Avez-vous jamais bien penſé, que la fin de ce precepte eſt de ſervir Dieu, pour employer ainſi ces ſaints jours à des occupations toutes mondaines & toutes profanes ? Dieu les a inſtituez pour obliger les hommes à lui rendre leurs devoirs ; mais le demon qui eſt le corrupteur des ouvrages de Dieu, en fait des fêtes, qui lui ſont dediées ; puiſqu'elles ſont employées à ſon ſervice. Peu lui importe que le Dimanche porte le nom du jour du Seigneur, que les autres feſtes dans leur inſtitution, ſoient pour honorer les Saints, & nos plus auguſtes Myſteres, pourvû que dans la pratique il en change la fin, & qu'en ces jours-là mêmes Dieu y ſoit plus griévement offenſé. Ce ſont maintenant ſes jours de feſtes, puiſque ce ſont ceux auſquels il exerce ſon pouvoir, qu'il eſt mieux ſervi, qu'il eſt ſuivi de plus de perſonnes, & que ſon pouvoir eſt plus univerſellement reconnu. Il n'a pû abolir les ceremonies de nôtre Religion, ni les feſtes qui ſont deſtinées pour cela, quoiqu'il ait autrefois ſuſcité les perſécutions des Payens, pour ce ſujet ; mais il en eſt preſque venu à bout par la profanation qu'en font les Chrétiens mêmes, qui ſemblent avoir pris le même deſſein que ces impies, dont parle le Prophete Royal : *Dixerunt in corde ſuo, quieſcere faciamus omnes dies feſtos Dei à terrâ.* Ils avoient entrepris de faire ceſſer les feſtes du Seigneur, en les profanant, en ſubſtituant d'autres feſtes pour honorer leurs idoles, avec un appareil qui tenoit quelque choſe du triomphe ; en faiſant des jeux, des ſpectacles, des aſſemblées, des feſtins, qui détournoient les peuples du culte de Dieu ; enſorte que tout le monde courant en foule pour voir ces magnificences extraordinaires ; le Temple du vrai Dieu étoit déſert, & ſes Autels abandonnez. Ce fut le damnable artifice dont s'aviſa l'impie Antiochus, comme nous liſons au premier livre des Macchabées. Mais les Chrétiens font quelque choſe de ſemblable aujourd'hui ; car c'eſt en ces jours ſaints, qu'ils font leurs aſſemblées, leurs parties de jeu ; qu'ils courent aux ſpectacles, & qu'ils cherchent à paſſer le tems ; & ſi l'on en juge par le peu de culte qu'ils rendent à Dieu, & par le peu de religion qu'ils font paroître, on peut dire qu'ils ont enfin fait ceſſer ces jours conſacrez à la pieté : *Quieſcere faciamus omnes dies feſtos Dei à terrâ. Le même.*

Pſalm. 73.

Les jours de Dimanches & de Fêtes ſont inſtituez pour rendre graces à Dieu des bienfaits que nous avons reçûs de lui.

Que ſi c'eſt la fin principale de ces ſaints jours, de rendre à Dieu l'honneur & le culte que nous lui devons ; l'Ecriture nous en marque une autre, qui ne nous oblige pas à une obſervation moins religieuſe ; c'eſt pour retracer & conſerver le ſouvenir des bienfaits, & des faveurs ſignalées que nous avons reçû en ces jours ; c'eſt ainſi que Dieu, après avoir retiré ſon peuple de la ſervitude de l'Egypte, d'une maniere ſi ſurprenante, en diviſant & ſuſpendant en ſa faveur les flots de la mer rouge ; il ordonna pour en conſerver la memoire, qu'ils celebraſſent la Pâque, & qu'ils lui en marquaſſent leur reconnoiſſance, en celebrant ce grand jour, avec un extraordinaire appareil ; & dans la Religion Chrétienne, qui eſt-ce qui ignore que le Dimanche eſt conſacré à la memoire de la Reſurrection du Sauveur ; que l'Incarnation, la Naiſſance & les autres Myſteres qui ſont les feſtes des Chrétiens, n'ont été inſtituez que pour rapeller la penſée d'autant de bienfaits

incomparables, & pour nous infpirer les fentimens de Religion que demandent les auguftes Myfteres, qu'ils nous remettent dans l'efprit? La devotion,
les actions de graces, les fentimens de reconnoiffance, & une fainte allegrefte
doivent donc marquer ces faints jours dans nôtre cœur, comme ils
font marquez par la pompe & la folemnité, dont l'Eglife les celebre extérieurement.
Mais que font la plûpart des Chrétiens? Il femble que l'ingratitude,
l'indevotion, l'impieté ne paroiffent jamais plus que dans ces faints
jours, par l'abus criminel qu'ils en font; puifque cette joye fainte & fpirituelle,
que ces folemnitez infpirent, fe change en une joye mondaine, en
une diffipation d'efprit, en un épanchement de cœur & de tous les fens,
qui leur fait dire comme à ces impies dans l'Ecriture : *Ubique relinquamus* Sapient. 2.
figna lætitiæ. Ce font des jours de feftes, tout fera donc employé en rejoüiffance
& en divertiffemens. Nous avons vaqué à nos affaires durant toute la
femaine : c'eft une fâcheufe neceffité à laquelle nôtre état & nôtre condition
nous ont affujettis, il faut donc s'en dédommager en ces jours. Jeux, feftins,
promenades, compagnies, parties de débauche; voici le tems deftiné
à nous réjoüir, & au lieu que le Sage nous avertit de ne pas laiffer échaper
la moindre partie d'un jour précieux : *Particula bonæ diei non te prætereat.* La Ecclef. 14.
plûpart croiroient le tems perdu, s'ils ne s'étoient bien divertis. *L'Auteur des*
Sermons fur tous les fujets.

L'abus que
l'on fait dans
la maniere de
celebrer les
Dimanches.

Remarquez, je vous prie, comme l'abus fe gliffe par tout, & comme les
plus faintes coûtumes degenerent infenfiblement; car comme pour marquer
la celebrité de ces jours, l'Eglife aprouve que l'on foit vêtu plus honneftement,
c'en eft affez pour fonder la coûtume d'étaler en ces jours-là tout ce
que le luxe a de plus pompeux; & c'eft fouvent en cela que plufieurs font
confifter toute la celebrité de ces jours; comme faifoient autrefois les idolâtres
dans leurs ceremonies & dans leurs feftes; & comme il n'y a rien dont le libertinage
ne tire avantage, fous pretexte que les premiers Chrétiens, pour
marquer la joye que leur caufoit le fouvenir des Myfteres, que ces jours leur
rapelloient, fe regaloient religieufement, après en avoir paffé la plus grande
partie à chanter les loüanges de Dieu, & à le remercier des faveurs qu'ils en
avoient reçües, & s'animoient enfuite par de faints difcours à le fervir fidélement;
la pieté enfuite & la charité s'étant refroidies, la fenfualité a pris
leur place, les débauches ont fuccedé à ces faintes rejoüiffances, & toutes
les marques de devotion, de reconnoiffance & de la Religion, ont degeneré
en autant de déréglemens, qui donnent aujourd'hui autant de fujets à Dieu
de dire des feftes des Chrétiens, ce qu'il dit autrefois par le Prophete Ifaye,
de celle des Juifs, qu'ils avoient profanez par de femblables abus : *Iniqui* Ifaï. 1.
funt cœtus veftri, & folemnitates veftras odivit anima mea. Non, ces affemblées,
& ces divertiffemens ne font pas conformes au deffein que Dieu a eu
d'inftituer ces faints jours, marquez par autant de bienfaits, il a en horreur
vos réjoüiffances; puifque bien loin de fe fouvenir de lui, les hommes le
deshonorent, & l'obligent par là de faire fentir les rigueurs de fa vengeance
aux prévaricateurs de fes Loix. C'eft pourquoi il les menace de changer leurs
feftes en deüil, & leurs réjoüiffances en pleurs : *Convertam feftivitates veftras* Amos. 8.
in luctum, & convivia veftra in planctum. Car, M. il n'y a rien que Dieu
puniffe plus féverement que l'impieté & la profanation des chofes faintes; &

& je ne doute pas que la plûpart des malheurs domestiques, qui arrivent dans vos familles, & qui vous font passer ensuite de si mauvais jours, ne soient une punition de ceux que vous avez profanez en témoignant si peu de pieté & si peu de reconnoissance des biens que vous avez reçûs de Dieu. *L'Auteur des Sermons sur tous les sujets.*

Les chrétiens se distinguët de ceux qui n'en portent que le nom, par la sanctification des Dimanches.
Exod. 31.

Comme Dieu ordonna autrefois à son peuple de celebrer le jour du Sabbath, pour le distinguer des autres peuples, & pour être comme un signe de l'alliance qu'il contractoit avec lui : *Videte ut Sabbatum meum custodiatis, quia signum est inter me & vos.* De même, c'est par l'observation exacte & réguliere de ces jours, qu'un veritable Chrétien se distingue non-seulement des Juifs, par la solemnité du Dimanche, & des heretiques par les festes des Saints, dont ils rejettent le culte, & par consequent toutes les marques d'honneur qu'on leur rend ; mais encore des Chrétiens de nom seulement, & qui n'en ont pas même les dehors & les aparences, quand ils negligent de s'aquitter d'un devoir public, qui fait connoître non-seulement quelle Religion ils ont embrassée ; mais encore les sentimens interieurs qu'ils ont de cette Religion, par la pieté & la devotion avec laquelle ils les celebrent ; & comme ces jours sont instituez à ce dessein, c'est presque l'unique moyen que nous ayons de satisfaire au bon exemple, que chacun est obligé de donner à son prochain, & au precepte qui nous oblige de servir Dieu, par une profession declarée. C'est pour cela, que l'Eglise ordonne sous de si grieves peines, d'assister ces jours-là au sacrifice adorable de la Messe, qui est le grand mystere de nôtre Religion ; pour cela, que l'office divin se chante solemnellement, & avec plus d'apareil : c'est à ce tems-là qu'il semble avoir reservé tous les autres exercices de pieté, la parole de Dieu, les instructions, la frequentation des Sacremens ; & c'est enfin en ces occasions où l'on distingue les personnes de pieté, par l'assiduité qu'ils aportent à tous ces devoirs, & qu'on les tient pour des Chrétiens reguliers, lorsqu'ils s'en aquittent avec édification. *Le même.*

Quelle est l'impieté des chrétiens,qui se contentent d'obéir seulement au precepte que l'Eglise leur fait d'entendre la Messe le S. jour de Dimanche.

Je vous demande, M. ce que vous devez penser de ceux qui se contentent de s'aquitter de ce qui est absolument de precepte, & qui donnent ensuite le reste du jour à leurs divertissemens ? Quoi ! tous les devoirs & toutes les marques d'un veritable Chrétien se réduisent à donner à Dieu une demie-heure la semaine, & le reste sera pour leurs plaisirs ? Est-ce là cet amour de preference qu'ils lui doivent ? Est-ce là la maniere de lui rendre le culte qu'il attend de nous dans la nouvelle Loi ? Et s'il n'est rien de plus injurieux à Dieu, que de partager son culte avec le monde ; quel partage plus évident, que de retrancher une partie des jours qui lui sont consacrez, pour la donner à la vanité, au plaisir & aux divertissemens ? Quel partage même plus injuste, que de ne lui en laisser que la moindre portion ? Une Messe, & encore la plus courte ; voila ce que la plûpart des Chrétiens donnent à Dieu ; les après-dînées entieres sont pour les promenades ou pour les visites, tout le soir pour les festins, & une partie de la nuit pour le jeu, & cela s'apelle observer les festes ? ou comme parle l'Ecriture, les sanctifier, en se sanctifiant soi-même ? *Ah ! maledictus qui facit opus Domini fraudulenter,* s'écrie le Prophete, c'est s'attirer la malediction du Seigneur, que faire frauduleusement l'ouvrage qui le regarde ? Hé, n'est-ce pas agir de mauvaise foi, & user de

Jerem. 48.

fraude, que de s'en aquitter de la forte ? N'eſt-ce pas plûtôt s'en mocquer
& profaner ſon culte ? *Gloriati ſunt qui oderunt te in medio ſolemnitatis tuæ.* Pſalm. 37.
Et ſi les infidéles voyoient de quelle maniere les Chrétiens paſſent ces jours
uniquement conſacrez au culte de leur Dieu, quel jugement pourroient-ils
porter du reſte de leur vie ? Que penſeroient-ils de cette Religion même ?
Ne ſeroit-ce pas leur ôter toute l'eſtime qu'ils en auroient conçûë, & n'arri-
veroit-il pas ce que le Prophete Malachie diſoit autrefois des fêtes des Juifs ?
Viderunt eam hoſtes, & deriſerunt Sabbatha ejus. Que peuvent-ils avoir que Thren. 1.
du mépris pour une Religion, dont ils voyent les jours les plus ſaints profanez
par l'oiſiveté & par les débauches. *L'Auteur des Sermons ſur tous les
ſujets.*

Saint Auguſtin voulant nous faire connoître quelle eſt l'impieté de ceux Pour ſancti-
qui abuſent des ſaints jours de Dimanches & de Fêtes, diſoit : *Otio abutun-* fier le S jour
tur ad nequitiam, melius enim utique totâ die foderent, quam totâ die ſaltarent. de Diman-
Et quoi ? diſoit ce ſaint Doƈteur, en parlant des Juifs, n'auroit-il pas mieux che, il ne ſuf-
valu foüir ou labourer la terre tout le long du jour, que de l'employer en point travail-
danſes, en feſtins, & en d'autres réjoüiſſances profanes ? Si l'un eſt un cri- ler, il faut en-
me ; parce que c'eſt manquer à un devoir qui eſt commandé, l'autre l'eſt il core faire des
moins de faire ce qui eſt contraire, & direƈtement opoſé à ce même de- actions ſain-
voir ? Si le refus de ſervir ſon Prince, quand ſon Etat eſt attaqué par ſes en- tes.
nemis, doit l'offenſer, que ſera ce de porter les armes contre lui ? C'eſt ce
que nous devons inferer de la conduite de la plûpart des Chrétiens d'aujour-
d'hui ; s'abſtenir du travail, n'eſt qu'une partie du precepte ; il faut pour l'obſerver
tout entier, faire des aƈtions qui ſoient ſaintes, & conformes à la ſainteté de
nôtre Religion ; & comme on viole ce commandement, en ne quittant pas
l'ouvrage qu'on avoit entre les mains ; on le viole encore plus criminellement
en faiſant d'autres choſes qui ne ſont pas ſeulement indifferentes d'elles-mêmes, comme le travail ; mais qui ſont ou mauvaiſes, comme les excès & les
débauches, ou bien qui portent au mal, telles que ſont les ſpeƈtacles & les
divertiſſemens mondains. Mais c'eſt l'aveuglement des Chrétiens de ce tems,
de compter pour rien le point le plus eſſentiel de ce precepte, & de ce qui
n'eſt que le moyen de le garder. Vous ſeriez coupable ſi vous plaidiez dans
un barreau, ou ſi vous exerciez les fonƈtions de vôtre charge durant ces jours ;
mais comment ne faites-vous pas reflexion que vous les profanez d'une maniere plus criminelle, en les employant au jeu ? Cet artiſan s'accuſeroit avec
raiſon d'avoir violé ce precepte, s'il avoit fait quelque ouvrage de ſa profeſſion ; mais penſe-t-il qu'il le viole plus grievement, lorſqu'il paſſe ces jours
entiers à depenſer ce qu'il a gagné pendant la ſemaine. Vous ſeriez mal,
Meſdames, de manier l'aiguille & le fuſeau, vous n'en diſconvenez pas.
Mais de bonne foi, croyez-vous que ce ſoit un moindre mal d'aller au bal
ces jours-là, ou à la comedie, ou de les paſſer en viſites & en divertiſſemens.
Vous croyez avoir ſatisfait au precepte, parce que vous n'avez point travaillé,
c'eſt n'en pas concevoir l'obligation ; puiſque s'il défend le travail, c'eſt
pour ne penſer qu'à ſervir Dieu. Et ce qui eſt aſſez bizarre, c'eſt que vous en
verrez qui feront ſcrupule de s'apliquer aux affaires de leur ménage, & qui
n'en feront point d'employer la plus grande partie de la matinée à s'habil-
ler, d'occuper une fille de chambre à ranger leurs cheveux, à bien placer

des rubans, pour paroître tout le reste du jour, dans les compagnies ; la belle devotion ? Voila un jour de fête bien observé, dont la moitié est employée à la vanité, & l'autre passée dans les cercles, & dans des entretiens inutiles & souvent même scandaleux. *L'Auteur des Sermons sur tous les sujets.*

Il est neces-faire qu'il y ait un jour de la semaine consacré au service de Dieu.
Il a été necessaire de destiner certains jours au service de Dieu ; car si Dieu pour tant de biens & de graces qu'il nous a fait, nous eût demandé tous nos jours, & toutes les années de nôtre vie pour être entiérement employez à son service, il n'eût eu que trop de raison, attendu que nous lui devons tout. Or, comme il se contente du peu que la foiblesse & l'infirmité humaine lui peut offrir, que pouvons-nous faire que de lui donner un jour de la semaine, selon qu'il le desire & le commande. Les Chrétiens qui observent soigneusement ce precepte, en retirent beaucoup de profit ; parce qu'ils traitent familierement avec Dieu dans la priere, dans la lecture des livres spirituels, dans la reception des Sacremens, dans la celebration de la sainte Messe, aux Sermons, & dans l'exercice de plusieurs autres bonnes œuvres. Ajoûtez à cela que comme Dieu avoit anciennement destiné le jour du Sabbath à son honneur, & aussi pour communiquer liberalement ses graces à son peuple, ce que signifient ces paroles : *Benedixit diei septimo.* Aussi nôtre Redempteur, selon la remarque de Tertullien, faisoit des guerisons, & combloit de biens le peuple, principalement le jour du Sabbath. Et si nous y voulons prendre garde, jamais nous ne recevons tant de biens pour l'ame, que les jours de Fêtes & de Dimanches, c'est lorsque nous vaquons entierement au service de Dieu, étant libres de tous empêchemens ; c'est lorsque nous sommes plus disposez à la penitence, à la devotion, & à tous autres pieux exercices. Les Saints nous ont enseigné la maniere de sanctifier le Dimanche. Saint Gregoire de Nazianze nous dit, celebrons les Fêtes, non pas par la pompe de toutes sortes d'habits magnifiques, non par des festins & des yvrogneries, dont les fruits sont les impudicitez, comme vous sçavez ; mais par la pureté & la joye de l'esprit. Et saint Gregoire le grand nous dit que le jour du Dimanche il faut abandonner le travail corporel, & s'adonner entierement à l'oraison, afin que si on manque en quelque chose dans la semaine, on le recompense par la priere & par la devotion en ce saint jour. *Tiré des Theologiens.*

L'Eglise nous ordonne de sanctifier les Festes comme les Dimanches.
L'Eglise nous ordonne aussi de sanctifier certaines fêtes comme nous sanctifions le Dimanche ; or, pour les employer saintement, il faut s'abstenir d'œuvres serviles, & s'occuper pendant ces jours du service de Dieu ; en un mot, il faut faire ce que nous avons dit qu'il falloit faire le Dimanche, & par ce moyen entrer dans l'esprit de chaque solemnité ; cette défense que fait l'Eglise de travailler les jours de Fêtes, n'est point oposée au Commandement de Dieu, qui dit : *Vous travaillerez six jours, & vous vous reposerez le septiéme.* Car ces paroles ne veulent dire autre chose, si ce n'est que dans le cours ordinaire de la semaine, il y a six jours destinez au travail, & un jour à celebrer le repos du Seigneur. Mais ces paroles n'excluent pas l'obligation de s'abstenir de toute œuvre servile aux jours de fête, qui arrivent extraordinairement dans le cours de la semaine. C'est Dieu qui les a aussi interpretez ; cela paroît par le livre même de l'Exode, d'où ces paroles sont tirées ; car on voit dans ce livre, qu'il arrivoit quelquefois dans la semaine des jours de fête,

pendant lefquels il étoit défendu de travailler comme au jour du Sabbath.
Cette reponfe eft confirmée fans replique par le chapitre vingt-troifiéme du
Lévitique. Car dans ce chapitre, après que Moïfe a raporté ces paroles : Vous
travaillerez fix jours, & vous vous repoferez le feptiéme ; il fait un catalogue des fêtes aufquelles il étoit auffi défendu de travailler. Ces fêtes étoient
celles de Pâques, de la Pentecôte, des Trompettes, de l'Expiation, des Tabernacles, & de l'Affemblée. *Tiré des Theologiens.*

Si l'Eglife Judaïque avoit le pouvoir d'établir des fêtes aufquelles il fût
défendu de travailler, l'Eglife chrétienne doit l'avoir à plus forte raifon :
cela fe prouve par l'Ecriture fainte, où nous trouvons plufieurs fêtes inftituées depuis la publication de la Loi ; & nous voyons dans l'Evangile, que
Jefus-Chrift même a folemnifé l'une de ces fêtes, qui étoit la fête de la dedicace du Temple, établie par la Synagogue des Juifs, fous Judas Macchabée. Or, le droit d'ordonner la celebration des fêtes apartient aux Evêques,
qui font établis de Dieu pour conduire l'Eglife & gouverner les fidéles, felon
ce que dit faint Paul au chapitre vingtiéme des Actes ; & parmi les fêtes qu'on
celebre aujourd'hui dans l'Eglife, il y en a qui viennent de Tradition Apoftolique, telles font la plûpart des fêtes qu'on celebre en memoire des Myfteres de Jefus-Chrift ; il y en a que toute l'Eglife a établi ou reçû depuis ce
tems-là. Enfin, il y en a que chaque Evêque commande dans fon Diocefe : on
n'eft pas moins obligé de fanctifier les unes que les autres, & de fe conformer
à ce qui eft reglé & établi par les Pafteurs, & obfervé par les Eglifes particulieres où l'on fe trouve ; parce qu'on doit édifier les fidéles par fa conduite, garder l'uniformité de la difcipline, & obéir aux Pafteurs aufquels apartient dans chaque Diocefe, le droit de regler la maniere & le tems du fervice de Dieu. Toutes les fêtes font donc inftituées pour honorer Dieu, & pour
inftruire les fidéles : c'eft ce que l'Eglife fait en celebrant les principaux Myfteres de nôtre Religion, ou renouvellant la memoire de la fainte Vierge &
des Saints, en qui Dieu a fait le plus éclater fes dons, & lui en rendant graces. C'eft pourquoi nous pouvons entrer dans l'efprit de ces folemnitez, en
meditant les myfteres que l'Eglife honore, ou les vertus des Saints qu'elle
nous propofe à imiter, & nous employer à des chofes faintes en ces faints jours,
comme au jour du Dimanche. *Les mêmes.*

Nous devons faire connoître par nôtre pieté quelle Religion nous avons
embraffée ; puifque c'eft le deffein de Dieu dans l'inftitution de ces faints
jours. Si les infidéles ne font pas témoins de nôtre indevotion, il y a toûjours des fidéles qui en prennent occafion de fcandale, d'autres qui s'autori-
fent dans leur libertinage fur nôtre exemple ; nous ferions fcandalifez nous
mêmes fi nous voyons une perfonne travailler publiquement à un ouvrage
fervile & mécanique ; & cependant ce n'eft qu'une partie du precepte, que
de s'en abftenir ; l'autre partie, confifte à employer ces jours en des actions
de pieté ; l'avarice porte à violer l'une, & le libertinage à profaner l'autre.
Or, Dieu y eft également offenfé, au fentiment de faint Auguftin. Mais à
quoi voulez vous que je m'occupe ; puifqu'il n'eft pas permis de travailler ?
C'eft fe mocquer de Dieu, M. que de faire cette queftion ; fi l'Office divin,
fi le Sermon, fi la lecture des bons livres ne fuffifent pas, n'y a-t-il point
d'hôpitaux & de malades à vifiter ? Point d'œuvres de charité à exercer ? Et

Le pouvoir qu'a l'Eglife d'établir & d'ordonner la celebration des fêtes.

Nous devons faire connoî- tre quelle Religion nous avons embraffée par nôtre pieté, dans le faint jour de Di- manche.

si vous avez besoin de divertissemens pour vous délasser des travaux de la semaine, ne pouvez-vous pas les sanctifier, en donnant pour terme à ces promenades, quelque lieu celebre par le concours & par la devotion des peuples? Que ces visites se rendent à des personnes de pieté, dont les discours & les entretiens puissent vous rendre plus saints ; que les pauvres n'ont-ils quelque part à ces festins de charité, si vous voulez imiter la pratique des premiers Chrétiens ? Ce sera garder alors le precepte tout entier, ce sera rendre à Dieu l'honneur & le culte qui lui est dû, édifier le prochain par ces marques de pieté, & enfin profiter de ces saints jours pour mériter l'éternité bienheureuse, qui est apellée une fête & un repos éternel. *L'Auteur des Sermons sur tous les sujets.*

Le saint jour de Dimanche est plus excellent que tous les autres jours. Quoique tous les jours soient faits de la main de Dieu, qui les a tirez du néant, où ils retournent encore plus vîte, que les rivieres dans la mer ; néanmoins tous ne sont pas d'une même excellence, & tous ne nous obligent pas à de semblables devoirs. C'est dans le saint jour de Dimanche, que Dieu commença ses ouvrages ; les Anges, aussi-bien que le monde, le reconnoissent & l'honorent comme le jour de leur naissance. Il étoit déja en veneration parmi les idolâtres avant qu'il fût Chrétien ; ils l'avoient mis sous la protection du Roi des Planettes, en lui donnant le nom du jour du Soleil, comme s'ils eussent voulu faire sçavoir à tous les hommes qu'il étoit autant illustre parmi les jours, que le Soleil entre les Astres, qu'il étoit le Prince & le centre des jours. *Tiré du livre intitulé : La famille sainte, par le Reverend Pere Jean Cordier, Tome 2.*

Quel est le jour que les Chrétiens doivent sanctifier. *Souvenez-vous de sanctifier le jour du Sabbath. Vous travaillerez six jours, le septiéme est le Sabbath, ou le jour du Seigneur vôtre Dieu : Vous ne ferez aucune œuvre servile en ce jour.* Dieu commence par ces paroles : *Souvenez-vous ?* Pour faire entendre aux Juifs que le Commandement qu'il alloit faire, n'étoit qu'une confirmation de ce qui avoit été observé sans discontinuation dès le commencement du monde par ordre de Dieu, qui nous ordonne par ce Commandement, de sanctifier d'une maniere speciale le jour du Sabbath ; c'est-à-dire, le jour du repos de Dieu, le jour auquel Dieu cessa de produire de nouvelles créatures ; car Dieu employa six jours à la creation du monde, & il se reposa le septiéme. Il est vrai que dans l'ancienne Loi on sanctifioit le Samedy. Mais l'Eglise, instruite par Jesus-Christ, & conduite par le Saint Esprit, a changé ce jour en celui du Dimanche ; en sorte qu'au lieu du dernier jour, on sanctifie le premier qui est apellé le jour du Seigneur. Or, ce n'est que par l'Esprit de Dieu que l'Eglise a fait ce changement. Nous le sçavons par la Tradition, & nous en voyons dans l'Ecriture quelque vestige. Saint Paul dit que les Chrétiens s'assembloient le premier jour de la semaine. Saint Jean dit dans l'Apocalypse, que le jour du Seigneur, que nous expliquons par le mot de Dimanche, il eut la revelation des choses à venir : mais ces passages ne prouvent pas que l'observation du Samedy a été changée en l'observation du Dimanche. Nous ne sçavons positivement ce changement que par la Tradition, & par l'usage perpetuel de toutes les Eglises du monde. Il est inutile de raporter les preuves de cette Tradition; les Protestans en conviennent avec nous ; le fait n'est pas contesté. L'Eglise a transferé au Dimanche l'observation du jour du Sabbath ; parce que c'est un

Dimanche

Dimanche que Jesus-Christ est ressuscité, & que par-là il a commencé à entrer dans son repos, après avoir consommé l'ouvrage de nôtre Redemption. C'est aussi un Dimanche que le Saint-Esprit a été envoyé sur les Apôtres & sur l'Eglise. *Tiré des Theologiens.*

Tout le monde sçait que l'Eglise a le pouvoir d'établir des jours de Fêtes, & nous obliger à les garder. Or, voici quelle en a été la pratique parmi les Anciens. Saint Athanase, parlant de l'Annonciation de la Vierge, qui vient le vingt-cinquiéme de Mars, s'exprime ainsi : La fête de l'Annonciation de la Vierge est l'une des fêtes de Nôtre-Seigneur, & par conséquent des principales, & qui doit être exactement gardée, attendu qu'elle nous represente la venuë de nôtre Redempteur sur la terre. Saint Gregoire de Nysse, dans l'Oraison de Nôtre-Seigneur, de sa sainte Mere, & de Simeon le Juste, dit que nous celebrons la Presentation du Fils, & la Purification de la Mere, le même jour, auquel le Verbe Eternel étant encore Enfant, alla au Temple avec sa sainte Mere.   Saint Cyrille de Jerusalem, sur la même solemnité, écrit : Aujourd'hui, M. réjoüissez-vous avec les Anges, soyons éclairez avec les Pasteurs, adorons Jesus-Christ, solemnisons cette Fête avec toute la ville de Bethléem, allons au devant de Jesus avec Simeon, soyons sanctifiez avec le Temple, & achevons la solemnité avec la sainte Vierge. Saint Jean Chrysostome, en l'Oraison sur la Fête de l'Annonciation : Aujourd'hui nous sommes touchez, dit-il, d'un nouveau sentiment de joye ; car l'Ange parla à la Vierge, comme le Serpent avoit parlé à la Femme. Origene enseigne que c'est avec raison que l'on celebre dans l'Eglise la memoire des Innocens, selon l'ordre des Saints, vû qu'ils ont été les premiers Martyrs, immolez pour Nôtre-Seigneur. Et au Livre troisiéme sur Job, il remarque que c'est avec raison que l'Eglise se réjoüit dans les jours que les Saints sont partis de ce monde, au lieu que les Payens sont en deüil à la mort de leurs Parens ; parce que, dit-il, ils sont délivrez de toutes douleurs, affranchis de tentations, & par l'ouverture de la mort, ils entrent dans la vie.   Eusebe d'Alexandrie, en l'Homelie de l'honneur dû aux Saints, dit que nous celebrons leurs Fêtes, afin que par eux nos prieres soient exaucées de Dieu. Constantin le grand, selon Eusebe, fit un Edit particulier, par lequel il commanda que les jours dediez par l'Eglise, à la memoire des Martyrs, fussent gardez comme le propre jour du Dimanche. Saint Basile, dans son Homelie sur sainte Julie, expose spécialement à quelle fin il leur avoit marqué ce jour-là pour estre solemnellement celebré ; & celle qu'il fit sur les quarante Martyrs, il exhorte ses Auditeurs à renouveller leur devotion à proportion du nombre de ceux dont ils celebroient la memoire. Saint Gregoire de Nazianze, en l'Oraison troisiéme, qui fut la premiere invective contre Julien, lui demande s'il n'a point redouté les victimes qui ont été immolées pour Jesus-Christ ; sçavoir, saint Jean, saint Pierre, saint Paul, saint Jacques, saint Estienne, saint Luc, & autres que l'on celebre avec tant de solemnitez, & qui chassent les demons, & guerissent les malades. Saint Jean Chrysostome dit en une Homelie, que la memoire de saint Phylogonius Martyr,

Le pouvoir qu'a l'Eglise d'établir les jours de Fêtes.

lui avoit délié la langue, & ouvert la bouche ; & en la soixante-sixiéme, au peuple d'Antioche, il demande qu'on lui montre le lieu & le jour auquel mourut Alexandre ; enseignant que le monde ne rend point tant d'honneur à ceux qui le servent & suivent, que Dieu en rend à ses fidéles serviteurs : car il ne se contente pas de rendre leurs personnes illustres ; mais il fait encore honneur à leurs osse-mens, sépulchres, monumens, & aux jours mêmes qui sont consacrez à leur memoire. *Institution catholique du P. Coton.*

Sozomene raconte comme le Peuple d'Alexandrie celebroit tous les ans, le jour auquel saint Pierre leur Evêque, avoit soûtenu le Mar-tyre ; & Theodoret récite l'honneur que les habitans d'Antioche, ren-doient tous les ans à saint Juventin, & à saint Maximien Martyrs. Saint Cyprien parlant de quelques Martyrs, parle ainsi : Nous presen-tons, comme vous sçavez, des sacrifices à Dieu, autant de fois que nous celebrons la passion des Martyrs, & en faisons commemoration. Saint Ambroise prend occasion d'écrire le premier livre des Vierges ; parce qu'il arrivoit souvent que le jour qu'il prenoit la plume pour écrire, l'Eglise celebroit la feste de sainte Agnés. Quant au sentiment de saint Jerôme, en son Epître dix-neuviéme, *ad Eustochium,* il pro-nonce cette memorable sentence : c'est une chose ridicule de pretendre honorer les jours de Festes, par des festins & abondance de viandes, pendant que nous sçavons que ces Saints, dont nous celebrons la me-moire, se sont rendus agréables à Dieu, par des jeûnes & par des abs-tinences. Le Concile troisiéme de Carthage ordonne qu'il sera permis de lire la passion des Martyrs, le jour de leur solemnité annuelle. Saint Augustin a fait tous les Sermons sur les festes des Saints, qui en portent le nom ; & au vingt-uniéme, qui est de saint Jean Baptiste, après avoir enseigné comment on doit celebrer la memoire des Saints, ajoûte : *Alors saint Jean nous pourra obtenir tout ce que nous desirons,* s'il nous trouve le jour de sa feste sobres, pacifiques, chastes, & sans propos des-honnestes. Et c'est la premiere raison, pour laquelle le Saint-Esprit a voulu qu'en l'Eglise il y eût diverses festes, afin qu'il nous soit plus aisé d'imiter les actions de ceux dont nous honorons & la vie, & la mort : Ce qu'enseigne aussi saint Jean Chrysostome, en l'Orai-son des Martyrs. La seconde raison, est pour honorer ce que Dieu honore ; & la troisiéme, pour remercier Dieu de la grace & de la gloi-re qu'il lui a plû de conferer aux Saints. *Institution catholique du Pere Coton.*

Dieu nous oblige par son troisiéme Commandement, à observer re-ligieusement le Sabbath, qui est pour les Chrétiens, le Dimanche, auquel jour on doit singulierement servir Dieu, en s'abstenant de tou-tes œuvres serviles ; & en effet, l'homme devroit bien rendre à son Créateur, toutes sortes de services en tout temps, & sans aucun relâ-che. Mais son infirmité, & les necessitez de la vie humaine ne le per-mettant pas, Dieu a bien voulu condescendre par sa bonté, à cette infirmité, & marquer un jour de la semaine auquel l'homme s'occupe-roit particulierement à son service, en suspendant un peu ses affaires

Marginal notes:

Sentimens des SS. Peres sur la manie-re de celebrer le Dimanche.

Dieu nous a ordonné de sanctifier le Dimanche, sa bonté envers ceux qui ne le peuvent faire.

temporelles. Dieu commanda aux Juifs d'obferver le Sabbath ; c'eſt-à-dire, le Samedy : or, Dieu leur preſcrivit ce jour-là pour deux raiſons ; la premiere, parce que Dieu acheva la fabrique du monde le jour du Sabbath ; c'eſt pourquoi il voulut que ce jour fût fanctifié en memoire de ce grand benefice de la creation du monde ; outre que cela devoit auſſi ſervir pour renverſer l'erreur de certains Philoſophes, qui diſent que le monde avoit toûjours été ; car en celebrant cette fête en memoire de la création du monde, on étoit obligé de confeſſer & de reconnoître qu'il y a eu quelque commencement. La feconde raiſon eſt, que Dieu a voulu que l'homme, ayant fait travailler ſes ſerviteurs & ſes animaux ſix jours entiers de la ſemaine, il les laiſſât repoſer le ſeptiéme jour, qui eſt le Samedy ; & qu'ainſi les Maîtres appriſſent à être doux & pitoyables à l'endroit de leurs ouvriers, & d'avoir compaſſion même des pauvres animaux. *Tiré des Theologiens.*

Les Chrétiens gardent le Dimanche, & non pas le Sabbath ; parce que c'eſt avec raiſon, que l'Egliſe a changé le Samedy au Dimanche, comme Nôtre-Seigneur avoit lui-même changé pluſieurs autres ceremonies anciennes, en d'autres meilleures ; comme la Circonciſion au Baptême, & l'Agneau Paſchal au ſaint Sacrement : Je dis que c'eſt avec raiſon ; car ſi on celebroit le Samedy, en memoire de la création du monde, à cauſe qu'en ce même jour l'ouvrage fut achevé : A plus forte raiſon celebre-t-on le Dimanche en memoire de la même création qui prit ſon commencement ce jour-là. Et ſi les Juifs donnoient à Dieu le dernier jour de la ſemaine, les Chrétiens font encore mieux, qui lui donnent le premier. Outre cela, le Dimanche nous fait reſſouvenir des trois principaux Myſteres de nôtre Redemption ; car Jeſus-Chriſt nâquit le Dimanche, reſſuſcita le Dimanche, & envoya ſon Saint-Eſprit le Dimanche. Enfin, le Sabbath ſignifie le repos que les ames juſtes avoient autrefois dans les Lymbes, avant la venuë de Nôtre-Seigneur ; & le Dimanche ſignifie la gloire que les mêmes ames ſaintes ont maintenant dans le Ciel, & dont leurs corps doivent joüir un jour. Or, les Juifs celebroient le Samedy, parce qu'après leur mort, ils alloient dans le lieu de leur repos ; mais les Chrétiens doivent celebrer le Dimanche, parce qu'en mourant, ils ont eſperance de joüir de la gloire éternelle. *Les mêmes.*

La celebration des Feſtes eſt un grand moyen pour acquerir la vertu, & pour la faire croître viſiblement ; & c'eſt particulierement pour cette fin qu'elle eſt commandée. C'eſt pour cela que je vous avertis ici de vous en acquitter dignement, & de ne vous laiſſer pas emporter par l'exemple de pluſieurs qui profanent les ſaints jours, que les uns employent en occupations, & en affaires temporelles, ſans reſpect, ni diſtinction, comme les jours les plus profanes. Les autres les paſſent en oiſiveté, & en vaines récréations ; comme ſi les Feſtes n'étoient inſtituées que pour le divertiſſement, ne conſiderant pas, que s'il eſt commandé de ſe repoſer de corps en ces jours, c'eſt pour occuper l'eſprit aux choſes ſaintes, & que de faire ainſi, c'eſt obſerver les Feſtes charnellement ; comme dit ſaint Auguſtin, & à la façon des Juifs, qui abuſent

[marginal notes:]

L'Egliſe a eu raiſon de changer le jour du Sabbath en celui du Dimanche.

Les abus que l'on fait des fêtes, en trois manieres.

du repos des faints jours , pour faire mal ; & qui feroient moins coupables en travaillant à la terre tout le jour , qu'en le paffant en rejoüiffauce. D'autres employent les jours de fainteté à des chofes mauvaifes ; comme font la débauche , l'yvrognerie , les fales paroles , les querelles , les fpectacles , les jeux de hazard , & autres femblables defordres , qui changent les Feftes de Dieu , en folemnitez du demon , & qui les rendent des fujets de la réjoüiffance des demons , comme elles font des objets de l'abomination de Dieu , fuivant le témoignage de l'Ecriture. *Inftruction de la Jeuneffe , par M. Gobinet.*

SUR LE JEÛNE
DU CARÊME,
ET LA MANIERE DE L'OBSERVER.

AVERTISSEMENT.

LE jeûne du Carême, & ce tems consacré à la penitence est si ancien, & si autorisé dans l'Eglise Catholique, qu'on ne doute point que cette pratique ne vienne des Apôtres, qui ont eu ordre de Jesus-Christ d'en faire un precepte ; puisque selon la regle & la Doctrine de saint Augustin ; quand on ignore l'origine d'une sainte coûtume, pratiquée de tout temps dans le Christianisme, on doit presumer qu'elle a été établie par les disciples du Sauveur, & par l'ordre de leur Maitre. C'est pourquoi le commandement du jeûne du Carême, comme l'enseignent les Docteurs, est en partie d'institution divine, & partie apostolique ; mais intimée & ordonnée par l'Eglise, qui en a fait une de ses loix principales. Car quoiqu'elle ait esté observée differemment selon les temps, dans les Eglises particulieres, le fond du precepte est toûjours demeuré constant. A quoi l'on peut ajoûter que ce precepte n'est combattu que par les Heretiques ennemis de la penitence, dont le jeûne est une des principales parties. Il y a eu même d'autres Heretiques, qui, convaincus de sa necessité, comme Tertullien qui a donné dans l'erreur de Montanus, ont porté ce commandement à l'excès, & prétendu établir plusieurs Carêmes pour auoriser leur erreur.

Cette erreur n'a pas fait grand progrès, & n'est plus à craindre aujourd'hui ; puisque la délicatesse & les mortifications des Chrétiens a donné dans l'autre extrêmité ; les uns par une pretenduë exemption, fondée sur de faux pretextes : Les autres par le choix des viandes, les autres en prevenant le temps d'user de celles qui sont

permiſes ; & les autres enfin par des excès, que l'uſage des mon-
dains a introduits au mépris de l'Egliſe, quoiqu'elle ait beaucoup re-
lâché de ſon ancienne rigueur, par la condeſcendance qu'elle a eu pour
ſes enfans.

  Nous laiſſons aux Caſuiſtes & aux Docteurs à decider ce qui eſt
permis ou défendu ſur ce ſujet, pour donner aux Predicateurs de
nouveaux materiaux à ceux que nous avons déja donné au Tome
quatriéme de la Bibliotheque des Predicateurs, au titre du Jeûne.

SUR LE JEÛNE
DU CARÊME,
ET LA MANIERE
DE L'OBSERVER.

LE tems du Carême, 'M. est ce tems favorable ; & ces jours de salut, dont parle l'Apôtre : *Ecce nunc tempus acceptabile, ecce nunc dies salutis.* Aussi l'Eglise se donne-t-elle un soin tout particulier de porter ses enfans à le passer saintement, en les excitant à tous les exercices de pieté, capables d'attirer sur nous les graces & les misericordes du Seigneur, & toutes les faveurs qui sont attachées à ce saint tems. Or, c'est particulierement, M. de ce jeûne que l'Eglise prescrit en ce saint tems ; de ce jeûne que les uns apellent l'aliment de nos ames, les autres le remede de tous les vices, & les autres le tresor de toutes les vertus; de ce jeûne qui fait peur aujourd'hui à tant de lâches Chrétiens; de ce jeûne, que tant de libertins profanent, & à qui tous les heretiques des derniers siécles ont declaré la guerre, comme à l'ennemi de la sensualité, & de tous les plaisirs du corps; c'est, dis-je, de ce jeûne que j'ai entrepris de vous parler dans ce discours, pour vous porter à observer religieusement un precepte, qui est aujourd'hui l'écüeil d'une infinité de personnes, dont les uns se flattent par une trop grande délicatesse ; & les autres, au lieu d'un moyen de salut, en font le sujet, & l'occasion de leur perte & de leur damnation. C'est de tout tems, M. que le jeûne a été tellement recommandable, qu'il semble que les Saints de l'ancienne Loi, aussi bien que ceux de la nouvelle, en ayent fait leur vertu favorite, & qu'à mesure que leur sainteté a crû, leur abstinence s'est signalée par des jeûnes plus rigoureux, & plus admirables. On diroit même, selon le sentiment de Tertullien, que l'abstinence que ce Pere apelle une partie du jeûne : *Portionale jejunium.* Que l'abstinence, dis-je, est la premiere vertu que Dieu ait exigée de l'homme dès la naissance des siécles, comme le premier tribut de la sainteté & de l'innocence. La premiere Loi qu'il imposa à nos premiers Peres, & qu'ils ne purent violer sans se perdre, & sans enveloper dans leur perte toute leur posterité. *L'Auteur des Sermons sur tous les sujets.*

Comme les heretiques ne peuvent nier que toute la discipline ancienne & moderne ne soit contre eux ; que les Juifs n'ayent eu leurs jours de jeûnes, & des tems consacrés à une rigoureuse abstinence : que Jesus-Christ n'ait jeûné quarante jours & quarante nuits : que les Apôtres & les Peres des premiers siécles, n'ayent ou jeûné autant de tems, ou institué la sainte quaran-

(marge)

taine ; en forte que ce qui eſt d'inſtitution divine dans ſa ſubſtance, a été réglé, quant à ſa manière par le droit poſitif Eccleſiaſtique. Comme ils ne peuvent nier que les premiers Chrétiens, durant le Carême, ne ſe ſoient abſtenus de viandes, ne mangeant même qu'une fois le jour ; que les Conciles n'ayent fait des Canons exprès ſur ce point ; que cette ſainte pratique du jeûne, obſervée par tous les fidéles, dans les Villes, auſſi-bien que dans les Deſerts ; dans les Cours des Princes, auſſi-bien que dans les Monaſteres, cette coutume & ce precepte ont paſſé d'eux à nous, par le pur canal d'une tradition qu'ils n'oſent conteſter. *Diſcours moraux, Tome 2.*

Les paroles du Prophete qui condamnent les heretiques, qui ne veulent pas ſe mortifier par le jeûne du Carême.
Pſalm. 72.

Laiſſons les Heretiques dans leur ſens reprouvé, auſſi-bien eſt-ce en leurs perſonnes, que s'accomplit la verité de ces paroles du Roi Prophete : *Ils ne ſont pas avec les autres hommes dans le travail de la penitence, ils ne veulent pas ſe mortifier avec eux* par le jeûne : de là vient que l'orgüeil s'eſt emparé de leur eſprit, qu'ils ſont couverts de leur impieté, qu'ils ont blaſphemé contre le Ciel & la terre ; que leur iniquité eſt comme ſortie de leur graiſſe. Mais par malheur pour eux, c'eſt que ces faux & ces malicieux *témoins ſe ſont inutilement ſouleveZ contre leur mere, & que leur iniquité s'eſt démentie. Diſcours moraux, Tome 2.*

Les deux choſes qui peuvent nous faire comprendre la proprieté du jeûne.

Vous comprendrez aiſément cette myſterieuſe proprieté du jeûne, ſi vous ſupoſez deux choſes. La première, que ce déluge de pechez qui inonde preſque toute la terre, vient d'une chair rebelle & indomptée, qui captive l'eſprit, & le reduit comme malgré lui ſous ſon joug. La ſeconde, que le jeûne eſt principalement inſtitué pour mortifier cette chair, la traiter, comme le Sage dit, qu'on traite un animal qu'on veut dompter, *& auquel on donne peu de nourriture, mais beaucoup de charge & de corps.* Car cela ſupoſé, il s'enſuit que le jeûne, & particulierement le jeûne du Carême, étant établi pour macerer la chair, lui retrancher ce qui la flatte, lui procurer ce qui l'incommode, & ſe venger pendant quarante jours, de ſa rebellion : il lui aprend inſenſiblement à ne ſe plus revolter ; il arrête le feu & l'impetuoſité de ſes paſſions, & donne à un Chrétien tant de force dans ſes combats, que ſon eſprit étant par ſon moyen ſoumis à Dieu, & le corps à l'eſprit ; il ne fait que ſe purifier davantage dans la fournaiſe des tentations, où ſa concupiſcence & le demon le jettent. *Le même.*

Le jeûne eſt oppoſé aux deux vices ; ſçavoir, la gourmandiſe & l'orgüeil, dont le demô tenta nos premiers Peres.
Iſ. c. 58.

Le demon ſe ſervit de deux vices capitaux, comme de deux chefs redoutables, pour triompher de la première vertu du monde ; ce fut la gourmandiſe & l'orgüeil : car comme l'homme eſt compoſé de deux parties, dont l'une eſt le corps, & l'autre eſt l'eſprit ; contre le corps, il employa la gourmandiſe, en lui preſentant le fruit défendu ; & contre l'eſprit, il ſe ſervit de l'orgüeil, par la penſée & le déſir qu'il lui inſpira de devenir ſemblable à Dieu. Or, M. Dieu, qui, pour ſauver le monde, a pris des moyens tout opoſez à ceux qui l'avoient perdu ; Dieu, dis-je, a voulu non-ſeulement que les hommes rentraſſent dans la voye du ſalut par la penitence ; mais de plus, que la marque, le ſignal, & comme la première declaration de la guerre qu'ils veulent faire au peché par cette penitence, fût le jeûne ; parce que tout à la fois il dompte le corps, & humilie l'ame. Auſſi l'Ecriture les joint-elle ordinairement enſemble, comme deux vertus inſeparables : *Jejunavimus, & humiliavimus animas noſtras.* Et c'eſt, encore une fois, ce qui m'a obligé de vous entretenir du

precepte

precepte que l'Eglife nous impofe en ce faint tems , & des moyens de fanctifier le jeûne , pour me fervir de l'expreffion d'un Prophete : *Sanctificate jejunium* , afin de ne pas tomber dans le malheur de ceux dont parle faint Chryfoftome , lefquels dans leur jeûne , qui eft prefque l'unique action de penitence qu'ils faffent pour leurs pechez , en commettent de nouveaux qui doivent
être expiez par d'autres jeûnes & par d'autres penitences. *L'Auteur des Sermons
fur tous les fujets.*

Pour ce qui regarde l'obligation du jeûne , vous fçavez qu'il n'y a rien que *Quelle eft l'o-*
les Heretiques nous conteftent avec plus de chaleur , ni qu'ils tâchent d'abolir *bligation du*
avec plus d'opiniâtreté , par une étrange maniere de réforme , qui retranche *jeûne en ge-*
tout ce qu'il y a de plus rigoureux dans le Chriftianifme : il faut pourtant *neral , & du*
avoüer qu'elle n'eft pas moins fortement attaquée par les Catholiques mêmes ; *refme.*
non qu'ils ne reconnoiffent l'autorité legitime de l'Eglife , qui l'a établi ; mais
par la difficulté qu'ils reffentent à s'y foumettre ; de forte que moins l'efprit y
trouve de fujet de conteftation , plus il femble que la fenfualité , fortifiée par
l'exemple de tant de libertins & de mauvais Chrétiens , la combatte & fe ran-
ge en ce point , du parti des heretiques. Il eft donc de la derniere importance
d'être inftruits une bonne fois de cette obligation. Elle fe prend d'un precepte
naturel , d'un precepte divin , & d'un precepte Ecclefiaftique tout à la fois ,
dont chacun en particulier étant fuffifant pour nous l'impofer ; tous enfemble
font autant de liens qui la rendent plus étroite & plus inviolable à un veritable
Chrétien. *Le même.*

Cette obligation eft fondée fur une efpece de precepte naturel , & fur cette *Surquoi cette*
premiere Loi , que le doigt de Dieu a imprimé dans tous les cœurs ; & la *obligation*
raifon en eft , que depuis le peché du premier homme , nous naiffons tous *eft fondée.*
avec un malheureux penchant au plaifir des fens , & nous fommes tous fujets
à cette Loi des membres , dont parle faint Paul : *Video aliam legem in membris* *ad Rom.c.7.*
meis , repugnantem legi mentis meæ , & captivantem me fub lege peccati. En
un mot , nous reffentons tous les funeftes effets de cette malheureufe concupifcence , qui nous porte au mal , & qui caufe en nous tant de ravages ; c'eft
pour cela que l'Apôtre apelle nôtre corps , un corps de peché ; c'eft-à-dire , *ad Rom.c.6.*
un corps fujet au peché , qui s'y porte de tout fon poids , & qui entraîne l'efprit avec lui , s'il n'a foin de reprimer les mouvemens de fes apetits déréglez.
D'où il s'enfuit , qu'autant qu'il eft d'une obligation naturelle & indifpenfable
de foumettre cette loi du corps à la loi de l'efprit ; autant l'eft-il de combattre
& de défarmer à quelque prix que ce foit , cet ennemi , qui fait une partie
de nous-mêmes , & par confequent d'y employer les moyens les plus propres
& les plus puiffans. Or , il eft évident que l'abftinence affoiblit cet ennemi domeftique , comme la bonne chere & la délicateffe des viandes le fortifient ;
que le jeûne l'abbat , comme la gourmandife le releve & lui fournit des armes ; & enfin que plus le corps eft dompté par le retranchement de la nourriture , moins il eft rebelle à la raifon. Il faut donc conclure que c'eft un precepte naturel , qui nous oblige à pratiquer le jeûne , quand même il ne nous
feroit pas commandé d'ailleurs ; & qui nous y oblige auffi fouvent & auffi
long-tems , que dure le danger de fuccomber aux inclinations de la nature
corrompuë , qui nous porte à violer la Loi de Dieu. *L'Auteur des Sermons
fur tous les fujets.*

Tome V.   Y y y

Preuve de cette verité & de cette obligation. *Hom. 8. in Genefim.*

Que le jeûne foit un moyen propre pour reprimer cet apetit fenfuel, & dompter cette rebellion de la chair contre l'efprit ; c'eft, dit faint Chrifoftome, ce que l'experience feule doit nous avoir apris ; nôtre corps étant femblable à ces animaux mal domptez, que l'embonpoint rend plus fougueux, & moins fouples à celui qui les conduit, quand on les a laiffé quelque-tems fans exercice & fans travail. Plus on flatte le corps par la molleffe & l'oifiveté, plus on le nourrit délicieufement, plus on l'entretient dans les plaifirs ; plus il fe fortifie contre l'efprit, & fe revolte contre la raifon ; c'eft ce qui a donné fujet à Tertullien de dire qu'il eft rare que la luxure ne foit pas accompagnée de la gourmandife, qui l'excite & qui l'entretient : *Luxuria fine gulà, monftrum eft* ; c'eft-à-dire, que c'eft une chofe extraordinaire & prefque fans exemple. *Le même.*

L. de jejunio.

Le jeûne repare la perte originelle, & que nous avons fait de la juftice originelle, & comment.

On peut apeller le jeûne, avec un grand Saint, le reparateur de la juftice originelle ; parce qu'il fait dans l'homme quelque chofe de ce que faifoit l'état d'innocence ; il tient l'apetit fouple à la raifon, il reprime les paffions, & enfin il eft un fouverain prefervatif contre tous les pechez. C'eft même le fentiment de l'Eglife, qui compte cet effet entre les avantages qu'elle en reçoit : *Qui corporali jejunio vitia comprimis*, chante-t-elle en ce tems ; & il n'en faut point chercher d'autres raifons, finon qu'il affoiblit le corps, pendant qu'il fortifie l'efprit, qu'il détruit l'ennemi domeftique, pendant qu'on refifte vigoureufement à tous les affauts de l'étranger ; & fi faint Chryfoftome apelle nôtre chair un demon interieur, & qui fait partie de nous mêmes : *Innatum dæmonem, omnia prava fuadentem* ; je puis dire avec le Sauveur, *hoc genus non ejicitur nifi in jejunio & oratione.* Que ce n'eft que par la vertu du jeûne que l'on chaffe cette efpece de demon, & que l'on remporte la victoire fur un ennemi fi opiniâtre. D'où il s'enfuit, que ceux qui fuyent le jeûne, & qui au lieu de dompter leur corps, par ce moyen, ne penfent qu'à le nourrir dans les délices, donnent eux-mêmes des armes à leur ennemi pour les attaquer, & pour le vaincre, felon ces belles paroles de faint Cyrille d'Alexandrie : *Tu das ftimulos carni tuæ; tu eam adverfus fpiritum armas & potentem facis cum eam ad omnes illecebras nutris.* *Le même.*

Le jeûne a été reçu & aprouvé de tout tems de toute l'Eglife.

Si le jeûne eft de tous les tems, comme nous venons de montrer, on peut ajoûter qu'il eft encore de tous les lieux ; puifqu'il a été univerfellement reçu de toute l'Eglife ; qu'il s'eft étendu avec elle dans l'Europe, dans l'Afrique, & dans l'Afie, comme nous voyons dans les écrits des faints Peres, qui ont gouverné ces Eglifes. Ce qui a fait dire à faint Bafile, que le jeûne a été annoncé par toute la terre avec l'Evangile même, & qu'il n'y a ni Ville, ni Province, ni Ifle, ni Peuple, ni aucun coin du monde, où le commandement de le garder n'ait été porté, entendu & pratiqué. Que peuvent donc repondre nos heretiques, qui l'apellent une nouvelle invention ? Après que le même faint Bafile a dit dès fon tems, qu'il étoit venerable pour fon Antiquité, *cujus veneranda eft canities.* Quoi donc, ce que les Apôtres ont établi, ce que toute l'Eglife a reçû dans tous les fiécles, & par tout le monde, ce que les Chrétiens de tous les tems ont obfervé, on l'apellera une invention nouvelle ? Et ce fera une fuperftition de faire ce qu'ont fait les anciens Patriarches ? Ce que le Sauveur a lui-même pratiqué, & dont il nous a donné l'exemple le premier dans la nouvelle Loi ; ce que tous les Saints, à

Homil. de jejun.

fon exemple, ont employé, comme un moyen de s'élever à la plus haute
fainteté. Qu'apellera-t-on fe joüer de la Religion, fi cette plaifante reforme
de nos heretiques ne le fait pas avec la derniere impieté ? *L'Auteur des Sermons fur tous les fujets.*

Je n'ai d'autre deffein dans ce difcours que de vous bien perfuader de l'o-
bligation du jeûne du Carême, en vous faifant voir combien elle eft folidement apuyée, & de vous aprendre à vous en aquitter dignement. C'eft pourquoi laiffons-là les heretiques qui le rebutent, comme une pratique fuperftitieufe, & les libertins qui le violent impunément & fans fcrupule ; & paffons
aux Chrétiens lâches, qui fe flattent affez ordinairement fur ce fujet, afin de
leur faire voir la maniere d'obferver ce precepte avec merite, & de fanctifier le jeûne, comme parle un Prophete : *Sanctificate jejunium.* Pour cela,
M. il ne faut que fe fouvenir de la fin que l'Eglife s'eft propofée, & du deffein qu'elle a eu dans la premiere inftitution du jeûne ; fçavoir, de mortifier
la chair, & de fatisfaire par ce moyen à la juftice de Dieu ; pour conclure
que les Chrétiens le doivent donc pratiquer dans cette vûë & dans ce même
deffein ; & qu'il doit par conféquent être bien éloigné de ces adouciffemens
que la prudence de la chair invente tous les jours. C'eft pourquoi, fans qu'il
foit neceffaire de defcendre dans ce menu détail, qui regarde le tems, la
quantité & la qualité des mets dont on peut ufer, & dont tout le monde eft
affez inftruit ; je dis feulement en general, que pour fanctifier le jeûne, l'Eglife nous fuggere trois chofes, dans les prieres qu'elle fait en ce faint tems ; premierement, de l'entreprendre par un veritable motif de penitence, & pour
nous conformer au deffein qu'elle a eu de l'inftituer ; fecondement, d'y joindre la pratique des vertus, qui le foutiennent, & qui doivent toûjours l'accompagner ; & enfin de mener pendant ce tems de penitence une vie plus
chrétienne & plus reguliere, en s'abftenant des vices qui en corromproient
tout le merite devant Dieu. *Le même.*

Qu'un homme s'imagine être neceffaire au public, & n'avoir pas affez de
force pour accomplir la Loi de Jefus-Chrift, & fatisfaire en même-tems aux
devoirs de fa profeffion ; qu'une Dame, à caufe de fa qualité croye avoir plus
befoin des confeils d'Hyppocrate, que des falutaires preceptes de l'Evangile ;
les uns & les autres viendront hardiment demander à leurs Confeffeurs & à
leurs Pafteurs, une grace que je doute fort que Dieu leur accorde. A la verité, l'Eglife qui eft une bonne Mere, & qui ne juge pas de l'interieur de fes
enfans, leur donne la permiffion qu'ils lui demandent : mais qui me répondra
que Dieu, qui fonde le fond des cœurs, aura la même condefcendance ? Que
ce que l'on regarde comme une pure neceffité, il ne l'improuvera pas comme une délicateffe criminelle ? Que ce que fes Miniftres prennent pour de
bonnes raifons ; il ne le condamnera pas comme de vains pretextes ? Helas !
que j'aprehende qu'on ne fe trouve fort éloigné de fon compte, quand à
l'heure de la mort on fera interrogé fur cet article, & que Dieu ne dife à
tant d'ames reprouvées. Par quelle temerité avez-vous enfreint ma Loi, &
vous êtes-vous licentié de rompre l'abftinence du Carême ? Vous vous plai-
gniez de l'aufterité du jeûne ; mais l'avois je établi, afin que vous n'en fuf-
fiez pas incommodez ? Ne fçavez-vous pas qu'il n'y auroit que ceux qui fe feroient violence, qui entreroient dans mon Royaume ? Que pour expier tant

La maniere de fanctifier le jeûne.

Joël. r.

*Le pretexte que les gens du monde prennent pour fe dif-
penfer du jeû-
ne du Carê-
me.*

de pechez que vous aviez commis , il falloit un remede amer , de longues & de pénibles satisfactions ? Qui vous avoit dit que vôtre pretenduë qualité vous exemptoit de vos devoirs ? Que pour avoir du bien & du crédit, vous deviez en être moins Chrétiens , & moins soumis à l'Eglise ? Que par vos charges & vôtre argent, vous pouviez acheter le droit de m'offenser ; moi , devant qui toutes les puissances de la terre ne font qu'une petite vapeur qui se dissipe d'elle-même , qu'une fleur qui croît & qui séche presque dans le même moment ? Qui vouliez-vous qui jeûnât, quand vous avez pretendu en être dispensez ? Si vous vous croyez bien fondez de dire, que vous etiez necessaires à vôtre famille , qui n'auroit pas droit de se servir du même prétexte ? Et cela étant , que deviendroit ma Loi , & à quoi se réduiroit-elle ? Combien de fois vous avoit-on dit qu'il n'y a qu'un seul necessaire , & que pour sauver son ame , il la faut perdre ? Combien de fois vous avoit-on averti de ne vous pas flatter sur un point, où sous de pretendus besoins, on donne tout à la délicatesse, & à l'amour déréglé de soi-même ? Combien , de vôtre connoissance , y a-t-il eu de gens, qui étans d'une complexion plus délicate , ayant moins de force & de santé ; mais plus de fidélité & de religion que vous , ont jeûné pendant plusieurs Carêmes, & fait des mortifications que vous avez sçuës, & qui vous ont surpris ? Du moins vous deviez éprouver vos forces , & voir si ce que faisoient ces fidéles dans une chair infirme , vous ne pourriez pas le faire dans un corps robuste ; vous qui aviez la même Loi , qui participiez aux mêmes Sacremens , qui écoutiez la même parole , qui attendiez le même Juge ? Si pour avoir l'amitié d'un grand , & réüssir dans une affaire de consé-quence , il vous eût fallu passer quelque-tems sans manger , jusqu'à vous réduire à l'abbattement & à la défiance , ne l'auriez vous pas fait avec plaisir ? Et moi , dont vous deviez preferer l'amitié à toutes choses ; moi , qui ne vous demandois d'abstinences & de mortifications , qu'autant que vous en pourriez suporter , sans incommoder notablement vôtre santé , à peine ai-je pu obtenir un jour de jeûne pendant plusieurs quarantaines. *Discours Moraux , Tome second.*

<table>
<tr><td>L'exemple de St. Paul doit faire trembler ceux qui craindre se dispensent du jeûne.</td><td>Que si un saint Paul châtioit son corps , de crainte qu'en se révoltant con-tre l'esprit, il ne fût la cause de sa réprobation ; ah ! que ne devez-vous point craindre , vous qui bien loin de le dompter & de le reduire sous la servitude pour laquelle il est fait, en le rendant par là soumis à l'esprit ; qui le traitez , dis-je , avec tant de délicatesse , & qui apliquez tous vos soins à satisfaire son gout, & à lui procurer toutes ses commoditez ? Qu'en devez-vous attendre qu'une rebellion continuelle contre la raison , & qu'il vous engage dans tou-tes sortes de detordres, & de déreglemens ? Si vous obéïssez à un Medecin qui vous ordonne la dietre & l'abstinence , pour ne pas donner de la nourri-ture à une fiévre violente, refuserez vous le même remede à un mal infiniment plus violent & plus dangereux : *Febris nostra libido est,* dit S. Ambroise ; vôtre fiévre , c'est cette ardeur & cette inclination violente qui vous porte à vos plai-sirs ; c'est une maladie mortelle, vous n'en pouvez douter , & la raison même</td></tr>
</table>

vous enseigne que le jeûne en est le souverain remede ; ah ! moutrez que vous voulez veritablement être gueri, en disant ces paroles du Sauveur : *Anima plus est quam esca.* Mon ame m'est plus chere que la nourriture de mon corps ; il faut que je retranche l'une pour pourvoir à la sureté de l'autre ; & quand

Matth. 6.

nous vivrions encore dans la Loi de Nature, elle seroit assez puissante, pour nous porter à ne pas imiter nos premiers Peres, qui pour satisfaire leur apetit, violerent le Commandement de Dieu en mangeant du fruit défendu, sans faire reflexion combien de larmes & de miseres ce plaisir déréglé leur devoit couter, & pour nous détourner de faire comme le miserable Esaü, qui pour un plat de lentilles, vendit son droit d'aînesse avec tous les avantages qui y étoient attachez. *L'Auteur des Sermons sur tous les sujets.*

Sans nous arrêter ici aux malheurs que cause la gourmandise, considerons plûtôt le jeûne, non plus en general, mais en particulier, comme attaché aux tems, & aux autres circonstances, c'est-à-dire, en un mot, le jeûne du Carême; & je dis en second lieu qu'il est de precepte, & d'une obligation fondée sur le droit positif, & sur un commandement porté par une autorité legitime; & par conséquent que ce n'est point une invention des hommes, comme publient les heretiques, mais comme soutient saint Ambroise un precepte divin: *Non humanâ cogitatione inventum, sed divinâ majestate præceptum.* La raison est que le Fils de Dieu a donné le pouvoir à son Eglise de déterminer le tems & les circonstances du precepte qu'il a fait du jeûne, dans l'Evangile; ce que saint Augustin explique clairement dans une de ses Lettres, où il dit, qu'il est en partie d'institution divine, & en partie d'institution Ecclesiastique & Canonique. Il est, dit il, d'institution divine; en ce que Dieu, dans l'ancienne & dans la nouvelle Loi, en a souvent réiteré le commandement: *Ego in Evangelicis, & Apostolicis litteris, totoque instrumento quod appellatur Testamentum novum, video præceptum esse jejunium.* Et il est d'institution Canonique & Ecclesiastique, parce que l'Eglise a choisi ces quarante jours, pour un jeûne public & solemnel; ainsi jeûner en tout autre tems, c'est à la verité un moyen d'apaiser la colere de Dieu, & de satisfaire pour nos pechez; mais ne pas jeûner durant le Carême, c'est s'attirer cette colere par autant de pechez que nous le violons de fois, comme ajoûte le même Saint: *Aliis diebus jejunare remedium est, in Quadragesimâ non jejunare, peccatum est:* Le jeûne donc, en tant que Dieu nous l'a commandé, est selon saint Augustin, ce qu'il y a de droit divin dans ce precepte; mais pour le tems, pour la maniere, & pour les autres circonstances de ce jeûne, c'est ce qu'il y a de droit Ecclesiastique; mais d'ailleurs, parce que c'est le Fils de Dieu qui a laissé ce pouvoir à son Eglise, d'en déterminer le tems & les circonstances; pour parler juste en cette matiere, il faut dire que ce jeûne est un commandement que Dieu nous a intimé par son Eglise; à peu près comme nous voyons que le Sauveur, après avoir institué le Baptême & les autres Sacremens, en ce qui regarde l'essentiel, a laissé à l'Eglise le soin d'ordonner des circonstances particulieres, qui n'en changent point la substance. Le jeûne est de même nature; il est commandé dans la nouvelle Loi, aussi bien que dans l'ancienne, comme un remede qui nous est necessaire; & il ne faut qu'ouvrir l'Evangile, pour en être convaincu: mais parce qu'on eût toûjours été en peine de sçavoir quand, & comment, & jusqu'où s'étend ce precepte, il a été necessaire que l'Eglise l'ait specifié en particulier. *Le même.*

La maniere de garder le jeûne a été differente selon les siécles, & en certains tems, il a été plus rigoureux, & en d'autres l'Eglise a usé de quelque condescendance envers ses enfans; elle en a même changé la pratique, selon

Le jeûne du Carême est d'obligation & de precepte.

1. Aug. Ep. 86. ad Cassianum.

La maniere d'observer le jeûne étoit

les occurrences, & tel qu'il eſt maintenant, c'eſt elle qui l'a autoriſé :
mais quand nous accorderions aux Heretiques, que ce ne ſeroit que l'Egliſe
ſeule qui eût fait ce precepte, quoiqu'elle n'ait fait que le fixer, & le déterminer à certains tems, le Fils de Dieu n'a-t-il pas obligé tous les Chrétiens
d'être ſoumis à l'Egliſe ? Puiſqu'il traite de Publicains ceux qui refuſeront
de reconnoître ſon pouvoir : *Qui Eccleſiam non audierit, ſit tibi ſicut Ethnicus & Publicanus.* Je pardonnerois ce procedé à des Epicuriens, mais à des
gens qui pretendent reformer l'Egliſe, c'eſt-à-dire, la rendre plus ſainte,
n'eſt-ce pas viſiblement être tombé dans un ſens reprouvé ? Mais helas ! les
heretiques ne ſont pas les ſeuls ennemis du jeûne du Carême, les libertins
fortifient leur parti ; & certes, il ne faut pas s'étonner ſi des gens qui n'ont
point d'autre Dieu que leur ventre, pour me ſervir de l'expreſſion de l'A-
pôtre, ſoutiennent avec tant de chaleur ſes interêts, & s'élevent contre le
jeûne, comme contre un dangereux ennemi ; & comme le libertinage trouve
des partiſans par tout ; on ne trouve auſſi que trop de ces ſortes de gens,
qui par des railleries, auſſi fades qu'elles ſont impies, & par des queſtions
ridicules ſe déclarent du nombre de ceux, que ſaint Paul apelle des ennemis de la Croix de Jeſus-Chriſt, & de la mortification chrétienne, & au
malheur deſquels il ne peut penſer qu'avec un ſenſible regret, & les larmes
aux yeux : *Nunc autem & flens dico, inimicos crucis Chriſti, quorum finis inte-
ritus, quorum Deus venter eſt, & gloria in confuſione ipſorum.* L'*Auteur des
Sermons ſur tous les ſujets.*

A quoi bon, diſent les Heretiques, cette inſtitution du jeûne, & quelle
utilité aporte à l'ame la mortification du corps ? Dieu a-t-il donné des viandes pour s'en abſtenir, & pour être plus maigres & plus défaits, en eſt-on
plus ſaints & plus agreables à Dieu ? Je vois bien, M. que comme ces libertins ne ſe ſont jamais mis en peine des devoirs de la Religion, non plus
que de ſes maximes, qu'ils en ignorent les premiers principes, & que bor-
nant tous leurs ſoins & toutes leurs penſées aux plaiſirs de leur corps, ils
n'ont jamais conçu les grands ſecours, que l'ame peut tirer du jeûne ; je leur
répondrai donc, que comme le precepte naturel nous oblige de nous ſervir
du jeûne comme d'un preſervatif contre le peché ; de même l'Egliſe nous
l'ordonne comme un remede, afin de l'expier ; puiſqu'entre les actions de
penitence le jeûne a toûjours tenu le premier rang. La raiſon eſt, que c'eſt
pour le corps, & par le corps que ſe commettent la plus grande partie des
pechez, & que l'ame le plus ordinairement n'y conſent que pour l'interêt
de ce corps ; c'eſt lui qui ſéduit la raiſon, qui aveugle l'eſprit, & qui rend
l'ame coupable de ſes deſordres en les lui faiſant aprouver ; donc ſi la penitence doit avoir du raport au peché ; & ſi c'eſt l'ordre de toute juſtice bien reglée, que le plus coupable ſoit auſſi le plus puni ; c'eſt auſſi pour cela que
l'on entend ordinairement par le nom de penitence, l'auſterité qu'on exerce
ſur le corps. Or, entre toutes les auſteritez, celle qui le dompte le plus, eſt
ſans doute le jeûne, non-ſeulement parce que comme nous avons dit, elle ſe
communique à tous les membres, en les affoibliſſant ; mais encore parce
qu'en nous privant du plaiſir innocent & naturel qui ſe trouve dans l'uſage
des alimens, la peine a plus de raport au peché qui ſe commet ordinairement
par le plaiſir. *Le même.*

dans les pre-
miers tems
plus rigou-
reuſe qu'a-
preſent.

Matth. 18.

ad Philip. 3.

Le méptis
que font les
heretiques de
l'inſtitution
du jeûne.

On peut dire que quiconque eſt ennemi du jeûne, eſt par une ſuite ne-
ceſſàire, l'ennemi de la penitence, qui détruit le peché, & qui en eſt le remede ; comme donc ce ſaint tems de Carême eſt particulierement conſacré à
la penitence dans le deſſein de l'Egliſe qui l'a inſtitué pour pleurer la mort
du Sauveur du monde, & pour mieux diſpoſer les fidéles à la Communion
de Pâques ; pretendre s'en diſpenſer ſans raiſon legitime, c'eſt pretendre ſe
diſpenſer de ſatisfaire à Dieu après avoir peché. Car enfin le jeûne eſt comme une eſpece de penitence publique, par laquelle tous les Chrétiens ſe joignent en corps pour fléchir la miſericorde de Dieu : c'eſt une purgation generale de tout le corps de l'Egliſe, compoſé de tous les fidéles, c'eſt le tems,
en un mot, qu'elle a choiſi pour apaiſer par un jeûne ſolemnel & de plus
longue durée, la colere de Dieu, que nous n'irritons que trop dans tous les
autres tems. Voila le ſentiment qu'en ont eu les ſaints Peres, depuis la naiſſance de l'Egliſe ; & ainſi l'on ne peut pas dire que ce ſoit une nouvelle inſtitution, comme le pretendent encore les heretiques, qui le rejettent ſous ce
pretexte, comme un nouveau joug qu'on n'a pas eu droit d'impoſer aux
Chrétiens. L'injuſtice de cette accuſation, me fait dire, en troiſiéme lieu,
que quand cette obligation ne ſeroit pas de droit divin, ni de droit Eccleſiaſtique, la ſucceſſion de tous les ſiécles, la coutume de tous les lieux, &
la pratique de toutes les Egliſes particulieres, qui ont été depuis l'établiſſement de la Religion, font une veritable loi, & ſont une ſuffiſante raiſon,
pour fonder cette obligation, à laquelle tous les Chrétiens de tous les tems ſe
ſont volontairement ſoumis ; juſques-là que ſaint Jerôme & ſaint Auguſtin
n'en pouvant trouver le commencement, ont conclu qu'elle étoit auſſi ancienne que l'Egliſe même ; & qu'on n'en pouvoit attribuer l'origine à d'autres qu'aux Apôtres, qui l'avoient établi par l'ordre du Fils de Dieu. *L'Auteur
des Sermons ſur tous les ſujets.*

Marginal note: Le Carême eſt un temps de penitence, & celui qui eſt ennemi du jeûne, eſt ennemi de la penitence.

Les Theologiens ſont tous d'accord, que le jeûne n'eſt pas ſimplement
d'inſtitution Eccleſiaſtique, mais encore Apoſtolique, qui dit quelque choſe
de plus en un ſens. Puiſque ce n'eſt pas ſeulement par l'autorité de l'Egliſe,
mais des premiers Fondateurs de l'Egliſe, ſçavoir, des Apôtres, dont l'autorité eſt
venuë plus immediatement du Sauveur, & qui montre que ce n'eſt pas un ſimple precepte, une ſimple pratique de devotion ; mais une loi fondamentale auſſi
ancienne que l'Egliſe même ; un precepte porté par ceux qui ont été les
premiers Miniſtres de l'Evangile ; une pratique à laquelle la ſeule antiquité
devroit donner cours, quand il n'y auroit point d'autre commandement.
C'eſt ce que ſaint Jerôme n'a point fait de difficulté de dire, il y a déja
treize ſiécles : *Unam quadrageſimam, ſecundùm traditionem Apoſtolorum, con-
gruo nobis tempore jejunamus.* Les plus anciens Conciles, comme celui de
Nicée, le quatriéme de Carthage, & celui de Laodicée en parlent comme
d'une inſtitution reçuë de tout tems ; & pour remonter par ordre juſqu'à la
ſource de ſon origine, Tertullien, dès le ſecond ſiécle, étoit ſi rigoureux ſur
ce chapitre, qu'il tomba dans l'erreur de Montanus, & écrivit contre l'E-
gliſe, pour l'obliger à garder trois Carêmes ; & nous aprenons de lui la
maniere dont on le gardoit en ce tems-là. Saint Ignace le Martyr, qui vivoit
du tems des Apôtres, non-ſeulement en parle, mais aporte la raiſon de ſon
inſtitution : *Quadrageſimam nolite pro nihilo ducere, continet enim imitationem*

Marginal note: Le jeûne n'eſt pas ſeulemét d'inſtitution Eccleſiaſti-que, mais en-core Apoſto-lique.

Marginal note: S. Ignat. Epiſt. ad Philipp.

dominica converſationis. Et enfin, l'on trouve des Canons des Apôtres mêmes, raportez par ſaint Clement, qui l'ordonnent poſitivement. *L'Auteur des Sermons ſur tous les ſujets.*

Ce qu'il faut faire pour bien obſerver le jeûne.

La premiere choſe qu'il faut faire pour s'acquitter de l'obligation que chacun a de jeûner, & en même-tems ſanctifier ce jeûne ; c'eſt d'entrer ſérieuſement dans l'eſprit de penitence, puiſque c'eſt pour cela qu'il eſt inſtitué ; & c'eſt dans cet eſprit que l'obſervoient les premiers Chrétiens, qui non-ſeulement ne mangeoient qu'une fois le jour, & vers le ſoir ; mais encore qui pour la plûpart ſe contentoient d'herbes & de legumes, avec une obſervance ſi ſcrupuleuſe, ou plûtôt ſi religieuſe, que ceux, qui par quelque infirmité connuë ne pouvoient le garder avec cette rigueur, n'oſoient ſortir de leurs maiſons, ni paroître en public, ni ſe trouver dans aucune compagnie ; comme s'ils ſe fuſſent excommuniez eux-mêmes, ou qu'ils ſe fuſſent eſtimez indignes de converſer avec eux, dont ils ne pouvoient imiter l'abſtinence & la régularité ; ou plûtôt, comme s'ils euſſent eu crainte de ſcandaliſer leurs freres, en n'obſervant pas le jeûne, par des incommoditez, qui ne les empêchoient pas de prendre ſoin de leurs affaires. Mais helas ! que l'on voit peu de ſemblables ſcrupules aujourd'hui, que l'on s'en diſpenſe avec tant de facilité, & avec ſi peu de raiſon ! *Le même.*

Les abus qui ſe commettent dans le jeûne de ceux mêmes qui font profeſſion de le garder.

Je ne parle point de ces libertins, qui violent impunément le jeûne, en mangeant des viandes défenduës ; je parle des Chrétiens, à qui il reſte aſſez de conſcience, pour ne le pas profaner avec impieté, & qui ſemblent même le reſpecter par le choix qu'ils aportent dans la qualité des alimens ; mais qui n'y gardent pas aſſez de moderation pour la quantité, dont les colations ſeroient des feſtins pour d'autres perſonnes ; enſorte qu'en ôtant la peine, qui conſiſte à ſouffrir la faim ; ce n'eſt plus jeûne ni abſtinence, c'eſt un changement de mets, qui irrite quelquefois la gourmandiſe, plûtôt qu'il ne la reprime ; puiſque le luxe paroit ſur leurs tables, ſouvent avec plus de ſomptuoſité & de délicateſſe que dans un autre tems. C'eſt dont ſe plaint ſaint Auguſtin, dans un de ſes Sermons : il y en a, dit-il, qui s'abſtiennent de viandes, à la verité ; mais de telle maniere, qu'ils cherchent des mets plus délicats & de plus grand prix, auſquels l'induſtrie ſçait donner un goût plus fin & plus exquis. Mais que ces perſonnes ſe trompent, ajoûte-t-il, s'ils croyent ſatisfaire au precepte que l'Egliſe leur a fait ! Ce n'eſt pas pratiquer

In Serm. de Dominica. 4. in adventu.

l'abſtinence, mais changer la matiere de leur gourmandiſe : *Non eſt hoc ſuſcipere abſtinentiam, ſed mutare luxuriam.* Du moins ce que l'on doit inferer de cette délicateſſe, eſt qu'étant bien éloignez de cet eſprit de penitence, il y a danger qu'ils ne commettent dans leurs jeûnes des pechez qui méritent d'être enſuite expiez eux-mêmes par d'autres jeûnes plus veritables & plus rigoureux. Il ne faudroit, M. pour déſabuſer les Chrétiens lâches, que la maxime des Medecins, qui aſſurent que la plus grande partie des maladies ſont cauſées par l'intemperance des hommes, & que l'abſtinence & la diete en ſont ſouvent les plus ſouverains remedes ; & leur ſentiment eſt autoriſé de celui de l'Egliſe, qui dit que le jeûne eſt ordonné comme un remede pour les maladies du corps, auſſi-bien que pour celles de l'ame : *Quod animabus corporibuſque curandis ſalubriter inſtitutum eſt.* L'Auteur des Sermons ſur tous les ſujets.

On

On voit des Chrétiens qui se font une conscience à leur mode, sur le chapitre du jeûne ; & parce que l'Eglise qui est une bonne Mere, n'a point pretendu y obliger ses enfans dans leurs maladies, ou lors qu'il y va d'un notable interêt de leur santé, ce leur est assez pour pretendre s'en dispenser, sur l'incommodité la plus legere. L'un s'en dispensera sur une insomnie, l'autre sur ce qu'il se sent un peu plus foible qu'à l'ordinaire ; celui-ci, sur sa complexion délicate, & celui-là, sur ses occupations ; comme si pour être obligé au jeûne, il ne falloit rien faire, & vivre dans l'oisiveté ; ce sont autant de mauvais pretextes que l'amour propre a inventez pour couvrir leur lâcheté. Combien y en a-t-il d'autres, qui pretextent de petites incommoditez, qui se pourroient plûtôt guerir qu'augmenter par le jeûne ? Il s'en trouve même qui violent le Carême par principe de conscience, & qui s'imaginent que ne pouvant l'observer sans abreger leur vie, c'est être en quelque façon homicide de soi-même : Chose étrange ! de voir par combien de ruses l'amour propre tâche de nous tromper sur ce point. *L'Auteur des Sermons sur tous les sujets.*

Les pretextes que chacun apporte pour se dispenser du jeûne.

Il y en a qui se croyent exempts du jeûne, lorsqu'ils ont trouvé le moyen d'obtenir dispense des hommes, & qu'ils ont rendu ce respect à leurs Pasteurs ; mais ils se trompent grossiérement, car quoiqu'on ne puisse nier que le Carême étant d'institution Ecclesiastique, au sens que nous l'avons expliqué ; la même Eglise, qui a obligé les Chrétiens, pour de si justes raisons, ne puisse les en dispenser, pour d'autres aussi legitimes ; cependant cette dispense supose toûjours une cause veritable, ou du moins un sujet raisonnable de douter s'il y a necessité ; & si l'on n'agit pas de bonne foi, l'on est doublement criminel, d'avoir violé un precepte, & d'avoir abusé de l'autorité de l'Eglise pour le violer impunément ; & ce qui me fait trembler, est que ces personnes aprochent ensuite de la Communion de Pâques, en commettant un sacrilege, au lieu de s'y être disposez par le jeûne du Carême, ou bien elles pensent être quittes pour s'en confesser, dans le dessein de faire la même chose le Carême suivant. Enfin, M. l'on peut dire que l'Eglise n'a point fait de precepte plus autentique, plus salutaire, plus universellement reçu, plus solemnellement aprouvé, ni même plus religieusement observé dans les premiers siécles ; mais que l'on viole aujourd'hui plus impunément, avec moins de crainte & de respect, & où l'on cherche plus de pretextes pour s'en dispenser ; faute de faire reflexion, que c'est par un motif de penitence qu'on le doit garder ; & qu'autant qu'on y aporte de précaution & d'adoucissement, autant retranche-t-on de la satisfaction que l'on doit faire pour ses pechez. Mais faut-il s'étonner de ce grand nombre de pretextes, & de difficultez qui se trouvent sur cette matiére ? Une verité, quelque constante qu'elle puisse être, dès qu'elle combat nôtre inclination, a toûjours mille raisons qui la combattent elle-même, comme dit saint Augustin : *Conatur caro & sanguis vera depravare, aperta claudere, serena obnubilare. Le même.*

L'industrie de ceux qui surprennent leurs Pasteurs, afin de se dispenser de jeûner.

L. de Spirit. ad Lit.

Ce n'est pas assez, M. d'observer le jeûne exactement & rigoureusement par le motif de penitence, si on n'y joint en second lieu, les vertus qui doivent l'accompagner, qui sont particuliérement la priere & l'aumône ; car ce sont les deux qualitez qu'y demande l'Ecriture : *Bona est oratio cum jejunio & eleemosy-*

Les vertus qui doivent accompagner le jeûne. Tob. 12.

nâ. Que fi cela eft vrai, du jeûne en general, il l'eft encore bien davantage durant le Carême, qui eft un tems confacré à la priere & aux exercices de devotion, auffi bien qu'au jeûne ; puifque l'une eft une fuite & un effet de l'autre. Le jeûne éleve l'efprit à Dieu, comme chante l'Eglife : *Qui corporali jejunio vitia comprimis, mentem elevas* ; & cette élevation eft, ou l'oraifon même, ou du moins la meilleure difpofition à l'oraifon. Vous diriez que ce vifage décharné, & cette chair toute livide par fes abftinences, donneroit à l'ame un certain embonpoint, & une vigueur toute extraordinaire ; & que lorfque le corps a perdu une partie de fes forces ; elles feroient paffées à l'efprit, qui fe porte avec plus de facilité vers le Ciel, & qui devient plus propre à mediter les chofes de Dieu. *L'Auteur des Sermons fur tous les fujets.*

Quel eft le deffein de l'Eglife en obligeant les Chrétiens de jeûner. C'eft le deffein de l'Eglife, en retranchant la nourriture du corps, de nourrir l'ame, que l'on fait jeûner bien fouvent tout le refte de l'année. De là vient que ceux qui durant ce faint tems, au lieu de s'adonner à la priere, d'entendre la parole de Dieu, & de frequenter les Sacremens, continuent leurs divertiffemens ordinaires, font bien plus criminels qu'ils ne penfent : car quoiqu'on ne puiffe pas dire qu'ils violent le precepte du Carême, au fens que l'on l'entend communément, à moins qu'ils n'y joignent les excès de bouche ; l'on peut dire néanmoins qu'ils le violent d'une autre maniere, en profanant un tems fi faint, en détruifant la fin de fon inftitution, & en perdant tout le fruit. *Le même.*

Comment il faut fanctifier le jeûne pour qu'il puiffe être agreable à Dieu. Pour jeûner donc comme il faut, il faut fanctifier le jeûne, *fanctificate jejunium* ; & fi vous me demandez comment, & par quel moyen ? Je vous dirai qu'il faut quitter la lecture de ces livres profanes, pour en lire de pieux, & qui nous inftruifent de nos devoirs ; qu'il faut retrancher ces vifites & ces converfations non-feulement trop libres & dangereufes ; car l'obligation en eft en tout tems : mais de plus, celles qui font fuperfluës & inutiles, pour vifiter les hôpitaux, ou les pauvres honteux, & avoir plus de tems à donner aux exercices de pieté. Et il me femble qu'il n'y a point de veritable Chrétien, qui étant follicité en ce tems, de prendre les divertiffemens ordinaires des autres faifons de l'année, ne dût faire la même reponfe que fit autrefois le pauvre Urie à David, qui l'avoit fait revenir de l'armée pour le fujet que tout le monde fçait : **2. Reg. c. 11.** *Arca Dei, & Ifraël, & Juda habitant in papilionibus, & Dominus meus Joab, & fervi Domini mei fuper faciem terræ manent, & ego ingrediar domum meam ut comedam.* Et quoi, Sire, pendant que l'Arche du Dieu vivant eft fous les tentes & fous les pavillons, pendant que Joab, le General de vos armées, avec tout le peuple de Dieu, eft fous les armes, que j'aille me divertir & me réjoüir en ma maifon ? Ah ! je le jure par la vie de vôtre Majefté, il ne fera jamais dit que je m'oublie moi-même jufqu'à ce point ? *Per falutem tuam, & per falutem animæ tuæ non faciam rem hanc.* Helas ! M. pendant que cette Arche de l'humanité fainte du Sauveur va monter fur la Croix, pendant que toute l'Eglife eft en deüil, & fe difpofe à fléchir la colere de Dieu, par les prieres & par les autres exercices de penitence, penfer à prendre fes divertiffemens, n'eft-ce pas oublier ce que nous fommes, & le Maître que nous fervons ? Car quel plus étrange abus, que de faire d'un tems de propitiation, un tems de colere & d'indignation ? N'eft-ce pas fe fermer les fources des mifericordes de Dieu, dans ces jours où elles font ouvertes , & dans un tems auquel l'Eglife pouffe tant de vœux , offre tant de prieres , & fait retentir par tout la parole de Dieu ? N'eft-ce pas fe rendre indigne de participer à toutes les graces qu'elle attire par-là fur fes enfans , que de ne rien contribuer de nôtre part pour les mériter ? *L'Auteur des Sermons fur tous les fujets.*

Il faut encore joindre l'aumône à la priere , elle n'eft pas moins neceffaire pour fanctifier le jeûne ; & c'eft , au fentiment des faints Peres , ce qui diftingue le jeûne d'un penitent , de l'abftinence des avares. Car , comme dit faint Cyprien , ce n'eft pas par un efprit d'épargne , & par une efpece d'œconomie qu'on doit jeûner , mais afin de nourrir le Fils de Dieu même en la perfonne des pauvres ; enforte , ajoûte faint Chryfologue , qu'un autre vive du fruit de vôtre abftinence , & que vous remportiez par là un double mérite , celui du jeûne & celui de la charité : *Quod ventri fubtrahis , tribue efurienti.* Et c'eft à mon avis un falutaire confeil que l'on doit donner à tous ceux qui font difpenfez du jeûne , pour quelque incommodité , ou pour quelqu'autre raifon que ce foit , d'y fupléer par le moyen de l'aumône , d'en racheter le mérite par une plus grande liberalité envers les pauvres , & de regagner par cette voye ce qu'ils perdent par une autre. *Le même.*

La derniere & la plus excellente maniere de fanctifier le jeûne du Carême , c'eft en general de mener pendant ce tems-là , une vie plus fainte , en s'abftenant des vices , aufquels on a été fujet en d'autres tems ; ce que faint Auguftin apelle le grand jeûne , par excellence , & auquel les autres ne fervent que de moyens : *Magnum & generale jejunium eft , abftinere ab iniquitatibus , & ab illicitis voluptatibus.* Car de quoi fervira aux Chrétiens de s'abftenir des viandes défenduës , s'ils ne s'abftiennent pas des plaifirs criminels ? ou de jeûner tous les jours , fi tous les jours ils fe chargent de nouveaux pechez ? Ne doivent-ils pas attendre le même reproche que Dieu fit autrefois par fon Prophete , aux Juifs , qui lui demandoient pourquoi , dans leur affliction , il n'avoit eu nul égard à leurs jeûnes : *Quare jejunavimus , & non afpexifti ? Humiliavimus animas noftras , & nefcifti.* Il ne faut pas vous en étonner , leur répond le Seigneur , par la bouche de fon Prophete : *Ecce in die jejunii veftri reperitur voluntas veftra , & omnes debitores veftros repetitis.* Vous vous abftenez de manger , je l'avouë , mais vous devorez la fubftance du pauvre , vous n'avez nulle compaffion de vos débiteurs , que vous pourfuivez inhumainement , lorfqu'ils n'ont pas le moyen de vous fatisfaire ; vôtre corps obferve l'abftinence , mais vôtre cœur eft rempli de l'amour de vous-mêmes , & de haine contre vôtre prochain : *Ecce ad lites & contentiones jejunatis.* Vous attendez jufqu'au foir à prendre vôtre repas ; mais vous employez tout le jour en chicanes & en procès ; quelle étrange efpece de jeûne eft ceci ? *Numquid tale jejunium quod elegi ? Numquid contorquere quafi circulum caput fuum ?* Vous croyez avoir bien jeûné , parce que vous avez paffé tout le jour fans manger ; voulez-vous fçavoir quel eft le jeûne que Dieu demande principalement de vous ? Le voici , continuë le Prophete : *Diffolve colligationes iniquitatis , folve fafciculos deprimentes , & frange efurienti panem tuum.* Déchirez-moi tous ces contracts ufuraires , & ces pieces de procès , entaffées les unes fur les autres dans des facs capables

L'aumône eft neceffaire pour fanctifier le jeûne.

Se corriger de fes mauvaifes habitudes , eft la meilleure maniere de fanctifier le jeûne. *Tract. 7. in Joan.*

Ifaja. 58.

Ifaja 58.

Ibidem.

Z z z ij

de vous accabler fous le poids ; laiffez fortir de prifon ces miferables que vous y tenez pour des dettes , que vous leur ôtez le moyen de payer , en leur ôtant la liberté ; & au lieu de faire ainfi fouffrir fans compaffion vôtre frere , donnez-lui par aumône ce que vous épargnez par vôtre jeûne ; que la mifericorde foit ou le motif , ou le fruit de vôtre abftinence ; que le jeûne fpirituel qui confifte à s'abftenir des crimes , marche toûjours devant le corporel ; que la priere & le recüeillement interieur accompagnent toûjours l'abftinence du corps ; c'eft là jeûner dans l'efprit de penitence , & dans l'efprit du Chriftianifme , & mériter d'en être un jour recompenfé dans l'éternité. *L'Auteur des Sermons fur tous les fujets.*

SUR LA CEREMONIE DES CENDRES.

AVERTISSEMENT.

MEmento homo quia pulvis es, & in pulverem reverteris.   *Genef. c. 3:*
Cet arrêt, *que Dieu prononça autrefois contre le premier homme après*
son peché, est le même arrêt que l'Eglise fidele interpréte des volontez de Dieu,
annonce aujourd'hui à tous les Chrétiens, dans cette ceremonie des cendres. Elle
se sert des mêmes paroles, comme parlant de sa part à tous les hommes coupables
du crime de leur Pere, qu'ils ont herité en venant au monde.

    Le dessein de l'Eglise dans cette pratique, dont l'usage si commun, & auquel
les Chrétiens se soumettent volontiers, par une devotion toute particuliere, est ex-
primé dans les paroles dont elle se sert, & qu'elle prononce avec autorité sur tous
les fidéles : Memento homo quia pulvis es, & in pulverem reverteris. Sçavoir,
d'inspirer la pensée de la mort, par le souvenir d'une double poussiére ; celle de
nôtre premiere origine, & celle où nous retournerons après nôtre vie ; & par là,
à nous faire serieusement penser à ce que nous avons été, à ce que nous sommes
maintenant, & à ce que nous serons après cette vie.

    Ce dessein de l'Eglise n'est pas seulement de nous tenir dans l'humilité, par la
vûë de ce que nous sommes, de ce que nous avons été, & de ce que nous serons un
jour ; ce qui regarde uniquement le corps, lequel est la moindre partie de nous-
mêmes ; mais aussi plus particulierement pour nous imprimer la pensée de ce que
nous deviendrons, quand l'ame qui est tirée du neant, mais qui subsistera éternel-
lement en l'état de grace ou de peché, qu'elle sera trouvée en quittant ce monde.
D'où il s'ensuit, que cette même ceremonie des Cendres est instituée pour nous
porter à la penitence, à quitter nos desordres, & à nous preparer à la mort, d'où
depend nôtre bonheur éternel, & enfin à mener une sainte vie. Voilà ce que cette
ceremonie des Cendres nous met devant les yeux, en les repandant sur nos têtes.

SUR LA CEREMONIE

DES

CENDRES.

L'Eglise nous prefente ces cendres pour nous faire fouvenir à quoi fe termi-nent l'ambi-tion & les vains pro-jets des hom-mes.
Seneca Trag.

CEs Cendres nous aprennent , que malgré les vaftes deffeins que forme l'ambition de s'établir , de s'aggrandir , de s'élever , de croître toû-jours , fans dire jamais , c'eft affez ; la mort , par une trifte deftinée , le bornera bientôt à fix pieds de terre : c'eft trop ; à une poignée de cen-dres. Car voila , mes chers Auditeurs , pour m'exprimer ainfi , jufqu'où Dieu nous poulfe à fon tour. Voila à quoi aboutiffent tous nos projets , toutes nos entreprifes , toutes nos pretentions , toutes nos fortunes , tou-tes nos intrigues , en un mot , toutes nos grandeurs , lorfque nos corps , par la derniere refolution qui s'en fait dans le tombeau , fe racourcif-fent , s'abregent , prefque jufqu'à s'aneantir : *Ecce vix totam Hercules implevit urnam.* Quel changement , difoit un Sage , quoique mondain , en voyant l'Urne fépulchrale où étoient les cendres d'Hercule ? Cet Hercule , ce heros , à qui la terre ne fuffifoit pas , eft ici ramaffé tout entier ? A peine a-t-il de quoi remplir cette Urne ! Reflexion que l'E-glife nous fait faire aujourd'hui , bien plus faintement & bien plus effi-cacement , quand elle nous dit : *Memento , homo , quia pulvis es & in pulverem reverteris. Le Pere Bourdaloüe , Sermon fur ce fujet.*

L'Eglife em-ploye encore ces cendres , pour nous faire fouve-nir de la mort , & de fes fuites.

Cependant vous me demandez pourquoi l'on nous met des cendres fur la tête & fur le front ; autre myftere qu'il eft aifé d'éclaircir , & qui doit encore édifier vôtre pieté. On nous met ces cendres fur la tête , qui eft le fiége de la raifon , pour nous faire entendre que l'objet le plus ordinaire de nos reflexions , & de nos confiderations , pendant la vie , doit être la mort , & les fuites de la mort. Or , c'eft ce que l'on nous declare , quand on nous dit : *Memento ,* fouvenez-vous-en , & ne l'oubliez jamais ; parce qu'en effet , il nous ferviroit peu d'être une fois convaincus que nous fommes mortels , fi par une forte penfée , & par un fréquent fouvenir , la conviction que nous en avons , n'étoit pour nous une fource de fageffe , & ne produifoit en nous cette difpofition d'humilité , qui eft déja le commencement de la penitence. Auffi eft-ce le fouvenir de la mort , qui de tout tems a le plus retenu les hommes dans l'ordre , & les a mis malgré les foulevemens de leur orgüeil , comme dans la neceffité d'être humbles ; or , foit pour les grands , foit pour les petits , quand une fois l'humilité a pris poffeffion d'un cœur , il eft aifé d'y faire entrer la componction & la penitence. Pourquoi ? Parce que le grand obstacle à la penitence est levé, j'entends ce fonds de presomption & d'orgüeil avec lequel nous naissons ; mais parce qu'à bien examiner les choses, l'humilité est en effet la partie la plus essentielle de la conversion du pecheur. Car du moment que je suis disposé à m'humilier, dès-là je le suis à m'accuser, à me condamner, à me punir moi-même ; dès-là je suis dans la voye de chercher Dieu, d'implorer la misericorde de Dieu, de satisfaire à la justice de Dieu, de me remettre sous l'obéïssance de la Loi de Dieu : dispositions les plus necessaires à la penitence chrétienne. Et voila pourquoi l'Eglise, après nous avoir fait considerer deux sortes de cendres, celle de nôtre origine : *Memento quia pulvis es*, & celle de nôtre corruption future, *& in pulverem reverteris*. La premiere, qui nous aprend que nous ne sommes que néant ; & la seconde, qui nous dit que nous sommes encore quelque chose de moins, ou plûtôt quelque chose de plus mauvais ; puisque nous ne sommes que peché : Après, dis-je, nous avoir mis devant les yeux cette double cendre, nous en suggere une troisiéme, qui se raporte parfaitement à l'une & à l'autre ; sçavoir, la cendre de la penitence. *Le Pere Bourdaloüe, Sermon sur ce sujet.*

Pulvis es, & in pulverem reverteris. Genes. ch. 3.

Ce sont les memorables paroles que Dieu dit au premier homme, dans le moment de sa désobeïssance ; & ce sont celles que l'Eglise addresse en particulier à chacun de nous, par la bouche de ses Ministres, dans la ceremonie de ce jour. Paroles de malediction, dans le sens que Dieu les prononça ; mais paroles de grace & de salut, dans la fin que l'Eglise se propose, en nous les faisant entendre. Paroles terribles & foudroyantes pour l'homme pecheur ; puisqu'elles lui signifierent l'arrêt de sa condamnation : mais paroles douces & consolantes pour le pecheur penitent ; puisqu'elles lui enseignent la voye de sa conversion & de sa justification. Ainsi remarque saint Chrysostome, Dieu en a-t-il souvent usé, & s'est-il servi du même moyen, tantôt pour imprimer aux hommes la terreur de ses jugemens, & tantot pour leur faire éprouver l'efficace de ses misericordes. *Le P. Bourdaloüe, Tome 2. de ses Sermons.*

Ces paroles du Texte sont terribles pour le pecheur, & consolantes pour le pecheur penitent.

Je ne sçai, Chrétiens, si vous avez jamais fait reflexion à ce que nous lisons dans le livre de l'Exode. Ecoutez-le ; l'aplication vous en paroîtra naturelle, & elle convient parfaitement à mon sujet. Quand Dieu voulut punir l'Egypte, il commanda à Moïse de prendre dans sa main une poignée de cendres ; & en presence de Pharaon de la repandre sur tout le peuple : *Tol ite manus plenas cineris, & spargat illum Moïses coram Pharaone.* L'Ecriture ajoute que cette cendre ainsi dispersée, fut comme la matiere dont Dieu forma ces fleaux qui affligerent toute l'Egypte, & qui y causerent une desolation si generale : *Sitque pulvis super omnem terram Ægypti.* A en juger par l'aparence, Dieu fait aujourd'hui le même commandement aux Ministres de son Eglise : il veut que les Prêtres de la Loi de grace, comme dispensateurs de ses mysteres, prennent la cendre de dessus l'Autel, & qu'ils la répandent solemnellement sur tout le peuple Chrétien : *Tollite manus plenas cineris.* Mais dans l'intention de Dieu, l'effet de cette ceremonie est, par raport au Christianisme, bien different de ce qu'elle opera dans l'ancienne Loi. Car au lieu que Moïse & Aaron ne répandirent la cendre sur les

Comme Dieu punit l'Egypte avec des cendres.

Exod. 9.

Ibidem.

Egyptiens, que pour leur faire sentir le poids de la colere de Dieu, que pour marquer à Pharaon, qu'il étoit reprouvé de Dieu, que pour dompter l'impieté & l'endurcissement de ce Monarque, livré dès-lors à la vengeance de Dieu ; par une conduite toute oposée, les Prêtres de la Loi nouvelle, ne répandent aujourd'hui la cendre sur nos têtes, que pour attirer les graces & les faveurs du même Dieu, que pour nous mettre en état, & nous rendre capables d'en éprouver la bonté, que pour exciter dans nos cœurs les sentimens d'une veritable penitence. *Le Pere Bourdaloue, Tome 1. de ses Sermons.*

Les cendres nous apprennent le mépris de nous mêmes, & domptent nôtre orgueil.

L'Eglise nous engage, ou plûtôt elle nous oblige à concevoir du mépris pour nous-mêmes, en nous adressant ces paroles : *Memento homo quia pulvis es, & in pulverem reverteris.* Comme si elle nous disoit : Pourquoi homme mortel, vous attribuer, sans raison, une grandeur chimerique & imaginaire ? Souvenez-vous de ce que vous étiez il y a quelques années, quand Dieu, par sa toute-puissance, vous tira de la boue & du néant. Souvenez-vous de ce que vous serez dans quelques années ; quand ce petit nombre de jours, qui vous reste encore, sera expiré. Voila les deux termes, où il faut malgré vous que tout vôtre orgüeil se borne. Raisonnez tant qu'il vous plaira sur ces deux principes ; vous n'en tirerez jamais de conséquence, non-seulement qui ne vous humilie, mais qui ne vous rapelle à vôtre devoir, lorsque vous serez assez aveuglé & assez insensé pour vous en écarter. Telle est encore une fois, Chrétiens, la salutaire & importante leçon que fait l'Eglise, comme une Mere sage à tous ses enfans. *Le même.*

Elles nous obligent à nous faire justice à nous-mêmes, & obligent les autres à nous la faire.

Nos passions sont injustes, soit dans les sentimens qu'elles nous inspirent à nôtre propre avantage, soit dans ceux qu'elles nous font concevoir au desavantage des autres : mais la mort, dit le Philosophe, nous reduit aux termes de l'équité ; & par son souvenir nous oblige à nous faire justice à nous-mêmes : *Mors sola, jus æquum est generis humani.* En effet, quand nous ne pensons point à la mort, & que nous n'avons égard qu'à certaines distinctions de la vie, elles nous élevent, elles nous éboüissent, elles nous remplissent de nous mêmes ; on devient fier & hautain, dedaigneux & méprisant, sensible & délicat, envieux & vindicatif, entreprenant, violent, emporté ; on parle avec faste, ou avec aigreur, on se picque aisément, on pardonne difficilement, on attaque celui-ci, on détruit celui-là ; il faut que tout nous cede, & on pretend que tout le monde aura des ménagemens pour nous, tandis qu'on n'en veut avoir pour personne. N'est-ce pas ce qui rend quelquefois la domination des grands si pesante & si dure ? Mais meditons la mort, & bientôt elle nous aprendra à nous rendre justice, & à la rendre aux autres de nos fiertez & de nos hauteurs, de nos dedains & de nos mépris, de nos sensibilitez & de nos délicatesses, de nos envies, de nos vengeances, de nos chagrins, de nos violences, de nos emportemens. Comme donc il ne faut, selon l'ordre & la parole du Dieu Tout-Puissant, qu'un grain de sable, pour briser les flots de la mer : *Hic confringes tumentes fluctus tuos.* Il ne faut que cette cendre qu'on nous met sur la tête, & qui nous retrace l'idée de la mort, pour rabattre toutes les enflures de nôtre cœur ; pour en arrêter toutes les fougues, pour nous contenir dans l'humilité

Job. 38.

l'humilité, & dans une fage modeftie : Comment cela ? C'eft que la mort nous remet devant les yeux la parfaite égalité qu'il y a entre tous les autres hommes & nous. Egalité que nous oublions fi volontiers ; mais dont la vûë nous eft fi neceffaire, pour nous rendre plus équitables & plus traitables. *Le Pere Bourdaloüe.*

Quand nous repaffons ce que difoit Salomon, & que nous le difons comme lui : Tout fage & tout éclairé que je puis être, je dois neanmoins mourir comme le plus infenfé : *Si unus, & ftulti, & meus occafus erit.* Quand nous nous apliquons ces paroles du Prophete Royal : Vous êtes les divinitez du monde, vous êtes les enfans du Très-haut ; mais fauffes divinitez, vous êtes mortelles, & vous mourrez en effet, comme ceux dont vous voulez recevoir l'encens, & de qui vous exigez tant d'hommages & tant d'adorations: *Dii eftis, & filii excelfi omnes ; vos autem ficut homines moriemini.* Quand, felon l'expreffion de l'Ecriture, nous defcendons encore tout vivans & en efprit, dans le tombeau ; & que le fçavant s'y voit confondu avec l'ignorant, le noble avec l'artifan, le plus fameux conquerant avec le plus vil efclave ; même terre qui les couvre, mêmes tenebres qui les environnent, mêmes vers qui les rongent, même corruption, même pourriture, même pouffiére : *Parvus & magnus ibi funt, & fervus liber à Domino.* Quelle idée devons-nous avoir après cela de nous-mêmes : *Memento homo quia pulvis es, & in pulverem reverteris. Le même.*

C'eft pour rabattre nôtre orgueil, que l'Eglife nous prefente des cendres, & qu'elle nous les fait mettre fur la tête. Pourquoi des cendres ? Parce que rien, dit faint Ambroife, ne doit mieux nous faire comprendre ce que c'eft que la mort, & l'humiliation extrême où nous reduit la mort, que la pouffiére & la cendre. Oüi, ces cendres que nous recevons, profternez aux pieds des Miniftres du Seigneur ; ces cendres, dont la benediction, felon la penfée de faint Gregoire de Nyffe, eft aujourd'hui comme le myftere, ou fi vous voulez comme le Sacrement de nôtre mortalité, & par conféquent de nôtre humilité, fi nous les confiderons bien, ont quelque chofe de plus touchant que tous les raifonnemens du monde, pour nous humilier en qualité d'hommes, & pour nous faire prendre, en qualité de pecheurs, les fentimens d'une parfaite converfion, & d'un retour fincere à Dieu. Car elles nous aprennent ce que nous voudrions peut-être ne pas fçavoir, & ce que nous tâchons tous les jours d'oublier ; mais malheur à nous, fi jamais nous tombons, ou dans une ignorance fi déplorable, ou dans un oubli fi funefte. *Le Pere Bourdaloüe, dans fes veritables Sermons.*

Elles nous aprennent que toutes ces grandeurs, dont le monde fe glorifie, & dont l'orgueil des hommes fe repait ; que cette naiffance dont on fe picque, que ce crédit dont on fe flatte, que cette autorité dont on eft fi fier, que ces fuccès dont on fe vante, que ces biens dont on s'aplaudit, que ces dignitez & ces charges dont on fe prévaut, que cette beauté, cette valeur, cette réputation dont on eft idolâtre, que tout cela, malgré nos inventions & nos erreurs, n'eft que vanité & que menfonge. Car que je m'aproche du tombeau d'un grand de la terre, & que j'en examine l'épitaphe, je n'y vois qu'éloges, que titres fpécieux, que qualitez avantageufes, qu'emplois honorables : tout ce qu'il a jamais été, & tout ce qu'il a jamais fait, y

Pouvons-nous nous enorgueillir, quand nous faifons reflexion que la mort rend tous les hommes égaux.

Ecclef. 1.
Pfal. 81.

Job. 3.

Le deffein de l'Eglife, en nous mettant des cendres fur la tête, eft de nous faire fentir ce que nous fommes, & de nous humilier.

Ces cendres nous rapellét dans l'efprit la vanité & le neant de toutes les grandeurs que nous admirons.

est étalé en termes pompeux & magnifiques. Voila ce qui paroît au dehors. Mais qu'on me fasse l'ouverture de ce tombeau, & qu'il me soit permis de voir ce qu'il renferme ; je n'y trouve qu'un cadavre hideux, qu'un tas d'ossemens infects & desséchez, qu'un peu de cendres qui semblent encore se ranimer, pour me dire à moi-même : *Memento homo, quia pulvis es, & in pulverem reverteris. Le même.*

Elles nous representent & nous reprochent l'injustice de nôtre orgueil, quad nous voulons nous élever.
Elles nous aprennent que nous sommes donc bien injustes, quand, à quelque prix que ce soit, & souvent contre l'ordre de la Providence, nous pretendons nous distinguer, & que nous voulons faire dans le monde certaines figures, qui ne servent qu'à flatter nôtre vanité : que ces rangs, que nous disputons avec tant de chaleur ; ces droits que nous nous attribuons, ces points d'honneur dont nous nous entêtons, ces singularitez que nous affectons, ces airs de domination que nous nous donnons, ces soumissions que nous exigeons, ces hauteurs avec lesquelles nous en usons, ces ménagemens & ces égards que nous demandons, sont autant d'usurpations que fait nôtre orgueil, en nous persuadant aussi bien qu'au Pharisien de l'Evangile, que nous ne sommes pas comme le reste des hommes ; erreur, dont la cendre, où nous reduit la mort, nous détrompe bien, par l'égalité où elle met toutes les conditions ; disons mieux, par leur entiére destruction. Car voyez, dit éloquemment saint Augustin, au livre de la Nature & de la Grace. Voyez si dans les débris des tombeaux vous distinguerez le pauvre d'avec le riche, le roturier d'avec le noble, le foible d'avec le fort. Voyez si les cendres des Souverains & des Monarques y sont differentes de celles des sujets & des esclaves. *Le Pere Bourdaloue, dans ses veritables Sermons.*

Memento homo, quia pulvis es, & in pulverem reverteris.

Comme nous ne devons jamais perdre la pensée, que nous ne sommes que poudre & que poussiere.
Voila le terme où doivent aboutir tous les desseins des hommes, & toutes les grandeurs du monde : voila l'unique & la solide pensée, qui doit nous tout, & en tout tems, nous occuper : *Memento homo, quia pulvis es, & in pulverem reverteris.* Souvenez-vous, qui que vous soyez, riches ou pauvres, grands ou petits, monarques ou sujets ; en un mot, hommes, tous en general, chacun en particulier : Souvenez-vous que vous n'êtes que poudre, & que vous retournerez en poudre. Ce souvenir ne vous plaira pas ; cette pensée vous blessera, vous troublera, vous affligera ; mais en vous blessant, elle vous guerira ; en vous troublant, & en vous affligeant, elle vous sera salutaire, & peut-être, comme salutaire, vous deviendra-t-elle enfin non-seulement supportable, mais consolante & agreable. *Le P. Bourdaloue.*

La pensée de la mort, que ces cendres nous representent, détruit en nous l'idée de toutes les grandeurs du monde.
La mort, dit saint Chrysostome, est à nôtre égard la preuve palpable & sensible du néant de toutes les choses humaines, pour lesquelles nous nous passionnons. C'est elle qui nous le fait connoître ; tout le reste nous impose ; la mort seule est le miroir fidéle, qui nous montre sans déguisement l'instabilité, la fragilité, la caducité des biens de cette vie ; qui nous désabuse de toutes nos erreurs, qui détruit en nous tous les enchantemens de l'amour du monde ; & qui des tenebres mêmes du tombeau, nous fait une source de lumieres, dont nos esprits & nos sens sont également frapez : *In illâ die*, dit l'Ecriture, en parlant des enfans du siécle, livrez à leurs passions :

In illâ die peribunt omnes cogitationes eorum. Toutes leurs penſées, à ce jour-là, s'évanoüiront. *Le même.*

La ceremonie de mettre aujourd'hui la cendre ſur la tête, n'eſt pas une pure ceremonie toute extérieure, vuide, indifferente, ſterile ; c'eſt une pratique religieuſe, qui nous rapellant le ſouvenir du formidable arrêt porté contre nous, par le ſouverain Juge, devient le ſymbole de la penitence, & de nôtre mortalité. Que faiſons-nous donc aujourd'hui, quand nous mettons la cendre ſur nos têtes ? Nous faiſons ce que faiſoit Joſué ; quand, pour apaiſer le Dieu des armées, & reparer le larcin des dépoüilles de Jericho, lui & les anciens d'Iſraël, ſe couvroient la tête de pouſſiere. Nous faiſons ce que Jeremie recommandoit aux Princes de Juda, dans la deſolation de leur patrie, en les faiſant reſſouvenir qu'ils mourroient bientôt : *Quia completi ſunt dies veſtri.* Nous faiſons ce que faiſoit Eſther, Judith, Mardochée, & le Roi de Ninive. Nous faiſons enfin, ce que dans la Loi de grace, Jeſus-Chriſt nous a dit que Tyr & Sidon euſſent fait, s'il eût operé à leurs yeux les mêmes prodiges, qu'il avoit operez aux yeux de Coroſaim, & de Bethſaïde : *In cinere & cilicio pænitentiam egiſſent ;* Nous faiſons ce que tant de Saints ont fait. Les paroles humiliantes que le Prêtre, la cendre à la main, prononce aujourd'hui ſur l'homme ſoumis à ſes pieds, ſont les propres termes de l'arrêt porté contre le premier homme, en punition de ſon peché. Le deſſein de l'Egliſe, en nous mettant la cendre ſur le front, c'eſt de nous exciter à la penitence, au mépris de nous-mêmes, par la vûë de ce foible reſte de vie, où ſe terminent tous les biens, les plaiſirs, les honneurs de ce monde, & où nous-mêmes nous ſerons enfin reduits à la mort. Les prieres que l'Egliſe fait ſur ces cendres, en les beniſſant, donnent une vertu ſecrete à cette religieuſe ceremonie, qui ne manque point d'inſpirer la conjonction, & d'attirer la grace de la Penitence, à tous ceux qui reçoivent cette cendre ſur la tête, avec de ſaintes diſpoſitions dans le cœur. Quel effet ne doit pas produire cette pratique de religion ! quel détachement de la vie ? Quel dégoût des biens créez ? Quelle indifference pour les dignitez les plus éclatantes ! Peut-on voir cette poignée de cendres. Image veritable de ce que nous deviendrons un jour ; peut-on entendre cet arreſt, cet oracle terrible, dont nous verifierons bientôt les menaces, ſans que nôtre orgüeil ſoit humilié, ſans que nôtre molleſſe ſoit condamnée, ſans que nos ambitieux projets ſoient confondus, ſans qu'on n'ait honte, & un vrai regret d'avoir fait tant de fonds ſur les trompeuſes commoditez de cette vie. Que ces cendres ſont un ſalutaire remede, répanduës ſur l'enflure du cœur humain ! Qu'elles ſont propres pour deſſiller les yeux, ſur le faux éclat de mille projets ſéduiſans ! Qu'elles peuvent bien aſſaiſonner les plus ameres adverſitez qui nous arrivent.

Si nous conſiderons combien cette cendre reçüe ſur la tête avec un eſprit de religion, avec un cœur pur, contrit & humilié, & avec les diſpoſitions que demande cette ſainte ceremonie, peut produire de bons effets. La penſée de la mort, inſéparable de cette religieuſe pratique, eſt le premier effet qu'elle produit. Fût-on le plus puiſſant Monarque de l'Univers ; fût-on le plus heureux homme du ſiécle, on mourra ; & toute cette pompe, cette grandeur, cette majeſtueuſe réputation, cette tumultueuſe félicité

La ceremonie des cendres eſt trés-utile pour nous faire ſouvenir de la mort, à laquelle tous les hommes ſont condamnez.

Les bons effets que produit la ceremonie des cendres.

qui fait tant d'envieux, tout cela s'éteint dans le tombeau : Allez foüiller dans ces superbes maufolées ; orgüeilleux monumens de la vanité mondaine, vous ne trouverez qu'une petite poignée de cendres, moins précieufes que l'urne qui les contient. Voila ce qui refte enfin de ces grands Princes, la terreur ou l'admiration de leur fiécle ; de tous ces Heros des fiécles paffez, de tous ces favoris de la fortune, pour parler felon le langage des gens du monde : quelques bouts d'os calcinez, une poignée de cendres puantes, & voila tout. Soyez encore plus puiffans, plus riches, plus à vôtre aife qu'ils n'ont été, vous n'aurez pas un autre fort ; & l'on dira un jour de vous, à tel jour qu'aujourd'hui, ce qu'on dit de ces victimes de l'ambition humaine, chacun eft à fon tour une preuve fenfible de cette verité. L'eftime & l'amour même de la vertu, eft un fecond effet de la ceremonie des cendres. Bon Dieu, qu'elle eft propre cette ceremonie myfterieufe à nous défabufer de tant de faux brillans, de toutes ces opinions populaires, qui enchantent & féduifent ! mais qu'elle eft efficace pour nous découvrir le mérite folide, & le prix ineftimable de la veritable vertu ! Les Saints meurent, dit-on alors, tout comme les pecheurs : mais quelle difference de cendres à cendres. Les unes font des objets d'horreur, & les autres des objets de veneration, tant la fainteté a de pouvoir & de charmes. On foule aux pieds celles-là, & l'on fe profterne devant celles-ci. La feule terre qui a couvert le corps des Saints, a la vertu de faire des miracles. Que doit-on conclure de tout ceci, fi ce n'eft que c'eft une folie infigne, de mettre fon bonheur dans les honneurs, les plaifirs, & les biens de cette vie ; & qu'il faut avoir perdu l'efprit, pour s'étudier à autre chofe qu'à fe faire faint. *Le P. Croifet, Exercices de pieté.*

Les difpofitions qu'il faut aporter pour cette fainte ceremonie.

Puifque la ceremonie des Cendres eft une pratique de Religion, nous devons la faire dans toutes les difpofitions, & avec l'efprit que demande une fi fainte ceremonie. Inutilement met-on la cendre fur la tefte, fi l'orgüeil regne dans le cœur. Dieu a en horreur toute grimace. Si l'ame n'eft pas contrite & penetrée de l'idée de fon néant, cette humiliation extérieure n'eft qu'une pure momerie. Gardez-vous bien de porter l'irreverence & l'indevotion jufques dans les pratiques les plus humiliantes de religion : Allez recevoir la cendre fur le front avec un cœur contrit & humilié ; écoutez cet arreft de mort, avec une parfaite refignation, & faites en même-tems le facrifice de vôtre vie : Acceptez la mort à laquelle Dieu vous a condamné, en fatisfaction de vos pechez, & comme une peine que vous avez bien méritée. On n'eft gueres capables à la mort d'en faire un facrifice meritoire ; c'eft proprement aujourd'hui, en recevant la cendre fur la tefte, que le facrifice que vous ferez de vôtre vie, peut eftre fort agréable à Dieu, & d'un grand mérite. C'eft pourquoi ne perdez pas de vûë la mort, dont cette cendre eft le plus naturel fymbole. Cette penfée perfuade aifément la penitence, & en adoucit toute la rigueur. Commencez le Carême en cet efprit de penitence, ce fera le dernier pour bien des gens : quelle confolation pour vous de l'avoir obfervé chrétiennement, s'il doit eftre le dernier pour vous. Uniffez vôtre jeûne avec celui de Jefus-Chrift ; par-là vous le rendrez plus méritoire. Une des plus pernicieufes rufes du demon, c'eft de nous faire regarder les plus faintes ceremonies de la Religion, comme des coûtumes indifferentes. Accompagnez, animez celle-ci d'un esprit chrétien. Et dans tout ce que vous ferez, dites-vous à vous-même : *Memento homo, quia pulvis es, & in pulverem reverteris.* Souviens-toi que tu n'es que poussiére, & que tu seras reduit en poussiére dans peu de jours. *Le même.*

On sçait assez que c'est de cette sainte ceremonie de mettre les cendres sur la teste, que ce premier jour du jeûne du Carême est ainsi apellé. Ce n'est pas seulement dans la nouvelle Loi, c'est encore dans l'ancien Testament, que les cendres ont été le symbole de la penitence, & la marque sensible de la douleur & de l'affliction. Thamar voulant témoigner son deüil & sa douleur, met de la cendre sur sa teste : *Quæ aspergens cinerem capiti suo.* Je m'accuse moi-même, dit Job, parlant au Seigneur, & je fais penitence dans la poussiére & dans la cendre : *Ipse me reprehendo, & ago pœnitentiam in favillâ & cinere.* Les Israëlites effrayez à l'aproche d'Holofernes, & les Prestres voulant apaiser la colere de Dieu, lui offrent des sacrifices ayant la teste couverte de cendres : *Et erat cinis super capita eorum.* Mardochée consterné à la nouvelle du malheur, qui menaçoit toute sa Nation, se revêt d'un sac, & se couvre la teste de cendres : *Indutus est sacco spargens cinerem capiti.* Tout le peuple en fit de même dans les Provinces : *In omnibus quoque Provinciis sacco & cinere.* Les Vieillards de la fille de Sion, dit Jeremie, dans ses Lamentations, ont couvert leur teste de cendre, par un esprit de penitence : *Consperserunt cinere capita sua.* Daniel joint au jeûne, & à la priere, la cendre, pour apaiser le Seigneur irrité contre son peuple : *Deprecari in jejuniis & cinere.* Le Roi de Ninive voulant appaiser le Seigneur, descend de son Trône, se couvre d'un sac, & s'asseoit sur la cendre : *Surrexit de solio suo, & indutus est sacco, & sedit in cinere.* Les Macchabées accompagnerent leur jeûne solemnel, de la ceremonie des cendres qu'ils mirent sur leur teste : *Jejunaverunt, & cinerem imposuerunt capiti suo.* *Le Pere Croiset, Exercices de pieté, Tome 1.*

Dans l'ancié Testament & dans la nouvelle Loi les cendres ont toûjours été le symbole de la penitence.
2. Reg.
Job. 42.
Judith. 14.
Esth. 4.
Jerem. 2.
Dan. 9.
Jon. 3.
Macc. 3.

Dans la nouvelle Loi, la ceremonie des Cendres n'a pas été moins en usage que dans l'ancienne. Jesus-Christ reprochant à ceux de Corozaïm, & de Bethsaïde leur endurcissement & leur indocilité, dit que si les miracles qui ont été faits chez eux, avoient été faits dans Tyr & dans Sidon ; il y auroit long-tems qu'elles auroient fait penitence avec le sac & la cendre : *In cilicio & cinere pœnitentiam egissent.* Rien ne fut plus ordinaire aux Penitens dès les premiers jours de l'Eglise. Les Peres & les Conciles anciens ont toûjours joint les cendres à la penitence. Optat reprochoit aux Donatistes, d'avoir mis en penitence des Vierges consacrées à Dieu, en leur mettant des cendres sur la teste : *Consecratos Deo aspersistis immundis cineribus crines.* Saint Ambroise dit que la cendre doit distinguer le penitent : *Cinere aspersum, & opertum cilicio corpus perhorrescat.* Et saint Isidore, Evêque de Seville, dit que ceux qui entrent en penitence, reçoivent des cendres sur leur teste, pour reconnoître qu'ensuite du peché, ils ne sont que poudre & que cendre ; & que c'est avec justice que Dieu a prononcé contre eux cette sentence de mort : *Asperguntur, ut sint memores quia cinis & pulvis sunt ; per favillam cineris perpendamus mortis sententiam ad quam peccando pervenimus. Le même.*

La ceremonie des cendres établie aussi dans la nouvelle Loi.
Matth. 11.
Liv. 5.
ad Virginem lapsam 8.

La maniere ancienne de celebrer la ceremonie des Cendres, & de mettre en penitence les grands pecheurs.

Un Auteur a emprunté des anciens Conciles la maniere dont on mettoit en penitence les grands pecheurs, & la ceremonie du jour des Cendres. Tous les penitens, dit-il, se presentoient à la porte de l'Eglise, couverts d'un sac, les pieds nuds, & avec toutes les marques d'un cœur contrit & humilié. L'Evêque, ou un de ses Ministres leur imposoit une penitence proportionnée à leurs pechez. Puis ayant recité les Pseaumes de la penitence, on leur imposoit les mains, on les arrosoit d'eau benite, & on couvroit leur teste de cendres. Voila quelle étoit la ceremonie du jour des Cendres, ou des premiers jours des jeûnes du Carême, pour les pecheurs publics, dont les fautes énormes avoient fait de l'éclat & causé du scandale. Mais comme tous les hommes sont pecheurs, dit saint Augustin, tous doivent estre penitens ; c'est ce qui porta les fidéles, & ceux mêmes qui étoient les plus innocens, à donner en ce jour cette marque publique de penitence, en recevant les cendres sur la teste. Nul des fidéles n'en fut exempt ; les Princes comme leurs sujets ; les Prestres & les Evêques mêmes donnerent au public, dès ces premiers tems, cet exemple si édifiant de penitence. Et ce qui n'avoit été particulier d'abord qu'aux penitens publics, devint commun enfin à tous les enfans de l'Eglise, par la persuasion où l'on doit estre, selon la parole de Jesus-Christ, qu'il n'y a personne, quelque innocent qu'il se croye, qui n'ait besoin de faire penitence. Les Papes mêmes subissent comme les autres cette humiliante ceremonie de Religion, toute la distinction respectueuse qu'on a pour le Vicaire de Jesus-Christ, c'est qu'on ne dit rien quand on donne les cendres au Pape. Le P. Croiset, Exercices de pieté, Tome 1.

L'explication de ces paroles : Memento homo, &c.

Memento homo, quia pulvis es, & in pulverem reverteris : Souvenez-vous homme, que vous estes poussiere, & que vous retournerez en poussiere. Ce sont les memorables paroles que Dieu dit au premier homme, dans le moment de sa désobéïssance ; & ce sont celles que l'Eglise addresse en particulier à chacun de nous, par la bouche de ses Ministres, dans la ceremonie de ce jour. Paroles de malediction, dans le sens que Dieu les prononça, dit le plus celebre des Orateurs Chrétiens ; mais paroles de grace & de salut, dans la fin que l'Eglise se propose, en nous les faisant entendre. Paroles terribles & foudroyantes pour l'homme pecheur, puisqu'elles lui signifient l'arrest de sa condamnation à la mort ; mais paroles douces & consolantes pour le pecheur penitent, dit saint Chrysostome ; puisqu'elles lui enseignent la voye de sa conversion par la penitence. Prenez dans la main une poignée

Exod. 9.

de cendres, dit Dieu à Moïse & à Aaron, & repandez-la sur le peuple : *Tollite manus plenas cineris, & spargat illum coram Pharaone*. Cette cendre ainsi dispersée, dit l'Ecriture, fut comme la matiere dont Dieu forma ces fleaux, qui affligerent toute l'Egypte, & qui y causerent une si generale desolation. L'effet de la ceremonie de ce jour, a un effet bien different dans le Christianisme ; puisque les Prestres de la Loi nouvelle ne repandent aujourd'hui la cendre sur nos testes, que pour apaiser la colere du Seigneur par cet acte d'humiliation ; pour nous attirer les graces & les faveurs de Dieu, pour nous rendre capables d'en éprouver la bonté, & pour exciter dans nos cœurs les sentimens d'une veritable penitence ; & c'est dans cet esprit & dans

cette difposition qu'on doit pratiquer en ce jour, la ceremonie des cendres.
Le même.

Quand l'homme n'auroit pas été formé de la poufliére & de la terre, le nom que Dieu prit occafion de fon origine, de lui impofer, pouvoit lui eftre donné avec juftice, en conféquence de l'arreft que fon Créateur pronça contre lui, après fon peché : *Terra es, & in terram ibis, pulvis es, & in pulverem reverteris.* Car, comme remarquent S. Chryfoftome & faint Auguftin ; c'eft le langage du Saint-Efprit, dans l'Ecriture, pour marquer la certitude des évenemens qu'il a deftinez par un arreft immuable de fa fageffe, de les exprimer par le prefent, comme s'ils étoient déja arrivez. De maniere que comme l'homme doit retourner en pouffiére, il ne devroit jamais oublier ce qu'il eft, ni ce qu'il doit eftre ; puifque dans la diffolution des parties qui compofent fon corps, il fera reduit en la même pouffiére dont il a été formé : *Memento homo, quia pulvis es, & in pulverem reverteris. L'Auteur des Sermons fur tous les fujets.*

[marginalia:] Le nom de *Terre* que Dieu donna à l'homme à l'occafion de fon origine, doit le faire fouvenir de ce qu'il deviendra un jour.

Ce qu'il y a à remarquer fur ce fujet, Chrétiens, eft, que quoique cet arreft, que l'Eglife prononce aujourd'hui par fes Miniftres, foit tout le même, conçû en mêmes termes, & porté contre les mêmes criminels, que celui que Dieu porta contre le premier homme, & contre fa pofterité ; il eft cependant prononcé avec des fentimens bien differens. Là, c'eft un Juge irrité, qui punit des criminels & des rebelles ; ici, c'eft une Mere mifericordieufe qui veut tirer le remede du mal même. Là, c'eft un Souverain, qui d'une voix foudroyante, prononce un arreft irrévocable ; ici, c'eft une mediatrice qui s'entremet pour nôtre reconciliation, & qui trouve le moyen de faire mourir le peché, qui nous a attiré cette fentence de mort. Là, ce fut une fentence de condamnation, portée avec un fouverain pouvoir, & dont nous voyons l'execution tous les jours : mais maintenant l'Eglife en fait le fujet de nôtre confolation ; puifqu'elle ne nous la fait fignifier que pour donner efperance d'apaifer la colere d'un Dieu, & de nous engager par la penfée de la mort, à faire une fincere penitence, qui eft le feul moyen d'éviter la mort éternelle que nos propres pechez, ajoûtez à celui que nous avons herité du premier homme, n'ont que trop fouvent méritée. *L'Auteur des Sermons fur tous les fujets.*

[marginalia:] Difference entre le même arreft de mort, forti de la bouche de Dieu, & qui nous eft intimé par l'Eglife.

La veritable penitence, dont ces cendres font le fymbole, & à quoi l'Eglife nous invite, en nous mettant ces cendres fur la tefte, n'eft point celle qui a tant de ménagement pour un corps qui doit eftre reduit en poufiére ; mais celle, qui ennemie de toute fenfualité, & de toute délicateffe, le condamne par avance à une efpece de mort, par une rigoureufe mortification. Je fçai, Chrétiens, que la nature s'y opofe, & que nôtre corps faifant une partie de nous-mêmes, nous épargnons celui qui doit eftre le plus rigoureufement puni : femblables en ce point à l'infortuné Saül, qui ayant eu ordre de détruire les Amalécites, & de ne fe rien referver de leurs dépoüilles, épargna leur Roi, qui étoit le plus coupable, & par où il devoit commencer, pour executer les ordres de Dieu ; d'où vient qu'au lieu d'apaifer la juftice divine, par d'autres victoires moins confiderables, il ne fit que l'irriter davantage, & de l'attirer fur lui-même. *L'Auteur des Sermons fur tous les fujets.*

[marginalia:] Quelle doit être la veritable penitence qui nous eft figurée par ces cendres.

Suite du mê-
me sujet.

Ah ! voila ce qui rend la plûpart de nos penitences infructueuses ; on
sacrifie bien quelque chose de ses biens, on renonce à quelque interest qui
ne nous touche que de loin ; mais on épargne ce corps de peché, & on a
des tendresses pour celui à qui le Fils de Dieu nous ordonne de porter une
haine irréconciliable : mais on se trompe, si l'on croit haïr le peché, pendant qu'on en cherit la principale cause, qu'on épargne le lieu où il regne,
& qu'on le fomente par la recherche de ses aises & de ses commoditez : C'est
l'abus ou plûtôt l'aveuglement où vivent aujourd'hui tant de Chrétiens, qui ne
pensent qu'à passer le tems dans les délices & dans les plaisirs ; mais pour nous
tirer de cette erreur, pensons à la mort, que ces cendres nous mettent devant les
yeux ; nous renoncerons à cette mollesse criminelle ; nous aurons horreur de
cherir & idolâtrer un corps, qui doit estre reduit en cendres, & qui n'en
sortira peut-estre que pour estre jetté dans les flammes. Si l'ame qui s'en est
rendu esclave, n'en devient la maîtresse, en le soûmettant aux rigueurs de la
penitence ; au lieu qu'en l'y assujettissant, il joüira du bonheur éternel, que
l'ame lui procurera, & qu'elle acquerera elle-même par son moyen. *L'Auteur
des Sermons sur tous les sujets.*

Ce que le St.
Esprit pretend
operer dans
nos ames, par
le moyen de
ces cendres.

Si l'on fait reflexion à ce qui frape nos yeux, dans la ceremonie de ce
jour, c'est très-peu de chose ; ce n'est qu'un peu de cendre & de poussiére.
Mais rien n'est de plus grand que ce que le Saint-Esprit pretend operer par
ce mystere. Il veut retirer nôtre ame de la servitude du peché, & de l'esclavage du demon, & en faire l'épouse de Jesus-Christ ; y a-t-il rien de plus
grand & de plus admirable. L'Eglise animée de ce divin Esprit, en mettant
de la cendre sur nos testes, nous aprend trois choses, figurées par la cendre.
La premiere, que quoique nous soyons forts & vigoureux, nous ne sommes
cependant que poussiére & cendre. La seconde, que cela nous doit engager à
faire penitence : & la troisiéme enfin, que si nous ne nous convertissons, nous
retournerons non-seulement en poussiére, dont nous avons été tirez ; mais
même nous perirons dans le peché, qui nous conduira à une mort éternelle ; ce sont là les funestes suites, qui ne manquent jamais d'arriver à ceux qui
negligent, & qui different à se mettre en état de grace. *L'Auteur des Sermons
sur tous les sujets.*

Les reflexions
que l'Eglise
nous oblige
de faire, en
nous mettant
des cendres
sur la tête.

J'entrerai parfaitement dans le dessein de l'Eglise, si je puis vous faire voir :
Premierement, que le souvenir de cet arrest, qui nous rapelle la pensée de la mort,
est ce qu'il y a de plus puissant pour nous porter à faire une veritable penitence ; c'est la premiere reflexion que je fais sur cet arrest irrévocable : Là
seconde, que la cendre & la poussiére, où la mort nous reduit, en conséquence de cet arrest, est comme le modéle de la penitence, que nous
devons faire. Deux veritez, Chrétiens, & deux reflexions importantes ; dont
l'une nous aprend la necessité de la penitence par la necessité de la mort ; &
l'autre nous instruit de quelle maniere nous devons faire cette penitence,
qui est prise sur l'état & sur l'aneantissement où la mort nous reduira un jour ;
l'une nous enseigne à faire une excellente vertu d'une necessité inévitable,
& l'autre en nous faisant prevenir la peine à laquelle nous sommes condamnez, changera cet arrest porté contre tous les hommes, en un arrest de grâ-
ce & de faveur à nôtre égard. En deux mots, il faut mourir, donc il faut se
resoudre à faire penitence ; c'est la premiere conséquence qu'il faut tirer de
cet

cet arreft. La mort nous reduira en cendres, donc la penitence nous y doit reduire en quelque maniere par avance, en nous faifant mourir à nous-mêmes, & à toutes les chofes du monde. *Le même.*

Non, Chrétiens, jamais conféquence ne fut plus jufte, jamais reflexion ne fut plus chrétienne, jamais verité ne fut plus conforme au bon fens, que d'inferer de la neceffité inévitable de la mort, la neceffité de faire une prompte & fincere penitence : *Pulvis es, & in pulverem reverteris.* Auffi eft-ce pour nous y engager, & nous empreffer par le motif le plus puiffant, que l'Eglife a ajoûté à l'arreft que Dieu prononça dès la naiffance dès fiécles, ces paroles : *Memento homo.* Souviens-toi, & imprime-le profondement dans ton efprit, & n'en perds jamais le fouvenir ; car comme elle addreffe ces paroles à des Chrétiens, qui connoiffent les fuites terribles de la mort, & qui fçavent que ce moment fatal decide de leur fort, pour une éternité ; il n'étoit pas befoin de leur en dire davantage : l'image de la mort qu'elle leur retrace, leur met toutes ces grandes veritez devant les yeux, & les convainct de l'importance de cette affaire. D'ailleurs, il n'eft pas neceffaire d'employer de grands raifonnemens, pour les perfuader qu'ils font foumis à l'arreft que Dieu a porté contre eux ; c'eft affez qu'en les apellant hommes, elle les avertiffe qu'ils portent le principe de leur mort dans eux-mêmes, & qu'ils deviendront ce qu'ils ont été, c'eft-à-dire, cendre & pouffiére ; parce qu'étans raifonnables & chrétiens tout à la fois, éclairez des lumieres de la foi & de la raifon, elle fe contente de leur faire entrevoir le rifque que court un pecheur de mourir avant que d'avoir fait penitence en cette vie. *Le même.*

Ce fut autrefois l'arreft de mort, prononcé par la bouche de Dieu même, contre le premier homme, prefqu'auffi-tôt qu'il eut reçû la vie. Et voici, Chrétiens, que ce même arreft eft aujourd'hui renouvellé contre tous les hommes par l'Eglife, que Dieu anime de fon Efprit, & qu'il a fait la dépofitaire de fes oracles. Car, comme fi l'experience de tous les fiécles, & l'exemple de tous les hommes qui nous ont precedé, ne nous avoit pas affez fortement perfuadez de cette verité, qu'il faut mourir, ou que les charmes des plaifirs des fens nous en euffent entierement fait perdre la penfée ; cette Eglife, qui eft toûjours myfterieufe en fa conduite, a jugé à propos de nous en retracer le fouvenir tous les ans dans cette ceremonie des Cendres ; & de dire à tous fes enfans, qu'ils ont tiré leur origine de la pouffiére, & que malgré toute leur puiffance, & tous leurs efforts, quelque avantage de naiffance ou de fortune qu'ils puiffent avoir, ils feront un jour reduits en cendres, & que tout ce fafte qui les environne, fera enfeveli avec eux dans le tombeau, pour fervir de trophée à la mort & d'exemple de la vanité de toutes les chofes d'ici-bas. De forte, Chrétiens, que nous pouvons dire des cendres, dont l'Eglife fe fert aujourd'hui, ce que l'Apôtre dit de celles du premier de tous les morts, qui fut l'innocent Abel : *Defunctus adhuc loquitur.* Que quoiqu'il foit mort, fes cendres parlent pour lui, & nous inftruifent encore maintenant. Mais que difent-elles? Ah ! Meffieurs, qu'elles nous font une admirable leçon, fi nous voulons l'écouter ? Quelle plus forte conviction de la vanité du monde ; quel mépris de fes biens & de fes plaifirs ne nous infpirent-elles point ? Quelle précaution pour bien mourir ?

On doit inferer de la neceffité de la mort, la neceffité de faire penitence.

C'eft l'arreft que Dieu prononça autrefois contre le premier homme, & que l'Eglife nous intime dans la ceremonie des cendres.

Puifque c'eft ce que tous les hommes doivent faire un jour , & que de là dépend l'éternité bienheureufe ou malheureufe qui nous attend ; mais fur-tout, comme la cendre a toûjours été dans l'ancienne & dans la nouvelle Loi , le fymbole de la penitence ; le deffein de l'Eglife eft de nous porter à une prompte & fincere penitence , en vûë de ce qu'il y a au monde de plus capable de nous en infpirer la refolution, qui eft l'image de la mort ; que rien ne nous peut mettre plus vivement devant les yeux , que la cendre & la pouffiere, dont nous avons tiré nôtre origine , & où nous retournerons immanquablement en peu de tems. *L'Auteur des Sermons fur tous les fujets.*

La vûë des Cendres nous fait connoître que nous ne fommes que cendre & pouffiere. *Eccl.* 10.

Comme nôtre orgüeil ne vient que de ce que nous ignorons ce que nous fommes, la vûë de ces cendres nous en donne la plus jufte idée , & la plus veritable notion : *Memento homo , quia pulvis es , & in pulverem reverteris.* Car c'eft rapeller dans nôtre efprit le principe de nôtre origine , qui nous doit couvrir le vifage de confufion , dans ces fentimens de grandeur & d'élevation, où nôtre cœur fe laiffe aller fi fouvent , *quid fuperbit terra & cinis ?* Poudre & cendre, avez-vous jamais penfé qui vous eftes, & d'où vous avez tiré vôtre naiffance ? Faut-il qu'on foit obligé de vous dire que les Payens mêmes ont jugé qu'il n'y avoit point au monde d'extravagance plus déraifonnable que de s'imaginer eftre quelque chofe de grand , ayant eu des commencemens fi peu confiderables ? *Le même.*

Quoique Dieu nous ait fait le chef d'œuvre de fes mains, nous n'en fommes pas moins cendre & pouffiere.

Je veux que de cette pouffiere , Dieu en ait fait le chef-d'œuvre de fes mains : *Limum titulo hominis incifum,* comme parle Tertullien , de la boüe & de la pouffiere, qui porte avec le titre d'homme , l'image de fon Créateur ; je veux qu'il vous ait fait naître avec tous les avantages de corps & d'efprit, & qu'à ces qualitez naturelles , vous y ayez joint toutes celles que l'étude , l'art & l'éducation y pouvoient ajoûter ; ces cendres vous doivent empêcher de vous oublier vous-mêmes , & de vous enorgueillir , en vous mettant devant les yeux , que vous n'eftes que pou re ; ah ! cet orgueil qui vous eft fi naturel, a beau vous en faire à croire ; la multitude de ceux qui vous rampent à vos pieds, la foule de ceux qui vous environnent , les refpeéts & les adorations de ceux qui s'attachent à vôtre perfonne , ont beau vous enfler le cœur. Je ne vous dirai point ici avec le Prince des Apôtres , humiliez-vous fous la puiffante main de Dieu , de qui vous tenez tout cela , & qui d'un peu de pouffiere vous a fait ce que vous eftes ; mais je vous dirai avec l'Eglife , que vous devez commencer vôtre penitence par vous humilier devant ce grand Dieu , que vous avez offenfé ; que n'étant que poudre & que cendre , vous avez ofé vous élever contre ce Dieu de Majefté , & qu'ainfi vous eftes à proprement parler un néant rebelle, comme parle un faint Pere ; vous portez vôtre humiliation au milieu de vous , & dans vous-mêmes ; & avec cela, vous avez ofé vous élever contre le Souverain de l'Univers. Voilà . Chrétiens , le plus jufte & le plus ordinaire motif de la penitence ; parce que la malice & la grieveté du peché fe doit mefurer d'un côté , par l'indignité & la baffeffe de celui qui offenfe ; & de l'autre , par la grandeur & la majefté de celui qui eft offenfé. Ce qui eft fans doute le plus capable de nous infpirer la douleur & la confufion , qui eft neceffaire dans la penitence. *Le même.*

Avec quels

C'eft pour conferver cette honte falutaire, qui doit accompagner l'efprit de componction & de penitence, que l'Eglise pretend nous inspirer, que sentimens nous devons aprocher de cette sainte ceremonie. nous devons nous presenter à cette ceremonie des Cendres, afin de rabattre tous les sentimens de vanité & d'orgüeil, que nos bonnes qualitez & les avantages que nous avons sur les autres, peuvent faire naître. Car, mon cher Auditeur, quand vous seriez en effet ce que vous pretendez estre ; n'est ce pas assez pour vous confondre tous les jours de vôtre vie, que de voir dans ces cendres, ce que vous serez infailliblement après vôtre mort. *L'Auteur des Sermons sur tous les sujets.*

Si nous considerons maintenant l'execution de l'arrest porté contre nous, L'arrest de mort que Dieu a porté contre tous les hommes, ne peut manquer d'avoir son effet sur chacun en particulier. en conséquence du peché de nos premiers Peres ; il est constant, Chrétiens, & je m'assure que vous en estes assez convaincus, que cette execution s'en fera tôt ou tard à vôtre égard, comme elle s'est déja faite à l'égard de ceux qui vous ont precedé ; de maniere que quand toutes les autres raisons, prises de l'experience, de la constitution de nos corps, & des principes qui les composent, ne nous donneroient point une entiére certitude, qu'il faut mourir un jour ; l'arrêt que Dieu a porté, auroit immanquablement son effet. Car comme quand il commanda dès la naissance du monde, que toutes les choses vivantes donnassent la vie à d'autres semblables ; nous voyons que ce commandement entretient toute la nature, & qu'il n'a point manqué de s'executer jusqu'à present. Il en sera donc de même de nôtre mort, qu'il en est de nôtre vie ; nous l'avons reçûë par l'ordre de Dieu, & par la puissance qu'il a communiquée à ceux qui nous l'ont donnée ; nous la perdrons aussi par l'ordre de sa justice, & en vertu de l'arrest qu'il a porté contre nous. Et c'est ce que signifient ces paroles que l'Eglise nous repete aujourd'hui : *Pulvis es, & in pulverem reverteris. Le même.*

Mais en renouvellant, ou plûtôt en signifiant à chacun en particulier, Il n'y a que la penitence qui puisse calmer les frayeurs de la mort. l'arrest prononcé contre tous les hommes en general, le dessein de l'Eglise est de désarmer, pour ainsi dire, cette mort, en nous portant en même-tems à la penitence, qui est capable de lui ôter tout ce qu'elle a de plus redoutable ; j'ose dire que l'Eglise pouvoit nous exciter plus fortement à cette penitence, & à nous en faire prendre la resolution sincere, que de nous intimer cet arrest, & de nous faire entrer bien avant dans l'esprit & dans le cœur ces paroles de mort qu'elle nous prononce. Car si la penitence consiste à quitter le peché, & ensuite à l'expier par les jeûnes, & par les saintes rigueurs qu'elle nous inspire, & qui peut nous porter plus efficacement à l'un & à l'autre que la pensée actuelle de la mort, que ces cendres nous rappellent, & nous retracent naturellement. *L'Auteur des Sermons sur tous les sujets.*

Je dis donc, Chrétiens, que de tout tems les cendres ont été la mar- Les cendres ont été de tout tems le symbole d'un cœur contrit & humilié. Cap. 6. que d'un cœur contrit, humilié & penetré de douleur. Ainsi le Prophete Jeremie invitoit autrefois le peuple aux pleurs & aux gemissemens sur les malheurs dont il étoit menacé, & l'avertissoit de se couvrir de cendres : *Filia populi mei accingere cilicio, & conspergere cinere, luctum unigeniti fac tibi, planctum amarum.* Ezechiel n'en dit pas moins, pour exprimer l'affliction & la misere que ce même peuple devoit endurer. Ils se couvriront, dit-il, de poussiere & de cendre, pour donner de la compassion, par cet apareil lugubre : *Clamabunt amarè, & super jacient pulverem capitibus suis,* Cap. 27.

& cinere conspergentur. Nous voyons enfin , que lorsque le Prophete Jonas annonça aux Ninivites la ruine de leur ville , & leur prochaine désolation; leur Roi , qu'on croit estre le fameux Sardanapale , se leva de son trône , & revestu d'un sac , se mit sur la cendre , & commanda aux Princes de sa Cour , & à tout le peuple de faire le même , pour marquer leur douleur & le regret sincere qu'ils avoient de leurs desordres passez. C'est donc une verité constante dans l'Ecriture , que les cendres sont la marque de la douleur & d'une affliction sensible ; & comme c'est par là que doit commencer la penitence , qui ne peut estre sans la douleur d'avoir offensé la divine Majesté , l'Eglise ne pouvoit mieux nous instruire de quelle maniere il faut faire penitence , que par ce symbole , qui marque un cœur contrit & brisé de douleur. *Le même.*

Les premiers Chrétiens se servoient de cendres pour marquer leur venuë penitence. C'est la posture en laquelle se presentoient les premiers Chrétiens , pour faire penitence , après quelque peché scandaleux ; couverts de cendres , & séparez du reste des fidéles ; & je ne doute point que ce ne soit de là , qu'est venuë la coûtume de presenter des cendres en ce jour ; & la seule chose que l'Eglise a retenu de cette penitence ancienne & publique , dont elle a jugé à propos de se relâcher ; d'où vient que ce n'est plus qu'une ceremonie : mais qui nous avertit , qu'au lieu qu'autrefois la douleur & le regret d'avoir offensé Dieu , portoit les Chrétiens à se couvrir de cendres , maintenant cette cendre nous doit exciter à la douleur de nos pechez ; & cela en vûë de la mort , parce que rien n'est plus à craindre , que de mourir sans avoir fait une veritable penitence. Tellement , chrétienne Compagnie , que si l'Eglise ne nous oblige plus à nous couvrir de cendres , ni à nous vestir d'un sac & d'un cilice , pour nous mettre en état d'obtenir le pardon de nos pechez ; ces cendres du moins vous avertissent d'en concevoir une veritable douleur , de briser vôtre cœur , & de le reduire , pour **Joëlis 2.** ainsi dire en cendres , par une violente & veritable componction : *Scindite corda vestra , &c. L'Auteur des Sermons sur tous les sujets.*

La ceremonie des cendres nous porte à la douleur & à la penitence de nos pechez. C'est le moyen le plus puissant que l'Eglise ait trouvé de nous faire entrer dans les sentimens du saint homme Job , qui s'excitoit lui-même à la douleur & à la penitence de ses pechez , par cette consideration : *Nunquid non paucitas dierum meorum finietur brevi ? Dimitte ergo me ut plangam pau-* **Job. 10.** *lulum peccata mea.* Ne dois-je pas mourir bien-tôt ? Mon âge , ma constitution , l'état où je me vois reduit , ne m'avertissent-ils pas que la fin de mes jours ne peut estre bien éloignée ? Oüi , sans doute , & voici la consequence qu'il en tire : *Dimitte ergo me , ut plangam peccata mea.* Laissez-moi donc rentrer un peu dans moi-même , & examiner en quoi j'ai offensé mon Dieu , afin de pleurer mes pechez , & d'en concevoir la douleur qu'ils méritent. C'est , Chrétiens , la pensée que vous devez prendre , à la vûë de ces cendres ; je touche de près à la fin de ma vie , je n'en puis douter , ces cendres me le mettent devant les yeux , & me font souvenir de l'état où je serai bien-tôt reduit ; mais les suites de la mort sont trop terribles , pour ne pas me précautionner contre un peril si évident. Laissez-moi donc effacer mes pechez , par les larmes de la penitence ; pourvoir à la sûreté de ma conscience , me mettre en l'état auquel je désire paroître devant Dieu : *Dimitte me ut plangam paululum peccata mea. Le même.*

C'est pourquoi, comme la cendre & la poussiere est la derniere humilia-tion où l'homme puisse estre reduit, une dégradation de tous les titres de gran-deur, dont nous nous flattons, & comme un aneantissement de l'homme mê-me ; en un mot, ce qu'il y a au monde de plus vil & de plus méprisable ; puis-que c'est ce que l'on foule aux pieds, nous ne pouvons donner une plus gran-de marque d'humiliation dans nôtre penitence, que de nous mettre les cendres sur la teste ; parce que c'est nous souvenir de ce que nous sommes, de ce que nous avons été, & de ce que nous serons un jour ; & comme on ne peut des-cendre plus bas, que de ramper dans la poussiére, on ne peut avoir un plus bas sentiment de soi-même, que de se regarder en cette qualité. C'est le sentiment que prenoit Abraham, en parlant à Dieu : *Loquor ad Dominum, cum sim pul-vis & cinis.* Ainsi David dans sa penitence, ne croit pas pouvoir s'abaisser da-vantage devant Dieu, que de se mettre le ventre contre terre, & se rouler dans la poussiére : *Humiliata est in pulvere anima nostra, conglutinatus est in terrà venter noster. Le même.*

La cendre & la poussiére nous inspi-rent les der-niers senti-mens d'hu-miliation.

Genes. 18.

Psalm. 43.

SUR QUELQUES AUTRES
Ceremonies & pratiques qui font en ufage dans l'Eglife Romaine.

AVERTISSEMENT.

NOus avons deja remarqué que tout ce qui fe pratique dans l'Eglife eft myfterieux & fymbolique ; paroles , actions, geftes , poftures, jufqu'aux chofes les plus communes , & dont l'ufage eft plus ordinaire dans le monde , d'où l'on peut juger qu'outre les ceremonies plus remarquables & plus effentielles dont nous avons traité , il en refte une infinité d'autres qui reprefentent quelques myfteres , ou qui les accompagnent ; dont par confequent on peut tirer quelques inftructions falutaires, ou quelques nouveaux fentimens de pieté. Mais c'eft cette multitude même qui ne permet pas de nous étendre fur chacune en particulier ; dont de fçavans Auteurs ont fait des volumes entiers , outre qu'il y en a , dont l'occafion de faire un difcours étant affez rare , & le commun des fidéles en étant affez inftruit , nous nous fommes bornez à celles qui meritent quelques reflexions plus fingulieres , afin qu'on ne s'en acquitte pas feulement par coûtume , & fans aucun fentiment de devotion ; tels font l'ufage des Cierges , ou Luminaires , &c. Les Encenfemens, les Proceffions , l'Eau-benite , &c. Mais qui n'étant pas des matieres de predication , nous n'en parlerons qu'en peu de mots.

DES CIERGES,
OU LUMINAIRES,
ET LAMPES,

DONT SE SERT L'EGLISE CATHOLIQUE
dans fes Ceremonies & fes Myfteres.

L'Heretique Vigilartius fe mocquoit des flambeaux qui brûloient en tout t. ms devant les Corps , & les facrées Reliques des Saints. Jean Hûs , au Sermon des funerailles, dit que les flambeaux qu'on y porte ne fervent qu'à l'ambition des grands , & à faire autant de tort aux pauvres. Luther, en fa confeffion , met le Luminaire entre les chofes indiff. renres ; Calvin ne fçait comme le reprendre , fi ce n'eft en impofant aux Catholiques, qu'ils en font plus d'état que des divines Ordonnances. Beze , en l'Epître huitiéme , dit que les luminaires font une partie du badinage de l'Eglife ; mais il ne voit pas que s'il y a du badinage , il faut donc qu'il fe rie de l'Ecriture , des Peres, de l'Hiftoire , de la raifon & de Dieu même. *Inftitution catholique du P. Cotton.*

Les heretiques qui ont rejetté la pratique de l'Eglife d'allumer des Cierges & des Lampes.

Dans l'Exode , au chapitre vingt cinquiéme , Dieu commanda à Moïfe de faire un Chandelier à fept Lampes, qui luiroient vis-à-vis, & fe mettroient devant le Propitiatoire. Au vingt-feptiéme , il ordonne aux enfans d'Ifraël d'aporter de l'huile très-pure, afin que la Lampe luife toûjours au Tabernacle du témoignage. Au feptiéme du Lévitique , il veut entre autres chofes que le feu brûle toûjours fur fon Autel. Quant à l'Hiftoire Ecclefiaftique , Eufebe de Cefarée , au livre fixiéme , chapitre 8. raconte comme la veille de Pâques , l'huile venant à manquer dans les Lampes de l'Eglife , à la priere du bienheureux Narciffus , l'eau fut changée en huile ; & ajoûte qu'en memoire de ce miracle , une partie de ladite huile avoit été confervée jufques à fon tems. Le même Hiftoriographe , au livre quatriéme de la vie de Conftantin , décrivant fes funerailles , décrit la grande quantité de flambeaux qui brûloient fur des chandeliers d'or , avec tant d'éclat , qu'on n'avoit jamais rien vû de femblable. Au Tome premier des Conciles , en la vie de faint Sylveftre , nous lifons qu'entre les dons que fit cet Empereur aux Reliques de faint Pierre , de faint Paul , de faint Laurent , & à l'Eglife de fainte Croix , il y avoit grand nombre de Chandeliers & de Lampes de grand prix , qui devoient brûler perpetuellement ,

L'Eglife aprouve & autorife cette pratique.

non avec de l'huile commune, mais avec du nard liquide, ou du baume tout pur. *Le même.*

Temoignage des SS. Peres del'Eglise, sur l'usage des Cierges.
Cyrill. Hierof.
Orat.de occursu Domini.
Saint Athanase, dans son Epître adressée aux Orthodoxes, traitant de la persécution des Arriens, remarque entre autres choses, qu'ils presenterent aux Idoles des cierges qui avoient servi dans les Eglises pour le service de Dieu. Saint Cyrille de Jerusalem, dans l'Oraison de Nôtre-Seigneur, ou de la Purification de la Vierge, nous exhorte d'offrir la cire blanche d'une vie immaculée, à Jesus Christ qui est nôtre lumiere. Saint Gregoire de Nazianze, en l'Oraison quarante, qui est du saint Baptême, dit que par les Cierges & les Lampes dont on se sert dans les Eglises, nous sommes comparez aux Vierges Evangeliques, & portez par ce moyen à suivre & imiter les Sages, c'est-à-dire, de porter avec nous l'huile des bonnes œuvres. Saint Gregoire de Nysse, dans l'Epitre qu'il écrit à Olympius, touchant les obseques de sa Sœur sainte Macrine, raconte comme il soûtenoit l'un des côtez de la biere; & comme il y avoit grand nombre de Diacres, & autres Ecclesiastiques qui marchoient devant le corps, & portoient des cierges à leurs

Socr. Ecclef.
Hist. l.6. c.8.
Sozom.l.8.c.8.
mains. Socrate parle de certaines Croix, sur lesquelles on apliquoit des cierges aux depens de l'Imperatrice Eudoxe. Sozomene écrit que saint Jean Chryfoftome faisoit porter aux Proceffions des flambeaux, qui marchoient

devant le signe de la Croix, & que l'un des Eunuques de l'Imperatrice avoit reçû le commandement & la charge de les entretenir. Theodoret raportant la somptueuse reception du corps de saint Jean Chryfoftome, dit que les habitans de Conftantinople allerent au devant de lui avec une quantité prodigieuse de Vaiffeaux, & qu'ils remplirent le Bofphore de lumieres &

de flambeaux, qui luisoient de toutes parts. L'Empereur Juftinien ordonne qu'en la conftruction des Eglises, Oratoires & Chapelles, les Fondateurs se

fouviennent de laiffer des fonds pour le luminaire. Saint Jerôme difputant avec Vigilantius, qui se mocquoit de ce qu'on allume en plein midy des flambeaux en l'Eglife, dit que par tout l'Orient, on avoit cette coûtume,

principalement à la lecture du faint Evangile; non pas pour chaffer les tenebres, mais pour donner des marques d'une sainte joye. Le quatriéme Concile de Carthage ordonne que l'Acolythe prendra le cierge avec le chandelier, de la main de l'Archidiacre, étant averti que c'est à lui d'allumer les lampes, les cierges & les chandelles dans l'Eglife. Saint Auguftin, sur le Pseaume 65. témoigne que l'on se fervoit du feu & de la lumiere en adminiftrant les

Sacremens, en exorcifant & catechifant: & saint Paulin, Evêque de Nole, qui vivoit presque en même-tems, fait mention dans des vers Panegyriques sur faint Felix, des flambeaux qui reluifoient sur les Autels. Saint Gregoire

de Tours parlant du baptême de quelques Juifs, remarque comme les lampes & les cierges accompagnerent ces nouveaux Catholiques. Il raconte auffi dans un autre endroit, comme le corps de Clovis fut transferé dans l'Eglife de faint Vincent, avec un nombre infini de cierges portez tant par le Clergé que par le peuple. *Inftitution catholique du P. Cotton.*

De toutes les folemnitez que l'Eglife obferve avec la ceremonie des Cierges, il n'y en a point de plus grande que celle qu'elle pratique à la Fête de la Chandeleur, ou de la Purification; car on porte à la main des Cierges allumez benis, & on les porte en proceffion. Saint Eloy, qui vivoit au feptiéme siécle , nous aprend pofitivement que ces cierges ont été employez dans cette fefte , pour changer en une ceremonie fainte la fuperftition payenne des Lupercales , qu'on n'avoit pû encore abolir. Dans cette ceremonie , les peuples Payens croyoient fe purifier par les cierges allumez qu'ils portoient à l'honneur de plufieurs fauffes divinitez. *Auteur moderne.*

Comme toutes les ceremonies de l'Eglife font faintes & inftituées pour *Suite du mê-* la fanctification des fidéles , ce feroit une fainte pratique d'affifter le jour *me fujet.* de la Chandeleur , à la benediction & à la diftribution des Cierges , dans le même efprit que l'Eglife les fait , c'eft-à-dire , pour reconnoître , aimer , & adorer avec une foi vive , celui qui fut reconnu , reçû & adoré en ce jour , par le faint Vieillard Simeon , pour le Sauveur du monde , & pour la veritable lumiere qui devoit fe découvrir aux Gentils ; & comme l'Eglife a pretendu par toute cette fainte ceremonie des Cierges , abolir la memoi-re des profanes luftrations des Payens ; mais fur-tout , que l'amour ardent de Jefus-Chrift , dont le cierge allumé peut fervir de figure , embrafe vôtre cœur. Nul fidéle qui ne doive eftre la lumiere du monde par la pureté de fes mœurs , & par fes bons exemples. Il feroit très-utile à un Chrétien d'a-voir toûjours dans fa chambre un de ces cierges benis , & le tenir allumé lorfqu'on nous donnera les derniers Sacremens , & qu'on nous fera la recom-mandation de l'ame. Il ne faut donc pas regarder ces benedictions de l'Eglife comme des ceremonies indifferentes ; les prieres qu'elle fait font efficaces ; & Dieu donne une vertu furnaturelle à tout ce qu'elle benit. C'eft pourquoi un Chrétien doit fe faire une loi d'affifter aux ceremonies de l'Eglife avec un grand refpect , & avec des fentimens de Religion. *Le Pere Croifet , Exercices de pieté.*

Saint Jerôme dit que dans tout l'Orient on allumoit des cierges en plein *Saint Jerôme* jour , quand on chantoit l'Evangile , pour marquer par ce fymbole du ref- *rend raifon* pect & de la joye. C'eft dans ce même efprit , que l'Eglife met à la main *pourquoi on* du nouveau baptifé un cierge ardent , en lui faifant dire par fon Miniftre *allume des* ces paroles qui expriment fon deffein : Recevez cette lumiere ardente. Les *plein jour.* *Cierges en* premiers d'entre les Saints Peres qui nous ont parlé de cette ceremonie , ne nous la montrent que fous cette idée myftique , & n'en donnent point d'autre raifon , que des raifons fymboliques. Saint Gregoire de Nazianze lui donne pour premiere origine , ces mots de Jefus-Chrift : *Soyez ceints , &* *S. Cyrill Ca-* *tenez dans vos mains des lampes ardentes.* C'eft dans le même efprit que faint *techef. 1.* Cyrille difoit aux nouveaux baptifez : *Vous qui venez d'allumer vos cierges , qui font les fymboles de la foi , ayez foin de conferver cette lumiere.* Saint Cy-prien , faint Ambroife , faint Auguftin , s'accordent encore pour ne donner de cet ufage que des raifons myfterieufes ; & on devroit s'en tenir à leur té-moignage , puifqu'ils font les premiers qui nous en ont parlé , & que per-fonne n'a pû mieux connoître qu'eux l'efprit de ces inftitutions. *Auteur moderne.*

Nous avons des témoignages précis qui nous apreennent que dès le troifié- *L'antiquité* me & le quatriéme fiécle , les Cierges étoient déja employez , ou par rai- *de l'ufage des* fon fymbolique , comme ceux qu'on mettoit à la main des Neophites , ou *Cierges,* par honneur comme une forte d'ornement , qui contribuoit à rendre le culte de Dieu plus majeftueux & plus folemnel ? Déja l'ufage en étoit établi au tems du Concile d'Elvir. Alors on s'en fervoit pendant le jour, & ce Concile qui défendit d'en allumer déformais pendant le jour dans les Cimetieres, auroit défendu de même d'en allumer par tout ailleurs, s'il eût trouvé cet ufage condamnable. On voit même par un des Canons de ce Concile, que d'allumer ces Cierges, étoit une fonction honorable ; puifque l'on défend de la laiffer faire à ceux qui étoient poffedez. Eufebe raporte avec quelle pompe Conftantin fit celebrer la fefte de Pâques, & une partie de cette pompe confiftoit dans le nombre de Cierges ou de Lampes qu'il fit allumer dans l'affemblée des fidéles. Le même Empereur donna à faint Sylveftre Pape, un cercle d'or, pour fufpendre des Lampes devant le tombeau des faints Apôtres ; & des chandeliers d'argent pour eftre placez devant la Croix de Jefus-Chrift, avec l'obfervation myfterieufe d'en donner quatre, pour eftre un fymbole des quatre Evangeliftes. A la verité, on ne plaçoit point alors de lumieres fur les Autels ; mais on difpofoit devant ces Autels de grands chandeliers à plufieurs branches, ou bien l'on fufpendoit de la voute des Couronnes ou des Phares, qui portoient plufieurs luminaires. C'eft ce que décrivent faint Prudence & faint Paulin. Saint Athanafe parle auffi de ces fortes de chandeliers qui faifoient partie des ornemens & de la magnificence des Eglifes, & nous trouvons au quatriéme Concile de Carthage, ces chandeliers employez à l'ufage le plus fymbolique qui fut jamais ; puifqu'on les met entre les mains de ceux qu'on ordonne Acolythes, pour eftre la marque du pouvoir & de la fonction qu'on leur donne dans l'Eglife. *Le même.*

SUR LES ENCENSEMENS
QUE L'EGLISE PRATIQUE
DANS SES MYSTERES
ET DANS PLUSIEURS AUTRES
DE SES CEREMONIES.

L'Encens eft brûlé à l'Autel, pour marquer dans ce lieu faint, que les créatures doivent eftre employées & confumées pour fon fervice, & pour fa gloire. En effet, Dieu avoit ordonné à Moïfe qu'on lui offrît de l'encens fur l'Autel d'or. Le quatriéme Canon Apoftolique met l'encens au nombre des chofes qu'il convenoit d'offrir pendant la fainte oblation. Saint Ephrem fuppofe qu'on brûle l'encens dans l'Eglife en l'honneur de Dieu, lorfqu'il dit dans fon Teftament : Ne m'enfeveliffez pas avec des Aromates, offrez-les à Dieu ; & faint Ambroife étoit perfuadé que l'encenfement de nos Autels étoit une ceremonie Religieufe, & qu'un Ange préfidoit à nos encenfemens : Ce qui lui fait dire à l'occafion de l'apparition de l'Ange, au faint Patriarche Zacharie, Pere de faint Jean-Baptifte : *Plaife à Dieu qu'un Ange foit prefent, ou plûtôt qu'il fe rende vifible, lorfque nous encenfons les Autels, & que nous offrons le facrifice.* L'Eglife Grecque fait auffi clairement connoître que l'encenfement de l'Autel fe fait en l'honneur de Dieu ; puifqu'elle fait dire en même-tems par le Celebrant : *Gloire à la Très-fainte, confubftantielle, & vivifiante Trinité, maintenant, toûjours, & dans tous les fiécles des fiécles. Livre intitulé :* Les ceremonies de la Meffe, *par le P. le Brun, Prêtre de l'Oratoire.*

On voit dans l'Antiquité, que l'encens qu'on brûle autour de l'Autel, d'où le parfum fe répand dans l'Eglife, a été regardé comme une marque de la bonne odeur de Jefus-Chrift, qui fe repand fur l'Autel dans l'ame des fideles. Saint Denis, faint Germain de Conftantinople, au huitiéme fiécle, & Simeon de Theffalonique, nous ont marqué ce fens myfterieux. Saint Germain dit que l'encenfoir marque l'humanité de Jefus-Chrift, le feu fa divinité, & la vapeur du parfum fa grace. L'Auteur des Homelies, fur l'Apocalypfe attribuées à faint Auguftin, regarde auffi l'encenfoir, dont parle faint Jean, comme le Corps de Jefus-Chrift ; & l'encens, comme ce même corps offert en facrifice pour le falut du monde, & reçû comme un doux parfum par le Pere celefte. En un mot, tous les anciens Auteurs Ecclefiafti-

Pourquoi on brûle de l'encens fur nos Autels.

Le refpect que les premiers Chrétiens ont toûjours eu pour les encenfemens.

CCcc ij

ques regardent l'encensement fait à l'Autel, comme le signe d'un culte spirituel & religieux. *Livre intitulé: Les ceremonies de la Messe, par le P. le Brun, Prêtre de l'Oratoire.*

Ce que signifie l'encens.

Il n'est pas possible de trouver un symbole qui pût nous mieux marquer quelles doivent estre nos prieres. L'encens ne s'éleve en haut que par l'activité que le feu lui donne; & nos prieres, qui ne sont réellement que les désirs de nôtre cœur, ne peuvent aller jusqu'à Dieu, qu'étant animées par le feu de l'amour divin. Ce qui s'éleve de l'encens est de bonne odeur, & nous devons demander à Dieu qu'il prepare de telle maniére nôtre cœur, qu'il ne s'en éleve rien qu'il ne reçoive agreablement. Tout l'encens est consumé, il ne reste aucune partie qui ne s'éleve en vapeur, & tous les désirs de nôtre cœur doivent tendre vers Dieu, sans qu'aucun s'attache à la terre. Enfin, si ce parfum spirituel, dont parlent les Liturgies, signifie nos prieres; il remarque encore plus expressément celle des Saints, puisqu'elles ne sont representées dans l'Ecriture que comme un parfum qui est offert à Dieu : *Les vieillards étoient prosternez devant l'Agneau,* dit le Texte sacré, *ayant chacun des coupes d'or, pleines de parfum, pour offrir les prieres de tous les Saints sur l'Autel d'or qui est devant le Trône.* L'encens nous represente donc les prieres des Saints. *Theodore de Cantorbery, au septiéme siécle.*

Exemples de l'ancien Testament sur les encensemens.

Paralip. 26.
Luc. 1.

Nous lisons dans le livre des Paralipomenes, que le Roi Hosias fut frappé de lepre en la presence des Sacrificateurs, auprès de l'Autel des parfums; parce qu'ayant méprisé les remontrances d'Asarias, & de quatre-vingt Prêtres; il fut si temeraire, que de prendre en main l'encensoir & le parfum pour le presenter au Seigneur. Zacharie, en saint Luc, exerce la sacrificature à son rang, & quand, selon sa coûtume, ce fut à son tour d'offrir le parfum, l'Ange s'aparut à lui. Le Prophete Malachie avoit bien prévû que cette coûtume d'encenser s'étendroit par toute la terre, lorsqu'il dit : *Depuis*

Malach. 1.

le Soleil levant, jusqu'au couchant, mon Nom est grand entre les Gentils, & en tout lieu l'on offre à mon Nom un encensement & une oblation pure & nette; car mon Nom sera grand, dit le Seigneur des armées. C'est pourquoi l'Eglise chrétienne s'est toûjours servi de cette pratique dans ses ceremonies, comme on le peut voir dans les Liturgies de saint Pierre, de saint Jacques, de saint Marc, de saint Basile, de saint Chrysostome, & des Ethiopiens. *Institution catholique du P. Cotton.*

Autoritez des Apôtres & des Saints Peres sur le même sujet.

L'on voit cette pratique au quatriéme Canon des Apôtres, où il est ordonné que l'on ne reçoive autre present à l'Autel que de l'huile & de l'encens; & dans saint Denis, au chapitre troisiéme de la celeste Hierarchie, où il remarque la coûtume d'encenser tout le tour de l'Autel. Et dans saint Hyppolite Martyr, en l'Oraison de la consommation des siécles, où il specifie que du tems de l'Antechrist, le sacrifice & l'encensement cesseront. Mais comme ces autoritez ne sont pas reçûës de tout le monde, qui voudra lire saint Athanase, en l'Epitre *ad solitarios,* il verra que la coûtume d'offrir de l'encens, entre les Mysteres divins, étoit usitée de son tems; & dans saint Ambroise, en ses Commentaires, sur le premier chapitre de saint Luc, il lira : *Plaise à Dieu qu'en encensant l'Autel, & presentant le sacrifice, l'Ange nous assiste, & qu'il se rende même visible, comme il fit à Zacharie;*

car il n'y a point de doute que l'Ange n'affiste où Jesus-Christ affiste , & quand il est immolé. Saint Sylvestre parlant de Constantin le grand , écrit qu'il donna deux encensoirs d'or, pesants trente livres , & cinquante livres de parfum aromatique tous les ans, pour encenser les Autels. D'où il est aisé de conclure, que quand on parfume les Reliques des Saints , ou les Images, ce n'est pas dans l'intention de les adorer ; mais par un honneur religieux, superieur à celui dont userent publiquement les Babyloniens , quand ils parfumerent Alexandre , & à celui dont on use souvent dans les Eglises, lorsqu'on encense les Prélats , les Chanoines , & le Peuple. Ceremonie qui se fait , tant par honneur que pour les avertir de se comporter , de maniere que toutes leurs actions soient exemplaires , & qu'ils soient , comme parle l'Apôtre , la bonne odeur de Jesus-Christ. *Le même.*

Nous avons joint l'Encens aux Cierges , dans les recherches que nous avons faites sur leur origine & leurs usages. Je ne veux point non plus séparer ces deux choses ; & je dis ici seulement en peu de mots, de l'encens, comme je l'ai dit des cierges & des lumieres , que s'il est évident que l'usage en a été introduit dans l'ancienne Loi par des raisons de culte ; il n'est pas moins évident que ce sont pareillement des raisons de culte & de symbole , qui l'ont introduit dans l'Eglise de Jesus-Christ. Car c'est dès le quatriéme siécle, que les encensemens ont été d'usage, comme on le voit par les Canons des Apôtres, par les Liturgies qui portent leur nom , par les ouvrages de saint Denis , & par le témoignage précis de saint Basile. C'est par ces mêmes témoignages que l'on voit évidemment , que l'encens n'étoit employé dans l'Eglise que par des raisons mystiques : *Recevez de nous ,* dit la Liturgie de saint Jacques, *ce present parfum , en odeur de suavité , changeant & purifiant nos ames, & les sanctifiant ;* & celle de saint Chrysostome : *C'est à vous Seigneur Jesus nôtre Dieu , que nous offrons cet encens, en odeur de suavité spirituelle. Envoyez-nous la grace de l'Esprit Saint.* Ce fut dans le même esprit que le saint Religieux Zozyme , voulant conjurer la misericorde de Dieu pour la Ville d'Antioche , commença par brûler de l'encens, pour consacrer sa priere par cette ceremonie ; & lorsque Boniface premier , défendit aux femmes, & mêmes aux Religieuses de faire des encensemens dans l'Eglise, reservoit aux Diacres seuls cette fonction ; il montroit assez qu'il la regardoit comme un devoir de Religion , & non pas comme une fonction de necessité. Comment est-ce en effet qu'on n'eût pas regardé dans l'Eglise l'usage de l'encens, comme un usage religieux & mystique, après que saint Jean lui-même avoit apris aux fidéles à le regarder comme un symbole de la priere, & comme servant dans le Ciel , au culte de la majesté de Dieu ? Ils voyoient encore en remontant plus haut , que les Mages venant adorer Jesus-Christ Enfant, lui avoient aporté de l'encens pour des raisons purement morales & mysterieuses. Ces mêmes fidéles accoûtumez d'ailleurs à regarder les encensemens comme la marque du culte souverain dû à la divinité , pouvoient-ils hesiter de rendre à Jesus-Christ ce culte, le voyant autorisé par l'offrande de ces saints Mages , & par l'exemple des Anges du Ciel. *Auteur moderne.*

Explication de l'usage de l'encens dans les Eglises.

SUR LES PROCESSIONS.

L'Usage des Processions consiste en une priere publique, où le peuple Chrétien marche, rangé par ordre, & se presente devant Dieu, pour implorer son secours, ou pour le remercier de ses graces, ou pour détourner sa colere, ou pour se réjoüir en lui. En la premiere consideration, le peuple d'Israël monta après l'Arche, & Moïse disoit : *Levez-vous, ô Seigneur, & que vos ennemis soient dispersez, & ceux qui vous trahissent s'enfuiront devant vous.* Et par sept fois on fit la procession autour des fossez de Jericho. En la seconde, Josaphat conseilla au peuple d'avoir des Chantres, qui marchassent à la tête de l'Armée, & qui entonnassent les loüanges de Dieu. En la troisiéme, Joël fait raisonner la Trompette dans Sion, sanctifier le jeûne, publier l'assemblée, & convoquer le peuple, pour détourner la journée tenebreuse, dont ils étoient menacez. Et à raison de la troisiéme, à l'entrée du Fils de Dieu en Jerusalem, plusieurs étendirent leurs robbes par les chemins, d'autres couperent des rameaux, & les peuples qui alloient devant, & qui suivoient, s'écrioient : *Sauvez-nous Fils de David.* Et comme le peuple d'Israël suivoit en reverence, & en devotion l'Arche qui étoit portée par les Prêtres ; de même aussi l'on porte aux Processions, la Très-sainte Eucharistie, figurée par l'Arche, les Reliques des Saints, & le signe de la Croix. *Institution Catholique du Pere Cotton.*

Tertullien prouve que l'usage des Processions tire son origine de la primitive Eglise, & par conséquent de la plus pure antiquité ; & saint Jerôme écrivant à Eustochium : Jamais, dit-il, l'occasion d'aller en procession ne vous manquera, si vous y allez toûjours quand la necessité le demandera. Saint Augustin y alloit en personne, suivant ce qu'il écrit au vingt-deuxiéme de la Cité, chapitre 8. L'on court à moi, dit-il, là où j'étois prêt à marcher en procession ; il fait voir aussi dans un autre endroit, que la châsse des Reliques doit être portée aux Processions par les Evêques ou par les Prestres. Theodore Lecteur, au livre premier de ses extraits, raconte comme l'Empereur Marcian alloit à pied aux Processions avec l'Evêque Anatolius, & le peuple, usant de grande liberalité envers les pauvres. Sozomene récite comme les sacrées dépoüilles du Martyr Meletius, furent transportées en Procession solemnelle, & avec mélodie jusqu'à Antioche. Socrate témoigne la même chose dans la Translation qui fut faite de Daphné en Antioche, des Reliques du saint Martyr Babylas ; l'un & l'autre Auteur écrivent que saint Jean Chrysostome faisoit porter aux Processions, des Croix d'argent au milieu de deux flambeaux. L'Empereur Justinien en l'Authentique cent vingt-troisiéme, chapitre trente-uniéme, établit peine de mort contre ceux qui troublent le divin ministere, & les Processions ; & au chapitre trente-deuxiéme, il défend de réciter les Litanies ou prieres publiques si l'Evêque n'y est, ou le Clergé; il veut aussi que le signe de la Croix y soit porté avec reverence, & qu'il soit placé dans un lieu honorable. *Le même.*

L'on entend ici par proceſſion, une marche que le Clergé & le Peuple font en prieres pour quelque ſujet religieux, ayant la Croix devant les yeux comme dans l'Egliſe. L'ancien Teſtament parle de beaucoup de proceſſions faites pour tranſporter l'Arche d'un lieu en un autre ; & dès que l'Egliſe a été en paix, on a fait auſſi beaucoup de proceſſions pour aller aux tombeaux des Martyrs, pour tranſporter leurs Reliques, pour faire aller les fidéles tous enſemble les jours de jeûne aux lieux de ſtation, & y demander des graces particulieres. On ſçait l'origine de toutes ces proceſſions; mais on a oublié preſque par tout, pour quelle raiſon on fait une proceſſion le Dimanche avant la Meſſe. Cette proceſſion a une double origine, parce qu'elle s'eſt faite premierement pour honorer Jeſus-Chriſt reſſuſcité, qui alla de Jeruſalem en Galilée ; & en ſecond lieu, pour aſperſer les lieux voiſins de l'Egliſe. *Livre intitulé : Les ceremonies de la Meſſe, par le Pere le Brun, Prêtre de l'Oratoire.*

Des proceſſions, & ſurtout de celles qui ſe font avant la Meſſe.

On voit dans la Regle de ſaint Ceſaire d'Arles, au ſixiéme ſiécle, dans pluſieurs autres Regles de Religieux & de Chanoines, & dans Rupert, qu'on alloit le Dimanche en proceſſion à des Oratoires ou Chapelles particulieres. Cette proceſſion ſe faiſoit à la fin des Matines, & dès le point du jour, pour imiter les ſaintes femmes, qui allerent de grand matin au tombeau, & les Diſciples à qui elles dirent de la part de l'Ange, que Jeſus-Chriſt alloit les preceder en Galilée, & que c'étoit là qu'ils le verroient, comme il le leur avoit dit lui-même. De là vient, ſelon la remarque de l'Abbé Rupert, qu'à ces proceſſions du Dimanche matin, les Prélats & les Superieurs alloient devant, comme pour repreſenter Jeſus-Chriſt, qui avoit precedé les Diſciples. *Le même.*

La maniere ancienne de faire les proceſſions, & pourquoi on les faiſoit.

La ceremonie des Proceſſions eſt très-ancienne, nous la voyons établie dans l'Egliſe, auſſi tôt après la fin des premieres perſécutions, dans le quatriéme ſiécle, & l'on en trouve des veſtiges dans l'ancienne Loi. La Tranſlation de l'Arche de Cariathiarim, en la maiſon d'Obededom, & de là en ſuite en la ville d'Hebron, raportée au ſecond livre des Rois, étoit une vraye proceſſion. On fit à Antioche une proceſſion ſolemnelle pour tranſporter les Reliques du ſaint Martyr Babylas, du tems de Julien l'Apoſtat. Tous les Hiſtoriens Eccleſiaſtiques, & les Peres de ce tems là en parlent. La proceſſion qui ſe fit à Milan, ſous ſaint Ambroiſe, pour tranſporter les Reliques de ſaint Gervais & de ſaint Prothais, n'eſt pas moins celebre. Il ſe fit à cette proceſſion un miracle conſiderable en la perſonne d'un Aveugle né, qui recouvra la vuë par l'attouchement de ces Reliques. Cette proceſſion & ce miracle ſont raportez par ſaint Ambroiſe & par ſaint Auguſtin, deux témoins oculaires qui ſont au deſſus de toute exception. On pourroit raporter pluſieurs autres exemples de ſemblables proceſſions tirées de la premiere antiquité. *Auteur moderne.*

L'origine des proceſſions, de leurs differentes eſpeces.

Il y a pluſieurs raiſons qui ont donné lieu aux Proceſſions, c'eſt à ſçavoir, 1°. Quand on trouvoit des Reliques des ſaints Martyrs, en quelque lieu où elles auroient été cachées pendant la perſécution, on alloit les chercher en ceremonie, & on les aportoit comme en triomphe dans l'Egliſe, en chantant des Pſeaumes & des Cantiques. On faiſoit la même choſe, quand quelque raiſon engageoit à tranſporter les Reliques d'un lieu à un autre.

Les raiſons qui ont engagé l'Egliſe à faire des proceſſions.

2°. Quand l'Evêque officioit, tous les Prêtres qui devoient officier avec lui, tous les Diacres, les Soûdiacres, en un mot, tout le Clergé l'alloient prendre à fa maifon, & le conduifoient proceffionnellement à l'Eglife, en chantant les Pfeaumes. 3°. Il arrivoit fouvent que les Evêques alloient dire folemnellement la Meffe en d'autres Eglifes qu'en la Cathedrale; car ils alloient dans toutes les Eglifes de la ville Epifcopale tour à tour; alors ils partoient de leur Eglife Cathedrale, accompagnez de tout le Clergé, & fuivis de tout le peuple; on marchoit en ordre, en chantant des Pfeaumes, & d'autres prieres, & l'on fe rendoit à l'Eglife de la ftation, pour y celebrer tous enfemble le facrifice de la Meffe, ou l'Office divin; & de là on revenoit proceffionnellement à l'Eglife. 4°. Dans les neceffitez publiques, on faifoit des prieres extraordinaires, on alloit en pelerinage, prier aux tombeaux des faints Martyrs, & aux autres lieux, où Dieu avoit donné des marques de fa protection, & de fa puiffance; on y alloit en proceffion, chantant des Pfeaumes, & on revenoit de même. Ces Proceffions fe nommoient *Litanies*, c'eft à dire, *fupplications*; & c'eft le nom qu'on donne encore aujourd'hui aux Proceffions; de là vient auffi le nom des Litanies des Saints qu'on donne à la priere, qui depuis long-tems fe chante au retour de ces fortes de Proceffions. 5°. Quand un Evêque, ou un Prince, ou un grand Seigneur arrivoit pour la premiere fois en une Ville, on alloit audevant de lui avec la Croix, & on le conduifoit par honneur proceffionnellement jufqu'à l'Eglife, avec des Cantiques de joye, comme on le fait encore quelquefois aujourd'hui. Enfin, à la mort de chaque fidéle, la coûtume de l'Eglife a toûjours été de porter à l'Eglife proceffionnellement, & en chantant des Pfeaumes, le corps mort, pour celebrer fes obféques, & de là au lieu de la fépulture. Voila la premiere origine des Proceffions, & ce qui y a donné lieu. Dans la fuite on a fait des Proceffions qui n'ont eu pour but, que de partir du lieu faint où on s'affemble, pour y revenir en chantant des prieres, fans s'arrêter en chemin nulle part. Mais la coûtume de ne s'arrêter nulle part, n'eft ni ancienne, ni univerfelle. A Paris, & en d'autres Eglifes, l'on ne fait jamais de proceffion fans ftation. *Auteur moderne.*

Pourquoi on fait des proceffions autour des campagnes, des villes & des maifons.   Quand l'Eglife ordonne des Proceffions autour des Campagnes, ou autour des Villes, c'eft pour demander au Seigneur de benir les biens de la terre, les maifons devant lefquelles on paffe, & les perfonnes qui y habitent. C'eft à peu près pour cette même raifon que chaque Dimanche on fait une proceffion avant la Meffe autour de l'Eglife, ou autour de la Paroiffe; & dans les Monafteres autour des Cloîtres : ainfi l'Eglife commence par faire des prieres autour des maifons, où demeurent ceux qui s'affemblent dans l'Eglife pour celebrer les faints Myfteres, afin que ceux qui habitent ces maifons, y vivent tous en paix fous la protection de Jefus-Chrift, & ne foient point expofez à la malignité des demons. C'eft pour abreger le fervice divin que les Dimanches & les Fêtes on fe contente de faire cette proceffion dans l'Eglife, au lieu de la faire autour de la Paroiffe. En plufieurs Diocefes, aux Fêtes les plus confiderables, jours aufquels le fervice divin fe celebre avec plus de folemnité, ce n'eft pas autour de l'Eglife, mais autour de la Paroiffe que fe fait la Proceffion avant la Meffe. *Le même.*

Pourquoi on   Il eft aifé de penetrer la raifon pour laquelle les Evêques ordonnent des
                                                                                 Proceffions

Proceſſions extraordinaires dans les neceſſitez publiques ; c'eſt que par là ils fait quelque- excitent les peuples à apaiſer la colere de Dieu en toutes les manieres qu'elle fois des pro- peut être apaiſée. C'eſt pour cela qu'ils ordonnent des jeûnes & des prieres ceſſions ex- extraordinaires qu'ils exhortent à l'aumône, qu'ils font expoſer le ſaint Sacre- traordinai- ment, qu'ils vont eux-mêmes en proceſſion avec leur peuple, dans les lieux res. où Dieu a donné des marques de ſa protection ; que ſans faire ces pelerinages. ils ſe contentent d'indiquer des Proceſſions autour des Villes & des Campag- nes, afin d'attirer la benediction de Dieu par les prieres de l'Egliſe, ſur tous les lieux par où l'on paſſe, & ſa miſericorde ſur les perſonnes qui y habi- tent. On fait en pluſieurs lieux une Proceſſion ſolemnelle le jour de l'Aſcenſion de Jeſus-Chriſt, pour repreſenter le triomphe de Jeſus-Chriſt entrant dans le Ciel. Pour la même raiſon on en fait une le jour de l'Aſſomption de la ſainte Vierge, & aux Fêtes ſolemnelles des Saints. En France la Proceſſion de l'Aſſomption eſt une des plus ſolemnelles de l'année ; parce que par elle on renouvelle tous les ans la memoire du vœu de Loüis XIII. qui pour mettre ſon Royaume ſous la protection de la ſainte Vierge, fit établir cette Proceſſion dans tous ſes Etats. La Proceſſion de l'Aſcenſion de Jeſus-Chriſt, eſt precedée des trois Proceſſions des Rogations, qui ſont des Proceſſions de penitence. Pour nous faire comprendre que pour participer au triomphe de Jeſus-Chriſt dans le Ciel, il faut avoir participé ſur la terre à ſa vie penible & laborieuſe, il faut avoir vêcu ſur la terre en pelerins voyageurs, & dans l'exercice de la pe- nitence. *Auteur moderne.*

On porte aux Proceſſions une Croix élevée, & une banniere où eſt peinte L'ordre des l'image des ſaints Patrons de l'Egliſe, pour faire connoître que les fidéles mar- Proceſſions, chent ſous l'étendart de la Croix, & ſous la protection des ſaints Patrons de des prieres leur Paroiſſe. Le peuple marche après le Clergé ; parce qu'il eſt naturel au peu- qui s'y font. ple de ſuivre ſon Paſteur. Et comme le rang le plus honorable du peuple, eſt celui qui eſt le plus proche du Paſteur, les plus dignes du peuple marchent les premiers après le Clergé. Mais comme cet ordre des Proceſſions eſt arbitraire, il n'eſt pas uniforme par tout. Or, voici ce qu'il faut obſerver dans les Procef- ſions. Il faut 1°. entrer dans l'eſprit de chaque Proceſſion, & ſe ſouvenir que Dieu veut être adoré en eſprit & en verité, & que c'eſt agir en Juif, & non pas en Chrétien, que de s'attacher à la lettre & à l'exterieur des ceremonies de la Re- ligion, ſans en penetrer l'eſprit. 2°. Marcher avec beaucoup d'ordre & de modeſ- tie, ſans précipitation, chacun en ſon rang, & les femmes ſéparées des hommes au- tant que cela ſe peut. 3°. Etre recüeilli pendant la Proceſſion, ne point regarder de côté & d'autre, ne parler à perſonne ſans neceſſité. 4°. Suivre la Proceſſion juſ- qu'au bout, ſi on le peut. 5°. Se joindre aux prieres que le Chœur chante pendant la Proceſſion, chanter ou réciter ces mêmes prieres, ſoit en ſortant de l'Egliſe, ſoit pendant le chemin, ſoit quand on eſt revenu ; ſi on ne ſçait point ces prieres, s'y unir de cœur, & prier en particulier. 6°. Quand on eſt arrivé au lieu de la ſtation, ſe joindre aux prieres de l'Egliſe, éviter l'abus de ceux qui pendant ce tems de prieres, qui eſt le principal but de la Proceſſion, ſortent de l'Egliſe pour aller boi- re & manger, ou s'occuper à d'autres choſes à la Proceſſion, que quand elle ſort ; cet abus ne vient que d'un grand fond d'irreligion ou d'ignorance. *Le même.*

SUR L'USAGE
DE L'EAU BENITE,
DONT L'EGLISE SE SERT
dans prefque toutes fes Ceremonies.

De la benedi-
ctionde l'eau,
& de l'ufage
de l'eau be-
nite.
L'Ufage de faire la benediction de l'eau, eft très-ancien dans l'Eglife ; car il nous vient de la Tradition des Apôtres. L'ufage de benir l'eau avec le fel, dont on fait l'afperfion fur le peuple les Dimanches, eft auffi très-ancien dans l'Eglife : nous n'en fçavons pas le commencement. Baronius, fur l'année 132. de Jefus-Chrift, prouve que cet ufage eft de Tradition Apoftolique. Quoiqu'il en foit, c'eft un ufage de la premiere antiquité. On fait la benediction de l'eau, afin que par la vertu des prieres, que l'Eglife fait en la beniffant, les demons n'ayent aucun pouvoir fur ce que cette eau touchera ; mais que le Saint-Efprit y habite par fa grace : c'eft ce que l'Eglife demande à Dieu dans les prieres dont elle fe fert pour cette benediction. On mêle du fel beni avec l'Eau benite ; parce que le fel eft le fymbole de la prudence & de la fageffe, comme dit Jefus-Chrift, & l'eau eft le fymbole de la candeur & de la pureté. L'Eglife fait donc ce mélange pour demander à Dieu pour ceux qui feront lavez avec cette eau ; que le Saint-Efprit en les purifiant, produife en eux la fimplicité, la pureté de la Colombe, & la prudence du ferpent ; on fait cette benediction tous les Dimanches, afin que les fidéles qui s'affemblent à l'Eglife en ce jour, puiffent porter de cette eau dans leurs maifons. On fait l'afperfion de l'eau fur l'Autel, avant que de la faire fur le peuple, pour demander à Dieu que les demons n'approchent pas de cet Autel, pour y troubler par leurs fuggeftions, les Miniftres du Seigneur. Mais que le Saint-Efprit y foit prefent pour recevoir & benir les offrandes des fidéles. On fait l'afperfion de l'eau fur le peuple, avant la Meffe, pour le purifier, & pour obtenir de Dieu par cette afperfion, que les demons ne troublent aucun des fidéles pendant le faint facrifice ; mais que le Saint-Efprit les affifte & les fortifie par fa grace. *Auteur moderne.*

Pourquoi l'E-
glife fe fert
d'Eau benite
dans la plû-
part de fes
ceremonies.
Pendant qu'on fait l'afperfion de l'Eau benite, on chante le Pfeaume *Miferere*, parce que dans ce Pfeaume, David demande à Dieu de lui faire la grace & la mifericorde de le laver & purifier de fes pechez ; & le peuple demande à Dieu la même chofe pendant l'afperfion de l'Eau benite. On met auffi de l'eau benite à l'entrée des Eglifes, afin que les fidéles puiffent en prenant de cette eau, demander à Dieu la grace d'être purifiez de leurs pechez, pour rendre leurs prieres plus

pures & plus efficaces. Or, cet ufage eft très-ancien ; car anciennement, il y avoit des fontaines ou des refervoirs d'eau à l'entrée de chaque Eglife en dehors, afin que le peuple, avant que d'y entrer, pût fe laver les mains & la bouche par bienféance, à caufe qu'il recevoit la fainte Euchariftie fur la main, & la portoit ainfi à la bouche. L'Eglife beniffoit cette eau ; car elle a toûjours fait la benediction des chofes dont elle fe fert ; de là vient l'ufage de mettre de l'eau benite à l'entrée des Eglifes : c'eft pourquoi il eft bon d'en prendre en fe levant, en fe couchant, avant que de commencer fes prieres, quand on eft tenté, quand il fait quelque orage, & d'en faire afperfion fur les malades, fur les morts, & fur les lieux où l'on craint la malignité des demons ; mais il faut en prendre avec un efprit de foi & de componction. *De foi*, parce que cette eau n'opere rien par elle-même indépendamment de la foi de celui qui en ufe, jointe aux prieres de l'Eglife, *avec un efprit de componction* ; parce que pour obtenir, en fe lavant avec cette eau, la grace d'être purifiez de fes pechez ; il faut en avoir de la douleur : car Dieu ne pardonne jamais les pechez à ceux qui ne font pas touchez de penitence. On jette auffi de l'eau benite fur les corps morts, fur les tombeaux, & dans les cimetiéres, afin d'obtenir de Dieu qu'ayant égard aux prieres que l'Eglife a fait fur cette eau, il daigne purifier au plûtôt les ames des fidéles, qui repofent en paix, leur accorder le foulagement des peines qu'elles fouffrent, & les remplir de la prefence de fon efprit. *Auteur moderne.*

C'étoit anciennement la coûtume dans l'Eglife, de faire deux benedictions de l'eau pendant le cours de l'année ; l'une fe faifoit la veille & le jour des Rois, qui s'apelloit Majeure ; l'autre au commencement de chaque mois, & le quatorze de Septembre, qu'on apelloit Mineure. La premiere benediction fe faifoit en memoire du Baptême de Nôtre-Seigneur, & parce que ce jour-là il avoit fanctifié les eaux. La feconde étoit afin de déraciner certaines fuperftitions des Gentils, qui fe pratiquoient au commencement de chaque mois, même parmi les Chrétiens. On faifoit la ceremonie de l'eau benite la veille des Rois, pour en faire l'afperfion dans les maifons & fur le peuple, & pour en donner à boire aux perfonnes du commun. C'étoit auffi pour en donner à boire aux penitens, qui étoient privez de la fainte Communion ; comme auffi pour chaffer les demons, & pour adminiftrer le Sacrement de Baptême qui étoit folemnellement donné ce jour-là. A l'égard de l'eau que l'on beniffoit le quatorze de Septembre, quelques-uns ont cru que c'étoit à caufe de la fête de la fainte Croix ; parce qu'en cette benediction, on plongeoit trois fois dans l'eau une Croix remplie de Reliques des Saints, enfuite on en beniffoit le peuple, & on lui faifoit baifer. Or, les Grecs avoient beaucoup de refpect pour l'eau benite, & l'Empereur même la recevoit fur le front, & fur les yeux avec beaucoup d'humilité & de devotion ; l'on en gardoit quelquefois jufqu'à trois ans, auffi pure & auffi entiere comme fi elle eût été fraîchement puifée de la fontaine. *Le même.*

Ce que l'Eglife pratiquoit anciennement, lorfqu'elle benifoit l'eau.

C'eft une très bonne coutume de faire l'afperfion de l'eau benite fur les fruits & fur les campagnes, pour en détourner les calamitez, & tout ce qui y peut nuire, pourvû que ce foit par autorité de l'Eglife, avec fes prieres & fans fuperftition. Hincmare, Archevêque de Rheims, commandoit aux Pafteurs de fon Diocefe de benir de l'eau les Dimanches en telle quantité qu'elle pût

Pourquoi on fait l'afperfion de l'eau benite fur les campagnes, fur les mai-

fons & fur toutes les perfonnes.

fuffire pour l'Eglife , pour les maifons , & pour en faire l'afperfion fur les campagnes , fur les animaux , & même fur leur nourriture. C'eft auffi une fainte pratique aux perfonnes qui font quelques voyages d'en porter avec elles, cela leur eft fort utile , fur-tout quand ce font des voyages périlleux ; comme fur mer , à la guerre , & en quelques lieux fort éloignez. Saint Germain , Evê- que d'Auxerre , apaifa la tempête de la mer par l'afperfion de cette eau. L'Em- pereur Leon ordonna qu'auparavant le combat , les Prêtres en fiffent l'afper- fion fur toute l'armée. L'hiftoire raporte que Robert , Roi de France , en fai- foit toûjours porter avec lui par tout où il alloit. Sainte Therefe , s'en arrofant fouvent , en reffentoit une joye particuliere. Les Preftres de la baffe Ethiopie , en portent toûjours fur eux , dans un petit vafe de cuivre , pour en donnner à ceux qui en demandent , & pour faire l'afperfion autour des viandes pendant le repas. *Auteur moderne.*

Quels font les effets de l'eau benite.

L'Eau benite a des effets merveilleux qui s'étendent fur l'ame & fur le corps; à l'ame elle donne une grace actuelle qui nous difpofe à la contrition , par la- quelle les pechez veniels font effacez ; elle la prepare à la devotion , & lui don- ne du goût pour les chofes fpirituelles ; elle attire la grace & l'affiftance du Saint-Efprit , & aporte une grande paix & tranquillité pour l'ame ; à l'égard du corps , elle détruit les charmes , les magies , les forcelleries & autres inven- tions qu'ont les demons pour nuire. Elle guerit des maladies , & preferve d'au- tres incommoditez corporelles. Elle augmente l'abondance des fruits , & reme- die à la fterilité de la terre. Elle détourne les foudres & tempêtes de deffus les lieux , les hommes & les bêtes. Les hiftoires nous raportent plufieurs effets con- fiderables & miraculeux que cette eau benite a operé : dans la vie de S. Eloy , il eft marqué qu'il délivra cinquante perfonnes qui étoient poffedées , en faifant fur elle l'afperfion de cette eau. Palladius en fon hiftoire , raporte que faint Machaire diffipa les enchantemens des demons avec cette même eau. En la vie de faint Bernard , il eft raporté que ce faint délivra plufieurs poffedez , & qu'il rendit la fanté à plufieurs malades par ce moyen. Anciennement on en donnoit à boire aux malades pour leur faire recouvrer la fanté. Cette eau reçoit fa vertu par les prieres & les benedictions de l'Eglife , & par les difpofitions interieures de ceux qui la reçoivent , & de celui qui la donne. *Le même.*

Les abus qui fe commet- tent parmi les Chrétiens à l'égard de l'eau benite

Il fe commet bien des abus parmi les Chrétiens , à l'égard de l'eau benite. Le pre- mier eft de ceux qui en prennent par habitude , fans aucune reflexion ni devotion. Le fecond eft des perfonnes mondaines , qui fans refpect & reverence , en prennent avec des gands , & au lieu de la mettre fur le front , la mettent fur leurs habits ; ce qui ne fe peut faire qu'avec ignorance ou mépris des chofes de la Religion; & ce qui eft bien éloigné de la devotion de l'Empereur des Grecs , qui en recevoit fur le front , & fur les yeux. Le troifiéme , de ceux qui n'ayans point d'eau commune pour laver leurs mains , fe fervent de l'eau benite de l'Eglife pour cet effet. Il y a encore plufieurs autres abus qui font affez communs parmi le vulgaire , que le demon fuggere , lequel tâche continuellement d'introduire des abus & de mau- vais ufages dans les chofes mêmes dont Dieu fe fert tous les jours pour faire pa- roître l'effet de fa puiffance , & l'autorité de fon Eglife. *Le même.*

SUR LA CEREMONIE

DES

RAMEAUX,

QUI EST CELEBRE

DANS L'EGLISE.

DE toutes les Ceremonies que l'Eglise pratique pendant le cours de l'année, il n'y en a point de plus solemnelle que celle des Rameaux ; & nulle peut-estre où la Religion paroisse avec plus d'éclat , & où la foi & la pieté des fidéles se rende plus sensible. L'Eglise a cru devoir honorer d'un culte particulier, l'entrée triomphante que Jesus-Christ fit dans la Ville de Jerusalem, cinq jours avant sa mort ; parce qu'elle est persuadée qu'elle n'étoit point sans mystere. Aussi dès que l'Eglise se vit en liberté par la conversion des Empereurs à la foi de Jesus-Christ, elle institua cette feste. La ceremonie des Palmes, ou des Rameaux benits, dont on l'accompagna, ne fut que le symbole des dispositions interieures avec lesquelles les fidéles devoient la celebrer, & une juste representation de cette triomphante entrée que fit le Sauveur dans Jerusalem, & que les Saints Peres regardent comme une figure de son entrée triomphante dans la Jerusalem celeste.

La benediction des Palmes & des Rameaux, la procession publique où l'on porte ces palmes, ont toûjours été si solemnelles dans l'Eglise, que les Solitaires & les Religieux, qui se retiroient dans le fond des déserts après l'Epiphanie, pour se preparer à la grande feste de Pâques, loin de tout commerce humain, ne manquoient point de revenir à leur Monastere, pour celebrer celle des Rameaux, avec leurs freres ; & après avoir assisté à la Procession avec leurs palmes, ils s'en retournoient dans leur solitude, pour y passer toute la Semaine sainte dans la penitence, & dans la contemplation des mysteres de la Passion. *Exercices de pieté du P. Croiset, Tome 3.*

Il est aisé de voir quel a été le motif de l'Eglise, dans l'institution de cette ceremonie, & ce qu'elle se propose. Elle veut honorer la triomphante entrée de Jesus-Christ dans Jerusalem, parmi les cris de joye, les applaudissemens & les acclamations du peuple. Elle veut par un culte veritablement religieux, & par un hommage sincere de tous les cœurs chrétiens ; supléer, pour ainsi dire, à ce qui manquoit à un triomphe purement extérieur,

Marginal notes:
L'origine & des Rameaux, & comme l'Eglise la celebre avec magnificence

Quel a été le motif de l'Eglise dans la ceremonie de ce jour.

DDdd iij

qui fut suivi peu de jours après de la plus noire & de la plus infame perfidie. C'eſt dans cet eſprit de religion qu'on doit recevoir & porter ces Rameaux, & aſſiſter à toute cette ceremonie ſelon les intentions de l'Egliſe. Les mêmes bouches qui crioient : *Hoſanna filio David.* Salut, gloire, & benediction au Fils de David, qui vient au nom du Seigneur, au Roi d'Iſraël, au Meſſie ; mais qui crioient cinq jours après : *Tolle, tolle crucifige eum.* Qu'il ſoit crucifié comme un ſcelerat ; qu'il ſoit cloüé à une Croix, comme s'il eût été le plus méchant de tous les hommes. C'eſt pour reparer cette cruelle impieté, que l'Egliſe veut que ſes enfans reçoivent en triomphe le divin Sauveur, & reparent en quelque maniere cette ſuperficielle & grimaciere reception des Juifs perfides. *Le même.*

Les prieres dont l'Egliſe accompagne cette ceremonie. Rien ne donne une plus juſte idée de la ſainteté de cette religieuſe ceremonie des Rameaux, que les prieres dont l'Egliſe ſe ſert pour les benir. Elle commence par ce cri de joye, & cette acclamation du peuple, qui portant des palmes à la main, & des branches d'oliviers, étoit venu de Jeruſalem au devant du Sauveur, pour honorer ſon entrée dans cette capitale, en criant : *Hoſanna filio David, benedictus qui venit in nomine Domini, ô Rex Iſraël ! hoſanna in excelſis.* Vive le Fils de David ! Salut & gloire au Roi d'Iſraël : beni ſoit celui qui vient au nom du Seigneur ! *Hoſanna* au plus haut des Cieux ! L'Egliſe fait enſuite des prieres qui nous donnent une idée parfaite de la ſainteté de cette ceremonie. Dans toutes les prieres que l'Egliſe addreſſe au Seigneur, on trouve le motif, & la fin de cette inſtitution, & dans quelle diſpoſition on doit aſſiſter à la ceremonie des Rameaux, que les fidéles ont eu la devotion de tout tems, de conſerver dans leurs maiſons avec reſpect ; perſuadez que par la benediction, ils ne ſçauroient manquer d'eſtre ſalutaires. Les loüanges que donne l'Egliſe dans ces prieres, de la benediction au peuple Juif, qui alla au devant du Sauveur, regardent les ſaintes diſpoſitions, & les veritables ſentimens de reſpect & de veneration où étoit veritablement ce peuple, qui regardoit alors le Sauveur comme le Meſſie. Et ſi quelques jours après leur eſtime & leur veneration ſe changea en un ſouverain mépris, & en fureur, ce ne fut que par l'impieté & les artifices malins des Preſtres & des Phariſiens, qui leur firent accroire qu'ils avoient enfin découvert, que celui qu'ils avoient reçû de bonne foi, comme le Meſſie promis, étoit un inſigne impoſteur, qui leur avoit impoſé par de faux miracles. *Exercices de pieté du Pere Croiſet, Tome 3.*

A quoi ſe reduit toute la ceremonie des Rameaux, ce qu'elle repreſente. Quelque celebre qu'ait été la feſte des Palmes, ou des Rameaux, depuis les premiers ſiécles de l'Egliſe, on a jugé à propos d'en reduire toute la ceremonie à la benediction, & à une proceſſion ſolemnelle qui repreſente l'entrée triomphante de Jeſus-Chriſt dans Jeruſalem, auſſi-bien que de ſon entrée triomphante dans le ſéjour de la gloire. Et c'eſt pour cela que la proceſſion ſe fait hors de l'Egliſe, que l'on tient fermée, non ſans myſtere, & que l'on n'ouvre qu'au retour de la Proceſſion, lorſque le Soûdiacre a frappé à la porte avec le bâton de la Croix. Ce qui nous fait reſſouvenir que le Ciel étoit fermé aux hommes, & que c'eſt Jeſus Chriſt qui nous en a ouvert la porte, & merité l'entrée par ſa mort ſur la Croix. La benediction & la diſtribution des Rameaux ſe fait hors la Ville, en plufieurs endroirs , & c'eſt pour cela qu'on voit des Croix proche des bourgs , & des villages , & des tables de pierre , fur leſquelles on benit les Rameaux ; & de là on s'en va proceſſionnellement à l'Egliſe. *Exercices de pieté du P. Croifet , Tome* 3.

Anciennement la diſtribution des Rameaux étant faite au peuple , & la proceſſion preſte à partir ; deux Diacres prenoient le livre des Evangiles , & le portoient comme on fait les chaſſes des Reliques fur leurs épaules , environnez d'une multitude de cierges , parmi les encenſemens continuels , precedez de tout le Clergé , & fuivis de tout le peuple , qui avoit les Palmes & Rameaux à la main. Tout cela étoit accompagné de Croix , de bannieres , de banderolles , & de tout ce qui pouvoit encore augmenter la pompe de cette repreſentation du triomphe de Jeſus-Chriſt ; en quelques endroits au lieu du livre de l'Evangile , on portoit le Très-ſaint Sacrement de l'Euchariſtie en triomphe , dans la penſée que la preſence réelle de Jeſus-Chriſt , fous les ſymboles du pain , repreſenteroit bien mieux ce qui ſe paſſa à ſon entrée dans Jeruſalem , & feroit bien plus d'impreſſion fur le peuple , que la repreſentation de ſon eſprit fous la lettre de l'Evangile. Lanfranc , Archevêque de Cantorbie , dans le onziéme fiécle , dit qu'on portoit le S. Sacrement en triomphe en cette proceſſion , fermé dans une chaſſe, en forme de tombeau. Cet uſage a ceſſé par tout , hors à Roüen , où l'on porte encore le Ciboire dans une chaſſe , fur les épaules de deux Preſtres , à la proceſſion des Rameaux. *Le même.*

Jeſus-Chriſt ayant foupé à Bethanie , fix jours avant Pâques , chez Simon le Lepreux , où Lazare nouvellement reſſuſcité s'étoit trouvé , & où ſa fœur Marie avoit repandu un parfum fi exquis , en fortit le lendemain , pour aller à Jeruſalem conſommer ſon ſacrifice. Eſtant arrivé près de Bethphagé , qui étoit au pied du mont des Oliviers , il donna ordre à deux de ſes Diſciples d'aller dans ce Village , & de lui amener une âneſſe qu'ils trouveroient attachée à une porte , & ſon ânon avec elle ; & que fi quelqu'un leur diſoit quelque choſe , ils lui diſſent que le Seigneur en avoit beſoin , & qu'auſſi tôt on les laiſſeroit aller. L'évenement verifia la prediction ; & ce fut alors que s'accomplit celle du Prophete Zacharie , qui repreſente le Meſſie , faiſant ſon entrée dans la capitale de ſon Royaume , parmi les acclamations & les aplaudiſſemens des habitans de Jeruſalem : *Dicite filia Sion ;* c'eſt-à-dire , à la Ville de Jeruſalem , dont la montagne de Sion fait partie; les Hebreux donnent ſouvent aux Villes le nom de fille : *Ecce Rex tuus venit tibi manſuetus , ſuper aſinam , & pullum ſubjugalis.* Dites lui ; voici vôtre Roi qui vient à vous dans un eſprit de douceur , monté fur une âneſſe, & fur l'ânon de celle qui porte le joug. Jamais Prophetie ne fut plus viſiblement , & plus litteralement accomplie que celle-ci , dans l'entrée triomphante de Jeſus-Chriſt à Jeruſalem. Le Prophete promet la venüe du Roi Sauveur , du Meſſie , qui faiſoit toute l'attente & la conſolation des Juifs. Les caracteres par leſquels il le déſigne , & qui ſont les mêmes que ceux par leſquels le Prophete Iſaïe le dépeint , ne conviennent qu'au Meſſie , & ſe rencontrent fi parfaitement dans Jeſus-Chriſt , que les Juifs n'auroient jamais pû le méconnoître ; fi , par leur endurciſſement & leur opiniâtre malice , ils ne s'étoient rendus indignes des lumieres du Ciel , & des

[marginal notes]
On portoit anciennemét le livre des Evangiles à la proceſſion des Rameaux.

L'origine de la ceremonie des Rameaux.

graces neceſſaires, pour connoître & pour aimer ce divin Liberateur. Mais nul aveuglement plus incurable que celui qui eſt volontaire. Peu de Prêtres, peu de Docteurs de la Loi, qui ne reconnuſſent dans Jeſus-Chriſt toutes les marques caracteriſtiques du Meſſie ; mais leur orgueil, leur inſatiable cupidité, la diſſolution de leurs mœurs étouffoient tous ces bons ſentimens, & éteignoient toutes ces ſalutaires lumieres ; & ils ne reſolurent de s'en défaire, que pour ſe délivrer de leurs remords trop importuns. *Le même.*

Les Apôtres executerent l'ordre de leur Maître, pour celebrer ſon entrée dans Jeruſalem.

Les Apôtres n'eurent pas plûtôt executé l'ordre de leur divin Maître, que ce fut à qui contribueroit davantage à la pompe & à la joye de ſon entrée dans Jeruſalem. Les Diſciples donnerent l'exemple aux autres ; ils amenerent l'âneſſe avec l'ânon, & les ayant couvert de leur manteau, ils le firent monter deſſus. Une multitude prodigieuſe de peuple, que le bruit de ſa venuë avoit fait ſortir de la Ville, pour venir au devant de lui, l'accompagnoit, & témoignoit tant d'affection à ſon Roi & à ſon Sauveur, que la plûpart étendoient leurs vêtemens ſur ſon paſſage, le long du chemin ; pluſieurs coupoient des branches aux arbres, & en jonchoient le chemin ; d'autres venoient de tous cotez, avec des palmes ou des branches d'oliviers à la main, & tous generalement crioient : *Hoſanna* au Fils de David! beni ſoit celui qui vient au nom du Seigneur ! *Hoſanna* dans le plus haut des Cieux ! *Hoſanna*, ſignifie gloire, ſalut, benediction. C'étoit un cri de joye, & une acclamation du peuple, qui ſouhaitoit au Meſſie toutes ſortes de proſperitez. Le mot *Hoſanna* avoit une emphaſe particuliere dans les acclamations, & dans les cris de joye : comme vive le Roi. Salut au Fils de David, longue vie, & toutes ſortes de biens au Meſſie qui vient au nom du Seigneur, pour délivrer ſon peuple. *Hoſanna* au plus haut des Cieux, c'eſtà dire, eſprits celeſtes, joignez vos acclamations & vos ſouhaits aux nôtres, pour attirer toute ſorte de bonheur, & de gloire au Fils de David, au Roi d'Iſraël, au Meſſie, au ſouverain Liberateur. *Exercices de pieté du Pere Croiſet*, Tome 3.

La joye que témoigna tout le peuple de Jeruſalem à l'arrivée du Sauveur.

Il n'y eut jamais de joye plus juſte & mieux fondée, on peut même ajoûter plus affectueuſe, plus ſincere que celle que le peuple ſorti de Jeruſalem, témoigna en ce jour à l'arrivée du Sauveur. Frapez des merveilles étonnantes que Jeſus-Chriſt operoit dans toute la Judée, depuis trois ans, & dont la plûpart de ceux qui contribuoient le plus à ce triomphe, avoient été les témoins. Ils ne pouvoient douter que celui qui venoit à Jeruſalem, ne fût leur Sauveur, leur Redempteur, leur Meſſie. Animez de ce zele que la veneration inſpire, & que l'amour rend ſi genereux ; ils viennent audevant de celui qu'ils attendoient depuis tant de ſiécles ; ils accompagnent de pieux ſouhaits, & de cris de vive le Meſſie, *d'hoſanna*, de beni ſoit celui qui vient au nom du Seigneur ; tout retentit des acclamations de ce pieux peuple. La foule, les chemins parſemez de fœillages & de fleurs ; les Rameaux de palmes & d'Oliviers en leurs mains marquent l'admiration, la veneration, l'allegreſſe répanduë dans tous les cœurs, peintes ſur tous les viſages : Tout concouroit à rendre cette entrée du Sauveur la plus auguſte, la plus religieuſe, la plus ſainte qui fut jamais ; ce fut proprement l'entrée triomphante du Meſſie dans Jeruſalem, malgré la jalouſie, la haine, & la maligne

maligne obſtination des Prêtres & des Phariſiens à ne vouloir pas le reconnoître. Le Sauveur y entre cependant en qualité de Meſſie , toute la ville eſt
en mouvement , tout annonce ſon triomphe. Tout cela étoit neceſſaire pour
accomplir les Propheties. Le Sauveur étoit venu bien des fois à Jeruſalem ,
& toûjours ſans éclat, ſans bruit , ſans diſtinction pour ſon adorable perſonne. Il change aujourd'hui de conduite , parce qu'il y vient pour y être
immolé,pour y achever l'ouvrage de nôtre Redemption,pour y conſommer ſon
ſacrifice : voila pourquoi il y entre avec tant de ſolemnité. On menoit comme en triomphe la victime qu'on devoit immoler : voila un des motifs de
cette entrée triomphante. Mais quels heureux fruits n'avoit-on pas ſujet d'attendre d'une démonſtration de reſpect & de joye ſi generale ? Cependant
quels plus terribles effets de cette fête ! Les Prêtres , les Docteurs de la Loi,
le peuple même de Jeruſalem prenant l'allarme de ce qui fait la joye , la conſolation & la confiance des étrangers ; car ce ne furent que les étrangers qui
étoient venus à Jeruſalem pour la fête de Pâques , qui allerent au-devant
du Sauveur , & qui le reçurent avec tant d'acclamations ; les habitans de
Jeruſalem , qui avoient été les témoins de ſa ſainteté & de ſes miracles , ſoit
par crainte , ſoit par fierté, ſoit par reſpect humain , ne voulurent point
avoir de part à cette fête triomphante : préſage évident de la vocation des
Etrangers , & des Gentils à la foi , & de la funeſte réprobation des Juifs. Ce
furent auſſi les habitans de Jeruſalem qui crierent ſix jours après : *Tolle , tolle
crucifige eum.* Ô mon Dieu , que d'importantes , que de ſalutaires inſtructions
ne me donnez-vous point dans tout ce myſtere ! *Exercices de pieté du Pere
Croiſet , Tome 3.*

Ce qui ſe paſſa dans l'entrée triomphante de Jeſus-Chriſt dans Jeruſalem, *Jeſus-Chriſt
fait ſon en-
t.ée dans les
fi.éles par la
Communion.*
ne ſe renouvelle que trop tous les jours dans l'entrée que Jeſus-Chriſt fait par
le Sacrement de l'Euchariſtie , dans l'ame des fidéles. Ce divin Sauveur vient
dans nous à la Communion , comme un Roi plein de douceur. Combien
de gens vont au-devant de lui ! Que d'aparences de Religion , que de démonſtrations extérieures de reſpect , que de marques mêmes de devotion ; que
n'auroit-on pas droit d'attendre de tout cet appareil ſi religieux ? Quelle
réformation des mœurs , quelle pieté, quelle régularité de conduite ? Helas !
n'arrive-t-il point encore parmi les fidéles , ce qui arriva en ce jour parmi les
Juifs. Jeſus-Chriſt eſt reçû en Meſſie , & dès le jour même il eſt oublié ; il
n'eſt même preſque plus connu. L'Evangile remarque qu'après être entré
dans Jeruſalem comme en triomphe ; il y fut dès le jour même ſi abandonné , qu'il fut obligé d'en ſortir ſur le ſoir pour aller chercher un logis à
Bethanie. N'arrive-t-il rien de ſemblable le jour même de la Communion ?
Combien de gens qui terminent pour ainſi dire avec la Communion , toute leur devotion , preſque toute leur Religion & leur reconnoiſſance. Six
jours après cette religieuſe entrée dans Jeruſalem , avec quel mépris ce divin
Sauveur fut-il traité , avec quelle cruauté & quelle ignominie. Diffère-t-on
toûjours autant de tems de maltraiter le Sauveur , après la Communion ?
Ces aſſemblées mondaines où l'on rougit ſi fort de l'Evangile ; ces parties
de plaiſirs ſi peu innocentes ; ces ſpectacles ſi peu chrétiens , diſons mieux ,
ſi payens , ſi profanes ; tous ces lieux où le monde , où le demon ſe dé-
dommagent ſi fort des courts exercices de Religion , ſont-ils long-tems dé-

feis? Y attend t-on toûjours fix jours fans crier, pour ainfi dire, contre Jefus-Chrift : *Tolle, tolle crucifige eum.* Confultons le nombre des gens qui perfeverent dans l'innocence ; confultons le nombre des converfions éclatantes ? Confultons-nous-nous-mêmes ; nôtre propre experience nous peut inftruire parfaitement fur tous ces faits. *Le même.*

Les circonf-tances de l'entrée triomphante de J C dans Jerufalem nous repre-fentent les difpofitions avec lefquel-les nous de-vons le rece-voir.

Luc. 19.

Joan. 1.

Matth 1.

Nous n'avons qu'à confiderer toutes les circonftances de la reception que font les Difciples au Fils de Dieu, pour y remarquer les veritables difpofitions d'un Chrétien qui veut recevoir Jefus-Chrift dans la Communion. La premiere circonftance eft, que ce font les Difciples, & les amis du Sauveur, qui, par une innocente conteftation, difputent à qui lui rendra plus d'honneur : *Cœperunt omnes turba Difcipulorum gaudentes laudare Deum voce magna.* La feconde, eft qu'ils vont au-devant de lui. *Procefferunt obviam ei.* La troifiéme eft, qu'ils fe prefentent à lui avec des branches de palmes, qui font le fymbole de la victoire & de la paix : *Acceperunt ramos palmarum.* La quatriéme eft, qu'ils fe dépoüillent de leurs habits, pour orner les chemins par où ils paffoient : *Straverunt veftimenta fua in viâ.* Or, ces quatre circonftances, nous font connoître les difpofitions requifes pour faire une digne reception au Fils de Dieu dans la Communion. Et pour entrer dans le détail, je dis premierement, que pour faire une bonne Communion, il faut être du moins des Difciples & des amis du Fils de Dieu. Les ennemis de Jefus-Chrift ne paroiffent point dans cette foule, qui le fait triompher, on n'y voit ni Scribes, ni Pharifiens ; il n'y a que les vrais difciples qui s'intereffent à lui rendre l'honneur qu'il mérite ; c'eft donc à vous, M. de voir fi vous êtes du nombre de fes difciples & de fes amis. Si le peché vous a rendu fon ennemi, faites-en une prompte & fincere penitence, afin d'être en état de le b'en recevoir.

Suite du mê-me fujet.

La feconde chofe que doit faire un veritable Chrétien, eft d'aller au-devant de Jefus-Chrift : *Procefferunt obviam ei*, c'eft-à-dire, qu'il doit fouhaiter avec de faints empreffemens de recevoir fon Dieu, & de le poffeder, tout fon cœur, & tous fes défirs, doivent aller au-devant de lui, pour lui marquer l'impatience qu'il a de joüir de fa divine prefence. Les palmes & les branches d'olivier que portent les Difciples, nous apprennent qu'on ne peut dignement recevoir le Fils de Dieu, fi l'on n'a remporté une entiére victoire fur le peché, & fi l'on eft en paix avec Dieu. Il ne faut pas fe contenter d'une interruption, & d'une ceffation paffagere du peché, il ne fuffit pas d'en fufpendre les inclinations ; ce n'eft pas là ce que j'appelle victoire fur le peché ; ce n'en eft qu'une interruption que le demon accorde volontiers aux plus grands pecheurs, pour les engager après plus fortement dans le defordre. Cette victoire confifte à renoncer pour jamais au peché, & à rompre tous les liens qui pourroient y attacher le cœur. Il faut qu'un Chrétien fe mette en état de pouvoir dire avec l'Epoufe : *Afcendam in palmam & apprehendam fructus ejus.* Je monterai fur la palme, & j'en cueillerai les fruits, c'eft-à-dire, felon l'explication de faint Gregoire, les fruits d'une vraye penitence. Prenez garde que l'Epoufe ne dit pas, qu'elle cueillera les fleurs & les feüilles, mais les fruits. Helas ! peut-être jufqu'à prefent vous ne vous êtes arrêtez qu'à cüeillir les fleurs & les feüilles de la palme dans toutes vos confeffions, vous avez deteflé quelques actes de peché, mais vous n'avez pas touché à ces habitudes ; vôtre extérieur a paru changé , mais le dedans ne l'étoit pas ; vous avez eu les feüilles , mais non pas les fruits. Il est encore en vôtre pouvoir de le cueillir , ce fruit bienheureux , n'en perdez donc pas l'occasion ; ce fruit vous fera d'abord sentir quelque amertume, mais la grace l'adoucira. Enfin, les Disciples pour faire une reception honorable au Fils de Dieu, se dépoüillent de leurs habits pour orner le chemin par lequel il devoit passer. Il n'est pas necessaire de s'étendre sur la morale qui nous est representée par cette ceremonie.

Il y a quantité d'autres ceremonies qui se pratiquent dans l'Eglise ; mais que nous omettons , parce qu'il n'est pas necessaire de les étendre , & qu'elles ne fournissent pas assez de matiéres pour un discours ; comme les ornemens des Autels , les vêtemens des Prêtres, pour les distinguer des Laics. Les oblations & offrandes qui se font dans les Paroisses & autres semblables ; quoique ces ceremonies soient toutes mysterieuses & soient instituées pour representer quelque action ou histoire de l'Ecriture, ou quelque devoir auquel l'on doit être fidéle. En vain craindra-t-on les railleries des heretiques , & pour leur ôter toute occasion de railleries, ou de fades plaisanteries, voudra-t-on ôter de nos ceremonies l'esprit de mysteres que l'Eglise y a attachées ; car enfin qu'est-ce que nôtre Religion , qu'une Religion de mysteres que Dieu ne nous montre que sous des voiles;& par conséquent le culte que nous rendons à Dieu, par ces ceremonies extérieures , doit toûjours être regardé comme contenant quelque symboles. Il ne faut pas néanmoins s'arrêter à quelques ceremonies particulieres que l'on voit dans quelques Rituels particuliers , & que la grossiéreté de quelques siécles ou de quelques esprits peu instruits de leur Religion peuvent avoir introduites ; ce qui ne déroge point à ce qui est envisagé dans l'Eglise universelle. *Auteur moderne.*

F I N.